Ernst Hasse

Geschichte der Leipziger Messen

Ernst Hasse

Geschichte der Leipziger Messen

ISBN/EAN: 9783742896841

Hergestellt in Europa, USA, Kanada, Australien, Japan

Cover: Foto ©ninafisch / pixelio.de

Manufactured and distributed by brebook publishing software
(www.brebook.com)

Ernst Hasse

Geschichte der Leipziger Messen

PREISSCHRIFTEN

GEKRÖNT UND HERAUSGEGEBEN

VON DER

FÜRSTLICH JABLONOWSKI'SCHEN GESELLSCHAFT

ZU LEIPZIG.

Nr. XVII. der historisch-nationalökonomischen Section.

XXV. *Ernst Hasse, Geschichte der Leipziger Messen.*

LEIPZIG

BEI S. HIRZEL.

1885.

GESCHICHTE

DER

LEIPZIGER MESSEN

VON

ERNST HASSE.

»Es muss beides Keuffer und Verkeuffer beysammen sein, und die Sache dahin erwogen werden, das beiderseits Leuthe die freyen Märckte
zu besuchen nicht abgeschreckt oder abgehalten
werden.«

1581.   *Churfürst August.*

GEKRÖNTE PREISSCHRIFT.

LEIPZIG

BEI S. HIRZEL

1885.

VORWORT.

Für eine Geschichte der Leipziger Messen, welche die cultur-
und handelsgeschichtliche Bedeutung derselben hinreichend würdigt,
scheint uns die Zeit noch nicht gekommen. Die vorliegende Arbeit
beansprucht deshalb nichts mehr zu sein, als eine archivalische
Studie über die Geschichte der Leipziger Messen. Zu allseitiger Würdigung der letzteren müsste noch eine ganze Reihe ähnlicher archi-
valischer Studien vorausgehen, namentlich über folgende Gegenstände:

1. Ueber die Geschichte der sächsischen Industrie mit besonderer
Berücksichtigung der Industrie der Stadt Leipzig.[1]

2. Ueber die Geschichte einzelner hervorragender Handelszweige
des Leipziger Platzes, also namentlich des Buchhandels, des Rauch-
waaren- und des Tuchhandels.

3. Ueber die Geschichte des sächsischen Zoll- und Steuerwesens
und der Leipziger Gemeindesteuern.[2]

---

[1] Einige Anfänge für die Geschichte der Industrie des jetzigen Königreichs Sachsens
sind allerdings vorhanden. Dahin gehören *H. Knothe, Geschichte des Tuchmacherhandwerks in der Oberlausitz bis Anfang des 17. Jahrhunderts. Neues Lausitzer Magazin
Bd. 58. Dresden, Burdach 1885.* Ferner: *Dr. Louis Bein, Die Industrie des sächsischen
Voigtlandes. 1. Theil: Die Musikinstrumenten-Industrie. 2. Theil: Die Textilindustrie.
556 S.S. u. viele Tabellen. 8°. Leipzig, Duncker & Humblot 1884.* Bein hat namentlich für den noch nicht veröffentlichten Theil seiner Arbeit gleichzeitig mit uns die
Messrelationes des Königl. Hauptstaatsarchivs in Dresden benutzt.

[2] *Falke, Geschichte des Zollwesens,* konnte nicht mit der nöthigen Ausführlichkeit
auf die sächsischen Verhältnisse in der hier in Betracht kommenden Zeit eingehen.
*Das indirecte Abgabenwesen im Königreiche Sachsen seit der Begründung des deut-
schen Zollvereins. Denkschrift der Königlich Sächsischen Zoll- und Steuerdirection aus
Anlass ihres fünfzigjährigen Bestehens am 1. Januar 1884. Leipzig, Verlag von Veit
& Comp. 1884.* behandelt »das frühere System der indirecten Abgaben« leider sehr kurz.

4. Ueber die Geschichte der Messen in Frankfurt a/M., welche bis zum Jahre 1711 die erste Stelle unter den Messen des deutschen Reiches einnahmen.

5. Ueber die Geschichte der Messen in Frankfurt a/O., da die Arbeit von Eduard Philippi ungenügend ist und den massenhaft vorhandenen archivalischen Stoff nicht hinreichend berücksichtigt.

Bei unseren Studien im Leipziger Rathsarchiv und im Königlichen Hauptstaatsarchiv in Dresden haben wir nun zwar in Bezug auf die Punkte 1. bis 3. und über manche verwandte culturgeschichtliche Gegenstände[1]) reiches Material gesammelt. Einerseits würde die Aufnahme dieses ganzen Materials in die »Geschichte der Leipziger Messen« den Umfang dieser Arbeit unangemessen ausdehnen. Andererseits muss dieses Material zu selbständiger Benutzung vielfach anderweit ergänzt werden. Die auf die »Verkehrswege in Mitteldeutschland« bezüglichen Materialien haben wir deshalb an einen selbständigen Bearbeiter abgegeben [Dr. H. Heller], welcher mit dieser trefflich gelungenen Arbeit jüngst an die Oeffentlichkeit getreten ist.[2]) Ebenso haben wir es mit dem von uns gefundenen Material über die Geschichte der Tuchmacherei und des Tuchhandels in Sachsen gehalten. Wir sind auch gern bereit, das übrige hier nicht aufgenommene, aber mit grossem Aufwand an Zeit und auch an Geld aus den Acten gezogene Material an andere geeignete Bearbeiter abzugeben, da uns Berufsgeschäfte hindern, uns diesen historischen Studien im erwünschten Maasse hinzugeben.[3])

Ueber die Geschichte der Messen in Frankfurt a/M. können wir leider nicht viel bieten.[4]) Gewiss aber werden sich Quellen auffinden

---

1) Auf diese Weise sind auch drei bereits druckfertige Abhandlungen entstanden: Leipzigs Ueberschuldung 1621—1650.
Leipziger Verfassungsstreitigkeiten 1593—1650.
Leipziger Kriegscontributionen 1631—1650.

2) Dr. Friedrich Hermann Heller: Die Handelswege Innerdeutschlands im 16., 17. u. 18. Jahrhundert und ihre Beziehungen zu Leipzig. Dresden 1884.

3) Aus diesem Grunde hat mir auch mein lieber Vater, Herr Superintendent emerit. Kirchenrath Dr. H. G. Hasse, die mühsame Aufstellung des alphabetischen Inhaltsverzeichnisses abgenommen, welches manchem Leser einen willkommenen Führer durch den massenhaften Stoff bieten wird. Hierfür auch an diesem Orte herzlichen Dank!

4) Vgl. jedoch die Streitigkeiten Leipzigs mit Braunschweig und die Antheilnahme

lassen[1]), aus welchen eine Geschichte dieser Messen geschrieben werden
kann, welche eigentlich der Geschichte der Leipziger Messen vorausgehen müsste.

Sollte das Berliner Hauptstaatsarchiv, namentlich in den an Friedrich
d. Grossen erstatteten Berichten, in der That keine reichere Ausbeute
geben, als das, was Philippi bietet, so genügt das, was das Dresdener
Hauptstaatsarchiv enthält, zu einer umfang- und inhaltsreichen Geschichte
der Messen in Frankfurt a/O.

Jedenfalls sind unsere jungen academischen Volkswirthe um Stoff
nicht verlegen, wenn es gilt, bei volkswirthschaftlich-historischen Studien aus dem Neuen und dem Vollen zu schöpfen. Unsere Archive
sind auch nach dieser Richtung eine Quelle reicher Funde und reiner
Freude für den, welcher Sinn für die Entwickelung unserer Volkswirthschaft hat und sich die Mühe nicht verdriessen lässt, welche
schon ganz äusserlich mit der Bewältigung riesenhafter Actenmassen
verbunden ist.

Leipzig im März 1885.

Dr. phil. **Ernst Hasse,**

Director des statist. Amtes der Stadt Leipzig.

Frankfurt's a/M. daran, besonders die von uns dort und in Anlage VIII. theilweise
reproducirten Ausführungen Frankfurt's vom Jahre 1675, sowie den Abschnitt über
die Streitigkeiten mit Frankfurt a/M. selbst, endlich die im alphabetischen Inhaltsver-
zeichniss aufgeführten gelegentlichen Erwähnungen Frankfurt's a/M.

[1]) Erst nach Vollendung des Druckes unserer Leipziger Messgeschichte erschien
in *Conrad's Jahrbüchern* für Nationalöconomie und Statistik, Neue Folge 10. Bd. (1885)
3. Heft S. 209 ff.: Prof. Dr. *H. Fechner*: Der *Zustand* des *schlesischen Handels* vor der
Besitzergreifung des Landes durch Friedrich den Grossen. In der dort aufgeführten
Literatur sind namentlich die Aufsätze von *Cauer*: Zur Geschichte der *Breslauer Messen*,
Zeitschrift des Vereins für Geschichte und Alterthum Schlesiens, V. S. 63—80. und
222—250. bemerkenswerth, die uns leider unbekannt geblieben waren.

INHALT.

Einleitung.

Die Leipziger Messen haben ein hohes Alter, wenn sie auch ohne Zweifel jünger sind, als die Messen von Frankfurt a/M. Die Leipziger Messen sind ebensowenig, wie irgend welche andere Messen, aus dem Willen, aus der Festsetzung oder Anordnung irgend Jemandes entstanden. Sie sind geworden, sie sind aber nicht gemacht worden. Aus diesem Grunde ist es müssig, nach dem Entstehungsjahr der Messen zu fragen. In kleinerem Umfange bestanden sie jedenfalls schon 1170, in grösserem 1268. Die Privilegien, welche mit dem Jahre 1458 beginnen, haben wenigstens die Leipziger Oster- und Michaelismesse nicht erst geschaffen. Wohl aber waren die Privilegien, namentlich die kaiserlichen, von grosser Bedeutung für den Fortbestand und die Entwickelung der Leipziger Messen im Wettkampf mit zahlreichen Nebenbuhlern, und es war klug und weise vom Leipziger Rath, den Buchstaben der Privilegien zu verfechten und für die Erneuerung derselben grosse Summen zu opfern. Denn wir sind keineswegs der Meinung, dass die Dinge sich allein aus der Gunst oder Ungunst der Verhältnisse heraus entwickeln, sondern wir räumen dem menschlichen Willen, den man hier Wirthschafts- und Handelspolitik zu nennen hat, einen breiten Raum ein. Das zeigen auch die Leipziger Messen. Denn die centrale Lage Leipzigs im deutschen Reiche kam erst nach dem Eintritt Sachsens in den Zollverein, dann allerdings mit aller Macht, zur Geltung, und wurde bis dahin durch den Mangel eines schiffbaren Wassers mehr als wett gemacht. Da begreift sich denn die Hartnäckigkeit, mit der Leipzig das Stapelprivilegium selbst gegen die Elbschifffahrt geltend machte.

Aus diesem Grunde ist auch die Fürsorge nicht zu unterschätzen, welche die meisten sächsischen Landesherrn den Leipziger Messen und dem Handelsplatz Leipzig angedeihen liessen. Andererseits hatte auch keine andere Stadt in Sachsen im gleichen Maasse wie Leipzig, die wirthschaftliche Hauptstadt des Landes, unter den vielen Misserfolgen der sächsischen auswärtigen Politik zu leiden.

Jedenfalls hat aber die sächsische Regierung immer ein feines Verständniss für die Bedürfnisse des ersten Steuerzahlers im Lande, eben dieser Handelsstadt, an den Tag gelegt und, was namentlich im XVIII. Jahrhundert nicht hoch genug angeschlagen werden kann, die fiskalische Bevormundung Leipzigs niemals übertrieben, während bekanntlich Frankfurt a/O. unter den wohlgemeinten Zärtlichkeitsbeweisen der preussischen Regierung erstickte. Auch kann es nicht geleugnet werden, dass die jüngste Blüthe der Leipziger Messen in Folge des

Eintrittes Sachsens in den Zollverein von der Regierung Sachsens gegen den Willen der Leipziger Interessenten herbeigeführt worden ist.

Da ferner die Wirthschaftspolitik des Leipziger Rathes sich vom Jahre 1700 an, also gerade von der Zeit der Erlangung des Uebergewichtes der Leipziger Messen über die Messen von Frankfurt a/M., bis in die Mitte des XIX. Jahrhunderts keineswegs auf der Höhe erhielt, auf welcher sie sich im XVI. und XVII. Jahrhundert befunden hatte, in welcher Zeit der Leipziger Rath in der That eine grosse und charaktervolle Politik verfolgte, so ist es zu beklagen, dass die überaus wohlthätig wirkende sächsische Landes-Oekonomie-Manufactur- und Commerziendeputation nicht früher, als um die Mitte des vorigen Jahrhunderts zu Stande kam und vom Eintritt Sachsens in den Zollverein an ihre Bedeutung und Einflussnahme völlig verloren hat. Denn der Leipziger Rath stand in dieser Zeit zu vorwiegend unter dem Einfluss der Leipziger Kramermeister und der Handlungsdeputirten, welche zu einseitig die Interessen des Kleinhandels und des Leipziger Platzgeschäftes gegen den freiheitsbedürftigen internationalen Zwischenhandel der »fremden Messfieranten« vertraten. Die Entwickelung der Leipziger Messverfassung giebt ein Bild von diesem Kampfe der beiderseitigen Interessen. Leider zeigt diese Entwickelung in einer Beziehung, nämlich in der Festsetzung des Anfangstermines der Messen, mehr Ausartung, als Vervollkommnung.

Es ist eine ganz auffällige Erscheinung, dass in der Zeit des Zunft- und Corporationswesens die an den Leipziger Messen Interessirten sich nicht zu einem organischen Verband zusammengeschlossen haben. Schwer lässt es sich freilich sagen, ob das zum Vortheil der Messen ausgeschlagen wäre. Ohne Zweifel hätte eine solche Vertretung der fremden Messfieranten ein Gegengewicht abgegeben gegen die Leipziger Handlungsdeputirten und Kramermeister. Ein solches Bedürfniss lag offenbar vor, denn wir sehen die fremden Fieranten häufig zu gewissen besonderen Zwecken, namentlich zu Gesuchen an die Landesregierung, zusammentreten. Andererseits würde eine solche Organisation vielleicht in der Form erstarrt sein und den jährlich wechselnden Anforderungen des internationalen Messhandels nicht haben gleichen Fusses folgen können.

Schon vom XV. Jahrhundert an sind die Leipziger Messen eine der Säulen des europäischen Handels gewesen. Eine dominirende Stellung nehmen sie vom Anfange des XVIII. Jahrhunderts an im Handel des östlichen Deutschlands und des ganzen europäischen Ostens ein. Sie bewahrten diese Vorherrschaft bis zur Mitte des XIX. Jahrhunderts.

Gewiss ist die Bedeutung der Messen vielfach von dem Gange der äussern Geschichte, von Krieg und Frieden und von der Neugestaltung staatlicher Gebilde, namentlich im Osten abhängig gewesen, und es darf hierbei nicht übersehen werden, dass der Kriegszustand dem Leipziger Messhandel meist eben so grosse, oft noch grössere Vortheile bot, als der Friedenszustand, wenn nur Leipzig selbst nicht in den Kriegsschauplatz einbezogen war. Denn der Krieg bedarf gerade des internationalen Zwischenhandels oft noch mehr, als der Frieden. Es ist deshalb von grossem Interesse, die Bemerkungen der Zeitgenossen über den Einfluss von Krieg und Frieden in Europa auf Leipzigs Messen verfolgen zu können (Capitel 14 bis 17).

Von grösserem Einfluss auf die Bedeutung der Leipziger Messen für den europäischen Handel war aber die Entwickelung der Industrie in den einzelnen Ländern Europas und die Entwickelung des Verkehrs- und Zollwesens in den europäischen Staaten.

Hätte die sächsische Industrie nicht schon im XV. Jahrhundert eine hohe Stufe erreicht und ihre Leistungsfähigkeit auch durch die Krisis des dreissigjährigen Krieges hindurch bewährt, welcher Sachsen glücklicher Weise erst in seiner zweiten Hälfte betraf, wäre nicht Sachsen auch im XVIII. Jahrhundert das am meisten nach Osten vorgeschobene hochentwickelte Industrieland Deutschlands geblieben und hätte Sachsens Textilindustrie durch die Continentalsperre am Beginn des XIX. Jahrhunderts nicht einen erneuten gewaltigen Aufschwung genommen, Leipzigs Messen hätten sich nie über das Niveau der Messen von beiden Frankfurt oder auch einer der polnischen und russischen Messen erhoben.

Zwischen der sächsischen Industrie und den Leipziger Messen fand eine so lebhafte Wechselwirkung statt, dass es schwer zu sagen ist, wer die Mutter, wer die Tochter war. Bei der Mangelhaftigkeit der früheren Verkehrswege konnten die Leipziger Messen dem fremden Einkäufer nur dann ein grosses Industriemusterlager bieten, wenn die Fabrikate in der Nähe hergestellt wurden, ebenso leicht Nachbestellungen bewirkt, wie Restbestände zurückgezogen werden konnten. Andererseits konnte der Gewerbfleiss in den Thälern des Erzgebirges und Voigtlandes und an den Wasserläufen des Leipziger Kreises sich nur dann voll und ganz bethätigen, wenn ein Markt von internationaler Bedeutung sich in der Nähe befand, welcher die Wirkungen lokaler Krisen ausglich, wie es denn im hohen Grade bemerkenswerth ist, dass in den Messberichten so oft erzählt wird, der Ausfall des »ausserdeutschen Geschäftes« auf den Leipziger Messen sei durch die Lebhaftigkeit des »deutschen Geschäftes« übertragen worden, und umgekehrt.

Es war deshalb auch eine Lebensfrage für die Leipziger Messen, dass die sächsische Industrie ihre führende Stellung in der deutschen und zum Theil auch in der europäischen Industrie festhielt, als in den bisherigen hauptsächlichsten Absatzgebieten, in Preussen, Oesterreich und schliesslich auch in Russland, sich an der Hand starker Schutzzölle und vieler Einfuhrverbote Industrien entwickelten.

Schon hieraus ergiebt sich die einschneidende Bedeutung der Zollsysteme der Sachsen benachbarten Staaten für die Leipziger Messen. Bis zum XVII. Jahrhundert hatten die Zölle nur fiskalische Bedeutung gehabt. Sie waren aber mehr für den Verkehr, als für den Handel lästig. Die Staaten wollten ja die Einfuhr nicht beschränken. Besonders die Häufigkeit der Zollstätten auf einer und derselben Strasse war allerdings eine unendliche Plackerei für die Fuhrleute. Anders wurde dies am Ausgang des XVII. und im XVIII. Jahrhundert, als die Staaten ihre Zollstätten mehr an die Grenzen verlegten und mit der Erhebung der Zölle die ausgesprochene Absicht verbanden, die Einfuhr fremder Industrieerzeugnisse zu erschweren und die Lebensbedingungen des heimischen Gewerbfleisses zu erleichtern. Die Berichterstattung über die Messen ist deshalb eine fortgesetzte Klage über die Entwickelung des Zollwesens in Preussen, Oesterreich und Russland. Besonders das preussische Zollwesen richtete seine Spitze gegen Sachsen, als den hervorragendsten Nebenbuhler. Oesterreich machte im Allgemeinen gegen »das Reich« und Russland gegen ganz Europa Front. Da war es denn ein Glück für Sachsen im Allgemeinen und für die Leipziger Messen im Besonderen, dass in Polen, wenn man so sagen darf, Freihandel herrschte. Gewiss lag es im eigensten Interesse Polens, durch Freiheit des Handels einen möglichst grossen Verkehr an sich zu ziehen, wenn es dabei auch auf eigene Industrie verzichten musste, wie es von Sachsen nicht Liberalität gegen Andere, sondern Interessenpolitik war, im Bewusstsein der Stärke der eigenen Industrie dem fremden Handel möglichst freie Bahn zu geben. Es dürfte sich aber die Untersuchung lohnen, ob die dynastischen Beziehungen Sachsens zu Polen doch nicht vielleicht dabei im Spiele waren. Jedenfalls würde es wohlthuend sein, wenigstens einen Vortheil ausfindig zu machen, welcher Sachsen aus der Fesselung der Kurschwerter an den weissen Adler erwachsen wäre. Wir selbst haben von solchen Beziehungen nichts auffinden können, sondern immer nur bemerkt, dass unter der Abwesenheit sächsischer Fürsten in Polen auch die Entscheidungen in Leipziger Messangelegenheiten zu leiden hatten.

Die immer stärkere Einschnürung Sachsens in die östlichen Zollsysteme musste zu einer Krisis führen, als die Grenzen Sachsens selbst im Jahre 1815 zusammenschrumpften und die preussische Zollgrenze sich beinahe im Leipziger Weichbilde befand. Der Eintritt Sachsens in den Zollverein war deshalb einfach eine Lebensrettung für die Leipziger Messen.

Wenn aber der Umfang des Leipziger Messgeschäftes vom Jahre 1834 an bis in die sechziger Jahre fortwährend stieg und den Umfang des Messgeschäftes aller früheren Blütheperioden, namentlich denjenigen am Ende des XVIII. und Anfang des XIX. Jahrhunderts, überragte, so darf dabei nicht übersehen werden, dass die rückläufige Bewegung in der relativen Bedeutung der Messen für den Welthandel auch bei den Leipziger Messen sich trotzdem gleichzeitig vollzog. Wenn auch die Eisenbahnen in den ersten Jahrzehnten ihres Bestehens früher ungeahnte Waarenmassen zu den Leipziger Messen heranschleppten, so wurde doch schon 4 Jahre nach der Renaissance der Leipziger Messen mit der ersten von Leipzig ausgehenden Eisenbahn im Jahre 1837 das Grab für die Leipziger Messen gegraben.

Die Eisenbahnen, der Telegraph und vollends noch das billige Packetporto haben im Verein mit dem Institute der Geschäftsreisenden den Messen das Rückgrat gebrochen. Dass die Messen eine abgelebte Handels- und Verkehrseinrichtung sind, ist beinahe schon zum Gemeinplatz geworden. Man sollte aber darüber nicht die grossartigen Dienste vergessen, welche die Leipziger Messen zu ihrer Zeit dem Welthandel, der deutschen und der sächsischen Industrie und dem Handelsplatze Leipzig geleistet haben. Andere Zeiten, andere Bedürfnisse, aber auch andere Mittel der Bedürfnissbefriedigung. Möge man sich deshalb nicht einem unfruchtbaren Pessimismus hingeben und die Dinge laufen lassen, wie sie wollen, sondern Umschau halten, wie man den neuen Bedürfnissen des deutschen Handels und Gewerbfleisses ähnliche zweckentsprechende Einrichtungen zur Verfügung stellen kann, wie es früher die Messen gewesen sind.

I.

Der Ursprung der Leipziger Messen.

Die Frage nach der Zeit, in welcher die Leipziger Messen entstanden sind, muss verschieden beantwortet werden, je nachdem man unter den »Messen« nach dem gegenwärtigen Sprachgebrauch solche Märkte versteht, welche zu gewissen Terminen in einer bestimmten Stadt den Grosshandel zwischen verschiedenen Ländern oder Landestheilen vermitteln, oder ob man unter Messen das versteht, was man heute »Jahrmärkte« nennt, d. h. solche Märkte, welche zu gewissen Terminen in einer bestimmten Stadt oder einem »Marktflecken« den Kleinhandel zwischen den an diesem Ort befindlichen Kaufleuten (Kramern) und fremden, den Markt mit ihren Waaren besuchenden Kaufleuten (Kramern, d. h. nach jetzigem Sprachgebrauch Kleinhändlern oder Detaillisten) einerseits und den Consumenten des platten Landes und der umliegenden Landstädtchen vermitteln. Bis zum Ende des XVI. Jahrhunderts wurden für beide Arten von Märkten wechselsweise die Ausdrücke »Messen« und »Jahrmärkte« gebraucht. Wohl alle Messen, und auch die Leipziger, haben sich aus Jahrmärkten entwickelt.

Bestimmte Jahre für den Beginn der Leipziger Märkte als Jahrmärkte und für deren Umgestaltung zu Messen lassen sich nicht angeben. Doch steht soviel fest, dass in Leipzig im Jahre 1170 Jahrmärkte und im Jahre 1268 Messen vorhanden waren.

Das erstere geht aus der zwischen 1156 und 1170 abgefassten Urkunde des Markgrafen Otto hervor, durch welche er Leipzig Magdeburgisches und Hallisches Recht verlieh und die Weichbildgrenzen sowie die Rechte und Verpflichtungen der Bürger bestimmte. *Lpg. R. U. Kasten 6. Nr. 1. Urkundenbuch der Stadt Leipzig Band I. Nr. 2, Schneider chron. Lips. III. 88—92 (Die Urkunde wird auch vielfach »Der Stadtbrief« genannt).*

Hierin heisst es: »Infra spatium vero miliaris unius a civitate ut nullus haberetur fori tractatus civitati noxius constituit.«

Wenn also innerhalb einer Meile Weges um die Stadt kein ihr schädlicher Jahrmarkt abgehalten werden sollte, so konnte dies nur eine Schutzmaassregel für einen in Leipzig selbst bestehenden Jahrmarkt sein sollen.

Die Urkunde des Markgrafen Dietrich von Landsberg vom 1. März 1268

Lpz. R. U. Kasten 7. Nr. 1. Urk. Buch d. St. Leipzig Band 1. Nr. 6, Peifer[1]) me-
mor. Lips. p. 213, Schneider chron. Lips. VII. 354—356, Vogel Leipz. Ann. 30.
sagt: »Nos . . . . . recognoscimus et . . . . . publice protestamur, quod dilectis
nobis (nostris?) civibus de Lypzk, quos speciali prosequimur gratia et favore,
necnon in honorem civitatis nostrae Lypzk jam dictae speciale dedimus privilegium libertatis, ita videlicet quod omnes mercimonia habere volentibus vel haben-
tibus in civitate nostra jam dicta, undecunque fuerint mercatores, etiam si nos
cum dominis dictorum mercatorum manifestam werram habere contigerit, in ipsa
nostra civitate non molestabimus seu bona ipsorum occupabimus vel occupari ab
aliquo patiemur. Ipsos enim mercatores, quicunque fuerint, qui nostram civi-
tatem jam dictam et nos in hoc honoraverint, quod mercimonia ad ipsam civita-
tem duxerint, quantum possumus protegere volumus et tueri.«

Es müssen also zu dieser Zeit die Leipziger Märkte gewohnheitsmässig nicht
blos aus dem umliegenden Landgebiet, sondern auch von Kaufleuten aus fremden
Ländern besucht worden sein. Und dieser Besuch muss bereits für so wichtig
erachtet worden sein, dass der Landesherr sich entschloss, selbst denjenigen fremden Kaufleuten Schutz angedeihen zu lassen, mit deren Landesfürsten er im
Kriege stand, während man sonst allezeit geneigt war, gerade an fremden Kaufleuten sogen. »Repressalien« auszuüben.

Die soeben entwickelte einfache Anschauung über den Ursprung der Leipziger
Messen ist keineswegs immer die herrschende gewesen. Spätere in dem Glauben
an absolute Herrschergewalt befangene[2]) Zeiten verwechselten vielmehr den that-

---

1) Abschrift einer interessanten Correspondenz zwischen David Peifer in Dresden (1612)
und seinem Schwager Johann Rothhaupt auf Zehmen über Herausgabe einer neuen Auflage des
Theatrum orbis von Canonikus Georg Gruin in Köln *Lpz. R. A. XLV. A. 1^b. Bl. 154.* Der
deutsch geschriebene Entwurf eines von Peifer geschriebenen Abrisses von Leipzig liegt
ebenfalls bei.

David Peifer, geb. 1530 in Leipzig, Churf. Sächs. Kanzler, starb im Alter von 72 Jahren,
also bald nach obiger Correspondenz. Er hinterliess im Manuscript: Lipsia, seu originum Lipsiensium libri IV, welche erst 1689 von Adam Rechenberg herausgegeben worden sind, 1725
u. d. T.: Peiferi Memorabilia Lipsiensia.

2) Ueber die älteren Anschauungen und deren Kritik vergl. neben *Zacharias Schneiders*
im J. *1655 herausgeg. Chronicon Lipsiense VII. S.352—358. und Pragmatische Handlungsgeschichte
der Stadt Leipzig (Leipzig 1772) S. 1-45,* namentlich *K. Fr. von Posern-Klett in der Einleitung
zum Urkundenbuch der Stadt Leipzig Band I. S. XXV—XXVII u. XXXII.* von Posern geht aber
zu weit, wenn er sagt: »Nur eine durch den Glauben an die Wirkungen absoluter Fürstengewalt befangene Zeit konnte auf den Gedanken kommen, die Begründung des Handels an bestimmter Stelle der Kraft eines fürstlichen Privilegiums zuzuschreiben: im Mittelalter gewährte
die fürstliche Huld ihre schützenden Privilegien erst, nachdem der Verkehr, begünstigt durch
die Lage eines Ortes und durch äussere, wie innere fördernde Umstände Fuss gefasst und Ausdehnung und Bedeutung gewonnen hatte.« Die Leipziger Messen würden, wie unsere Darstellung der Entwickelung derselben zeigen wird, ohne Fürstenhuld und Kaisergnade nie zu dem
geworden sein, was sie geworden sind. Wenn man allerdings den Nachdruck darauf legt, dass
die Messen nicht durch Privilegien entstanden sind, dann hat von Posern-Klett recht, aber
auch dann nur, wenn man die Behauptung auf das eigentliche Mittelalter beschränkt. Denn
nach dem 30jähr. Kriege entstanden z. B. die Braunschweiger Messen allerdings auf diesem
Wege. vergl. *Streitigkeiten mit Braunschweig, und die Bemerkungen über Ursprung der Neujahrsmessen 1458.*

sächlichen Anfang dieser Institutionen mit dem Eintritte eines besonderen Rechts-
schutzes, welcher ihnen von den Kaisern und den Landesherren gewährt wurde
(vergl. *Abschnitt über die Kaiserlichen Privilegien*), und mit der wohlthätigen Fürsorge jeder Art, welche die Fürsten den Messen gewährten, und welche entweder
den sicheren Fortbestand oder die Förderung und grössere Entfaltung der Messen
bezweckte.

In dieser Zeit glaubte man daher auch mit den ältesten vorhandenen Privilegien nicht zufrieden sein zu können. Aus diesem Bedürfniss entstand die un-
erwiesene Behauptung, bereits Konrad (der Große, 1127—1156), Markgraf von
Meissen, habe die Stadt, alsobald nachdem er sie von dem Stift Merseburg erblich
ertauscht, mit einem offenen Salz- und Getreidemarkt begnadet (*Schneider Chron.
Lips. VIII. S. 353*), sowie die Mythe (*Ernst Brotuffius Merseburg Chron. Bd. 2.
Cap. 5. S. 64 u. Cap. 42. S. 93*), die Messen seien erst 1387 nach Leipzig gekommen in Folge eines am Tage Johannis des Täufers 1387 während der Messe
in Merseburg ausgekommenen Brandes, wegen dessen die angeblich 1007 von
Kaiser Heinrich II. der Stadt Merseburg verliehenen Messen von da nach Grimma
und dann nach Taucha, endlich nach Leipzig verlegt worden seien. *vergl. jedoch
Pragm. Hdlsgesch. S. 14 und von Posern-Klett a. a. O. S. XXVI.*

An diesem Orte kann es nicht unsere Aufgabe sein, die verschiedenen Irr-
wege der Literatur über diesen Gegenstand zu verfolgen. Dagegen scheint es
angemessen, zu zeigen, wie der Rath der Stadt Leipzig in ziemlich früher und
ziemlich später Zeit über den Gegenstand dachte.

Bei der Publication des kaiserlichen Privilegiums vom 23. Juni 1507 sagt
der Leipziger Rath unter dem 9. Mai 1514 *Lpz. R.A. XLV. A.1ᵈ. Bl.26.* »Dass....
die Stadt Leipzig unter anderen vielfältigen Privilegien und Freiheiten mit dreien
Jahrmärkten... versehen und über solche Jahrmärkte und Niederlage... Päbstliche, Kaiserliche, Königliche, Churfürstliche und Fürstliche Bestätigungen....
lange Zeit gehabt und noch haben, über das berührte Jahrmärkte.... vor
Alters und weit über Menschengedenken in.... unserer Stadt Leipzig
gewesen.« *vergl. den Abschnitt über die Privilegien.*

Mehr als 200 Jahre später hatte Leipzig wieder einmal Streitigkeiten mit
Merseburg über die Niederlagsprivilegien. Bei dieser Gelegenheit wärmte der
Herzog Heinrich von Merseburg in einem Schreiben an den Churfürsten Friedrich
August von Sachsen vom 8. Nov. 1736 *Lpz. R.A. XLV. A.1ʰ. Bl.130* die alte Fabel
des Brotuffius auf: »Nun könnten wir in Ansehung hiesiger Stadt Merseburg
gegen die Leipziger Stapelgerechtigkeit... u. A. anführen, dass die Stadt Merseburg längst vor dem Aufnehmen der Stadt Leipzig, als welches mit Handel und
Wandel erst nach dem anno 1387 am Johannis-Abend in währendem Markt zu
Merseburg entstandenen grossen Brande, weshalben die Kaufleute gar hier weg
nach Grimma, dann nach Taucha und endlich nach Leipzig gezogen, bekannter
Maassen seinen Anfang genommen hat, mit Mess- und Marktfreiheiten, auch allen
dazu gehörigen Gerechtsamen von verschiedenen Kaisern, nämlich Kaiser Ottono II.
ferner vom Kaiser Henrico Sancto sub dato Wahlhausen 4. Non. Mart. anno 1004.
privilegiret ....«

Mit Bezug hierauf berichtete der Leipziger Rath am 12. Febr. 1737 *Lps.*
H.A. XLV. A. 1h. Bl. 152—158 an den Churfürsten: »Ob nun wohl zu Ablehnung [der Merseburger Behauptung] genug sein könnte, dass von der Zeit an, da
die Leipziger Mess- Stapel- und Niederlagsgerechtigkeit incontestable ist, die
Stadt Merseburg einige Römisch-Kaiserliche confirmation nicht anzugeben vermag; so sind doch Urkunden vorhanden, daraus die Unrichtigkeit des gesammten Anführens vollkommen sich veroffenbart.

»Die Meinung, als ob der Handel und Wandel in Leipzig erst nach dem ao
1387 am Johannis-Abend in währendem Markt zu Merseburg entstandenen
grossen Brande, wesshalber die Kaufleute daselbst weg nach Grimma, dann nach
Taucha und endlich nach Leipzig gezogen, seinen Anfang genommen, hat vornemlich einen **M e r s e b u r g i s c h e n** Bürger, **E r n s t B r o t u f f e n**, zum **U r h e b e r**.
Allein gleichwie dieser im 5. Cap. des andern Buchs §. antepen. meldet: Kaiser
Heinrich II. habe ao 1024 dem Bischoff Dithmaro zu Merseburg das Dorf Leipzig
geschenket, ohnerachtet gedachter Dithmar, aus dessen Schriften Brotuff seine
Nachrichten mit gesammelt zu haben geständig, in seinem Chronico L. VIII. nur
einer Kirche in Leipzig, so ihm Kaiser Heinrich ao 1018 überlassen, gedenket.
Eben derselbe, da er im erstgedachten 7. Buche des Bischoffs zu Meissen Eidens [1])
Absterben erwähnet, solches sei ao 1045 in urbe Libzi 13. Cal. Jan. erfolget,
ausdrücklich schreibet und in dem instrumento donationis de d. Merseburg
3. Non. Octob. 1022 |: wie es beim Peifero L. I. §. 52. zu lesen :| Lipzk oppidum genannt wird; also hat **B r o t u f f** ebenfalls sich **g e i r r e t**, wann er im
II. Buch und dessen 12. Capitel vorgiebt, dass der Kaufhandel von »Merseburg«
nach dem ao 1387 erlittenen Brande hinweg gegen Leipzig kommen und verleget worden.

»Aus einer von Zachar. Schneidern in Chron. Lips. lib. III. p. 88 seqq. angeführten Nachricht erhellet, dass bereits Markgraf Otto der Reiche der Stadt
Leipzig, so dessen Vetter Markgraf Conrad der Grosse ao 1134 durch einen mit
dem Bischoff zu Merseburg getroffenen Tausch wieder zum Osterlande gebracht,
das Privilegium ertheilet, dass innerhalb einer Meile Weges von dieser Stadt
kein Jahrmarkt, der ihr schädlich, gehalten werden solle. Es meldet auch ermeldeter Schneider L. VII. p. 353, welchergestalt eben dieser Markgraf Otto
mehrbeniemtem Leipzig zween öffentliche Jahrmärkte, als einen am dritten Sonntage nach Ostern, den andern Sonntags nach Michaelis, gegeben und bestätiget,
die dessen Sohn Markgraf Albrecht ao 1190 den 22. Juni durch einen öffentlichen Brief bekräftiget.

»Das ist ohne allen Zweifel, dass Markgraf Dietrich vermittelst des bei
Schneidern lib. VII. p. 354 seqq. befindlichen, mit dem Original gänzlich übereinkommenden Patents sub dato Lipzk ao dom. 1268 Kal. Martii denen Kaufleuten, welche zu der Zeit bereits Waaren in Lipzk gehabt, oder künftig dahin
bringen würden, sie möchten sein, woher sie wollten, wann gleich mit deren

---

[1] Eido [Eid, Eizido, Eico, Ego de, Ido] 995—1045 Bischoff von Meissen. vgl. *H. G. Hasse,
Gesch. der Meissnisch-Sächsischen Kirchengeschichte. Leipzig, Engelmann 1846. I. S. 10.*

Landesherrn der Markgraf in öffentlichen Krieg verwickelt, vollkommenen Schutz und Sicherheit versprochen.

»Woraus dann klärlich sich veroffenbaret, dass der ao 1268 schon in Leipzig gewesene Kaufhandel nicht erst nach dem in Merseburg ao 1387 |: wie alle Chroniken und Historienschreiber einmüthig bekräftigen :| also 81 Jahr hernach, entstandenen Brande dahin kommen können . . . . .

»Es weisen die gesammten von denen Geschichtsschreibern angemerkten Umstände, wie der Stadt Leipzig Handlung, Stapul und Niederlage nebst dem jure prohibendi aus langwieriger über rechts-verwährte Zeit gebrauchter Uebung erwachsen, dann, dass dergl. Gerechtigkeit in älteren Zeiten durch Verjährung erlanget werden können, erweisen Ferdinandi IV. [soll wohl heissen III.?] und nachfolgende Kaiserliche capitulationes, darinnen etc. . . . .«

Es bedarf eigentlich nicht erst der Bemerkung, dass die Leipziger Messen, mögen sie nun ihren Ursprung herleiten, von wann und von wem sie wollen, niemals ihre Bedeutung erlangt haben würden, wenn nicht in der Stadt Leipzig selbst die Vorbedingungen für das Gedeihen solcher Einrichtungen vorhanden gewesen wären. Zu diesen zählen in erster Linie die geographische Lage der Stadt und der Charakter ihrer Bewohner. Vgl. hierüber *von Posern-Klett Urk. Buch d. St. Leipzig Bd. I. Einleitung S. XXV* und *E. Hasse, Die Stadt Leipzig und ihre Umgebung. Leipzig 1878. S. 15—19*, sowie die dort angegebene Literatur.

Neben der günstigen geographischen Lage führt *Dr. Johannes Falke, Die Geschichte des deutschen Handels, 2 Bände, Leipzig 1859. Band I. S. 155. 156. 157. 253. 254. Band II. S. 52—58. 275.* das Aufblühen der Leipziger Messen gegenüber den Märkten anderer Städte, welche sich nicht über das Niveau grösserer Jahrmärkte zu erheben wussten — auch auf den Gewerbfleiss und die Beharrlichkeit seiner Bewohner, auf deren rührigsten selbstthätigen Antheil am Handel, auf die glückliche Handelspolitik des Leipziger Rathes und die Gunst und Fürsorge der sächsischen Landesfürsten zurück. Ihm schliesst sich von Posern-Klett an *Urk. Buch Bd. I. Einl. S. XXVII.*

Wir halten es für die Zwecke gegenwärtiger Schrift genügend, wenn wir in diesem Abschnitt noch versuchen werden, diejenigen urkundlich beglaubigten Thatsachen zusammenzustellen, welche Bezug auf die Entwickelung der Leipziger Messen und der Stadt Leipzig als Messplatz bis zu dem Zeitpunkt hatten, an welchem sämmtliche drei Leipziger Messen durch Verleihung umfassender kaiserlicher Privilegien gleichsam mündig gesprochen wurden. Es ist dies, wie wir im nächsten Abschnitt sehen werden, der Ausgang des XV. und Beginn des XVI. Jahrhunderts.

Den Anfang macht ohne Zweifel die von uns bereits oben erwähnte Urkunde des Markgrafen Otto (zwischen 1156 und 1170), welche nicht nur die Anlage eines der Stadt Leipzig schädlichen Marktes im Umkreis einer Meile verbot und den benachbarten Landstädten damit jede Aussicht auf eine Nebenbuhlerschaft mit Leipzig abschnitt, sondern auch Leipzig ein sehr summarisches, von dem Magdeburger abweichendes Verfahren gegen säumige Schuldner gestattete und damit die erste Grundlage für Sicherheit des Handels und Wandels während

der Märkte schuf: »Si vero quidquam bonorum suorum cuiquam concederent,
quem ad solvendum non benevolum invenirent, assumpto marchionis nuntio cum
vadiebunt et ad solvendi inducias nihil ultra XIIII noctes administrabunt.«
Dies Verfahren wurde von Markgraf Friedrich von Landsberg *Lpz.
Urk. Buch Bd. I. Nr. 14.* am 29. Sept. 1287 ausdrücklich bestätigt.

Der Leipziger Rath war in seinen auf das Marktwesen bezüglichen Anordnungen vielfach dadurch beschränkt, dass in Leipzig wie in anderen Städten der
Marktzoll nicht von der Stadt, auch nicht vom Markgrafen selbst erhoben wurde,
sondern von letzterem an Private als Lehen ausgegeben war, namentlich wenn
diese nicht Bürger der Stadt selbst waren. Es war deshalb als ein Fortschritt
zu betrachten, dass Markgraf Friedrich *Lpz. Urk. Buch Bd. I. Nr. 63.* am
20. August 1363 die Stadt mit dem von Thimo von Kolditz aufgelassenen
Marktzoll [1]) belehnte.

Die ausgedehnten Wirkungen der grossen Kirchenstrafen, namentlich
des Kirchenbannes auch für diejenigen, welche die mit diesen Strafen belegten
bei sich aufnahmen, mussten namentlich für einen Handelsplatz gefährlich sein,
der einen die damaligen Verhältnisse weit übersteigenden Verkehr hatte. Es war
deshalb für die Freiheit des Verkehrs in Leipzig nicht unwichtig, dass Papst
Martin V. am 26. Juli 1419 *Lpz. Urk. Buch Bd. I. Nr. 133. Barthel diplomat.
Lips. III. 40b.* mit gewissen Einschränkungen eine besondere Vergünstigung ertheilte, für den Fall, wenn Personen, die mit dem Kirchenbann belegt sind, nach
Leipzig kommen und daselbst sich aufhalten würden.

Derselbe Papst beseitigte am 31. Juli 1422 *Lpz. Urk. Buch Bd. I. Nr. 134.*
einige Beschränkungen dieses Privilegiums auf Bitten des Landgrafen von Thüringen und Markgrafen von Meissen Friedrich (des Streitbaren) und des Leipziger Rathes. [2])

Zur Entwickelung der municipalen Selbständigkeit Leipzigs trug der Um-

---

1) Der Fisch-, Härings- und Nusszoll verblieb aber zunächst noch als markgräfliches
Lehen in den Händen städtischer Familien. Später erwarb die Stadt auch noch die Budenzinsen
im Oster- und Michaelismarkte und gegen Ende des XIV. Jahrhunderts erhob die Stadt, mit
Ausnahme eines Theiles des Marktzolles, sämmtliche Bank- und Budenzinsen. *v. Posern-Klett
a. a. O. S. XVII.* Um 1388 beklagten sich einige Gäste des Leipziger Jahrmarktes, wahrscheinlich aus dem Vogtlande, darüber, der Leipziger Zöllner habe sie am Zolle übernommen. Dieser
bestritt das und der Leipziger Richter befrug die Schöppen der Stadt Leipzig, wie der Zöllner
hierfür den Beweis erbringen könnte. Die Schöppen erkannten auf Eidesleistung, da der Zöllner der Beschuldigte sei.
*Aus dem 1388 angelegten Stadtbuche der Rathsbibliothek zu Plauen mitgetheilt von Joh. Müller
in Plauen im Anzeiger für Kunde der deutschen Vorzeit. Jahrg. 1879. S. 262.*

2) Freilich war die Anwendung dieses Privilegiums keine ausnahmslose. Denn als die
päpstliche Bulle vom 20. April 1468 allen Handelsverkehr mit dem ketzerischen Böhmen (König
Georg von Podiebrad) verbot, wurden nicht nur am Tage der Veröffentlichung dieses Verbotes
in Freiberg am 21. August 1468 zwei in Freiberg ankommende, nach Böhmen handeltreibende
Kaufleute aus Nürnberg und Leipzig dort von den Kreuzigern festgenommen (*Hubert Ermisch:
Studien zur Geschichte der sächs.-böhm. Beziehungen 1468—71, im Neuen Archiv f. sächs. Geschichte
Bd. II. S. 12*, sondern Balthasar von Redern liess sogar bei der Neujahrsmesse 1469 einige
böhmische Kaufleute in Leipzig aufhalten. *Cod. dipl. Sax. reg. II. 11. 184.*

stand wesentlich bei, dass Churfürst Friedrich I. am 24. Juni 1423 *Lpz. Urk. Buch Bd. I. Nr. 135.* der Stadt die Gerichte (für 1500 Rhein. Gulden und unter Vorbehalt des Wiederkaufs) verkaufte.

Die Zugänge zu der Stadt Leipzig sind namentlich von Westen her durch die zahlreichen Flussläufe und das Inundationsgebiet derselben von Natur ziemlich erschwert. Um einen geordneten Verkehr zu ermöglichen, machten sich deshalb viele Brücken- und Strassenbauten nöthig, welche die Kräfte der Stadt selbst überschritten. Auf Bitten des Leipziger Rathes forderte deshalb Bischof Johann von Merseburg am 24. Juni 1434 *Lpz. Urk. Buch Bd. I. Nr. 181. nach Barthels*[1]) *diplomatar. Lips. II. fol. 159.* seine Diöcesanen zu milden Beiträgen auf für Herstellung von Brücken und Wegen in der Umgebung von Leipzig und ertheilte den Beitragenden einen 40tägigen Ablass.

Im Interesse einer gewiss sehr nöthigen Sicherung des Geldverkehres stellten die Landesherren das Geldwechseln auf den Messen unter die Controle ihrer Münzmeister. So befahl Herzog Wilhelm am 29. Sept. 1438 *Lpz. Urk. Buch Bd. I. Nr. 195. nach Barthels dipl. Lips. II fol. 195[b].* dem Rentmeister und dem Rathe zu Leipzig, die strenge Beobachtung der wegen Aufkauf und Verwechselung von Silber und Münze erlassenen Verbote vor Beginn und während der Dauer der Märkte durch Anschlag und öffentliche Verkündigung einzuschärfen.

Am 19. November 1438 belehnte Churfürst Friedrich II den Leipziger Bürger Conrad Brüser [Preusser] mit dem Fischzoll zu Leipzig. *Lpz. Urk. Buch Bd. I. Nr. 196.*

Auf den Befehl des Churfürsten Friedrich II. vom 8. August 1448 *Lpz. Urk. Buch Bd. I. Nr. 253.* an den Leipziger Rath, das unter Androhung schwerer Strafen erlassene Verbot des Besuchs der beiden neu aufgerichteten Jahrmärkte zu Magdeburg öffentlich bekannt zu machen, werden wir bei Besprechung der Streitigkeiten Leipzigs mit Magdeburg zurückzukommen haben.

Die Rechte der sogen. Sonnenkramer regelte ein Rathsbeschluss aus der Zeit vor 1450 *Stadtbuch fol. 51[b]. Lpz. Urk. Buch Bd. I. Nr. 265.*

Das Jahr 1458 bringt das erste Leipziger Mess-Privilegium. Denn wenn auch die bei dem Regierungsantritte der sächsischen Fürsten üblichen Bestätigungen [2])

---

1) Ueber den Stadtschreiber Barthel, gest. 28. Juli 1816, welcher ein 5 Foliobände (und 2 später gefertigte Registerbände dazu) füllendes diplomatarium Lipsiense (handschriftlich im Rathsarchiv) und einen mehrere Foliobände füllenden conspectus abfasste, sagt von Posern-Klett a. a. O. S. XIV. : »Barthel hat durch diese Arbeiten der wissenschaftlichen Erforschung der städtischen Geschichte nutzbringender vorgearbeitet, als die zahlreichen Leipziger Geschichtsschreiber und Topographen zusammen.« Leider ist der genannte conspectus, seitdem ihn von Posern-Klett im Jahre 1866 bei Herausgabe des Urkundenbuchs benutzte, aus dem Rathsarchiv spurlos verschwunden. Dagegen ist ein im Leipziger Rathsarchiv unter I. 22[b]. befindlicher Band handschriftliche *Vermischte Nachrichten von Leipzig besonders über die Justiz-Policey- und Wirthschaftsverwaltung auch Handel und Gewerbe älterer Zeiten,* offenbar ebenfalls von Barthel zusammengestellt, von Posern-Klett wohl nicht bekannt gewesen.

2) Bestätigung durch Churfürst Friedrich II. nach erfolgter Erbtheilung (mit seinem Bruder Herzog Wilhelm) 4. Febr. 1446. *Lpz. Urk. Buch Bd. I. Nr. 256.* — Aehnlich später durch Herzog Albrecht 1486, 1. Juli (wo? *nur im Registerband zu Barthel dipl. Lips. aufgeführt, ver-*

früherer der Stadt verliehener Privilegien so allgemein gehalten sind »haben zeugesagt, sie bie iren wilkuren freiheiten und gewohnheiten, als sie die bie unnsern voreldern seligen und uns bisheer redelichen haben gehabt und herbracht, bliben lassen und handhaben wollen....« dass man annehmen könnte, es seien auch Privilegien eingeschlossen, welche auf Märkte Bezug haben, so werden doch wenigstens in den nach 1466 folgenden Bestätigungen gewöhnlich einige besondere Privilegien speciell aufgeführt, von denen man annehmen darf, dass sie entweder besonders wichtig oder neu erworben waren. Meist sind es Privilegien, welche auf die Rechtspflege und die Bierschankverhältnisse Bezug haben. Da der Messen nirgends Erwähnung geschieht, kann man annehmen, dass bei diesen landesherrlichen Privilegienbestätigungen an die Messen nicht gedacht wurde.

Am 1. November 1458 verlieh Churfürst Friedrich II. *Lpz. R. U. Kasten 7. Nr. 2. Lpz. Urk. Buch Bd. I. Nr. 551 u. 552.* den Neujahrsmarkt.

Unzweifelhaft wurde durch diese Verleihung der Neujahrsmarkt erst ins Leben gerufen und nicht ein schon thatsächlich bestehender Markt nur rechtlich anerkannt und mit Privilegien geschützt. Es geht dies aus den Worten hervor: »haben.... wir.... vorliehen, das sie und ire nachkomen nu furbass mehr zeu ewigen zeyten alle iar ierlich eynen iarmarekt in derselben unser stad Lipzk uff den heiligen newen iarstag an zeugehn, der bestehende bleiben sal biss uff den heiligen dreyer Konige tag nebst darnag volgende den tag ganez uss....«

Es braucht dies unserer oben ausgesprochenen Ansicht über die Art der Entstehung der Ostermesse und der Michaelismesse durchaus nicht zu widersprechen. Leipzig war im Laufe der Zeit durch das Zusammenwirken günstiger Verhältnisse zu einem hervorragenden Handelsplatze und Messplatze geworden. Zahl, Zeit und Dauer der Messen waren wohl Dinge, deren Regelung durch landesfürstliche Gewalt möglich war. Der Churfürst Friedrich II. war sich auch nicht nur dessen bewusst[1]), sondern war auch von den wohlthätigen Wirkungen seiner Anordnung für die Stadt Leipzig überzeugt: »darumb, das sie sich gebessern, auch in gedyen und guten stand kommen, sich uss schulden entheben und uns und unsern erben furtmehr zeu dyenen desto bereyter und williger werden mogen.«

Durch den Text der Urkunde sind wir aber auch in die Lage gesetzt, die Richtigkeit unserer Ansicht über den Ursprung der Ostermesse und Michaelismesse beweisen zu können: »Hie mit sollen die iarmerekte, die sie vormals ierlich in unser stad Lipezk gehabt und gehalten haben, nicht abgestalt sin, sundern iren furgang haben und creftig sin und bliben, in massen die herkommen sint und sie herbracht haben ane geuerde.«

---

muthlich im verlorenen conspectus), Herzog Moritz 21. Sept. 1541 *Barthel dipl. Lips. IV. 155*, Churfürst August 21. Aug. 1553 a. a. O. *III. 202ᵇ*, Christian I. 1. Oct. 1586 a. a. O. *III. 215*, Johann Georg IV. 12. Mai 1693 a. a. O. *V. 67*, Friedrich August 31. Dec. 1694 a. a. O. *V. 74*.

1) Das Privilegium von 1458 ist ein deutlicher Beweis dafür, dass von Posern-Klett's oben angeführte Anschauung über die Wirkungen der Fürstengewalt zu einseitig gegen die Uebertreibungen der entgegengesetzten Meinungen reagirt.

Es wird also hier ausdrücklich das »Herkommen« als Ursprungsart der Messen bezeichnet [1]) und man kann sicher sein, dass, wenn ein auf die Oster- und Michaelismesse bezügliches Privilegium bisher vorhanden gewesen wäre, dies bei dieser Gelegenheit Erwähnung gefunden hätte.

Das landesherrliche Privilegium von 1458 war auch die erste Veranlassung zur Verleihung der kaiserlichen Privilegien. Denn nach dem Tode des Churfürsten Friedrich (des Sanftmüthigen) 1464 erbaten und erhielten dessen Söhne und Nachfolger, die Herzöge Ernst und Albrecht, vom Kaiser Friedrich III. im Jahre 1466 eine Bestätigung des Privilegiums der Leipziger Neujahrsmesse, woran dann 1497 und 1507 sich die kaiserlichen Privilegien aller drei Leipziger Messen anschlossen (vergl. den Abschnitt: Kaiserliche Privilegien).

Bis zur Erlangung der letzteren geschah noch Manches durch die Landesherren zur Förderung der Leipziger Messen.

Dass noch Churfürst Friedrich der Sanftmüthige, offenbar im Zusammenhange mit der Verleihung von 1458 und aus denselben Gründen wie bei dieser, der Stadt Leipzig am 15. April 1464 gestattete, von fremden Kaufleuten einen Schlegeschatz von 3 Pfennigen von jedem Schock statt des bisherigen einen Pfennigs, welcher von den Inländern fort erhoben wurde, zu erheben, kann allerdings kaum als eine Förderung der Messen betrachtet werden. Doch ist die Urkunde [2]) Lpz. Urk. Buch Bd. I. Nr. 374. insofern wichtig für die Kenntniss der damaligen Handelszustände in Leipzig, als sie nicht blos wie ältere Urkunden indirect, sondern nun auch direct das Vorhandensein der »Niederlage« [3]) in Leipzig bestätigt und den lebhaften Besuch der Leipziger Messen auch durch Ausländer, d. h. solche, die »ausserhalb unnsers lieben bruders unnd unnser furstenthumb wonhaft« sind, durch die Worte: »nach dem bey inen in unser stadt ein gemein niderlage ist unnd dry iarmarekt, dohin zu seiner zeidt vill volekes unnd ausslendischer Koufflewt komen...«

Nach dem Tode des Churfürsten Friedrich II. hatten die Herzöge Ernst und Albrecht den dritten Pfennig vom Schock ausländischer Waaren für sich eingezogen. Am 2. März 1470 Barthel dipl. Lips. III. 160. und Lpz. Urk. Buch Bd. I. Nr. 450. verkauften sie jedoch diesen dritten Pfennig an die Stadt Leipzig für 6000 Rhein. Gulden und gestatteten (während Friedrich II. die Genehmigung nur »bis uff unnser widerruffen« ertheilt hatte) die Erhebung unwiderruflich.

---

1) In der Literatur über den Ursprung der Leipziger Messen hat man auffälligerweise auf diesen Passus der obengenannten Urkunde nirgends Bezug genommen. Wenn auch der Verfasser der Pragmatischen Handelsgeschichte S. 37 dieselbe vorübergehend erwähnt, so scheint doch ihm ebensowohl wie Zacharias Schneider der Wortlaut der Urkunde unbekannt gewesen zu sein.

2) Auch bei Barthel dipl. Lips. III. 142. Abschrift einer im Jahre 1682 gefertigten beglaubigten Abschrift des im Sächs. Oberhofgerichte befindlichen Originals. Das Urkundenbuch folgt dem etwas abweichenden Texte des Leipziger Copialbuchs I. 5.

3) Vom Verfasser dieses auf die betreffenden Acten des Leipziger Rathsarchives aufmerksam gemacht, hat inzwischen Herr Professor K. Biedermann in Leipzig dieselben benutzt zu einem Aufsatz: »Das Stapelrecht, seine höchste Blüthe und sein allmählicher Verfall« in Dr. Eduard Wiss: Vierteljahrsschrift für Volkswirthschaft. Bd. LXXII. 1881. S. 1—21.

Offenbar in Veranlassung der Verleihung Churfürst Friedrich's vom 15. April
1464 wurde noch im Jahre 1464 eine Commission von 6 Rathsmitgliedern niedergesetzt: »die die rete dorobber gesaczt haben, wie man den geringen slegeschacz
vom schocke einen pfennig vollichir irlangen moge, denne hess alher geschehen ist«.

Das Gutachten dieser Commission, sowie der Tarif der Abgaben von den
Kaufmannswaaren und Handelsartikeln, welcher daraufhin, vermuthlich eben-
falls noch im Jahre 1464 festgesetzt wurde, finden sich *Lpz. Urk. Buch Band I.
Nr. 383 und 384.* Der Tarif ist im Wesentlichen eine Uebertragung des principiell
ausgesprochenen Werthzolles (vom »Schock« 3, bezw. 1 Pfennig) auf Stück oder
Gewicht.

Eine Maassregel, welche allerdings nur auf den einheimischen Handel, nicht
auf die Messen Bezug hatte, war der Rathsbeschluss vom 22. Januar 1466. *Lpz.
Urk. Buch Bd. I. Nr. 397.*: »das nu hinforder eyn iczlicher burger unde burger-
ynne in sinem husse allir ley cramerye feile haben mag, ap ouch der addir die
in den kramen nicht hussir hetten, unde die Kremer sollin ouch nymants, der
anderss burgir ist, dorin haldin noch daran vorhindern.«

Am Freitag in der Pfingstwoche 1467 ertheilten Churfürst Ernst und sein
Bruder Herzog Albrecht von Sachsen den Nürnberger Kaufleuten, welche
durch Sachsen reisen würden, einen Schutzbrief, welcher diesen selbst in Kriegszeiten und sogar im Kriegsfalle mit Nürnberg selbst Schutz und sicheres Geleit,
sowie Rechtsbeistand zusicherte. Auch im Falle der Kündigung solle der Schutzbrief noch ein Vierteljahr Gültigkeit haben. Wenn auch die Leipziger Messen
auffälliger Weise in der Urkunde *Lpz. R. Urk. Kasten 7. Nr. 4.* nicht erwähnt
werden, so waren sie doch ohne Zweifel die Veranlassung zu dieser Maassregel.

Bei der Wichtigkeit des eigenen Handels der Leipziger Bürger[1])
für die Entwickelung des Messverkehrs mögen auch noch einige andere Urkunden Erwähnung finden, welche sich auf diesen beziehen.

Dahin gehören namentlich die Verträge, welche der Leipziger Rath vor dem
Ostermarkt 1469 *Lpz. Urk. Buch Bd. I. Nr. 426.* mit auswärtigen Tuch-
machermeistern (aus Zwickau und Rochlitz) und mit Färbern wegen ihrer
Uebersiedelung[2]) nach Leipzig abschloss, um dadurch das Handwerk der
Tuchmacher aufzubringen, sowie vor Allem die Kramerordnung vom 4. März
1481 *Lpz. Urk. Buch Bd. I. Nr. 526.*, auch die Polizeiordnung vom Jahre 1454.
Barthel, Verm. Nachrichten von Leipzig Bl. 1., sowie einige der Gemeinde am
3. Oct. 1556 publicirte, auf Markt-, Münz-[3]) und Fremdenwesen bezügl. Polizei-

---

[1]) Die wenigen Nachrichten, welche über den eigenen Handel der Leipziger Bürger vor
1500 vorhanden sind, hat von Posern-Klett a. a. O. S. XXVII ff. zusammengestellt.

[2]) Wegen der Ansiedelung Niederländischer Tuchmacher und Handelsleute in Leipzig im
XV. und XVI. Jahrhundert vergl. *Falke, Geschichte des deutschen Handels Bd. I. S. 137. Bd. II.
S. 55*, und *Barthel, Verm. Nachrichten. Bl. 21 u. 225.*

[3]) Aus Nachrichten über eine Gewichtsrevision zu Leipzig im Jahre 1518 geht hervor, dass
der Leipziger Centner mit dem Nürnbergischen übereinstimmte. *Anzeiger für Kunde der
deutschen Vorzeit, Jahrg. 1882. S. 175.* Ueber Normalgewichte des Churfürstenthums
Sachsen von 1585 vgl. *Anzeiger Jahrg. 1877. S. 140 ff.*

Verfügungen. *Barthel, Verm. Nachr. Bl. 22/25*, endlich die Polizei-Verordnung über die Kleidung der Handelsleute und Handelsdiener vom Jahre 1612. *Lpz. Landtagsacten de ao 1612. Vol. XII. Bl. 49 ff.*

II.

Kaiserliche Privilegien der Leipziger Messen sowie des Stapels und der Niederlage.

In dem Abschnitt über den »Ursprung der Leipziger Messen« haben wir gesehen, dass diese, im Gegensatz zu anderen Messplätzen, keineswegs durch kaiserliche, päpstliche oder landesherrliche Privilegien erst ins Leben gerufen worden sind. Niemals aber würden die Leipziger Messen im XVI. bis XVIII. Jahrhundert ihren Zweck haben erfüllen oder sich zu dem, was sie geworden, entwickeln können, wenn sie nicht Bestandtheile des öffentlichen Rechtes geworden wären.

Zumal im XVI. und XVII. Jahrhundert verlangte man in Deutschland von jeder thatsächlichen Einrichtung, wenn sie Bestand haben und unangefochten sein wollte, dass sie sich mit öffentlichrechtlichen Formen umgab. Und bei den eigenthümlichen Verfassungsverhältnissen jener Zeit in Deutschland musste es auch natürlich erscheinen, dass die Quelle des öffentlichen Rechtes in einem angemessenen Verhältniss stand zu dem Wirkungskreis und der Machtsphäre der fraglichen Einrichtung. Es war deshalb auch für Märkte nicht gleichgültig, ob die sie schützenden Rechte ihren Ursprung bei dem Papste, dem Kaiser, dem Landesherren oder gar nur der Gemeindeobrigkeit fanden. Gewiss war man sich im Anfange des Unterschiedes zwischen Messen und Märkten nicht bewusst, wie ja beide Ausdrücke selbst noch Ende des XVI. Jahrhunderts auch für die Leipziger Messen abwechselnd gebraucht werden. Im Wesentlichen entwickelten sich aber diejenigen Märkte, welche vom Kaiser oder vom Papst privilegirt waren, zu dem, was man im XVIII. Jahrhundert ausschliesslich als »Messen« bezeichnete [Ausnahme Braunschweig, *vergl. Leipzigs Streitigkeiten mit Braunschweig*], während landesherrlich privilegirte Märkte zu dem wurden, was man »Jahrmärkte« nennt. Die »Wochenmärkte« leiten ihr Recht bald vom Landesherrn, bald von der Gemeindeobrigkeit ab.

Unter diesen Gesichtspunkten gewinnt die Entwickelung der Leipziger

---

Eine Registratur »aus der Waage« vom 30. August 1712 besagt: »Das hiesige scharfe Gewichte wird zu nichts anderem gebraucht, als zum Fleische, Talge, Butter und Speck und hat ein Centner solch scharfer Gewichte einhundert und zwei Pfund. Ein Centner in Wien, der 100 Wienerische Pfunde hat, thut allhier in Leipzig nach dem scharfen Fleischergewichte einhundert und zwölf Pfund«. *Lpz. R.A. XVIII. I'. Waage Sachen. Vol. V.*

Messprivilegien Interesse auch für die Bedeutung und das Schicksal der Messen selbst.

In der nachfolgenden Tabelle geben wir eine Uebersicht über die kaiserl. Privilegien:

Kaiserliche Privilegien der Leipziger Messen nebst Stapel und Niederlage.

Friedrich III. (1440—1493). 1466. 29. Januar d. d. Neustadt *Lpz. R. U. VII. 5. Urkundenb. d. St. Lpz. I. N. 598. Pragm. Hdlsgesch. S. 57.*

Maximilian I. (1493—1519). a) 1497. 20. Juli d. d. Worms. *Lpz. R. U. VII. 13. Pragm. Hdlsgesch. S. 50. Lpz. Ordnungen I. Marperger S. 213 ff.* b) 1507. 23. Juni d. d. Constanz (6 Monate Interregnum). *Lpz. R. U. VII. 15. Pragm. Hdlsgesch. S. 54. Lpz. Ordnungen I. Marperger S. 213 ff.*

Karl V. (1519—1556). a) 1521. 11. Febr. d. d. Worms. *Lpz. R. U. VII. 25. Lpz. Ordnungen I. Marperger S. 213 ff.* b) 1547. 15. Oct. d. d. Augsburg. *Lpz. R. U. VII. 54. Lpz. Ordnungen I. Marperger S. 213 ff.*

Ferdinand I. (1556—1564). 1559. 15. Dec. d. d. Wien. *Lpz. R. U. VII. 58. Lpz. R. A. XLV. A. 1^b. Bl. 1—19.*

Maximilian II. (1564—1576). ?

Rudolf II. (1576—1612). 1581. 7. Dec. d. d. Wien. *Lpz. R. U. VIII. 1*

Mathias (1612—1619). 1613. 22. Febr. d. d. Wien. *Lpz. R. U. VIII. 8.*

Ferdinand II. (1619—1637). 1620. 9. Oct. d. d. Wien. *Lpz. R. U. VIII. 10.*

Ferdinand III. (1637—1657). 1638. 5. März d. d. Wien. *Lpz. R. U. VIII. 12. Separatdruck von 1651 (Leipzig b. Timotheo Ritzschen).* 15 Monate Interregnum.

Leopold I. (1658—1705). 1659. 11. Juli d. d. Wien. *Lpz. R. U. VIII. 17. Marperger S. 213 ff. Separatdruck von 1660 (Leipzig. b. Timotheo Ritzschen).*

Joseph I. (1705—1711). 1706. 4. Mai d. d. Wien. *Lpz. R. U. IX. 12.*

Karl VI. (1711—1740). 1712. 23. Dec. d. d. Wien. *Lpz. R. U. IX. 25.* (15 Monate Interregnum) Churfürst August von Sachsen als Reichsvikar: 1742. 5. Jan. d. d. Dresden. *Lpz. R. A. XLV. A. 5. Bl. 40.*

Karl VII. (1742—1745). vacat. *Lpz. R. A. XLV. A. 5. Bl. 50.* [8 Monate Interregnum] Churfürst August von Sachsen als Reichsvikar: 1745. 20. Aug. d. d. Dresden. *Lpz. R. A. XLV. A. 5. Bl. 59.*

Franz I. (1745—1765). 1750. 26. Mai d. d. Wien. *Lpz. R. A. XLV. A. 4. Bl. 221—226.*

Joseph II. (1765—1790). 1770. ? August *Lpz. R. A. XLV. B. 24.*

Leopold II. (1790—1792). ?

Franz II. (1792—1806). ?

Es ist recht bezeichnend, dass das erste kaiserliche Privilegium, dasjenige Friedrich's III. von 1466, sich nur auf die Leipziger Neujahrsmesse bezieht. Diese als die jüngste (1458 begründet) bedurfte am meisten des kaiserlichen Schutzes. Die schon Jahrhunderte lang in Uebung stehenden Oster- und Michaelismessen liessen erst dann kaiserliche Privilegien (1497) nöthig erscheinen, als sie in Concurrenz mit anderen Messplätzen traten.

Die äussere Veranlassung zur Verleihung des kaiserl. **Privilegiums vom Jahre 1466** ergiebt sich aus der Urkunde selbst. Es heisst dort **in der Einleitung:** »Wir Friedrich etc. römischer Kaiser etc. thun kund mit diesem Briefe, **dass uns** . . . . . Albrecht[1]) Herzog zu Sachsen, Landgraf in Thüringen und **Markgraf zu Meissen** . . . . . hat gebeten, dass wir . . . . . Ernsten[2]), des heil. röm. Reichs Erzmarschall, Herzog, Landgraf und Markgraf der obgenannten **Lande** . . . . . seinem Bruder und ihm den Jahrmarkt in ihrer Stadt Leipzig, der sich auf den neuen Jahrestag anhebt und acht Tage nach einander währet... zu bestätigen geruhten; . . . . . wie denn solcher Jahrmarkt in derselben ihrer Stadt **bisher** gehalten worden ist« . . . . .

Diejenigen, welche die Herzöge Ernst und Albrecht (nicht **andere** Personen!) im Besitz und in Ausübung dieses Marktes hindern würden, werden mit »**unser und des Reichs schwerer Ungnade und dazu einer Pön von 50 Mark löthigen Goldes**« bedroht, welche Strafe halb der Reichskammer, halb den Landesherren verfallen soll.

Bei späteren Berufungen pflegte die Stadt Leipzig fast niemals[3]) auf das Privilegium Kaiser Friedrich's III. von 1466 Bezug zu nehmen. Traten doch an die Stelle desselben weit wichtigere, weil allgemein auf alle **drei** Messen bezügliche und noch mit anderweiten Gerechtsamen verbundene Privilegien.

Veranlasst durch die Streitigkeiten zwischen Leipzig und Halle [*vergl. dieselben*] gelang es der Stadt Leipzig, durch Vermittelung des Markgrafen Albrecht (des Beherzten) vom Kaiser Maximilian I. das Privilegium vom 20. Juli 1497 zu erlangen. Das Original desselben findet sich *Lpz. R. U. Kasten 7. No. 15.* Es »erneuert, confirmirt und bestätigt« die drei Leipziger »Jahrmärkte«, »nämlich eines jeden Jahres einen auf den Sonntag **Jubilate** anzufangen und bis auf den Sonntag **Cantate** nächst danach währende, den andern auf den **nächsten Sonntag nach St. Michaelis** anzufahen, und acht Tage die nächsten danach währende, und den dritten auf den heiligen **Neuen Jahrstag** anzuheben und auch die nächsten acht Tage danach folgende zu währen.« Wie das Privilegium von 1466 gewährt auch dieses »allen und jeglichen Personen, so die vorgemeldeten Jahrmärkte mit ihren Kaufmannschaften, Haben und Gütern besuchen« kaiserlichen Schutz. Eine wichtige Neuerung ist es aber, dass »den berührten ihren Jahrmärkten zu gefährlichen Abbruch und Nachtheil weder in Städten noch **Flecken daselbst** um in den Bissthümern Magdeburg, Halberstadt, Meissen, Merseburg und Naumburg gelegen durch Jemand, wer der oder die wären,

---

1) Albrecht der Beherzte, Stammvater der albertinischen Linie, regierte 1485—1500 in Meissen.

2) Ernst, Stammvater der ernestinischen Linie, regierte in Meissen 1464—1485.

3) Es geschah dies jedoch z. B. 1659, 2. Nov. in einem Gesuch des Leipziger Rathes an den Churfürsten um landesherrl. Intercessionalien beim Kaiser im Interesse erneuter Bestätigung des Privilegiums. »Ew. Ch. Durchl. ist . . . . wissend, was gestalt vom Kaiser Friderico dem III. sonderlich aber Maximiliano dem I. auf Ew. Ch. Durchl. Vorfahren . . . . . Intercession und in Ansehung der dem heil. röm. Reich geleisteten getreuen Dienste, Ew. Ch. D. Erbstadt Leipzig mit einem . . . . . **Markt-** Niederlags- und Stapel-Privilegio begnadet«....

keine neue Jahrmärkte noch Freiheiten erworben, aufgericht noch gebraucht werden sollen.« Denen sowohl, die den Herzog Albrecht und dessen Erben sowie den Bürgermeister, die Räthe und Gemeinde zu Leipzig am Gebrauch des Privilegiums hindern, als auch denen, welche sich an den Besuchern der Messen vergreifen, wird gedroht, »als lieb einem Jeglichen sei unser und des Reichs Gnade und Strafe und Verlierung der Pönen in den vorausgegangenen Privilegien über solche Jahrmärkte sagend begriffen, und dazu eine besondere Pön, nämlich 50 Mark löthiges Gold, zu vermeiden.«

Streitigkeiten mit Erfurt [vergl. *dieselben*] führten zu einem fernerweiten Fortschritt, nämlich zur Ertheilung des wichtigsten Messprivilegiums[1] an Leipzig. Es ist dies dasjenige des Kaisers Maximilian I. vom 23. Juni 1507. Das Original findet sich *Lpz. R. U. Kasten 7. No. 15.* Auf Ansuchen des Markgrafen von Meissen Georg (des Bärtigen) wird darin nicht nur das Privilegium von 1497 allenthalben bestätigt, sondern »wir thun geben und erweitern ihnen die [diese Privilegien] auch von römischer königlicher Macht-Vollkommenheit wissentlich in Kraft dieses Briefes, als dass sie zusammt Gebrauchung solcher jetztgemeldeter Jahrmärkte und Freiheiten, auch in der gemeldeten Stadt Leipzig Niederlage und Stapel mit grosser und kleiner Waare haben und alle und jegliche Gnade, Freiheiten und Rechte dazu gebrauchen und geniessen, die andern Städte so dergleichen Niederlage und Stapel haben, gebrauchen und geniessen von Recht und Gewohnheit; dazu, dass auch nun hinfüro kein Jahrmarkt, Messe oder Niederlage inner fünfzehn Meilen gerings um die obbestimmte Stadt Leipzig soll aufgerichtet und gehalten werden in keinerlei Weise.«

Der den Messen gewährte Reichsschutz sollte sich auch nicht mehr blos auf die Besucher der Messen beschränken, sondern das Privilegium bestimmte auch: »dass auch die Strassen durch alle Lande unseres römischen Reichs zu und von angezeigten Märkten und Niederlagen durch keinerlei Sache, wie sich die begeben möchte, nicht versperret, desgleichen die Waaren und Güter, so zu und von bestimmten Märkten und Niederlagen geführet und getrieben wird, nicht sollen aufgehalten, verhindert und rechtlich arrestirt werden.«

Die Uebertreter des letzteren Verbotes werden ausdrücklich damit bedroht, »dass dieselben mit der That (also ipso facto) in Unser und des Reichs Acht und Aberacht und anderer Pönen, Strafe und Busse in gemeinem unserm Landfrieden begriffen, gefallen sein sollen.«

Wie beim Privilegium von 1497 soll auch bei dem von 1507 die gegen Verletzung des Privilegiums im Allgemeinen angedrohte Pön von 50 Mark löthigen Goldes »halb in Unser und des Reichskammer und den andern halben Theil dem gemeldeten Unserm Oheim, Herzog Georgen, auch dem berührten Rath von Leipzig . . . . verfallen sein.«

---

[1] Am 21. Mai 1511 d. d. München gab Kaiser Maximilian dem Churfürsten Friedrich und dem Herzog zu Sachsen die Erklärung ab, dass die der Stadt Leipzig 1507 ertheilten Vergünstigungen den Privilegien der Sächs. Fürstenhäuser nicht nachtheilig sein sollen. *Lpz. Urk-VII. No. 16 und Acta XLV. B. 5. Bl. 212—215.*

Die letztere Bestimmung wurde durch ein Patent des Kaisers Maximilian I. d. d. Wien 7. November 1517 (*Lpz. R.A. XLV. A. 2. Bl. 56.*) dahin abgeändert, dass die Hälfte der 50 M. löthigen Goldes, welche der Reichskammer verfallen war, dem Herzog Georg zu Sachsen, seinen Erben und Nachkommen zufallen sollte, »also dass sie an Unser statt und in unserem Namen die gedachte Pön der 50 Mark löthigen Goldes zum halben Theile, so oft die wissentlich verwirkt würde, erfordern einnehmen und in ihren eignen Nutz wenden sollen.«

Die andere Hälfte wurde von der Stadt Leipzig bezogen.[1]) In den Privilegien von 1497 und 1507 war zwar über die andere Hälfte der Art disponirt: »den anderen halben Theil dem genannten unserm Oheim Herzog Albrechten [Georgen] auch dem berührten Rath von Leipzig zu bezahlen.«[2]) Das Patent von 1517 nimmt aber bereits an, dass die andere Hälfte nur an den Leipziger Rath zu zahlen sei, indem es die Bestimmung von 1517 dahin recapitulirt: »eine Pön, nämlich 50 M. l. Goldes halb in unsere kaiserliche Kammer und den andern halben Theil den Gedachten von Leipzig unerlässlich zu bezahlen.«

Der Sinn der Maassregel war unzweifelhaft der, dass die Strafe zwar die Qualität einer kaiserlichen und Reichsstrafe behalten aber von denen vollstreckt werden soll, welche an dem Privilegium ein Interesse hatten.

Die kaiserlichen Privilegien von 1497 und 1507 blieben allezeit das Fundament der Rechtsverhältnisse der Leipziger Messen. Was später folgte, waren nur Formalitäten, welche an dem Wesen der Sache wenig mehr änderten. Auf die Privilegien Maximilian's pochte[3]) Leipzig bei jeder Gelegenheit. Und dass es an solchen Gelegenheiten nicht fehlte, werden wir an anderer Stelle (*Leipzigs Streitigkeiten mit benachbarten Städten*) sehen.

Zur Zeit der Verleihung der Privilegien selbst betonte man freilich mehr die Seite der Sache, dass durch die Privilegien factisch kein neuer Zustand geschaffen worden, der längst bestehende Zustand nur mit einem neuen Rechtsschutz umgeben worden sei. Und so war es in der That. Denn nicht nur die kaiserlichen Messprivilegien waren, wie wir gesehen haben, nur Bestätigungen bereits vorhandener landesherrlicher Privilegien und noch älterer factischer Zustände, sondern auch bezüglich des Stapelrechts oder Stapelprivilegiums darf man den gleichen Vorgang annehmen, wenn auch über ein älteres landesherrliches Stapelprivilegium nichts actenkundig ist. Für das Vorhandensein eines solchen schon im Jahre 1488 sprechen aber zwei von *Barthel: Vermischte Nachrichten von Leipzig, Bl. 40 u. 40ᵇ* angeführte Rathsbeschlüsse. Und

---

1) Vergl. z. B. einen Fall im Jahre 1699 *XLV. B. 1. in Aeussere Geschichte.*

2) Am 12. Januar 1715 wurde Leipzig von der Berechnung der Stapelstrafen entbunden. *Lpz. R.Urk. Kasten 9. Nr. 26.*

3) Die stehende Formel für derartige Berufungen war: »Wir stellen ausser Zweifel es werde . . . . vorhin bekannt sein, was für ein herrlich Markt- Stapel- und Niederlagsprivilegium der allerlöblichste Kaiser Maximilianus I. glorwürdigsten Gedächtnisses hiesiger Stadt ertheilet, welches auch von den folgenden römischen Kaisern und noch zuletzt von der jetzigen röm. Kaiserl. Majestät . . . confirmiret worden«. Z. B. in dem Insinuationsschreiben v. 28. Oct. 1654. *Lpz. R.A. XLV. A. 4.* und an vielen anderen Orten.

zwar muss es Leipziger Bürgern verboten gewesen sein, ausserhalb Leipzigs in anderen innerhalb des Bannkreises des Stapelzwanges gelegenen Orten »Niederlagen«, also Filialgeschäfte zu errichten.

Am 7. Juli 1488 fasste nämlich der Rath folgenden Beschluss: »Nachdem der Rath Wilbalt Pergersdorffern und etzlichen anderen Kauffleute die Inläger allhier halten, unsers gnädigen Herrn Schrift und Brief vorgehalten und darneben erzalt, dass Seine Gnaden nicht leydelich were, dass sie Inläger zu Halle, Nůmburg und anders wuhr halten sollten, und wellich solich leger nicht abstellen wurde, dass dem hinfür die merckte zu besuchen nicht gestat werden solte, und In allen darauss frist und zil gegeben bis uff Petri und Pauli; alss ist Wilbalt nach verschiener Zeit kommen vor den Rath und erzelt, dass her sein sach nicht also ordnen möge, nachdem er eyn eygen Hauss zu Halle hett, dass her dass lager daselbss und seinen Handel mocht nachlassen, also hat Im der Rath darauff sein Burgerrecht aufgesaget und darneben gesaget, dass er sich nach Laut unssers gnäd. Herrn Briffe u. Meynung halde und sich misse von Schaden zu bewaren«.

Einen ähnlichen Beschluss fasste der Rath am 6. Sept. 1488 in Bezug auf Veyt Wideman, welcher Niederlagen zu Halle und Naumburg errichtet hatte, ebenfalls unter Bezugnahme auf die »Schrift unsers gnädigsten Herrn«.

Wahrscheinlich bestand aber das Leipziger Niederlagsrecht schon damals länger als 100 Jahre. *Barthel a. a. O. Bl. 70[b] und 110[b]* spricht nämlich schon in den Jahren 1380 und 1395 von »Zoll und Niederlage« und von »Zoll oder Niederlage« und erzählt nach den von ihm gefundenen Actenstellen: »Zoll von der Niederlage, davon besass den halben Theil[1]) als ein landesherrliches Lehn Heinrich von der Pessin (Pössna) und vermachte solchen nach seinem und seines Sohnes Ciriacus von der Pessin Tode dem Rathe zu Leipzig zur Wegebesserung«.

Es war freilich eine gewiss nicht unbewusste theilweise Unwahrheit, wenn man auch in Bezug auf das Stapel- und Niederlagsrecht bereits am 9. Mai 1514 von Päbstlichen Bestätigungen sprach, während eine solche erst am 8. Dec. 1514 erlangt wurde. In einer Publication des Leipziger Rathes vom 9. Mai 1514 (*vermuthlich gleichzeitiges gedrucktes Plakat mit inserirtem Privilegium von 1507 Lpz. R.A. XLV. A. 1[d]. Bl. 26*) des Privilegiums von 1507 heisst es nämlich: »Wir Bürgermeister und geschworene Rathmanne der Stadt Leipzig . . . . fügen zu wissen, dass, wie wohl wir und bemeldete Stadt Leipzig unter andern vielfältigen Privilegien und Freiheiten mit droien Jahrmärkten des Jahres Stapeln und Niederlagen gnädigst versehen und über solche Jahrmärkte und Niederlage manigfaltige Päbstliche, Kaiserliche, Königliche, Churfürstliche

---

1) Der halbe Theil betrug jährlich 9 Schock. Heinrich und Ciriacus von der Pessin hatten den Zoll vom Landesherrn »um ihr Geld gekauft«. Heinrich oder Hennig von der Pessin oder von der Pezno kommt auch zuweilen unter dem Namen Heintz von Betz vor, zuerst vor 1350. Er und sein Sohn waren Leipziger Rathsverwandte. Ciriacus starb als Bürgermeister oder Proconsul, wie der vorsitzende Rath oder Consul damals genannt wurde, und kommt zuletzt 1401 vor.

und Fürstliche Bestätigungen [1]) gnädige und genügsame Verschreibungen
und beständige Siegel und Briefe lange Zeit gehabt und noch haben, über das
berührte Jahrmärkte eines Theils vor Alters und weit über Menschen Gedenken
in gemeldeter unserer Stadt Leipzig gewesen sein. Doch so hat . . . Herr Georg,
Herzog zu Sachsen . . . . über dieselben drei Jahrmärkte Stapel und Niederlage
noch eine merkliche und treffliche Befreiung, Privilegium und Begnadigung von
dem . . . . Herrn Maximiliano der Zeit römischer König und jetzo erwählten römischen Kaiser . . . . erlangt . . . dieses Lauts« (NB. folgt das Privil. von 1507).

In dem Privilegium von 1497 war die Anlage neuer Jahrmärkte »daselbst
um in den Bissthümern Magdeburg, Halberstadt, Meissen, Merseburg und
Naumburg« verboten worden. [Die Aufführung des eigenen herzoglichen Ge-
bietes um Leipzig hielt man wohl nicht für nöthig, wenn nicht dasselbe mit der
allgemeinen Bezeichnung »daselbst um« getroffen werden sollte]; in dem Privilegium von 1507 waren zwar die Bisthümer nicht wieder genannt worden, sondern es hiess allgemein »dass hinfüro kein Jahrmarkt, Messe oder Niederlage inner fünfzehn Meilen gerings um die obbestimmte Stadt Leipzig soll aufgerichtet und gehalten werden«. Doch betraf dieser Umkreis von 15 Meilen eben
zumeist das Gebiet jener Bisthümer. Es lag deshalb nahe, als Streitigkeiten mit
benachbarten Stiftsstädten entstanden, die Bestätigung der Leipziger Privilegien auch beim Papste zu erwirken. Der Leipziger Rath, unterstützt von Herzog
Georg, erlangte auch wirklich vom Papst Leo X. eine Bulle d. d. 8. December
1514 (Lpz. R.U. VII. 17. 18 und 19. abgedr. in Pragm. Hdlsgesch. S. 64—69),
durch welche die Privilegien Maximilians I. von 1497 und 1507 nach allen Richtungen hin bestätigt wurden.

Nachdem diese päpstliche Bestätigung in dem Streite mit Naumburg (s. den-
selben) ihre guten Dienste geleistet hatte, findet dieselbe später niemals wieder
Erwähnung. Es ist dies bemerkenswerth, da der Leipziger Rath sich des die
Grenzen Deutschlands überschreitenden internationalen Characters (in welchem
Falle sonst gern auf päpstliche Privilegien Bezug genommen wurde) der Leipziger
Messen wohl bewusst [2]) war. Vielleicht hängt dies mit dem späteren ausgeprägt
protestantischen Character Leipzigs zusammen.

---

1) In einer anscheinend aus dem Jahre 1557 stammenden Abschrift (XLV. A. 1°. Bl. 1.)
dieser Publication vom 9. Mai 1514 fehlen auffälliger Weise die Worte »Päbstliche — Fürstliche«. Sollte man eingesehen haben, dass man zuviel behauptet hatte? Die Bezugnahme auf
nicht vorhandene Privilegien (vergl. Streit mit Braunschweig) war aber damals nichts Unge-
wöhnliches. Es erklärt dies auch die sonst auffälligen häufigen Zweifel der Gegenpartei, sowie
den Umstand, dass bei wichtigen Gelegenheiten man sich nicht einmal bei beglaubigten Abschriften begnügte. Vielmehr mussten z. B. die Leipziger Privilegien häufig im Original
durch Rathspersonen am Kaiserlichen bezw. Churfürstlichen Hofe vorgelegt werden. z. B. XLV.
A. 5. Bl. 39.

2) z. B. in einer Denkschrift des Leipziger Rathes vom 28. Febr. 1716 an den Landesherrn:
»dabei fast ganz Europa Ew. Kgl. Maj. und Churf. Durchlaucht gleichsam contribuabel werden
muss« Lpz. R.A. XLV. A. 10. Bl. 102ᵇ. In dieser Denkschrift werden auch [allerdings nicht
vollständig] die Messprivilegien angeführt, aber auch hier wird der päpstlichen Bestätigung
keine Erwähnung gethan.

Wie bereits erwähnt, haben die späteren Bestätigungen der Privilegien durch die Nachfolger Maximilian's I. dem Inhalte der Privilegien wenig hinzugefügt. Nur die Bestätigung durch Karl V. vom 11. Februar 1524 macht einen ausdrücklichen Zusatz, der aber mehr als authentische Interpretation gelten kann.

Wie wir aus der Einleitung zu der Bestätigungsurkunde von 1547 erfahren, hatte der Herzog Georg die Gelegenheit des Reichstages zu Worms benutzt, um von dem Kaiser Karl V. am 11. Febr. 1524 eine Bestätigung der Privilegien Maximilian's I. (auf das Friedrich's III. wird schon jetzt nicht mehr Bezug genommen) zu erwirken. Die Urkunde recapitulirt den vollen Inhalt des Privilegiums von 1507, macht aber, abgesehen von Formalitäten, folgende zwei Zusätze: »und ihnen dazu diese sondere Gnade und Freiheit gethan und gegeben, also dass zu der Zeit, so die obbestimmten 3 Jahrmärkte in der Stadt Leipzig gehalten, wider Jemand, der solche Jahrmärkte besucht, keine Repressalien geleget noch verschafft, gebraucht noch zugelassen werden sollen.«

Dieser Zusatz war eigentlich unnöthig, da schon 1507 sogar »rechtliche Arrestirung« von Messgütern bei Strafe der Reichsacht verboten war.

Dagegen war der folgende Zusatz, wie die Erfahrung gelehrt hatte (vergl. *Naumburg und Halle*), recht nöthig: »Und ob hiewider aus Vergessenheit oder ungestüm angehalten durch uns oder unsere Nachkommen am Reiche etwas zu Abbruch, Verhinderung und Verletzung der vorgemeldeten Jahrmärkte, Niederlage, Gnade und Freiheiten, ausgehen oder gegeben würde, dasselbe Alles und Jedes erkennen und erklären wir ab und vernichten das Alles, jetzt als dann, und dann als jetzt.«

An der Urkunde von 1524 ist noch bemerkenswerth, dass trotz des obenerwähnten Patentes Maximilian's I. von 1517 der Landesherr weder bei der einen noch bei der andern Hälfte der Pön Erwähnung findet und dass letztere in 40, nicht in 50 Mark Gold bestehen soll. Es heisst nämlich: »als lieb einem Jeglichen sei unsere und des Reichs schwere Ungnade, Strafe und Pön, in denselben ihren Freiheiten begriffen, auch dazu eine besondere Pön, nämlich 40 Mark löthiges Goldes zu vermeiden, die ein Jeder, so oft er freventlich hinwider thäte, halb in Unser und des Reichskammer und den andern halben Theil den Gedachten von Leipzig unablässlich zu bezahlen verfallen sein soll.«

Dass zu jenen 50 Mark noch diese 40 Mark hinzutreten sollen, ist doch wohl kaum anzunehmen   Die Formel wiederholt sich in allen späteren Bestätigungen, bis 1659 der Churfürst den Kaiser an das Patent von 1517 erinnert.

Kaiser Karl V. bestätigte die Leipziger Messprivilegien [1] aber nochmals am 15. October 1547, diesmal auf Bitten des »ehrsamen und gelehrten unsers Raths und des Reichs lieben Getreuen Ludwig Fax, Lehrer der Rechte, von wegen unser und des Reichs lieben Getreuen Bürgermeister, Rath und Gemeinde der Stadt Leipzig.«

Die Veranlassung hierfür ist in der Urkunde selbst genannt: »So würde aber

---

[1] Schöne Separatabdrücke der Privilegien Maximilian's I. und Karl's V. finden sich, aus dem Anfang und der Mitte des XVI. Jahrh. stammend, in *Lpz. R.-A. XLV. A. 1ᵃ. Bl. 1—13.*

denselben ihren habenden Freiheiten und kaiserlichen Confirmation entgegen und zu wider, von etzlichen Städten und Flecken in dem Bezirk der funfzehn Meilen Weges gelegen auf Erlaubniss und vermeinte Privilegirung ihrer Herren und Obrigkeit merklich Eingriff und Beschwerung zugefügt, also dass sie sich besorgen mussten, dass ihnen derwegen mit der Zeit allerhand Disputation vorfallen möchte.....«

Etwas Neues ist in der Urkunde, welche die Bestätigung von 1521 nur mit noch etwas kräftigeren Worten wiederholt, nicht enthalten. Bemerkenswerth ist nur noch der Hinweis auf die Verdienste, welche sich Leipzig um das Reich erworben habe: »... Bürgermeister, Rath und Gemeinde der Stadt Leipzig, als die in diesen Kriegsläuften durch Johann Friedrichen, gewesenen Churfürsten zu Sachsen und seine Anhänger mit Heereskraft gewaltiglich belagert gewesen, ehrlich redlich und treulich mit Darstreckung ihrer Leib und Güter gehalten, erzeiget und beweiset; auch die getreuen angenehmen Dienste, die ihre Fordern weiland unseren Vorfahren römischen Kaisern und Königen.... willig und unverdrossen gethan haben.«

Für die Bestätigung der Privilegien durch Kaiser Ferdinand I. am 15. Dec. 1559 lag eine besondere Veranlassung nicht vor. In der Einleitung dieser Urkunde, welcher die Urkunden von 1497, 1507, 1521 und 1547 wörtlich inserirt sind, ist nur gesagt: »Bürgermeister, Rath und Gemeinde der Stadt Leipzig haben in glaubwürdigem Schein unterthänig fürbringen lassen vier unterschiedliche Briefe von unsern lieben Herrn Ahnherrn, Bruder...«

Ausser der Bestätigungsformel am Schluss wird ein Zusatz nicht gemacht.

Während der Regierung des Kaisers Maximilian II. scheint es zu einer Bestätigung der Leipziger Privilegien nicht gekommen zu sein.

Ueber die Erlangung der Bestätigung durch Kaiser Rudolph II. am 7. Dec. 1581 geben die Lpz. R. A. XLV. A. 2. Bl. 7—12 einige Notizen, aus denen hervorgeht, dass bei der Bewerbung dem Leipziger Rath behülflich waren Tann[1]) von Sebottendorf in Dresden, Dr. Vieheuser, Kaiserl. Vicekanzler (erhielt 50 Goldgülden) und Georg Pichl von Pichlberg, Kaiserl. Reichshofkanzlei-Registrator in Wien.

Um die Bestätigung durch Kaiser Matthias bewarb sich der Leipziger Rath am 17. October 1612. Die Vermittelung übernahm Stephan Ilgen, Hanseatischer Agent am kaiserlichen Hofe. Schon am 22. Febr. 1613 konnte die Bestätigung unterzeichnet werden. Lpz. R.A. XLV. A. 2. Bl. 27—30 und XLV. A. 4. Bl. 1—5.

Ueber die Bestätigung durch Kaiser Ferdinand II. am 9. Oct. 1620 findet sich ausser der Urkunde selbst Lpz. R.U. VIII. 10. nichts bei den Acten.

Am 20. December 1637 Lpz. R.A. XLV. A. 2. Bl. 45—48. bewarb sich der Leipziger Rath bei Kaiser Ferdinand III. um die Bestätigung und erlangte diese am 5. März 1638. Der Urkunde sind die vier Privilegienurkunden Maximilian's I. und Karl's V. wörtlich inserirt (nicht auch die Bestätigungsformeln der späteren

---

[1]) Wohl Dam? = Damianus.

Kaiser) und entspricht der Einleitungs- und Schlusssatz der von Karl V. 1547 gewählten Form.

Diese Bestätigungsurkunde Ferdinand's III. von 1638 mit den darin aufgenommenen Originalprivilegien Maximilian's I. und Karl's V. pflegte in einem 1651 bei Timotheo Ritzschen in Leipzig hergestellten Abdruck [1]) später bei Insinuationen und Correspondenzen aller Art als Beilage gegeben zu werden. Exemplare dieses Abdrucks finden sich auch an vielen Stellen der Leipziger Acten, z. B. *Lpz. R.A. XLV. A. 1*. *Bl. 5—12.* Die Veranlassung zu diesem Abdruck war das sogenannte »Verkündigungs- und Abmahnungs-Patent« des Churfürsten Johann Georg I. d. d. Dresden 30. Sept. 1651, welches in den Abdruck ebenfalls aufgenommen ist.

Während des 30jähr. Krieges waren nämlich die Leipziger Privilegien, namentlich die Stapel- und Niederlagsprivilegien vielfach verletzt worden, vielleicht auch in Vergessenheit gerathen (viele Städte in Leipzigs Umgebung hatten sogen. Niederlagen errichtet) [2]). Der Churfürst, welcher »gemeinet, was durch das langwierige verderbte Kriegswesen in Unordnung gekommen, nach und nach abzuschaffen«... »und Alles in dermassen Stand zu richten, wie es vor obenbemeldeter Kriegsunruhe sich befunden«, liess die Leipziger Privilegien bei hohen Strafen einschärfen und Exemplare dieses Abdruckes überall im Lande anschlagen. Wie dies aber überhaupt üblich war, erfolgte die Verschickung und Insinuation [3]) nicht durch die Landesregierung, sondern durch die interessirte Stadt Leipzig.

Während des 15monatlichen Interregnums zwischen Kaiser Ferdinand III. und Leopold I. war eine Bestätigung der Privilegien durch den Reichsvikar nicht erfolgt. Dagegen beeilte sich Leipzig nach Leopold's I. Wahl für die Bestätigung die landesherrlichen Intercessionalien (die von jetzt ab nöthig erscheinen, während früher die Stadt sich mit Umgehung des Landesherrn an den Kaiser gewendet hatte) auszuwirken. In einem bezüglichen Gesuch vom 29. October 1658 *Lpz. R.A. XLV. A. 4. Bl. 33.* erinnert der Leipziger Rath den Churfürsten Johann Georg II. (1656—1680) daran, dass er »nicht allein bei der von uns allhier eingenommenen unterthänigsten Huldigung, sondern auch nachgehend, wie Sie auf Frankfurt gereiset, uns die gnädigste Versprechung gethan, dass Sie uns über alle unsere Privilegien dero gnädigste Confirmation ertheilen und wiederfahren lassen wollten.« Es bedurfte noch wiederholter Eingaben [4]), um den Chur-

---

1) Auf dem Titel dieses Abdruckes ist für die Bestätigung irrthümlich 5. März 1639 angegeben, während im Text selbst richtig 5. März 1638 verzeichnet ist.

2) Die durch die Leipziger Privilegien Geschädigten und Beschwerten hätten gern die Gelegenheit benutzt, die Privilegien zu Falle zu bringen. So machte auch die zu Dresden versammelte Ritterschaft am 16. März 1657 den allerdings vergeblichen Versuch, gegen eine »de novo Renovirung und Befestigung der Leipziger Stapelgerechtigkeit« zu protestiren. *Leipziger Landtags-Acten de ao 1657. Bl. 503. 504.*

3) Ueber diese Insinuation vergl. *Lpz. R.A. XLV. A. 4. Bl. 14—52.* Nur Annaberg remonstrirte dagegen 17. Nov. 1651 *loc. cit. Bl. 15. 16*, ohne dass zu ersehen, ob dem Folge gegeben worden. Das Schreiben enthält interessante Angaben über Annaberg's Handel und Industrie zu dieser Zeit.

4) In einer derselben *loc. cit. Bl. 54* weist Leipzig auf seine Schuldenlast hin, von welcher

fürsten zu bewegen, die gewünschten Intercessionalien am 23. Febr. 1659 *Lpz.*
R.A. XLV. A. 2. Bl. 49. an den Kaiser zu richten. Der Churfürst wies hierbei
auf das getreue Verhalten Leipzig's bei vorigen Kriegszeiten hin. Unter dem
21. Juni 1659 *loc. cit. Bl. 55. 56.* ersuchte der Churfürst den Kaiser noch, den
durch das Patent Maximilian's I. vom 7. November 1544 geordneten Uebergang
der einen Hälfte der Pön von der Kaiserlichen Kammer an die Churfürstl. Sächs.
Kammer in den Text der Bestätigungsurkunde aufzunehmen. Wahrscheinlich
vor Eingang des letzteren Schreibens erging am 11. Juli 1659 im Reichshofrath
die Resolution: »fiat petita confirmatio in conformitate prioris Ferdinandi III.
praevia collatione in Conc.« *loc. cit. Bl. 55.*

Nach einem weitläufigen Verfahren und manchen Zwischenresolutionen
wurde aber auch auf das Gesuch betr. die Hälfte der Pön am 6. Nov. 1659 im
Reichshofrath in demselben schauderhaften Latein resolvirt: »**fiat expeditio juxta
petita**« *Lpz. R.A. XLV. A. 4. Bl. 41.*

Obwohl die Bestätigungsurkunde Leopold's I. vom 11. Juli 1659 datirt
ist, so ist doch der Resolution vom 6. Nov. entsprechend der Passus aufgenommen: »gestalt auch unser lieber Oheim, Churfürst und Herzog Johann Georg
zu Sachsen und dessen Erben gut Fug und Macht haben sollen, vermöge obgenannten unsers Vorfahren Kaiser Maximilian's Herzog Georgen zu Sachsen den
7. November anno 1547 gegebenen Freiheit und Gnade, die in obeinverleibten
Privilegio bestimmte Pöen 50 Mark (hier ist wieder von 50, nicht 40 Mark die
Rede, vergl. oben) löthigen Goldes zum halben Theil an unserer Statt und in
unserm Namen... einzufordern«....

Die Vermittelung der Bestätigung am Kaiserl. Hofe hatte Jonas Schrimpf
übernommen. Derselbe erhielt eine Gratification von 104 Gulden 45 Kr.

Der Leipziger Rath erbat und erhielt vom Churfürsten die Erlaubniss *loc. cit.
Bl. 49,* die Bestätigung der Privilegien in derselben Weise, wie dies 1651 geschehen war, zu publiciren und in des Churfürsten Namen den Städten etc. zu
intimiren. Zu diesem Zwecke wurde 1660 bei Timotheo Ritzschen in Leipzig ein
Abdruck der Confirmationsurkunde des Kaisers Leopold I. mit inserirten Privi-
legien Maximilian's I. und Karl's V., sowie der Patente des Churfürsten Johann
Georg I. vom 30. Sept. 1651 und vom 14. Dec. 1652 hergestellt *u. A. in Lpz.
R.A. XLV. A. 4. Bl. 52—59* und im Laufe der Jahre 1660—1666 zahlreichen
deutschen Städten zur Publication zugeschickt. *loc. cit. Bl. 60—85. Lpz. R. Urk.
Kasten 8. Nr. 20.*

Bei Antritt der Regierung Kaiser Joseph's I. erbat der Leipziger Rath
durch Vermittelung des Statthalters Fürsten Egon von Fürstenberg die sogenannten Intercessionalien des Churfürsten und Königs Friedrich August. Dieser
richtete ein bezügliches Schreiben[2] **d. d. Warschau d. 8. Febr. 1706** an

---

noch der grösste Theil zu bezahlen sei. Zu diesem Zwecke brauche man den kaiserlichen
Schutz in den vortheilhaften Privilegien nöthig.

1) In demselben ist der Stil bemerkenswerth, welcher durch die Stellung des Churfürsten
zum Kaiser geboten war, ohne doch den souveränen Rang des Königs von Polen verleugnen

den Kaiser. Die Bestätigung[1]) erfolgte bereits am 4. Mai 1706. *loc. cit. Bl.* 86—99.

In analoger Weise wurde die Bestätigung durch Kaiser Karl VI. am 23. December 1712 erwirkt. *loc. cit. Bl. 100—134.* Der Königl. Polnische und Churf. Sächs. Rath und residirende Agent am Kaiserl. Hofe Wolfgang Michael von Paurnfeind, welcher mit grosser Vielgeschäftigkeit die Sache am Kaiserl. Hofe betrieben hatte, besass die Unverschämtheit, in demselben Briefe, in welchem er bekennen musste *Bl. 133,* dass die Urkunde nicht einmal richtig collationirt worden sei, sich darüber zu beklagen, dass er nur ein Präsent von 100 Gulden erhalten habe und nicht von 200 Gulden »gleichwie meine Vorfahren in eadem causa.«

Als auf die Regierung Kaiser Karl's VI. ein Interregnum von 15 Monaten folgte, entstand die Frage, ob es nicht wünschenswerth sei, die Privilegien inzwischen durch den Reichsvikar bestätigen zu lassen, um so mehr, als der Reichsvikar für den sächsischen Kreis der eigene Landesherr war. Wie es scheint, wurde diese Frage zuerst von der sächs. Regierung selbst angeregt. Es findet sich nämlich *Lpz. R.A. XLV. A. 5. Bl. 1.* ein Promemoria ohne Adresse und Unterschrift, aber mit der Registraturbemerkung versehen: «den 23. Aug. 1741 von H. Hofrath und Geh. Referendario Wilken auf Ordre des Geh. Consil mit ernstlichen Recommendat: der Verschwiegenheit der Veranlassung erhalten.»

Das Promemoria, welches auch die Reichspolitik des sächsischen Hofes beleuchtet, hat folgenden Wortlaut: »Leipziger Privilegia betr. — Es dürfte zur Befestigung der Leipziger Mess- Stapel- und Niederlagsgerechtigkeit und deren künftigen Versicherung gegen die bisherige Missdeutung sehr vorträglich sein, wenn bei Ihrer Kgl. Majestät als dermal. hohen Reichs-Vikario der Rath zu Leipzig um allergnädigste Confirmation der diesfalls dieser Stadt von den Römischen Kaisern verliehenen Privilegien allerunterthänigst Ansuchung thäte, und zugleich als gravamina diejenigen Eingriffe, so darinne Halle, Magdeburg, Braunschweig, Gera u. s. w. zugefüget, eröffnete, nebst demjenigen, was der Rath zu Leipzig dawieder vorgekehret und verbis oder factis behauptet, anführete. Höchstgedachte Ihre Kgl. Majestät würde mit der allergnädg. Confirmation so wenig entstehen, als vielmehr solche in solcher Form fassen lassen, dass damit den attentatis fürs Künftige kräftig vorgebauet und die Stadt Leipzig in solchen Stand gesetzt würde, dass ihr nachmals von der zu erwählenden Kaiserl. Majestät die Confirmation in eben der Maasse nicht so leicht versaget werden dürfte. Doch würde der Rath sich mit der erhaltenen Reichsvikarischen allergn. Bestätigung vor der Hand in der Stille zu halten und zuförderst die vollzogene Kaiserwahl und Krönung, mithin die Kaiserliche agnition der exercirten Vikariats actuum abzuwarten, alsdann auch mit Suchung der Kaiserlichen

---

zu wollen. In diesem Schreiben wird übrigens der Kaiser auch an seine durch die Wahlcapitulationen übernommenen Verpflichtungen erinnert, was früher nicht üblich war. *loc. cit. Bl. 93.*

1) Durch gedankenlose Benutzung des alten Conceptes ist in demselben auf Churfürst Johann Georg statt auf den regierenden Churfürsten Friedrich August Bezug genommen. *loc. cit. Bl. 102.*

Confirmation nicht zu säumen haben, nach deren Erlangung sich sodann der Nutzen von der gegenwärtigen Veranlassung gar merklich äussern dürfte.«

Der Leipziger Rath ging natürlich gern auf dieses diplomatische Programm ein, konnte sich aber nicht recht in die Rolle finden. Das geheime Consilium fand nämlich das eingereichte Memorial »nicht allerdings wohlgefasset, indem das petitum darinne an Ihre Königl. Majestät, sowohl als Chur- und Landesfürsten, als qua dermaligen hohen Reichsvikarium gerichtet werden wollen, da doch nach der Intention die Sache gegenwärtig ihren Respectum b l o s auf das hohe R e i c h s - v i k a r i a t haben soll.« Das Memorial wurde deshalb im December 1741 vom Hofrath Georg Leberecht Wilke an den Justiz- und Appellationsrath Küstner, den Syndikus der Stadt Leipzig (mit der Bemerkung »es ist alles obige zum Besten der Stadt Leipzig abgesehen) zur Abänderung zurückgegeben. Mit dem neuen Memorial wurden auch die Privilegien-Urkunden im Original in der Reichsvikariatskanzlei [1]) in Dresden vorgelegt.

Am 5. J a n u a r 1 7 4 2 erfolgte denn nun auch die reichsvikariatliche Bestätigung durch den König und Churfürsten F r i e d r i c h A u g u s t. Wie geplant, wurde in die Urkunde absichtlich folgende Stelle aufgenommen: »Und uns .... Bürgermeister, Rath und Gemeinde zu Leipzig ... zu vernehmen gegeben, dass obwohl ... [die Privilegien von Kaiser zu Kaiser bestätigt worden seien] ... dennoch diesem entgegen bis anhero verschiedene B e e i n t r ä c h t i g u n g e n, besonders durch die S c h i f f f a h r t auf der O d e r, E l b e, S a a l e und denen neu angelegten Schleussen, ingleichen durch Spedirung der Waaren auf die innerhalb denen 15 Meilen gelegene Orte und von da ab sowohl durch verschiedene gesuchte N e b e n - und B e i w e g e und durch die hin und wieder in solchem Bezirk angelegten N i e d e r l a g e n vielfältig unternommen worden, auch von Zeit zu Zeit immer mehr und mehr angewachsen wären «....

»Wie wir denn zugleich die angezeigten hierwider und die, in Gefolg der Stapel- und Niederlagsgerechtigkeit, derer mit denen Kaufmannsgütern zu haltender Strassen halben, gemachte Einrichtungen, bishero unternommenen Beeinträchtigungen, Widerspruch und Einwendungen, für ungültig, unkräftig, nichtig und widerrechtlich erklären, solche gänzlich vernichten, cassiren, aufheben und für das Zukünftige untersagen.«

An die Königl. Poln. und Churf. Sächs. Reichsvikariats »Expedition« in Dresden hatte Leipzig *loc. cit. Bl. 47.* eine Taxe von 600 Thalern zu entrichten.

In der Regierungszeit Kaiser K a r l's VII. (1742—1745) wurde eine Bestätigung n i c h t erlangt. Der Leipziger Rath hatte zwar bereits im Juni 1742 die Genehmigung des Landesherrn zur Bewerbung am Kaiserlichen Hofe erwirkt, die »Königl. Poln. und Churf. Sächs. in Frankfurt subsistirenden d r e i Herren Ministri« hatten auch bereits im Juli 1742 vom Sächs. Hofe Instruction erhalten, die Stadt Leipzig hatte ebenfalls durch Vermittelung des Reichsquartiermeisters Wolfgang Georg Welck in der Person eines Herrn von Middelburg den nöthigen

---

1) Diese ahmte der Kaiserlichen Hofkanzlei in Geschäftsform und Stil getreu nach.

Reichsagenten [1]) in Frankfurt geworben. Trotz fleissiger Correspondenz in den Jahren 1742—1744 kam man aber nicht über die Frage hinaus, ob die Sache dem Reichshofrath oder der Reichskanzlei zu übergeben sei, ob das Begehren Leipzigs, der Kaiser möge die Privilegien in der Art und Weise bestätigen, wie sie vorher vom Reichsvikar bestätigt worden waren, eine Erweiterung des Privilegiums einschliessen und ob es deshalb nöthig sei, »vor Uebergabe der Supplik die Sache bei dem Kaiserl. Ministerio zu unterbauen.« Die Schuld der Verschleppung scheint bei dem Sächs. Minister Grafen von Loos gelegen zu haben. Denn Middelburg meldete d. d. Frankfurt 6. Juni 1744 nach Leipzig, dass bis dato (also nach 2 ganzen Jahren) »deshalben nichts übergeben, sondern des Herrn Grafen von Loos Excellenz für gut befunden, dass damit so lange Anstand genommen werden soll, bis sie das bequeme tempo dazu befunden.«

Am 20. Januar 1745 starb Kaiser Karl VII. und am 15. Juni 1746 schickte Middelburg das nie überreicht gewesene Gesuch Leipzigs an den Kaiser vom 16. Juni 1742 im Original von Wien aus zurück. *Lpz. R.A. XLV. A. 4. Bl. 135—165.*

In dem auf Karl VII. folgenden achtmonatlichen Interregnum regte die sächs. Regierung sofort wieder die vikariatliche Bestätigung der Privilegien an *XLV. A. 5. Bl. 50.*[2]) Der Minister von Hennigke sagte zu Küstner: »wie jenes um so viel nöthiger, da man bei dem letztverstorbenen Kaiser keine Confirmation erhalten, der künftige Kaiser aber nicht dasjenige, was unter vorigem Vikariat, sondern was unter dem letzten Vikariat geschehen, agnosciren müsse; man würde ohnedem noch besonders den Grossherzog [3]) dafern er Kaiser würde, verbindlich machen, dass er Alles, was Ihro Majestät als Vikarius gethan, besonders die ertheilten Privilegien agnosciren und confirmire, wie denn auch nach jetzigen Umständen das Besorgniss wegen einer Communication an Preussen hinweg fallen dürfte« . . . . .

Auf Küstner's Bedenken wegen abermaliger Erlegung so hoher Taxen stellte der Hofrath Wilcke in Aussicht, das Vikariatscollegium werde eine Moderation belieben. Wirklich wurde die Taxe von 600 auf 400 Thaler herabgesetzt. *XLV. A. 5. Bl. 55—58.*

---

[1] Da der Churf. Sächs. Reichsagent Kornhöffer noch nicht in Frankfurt, sondern noch in Wien weilte, hatte Leipzig sich mit Middelburg's Person einverstanden erklärt, falls dieser nicht auch die Preussischen Affairen zu besorgen habe. Welck bemerkt dazu, dass keiner von den in Frankfurt anwesenden Reichsagenten die Preuss. Affairen zu besorgen habe, »vermuthlich weil der Herr Gräve, welcher sie in Wien gehabt und bei Anfang des Krieges solches verlassen musste, sich diese Agentie vorbehalten und wieder anhero zu kommen gedenkt, ungeachtet ihm des Fürsten von Dessau Durchlaucht in einem gewissen impresso wegen nicht berechneter Gelder so schwarz abschildern lassen, dass er künftig in dem Reichsagentencollegio schlecht brilliren wird«.

[2] Brief Küstner's aus Dresden vom 5. Aug. 1745 an Mierisch in Leipzig. In diesem heisst es auch, »Gestern hat man allhier im Geheimen sagen wollen, als ob die Preussische Armee nicht weit von der Gegend von Zittau nach unsern Grenzen zu sich ziehe«. (2. Schles. Krieg.)

[3] In der That wurde 4 Wochen später Maria Theresia's Gemahl Franz I. am 13. Sept. 1745 zum Kaiser gewählt.

Schon am 20. August 1745 erfolgte die Bestätigung der Privilegien durch den König und Churfürst Friedrich.August als »des heil. röm. Reichs in denen Landen des Sächsischen Rechtens und an Enden, in solch Vikariat gehörende, dieser Zeit Vikarius« fast mit denselben Worten, wie am 5. Januar 1742. Nachdem Kaiser Franz I. am 13. Sept. 1745 gewählt worden war, bewarb sich im Juni 1746 der Leipziger Rath bei diesem, sowie bei dem Landesherrn um die Kaiserliche Bestätigung der alten Mess-, Stapel- und Niederlagsprivilegien »nach Inhalt derer letzteren Confirmationen.« Von einem Mal zum andern wurde die Erlangung der Bestätigung schwieriger. Da die Privilegien nunmehr Jahrhunderte alt waren und durch sie ein hinlänglicher Rechtszustand geschaffen worden, an dem selbst das Versagen der Bestätigung wenig geändert haben würde, und da es schliesslich sich um weiter nichts handelte, als um Herbeiführung der Kaiserl. Unterschrift unter eine beglaubigte Abschrift, hätte man im Gegentheil glauben sollen, die Sache müsste jedesmal einfacher werden. Die Herren Reichshofräthe wussten aber, da Schwierigkeiten nicht vorhanden waren, solche geschickt hervorzurufen, um sie dann mit Hülfe goldener Rollen wieder selbst zu beseitigen.[1] So kam es, dass die Bestätigung durch Franz I. eine Correspondenz vom Juni 1746 bis Sept. 1750 veranlasste *Lpz. R.A. XLV. B. 24. u. XLV. A. 4. Bl. 164—248* und erst am 26. Mai 1750, also nach 4jährigen Verhandlungen zur Unterschrift kam.

In richtiger Erwägung dieser Umstände hatte der Leipziger Rath gleich im Juli 1746 die Protection des Sächs. Gesandten in Wien Grafen Christian vom Loss[2] erbeten und von diesem zugesagt erhalten, hatte auch dem Reichshofrathsagenten von Middelburg für diesmal eine grössere Beschleunigung zur Pflicht gemacht. Beiden waren die nöthigen »Discretionen« sehr deutlich in Aussicht gestellt worden. Es half dies nichts. Waren es doch diesmal Mächtigere, welche erst befriedigt sein wollten, ehe sie sich zu der nöthigen Mitwirkung herbeiliessen. Ueber der Verhandlung der Fragen, ob die Sache dem Reichshofrath

---

1) »Als Franz von Reigersfeld im Jahre 1739 in Wien den Grafen Ferdinand von Harrach besucht hatte, schrieb er über diesen Mann in sein Tagebuch: »Dem Harrach war Alles recht, nur dass er stets der Meinung ist, dass wann das Commercii Wesen nach Wunsch emporgebracht und erförderlich besorget werden wollte, die ganze Constitution in kaiserlichen Landen geändert werden müsste; weil aber dieses nicht geschehen wird, so verspricht er sich von der gänzlichen Commercial-Errichtung nicht villes und glaubt, dass nichts Gutes erfolgen wird. Es wären gar zu ville, die per imperatorem schreiben und befehlen: die Hoff-Canzley, der Hoff-Kriegs-Rath, die Hoff-Cammer und die Commerzien-Conferenz; was einer Guttes thut und thun will, verdörbt oder verhindert der andere.«
Graf Harrach hat damit die Haupthindernisse der gedeihlichen Entwickelung der Industrie und des Handels in Oesterreich klar bezeichnet: die Constitution in den kaiserlichen Landen und das geringe Zusammenwirken der Behörden. Dazu kam ferner der Umstand, den Franz von Reigersfeld mit folgenden Worten andeutet: »Will man etwas unternehmen, muss man manches Jawort mit goldenen Zangen aus dem Munde ziehen, u. die schwarzen Buchstaben bey denen Canzleyen mit Gold vorreissen«. *Dr. Franz Martin Mayer: Die Anfänge des Handels und der Industrie in Oesterreich. Innsbruck 1882. S. 145.*

2) Graf von Loss verschleppte auch diesmal nach Möglichkeit die Sache durch Berichte nach Dresden etc. Er scheint aber bald nach 1746 von Wien abberufen worden zu sein.

(für welchen man sich schliesslich entschied) oder dem Reichshofsecretariat übergeben werden solle, ob es möglich sein werde, »ohne eine förmliche causae cognitio herbeizuführen, die insertio der Vicariats-diplomatum in extenso zu erhalten« vergingen die Jahre 1746—1749.

Im März 1750 nahm Leipzig, welches auf der Inserirung der letzten Vicariatbestätigung bestand und sich Middelburg gegenüber zu den nöthigen Geldopfern bereit erklärt hatte, einen neuen Anlauf, indem der Rath persönliche Gesuche um Förderung der Sache an den Reichshofrathspräsidenten Johann Wilhelm Reichsgrafen von Wurmbrand[1]) und an den Reichshofvicekanzler Rudolph Joseph Reichsgrafen von und zu Colloredo richtete. Der regierende Bürgermeister Hofrath Gottfried Wilhelm Küstner wandte sich aber vor Allem mit Erfolg an den ihm befreundeten Reichshofrath Carl Wilhelm von Gärtner[2]) in Wien. Obgleich Gärtner nicht Referent in der Angelegenheit war, scheint derselbe das Concept für die Bestätigungsurkunde entworfen zu haben, welche denn auch ganz nach Leipziger Wunsch ausfiel und welche dann auch bereits am 26. Mai 1750 »in petita forma concludiret worden, ohne allererst per votum ad imperatorem zu gehen« (was eine neue grosse Verschleppung bedeutet haben würde). »Da es aber leichte zu erachten, dass es ohne Reichung einiger Discretion nicht abgehen dürfe«, wusste man es in Wien so einzurichten, dass die Aushändigung der Urkunde erst dann erfolgte, als auch dieser Punkt mit zusammen 2830 Thlr. 22 Gr. — Pf. seine Erledigung gefunden hatte. Die Correspondenz hierüber war aber grösser, als über die Sache selbst. Abschrift der Bestätigungsurkunde findet sich *Lpz. R.A. XLV. A. 4. Bl. 221 ff.*

Die Urkunde enthält vor Allem den wichtigen Passus: »Wie wir denn zugleich die obinserirte von dem Reichsvikariat in denen Landen des Sächsischen Rechtens und an Enden in solch Vikariat gehörend geschehene Erweiterung in allen ihren Worten, Punkten, Clausuln, Artikeln, Inhaltungen und Begreifungen bestätigen, confirmiren und erneuern, doch uns und dem heil. Reich und sonst männiglich an seinen Rechten und Gerechtigkeiten unvergriffen und unschädlich.«

Als Joseph II. im Jahre 1765 den Kaiserthron bestiegen hatte, machte Leipzig nicht sogleich Anstalt, bei diesem um Bestätigung der Messprivilegien anzuhalten. Vielmehr wurde der Leipziger Rath von Wien aus hieran gemahnt. Am 27. Mai 1769 schrieb *Lpz. R.A. XLV. B. 24. J. H.* Hermann aus Wien an seinen Bruder[3]) in Leipzig: »Es ist erforderlich, dass Kaiserl. Privilegien, z. E. wegen grosser Jahrmärkte oder Messen, bei Veränderung des Kaiserlichen Thrones jedesmal renovirt werden. Dieses hat auch die Stadt Leipzig, soviel ich in der Reichskanzlei vernommen habe, sonsten jederzeit beobachtet. Nur unter der

---

1) Dieser wurde u. A. daran erinnert, dass Leipzig »vormals die Ehre gehabt, dass Ew. Hoch-Reichsgräfl. Excellenz in selbigen dero studia getrieben«.

2) Gärtner scheint früher in Leipzig gewesen zu sein und seine Söhne 1750 hier haben studiren lassen.

3) Es war dies jedenfalls Dr. Christian Gottfried Hermann, Oberhofgerichtsassessor und (z. B. 1804) regierender Bürgermeister in Leipzig.

jetzigen Kaiserl. Regierung ist noch keine renovation ihres privilegii nachgesuchet worden. Gleichwie man aber in unseren Tagen Alles sehr genau nimmt und Kaiserl. Majestät auf die Erhaltung der Kaiserl. Vorrechte überaus bedacht sind, so ist auch wegen bishieher unterbliebener Nachsuchung um Erneuerung des Leipziger Messprivilegii Anregung geschehen.«

Darauf hin erbat der Leipziger Rath, wie herkömmlich, am 27. Nov. 1769 die landesherrliche Einwilligung zu dem Bestätigungsgesuch an den Kaiser. Hierbei wurde auch die alte Klage wieder laut über »die im Lande allzusehr überhand genommene Vertheilung derer in die Handelsstädte gehörigen Geschäfte.«

Das Gesuch an den Kaiser ging am 5. Dec. 1769 ab und wurde die Betreibung der Angelegenheit dem Hofrath von Röder in Dresden, dem churfürstl. Residenten in Wien Geh. Legationsrath von Petzold und dem Reichshofrathsagenten von Stieve in Wien übertragen. Da Behufs einfacher Confirmation des Privilegiums Franz' I. diesmal nicht der Reichshofrath selbst, sondern nur das Reichshofrathssecretariat in Bewegung zu setzen war, erfolgte die Kaiserliche Bestätigung bereits im August 1770.

Ob auch die beiden letzten römischen Kaiser deutscher Nation Leopold II. und Franz II. die Leipziger Messprivilegien bestätigt haben, und ob man sich überhaupt die Mühe gegeben hat, sie um ihre Bestätigung zu bitten — dafür geben die Acten keinen Anhalt.

Die Bestätigung der Messprivilegien war für Leipzig stets mit grossen, im Laufe der Jahrhunderte stetig steigenden Kosten[1]) verbunden. Dass die Taxen für so wichtige Privilegien nicht gering bemessen waren, kann nicht überraschen. Dagegen entwerfen unsere Acten, namentlich *Lpz. R.A. XLV. B. 24 und XLV. A. 4.* recht betrübende Bilder von der frühzeitigen Ausbildung der »Trinkgeldertheorie«, welche am kaiserlichen Hofe in Wien herrschte. Es ist vielleicht von culturgeschichtlichem Interesse, wenn wir nachstehend das hierüber in den Acten befindliche Material in kürzestem Auszug mittheilen, Liebhaber des Näheren auf die angeführten Actenstellen verweisend.

Die erste Notiz findet sich *Lpz. R.A. XLV. A. 1^b. Bl. 19* bei der Bestätigung von 1559. Damals waren an »Tax 50 Goldgulden und Schnur und Canzleigerechtigkeit 8 Goldgulden« zu entrichten.

Im Jahre 1581 belief sich die Taxe schon auf 110 Goldgulden, *XLV. A. 2. Bl. 11 u. 39*, im Jahre 1613 auf 110 Goldgulden, dazu kamen noch 5 Goldgulden

----

[1]) Leipzig war sich aber auch jederzeit der Wichtigkeit seiner Messprivilegien bewusst. So sagt z. B. der Leipziger Rath in einem Bericht an den Churfürsten in den Streitigkeiten mit Halle *Lpz. R.A. XLV. B. 3^b. Bl. 75* vom 29. Aug. 1694: »Da der Stadt Leipzig privilegia so vortrefflich, mit so grosser Mühe erworben, ob bene merita ertheilet, von denen Vorfahren so sorgfältig conserviret, so vielmal in contradictorio behauptet und nicht weniger E. Churf. Durchl. eigenen hohen Interesse als des ganzen Landes Nutzen, zumal der nervus rerum gerendarum hauptsächlich daran hanget, so höchst nöthig sind«.

an den Registrator und 15 Thaler für die Siegelbüchse. *XLV. A. 2. Bl. 27—30 u. XLV. A. 4. Bl. 1—5.*

Für die in den Jahren 1620 und 1638 erfolgten Bestätigungen finden sich bezüglich der Kosten keine Angaben.

Im Jahre 1659 war dem Reichshofagenten Jonas Schrimpf ein Kostenvorschuss von 300 Thaler = 450 Goldgulden geschickt worden. Schrimpf liquidirte 324 Gulden Taxe und 21 Gulden 15 Xr. Spesen. Den Rest von 104 Gulden 15 Xr. erhielt Schrimpf selbst als »freundlichen recompens seiner gehabten Mühe«. *XLV. A. 2. Bl. 57 u. 58 u. XLV. A. 4. Bl. 51.*

Die Bestätigung im Jahre 1706 verursachte einen Aufwand von 653 Gulden 19 Gr. 9 ₰ = 572 Thaler 4 Gr. 9 ₰., darunter 224 Gulden eigentliche Taxe, 200 Gulden dem H. Referenten zur Mühe recompens, 200 Gulden in simili dem Herrn Secretario. *XLV. A. 4. Bl. 98. u. 103.*

Bei der Bestätigung im Jahre 1712 liquidirte der Reichshofagent von Paurnfeind 793 Gulden 50 Xr., darunter 224 Gulden eigentliche Taxe, 50 Dukaten = 208 Gulden 20 Xr. Dno refer. pro discr., 50 Dukaten Dno secret. cons. imp. aul., 12 Dukaten des H. R.V. Canzlers Mignon oder officiali zu Beförderung der Subscription, ausserdem verschiedene kleine Trinkgelder. Ausser der liquidirten Summe erhielt Paurnfeind selbst 100 Kaisergulden zum recompens für seine Mühwaltung[1]. *XLV. B. 24. u. XLV. A. 4. Bl. 121—133.*

Bei der reichsvikariatlichen Bestätigung im Jahre 1742 waren 600 Thaler und im Jahre 1745 nur 400 Thaler Taxe an die Kgl. Poln. u. Churf. Sächs. Reichs-Vikariatsexpedition zu zahlen. *XLV. A. 5. Bl. 46. 47. u. 55—58.* Die Zahlung eigentlicher Trinkgelder scheint bei dieser Gelegenheit nicht stattgefunden zu haben.

Desto energischer wurde dies im Jahre 1750 gehandhabt. Es war jedenfalls ein geschickter Zug des Bürgermeisters Küstner, mit der Frage, wie viel man wohl dem Reichsvicekanzler Grafen von Colloredo anbieten dürfe, sich direkt an den Conferenzminister Grafen von Hennicke in Dresden (war früher Kammerdiener und heirathete ein Kammermädchen des Grafen Brühl[2]) zu wenden. In der Anfrage heisst es: »unsere Casse ist zwar leider in solchen Umständen, wo wir Alles, was nur möglich zusammen halten müssen, jedoch muss zu denen, was unumgänglich erforderlich Rath geschafft werden«. Hennicke empfahl, dem Reichsvicekanzler Grafen Colloredo 400 Dukaten und dem Reichshofraths-

---

1) von Paurnfeind arbeitete überhaupt nicht billig. Für eine einzige Audienz bei dem Kaiser Joseph I. am 27. Nov. 1710 liquidirte er der Interessentin, der Frau Herzogin Erdmuthe Dorothee von Sachsen-Zeitz 400 Thaler Honorar und 89 Kaisergulden Sportein. *Archiv f. d. sächs. Geschichte. Bd. V. S. 424.* Ueberhaupt verschlang der Wiener Hof, und was darum und daran hing, ungeheure Summen »aus dem Reich«. So kostete z. B. im Jahre 1692 die Landgensdarmerie im Kurfürstenthum Sachsen 2300 Gulden, während die Gesandtschaft für die Belehnung des Kurfürsten in Wien 11,000 Thaler kostete. *ebendas. Bd. XII. S. 100.*

2) Nach Flathe, Nach Dr. Karl von Weber: »Johann Christian Graf von Hennicke und Johann Christian Garbe, zwei Günstlinge des Premierministers Grafen von Brühl« im *Archiv für d. sächs. Geschichte Bd. IV. S. 244* war Hennicke's Frau Sophie Elisabeth Götze Kammermädchen der Freiin von Meusebach.

präsidenten Grafen von Wurmbrand 600 Gulden und dem Reichshofrath von Gärtner 600 Gulden zu senden (an erstere beide aber nicht durch Middelburg, sondern durch Gärtner, wohl weil, wie Gärtner selbst bemerkte, dieser Minister [Colloredo] nicht gerne einen Reichsagenten von dem arcano wird wollen Wissenschaft haben lassen), »wie denn über sämmtliche Posten, wenn es nöthig, Ihro Kgl. M a j e s t ä t allerhöchste a p p r o b a t i o n gewiss zu hoffen ist.«

Diese letztere Versicherung des Günstlings August's des Starken war Küstner gewiss sehr lieb, da, wie er versicherte, im Leipziger Rath ausser ihm nur der Vicekanzler Born und der Geh. **Kriegsrath** Stieglitz Kenntniss hatten (die zur Stadtcasse gegebene Quittung von Gärtner's sagte auch nur, dass er von Ph. J. Bender in Wien für Rechnung der Gebrüder Richter in Leipzig »zu einem gewissen Behuf 3580 Gulden und 30 Xr. erhalten habe). In einem späteren Briefe räth Hennicke an, Gärtner statt 600 Gulden lieber 200 Dukaten zu geben, da man mit dem von Gärtner eingeschickten Concept der Confirmation völlig zufrieden sein könne. Das Ergebniss einer ferneren langen Correspondenz mit von Gärtner und Middelburg war, dass Leipzig überhaupt 2859 Thlr. 12 Gr. 6 ₰ Wiener Current = 2830 Thlr. 22 Gr. — ₰ in Leipziger Current in Louisblanc à 99 ℀ zahlte, darunter

441 Kaisergulden 30 Xr. Reichshofkanzleitaxe.
 97   »   17   »   sonstige Expensen des Agent Joh. Heinr. v. Middelburg.
200   »   —   »   demselben pro discretione.
150 Dukaten dem Reichshofrathspräsidenten von Wurmbrand.
400   »   dem Reichsvicekanzler Grafen von Colloredo.
100   »   dem Referenten in der Sache.
 12   »   dem Reichshofrathssecretär.
  6   »   in die Reichshofrathskanzlei.
200   »   dem Reichshofrath von Gärtner.

vergl. XLV. B. 24. u. XLV. A. 4. Bl. 164—248.

Im Jahre 1770 war die Liquidation weit niedriger. Im Ganzen waren nur 616 Gulden 18 Xr. zu zahlen. Darunter waren 398 Gulden 30 Xr. Reichshofrathskanzleitaxe, 50 Gl. 24 Xr. = 12 Cremnitzer Dukaten douceur dem Reichshofrathssecretär von Stock, 6 Cremnitzer Dukaten dem Canzlisten von Libano, 100 Gulden für den Reichshofrathsagenten von Stieve. Ferner erhielt der Sächs. Geh. Legationsrath von Petzoldt eine Tabatière im Werthe von 75 Thaler sowie 4 goldene Huldigungsmedaillen im Werthe von je 5 Dukaten. *XLV. B. 24.* [1]

---

1) Ueber die Bestechungen des Reichshofrathes im Jahre 1676 vergl. auch *Streitigkeiten mit Braunschweig S. 88.*

III.

Leipzigs Streitigkeiten mit Halle, Magdeburg, Erfurt, Naumburg, Braunschweig und Frankfurt a/M.

Man könnte zweifeln, ob in einer Geschichte der Leipziger Messen die Streitigkeiten Leipzig's mit benachbarten Marktorten den Raum beanspruchen dürfen, den wir ihnen in der nachfolgenden Darstellung eingeräumt haben. Diese Kämpfe sind aber nicht blos von dem entscheidendsten Einflusse auf den Fortbestand und die Entwickelung der Leipziger Messen gewesen, die Art, wie sie ausgefochten wurden, zeigt auch eine planvolle und umsichtige Handelspolitik der sächsischen Landesfürsten sowohl, als namentlich des Leipziger Rathes (die bisher beste Darstellung dieser Politik vergl. *Falke: Die Geschichte des deutschen Handels. 2 Bände, Leipzig 1859, besonders Band I. 135. 136. 137. 253. 254. Band II. S. 52—58. u. 275*), und die Correspondenzen, welche bei dieser Gelegenheit gepflogen worden sind, geben uns deutliche Anhaltepunkte dafür, wie man in den verschiedenen Perioden über die Messen geurtheilt hat. Die Darstellungen der Pragmatischen Handelsgeschichte [1] sowohl als die Falke's erscheinen deshalb ungenügend, namentlich auch, weil sie die Beweismittel für ihre Behauptungen und überhaupt Quellenangaben vermissen lassen. Die Beifügung der letzteren wird aber auch, wie wir hoffen, im Interesse der Geschichte aller der Städte liegen, deren wir Erwähnung zu thun haben werden.

1. Halle.

Noch in der Mitte des XV. Jahrhunderts stand der Leipziger Handel hinter demjenigen von Erfurt, Magdeburg und Halle weit zurück. Das aufblühende Leipzig hatte natürlich mit diesen 3 Städten einen harten Wettkampf zu bestehen. Die gefährlichste Concurrenz war offenbar diejenige mit dem benachbarten Halle, welches alle Vorzüge der allgemeinen geographischen Lage [2] mit Leipzig theilte, vor Leipzig aber den Vorzug besass, an einem schiffbaren Flusse zu liegen und in den dort zusammenlaufenden, seit langer Zeit durch den Salzhandel belebten Strassenlinien (Salzstrassen) Verkehrsmittel zu besitzen, an welche sich der Handel gewöhnt hatte.

---

1. Abgesehen davon, dass diese unvollständig und nicht bis zur Gegenwart fortgeführt sind. So werden z. B., obgleich die *Pragm. II.* 1772 erschien, die Streitigkeiten mit Frankfurt a M. 1706—1726 gar nicht erwähnt.

2) Vergl. *Falke a. a. O.*, namentlich aber: *Prof. Dr. Alfred Kirchhoff: Ueber die Lagenverhältnisse der Stadt Halle. Mittheilungen des Vereins für Erdkunde zu Halle a/S. 1877. S. 88 ff.*

»Noch zu Anfang des XV. Jahrhunderts wird die Neujahrsmesse zu Halle wegen des ausserordentlichen Zuflusses von Fremden gerühmt«. [1] Als daher die Leipziger Oster- und Michaelismesse immer mehr aufkamen und im Jahre 1458 Leipzig ebenfalls einen Neujahrsmarkt erhielt, versuchte Halle sich durch kaiserliche Privilegien wenigstens seinen Besitzstand zu wahren. Es gelang Halle, welches bis 1478 in fast reichsstädtischer Unabhängigkeit dem Erzbischof von Magdeburg gegenüber stand, vom Kaiser Friedrich III. d. d. Neustadt am St. Urbanstag 1464 (Abschrift aus der Mitte des XVI. Jahrh. *Lpz. R.A. Mess-Stapel- und Niederlagsprivil. betr. Vol. I. XLV. A. 1ᵃ Bl. 17*) eine Bestätigung seiner Neujahrsmesse zu erlangen: »Rath und gemeinde der Stadt zu Halle in Sachsen ... haben fürbringen lassen, wie das sie und Ir vordern vor langen Iharen her in der benanten Stadt einen Iharmarckt auff den Neuen Iharstag und die negsten achtage darnach aneinander gehabt ... haben; ... und haben darumb ... den vorgemelten Iharmarckt ... als Römischer Keiser gnediglich bestellt, vorneuet und confirmiret ... und wollen ...: das auch umb die Ehegemelt Stadt Halle und allenthalb in der gegene daselbs zu zeiten des gemelten Iharmarcktes einich ander Iharmarckt hinfür nit gegeben, fürgenohmen auffgericht ader gehalten werden solle, der dem vorgemelten Irem Iharmarckt Irrung vorhinderung abbruch oder schaden bringen mag in einichweise, doch sust andern an Iren rechten und gerechtigkeiten unvorgriffenlich und unschedelich.«

Bald darauf aber am 29. Januar 1466 bestätigte der Kaiser Friedrich III., wie wir oben gesehen haben, auch der Stadt Leipzig ihren Neujahrsmarkt. Es entbrannte nun ein lebhafter Kampf zwischen Leipzig und Halle. Leipzig verbot den Besuch des Hallischen Neujahrsmarktes »und darauff den vermelten iarmarckt zu Halle nicht ferrer sonder zu Lyptzk zu besuchen swere gebott besehen« *Lpz. Urk. Buch Bd. I. S. 556. oben.* Halle aber beschwerte sich darüber beim Kaiser, wurde von diesem Samstag vor St. Jacobstag 1468 auf Sonntag nach Lichtmess vorgeladen *a. a. O. S. 556. Anmerk.* und brachte im Termin vor »ir alt herkommen ubung und geprauchung des gemelten iarmarckts, auch freibeitten und bestettigung in von uns, unsern vorfarn und dem heiligen reiche darüber geben ...«

Und so gelang es Halle, den Kaiser, welcher behauptete, Leipzig habe bei seinem Nachsuchen die Hallischen hergebrachten Gerechtigkeiten verschwiegen, zu bestimmen, das der Stadt Leipzig ertheilte Jahrmarktsprivilegium zu widerrufen. Hierüber wurden 3 verschiedene Schreiben ausgefertigt. Eines an den Rath zu Halle d. d. Greez d. 25. Mai 1469 *Lpz. Urk. Buch. Bd. I. Nr. 427*, eines an den Rath zu Leipzig d. d. Gretz d. 25. Mai 1469 *cod. Nr. 428* und ein offener Brief an verschiedene Reichsstände gerichtet d. d. Greez am Freitag nach St. Urban (26. Mai) 1469 *cod. Nr. 429.*[2] *Originale Lpz. Urk. Kasten 7. Nr. 5. u. 6.*

---

1) *Falke I. S. 136. ohne Quellenangabe.*

2) In *Lpz. R.A. XLV. A. 1ᵃ. Bl. 19—22* findet sich eine aus der Mitte des XVI. Jahrhunderts stammende Abschrift dieser letzteren Urkunde, welche aber nicht vom »freytag nach sannd Urbanstag«, sondern vom »funff undt zwentzigsten tage des Mondes May« datirt ist und auch einen etwas ausführlicheren Text hat als *Nr. 429 des Urk.Bchs.* In dieser Abschrift sind

Leipzig beruhigte sich bei dieser Entscheidung aber nicht. Und mit Hülfe der Fürsprache seiner beim Kaiser hoch angesehenen Landesfürsten: ... »das wir angesehen haben solich der obgenanten unser curfursten und fursten zimlich bete, auch getrew annem und nuczbar dinste, die ir vordern und sy uns und unsern vorfarn ame reiche und sonnder der yeczgenant herzog Albrecht ettlich zeit in unserm keyserlichen hofe unverdrossenlich getan hat . . .« gelang es ihm bereits im August 1469 eine entgegengesetzte Entscheidung des Kaisers herbeizuführen, und zwar begnügte sich der Kaiser nicht mit der Wiederherstellung des Leipziger Neujahrsmarktes, sondern hob sogar die dem Hallischen Neujahrsmarkt ertheilten Privilegien auf und gebot Halle, mit diesem Markte dem Leipziger nicht beschwerlich zu fallen.

Auch hierüber erfolgten 3 Ausfertigungen, sämmtlich von Greez am erichtag vor sant Laurenezentag [8. August] 1469, die erste an die Stadt Halle *Lpz. Urk. Buch Bd. I. Nr. 452*, die zweite als offener Brief *eod. Nr. 453*, die dritte an die Churfürsten, Fürsten, Grafen u. s. w. *eod. Nr. 454*. In der Entscheidung wird darauf Bezug genommen, dass der Leipziger Neujahrsmarkt ein älteres Privilegium [1458] habe, als der Hallische [1464], und dass der Kaiser bei Verleihung des Privileginms an Halle nicht die Absicht gehabt habe, Leipzig zu schädigen.

Die Entscheidung vom Mai 1469 wird auf eine, für den öffentlichen Rechtszustand bedenkliche und nicht auf beste Ordnung in den Reichsgeschäften hindeutende Weise [1] damit entschuldigt: »Wann nw die obgerärten gebotsbrief, darinn wir dann gestalt grund und gelegenheit der sachen nicht gennezlich underricht gewesen, on unser sonnder bevelhnuss aussgangen seinn«.

Die jetzige Entscheidung wird ferner damit begründet: »so haben wir . . . . aus gutter bewegnuss . . . . . auch damit mer unrat und widerwerttikeit, so deshalb villeicht in dem heiligen reiche entsteen und erwachsen möchte, vermitten blibe . . . . . alles das bisher demselben . . . . jarmarckt zu Halle zu besterckung durch unser keyserlich majestat oder gemand annders mit privilegien . . . . oder in anndern wege beschehen . . . ganez aufgehabt widerruft vernicht und abgetan . . .«

Eigenthümlicher Weise ging der Kaiser über die Wiederherstellung des früheren Zustandes [vor 1458] noch hinaus, indem er Halle nicht nur die Privilegien von 1464 wieder entzog, sondern die Abhaltung des [thatsächlich seit Alters her abgehaltenen] Neujahrsmarktes selbst verbot [2]: »also daz solich furnemen des vermainten iarmarckts zu Hall ferrer in einich weise nicht gebraucht geubt oder gehalten solle werden . . . .«

_____

nämlich einige Sätze der Urkunde *Nr. 428 des Urk.Buchs* inserirt, namentlich *Urk.Bch. Bd. I. S. 356. Zeile 3—7. Originale (wie das Urk.Buch) Lpz. Urk. Kasten 7. Nr. 7 und 12.*

1) Wir werden sehen, dass die schwankenden Entscheidungen der Kaiser auch später oft auf die Weise entschuldigt wurden.

2. Die Entscheidungen vom Mai sowohl als vom August sind nach Form und Inhalt so nachtheilig für die unterliegende Partei, dass man annehmen darf, die Concepte der betr. Urkunden seien von der obsiegenden Partei entworfen worden.

Es wurde den Reichsständen sogar geboten, den Besuch des Hallischen Marktes zu verbieten: »daz ir . . . . . nit gestatten, daz derselb jarmarckt zu Hall ferrer an dem gemelten newen jarstag durch die ewren gesucht werde, auch den selbs nit suchen in einich weise, sonnder darob sein, auch mit den ewren schaffen und bestellen wellet, damit die obgenanten von Lypczek bey irem obgemelten jarmarckt gerulich on irrung und intrag bleiben und der von allermeniclich gesucht werde und sy noch ander daran nicht besweren noch bekummern lassen in einich weise« . . . . .

Halle hat sich dieser kaiserlichen Entscheidung nur in soweit gefügt, als es den Leipziger Markt in Ruhe gelassen hat, dagegen hat es seinen Neujahrsmarkt fortgeführt und zwar zu Ausgang des Leipziger Neujahrsmarktes *Lpz. R.A. XLV. A. 1ª. Bl. 54.* vergl. auch *Urk. Buch Bd. I. Nr. 446.*

Mit der Hallischen Messe [denn als solche wurde der Neujahrsmarkt immer betrachtet] hatte es nichts zu thun, dass auf Bitten des Erzbischofs von Mainz Albrecht (als Erzbischof von Magdeburg und Administrator des Stiftes Halberstadt Landesherr von Halle) Kaiser Karl V. d. d. Augsburg d. 21. September 1530 der Stadt Halle zwei gewöhnliche Jahrmärkte verlieh (Abschrift der Urkunde ca. von 1570 in *Lpz. R.A. XLV. A. 1ª. Bl. 27—30* »nemlich den ersten anzufahen drei tage fur Sanct Marien Magdalenentag und drei tage darnach jharlichs auffzurichten und zu halten und den andern drei tage vor allerheiligen tag und drei tage hernach«.

Die Verleihung erfolgte auch »uns . . . . . und sonst meniglich an seinen rechten und gerechtigkeiten, auch allen a n d e r n j h a r m a r c k t e n , so in zwaien Meilen weges umb gemelt Stadt Hall sein, u n v o r g r i e f f e n und onschedlich.«

Der alte Streit lebte aber wieder auf, als Halle im Jahre 1570 versuchte, die Messe von Neujahr auf Judica zu verlegen, *Lpz. R.A. XLV. A. 1ª. Bl. 51— 99 u. XLV. B. 5ᵇ. Bl. 63,* und sich hierbei auf die angeblich noch bestehenden kaiserl. Privilegien bezog. In einem gedruckten Plakat vom Tage Martini 1570, welches dem Leipziger Rath zum Anschlag übersandt, von diesem aber natürlich nicht angeschlagen wurde, sagt der Rath zu Halle: »Nachdem von den Römischen Kaisern und heyliebem Reych, auch den Ertzbischoffen zu Magdeburck unsern allergnädigsten und gnädigsten herrn Unsere Vorfarn und Wir mit einem offenen freyen Jahrmarckt auffs Newe Jhar oder auff Trium Regum allergnedigst und gnedigst beliehen . . . . . worden . . . . . denen wir auch uff solche bestimpte tzeyt unvorrucklich in unser Stadt biss anher Jherlich gehalten; Und aber gleich derselbe in den L e y p t z i g e r Newenn jharssmarckt fellet; Also dass die jennigen Kauff: und handelsleute die bemelts orts zuthun, den unsern uff nachfolgent Trium Regum zu besuchen dardurch vorhindert und abgehalten werden, dessen sich dan nicht allein unsere Burger sondern auch frombde hendeler Kramer und handtwerckleute zumehrmals an Unss beschwerdt und umb vorenderung angesucht haben; Als haben wir . . . . . den . . . . . Fürsten . . . . . Joachim Friderichen, Postulirten Administratorn des Primats und Ertzstieffts Magdenburgk etc. . . unsern gnedigsten Landessfürsten . . . . . angelanget . . . . das nulm

hinfordt solcher Markt[1]) .... jedes mal biss auff den Sontagk Judica in der
Fasten uffgeschoben ..... und also hinfort die woche Judica hindurch gehalten
werden sol« .....

Aus dieser Motivirung geht hervor, dass bereits vor 1570 der Wettkampf
zwischen dem Hallischen und dem Leipziger Neujahrsmarkt sich auch thatsächlich zu Gunsten des letzteren entschieden hatte.

Leipzig protestirte gegen die Verlegung, da durch das Kaiserliche Inhibitorium[2]) vom August 1469 der Markt verboten und deshalb nichtig sei, also gar
nicht verlegt werden könne. Sachlich erschien auch ein Hallischer Markt zu Judica der Leipziger Ostermesse gefährlich.

Leipzig hat seinen Landesherrn, den Churfürsten August, um Schutz, und
während schriftliche und mündliche Verhandlungen zwischen den Städten Halle
und Leipzig gepflogen wurden, entwickelte sich gleichzeitig eine lebhafte und
in ziemlich heftigem Ton gehaltene Correspondenz[3]) zwischen dem Churfürsten
August und dem Markgrafen Joachim Friedrich. Schliesslich bat der Churfürst
den Kaiser Maximilian II. um dessen Einschreiten. Aber noch vor Eingang des
kaiserlichen Inhibitoriums erklärte der Markgraf Joachim Friedrich am 12. Febr.
1571 dem Churfürsten, er habe »es dahin gerichtet, dass der Rath [zu Halle]
uns zu unterthänigstem Gehorsam und Ehren und zu Erhaltung alles friedlichen
Wesens und guter Nachbarschaft, diese obberührte V e r ä n d e r u n g des Jahrmarkts auf d i e s m a l, doch mit dem Vorbehalt, dass solches deren habenden
Privilegien und wohlhergebrachten Gerechtigkeiten unnachtheilig und ihnen
daran nichts begeben sein soll, abzuschaffen und e i n z u s t e l l e n gewilligt.«

Das erbetene Inhibitorium des Kaisers M a x i m i l i a n II. erfolgte d. d. Prag
d. 1. Februar 1571 (beglaubigte Abschrift *Lpz. R.A. XLV. A. 1ª. Bl. 76—78*)
»demnach, so gebieten wir Euch [Halle] von Römischer Kaiserlichen Macht, bei
Pön vierzig Mark löthigen Geldes, halb zu unser und des Reichskammer und den
andern halben Theil vielgedachten von Leipzigk unnachlässlich zu zahlen, hiermit ernstlich; dass ihr alsbald nach Ueberantwortung dieses unseres Kaiserlichen Gebotsbriefes, solch Euer Ausschreiben und Verlegung des Jahr- auch
Aufrichtung oberwähnten Viehmarkts nicht allein widerrufet, einstellet etc. ....
und derselben Euch weder itzo noch in zukünftigen Zeiten zu gebrauchen unter-
stehet.«

Dieses Inhibitorium, welches also nicht blos die Verlegung, sondern auch

---

1) Auch machte man sich die Gelegenheit nütze, hiermit einen zweitägigen zoll- und
geleitsfreien Viehmarkt zu verbinden. Wie auch bei anderen Orten wurde die Nützlichkeit
dieses Viehmarktes mit dem Hinweis darauf begründet, dass in der Fastenzeit Viehhändler und
Bauersleute grosse Transporte Vieh (Ochsen, Kühe und Pferde) aus Polen, Pommern und der
Mark durchzutreiben pflegten. *XLV. A. 1ª. Bl. 59.*

2) Halle nahm an, es sei dieses nur dahin gerichtet: »das wir den Rath zu Leiptzigk an
irem Neuen Jharsmarckt einigen Eintrag noch Verhinderung nicht thun sollen« *XLV. A. 1ª.
Bl. 40ᵇ* und berief sich namentlich auf die unangefochtene Ausübung seit 100 Jahren.

3) Die Verhandlungen, welche wenig Neues zu Tage förderten und sich um die Privilegien im Kreise drehten, schildert mit grosser Ausführlichkeit die *Pragm. Handlungsgeschichte
S. 129—136.*

die Abhaltung des Marktes selbst deutlich verbot, wurde auf Befehl des Churfürsten seitens Leipzigs dem Rath zu Halle feierlich am 2. März 1571 insinuirt.
Lpz. R. Urk. Kasten 7. Nr. 59.
Halle hielt aber nicht lange Ruhe, fügte sich auch jedenfalls dem Kaiserl.
Verbot nicht völlig. Denn schon am 30. Dechr. 1598 schrieb Halle an Leipzig,
es habe beschlossen, den Neujahrsmarkt auf den 16. Januar zu verlegen. Leipzig
protestirte dagegen unter Bezugnahme auf die Kaiserliche Entscheidung vom
1. Februar 1571 und scheint es hierbei sein Bewenden gehabt zu haben [1]

In den Jahren 1625 und 1637 ist von einem Hallischen Jahrmarkt nativitatis
Mariae (8. Sept.) die Rede. Auf diesen Termin scheint einer der beiden 1530
verliehenen Jahrmärkte verlegt worden zu sein. Im Jahre 1625 wurde derselbe
von Halle selbst »wegen hin und‘ wieder in ‘der Nachbarschaft crassirenden
Seuche der Pestillenz«, im Jahre 1637 aber ohne Angabe der Gründe abgesagt.
XLV. B. 5^b. Bl. 64. 65. Ueber den Hallischen Handel 1651 vergl. *XLV. A. 1^c.
Bl. 13.*

Der Herzog August, als Administrator des Erzstiftes Magdeburg Landesherr
von Halle, machte 1657 den Versuch, »die Städte Magdeburg und Halle dahin zu
bewegen, die Schifffahrt auf der Elbe und Saale [2] in Gang zu bringen, zu
Magdeburg und zu Giebichenstein Stapel und Niederlagen [3] anzulegen und die
Handlung daselbst und zu Halle zu stabiliren.«

Aber obgleich er versicherte, dass dies den Leipziger Privilegien nicht zuwider laufen solle, und obwohl er versprach, »von Chur Brandenburg als künftigen
Successoren am Erzstifte verbindliche Scheine zu wege zu bringen .... so
haben dennoch Sr. Churf. Durchlaucht [Johann Georg II.] nach ganz weisslicher
Erwägung dero Herrn Bruder solch Ansinnen abgeschlagen.« *XLV. B. 5^b. Bl. 72.
und XLV. A. 1^c. Bl. 29—39.*

Als nun Halle wirklich an Churbrandenburg kam [1680], konnte es nicht
fehlen, dass die Churfürsten von Brandenburg nunmehr Halle als Stützpunkt in
ihren wirthschaftlichen Rivalitäten mit Chursachsen benutzten. Und so finden
wir denn auch, dass der Rath zu Leipzig am 29. August 1694 dem Churfürsten
von Sachsen seine Bedenken ausführlich darlegte: *XLV. B. 5^b. Bl. 70—75.* »Es
gehe das Gerücht, ob sollten bei der Röm. Kaiserlichen Majestät I. Ch. Durchl. zu

---

[1] Die *Pragm. Handelsgesch.* weiss nichts von den Vorgängen 1625. 1637. 1657. 1694. Der
Verfasser bemerkt S. 156 [Zeile 15 daselbst statt 1589 lies 1598] ausdrücklich: »Nun [1599]
schien es, als ob der Rath zu Halle ruhig sein wollte, zum wenigsten haben wir aller Nach-
forschungen ungeachtet keine Nachricht gefunden, dass bis auf das Jahr 1702 irgend
eine Anstalt zu einer Messe gemacht worden« .... Es zeigt dies, dass der Verfasser der
Pragm. Hdlsgesch. auch hier nicht, wie wohl nirgends, auf die Acten zurückgegangen ist,
sondern immer nur die vorhandene Literatur benutzt hat.

[2] Leipzigs Beschwerden über die Saalschifffahrt vergl. u. A. im Jahre 1651 *XLV. A. 1^c.
Bl. 36.*

[3] Leipzigs Beschwerden über in Halle errichtete Niederlagen vergl. u. A. im Jahre 1642
XLV. A. 1^d. Bl. 112, 1651 *XLV. A. 1^c. Bl. 13. 19. 48,* 1657 *XLV. A. 1^c. Bl. 154 bis 160,* 1699
a. a. O. Bl. 242—253 und 1651—1670 *Acta Streitigkeiten wegen der Stapelgerechtigkeit mit der
Stadt Halla und selbigen benachbarten Orthen XLV. C. 2.*

Brandenburg ein allergnädigstes Privilegium zu Aufrichtung einer Messe zu Halle auszuwirken bemühet sein, auch zu dessen ehester Erlangung grosse Hoffnung gemachet werden. Nun müssen wir zwar, wie weit dieses gegründet sei oder nicht, noch z. Zt. dahin gestellt sein lassen. Wenn wir uns aber erinnern, mit was Eifer höchst ermelte I. Ch. D. zu Brandenburg sowohl als dero höchstseligen Herrn Vaters Ch. D. zeithero sich angelegen gehalten, durchgehends in dero Landen und in Sonderheit zu Halle [1]) und Magdeburg die Commercien und Manufacturen zu erheben und wie dieselben zu dessen Ausführung ansehnliche grosse Geldsummen angewendet, auch in vielen Stücken ziemlich reüssiret, so muss uns solcher gemeine Ruf zum wenigsten zu obliegender Vigilanz aufmuntern« . . . .

Am 22. März 1703 [2]) sprach Leipzig erneut dieselbe Vermuthung aus und am 28. Juni 1703 sogar »wann denn nunmehr gar gewiss verlautet, dass solch privilegium schon wirklich erhalten sei«.

Was daraufhin vom Churfürsten für Maassregeln ergriffen worden sind und was sonst noch in der Sache geschehen, darüber geben die Acten keine [3]) Auskunft.

Jedenfalls waren die Reibungen [4]) zwischen Halle und Leipzig noch nicht abgeschlossen. Fort und fort beklagte sich Leipzig darüber, dass in Halle den Leipziger Stapel- und Niederlagsprivilegien zuwider grosse Waarenniederlagen gehalten würden, z. B. 1716 Lpz. R.A. XLV. A. 1⁹. Bl. 211—216 wird über grosse Wollenniederlagen daselbst Beschwerde geführt, in demselben Jahre auch über die »nachtheilige neue Saalenschifffahrt und den Hallischen Schleussenbau« a. a. O. Bl. 109. Ebenso 1718 a. a. O. Bl. 259.

Jedenfalls trat aber die Bedeutung der Hallischen Märkte sowohl als des Hallischen Handels im Allgemeinen bis zum Zeitalter des Eisenbahnbaus immer mehr hinter denjenigen von Leipzig zurück. [5]) Und erst einer für Halle wohl-

---

1) Vergl. auch die Leipziger Handelsgravamina von 1687 Punkt 11.

2) »Jetzt habe Halle auch zu des intendirten Werks sonderbaren Behuf die neuerlichen Schleussen daselbst angerichtet«.

3) Nach der Pragm. Hdlsgesch. S. 136—137 soll das kaiserliche Privilegium an Halle, Messen zu halten, am 28. Juni 1702 gegeben worden und am 22. Mai 1703 vom Churfürsten von Sachsen dagegen ein Protest eingelegt worden sein. [Die ähnlichen Daten mit den oben angegebenen beglaubigten, aber für andere Urkunden, sind auffällig!]

4) Vergl. auch Lpz. R.A. XLV. A. 1⁴. Bl. 34. 126—128 und XLV. A. 1⁷. Bl. 285—312, sowie XLV. C. 7 und XLV. C. 20.

5) Nach den obigen Ausführungen sind die Bemerkungen theilweise zu berichtigen, welche Dr. E. Schwetschke: Zur Gewerbegeschichte der Stadt Halle a/S. von 1680—1880. Halle 1885. I, 1. S. 6 macht: »Im 14. Jahrhundert soll die Blüthe der Halle'schen wirthschaftlichen Entwickelung im Mittelalter gewesen sein. Allein schon gegen Ende des 15. Jahrhunderts waren mit dem Verlust der städtischen Selbständigkeit (1478 an die magdeburgischen Erzbischöfe, die seit 1503 hier zu residiren pflegten), auch der erzwungene Austritt der Stadt aus dem Hansabunde (1479) und die Anfechtungen des hallischen Stapelrechtes und der hallischen Messe durch den in Leipzig (1497) neu errichteten zeitzer Jahrmarkt verbunden. Dass unter solchen Umständen auch Handel und Gewerbe leiden mussten, ist keine Frage; Mittheilungen darüber fehlen jedoch gänzlich.

Wir haben oben gesehen, dass von Zeitz ein Jahrmarkt überhaupt nicht verlegt worden

wollenden Eisenbahnpolitik der Preussischen Regierung gelang es, in der zweiten Hälfte des XIX. Jahrhunderts Halle wieder zu einem beachtenswerthen Concurrenten Leipzigs zu machen.

Der frühere Hallische Neujahrsmarkt ist gegenwärtig in einen 10—11-tägigen Weihnachtsmarkt verwandelt worden, welcher mit dem Weihnachtsfest endet.

2. Magdeburg. [1]

Die ersten Streitigkeiten mit Mageburg fallen schon in das Jahr 1448. Am Montage nach Viti 1448 sagten[2] die ratmann und innungsmester der alden stad Magdeborch dem Leipziger Rathe an, dass sie mit Genehmigung ihres Herrn des Erzbischofs Friedrich zu Magdeburg beabsichtigten, jährlich zwei freie Märkte zu halten, den ersten am 4. Tage nach unser lieben Frauen Tage, den andern Montags nach Misericordias Dom. (14 Tage nach Ostern). Als der Churfürst von Sachsen Friedrich II. davon erfuhr, untersagte er seinen Unterthanen den Besuch dieses Marktes und befahl am 8. August 1448 *Lpz. Urk. Buch Bd. I. Nr. 255* dem Leipziger Rathe, dieses Verbot öffentlich zu verkündigen:».... Und so danne solche zewene iarmargte uns, unsern landen und steten, ab die vorgang gewonnen, in velen sachen ganez verterplich und schedelich worden, haben wir deshalben albgezeu Missen uff dissem iarmargte ussrufen, verkundigen und bie vermydunge unser swore ungnade und verlisunge libes und guts, das nymant der unsern, welchs stats wesens ader geschicks er sie, den .... iarmargt .... zcu Magdeburg besuchen solle, verbiten lassen«....

Das Verbot stützte sich also nicht auf irgend einen Rechtstitel, sondern lediglich auf das Interesse. Aus den beiden Magdeburger Märkten scheint nicht viel geworden zu sein, vielleicht in Folge dieses Verbots. Wenigstens wurde auf die 1448 ausgeschriebenen Märkte nicht Bezug genommen, als »Burgermestere, Ratmanne und Innungsmestere der alten Stad Magdeburg« am Freitage nach Judica 1497 *XLV. B. 5ᵇ. Bl. 221. 246* wiederum mit Genehmigung des **Erzbischofs Ernst** von Magdeburg zwei Jahrmärkte ausschrieben, den ersten auf Montag bis Mittwoch nach Frohnleichnamstag, den andern auf Montag bis Mittwoch nach Septuagesima. Nunmehr konnte Leipzig selbst, auf Grund der inzwischen erhaltenen Privilegien und der kaiserlichen Entscheidungen gegen Halle Protest

ist, und im Jahre 1479 wurden die sämmtlichen bereits bestehenden 3 Leipziger Messen nur nochmals vom Kaiser privilegirt. Auch waren die Streitigkeiten zwischen Halle und Leipzig doch wesentlich anderer Natur, als es nach Schwetschke scheinen möchte, wie wir oben dargelegt haben.

1) Erst nach erfolgtem Satz der obigen Darstellung kamen uns Gustav Schmollers »Studien über die wirthschaftliche Politik Friedrichs des Grossen und Preussens überhaupt von 1680—1786« in Schmollers Jahrbuch. 8. Jahrg. (1884) zu Gesicht. Hier interessirt namentlich der V. Abschnitt: »Die Eroberung von Magdeburg-Halberstadt«.

2) Das Original auf Pergament in *Lpz. R.A. XLV. B. 5ᵇ. Bl. 220.*, plattdeutsch, abgedruckt in *Pragm. Hdlsgesch. S. 124. 125.*

erheben. Es gelang aber auch Leipzig, es dahin zu bringen, dass in der Bestätigungsurkunde der Leipziger Messen Kaiser Maximilian's 1. vom 20. Juli 1497 ein ausdrückliches Verbot der Messen in Magdeburg aufgenommen wurde: »meinen und wollen . . . . . das . . . . . hinfür in künfftig zeit ihnen und den berührten ihren Jakrmärckten zu gefehrlichen abbruch und nachtheil weder in Städten noch **Flecken daselbst uund in den Bistumben Magdeburg,** Halberstadt, **Meissen, Merseburg und Naumburg gelegen,** durch iemand, wer der oder die weren **Kein new Jahrmärckte noch Freyheit erworben auffgericht** noch gebraucht werden sol« . . . . .

Darauf hin untersagte Herzog Georg seinen Unterthanen nicht nur den Besuch der Magdeburger Messen, sondern entzog auch, wozu ihm wohl kein Recht zustand, denjenigen Kaufleuten, welche die Magdeburger Messen besuchen würden, die Erlaubniss, die Leipziger Messen zu besuchen. 1499. *Anlage I.*

Als nun Leipzig im Jahre 1507 auch das Stapel- und Niederlagsprivilegium mit dem Verbietungsrecht im Umkreise von 15 Meilen erhielt, in welchen Umkreis auch Magdeburg fiel, brach der Conflict[1] erneut aus und ist 200 Jahre lang nie ganz zur Ruhe gekommen. Magdeburg, welches ja vor Allem den thatsächlichen Vorzug der Lage an der schiffbaren Elbe hatte, berief sich nämlich darauf, dass es ein älteres Stapelprivilegium, angeblich von Kaiser Otto I. 940 ertheilt, besitze. Das Vorhandensein dieses letzteren wurde von Leipzig stets bestritten.[2]

In eine schlimme Lage gerieth Magdeburg durch den schmalkaldischen Krieg. In Folge desselben wurde es in die Reichsacht gethan und verlor vorübergehend seine Märkte und Niederlagsprivilegien, welche durch Kaiser Karl V. und Churfürst Joachim von Brandenburg 1547 nach Brandenburg und Stendal verlegt wurden.[3] Freilich enthielt die Erklärung des Kaisers Karl V. vom 20. Juli 1547 indirect eine Anerkennung der älteren kaiserlichen Privilegien.

---

1) Ausführliche Schilderung in *Pragm. Hdlsgesch.* S. 121—129.

2) Vergl. hierüber eine Denkschrift des Churf. Sächs. Kammerprocurators in der Lausitz Dr. Benjamin Leuber: *disquisitio planaria stapulae Saxonicae* d. d. Budissin 30. Sept. 1658 in *Lpz. R.A. XLV. A. 8.* Dieselbe giebt auch ausführliche Nachrichten über das Magdeburgische Recht und die Schöppenstühle in Magdeburg und Leipzig.

3) Die höchst umfangliche Urkunde findet sich als Plakat gedruckt in *Lpz. R.U. Kasten 7. Nr. 35* in der Weise, dass der offene Brief des Kaisers Karl V. d. d. Augsburg am 20. Juli 1547 einem offenen Brief des Churfürsten Joachim d. d. Köln a. d. Spree Freitags nach Jacobi 1548 einverleibt ist. In den härtesten Ausdrücken wird der Stadt Magdeburg ihre »fürstzliche, beharrliche, verstockte Rebellion, Verachtung und Beleidigung der kaiserlichen Majestät, die Peen des Lasters zu Latein genannt crimen lesae majestatis« vorgeworfen und werden ihr alle ihre Regalien, Lehen, Freiheiten und Gnaden, einschl. der Niederlage und der zu derselben gehörigen Jahrmärkte genommen. Der Churf. Joachim erhält in Anbetracht der dem Kaiser und dem heiligen Reiche geleisteten getreuen und erspriesslichen Dienste das Recht, die Niederlage zu Wasser und zu Lande sammt den zugehörigen Jahrmärkten, nach seinem Ermessen entweder nach Tangermünde an der Elbe, Brandenburg oder Stendal zu verlegen. Dieses Recht soll aber als ein vom Kaiser und Reich erhaltenes Lehen angesehen und behandelt werden.

Der Churfürst Joachim machte hiervon in der Art Gebrauch, dass er die Niederlage mit den zugehörigen Jahrmärkten nach Stendal legte, ebendahin auch den Magdeburger Rossmarkt, die beiden anderen Magdeburger Viehmärkte aber nach Brandenburg.

Von den Versuchen des Administrators Herzog August 1657, die Elbe von Magdeburg nach Hamburg schiffbarer zu machen, war oben bei Halle die Rede. Jedenfalls wurden im XVI. und XVII. Jahrhundert in Magdeburg sowohl die Niederlage [1]) als zwei Jahrmärkte, wenn auch von geringerem Umfang, wieder ausgeübt.

Aber die Rivalität Magdeburg's wurde erst dann für Leipzig gefährlich, als Magdeburg 1680 an Brandenburg kam. Noch Friedrich Wilhelm der grosse Kurfürst bewarb sich 1687 beim Kaiser um zwei privilegirte »Reichsmessen« für Magdeburg *Lpz. R.A. XLV. B. 3^b. Bl. 225—297* und bot dem Kaiser an, »gegen deren Bewilligung die wegen dero wider die Franzosen geleistete Hülfe habende praetension fallen lassen zu wollen.« (*Bl. 234.*)

Als Leipzig davon erfuhr, machte es die grössten Anstrengungen, die Verleihung der Privilegien an Magdeburg zu hintertreiben, wohl erkennend, dass es sich hier um mehr handelte, als um die formelle Wahrung alter Rechte. Durch Vermittelung des Sächs. Gesandten am Wiener Hofe Grafen von Zinzendorff gelang es zunächst, die Entscheidung des Reichshofrathes auf das durch den Hofrath und Residenten Dankelmann betriebene Brandenburgische Ansuchen hinauszuschieben. Der Leipziger Rath begnügte sich aber nicht bei der diplomatischen Vermittelung durch die Sächsische Regierung, sondern schickte im Anfang des Jahres 1687 den Bürgermeister und Appellationsrath Dr. Jacob Born selbst nach Wien. Demselben, unterstützt durch den Churf. Sächs. Rath und Residenten Jonas Schrimpf, gelang es in der That, nach Einreichung ausführlicher Denkschriften [2]) an den Reichshofrath es dahin zu bringen, dass auf das Brandenburgische Gesuch eine Entscheidung überhaupt nicht getroffen wurde.

---

[1]) Im Jahre 1603 wurde Hanss Eckard vom Leipziger Rath auf Kundschaft nach Magdeburg, Halle, Torgau, Meissen, Pirna, Dresden und Oschatz geschickt, um sich dort nach dem Umfang des Handels, namentlich des Häringshandels zu erkundigen. Die Berichte Eckards finden sich *Lpz. R.A. XLV. A. 1^d, Bl. 54—59.* Ueber Magdeburg sagt Eckard: »Erstlich zur Magdeburgk antroffen etliche Burger, die mit allerlei Fischwergk als Hering, Honigk, Lax, Halbfisch, Kessen, Flax, Stahl, Blei, Eisen handeln, mit Nahmen Hans Dema, Hanss Binnemahn, Andreas Tille, Michaell Rebein, Hans Zitze, welche auch alle den vornembsten Handell mit Korn haben, auch ist Hans Zitze derer von Dresden und Pirna ihr Factor, welche noch etliche Pallen Fische daliegen haben; auch haben die Herrn von Magdeburgk ungefähr vor 15 Jharen ein Haus ann die Elbe bauen lassen, welches die Niederlage heist, do müssen alle wahren, so zu Lande und wasser ankommen aussgeschifft und abgeladen werden, domit der Niederlage ihr recht gethan wird. Auch haben die von Erfurdt auch einen grossen Handell mit dem Methe dar, do auch Hans Zitze Factor darüber ist, und auch vom Fischwergk sich do erholen. Hab auch in ganz Magdeburgk nicht mehr als 6 Last Hering funden. Was aber andere Kaufmannswahren betrifft, hab ich nichts antroffen, auch nichts erkundigen können, den mit dem Korn und grossen Handell da ist etc. [Hier bricht der jedenfalls nur abschriftlich vorliegende Bericht ab.]

Ein »Verzeichniss der Magdeburger, so mit Hering, Tran und Honig handeln und nicht abgerechnet haben auch etliche nicht abrechnen wollen« in der Neujahrsmesse 1603 vermuthlich aus der Waage dem Leipziger Rath übergeben findet sich *a. a. O. Bl. 99.*

[2]) In einer derselben, »Ursachen, warum der Stadt Magdeburg die gesuchten privilegirten Messen nicht zu ertheilen« wird mit grosser Umständlichkeit dargelegt, Leipzig habe ein wohlfundirtes jus prohibendi, die Leipziger Privilegien seien in ganz Deutschland gebührend publicirt und auch dem Churfürsten von Brandenburg nicht unbekannt; die Leipziger Privilegien

Leipzig suchte sich zu dem Sturmlauf gegen Magdeburg aber auch Unterstützung bei Frankfurt a/M., »nachdem aber dieses eine Sache von grosser consequenz und daran vermuthlich der Stat Frankfurth wegen dero Messen und Handlung nicht wenig gelegen, indem zu befahren, dass wenn Magdeburg obtiniren solte, aus vielen Ursachen die Commercien zu euersten Schaden aller obern Länder gänzlich dahin gezogen werden dürfften, als haben wir solches in guter confidenz nicht verhalten wollen, zu reiffer Nachsinnen stellende, ob nicht unsere hochgeehrten Herren um des g e m e i n e n   i n t e r e s s e Willen sich der Wercks mit anzunehmen nöthig erachten«...

Frankfurt a/M. sagte seine Unterstützung der Angelegenheit am Kaiserlichen Hofe zu.

Inzwischen wartete aber Brandenburg die Entscheidung des Kaisers nicht ab, sondern that aus eigener Gewalt Alles, um Magdeburg's Handel und Märkte zu fördern.

Der Leipziger Rath beschwerte sich bei dem Churfürsten von Sachsen darüber, dass der Churfürst von Brandenburg in einem Edicte vom 30. März 1687 in §. 20 »die Kaufleute ausdrücklich auf die Messen zu Magdeburg angewiesen« habe und dass derselbe »die Strasse von Berlin nach Nürnberg ohne Berührung der Stadt Leipzig festgestellt« habe. Auf eine vom Churfürsten von Sachsen an den Rath zu Nürnberg gerichtete bezügl. Anfrage erklärte dieser zwar, dass den Nürnberger Kaufleuten »von vorhabender Anrichtung einer neuen Strasse von Berlin aus auf anhero mit Vorbeygehung der Stadt Leipzig im geringsten nichts wissend sei«.

Wie recht aber der Churfürst Johann Georg III. hatte, als er die Befürchtung aussprach [1]), Churbrandenburg werde die Messe via facti zu erlangen suchen, und

_____

seien mehr als 200 Jahre ununterbrochen in Gebrauch gewesen, die Einrichtung von Niederlagen sei ausdrücklich im Erzbisthum Magdeburg und ausserdem im Umkreis von 15 Meilen um die Stadt Leipzig verboten; was beides ohne Zweifel auf das nur 12 Meilen entfernte Magdeburg Anwendung finde; auch der jetzige Kaiser habe versprochen, Leipzigs Privilegien aufrecht zu erhalten. Die Gestattung der nachgesuchten Magdeburger Messen werde sehr nachtheilig sein für den obersächsischen, oberrheinischen, fränkischen, bayerischen und schwabischen Kreis, auch für die Kaiserlichen Erblande Böhmen, Mähren, Oesterreich und besonders für die mit gewissen Marktprivilegien ausgestatteten Städte Prag, Linz, Bolzano, Botzen: hierzu komme, dass durch die Magdeburgischen Messen hauptsächlich die Schiffahrt auf der Elbe zwischen Magdeburg und Hamburg befördert werde, wodurch zwar einige wenige Magdeburgische Handelsleute und Schiffer bereichert, hingegen die sämtlichen Landfuhrleute und die Einkünfte an Zoll, Gleit und Accise geschädigt würden. Ganz besonders werde aber der Handelsplatz Leipzig darunter leiden, dass der Handel aus dem Norden und der Wasserverkehr aus Frankreich, England und Holland über Hamburg nach Magdeburg gezogen und die Handelschaft damit aus der Mitte des römischen Reichs (Leipzig) an dessen äusserste Grenze verlegt werde. In Summa, es würden die Magdeburger Jahrmärkte nichts anderes »als eine höchst schädliche Zerrüttung der Wechsel, des Postwesens, der Correspondenz, mutuellen commercien, Commodität der Reisenden, grosser Herren Revenuen, Wohlstands derer privatorum, Privilegien und Gerechtigkeiten derer Communen und vieler anderer mit grosser Sorgfalt und durch zusammengesetzte consilia aller Reichsstände gemachten Verfassungen nach sich ziehen«. Lpz. R.A. XLV. B. 3ᵇ. Bl. 225 ff. und gleichlautend XLV. B. 4.

[1]. d. d. Kaiser Karlsbad d. 15. Juni 1687 und d. d. Wolmssdorf d. 12. August 1687.

von Leipzig Vorschläge verlangte, »wie und auf was masse dergleichen Unternehmen abzuhalten und demselben Abbruch zu thun? auch was dagegen mit
effect fürzukehren?« Das zeigte bereits eine Bekanntmachung[1]) des Churfürsten
Friedrich Wilhelm d. d. Cölln an der Spree d. 29. Juli 1687, in welcher er »die
in dero Städten befindlichen Künstler, Fabrikanten und insonderheit die Tuch-
und Zeugmacher« aufforderte »recht gute Tücher in möglichster Anzahl auch an
verschiedenen Sortimenten zur Provision der auswärtigen und einländischen
Käuffer auff die bevorstehende Heer Messe nach Magdeburg (18.—25. September) . . . . unfehlbar anzuliefern«. Den Kaufleuten und Pferdehändlern wurde
dabei Erlass der Hälfte des Zolles und Freiheit von der Accise und dem Brückengeld in Magdeburg versprochen. Die »gewöhnliche Heermesse, welche sonst alle
wege auf den Tag Mauritii ihren Anfang genommen«, wurde 1687 auf den Montag
vor Mauritii verlegt und am Tage Mauritii ein Pferdemarkt errichtet.

Der Rath zu Magdeburg schickte die bezüglichen Patente dem Leipziger Rathe
sogar zum öffentlichen Anschlag zu. Dieselben wurden jedoch unter Protest zu-
rückgeschickt.

Ein getreues Bild von dem Zustande der Magdeburger Heermesse im Jahre
1687 hat uns ein bei den *Lpz. R.A. XLV. B. 5^b Bl. 285—291* befindlicher Bericht
eines Leipzigers aufbewahrt, welcher vermuthlich vom Leipziger Rath zur Aus-
kundschaftung nach Magdeburg geschickt worden war. Derselbe liegt wortgetreu
an *Anlage XII.* Aus demselben geht hervor, wie erfolgreich die Bestrebungen des
Grossen Kurfürsten waren und wie gefährlich diese für Sachsen und insbesondere für Leipzig erscheinen mussten.

Einen recht betrübenden Gegensatz zu diesem Bilde von dem Aufblühen von
Handel und Industrie in Churbrandenburg bildet der Bericht des Leipziger
Rathes an den Churf. von Sachsen vom 1. Sept. 1687 (liegt mit Hinweglassung
der Einleitung an *Anlage XIII.*), worin er von Repressalien gegen Brandenburg abräth und das einzige Mittel zu einem wirksamen Wettkampf mit den
Magdeburger Messen in einer besseren chursächsischen Wirthschaftspolitik[2])
erblickt.

Die Magdeburger Messen wurden noch vielfach auf andere Termine verlegt,
so 1688 der Trinitatismarkt auf Montag nach Quasimodogeniti, 1690 die Heermesse wieder auf ihre frühere Zeit, nämlich auf Mauritii bis Michaelistag. Im
Jahre 1713 verlieh der König von Preussen der Stadt Magdeburg zwei Tuchmärkte,
welche gewiss nicht ohne Absicht unmittelbar vor die Leipziger Oster- und Michaelismesse gelegt wurden. *XLV. B. 4. Bl. 66—68.* Der längere Zeit ausser Uebung
gekommene Pferdemarkt wurde durch Verordnung des Königs Friedrich Wilhelm I.
vom 26. Aug. 1716 wieder ins Leben gerufen und in den ersten 3 Tagen der
Heermesse »auf dem grossen Platze vor dem Sudenburger Thore« abgehalten.
XLV. A. 1^c. Bl. 217.

---

1) Gedrucktes Placat *XLV. B. 5^b. Bl. 275. 276* mit interessanten Angaben über die Bemühungen des Grossen Churfürsten zu Hebung der Wollweberei und des Tuchhandels.

2) Dieser Bericht findet seine Ergänzung in den gravamina der Leipziger Kaufmannschaft
vom 2. Dec. 1687. *Lpz. R.A. XLV. G. 6^a. Bl. 185—194.*

Der Leipziger Rath unterliess es nie, die Zufertigungen der bezüglichen Placate mit einem Proteste zu beantworten und an die Landesregierung zu berichten. Wenn auch der Magdeburger Zwischenhandel [1], namentlich im Anfang des XIX. Jahrhunderts, dem Leipziger grossen Abbruch gethan hat, so haben doch die Magdeburger Messen nie zu grosser Bedeutung gelangen können und sind schliesslich ganz abgestorben.

Die in den *Lpz. R.A. Die von der Stadt Magdeburg praetendirte Stapel- und Niederlagsgerechtigkeit betr. 1732—1752. XLV. C. 9ᵃ u. ᵇ, sowie Die Spedition der über Magdeburg nach Leipzig kommenden Austerfässer betr. 1754. XLV. C. 15, sowie Die zu Magdeburg angehaltene, hiesigen Kaufleuten zuständige Tobacke betr. 1768—1769. XLV. C. 23., endlich Die Abgabe von 5% von allen während der Belagerung in Magdeburg befindlichen Transitogütern betr. 1806—1808. XLV. C. 28.* behandelten Beziehungen Leipzig's zu Magdeburg stehen zum Theil ausser allem Connex mit den Leipziger Messen und dem Leipziger Handel, zum Theil müssen sie zur Behandlung an anderer geeigneterer Stelle ausgeschieden werden.

3. Erfurt.

Ueber die Streitigkeiten zwischen Leipzig und Erfurt liegen erst seit dem Jahre 1507 actenmässige Nachrichten vor. Aus der Zeit vor 1507 berichtet die *Pragm. Hdlsgesch. S. 45. 50. 53. 138—143*, im Wesentlichen noch *Schneider chronic. Lips. VII. S. 361 ff.* ohne Quellenangabe Folgendes: »Die Erfurter hatten von den Kaisern Ludovico und Friedrich dem Dritten die Freyheit erlangt, jährlich zween Jahrmärkte zu halten, davon der eine vierzehn Tage nach Ostern, der andere aber acht Tage nach Pfingsten von Alters her war gehalten worden. Nun waren sie schlüssig geworden, um mehrerer Bequemlichkeit willen, diese Messen dergestalt zu ändern, dass die eine auf das Pfingstfest, die andere aber auf Martini verlegt werden sollte. Dieses durchzusetzen ersuchten sie Bertholden Grafen von Henneberg, Erzbischoffen und Churfürsten zu Mainz, dass er bey dem Kaiser Maximiliano für sie eine Fürbitte thun, und ihnen das Recht auswirken sollte, welches auch durch ihn glücklich ist ausgeführt worden. Doch kamen der Herzog Albrecht und die Leipziger darwieder ein. Hiervon mochten die Erfurter insgeheim Nachricht erhalten haben und sie hielten sich ganz ruhig, ohne einige Neuerungen anzufangen, zumal da sie erfahren hatten, dass in eben diesem Jahre [1497] der Kaiser Maximilianus die Messen der Leipziger ... von neuem bekräftiget«...

»Acht Jahre danach [1505], nachdem sie durch listige Kunstgriffe ein Privilegium ausgewirkt hatten, bemüheten sie sich, ihre Absichten zu erreichen, zu dem Ende liessen sie es an einem Leipziger Jahrmarkt öffentlich verkündigen, dass ihre beyden Jahrmärkte auf andere Tage verlegt worden wären«...

---

[1] Klagen der Leipziger Fischhändler über die Concurrenz von Halle und Magdeburg 1699. XLV. A. Iᵃ. Bl. 242 ff.

Welchen Erfolg die nunmehr ausbrechenden Streitigkeiten für Leipzig hatten, zeigt eine jedenfalls auf Leipzig's besondere Bitten in die Urkunde aufgenommene Stelle der Bestätigung der Leipziger Messen durch Kaiser **Maximilian** vom **23. Juni 1507**: »Und ob hiervor von uns der Stadt **Erffurdt** ichtes gegeben oder denselben zu gute ichtes auszgegangen were oder hinfurt von uns oder unsern Nachkommen am Reiche der bemelten Stadt Erfurdt oder andern darwider ausz einiger vergessenheit das zu abbruch verhinderung oder verletzung der vorgemelten Jahrmärckte, Niederlage, Genaden und Freyheiten reichen möchte auszgehen oder gegeben würde, dasselbe alles und jedes erkennen und erkleren wir ... ab und vernichtigen«...

Die Publikation dieses kaiserlichen Befehles führte nach *Pragm. Hdlsgesch.* S. *139* zu einem Aufstande in Erfurt.

Wenn sich Erfurt auch bezüglich der Messen gefügt haben mag, so war es ihm nicht zu verdenken, dass es, obgleich näher als 15 Meilen an Leipzig gelegen, des letzteren Niederlagsprivilegien nicht respectirte. In einer Eingabe der »Bürger und Händler« zu Leipzig vom 25. Juli 1590. *Lpz. R.A. XLV. A. 1*[b]*. Bl. 42. 43* an den Rath wird über die Beeinträchtigung der Leipziger Privilegien durch Eisleben, Halle, Naumburg, Dresden und Erfurt geklagt. »Sonderlichen aber die Statt Erffurdt belangende, welcher in unsern Privilegien alle Gerechtigkeit zur Niederlage ganz und gar abgeschnitten, wie dan die wortt in gemeltten privilegio clärlich aussweissen. Nun ist es aber in gemeltter Stadt Erffurdt dermassen beschaffen, das iziger Zeitt alle die Wahren, so von Luneburg auf Nurmburgk gehen, und vor diesem allhier zukommen und abgeleget worden, hernachmall wiederumb den Nurmburger Fhurleutten allhier aufgeladen, und auf Nurnberg vorsandt worden |: dardurch dan der gemeinen Burgerschafft, so woll auch einem Erbarn Raht und dem ganzen Lande nicht geringer nuzen ervolgett :| itziger Zeitt in bemeltter Stad Erffurdt von den Luneburger Fhurleutten abgeleget, und sie her kegen die Nurnburger und andere Wahren alda wieder aufladen, und also die Zeitt an dem Ortt mehr Niederlag und Handels |: welches sie mitt den geringsten nicht befugtt, dieser Stad Leipzigk zu merglichen Schaden :| gehalten wirdt«.

»Soviell die Stadt Erffurdt belanget, könntte man dieselbe Strass baldt abwenden. Dieweill doch die Fhurleutt Ihrer Churf. G. Sangerhausen, Weissenfeld, Sachsenburg berühren müssen«.

Auf diese Beschwerde verantwortete sich Erfurt in einem Bericht an den »Herrn Administratorn der Chur Saxen« vom 11. Juli 1593. *XLV. A. 1*[d]*. Bl. 25.* »Was Eure Fürstliche Gnaden uff ersuchen eines Erbarn Raths zu Leipzigk ann unnss gelangenn lassenn, habenn wier underthänigst vernommen. Und gebenn Euer Fürstlichen Gnaden darauff diesen underthänigsten Berichtt, das von unnss und unsern Burgernn mitt Niederlage, Stapell oder dergleichen nichtts überall unsers wissenns itzo zur Neuerunge vorgenomenn, welches nichtt weitt über menschoon gedenckenn [1]) geruiglich ersessenn, hergebrachtt und von unsernn vor-

---

[1]) Dass Erfurt schon im XIV. Jahrhundert ein wichtiger Durchgangspunkt für den Welthandel gewesen, zeigen im Jahre 1876 daselbst gemachte Münzfunde. *Anzeiger für Kunde der deutschen Vorzeit. 1876. S. 387.*

fahren auff unnss continuiret wehre. Darauff wier unnss niehtt vorsehenn wollenn,
das unss von Einem Erbarn Rath zu Leipzigk oder iemandenn einiger eintrag
geschehen werde. Auff den fahll aber wier diesen sachenn wegen anspruchs
nicht erlassenn werden könntten, sinndt wier am gehörigenn ortt und endenn
ordentlichem Austragk [1) Rechtenns gewertigk«.

Erfurt stellte sich also auf den Standpunkt des rechtlichen Ersitzens und
liess die früher angezogenen Privilegien ganz aus dem Spiel.

Leipzig erbat sich deshalb ein Rechtsgutachten von Hartmann Pistoris,
welches dieser d. d. Seusslitz d. 3. Juni 1601, zugleich auf die Streitigkeiten mit
Dresden, Pirna, Naumburg, Meissen, Magdeburg, Halle, Torgau, Eisleben bezüglich, abstattete *XLV. A. 1^b. Bl. 146 ff.*

Der vorsichtige und bedenkliche Pistoris sagt betr. Erfurt: »Der Rath zu
Erfurdt beruft sich gleiches Falles auf Einen über Menschen gedenken heroge-
brachten und continuirten gebrauch, unnd wiewohl Sie darneben kein privilegium allegieren, So ist doch aus dem so den Herren Vorfahren von Kaiser Maximiliano im 1507. Jahre überkommen, soviel zu ersehen, dass Sie derenthalben
auch was erlanget haben mögen. Und obwohl demselben in solchem privilegio
aussdrucklich derogiret wirdt, So wil doch viel daran gelegen sein ob diese
derogation ihnen gebürlichen denuncirt oder sonsten dergleichen vorgelauffen
sey, dardurch Sie dermassen in mala fide constituirt worden, dass Sie sich mit
der Präscription nicht behelfen mögen. Denn wan dergleichen nicht geschehen
wehre, Sondern Sie nichts minders wie Sie vorgeben sich des Rechtens fur und
fur geruiglich gebraucht hetten, wurden Sie der Derogation ungeachtet sola prae-
scriptione ein bestendigk jus erlanget haben. Darumb stehet es ihrenthalben
vornemlich auff dem, was derentwegen beyderseits wirdt ausgefurt werden
können.«

Leipzig wollte eigentlich dieses Gutachten an das Reichskammergericht in
Speyer einreichen. Mit einem solchen Bedenken war aber natürlich nicht ge-
dient. Der Leipziger Rath bat deshalb Pistoris, ein weniger bedenkliches Gutachten abzufassen *a. a. O. Bl. 157 ff.*, mit welchem Erfolge, ist nicht ersichtlich.

Am 30. Nov. 1632 meldete der Leipziger Rath dem Churfürsten *XLV. A. 1^c.
Bl. 85 ff.*, die Nürnberger und Frankfurter Handelsleute hätten den Rath zu
Erfurt ersucht, ihnen zu gestatten, den nächsten Leipziger Neujahrsmarkt
(1633) in Erfurt abzuhalten, vermuthlich »weil der Feind sich noch zum Theil
in diesen Landen befindet, die Unsicherheit und Kriegsgefahr ziemlich gross,
auch die Vestung Pleissenburgk bey dieser E. Ch. D. Stadt noch biss dato mit
der Wallensteinischen Besatzung belegt, und noch nicht wieder erobert.«

Der Rath fürchtet, eine Abhaltung der Messe in Erfurt könne sehr präjudicirlich sein, auch sei zu hoffen, dass bis zum Beginn der Neujahrsmesse »diese
Stadt werde in Sicherheit gebracht werden, da wir der tröstlichen Zuversicht
leben, das vermittelst Göttlicher Verleihung vonn E. Ch. D. alhier logierenden

---

[1) *Pragm. Hdlsgesch.* S. 146, schreibt fälschlich: »und Endens Autrags rechtens gewertigk«.

Soldatesce das Schloss und Vestung Pleissenburgk inner wenig Tagen wiederumb werde occupirt und erobert.« Die letztere Hoffnung des Leipziger Rathes ging allerdings sehr bald in Erfüllung. Denn bereits am 3. December 1632 konnte er dem Rathe zu Erfurt mittheilen: »das aus erwehnter Vestung . . . . . die darinn bisshero gelegene Wallensteinische Besatzung auf Accord, darvon hierbey Abschrift zu befinden, dato abgezogen undt also diese Stadt wierumb in vorigen Stand gebracht.« In der Antwort vom 6. December 1632 beglückwünschte Erfurt die Stadt Leipzig und versprach die veränderte Sachlage zur Kenntniss derer zu bringen, »so alhier den neven Jahrsmarkt zu baven pflegen.«

Da aber Leipzig es nicht unterlassen hatte, bei der Abmahnung, die Neujahrsmesse in Erfurt zu halten, auf seine Privilegien hinzuweisen, konnte auch Erfurt nicht umhin, hinzuzufügen: »Darbey wir doch ihnen zu unserer Verwahrung nicht unvermeldet lassen können, dass die ihrer Stadt verliehene privilegia nundinarum wieder den hiesigen Ort nicht anzuziehen, alss welcher der Märkte halber gleichfalls Kaiserliche undt Königliche Freyheiten und Begnadungen hat und verhoffentlich disfalls mit mehrern künfftig versehen werden kan, daran Ihre privilegia nicht hindern mögen.«

Aehnlich verhielt es sich im Jahre darauf. Leipzig schrieb am 5. October 1633 nach Erfurt, es sei berichtet worden, »dass viel frembde Kauf- und Handelsleute von Augspurgk, Nurnbergk und andern orthen, so sonst die Leipziger Märkte zu besuchen pflegen und ihre gewölbe alhier haben, in der Stad Erffurdt anjetzo sich aufhalten und wegen erschollener Kriegsgefahr anher sich nicht wagen, sondern daselbst ihre Niederlage zu halten in willens sein sollen.«

»Wann aber gewis verlautet, das das Kayserliche Volk ausm Egrischen Pass meistlich gewichen und sich nach Leutewitz (?) [1] zu begeben, hingegen die Chur Sächsische Armée an den Grenzen dieser Lande angelangt . . . . . als haben den Herrn wier solches zuerkennen zu geben eine notturfft sein erachtet« . . . . .

Im Bedürfnissfall werde die Michaelismesse derogiret werden. Erfurt antwortete am 10. October 1633: »Nun sol zwar ermeldter der Herren billichmässigen Bit nicht weniger alss vorm Jahre geschehen, willigst stadt geben, undt die notification gebürendt und förderlichst zu verrichten kein Fleiss gespahrt werden« . . . . .

Dabei wird aber gleichfalls gegen die Leipziger Berufung auf die Privilegien protestirt. Erfurt habe ebenfalls auf Grund Kaiserlicher Privilegien seit unvordenklicher Zeit die Niederlagegerechtigkeit ausgeübt und es sei deshalb Erfurt »in den in ihren privilegiis benimbten bezirk mit nichten gehörig«.

Die Michaelismesse 1633 scheint in Leipzig nicht zu Stande und die fremden Kaufleute doch in Erfurt zusammen gekommen zu sein und dort ihre Wechselgeschäfte geordnet zu haben. XLV. A. 1°. Bl. 90. (vgl. äussere Geschichte, V. Capitel).

Neue Gefahr seiten Erfurts drohte für Leipzig, als im Jahre 1664 der Churfürst und Erzbischof Johann Philipp von Mainz, als Landesherr von Erfurt, bei

---

1) Vielleicht Leitmeritz.

dem Kaiser für Erfurt um zwei solenne Messen sammt Stapel- und Niederlage-
privilegien bat. *XLV. A. 1ᵖ. S. 151—156. 161. 178. Lpz. R.Urk. Kasten 9. Nr. 8.*

Leipzig erhob dagegen am 25. Januar 1665 beim Kaiser selbst Einsprache,
welche denn auch von Erfolg war.

Leipzig liess später keine Gelegenheit vorüber, gegen die in Erfurt[1] in beschränkter Weise fortbestehenden Märkte zu protestiren, z. B. im Jahre 1674, als
Erfurt in harmloser Weise um eine Rechtsauskunft bat: »..... dass bey in-
stehenden hiesigen Freymärkte zwischen dem allhiesigen und denen fremden
Tuchmachern, so den Marckt vor itzo gebawet, einige Differentz entstanden, zu
deren Erörterung wir Nachricht von nöthen haben, wie es auf dero Messen in
Leipzig ..... pflegt gehalten zu werden«.....[2].

Darauf antwortete Leipzig »..... nun ist uns von Beschaffenheit dieses
Freymarkts ganz nichts wissend, vielmehr aber erinnerlich, dass ..... ao
1507 ..... der Stadt Erffurt alles marcktrecht .... ein vor alle mahl genommen worden«..... *XLV. B. 5ᵃ. Bl. 551—555.*

4. Naumburg.

Den Leipziger Messprivilegien von 1497 und 1507 in ihren Beziehungen zu
den benachbarten Städten konnte man auch bei weitester Auslegung keine andere
Bedeutung beilegen, als dass sie n e u e Leipzig schädliche Schöpfungen im wirthschaftlichen Herrschaftsgebiet Leipzigs verhindern sollten; an die Absicht, auch
vorhandene Thatsachen oder Rechte zu beseitigen, konnte nicht gedacht werden.
Es war deshalb ein Fehler solcher Städte, dass sie oft, wenn auch nur formell,
den Rechtsboden verliessen, Neuerungen einführten und so Leipzig den Vorwand
boten, die Neuerungen als Neuschöpfungen zu behandeln und demgemäss zu bekämpfen. Zu diesen Städten gehört namentlich N a u m b u r g.

Der ganze lange Streit mit Naumburg drehte sich um weiter nichts[2], als
um die Frage, ob durch die Verlegung der dortigen Messe auf eine andere Zeit
eine Neuerung geschaffen werde oder nicht. Sie wurde schliesslich dadurch
gelöst, dass man den formellen Rechtsstandpunkt verliess und sich auf den der
Billigkeit stellte.

---

[1] Die Leipziger Marktfreiheit auch gegen Erfurter Bürger zu respectiren, wurde der
Leipziger Rath durch einen Befehl des Churfürsten Johann Georg II. vom 7. Januar 1662 besonders angehalten. *Lpz. R. Copiale III. Bl. 60.* Dieser Befehl enthält auch interessante Nachrichten über ein Schutzbündniss zwischen den sächsischen Fürsten und den Bürgern von Erfurt.

[2] Unter diesen Umständen können wir uns vielfach k ü r z e r fassen als die *Pragm. Hdlsgesch. S. 61 ff. 76. 82. 145 ff.* Das urkundliche Material über diesen Streit ist allerdings ein besonders reiches und umfasst ein ganzes 450 Blatt starkes Actenstück. *Lpz. R.A. Jahrmärkte zu
Naumburg betr. XLV. B. 5, sowie XLV. A. (Mess- und Stapelprivilegien) 1ᵃ. Bl. 11—14; 1ᵇ. Bl.
185—186. 1ᵈ. Bl. 21. 166—169; 1ᵉ. Bl. 185—185. 252; 1ᶠ. Bl. 39—52. 202. 288 und I. 54. F.
Bl. 152, sowie XLV. B. 4. Bl. 1. 5. 24—29.*

Naumburg, welches vermuthlich auch einen älteren Eigenhandel besass als Leipzig, hatte »aus alter Gewohnheit und mit der Erzbischöfe Einwilligung« [resp. »mit fürstlicher Freiheit«] zwei Märkte, den einen am Tage St. Peter und Paul, den andern am Grünen Donnerstag in der Charwoche. Im Jahre 1514 erbat und erhielt nun Naumburg (am 19. April 1514)[1] von Kaiser Maximilian I. die Erlaubniss, den Markt von Gründonnerstag auf den Sonntag Sexagesima zu verlegen: ».... Wie sie ye unnd yhe ein lange tzeit uber menschen gedechtnus alle Jar ierlichen tzwene Jarmerckte mit furstlicher freyheit vor unnd nach, Nemlichen den ersten auff Sanct Peter unn Pauels der heyligen Aposteln tagk unn den and'n Jarmarekt auff den Grwenen donnerstagk in der heyligen Marterwochen gehabt unn gehalten haben, die auch also durch die Kaufflewte und andere personen ersucht unn gebrauecht wurden. Dieweil aber derselb Jarmarckt auff den grewenen dornstagk — alsz wir dan selbst ermessen — der heyligen tzeit tzu nahendt und mennigklich unbequem und entkegen ist .... und darumben .... denselbigen Jarmarckt .... auffgehept, apgethan, vornicht, craffloss gemacht unnd auff andere tzeit, als nemlich auff den .... Sontagk .... Sexagesima gelegt, von newen[2] gegeben« .....

Das Privilegium enthielt auch die Einschränkung »doch unsz und dem heyligen reich an unsern Keyserlichen oberkeiten und andern unsern und des reichs steten in tzweien meilen wegs darumb gelegen an iren iarmerekten freyheiten gerechtigkeyten unvergreiflich unn unschedlich.«

Auf die Vorstellungen Leipzigs, dass es das Privilegium besitze, es solle hinfür in ewige Zeiten kein Jahrmarkt oder Niederlage inner 15 Meilen gerings aufgerichtet werden, widerrief der Kaiser Maximilian die vorstehende Erlaubniss bereits am 22. December 1514 *a. a. O. Bl. 12. Lpz. Urk. Kasten 7. Nr. 22.* »Wen wir nw tzw der tzeit alss yr [Naumburg] unss umb eweren Jarmargkt angesucht der gemelten unszer ersten freyheit [an Leipzig 1507] ander mergklichen gescheft halben nicht gedacht haben, unnd dan dye stadt Naumburgk nicht uber sechs meyl von Leyptzigk gelegen ist, Szo entpffelhen wir euch ..... ernstlich ..... dass yr ..... solchs ewers erlangten Jarmarckts nicht gebrauchet« .....

Der Leipziger Rath publicirte diese Entscheidung am Dienstag nach Fabiani und Sebastiani 1515 durch gedrucktes Plakat *a. a. O. Bl. 13.*

Der Kaiser Maximilian I. erliess am 22. December 1514 noch ein zweites Patent *Lpz. Urk. Kasten 7. Nr. 25* an die Reichsstände, in welchem er gebot, dass Niemand den Jahrmarkt zu Naumburg besuchen solle.

Da Naumburg eine Stiftsstadt war, kam es dem Leipziger Rathe sehr zu statten, dass der Papst Leo X. am 8. Decbr. 1514 die Leipziger Messprivilegien bestätigte *Lpz. Urk. Kasten 7. Nr. 17—19.* Beglaubigte Abschrift auch *XLV. A. 1ª. Bl. 2ff.*

Diese Misserfolge hinderten Naumburg aber nicht, am 5. Juni 1559 *a. a. O. Bl. 14*, den Kaiser Ferdinand I. zu bitten (mit Hinweis auf den grossen Schaden,

---

1) Schönes, vermuthlich gleichzeitig gedrucktes Plakat *XLV. A. 1ª. Bl. 11.*

2) Eine solche Auffassung kam natürlich den Leipzigern sehr gelegen.

den die Stadt neulich durch den grossen Brandschaden erlitten), die Verlegung
des Marktes vom Gründonnerstag auf Sexagesima zu gestatten. Der Kaiser ertheilte aber einen abschlägigen Bescheid.

Auf die Beziehungen Leipzigs zu Naumburg war es natürlich von grossem
Einfluss, dass Naumburg seit 1564 entweder von Fürsten des Hauses Sachsen
administrirt wurde (Herzog Alexander 1564—1565) oder direct unter der Regierung des Churhauses Sachsen stand (Churfürst August seit 1565). Für
die Naumburger Petri-Pauli-Messe erliessen die Churfürsten deshalb manche den
Leipzigischen entlehnte Vorschriften. So verordnete Churfürst August 17. Juni
1572 an den Leipziger Rath: »Wir habenn verordnung gethan, das uf denn itzt
furstehenden Petrj Pauljmarkt zur Naumburgk der Wexel wie am mehrenn zu
Leiptzigk geschehenn, gehalten werden soll. Dortzu wir dann auss unser Cammer
und sonsten etzliche personen hinab verordenet. Weil aber Euer Stadtschreiber
Paul Tanner Jenen die vorscheinenne beide leipzigische Merckte geholffenn, unnd
die notturft das ehr Jenenn gleichergestalt denn vorstehenden Petrj Pauljmarckt
zu verordnet. So begerenn wir gnedigk, Ihr wollet Ime erlaubenn, Sich mit
Greyer Unwürdenn von Leipzik auss kegenn der Naumburgk zu begeben, unnd
alldo denn Markt über des Wechssels abzuwartenn helffen. Doran thuet Ihr
unsere gefellige meinunge.« *XLV. B. 4. Bl. 1.*

Leipzig hatte später vielfach über angebliche Verletzungen des Niederlage-
privilegiums durch Naumburg zu klagen, z. B. 1593 *XLV. A. 1ᵈ. Bl. 21*, wogegen
Naumburg natürlich stets protestirte.

Naumburg liess aber auch in seinen Versuchen nicht nach, die Verlegung
seines Gründonnerstagsmarktes zu erwirken. Im Jahre 1614 erlangte es wirklich vom Kaiser Matthias (»sub-et obreptitie« wie Leipzig behauptete) die bezügliche Erlaubniss. Der Churfürst Johann Georg I. richtete deshalb im Interesse
Leipzigs Protestschreiben an den Kaiser, sowie an den Administrator Herzog
August zu Sachsen. Directe Verhandlungen zwischen Leipzig und Naumburg
waren erfolglos, ebenso ein darüber 1616—1620 bei dem Reichshofrath ge-
führter Process, trotzdem der Churfürst Johann Georg I. nach dem Tode seines
Bruders August 1616 alleiniger Landesfürst von Naumburg geworden war *XLV.
B. 5. Bl. 114ᵇ.*

Wahrscheinlich durch die 1660 erfolgte Publication des 1659 bestätigten
Leipziger Messprivilegiums (s. oben bei *Privilegien*) fühlte sich der Herzog Moritz
von Sachsen veranlasst, 1661 dem Rathe zu Naumburg »aus eigener Gewalt« zu
gestatten, den Markt von Gründonnerstag auf Sexagesima zu verlegen. Der Churfürst Johann Georg II. protestirte dagegen am 31. Jan. 1662 in einem öffentlichen Anschlag, worin auch allen seinen Unterthanen verboten wurde, den
Markt in Naumburg zu besuchen [1], und Leipzig beeilte sich, das Mandat vom
31. Jan. 1662 den umliegenden Orten zuzufertigen und sich von ihnen hierüber
Bescheinigung ertheilen zu lassen. *Lpz. R.Urk. Kasten 8. Nr. 22.* Auf den von
Leipzig erhobenen Widerspruch ertheilte aber auch der Kaiser Leopold am

---

[1] Leipzig schickte 1662 und 1663 den Untermarktvoigt Hehne und 1664 den Kornschrei-

18. März 1665 (zugleich mit den Märkten in Weissenfels und Schkeuditz) mandata inhibitoria gegen die Verlegung des Naumburger Marktes von Gründonnerstag auf Sexagesima. *Lpz. Urk. Kasten 9. Nr. 1—6 und 9, beglaubigte Abschriften u. A. XLV. A. 1ᶜ. Bl. 186. XLV. A. 1ᵛ. Bl. 202ff.* »Uns haben Bürgermeister und Rath der Stadt Leipzig . . . . klagend zu vernehmen geben, obwoln . . . . ., dass doch dem schnurstracks zu wider der Ehrwürdige Hochgebohrne Augustus postulirter Administrator des Ertz-Stifts Magdeburg, Hertzog zu Sachsen etc. in dero Stadt Weissenfels, so nur vier Meil von gedachter Stadt Leipzig gelegen, einen auff fünff Tag währenden Vieh- und Rossmarkt auszubieten; So dann der Hochgeborne Moritz Hertzog zu Sachsen etc. des Stiffts Naumburg postulirter Administrator etc. gleichfalls in dero von gedachter ihrer Stadt sechs Meil entlegenen Stadt Naumburg den daselbsten Ihro auff den grünen Donnerstag zugelassenen Jahrmarckt auff den Sonntag nach Sexagesimae zu verlegen; nicht weniger auch der Hochgeborne Christian, Hertzog zu Sachsen etc. des Stiffts Merseburg postulirter Administrator etc. in dero von mehr ermeldten Stadt Leipzig nur zwei Meil entfernten Städtlein Schkeuditz einen neuen Jahr- und dabey sechs Wollenmärk aller dagegen eingewendeten Protestationen ungehindert auszuschreiben sich unterstanden haben, mit gehorsamster Bitte, wir derowegen gnädigst geruheten, solche widerrechtliche obgedachte ihrem Stadtprivilegio entgegenlauffende Fürnehmen durch unsere ernste Kayserl. Hülffe Rechtens ab- und einzustellen; inmassen Sie auch erlangt, dass nach reisser der Sachen Erwegung unsere Kaiserliche mandata inhibitoria und Ladungen wider obgedachter Hertzogen zu Sachsen Ld. Ld. Ld. und deren Städte Weissenfels, Naumburg und Schkeuditz zu Recht erkennet worden sein.«

Es war dies also keine endgültige Entscheidung. Vielmehr sollten nur die Neuerungen so lange ruhen[1]), bis der Streit erledigt wäre. Zu diesem Zwecke wurden die genannten Fürsten geladen[2]), binnen 2 Monaten selbst oder durch Anwälte am kaiserlichen Hofe zu erscheinen und dort des endlichen Bescheides gewärtig zu sein.

Der Herzog Moritz liess sich auf den Process ein und wendete sich, um Material gegen Leipzig zu gewinnen, u. A. auch an die Stände des Voigtländischen Kreises. Diese erklärten sich, wie es schon die Meissnischen Stände 1657 und 1659 gethan hatten, gegen die Art und Weise, in welcher Leipzig die Anerkennung seiner Stapelgerechtigkeit prätendirte.

Während des Processes am Reichshofrath wurden aber auch directe Verhandlungen zwischen Leipzig und Naumburg geführt, welche am 7. Februar 1667 zu einem Vergleich führten. *Lpz. R.Urk. Kasten 9. Nr. 10—16.*

---

ber Kelner nach Naumburg, um über die Lage der dortigen Messen und die Einhaltung des obigen Verbotes zu kundschaften. Deren Berichte liegen an *Anlage VII.*

1) Als Naumburg Miene machte, trotzdem die Verlegung eigenmächtig vorzunehmen, liess Leipzig beglaubigte Abdrucke des Kaiserl. Inhibitoriums v. 18. März 1665 in verschiedenen Marktorten des deutschen Reiches öffentlich anschlagen. *XLV. B. 4. Bl. 24—29.*

2) Die Ladungen wurden diesen Fürsten in Zeitz, bezw. Merseburg und Halle im Juli 1665 durch den Kaiserl. Kammerboten Andreas Lühr aus Speier zugestellt.

Nach diesem Vergleich verzichtete Naumburg gänzlich auf den Gründonners-
tagsmarkt und dessen etwaige Verlegung und versprach die auf denselben bezüglichen Privilegien fallen zu lassen »und ins künfftige und wann bey den Röm.
Kaysern sie die confirmation des Petri Pauli Marckts allerunterthänigst suchen,
über den grünen Donnerstags Marckt dergleichen nicht zu begehren, noch dessen
in einige wege weiter zu gedencken. Hingegen der Rath zu Naumburg befugt
seyn soll, auff den Montag nach Palmarum einen g e m e i n e n L a n d - und Jahr-
m a r c k t, wie bey andern Städten bräuchlich, o h n e sonderbahre K a y s e r l i c h e
P r i v i l e g i e n anzustellen und zu halten . . . . . jedoch mit dieser restriction
und Bedingung, dass auff diesem Marckte weder das privilegium des Petri Pauli
Marckts, noch was in der Landesordnung und rescriptis von der Marck-Freyheit
und process bey den Leipzigischen drey und den gemeldten Naumburgischen
Petri Pauli Märckten enthalten, auff einige [1]) weise extendiret« . . . .

Dieser Vergleich erscheint um deswegen billig, weil er anscheinend die
thatsächlich bestehenden Verhältnisse nur besiegelte. Denn trotz aller Privilegien
wäre es Naumburg nunmehr nicht möglich gewesen, zu der ebenfalls an Bedeutung verlierenden Petri-Pauli-Messe n o c h eine eigentliche M e s s e abzuhalten.
Der principielle Unterschied zwischen Messe und Jahrmarkt trat bei dieser Gelegenheit recht deutlich hervor.

Der Vergleich fand die Bestätigung des Herzogs Moritz (d. d. Zeitz auf unsern
Schloss Moritzburg an der Elster 10. März 1667, gedruckt XLV. B. 5. Bl. 407)
und wurde darauf der Process am Reichshofgericht zurückgezogen.

Auch der Kaiser Leopold bestätigte den Vergleich [2]) am 23. Juni 1667 und
bedrohte die Verletzung des Vertrags mit einer Reichspoen von 12 Mark löthigen
Goldes a. a. O. Bl. 420—430.

Ein gewisses gespanntes Verhältniss zwischen Leipzig und Naumburg blieb
aber immer bestehen und kam bei jeder Gelegenheit zum Ausdruck.

Schon im Jahre 1637 hatte der Rath zu Nürnberg (XLV. B. 2) gebeten,
»wegen heftig crassirender Sterbeslaufte in Leipzig« die Michaelismesse dieses
Jahres nach Naumburg zu verlegen. Der Leipziger Rath lehnte jedoch die Verlegung ab, da »die Infection nicht so gefährlich sei als es anderwärts gemacht
werde, sintemal die meisten Häuser in und vor der Stadt, zumal Auerbachs Hof,
allwo die meisten Gewölbe und grosse mercantia getrieben würden, rein seien«.

Dieselbe »präjudicirliche« Gefahr trat für Leipzig ein, als hier vom August
bis December 1680 eine grosse Pestepidemie stattfand. Vom Ausbruch derselben
bis zur Michaelis-Messe war so kurze Zeit, dass die Vorbereitungen für eine
etwaige Verlegung nicht hätten vollendet werden können. Doch schlug Naumburg vor, die Leipziger N e u j a h r s m e s s e 1681 in Naumburg abzuhalten.

Der Leipziger Rath protestirte dagegen, berichtete an den Churfürsten und

---

1. Es soll deshalb auch den Kaufleuten, welche Gewölbe für die Petri Pauli Messe miethen, nicht zugemuthet werden, diese zugleich auch für diesen Markt zu miethen, der nur 3
Tage währen soll und dessen Buden Mittwochs gegen Abend abgebrochen werden sollen u. s. w.

2. Der Leipziger Rath veröffentlichte den Vergleich durch gedruckten Anschlag 14. März 1667.

schrieb 16. Dec. 1680 nach Naumburg[1]), die Transferirung des Neujahrs-messenexercitii in die Stiftsstadt Naumburg sei für ein sehr präjudicirlich und gefährlich Werk zu achten, ein anderer geeigneter Ort sei eben schwer zu finden. Auch sei die Plage der Infection in der Abnahme begriffen. In den letzten 8 Tagen seien in Leipzig nur 26 Personen, darunter nicht mehr als 14 Inficirte gestorben. An den letzten 4 Tagen sei überhaupt Niemand mehr an der Contagion gestorben. Man könne sich ja persönlich vom Zustand der Stadt überzeugen. Doch habe Leipzig beim Churfürsten die Verschiebung der Neujahrsmesse auf Sonntag nach Lichtmess beantragt (was dieser $\frac{28.\,\text{Dec.}\ 1680}{7.\,\text{Jan.}\ 1681}$ auch genehmigte).

Naumburg antwortete sehr gereizt »Aus dero mehr anzüglichen als nach-barlichen Antwortschreiben ... haben wir ersehen, dass die vorhabende Prolon-gation des jetzo fällig gewesenen Neujahrsmarkts nicht geläugnet, wegen Verschiebung des Ostermarkts aber uns unser hierunter versirendes Interesse und competirendes jus contradicendi disputirt und sonsten allerhand präjudi-cirende Dinge mit eingereicht worden. Weil wir nun daraus genugsam abnehmen können, wie es mit uns und hiesiger Stadt gemeint wird ... als haben an unsers gnädigsten Herrn des Herrn Administrators dieses Stifts hochfürstl. Durchlaucht wir zwar der Nothdurft unterthänigst berichtet, inmittelst aber nochmals nicht ermangeln wollen, noch einsten nachbarlich und gütlich zu versichern« ...

Man habe sich allerdings über einige Leipziger zu beschweren, welche die Quarantäne nicht respectirt hätten und sich trotzig, hochmüthig und wider-spenstig gezeigt hätten. Was die Verletzung des Stapelrechts anbelange, so möge man lieber auf die eigenen Leipziger Bürger und Handelsleute achten, welche ihre aus Paris und andern fremden Orten ankommenden Waaren meistens nach Halle und anderswohin niederlegen »welches uns zwar nichts angeht. Gott und die Zeit werden viel Dinge offenbar machen, auch an den Tag legen, wer es mit dem Andern gut gemeint«.

Die Verschiebung der Neujahrs- und Ostermesse sei der Petri-Pauli-Messe in Naumburg schädlich und verstosse gegen den Vergleich von 1667 und gegen eine Zusicherung des verstorbenen Churfürsten Johann Georg II., dass eine Mess-verlegung nicht wieder geschehen solle.

Leipzig leugnete, dass eine Verschiebung des Ostermarktes in Frage ge-kommen sei, protestirte solennissime gegen ein von Naumburg angemaasstes jus contradicendi und beschuldigte Naumburg der Verletzung der Leipziger Stapel-privilegien und der harten Behandlung Leipziger Kaufleute. Die nachbarliche Gesinnung[2]) sei auf Leipziger Seite. XLV. B. 2.

---

1) Dieses Schreiben auch Leipziger Landtags-Acten de ao 1680. II. A. No. 61. S. 271 ff.

2) Wie es eigentlich mit dieser nachbarlichen Gesinnung beschaffen war, geht aus dem Protokoll über die Rathssitzung vom 6. Dec. 1680 hervor, in welcher über die Verlegung der Neujahrsmesse 1681 auf Lichtmess berathen wurde. Einer der Rathsherrn sagte: »Respectu der Messen wäre jederzeit seine Meinung gewesen, dem lieben Gott still zu halten, den Naumbur-gern aber durch den Sinn zu fahren; wäre ein gut expediens den Markt bis Lichtmess zu prolongiren, hernach aber mit Eifer auf Conservirung der Stapelgerechtigkeit zu dringen«. Ein anderer pflichtete dem bei: »Die Prolongation des Marktes wäre ein gut expediens,

Trotz weiterer gereizter Correspondenz zwischen beiden Städten und den Landesherren derselben hatte es dabei sein Bewenden, dass die Leipziger Neujahrsmesse nicht nach Naumburg verlegt, sondern nur bis Lichtmess verschoben wurde.

An Naumburg verlieh im Jahre 1715 der Churfürst von Sachsen einen jährlich am 24. Sept. abzuhaltenden Viehmarkt.

Ueber die Einkünfte des Churhauses Sachsen aus der Peter-Paul-Messe meldet aus dem Gleitsamt Leipzig d. 14. März 1712 der Gleitsmann Haussmann: »Von der Zeit an, dass der Naumburger Petri-Pauli-Markt seinen Ursprung und Anfang genommen, hat das Chur Hauss Sachsen von denen Einnahmen im Naumburger Marckt daselbsten seinen contrahirten Antheil genossen, zu welchen Ende alle Jahr bey jeder Naumburger Messe hier aus Leipzig, hoher Verordnung nach, dahin, die Einnahmen abzuwarten gehen müssen: 1. der hiesige Gleitsmann 2. ein Einnehmer aus dem Land Accisambt 3. einige Post-Bedienten und 4. der Churf. Güterbestälter, anbey Aufläder und Ballenbinder, Alles wie obgedacht die Einnehmer abzuwarten und der Churf. Sächs. Antheil zu berechnen, wie ich selbst, das Landaccisambt, das hiesige Oberpostambt, die Güter-Bestälter pp..... Diese Einnahmen haben bey des in Gott höchst seelig ruhenden Churfürsten pp. Johann Georgen des andern Zeiten annoch in seinen Leben (÷ 1680) sich geendet, und zwar weilen dem Churhausse Sachsen selbiger Zeit von Ihrer Durchlauchtigkeit von Zeitz ein ander aequivalent angewiesen und dieser Antheil der Einnahme in den Peter Pauli Markt aufgehoben worden ist«. *XLV. A. 6. Bl. 156.*

Noch am Anfange des jetzigen Jahrhunderts war die Naumburger Petri-Paul-Messe von einiger internationaler Bedeutung und machte sogar, unter Benutzung vorübergehender günstiger Conjuncturen, den Leipziger Messen einige Concurrenz. So berichtete der Hofagent Herz Löb Levi an die Landes-Oeconomie-, Manufactur- und Commerciendeputation *II. St. A. Lok. 2257. Messrelationes vol. XI.* über die Naumburger Petri-Paul-Messe 1807 u. A: »Wenn wir bei der Schilderung des Handelsverkehrs der eben beendigten Naumburger Petri-Paul-Messe das Resultat der Geschäfte der verflossenen Leipziger Jubilate-Messe zum Maassstab annehmen wollen, können wir ohne alle Uebertreibung behaupten, dass die diesjährige Naumburger Messe in unserer inländischen Handelsgeschichte einen bedeutenden Vorrang über die Leipziger Jubilate-Messe erhalten wird... Nicht nur aus Russland und Polen, sondern auch aus Südpreussen und Schlesien fanden sich zahlreichere Käufer, als zu Leipzig ein und verursachten einen den jetzigen Conjuncturen nach nicht erwarteten lebhaften Verkehr und Umsatz... An frischen englischen Waaren war [trotz der Continentalsperre] kein Mangel, ungeachtet der scharfen Aufsicht der französischen Douaniers.... In Hamburg waren die englischen Waaren durch französische Certificate als dänische oder

---

sonderlich den Naumburgern durch den Sinn zu fahren, welche grosse Feindseligkeit gegen diese Stadt verübten. Helfe es nicht viel, so schade es doch nicht«.

Die kaum überstandene Pestgefahr hatte die Herren also durchaus nicht friedfertig gestimmt.

hamburgische bezeichnet . . . Gegenwärtig waren von vorzüglichen Einkäufern aus Russisch-Litthauen 5, aus Russland 4 National Russe, aus Brody 23, Berdi- czew 2, für die Moldauer 4 Brodyer Commissionär, aus Warschau 4, Posen 5, Wollstein 12, Karga 3, Breslau 7, Oberschlesien 4, Glogau 3, Böhmen 10, ohne die minder beträchtliche Zahl Einkäufer aus mehreren Gegenden Deutschlands, welche aufzuführen langweilig sein würde.«

»Der ganze Messumsatz kann sich füglich auf 1¼ Million Thaler belaufen haben, wovon auf den deutschen Handel nur ca. 250,000 Thlr. kommen und 1 Million von den Polen ist ausgegeben worden. Von diesen Summen wurden eingekauft an

englischen Waaren	für 300,000 Thlr.	
sächsischen »	» 450,000	»
Hamburger Druckwaaren	» 200,000	»
Seidenwaaren	» 100,000	»
div. Tuche, Leder und andere Artikel	» 200,000	»
	Total Summa 1,250,000 Thlr.	

»An Gewicht wurde ausgeführt nach Brody 1057¼, Litthauen 176¾, War- schau 200 Ctnr., endlich ca. 600 nach diversen Gegenden; folglich im Ganzen ungefähr 2000 Ctnr. an Schnitt- Kurze- und Nürnberger Waaren«.

»Aus dieser obschon nur kurzen und oberflächlichen Schilderung ergiebt es sich, dass die beendigte Naumburger Messe keineswegs zu den unbedeu- tenden gehört und dass in Ansehung der Conjuncturen zu Anfang der Messe sehr beträchtliche Geschäfte gemacht wurden«.

Ueber die ungerechtfertigten Befürchtungen Leipzigs wegen der Concurrenz Naumburgs in Folge der Theilung Sachsens 1815 vgl. unten Abschnitt VIII. Aller- dings machte die Preussische Regierung in den Jahren 1815 bis 1830 die grössten Anstrengungen, die Naumburger Messen auf Kosten der Leipziger zu heben. Ohne den Eintritt Sachsens in den Zollverein würden diese Anstrengungen sicher auch erfolgreicher gewesen sein. Aber der Eintritt speciell Leipzigs in den Zoll- verein besiegelte das Schicksal der Naumburger Messen. Es ist hier nicht der Ort, eine Geschichte der Naumburger Messen selbst zu geben, obgleich die von uns durchgesehenen Berichte der sächsischen Landesökonomie-, Manufactur- und Commerziendeputation sowie die der nach Leipzig entsendeten Geheimen Finanz- räthe (Dresdener Haupt Staats Archiv) hierüber reiches Material enthalten. Die Berichte klagen sehr häufig über den nachtheiligen Einfluss der Concurrenz der Naumburger Messe.

Bei der Frage der Verschiebung der Messzeit in Leipzig im Jahre 1832, also zur Zeit der Zollvereinsverhandlungen, vermied man in Leipzig ängstlich den Schein, »als ob man die Geschäfte der benachbarten Naumburger Messen hierher zu ziehen beabsichtigte« (vgl. Näheres im IX. Abschnitt: Verfassung).

War doch von jetzt ab ein Concurrenzkampf nicht mehr nöthig. Die Naum- burger Peter-Paulmesse (29. Juni) führt zwar noch heute eine schattenhafte Existenz (20. Juni — 4. Juli), ist aber ganz zu einem gewöhnlichen Jahrmarkt herabgesunken. Ausserdem besteht in Naumburg noch der Viehmarkt vom 24. September neben 4 anderen, sowie ein dreitägiger Kram- und Topfmarkt zu Palmarum, letzterer das Ergebniss des Vergleiches von 1667.

---

5. Braunschweig.

Unter den Kämpfen, welche Leipzig zu bestehen hatte, um an anderen Orten errichtete oder geplante Messen und Märkte nicht aufkommen zu lassen, ist derjenige von hervorragendem Interesse, welchen es in den Jahren 1675—1717 mit Braunschweig führte. Allerdings weniger deshalb, weil die Errichtung einer Messe in Braunschweig für Leipzig besonders gefährlich gewesen wäre. Dies war eher bei Halle, Naumburg und Magdeburg der Fall. Vielmehr waren es die Art und Weise, in welcher die Streitigkeit ausgefochten wurde, die Betheiligung Frankfurts a/M. und anderer Reichsstände an dem Streite und die Lösung, die er fand, was demselben eine principielle Bedeutung verlieh. Besonders aber gewähren die hierüber ergangenen Acten [*Acta des Rathes der Stadt Leipzig, die von der Stadt Braunschweig gesuchten 2 Universal-Jahresmessen betr. Ao. 1675. XLV. B. 7* [1])] eine reiche culturhistorische Ausbeute, da man sich diesmal nicht, wie bei anderen ähnlichen Veranlassungen, auf eine formale und juristische Beweisführung pro und contra beschränkte, sondern sich auch auf wirthschaftspolitische Gesichtspunkte[2] einliess.

Nachdem Rudolf August, Herzog zu Lüneburg und Braunschweig, im Jahre 1671 die Stadt Braunschweig in die Jahrhunderte lang angefochtene Abhängigkeit von seinem Hause zurückgeführt hatte, beeilte er sich, der neu gewonnenen Residenzstadt zu Blüthe und Wohlstand zu verhelfen. Das beste Mittel hierfür erschien ihm die Kaiserliche Begnadigung Braunschweigs mit »zwo Universal-Jahresmessen gleich denen Frankfurtern und Leipzigern.« Unter dem 1. März 1675 richtete er deshalb ein bezügliches Gesuch an Kaiser Leopold.

Es ist gewiss ein feiner Zug der Reichspolitik, welcher es daran gelegen sein musste, wo es irgend möglich, mit Umgehung der Landesherrn in directe Beziehungen zu Land und Leuten zu treten, dass am 6. August 1675 der Reichshofrathsbeschluss erfolgte: »Wann Bürgermeister und Rath zu Braunschweig selbst einkommen werden, folgt ferner Bescheid.«

Der hierdurch herbeigeführte Verzug kam den Gegnern Braunschweigs sehr zu statten. Die Vertreter von Chursachsen und von Frankfurt a/M. in Wien und in Regensburg berichteten sofort an ihre Regierungen, was seiten Braunschweigs

---

1. Diese Angelegenheit betreffende Schriftstücke, namentlich aus dem Process beim Reichshofrath, finden sich auch in den Acten »Jahrmärkte an anderen Orten betr.« XLV. B. 4.

2 Wir geben deshalb auch eine eingehendere Schilderung als die *Pragm. Hdlsgesch. S. 106—112*, deren Verfasser auch hier nachweisbar die Acten nicht selbst eingesehen hat.

im Werke sei, desgleichen der Anwalt Leipzigs, der Churfürstl. Sächs. Rath Jonas
Schrimpf in Wien an den Leipziger Rath. Dass diese Alle vereint bei dem
Reichshofrath von vorn herein Stimmung gegen Braunschweig zu erzeugen gewusst hatten, darf wohl daraus geschlossen werden, dass, als nun Braunschweig
selbst unter dem 20. August ein Gesuch einreichte, dieses aber von Braunschweigs Vertreter in Wien Georg Fabricius unterzeichnet war, am 7. Oct. 1675
die Reichshofrathsresolution erfolgte »dem Fabricio das Schreiben wieder hinaus-
zugeben und solle er der Stadt Braunschweig geziemende subscription darunter
setzen lassen und facta reproductione alsdann Bescheids erwarten.«

Inzwischen hatte Leipzig beim Churfürsten von Sachsen um »intercessionales« beim Kaiser gebeten; auch Frankfurt a/M. richtete ein bezügliches Schreiben
an den Churfürsten Johann Georg II. von Sachsen und dieser machte lebhafte
Vorstellungen beim Kaiser, nachdem er sich von Leipzig »über dessen Markt-
und Stapelprivilegien oder sonsten für rationes und Rechtsgründe zu Hinter-
treibung obbemelten Vorhabens« hatte Bericht erstatten lassen.

Auch die Churfürsten zu Mainz und von der Pfalz, die Landgrafen zu Hessen-
Cassel und Darmstadt, sowie der Bischoff Peter Philipp zu Bamberg und Würzburg schlossen sich den gegen Braunschweig gerichteten Protesten an. Zwischen
sämmtlichen Betheiligten untereinander, bezw. deren Gesandten und Vertretern
in Regensburg und Wien entstand eine lebhafte Correspondenz. Am meisten
wurde aber das Verfahren dadurch in die Länge gezogen, dass die Parteien beim
Reichshofrath um Mittheilung der gegnerischen Schriftstücke baten und der
Reichshofrath in gewohnter Weise resolvirte »communicetur sub termino duorum
mensium.«

Damit es dem Anwalt Jonas Schrimpf nicht an Eifer gebreche, schickte ihm
Leipzig »zu einer Ergötzlichkeit« eine Anweisung auf 50 Thaler.

Braunschweig hatte das verlangte Originalgesuch und eine ausführliche
Motivirung desselben eingereicht. Leipzig und Frankfurt konnten jedoch ihre
Proteste durch ein reiches Beweismaterial unterstützen und sich dabei ebenso
gut auf den Rechtsstandpunkt, nämlich auf ihre kaiserlichen Messprivilegien, als
auf den Utilitätsstandpunkt, nämlich die bewährten bisherigen Einrichtungen
und die handelspolitische Gefahr einer Neuerung, stellen. Wir lassen
die ausführlichste der von Leipzig zu den Acten gegebenen Denkschriften in
extenso folgen (*Anlage VIII*) und ergänzen dieselbe durch Anmerkungen,
welche aus den anderen Schriften genommen sind. Unter den letzteren über-
treffen die Frankfurter Schriften die Leipziger offenbar an Weite der Auffassung
und Geschick der Darstellung.

Es ist aber immerhin zweifelhaft, ob Leipzig und Frankfurt a/M. ihr Ziel erreicht hätten, eine förmliche Ablehnung des Braunschweigischen Ansuchens
seiten des Kaisers zu erwirken, da das Resultat langer Processe beim Reichshofrath (vergl. Naumburg, Merseburg u. A.) oft kein anderes gewesen war, als
die Resolution des Kaisers: »Die Parteien sollten sich in Güte vertragen«, wobei
natürlich Braunschweig etwas hätte concedirt erhalten müssen. Sie suchten
deshalb im Laufe des Jahres 1676 eine Entscheidung des Reichshofraths in der

Sache überhaupt zu hintertreiben. Dies hielt nicht schwer, wenn man den üblichen richtigen Weg[1] wählte.

Welches dieser Weg war, davon macht der sächsische Abgesandte in Regensburg Schotte[2] kein Hehl. »Ich habe auch mit dem Frankfurtischen Abgeordneten wegen Zusammenschiessung eines Stück Gelds conferirt, der versichert, dass die Stadt Frankfurt ganz geneigt sei, das Ihrige beizuschiessen und haben wir darvor gehalten, dass man jetzo etwan 1000 Thlr., id est jegliches Orth 500 Thlr. zusammen schiessen und selbige an nützlichen Orth nach und nach anwenden sollte; . . . . . . und haben wir in antecessum darvor gehalten, dass Herr Baron Hochern unter 400 Thlr. nicht könnte gegeben werden, als welcher allein die Sache verhindern kann. Herr Brüning ist mit mir specialissime bekannt, welchen ich schon stimmen will, wann ich 200 Thlr. vor ihn habe. Das Uebrige wird auch seinen Meister finden. Doch stehet alles zu freier Disposition und wird Herr Reichsviceckanzler Graf von Königsegg, mit welchem ich auch gar sehr bekannt und vertrauet bin, billig auch in Acht zu nehmen sein.«

Auf die Anfrage des Frankfurtischen Abgeordneten zu Regensburg an den Frankfurtischen Syndicus und Reichshofrathsagenten Tobias Sebastian Praun zu Wien, wo man das Geld am besten anlegen könne, antwortet[3] dieser: »Es möchte am besten bei Herrn Baron Hörwarth und Herrn Baron Walderdorff auf der Herrenbank und bei Herrn Goppolt, Herrn Andlern, und Herrn May auf der Gelehrtenbank geschehen können und das quantum bei einem jeden derselben auf 100 Dukaten zu setzen sein.«

Dass es nicht bei Projecten sein Bewenden hatte, geht aus einem Bericht[4] hervor, in welchem Leipzig gerathen wird, noch fernere 300 Thlr. zu diesem Zweck anzulegen. Der Frankfurter und Sächsische Gesandte hätten sich darüber geeinigt, jedem der sechs Reichshofräthe Baron von Hörwarth, Baron von Wallerdorff, von Goppoldt, Andler, May und Portner 160 Thlr., dem Baron von Hochern und dem Grafen zu Königsegg aber je 300 Thlr. zu geben.

Diese Mittel haben offenbar ihre Schuldigkeit gethan, denn hiermit schliesst in den Acten der erste in die Jahre 1675 und 1676 fallende Act der Braunschweiger Messdifferenz.

Im Jahre 1681 beginnt der zweite Act. Am 22. Jan. 1681 berichtet Leipzig an den Churfürsten von Sachsen Johann Georg III., dass die intercession Johann Georg's II. beim Kaiser in der Braunschweiger Messsache zwar die Folge gehabt habe, »dass diese Sache bis anher ersitzen blieben, es will aber nunmehr das Ansehen gewinnen, dass, was auf jene Weise nicht durchzubringen gewesen, anjetzo auf andere Art tendiret werde.«

---

[1] Vergl. auch den Schluss des Abschnittes über die Kaiserlichen Messprivilegien und deren Bestätigung.

[2] Extract aus des Hrn Abgesandten Schottens an Hrn. Geheimen- und Reichs-Secr. Wecken abgelassenen Schreibens de dato Regensburg d. 20. März 1676. XLV. B. 7. Bl. 112.

[3] Wien d. 9/19. April 1676. a. a. O. Bl. 126.

[4] Regensburg 11. Mai 1676. Vermuthlich vom sächsischen Gesandten an seine Regierung. a. a. O. Bl. 151.

Es hatte nämlich der Herzog Rudolph August nunmehr [1]) aus eigener landesherrlicher Gewalt der Stadt Braunschweig zwei Messen [2]) verliehen, die Sache dabei aber so dargestellt, als ob dies nur eine Wiederauffrischung der angeblich im Jahre 1505 von Kaiser Maximilian I. der Stadt Braunschweig ertheilten Kaiserlichen Messprivilegien [3]) sei, »laut uns producirten Originalbriefes.« Braunschweig habe nur bisher von dem Privilegium noch keinen Gebrauch machen können »wegen der sowohl im vorigen als jetzigem seculo zwischen unseren Vorfahren an der Regierung und der Stadt fast immerhin obschwebenden troublen und dabei erfolgten vielmaligen Kriege und Belagerungen, weil deshalb die fremden Kauf- und Handelsleute einen Scheu getragen, mit ihren Gütern, von weit entlegenen Orten herzukommen«.

Diese »bereits 1675 und 1676«, wiewohl in etwas anderer Gestalt gemachten Versuche führten zunächst wiederum zu einer Vereinigung Frankfurts a/M. mit Leipzig. Beide wenden sich an den Churfürsten von Sachsen, letzterer [4]) mit Frankfurt [5]) vereint au den Kaiser. Auch die Königlich Böhmische Hofkanzlei nahm im Interesse Böhmens Theil an den Verhandluugen und erbat sich von der Reichshofkanzlei die in den Jahren 1675—76 ergangenen Acten.

Während nun die Sache abermals langwierig vor dem Reichshofrath verhandelt wurde, hatte Braunschweig diesmal den Vorzug der geschaffenen Thatsache. [6]) Und als im Jahre 1683 der Churfürst von Sachsen allen seinen

---

1) Gedrucktes Patent d. d. Braunschweig d. 3. Januar 1681 bei den Acten *Bl. 166ff.*

2) Die erste Montag nach Invocavit, die zweite Montag nach Laurentii je 10 Tage lang.

3) In den Jahren 1675 und 1676 hatte man hierauf nicht Bezug genommen, und als es sich um Production der Privilegienurkunde handelte, musste Braunschweig bekennen, dass es hierzu ausser Stand sei, wegen der im Archiv durch die Belagerung veraulassten Confusion. *Bl. 185. act.*

4) d. d. Wittenberg 5. Febr. 1681. *Bl. 214. act.*

5) Frankfurt a/M. sagt *Bl. 196:* »Da wir nit gemeinet, sich mit der Stadt Braunschweig in ohnnöthiges Briefwechseln einzulassen«.

6) Bei den Acten *Bl. 228 und 229* befindet sich der Bericht eines jedenfalls von Leipzig nach Braunschweig geschickten Kundschafters: »Nachricht, was bei dem jüngst [Frühjahr 1683?] zu Braunschweig gehaltenen Markt vorgegangen: Weil man angemerkt, dass die Messe zu Frankfurt a/O. diesen Markt schwächen wollte, hat der Herzog Anstalt gemacht, dass diese Messe hinfüro 14 Tage eher gehalten und dadurch der Braunschweigische Markt gestärkt, hingegen der Frankfurtische geschwächt werden sollte. — Man hat vorgehabt, die ankommenden Tuche zu stempeln unter dem Vorwandt, dass jeder mit gerechtem Maasse versehen werden möchte, weil man aber zugleich von jedem 2 Gr. erlegen sollen, welches diesen Markt 1500 bis 1600 Thlr. getragen haben würde, haben die Tuchhändler Herrn Cöllau von Augsburg, welcher einen guten Zutritt beim Herzoge hat, vermocht, dass er solches deprecirt, und sonderlich die 30jährig versprochene Freiheit vorschützt, so auch attendirt worden. — Der Herr Bürgermeister zu Braunschweig hat gegen den Tuchhändler von hier, Herrn Düncklern gesagt, dass gleichwohl 20,000 Stücken Tuch (dieselben waren, wie der Rath bemerkt, fast ausschliesslich aus Sachsen) bei ihnen vorgeben worden, ohne die scheigen (?), welche die selbiges Ortes wohnenden Tuchhändler hatten bringen lassen, auch viel Wagen mit Tuchballen ungerechnet, so theils nach geendigtem Markte angelanget, theils auch noch auf der Strasse angetroffen worden. Wovon gedachter Dunckler, so schon wieder allhier, und Herrn Plattner's Diener, welcher bald wiederkommen wird, mehrere Nachricht geben können. — Von Tuchhändlern und Aufkäufern auch Tuchmachern sind zu Braunschweig ge-

Landesangehörigen [1]) verbot, die Braunschweiger Messen zu besuchen, überbot dies gleichsam der Herzog Rudolf August dadurch, dass er 1685 den zwei Messen noch einen Rossmarkt [2]) hinzufügte.

Das chursächsische Verbot, die Braunschweigischen Messen zu besuchen, wurde schon sehr bald übertreten. Es ist für die Eifersucht, welche zwischen Messplätzen herrschte, trotz des guten Einvernehmens in gemeinsamen Angelegenheiten, recht bezeichnend, dass die Mittheilung darüber, »dass die Braunschweiger Bürger sich rühmen sollen, dass ihre Märkte von den Leipziger Bürgern und Kaufleuten selbst frequentirt würden«, vom Frankfurter [3]) an den Leipziger Rath gemacht wurde. Frankfurt a/M. empfiehlt dabei dringend, den Besuch der Braunschweiger Messen zu hintertreiben, »damit man diesfalls ausser Sorge und Gefahr sein könne. Im Uebrigen halten wir an unserem Ort bei jetzigen Conjuncturen und Beschaffenheit der Zeiten, diese Sache vor diesmal am Kaiserl. Hofe zu negiren nicht nützlich, sondern vielmehr räthlich zu sein, dass man andere Zeiten und bessere Gelegenheit erwarten thue«.

In seiner Antwort an Frankfurt a/M. schliesst sich Leipzig der letzteren Ansicht an und muss bekennen, »gleichwie aber in allen Dingen von eigennützigen Leuten allerhand Unterschleif gesuchet werde«, so sei auch die Braunschweiger

---

wesen von Rosswein: Christinus Weisse, George Schoch; von Döbeln: Burckart; von Grossenhain: Johann David Nierde; von Grimme: Peter Werner; von Leipzig: Michael Pina; von Reichenbach: Kiessling und Schimpfermann, auch noch viel andere Reichenbacher, so Tuche und auch andere Zeugwaare gehabt; von Frankenberg: Eichner u. Höpner's seel. Erben; von Annaberg: Sonntag, Schreiber u. Consorten mit Spitzen und anderer Waare.

1) d. d. Dresden 14. April 1683. *Bl.* 231. *act.* Dieses Patent war zuerst nur an die Städte Grossenhayn, Annaberg, Döbeln, Grimma, Leisnig (also vermuthlich die hervorragendsten Industriestädte!), sowie an den Schösser zu Nossen, den Verwalter zu Frankenberg und an Friedrich Metzsch zu Reichenbach ausgefertigt worden. »Nachdem aber über bemelte 8 Orter noch unterschiedliche andere sind, von denen eben dergleichen nachtheiliges Beginnen, sonderlich mit Tuchen, Leinwand und Spitzen, zu besorgen«, hat der Rath zu Leipzig den Churfürsten, das Mandat noch an 28 andere namentlich aufgeführte Orte zu erlassen. In dieser Angelegenheit schrieb noch der (Geheim-Secretär?) Johann Petzold d. Dresden 14. März 1683 an den Rath, es sei noch an unterschiedliche Schösser geschrieben worden, nämlich wegen Rosswein an den Schösser zu Nossen, wegen Werdau an den zu Zwickau, wegen Wiesenthal an den zu Schwarzenberg, wegen Zschopau und Oederan an den zu Augustusburg, wegen Waldheim und Geringswalde an den zu Rochlitz (was in Bezug auf Verwaltungscompetenz von Interesse); wegen Hohnstein habe nicht geschrieben werden können, »weil selbiges Städtchen von der contagion noch nicht recht frei ist und man auch den rechten Besitzer nicht recht weiss«. Es ist bemerkenswerth, dass bei dieser und anderer Gelegenheit die fürstlichen Patente zwar von der Regierung ausgefertigt, aber von der Stadt Leipzig, weil ihr Interesse hier, expedirt wurden, wie sich aus den bei den Acten befindlichen Behändigungsscheinen ergibt.

2) Dieser wurde zusammen mit der von Montag nach Invocavit auf Montag nach Marine Lichtmess verlegten Messe abgehalten und setzte der Herzog Rudolf August für das beste zu Markte gebrachte Koppel Pferde einen silbernen Rosskamm im Werthe von 300 Thlr. aus.

3) d. d. 3. April 1685. *Bl.* 225 *act.* Frankfurt a M. bemerkt hierbei, die Correspondenz in diesem negotio sei ihrerseits auf einige Zeit unterbrochen worden, da es so weit gebracht worden, »dass diese Sache am Kaiserl. Hof keinen Fortgang gewonnen« und »wegen der inzwischen vorgewesenen aber Gott Lob wiederumb abgewendeter Contagion (Pest in Leipzig 1680 aus den Acten beschrieben vergl. Daheim Jahrg. 1878/79 Nr. 22) und eingefallenen Kriegszeiten«.

Messe von einigen Leipzigern besucht worden. Gegen diese wird Untersuchung eingeleitet. Sie schützen vor[1]), nicht gewusst zu haben, dass es verboten[2]) sei, die Braunschweiger Messe zu bauen. Der meist gravierte wird aber zu 100 Thlr. Strafe verurtheilt, wovon ihm jedoch 50 wieder erlassen werden.

Der Churfürst Johann Georg III. schärfte das Verbot (Dresden d. 28. Juli 1685) »bei Verlust der Waaren« in einem Circular an 24 sächsische Städte nochmals ein. Aber auch dieses wiederholte Verbot hatte wenig Wirkung, wie aus einer Beschwerde hervorgeht, welche die sämmtliche[3]) Kaufmannschaft zu Leipzig am 7. Oct. 1689 an den Leipziger Rath einreichte.

Darin wird geklagt, dass eine grosse namentlich aufgeführte Zahl von Handelsleuten aus Rosswein, Zwickau, Schneeberg, Frankenberg, Grimma, Wittenberg die Braunschweiger (und auch die Magdeburger) Messen »theils mit Spitzen und Seidenwaaren, mehrentheils aber mit Tuchen frequentiren«. Die Lüneburgischen und Hannoverschen Unterthanen entwöhnten sich dadurch vom Leipziger Zwischenhandel, machten directe Geschäfte mit den genannten Industrieorten und leisteten, um desto eher die Tuchhandlung an sich zu ziehen, »mit Wolle und Geld grossen Vorschub«.[4])

Leipzig scheint nunmehr gezwungen gewesen zu sein, sich selbst zu helfen und durch Confiscation Leipzig passirender, nach Braunschweig bestimmter Waaren das immer mehr in Vergessenheit gerathene landesherrliche Verbot in Erinnerung zu bringen.

Selbst die Landesregierung hatte aber jenes Verbot ausser Augen gelassen. Denn am 27. Juli 1696 ordnete der Churfürst Friedrich August an, dass dem Johann Siegfried Koch in Dresden nach Braunschweig bestimmte, an der Leipziger Waage angehaltene Güter frei gegeben werden sollten, auch sollte der Rath Bericht erstatten, »was es wegen dieses Verbotes gegenwärtig für Bewandniss habe«.

Der Leipziger Rath wies in seinem Berichte[5]) vom 31. Juli 1696 auf die früheren landesfürstlichen Anordnungen hin, bekannte aber, dass die Durchführung des Verbotes auf grosse Schwierigkeiten gestossen sei, namentlich

---

1) Ausserdem behaupten sie (Bl. 305. act.), es habe sich nur um den commissionsweisen Vertrieb italienischer Waaren, insonderheit von Parchend, Taffend, Flor und Crespen gehandelt.

2) Der eine Beschuldigte will es erst in Braunschweig von Augsburger Kaufleuten erfahren haben. Er berichtet auch, der Fürst von Braunschweig habe geäussert, »wenn zu Leipzig dergleichen Verbot geschehen wäre, so sollte in derer 3 lüneburgischen Herren Landen verboten werden, dass keine Unterthanen mit Leipzigern handeln noch die Leipziger Messe besuchen sollten«.

3) Für die »sämmtliche Kaufmannschaft in Leipzig« zeichneten wie gewöhnlich einerseits die Kramermeister, andererseits »Deputirte der Handelsleute ausser der Kramerinnung«.

4) Die in dieser Branche auch jetzt noch übliche Form, den Fabrikanten an den Zwischenhändler zu fesseln.

5) In dem Gutachten des Rathsdeputirten, welches diesem Bericht zu Grunde liegt, wird gesagt: dass die Vorsorge gegen Braunschweig nicht ohne Grund gewesen, erhellte auch daraus, »dass Joh. Friedr. Gentsch von Braunschweig eine Barchent-Manufactur daselbst angerichtet und von Augsburg und Chemnitz tüchtige Leute mit Fürstl. Freiheiten dahin angelocket hat«, worüber sich jüngst ein Chemnitzer beklagt habe.

in der Richtung, dass man den Handel mit Braunschweig in der messfreien Zeit nicht habe hindern können. Auch habe das Verbot von 1683 auf die auswärtigen Waaren sowohl, als auf die auswärtigen Kaufleute, namentlich Franzosen[1]) und Italiener, keine Anwendung finden können, ebenso wenig auch auf die v o n der Braunschweigischen Messe kommenden Waaren.

Leipzig erbat vom Churfürsten Verhaltungsmaassregeln. Noch ehe dieselben aber erlassen waren, ging ein in drohendem Tone gehaltenes Schreiben[2]) der Gebrüder Rudolf August und Anton Ulrich, Herzöge zu Braunschweig und Lüneburg ein, welches deutlich erkennen lässt, wie die Situation im Laufe der Zeit für Braunschweig günstig geworden war.

Das Schreiben machte auf den Leipziger Rath einen grossen Eindruck; wusste er doch, dass der bei früheren ähnlichen Gelegenheiten gewährte landesherrliche Schutz ihm diesmal nicht in energischer Weise zur Seite stand und musste er doch erwägen, dass Braunschweig in geographischer Hinsicht der stärkere Gegner war. Denn der Verkehr Leipzigs mit dem Norden (Hamburg, Bremen etc.) konnte Braunschweig-Lüneburgische Lande nicht umgehen, während der Verkehr Braunschweigs mit dem Süden leicht auf das concurrirende Naumburg[3]) abgelenkt werden konnte.

In seinem Berichte an den Churfürsten klagt denn auch der Rath in klein-

---

1) Es wird hierbei *Bl. 314 ff.* erwähnt, »dass die refugirten sich meistentheils in Halle aufhaltenden Franzosen in grosser Zahl solchen (Braunschweiger) Markt zu bauen sich unternommen«.

2) *Bl. 320. act.* Dasselbe lautet: »Wir mögen Euch hiermit nicht vorhalten, was gestalt uns bei letztverstrichener Laurentii-Messe in unserer Stadt Braunschweig verschiedene Beschwerden vorgekommen, dass ein und anderen auch sogar auswärtigen Kaufleuten ihre Eures Orts zum Theil annoch stehend gehabte Güter und Waaren, alles gethanen rechtlichen Remonstrirens ungeachtet, unter dem Vorgeben, dass von dar keinerlei weder einheimisch noch frembdes Gut noch besagter unserer Messe, zum wenigsten 14 Tage davor und 14 Tage darnach passiret würde, entweder gar nicht oder doch gegen beschwerliche Rodlimirung mit einem halben pro Cent anhero abgefolget werden wollen. Gleichwie Wir nun n i c h t v e r m u t h e n können, dass auf des Herrn Churfürsten Liebden Verordnung und Befehl, oder auch nur mit dero V o r - w i s s e n solch Verfahren verhenget worden, noch von derselben dero Uns bekannten aequanimität nach werden gutgeheissen werden; also befremdet uns solches wider die natürliche Billigkeit, a l l g e m e i n e V ö l k e r r e c h t e (!) und das von Ihrer Kaiserl. Majestät vor unsere Braunschweigische Messen erlangtes allgnädigste hochverpönte P r i v i l e g i u m laufende und zu Hemmung des freien Commercii abzielende Verfügen nicht wenig und gesinnen wir hiermit an Euch gnädigst, dass Ihr Euch dergleichen unglimpflichen und dem Ansehen nach aus blosser aemulation und Missgunst herrührenden Zufügungen hinfüro gänzlich enthaltet und dem Commercio seinen ungehinderten freien Lauf lasset, auch Unseren und anderen Kaufleuten, so durch diesen unbilligen Zuschlag in Schaden gesetzet worden, zureichliche Satisfaction verschaffet, damit wir auf dem w i d r i g e n F a l l an denen Euren Eingesessenen zustehenden und zu Euren Messen durch unsere Lande verführenden Waaren, Gütern und Effecten uns wiederumb zu erholen und des in solchen Fällen rechts erlaubeten j u r i s r e t o r s i o n i s zugebrauchen nicht mögen gemüssiget werden, in welcher Zuversicht wir Euch zu Gnaden geneigt verbleiben. Geben in unserer Vestung Wolffenbüttel, d. 3. Sept. 1696«.

Rudolf Augustus.   Anton Ullrich.

3) Der Rathsdeputirte klagt schon *Bl. 314.* »Andere und zwar die Franzosen haben ihr Gut von Naumburg aus, dahin (nach Braunschweig) abgesandt«.

lautem Tone über die ungerechten Beschuldigungen und erwähnt nur flüchtig seinen mit Braunschweig noch währenden Rechtsstreit, statt die Anmaassungen Braunschweigs und, soweit es die Bezugnahme auf kaiserliche Privilegien betrifft, geradezu falschen Behauptungen zurückzuweisen und den landesherrlichen Schutz zu erbitten. Der Bescheid [1]) des Churfürsten Friedrich August ist ebenso wenig energisch, vielmehr noch zu Bescheidenheit gegen Braunschweig gemahnend.

Das Antwortschreiben Leipzigs an die Herzöge von Braunschweig, dessen Concept in Dresden für gut befunden worden war, fliesst über von Versicherungen tiefster Veneration und bittet unterthänigst um Entschuldigung, versichert »unsere intention ist jederzeit hauptsächlich dahin gerichtet, der Handlung freien Lauf zu erhalten« und behauptet, »die Redimirung mit einem halben pro Cent treffe keineswegs blos die nach Braunschweig gehenden Güter, sondern werde von uralter Zeit her, der publicirten Waagordnung und Taxa nach, insgemein von eingekauften ausgehenden Gütern erhoben«. Von dem landesherrlichen Verbot aus dem Jahre 1683 wird kein Wort erwähnt, dagegen unterthänigst gebeten, die hohe Gnade zu haben, »wider die unschuldigen Unsrigen noch auch wider die Besuchung der hiesigen Messen etwas nachtheiliges nicht zu verhengen«. Dabei wirkt dann der Zusatz »als welche wir nicht nur der ungehinderten Ab- und Zufuhr halber mit uralten Kaiserl. hochverpönten Freiheiten, sondern auch sonsten dergestalt allergnädigst privilegirt sind, dass selbigen zum Abbruch in benachbarten Landen keine neuerliche Jahr-Messen angestellet und gehalten werden dürfen« nicht besonders imposant, ebenso wenig wie der mit unterthänigster Reverenz daran geknüpfte Vorbehalt, »das wohl fundirte jus prohibendi« gegen die Braunschweiger Messen zur Geltung zu bringen. [2])

Geradezu kläglich muss aber der Ausgang des ganzen Streites genannt werden. Im Jahre 1717 berichtet nämlich der Leipziger Rath an den Churfürsten von Sachsen und König von Polen, dass die Stellung zu Braunschweig eine unhaltbare geworden sei, obgleich man zwar Alles zur Vermeidung eines Präjudizes gethan, aber sonst den Braunschweiger Verkehr möglichst tolerant behandelt habe. Wenn es auch nicht direct ausgesprochen wird, so lässt sich doch zwischen den Zeilen die Bitte herauslesen, das Verbot von 1683 ganz aufzuheben. Der Churfürst hat dies auch zu verstehen gewusst, denn am 26. März 1717 resolvirt Friedrich August, König von Polen, Churfürst zu Sachsen: »Obwohl ... so lassen wir doch bei jetzigen Umständen, jedoch nur connivendo und unter der

---

1) d. d. Dresden d. 13. Oct. 1696. Bl. 524. act. »So viel nun jetzt besagtes fürstliches Schreiben betrifft, da begehren wir, Ihr wollet dasselbe mit gutem Glimpf und Bescheidenheit beantworten, die Euch beigemessene imputationes, wenn solche von keinem Grunde und Bestande seind, ablehnen; im übrigen aber, jedoch gleichfalls mit guter Moderation und Bescheidenheit eine reservation derer in dergleichen hergebrachten Leipzigischen jurium mit einfliessen lassen, und das dazu abgefasste concept, ehe es abgelassen wird, zur Ersch- und weiterer Verordnung anhero einsenden«.

2) Ein Resumé über die Verhandlungen bis 1701 giebt ein Bericht des Leipziger Rathes an den Churfürsten vom 26. Mai 1701, Punkt 1. Anlage XV.

Hand geschehen, dass unseren Unterthanen und also auch denen Leipziger
Bürgern, erwähnte Braunschweiger Messe zu bauen und ihre Waaren dahin zu
feilem Kauf zu führen, verstattet werde. Dabei Ihr aber Eures Orts zu vigiliren habt, dass bei denen von da zurückkommenden Kaufmannsgütern auch
sonst aller Unterschleif möglichst vermieden, und doch das Hauptnegocium
der Handlung bei unserer Stadt Leipzig beibehalten werde».

Ein Recept für die praktische Anwendung dieser Vigilanz gab aber der vom
Grafen G. von Werthern und von von Stöterogg gegengezeichnete Bescheid nicht.
Indem von vorstehendem allergnädigstem Befehle am 29. Juni 1717 Abschrift
auf die Waage gegeben wurde, fand der so kühn begonnene Streit ein ruhm-
loses Ende.

Noch heute werden in Braunschweig zwei Messen, im Februar und
August, abgehalten, welche allerdings gegenwärtig eine geringe Bedeutung besitzen. Der Politik hat es Leipzig nicht zu danken, wie wir gesehen haben, dass
seine Messen später in dem gleichen Maasse wuchsen, wie die Braunschweig's
abnahmen.

> Anmerkung. Der Versuch des Verfassers, Weiteres über die Leipziger Streitigkeiten
> mit Braunschweig aus dem Braunschweiger Archiv zu ermitteln, ist misslungen. Herr
> Stadtarchivar Hanselmann hatte die Freundlichkeit, mir hierüber Folgendes mitzu-
> theilen: «Von den gesuchten Messprocessacten ist hier rein gar nichts erhalten. Im
> Stadtarchiv war dgl. nicht zu suchen, da seit 1671 die gesammte Stadtverwaltung in
> die Hand einer fürstlichen Commission gelegt war, deren Acten bei späterer Aus-
> einandersetzung für die Registratur herzogl. Kammer vorbehalten blieben. Aus die-
> ser sodann wurde ich dahin verständigt, dass Acta qu. an die Haupt-Zoll- und
> Steuerdirection abgegeben. Dort aber ist nach langem Suchen eben nichts zu finden
> gewesen und ebensowenig im Landes-Archiv zu Wolfenbüttel, wonach denn kein
> Sträuben mehr gegen die Erkenntniss bestehen kann, dass diese, wie leider soviel
> andere hochwichtige Acten, von dem Unverstande der Praktiker zur Papiermühle
> verdammt worden sind».

---

6. Frankfurt a/M.

Mit der älteren [1] Messstadt Frankfurt a/M., welche ihre Messprivilegien von
Kaiser Ludwig dem Bayer 1330 herleiten konnte, lebte Leipzig, wie es scheint,
bis Ende des XVII. Jahrhunderts in Frieden. Wie wir sahen, machte noch zu
Ende dieses Jahrhunderts Frankfurt a/M. mit Leipzig gemeinsame Sache gegen
Braunschweig. Bis zu eben dieser Zeit hatten auch die Messen in Frankfurt a/M.
eine entschieden grössere [2] Bedeutung, als die Leipziger und irgend welche

---

1. Frankfurt a/M. schreibt am 1. Febr. 1676 an den Churfürsten von Churpfalz: «Nun ist
reichskundig, dass dieser Stadt zwo Jahrmessen im ganzen Deutschland die ältesten» ..
Lpz. R.A. XLV. B. 7. Bl. 165. vergl. auch Anlage VIII. Anmerkung.
2. Es geht dies u. A. auch aus den Denkschriften hervor, welche Frankfurt a/M. sowohl
als Leipzig in dem Streite mit Braunschweig abfassten. XLV. B. 7. vergl. auch Anlage VIII,
namentlich den Passus über den Buchhandel und die zugehörigen Anmerkungen.

andere deutsche überhaupt. Mit dem Anfang des XVIII. Jahrhunderts beginnt das Uebergewicht der Leipziger Messen sich bemerkbar zu machen. Frankfurt a/M. sowohl als Leipzig waren sich auch dessen bewusst, wie die nachfolgende Darstellung zeigen wird.

Das Herabsinken der Frankfurter Messen von der dominirenden Stelle war auch ohne Zweifel die tiefste Quelle des nunmehr in den Jahren 1706—1726 zwischen Leipzig und Frankfurt a/M. ausbrechenden Streites. An früher bewährte Institutionen pflegt man erst dann die reformirende Hand anzulegen, wenn sie ihre Dienste zu versagen beginnen. Die Versuche Frankfurts a/M., mit ihren alten Ostermessen Neuerungen vorzunehmen, gaben nun die Veranlassung zu den Streitigkeiten zwischen Leipzig und Frankfurt a/M., denen ein besonderes Actenstück des Leipziger Rathsarchivs gewidmet ist. *Lpz. R.A. Verlegung der Judicamesse zu Frankfurt a/M. betr. ao. 1710. XLV. B. 8.*

Diese Streitigkeiten gewinnen nicht blos unser Interesse durch die Art, wie dieselben, und durch das Ergebniss, zu welchem dieselben geführt wurden. Sie waren auch die Veranlassung für die Parteien, ihre Anschauungen über die damaligen Verhältnisse der Messen im Allgemeinen und der Leipziger Messen im Besonderen näher darzulegen. Wir haben es uns deshalb nicht versagen können, die wichtigsten dieser Urkunden in ihrem ganzen Umfange in den *Anlagen XVI—XVIII* wiederzugeben.

Am 20. Juli 1706 schrieb der Rath zu Frankfurt a/M., er habe die Absicht, die Ostermesse von Judica (14 Tage vor Ostern) auf Quasimodogeniti (8 Tage nach Ostern) zu verlegen. Es sei dies wünschenswerth wegen Veränderung des alten Kalenders; jetzt sei um Judica der Mainstrom überschwemmt, so dass der Verkehr sehr gestört werde. Veranlasst durch eine Anzahl oberländischer Kaufleute, beabsichtige man, sich wegen Verlegung an den Kaiser zu wenden, wolle aber die Leipziger Interessen nicht verletzen und stelle daher zur Erwägung, ob es sich nicht thun lassen möchte, dass die Leipziger Jubilatemesse gleichfalls weiter hinaus und etwa auch auf Rogate gesetzt würde. Frankfurt werde sich auch an den König und Churfürst von Sachsen mit der Bitte wenden, ihre Sache zu unterstützen.

Leipzig antwortete am 13. Aug. 1706: Es sei wohl möglich, dass nach Veränderung des Kalenders und durch die Frühlingswitterung den Reisenden und Fuhrleuten einige Beschwerlichkeit entstehe, »wir finden aber dieses nicht von solcher Erheblichkeit, dass desswegen die von etlichen saeculis gestande Markzeit zu verändern sein sollte.« Auch bei anderen Messplätzen würde die Frage entschieden auf Widerstand stossen.

Die Leipziger Einsprache scheint keine Wirkung gehabt zu haben, denn *a. a. O. Bl. 6* findet sich folgender Rathsbeschluss Frankfurt 19. Septbr. 1710: »demnach Ihro Kayserl. Majestät auf unsere wegen Veränderung des alten Kalen-

---

Ein älteres Verzeichniss, leider ohne Zeitangabe, aber doch spätestens aus dem XVI. Jahrhundert, derjenigen Leipziger Kaufleute, welche die Herbstmesse zu Frankfurt a/M. bezogen, findet sich bei *Barthel, Verm. Nachr. Bl. 197.*

ders und sonsten allerunterthänigst fürgebrachte erhebliche Ursachen allergnädigst eingewilligt, dass die allhiesige Fasten und Ostermesse, welche bisher
am Sonntag Judica vor Ostern ihren Anfang genommen, weiter hinaus gerückt
werden möge und wir daher solchen auf Quasimodogeniti den 4. Sonntag nach
Ostern in conformität der allermildesten Kaiserl. Einwilligung zu verlegen resol-
viret haben, mithin mit dem nächstkommenden 1711. Jahr, beliebt es Gott, der
Anfang damit dergestalten gemacht, dass das Geleith den ersten Donnerstag nach
Ostern eingeholt und den Montag nach gedachten Sonntag Quasimodogeniti darauf
die Kräme eröffnet werden sollen.«

Churfürst Friedrich August forderte daraufhin, Dresden 1. October 1710,
Leipzig auf, selbst nach Frankfurt zu schreiben und der Leipziger Kaufmannschaft an die Hand zu geben, in Frankfurt gegen das Vorhaben zu protestiren.

In einem Schreiben vom 19. October 1710 an Frankfurt wiederholt Leipzig
seine früheren Einwendungen, sagt, wie gefährlich es sei, gegen die Messprivilegien Präjudizien zu schaffen, und erinnert daran, dass erst 1687 in der Braunschweiger Angelegenheit Frankfurt mit Leipzig gemeinsame Sache gemacht habe.
Eine grosse Zahl die Frankfurter Messen besuchender fremder Kaufleute richtete
eine ausführliche Denkschrift an den Frankfurter Rath. *Bl. 17—24 und Bl. 66—
76 der Acten, vergl. Anlage XVI,* worin sie ausführen, wie nachtheilig die Verlegung
der Frankfurter Messe von Judica auf Quasimodogeniti nicht blos für den Handel
im Allgemeinen, sondern auch für die Stadt Frankfurt a/M. selbst sein müsse.
Auch die Leipziger Kaufmannschaft überreicht dem Leipziger Rath am 24. Oct.
1710 eine Denkschrift, worin sie behauptet, die Frankfurter Neuerung würde
vermuthlich für Frankfurt schädlicher sein als für Leipzig (*Bl. 25—30 der Acten,
Anlage XVII.*).

Der Rath überreicht diese Schrift dem Churfürsten und bringt dabei eine
Münzangelegenheit, nämlich den Cours der französischen Thaler zur Sprache.

Am 2. Decbr. 1710 ging endlich eine Antwort des Frankfurter Rathes vom
26. Nov. 1710 ein, worin derselbe erneut die Gründe auseinander setzt, welche
ihn zur Verlegung der Messe bewogen haben.   Er glaubt hierzu durch das P r i -
v i l e g i u m Kaiser L u d w i g des B a y e r n vom Jahre 1330 berechtigt zu sein und
droht damit, »die angemaasste unbefugte Opposition« Leipzigs durch den Churfürsten von Sachsen selbst brechen zu lassen.   Es wird aber erneut vorgeschlagen, die Leipziger Jubilatemesse entsprechend dem veränderten Kalender
fortzurücken.

Auf Ansuchen des Leipziger Rathes verwendet sich der Churfürst von
Sachsen durch seinen Residenten in Wien Wessenich sehr energisch (1710 oder
1711?) beim Kaiser und protestirt vor allem dagegen, dass der Kaiser vor Genehmigung der Frankfurter Neuerung die L a n d e s f ü r s t e n nicht gehört habe.[1])

---

1) Der König von Polen und Churfürst von Sachsen habe »auswärts her« erfahren, der
Kaiser habe Frankfurt a/M. die Freiheit ertheilt, die dortige Fastenmesse von Judica auf Quasimodogeniti zu verlegen, während er und andere Reichsfürsten erwartet hätte, in der Sache

Auf Veranlassung des Raths giebt die Leipziger Kaufmannschaft am 22. Juli 1711 ein erneutes Gutachten über die Frankfurter Angelegenheit ab. Dasselbe erwägt alle Gründe für und wider vom Leipziger Interessenstandpunkt aus, und kommt ebenfalls zu dem Schluss, dass die Neuerung für Leipzig nicht blos unschädlich, sondern in vieler Beziehung sogar nützlich sei, weil die Leipziger Messe eine grössere Anziehungskraft habe, als die Frankfurter, und bei fast gleichzeitiger Abhaltung beider Messen viele Kaufleute gezwungen würden, nur Leipzig und nicht mehr wie früher erst Frankfurt und dann Leipzig zu besuchen. vergl. Anlage XVIII.

Während der Michaelismesse 1713 richtete eine Anzahl fremder, die Leipziger Messe besuchender Kaufleute an den Churfürsten von Sachsen das Gesuch, mit Rücksicht auf die Verschiebung der Frankfurter Messe auch die Leipziger Messe um 8 oder 14 Tage zu verschieben.

Abschrift von diesem Gesuch gaben diese Kaufleute auch an den Leipziger Rath und dieser erforderte wiederum von der Leipziger Kaufmannschaft Bericht ein. Dieser Bericht vom 17. Novbr. 1713[1] spricht sich sehr energisch gegen die Verlegung aus und erwähnt, dass die Gesuchsteller zum Theil dieselben seien,

---

vorher gehört zu werden. Ihm sei deshalb anbefohlen, »dagegen allerunterthänigst Einwendung zu thun«.

Im Westphälischen Frieden sei die Beseitigung aller Hindernisse des Handels und Erhaltung des vor dem Kriege rechtmässig Hergebrachten zugesichert worden. Leipzig werde nun durch die Frankfurter Neuerung aufs äusserste geschädigt. Wessenich reproducirt dabei die in der Leipziger Denkschrift vom 21. Oct. 1710 dargelegten Gründe.

Die Stadt Frankfurt a/M. gebe zwar vor, von Kaiser Ludwig aus dem Hause Bayern dahin privilegirt zu sein, »dass sie ihre Messe nach eigener Willkühr auf selbst beliebige Zeit verlegen könne«. Frankfurt könne dies Privilegium aber nicht im Original produciren, habe auch nie davon Gebrauch gemacht.

Eine Verlegung werde Frankfurt selbst schädigen. Es dürfe aber Frankfurt nicht erlaubt sein, »auch mit eigenem Ruin anderen Handelsplätzen Schaden zuzukehren«. Leipzig könne seine Ostermesse mit Rücksicht auf andere Messen unter allen Umständen nicht prorogiren.

Wessenich appellirt endlich in warmen Worten an den Kaiser, als »an den allermildesten Vater des deutschen Vaterlandes«, er wolle der Stadt Frankfurt auferlegen »ihr mit Verschweigung der Umstände zur Ungebühr erlangtes Erlaubnis und Privilegium ad cassandum einschicken und sich aller Neuerungen entschlagen«. Der Kaiser werde sich dadurch »die ganze Kaufmannschaft in Deutschland, ja das gesammte Vaterland deutscher Nation tiefst verbinden«. Lpz. R.A. XLV. B. 8. Bl. 39—42.

[1] Die »Kramermeister, Kauf- und Handelsleute«, sowie die »Deputirten der Kauf- und Handelsleute ausser der Kramerinnung« hoben in dieser Eingabe besonders hervor, die jetzige Organisation der Messen bestehe in einem glücklichen »Hintereinander«, was nicht willkürlich gestört werden dürfe. Kurze Zeit nach der Leipziger Messe fielen nicht nur die Messen in Naumburg und Frankfurt a/O., sondern noch eine ganze Reihe »importanter Jahrmärkte«, welche aus der Leipziger Jubilatemesse ihre Bedürfnisse holen«. Das der Eingabe beigefügte Verzeichniss dieser Jahrmärkte nennt die Jahrmärkte:

In Polen zu Warschau auf Johannis, zu Krakau auf Viti (15. Juni), zu Lublin auf Pfingsten, zu Posen auf Johannis. In Böhmen zu Prag auf Viti. In Mähren zu Iglau auf Himmelfahrt. In Oesterreich zu Wien auf Pfingsten, zu Graitz (Graz?) auf Himmelfahrt. In der Schweitz zu Zürzach auf Pfingsten. In Schlesien zu Breslau auf Johannis. In Preussen zu Königsberg auf 2. Sonntag nach Trinitatis, zu Thorn auf Trinitatis, zu Stargard auf Johannis. In Pommern zu

welche im Jahre 1710 die Vorstellung an den Frankfurter Rath gegen die dort beabsichtigte Neuerung mit unterschrieben hätten.

Noch bevor der Rath diesen Bericht an die Landesregierung eingereicht hatte, forderte der Churfürst am 24. Novbr. 1713 Bericht ein. Der Rath stellte deshalb noch weitere Erörterungen an. Unter andern wurde das Geleitsamt befragt, ob seit der Frankfurter Neuerung ein Schaden zu bemerken sei. Obwohl das Geleitsamt der Ansicht ist, »dass das ganze Absehen dahin gerichtet sei, wie sie Frankfurt gross, Leipzig aber klein machen möchten, so Gott verhüten will«, so könne doch ein Schaden noch nicht constatirt werden. Auch die erneut befragte Kaufmannschaft spricht sich unter dem 30. Novbr. 1713 dahin aus, sie könne nicht absehen, »dass seit diesen 3 Jahren durch die Verlegung der Frankfurter Ostermesse der Handlung auf allhiesigem Platze ein absonderlicher Schaden erwachsen wäre.«

Die Leipziger Messe habe eine grössere Anziehungskraft als die Frankfurter. Es sei aber nicht zu begreifen »wie die Herren Frankfurter und einige andere Fremde prätendiren können, dass sich so viele Oerter nach einem einzigen Orte richten und wir blos um ihrer Veränderung willen unseren wohleingerichteten Jubilatemarkt prorogiret sehn sollen.«

Auf Grund der beiden Gutachten vom 17. und 30. November und anderer Unterlagen berichtete der Leipziger Rath am 4. Decbr. 1713 und 10. Januar 1714 ausführlich an den Churfürsten. Dem letzteren Bericht lag das Original der *Bl. 104—132* abschriftlich sich bei den Acten befindenden protocollarischen Vernehmung der einzelnen Leipziger Kramermeister und Mitglieder der Kaufmannschaft bei, welche sich einstimmig gegen Prorogation der Leipziger Ostermesse aussprachen. Es wird dabei *Bl. 99* erwähnt: »Gewiss ist, und hat man aus der historie die Nachricht, dass die hiesige Jubilate oder Ostermesse nun in die 5 saecula auf den Sonntag Jubilate angestellet und gehalten worden.« Eine Verschiebung sei auch zu vermeiden, wegen der benachbarten Stadt Halle, weil sie in vorigte Zeiten »nicht nur wegen hiesiger Messen viel motus erregt und vor wenig Jahren dieserhalben in Dr. Andrea Adels Tr. de Palatio Regio th. 143. sequ. noch unterschiedliche bedenkliche Dinge in öffentlichen Druck kommen lassen; die dann dadurch Anlass nehmen können ein und anderes dieser Stadt und Handlung präjudicirliches sich hierdurch zu Nutze zu machen.«

Auch früher hätten die Churfürsten Bedenken getragen, die Leipziger Messe zu prorogiren, z. B. Churfürst Johann Georg II. 1668. »Ja selbst bei der Contagionszeit anno 1680 da in dieser Stadt alles in einem betrübten Zustande sich befand, hat man zu Beibehaltung der Gerechtsame, obgleich keine Fremden sich allhier eingefunden in der Neujahrsmesse 1681 einige Buden auf den Markt gesetzet, die diesem Markt bestimmte Zeit genau zu beobachten. Da anno 1703 im Ostermarkt die Oppenheimerische Sache vorging und nur den Zahlungstag etwas weiter hinaus zu prolongiren angetragen wurde, ist solches nicht ohne grosse Schwierigkeit vor einmal geschehen.«

Wenn man die Verschiebung der Ostermesse mit Hinweis auf die Wollschur und den Wollmarkt befürwortet habe, so sei zu bedenken, dass dieses »ob es wohl ein gross Vortheil und Nutzen vor das Land ist und billig auf alle mögliche Weise zu erhalten sein will, dennoch den wenigsten Theil der commercien ausmacht.«

Der Churfürst beschied denn auch am 21. Februar 1714 die Kaufleute Schnurbein, Gullmann und Cons. von Augsburg, Frankfurt, Aachen, Hamburg, Zürich und St. Gallen wegen Prorogation der Leipziger Frühlingsmesse abschläglich und sagte: »Es werden demnach supplicirende Kauf- und Handelsleute besser thun, ihre Bemühung dahin möglichst anzuwenden, dass der Frankfurter Markt auf die alte Zeit und gute Ordnung reduciret und die Connexion des gesammten Handels wieder hergestellt und erhalten werde.«

Bei Uebergabe dieser Resolution an den Leipziger Rath behufs Zustellung an die Betheiligten theilt der Churfürst 5. März 1714 mit, dass er beim Kaiser auf der Abschaffung der Frankfurter Neuerung fest bestehen würde. Es scheinen aber beim Churfürsten fremde Handelsleute erneut die Prorogation der Leipziger Cantatemesse befürwortet zu haben, denn am 11. Mai 1716 fordert der Churfürst den Leipziger Rath auf, auch die fremde Kaufmannschaft hierüber einzeln zu vernehmen. Dies geschieht und spricht sich die Mehrzahl derselben zwar gegen die Verschiebung der Leipziger Messe, doch dafür aus, dass die Frankfurter Messe entweder 8 Tage eher anfangen oder von 3 Wochen auf 14 Tage abgekürzt werden möge. Dementsprechend berichtet der Stadtrath an den Churfürsten (15. März 1716).

Bis zum Jahre 1721 trat aber in Frankfurt keine Aenderung ein. Denn am 7. Aug. 1721 theilte der Churfürst der Stadt Leipzig folgenden Bericht seines Residenten zu Frankfurt a/M. Johann Wilhelm Steinheil mit: »Weil der hiesige Magistrat seit einigen Jahren wahrgenommen, dass durch die Vertagung der Messe, welche man meistens den Juden und fränkischen Kaufleuten zu Gefallen angestellt gehabt, dem Commerzio der Stadt mehr Schaden als Nutzen zugezogen worden, so ist man nun schon verschiedene Wochen lang in deliberation begriffen gewesen, ob nicht besser gethan sei, selbige wieder auf den ehemals gewöhnlichen Termin zu setzen und vermeinet man, dass nächstens der Schluss erfolgen dürfte, die alte Observanz wieder herzustellen.«

Da der Churfürst ein Gutachten einverlangt hatte, wie auf obigen Fall ratione der Leipziger Messen sich zu verhalten, veranlasste der Rath die Kaufmannschaft zu abermaliger Berichterstattung, welche am 19. August 1721 erfolgte. Erklärlicherweise konnte hierbei nichts Bedenkliches gefunden werden.

Frankfurt scheint jedoch mit seinem Plane, die Ostermesse wieder auf Judica zurückzuverlegen, bei den Landesobrigkeiten der nächsten Nachbarschaft, deren Einverständniss wegen des Geleits und der Zölle erforderlich war, auf Widerstand gestossen zu sein; denn am 4. Febr. 1722 übersendete der Churfürst dem Leipziger Rath einen Bericht des Residenten Steinheil, wonach Frankfurt a/M.

beschlossen habe, Mittwoch vor Ostern das Geleite einzuführen, die Messe selbst
aber in Zukunft den Osterdienstag zu eröffnen. Auch dieser Sachlage gegenüber verlangte der Churfürst Berichterstattung über etwaige Bedenken.

Die Leipziger Kaufmannschaft sprach sich am 13. Febr. 1722 dahin aus,
dass die angeregte Verlegung der Frankfurter Ostermesse der hiesigen Jubilatemesse nicht nachtheilig, vielmehr selbiger profitable sein werde, und zwar ebenso
sehr in Bezug auf das Waarengeschäft wie das Wechselgeschäft. »Noch mehr
Vortheil aber würden wir uns am hiesigen Orte zu versprechen haben, wenn
gedachter Magistratus zu besagter Frankfurt ihre Messen dahin einrichtete, dass
solche wie an anderen Orte und auch hier nicht über 14 Tage währten.«

Auf die Unmöglichkeit, die Leipziger Jubilatemesse zu verschieben, wurde
erneut hingewiesen.

Am 16. Januar 1723 theilt der Churfürst dem Leipziger Rath den Bericht
des Residenten Steinheil aus Frankfurt a/M. vom 8. Septbr. 1722 mit. Hieraus
ergiebt sich, dass Frankfurt im Jahre 1722 wegen Widerspruchs Würzburgs und
des Reichsvicekanzlers noch nicht zum Ziele gekommen war. Nach Beseitigung
dieses Widerspruchs beabsichtige man, am grünen Donnerstag zur Ostermesse
1729 das Geleit einzuführen und den dritten Ostertag die Messe selbst anzufangen.
Denn die Messe auf die alte Zeit wieder herzustellen, sei der Magistrat selbst
nicht im Stande, »indem von allen benachbarten Ständen solche oppositiones geschehen würden, welche durch keine consilia und remonstrationes abzuwenden
wären«.

Der Churfürst bemerkt noch, dass er sich vergebens bemüht habe, auf die
Abkürzung der Frankfurter Messe auf 14 Tage hinzuwirken. Er ordnete daher
Bekanntmachung der Frankfurter Messveränderung an.

Endlich am 8. Mai 1726 konnte der Churfürst Friedrich August (König von
Polen) dem Leipziger Rathe einen Bericht seines Residenten in Wien Friedrich
Georg von Lautensack mittheilen: »Wesgestalt Ihre Majestät der Kaiser unlängst
dero Resolution dahin ertheilet, dass die Messen zu Frankfurt a/M. hinfüro auf
den 3. Ostertag den Anfang nehmen und das gewöhnliche Geleite in der Charwoche vorher eingeführet werden solle«.

Der Churfürst ordnete an: »Ihr wollet solches unverzüglich überall und
sonderlich in den vornehmsten Handelsstädten in- und ausserhalb Reichs bekannt
und zu wissen machen lassen«. Dieses Auftrages entledigte sich der Leipziger
Rath durch eine gedruckte Proclamation vom 16. Mai 1726. *Lpz. R.A. XLV.
B. 8. Bl. 179.*

IV.

Streitigkeiten mit andern Marktorten.

Nachdem wir die Streitigkeiten Leipzigs mit Halle, Magdeburg, Erfurt, Naumburg, Braunschweig und Frankfurt a/M. ausführlich geschildert und bei dieser Gelegenheit die vorkommenden principiellen Fragen besprochen haben, können wir uns in Bezug auf die zahlreichen anderen Orte, mit welchen Leipzig über das Marktwesen und über seine Mess-, Stapel- und Niederlagsprivilegien zu verhandeln hatte, kürzer fassen und uns auf eine Angabe des über diese Verhandlungen vorhandenen urkundlichen Materials beschränken. Die gemachten Quellenangaben sollen zugleich Fingerzeige für diejenigen sein, welche sich mit der Lokalgeschichte der betreffenden Orte eingehender beschäftigen.

Wir werden uns an die zeitliche Aufeinanderfolge halten.

Herzog Friedrich (der Sanftmüthige) hatte 1454 Pegau mit einem Markt begnadet. Pegau war jedoch wegen des von Leipzig erhobenen Widerspruches nicht in den Genuss desselben gekommen. Im Jahre 1561 suchte Pegau beim Churfürsten August um Gewährung »noch eines Jahrmarkts auf den Sonntag vocem Jucunditatis« nach. Der Churfürst erforderte von Leipzig Bericht und lehnte das Pegauer Gesuch definitiv ab, d. d. Torgau 18. Nov. 1561: »Weil Sie (Leipzig) denn in die Bestätigung desselben nicht willigen wollen, sondern dafür bitten, alss wissen wir ewren Suchen nicht stat zu geben«.

Der Rath zu Pegau beruhigte sich nicht blos bei diesem Bescheid, sondern benutzte denselben sogar 1664 und 1712 gegen Groitzsch.

Der erwähnte Streit bezog sich jedoch nicht auf 2 Jahrmärkte, welche Pegau von Alters her hatte. Einer derselben wurde 1700 des Busstages wegen verlegt. *Lpz. R.A. XLV. B. 3ᶜ. lose Blätter und XLV. B. 3ᵇ. Bl. 44—59.*

Als der Rath zu Zerbst im Jahre 1514 einen neuen Jahrmarkt daselbst aufrichten wollte, schickte der Leipziger Rath (den Notar?) Wolff Seydel 1514 nach Zerbst, um dem dortigen Rathe die Leipziger Privilegien zu behändigen und gegen das Zerbster Vorhaben zu protestiren. *XLV. A. 1ᵈ. Bl. 7.* Dieser Protest wurde im Jahre 1546 wiederholt *Lpz. R.Urk. Kasten 7. Nr. 33.* Später erbat im Jahre 1629 der Fürst August von Anhalt, in Vormundschaft seines Pflegesohnes, des Fürsten Johann, vom Kaiser für die Stadt Zerbst die Erlaubniss: »einen allgemeinen Reichsjahrmarkt und Niederlage an Centnern und sonst andern Güthern durch menniglisches Zufuhren zu Wasser und zu Landt daselbst ab: und nieder zusetzen, anzurichten und jährlich auf den Sonntag vocem Jucunditatis halten zu lassen.«

Ehe der Kaiser diese Erlaubniss ertheilte, erbat er vom Churfürsten von Sachsen das Einverständniss hiermit. Der Churfürst Johann Georg I. forderte

1629 den Leipziger Rath auf, seine Einsprüche geltend zu machen. Letzterer that dies durch Ueberreichung ausführlicher Denkschriften über die Leipziger Privilegien. Der Erfolg ist nicht zu ersehen. *XLV. B. 3ᶜ. Bl. 486—504.*

Als die Grafen von Mansfeld der Stadt E i s l e b e n 1521 einen Jahrmarkt auf Sonntag nach St. Veit's Tage verliehen, *Lpz. Urk. Kasten. 7. Nr. 26,* stellte der Leipziger Rath dem Stadtvoigt zu Eisleben durch den Notar Lucas Helm am Sonnabend nach Exaudi 1529 einen förmlichen Protest zu *XLV. B. 3ᵈ. Bl. 251—328* und beschwerte sich gleichzeitig bei Herzog Georg. Dieser verbot den Besuch des Eislebener Marktes seinen Unterthanen und forderte den Leipziger Rath d. d. Dresden, Montag nach Trinitatis 1522 auf, mit Hinweis auf die Kaiserlichen Privilegien auch den Churfürsten Friedrich um ein gleiches Verbot zu bitten. Dieser antwortete ausweichend d. d. Colditz am Tage corpus Christi 1522. *XLV. A. 1ᵈ. Bl. 11. 12.* Welches Ende der Streit damals gehabt, ist nicht ersichtlich. Jedenfalls wurde der Markt in Eisleben [1]) abgehalten, trotz der Widersprüche Leipzigs auch in den Jahren 1583, 1617, 1619, 1637, 1660 und 1690. Am 18. März 1617 berichtete Mattheus Scheffler, ein Leipziger Bürger, welcher nach Eisleben geschickt worden war, über Besuch und Einrichtung des Eislebener Marktes. Eine ausführliche Denkschrift des Stadtvoigtes und Rathes zu Eisleben vom 4. März 1637 an Jacob von Grünthal zu Voigtstedt, Chur. Sächs. Rath, Oberaufscher der Grafschaft Mansfeld und Hauptmann zu Sangerhausen, führt aus, dass ein Jahrmarkt zu Eisleben den Leipziger Stapel- und Messprivilegien nicht widersprechen könne. In Eisleben handele es sich hauptsächlich um einen Rossmarkt, der für die Mannsfeldischen Bergwerke sehr wichtig sei, und um einen D e t a i l h a n d e l mit Waaren, während die Leipziger Messen sich mit dem G r o s s h a n d e l beschäftigen. »Wie denn der Augenschein giebt, dass fast aus ganz Europa vornehme Waaren dahin gebracht, daselbst wieder aufgeladen und vollens in alle umliegenden Lande distrahirt und verhandelt werden.«

Die in Eisleben verhandelten Waaren müssten erst auf den Leipziger Messen gekauft werden, es käme der Markt also auch Leipzig zu Gute. Im Jahre 1522 habe allerdings auch der Rath zu Leipzig gegen die von Röm. Kaiserl. Majestät [2]) (? — nur von den Grafen von Mannsfeld!) ihnen concedirten Vieh- und andere Märkte protestirt, doch sei Eisleben nunmehr in die 100 J a h r e i m G e n u s s der

---

1) In bedenklicher Verletzung der Messfreiheit ordnete Churfürst August 3. Mai 1555 an, es sollten wegen der seiten der Uhlrich'schen Erben an den Rath zu Eisleben habenden Forderungen alle Eislebener die Leipziger Messe besuchenden Bürger angehalten werden. *XLV. A. 1ᵃ. p. II. Bl. 156.*

2) Diese finden nur noch Erwähnung in einem den Weissenfelser Streit betr. Schreiben des Churfürsten Johann Georg II. an Herzog August zu Sachsen vom 15. März 1660. *XLV. 3ᶜ. Bl. 533:* »Wir leben der Zuversicht, Ew. L. werde hierzu um so viel mehr geneigt sein, weil bereits ao 1469 von der Stadt Halle, Naumburg und E i s l e b e n , wie auch neulichst 1651 und folgende Jahre von Fürst Christian zu Anhalt Ld. und dem Grafen zu Stollberg dgl. ausgebrachte Kaiserl. Marktbegnadigungen, auf unsers Hrn. Vaters seel. bey damaliger Röm. Kaiserl. Majestät eingekommene contradiction cassiret und a u f g e h o b e n worden«. Was die *Pragm. Hdlsgesch. S. 74—74.* nach *Peifer, Lipsia* über ein Privilegium Karl's V. von 1521 u. s. w. berichtet, lässt sich nicht actenmässig nachweisen.

Märkte gewesen. Eisleben erklärt sich auch bereit, einen R e v e r s auszustellen,
dass es nichts gegen die eigentlichen Leipziger Privilegien vornehmen wolle.
Leipzig ging jedoch nicht darauf ein, sondern protestirte auch, als 1690 der Rath
zu Eisleben anzeigte, dass die auf die Sonntage Reminiscere, nach Viti, auf Mauritii und nach Galli fallenden Jahrmärkte auf die je nächstfolgenden Dienstage
verlegt werden sollten.

In den Jahren 1718—1732 hatte Leipzig einen langwierigen und heftigen
Streit mit Eisleben, weil dort ein Kaufmann Johann Gottfried Lange entgegen
den Leipziger Niederlagsprivilegien eine grosse Niederlage von aus Hamburg
u. s. w. kommenden, nach Süddeutschland gehenden Gütern errichtet hatte. Bei
dieser Gelegenheit wurde die principielle Frage, ob Leipzig berechtigt sei,
seinem Privilegium die behauptete Ausdehnung zu geben, vielfach erörtert.
Der Churfürst hätte gern eine Entscheidung überhaupt vermieden und forderte
Bericht über Bericht, namentlich (13. Jan. 1721. *XLV. A. 1⁹. Bl. 314*) darüber:
»Wenn sich denn hierbey, nicht nur ratione des praejudicial Punktes des objecti,
der Leipziger Stapelgerechtigkeit, und ob unter selbiger auch die inländischen
und diejenigen frembden Waaren, so nicht auss denen Seestädten, sondern benachbarten Orthen, angebracht werden, zu ziehen, oder darvon auszuschliessen,
sondern auch wegen der, in dem Leipziger Stapelprivilegio enthaltenen distanz,
in welcher keine Niederlagen auffgerichtet werden sollen, ob solche von der
circumferenz der Stadt, oder von dem Punkte des Diametri auff allen seiten
hinauss auff funffzehn Meylen zu verstehen, einiger Zweyfel eussert, und her-
für thut, Und dessen gründliche Erklärung vor allen Dingen nöthig seyn will,
Alss«.....

In ausführlichen Denkschriften legte Leipzig seine Rechtsauffassung hierüber
dar. Der Churfürst liess sich jedoch trotz wiederholter dringender Bitte zu keiner
Entscheidung in der Sache bewegen. Noch am 6. Sept. 1730, als inzwischen auch
Magdeburg mit Leipzig gegen Eisleben gemeine Sache gemacht hatte, erklärte er,
dass die Frage immer noch offen sei, »ob auss denen hierüber vorhandenen Privilegien und Acten dieses deutlich darzuthun, dass dieselbe (die Leipziger Stapel-
Gerechtigkeit) nicht auff einen blossen District oder Bezirk von 15 Meylen, in
dessen centro die Stadt Leipzig gelegen, gerichtet seye, oder, ob nicht selbige
vielmehr alle Städte und Orthe, so nicht über 15 Meylen davon entfernt sind, in
sich begriffe«, auch auf welche Waaren sich das Privilegium beziehe. Der Churfürst beabsichtigte hierüber eine Commission niederzusetzen.

Was die Anwendung der Frage auf Lange und Eisleben anbelangt, sagt
der Churfürst in eben dieser ausführlichen Verordnung v. 6. Sept. 1730 (*XLV.
A. 1ʰ. Bl. 44.*) »Gleichwie es aber ..... vornehmlich darauff anzukommen
scheinet, ob es rathsamb, und sowohl Unserm interesse, als nicht weniger dem
commercio vorträglich seyn möchte, diesen Handel auss Eisleben fortzutreiben,
und ob nicht zu besorgen, dass da sothane Stadt fast umb und umb mit Magdeburgischen Orthen umbgeben, diesen Handel vielleicht an andere benachbarte ausländische Orthe sich ziehen, und es denen Handelsleuthen in Magdeburg nicht sowohl umb die Leipziger Stapel-Gerechtigkeit, alss vielmehr den

Kauffmann Langen, oder doch dessen Handel an sich gleichfalls zu ziehen, zu thun seyn dürffte, also«......

Wahrscheinlich ist die Lange-Eisleben'sche Angelegenheit niemals ganz zum Austrag gebracht worden. Noch im Oct. 1732 beschwerte sich der Leipziger Rath vergebens. *XLV. A. 1ᵍ. Bl. 233. 235. 280—306. 314. 318. XLV. A. 1ʰ. Bl. 30. 41—58. 98.*

Als im Jahre 1544 die Städte Belgern und Borna beabsichtigten, neue Jahrmärkte zu errichten, protestirte auf Leipzigs[1] Bitten der Herzog Moritz dagegen bei dem Churfürsten Johann Friedrich 18. Dec. 1544, trug aber Bedenken, den Besuch jener Märkte zu verbieten. Die Intervention scheint aber nicht ganz erfolgreich gewesen zu sein. Wenigstens war Borna 1637 im Besitz eines Jahrmarkts und verlegte 1677 einen Markt von Sonntag nach Margarethe auf Montag nach dem 1. Sonntag nach Trinitatis *XLV. B. 5ᵃ. Bl. 170—172. 203.* Im Jahre 1681 beschwerte sich Leipzig über eine in Borna errichtete Lederniederlage *XLV. A. 1ʳ. Bl. 292.*

Auf eine bezügliche Anfrage des Leipziger Rathes antwortete der Rath zu Döbeln Sonnabends nach Invocavit 1545, dass in Döbeln nach alter Gewohnheit jährlich 8 Tage nach Ausläutung der Leipziger Michaelismesse ein Markt abgehalten werde. Es sei dies aber nur ein kleiner Krammarkt. Eine Niederlage finde in Döbeln nicht statt, am allerwenigsten mit fremden Gütern *a. a. O. Bl. 236.* Leipzig legte jedoch für alle Fälle Protest ein *Lpz. R. Urk. Kasten 7. Nr. 29.*

Im Jahre 1545 scheint Leipzig, ohne dass besondere Conflicte vorgelegen hätten, zur Wahrung seiner Rechte die benachbarten Orte, in denen Jahrmärkte abgehalten wurden, reichlich mit Protesten versehen zu haben. Auch gegen die Jahrmärkte in Lommatzsch *Lpz. R. Urk. Kasten 7. Nr. 30* und Oschatz *a. a. O. Nr. 32,* sowie Mügeln *a. a. O. Nr. 31* wurden Protesturkunden aufgenommen. In demselben Jahre wurde auch Hayn[2] (Grossenhain) interpellirt. Dieses antwortete Freitag nach Invocavit 1545 *XLV. B. 5ᵇ. Bl. 85.* »das wir von keynem Neuen Jahrmarckte nicht wissenn; denn die marckte so wir haben und darmitt privilegiret seyn, die haben wir über mentzschen gedenken gehapt und yst darmitte unsers wissens keyne Furanderung geschehen.«

Am Tage Nicolai 1550 verlieh der Herzog Erich zu Braunschweig und Lüneburg der Stadt Northeim einen jährlichen freien Jahrmarkt auf den Sonntag Sexagesimae. Ein Widerspruch Leipzigs ist nicht ersichtlich. *XLV. B. 4. Bl. 87.*

Wie Leipzig regelmässig nicht blos gegen neue in seiner Umgebung er-

---

1) Die Protesturkunden Leipzigs gegen Belgern *Lpz. R. Urk. Kasten 7. Nr. 27* und gegen Borna *a. a. O. Nr. 28.* Belgern war schon im XI. Jahrhundert, also früher als Leipzig, eine blühende Handelsstadt im Meissner Lande, zusammen mit Merseburg, Naumburg, Zwickau, Meissen und Torgau. *Otto Posse: Die Markgrafen von Meissen und das Haus Wettin bis zu Konrad d. Grossen. Leipzig 1881. S. 297 ff.*

2) Ueber die privilegirte Waidt-Niederlage der Stadt Hayn vgl. die Mandate des Administrators Herzog Friedrich Wilhelm vom 31. Juli 1592 und Churf. Christian's II. vom 11. März 1607. *Cod. August. II. p. 2089 u. 2095.*

richtete Jahrmärkte einschritt, sondern auch gegen Verlegung solcher protestirte, so machte es auch 1556 und 1557 den Versuch, dagegen Einsprache zu
erheben, dass Jüterbogk einen durch den Erzbischof zu Magdeburg privilegirten Vieh-[1]) und Jahrmarkt von 8 Tagen vor Laurentii auf Donnerstag nach
Laurentii verlegte *XLV. B.* 3[b]. *Bl. 107—110.*

Ebenso verfuhr Leipzig, als der Bischof Michael zu Merseburg sich 1557
beim Churfürsten August für eine Verlegung der Jahrmärkte in Schaffstedt
verwendete. Der Churfürst ordnete commissare Verhandlungen durch seinen
Amtshauptmann in Thüringen Grafen Hoyer von Mannsfeld und den Amtmann
Simon Root in Weissenfels an. Der Leipziger Rath wurde für den 27. August
1557 nach Weissenfels vorgeladen. Das Ergebniss war, dass der Churfürst am
1. Januar 1558 die Abschaffung des Schaffstedter Jahrmarktes anordnete *XLV.
B. 3*[c]. *Bl. 116—123.*

Hans von Ponigkau auf Pomszen beabsichtigte 1558 seinen Unterthanen zu
Naunhof einen Wochenmarkt auf Donnerstag zu bewilligen und frug an, ob
Leipzig etwas dawider habe. Der Leipziger Widerspruch wurde erst nach
120 Jahren gegenüber Christoph von Ponigkau auf Pomszen zurückgezogen, als
1679 zwei Jahrmärkte in Naunhof Montag vor Estomihi und Montag vor Pfingsten
errichtet werden sollten und die Naunhofer einen Revers ausstellten, nichts
gegen Leipziger Mess- und Stapelprivilegien zu unternehmen *XLV. B. 3*[c]. *Bl. 1.
u. 3*[b]. *Bl. 5—25. Lpz. R.Urk. Kasten 9. Nr. 18. 19.*

Als der Rath zu Wurzen 1558 die Absicht aussprach, einen neuen Jahrmarkt zu errichten, widersprach dem Leipzig. Wurzen erwiderte, dass der
Markt von ihrem Herrn, dem Bischof zu Meissen, genehmigt sei, und bemerkte,
der kleine Markt werde Leipzig nichts schaden, sondern nur nützen, da die
Waaren in Leipzig geholt würden. Der Churfürst August legte jedoch 1558 dem
Bischof zu Meissen auf, den Wurzener Markt wieder abzuschaffen. Im Jahre
1670 bewarb sich Wurzen erneut um 2 Jahrmärkte. Leipzig protestirte aber
dagegen 1675 und 1676, anscheinend jedoch ohne Erfolg. Als der Rath zu
Wurzen 1712 und 1715 den Leipziger Rath um Bekanntmachung der Tage des
Wurzener Michaelismarktes bat, gab dem der Leipziger Rath sogar statt *XLV.
B. 3*[b]. *Bl. 2. 122. 471—476 u. lose Blätter.*

Der Rath zu Schneeberg zeigte 1561 dem Leipziger Rathe die Errichtung
eines neuen Jahrmarkts an. Leipzig widersprach, mit welchem Erfolg, ist nicht
zu ersehen. Später gerieth es wieder in Niederlagsangelegenheit in Streit mit
Schneeberg *XLV. B.* 3[b]. *Bl. 124 u. 56*[b].

Am 25. März 1573 schrieb der Leipziger Rath dem Rath zu Dessau: »Es
hat uns heut dato euer both neben euerm offenen Brieffe auch ein offenes patent
des Durchl. Hochgeb. Fürsten und Herrn, Herrn Joachim Ernsten Fürsten zu Anhalt pp. . . . . . überantwortet. Daraus wir vernommen, das s. f. g. uf euer
underthenigs ansuchen euch über die zweene Jarmerckte, so Ihr albereit zuvorn

---

1) Es wird hierbei erwähnt, dass zu dieser Zeit die polnischen Ochsen über Jüterbogk
nach Zerbst pflegten getrieben zu werden.

haben sollen, noch einen neuen Jar- Ross- und Viehmarkt uf den sontag cantate anzufahen, jerlich hinfurt zuhalten, nachgelassen und bestettiget habe.«
Der Leipziger Rath protestirt dagegen unter Hinweis auf seine Kaiserlichen
Privilegien, schlägt das Patent nicht an, sondern schickt es zurück. Ebenso verfuhr Leipzig 1643, als C ö t h e n das Patent des Fürsten Ludwig zu Anhalt vom
11. Januar 1643 mittheilte, durch welches Cöthen über seine sonstigen Jahrmärkte noch die Genehmigung erhielt: »das ein Viehmarkt Sonnabents vor Septuagesimae vor dem Schleunischen Thor uf dem grunen Anger daselbst, ein
Jahrmarkt aber den Sonntag Septuagesimae nach gehaltenen Gottesdienst in
der Neustadt Cöthen angestellt und gehalten werden solle.« *XLV. B. 5ª. Bl.
218—227.*

Der in E i l e n b u r g [1]) beabsichtigten Errichtung eines Jahrmarktes am Sonntage Quasimodogeniti hatte Leipzig 1574, 1677 und 1678 zu widersprechen
XLV. B. 5ª. Bl. 242—250, ebenso der in L i e b e n w e r d a beabsichtigten Errichtung eines von Herzog August genehmigten Jahrmarktes auf Kiliani im Jahre
1581 *XLV. B. 3ᵇ. Bl. 217*, obgleich Liebenwerda auf Leipzigs erstes Protestschreiben geantwortet hatte: »Zu deme sind wir auch nicht in der Meinung oder
vorhabens, inn dieser armen geringen kleinen Stadt Stapell oder Niederlage uf
zu richten oder der Stadt Leiptzigk und Ihren Jarmerckten nachtheilig zu sein.«
XLV. A. 1ᵈ. Bl. 15. Leipzig liess sich eben wo möglich auf das Materielle der
Streitigkeiten nicht ein, sondern war jederzeit bestrebt, Allem, was ihm nur
präjudicirlich werden könnte, zu widersprechen.

Sachlich war es aber auch von Wichtigkeit, dass die Stadt M e i s s e n im
Jahre 1593 die Erklärung abgab, sie mache keinen Anspruch auf ein Niederlage-
recht, in Verfolg einer Beschwerde Leipzigs über Meissen beim Churfürsten über
angeblich in Meissen ausgeübte Niederlage. *XLV. A. 1ᵇ. Bl. 146. 1ᵇ. Bl. 16. 18.* [2]).

Wahrscheinlich zugleich mit der Beschwerde über Meissen hatte sich Leipzig
1593 auch über die von den Städten D r e s d e n und P i r n a [3]) ausgeübte Niederlage beschwert. Es war dies ziemlich kühn von Leipzig, da es deren ältere
Niederlagsprivilegien ohne Zweifel kannte, vielleicht aber den Versuch machen
wollte, gegen deren nur landesherrliche Privilegien das eigene Kaiserliche Privilegium geltend zu machen. Jedenfalls verfolgte Leipzig die Sache nicht weiter,
als Dresden und Pirna sowohl direct remonstrirten, als auch bezügliche Vorstellungen bei dem Administrator von Chur-Sachsen machten.

D r e s d e n [4]) konnte sich dabei auf das Privilegium Friedrich's des Sanft-

---

1) Im Jahre 1674 forderte der Leipziger Rath den Amtmann und Rath zu Eilenburg auf,
die daselbst gegen das Leipziger Stapelrecht verkaufenden fremden Fischhändler anzuhalten
und gemäss dem Churf. Befehl vom 14. Nov. 1652 an Leipzig ausliefern zu lassen. *XLV. A 1ᶠ.
Bl. 252. XLV. B. 4. Bl. 8. 49.*

2) Das Schreiben des Meissner Rathes vom 26. Juni 1593 giebt eine interessante Beschreibung der Handels- und Gewerbsverhältnisse in Meissen.

3) Ueber Niederlage und Schifffahrt von Dresden und Pirna vgl. auch Gustav Schmoller
in Schmollers Jahrbuch 1884. VIII. S. 1049 ff.

4) In Marktangelegenheiten kam Leipzig mit Dresden erst 1736 in Berührung durch die

müthigen vom St. Lampert's Tag 1455 berufen, welches früher der Stadt Brüx [1]) in Böhmen ertheilt gewesen war, wonach alle Kaufmannsgüter, »die durch unsere Lande und Fürstenthum ins Land zu Beheimb geführt werden, eine Niederlage in derselben unser Stad Dressden habenn und haltenn mögen.« Der Churfürst Friedrich hatte die Einhaltung dieser Niederlage d. d. Torgau am Tage Nicolai 1461 noch besonders eingeschärft. *XLV. A. 1^b. Bl. 48—79.* Diese und andere Urkunden sind in Abschrift beigelegt.

Der Rath zu Pirna war sogar in der Lage, ein Privilegium Joannis regis Bohem. Polon. et Comitis Luxenburgensis civitati Pirnae datum d. Pragae II. Cal. Maji 1325 abschriftlich (lateinisch) vorzulegen: »Cujus exonerationis et onerationis fructus consistunt in majori telonio Magdeburgensi de navibus sursum navigantibus oneratis et Pirnensi porticu applicatis.«

Dieses Privilegium war wiederum eigentlich nur eine Bestätigung eines älteren Privilegiums des Markgrafen Heinrich (d. Erlauchten, 1221—1288?) von Meissen, welches aber durch eine grosse Feuersbrunst in Pirna in Verfall gerathen war. Nach 1325 war es dann »so lange die Stad Pirna bei dem Chur- und Fürstl. Hause Sachsen gewesen«, bei allen Erbhuldungen wieder bestätigt worden. *XLV. A. 1^b. Bl. 80—105.*

Der Rath zu Bitterfeld theilte am 11. Januar 1582 dem Leipziger Rathe mit: »das jerlichen uf den Tagk Matthey, desgleichen auch uf omnium Sanctorum die Polnische Ochsenn alhier durch uf denn Budtsteter Vihemarckt getrieben und jedesmal gemeynlich einen Tagk oder zwey alhier geweydet und bey ruhe gelassen werden.« Bei dieser Gelegenheit oder auch beim Rücktransport der unverkauften Thiere seien gewöhnlich einige Ochsen in Bitterfeld verhandelt worden. Auf Ansuchen Bitterfelds habe der Churfürst von Sachsen gestattet, aus diesem Gebrauche zwei wirkliche Viehmärkte zu machen, falls Bitterfeld hierfür das Einverständniss der umliegenden Marktorte und die Zusicherung der dortigen Fleischhauer erhalte, den Bitterfelder Markt besuchen zu wollen. Um Beides bittet nun Bitterfeld. Mit welchem Erfolg, ist nicht ersichtlich. *XLV. B. 5^a. Bl. 205 —207.*

Wahrscheinlich in Folge der Bestätigung der Leipziger Messprivilegien durch Kaiser Rudolph II. am 7. Dec. 1584 hatte der Leipziger Rath diese Privilegien verschiedenen Marktorten erneut behändigen lassen. Die Stadt Artern bekannte sich aber zum Empfang des bezüglichen Schreibens, nicht ohne gegen etwaige Anwendung dieser Privilegien gegen den Kaiserlich privilegirten Vieh-Markt in Artern zu protestiren. *XLV. A. 1^d. Bl. 15.*

In einen lebhaften Streit mit Delitzsch gerieth Leipzig in den Jahren 1601—1604. Dort hatte ein Bürger Gregor Hochstedter »sich ganz unbefugter und eigennutziger weise unterstanden, Seewahren (= überseeische Waaren), Park- und Tonnenguth, rauhleder und andere kaufmans guettere zu ganzen

---

Benachrichtigung, dass der Churfürst Friedrich August daselbst die Abhaltung eines Pferdemarktes, wöchentlich Donnerstags, angeordnet habe. *XLV. B. 5^a. lose Blätter.*

[1]) Brüx war damals dem Churfürsten Friedrich von Sachsen zuständig, kam aber nachmals (1559?) durch Auswechselung anderer Städte u. s. w. an die Krone Böhmen.

Lasten, Ballen, Packen, Thonnen, Vassen unnd Centner weise in grosser anzahl aus denen Seestädten und Niederlanden an sich zu keuffen, dieselben unterzuschleiffen, bey sich nieder zulegen unnd in andere umbhero in dem Privilegirten bezirk (15 Meilen um Leipzig) gelegene Städte zu verfuhren, zu distrahiren, zu verkeuffen, zu verhandeln und also seines eigenen willens und gefallens eine sonderliche niederlage und Stapel zuhalten unnd anzurichten«.

Auf Leipzigs Beschwerde hierüber liess der Churfürst Christian II. durch den Schösser David Pfeffer, den Fiskal Abraham Giessbach und den Rath zu Delitzsch einen förmlichen Process gegen Hochstedter führen. Hochstedter leugnete keineswegs, sondern berief sich darauf, dass seine Handlung keine Neuerung sei. Vor ihm habe schon Christoph Schöpper in Delitzsch vom Leipziger Rath unangefochten ähnliche Handlung getrieben. Auch in andern Städten, als Oschatz, Meissen, Dresden, Freiberg, Chemnitz, Oederan, stehe es den Bürgern frei, ihre Waaren da zu holen, wo sie am billigsten seien. Auch sei der Sinn des Leipziger Privilegiums nicht der, dass es einem im Lande Wohnenden und Einheimischen verboten sei, auswärts Waaren zu kaufen und in dem Ort seiner Wohnung niederzulegen, vielmehr dass kein Fremder anderswohin seine Waaren schicken und niederlegen könne, als in Leipzig. Ueberdies hätten Leipziger Händler selbst seine Hamburgischen Waaren ihm abgekauft, wie er denn nach Ausweis seiner Waagezettel das Meiste nach Leipzig schaffe.

Welches Ende der Streit gegen Hochstedter gehabt, ist nicht zu ersehen XLV. A. 1ᶜ. Bl. 25—65. Im Jahre 1626 hatte sich aber der Leipziger Rath abermals über eine in Delitzsch von Urban Petsch errichtete Niederlage zu beschweren. XLV. A. 1ᵈ. Bl. 55. 56.

Am 19. Mai 1609 theilte der Rath zu Warenbrück in gedrucktem Circular mit, dass der Churfürst Christian II. Warenbrück mit zwei neuen Jahrmärkten, auf Johannis Baptistae und Sonntag nach Luciae, begnadet habe. Jedesmal den Tag vor den Jahrmärkten werde der Viehmarkt, den Tag aber vor dem Viehmarkte der Hirse-, Grütz-, Wachs-, Leinwand-, Hanf-, Flachs-, Garn- etc. Markt gehalten werden. »Darnach sich die Händeler und Fleischer, so sich gutes gemesten und andern Viehes, welches auss der Nachbarschafft sonderlich gegen die Weinacht Feyertage zu kauffen anhero gebracht werden wird, erholen können, zu richten haben.«

»So sollen auch diejenigen, so ermelte newe Märckte besuchen, drey Jahr nacheinander — in massen in auffrichtung newer Märckte vblich — mit dem Zoll und Stedtegelde verschonet auch mit der Bewirtung vmb ein billiges tractiret und ihnen sonsten freundlicher Wille erzeiget werden«. XLV. B. 4. Bl. 2.

Ein Streit mit Landsberg im Amte Delitzsch in den Jahren 1604—1612 wurde durch eine vom Churfürsten Johann Georg I. von Sachsen und vom Herzog August zu Sachsen eingesetzte Commission [1]) dahin geschlichtet, dass Leipzig in die Errichtung eines Jahrmarktes in Landsberg willigte gegen Ausstellung eines

---

1. Die Commission bestand aus Graf Philipp Ernst zu Mannsfeld, Hauptmann der Länder (? Aemter) Leipzig und Eilenburg, und aus Schösser Georg Grossmann zu Delitzsch.

Reverses [1]) seitens Landsbergs, nichts gegen die Messprivilegien und Stapelgerechtigkeiten Leipzigs vornehmen zu wollen. *XLV. B. 5⁰. Bl. 117—214.*

Mit dem nahen A l t e n b u r g hatte Leipzig im Laufe des XVII. Jahrhunderts vielfache Streitigkeiten. Am 22. Juni 1621 überreichte der Rath zu Altenburg dem Leipziger Rath mit der Bitte um Anschlag ein gedrucktes Plakat vom 22. Juni 1621, inhalts dessen die Herzöge zu Sachsen Johann Philipp, Friedrich, Johann Wilhelm und Friedrich Wilhelm die Stadt Altenburg mit 5 Märkten, nämlich 4 Ross- und Viehmärkten (Oculi, Vocem Jucunditatis, 8 Tage vor Michaelis und 8 Tage vor Aller Heiligen) und einem Fischmarkt (Sonntag nach Viti) mit Zoll- und Gleitsfreiheit auf 3 Jahre begnadigt hatten. Als Grund wurde angegeben: »Nachdem an Fleische, Fischen und andern Victualien allhier grosser Mangel bishero und noch befunden wirdet und demselben durch kein besser Mittel remedirt und geholfen werden könte, alss wenn unterschiedliche Märckte allhier Jährlichen angestellet und gehalten würden«.

Leipzig verweigerte den Anschlag, protestirte bei dem Herzog Johann Philipp und bat um die Vermittelung des Churfürsten Johann Georg I. Letzterer schrieb denn auch Wiesenstein den 16. Aug. 1621 an den Herzog Johann Philipp: »Als ersuchen wir E. L. hiermit freundt Vetterlich, Sie wolle die dem Rath zu Aldenburgk beschehene Bewilligung nunmehr wieder aufheben«...

Es scheint diese Vermittelung erfolgreich gewesen zu sein, wenigstens sagt der Leipziger Rath am 5. Dec. 1661 hierüber: »Dabei auch Ihre hochfürstl. Durchlaucht so viel uns wissend allerdings acquiesciret«...

Später wurde die Sache seiten Altenburgs allerdings so dargestellt, als wären die Märkte nur des Krieges wegen nicht zur Ausübung gekommen.

Ein neuer Streit entstand 1644. Ein Accisbeamter in Leipzig zeigte dem Churfürsten an, dass ein Handelsmann Thomas Braun zu Frankfurt a/M., welcher sonst mit seidenen Waaren handele, die Absicht habe, eine starke Partie Wein von 50—60 Fuder, welche bisher in Coburg gelegen, von da nach Altenburg zu bringen und dort nieder zu legen unter dem Vorwand, der Wein sei für die Hofkellerei des Herzogs Friedrich Wilhelm bestimmt, während er thatsächlich damit auch den Rathsweinkeller in Altenburg, andere umliegende Städte »und die vom Adel« versorgen wolle. Dem Churfürsten werde dadurch Accissteuer entzogen, da Altenburg bisher seinen Bedarf in Leipzig geholt habe.

Der Churfürst Johann Georg I. schrieb deshalb am 12. Juni 1644 an den Herzog Friedrich Wilhelm: »Nun haben (wir) zwar E. L. nicht mass zu geben, sondern stehet deroselben frey, ihrer Beliebung nach für dero Hoff Kellerey die Weine zu erhandeln, zumahl do sie durch ihre Bediente solche an andern Orten bestellen und erhandeln... nachdem aber mit anführung solcher Weine es anders bewandt sein und gedachter Thomas Braun dorunter eine andere intention haben solle«...

Mit Hinweis auf die Leipziger Stapel- und Niederlagsprivilegien wird deshalb Herzog Friedrich Wilhelm ersucht, dem Braun die Anlage einer Niederlage in Altenburg zu verbieten. Herzog Fr. Wilhelm liess sich vom Altenburger Rathe

---

[1]) Der Revers befindet sich im Original bei den Acten.

Bericht erstatten, und dieser wollte nicht nur vom Leipziger Privilegium nichts wissen, sondern stellte auch Braun's Handel als einen legitimen dar und verwahrte sich gegen alle Rechtsansprüche Leipzigs. Die Sache scheint keine weiteren Folgen gehabt zu haben.

Im Jahre 1651 behändigte der Leipziger Rath seine Privilegien mit dem churf. Verkündigungspatent vom 30. Sept. 1651 (*vgl. oben Privilegien*) auch dem Rathe zu Altenburg, ohne dass dieser Widerspruch erhob, wie Herzog Friedrich Wilhelm 1661 selbst zugeben musste. Als jedoch der Leipziger Rath nach der 1659 erfolgten erneuten kaiserlichen Bestätigung seine Privilegien 1661 dem Altenburger Rathe wiederum zufertigte, frug dieser den Herzog Friedrich Wilhelm, ob er die Affigirung des Patentes gestatte. Dieser verbot dieselbe nicht nur, sondern richtete am 13. Nov. 1661 u. 13. März 1662 überaus heftige und grobe [1]) Schreiben an den Leipziger Rath. Der Herzog fühlte sich vor Allem dadurch verletzt, dass Leipzig direct mit dem Rathe in Altenburg correspondirt hatte: »Also hätte sich hingegen gebühret, wenn ihr unsere Unterthanen in euere angegebene stapul durch offenen Anschlag zu ziehen gemeint gewesen, dass ihr unss als den Landes Fürsten, ob wir darmit zufrieden, zuvor darumb gefragt hättet«...

Es sei das Leipziger Verfahren »eine ohnverantwortliche Übereylung, die unss zu verkleinerung gereicht«.

Was die Sache anbelangt, so könne sich Leipzig doch leicht denken, »dass wir unser Land und Leuthe aus der libertät in Euer prätendirte stapulservitut nimmermehr setzen lassen, sondern dieselbe, wie einem Landesfürsten gebühret, wieder Euch schützen werden«...

Das Leipziger Privilegium habe nur Geltung in den Landen des Churfürsten Johann Georg.

Obwohl der Leipziger Rath das erste Schreiben des Herzogs »nicht ohne sonderbahre gemüthsbestörtzung« empfing, liess er sich doch nicht einschüchtern, sondern vertrat energisch seinen Standpunkt gegenüber dem Herzog und bei dem Churfürsten. Besonders vortheilhaft für Leipzig war es, dass es gelang, das Patent des Herzogs Friedrich Wilhelm (Stifter der Altenburger Linie und 1591—1601 Administrator von Chursachsen für den minderjährigen Christian II.), eines Vorfahren des jetzigen Herzogs gleichen Namens, vom 20. Juni 1593 aufzufinden (*Cod. August. II. 2091*), welches die Leipziger Privilegien nicht nur völlig anerkannte, sondern deren Beobachtung dringend einschärfte. Der Leipziger Rath überreichte einen Abdruck dieses Patentes am 19. Januar 1662 dem Cammerdirector von Haugwitz. Zu einer förmlichen Anerkennung der Leipziger Privilegien wird sich Herzog Friedrich Wilhelm von Altenburg aber wohl kaum verstanden haben.

Am 19. Juli 1673 verlieh der Herzog Ernst von Sachsen Altenburg mit Bezugnahme auf die Begnadung des Herzogs Johann Philipp (»die von diesem

---

1) »Zudem wier Uns mit Euch in einige fernere schriftwechselung einzulassen nicht gesonnen, Sondern begehren nochmals, ihr wollet von solchen unbedachtsamen Beginnen abstehen, und uns mit weiteren schimpflichen anmuthen allerdings verschonen«.....

verliehenen 5 Märkte seien bey denen darauff erfolgten schweren und landesverderblichen Kriegsläufften aber, da aller Handel und Wandel gestopfft gewesen, ausgesetzet worden«) der Stadt Altenburg einen Ross-, Vieh- und Fischmarkt auf Simonis Judae mit zweijährigen Befreiungen. Der Altenburger Rath theilte dies dem Rathe zu Leipzig am 26. Sept. 1673 mit, ohne dass ein Widerspruch Leipzigs ersichtlich wäre. Die Streitigkeiten mit Altenburg füllen 2 Actenfascikel *XLV. A. 10. u. 11.*

Zur Schlichtung des Streites mit Brehna 1624—1628 wegen beabsichtigter Errichtung zweier Jahrmärkte daselbst (Sonntag vor Simonis und Judae und Sonntag Judica) gegen Abschaffung des Jahrmarkts am Sonntag nach Bartholomaei bestellte der Churfürst Johann Georg I., ebenso wie in dem vorhergegangenen Streite mit Landsberg, eine Commission.[1]) Diese schlug ein höchst weitläufiges Verfahren ein, bei welchem beide Parteien durch Versäumen von Terminen und andere Mittel die Sache möglichst hinauszogen. Schliesslich entstanden noch grosse Streitigkeiten über Bezahlung der aufgelaufenen bedeutenden Kosten. In den Verhandlungen[2]) berief sich Brehna nicht ohne Geschick darauf, dass bei stricter Durchführung der Leipziger Messprivilegien auch die Jahrmärkte in Eilenburg, Wurzen, Delitzsch, Bitterfeld, Düben, Hainichen, Kamburg, Zörbigk und andere, auch die im Fürstenthum Anhalt und im Stift Halle gelegenen Märkte, welche nicht ältere Privilegien hätten, als die Stadt Leipzig, wieder abgeschafft werden müssten, besonders aber die beiden Jahrmärkte, welche nur vor 5 oder 6 Jahren im Flecken Landsberg errichtet worden seien. *XLV. B. 3ᵃ. Bl. 39—156.*

Die commissarischen Verhandlungen führten endlich zu einem Revers, in welchem Brehna sich verpflichtete, nur kleine Landjahrmärkte zu halten und niemals Stapel oder Niederlage aufzurichten, auch sonst nichts gegen die Leipziger Privilegien zu unternehmen. *XLV. A. 1ᵈ. Bl. 51.*

Als der Generalfeldmarschall Heinrich Schlick, Graf zu Passaun etc. von dem Kaiser mit dem Amt und der Herrschaft Querfurth begnadet worden war, beeilte er sich, »uf der Eselstedter Wiese unter unser Stadt Querfurth« jährlich Donnerstags in der Osterwoche einen Jahrmarkt auszuschreiben 10. April 1628. Der Leipziger Rath protestirte dagegen, beschwerte sich auch beim Churfürsten, erhielt aber von diesem nur die Resolution: »Wir begehren hiermit, Ihr wollet mit der proclamation solches Jahrmarckts, weil darunter allerley zu bedenken, in Ruhe stehen.«

Der Markt kam zwar zu Stande, während des dreissigjährigen Krieges aber bald wieder in Verfall. Im Jahre 1650 wurde er aber vom Churfürstlichen Amtsverwalter in Querfurt wieder ausgeschrieben. Leipzig protestirte 1650 ebenso

---

1) Bestehend aus Alexander von Miltitz auf Schenkenberg, Dr. jur. Georg Kirchhof zu Delitzsch und Paul Strümpfeld Schösser zu Bitterfeld.

2) Die mündlichen Verhandlungen fanden meist in Steyers Gasthof in Leipzig statt. Leipzigerseits wurden dieselben durch Dr. Theodor Möstell, 1625 regierender Bürgermeister, geführt.

erfolglos, als wiederum 1698. In diesem Jahre[1] erweiterte nämlich der Herzog Johann Georg von Sachsen-Weissenfels (1697—1712) die Querfurter Marktgerechtigkeiten und setzte die Gleitsabgaben herab. XLV. B. 3ᶜ. Bl. 95—110.

Im Jahre 1630 benachrichtigte der Rath zu Zwickau den Leipziger Rath, dass er mit Genehmigung des Churfürsten einen neuen Jahr-, Vieh- und Buttermarkt vom 17.—19. September abzuhalten gedenke. Dem Gesuch um Publikation scheint Leipzig stattgegeben zu haben. a. a. O. Bl. 105.

Der Rath zu Torgau zeigte im Jahre 1611 an, dass der Churfürst Johann Georg I. die beiden alten Torgauer Märkte auf Misericordia Domini und Mathaei neu bestätigt habe, welche durch den Kaiser Friedrich III. 1514 privilegirt und am 6. Juni 1575 von Churfürst August confirmirt worden seien. Beantragter Weise liess der Leipziger Rath das Plakat anschlagen. Nicht so willfährig zeigte sich aber dieser, als der Rath zu Torgau 1677 den Churfürsten um Gestattung mehrerer jährlicher Viehmärkte bat. a. a. O. Bl. 296. 300.

Der Churfürst Friedrich der Weise und der Herzog Johann von Sachsen, Gebrüder, hatten 1492 die Stadt Jena[2] mit einem Jahrmarkt auf Aegidii begnadet. »Nachdem dann dieser Vieh- und Jahrmarkt durch das mit eingefallene verderbliche Kriegswesen und andere Verhinderungen etzliche Jahre hero in eine Abnahme gerathen und wenig gebauet worden«, beeilte sich der Herzog Wilhelm mit Eintritt des Friedens am 17. April 1648 den Markt neu zu bestätigen. Der vom Rath zu Jena erbetene Anschlag des Patents fand in Leipzig statt. Doch scheint aus dem Markt vorläufig noch nicht viel geworden zu sein. Denn im Jahre 1686 wurde er vom Herzog Wilhelm Ernst erneut bestätigt und vom Rath zu Jena ausgeschrieben, mit der Begründung, dass der Markt bisher »durch das eingefallene verderbliche Kriegswesen auch erfolgte andere Hindernisse in Abnahme gerathen und wenig gebauet worden.« XLV. B. 3ᵇ. Bl. 90—93.

Mit Frankfurt a/O. scheint Leipzig niemals Streitigkeiten gehabt zu haben. Wir erwähnen diesen Messplatz, dessen 3 Messen stets zu den Reichsmessen gezählt und als solche behandelt wurden, ohne dass eine kaiserliche Privilegirung oder nur Bestätigung für dieselben nachgewiesen werden könnte[3], hier nur, weil der Rath zu Frankfurt a/O. im Jahre 1649 dem Leipziger Rathe eine beglaubigte Abschrift der Verordnung Friedrich Wilhelm's des Grossen Kurfürsten vom 18/28. August 1649 (d. d. Cleve) mittheilte, worin dieser anordnet, dass die Märkte in Frankfurt[4] (Reminiscere, Margaretha, Martini) nicht mehr am

---

[1] Gedrucktes Patent des Querfurter Rathes vom 19. September 1698.

[2] Interessanter Bericht des Leipziger Bürgers Jeremias Gottlob Bauer vom 20. Apr. 1711 über das Zollwesen in Jena und im Eisenach'schen. XLV. A. 1ᵇ. Bl. 147.

[3] Philippi: Die Messen der Stadt Frankfurt a/O. Frankfurt a/O. 1877. S. 15. sagt: »Der Ursprung des Marktes bleibt im Dunkeln«, S. 2. »Erst 1658 wird der Markt in Frankfurt a/O. officiell als »Messe« bezeichnet«.

[4] Wir benutzen diese Gelegenheit, auf einige namhafte Lücken in Philippi: Die Messen der Stadt Frankfurt a/O. aufmerksam zu machen. Derselbe erwähnt nicht die »Waageordnung und Specifikation derjenigen Waagegelder, so allhier in Frankfurt a/O. in E. E. Rathswaage von nachfolgenden Sorten entrichtet werden«; vom 13. Mai 1718. Vom Mess-Accise-Reglement von 1744 sagt Ph. S. 15 »welches sich nicht hat auffinden lassen«. Dasselbe vom 24. Sept. 1744 lau-

Sonntag, sondern am Montag Mittag 12 Uhr ihren Anfang nehmen sollten. Zur Begründung[1]) sagt der Churfürst: »Es werden nebenst Unss alle rechtschaffene Christen zugestehen, dass umb vieler andern Sunde willen, darumb der gerechte Gott unser geliebtes Vatterlandt, dass heylige Römische Reich, so lange Jahre hero mit hartten schweren Kriegess und anderen Plagen gestraffet und heimbgesuchett, nicht der geringsten einer sey, dass der Sabbatttagk, dehn Gott der Herr selbst eingesetzett und solchen feyerlich alss ernstlich zu feyern gebotten, befohlen, bisshero so vielfältig ärgerlich endtheiligett . . . . . worden, gestaldtt denn die meisten Jahrmärckte, so hin und wieder gehalten werden, auff den Sonntagk oder einen andern heyligen Tagk ihren Anfang gewinnen, dadurch der Gottesdienst, wo nicht ganz eingestellet, doch merglich gehindertt wirdt.« Lpz. R.A. XLV. B. 3^b. Bl. 1—6.

Nach Ausweis der Lpz. R. A. a. a. O. Bl. 7—14 wurde die Martinimesse in Frankfurt a/O. 1710 auf Befehl des Königs »wegen des zu besorgenden Uebels der contagion, welches durch die affluenz so vieler Leute und Einführung fremder Wahren in diese Stadt, die der Allerhöchste Gott bis dato bey reiner und gesunder Luft erhalten . . . . . . hereingezogen werden könnte« abgeschrieben. Die Margarethen-Messe 1711 wurde jedoch abgehalten. Im Jahre 1716 waren Zweifel entstanden, ob die Messen, wenn Margarethen-Tag oder Martini auf einen Montag fiel, an diesem Tage selbst oder 8 Tage später gehalten werden sollten Der König von Preussen entschied für das erstere.[2])

Die Stadt Bernburg wurde im dreissigjährigen Kriege »offt und vielmahlen vor allen andern hart mitgenommen und bevorab noch letzlichen ao 1644 dergestalt verderbet, ruiniret und verwüstet, dass fast mehr nicht, alss ein blosser Steinhauffen davon überblieben, auch biss daher kein Mittell zu derer wenigen Wiederanbau sich leider ereignen mögen.«

Der Herzog Christian von Anhalt hielt zur Wiederaufrichtung Bernburgs kein Mittel für geeigneter[3]), als die Errichtung zweier Jahrmärkte daselbst auf die Tage Medardi und Barbarae, und erbat von Kaiser Friedrich III. die Erlaubniss hierfür. Der Kaiser befrug zunächst den Churfürsten von Sachsen Johann Georg I. »als einen benachbarten und vornehmen Reichschurfürsten und dieses Kreises

---

det sich nicht nur in Lpz. R.A. XLV. C. 22, Bl. 5, sondern ist auch in der Kgl. Hofbuchdruckerei von Chr. Albrecht Göbert in Berlin gedruckt worden. Philippi scheint auch keine Kenntniss von dem Vertrag von Halle vom 18. Juni 1766 zwischen Sachsen und Preussen gehabt zu haben, wie aus der nicht ganz richtigen Darstellung S. 14. Zeile 22—25 hervorgeht. Reichhaltige und interessante Nachrichten über die Messen in Frankfurt a O. in den Jahren 1739—1779, welche z. Th. die Darstellung Philippi's ergänzen, finden sich in den Lpz. R.A. Die in denen Königl. Preussischen u. Churf. Brandenburgischen Landen ergangenen Waaren-Verbothe und angelegten Imposten betr. 1765. XLV C. 21 Vor Allem aber vgl. die von uns citirten Acten des Hauptstaats-Archivs zu Dresden.

1) Ueber die Sabbathfeier in Märkten und Messen vergl. unten Anmerkungen zur Messverfassung (1803).

2) Auch diese, allerdings nebensächlichen Punkte sind bei Philippi nicht erwähnt.

3) Wieder ein Beispiel dafür, wie die absolute Fürstengewalt in jener Zeit allerdings die Kraft in sich fühlte, solche Märkte »aus dem Nichts heraus« zu schaffen.

Obristen« 1651 um sein Einverständniss. Aber obgleich der Fürst Christian sich auch direct beim Churfürsten um dessen Einwilligung bemühte und sich eine längere Correspondenz hierüber zwischen beiden Fürsten entwickelte, gab der Churfürst der Stadt Leipzig Gelegenheit und Veranlassung, auf Grund ihrer Privilegien gegen den Plan Einrede zu erheben. Diese Einrede scheint wenigstens den Erfolg gehabt zu haben, dass die in Bernburg beabsichtigten Märkte nicht vom Kaiser privilegirt wurden. Vielleicht kamen sie auch gar nicht zu Stande, da der Fürst Victor Amadeus zu Anhalt unter dem 29. December 1687 ohne Bezugnahme auf die Vorgänge von 1644 der Stadt Bernburg auf den Freitag vor Misericord. Dom. einen Pferdemarkt verlieh: »Demnach Bürgermeister . . . . . . unser Residentz Stadt Bernburg . . . . vorbringen lassen, welcher massen selbige Stadt vor undenklichen Jahren von unsern in Gott ruhenden fürstl. Vorfahren mit verschiedenen Pferde- und Viehemärckten privilegirt, der Pferdehandel aber, als das fürnehmste Stück derselben, bey wehrenden dreissigjährigen Teutschen Kriege insonderheit aber den Vierteljährigen Gallaschischen Stilllager, wodurch dieselben an Häusern und Einwohnern fast öde und aller Nahrung entblösset werden, von dar sich abgewendet oder zum wenigsten in grossen Abgang gerathen« . . . . .

Den Rosstauschern, welche den Markt besuchen, wird Gleitsfreiheit und Freiheit vom Fährgeld über die Saale zugesichert. — Ob Leipzig auch diesmal Widerspruch erhoben hat, ist nicht ersichtlich. *XLV. B. 3ª. Bl. 6—31.*

Im Jahre 1651 erhielt ein Leipziger Kaufmann von seinem Geschäftsfreund in Gera die Nachricht, dass dort ein aus Magdeburg gekommener Kaufmann Adolf Jacob eine Niederlage zu errichten beabsichtige. Sofort protestirte der Leipziger Rath gegen dieses Vorhaben, da Gera im Umkreise der 15 Meilen von Leipzig liege *XLV. A. 1ᵈ. Bl. 134. 135.* Im Jahre 1736 scheint dem Churfürsten Friedrich August eine ähnliche Beschwerde zugegangen zu sein, denn er forderte von Leipzig Bericht »in was Maasse die Leipziger Stapul- und Niederlagsgerechtigkeit gegen die Stadt Gera bisher exerciret worden? auch durch was für Mittel und Wege solche fürohin mehr emporzubringen sein möchte.«

Leipzig griff dies sehr gern auf: »je nöthiger es ist, dass der benachbarten Stadt Gera, woher diesem Churfürstenthum und hiesiger Stadt insonderheit durch das schlechte geringhältige Geld, so grosses Unglück und Verderben seither einigen Jahren entstanden ist, dermahleinst nachdrücklicher Einhalt [1]) geschehe« . . . . . Trotz angestellter weitläufiger Untersuchungen musste Leipzig bekennen, dass seit 1651 Fälle von Verletzungen des Leipziger Niederlagsprivilegiums durch Gera nicht vorgekommen seien, doch verlaute, dass »daselbst das jus geranii durch Anlegung einer Waage etablirt und hierdurch besagter Ort vor ein emporium und Handelsplatz declarirt werden will.«[2]) *XLV. A. 1ʰ. Bl. 109—128.*

---

[1] »Die von Hof, Plauen und Oelsnitz über Gfell und Schlaitz, ingl. von Eger über Weyda nach Gera angemassten Beywege« waren durch churfürstl. Verordnungen vom 2. Dec. 1702 und 26. Juli 1708 ausdrücklich untersagt worden.

[2] Trotzdem man also Gera eigentlich nichts vorwerfen konnte, machte die Leipziger

Die Churfürstlich Sächsische Regierung scheint damals mit Reuss nicht auf gutem Fuss gestanden zu haben, denn 1741 veranlasste dieselbe abermals den Leipziger Rath, zu untersuchen, ob und wie Gera eine öffentliche Güther Waage angelegt habe. *a. a. O. Bl. 159—146.*

Diesmal schickte der Leipziger Rath seinen erprobten[1]) Spion Jeremias Gottlob Bauer selbst nach Gera, der am 23. April 1741 einen höchst ergötzlichen Bericht erstattete über das, was er in Gera gethan, erlebt und gesehen hatte. Auf Grund dieses Berichtes musste der Leipziger Rath auch diesmal dem Churfürsten melden, dass »der Ruff, ob solte eine neue Güther Waage daselbst angeleget sein, unbegründet befunden worden.« *a. a. O. Bl. 151—156.*

Der Graf Johann Martin von Stollberg bat 1652 den Kaiser um Jahrmarktsprivilegien für seine Städte Neustadt (auf den Tag Johannis des Täufers) und Stollberg (auf den Martins Tag), weil »durch das vorgeweste langwierige Kriegswesen seine beiden Städtlein Neustadt und Stollberg aufs Aeusserste verderbt und die Unterthanen in elenden Zustand gebracht — damit sich dieselben wiederumb in Etwas erholen möchten.«

Der Kaiser Ferdinand frug unter dem 3. Sept. 1652 die benachbarten Fürsten, ob sie Einwendungen zu machen hätten. Der Churfürst von Sachsen Johann Georg I. forderte am 7. Oct. 1652 bezüglichen Bericht von seinem Amtmann Christoph Jenicke in Sangerhausen und Christoph von Holm in Eisleben (Leipzig wurde vermuthlich nur aus Versehen übergangen). Da diese keine Bedenken hatten, erklärte auch der Churfürst am 15. Aug. 1653 dem Kaiser sein Einverständniss.

Am 1. Juni 1654 zeigte nunmehr Graf Johann Martin zu Stollberg dem Rathe zu Leipzig an, dass der Kaiser für Neustadt und Stollberg 2 Jahrmärkte privilegirt habe, und bat um Anschlag des beigefügten gedruckten kaiserlichen Patents d. Regensburg 4. Nov. 1653.

Leipzig protestirte natürlich und bat um die Intervention des Churfürsten beim Kaiser wegen der »per sub- et obreptionem« erhaltenen Privilegien des Grafen Stollberg. Auch wurde durch Vermittelung des Reichshofraths Justus von Gebhardt und des Reichshofrathsagenten Jonas Schrimpff in Wien ein förmlicher Reichshofrathsprocess angestrengt. Wie gewöhnlich zog sich dieser in die Länge. So wurde z. B. noch im Jahre 1665 der Graf Stollberg vom Kaiser Leopold I. erinnert, den im Jahre 1655 von ihm geforderten Bericht an den Reichshofrath einzusenden, obgleich Graf Stollberg bereits 1656 dem Leipziger Rath versprochen hatte, nunmehr den von Kaiser Ferdinand III. verlangten Bericht zu erstatten. Welches Ende dieser Process gehabt, ist aus den Acten nicht zu ersehen. *XLV. B. 5^b. Bl. 125—160.*

Der Herzog August zu Sachsen als Administrator des Erzstiftes Magdeburg

---

Kaufmannschaft alle möglichen Vorschläge, um Gera zu schaden, u. A. »die von der Poststation in Gera (von und nach Nürnberg) erwachsenden Commoditäten denen Geranern gänzlich zu entziehen oder doch wenigstens durch Abstellung der fahrenden Post einzuschränken«.

1) Vgl. bei Jena.

gestattete am 10. Februar 1660 der Stadt Weissenfels auf deren Bitten: »wegen des grossen ruins, so diese Stadt der durchgehenden Kreutzstrasse halber in verwichenen Kriegswesen erlitten, zu derselben nutz, Wohlfart und Wiederaufnahmen . . . . . einen neuen Ross-, Vieh- und Jahrmarkt nach invocavit fünff Tage nach einander zu halten.«

Leipzig protestirte dagegen und erbat die Intervention des Churfürsten. Auch Naumburg schloss sich dem Leipziger Proteste an. Ein langer Schriftenwechsel zwischen Chursachsen und Sachsen-Weissenfels führte zu keinem Ergebniss. Man rief deshalb die Entscheidung des Kaisers an. Dieser ertheilte zunächst am 18. März 1665 ein Inhibitorium[1]) (zugleich mit dem gegen Naumburg und Schkeuditz). Der Herzog August liess aber durch den Advokaten Persius den Process beim Reichshofrath fortsetzen. Dieser brauchte bis zum 12. Dec. 1667 Zeit, um zu der weisen Entscheidung zu kommen: »Leipzig contra Sachsen Jahrmarkt zu Weissenfels betr. absolvitur relatio et conclusum: Suspensâ sententiâ scribatur electori Saxoniae auf Ihr. Churf. Durchlaucht eingelegte intercessionales für dero Stadt Leipzig haben Ihro Kaiserl. Majestät die Sache referiren lassen und fürderlichen zu seyn erachtet, dass die Sache in Güte gehabt würde, wie auch neulich mit Naumburg geschehen, wollten demnach den Herrn Churfürsten gnädigst erinnert haben, die Stadt Leipzig anzuweisen, dass sie innerhalb 4 Wochen die Sache mit Herrn Administratore zu Magdeburg in der Güte beilege, damit weiteres Erkenntniss nicht von Nöthen sei«.

Ob Leipzig darauf mit Herzog August die Güte gepflogen und mit welchem Ergebniss, ist nicht zu ersehen. Jedenfalls wusste der Churfürst Johann Georg II. am 15. April 1670 von einem Ergebniss noch nichts, da er an diesem Tage[2]) von Leipzig eine Erklärung forderte, ob es sich der Kaiserlichen Entscheidung fügen wolle.

Die Märkte wurden thatsächlich im Jahre 1684 in Weissenfels abgehalten. Denn am 6. Jan. 1684 machte der Rath zu Weissenfels bekannt, dass die drei Märkte von den Sonntagen Invokavit, Margarethen und Crucis auf Dienstag und folgende Tage verlegt worden seien, auf Grund der ao 1661 für die Thüringischen Erblande publicirten Polizeiordnung, deren tit. 2 von Feyer- und Entheiligung des Sabbaths etc. gebot, an Sonn- und Feyertagen ferner keine Jahrmärkte zu halten. XLV. B. 3^b. Bl. 316—434.

Zu den Orten, welche die Wunden des 30jährigen Krieges durch Wiederaufrichtung in Verfall gerathener Märkte heilen wollten und dabei in Conflicte mit Leipzig geriethen, gehörte auch Schkeuditz. Im Jahre 1662 wollte der Landesherr Herzog Christian von Sachsen-Weissenfels die im Jahre 1436 durch den Bischof Johann von Merseburg privilegirten 2 Jahr- und 6 Wollmärkte wiederaufrichten. Der Widerspruch Leipzigs führte zu einem Process beim Reichshofrath in Wien 1662—1670, welcher eine ähnliche Erledigung fand, wie der Streit Leipzigs mit Naumburg und Weissenfels, nämlich durch den Vorbe-

---

1) XLV. A. 1^c. Bl. 186. 1^d. Bl. 119. 1^c. Bl. 202. Vgl. oben bei Naumburg S. 53.
2 Die Pragm. Hdlsgesch. S. 191 legt dem Befehle eine ganz falsche Bedeutung bei.

scheid vom 18. März 1665 (s. oben bei Naumburg), und dann durch den definitiven (wenn man ihn so nennen kann) Bescheid des Reichshofraths vom 19. December 1670: »Rescribatur ahn den Herrn Administratorn zu Merseburg und ahn die Statt Leipzig, was massen Ihro Kayl. Mayestät gern sehen möchten das diese streittigkeit in der güete zwischen ihnen beygelegt werden könnte, dazu Sy dann hiemit beede Theil gnädigst erinnert haben wolte, damit dieselbe durch rechtlichen ein oder anderm Theil etwan schwer[1] fallenden Spruch zu erledigen nicht nöthig seye«.

Ob und mit welchem Erfolg in Güte verfahren wurde, darüber sagen die Acten[2] nichts. XLV. B. 5^b. Bl. 161—295. XLV. A. 1^c. Bl. 186.

Der Churf. Sächs. Oberhofmarschall, Geheime Rath, Oberkämmerer und Oberstallmeister Johann Georg Freiherr von Rechenbergk hat im Jahre 1663 den Churfürsten Johann Georg II. für seine Unterthanen des Städtleins Groitzsch um die Gestattung zweier Jahrmärkte und alle Freitage eines Wochenmarktes. Der Churfürst beauftragte den Amtmann zu Leipzig Johann Jacob Pautzer, bei den benachbarten Städten Erkundigung einzuziehen, ob »dergleichen jemanden zu Nachtheil gereichen möchte«. Auch der Herzog Moritz zu Sachsen (Naumburg) beauftragte seinen Amtsverwalter Johann Hasse und den Rath zu Pegau, etwaige Einwendungen geltend zu machen. Leipzig sowohl als Pegau protestirten 1664 und kamen deshalb die Märkte zu Groitzsch nicht zu Stande. Besonders lebhaft agitirte Pegau gegen Groitzsch, indem es unter Hinweis auf den ähnlichen Widerspruch Leipzigs gegen Pegau 1551 den Leipziger Rath zum Widerspruch auch gegen Groitzsch ermunterte.

Ganz ebenso verlief die Sache, als der Geheime Rath Johann Georg Freiherr von Rechenbergk (ein Sohn des Vorigen?) im Jahre 1712 für Groitzsch diesmal um 3 Jahrmärkte und 2 Wochenmärkte bat. Die gemeinsamen Proteste von Leip- und Pegau hatten auch diesmal Erfolg. XLV. B. 5^b. Bl. 37—59.

---

1) Der Reichshofrath hätte ebensogut resolviren können: »Wir sind hoch erfreut, dass Ihr 8 Jahre munter processirt und unsere Taschen mit Dukaten gefült habt. Damit wir nun keinen von Euch uns zu Feinden machen und damit in Zukunft weitere Veranlassung zum Processiren vorhanden — enden wir Euren Process damit, womit ihn ehrliche Richter beginnen, mit der Mahnung, Euch in Güte zu vertragen«.

2) Die Acten über den Streit mit Schkeuditz haben für uns ein besonderes Interesse durch die einer Denkschrift des Raths von Schkeuditz abschriftlich beigefügten Anlagen:

1. Marktprivilegien von Schkeuditz vom J. 1436.
2. Ortsstatut für Schkeuditz, bestätigt vom Churf. August von Sachsen d. d. Merseburg 24. Nov. 1572.
3. Extract aus Johann Cöhlers oeconomia und dem darin befindlichen Catalog der Jahrmärkte, die innerhalb 15 Meilen um Leipzig herum abgehalten werden.
4. Extracte aus den Churf. Sächs. Mandaten wegen des Tuch- und Gewandschneidens auf den Dörfern vom 8. Jan. 1613 u. vom 12. März 1603.
5. Extract aus der Erledigung der in den Jahren 1653 u. 1657 von der Landschaft des Churfürstenthums übergebenen Gebrechen.
6. Protocoll über Vernehmung von 8 Zeugen im J. 1665 darüber, ob vor dem Kriege wirklich in Schkeuditz Märkte abgehalten worden.

Auch Jessnitz in Anhalt erneuerte[1] 1670 seinen durch den Krieg in Abnahme gekommenen Markt. Leipzig unterliess nicht zu protestiren. *XLV. B. 3ᵇ. Bl. 99. 100.*

Bei der Mittheilung des Stattammans und Rathes der Kaiserl. oberösterr. Stadt Feldkirch vom 25. Sept. 1671 über Verlegung verschiedener Jahrmärkte in Feldkirch hatte es aber natürlich sein Bewenden. *a. a. O. Bl. 309.*

Ebenso leistete der Leipziger Rath einer Aufforderung der Churf. Brandenb. Neum. Amts-Cammerräthe und Cammermeister zu Cüstrin vom 5. Juni 1673 Folge, bekannt zu machen, dass es im Werke sei »den vor diesem allhier gehaltenen öffentlichen Krebsmarkt, welcher eine Zeit darnieder gelegen, weil sich die Krebse verlohren gehabt, nunmehr aber in ziemblicher menge wieder gefangen werden, hinwiederumb anzuordnen, nehmblich alsso, dass solcher wöchentlich alhier zweimahl, als am Mittwoch und Sonnabendt, da alle Krebsse so im Warthe- und Oderstrohm gefangen, anhero zue offenen Kauf gebracht, hinwieder soll gehalten werden«. *XLV. B. 3ᵃ. Bl. 250—252.*

Am 15. April 1674 beschwerte sich der Leipziger Rath bei Hanss Georg von Diesskaw auf Gautzsch[2] darüber, dass »zum öftern Fuhrleute mit Eisen und andern Wahren diese Stadt vorbey zu fahren und dieselben in dem Dorfe Gautzsch niederzulegen sich gelüsten lassen«, und bat den von Diesskaw, seinen Gerichten anzubefehlen, auf dergleichen Fuhrleute fleissige Acht zu haben, solche mit Wagen, Pferden und Waaren in Arrest zu nehmen und »bis auf unser ferner Anmelden zu behalten«. *XLV. B. 4. Bl. 50.*

Gleichzeitig mit dem wichtigen Streit gegen Braunschweig 1675—1681 hatte Leipzig auch Schwierigkeiten mit den benachbarten Orten Rötha, Liebertwolkwitz und Naunhof. Dass Naunhof die Errichtung zweier Märkte gegen Ausstellung eines Reverses zugestanden wurde, haben wir bereits oben berichtet.

Auch als der Geheime Rath Carl Freiherr von Friesen vom Churfürsten Johann Georg II. um einen Jahrmarkt für Rötha bat und 1677 die Einwilligung Leipzigs nachsuchte, verzichtete der Leipziger Rath auf Geltendmachung seines Einspruchsrechtes gegen die Versicherung, dass der Markt nur ein gewöhnlicher Jahrmarkt sein und ein früher bestandener, im Kriege in Abgang gerathener Wollmarkt gänzlich eingestellt bleiben solle. *XLV. B. 3ᵇ. Bl. 111—115.*

Einen ähnlichen Ausgang hatte es, als in demselben Jahre 1677 auch Liebertwolkwitz vom Churfürsten die Genehmigung zweier Jahrmärkte zu erlangen suchte. Diesmal widersprachen[3] zunächst nicht blos Leipzig, sondern

---

1) Das Benachrichtigungsschreiben wurde nicht nur den benachbarten Marktstädten, sondern auch dem Tuchmacherhandwerk in Bitterfeld, Delitzsch, Eilenburg, Wurzen, Oschatz, Lommatzsch, Rosswein, Döbeln, Leisnig, Colditz, Grimma, Pegau zugestellt. Man rechnete also auf den Besuch der dortigen Tuchmacher.

2) Vielleicht war der Versuch, in Gautzsch eine »Niederlage« zu errichten, ein Anklang daran, dass das damalige und jetzige kleine Dorf Gautzsch früher einmal (im XI. Jahrhundert) ebenso wie auch Püchau und Eythra, eine Stadt gewesen war. *Otto Posse: Die Markgrafen von Meissen und das Haus Wettin bis zu Konrad d. Grossen. Leipzig 1881. S. 297.*

3) Die Acten geben nicht nur ein reiches Material für die Lokalgeschichte von Liebert-

auch Taucha sowie der Oberpostmeister Christoph Mühlbach in Leipzig als Besitzer des benachbarten Grosspösna. Nach vielen vergeblichen Versuchen stellte Liebertwolkwitz einen sehr vinkulirten, alle drei Parteien befriedigenden Revers aus am 24. April 1679. *XLV. B. 3^b. Bl. 436—470. Lpz. R.Urk. Kasten 9. Nr. 20.*

Am 9. April 1684 schrieb der Rath zu Naumburg dem Leipziger Rathe: »Denenselben sollen wir, nebst . . ., nicht unverhalten seyn lassen, was massen wir aus einem von dem Rath zu C o b u r g k am jüngstverwichenen 1. Aprilis uns zugefertigten Schreiben und beigefügten Patente ersehen müssen, dass der daselbst residirende Herzog . . . Albrecht besagter Stadt gnädigst concediret, ihre sonst gewöhnlichen Jahrmärkte auf etliche Tage zu erstrecken und allso solche gantze 8 Tage lang zu halten«.

»Wann dann unter diesen Jahrmärkten auch etliche auf die Neujahrs- Oster-Petri Pauli und Mich. Zeit fallen und aber dieses denen Leipziger und Petri Pauli Märkten endlichen nicht zu geringen Nachtheil gereichen möchte, inmassen dergleichen und in so v i e l e n Tagen bestehende Jahrmärekte sonst keiner Stadt in Römischen Reiche zu halten zukommt, alls welche von K a y s e r l. Mayestät hierüber privilegirt, Alss haben wir« . . . .

Ob Leipzig der hieran geknüpften Aufforderung, gemeine Sache gegen Coburg zu machen, entsprochen hat, ist nicht zu ersehen. *XLV. B. 3^a. Bl. 228.*

Der Vorstadtort G l a u c h e bei Halle erhielt 1684 vom Churfürsten Friedrich Wilhelm von Brandenburg das Privilegium eines Kram-, Pferde- und Viehmarktes Donnerstag nach Pfingsten 8 Tage lang. Da die Vermittelung des Churfürsten von Sachsen beim Churfürsten von Brandenburg erfolglos war, liess der Leipziger Rath am 1. Sept. 1711 dem Richter und den Schöppen zu Glauche einen Protest durch einen Notar zustellen. *XLV. B. 3^b. Bl. 19—36.*

Der Bürgermeister und Rath der Kays. freyen und des Heil. Reichs Stadt M ü h l h a u s e n zeigte am 5. Aug. 1685 dem Leipziger Rath an, dass er sich bewogen gefunden habe, die von Ihrer Kayserl. Mayestät hiesiger Stadt allergnädigst verliehene Ross- und Viehmarkte wieder auszuschreiben. *XLV. B. 3^b. Bl. 508.* Es bewendete hierbei ebenso wie bei der Mittheilung des Herzogs Georg Wilhelm von Braunschweig und Lüneburg, dass er am 14. Jan. 1685 seine fürstl. Residenzstadt Z o l l e anstatt der in Abgang gerathenen mit zwei neuen Pferde- und Viehmärkten begnadet bezw. am 19. Febr. 1686 die Termine dieser Märkte verändert habe. *XLV. B. 3^b. lose Blätter.*

Als der Magistrat zu P i a c e n z a 1687 die Prorogation des dortigen Freimarktes vom 15. April bis auf den Montag nach Dominica in albis anzeigte und eine bezügliche Proclamation zum Anschlag übersandte, antwortete der Leipziger Rath: »Gleichwie wie nun denenselben hirunter gern gewilfahret . . . ., also ist uns sonderlich angenehm, dass durch diese occasion mit E. Hochf. Herrl. in correspondenz zu kommen wir gelegenheit erlanget«.

---

wolkwitz, sondern namentlich auch über die Bierverhältnisse in der Umgebung von Leipzig, welche damals eine grosse Rolle spielten.

Diese Gelegenheit wiederholte sich auch 1688, 1689, 1690. *XLV. B. 3ᶜ. Bl. 39—50.*

Friedrich Wilhelm der Grosse Kurfürst begnadete 1684 »aus Landesväterlicher [1]) Vorsorge und Gnade« seine churfürstl. Brandenburgische Residenzstadt Friedrichswerder an der Spree »mit zwo Messen dergestalt, dass die eine von Friedrichstage 14 Tage lang und die andere von Bartholomäi an auch so lange jährlich gehalten werden solle«.

Leipzig scheint sich die vergebliche Mühe gespart zu haben, dagegen zu protestiren. *XLV. B. 3ᵇ. Bl. 15—17.*

Der Churfürst Johann Georg III. verlieh 1690 der Stadt Pretzsch im Churkreise 3 Jahrmärkte. Auf Anordnung des Churfürsten schlug der Leipziger Rath die bezügliche Proclamation auch öffentlich an, bat jedoch denselben, das Privilegium so zu fassen, dass den Leipziger Privilegien dadurch kein Nachtheil entstehe. *XLV. B. 3ᶜ. Bl. 51—59.*

Auf Anordnung des Herzogs Johann Adolf zu Sachsen wurde 1690 der Jahrmarkt zu Hohenmölsen wieder wie vorhin auf Freitag und Sonnabend nach Aegidi verlegt. *XLV. B. 3ᵇ. Bl. 299—301.*

Nachdem im Jahre 1693 auf den 8. September ein anderweiter Busstag ausgeschrieben worden, ordnete der Geh. Rath von Wolframsdorf als Obrigkeit von Alt-Mügeln an, dass der Markt Montags zuvor, als den 4. Sept. abgehalten werden solle. Leipzig erliess die beantragte Bekanntmachung. *a. a. O. Bl. 304. 305.*

Im Jahre 1695 erbat und erhielt der Geheimrath Ernst Adam Senfft von Pilsach vom Churfürsten Friedrich August I. die Genehmigung zu Errichtung zweier Jahrmärkte in Löbnitz. Der Rath zu Leipzig zog seinen Widerspruch zurück »in hohem Respect gegen des Herrn Geheimraths von Senfft Excellenz«, reservirte sich aber alle sonstigen Rechte. *a. a. O. Bl. 111—116.*

Am 30. März 1696 verlieh der Herzog Moritz Wilhelm zu Sachsen (Zeitz) »aus landesfürstlicher Macht und Hoheit« dem Dorfe Profen (zwischen Zeitz und Pegau) einen Jahrmarkt auf Donnerstag nach Pfingsten und einen Viehmarkt Freitag vor Galli. Der Churfürst Friedrich August von Sachsen untersagte seinen Unterthanen den Besuch des Profener Marktes. Der Markt wurde aber aus Zeitz, Pegau und Weissenfels und anderen Stift-Zeitzischen Ortschaften besucht, wie am 5. Juni 1696 der Leipziger Bürger Johann Georg Küchler berichtete [2]), welcher nach Profen geschickt wurde, um wegen Beschaffenheit und Besuch des dortigen Marktes zu kundschaften. Auf Befehl des Churfürsten liess der Leipziger Rath dem Herzog Moritz Wilhelm am 23. Mai 1696 einen förmlichen Protest zustellen. Im J. 1697 drohte der Leipziger Rath durch öffentlichen Anschlag die zu oder von den Profener Märkten Reisenden anhalten und deren Waaren confisciren zu

---

[1]) Brandenburg glaubte also auch bei eigentlichen Messen auf die kaiserliche Bestätigung verzichten zu dürfen.

[2]) Diese interessante Schilderung eines Landjahrmarkts zu jener Zeit liegt an. *Anlage XIV.*

wollen. Der Markt in Profen aber hatte nicht langen Bestand, denn als 1719 der Churfürst vom Leipziger Rath Bericht verlangte »was die bisherigen inhibitiones gegen den Profener Markt für effect gehabt«, konnte dieser melden, der Markt werde gar nicht mehr gehalten, sondern sei gänzlich eingestellt worden, seitdem die General-Consumtionsaccise in hiesigen Landen eingeführt worden sei. *XLV. B. 5ᶜ. Bl. 65—96 u. lose Blätter.*

In Streitigkeiten mit Hamburg [1]) wurde Leipzig in den Jahren 1696—1699 verwickelt. Am 24. Oct. 1696 hatten sich die Hamburger Kaufleute in Folge eines Rechtsstreits dem Amte der Gewandbereiter gegenüber verpflichten müssen, in Zukunft kein aus Schlesien, Mark Brandenburg und solchen aus dem Reiche bereitetes und gefärbtes Laken, als blau, prachtschwarz, braun, grün und gelb gefärbte, wie auch weiss bereitete, sondern nur weisse unbereitete und grau gemengte schlesische und märkische Laken hereinbringen lassen zu wollen. Daraufhin wurde eine Partie auf der Leipziger Messe gehandelte, nach Hamburg geführte gefärbte sächsische Landtuche dort angehalten. Am 19. Nov. 1696 beschwerte sich hierüber der Rath zu Leipzig beim Churfürsten von Sachsen unter Hinweis darauf, dass nicht nur der Leipziger Handel dabei leiden, sondern auch die ohnedies grösstentheils verarmten sächsischen Tuchmacher vollends zu Grunde gerichtet würden. Auch an den Rath zu Hamburg richtete der Leipziger Rath am 19. Nov. 1696 eine Beschwerde. Die Obermeister des Tuchmacherhandwerks zu Rosswein baten am 5. Jan. 1697 den Leipziger Rath, für sie beim Rathe zu Hamburg zu interveniren. Dort werde holländisches und englisches Tuch ohne Widerrede eingeführt. Sie wüssten keinen Grund, warum diese »vor unserer Landeswaare einen Vorzug haben sollten«. Eine ähnliche Vorstellung überreichten auch die Tuchmacher zu Hainichen. Während einer langwierigen Correspondenz mit Hamburg wurde abermals ein von Leipzig nach Hamburg geschickter Ballen mit Rossweiner und Schmiedeberger Tuch in Hamburg angehalten. Endlich am 24. Juli 1699 theilte der Geh. Secretair Bernardi in Dresden dem Rath zu Leipzig mit, dass der Geh. Rath und Abgesandte in Hamburg Frhr. von Miltitz nach Dresden berichtet habe, dass bei letzter Zusammenkunft der Hamburger Bürgerschaft beschlossen worden sei, die Handlung der gefärbten und ungefärbten Landtücher frei zu geben. Bernardi legte einen Extract aus dem Bericht des von Miltitz bei. Darin sagt dieser, dass in Hamburg tourbulente Zustände herrschen, bei denen es dem Hamburger Rathe bisher nicht möglich gewesen sei, der sächsischen Vorstellung Rechnung zu tragen. Bei der letzten Zusammenkunft des Rathes und der Bürgerschaft hätten sich aber wegen Beförderung der Relaxirung eines zu Stade angehaltenen Schiffes viele vornehme Bürger und Kaufleute eingefunden, und diese hätten die Aemter und Zünfte überstimmt, dergestalt, dass der frühere Bürgerschluss wegen Ein-

---

[1]) In den Jahren 1615—1618 war Hamburg nur die Wortführerin der Hansestädte gewesen in deren Protesten und Vorstellungen gegen die rigorose Acciseverordnung des Churfürsten von Sachsen vom 1. Oct. 1615, *XLV. G. 4,* welche schliesslich zu dem Recess vom 15. Oct. 1618, ratificirt 5. Dec. 1618, führten.

führung gefärbter Tücher c o r r i g i r t worden. Am 2. Aug. 1699 eröffnete der
Statthalter Fürst von Fürstenberg dies noch formell dem Leipziger Rath und legte
ein bezügliches Schreiben des Hamburger Rathes vom 27. Juli 1699, sowie einen
Bericht des Geh. Raths von Miltitz bei. *XLV. B. 1.*

Im Jahre 1712 wollte der Hamburger Senat auf die aus E n g l a n d nach
S a c h s e n durchgehenden Waaren einen Z o l l legen, auch wenn dieselben nach
Altona consignirt waren, aber den Hamburger Hafen berührten. Auf Anregung
der Leipziger Kaufmannschaft protestirte der sächsische Resident in Hamburg
1712 und 1713 dagegen, wie es scheint mit Erfolg. Bei dieser Gelegenheit
kommt zur Sprache, dass man schon längst gewohnt sei, zur Vermeidung des
Hamburger Zolles[1] Güter aus England und Holland über Altona[2] zu spediren.
XLV. G. 15.

Wir haben gesehen, dass man sich nach Beendigung des dreissigjährigen
Krieges in Ober- und Niedersachsen an allen Orten bemühte, das Wiederauf-
blühen von Handel und Verkehr durch Errichtung von Märkten zu fördern. Diese
Bewegung dauerte sogar noch im Anfang des XVIII. Jahrhunderts fort.

Der Churfürst Georg Ludwig von Braunschweig-Lüneburg errichtete in
H a n n o v e r 1701 einen Pferdemarkt auf Montag nach Allerheiligen, ohne dass
Leipzig Widerspruch erhob. *XLV. B. 5ᵇ. Bl. 80—84.*

In demselben Jahre wurden »auff der Fürstl. Regierung zu Zell Befehl grosse
und kleine Jahr- und Viehmärckte zu U e l t z e n solcher Gestalt umgesetzt, dass
hinfüro die beyde grosse Märckte auff den Donnerstag vor Laetare und vor Joh.
Bapt., die beyden kleinere aber auff den Donnerstag nach Aegidii und Galli, und
die beyden Pferdemärckte auff den Donnerstag nach Ostern und vor Invocavit
sollen gehalten werden.«

Der Rath zu Leipzig machte den erbetenen Anschlag. *XLV. B. 5ᶜ. Bl. 510
—512.*

Als dagegen ebenfalls 1701 T r e b s e n um zwei Jahrmärkte bat und der
Churfürst Friedrich August den Amtmann Kelte in Grimma beauftragte, die be-
nachbarten Städte mit ihren Einreden zu hören, erhob Leipzig 1702 Einspruch.
Erfolg ist nicht zu ersehen. *a. a. O. Bl. 301—308.*

Der Rath zu C a l a u theilte 1702 mit, dass der dortige Wollmarkt auf Mon-
tag nach Exaudi verlegt und die ganze Woche hindurch continuiren solle. *XLV.
B. 5ᵃ. Bl. 215.* Im Jahre 1723 wurde dieser Markt wieder renovirt. *XLV. B. 4.
Bl. 69.*

In demselben Jahre richtete E g e r den früheren Jahr- und Viehmarkt auf
Montag nach Trinitatis wieder auf. *a. a. O. Bl. 239.* Wahrscheinlich war dies
das bescheidene Ergebniss eines im Anfang des 18. Jahrhunderts von der Stadt
Eger gemachten kühnen Versuches, mit Leipzig rivalisiren zu wollen, speciell
ein gleichbedeutendes Handelsemporium, wie es Leipzig für Deutschland war,
unter Ausschluss desselben vom süddeutschen und erbländischen Markte für die

---

[1] Die Acten enthalten auch Nachrichten über das Hamburger Zollwesen.
[2] Vgl. auch 1751 in *Aeussere Geschichte.*

oberdeutschen Gegenden zu werden. In einem »Commerz« überschriebenen Actenstücke des Archives zu Eger findet sich nämlich eine nur im Concept erhaltene »Unterthanige kurtze Remonstration wegen der Märckte und Stapel zu Eger.« Ob dieses undatirte Schriftstück zur Einreichung bei der Regierung gelangt ist, lässt sich nicht erkennen. *H. Gradl* hat dasselbe unter dem Titel *Böhmen und Sachsen, Ein Beitrag zu den Handels- und Commerzverhältnissen um die Mitte des 18. Jahrhunderts* in den *Mittheilungen d. Ver. f. Geschichte d. Deutschen in Böhmen. Bd. 21. S. 202—210* veröffentlicht. Das Schriftstück geht von der Betrachtung aus, »dass der grösste Theil derer Commerzien in unkatholischen Händen sei, ist gewiss, es aber doch gleichwohl damit sogar weit annoch nicht kommen, dass diesem Uebel nicht sollte remediert werden können, daferne man nur bei Zeiten einen Anfang machet.« Das Mittel zur Remedirung wird in kaiserlichen Privilegien gefunden. Auch Leipzig sei, »obgleich es von der Natur weder einen schiffreichen Fluss, noch sonst den geringsten Vortheil vor anderen zur Handlung habe, dennoch vermittelst kaiserlicher Privilegien so hoch im commercio gestiegen, dass es ihm keine Stadt im Reich, alleine Hamburg, welches Leipzig weit übertrifft, ausgenommen, kann gleichthun; Nürnberg, Frankfurt, Augsburg, Magdeburg und andere empfinden es und seufzen. Jedoch weil das Leipziger Commercium in unkatholischen Händen ist, verschmerzen sie es lieber, als dass sie Aenderungen suchen und sich in Gefahr setzen sollten, etwas von diesem Handel in katholischen Landen zu sehen. Die uralte An-Seestadt (!) Braunschweig ist von Leipzig um alle Nahrung gebracht worden, und als die Herzöge Braunschweig-Lüneburg (die auf ihre Landesökonomie ein wachendes Auge haben) dieses, mithin was ihre Lande gelitten, wahrgenommen, auch sonst sich der An-Seestadt Braunschweig zu bemächtigen vor ihren estat eine Nothwendigkeit erachtet, haben sie solche zur Einnehmung ihrer guarnison gezwungen, und hernach weil das Leipziger Jus prohibendi soweit nicht gehet, von Ihrer Majestät eine privilegirte Messe impetriret, in Meinung, die Leipzigische Handlung nach Braunschweig zu ziehen, und zwar in dem irrigen Supposito, weiln Braunschweig viel näher bei Hamburg als Leipzig sei, welches Alles eine ganz unbegründete Einbildung war.

Die Glückseligkeit eines Marktes hängt ab nicht von Dem, der Waaren bringt, sondern vom Geld: die mit Geld und Wechseln handeln, kommen nach Leipzig. Der ingrosso handelnde Kaufmann aber wolle wegen etzlicher Stück Tuch, einiger Dutzt. Strümpfe und dergl. den Palle und grosse Fässer nicht eröffnen, und erwarte deshalb die Leipziger Messe; und gehen noch jetzo die Braunschweiger Kaufleute selbst nacher Leipzig, dahin das Geld aus den Kaiserlichen Erblanden gebracht wird, daselbst Waaren zu kaufen, die von Hamburg nach Leipzig durch die Braunschweig- und Lüneburgischen Länder gehen, zumalen sie von Leipzig aus auch ihren Scontro und den Wechsel allenthalben hinhaben können.

Aus genauer Untersuchung des Grenzzolles wird sich finden, geschweige des Unterschleifes, dass jährlich bei die vier Millionen aus denen Erblanden nacher Leipzig und gewiss drei Tonnen Goldes nur vor die Meissnischen Gebirgischen dantelles (dentelles) in Sachsen kommen, hingegen wenden die Sachsen nichts von ihrem Gelde Böhmen zu; denn das Wenige, was für Holz und Getreide nach Böhmen kommt, ist nicht nennenswerth, weil das Geld wieder hundertfach abgezwackt wird.

Hierbei sind nun die Mercurialischen Griffe anzumerken, deren sich Leipzig bedient, alle Länder gleichsam in seine Contribution zu setzen, das Königreich Böhmen aber soviel als möglich unterzudrücken. Nämlich können sie alle Messen, wenn sie wollen, mehr Geld haben, als das ganze Sachsenland in einem ganzen Jahre aufzubringen vermag und dieses remedii penetrabilis wissen sie sich meisterlich aller Orten zu bedienen, da sie merken, dass ihr monopolium kann unterbrochen werden, reusciren auch meistens gar glücklich und halten in Sachsen selbst alle anderen Städte gleichwie unter ihrem Dominio: inmassen denn die am Elbestrome gelegenen Orte, bis auf das einzige Dresden, so durch die Hofstadt noch etzlichermassen konserviret wird, unter dem Leipziger Joch krepiren (sic).

Leipzig trachtet dahin, dass die 11 Zölle an der Elbe nicht vermindert werden, der grossen Hindernisse, die Leipzig der Schifffahrt nach Hamburg (auf der Elbe) in den Weg legt, wo die Schiffe öfters überwintern müssen, nicht zu gedenken. (Hierauf folgen Klagen über die schlechte Forstwirthschaft, die durch die Jägerei beeinträchtigt werde.)

Um das Leipziger Monopol zu brechen, fährt die Denkschrift fort auszuführen, sei ein böhmischer Grenzort zu privilegiren, zu welchen Privilegiis Eger am allergelegensten. Eger ist schon Handelsstadt, es braucht nur die Verordnung, dass man die Waaren statt zu Leipzig in Eger hole; drei privilegirte Märkte können in Eger das thun, was die Leipziger (Märkte) thun, und wenn es nur erst sedes commerciorum an der Grenze ist, werden die Katholischen sich appliciren; es käme dies Chur-Köln, Bayern und Pfalz, auch Bayreuth und Ansbach zu Gute, sonderlich Franken und Böhmen, namentlich wenn von Köln ein Geleit über Nürnberg nach Eger errichtet würde zu denen Märkten. Die holländischen Tücher sind in Wien billiger, als die über Hamburg-Leipzig nach Prag kommen; die Kölnischen, Lütticher und anderen katholischen Kaufleute werden sich freuen, wenn sie an einen katholischen Ort kommen können, zu negociren, und Unkatholische auch; wenn der Markt zu Eger ist, kann man leicht von der Eger zur Elbe kommen, dann nach Leitmeritz, Melnik.

Wegen der Handels- und Wechselordnung könnte ihre Majestät leicht pragmatica sanctione genügliche Vorsehung thun; es giebt deren viele Gesetze, man könnte das Beste daraus entnehmen; an der Leipziger Handels- und Judenordnung haben die Handelsleute aller Orte schmieden helfen, daher man sie für die beste hält; trotzdem hat sie Mängel, wenn man erst die Frage erledigt, dass an Böhmens Grenzen ein emporium sei (errichtet werde).

Die mehrere Ausarbeitung dieser meiner treuherzigen erbpatriotischen Gedanken (so schliesst das Memoire) wird sich von Jahren zu Jahren besser geben, wann nur erst ein Anfang gemacht und das commercium nacher Böhmen gezogen wird, welches eine nothwendige und reputirliche Sache auch deswegen, dass man die Waare frisch und derselben wohl zu Eger habe; dann bisher haben sie uns von Leipzig nur hergesendet, was man in dem ober- und niedersächsischen Kreise nicht hat haben wollen. Seefische, Gewürz, Ingwer sind verfälscht, Zeuge und Tuche sind »Pavel«, den vor zehn Jahren kein Kaufmannsdiener in Leipzig mehr tragen wollen; das soll für den böhmischen Adel gut genug sein; dem wird ein Ende, wenn die Waaren in grosso aus denen Niederlanden nicht über Leipzig, sondern über Nürnberg gleich, wie nacher Wien, so auch in Böhmen nacher Eger zu Markt gebracht werden« . . . . .

In Triest machte man den Versuch (Patent vom 31. August 1729), Messen zu errichten, welche jährlich vom 1. August bis zum 20. August dauern sollten. Der Erfolg war gering. *Dr. Franz Martin Mayer: Die Anfänge des Handels und der Industrie in Oesterreich. Innsbruck 1882. S. 105 ff.*

Sogar die alten Messen von Bozen geriethen im XVIII. Jahrhundert mehr und mehr in Verfall. *Mayer a. a. O. S. 55. 87.*

Der König Friedrich I. verlängerte 1706 den Allerheiligenmarkt in Berlin auf 14 Tage *a. a. O. Bl. 35—37.*

Der Fürst Leopold zu Anhalt »hatte vergänglich wahrgenommen, wie die sogenannte Sandvorstadt bei dero Residenzstadt Dessau durch ganz von Neuen dazugekommene Strasse zu solchen ansehnlichen Anwachs gediehen, dass selbige andern Landstädten, wo nicht zuvor, doch wenigstens gleich gehen könne«, und begnadete dieselbe deshalb mit einem Jahrmarkt [1] auf den 2. Sonntag nach Trinitatis (d. d. Breslau 18. April 1708). *XLV. B. 3ª. Bl. 253—254.*

Der Amts- und Gerichtsvoigt zu Bamberg zeigte 1710 an, dass die »Ochsen- und Herbstmosse« daselbst vom 9. auf den 13. October verlegt worden sei. *XLV. B. 3ª. Bl. 1. 2.*

In demselben Jahre bat der Rath zu Wittenberg den Leipziger Rath, zu veranlassen, dass in den in Leipzig erscheinenden Kalendern genauere Angaben über den Wittenberger Weihnachtsmarkt gemacht würden. *XLV. B. 3ᶜ. Bl. 315.*

Im Jahre 1711 hatte ein Leipziger Bürger Rosenthal, Pächter des Eisenwerkes Burghammer, Schwierigkeiten sowohl mit der Chursächsischen als mit der Administrations-Regierung zu Merseburg, weil er auf seinem Gute Gross-Dölzig angeblich eine Eisenniederlage errichtet hatte. Auch der Leipziger Rath vertrat dem geheimen Consilium gegenüber die Ansicht, dass Rosenthal's Vorgehen sich nicht mit dem Leipziger Stapelrecht vereinigen lasse. *XLV. A. 1⁹. Bl. 47—51.*

Mit Freiberg hatte Leipzig von 1711 bis 1740 während Streitigkeiten. Freiberg war zwar nicht im Besitze kaiserlicher Privilegien, doch waren seine landesherrlichen Markt- und Niederlagsprivilegien[2] älter als die Leipziger.

---

1) Die Stadt Dessau selbst hatte schon ältere Märkte, z. B. wurde 1693 der Aegidi-Markt daselbst wegen Landestrauer um Fürst Johann Georg zu Anhalt abgesagt.

2) Die Acten *XLV. A. 15.* enthalten Abschriften nachstehender Privilegien:

   a) Heinrich der Erlauchte verleiht 1263 Freiberg einen 14täg. Markt.

   b) Albrecht der Entartete verleiht 1294 den Freiberger Bürgern das Recht ut civis et incolae Vriebergenses hinc et inde negotiantes, dummodo in ipsa civitate residentiam faciant corporalem, ab omni telonio sint liberi et exempti.

Auch hatte Freiberg seine Ausnahmestellung den später privilegirten Stapelplätzen gegenüber zu wahren gewusst. Als z. B. Friedrich (der Sanftmüthige)
1456 die Beachtung des Dresdener Niederlagsprivilegiums einschärfte, brauchte
er Freiberg gegenüber die Einschränkung: »Welch gutt aber der Burgere zu
Freibergk wehre, dass alss Recht ist, kundlich gemacht wurde, dass lasset
durchgehen ohne alles vorhindern«. *XLV. A. 1^b. Bl. 58.*
      Eine ähnliche Ausnahmestellung gegenüber dem Mandat vom 6. Oct. 1681
wurde Freiberg durch den Befehl vom 9. Mai 1682 gewährt, nach welchem »die
Freibergischen Bürger auf des Raths daselbst vorgezeigte Freizedul passiren
sollen«.
      Leipzig trug dem auch bei Abforderung der Waagegebühr Rechnung.[1] Es
frug sich nur, ob die Freiberger auch die Stapel s t r a s s e über Leipzig zu halten
verpflichtet waren und ob sie Waaren an Stapelplätzen kaufen durften (Magdeburg), deren Stapel- und Niederlagsrecht mit dem Leipziger concurrirte und von
der Sächs. Regierung nicht als zu Recht bestehend anerkannt wurde. Jedenfalls
hatte aber Freiberg gewohnheitsmässig sein Recht auch soweit auszudehnen versucht, dass auf Freiberger Pässe hin Fuhrleute auch aus dem Freiberger Amt
und sogar aus Böhmen Waaren aus Hamburg und Magdeburg holten und über
Eilenburg an Leipzig vorbei nach dem Erzgebirge schafften, bez. »Glöthe« in um-
gekehrter Richtung fuhren.
      Am 20. Dec. 1710 traf nun der Leipziger Geleitsreiter Heber zu Hohenrode
in den Luckewinischen Gerichten 2 Wagen mit 8 Pferden an, welche den Freiberger Bürgern und Seifensiedern Tränkner und Lübscher gehörten und von
Magdeburg Heringe geladen hatten, um sie an Leipzig vorüber nach Freiberg zu
führen. Heber arretirte sie und der Leipziger Rath liess sie nicht eher wieder
frei, als bis für jeden Wagen 30 Thlr. Strafe erlegt waren. Ueber den hierauf
zwischen Freiberg und Leipzig 1711—1715 geführten Streit sind die *Lpz. R.A.
XLV. A. 15* ergangen. Am 26. Jan. 1715 ertheilte der Churfürst den Vor-
bescheid, dass bis zur Ertheilung der Hauptresolution der Leipziger Rath die

---

      c. Friedrich der Gebissene verleiht 1318 an Freiberg das Niederlagsrecht und be-
stätigt den Strassenzwang nach Böhmen über Freiberg.
      d) Heinrich der Fromme bestätigt Freiberg sein Niederlagsrecht 1539.
      e) Johann Georg II. bestätigt Freibergs Privilegien. 1676.
      Ausserdem sind zahlreiche Freiberg günstige Erkenntnisse in Stapelrechtssachen und
Protocolle über Zeugenvernehmungen in Stapelsachen beigelegt.
      1) Aus der Waage wird am 20. Jan. 1712 gemeldet: *XLV. A. 15. Bl. 107.* »Es sind bey
E. E. Hochw. RathsWaag Einnahme 6 Städte als: F r e y b e r g, Annaberg, Marienberg, Schneeberg, Hertzberg, Weissenfels bekand, welche mit denen allhier in Leipzig eingelauffen Wahren
die zu diesen 6 Städten gemeiner Stadt Nothdurft erhandelt, von der Waaggebühr befreyet gewesen, daferne von diesen Städten ein Obrigkeitl. Pass hat vorgezeiget werden können, gleichwie hierbey . . . . . Wann diese Städte aber ihre Bedürfnisse nicht in der Stadt Leipzig ein-
kauffen, sondern von andern Orten, als Holland, Hamburg etc. anhero kommen lassen und
dahin führen, so müssen sie alhier die Niederlagsgebühren wie andere benachbarte Städte zahlen ³/₄ pro Cent. Also und nicht anders ist es mit diesen Städten lange Zeit gehalten und auf
der Waage observirt worden«.

Freiberger Bürger an dem directen Verkehr mit Magdeburg nicht verhindern solle.

In den Jahren 1717 und 1719 hatte der Leipziger Rath Fuhrleute, welche
nicht Freiberger Bürger waren, aber auf Freiberger Pässe hin den Leipziger
Stapel umfuhren, ebenfalls zur Strafe gezogen. Freibergs Beschwerde beim
Churfürsten scheint erfolglos gewesen zu sein. *XLV. A. 19. Bl. 251—275.* Aber
auch der Streit von 1711 war noch im Jahre 1740 nicht beendet und brach von
Neuem aus, als im letzteren Jahre der Leipziger Rath wieder einem in Reichenbach wohnenden Fuhrmann, welcher für einen Freiberger Kramer von Hamburg
kommende Waaren aus Magdeburg abholen sollte, dessen Freiberger Pass abnehmen liess. Ein Erfolg des weitläufigen Schriftenwechsels ist nicht zu ersehen.
XLV. A. 15. Bl. 121 ff.

In Düben wurden 1712 zwei Viehmärkte am Mittwoch nach Invocavit und
Sonnabend nach Bartholomaei errichtet. *XLV. B. 3ª. lose Blätter.*

Sangerhausen errichtete 1720 einen neuen Jahrmarkt. Leipzig protestirte
dagegen und erbat die Hülfe des Churfürsten. Der Rath zu Sangerhausen überreichte dem Herzog von Sachsen-Weissenfels eine Denkschrift, in welcher er auf
frühere Privilegirungen in den Jahren 1652 und 1681 Bezug nahm, die Anwend-
barkeit der Leipziger Privilegien bestritt und sich darauf bezog, dass auch andere Orte der Nachbarschaft, wie z. B. Kelbra, widerspruchslos Jahrmärkte erhalten hätten. Der Herzog von Sachsen-Weissenfels vertrat diese Auffassung 1721
beim Churfürsten, wie es scheint mit Erfolg. *XLV. B. 3ᶜ. lose Blätter.*

Am 27. Februar 1723 d. d. Hörspurg zeigte der Bischof Johann Franz zu
Constanz an, dass in seinem Flecken Zurzach der 1442 vom Kaiser Friedrich(?) [1]
privilegirte Pfingstmarkt wieder gehalten werden solle : »demnach die in einigen
Provinzien dess Königreichs Frankreich eingerissen gewesene Pestilentzis Seuche
durch die Gnade Gottes cessiret; mithin der underbrochene Handel und Wandel
gegen bemeltes Königreich in mehrere Freyheit zu setzen ist«. *XLV. B. 4. Bl. 70.*

Fürst Leopold von Anhalt d. d. Sandersleben 9. Febr. 1726 begnadete Ra-
degast mit zwei neuen Jahrmärkten und erklärte dieselben zugleich als Frei-
märkte. Leipzig protestirte vergeblich. Ebenso 1729, als noch ein Jahrmarkt
dazu kam, und 1743, als mit den inzwischen auf 4 vermehrten Märkten einige
Veränderungen vorgenommen wurden. Die Verlegung des einen Marktes 1735
wurde jedoch in Leipzig publicirt. *XLV. B. 3ᶜ. lose Blätter.*

Im Jahre 1630 hatte Merseburg seinen sonst auf Johannis Baptistae abgehaltenen Jahrmarkt »wegen Ausschreiben des Jubelfestes« auf den vorhergehenden Sonntag d. 20. Juni »vor diessmal« verlegt. Der Leipziger Rath erliess die
beantragte Bekanntmachung, jedoch cum protestatione, dass dies seinen Privilegien unnachtheilig sei. *XLV. B. 4. Bl. 5—7* In Streit mit Merseburg gerieth
Leipzig jedoch erst 1736. In diesem Jahre beschwerte sich der Leipziger Rath
beim Churfürsten, dass in Merseburg eine neuerliche Niederlage angerichtet
werden solle. Der Churfürst wendete sich deshalb an den Herzog Heinrich zu

---

1) Von 1437—1452 war kaiserlose Zeit zwischen Sigismund und Friedrich III.

7 *

Sachsen-Merseburg und dieser bestritt zwar die behauptete Thatsache, legte aber seinerseits gegen die Geltendmachung der Leipziger Privilegien Merseburg gegenüber Verwahrung ein. Er behauptete, Merseburg habe längst vor[1]) dem Aufnehmen der Stadt Leipzig (welches er von 1387 datirt nach der Fabel des Ernst Brotuff, die Leipziger Messe sei 1387 von Merseburg nach Grimma, dann nach Taucha und schliesslich nach Leipzig gekommen, vgl. oben *Ursprung der Leipziger Messen*, S. 7) Mess- und Marktfreiheiten mit allen dazu gehörigen Gerechtsamen gehabt und sei privilegirt gewesen von den Kaisern Otto II., Heinrich d. Heiligen 1004, Friedrich Barbarossa 1188, Heinrich VI. 1195, Rudolph v. Habsburg 1284 und Sigismund 1415. — Leipzig antwortete darauf in einer ausführlichen Denkschrift vom 12. Febr. 1737, widerlegte die Ansichten des Ernst Brotuff und gab einen Abriss der eigenen Messprivilegien nach Peifer und Zachrias Schneider. *XLV. A. vol. VIII. 1^b. Bl. 107. 129—138.*

Im Jahre 1739 theilte der Rath zu Chemnitz mit, dass, wenn Allerheiligen auf einen Sonntag fällt, der Herbstjahrmarkt den darauf folgenden Tag, mithin den 2. November gehalten werden solle. *XLV. B. 3^a. loses Blatt.*

Wir schliessen die Schilderung der Beziehungen Leipzigs zu anderen Marktorten, welche nach der Mitte[2]) des XVIII. Jahrhunderts jede principielle Bedeutung verlieren[3]), mit einer kurzen Darlegung der Stellung, welche Leipzig zu den 1742 errichteten Messen in Breslau nahm.

Die Breslauer Messen wurden durch Friedrich den Grossen am 11. Juli 1742 privilegirt. In dem Privilegium heisst es : »Demnach wir auf dem mit der Königin von Ungarn und Böhmen Majestät durch göttliche Gnade glücklich hergestellten Frieden unser vornehmste landesväterliche Vorsorge dahin richten, unsern getreuen Herzogthümern Nieder- und Oberschlesien sowohl in dem Handel und Wandel unter sich, als auch in Ansehung desselben mit angrenzenden und auswärtigen Provinzien allerhand Diensteichung zu thun, ... und wir dem Commerzio unserer getreuen schlesischen Hauptstadt Breslau zuträglich erachten, von den bisherigen auf Mitfasten, Johannis, Crucis und Elisabeth daselbst üblich gewesenen Jahrmärkten die zwei auf Mitfasten und Crucis einfallende gänzlich eingehen zu lassen, dahin statt solcher resolvirt, aus souveräner landesherrlicher Macht und Autorität zwei öffentliche freie Jahresmessen dergestalt

---

[1]) In der That war Merseburg eine viel ältere Handelsstadt als Leipzig. Schon bei seiner Begründung 968 scheint es mit der Markt- und Zollgerechtigkeit auch Münzrecht erhalten zu haben, denn im Jahre 1004 bei Gelegenheit der Wiederherstellung des Bisthums wurde ihm dieses Recht nur erneuert. *Otto Posse : Die Markgrafen von Meissen und das Haus Wettin bis zu Konrad d. Grossen. Leipzig 1881. S. 298.*

[2]) Erwähnenswerth ist höchstens der Widerspruch Leipzigs gegen die 1751 vom Churfürsten beabsichtigte Privilegirung der Stadt Weyda mit einem Wollmarkte, *XLV. B. 4. Bl. 71,* die Errichtung eines dritten Jahrmarkts in Lützen 1756, *a. a. O. Bl. 75,* die Erneuerung des Kornstapelprivilegiums für Zeitz 1756, *a. a. O. Bl. 77,* die beabsichtigte, jedoch auf Leipzigs Einspruch unterlassene Errichtung eines Jahrmarktes in dem vom Grafen Brühl erkauften Dorfe Zscheplin 1763, *a. a. O. Bl. 85,*

[3]) Von einer wirksamen städtischen Wirthschaftspolitik, im Gegensatze zur territorialen, konnte jetzt nicht mehr die Rede sein. Vgl. die trefflichen, uns erst nach Vollendung des Obigen bekannt gewordenen Studien Schmoller's in dessen Jahrbuch 1884. S. 19 ff.

anzuordnen[1]), dass die erste am Sonntag Laetare, die zweite vor Mariae Geburt ihren Anfang nehmen soll« . . . . . .

Leipzig scheint nicht den Versuch gemacht zu haben, gegen die Umwandlung der Breslauer Jahrmärkte in eigentliche Messen — obgleich es dieselben als »eigenmächtig angeordnete« betrachtete — zu protestiren. Doch stellte es sich zu Breslau anders, als zu den Reichsmessen. Die bei der Leipziger Waage verwaagpflichteten Waaren, wenn sie von Leipzig ausgingen und nach Leipzig zurückkehrten, waren nämlich dann von erneuter Abgabe, sowohl der Landesaccise als des Waagegeldes befreit[2]), wenn die Handelsleute nachweisen

---

[1]) Welche Mittel Friedrich der Grosse benutzte, um zu seinem Ziele zu kommen, geht u. A. aus einem Avertissement hervor, welches auf Befehl des Königs Glogau 1. Febr. 1743 bekannt gemacht wurde: »Auf Befehl , des Königs . . . . . wird bekannt gemacht . . . . ., dass Se. Königl. Majestät die nächstbevorstehende Breslauer Messe mit dero allerhöchsten persönlichen Gegenwart besuchen und dero selben zu ganz besonderen allergnädigsten Wohlgefallen gereichen werde, wenn sowohl die löbl. Schlesischen Stände, als übrige Landeseinwohner in Städten und auf dem Lande sich nebst ihren Familles auf besagte Messe zahlreich einfinden und dadurch zum Ansehen, Flor und Aufnahme dieser Messen etwas beyzutragen sich bemühen werden. Inmassen daselbst Se. Königl. Majestät dem niedern und hohen Adel auch sonst anderen Personen von einiger Distinction bey dero allerhöchsten Königl. Person freyen Zutritt zu verstatten nicht allein allergnädigst geneigt sind; sondern das Publikum wird auch noch überdem hiermit versichert, dass nunmehr bereits so nützliche und diensame Messeinrichtungen und Vorkehrungen gemacht worden, dass die besten sortiments von allen und jeden Waaren gewiss darauf anzutreffen und die Käufer, so im Preise als sortiment der Waare, vollkommen so gut und hoffentlich noch besser auf der Breslauischen Messe, als nicht leicht auf einer andern berühmten Messe werden accomodiret werden können«. In den Acten finden sich ausser den genannten Urkunden namentlich noch das Notiflcationspatent vom 16. Nov. 1742, die Mess-, Handels-, Gerichts- und Wechselordnung vom 22. Dec. 1742, ein Avertissement wegen der Messaccise vom 4. März 1743, sowie ein Avertissement auf Befehl des Königs vom Grafen von Münchow 6. Febr. 1750 in Breslau erlassen, wodurch die bisherige Vergünstigung der auswärtigen Kaufleute gegen die Breslauer aufgehoben wurde. Aus dem letzteren geht auch hervor, dass nach § 5 des Messreglements vom Jahre 1746 nur die jüdischen Messfieranten gehalten waren, ihre Waaren bei Oberaccise und Zollamt schriftlich zu declariren und in Gegenwart zweier Beschauer zu öffnen. Diese Pflicht wurde nun auch den christlichen Negocianten auferlegt. — Die Accise- und Zollabgaben betrugen mit Ausnahme weniger Artikel in Breslau 2²/₉ %.

2) Dies kam namentlich zur Sprache bei dem Fall Gregory Caquet & Co.; das Wichtigste hierüber enthalten nachstehende Schriftstücke.

　　a) Promemoria des Kriegsraths Hagen an das Kommercollegium, d. d. Leipzig 5. Oct. 1742. Die Berliner Kaufleute Gregory Caquet & Co. hatten von der jüngsten Leipziger Jubilatemesse 54³/₄ Centner Seidenwaaren nach Königsberg ausgehen lassen und darüber von der Landaccise gehörigen Zettel erhalten. In Königsberg war ein Drittheil verkauft worden. Der Rest von 34½ Centner hätte nun altem Herkommen nach in Leipzig frei einpassiren können. Caquet & Co. schickten aber nur 24 Ctr. direct nach Leipzig zurück und brachten 7¼ Ctr. nach Breslau zur Messe und von da nach Leipzig zurück. Es frug sich nun, ob die für die 7¼ Ctr. deponirten Landacciseabgaben von 60 Thaler 23 Groschen restituirt werden sollten.

　　b) Gutachten der Rathsdeputirten zur Waage (C. F. Trier und Dr. Adrian Steyer) vom 19. Oct. 1742: »dass bei der Waage von vielen Jahren her gebräuchlich, dass die fremden bereits beim Eingang vergebenen Kaufmannsgüter nach geendigter Messe gegen Erlegung der gewöhnlichen Durchgangsgebühren von jedem

konnten, dass die Waaren »auf die alten privilegirten Reichsmessen nach Frankfurt a/M., Frankfurt a/O., Naumburg und Braunschweig versendet wurden und darüber Zettel eingelegt wurden. Welches man von Anfang des jetzigen saeculi an auf der hier wohnenden Franzosen Veranlassung auch auf die Danziger und Königsberger Märkte connivendo extendiren müssen«.

Diese Erleichterung auch den nach den Breslauer Messen gehenden Waaren zu Theil werden zu lassen, war nun der Leipziger Rath wenig geneigt. Es war ihm diese milde Form einer feindseligen Handlung gewiss nicht zu verdenken, da die Breslauer Messen dem bis dahin so wichtigen Polnischen und Russischen Geschäftszweig der Leipziger Messen sehr zu schaden[1]) drohten. Auf Ansuchen des Königs von Preussen gestattete aber der Churfürst von Sachsen, jedoch nur von Fall zu Fall 1744, 1745 und 1746, dass auch die Waaren von Breslau ohne nochmalige Abgabe wieder einpassiren dürften. *Lpz. R.A. Neu angelegte Breslauer Messen betr. XLV. B. 9.*

Stück 1 Gr. 6 pf. (davon dem Landesherrn 6 Pfennige zukommen) auf der Eigenthümer oder des Commissionärs Einlegezettel auf auswärtige Märkte versendet und bei der Retour nach Beschaffenheit des Gewichts freigelassen werde, wie denn auch, weil bei Weiterversendung der Waaren keine andere Waagegebühren als obbesagter Durchgang erleget wird, bei dem Rückgang derselben keine Restitution statthaben kann«.

Was den Fall Caquet & Co. anbelange, so habe der Commissionär zwar auch für die von Breslau zurückkommenden 7¼ Ctr. Seidenwaaren im Werthe von 4300 Thaler freien Eingang verlangt, auf Vorstellung aber die gewöhnliche Waagepflicht à ³/₄ vom Hundert sogleich entrichtet.

[1]) In einem Bericht des Rathes an das Kommercollegium 5. März 1746 wird darüber gesagt, »es werde für die in Breslau eigenmächtig angeordneten Jahrmärkte zu grosser Aufnahme und den Leipziger Messen zu nicht geringem Nachtheil gereichen, wenn auch die dahin versendeten Waaren gegen Einlegezettel bei der Retour von der gewöhnlichen Waagepflicht frei passiren sollten. »Wenn man nur (was in Frage gekommen war) den Fremden gestatten würde, die Waaren von Breslau frei zurück passiren zu lassen, so sei zu fürchten, es würden hierdurch die hiesigen französischen Handelsleute und Schutzverwandten recaviret und vielleicht gar veranlasst werden, sich mit ihren Handlungen von hier weg und an andere Orte zu wenden«.

Im Jahre 1744 hatte Leipzig allerdings geringere Befürchtungen gehabt. *XLV. G. 1. Vgl. Äussere Geschichte.*

V.

Die äussere Geschichte der Leipziger Messen von deren Privilegirung bis zum Ende des dreissigjährigen Krieges.

Dasjenige, was über die äussere Geschichte der Leipziger Messen aus der Zeit vor ihrer Privilegirung actenmässig bekannt ist, findet sich oben in dem Abschnitt *Ursprung der Leipziger Messen* sowie in der *Einleitung zu Band I des Urkundenbuchs der Stadt Leipzig* aufgezeichnet.

Es konnte in dem genannten Abschnitt und es kann im Folgenden nicht unsere Aufgabe sein, ein Bild von allen denjenigen Ereignissen zu geben, welche sich in der Stadt Leipzig, im Lande Sachsen und im Deutschen Reiche abspielten und Einfluss auf die Entwickelung der Leipziger Messen gewannen. In diesem Falle müsste Allbekanntes wiederholt werden. [1]) Wir werden uns vielmehr auf die Namhaftmachung derjenigen concreten Ereignisse beschränken müssen, deren Beziehungen zu den Leipziger Messen u r k u n d l i c h n a c h w e i s b a r sind, zunächst abgesehen davon, ob sie bereits bekannt sind oder nicht, und ob die bisherige Darstellung derselben eine richtige war oder nicht. [2])

Dabei müssen wir aber auch darauf verzichten, den Einfluss einiger wichtiger Factoren auf die Entwickelung des Messgeschäftes zu schildern, da deren Darstellung einen über den Rahmen dieses Buches hinausgehenden Raum in Anspruch nehmen würde. Solche Factoren sind die Entwickelung des Münzwesens [3]), der Zölle und der Industrie der Stadt Leipzig und des Churfürstenthums Sachsen.

Für die Befestigung des Messverkehrs in Leipzig war es von ausserordentlichem Vortheil, dass im Anfang des XVI. Jahrhunderts in Leipzig und den umliegenden Gebieten Ruhe und Frieden herrschten. In der ersten Hälfte des XVI. Jahrhunderts scheinen alle Messen in Leipzig regelmässig abgehalten worden zu sein, und auch von gröberen Verletzungen der Sicherheit der die Messen besuchenden Kaufleute auf ihren Reisen von und nach Leipzig ist aus jener Zeit nichts bekannt. [4])

Die Neujahr- und die Ostermesse 1547 haben jedoch kaum abgehalten wer-

---

[1]) In dieser Beziehung kann namentlich auf *Falke: Die Geschichte des deutschen Handels* verwiesen werden.

[2]) Die stete Bezugnahme auf die oft irrigen, stets aber lückenhaften Angaben der *Pragm. Hdlsgesch. der Stadt Leipzig* würde ganz undurchführbar sein.

[3]) Eine der ältesten Schilderungen des Einflusses des Münzwesens auf den Messverkehr ist »des Raths zu Leipzig Bedenken über Herzogen Georgens Münzordnung« vom Jahre 1528. *Leipziger Landtags-Acten, Vol. 1. 1525—1546. III. 109 ff.*

[4]) *Peifer. rer. Lips. II. § 57. Vogel, Annalen S. 90* berichten allerdings von einem Landfriedensbruch geringen Umfanges im J. 1545, dgl. *Vogel, Annalen S. 205* von einem grösseren 1557.

den können. Die Belagerung Leipzigs im Schmalkaldischen Kriege durch
Churfürst Johann Friedrich dauerte zwar nur vom 8. bis 27. Januar 1547, doch
begannen die Kriegswirren schon im December 1546 und waren im April 1547
noch nicht beendigt. Die siegreiche Abwehr dieser Belagerung sicherte nicht
nur den Leipzigern ihr Eigenthum, sondern auch die vielen bereits zur Neujahrsmesse nach Leipzig geschafften Waaren der fremden Kaufleute. Auf beide hatte
es ja der geldbedürftige Churfürst Johann Friedrich besonders abgesehen. Bemerkenswerth ist, dass mit dem Uebergang der Polizeigewalt an den militärischen
Befehlshaber (den Obersten Bastian von Wallwitz) während der Belagerung auch
die Marktpolizei des Leipziger Rathes sistirt war. In *Professor Georg Voigt's:
»Die Belagerung Leipzigs 1547«* im *Archiv f. d. sächs. Geschichte. Band XI.
S. 225—324* ist das Original einer Relation über diese Belagerung abgedruckt
(*Handschrift der Stadtbibliothek zu Leipzig no DCIII. Naumanns Katalog S. 164*)
und da heisst es in dieser Beziehung: »Und wardt also die Regierung und das
Regimenth vom Rathe genhommen und dem Oberstenn die Thorschlussel und das
Regimenth befholenn. (6. Januar 1547.) Dan es nuhn nicht mehr ein Handelstadth,
sondern ein Kriegsstadt gewesenn«...

Dann nach Beendigung der Belagerung und Besetzung (Mai 1547) . »Es waren
nach geoffenthenn Strassenn viel und mancherley fhrembdt Bier und Wein in die
Stadt Leiptzeigk gefuhrt und auffm Marekte an vielen Orthenn Kramer, Burdenn,
Lauberhutten, auch auff Wagenn geschenckt, vorkaufflth und vorpfennigth, bisso-
lange dem Radth doselbst auf furgehendt Abschaffung des Marekts Galgens, davon oben im Eingang Meldung geschehenn, das Regimenth mit Ueberanth-
wortung der Stadt Thorschlüssel wiederumb vonn dem Oberstenn eingereuhmeth
und der Stadt Polizei wiederumb auffgericht wordenn.«

Auf die Haltung der Leipziger Bürgerschaft während dieser Belagerung that
sich Leipzig noch lange viel zu Gute. [1]) Vielleicht hatte es auch namentlich dieser
Haltung die Erlangung eines wichtigen Privilegiums zu verdanken. Der Churfürst Moritz ertheilte nämlich in einer Verordnung von Torgau am 10. März 1552
Lpz. R. Copiale II. Bl. 169, welche das Einquartierungswesen in Sachsen regelte,
der Stadt Leipzig das Privilegium, nur im Falle der äussersten Noth
mit Garnison belegt zu werden: ».... Erstlich sind wir bedacht und
entschlossen, unsere Vesten und die Stadt Leipzig mit den Knechten und Kriegs-
volk nicht zu belegen, es erfordert denn die äusserste Noth. Und do sichs zutrüge,
dass wir Knechte in die Besatzunge legen müssten, so wollen Wir, dass die Quar-
tiermeisterr und Fourirer die Knechte mit Rathe des Bürgermeisters und Raths
oder ihres dazu verordneten, und wie sie der Rath anweist oder anweisen lesst,
furiren [2]) sollen« ....

---

1) Vgl. die Denkschrift von 1675 im Streite mit Braunschweig, Punkt 1. XLV. B. 7. Bl.
6) und *Anlage VIII.* und die Denkschrift über die Befreiung Leipzigs von Garnison vom 28. Mai
1693. *Lpz. R.A. XLV. A. 1°. Bl. 212. 213.*

2) Die Modalitäten der eventuellen Einquartirungen werden in der Verordnung weitläufig
auseinander gesetzt und wurden später in demselben Sinne durch Churf. Verordnungen vom
18. April 1631 *Copiale II. Bl. 171* und vom 22. October 1650 *Copiale III. Bl. 40* neu geordnet.

Es liegt auf der Hand, welche Wichtigkeit dieses Privilegium[1]) für Leipzig und namentlich für dessen Hausbesitzer hatte. Von je her und noch bis jetzt ist es nämlich in Leipzig nicht möglich gewesen, die Massen der Messfremden in den Gasthöfen unterzubringen. Vielmehr war die Beherbergung von Messfremden stets ein gewinnreicher Nebenerwerb fast aller Bewohner der innern Stadt, namentlich in der sogenannten Messlage. Auch war die Abwesenheit einer nicht immer wohldisciplinirten Garnison, wenigstens in früheren Jahrhunderten, zweifellos ein Gewinn für den Messverkehr.

Als Churfürst Moritz im Jahre 1552 gegen den Kaiser Karl V. zu Felde zog, fürchtete Leipzig für die Sicherheit des Messverkehrs, welcher doch unter kaiserlichem Schutz stand. Auf Leipzigs Ansuchen stellte daher Churfürst Moritz d. d. Linz 22. April 1552 (*Lpz. R.Urk. Kasten 7 No. 37*) einen Sicherungs- und Geleitsbrief aus, welcher allen nach Leipzig reisenden Handelsleuten, gleichviel ob Freund oder Feind, »die sein gleich deutsch oder ander Nation«, Schutz zusicherte.

Im Jahre 1584 wurde vom Markgrafen zu Brandenburg den die Leipziger Messe besuchenden Handelsleuten aus Stettin der Durchzug durch Brandenburg gesperrt. Auf deren Ansuchen protestirte der Churfürst von Sachsen hiergegen. [Schreiben des Bürgermeisters und Rath der Stadt Alten Stettin vom 5. Mai 1584 an den Rath der Stadt Leipzig. *Lpz. R.Urk. Kasten 8. No. 5.* Schreiben des Churfürsten August von Sachsen an den Churfürsten von Brandenburg vom 21. Mai 1584 *ebendas.*]

Die Sicherheit des Leipziger Messverkehrs wurde im Jahre 1593 erneut in Frage gestellt. Schon am 17. März 1593 hatte der Administrator von Sachsen, Herzog Friedrich Wilhelm, Streitigkeiten zu schlichten gehabt, welche zwischen der Bürgerschaft und dem Leipziger Rathe vorgekommen waren und sich allerdings vorwiegend auf Steuer und Verfassungsverhältnisse bezogen. Die Entscheidungen[2]) des Herzogs enthalten eine Art Ortsstatut.[3]) *Lpz. R.A. I. 1. Bl. 31—59.*

Im Mai desselben Jahres brachen aber durch calvinistische Streitigkeiten hervorgerufene Unruhen in Leipzig aus. Mit dem gegen die Leipziger Calvinisten gerichteten Aufstande, in welchem mehrere Häuser demolirt und vielfach geplündert wurden, scheint man zwar absichtlich bis nach Beendigung der Ostermesse 1593 (»bis die Buden vom Markte weggeräumt waren«, 19. Mai) gewartet zu haben, doch wurden dabei verschiedene hier lagernde, auswärtigen

---

1) Ueber die thatsächliche Ausübung dieses Privilegiums und die Ausnahmen von demselben bis 1693 vgl. die cit. Denkschrift v. 28. Mai 1693.

2) Nach den Vorschlägen einer Commission, bestehend aus Dr. David Pfeiffer (auch Peifer geschrieben, der Autor der originum Lipsiensium libri IV) zu Grosigk, Hans Georg von Ponigkau zu Pommsen Amtmann, Cäsar von Breitenbach zu Seegeritz Hofrichter des Oberhofgerichts zu Leipzig.

3) Im Jahre 1593 bestätigte Herzog Friedrich Wilhelm auch einige gewohnheitsrechtliche Bestimmungen des Leipziger Rathes über das Appellationswesen und das eheliche Güterrecht. *I. 1. Bl. 18—21.*

Messbesuchern gehörige Waaren beschädigt und gestohlen. Der an sich unbedeutende Aufstand, an welchem die Lauheit des Leipziger Rathes die hauptsächlichste Schuld trug, hätte dem guten Rufe Leipzigs und der Frequenz seiner Messen sehr schaden können, namentlich da unwahre Gerüchte über den Aufstand verbreitet wurden, wenn nicht der energische Administrator Friedrich Wilhelm diesen Gerüchten durch einen offenen Brief vom 20. Juni 1593 *Cod. August. II. 2091* entgegen getreten wäre. Dieser Brief, welcher von der richtigen Erkenntniss dessen durchdrungen ist, was für die Leipziger Messen auf dem Spiele stand, sicherte den Messbesuchern den landesherrlichen Schutz in allen Beziehungen in der bündigsten Weise zu. *XLV. A. 1ª. p. II. Bl. 142.*

Wahrscheinlich durch vorgekommene Landfriedensbrüche fühlte sich der Leipziger Rath veranlasst, durch gedrucktes Plakat vom 26. Sept. 1603 *XLV. A. 1ᵇ. Bl. 169* auf diejenigen Bestimmungen der kaiserlichen Messprivilegien aufmerksam zu machen, welche die Verletzung der nach den Leipziger Messen gehenden Kaufleute und Waaren mit der Reichsacht und einer Pön von 50 Mark löthigen Goldes bedrohte.

Häufiger als die Fälle eigentlichen Landfriedensbruches waren solche, in welchen entweder um Repressalien auszuüben, oder im Civilprocess ein Faustpfand zu erwerben, oder namentlich wegen angeblicher Zolldefrauden Messwaaren angehalten wurden.

Der kaiserliche Hauptmann Jesaias von Minkwitz zu Lucka in der Niederlausitz hatte 1573 ein Matthes Lange und Caspar Fischer in Leipzig gehöriges Fass, enthaltend Messing, silberne Teller, goldene Zennteli[1]) und 15½ Pfd. Blaufarbe anhalten lassen. Auf die Beschwerde Leipzigs resolvirte der Kaiser Maximilian II. 20. Juli 1574 an den Leipziger Rath, dass das Fass, »welches an unserer Zollstadt Lucka in Niederlausitz abgelegt worden, ob es gleichwohl eine richtige Contrabande, allein von euretwegen« freigegeben werden solle. *XLV. B. 1.*

Im Jahre 1574 beschwerte sich auch der Rath beim Churfürsten, dass Leipziger Bürger und fremde Handelsleute, welche niederländische Waaren nach der Leipziger Messe geführt, bei Wesel a/Rh. von Westerholdt Herrn von Lembeck mit Arrest angehalten worden seien. Die Waaren hätten einen Werth von 20 000 Gulden. Er bat auch um Intervention beim Erzbischof zu Köln, in welches Botmässigkeit zu Dorsten die angehaltenen Güter eingelegt und bei dem Bischof zu Münster, unter dessen Gebiet der Herr von Lembeck gehörig sein sollte. *XLV. B. 1.*

Nicht bloss der 30jährige Krieg, sondern das ganze XVII. Jahrhundert, wenigstens die ersten 8 Jahrzehnte desselben brachten für das Gedeihen der Leipziger Messen Gefahren über Gefahren. Leider lagen dieselben nicht blos in den kriegerischen Ereignissen, in der Pest und in anderen von dem menschlichen Willen unabhängigen Thatsachen, sondern waren auch dem üblen Willen einer kurzsichtigen städtischen und Landes-Obrigkeit Schuld zu geben.

---

[1] ? goldene (Teller?) und »zentoli« = Taffet (s. Lexer: Mittelhochdeutsches Wörterbuch s. v. zindâl).

So gefährdete das churfürstliche Mandat vom 1. Octbr. 1645, welches die Messwaaren mit unverhältnissmässigen Abgaben belastete, den Messhandel auf das äusserste und wurde erst, als ein Sturm der Entrüstung in der ganzen deutschen Handelswelt[1] losbrach, von der Neujahrsmesse 1619 ab[2] wesentlich gemildert. *XLV. G. 4.* Ueberhaupt machte nicht blos im XVII., sondern auch noch im XVIII. Jahrhundert der fiscalische Gesichtspunkt, von welchem aus alle wirthschaftlichen Angelegenheiten betrachtet wurden, oft Alles das wieder zu nichte, was sonst Gutes und Vernünftiges angestrebt wurde. Glücklicher Weise war das nicht eine besondere Eigenthümlichkeit Leipzigs oder Sachsens, sonst wäre es mit den Messen schlecht bestellt gewesen. Vielmehr machte sich auch anderwärts, namentlich in dem benachbarten Brandenburg, das fiscalische Interesse noch mehr geltend. Dass »die Freiheit derer Commerzien« dabei stets im Munde geführt wurde, änderte an der Sache nichts.

Ohne Zweifel war für das Gedeihen der Leipziger Messen nicht blos die am Orte selbst befindliche namhafte Industrie und der Handel der einheimischen Kaufleute eine nothwendige Voraussetzung, sondern auch die Integrität der städtischen Verwaltung und die Blüthe des ganzen Gemeinwesens.

Leider stand es mit den beiden letzteren Erfordernissen vor dem, und am Beginn des dreissigjährigen Krieges herzlich schlecht. Ohne dass irgend eine äussere Veranlassung vorgelegen hätte, und nachdem bis 1610 die städtischen Finanzen so günstig gewesen waren, dass jährlich namhafte Ueberschüsse erzielt wurden, gelang es[3] dem unredlichen Gebahren und der unverantwortlichen Wirthschaft der Mitglieder des Rathes, in dem kurzen Zeitraum von 1610 bis 1623 der Stadt eine Schuldenlast aufzubürden, welche der Rath im Jahre 1623 selbst mit 3 787 439 Gulden 11 Groschen Meissnischer Währung bezifferte, ungerechnet die restirenden Zinsen, welche auf 290 653 Gulden 12 Groschen 8 Pfennige angegeben wurden. Dies bei ca. 17 000 Einwohnern! *I. I. Bl. 132—141. 277. 579. 607.*

Die zur Untersuchung der Misswirthschaft niedergesetzte Commission erstattete 1627 ausführlichen Bericht und machte Vorschläge, wie die Schulden getilgt werden könnten, namentlich ohne den werthvollen Grundbesitz der Stadt veräussern zu müssen. Der wirkliche Banquerott der Stadt Leipzig konnte aber

---

1) Vgl. *Streitigkeiten mit Hamburg.*

2) Ratification des Churf. Johann Georg vom 5. Dec. 1618 des zwischen den churf. Kammerräthen am 15. Oct. 1618 mit den Vertretern der Hansestädte abgeschlossenen Vertrages, dass zu dem Leipziger städtischen Waagegelde ein Zuschlag von nur 50% für den Landesherrn erhoben werden solle. Abgedruckt bei *Marperger, Beschreibung der Messen u. Märkte. I. S.556.*

3) Die Vertuschung des Deficits war namentlich durch die Münzcalamität möglich, sowie durch die Bankgeschäfte, welche der Rath aus der sog. Kupfercasse (hing mit dem Mansfelder Bergbau zusammen) mit den Rathsverwandten machte. Unter letzterem Vorwand war es auch gelungen, Hunderttausende aufzuborgen, ohne dass die städtische Verwaltung selbst irgend eine Veranlassung dazu geboten hätte.

Die interessanten Nachrichten, welche die *Lpz. R.A. I. 1, sowie IV u. V.* über das ältere Finanzwesen Leipzigs enthalten, gedenken wir demnächst zu veröffentlichen.

nur dadurch vermieden werden, oder wenn man will, wurde dadurch legalisirt, dass der Kaiser Ferdinand III. 1638 die Stadt Leipzig von der Verpflichtung entband, die Zinsen ihrer Schulden zu bezahlen, die ratenweise Abzahlung des Capitals genehmigte und ihr Schutz gegen diejenigen Gläubiger zusicherte, welche sich Thätlichkeiten, Arreste oder Repressalien gegen sie erlauben würden. (Abdruck des Schutzbriefs Kaiser Ferdinand's von 1638. *Bei Barthel Dipl. Lips. Vol. I. Bl. 285ff.*)

Der Churfürst Johann Georg I. gab seiner Entrüstung über das Leipziger Finanzgebahren in einem Decret vom 15. Febr. 1627 Worte. *I. I. Bl. 555—568.* »Wir befinden, dass von 1610—1623 eine solche böse üble und unvorsichtige Haushaltung geführet, welche die administratores weder gegen Gott den Allmächtigen, die hohe Obrigkeit, noch der commun und posterität verantworten, vielweniger aus der grossen fast unerhörten und sich über die 10 Tonnen Goldes erstreckenden Schuldenlast sich loswirken können, und zu befahren, do man einen Rath zu Leipzig bei einer solchen überaus bösen Haushaltung verbleiben und nach ihren Wohlgefallen wie bisher geschah, administriren liesse, es dürfte solcher unserer Stadt, bisher für ein Kleinod unserer Lande gehalten, in und ausserhalb des Reichs nicht in geringen existimation, weil allda eine vornehme Universität, Unser ansehnlich Hofgericht und Schöppenstuhl und die Bürger und Einwohner wegen der grossen Commercien und Concursu wegen der fremden Handelsleute und sonsten ausländischen Personen floriret, einen andern und ganz elenden Zustand gewinnen; wenig creditores bezahlt, der mehrer Theil Unser Unterthanen, sowohl auch ausländischer, an den Bettelstab gebracht und der Credit, so ganz und gar gefallen, nicht wieder erhoben werden; so« etc.

Es ist wunderbar, dass die Untersuchung keinen criminellen Character trug, sondern dass die Stadt im Wesentlichen nur in Administration genommen wurde, und auf längere Zeit überhaupt an communaler Selbständigeit verlor. Noch viel wunderbarer aber ist es, dass die Stadt, welche mit so geschwächten Kräften in den mit unerhörten finanziellen Lasten verbundenen 30jährigen Krieg ging, sich überhaupt wieder, und zwar ziemlich schnell, erholt hat.

Bevor Leipzig von den Kriegslasten zu leiden hatte, war es 1645 mit einem Wollmarkte und 1625 mit 2 Ross- und Viehmärkten vom Churfürsten Johann Georg I. begnadet worden. *Copiale II. Bl. 174.*

Ein churf. Befehl vom 10. März 1662 *Copiale III. Bl. 60* bestimmte später, dass in den Messen keine Pferde, wenn sie nicht vorher durch die Festung Pleissenburg geritten worden, verkauft werden sollten. Und im Interesse der Pferdebeschaffung für die Hofhaltung verbot ein churf. Befehl vom 16. Decbr. 1673 *Copiale III. Bl. 61* den Vorkauf der Pferde vor der Messe und ordnete für den ersten Tag der Marktwoche den Vorritt sämmtlicher Pferde auff einen hierzu füglichen Platze in Beisein unsers Oberstallmeisters oder wen wir sonst dazu verordnen« an. Diese Befehle wurden am 7. October 1684 wieder eingeschärft. *Copiale III. Bl. 61ᵇ.*

Bis zum Jahre 1631 blieb Leipzig von den Verheerungen des dreissigjährigen

Krieges ziemlich verschont und es scheinen die Messen regelmässig abgehalten worden zu sein.

Durch ein gedrucktes Patent vom 1. December 1620 *XLV. A. 1ᶜ. Bl. 67* [1]) versicherte der Leipziger Rath ausdrücklich, dass die Neujahrsmesse 1621 in Ruhe gehalten werden könne: »Wann dann die Zeit, zu dero der gewöhnliche Newen Jahresmarckt zu halten wiederumb herbey nahet, und einige erhebliche ursachen zu dessen vorleg- oder einstellung n i c h t vorhanden, dann Gottlob i n d i e s e n Landen guter F r i e d und R u h e, Auch einige Sterbens- oder andere gefahr sich nicht ereignet, Wie dann auch wegen des Durchlauchtigsten . . . . . Churfürsten . . . . unsers gnedigsten . . . . Herrn auffgeführten K r i e g s v o l c k s die anhero reisenden Handelsleute sich n i c h t s zu b e f ü r c h t e n, dann seine Churf. G. sich in einem sonderbahren gnädigsten rescripto gegen uns ausdrücklich erkläret, dieselbe sey n i c h t g e m e i n e t j e m a n d e n zu g e f e h r e n, noch wegen dero Kriegsexpedition die commercia hemmen zu lassen, dessen wir die Handelsleute zu versichern. Dannenhero alle und jede Handelsleute, so anhero reisen werden, sich einiges ungebührlichen auffenthalts im geringsten nicht zu befahren, Sondern vielmehr für ihre P e r s o n e n und G ü t e r dero Freyheiten, Gnaden und S c h u t z e s, so die Keyserliche privilegia der Stadt Leipzig und denen so dahin handeln, allergnädigst verliehen, sich unzweifflich zu getrösten«.

Im Jahre 1625 war die P e s t in Leipzigs Nähe, denn der Rath zu Halle sagte am 25. Aug. 1625 den dortigen Jahrmarkt nativitatis Mariae ab, »wegen hin und wieder in der Nachbarschaft crassirenden Seuche der Pestilenz« *XLV. B. 5ᵇ. Bl. 64.*

Die Leipziger Messen scheinen jedoch auch in diesem Jahre abgehalten worden zu sein. Im Winter 1630/31 liess die S i c h e r h e i t zu Leipzig zu wünschen übrig. Denn im Jahre 1631 beschwerte sich der Rath von Nürnberg im Namen Nürnbergischer und Augsburger Handelsleute darüber, dass letzteren in der M i c h a e l i s m e s s e 1630 und in der N e u j a h r s m e s s e 1631 Waaren aus ihren Messniederlagen und von dem Frachtwagen herab gestohlen worden seien. Der Leipziger Rath wurde ersucht, die Nachtwächter und Häscher allda zu S c h a d e n - e r s a t z anzuhalten. *XLV. G. 1.*

Mit dem Jahre 1631 begann aber eine 20jährige Zeit ununterbrochener Drangsale für Leipzig. Die Denkschrift von 1675 *Anlage VIII.* sagt darüber: » . . . indem weltkundig, wie die ganze 30jährige Kriegesflamme umb Leipzig fast ohne aufhören gebrand und die meiste Zeit über davon bedrenget gewesen. Was hatt Leipzig ao 1631, 1632, 1633 und 1637 vor harte B e l ä g e r u n g e n betroffen, worauf endlich ao 1643 die gewaltsame E i n n e h m u n g erfolget, da hiesige Commune 8 J a h r unter S c h w e d i s c h e r B e s a t z u n g verbleiben, Sich und die Handlung drücken und an Ranzion, Discretion, Geldern, Verpflegung, C o n t r i - b u t i o n und dergl. schweren imposten erschöpfen und auf viele Tonnen Goldes

---

1, a. a. O. Bl. 68 u. 69 finden sich Originalpässe von Herzog Johann Ernst dem Jüngern d. d. Weimar 23. Februar 1621 und von Herzog Johann Ernst dem Aeltern d. d. Eisenach 2. März 1621 für namentlich aufgeführte Leipziger Kaufleute zum Besuch der Messen in Frankfurt a. M.

enerviren lassen müssen! Wie ist selbige Stadt und dero eingesessene dadurch ruiniret worden. Alle Vorstätte so in 1500 Häusern bestanden sind von Grund abgebrannt und haben die eigenthumbsherren niemahlen sich wieder recolligiren können, weilen die Kriegsunruhe unverrücket continuiret! Was hatt Leipzig vor Contagien ao 1631, 1632, 1633 und 1637 gehabt; was vor unwiederbringlicher Schaden ist derselben dadurch zugewachsen. Wie viel mahle haben dergleichen trangselige Zeiten verhindert, dass die Messen nicht haben gebauet werden können und mann dahero bewogen worden, denenjenigen Handelsleuthen, so sich dazumahl noch anhero gewaget, viel zu gemeiner Stadt merklichen Schaden und abgang an den intraden durch die Finger und nachzusehen! Wie viel Leute haben sich gar von hier gewendet und anderer Orten niedergelassen« . . . .

Wir müssen den hier geschilderten Unglücksfällen nunmehr etwas näher treten.

Vom 10. Februar bis 2. April 1631 hatte in Leipzig ein vom Churfürsten Johann Georg berufener Fürstentag einen Glanz entwickelt, wie ihn Leipzig früher nie gesehen. Desto greller war der Gegensatz, welchen der Herbst eben dieses Jahres bot. Am 3. und 4. September 1631 belagerte und beschoss Tilly die Stadt. Die Vorstädte gingen dabei in Flammen auf. Ehe die Stadt selbst aber ernstlich beschädigt war, wurde sie am 4. Septbr. und die Pleissenburg am 7. Septbr. durch Accord an die Kaiserlichen übergeben. In Folge der Schlacht bei Breitenfeld (7. Sept. 1631) bekam aber bereits am 10. Sept. Leipzig wieder Chursächsische Besatzung.

Die Michaelismesse 1631 wurde in Folge dessen nur spärlich besucht. Der Leipziger Rath berichtete darüber an den Churfürsten und bat ihn, Alles zu thun, dass in Zukunft die »Commerzien ihren freyen lauff bey solcher Statt ferner erlangen undt in guten rigore und Flore erhalten werden könnten« . . . .

Die Bitte war freilich schwer zu erfüllen. Der Churfürst antwortete denn auch d. d. Prag 28. November 1631 *XLV. A. 1ᶜ. Bl. 82.* ». . . Nun können wir leicht ermessen, dass die nechst verschienene Michaelismesse schlecht abgangen undt wenig Handtlung verspuret worden sein muss. Denn was es damals umb die Stadt Leipzigk und sonsten in den benachbarten Landen für einen Zustand gehabt, ist unverborgen, und sich dann nachhero darüber umb so viel weniger zu verwundern, dass dieselbe Mess die Handlung gering gewessen« . . .

Es sei ihm auch wohl bekannt, welches Interesse er selbst an dem Flor von Leipzig und dessen Messen habe, »dahero vndt auss andern Ursachen kurz verwichener Zeitt, als die Stadt in des Tilly Hände gerathen, wir bewogen worden, leib und leben [1]) vor dieselbe in Gefahr zu setzen, auf dass Sie auss dessen Gewalt errettet undt in vorigen standt erhalten werden möge; welches denn durch des allerhöchsten Hülffe undt beystandt, deme wir nochmals dafür lob undt Dank sagen, glücklich zu weegk gerichtet worden«.

---

[1]) Es war nicht so arg! Der Churfürst Johann Georg I. floh aus der Schlacht von Breitenfeld nach Eilenburg und fand, als er nach dem Siege der Schweden zurückkehrte, die Schweden vor Leipzigs Thoren. *Flathe, Sächs. Gesch. II. Band. S. 156.*

»Wie nun Ihr undt menniglich zu schliessen, dass Wir auch ferner nichts unterlassen werden, so zu der Stadt aufnehmen und gedeihen, erhaltung und beförderung der commercien dienlich sein, Alsso stehen wir in guter Zuversicht, wan der liebe Gott nur die andern impedimenta und dassjenige, so den starken lauff der commercien aufzuhalten pfleget undt bisshero aufgehalten hatt, gnediglich abwendet, es werde die Handlung in Unserer Stadt Leipzigk sich wohl wieder finden. Wie den uf den bevorstehenden **Neujahrsmarckt** dasselbe etzlicher massen zu merken sein wirdt«

Die Messen des Jahres 1632 mögen ebenfalls wenig besucht gewesen sein. Im Sommer raffte die Pest 1390 Personen in Leipzig weg. Vom 18. bis 21. October 1632 wurde Leipzig durch den **Wallensteinischen** General **Holcke**[1]) **belagert** und **beschossen**, welcher, als die Stadt am 21. October und die Pleissenburg am 23. October capitulirte, ein Präsent von 50000 Thalern und die Angabe aller nürnberger und augsburger Waaren verlangte.[2]) Am 30. October verliessen zwar die Kaiserlichen Leipzig wieder und liessen nur eine Besatzung in der Pleissenburg zurück, welche nach der Schlacht von Lützen (6. November 1632) ebenfalls am 3. December 1632 abzog.

Ausser dem gegenwärtigen grossen Verluste lief aber Leipzig auch noch grosse Gefahr, dauernd an seinen Messen geschädigt zu werden. Wie wir oben *Streitigkeiten mit Erfurt* nämlich sahen, machte Erfurt den Versuch, die Leipziger Messen dorthin zu ziehen.

Um so bedenklicher war es für Leipzig, dass es auch im Jahre 1633 eine **Belagerung** und **Beschiessung** zu erdulden hatte. Am 12. August 1633 fiel die Stadt abermals in die Hände des schrecklichen **Holcke**[3]), welcher Leipzig um 85000 Thaler brandschatzte und am 16. August wieder abzog, ohne die Pleissenburg genommen zu haben. »Die flugschriftliche Ueberlieferung weiss, wie bei den Verhandlungen die Abgeordneten besonders gebeten hätten, dass die zu Leipzig befindlichen Waaren der fremden Handelsleute in den Accord mit aufgenommen würden (»weil zumal solche vorm Jahre alle hinweggenommen werden wollen«); wie aber Holck davon Anfangs nichts habe wissen wollen, »sondern das Haupt geschüttelt und gelacht«, doch endlich es bewilligt habe (Art. 9. des Accords)«. [*G. Droysen a. a. O. S. 145.*]

Trotzdem gelang es Leipzig auch 1633, die Verlegung der Messen nach Erfurt zu hintertreiben. *Vgl. Streitigkeiten mit Erfurt.* Wie es freilich mit der Michaelismesse 1633 beschaffen war, zeigt ein Bericht des Leipziger Rathes an den Churfürsten vom 7. October 1633. *XLV. A. 1ᶜ Bl. 89—91.* »E. Churfl. Durchl. wirdt unsser unterthänigster Bericht, darinnen Derselben wir den besorgenden Untergang der Handtlung alhier, alss dieser E. Churfl. Durchl. Stadt einzige Nahrung, gehorsambst zu erkennen gegeben, unterthänigst vorgetragen

---

1) Die Leipziger Acten schreiben stets »Holcke«, Droysen »Holck«.
2) *Flathe a. a. O. S. 162.*
3) Ausführliche Darstellung dieser Belagerung und ihrer Folgen bei *G. Droysen: »Holck's Einfall in Sachsen im Jahre 1633« im Neuen Archiv f. sächs. Geschichte. Bd. 1.*

worden sein. Undt ob wir zwar bisshero noch der Besserung zu dem Allerhöchsten gehoffet; So will doch leider dass besorgende Unheil undt dieser E. Churfl.
Durchl. Stadt vollige ruin sich in der That ereignen. Dann do sonsten der Handelsmann sich Donnerstags, Freytags vndt Sonnabents vor den Marckt hat pflegen
einzustellen, ist vor dissmahl Niemandt zu sehen gewessen. Alss wir auch
gestern Sonntags umb die gewöhnliche Zeit den Marckt einleuten[1]) lassen, vndt
vorige Zeit darauff der Marckt vndt gassen voller leuthe und Buden, auch die
gewölbe offen gewesen, ist iezo alles lehr vndt die alhier noch vorhandene
Bürgerschafft mit solchen traurigen gedanken beladen, dass Sie nicht wissen,
wo sie sich und die Ihrigen lenger erhalten wollen». «Es seindt zwahr etzliche
wenig Chramer von Schneebergk und Annabergk ankommen, so mit geringen
vndt schlechten Wahren ihre nahrung suchen. Demnach sie aber der alhier
liegenden Soldaten[2]), undt wass sie schon, ungeachtet dass ihnen ihre Verpflegung, wiewohl mit grosser Mühe und angst, bisshero gereichet worden, vor
excesse verübet, berichtet, haben sie sich bey unnss dem Rathe angemeldet,
dass sie zwar ihre wahren ausszulegen entschlossen, jedoch von unnss versichert
und assecuriret sein wollen, dass von den Soldaten sie an ihren gewerb unper-
turbiret undt Ihnen dass Ihrige nicht abgenommen werden solle.«

»Wie nun sie dissfalls zu versichern in Unsser Handt undt gewalt nicht
stehet, Alsso haben den Herrn Obristen (Christoph) Vizthumb Wir solches zu erkennen geben, welcher sich damit entschuldiget, dass die Kriegsdisciplin
[von] der soldaten verpflegung anhengig wehre, undt so lange solche nicht
iedesmahl richtig erfolgte, Er dieselben nicht an der schnur führen
könte, doch wolle Er das seinige gerne darbey thun. Inmassen Er dan durch
offentlichen Trommelschlag ausruffen undt seine Soldaten bey leibes und
lebensstraff untersagen lassen, sich an den Chramern undt ihren wahren,
noch sonst Jemandes nicht zu vergreiffen.«

Dieser Bericht des Leipziger Raths wird ergänzt durch eine Denkschrift
vom 31. October 1633 *Lpz. R.A. XLV. A. 1ᶜ. Bl. 97—101,* welche die Leipziger
Bürgerschaft den aus jedem Stadtviertel von ihr Deputirten überreichte,
und welche von der äussersten Besorgniss um die Zukunft der Leipziger Messen[3]
erfüllt ist.

---

[1]) Der Rath versäumte dies nie, um kein Präjudiz gegen die Messprivilegien zu schaffen.

[2]) Churf. Sächs. Besatzung.

[3]) Die Denkschrift sagt u. A.: »Es ist männiglich in- und ausserhalb des Landes bekannt,
dass die Nahrung bei dieser Stadt nicht etwa auf Ackerbau, Bierbrauen, Manufacturen
u. dgl., wie damit viele Städte im Churfürstenthum sich nähren, sondern auf der löblichen
Universität, der Handlung und Haltung der drei Jahrmärkte, mit welchen diese Stadt
privilegiret, einzig und allein bestehet, auch die Häuser hierzu meistentheils erbauet und eingerichtet, damit in und zwischen den Märkten die anher kommenden und durchreisenden
Kauf- und Handelsleute in Ein- und Niederlegung ihrer Güter Bequemlichkeit, die Bürger aber
ihren Unterhalt davon erlangen und haben mögen. Und aus diesen Ursachen sind auch die
Häuser allhier bei erstbewilligter Landsteuer in desto höheren Anschlag gebracht und demselben nach bis dato besteuert worden« . . . . . Schliesslich wird gebeten: »dass diese Stadt
zukunftig mit der Einquartierung verschont, auch die fremden Kauf- und Handelsleute durch

Die Leipziger Bürgerschaft hatte nämlich in jener Zeit alles Zutrauen zu dem Rathe verloren und ergriff daher selbst alle diejenigen Maassregeln, welche sie zur Beseitigung des Nothstandes für angezeigt hielt. [1] Dahin zählte vor Allem die Einleitung einer Untersuchung über die Unregelmässigkeiten und Parteilichkeiten, die sich der Rath bei der Umlage [2] der Wallenstein-Holckischen Contributionen hatte zu Schulden kommen lassen. Der Rath musste sich sogar die Beschuldigung gefallen lassen, zuviel erhoben und den Ueberschuss im eigenen Interesse verwendet zu haben. [3]

Die Streitigkeiten zwischen Rath und Bürgerschaft [4] und die Untersuchung gegen die unredlichen Rathsmitglieder zogen sich bis zum Jahre 1650 hin und geben ein ausserordentlich trübes Bild. Während der schwedischen Occupation scheute man sich sogar nicht, seitens beider Parteien die Intervention der fremden Befehlshaber anzurufen, denen es oft nur mit Mühe gelang, die äussere Ruhe aufrecht zu erhalten.

In den Jahren 1634 bis 1636 erfuhren die Messen zwar keine Störung in der Stadt Leipzig selbst, dagegen war der Ab- und Zugang der Handelsleute und Güter äusserst gefährdet. Es geht dies u. A. aus einem Schreiben hervor, welches Bürgermeister und Rath der Stadt Hamburg am 19. März 1636, XLV. A. 1°. Bl. 124, an den Churfürsten von Sachsen richteten: »E. Churfl. Durchl. mögen wir hiermit nicht verhalten, wie das uns unsere Kauff- und Handelsleute allhier klagend zu verstehen gegeben, das bey diesen leider in unserm geliebten Vaterlande teutzscher Nation annoch schwebenden Kriegsunruhen die Heer- und Landstrassen von den streiffenden Soldaten so ganz ohnsicher eine Zeit hero gemachet worden, das nunmehr keiner der commercirenden Kauf: oder Handelssleute ohn Gefahr seiner güter, ia Leib und Lebens von einem Orte zu dem andern zu reisen sich getrauwen dürffe. Massen doch solches die vorhin unerhörte und fast hin und wieder erschollene ganz

---

ein offenes Patent, wie ao 1593 gleichfalls geschehen, wegen freier Ab- und Zufuhr ihrer Wahren gesichert werden« ... Die Angaben der Denkschrift über die unverhältnissmässig hohe Besteuerung der Stadt Leipzig finden ihre Bestätigung durch eine bei den Lpz. R.A. I. 1. Bl. 174—175 befindliche, anscheinend aus dem Jahre 1643 stammende Zusammenstellung: »Wahrhafter Extract aus dem Landsteuer-Register im Leipzigischen Kreise, und versteuert«: Es werden da die Neuschock aufgeführt, mit denen eine Anzahl Aemter, Städte und 14 namentlich aufgeführte Leipziger Häuser catastrirt sind. Das Facit wird dahin gezogen: »15 Aemter 347.779 Neuschock 45 Groschen; 12 Städte 205.007 Neuschock; die Stadt Leipzig für sich allein 387.604 Neuschock; es versteuert also die Stadt Leipzig 39,824 Neuschock mehr denn 15 Aemter und 182,596 Neuschock mehr als 12 Städte; 14 Leipziger Häuser versteuern zwischen 1750 und 4200, zusammen 33.040 Neuschock, also mehr als etliche Aemter oder Städte«.

1) Es führte dies zugleich zu interessanten Verfassungskämpfen. Nachrichten hierüber enthalten Lpz. R.A. I. 1.

2) Verzeichniss der von jedem Leipziger Hause und jedem Bürger bei dieser Gelegenheit erhobenen Gelder. L. R.A. I. 1. Bl. 180—245.

3) Vgl. namentlich I. 1. Bl. 282—310.

4) Und auch der Universität und deren »Verwandten«, welche eine Ausnahmestellung in der Contributionszahlung und Einquartierung beanspruchten.

feindliche Beraub- und plünderung, so ihnen nach jüngst gehaltener Leipziger neuwen Jahres Messe auf der Rückreise nicht weit von Eyssleben von etlichen Schwedischen Troupen begegnet, genugsamb zu erkennen gebe«.

Der Churfürst wird deshalb gebeten »bey dero Armeen die Anordnung zu thun, damit insskünfftige der Lauff der Commercien und Kaufmannschaft in besser securitet gesetzet, den Kaufleuten und reisenden auf ihr begehren sicher convoy von den offizirern umb die gebuhr ertheilet, und also der Kauffmann mit seinen gutern undt wahren in schuz und schirm genommen . . . . . werden müge.«

Man habe diese Bitte dem Churfürsten eigentlich durch einen Deputirten persönlich vortragen lassen wollen. Derselbe sei aber nur bis zu der schwedischen Armee gekommen, bei welcher er ohne das wegen obgedachter abgenommener Kaufmannsgüter zu sollicitiren gehabt. Weiter durchzudringen sei ihm unmöglich gewesen.

Eine Abschrift dieses Schreibens schickte der Rath der Stadt Hamburg auch nach Leipzig und bat den Leipziger Rath, im Interesse der Messen die Schritte beim Churfürsten zu unterstützten.

Am 16. April 1636 antwortete der Leipziger Rath, er sei vom Churfl. Geh. Secretair Adam Küsell benachrichtigt worden: »Wan Ihre Churfl. Durchl. weiter hinunter näher und über Magdeburgk gelangeten, wollten Sie gute Anstellung machen, dass die Strasse von Hamburgk wird sicher gebauet und die Commercien von darauss und derer ortter ihren freyen ungehinderten lauff erlangen möchten.«

Im Januar 1637 wurde Leipzig wiederum, wenn auch diesmal vergeblich, durch die Schweden unter Baner belagert und beschossen. Mit dem Jahre 1637 begannen überhaupt erst die allergrössten Leiden des Krieges für Sachsen und Leipzig. Zu bewundern ist es dabei, dass trotzdem fremde Handelsleute sich noch nach Leipzig wagten. Es geht dies aus einem Gesuche hervor, welches »die sämbtlich Kauffleute von Frankfort, Nürnberg und Cölln«, die in Leipzig zur Michaelismesse 1637 anwesend waren, am 6. October 1637 an den Leipziger Rath richteten. XLV. A. 1ᶜ. Bl. 133. »Die wechselzahlung ietzo innstehenden Michaelismarckts uff eine 8 oder mehr tage zu prorogiren und verlängern (inmassen hiebevor zu zweyen underschiedenen mahlen auch geschehen.)«.

Zur Begründung wird angeführt: »Ew. . . . . . können wir underschriebene ietzo alhier anwesende fremde inn diese Statt negocirende Handelsleute, innsonderheit aber wir denen Abwesenden angehörige aus den Stätten Nürnberg, Franckfurt, Cölln und andern abgeschickte Handelsdiener, in gesambt und sonders, dienstlich zu berichten nicht underlassen, dass wir zwar verhoffet, es sollten die unss und unssern Patronen zuestehende guetere zu rechter zeitt anhero bracht und geliefert werden, haben aber aus denen, bey underschiedenen Posten einkommenen schreiben mitt unsserm und unsserer Patronen grossem schaden erfahren müssen, dass wegen erfolgter unsicherheit der Landtstrassen, wie auch anderer gefahr, und dass Ihrer churfl. Durchl. inn

Bayern etc. underm commando Graff Götzens anietzo inn Thüringen ligende Kriegsvolck inn vollem March inns Reich begriffen sein solle, nicht allein die anfuhre der Franckfurtischen und Cöllnischen guttere, underwegens verhindert, sondern auch die Nurmberger gütter sambt dem geleitt, gar wider zuruckgeführet worden. Weiln dann inmittelst die gewöhnliche zeitt der allhiesigen Marckfreyheit vorbeyrücket, hingegen die Zahlwoche sich stündlich annahet, do wir und unsere Patronen wechselgelder auszuzahlen versprochen, wegen aussenbleibung der wahren und gütter aber wir an Losung derselben und aufbringung geldes über Zuversicht verhindert werden; zudeme müssen wir |: die aus Nürmbergk :| von unssern Patronen gewisser commission, wie es mit der wechselzahlung und anderem gehalten werden sollte, bey lieferung der guetter erst gewertig seyn. Alss . . . .«

Die Michaelismesse 1637 war aber auch noch anderweit gefährdet, und zwar durch die im Sommer 1637 in Leipzig wieder ausgebrochene Pest. [1] Wie gewöhnlich wurde die Gefahr auswärts noch übertrieben. So kam es, dass der Rath zu Nürnberg, wohl im Einverständniss mit dem zu Naumburg, am 2. September 1637 XLV. B. 2 dem Leipziger Rath den Vorschlag machte, »wegen heftig crassirender Sterbensläufte in Leipzig den Michaelismarckt 1637 nach Naumburg zu verlegen.«

Wie 1632 und 1633 bei dem Plane einer Verlegung nach Erfurt, widersetzte sich auch jetzt der Leipziger Rath mit aller Energie gegen ein solches gefährliches Vorhaben und schrieb am 9. Sept. nach Nürnberg, »dass die Infection alhier zwar etwas eingerissen, doch sei es nicht so gefährlich, als es anderwärts gemacht werde, sintemal die meisten Häuser in und vor der Stadt, zumal Auerbachs Hof, [2] allwo die meisten Gewölbe und grösste mercantia getrieben würden, rein seien«.

In gleicher Weise wurde am 16. Septbr. 1637 an den Rath zu Hamburg ein Beruhigungsschreiben gerichtet, unter Beifügung eines Leichenzettels für die 6. bis 11. Woche nach Trinitatis. Man habe auch von einer Verschiebung der Messe absehen müssen. »bei der Kürze der Zeit, da die Handelsleute und Käufer, welche aus Oestreich, Polen, Preussen, Pommern und andern

---

1) Auch der Rath zu Borna schrieb den auf den 14. Sept. 1637 fallenden Kreuzmarkt »wegen der besorglichen Sterbensgefahr« ab XLV. B. 5ᵃ. Bl. 191. Dass die Pest in Leipzig 1637 doch nicht ganz unbedeutend war, geht daraus hervor, dass in Leipzig 1634 nur 306, 1635 : 603, 1636 : 1215, 1637 aber 4229 (und 1638 wieder nur 552) Personen überhaupt begraben wurden. Mittheilungen des statist. Bureau's d. Stadt Leipzig Heft VI. S. 1.

2) Auerbachs Hof war Jahrhunderte lang der Hauptsitz der Luxusartikel, Metallwaaren, Porzellanwaaren u. dergl. Ueberschwänglich wurde derselbe besungen in Halander, Unschätzbarkeit des galanten Leipzig und sonderlich des kostbaren Auerbachs-Hoffes, Leipzig 1717 (Auszug: Leipz. Tagebl. v. 14. Mai 1832).

»Hier heisst ein Crassus arm und Crösus mittellos
Hier schauet Midas selbst die goldne Tafel gross
Hier kann Cleopatra zerflossne Perlen wissen,
Dein Reichthum Peru, hat allhier die Lagerstatt etc.«

8*

weit abgelegenen Reichs- und anderen Städten hierher zu kommen pflegen, nicht mehr benachrichtigt werden können«. *XLV. B. 2.*

Man erwartete also trotz der Kriegsunruhen auch aus den fernen Ländern des Ostens Messbesucher. Vielleicht stellte man sich freilich nur so, um das Vertrauen in die Messe nicht wankend werden zu lassen.

Im Jahre 1639 liess sich die Verlegung der Ostermesse von Jubilate auf Trinitatis nicht vermeiden. Der Anstoss dazu ging diesmal von der Leipziger Kaufmannschaft aus, welche in ihrem Gesuche vom 27. März 1639 an den Rath um »Differirung des Ostermarktes« ausführte: da vor länger als 2 Monaten die schwedische Armee in diese Lande eingefallen und sich darin festgesetzt habe, würden die ausländischen Handelsleute, wie auch die aus Schlesien, Polen, Niedersachsen und andern Orten kommenden Käufer nicht rechtzeitig zum Ostermarkt kommen können, auch werde sich kein fremder Handelsmann von Nürnberg, Augsburg, Frankfurt, Breslau, Hamburg mit Gütern, Pferden und Personen auf den Weg wagen. Beschleunigung der Entscheidung sei nöthig, damit bei der jetzt angehenden Frankfurter Fastenmesse der Wechselzahlung halber Benachrichtigung erfolgen könne.

Der Rath beeilte sich denn auch, bereits am nächsten Tage (28. März 1639), die churfürstliche Genehmigung zu Verlegung des Anfangs der Jubilatemesse auf Trinitatis zu erbitten. Die Stadt habe durch den Krieg sehr gelitten. Von Handel und Niederlage sei kaum noch ein Schatten vorhanden. Die fremden Handelsleute hätten von ihren Waaren etwas allhier in der Ringmauer in den Bürgerhäusern in Verwahrung gelassen und auf die nächste Ostermesse ihre Hoffnung gesetzt. Es sei zu hoffen, dass die gegenwärtig durch Räubereien in Unsicherheit gebrachten Strassen bis gegen Trinitatis hin wieder sicherer würden.

Die Nahrung der Stadt beruhe allermeist auf der negotiation. Die arme Bürgerschaft habe durch das continuirliche Kriegswesen, die 4 ausgestandenen Belagerungen und die noch jetzt währende harte Einquartirung viel gelitten, habe auch kein ferneres Mittel auf der Welt sich zu nähren, als allein die Haltung der Märkte.

Um die Sache zu betreiben, wendete sich der Rath auch an den churf. Kammersecretair Burghardt Berlich in Dresden und an den Bürgermeister Leonhard Schwendendörffer[1]) aus Leipzig, welcher sich vorübergehend in Dresden aufhielt.

Am 3. April 1639 genehmigte der Churfürst die Verschiebung der Ostermesse von Jubilate bis auf Trinitatis, doch »solle solches hinfüro zu keiner Einführung und Neuerung gebraucht werden«.

---

1) Schwendendörffer war 1637 und 1640 regierender Bürgermeister. Er hatte in Dresden zu verhandeln über von Leipzig gestellte Pferde zum Corps des General Trautschen, über Abrechnung zwischen dem Churfürsten u. d. Stadt Leipzig in Bezug auf das Geleitpachtgeld u. s. w. Auch erwähnt er, er wolle sich nicht länger mit der Verwaltung der ihm übergebenen Rittergüter (vom Churfürsten an die Stadt verpfändet?) plagen.

Leipzig scheint regelmässig einMitglied seines Rathes nach Dresden delegirt zu haben.

Auch durfte der Rath dies nur unter seinem Namen bekannt[1] machen.[2] Dieselbe Sache wiederholte sich 1640. Am 27. März erbat und am 3. April erhielt[3] der Rath vom Churfürsten die Genehmigung, die Ostermesse auf Trinitatis zu verschieben. Eine gedruckte Proclamation des Rathes vom 8. April verkündete darauf, dass »mit Genehmigung des Churfürsten« der Ostermarkt 1640 für diesmal wiederum auf Sonntag Trinitatis den 31. Mai verlegt worden sei. Derselbe werde am genannten Tage durch die Bürgerglocken eingeläutet werden. Die Zahlwoche beginne am 7. Juni. *XLV. B. 2.*

Man scheint damals alles Heil vom Abwarten und Verschieben[4] gehofft zu haben.

Mitten im Kriegstrubel wurden die Leipziger Messen auch noch von anderer Seite bedroht. Die churf. sächs. Räthe beschlossen nämlich, vom Jahre 1641 an eine Auflage von 3 Pfennige vom Thaler auf alle Kaufmannswaaren zu machen. Unter dem 17. December 1640 richtete deshalb der Rath eine lebhafte Vorstellung an den Churfürsten *Anlage IV*, welche freilich erfolglos war.[5]

Diese Vorstellung erregt unser ganzes Interesse, weil sie u. A. eine Uebersicht giebt über die auf der Leipziger Messe gehandelten Waaren und über die verschiedenen Ursprungsländer und Handelswege derselben.

Auch die Neujahrsmesse 1641 konnte nicht rechtzeitig abgehalten werden. Der Rath erbat[6] deshalb vom Churfürsten die Erlaubniss, dieselbe auf Mariä Lichtmess 2. Februar prolongiren zu dürfen, da man hoffte, sie werde zu dieser

---

[1] Die Mittheilung erfolgte an die Räthe der Städte Nürnberg, Augsburg, Frankfurt a/M., Braunschweig, Hamburg, Breslau.

Während Benachrichtigungen in Messangelegenheiten auch in den Jahren 1640 und 1641 eben auch nur an diese Städte gingen, die man also für die einzigen in dieser Beziehung wichtigen hielt, kamen bei einer Benachrichtung 1649 noch Lübeck, Budissin, Görlitz und Danzig hinzu. Auch 1665 wiederholten sich die Adressen von 1649. Im Jahre 1681 kamen aber ferner noch Regensburg, Erfurt, Wittenberg, Dresden, Grimma, Altenburg, Zwickau, Chemnitz, Schneeberg, Freiberg, Annaberg und Halle in das Verzeichniss der Adressen. *XLV. B. 2.*

[2] Die Hoffnung Leipzigs, durch die Verschiebung viel zu gewinnen, scheint sich nicht erfüllt zu haben, denn am 11. Mai 1639 schrieb der Leipziger Rath nach Nürnberg, der Feind sei über Vermuthen lange im Lande geblieben, habe aber das Lager bei Pirna jetzt aufgegeben und sich mit dem grössten Theil der Armee nach Böhmen und der Lausitz gewendet. Es sei noch Hoffnung, den Ostermarkt zu dem prorogirten Termin abhalten zu können, freilich stehe der Herzog von Sachsen-Lauenburg mit seinem Regiment zu Ross noch in Weissenfels. Man werde möglichst bald über die Sicherheit Nachricht geben.

[3] Wie Leonhard Schwendendörffer (der sich also auch während seiner Regierung wieder in Dresden aufhielt) am 4. April 1640 von Dresden mittheilte, hatte der Churfürst diesmal Schwierigkeiten gemacht, die Genehmigung zu ertheilen. Nur mit Hülfe des Kammersecretairs und des Baumeisters Leonhard Hermann sei es gelungen, die Genehmigung zu erhalten.

[4] Auch die Naumburger Petri-Paulimesse 1640 wurde mit Genehmigung des Churfürsten der kriegerischen Zeiten wegen auf Jacobi d. 25. Juli alten Stils verlegt.

[5] vgl. *Biedermann, Geschichte der Leipziger Kramer-Innung, Abschnitt VIII. 4. Der Kampf der Kramer-Innung gegen die Accise. S. 97—106.*

[6] Auch diesmal wendete sie der Rath zur Förderung der Sache — gleichzeitig auch in Bezug auf die Acciseangelegenheit — an den Kammersecretär Burghard Berlich, welcher in hoher Gunst stand.

Zeit besucht werden können, weil »der Hauptmarsch der schwedischen Armee jetzt über Jena auf Neustadt an der Orla geht«.

Der Churfürst ertheilte am 1. Januar 1641 die Genehmigung, rügte aber, dass das Gesuch so spät gestellt worden, dass er es erst am Abend vorher erhalten habe. Die betr. Rathsproclamation erfolgte am 4. Januar.

Am 18. April 1641 bat der Leipziger Rath, veranlasst durch die Kaufmannschaft, die Ostermesse 1641 bis auf den Trinitatissonntag den 20. Juni verschieben zu dürfen, »weil beide Armeen, Freund und Feind, in der Nähe liegen, aber Hoffnung vorhanden, dass dieselben bald weiter ziehen«. Die churfürstl. Genehmigung erfolgte am 22. April, die Rathsproclamation am 26. April 1641.

Die Verschiebung der Messen wurde zu einer Gewohnheit und die Hoffnung, durch Verschiebungen und Verlängerungen die Lage der Messen zu verbessern, artete geradezu krankhaft aus.

Die Leipziger Kaufmannschaft ersuchte am 17. März 1642 den Rath, auch für die Verschiebung der Ostermesse 1642 die churfürstl. Genehmigung zu erbitten, und sagte hierbei. »Fast alle unsere Correspondenten melden, die Schulden auf dem Lande und in anderen Städten, dahin wir unsere Waaren verborgt, sind böse worden und ist von selbigen Orten bei jetzigem ganz verderbten Zustande nichts zu erheben. Sollen wir nun unser wenig Gewerbe forttreiben und andere Mittel suchen, uns und die unsrigen zu erhalten, zugleich auch die grossen Kriegs- und anderen Beschwerungen tragen, so müssen wir die Güter und Waaren in höchster Gefahr anhero verschreiben und wohl gewärtig sein, dass solche auf den Strassen aufgehauen, spoliirt und weggenommen werden«.

Was hieran eine Verschiebung der Messen ändern sollte, war freilich nicht gesagt. Der Rath richtete trotzdem ein bezügliches Gesuch an den Churfürsten (20. März 1642.) Der Churfürst lehnte aber diesmal die Prorogation der Leipziger Ostermesse ab, 26. März 1642. »Nun erinnern wir uns zwar, wie es in dergleichen Fällen hiebevor gehalten worden und was wir ein und das andere Mal concediret und verordnet. Nachdem uns aber sowohl um des Rathes zur Naumburgk dagegen geschehenen Einwendens, als anderer unterschiedlicher erheblicher Umstände und Motive willen, vor diessmahl bedenklich, von der ordentlichen und gewöhnlichen Zeit abzuweichen und erwähnten Markt aufschieben zu lassen, als begehren wir« . . . XLV B. 2.

Eine gewaltsame Störung erlitt die Michaelismesse 1642. Die Generale Torstenson und Königsmark erschienen Mitte October vor Leipzig, plünderten die Vorstädte und belagerten und beschossen die Stadt.[1] Als Erzherzog Leopold und Piccolomini zum Entsatze nahten und die Schweden am 22. Oct. 1642 die

---

1) Näheres vgl. bei *Hermann Boettger: Die Ereignisse um Leipzig im Herbst 1642. Halle 1882.* Zu beklagen ist es, dass nach einer leider weit verbreiteten Unsitte Boettger sich bei seinen Quellenangaben darauf beschränkt, ein ganzes Archiv (L. St. A. = Leipziger Stadt-Archiv) zu citiren !, als ob dadurch der Zweck des Citats erreichbar wäre, die gemachten Angaben an der Quelle zu prüfen und namentlich nach einer dem Autor ferner liegenden Seite weiter zu verfolgen !

Belagerung aufhoben, glaubten die Leipziger, welche sich tapfer gewehrt [1]) hatten, der Feind sei abgezogen. Unmittelbar nach der siegreichen Schlacht bei Breitenfeld, 23. Oct./2. Novbr., kehrten sie jedoch zurück und setzten die Belagerung mit erneuter Heftigkeit bis zum 26. Nov./6. Decbr. fort, an welchem Tage die Stadt durch die Feigheit ihrer Commandanten von Schleinitz[2]) und von Trandorff den Schweden übergeben wurde. [3])

Vom 26. Nov. 1642 bis 1. Juli 1650, sieben Jahre und acht Monate lang blieb Leipzig von den Schweden occupirt.

Zunächst legte Torstenson der Stadt ein Devotionspräsent von 150,000 Thaler [4]) auf, wozu auch die fremden Kaufleute[5]) beitragen mussten, und liess auf Kosten der Stadt seine Armee neu kleiden.

Der General Torstenson, welcher die Bedeutung der Leipziger Messen auch für die Interessen der Schwedischen Armee zu würdigen wusste, beeilte sich, am 20. Januar 1643 eine Proclamation *Anlage V* zu erlassen, in welcher auch den unter feindlicher Botmässigkeit befindlichen Kaufleuten

---

1) Auch die wegen der Messe anwesenden ca. 500 fremden Fuhrleute boten ihre Dienste für die Vertheidigung an. Ebenso traten 200 Kaufmannsdiener und 480 Handwerksburschen zu einer Compagnie zusammen. *Vogels Annalen S.* 384. Andere Zahlen giebt *Hermann Boettger: Die Ereignisse um Leipzig im Herbst 1642. S. 58* Er beziffert die militärische Besatzung Leipzigs unter Schleinitz' Befehl auf 400 Mann, die bewaffnete Bürgerschaft ebenfalls auf 400 Mann, die geworbenen Handwerksburschen auf 245 Mann. »Auch die fremden Kauf- und Fuhrleute, welche sich noch von der Herbstmesse in der Stadt befanden, gaben ihre Diener und Begleitmannschaften her, deren ungefähr in die 80 Mann gewesen; ferner liessen die vom Adel und der Ritterschaft ihr Gesinde und ihre Schützen mit »gezogenen Röhren« theils in die Stadt, theils auf das Schloss ziehen, wo man ihrer gerade bedurfte, und leisteten dieselben überall bei der Vertheidigung durch ihre Fertigkeit im Schiessen gute Dienste«. Die von Boettger mitgetheilte Rolle der geworbenen Handwerksburschen sei hier wiederholt, da sie einen Schluss auf die relative Stärke der Handwerke in Leipzig zulässt:

1. Borstenwirkergesellen	16
2. Kammacher	13
3. Gussschmiede	24
4. Schwarzfärber	11
5. Schlosser, Bohrer, Wagner, Bötticher, Sattler, Tischler, Drechslergesellen	36
6. Schirrknechte	66
7. Schneider und 16 Kürschnergesellen	60
8. Buchbinder	1
	Summa 245

2) Memorial über das Verhalten von Schleinitz' *l. 1. Bl. 381—384.* Die Lpz. R.A. l. 1. enthalten (neben den eigentlichen Kriegsacten tit. LVII) viele Nachrichten über die schwedische Belagerung und Occupation 1642—1650.

3) Die Neujahrsmesse 1643 wurde zwar eingeläutet, aber nicht abgehalten. *Vogel S. 604.*

4) Der »Collectenmodus« vom 23. April 1643, ein Verzeichniss sämmtlicher Leipziger Bürger nach den 4 Stadtvierteln geordnet und was jeder zur schwedischen Contribution gegeben *l. 1. Bl. 225—242 vgl. auch Bl. 371 ff.*

5) »Die Schweden forderten von denen Nürnbergern 8000, von Hamburgern 30000, von den Pohlen 22000, von denen Cöllnischen 10000, von Dressdnischen 2000 [Thaler]; und ward bey öffentlichem Trummelschlag ausgeruffen: Wofern sich die Fremden in kurtzen nicht würden abfinden, sollten ihre in Leipzig befindliche Güter Preiss gemachet und der Militz zum Theil werden. Allein es liessen die Schweden mit sich handeln und ein ziemliches von den abgeforderten Posten fallen«. *Vogel, Annalen S. 601.*

auf ihren Reisen nach und von Leipzig, sowie den Leipziger Messen selbst, S c h u t z und Sicherheit versprochen wurde. *XLV. A. 1ᶜ. Bl. 155.* Und als Torstenson »mit sonderlichem Widerwillen vernehmen müssen, dass solches alles [die Proclamation v. 20. Jan. 1643] in schlechte Observanz gezogen und man nicht jedesmaligen gehörigen respect darauf gehabt hätte«, schärfte er d. d. Feldtlager bey Bernburgk 13. October 1644 *a. a. O. Bl. 156. 157* seinen Untergebenen erneut [1] ein, »dass sie den auff die Stadt Leipzig von so langen Jahren hero hoch privilegirten Märckten, Stapell Gerechtigkeit, Niederlage und Handlungen ohne die geringsteVerhinderung ihren freyen ungehinderten Lauff lassen, auch Niemand, er sey aus F r e u n d e s o d e r F e i n d e s L a n d, wider die alte hergebrachte Gewohnheit beschweren, besondern vielmehr in alle Wege schützen … sollen« …

Die gute Absicht des Generals scheint aber oft an der mangelhaften Disciplin seiner Armee gescheitert zu sein. Denn schon am 5. December 1644 erliess er d. d. Würben bei Pegau wieder eine ähnliche Proclamation *a. a. O. Bl. 158.* ». . . . Allermassen mehr hocherwehnte Sr. Excellenz hierdurch nochmahln vorgedachten dero untergebenen Herrn Generalen, Commendanten, Obristen unndt andern Officirer alss gemeine soldatesque zu Ross unndt Fuss respectivè Fleiss unndt ernstlichen erinnert unndt befehlicht haben wollen, dass Sie sambt unndt sonders dieses eiferig beobachten, die Kauffleuthe unndt ihre Wahren mit Wagen unndt Pferden auff den Gräntzen nicht allein annehmen, sondern auch von Quartier zu Quartier ausser allem Schaden, Plackerey oder Spolirung fortbringen … Wer diesen zu wiedern handlen … würdt, der oder dieselben sollen … sowohl zur restitution augehalten alss mit gewisser ohnfehlbaren abstraffung ernstlichen anzusehen sein« . . . .

Entgegen diesen Versicherungen ordnete freilich Torstenson's Nachfolger, der General Wrangel, im Jahre 1646 die Confiscation der in Leipzig befindlichen A u g s b u r g e r Güter und auch der in Leipzig stehenden Augsburger Forderungen und Gelder an und versetzte den Leipziger Rath in eine peinliche Lage dadurch, dass er [2] von ihm eine Specification »nicht allein derjenigen Augsburgischen Güther, so ietzundt allhier vorhanden, sondern auch da etwan ein oder anderer Leipziger Bürger einige Gelder denen Augsburgern gehörig in Verwahrung bey Sich hatt« unter des Raths Verantwortlichkeit abforderte. Der Rath machte vergebliche [3] Vorstellungen dagegen. *XLV. A. 1ᶜ. Bl. 162—169.*

Der Leipziger Rath hatte überhaupt während der ganzen Schwedischen Occupation von 1642—1650 eine äusserst s c h w i e r i g e Stellung, da er thatsächlich den Anordnungen der Gewalthaber zu gehorchen hatte und diese auch nicht durch Widersetzlichkeit reizen durfte, andererseits aber stets befürchten musste, [4] später für seine Handlungen vom Churfürsten verantwortlich gemacht zu werden.

---

1) Nach *Vogel S. 616* war die Veranlassung, dass die Michaelismesse von den Fremden 1644 nicht besucht wurde.

2) bezw. auf Wrangel's Befehl der Gouverneur von Leipzig Axel Lillie.

3) Eigenhändiger ablehnender Brief des Generals Carl Gustav Wrangel an den Leipziger Rath d. d. Hauptquartier Bregenz d. 27. Januar 1647, *vgl. XLV. A. 1ᶜ. Bl. 166.*

4 Dazu kamen die Schwierigkeiten mit der Bürgerschaft selbst, bezw. dem Ausschuss

Der Churfürst enthielt sich auch während der Occupation durchaus nicht aller Regierungshandlungen bez. Leipzigs.

Die Schwierigkeit der Lage zeigte sich namentlich bei den die Messen betreffenden Entscheidungen.

Am 16. Dec. 1644 meldete der Rath dem Churfürsten, dass der Schwedische Commandant der Feste Pleissenburg und Stadt Leipzig, Oberst Otto Schulmann, vom Rathe verlangt habe, ein (gedruckt beigefügtes) Patent d. d. Leipzig d. 18. Sept. 1644 öffentlich anzuschlagen, worin auf Befehl des Generalfeldmarschalls Torstenson der Neujahrsmarkt 1645 auf Lichtmess 2. Febr. alten Kalenders verschoben, den Messbesuchern aber Schutz versprochen wurde. Er, der Rath, habe dies abgelehnt, da ihm die Erlaubniss des Landesherrn fehle. Er werde auch den Neujahrsmarkt wie gewöhnlich am 1. Januar ein- und am 8. Januar wieder ausläuten lassen. Der Oberst Schulmann habe aber, des Protestes ungeachtet, das Patent selbst öffentlich anschlagen lassen.

Die Kaufmannschaft hat darauf am 18. Decbr. 1644 den Rath, die Zweifel zu beseitigen, welche durch diese seitens der Schweden ohne landesherrliche Genehmigung verfügte Prorogation der Neujahrsmesse entstehen müssten. Zu einer landesherrlichen Entscheidung scheint es aber nicht gekommen zu sein. XLV. B. 2.

Der Rath zu Naumburg setzte voraus, dass auch die Leipziger Ostermesse 1645 prorogirt werden solle, und protestirte im Interesse seiner Petri-Pauli-Messe schon von vorn herein beim Churfürsten. Der Leipziger Rath, welcher davon erfuhr, [1] meldete dem Churfürsten, es sei ihm niemals in den Sinn gekommen, den bevorstehenden Ostermarkt bis nächstkünftige Trinitatis zu prorogiren.

Der Rath zu Naumburg scheint, in Erwiderung der freundlichen Gesinnungen Leipzigs, vgl. Streitigkeiten mit Naumburg, jede Gelegenheit benutzt zu haben, Leipzig beim Churfürsten anzuschwärzen. So beschuldigte er 1646 den Leipziger Rath, er habe während der Petri-Pauli-Messe 1646 den fremden Handelsleuten gestattet, in Leipzig feil zu halten. Der Leipziger Rath erwiderte, er habe im Gegentheil den fremden Kaufleuten, so zur Zeit allhier sich wesentlich aufhalten und ihre Gewölbe in Auerbachs Hof und anderen Gassen offen gehalten, dies untersagt und geboten, ihre Waaren einzulegen und die Gewölbe zuzumachen. Der Marktvoigt habe dies Verbot in Auerbachs Hofe in 6 Gewölben, in dem Griebigschen oder Hasenhause am Markt, wie auch in der Reichsstrasse bei Gottfried Stahle in einem, dann im Böttchergässchen in 3 Gewölben bekannt

---

derselben von 60 Personen, welcher z. B. 1648 dem Churfürsten Johann Georg I. ein directes Geschenk von 4000 Thaler machte I. I. Bl. 456 und diesen gegen den Rath zu stimmen wusste.

Die Umlage der Kriegscontributionen blieb nicht ohne Einfluss auf die Verfassung aller sächs. Städte. Am 10. Juli 1648 resolvirte z. B. der Churfürst nach Freiberg: »Zu dem Ende auch den Räthen in den Städten andeuten, dass aus der Bürgerschaft und Gemeine jeden Orts zum wenigsten zwo Personen, welche die Communen selbsten vorzuschlagen haben sollen, mit zur Anlage, Einnahme und Ausgabe zu ziehen«. I. I. Bl. 458.

1) Durch seine Agenten in Dresden Baumeister Quirin Schäfer und Dr. Friedrich Külewein.

gemacht. Der Kramer Knecht sei Zeuge gewesen. »Wiewohl nun der schwedische Inspector auf der Waage auf Befehl des Generalmajor Axel Lillie, wie er
vorgegeben, sich daher bei uns beschwert, so haben wir zwar jedoch es bei
diesem Verbot verbleiben lassen.«

Die Veranlassung für die Verschiebung der Michaelismesse 1646 war
die Rücksichtnahme auf Frankfurt a/M. Am 25. Aug. 1646 schrieb nämlich
der Rath zu Frankfurt an den Leipziger Rath »da fast diesen ganzen Sommer
über Kaiserliche und churbayer'sche Armeen sich in dieser Gegend aufgehalten
und letzthin auch die Königl. schwedische und die mit derselben conjungirte
Königl. französische und Hessen-Casselische Armata sich gleichergestalt anhero
gezogen und vor wenig Tagen beide Theile den Maynstrom hinaufgegangen« . . . .
habe man den Anfang der Frankfurter Herbstmesse um 14 Tage . . auf den 21.
Septbr. und die Zahlwoche auf die Woche darauf verschoben.

Der Leipziger Rath meldete dies am 30. August 1646 dem Churfürsten und
erwähnte dabei: »Wir werden aber auch berichtet, dass ein oder der andere
Handelsmann zu Frankfurt an den Königl. schwedischen Generalmajor Axel Lillie
alhier geschrieben und gebeten haben solle, dass aus dieser Ursach auch
die hiesige Michaelis Messe auf eine gewisse Zeit aufgeschoben werden
möchte. Welches denn uns vermelter Generalmajor heutiges Tages andeuten
und unser Bedenken darüber begehren lassen. Dieweil wir uns aber erinnern,
was hierüber in dergleichen vorgegangen und dass uns nicht gebühret, in Ew.
Churfl. Durchl. Regalstücke einige Eingriffe zu thun, so haben wir uns auch
desswegen damit entschuldigt, dass nämlich dergleichen uns nicht zusteht oder
gebühre. Es ist aber mehr erwähnter Generalmajor mit dieser Entschuldigung
nicht zufrieden gewesen, sondern hat uns zum andern Mal ansagen lassen, dass
er den bevorstehenden Michaelismarkt auf 14 Tage prorogiren, desswegen
gewisse patente morgenden Tages öffentlich anschlagen lassen und solches durch
Ausschreiben den benachbarten Städten u. s. w. zur Wissenschaft bringen,
solches auch Ew. Churfl. Durchlaucht berichten wolle.«

In der That schickte am 1. Sept. 1646 Lillie ein »auf ein Täflein geheftetes
Patent« vom 31. Aug. 1646 in die Rathsstube, worin die Michaelismesse um
14 Tage bis auf den 18. October verschoben wurde. Und der Rath musste am
2. Sept. dem Churfürsten melden, dass General Axel Lillie des Protestes ungeachtet »gestriges Tages die Patente an hiesige Stadtthore, wie auch die Waage
und Posthaus anschlagen lassen.«

Auch im Jahre 1649 machte sich die Verschiebung der Ostermesse
bis auf Trinitatis nothwendig. Der Churfürst ertheilte hierzu am 7. März 1649
die Genehmigung, da wegen schlechten Weges und Wetters und Unsicherheit
der Strassen es nicht möglich sei, die Kaufmannsgüter von Frankfurt am Main
vor Jubilate nach Leipzig zu schaffen. Der Rath solle es den Reichs-, Hanse- und
anderen Städten mittheilen und observiren, was sonst das Marktrecht und die
Stapelgerechtigkeit mit sich bringt. XLV. B. 2.

Am 30. Juni 1650 verliessen die Schweden Leipzig und damit war
für Leipzig der dreissigjährige Krieg thatsächlich beendigt.

VI.

Die äussere Geschichte der Leipziger Messen vom Ende des dreissigjährigen Krieges bis zur Erlangung des Uebergewichtes der Leipziger über alle andern Reichsmessen (1711).

Durch den dreissigjährigen Krieg war die Leistungsfähigkeit der Industrie und der Wohlstand aller Consumenten in Deutschland so ausserordentlich gesunken, dass es lange dauerte, ehe die Leipziger Messen von den Nachwirkungen des Krieges sich erholen konnten. Ein grosser Vortheil für die Messen war es allerdings, dass Leipzig trotz aller Lasten und Qualen, die es ausgestanden, trotz der ungeheuren Schulden, die wie Bleigewichte seinen lebhafteren Aufschwung niederhielten, verhältnissmässig weniger gelitten hatte, als die rivalisirenden Städte. War doch das für Leipzig immer so gefährliche Magdeburg dem Erdboden gleich gemacht worden! Ob die unbeschreibliche Rechtsunsicherheit, welche Jahrzehnte nach dem Kriege in Deutschland herrschte, und welche den allgemeinen Aufschwung von Handel und Verkehr hemmte, für die Messen, insbesondere die Leipziger, mehr nachtheilig oder mehr förderlich gewesen ist, muss dahingestellt bleiben. Fast möchte man das letztere annehmen, da die feste Organisation des Messhandels an den Messplätzen selbst, die Geschlossenheit der Karawanen, welche sich von einem Messplatz zu dem andern bewegten und dem kleinen Wegelagerer wenigstens erfolgreich widerstehen konnten, die Messplätze als ruhiges Festland in der Unruhe des sie umgebenden Meeres erscheinen liessen und die Monopolisirung des Messhandels auf noch längere Zeit garantirten, als dies sonst wohl der Fall gewesen wäre.

An einer Nachwirkung des Krieges hatte allerdings Leipzig ebenso, wie das ganze Deutschland, und seine Messen noch in erhöhtem Grade zu leiden.

Das war die Pest, welche auch in Leipzig 1680 einkehrte und die Messen fast von hier zu vertreiben drohte.

Mit dieser Epidemie schloss aber die Periode der unmittelbaren Kriegseinwirkungen für Leipzig, eine Periode, welche auch sonst für Leipzig von dem gefährlichen Gegensatz beherrscht wurde, den die einsichtsvolle und energische Regierung des Grossen Kurfürsten in dem benachbarten Brandenburg (*Acten, Streitigkeiten mit B.*) zu der heimischen Regierung der beiden ersten Johann Georg bildete. Mit dem Regierungsantritt Johann Georg's III. (1680) begann für Leipzigs Messen eine Periode des langsamen aber stetigen Aufschwungs, eine Periode, in welche namentlich auch eine Codificirung und Entwickelung des Handelsrechtes und der Messverfassung (*vgl. diese*) fällt. Wenn uns aus dieser Zeit eine besonders grosse Zahl von »Handelsgravamina« (die *Anlagen IX*

X und XV. geben die wichtigsten derselben wieder) und gelegentlicher Klagen über »den gänzlichen Ruin derer Commercien« aufbewahrt worden sind, so braucht dies nicht gegen unsere Ansicht zu streiten[1]). Denn der Ausgang des XVII. Jahrhunderts kann mit demselben Rechte ein vielschreibendes papiernes Zeitalter genannt werden, wie manche spätere Periode. Und die gewaltigen Umwälzungen, welche sich auf wirthschaftlichem Gebiet in jener Zeit vollzogen, gingen nicht vorüber, ohne die an den alten Formen Interessirten dabei zu verletzen. Dass jene Zeit im Allgemeinen einen Aufschwung der Leipziger Messen herbeiführte, kann durch nichts sicherer bewiesen werden, als durch die in den Jahren 1710—1713 abgefassten, auf die Messen in Frankfurt a/M. bezüglichen Denkschriften. *Anlagen XVI—XVIII.*

Wir hatten schon im vorigen Abschnitt gesehen, dass Leipzig bereits vor dem 30jährigen Kriege arg verschuldet war. Zur Untersuchung und Ordnung des Schuldenwesens war 1637 eine Commission eingesetzt worden, deren Thätigkeit natürlich durch den Krieg sehr erschwert wurde. Dazu kamen die langwierigen Verfassungsconflicte zwischen dem Rathe und der Bürgerschaft, welche sich auch in erster Linie auf die städtischen Finanzen bezogen.

Eine churfürstliche Verordnung vom 24. December 1651 erneuerte deshalb die 1637 eingesetzte Commission über das Leipziger Schuldenwesen und bestellte als deren Mitglieder Carl von Friesen zu Rötha, Haubold von Ende zu Wildenborn, Dr. jur. Christoph Pincker und Gregor Schramm. *I. 1. Bl. 506 bis 509.*

Im März 1665 war noch anhaltendes Winterwetter und ungewöhnlicher grosser Schnee.[2]) Der Leipziger Rath erbat und erhielt deshalb vom Churfürsten

---

1) Es gewährt auch für die Gegenwart einen Trost, zu sehen, wie die Leipziger Kaufleute seit Jahrhunderten gewöhnt sind, immer über »die jetzigen schlechten Zeiten« zu klagen. Dass eine Periode einmal gut gewesen, erfährt man nie in dieser Periode selbst, sondern erst später, wenn die laudatores temporis acti sie zum Vergleiche heranziehen.

2) Vogel, *Annalen* S. 724 berichtet: »den 16. April 1665 war der Sonntag Jubilate, sollte wie bräuchlich der Ostermarkt allhier gehalten werden. Allein weil an etlichen Oertern sich anfechtende Krankheiten entspunnen, von welchen jährlich viel Kaufleute auff die Messe zu kommen pflegten, ward dieser Marckt biss Trinitatis den 31. May prorogirt und die allbereit angekommenen fremden Kaufleute mit ihren Waaren nacher Taucha daselbst Quarantaine zu halten gewiesen«.

Die Acten wissen von diesem Grunde nichts. Sollte er absichtlich verschwiegen worden sein? Oder mengt Vogel zweierlei Verschiebungen zusammen, zumal er den 31., nicht den 21. Mai nennt? Vielleicht erfolgte auch 1662 eine Verschiebung der Messe. In diesem Jahre ist wenigstens die Pest nachweisbar. Denn am 28. October 1662 schrieb der Rath zu Breslau den Elisabethjahrmarkt »für diesmal« ab, nachdem der deutsche Kaiser dem kaiserlichen Oberamtscollegium zu Breslau Befehl gegeben, wegen der herrschenden Contagion möglichste Vorsicht anzuwenden. Breslau bittet, dies in Leipzig bekannt zu machen, sowie zur allgemeinen Kenntniss zu bringen, »dass während der Jahrmarktzeit kein einziger Jude, er möge Pass haben, oder nicht, eingelassen werde, von andern Personen aber Niemand admittiret werden solle, er bringe denn einen richtigen Pass und Zeugniss, dass an dem Ort, von dannen er kömmt, gar keine Gefahr wegen corssirender Contagion. Denn sonsten alle anher Kommende (wie bishero geschehen) 10 Tage vor der Stadt zu verbleiben würden angehalten werden«. VI.V. B. 3ª. Bl. 209—214.

Johann Georg II. am 20. März 1665 die Erlaubniss, den Ostermarkt auf den Trinitatissonntag den 21. Mai zu verschieben, doch solle dies zu keiner Neuerung und Consequenz führen, auch die Publication nur im Namen des Rathes erfolgen. Der Rath hatte aber schon am 13. März 1665 auf eigene Verantwortung hin ein Patent über die Verschiebung der Messe erlassen und verschickt. Die Verschiebung machte in Naumburg, Frankfurt a/M. und Nürnberg einen schlechten Eindruck, namentlich wegen des Botzener Marktes, der nun auch verschoben werden müsse, und wegen des Wechselgeschäfts: »Viele haben Geld dahin geben; itzo wollens nun retrahiren oder besser Agio haben.« XLV. B. 2.

So empfindlich auch der Messverkehr durch alle Sperren getroffen wurde, so nothwendig war es doch, äusserste Vorsichtsmaassregeln anzuwenden, wenn es galt, eine Infection fern zu halten. Als daher im Jahre 1657 die Pest in und um Braunschweig ausbrach, erliess der Leipziger Rath am 15. August 1657 ein Patent, dass »von Ausländischen Niemand in diese Stadt gelassen werden soll, er habe denn richtige Kundschaft vorzulegen, dass es an den Orten, von dannen er kömmt und sich aufgehalten, der Pest und anderer anfallenden Seuchen sicher.« . . . Lpz. R.A. I. 1. Bl. 536. Und als im Jahre 1665—1666 in Köln a/R. die Pest herrschte, wurde gegen den Zugang von Köln her (eine der wichtigsten Zufuhrlinien!) eine Quarantaine angeordnet, die einer Absperrung fast gleich kam. Als ferner im Februar 1667 der Rath zu Köln den Churfürsten Johann Georg II. von Sachsen bat, »nachdem die vor länger als Jahresfrist eingerissene contagion vermittels göttlicher Verleihung wider nachgelassen«, nunmehr an den Rath zu Leipzig Verordnung zu thun, »damit des heyl. Römischen Reichs Statt Cölln Bürgern und Einwöhnern, auch deren Zugehörige guetere und Wahren auff Vorzeigung glaubhaffter Fedebrief ohne quarantaine in vorgenossener Freyheit gleich anderen wider admittiret und zugelassen werden möchten«, gestattete dies der Churfürst zwar am 13. März 1667, schrieb aber strenge Desinfections- und Vorsichtsmaassregeln[1]) für die in inficirten Häusern in Köln gefertigten oder gepackten Waaren vor. XLV. A. 1ᶜ. Bl. 188.

Von den in diese Zeit fallenden Bestrebungen, während der Messen die Sonn- und Feiertage mehr als bisher zu heiligen, bezw. mit Rücksicht auf Weihnachten die Neujahrsmesse dauernd zu verlegen, ist in dem Abschnitt über die Messverfassung die Rede.

Wie wenig erwünscht den fremden Messbesuchern die von Zeit zu Zeit sich nöthig machende Verschiebung oder Verlängerung der Leipziger Messen war, geht aus einer Eingabe hervor, welche die zur Neujahrsmesse

---

1) Dieselben waren sehr nöthig, da auch 1668 noch die Pest in Deutschland grassirte. In einem Briefe d. d. Dresden 7. Januar 1668 von N.N. kommt der Passus vor: »Von Regensburg schreibt Herr Abgesandter mir vom 3. hjs., dass sich ober- und unterhalb Rheins die Pest je länger je mehr ereigne, auch sonderlich zu Bonn. Wie ihm denn der churkölnische Gesandte zugestanden, dass vorige Woche seines Nachbarn Haus daselbst zu Bonn binnen 4 Tagen, auch der Priester, so hineingegangen, ausgestorben. Die Gift sey heftig und wolle keine Arznei zur Zeit darwider anschlagen, machte kurze Arbeit.« Lpz. R.A. Naumburger Jahrm. Bl. 458.

1668 hier anwesenden Kaufleute aus Nürnberg, Augsburg, Köln a/R., Hamburg, Frankfurt a/M. am 10. Januar 1668 dem Leipziger Rath überreichten: »Wie wir von gewiss erfahren müssen, dass etzliche eigennützige allhier wohnende Kaufleute um Prolongation des nächst bevorstehenden Ostern- oder Jubilatemarktes anzusuchen sich gelüsten lassen wollen. Nun belieben Ew. Magnificenz selbst zu überlegen, in was vor schreckliche Confusion die ganze Handlung dadurch gerathen thue; denn ja nicht zu läugnen, dass bei solcher vorhabenden Prolongation die bevorstehende Frankfurter Ostermesse diesen harten Stoss bekommen würde; dass nicht einiger Kaufmann nur den geringsten Kreuzer auf hiesigen Platz, indem er das Seinige so lange entrathen müsste, abgeben thäte. Die Lioner und andere französische Zahlung würde unumgänglichen Abbruch leiden, der Botzener Trinitatismarkt könnte von uns Augsburgern und Nürnbergern nicht einmal besuchet, weniger die Gelder dahin disponiret werden. Sondern es würde vielmehr des Naumburger Petri-Paulimarktes und fast ganzen Landes Schaden, wie vor etzlichen Jahren durch dergleichen Prolongation auch geschehen. Indem nicht zweier oder dreier eigennütziger Kaufleute, sondern fast ganz Teutschlands wegen die hiesigen Messen privilegiret und .... dass immer ein Ort dem andern die Hand bieten solle, in solche Ordnung gebracht ....«

Die Befürchtung war aber diesmal ungerechtfertigt. Denn auf den Bericht des Leipziger Rathes resolvirte der Churfürst am 16. Januar 1668: »Nun hat zwar bei uns noch Niemand um solche Verlängerung nachgesuchet, weniger sind wir gesonnen, auf den folgenden Fall darin zu willigen, sondern vielmehr der künftigen Messe auf die von Alters her ausgesetzte Zeit ihren Fortgang um so viel eher zu gönnen, je mehr uns bekannt, dass, wenn dergleichen ohne erhebliche Noth geschieht, es diesem Lande wenig Vortheil bringt.« XLV. B. 2.

Am 15. April 1675 erneuerte der Churfürst Johann Georg II. der Stadt Leipzig das Privilegium, »zweene freye offene Ochsen- Viehe- und Ross-Märkte hinfürder zu allen Zeiten jährlich den einen acht Tage vor dem Tage Michaelis und den andern acht Tage vor dem Tage Allerheiligen altes Calenders .... an bequemen Orten .... abzuhalten«. Leipzig hatte diese Märkte bereits 1625 erhalten, »welche Märckte auch darauff mit gutem Nutz introduciret, exerciret und gehalten und dadurch der Bürger und Einwohner Nutz und Wohlfahrt nicht wenig befördert worden .... durch das bald hernach eingefallene langwierige und verderbliche Kriegswesen .... in Abnehmen gerathen und endlich gar aufgehöret ....« Von jedem Stück Vieh, welches zu Markte gebracht wurde, waren 3 Pfennige an die churfürstliche Kammer zu zahlen.

Der Rath schrieb daher den ersten Viehmarkt auf den 22. Sept. 1675 »auf dem gewöhnlichen Rossmarkte vor dem Petersthor allhier« aus. XLV. A. 1ᶜ. Bl. 206. Cod. August. II. p. 2101.

Eine empfindliche Schädigung erlitt der Leipziger Messhandel durch die Kriege gegen Frankreich am Ende des XVII. und Anfang des XVIII. Jahrhunderts. Obgleich Leipzig dem Kriegsschauplatze selbst fern war, hatte es namentlich —

lich deshalb unter ihnen zu leiden, weil Leipzig gerade zu jener Zeit durch Vermittelung der in Leipzig und Halle sich aufhaltenden vertriebenen französischen Hugenotten einen lebhaften Handel mit Frankreich unterhielt und der Krieg nicht nur selbst die Handelswege versperrte und den Verkehr unsicher machte, sondern auch in den »Reichskriegsdeclarationen« regelmässig zu Einfuhr verboten und zu förmlichen Verboten jeglicher Correspondenz mit Frankreich führte.

Als 8 aus Reichenbach gebürtige Kaufleute mit ihren Tuchwaaren von Speyer nach der Leipziger Neujahrsmesse fuhren und sich am 6. Nov. 1675 auf dem Rhein in der Nähe von Worms befanden, wurden sie von 30 französischen Soldaten aus der Garnison Philippsburg mit Schüssen überfallen, gefangen genommen, gemisshandelt, beraubt und endlich in die Festung Philippsburg gebracht. Dort mussten sie dem Gouverneur Comte du Fay ihre Tuchwaaren (über 40 Ctr.) und baares Geld überliefern und wurden in einem Thurm bei grosser Kälte ohne Speise und Trank einige Tage gefangen gehalten. Schliesslich mussten sie sich noch mit 2200 Gulden, nämlich für jeden Consorten mit 400 Gulden und für jeden Diener mit 200 Gulden ranzioniren. Sie baten deshalb den Churfürsten von Sachsen, an den nach Leipzig handelnden französischen Kaufleuten Repressalien zu nehmen.

Der Churfürst, welcher bisher die aus Frankreich »und zugehörigen Provinzien in hiesige Lande commerzirenden Unterthanen trotz des Krieges Schutz und freie Handlung hatte geniessen lassen«, genehmigte zwar die Repressalien, liess aber die französischen Kaufleute vor seinen Commissarius in Leipzig fordern und ihnen erklären, dass sie diesmal noch und bis zur nächsten Michaelismesse unbeanstandet bleiben sollten. Doch sollten sie für Restitution der von den Reichenbachern liquidirten Summen bedacht sein, widrigenfalls die Repressalien zur Anwendung kommen würden. XLV. B. 1.

Da der Kaiser ein Einfuhrverbot französischer Waaren erlassen hatte, befürchteten Leipziger Kaufleute, mit französischen Manufacturwaaren, welche sie aus erster Hand gekauft und nach Leipzig verschrieben hatten, an den Zollstätten angehalten zu werden. Auf ihr Ansuchen stellte deshalb der Churfürst Johann Georg am 19. Sept. 1676 für sie einen offenen Passbrief aus. Der Churfürst hielt sich für dazu berechtigt, da die Waaren vor Publication des kaiserlichen Edictes erhandelt worden, ausserdem aber in dem kaiserlichen Edict ausdrücklich gestattet sei, die erkauften Waaren innerhalb Jahresfrist zu verkaufen. Auch seien die Güter nicht für das Reich selbst bestimmt, sondern für die Städte Warschau, Krakau und Danzig. Der Churfürst trug aber Bedenken, für diejenigen Waaren einen Freipass auszustellen, welche Zeichen Leipziger Handelsleute trügen. XLV. B. 1.

Schwierigkeiten mit der Einfuhr französischer Waaren entstanden später auch wieder 1695 und 1734, und wird davon weiter unten die Rede sein. Vgl. auch Anlage XXI.

Aber nicht blos Frankreich, sondern auch den unmittelbarsten Nachbarn gegenüber galt es damals oft, die kaiserlich privilegirte Unantastbarkeit der nach Leipzig bestimmten Messgüter zur Geltung zu bringen.

Der Stadtvoigt in dem Städtchen Könnern hatte von Schwoll (?) nach Leipzig bestimmte Messgüter angehalten. Der Churfürst Johann Georg II. beschwerte sich darüber am 24. April 1677 bei seinem Bruder, dem Administrator des Erzstiftes Magdeburg, Herzog August, indem er ihn daran erinnerte, dass diejenigen, »welche sich unterstehen wollten, die Güter und Waaren, welche der Stadt Leipzig zu Gut und Bestem zu oder von da ab gehen würden, aufzuhalten, als Friedensbrecher tractiret und in des heil. röm. Reichs Acht und Aberacht gefallen sein sollten.«

Er vermuthet, es sei vielleicht auf untüchtige Münzsorten das Absehen gerichtet gewesen, giebt aber zu bedenken, dass das Silber, so aus Indien und vollends aus Spanien an Walten (?) und Realen ins römische Reich kommt, als ein wichtig Stück der Commerzien anzusehen sei zum Behuf der Goldschmiede, Silberdrahtzieher und sonsten auch zur Bezahlung der Wechsel unentbehrlich; daher auch Silber oder untüchtig Geld zu solcher Nothdurft nach und von Leipzig zu führen niemals verboten gewesen.

Ein Erfolg der Beschwerde ist nicht zu ersehen, ebenso wenig, als am 30. April 1677 abermals ein von Schwoll nach Leipzig bestimmtes Fass mit Pelzwaaren in Könnern aufgehauen wurde und der Churfürst am 8. Mai 1677 sich darüber bei seinem Bruder, dem Herzog August beschwerte. XLV. B. 1.

Das folgenschwerste Ereigniss für die Entwickelung der Leipziger Messen am Ende des XVII. Jahunderts war die Pestepidemie, welche vom August bis zum December 1680 in Leipzig herrschte und 2318 Menschen aus einer Bevölkerung von ca. 20000 Einwohnern [1] hinraffte.

Die Folgen für Leipzig und seine Messen würden noch viel nachtheiligere gewesen sein, wenn Leipzig nicht gerade zu jener Zeit das Glück gehabt hätte, einsichtige, umsichtige und muthige Rathsherrn zu besitzen, deren Maassregeln [2] der Pest gegenüber noch heute unsere ganze Bewunderung verdienen.

Die Epidemie trat unmittelbar vor der Michaelismesse 1680 ein, so dass die Zeit zu kurz gewesen wäre, die Messe zu verschieben und diese Verschiebung den Interessenten bekannt zu geben. Es galt daher einerseits, den eifersüchtigen Nachbarn gegenüber das Recht zu wahren, zu welchem Zwecke die Messe wie in normalen Zeiten ein- und ausgeläutet wurde, auch der Form wegen auf dem Marktplatze einige Buden aufgebaut wurden. Andererseits musste für diejenigen fremden Messfieranten und deren Güter gesorgt werden, die nach Leipzig aufgebrochen waren, noch ehe sie Kenntniss vom Ausbruch der Pest daselbst erhalten hatten. Der Leipziger Rath that dies mit aller Umsicht. Ja er unterliess es sogar nicht, trotz aller Noth der Zeit seine privilegirten Rechte

---

1) Aeltere Nachrichten über Leipzigs Bevölkerung 1595—1849 vgl. *Mittheilungen des statistischen Bureau's der Stadt Leipzig Heft VI.*

2) Eine Skizze der Pest in Leipzig 1680 und namentlich der gegen sie getroffenen Maassregeln, einem in den *Lpz. R.A. XLIV. C.* 2 enthaltenen interessanten Berichte nacherzählt, findet sich in der Wochenschrift *Daheim*, Jahrgang XV. 1879. No. 22.

hoch zu halten und den an sich wohl harmlosen und mindestens natürlichen und erklärlichen Verletzungen desselben gegenüber zu treten.

In einer Bekanntmachung vom 9. September 1680 rügte nämlich der Rath, dass entgegen dem Messprivilegium fremde und hiesige Bürger ihre Waaren auf hiesiger Stadt benachbarte Orte senden, ihre Kunden dahin verschreiben und allda rechte Niederlagen anrichten, ingleichen allerhand Schleifwege suchen.[1]) Es sei dies um so unverantwortlicher, »da wir bereits zur Beförderung und Erhaltung der Commercien auch der Handelsgüter sichere Ab- und Zufuhr gute Anstalt gemacht und zu dem Ende vor jedem Stadtthore einen bequemen von dieser Stadt etwas entfernten und deren Hauptstrassen wohlgelegenen unverdächtigen Ort, nemlich vorm Petersthor unser Haus zu Gonnewitz, vorm Ranstädter Thore den Kühthurm, vorm Hällischen das Gemeinhaus zu Eutritzsch, vorm Grimmischen das Schloss und Städtlein Taucha[2]) wie auch das Thümmelische Haus zu Volkmarsdorf und einen gewissen Ort in den Kohlgärten accommodiren lassen, da sowohl die von Fremden angeführten Güter zu weiterer Disponirung niedergelegt, als was von hinnen zu versenden hingeschafft und daselbst weiter verladen werden kann. Also dass die fremden Kaufleute diese Stadt nicht berühren dürfen, überdiess diejenigen auswärtigen Handelsleute, so bevorstehende Messe zu besuchen gemeinet, sich ebenfalls nach Taucha begeben, daselbst aufn Schlosse ihre Unterredungen pflegen und die gewöhnlichen Marktverrichtungen expediren können. Welches wir auch in die vornehmsten Handelsstädte bereits notificiret.« *I. 34. F. Bl. 137.*

Natürlich war nicht blos die Michaelismesse 1680, sondern auch die Neujahrsmesse und die Ostermesse 1681 ausserordentlich schwach besucht.

Die Hauptgefahr für die Zukunft der Leipziger Messen bestand aber darin, dass Naumburg diese günstige Gelegenheit wieder zu benutzen suchte, die Messen von Leipzig nach Naumburg zu ziehen. Mit welcher Energie der Leipziger Rath diese Versuche zurückwies, davon ist in den *Streitigkeiten mit Naumburg* die Rede gewesen.

Auf Leipzigs Ansuchen gestattete der Churfürst Johann Georg III.[3]) d. d. Schloss Orthenburgk zu Budissin d. 28. Dec. 1680/7. Januar 1681 die Verschiebung der Neujahrsmesse 1681 auf den Sonntag nach Lichtmess als den 6. Febr. alten Kalenders »jedoch ohne Consequenz und Präjudiz«, und beauftragte den Rath, die auswärtigen Städte davon gebührend zu benachrichtigen. »Ihr werdet aber bei zumal anjetzo anhaltenden Winterwetter die sorgfältige Anstalt zu machen wissen, dass nicht allein die etwa inficirten Häuser und darin vorhandene Mobiliar mit nöthiger praecaution geräumet und gesäubert[4]),

---

[1]) Es ist recht characteristisch, dass in der ganzen Bekanntmachung der Pest selbst mit keinem Worte Erwähnung geschieht.

[2]) Schloss und Rittergut nebst Städtlein Taucha hatte Leipzig bereits 1570 angekauft.

[3]) Derselbe war seinem am 22. August/1. September 1680 verstorbenen Vater Johann Georg II. in der Regierung gefolgt, kam aber ebenfalls der Pest wegen erst am 16. September 1681 von seiner Residenz Ortenburg in Bautzen zur Huldigung nach Dresden.

[4]) Der Leipziger Rath hatte bereits unerwartet der churf. Verordnung die umfassendste Desinfection vornehmen lassen.

sondern auch mit Fleiss dahin gedacht werde, dass bei vorstehender Marktzeit sowohl den ankommenden und abzuführenden Kaufmannswahren als auch zu- und abreisenden Personen keine Gefahr zugezogen werden möge. Wie wir denn diessfalls an benöthigter Fürsorge in unsern Geleithen und Zöllen, auch den Orthen worauf die Strasse [1] zugehe, nichts werden ermangeln lassen.«
Die churfürstl. sächs. Regierung erliess selbst ein Circular an Chur-Cöln, Chur-Brandenburg, den Bischof zu Bamberg und Würzburg, die Herzöge zu Sachsen-Weimar, an Brandenburg-Culmbach, Brandenburg-Onolzbach, den Herzog Rudolph August zu Braunschweig und die sämmtlichen Fürsten zu Anhalt, worin die Verlegung der Leipziger Neujahrsmesse und die getroffenen Sanitätsmaassregeln mitgetheilt wurden. Zugleich wurde um bezügliche Bekanntmachung sowie um Erlass einer Verfügung gebeten, dass die Posten zur Erhaltung nöthiger Correspondenz in sicherem Gange conservirt und nicht, wie bisher ohne Noth geschehen, zum allgemeinen Schaden unterbrochen und gehindert werden möchten.

Das Raths-Patent vom 2. Januar 1681 hatte im Wesentlichen folgenden Inhalt: »Wir Bürgermeister und Rath der Stadt Leipzig hiermit thun kund jedermänniglich, demnach leider mehr als zuviel bekannt, wasmaassen wegen der von Gott dem Allmächtigen über diese Stadt verhängten Plage der Pestilenz nicht allein die nächstverwichene Michaelismesse allhier von wenig Fremden besuchet worden, sondern auch alle Commerzien und Handlungen . . . . . geraume Zeit dahero fast gänzlich darniedergelegen und aber nunmehro . . . . . die Seuche hiesigen Ortes dergestalt remittiret, dass die wöchentliche Anzahl der Todten von dem gewöhnlichen Zustande gesunder Zeiten beinahe nicht mehr differiret und der Inficirten täglich weniger werden . . . . dabei denn billig darauf zu denken, wie . . . . Handel und Wandel wiederumb in gewünschten Stand gesetzet werden möge; darzu . . . . war ein dienlich Mittel erachtet worden, itzige Neujahrsmesse bis auf den Sonntag nach Lichtmess, wird sein der 6. Monatstag Februarii, jedoch ohne Consequenz und Präjudiz der hiesigen Marktprivilegien zu verschieben« . . . . .

Es wird noch erwähnt, dass der Churfürst den Reisenden sichere und der Infection halber unverdächtige Wege angewiesen habe, auch habe der Rath angefangen, die inficirt gewesenen Häuser reinigen und ausräuchern zu lassen.

Dieses Patent wurde an 19 Städte [2] verschickt. Der Rath von Frankfurt a/M. antwortete jedoch, er habe zwar das Patent publicirt, doch hätten die Frank-

---

1) Für die von Breslau durch das Churfürstenthum Sachsen nach Oberdeutschland Reisenden wurde als gefahrlos die Route bezeichnet: Breslau, Lissa, Neumark, Liegnitz, Hayna, Bunzlau, Siegersdorf (da bleibt Lauban, weil daselbst es jetzo nicht richtig, zur linken Hand über 11 Meilen liegen), Görlitz, Reichenbach, Bautzen, Drei Kretscham, Crostwig, Zerne, Rosenthal, Schmerlig, Mühlstrich (da bleibt Camenz zur linken Hand bei eine Meile liegen), Weissig, Grunewaldt, Kroggen, Burkersdorf ist das Grenzdorf in der Oberlausitz), Ortrand, Strehla, allda über die Elbe, Gruna oder Düben, Dolitzsch, Merseburg, Naumburg, Jena.

2) Da auch in Dresden die Pest herrschte, wurde der dortige Rath gebeten, den Messbesuchern von dort Pässe darüber auszustellen, »dass sie selbst an der Infection nicht gelegen, noch aus inficirten Häusern kommen«.

furter Kaufleute wenig Lust, die Messe zu besuchen, auch sei zu bedenken, »dass das gegen der Herren gemeine Stadtwesen im Churfürstenthum Bayern, den Oberösterreichischen Landen und der Schweiz [als an welche Orte ein grosser Theil hiesiger Commerzien sich ziehet] angeschlagene Bando[1]) noch dato in völligem effect stehe.«

So lange dies bestehe, getrauten sich die Frankfurter Kaufleute nicht zu reisen. Man räth, durch Vermittelung des Churfürsten von Sachsen sich aus dem bando zu liberiren, auch habe man sich von Frankfurt aus in der Angelegenheit bereits an den Churfürsten von Bayern und an die Oberösterreichische Regierung in Innsbruck gewendet. *XLV. B. 2.*

Aehnliche ablehnende Schreiben gingen von Braunschweig, Augsburg, Nürnberg ein.

Diese Absperrungsmaassregeln gegen Leipzig dauerten ungewöhnlich lange und verursachten Leipzig und seinen Messen einen ausserordentlichen Schaden. Erst im April 1683 wurde die Strassenroute von Hamburg über Leipzig nach Nürnberg wieder eröffnet. *Anlage XI.* Die Absperrungsmaassregeln legten auch die erste grosse Bresche in das von Leipzig mit so grosser Hartnäckigkeit vertheidigte[2]) Stapelprivilegium (*vgl. Handelsgravamina vom 25. März 1681. Anlage IX. dgl. vom 26 März 1681. Anlage X. dgl. vom 2. Dec. 1687. Lpz. R.A. XLV. G. 6ᵃ. Bl. 185—194*[3])) und waren alle späteren Versuche, dasselbe wieder zur Geltung zu bringen, den in der Zeit 1680—1683 geschaffenen Thatsachen und Gewohnheiten gegenüber erfolglos. Ebenso ging es mit der Respectirung der vorgeschriebenen Landstrassen (sogen. Heerstrassen). Bereits am 21./31. März 1681 schärfte der Churfürst (d. d. Orthenburgk) die Einhaltung derselben wieder ein, »nachdem man wegen der Contagion geduldet habe, von der gewöhnlichen Landstrasse abzuweichen.« *1. 34. F. Bl. 145.*

Diese Verordnung blieb ebenso wenig beachtet, wie die zahllosen ähnlichen, welche im XVIII. Jahrhundert von den Landesherren erlassen wurden Der Verkehr liess sich eben nicht länger in die von hohen Obrigkeiten, natürlich aus fiscalischen Gründen, geschmiedeten Fesseln zwängen.[4])

Die Regierungszeit des Churfürsten Johann Georg III. (1680—1691) zeichnete sich durch eine ausserordentliche Regsamkeit auf dem Gebiete der Gesetzgebung aus Soweit davon die Messen betroffen wurden, ist hierüber in dem Abschnitt über die *Messverfassung* das Wesentliche zu berichten.

---

1) Leider ist nicht zu ersehen, wann und von wem der Bann ausgesprochen worden ist — vermuthlich vom Kaiser — und ob er nur gegen Leipzig, wie man aus obigem Briefe annehmen könnte, oder gegen ganz Sachsen gerichtet gewesen ist.

2) Die Schilderung dieser Kämpfe, obgleich sie in naher Beziehung zu der Entwickelung der Messen stehen, haben wir von gegenwärtiger Darstellung vorläufig ausschliessen müssen. In den *Lpz. R.A. XLV. A. 1ᵃ.—ᵏ* liegt ein überreiches Material darüber vor.

3) Ausführliche Darstellung der Leipziger Handelsgravamina nach den Acten der Leipziger Kramer-Innung vgl. bei *Biedermann, Geschichte der Kramer-Innung, Abschnitt VIII. 3. »Ueber den Verfall der Commercien in Leipzig«. S. 85—96.*

4) Vgl. die Denkschrift des Leipziger Rathes vom 26. Mai 1701 Punkt 4 und 8. *Anlage XV.*

Es scheint in jener Zeit aber nicht nur in den Kreisen der Regierung eine grosse Strebsamkeit vorhanden gewesen zu sein. Auch das öffentliche Leben in Leipzig war damals besonders thatkräftig. Hier mag nur an die Organisation der Kaufmannschaft ausser der Kramerinnung[1]) und deren energisches Eingreifen in die Entwickelung der Leipziger Messverfassung erinnert werden. XLV. G. 6^b.

Aus dem Ende des XVII. Jahrhunderts sind einige Verletzungen des Leipziger Messprivilegiums zu melden, deren Bestrafung die sächsischen Fürsten, im Gegensatze zu späteren Zeiten, sich angelegen sein liessen.

Der Handelsmann Benjamin Soubzmain von Tours in Frankreich hatte am 8. Mai 1685 französische Waaren, welche an Leipziger Kaufleute zuständig waren und durch Kaufleute in Frankfurt a/M. an einen Leipziger Spediteur (David de Müller) auf die nächste Messe spedirt werden sollten, in Erfurt mit Beschlag belegen lassen. Auf erhobene Beschwerde liess der Leipziger Rath den in Leipzig aufhältlichen Soubzmain verhaften und vor das Stadtgericht stellen. Später wurde er vom Schöppengericht zu einer Caution von 14 000 Thlr. verurtheilt. Inzwischen schickte der Rath den Dr. jur. Heinr. Zipfel nach Erfurt, welcher es auch durchsetzte, dass das Gericht in Erfurt den Arrest auf die Waaren schon unter dem 12. Mai 1685 wieder aufhob. Der Churfürst trug seinem Kammerprocurenten in Leipzig Christopf Brenitz auf, die Acten gegen Soubzmain einzusehen und das landesherrliche Interesse zu wahren, und verurtheilte Soubzmain schliesslich zu einer Busse von 2000 Thlr., die dieser auch bezahlte. XLV. B. 1. u. XLV. B. 4.

Auf die Einfuhrverbote Brandenburgs und Frankreichs (Elsass), welche damals die blühende sächsische Tuchmacherei aufs äusserste schädigten, kann hier nicht näher eingegangen werden, da dies uns zu weit in die Geschichte des Zollwesens führen würde.[2])

Im Jahre 1687 beklagten sich die von Frankfurt a/M. nach Leipzig negociirenden Kaufleute, dass der Fürst von Sachsen-Eisenach mit Hinweis auf ein neuerlassenes fürstl. Eisenachisches Strassenpatent verlange, dass alle nach und von Leipzig reisenden Kaufleute auf der hohen Landstrasse bleiben sollten, auch dann, wenn sie an andern Orten zu thun hätten, bei Vermeidung der Arrestirung der Güter. Es verstosse dies gegen das allgemeine Strassenpatent vom Jahre 1541, welches nur das Benutzen von Seiten- und Abwegen verbiete. Die hohe Strasse sei zwar die kürzeste, jedoch jetzt bei dem Bechel-

---

1. Verzeichniss der Kramer v. J. 1683. XLV. G. 6^b. Bl. 455, dgl. der fremden, die Leipziger Messe besuchenden Kaufleute ebenfalls v. J. 1683. a. a. O. Bl. 528. Näheres über das Verhältniss der Kramer-Innung zu der übrigen Kaufmanschaft Leipzigs vgl. Dr. Karl Biedermann, Geschichte der Leipziger Kramer-Innung 1477—1880. (als Manuscript gedruckt 1881) S. 47—51.

2. vgl. Dr. Karl Biedermann: Geschichte der Leipziger Kramer-Innung, Abschnitt VIII. 2: »Zollkriege Sachsens mit den Nachbarstaaten Oesterreich u. Preussen und Betheiligung der Kramer-Innung daran«. S. 66—84. Leider sind hier aber nur die Acten der Kramer-Innung, nicht auch diejenigen des Leipziger Rathsarchivs benutzt worden.

berg bei Eisenach in so schlechtem Zustand, dass sie nicht benutzt werden könne. Was aber die Fuhrleute anlange, welche zumal meist in eisenachischen Landen in Tambach zu Hause seien, so sei es doch billig, für deren Vergehen sich nur an diese zu halten und die unschuldigen Kaufleute nicht dafür büssen zu lassen. Wenn dies nicht anders würde, könnten sie in Zukunft die Leipziger Messen gar nicht besuchen.

Der Rath zu Frankfurt übermittelte diese Klage dem Leipziger und letzterer berichtete darüber an den Churfürsten. Was aus der Sache geworden, ist aber nicht zu ersehen. *XLV. B. 1.*

Die wichtige Handelsroute vom Rhein nach Leipzig war damals allen möglichen Fährlichkeiten ausgesetzt.

Bei dem Churfürsten von Sachsen beschwerte sich im Jahre 1688 der Rath zu Frankfurt a/M., dass Chur-Mainz wegen Rechtsdifferenzen mit Frankfurt an Frankfurter Kaufleuten, welche nach Leipzig zur Messe reisen, Repressalien geübt habe. Dies Beschwerdeschreiben war zwar dem (in Holland) abwesenden Churfürsten nachgeschickt worden, da aber Gefahr im Verzug war, hatte der Churprinz zu Sachsen (der nachmalige Johann Georg IV.) d. d. Dresden 9. April 1688 deshalb an Churmainz geschrieben, auch der sächs. Gesandtschaft beim Reichsconvent zu Regensburg bezügl. Instruction ertheilt, sowie beim kaiserlichen Hofe zu Wien Vorstellung gemacht. Der chursächs. Gesandte meldete aus Regensburg vom 12. April 1688, der churmainzische Gesandte habe ihm mitgetheilt, es sei keineswegs eine Anhaltung der nach Leipzig reisenden Frankfurter Kaufleute angeordnet. Nun habe Churmainz, weil Frankfurt einen churmainzischen Münzjuden »bei dem Kopfe genommen«, einen Frankfurter Juden[1] Namens Rost, welcher geringhaltige Münze geführt, anhalten lassen, aber gegen Caution freigegeben. Der Churprinz theilte dies dem Leipziger Rath am 20. April 1688 mit und beauftragte ihn, die Frankfurter Kaufleute davon in Kenntniss zu setzen. Dieser liess am 22. April durch »die dreigeschworenen Wächter« den hiesigen mit Frankfurt correspondirenden Kaufleuten bezügl. Mittheilung machen. In einem Rescript vom 26. April 1688 von Churmainz an seine Gesandtschaft in Regensburg werden 6 verschiedene[2] Punkte aufgeführt, weswegen sich Churmainz über Frankfurt zu beschweren habe. »Den Commerzien aber zu Lieb und damit die bevorstehende Leipziger Messe noch von den Frankfurter Kaufleuten besucht werden könne, wolle es diese aber ohne Aufhalten passiren und repassiren lassen.«

Am 26. April 1688 d. d. Martinsburg zu Mainz theilte das der Churfürst zu Mainz dem Churprinzen zu Sachsen auch noch direct mit. *XLV. B. 1.*

Auf dem Wege zu derselben Ostermesse 1688 waren die Kaufleute und Gewehrhändler Jean de Vaels und 7 Genossen aus Köln, Mastricht und Luik von dem Geleitsmann zu Erfurt (»welcher zu dem Herzog von Sachsen-Weimar dependiren soll«) so lange aufgehalten worden, dass sie zu spät zur Leipziger

---

[1] Hau'st du meinen Juden, hau' ich deinen Juden !
[2] Darunter höchst amusante.

Messe kamen. Sie beschwerten sich darüber beim Leipziger Rathe, indem sie anführten, die Fuhrleute hätten nach alter Gewohnheit pro Pferd und Centner den Zoll in Erfurt entrichtet. Der Geleitsmann sei ihnen aber eine Meile Wegs bis nach Grossmeltza nachgeritten, [1] habe daselbst die Kisten und Ballen aufgeschnitten, Verzollung für Stück für Stück verlangt und ihnen 150 Thaler Strafe auferlegt. XLV. B. 1.

Am 20. Mai 1690 beschwerte sich Johann Adolf Karsch beim Leipziger Rath, dass der Apotheker zu Kassel, Helken, mit welchem er im Process stehe, ihm gehörige Band-, Zwirn- und andere Messwaaren im Werthe von 2000 Gulden, als sie durch Kassel gekommen, habe vom Wagen stossen und in Arrest nehmen lassen. XLV. B. 1. In beiden letztgenannten Fällen ist nicht zu ersehen, ob die Berichterstattung des Rathes an den Churfürsten Erfolg hatte.

Im Jahre 1689 hatte der Leipziger Handel ebenso durch churbrandenburgische [2] Zollmaassregeln wie durch ein erneuertes Verbot des Handels mit

---

[1] Derselbe Jean de Vaels zusammen mit Cristoph Andree aus Köln und Johann Jacob Schwarz aus Augsburg hatte fast genau an derselben Stelle, zwischen Erfurt und Ollendorf, wenige Jahre später, auf der Reise zur Ostermesse 1694 ein Abenteuer zu bestehen. Sie wurden nämlich dort von den Edelleuten Gebrüdern van Wurm auf Ballisch (im Weimarischen) angerempelt und mit Stockschlägen, Pistolen- und Flintenschüssen regalirt. XLV. B. 1. Bl. 175 ff.

[2] Obwohl uns eine Darstellung der Zollverhältnisse im Allgemeinen und der Zollstreitigkeiten mit Brandenburg im besonderen hier zu weit führen würde, wollen wir hier — da Biedermann, Geschichte der Leipziger Kramer-Innung Abschn. VIII. 2. »Zollkriege Sachsens mit den Nachbarstaaten Oesterreich u. Preussen« nur das XVIII. Jahrhundert berücksichtigt — nur erwähnen, in welcher bestimmten Weise die Leipziger Kaufmannschaft sich bereits 1689 für den Freihandel und sogar gegen Retorsionszölle aussprach. Der Churfürst Johann Georg III. hatte am 15. Mai 1689 den Leipziger Rath zu einem sachverständigen Gutachten aufgefordert: »Es ist bekannt und sogar bei allgemeinen Landesversammlungen beweglich angebracht worden, wie die Manufacturen und Consumtionsdinge unseres Lande in denen churbrandenburgischen und anderen Orten bishero mit Imposten beschweret und denen guten Eingesessenen zum Ruin Handel und Wandel dadurch niedergeleget worden. Nun denn die Augen und Gedanken billig darauf zuschlagen und worinnen die agravationes eigentlich bestehen zu untersuchen sein will.«

Der Leipziger Rath sagte darauf am 3. Juni 1689, mit besonderer Bezugnahme auf das churbrandenburgische Mandat vom 29. Februar 1689: »Ob nun wohl in Vorschlag kommen möchte, man habe sich jure talionis auf gleiche Art zu verhalten und was in oder aus selbigen Landen in diese gehet, ebenfalls mit hohen Auflagen zu beschweren, so will sich doch dasselbe hier nicht practiciren lassen, weil einestheils diesseits auf den Abzug wie auch die Freiheit derer gemeinnützlichen Commerzien zu sehen und wie dieselben zu befördern nach aller Möglichkeit zu sorgen ist; dagegen von Seiten Churbrandenburgs jetziger Zeit das Gegentheil intendiret zu werden scheint, indem die Einführung fremder Waaren nicht geduldet werden will, Andrentheils ist es mit Ew. Churfl. Durchlaucht Landen also bewandt, dass von und nach denen Seeküsten, Niedersachsen, Polen, Preussen und andern Ländern nicht leichtlich etwas von Waaren ab- oder zugeführet werden kann, welches nicht die brandenburgischen Lande berühren müsste«.

Sachsen sei also von Brandenburg und nicht dieses von Sachsen abhängig und es lasse sich deshalb auf diesem Wege nichts gegen Brandenburg thun. »Da nun gleichwohl der vor Augen schwebende Untergang abgewendet werden soll, will der Grund vornehmlich durch innerliche Mittel dergestalt zu legen sein, dass hiesigen Ortes die Commerzien und Manufactur nicht nur mit mehreren Imposten nicht beleget, sondern auch die bisher eingeführten vermindert, die Landwaaren von der Landaccise und neuerlichen auch wohl hin und

Frankreich zu leiden. In letzterer Beziehung klagte am 15. März 1689 der Leipziger Rath: »Nachdem in Ihrer Röm. kaiserl. Majestät und Ew. Churf. Durchlaucht jüngst publicirten Mandaten die Commerzien wie auch alle mittel- und unmittelbare Correspondenz mit denen Franzosen untersaget worden«, so stünde die Leipziger Kaufmannschaft in Sorge, die bereits vorher für die Ostermesse verschriebenen Waaren möchten ihnen angehalten werden. Es wird deshalb die Intercession des Churfürsten beim Kaiser zur Ausstellung eines bezüglichen Passes erbeten. Es scheint aber nicht, wie 1676, gelungen zu sein, einen solchen Pass zu erlangen. Denn am 29. Sept. 1689 bat die Leipziger Kaufmannschaft den Rath, er möge beim Churfürsten vorstellen, dass der bisherige rigor gegenüber der Einfuhr französischer Waaren möge etwas gemildert werden. Die französischen Waaren gelangten doch in das Reich, oft über Holland. Leipzig brauche die französischen Waaren zwar nicht für den Verbrauch im Lande, doch seien dieselben nöthig zur Vervollständigung eines Sortiments, wie es die auswärtigen Käufer, namentlich die Ungarn, Schlesier und Polen gern haben. Zumal bei Herannahen der polnischen Reichstage sei es für die hiesigen Commerzier wünschenswerth, französische Waaren zu erlangen. *XLV. G. 6ᵃ. Bl. 215—245.* Welche Schwierigkeiten den Leipziger Kaufleuten erwuchsen, geht u. A. auch aus einer Reihe von Protocollen *a. a. O. Bl. 251* hervor über Eide, welche Kaufleute geleistet hatten, dass sie keine directen Geschäfte mit Frankreich oder Franzosen gemacht hätten.

Wie oben erwähnt worden, war Leipzig am 10. März 1552 von dem Churfürsten Moritz mit dem Privilegium versehen worden, nur im Falle der äussersten Noth mit Garnison belegt zu werden. Im Jahre 1693 scheint nun eine solche Belegung bevorgestanden zu haben (wenigstens wird in *Vogel's Annalen S. 886* erwähnt, dass im März 1694 drei Compagnien des Regiments Uteroth in Leipzig in Garnison gestanden haben, welche aber am 7. April nach Langensalza abmarschirt seien). Der Rath überreichte deshalb am 28. Mai 1693 dem Feldmarschall Cheauvet eine Denkschrift, *Lpz. R.A. XLV. A. 1ᶜ. Bl. 212. 213*, in welcher er die Entstehung seines Privilegiums der Garnisonsbefreiung darlegte.

Zu welcher Rechtsverwirrung und zu welchen Handelsplackereien die Kriege mit Frankreich und das nur halb aufrecht erhaltene Einfuhrverbot französischer Waaren führten, geht recht deutlich aus dem nachstehend geschilderten Fall hervor.

In einer Eingabe der sämmtlichen Kaufmannschaft [1]) in Leipzig vom 10. April

---

wieder unlängst doppelt prätendirten Geleiten befreiet, dem Handelsmann durch Erleichterung der unerträglichen Contribution aufgeholfen, derselbe durch freundliche Mittel erhalten und nach dem Exemplar seiner churf. Durchlaucht zu Brandenburg und anderer benachbarten hohen Häupter selbigen unter die Arme gegriffen werde . . . Auch wolle verlauten, dass Brandenburg mit seinen rigorosen Massregeln nicht einmal werde durchdringen können«.

1) Unterzeichnet von 8 Kramermeistern »vor uns und unsere Innungsverwandten« und 9 Deputirten der »Handelsleute ausser der Kramerinnung«. Von 1688 ab tragen fast alle Schriften in Handelssachen gleichzeitig die Unterschrift dieser beiden Corporationen, die sich

1695 wird darüber geklagt, dass verschiedene aus »Genf, der Schweiz, Lindau, Augsburg und Nürnberg auf jetzige M e s s e anher destinirte Güter im bischöfflich b a m b e r g i s c h e n territorio zu Cronach durch den vormals alhier gewesenen und nach diesem a b g e s e t z t e n A c c i s i n s p e c t o r Antonium Lutzen, der sich auf kaiserlichen und churmainzischen Befehl berufen, nicht allein bereits angehalten worden, sondern auch nach Bericht der Fuhrleute die Anstalt gemacht, dass noch andere mehr aus blosser unbegründeter und erdichteter suspition, ob möchten darunter f r a n z ö s i s c h e W a a r e n mit eingepacket sein, angehalten werden sollten. Wenn denn aber dergleichen Proceduren, deren sich erwähnter Anton Lutze sonder Zweifel aus Rachgier, dass er allhier in der Accise abgesetzt worden, zu Kränkung des chursächs. Interesses unterfangen, dem allhiesigen von römischer kaiserl. Majestät und dero allerhöchsten Vorfahren der Stadt Leipzig allergnädigst ertheilten M a r k t p r i v i l e g i o schnurstracks zuwiderlaufen, indem darin ausdrücklich geordnet, dass [1]) . . . . sonderlich da die über Zürich und Schaffhausen und andere Orte aus der Schweiz kommende Güter anfangs bei dem Zoll zu Hülsingen durch den k a i s e r l i c h e n Obercommissarium auf das schärfste visitiret und darauf die Pässe unterschrieben, ferner zum andern Mal bei dem s c h w ä b i s c h e n K r e i s z o l l zu Engen und zum dritten Mal in dem k a i s e r l i c h e n Z o l l zu Lüttingen auf das genaueste visitiret und ebenfalls die Pässe unterschrieben worden, ein Gleiches auch mit denen über Lindau kommenden Gütern, da selbst bei dem schwäbischen Kreiszoll und nochmals in den kaiserlichen Hauptzöllen zu Gebertshoffen oder Weingarten geschiehet, und nicht eher, bis alle Suspition abgelehnt, fernerweit in das Reich passiret werden, dass mit Bestande hernach nichts weiter zu suspiciren und also unschwer zu schliessen, dass von erwähntem Anton Lutze der Aufenthalt der Güter mit allem Fleiss nur zur Kränkung der Leipziger Märkte angeben und abgezielt worden.«

Auf die erfolgte Beschwerde des Leipziger Rathes schrieb dann der Churfürst Friedrich August am 30. April 1695 an den »Churfürsten Lotharium Frantzen zu Mainz und Bischof zu Bamberg«, er glaube nicht, dass die Anhaltung der Güter mit des Churfürsten Vorwissen geschehen, bat ihn aber, Verordnung zu erlassen, dass nicht allein die angehaltenen Güter alsofort frei gelassen und nach Leipzig abgefolget, sondern auch in Zukunft mit dergleichen unzulässigem Verfahren gänzlich an- und in Ruhe gestanden werde.

Aus einer wiederholten Vorstellung des Leipziger Rathes vom 24. Sept. 1695 geht hervor, dass die Angelegenheit noch nicht erledigt war. Auf die Vorstellung des Churfürsten von Sachsen hatte nämlich der Churfürst von Mainz sich darauf bezogen, dass er das Werk vi commissionis caesareae tractire und man die decision über die Sache von ihrer kaiserl. röm. Majestät erwarten müsse. »Nun ist zwar endlich auf vielfältig Sollicidiren die . . . . . Relation ihrer kaiserl. Majestät allbereit vor 12 Wochen übersendet, es ist aber bis dato R e s o l u t i o n n i c h t

---

in den Jahren 1681 ff. so feindlich gegenüber gestanden hatten, entsprechend dem Vergleich vom 22. Juni 1688. vgl. *Biedermann* a. a. O. S. 50.

[1] Folgt bezugl. Passus aus dem Privilegium des Kaisers Maximilian I. v. 1514.

erfolgt, sondern will vielmehr verlauten, dass der Anton Lutze durch seine eigennützige Intrigue auch nunmehro in Wien alles zu verhindern sich bemüht.«

Auf erneutes Drängen der Kaufmannschaft hat der Leipziger Rath den Churfürsten daher um Intercessionalien beim Kaiser, und diese gingen auch wirklich, »da periculum in mora«, bereits am 24. September an den churfl. Gesandten in Wien, den Geh. Rath Grafen von Zinzendorf ab, mit der Weisung, die Sache möglichst zu betreiben. Inzwischen hatte Chur-Mainz am 28. Aug. d. d. Ems an Chursachsen geschrieben, die Sache sei an den Kaiser abgegeben worden. Es komme hierbei noch in consideration, dass die primi auctores des verbotenen Handels in den kaiserlichen Erblanden angesessen seien. Auch sei zuverlässig hinterbracht worden, dass mit Einführung französischer Manufacturen dem kaiserlichen avocatorium fast durchgehends ganz unverantwortlich contraveniret werde, sowie dass auch die Kaiserlichen dem Einen oder Andern auf ihre ehrlichen Waaren ertheilten Pässe sehr sträflich missbrauchet und mit denselben allerhand Unterschleif gespielet werde.

Hierauf replicirten die Leipziger Kaufleute, die in Cronach angehaltenen Waaren seien von einem Wiener Handelsmann Zacharias Löwe durch seinen in der Schweiz habenden Factor nach Nürnberg spedirt, unterwegs überall richtig declarirt und verzollt worden. Auch in Nürnberg hätten sie frei passirt, obwohl aus dem kaiserlichen Pass [1] zu ersehen, dass französische Waaren inbegriffen. Der Factor in Nürnberg habe ohne Bedenken die Güter seiner Ordre gemäss, weil sie an unterschiedene Kaufleute gesendet werden müssen, vertheilet und einen Theil nach Leipzig verfrachtet. Hier habe man zuerst von dem Pass überhaupt nichts gewusst, da man nur darauf gesehen, »dass die Waare aus der Schweiz, als einem neutralen Orte zugesendet worden, ohne sonderliches Befragen, was es eigentlich vor Waaren wären oder wo sie weiter her kämen. Allermassen denn auch eine höchst gefährliche Sache ob hiesige Stadt und sämmtliche sächsische Commerzien sein würde, wenn auf den Reichsgrenzen, Mauthen und Zöllen den primis autoribus und denjenigen, woher dergleichen Güter zuerst kommen, selbige etweder auf kaiserliche Pässe oder sonst aus anderer dem tertio nicht penetrirlicher Bewegniss ungehindert zwar passiret und

---

[1] Der vom Kaiser Leopold in Wien am 11. Febr. 1695 ausgestellte Pass sagt u. A., »... dass wir Fürweisern dieses unsern Bürger und Handelsmann alhier auch Getreuen Zachariasen Loeb .... erlaubet haben, dass er nach und nach wegen dessen, was er einzubringen, sonsten aber zu verlieren hätte, aus Frankreich 10 Kisten allerhand Gattungen und Sorten schwarz und gefärbt, wie auch glatt und geblümt Taffet und Zeug, 12 Kisten allerhand Handschuh, 12 Kisten allerlei glatte und geblümte auch mit Gold und Silber eingetragene oder brodirte Band, 3 Kisten allerlei Wäterle, 10 Kisten allerhand Messing- und Eisenwaaren von Degenkreuz, Messer, Scheeren auch Schuhschnallen u. dgl., wie auch 8 Kisten allerhand Galantriewaaren, jedoch gegen Bezahlung der Mauth und anderer aller Orten schuldigen Gebührnisse, durch unsere Norden- und Ober- auch andere Oesterreichische wie auch Schwäbische und fränkische Lande und sonst allenthalben, wo er etwa mit ob specificirten Waaren einlaufen möchte, frei, sicher und unaufgehalten   . führen möge   befehlend, dass sie ermeldeten Loeb ungehindert des wegen der französischen Waaren ergangenen Verbots .... passiren lassen«. .

hierdurch legitimiret worden, dennoch diejenigen, so hernach solche Waaren in den diesseitigen Reichsstädten als nunmehr unverdächtiges und vermöge der kaiserlichen Pässe allenthalben passirliches Gut übernommen, allererst mitten auf des Reiches Boden sollten incommidiret und .... in Schaden gebracht werden. Hiernächst haben wir in Erfahrung gebracht, dass die mit päpstlichen Pässen bei den angehaltenen Gütern gewesenen Avignoner Waaren durch Remonstration des päpstlichen Nuntii auf den von Röm. kaiserl. Majestät ertheilten Befehl von ihrer churfl. Gnaden zu Mainz allbereit wieder freigelassen würden.«

Die Sache war auf diese Weise zu einer Prinzipienfrage geworden und es zeigte sich recht deutlich, mit wie ungleichem Maasse am kaiserlichen Hofe gemessen wurde. Denn noch am 4. Dec. 1695 beklagte sich die Leipziger Kaufmannschaft, dass die Angelegenheit beim Reichshofrath verschleppt werde. Die Schuld wird Lutze beigemessen, welcher bei Mitgliedern des Reichshofraths die Leipziger Kaufmannschaft angeschwärzt habe, als ob sie mit den Franzosen ungescheut Handel treibe und als ob zu Leipzig ganze Niederlagen französischer Waaren anzutreffen seien.

Lutze sei nicht allein in Leipzig von der Accisinspection abgesetzt worden, sondern sei auch ein öffentlicher Bankerottmacher. Statt dass er in Arrest gehalten werde, würde auf seine boshafte Beschuldigung hin der Leipziger Handel arg geschädigt, ohne dass Lutze für seine Anschuldigung auch nur eine Caution gestellt hätte, die in diesem Falle mindestens 50000 Thlr. betragen müsse. Der Pass sei rechtmässig erworben und keineswegs auf die österreichischen Länder beschränkt.

Die Passangelegenheit gehe übrigens nur die ersten Empfänger an und nicht diejenigen, welche sie bona fide im Reichsland erworben. »Auch ist bei diesem wichtigen weit aussehenden Werke nicht zu übersehen, dass, wie bekannt Schweden und Dänemark ingleichen Italien, sonderlich aber Venedig bei itziger mit Frankreich habenden Fehde vor neutrale Stände zu halten, mit denen der alliirten Stände Unterthanen freie Macht haben, zu handeln und zu wandeln. Wenn nun diese durch den Lauf der Commerzien von jenen Waaren kaufen und solche auch bezahlen, dieselben aber unterwegen oder wenn sie schon im Lager wären angegriffen und auf böser Leute angeben, dass es Waaren aus Frankreich wären, alsobald confiscirt werden wollten — was for grosser Nachtheil würde nicht den Commerzien daraus entstehen?

Zumal da Schweden, Pommern, Bremen, Dänemark und andere anderer Herren Landen nächst gelegene Oerter sonderlich Altona und Glückstadt ihr Commerzium mit Frankreich frei trieben, und nimmermehr so genau zugehen kann, dass nicht aus solchen neutralen Orten, welchen mit denen Alliirten zu handeln vergönnet, einige Waaren, so jene aus Frankreich erhalten, unter dem Vorwand, ob wären es Waaren aus Holland oder Italien, verkauft werden sollten.«

Uebrigens verfahre man in Hamburg, in Churbrandenburg und in einigen Reichsstädten gar nicht so streng. Es sei dies auch billig zu Beibehaltung der Commerzien und dass solche anderen nicht gar allein zu Theil werden möchten. Vor einigen Jahren sei es auch gestattet gewesen, zwischen den spanischen Niederlanden und Frankreich Handel zu treiben mit Ausschluss der Kriegsmunition und Conterbande. Leipzig sei keine Grenzstadt, sondern liege tief im Lande. Es fehle daher die Präsumtion, dass es direct mit Frankreich Handel treiben könne, und es sei zu hart, tief auf dem Reichsboden allererst Waaren als confiscabel anzusehen.

Leider geben die Acten nicht an, was aus der Angelegenheit geworden ist. *XLV. B. 1.* Officiell scheint eine Erleichterung des Handels mit Frankreich nicht eingetreten zu sein. Desto allgemeiner wurde die Uebertretung des Verbotes, wie dies bei solchen rigorosen Maassregeln stets zu geschehen pflegt. Es ist daran nur bemerkenswerth, dass die Uebertretungen von den höchsten Kreisen ausgingen.

Im Jahre 1689 hatte der Factor der französischen Handelsleute in Leipzig Johann Jacob Keess[1] für 50 000 Thlr. Waaren aus Frankreich nach Leipzig kommen lassen und dann weiter nach Polen geschickt. Durch Bestechungen des Kammerdirectors Baron Ludwig Gebhard von Hein (= Hoym) war es ihm gelungen, den Durchgang durch Leipzig zu erhalten. In Polen waren aber die Waaren schliesslich confiscirt worden. Wahrscheinlich in Folge des Sturzes der Neidschütz, in welchen auch Hoym verwickelt war,[2] wurde 1694 eine Untersuchung gegen den inzwischen abgesetzten Kammerdirector von Hoym und zugleich auch gegen den 1692 als Commerziencommissar in Leipzig eingesetzten Christoph Heinrich Engelschall, sowie gegen Virgilius Eichhorn eingeleitet, in welcher Dr. jur. Heinrich Zöpfel die gravirendsten Aussagen machte. *XLV. G. 11^b.*

Aber auch die Höfe selbst liessen sich Waaren aus Frankreich kommen. Kaufleute machten sich dies wieder zu Nutze, indem sie einzuschmuggelnde Waaren z. B. als für den König und die Königin von Polen bestimmt bezeichneten.

In einer Denkschrift vom 9. März 1695, *XLV. G. 6^d. Bl. 530—538,* wird geradezu darüber geklagt, dass ein Kammerdiener des Churfürsten (Johann Georg Spiegel, früher Kaufmannsdiener in Frankfurt a/M.) als churfürstlicher Commissarius mit churfürstlichen Pässen von Zeit zu Zeit nach Frankreich reise und nicht nur für den Churfürsten und viele andere Leute, sondern auch für benachbarte Höfe dort Waaren einkaufe.

Diesem schimpflichen Treiben machte erst der Friede mit Frankreich ein Ende. Da aber die Publication desselben sich verzögerte, war die Leipziger Kaufmannschaft im Zweifel, ob vor solenner Publication des Friedens die früheren kaiserlichen Avokatorien und Inhibitorien als cassirt anzusehen seien. Auf eine Anfrage beim Churfürsten Friedrich August rescribirte derselbe am 12. April

---

[1] Der aus Memmingen gebürtige Leipziger Kaufmann und Rathsherr J. J. Keess (oder Kees) war zugleich Oberpostmeister in Leipzig und erwarb sich ein grosses Vermögen; vgl. die für die älteren Leipziger Verkehrsverhältnisse wichtige und interessante Schrift G. Schaefer, Geschichte des sächs. Postwesens nach archival. Quellen. Dresden 1879.

[2] Flathe, Sächs. Geschichte II. S. 271.

und 29. April 1698 dem Leipziger Rathe, dass er kein Bedenken habe, nachdem nun der Friede im Reiche geschlossen, nunmehr den Handel mit Frankreich wieder zu gestatten. *XLV. G. 6°. Bl. 107 ff.*

In jener Zeit scheint eine erneute Einwanderung französischer Huge- notten auch nach Leipzig stattgefunden zu haben, jener Einwanderer, welche so lebhaft zur Blüthe des Leipziger Handels und der Leipziger Industrie (nament- lich Gold- und Silberspinnerei, Posamentirerei und Handschuhfabrikation) bei- getragen haben, und deren Nachkommen noch jetzt unter den angesehensten Leipziger Bürgerfamilien zu finden sind. Am 18. November 1698 ertheilte näm- lich der Statthalter Fürst Egon zu Fürstenberg im Namen des Königs und Churfürsten einen Assecurationsschein, welcher den um ihres Glaubens willen aus Elsass auswandernden Handwerksleuten und Kaufleuten Schutz und Frei- heiten gewährte. *XLV. 6ª. Bl. 359.*

Ueber mehrere Fälle der Anhaltung Leipziger Messwaaren in Hamburg in den Jahren 1696—1699 *vgl. Streitigkeiten mit Hamburg.*

In das Jahr 1698 fällt auch die Errichtung des banco di depositi durch die Regierung in Leipzig. *Codex August. II p. 2049—2073.* Ueber die Entwicke- lungsgeschichte und das rasche Ende dieser schwindelhaften Gründung, welche im wesentlichen die Füllung der Taschen des verschwenderischen August d. Star- ken und seiner Günstlinge bezweckte, *vgl. Heinrich von Poschinger: Die Bank- entwickelung im Königreich Sachsen. In Hildebrand u. Conrad's Jahrbüchern für Nationalökon. u. Statistik. Band XXVI. S. 303 ff.*

Von einiger principieller Bedeutung waren mehrere Verletzungen des Leip- ziger Messprivilegiums, welche ebenfalls 1699 zur Sprache kamen.

Am 9. Januar 1699 d. d. Leipzig erliess nämlich der König und Churfürst Friedrich August an den Leipziger Rath den nachstehenden Befehl · »Liebe Ge- treue. Euch ist nicht unbekannt, wessen die hiesigen Handelsleute Zöllner und Küstner, ob hätten sie der Stapelgerechtigkeit[1]) allhier zuwider eine Kiste mit Seidenwaaren, so an einen anderen Kaufmann Namens Diezen von Florenz ge- schickt gewesen, auf öffentlicher Strasse aufgehalten und abgenommen, beschuldiget werden. Wir haben auch die Untersuchung dieser Sache unserm Accisrath allhier Dasern und dem Kreisamtmann aufgetragen gehabt. Wir ver- nehmen aber, dass ihr solches vor Euch gezogen und dass nach eingeholtem Urtheil der eine Interessent Caspar Friese nur mit 20 Thalern nebst Entrichtung der Unkosten bestrafet und die Sache dadurch abgethan. Nachdem aber die Cognition derselben euch nicht zustehet, sintemal selbige zur Stapelge- rechtigkeit gehörig und also ohne unser Vorwissen, viel weniger ohne Beisein unser hiesigen Befehlichshaber, welche auf diese und dergl unser Interesse betreffende Sachen specialiter bestellet, ihn die Untersuchung nicht vornehmen

---

1) Streng genommen hatte die Sache mit dem Stapelprivilegium nichts zu thun, sondern mit dem Messprivilegium. Wie es ganz in der Ordnung, wurden die Mess- und Stapelprivi- legien stets als ein Ganzes behandelt und nur der Sprachgebrauch nannte wohlweise nur das eine oder andere. In der späteren Zeit ist vorzugsweise vom Stapelprivilegium die Rede.

lassen sollen. So lassen wir zwar es vor itzo bei dem eingeholten Urtheil bewenden, befehlen aber anbei, ihr wollet in Zukunft solches unterlassen,
auch die 20 Thaler Strafe, deren ihr euch keineswegs anzumaassen, allsofort an
unseren itzt hier anwesenden Kammermeister Mierischen auszahlen. Daran geschiehet unsere Meinung«.

Der Leipziger Rath stellte aber am 13. Januar 1699 dem Churfürsten vor:
»'. . . und sind wir hiernächst der beständigen Meinung, dass wir sonderlich in
dgl. levioribus casibus der Untersuchung und Bestrafung gar wohl befugt, in
sonderbarer Erwägung, dass einestheils das kaiserliche privilegium stapulae,
nach dessen buchstäblichem Inhalt, Bürgermeister, Rath und Gemeinde der Stadt
Leipzig und ihren Nachkommen gegeben, auch derselbe Theil der halbe Theil[1])
der auf die Violirung gesetzten hohen Strafe der 50 Mark löthigen Goldes uns
gewidmet ist, dahero wir Amts und Pflicht halber, darüber, soviel an uns, eifrigst
zu halten und, da unser Vermögen nicht zulangen möchte, Ew. Königl.
Majestät und Churfl Durchlaucht allermächtigsten Schutz zu erbitten uns verbunden erachten; anderntheils unsere Vorfahren und wir uns nun in die 200 Jahre
her in beständiger öffentlicher und von Ew. Königl. Majestät und churfl. Durchlaucht glorwürdigsten Herren Vorfahren an der Chur- und Landesregierung gnädigst approbirten Uebung, possess und Gebrauch dieses Befugnisses befinden;
da wir die ereigneten Verbrechen untersuchet und bestrafet. Wir haben auch nie
vernommen, dass einiger Beamter oder Befehlshaber alhier dazu specialiter
bestellet sei.«

Der Churfürst scheint sich hierbei beruhigt zu haben. XLV. B. 1.

Ein Bild des traurigen Repressalienwesens jener Zeit giebt der folgende
Vorfall. Der Sohn des Augsburger Handelsherrn Balthasar Schnurbein, Marcus Schnurbein, wurde auf dem Rückweg von der Leipziger Neujahrsmesse 1699 in dem Brandenburgisch-Bayreuthischen Geleitsort Bayersdorf von
dasigen fürstlichen Beamten in Arrest genommen und durch Soldaten nach Bayreuth geführt und dort festgehalten. [2]) Die Veranlassung dazu war, dass der Fürst
zu Brandenburg-Bayreuth einem Augsburger Bürger und Goldschmied für etliche
tausend Gulden Silber zu verarbeiten gegeben, letzterer aber das Silber anderweit verthan hatte.

Balthasar Schnurbein meldete diese Messprivilegienverletzung am 2. Februar
1699 dem Leipziger Rath und bat um dessen Intervention, »zumal da der Botzener
Markt und mit demselben die Zubereitung zu der ohnedem nahen Ostermesse
vor der Thür sei«.

Auf die Anzeige des Leipziger Rathes an den Churfürsten antwortete der
Geh. Secretär Bernhardi am 10. Febr. 1699: »Nachdem im Geheimen Consilio die
Arrestirung Schnurbein's von grosser Wichtigkeit befunden und dahero der
Nothdurft erachtet worden, das deshalben an des Herrn Markgrafen zu Bayreuth

---

1) Ueber den Antheil der Kaiser, bezw. der Landesherrn und der Stadt an der Strafe vgl.
oben *Privilegien*.

2) Vgl. auch *Anlage XV. Punkt 2.*

hochfürstliche Durchlaucht abgelassene und in Abschrift hier beigefügte Schreiben ohne Zeitverlust dahin zu überbringen, alsfort ... hiermit ersuchet, solches entweder durch einen in Leipzig befindlichen Schnurbeinischen Factor [1]) oder durch einen andern Expressen dahin zu befördern«.

Gleichzeitig wendete sich der Rath zu Augsburg in dieser Angelegenheit an den Reichshofrath und correspondirte mit dem Churfürsten von Sachsen und dem Leipziger Rath. Am 10. October 1699 theilte er mit, es sei zwar vom Kaiser an den Markgrafen zu Bayreuth in der Schnurbeinischen Angelegenheit ein Erlass ergangen. Der Markgraf habe aber trotzdem noch nichts gethan und den Markus Schnurbein noch nicht in pristinum statum restituirt. — Dahin war es mit der kaiserlichen Autorität und mit dem Einfluss der sächsischen Fürsten gekommen! Der Churfürst Friedrich August hatte freilich zu viel mit seinem Königreich Polen zu thun und keine Zeit, einen kleinen Reichsfürsten zur Anerkennung kaiserlicher Befehle und Leipziger Privilegien zu zwingen, obwohl die Dinge »von grosser Wichtigkeit« waren. XLV. B. 1.

Den polnischen Schwächen August's d. Starken waren auch die Leiden zu danken, [2]) welche der nordische Krieg über Sachsen und Leipzig brachte.

Anfangs suchte August zwar die Fiction aufrecht zu erhalten, als lebe er als Churfürst mit Schweden im Frieden und nur als König im Kriege. So erliess er am 16. April 1700 an den Leipziger Rath nachstehenden Befehl: »Wir haben aus euerem vom 14. d. M. anher erstatteten allerunterthänigsten Berichte mit mehrern ersehen, welchergestalt sich bei denen Handelsleuten zu Stettin, Bremen und anderen der Krohne Schweden zustehenden Orten Sorge erheben wollen, dass wegen der in Livland entstandenen Unruhe die schwedischen Unterthanen, wann sie den vorstehenden Markt besuchen oder ihre Handelsgüter dahin senden möchten, an ihren Personen oder Waaren mit Arrest oder in andere Wege Anstoss leiden dürften. Wann aber das livländische Wesen mit unserem im römischen Reich gelegenen Churfürstenthumb und Landen keine Verwandniss hat. Als ist hiermit unser Begehren, Ihr wollet zwar nicht durch einen öffentlichen Anschlag, sondern durch ihre zu Leipzig anwesenden Correspondenten die Handelsleute solcher Orte versichern, dass sie an ihren Personen oder Waaren mit Arrest oder in andere Wege einiges Anstosses sich nicht zu besorgen haben sollen«. XLV. B. 1.

Diese Versicherungen fanden natürlich nur so lange Glauben, als der Kriegsschauplatz thatsächlich nicht in Sachsen, sondern in Polen lag. Als aber: »die Hamburgischen nach Sachsen negociirenden Kaufleute durch Breslauer Briefe irre gemacht worden waren [Frühjahr 1705], als welche vergewissern wollen, es stände der König von Schweden in Bereitschaft, in hiesige Lande

---

1) Noch immer war es üblich, die Besorgung von Staatsangelegenheiten den Interessenten zu überlassen!

2) »... so ergab sich das seltsame Verhältniss, dass August einen Krieg, den er eigenmächtig im Namen Polen's begonnen, als Churfürst von Sachsen fortführen sollte, obgleich er als solcher nicht die geringste Veranlassung dazu hatte«. Flathe, Sächs. Geschichte II. S. 323.

einzubrechen und die daselbst stehende moskowitische Miliz zu vertreiben«, richtete August am 24. März 1705 Beruhigungsschreiben an seinen Legationssecretair Ebersbach in Hamburg und an den Leipziger Rath: »da zur Zeit keine Gefahr drohe, jedenfalls aber Veranstaltung[1] getroffen würde, den fremden Kaufleuten und ihren Effecten genügsame Sicherheit zu verschaffen«. XLV. G. 6ᶜ. Bl. 195ff.

Dass die Sicherheit des Messverkehrs durch die schwedische Armee, welche am 18. Sept. 1706 in Leipzig einrückte, wirklich nicht gefährdet wurde, war aber nicht das Verdienst des Königs und Churfürsten August, sondern eine Folge der Einsicht des schwedischen Königs Karl's XII. Denn ebenso, wie die schwedischen Generäle im 30jähr. Kriege, war er sich dessen wohl bewusst, dass ein ungestörter Messverkehr für die Beschaffung der zahlreichen Bedürfnisse seiner eigenen Armee von grösstem Vortheile sein müsste. Freilich hatte Leipzig wie im 30jähr. Kriege unter schwedischer Contribution und Einquartirung schwer zu leiden. Vielleicht war aber der lange Aufenthalt der schwedischen Armee im Lande, welche das letztere allerdings aufs äusserste aussog, und insbesondere die Nähe des Hauptquartieres in Altranstädt für die Messen selbst mehr vortheilhaft als nachtheilig.

Auf Ansuchen des Leipziger Rathes erliess nämlich König Karl XII. sofort nach seiner Ankunft vor Leipzig am 10./20. September 1706 vom Hauptquartier Taucha aus eine Proclamation »... Also und da unsern gnädigsten Willen allerdings zugegen, dass der Handlung einiger Schaden oder Nachtheil aus diesem unsern Einbruch zuwachsen solle; so haben wir mittelst diesen in Gnaden declariren und versprechen wollen, dass alle sowohl in- als ausländische Kauf- und Handelsleute, auch diejenigen, so sonst auf die Messe nach besagten Leipzig reisen, vollkommene Frey- und Sicherheit dergestalt sollen zu geniessen haben, dass ihnen nicht allein, ohne dass vor ihre Personen hierzu absonderliche Passkarten auszuwürken nöthig, frey und ungehindert ab- und zureisen, sondern auch alle Kaufmannswaaren und effecten vollkommen sicher, wie von diesen, an- und wegzuführen soll verstattet und zugelassen seyn«. Vogel, Annalen S. 985.

Da es wünschenswerth war, für die Verbreitung dieser Proclamation und zur Beruhigung der Gemüther Zeit zu gewinnen, wurde die Michaelismesse 1706 um 14 Tage prorogirt und erst am 3. October eingeläutet. Die Leipziger Kaufmannschaft fürchtete aber, es könne eine Verwirrung in den Wechselverbindlichkeiten eintreten und bat am 21. Sept., die Prorogation auch auf die Acceptation und Zahlung der auf die Michaelismesse laufenden Wechsel zu erstrecken. Eine Verordnung der Landesregierung vom 24. Sept. genehmigte dies. Da aber der Leipziger Rath am 25. Sept. die Prorogation der Wechselzahlungsfrist in der Michaelismesse bis auf den 22. bezw. 28. Oct. mit dem Zusatze bekannt machte: »dass jedoch den Creditoren das Interesse auf die

---

1) Diese Veranstaltungen bestanden schliesslich darin, dass August im September 1706 das Land dem Feinde wehrlos preis gab. Flathe II, S. 556.

prorogirte Zeit vergütet werde, es sei denn, dass sich anders verglichen würde«, bat die Kaufmannschaft auch um Aufhebung dieses Zusatzes. *XLV. B. 2. vgl. auch Vogel, Annalen S. 986.*

Die schwedische Armee verblieb bis 2. Sept. 1707 in der Nähe Leipzigs. Bekanntlich wurde dieselbe während dieser Zeit nicht nur vermehrt, sondern auch auf sächsische Kosten neu ausgerüstet.[1]) Die Ausrüstungsgegenstände mussten vorwiegend in Leipzig eingekauft werden und so wurden manche von den (angeblich 23) Millionen Thalern, welche Sachsen aufbringen und zu denen Leipzig einen ganz besonders hohen Beitrag liefern musste, wenigstens in Leipzig wieder umgesetzt. Ein ausserordentlicher Zusammenfluss hoher Standespersonen[2]) in Leipzig in Veranlassung des Altranstädter Friedensschlusses brachte ebenfalls dem Leipziger Handel manche Vortheile.

Der spanische Erbfolgekrieg hatte abermals zu einer Handelssperre gegen Frankreich geführt. In dem § 3 der kaiserlichen Kriegsdeclaration war der Handel mit französischen und spanischen Waaren, Gewächsen oder Sachen verboten worden. Der Leipziger Rath bat deshalb am 4. April 1703 den Churfürsten, die Genehmigung des Kaisers zu erwirken, dass unentbehrliche französische Waaren ausgenommen würden. Als solche wurden bezeichnet französ. Safran, das zum Mühlwerk nöthige Beuteltuch, spanisches Baumöl, Citronen und andere ähnliche Waaren, welche in früheren Reichskriegen mit Frankreich ebenfalls frei einpassirt wären. Auch möge es gestattet sein, die in Holland und zu Hamburg, Berlin und anderen Orten in Vorrath liegenden Franzweine zu verschreiben, einzuführen und zu negociren.

Der Churfürst gestattete dies Alles am 19. April 1703 auf eigene Verantwortung hin, jedoch unter der Restriction: »woferne erwähnte Waaren im Römischen Reiche oder in Holland allbereit auf dem Lager gewesen und also nicht immediate aus feindlichen Händen kommen: auch unter der Hand negociret werde«.

Auch der Kaiser Joseph I. selbst milderte die Rigorosität des Handelsverbots mit Frankreich in Form eines ausführlichen Handelsreglements d. d. Wien 8. Juni 1705 (*XLV. G. 6ᶜ. Bl. 202—215*). In demselben werden einige Waaren ausdrücklich von dem Verbote ausgenommen, andere nur gegen besondere Abgaben eingelassen.[3])

---

1) »23000 zerlumpte und schlecht bewaffnete Soldaten hatte Karl's Heer beim Einmarsch in Sachsen gezählt; er verliess es, durch Werbungen in Sachsen, Schlesien und den Hansestädten verstärkt, mit 34000 Mann, die sich daselbst gut aus gemausert, freilich wohl auch in dem sächsischen Capua manche Ausschweifungen gelernt hatten«. *Flathe II S. 544. vgl. Vogel, Annalen S. 1008.*

2) Langes Verzeichniss derselben. *Vogel's Annalen S. 992 ff.*

3) Die *Bl. 240 ff.* der *Lpz. H.-A. XLV. G. 6ᶜ* tragen den Specialtitel: *Einfuhr der französ. Waaren ins Reich und davon abzustatten habender Impost betr., Ao. 1707—1708.* Dort findet sich *Bl. 250—255* gedruckt: »Tariffa nach welcher mit kaiserl. allergn. Verwilligung vor den löbl. schwäbischen Kreis der imposto von denen nunmehro einzuführen erlaubten französischen und Genfer oder aus Levant durch Frankreich oder Genf passirenden auch einigen anderen Waaren, einzuziehen«.

Im Jahre 1710 hatte man in Leipzig, glücklicher Weise grundlose, Befürchtungen[1]) wegen der Pest, auch waren »wegen Verdachts der Contagion die Fuhren aus Schlesien gehemmet und wurden nicht wohl über die Grenze gelassen«. *XLV. G. 6°. Bl. 21.*

In einem Bericht vom 28. November 1710 beklagte sich die Leipziger Kaufmannschaft über den Rückgang des Durchgangshandels in Leipzig. Nach Beendigung der Contagion (von 1680) habe man zwar versucht, die auf andere Strassen und Provinzien sich gezogene speditiones, commercia und Durchfuhr durch gelinde Begegnung wieder anzulocken und wiederum in vorigen Stand zu bringen, allermassen denn auch durch die ao. 1682 allhier gehaltene churfl. Commission, dabei insonderheit die Breslauer und andere fremde Kaufleute ihre gravamina vorgebracht, viel gute Vertröstung und Remedirung erfolgt.

Weil aber wenig Jahre darauf, sonderlich 1686 durch die bei der Acciseinnahme allhier bestellten revisores und visitatores contra intentionem Serenissimi wider die auswärtigen Handelsleute und dero ankommende und mehrentheils durchgehende Güter allzugrosse Rigorosität gebraucht und denselben dadurch viel Aufenthalt und Ungelegenheit zugezogen worden, haben die Holländer und Hamburger sammt den Schlesiern hierdurch Gelegenheit genommen, die einmal gefundenen Auswege zu continuiren und nicht mehr über Leipzig ihre Güter zu spediren. *XLV. G. 6ᶜ*

Es bestätigt dies vollkommen die bereits in einem Berichte des Leipziger Rathes vom 26. Mai 1701 *Anlage XV* ausgesprochenen Klagen.

Durch die mächtigere Entwickelung des Verkehrs an sich, der stets die kürzesten Linien aufzusuchen bestrebt ist und unnatürliche Zwangsmittel deshalb auf die Dauer nicht verträgt, durch die Ungunst der Verhältnisse — namentlich die Pest 1680 — durch eine kurzsichtige fiscalische Zollpolitik der sächsischen Regierung und durch bureaukratische Plackereien ging eben Leipzig des thatsächlichen Genusses seines Stapelprivilegiums mehr und mehr verlustig. Damit ging auch der Leipziger Zwischenhandel relativ zurück, wenn er auch ohne Zweifel absolut an Bedeutung gewann.

Im ersten Augenblicke könnte es daher auffällig erscheinen, wird aber durch die oben geschilderten Thatsachen hinreichend erklärt, dass gerade in jener Zeit die Leipziger Messen den Vorrang vor allen anderen Reichsmessen errangen.

Es geht dies recht deutlich aus dem Vergleich der Denkschriften hervor, welche Leipzig einestheils in den Jahren 1675 und 1687 *Anlage XXVI* gelegentlich der Errichtung der Braunschweiger Messen und der Streitigkeiten mit Magdeburg abfasste, und worin der Vorrang Frankfurt's a/M. vor Leipzig noch unumwunden anerkannt wird, und anderntheils aus den in den Jahren 1710 und 1711 abgefassten Denkschriften *Anlagen XVII u. XVIII* gelegentlich der beabsichtigten

---

[1]) In Frankfurt a. O. wurde sogar die Martinimesse abgesagt »wegen des zu besorgenden Uebels der Contagion, welches durch die Affluenz so vieler Leute und Einführung fremder Waare in diese Stadt . . hereingezogen werden könnte«. *XLV. B. 3ᵇ.*

Verschiebung der Frankfurter Ostermesse, in welchen letzteren auf die grössere Bedeutung der Leipziger Messen als etwas Zweifelloses hingewiesen wird.

Es wird dies auch durch das Zeugniss eines gleichzeitig lebenden Schriftstellers, Paul Jacob Marperger's bestätigt. [1] Das Buch Marperger's ist zugleich ein bemerkenswerthes Zeugniss für die hohe Bedeutung, welche man den Messen und Märkten zu jener Zeit beilegte, selbst dann, wenn man die etwas überschwängliche Schreibart Marperger's ins Nüchterne übersetzt.

VII.

Die äussere Geschichte der Leipziger Messen von der Erlangung des Uebergewichts derselben über alle anderen Reichsmessen (1711) bis zum Beginn des Continentalsystems (1806).

In den früheren Jahrhunderten war der Landadel der sächsischen und thüringischen Lande die Seele des Kleinhandels der Leipziger Messen gewesen. Die Adligen erschienen gern selbst und womöglich mit ihren ganzen Familien in Leipzig, um ihre Bedürfnisse hier einzukaufen und die zahlreichen Schaustellungen, von denen die Chronisten mit grösster Gewissenhaftigkeit berichten, anzustaunen. Vornehme Personen liebten es, ihre Hochzeiten in Leipzig auszurichten, wo sie alle Bedürfnisse der Ausstattung und des Luxus zur Hand hatten. Zu der Frequenz der Leipziger Messen durch das direct consumirende Publikum — im Gegensatz zu den Handelsleuten — trug aber vor Allem der Umstand bei, dass die Landtage des Leipziger Kreises in Leipzig, und zwar womöglich in Messenszeiten abgehalten wurden, ebenso zahlreiche andere Versammlungen und Conferenzen.

Im XVIII. Jahrhundert trat in dieser Beziehung der sächsische Hof in die erste Linie, dem die kleineren benachbarten Höfe gern auch diese Mode nachmachten. Zwar waren die sächsischen Fürsten [2] von jeher oft und gern in Leipzig gewesen, zumal da Leipzig die Residenz Dresden auch an Grösse noch weit übertraf. Die Prachtliebe und Verschwendung Friedrich August's I. u. II. und ihrer Höfe kamen aber nicht blos der Hauptstadt Dresden, sondern auch Leipzig und seinen Messen zu statten, von wo sie ihre Luxusgegenstände meist bezogen und wohin sie mit zahlreichem Gefolge gern selbst zur Messe gingen.

---

[1] Paul Jacob Marperger: Beschreibung der Messen und Jahrmärkte. Leipzig 1711 bei Joh. Friedr. Gleditzsch und Sohn. S. 65—74.

[2] Auch auswärtige Fürsten besuchten gern die Leipziger Messen, so z. B. Peter der Grosse 16. Okt. 1712. Archiv. f. d. sächs. Gesch. Bd. XI. S. 547.

Auch hierüber berichten *Vogel's Annalen* mit eben so grosser Ausführlichkeit als Servilität.

Die Sache hatte freilich ihre bedenkliche Kehrseite. Der Stadtrath Carl Junghanns sagt darüber in einer Denkschrift vom 13. April 1833 : »Der König pflegte damals (1728) mit seinem Hofstaate zu den beiden Hauptmessen regelmässig nach Leipzig zu kommen und auf Kosten der Stadtcasse zu leben. Da dies jedesmal gegen 30 000 Thaler betrug, so machte der Rath deswegen Vorstellungen und erhielt den Bescheid, dass, wenn der Rath sich mit einer baaren Summe loskaufe, der König dann seinen hiesigen Aufenthalt aus eigenen Mitteln bestreiten wolle. Der Rath ging auf diesen Vorschlag ein, weil er dadurch Erleichterung erhielt und doch auch den Bürgern und Einwohnern die durch die Anwesenheit des Hofes verursachte Nahrung nicht entziehen wollte. Man nahm das Geld und kam nicht wieder nach Leipzig. Diese Angelegenheit wurde jedoch dem Rathe in gutem Andenken erhalten, indem er die Königliche Wohnung im Schlaff'schen Hause früher mit 2000 Thlr., dann 1100 Thlr. und in den letzteren Jahren bis 1828 mit 500 Thlr. jährlich ohne irgend eine Entschädigung hat bezahlen müssen«. *Lpz. R.A. IV. 50. Bl. 5.*

Leipzig ist von der sächsischen Regierung stets als die melkende Kuh angesehen und danach behandelt[1]) worden. Während aber früher, namentlich bei den Churfürsten **Moritz, August** und **Johann Georg III.** ein wirkliches W o h l -

---

[1]) Eine interessante »Uebersicht der seit 150 Jahren von Seiten unserer Regierung gegen unsere Stadt verübten Ungerechtigkeiten und Bedrückungen« enthält obige Denkschrift des Stadtraths Carl Junghanns vom 13. April 1833 in *Lpz. R.A. den Anschluss des Königr. Sachsen an den Zollverein betr. IV. 50. Vol. I. Bl. 1—38.* Eine beigefügte, vom Buchhalter Winkler im Jahre 1814 aufgestellte Tabelle berechnet, dass allein in der Zeit von 1688—1757 der Regierung (abgesehen von allen Kriegscontributionen etc.) 4 161 193 Thaler Vorschüsse gemacht werden mussten, auf welche nur 3 235 847 Thlr. zurückerstattet wurden, so dass, abgesehen von dem Zins- und Coursverlust, 925 345 Thlr. baar verloren gingen. In demselben Zeit waren 1 463 778 Thlr. Geschenke an den Königlichen Hof zu leisten. Von den piis causis wurden zu diesen Zwecken entnommen: 296 633 Thlr. Den Zinsverlust auf 20 Jahre berechnet Winkler auf 2 334 524 Thlr.

Ein Beispiel für die Art, wie man Leipzig zu benutzen wusste, ist das Inserat des Churfürsten und Königs an den Cabinetsminister von Brühl vom 10. Okt. 1733 : »Nachdem Wir zu der Kaufmannschaft in Leipzig das gnädigste Vertrauen haben, so werde selbige bei Unseren gegenwärtigen besonderen Angelegenheiten Uns mit einem ansehnlichen Vorschuss und zwar wenigstens von einer Tonne Goldes (= 100 000 Thlr.) ... gegen Ausstellung zinsbarer Kammer- und Accisscheine an die Hand zu gehen sich nicht entbrechen, als begehren Wir gnädigst, Ihr wollet ermeldte Kaufmannschaft durch nachdrückliche Remonstration dahin zu disponiren suchen« ... *H. St. A. Lok. 2265. Sachen die Stadt Leipzig u. die Kaufmannschaft das. betr. 1701 ff. Vol. II. Bl. 1.*

Der Aufenthalt des Hofes in Leipzig zur Zeit der Messen war aber nicht blos für die Stadt Leipzig, sondern auch für die Landeskassen kostspielig. Zu den Messen wurden zahlreiche Beamte aller Branchen, namentlich der Geheimen Cabinets-Canzlei, nach Leipzig geschickt und erhielten entweder tägliche Auslösungen (bis 6 Thaler) oder Pauschquanta (festgestellt durch Special-Rescript vom 5. Mai 1746 an das General Acciscollegium z. B. 1747 29 Beamte mit zusammen 1570 Thlr. Auslösung. Aber auch die höchsten Herrschaften selbst bezogen namhafte Summen als Messpräsentgelder. So wurden z. B. durch Rescript des Prinzen Xaverius an das Kammercollegium d. d. Leipzig 7. Okt. 1767 als Messpräsentgelder angewiesen:

w o l l e n Leipzig gegenüber deutlich an den Tag tritt, ist von einem solchen im XVIII. Jahrhundert wenig zu bemerken. Im Gegentheil sind sich die Leipziger Kaufmannschaft und der Leipziger Rath der Vernachlässigung, welche sie durch die sächsische Regierung erfuhren, wohl bewusst. Vgl. die Denkschriften von 1726 *Anlage XIX*, 1728 *Anlage XX*, 1754 *Anlage XXVIII*, 1800 *Anlage XXXIII.*

Wenn die Leipziger Messen ihr Gedeihen und ihre Förderung in früherer Zeit und auch am Ende des XVIII. Jahrhunderts zum Theil ohne Zweifel der Fürsorge und der richtigen Wirthschaftspolitik der sächsischen Landesfürsten zu danken hatten, so haben die L e i p z i g e r M e s s e n in der ersten Hälfte des XVIII. Jahrhunderts die e u r o p ä i s c h e B e d e u t u n g, zu welcher sie in dieser Zeit gelangten, t r o t z der politischen Lage Sachsens und der ihnen zu Theil gewordenen Vernachlässigung errungen. Was hätte im vorigen Jahrhundert aus den Leipziger Messen werden können, wenn hinter Leipzig noch das Sachsen des Churfürsten M o r i t z gestanden hätte!

Alle Commerziendeputationen und Commissionen, alle gut gemeinten Vorschläge zur »Aufnahme derer Commerzien« konnten im besten Falle nur in Bezug auf die i n n e r e sächsische Wirthschaftspolitik Erfolge herbeiführen; in Bezug auf die deutsche und internationale Wirthschaftspolitik waren sie wirkungslos. Alle diejenigen, die solche Vorschläge machten, wussten dies auch — wenn sie keine Projectmacher und Schwindler waren —; wussten sie doch, dass einerseits die Regierung ihre beschränkte fiscalische Anschauung niemals aufgeben werde, und dass in der auswärtigen Politik dem guten Wollen das Können abgehe. Diese Ueberzeugung giebt allen Denkschriften aus dieser Zeit einen elegischen Ton, wenn man sich auch selten so deutlich aussprach, wie in einer Denkschrift von 1747 *Anlage XXIV* über die Zollpolitik gegen S p a n i e n: »Allein wir könnten an Spanien keinen anderen G e g e n v o r t h e i l als die Sächsische F r e u n d s c h a f t liefern. Ich zweifele aber sehr, dass man in Spanien u n s g a r s e h r k l e i n e n S a c h s e n dergleichen Vorrechte zugestehen wird«.

Im Bewusstsein seiner Kraft und seines Vorranges hatte es Leipzig in den Jahren 1710—1714 a b g e l e h n t, aus Rücksicht auf Frankfurt a/M., *vgl. Streitigkeiten mit Frankfurt a/M.*, die Leipziger J u b i l a t e m e s s e zu v e r s c h i e b e n. Hierdurch bewahrte sich Leipzig nicht nur seine gewohnten Beziehungen zu den anderen Messplätzen, [1]) sondern drängte auch F r a n k f u r t a/M., welchem die

---

3000 Thlr. an die verwitwete Churfürstin.
3000 Thlr. an den Churfürsten.
3000   »   » den Prinzen Xaverius.
100 Stück Louisd'or an des Prinzen Xaver Bruder, den Herzog zu Curland.
100   »   »   »   »   »   »   »   Schwester Prinzess Christine.
100   »   »   »   »   »   »   »   »   Elisabeth.
100   »   »   »   »   »   »   »   »   Cunigunda.

H. St. A. Lok. 2266: Acta der Leipziger Messreisen nebst dem Fortkommen u. dortiger Auslösung pp. auch Messpräsente für die höchsten Herrschaften betr. ao 1714—1777. Ueber die Leistungen der Stadt Leipzig an den sächsischen Hof, namentlich zur Zeit des Bürgermeister Romanus vgl. Gretschel, Gesch. d. Sächs. Volkes I. Aufl. 2. Band S. 635.

[1) Vgl. oben S. 69.

Verschiebung sei n er Messen o h n e Rücksicht auf Leipzig misslungen war, um einen weiteren Schritt zurück. Dagegen wurde die Concurrenz von B r a u n - s c h w e i g wenn auch nicht gefährlich, so doch empfindlicher. Dies um so mehr, als im XVIII. Jahrhundert für den Leipziger Messhandel sowohl als Eigenhandel die direkten Beziehungen zu Lande mit F r a n k r e i c h mehr zurück, dagegen die Beziehungen zu E n g l a n d und den N i e d e r l a n d e n und zur See mit Frankreich und Spanien, wie überhaupt der ganze Seeverkehr, [1] mehr in den Vordergrund traten.

Zu dem erwähnten Umschwung in den Handelsbeziehungen Leipzigs zu F r a n k r e i c h trugen ohne Zweifel die E i n f u h r v e r b o t e bei, von denen wir im vorhergehenden Abschnitt zu berichten hatten. Im XVIII Jahrhundert wurde dies nicht viel besser. Nur emancipirten sich die Landesfürsten immer mehr von den Anordnungen des Kaisers und wählten hierfür oft die Form, jene kaiserlichen Erlasse überhaupt nicht zu publiciren. Dadurch wurde freilich Alles der W i l l k ü r und, woran nicht zuletzt zu denken ist, der B e s t e c h u n g überlassen.

Am 18. Mai 1734 theilte der Churfürst dem Leipziger Rathe mit, dass der Kaiser geboten habe: »sowohl denen R e i c h s f e i n d e n nichts, was zum Kriege nöthig, zu verkaufen und denselben aus dem Reiche zuzuführen, als auch sich mit ihm aller Correspondenz, Commercien, Geld- und Waaren-Wechsel zu enthalten.«

V o r P u b l i c a t i o n des kaiserlichen Patentes sei zu überlegen, was zur Verhütung etwa besorglichen Nachtheiles und sonderlich für das Wechselnegotium geschehen könne. Der Leipziger Rath solle über seine Bedenken Bericht erstatten.

Der Leipziger Rath bat am 31. Mai 1734 und auf Grund einer Denkschrift der Leipziger Kaufmannschaft vom 26. Juni 1734 *Anlage XXI* erneut am 8. Juli 1734, um möglichst m i l d e H a n d h a b u n g des Handelsverbotes.

Der Regierung war es offenbar peinlich, eine Entschliessung treffen zu sollen. Der Hofrath Traugott Dietrich in Dresden schrieb deshalb 23. Juli 1734 an den regierenden Bürgermeister und Vicekanzler Dr. Jacob Born zu Leipzig, eine Resolution auf den Bericht vom 8. Juli werde n i c h t erfolgen, da das infolge

---

1) **Dies führte auch zu** bisher unbekannten Conflicten.

Im Jahre 1729 übte der Königl. Dänische Oberlanddrost **zu Pinneberg**, Graf von Calenberg an einem aus Holland kommenden, bei Altona gestrandeten Schiff das Strandrecht aus. Auf dem Schiff waren für 1100 Thlr. Leipziger Kaufleuten gehörige Waaren. *XLV. G. 6^d.* *Bl. 64—72.*

Ein Schiff, **auf welchem sich Leipziger Waaren** befanden, wurde 1734 von Dänemark aufgebracht, »nachdem Ihre Königl. Majestät zu Dänemark und Norwegen das vieljährige widrige und halsstaarige Betragen des Magistrats i h r e r e r b u n t e r t h ä n i g e n S t a d t H a m b u r g endlich durch Aufbringung einiger selbiger Stadt gehöriger Schiffe zu ahnden sich bemüssiget gefunden«. *XLV. G. 6^d, Bl. 136—166.*

Englische Kaper hatten 1747 verschiedene Schiffe aufgebracht, welche Waaren für Leipziger Kaufleute enthielten. Die sächsische Regierung reclamirte deshalb bei der grossbritannischen. *XLV. G. 6^e. Bl. 85—181*

der Reichskriegserklärung erlassene Specialverbot des Handels in Leipzig z. Z. noch nicht publicirt sei.

Bürgermeister Dr. Born antwortete am 31. Juli 1734 ebenfalls privatim, es bleibe auf diese Weise eine grosse Unsicherheit für den Handel bestehen. Auch sei doch am 10. April 1734 ein landesherrlicher Befehl ergangen, der Kriegsdeclaration in allen Punkten nachzukommen. Der Rath trage jedoch Bedenken, in der Sache weitere officielle Schritte zu thun. *XLV. G. 5.*

Die im Jahre 1738 in England erfolgte »Aufhebung des Rückzolles von deutscher Leinwand« (Rückerstattung des Zolles bei Wiederausfuhr?) war empfindlich für den durch Leipzig vermittelten sächsischen Export und führte zu der Frage, ob Repressalien hiergegen thunlich seien. *XLV. G. 6ᵈ. Bl. 172—217.* Es scheint nicht zu solchen gekommen zu sein. Bei dieser Gelegenheit veranlasste die Regierung wiederholt Erörterungen über die Lage des englischen Handels von Leipzig. Unter den hierauf bezüglichen Denkschriften der Leipziger Kaufmannschaft und einzelner Kaufleute sind diejenigen von 1738 *Anlage XXII,* 1743 [1] *Anlage XXIII,* 1747 *Anlage XXV u. XXVI,* Punkt 2, 1754 *Anlage XXVIII,* Punkt 1, 1763 *Anlage XXX,* Punkt 3, hervorzuheben.

Im Jahre 1763 wird das englische Negotium für das vorzüglichste in den sächsischen Ländern gehalten und behauptet, von der gesammten englischen Einfuhr nach Deutschland entfallen drei Viertheile auf die Stadt Leipzig im Werthe von jährlich mehr als 3½ Millionen Thaler.

Die Zollstreitigkeiten waren im XVIII. Jahrhundert eigentlich zwischen allen Staaten permanent. Sachsen hatte solche in erster Linie mit Preussen, nur zeitweilig unterbrochen durch den Commerzientractat von 1728 [2] und den Vertrag von Halle vom 18. Juni 1766, *Lpz. R.A. XLV. C. 22. vgl. unten Abschnitt Verfassung u. Anlagen XXXI,* aber auch mit Oesterreich [3], wodurch die Durch-

---

1) Im Jahre 1743 beabsichtigte das englische Parlament, die Zölle auf sächsische Leinwand zu erhöhen. *XLV. G. 6ᵉ. Bl. 21—36ᵇ.*

2) Die Entstehungsgeschichte dieses Tractates ist geschildert und die Hauptbestimmungen desselben sind abgedruckt bei Karl Biedermann, *Geschichte der Leipziger Kramer-Innung. S.74ff.*

3) Klagen Leipziger Kaufleute 1711 über den neuen hohen Zoll in Kassburg in Böhmen, »welchen die Engländer gar vorsichtig zu vermeiden wissen«. *XLV. G. 6ᶜ. Bl. 324ff.*

Klagen Görlitzer Kaufleute über ein Zollpatent der Statthalterei in Prag vom 27. Januar 1727. *XLV. G. 6ᵈ. Bl. 40—51.*

»Promemoria wegen einiger Punkte, darauf bei Errichtung eines Tractates mit Ihro Majest. der Königin von Ungarn und Böhmen des sächsischen Commercii halber zu reflectiren sein dürfte«. Von Anonymus post annum 1739. *XLV. G. 1.*

Reclamationen Leipziger Kaufleute wegen 1740 in Oesterreich eingeführter Differenzialzolle. *XLV. G. 6ᶠ. Bl. 229—260.*

Ueber die Frage, »ob um den Wienerischen Hof auf billigere Gedanken zu bringen« Retorsionsmaassregeln gegen die österreichischen Zollerhöhungen zu ergreifen seien. 1747. *XLV. G. 6ᵉ. Bl. 31.*

Im Jahre 1727 beschloss die österreichische Regierung geradezu, »den ungarischen und siebenbürgischen Kaufleuten den Weg nach den Messen von Frankfurt und Leipzig zu erschweren: Waaren, die sie von diesen Städten hereinbrachten, sollten in Ungarn einen höheren Zoll zahlen als solche, die sie in Wien oder Breslau kauften: Vgl. hierüber und über die österreichischen Einfuhrverbote jener Zeit, sowie über »die Mautcalamität und die Stoll-

fuhr, namentlich englischer Waaren nach **Böhmen und** Ungarn und anderen österreichischen Ländern durch Sachsen, sehr geschädigt wurde.

Die Kriege Friedrich's des Grossen, mochte er nun im Kriegsstand mit Sachsen sein oder nicht, schädigten natürlich den Leipziger Handel und die Leipziger Messen bedeutend, direct und indirect. In letzterer Beziehung wollen wir nur einige Beispiele anführen:

Im Jahre 1744 liess Friedrich in Magdeburg alle Schiffe requiriren, um Fourage und Salz zur Armee nach S c h l e s i e n zu bringen. Magdeburger Spediteure konnten deshalb Leipziger Waaren nicht nach Hamburg befördern. *XLV G. 6ᵈ. Bl. 275—282.*

Königlich Ungarische Husaren hatten am 1. August 1744 zwischen Liegnitz und Neumark Leipziger Fuhrleute angehalten und deren Frachtgüter geplündert. Es machte sich deshalb nöthig, den Fuhrleuten obrigkeitliche Pässe und Attestate mitzugeben, dass die Ladung wirklich in Leipzig geschehen. *a. a. O. Bl. 283—294.*

Dies waren jedoch nur **Kleinigkeiten gegen die Lasten des siebenjährigen Krieges** selbst.

Hatte schon der Einfall des Fürsten Leopold von Dessau **und die Besetzung** Leipzigs am 30. November bis 25. December 1745 der Stadt Millionen gekostet, so saugte Friedrich die Stadt Leipzig im siebenjährigen Kriege seit der Besetzung am 29. August 1756 durch den Herzog Ferdinand von Braunschweig geradezu systematisch aus. **Unter den sämmtlichen Abgaben,** die an das Preussische **Feldkriegsdirectorium nach** Torgau abzuführen waren, wurden sogar die Stapelstrafgelder nicht vergessen. Freilich wurden für diese Vakatscheine übergeben. Es kann nicht unsere Aufgabe sein, die Contributionen aufzuzählen, die Leipzig im Laufe des Krieges zu leisten hatte und die in Summa auf 4 455 000 Thaler geschätzt[1]) werden, sowie die Quälereien **zu schildern,** mittelst deren die Gelder eingetrieben wurden. Jedenfalls hatte Leipzig an der in jener Zeit aufgenommenen »Preussischen Schuld« noch bis in den Anfang des XIX. Jahrhunderts zu zahlen[2]) und war es keine Uebertreibung, wenn die Denkschrift der Leipziger

---

fuhr« in Oesterreich *Dr. Franz Martin Mayer: Die Anfänge des Handels und der Industrie in Oesterreich. Innsbruck 1882. S. 73. 74. 90 ff.*

[1]) Lpz. R.A. IV. 50. Vol. I. Bl. 59.

[2]) Vgl. die Lpz. R.A. XLI. A. No. 1—214. (Preussische Contributionscasse.) Zur Abzahlung der Kriegsschulden wurde dem Leipziger Rath die Erhebung gewisser Abgaben gestattet, welche auch den Messverkehr hart trafen. Mussten doch die eingehenden Messgüter ausser den bisherigen Abgaben an das Gleite, die Waage und die Landaccise nunmehr auch noch eine Abgabe an die sogen. »Leihcasse« entrichten und zwar von Waaren im Werthe von 2 Thaler pro Centner 2 % und von Waaren im Werthe von 1 Thalern (und mehr) 1 %. [Ausser diesem »Zentnergeld zur Leihcasse« wurden an die Leihcasse noch entrichtet Abgaben von den Consumtibilien, ferner ½ % vom Werth der Grundstücke, und 1 Groschen Abschoss von jedem Thaler Miethzins]. Da auch die Erhebungsart der Abgaben zur Leihcasse zur Plackerei ausartete, empfahl die Commerciendeputation in einer an den Prinzen Xaver gerichteten Denkschrift vom 6. Sept. 1768 an Stelle der vom Leipziger Rath immer urgirten strengeren Aufrechterhaltung des Strassenzwanges (Stapelrecht) die E r l e i c h t e r u n g des Durchganges der Messgüter durch Leipzig. *H. St. A. Lok. 2235. Messrelationes des L. O M. u. Commerciendeput. Vol. I.*

Kaufmannschaft von 1763 *Anlage XXX* sagt: »Also haben die bei . . . dem Kriege der Stadt ohne Aufhören angesonnenen und mit unerhörtem rigeur eingetriebenen Geldforderungen nicht allein den Kaufmann um alle Baarschaft gebracht, sondern auch dessen Credit sehr gemindert und durch Hemmung der Circulation in seinem Gewerbe ausserordentlich zurückgesetzt.«

Dazu kommt noch, dass Leipzig und seine Messen diesmal n i c h t, wie im nordischen Kriege, von dem durch den Krieg bewirkten grösseren Waarenumsatz und den Lieferungen für die Armee einen i n d i r e c t e n N u t z e n hatten. Denn Friedrich wendete natürlich diese Geschäfte seinen Landesangehörigen und den von ihm protegirten Messen in Frankfurt a/O. und Breslau zu.

Einen interessanten Einblick in die Entstehungsgeschichte des Artikel 6 des H u b e r t u s b u r g e r F r i e d e n s, welcher die Handelsbeziehungen regelte, giebt ein Bericht, welchen Geh. Rath Freiherr von Fritsch und Hofrath Gutschmid d. d. Dresden 25. Febr. 1763 »über das Hubertusburger Friedensinstrument« erstatteten und von dem sich ein auf den Artikel 6 bezüglicher Extract bei den *Lpz. R.A. XLV. G. 1* befindet.

Es sei, so berichteten die Genannten, von Anfang an die Bemühung darauf gerichtet gewesen, »feste und sichere Generalprincipia einer solchen égalité und reciprocité, bei welcher das mutuelle Commerzium bestehen und ein jeder Landesherr zu inneren Landesverbesserungen freie Hände behalten könne, dem Tractate selbst einzuverleiben und dadurch zu einem nachherigen besonderen Commercientractat einen sichern Grund zu legen; nachdem aber preussischerseits bald anfangs auf einen vermeintlich vor dem Kriege vorhanden gewesenen statum quo verfallen worden, auf dessen Ablehnung die vorzüglichste Aufmerksamkeit zu richten die dringendste Nothdurft erforderte, so hat unter E. K. Hlt. gnädigster Approbation die Ausstellung des C o m m e r c i a l p u n k t e s zu künftiger besonderer Behandlung als das sicherste Mittel dazu erwählet und sich dabei begnügt werden müssen, dass vor der Hand nichts Nachtheiliges anerkannt, vielmehr durch die Worte sur des principes équitables et reciproquement utiles der Grundsatz der utilité reciproque, welches die einzige Basis eines Commercientractates sein kann, ausdrücklich stabilirt werden.« Als Verhandlungs- und Compensations-Punkte eines künftig abzuschliessenden Handelsvertrages werden dann namhaft gemacht: a) die preussischen Transito-Imposten und diesseitigen Durchgangsabgaben, b) die diesseitigen und preussischen Transito-Verbote und Abgaben, c) dgl. Consumoabgaben, d) der M e s s h a n d e l zu L e i p z i g und N a u m b u r g und der zu Frankfurt a/O. und Breslau, e) die L e i p z i g e r S t a p e l b e f u g n i s s e und die preuss. seits für Magdeburg und Frankfurt a/O. prätendirten Stapelrechte und darauf gerichteten Strassenzüge, auch nöthigenfalls das brandenburgische angebliche Zollprivilegium von Friederico III. d. ao 1456 und Maximiliano I. de ao 1518 und dagegen dem Churhause Sachsen zustehende richtige Strassen-Privilegia von Ludovico Bavaro d. a. 1332 und Friederico III. d. a. 1443, f) die E i n s c h r ä n k u n g der E l b s c h i f f f a h r t zu Magdeburg und deren gleichmässige Einschränkung zu Dresden.

Der H a n d e l s v e r t r a g zur Ausführung des Art. 6 des Hubertusburger

Friedens kam am 18. Juni 1766 zu Halle a/S. zu Stande. *Anlage XXXI.* Ausführlicheres hierüber vgl. in dem Abschnitt *Messverfassung.*

Die Erfolge der Handelspolitik Friedrich's d. G. gegen Sachsen waren aber weit geringere, als seine militärischen Erfolge im siebenjährigen Kriege gewesen waren. Handel und Wandel liessen sich eben nicht so reglementiren und commandiren, wie an Gehorsam gewöhnte Armeen. Man kann nicht behaupten, dass die Gesichtspunkte unrichtig gewesen wären, von denen sich Friedrich bei der künstlichen Belebung des preussischen Handels und der preussischen Industrie leiten liess. Seine Maassregeln waren aber vielfach so rigoros, dass oft das Gegentheil von dem erreicht wurde, was er beabsichtigt hatte.

Dass die von Friedrich künstlich ins Leben gerufenen Messen in Breslau, *vgl. Streitigkeiten mit Breslau,* und seine Maassregeln, den oberschlesischen, ungarischen u. s. w. Handel von Leipzig ab und auf die Oder zu lenken, nicht den erwünschten Erfolg hatten, geht u. A. aus Folgendem hervor:

Eine churfürstl. Verordnung vom 8. April 1744 an den Leipziger Rath sagte: »Nachdem nicht ohne Grund zu besorgen ist, dass wenn diejenigen Waaren, womit die polnischen, ungarischen, siebenbürgischen und oberschlesischen Kaufleute handeln und deren sie sich zeithero in Leipzig zu erholen gewohnt gewesen, ihnen von denen inländischen Kaufleuten bis Breslau entgegengebracht würden, selbige sich nach und nach von Leipzig gar abziehen dürften; so begehren Wir hierdurch, ihr wollet, auf was maasse dieses mit guter Art abzuwenden, erwägen, jedoch bei der dabei einzuziehenden Erkundigung alle mögliche Behutsamkeit, inmaassen überhaupt diese Sache mit pflichtmässiger Verschwiegenheit zu tractiren, gebrauchen und uns euer ohnmassgebliches Bedenken vermittelst gehorsamsten Berichtes eröffnen.«

Der Leipziger Rath berichtete hierauf am 31. Mai 1744, es würde bedenklich sein, den inländischen Kaufleuten den Besuch der Breslauer Messen zu untersagen. Aber auch jetzt schon würden die Breslauer Messen wenig besucht. Nützlich würde eine Verminderung der sächsischen Accise wirken. Auch hätten die ungarischen und siebenbürger Kaufleute geäussert, dass, wenn der sogenannte Aufschlag in Niclasburg von der Königin von Ungarn wieder aufgehoben werden sollte, sie die Strasse über Breslau gar nicht einmal weiter berühren, sondern wie vormals den Weg unmittelbar nach Leipzig nehmen würden. Der Churfürst wird um bezügliche Vorstellung bei der Königin von Ungarn gebeten. *XLV. G. 1. Separattitel: Die Leitung des ungar- und siebenbürgischen Commercii durch Mähren und Böhmen nach Sachsen betr.* Die Königl. Preuss. Verordnung von Glogau 23. Febr. 1747, *XLV. G. 6ᵉ. Bl. 32,* welche den Industriellen des Riesengebirges statt des Landtransportes die Wasserfracht nach Hamburg anempfahl, hatte ebenfalls wenig Erfolg.

Ganz besonders aber waren die hohen Sätze des Preussischen Messaccisetarifs vom 5. März 1772 und das Avertissement von 1787 dem Messhandel in Frankfurt a/O. und Breslau schädlich und trieben die Handelsleute aus Böhmen und Polen geradezu nach Leipzig. Spätere Maassregeln konnten dies nicht wieder ändern. *Philippi: Die Messen in Frankfurt a/O. S. 17.*

Von jener Zeit an beherrschten die Leipziger Messen den europäischen Osten auf lange Zeit. Namentlich der durch die polnischen Juden vermittelte Rauchwaarenhandel mit Russland nahm einen mächtigen Aufschwung.

Wenn auch die unter dem Grossen Churfürsten begonnene Auswanderung zahlreicher Gewerbtreibender, namentlich Tuchmacher nach Brandenburg, im XVIII. Jahrhundert sich fortsetzte, so suchte sich Leipzig andererseits auch durch den Zuzug auswärtiger Industrieller [1]) zu stärken.

Eine im Jahre 1749 in Folge der churf. Verordnung vom 26. Nov. 1749 in Leipzig vorgenommene Fabrikenzählung giebt ein erfreuliches Bild der Grossindustrie der Gold- und Silberspinnerei und der Seiden-[2]) und Sammt-Industrie, wenn auch in dem fraglichen Berichte bemerkt wird: »Die Leipziger Fabriken sind zwar zeithero ziemlich hoch gekommen, nun aber siehet es aus, als wenn solche ebenso wieder herunter kommen würden.« Die Schuld wird der ausländischen Concurrenz gegeben. *Lpz. R.A. XLV. G. 14 am Ende.*

Durch seine immer mehr sich entwickelnden überseeischen Handelsbeziehungen wurde Leipzig, wie schon bemerkt, oft auch von internationalen Conflicten berührt.

Am 29. Sept. 1754 verordnete der Churfürst an den Leipziger Rath: »Aus was Ursachen die Krone S p a n i e n allen Handel mit der Stadt H a m b u r g gänzlich aufzuheben und sämmtlichen im besagten Königreich befindlichen Hamburgern, dass sie selbiges binnen gewisser kurzer Frist mit ihren Effecten bei Strafe der Confiscation räumen sollten — anzubefehlen bewogen worden, solches ist euch aus denen öffentlichen Nachrichten bereits zur Genüge bekannt. Da uns nun zu wissen nöthig, ob und was vor Nachtheil der Leipzigischen mit denen Hamburgern im Verkehr stehenden Kaufmannschaft daraus erwachsen und wie derselbe abgewendet werden könne? so begehren wir .... Bericht zu erstatten«.

Darauf berichtete der Leipziger Rath am 7. Dec. 1754, es sei zur Zeit kein Nachtheil zu besorgen, da Hamburg die Sache zu redressiren hoffe. Gelinge dies aber nicht, so würde es leicht sein, durch andere Vermittelung mit Spanien zu handeln. Auch handelten L e i p z i g e r H a n d e l s l e u t e vielfach d i r e c t nach S p a n i e n über Altona.[3]) Die aus Sachsen nach Spanien geführten Waaren seien

---

1) Im Jahre 1749 wurde über Ansiedelung einer türkischen Familie röm. kath. Religion nach Leipzig verhandelt. Diese war früher von Smyrna nach Venedig gewandert und sollte nicht allein in der Cattunweberei erfahren sein, sondern auch das Geheimniss besitzen, die Cattune mit rother fester Farbe, welche sogar dem Citronensaft widerstehet, zu färben. *XLV. G. 1.*

David Jordan, welcher in Magdeburg eine Handschuhfabrik hatte und in derselben mehr als 50 Personen beschäftigte, bat 1751 um die Erlaubniss, sich in Leipzig niederlassen zu dürfen, und um Schutz gegen die etwaige Einsprache des Leipziger Beutler-Handwerks und der Leipziger Kaufleute. *XLV. G. 1.* »Punctation oder kurzer Entwurf, was ich Gottlieb Seyffarth und Sohn bei Etablirung einer englischen Lohgerb- und Zurichterei in Leipzig unentbehrlich nöthig halte.« (1754?) *XLV. G. 1.*

2) Es wurde damals auch »im hiesigen Zucht- und Waisenhause nicht ohne grosse Mühe und Kosten ein Anfang von einer Maulbeerbaum-Plantage und Seidenbau gemacht«.

3) vgl. auch 1712 *Streitigkeiten mit Hamburg.*

hauptsächlich Arsenik, blaue Farbe, Blech, halbseidene und wollene Zeuge, insonderheit Lausitzer und Schlesische Leinwand, auch andere weisse Waaren. *XLV. G. 1.*

Wenn eine Denkschrift der Leipziger Kaufmannschaft vom 24. Oct. 1754 *Anlage XXVIII* den Titel trägt: »Unvorgreifliche Anzeige derer Ursachen des Verfalls der Handlung in denen Leipziger Messen«, so ist dies auch für diese Zeit nicht so wörtlich zu verstehen. Einmal haben wir gesehen, dass es bei der Leipziger Kaufmannschaft von jeher Mode war, zu klagen, auch dann, wenn sich ein Aufschwung des Handels im Allgemeinen constatiren lässt. Dann war es aber auch nicht die Aufgabe der Denkschrift, die guten Seiten des Messgeschäftes zu schildern. Vielmehr galt es, auf die vorhandenen Schranken aufmerksam zu machen, welche eine lebhaftere Entwickelung der Messen verhinderten. Und dass solche Schranken jederzeit, so auch damals vorhanden waren, haben wir bereits gesehen. Endlich aber galt es, die gravamina mit lebhaften Farben aufzutragen, einer Regierung gegenüber, welche zwar eifrig war in der Anordnung von Erörterungen und Berichten, die aber weder Lust, noch Zeit[1]), noch Macht besass, den vorgebrachten Wünschen Rechnung zu tragen.

Erklärlicher Weise waren die hauptsächlichsten Beschwerdepunkte auch dieser Denkschrift die hohen Zölle und Prohibitivmaassregeln der benachbarten Länder und die hohen Zölle und Steuern und deren Bewirthschaftung (Verpachtung) in Sachsen selbst. Den alten Leipziger Traditionen getreu wird aber auch hier von Prohibitivmaassregeln und Retorsionszöllen abgerathen, dagegen auf Exportprämien hingewiesen.

Von jeher sind in Leipzig Handelsleute, welche Jahre lang die hiesigen Messen besucht hatten, schliesslich ganz in Leipzig geblieben. Daher kam es, dass schon in Zeiten, in welchen an eine Freizügigkeit nicht zu denken war, die Bestandtheile der Leipziger Bevölkerung ausserordentlich rasch wechselten[2]) und ein Pfahlbürgerthum in Leipzig sich weniger entwickeln konnte, als in anderen deutschen Städten gleichen Umfangs. Erklärlicher Weise eiferten die Leipziger Kramer und Handelsleute von jeher gegen den Handel der Fremden in Leipzig zwischen den Messen, *vgl. den Abschnitt Verfassung.* Aber auch die wirkliche Niederlassung der Fremden am Orte war ihnen unangenehm, wie die Denkschriften der Anlagen deutlich zeigen. Am wenigsten hatte man noch gegen die Franzosen (Hugenotten) und Schweizer, mehr schon gegen die Griechen und Italiener einzuwenden. Am lebhaftesten aber war die Agitation gegen die Juden.

Und hier konnte man sich auch auf gesetzliche Unterlagen stützen, namentlich auf die Judenordnung[3]) vom 2. Oct. 1682. (*Der Stadt Leipzig Ordnungen Nr. XVI. S. 155.*)

---

1) Graf Brühl!

2) Vgl. K. Frh. von Posern-Klett, Urk.Buch d. Stadt Leipzig Bd. I. Einleitung S. XXXII. und E. Hasse: Die Stadt Leipzig und ihre Umgebung S. 156.

3) Sie legte den Juden namentlich eine schärfere Passpflicht auf, sowie die Zahlung eines

Als daher 1763 geklagt wurde, »dass eine grosse Anzahl gewinnsüchtiger Juden, welche bei anwährenden Kriegsunruhen sich anher gewendet und Schutz gefunden, noch itzo in der Stadt sich aufhielten und vorzüglich mit Geldmäkeleien sich beschäftigten«, so wurden mit einer gewissen Beschränkung (vgl. Verfassung) die Juden aus der Stadt gewiesen, »welche wegen ihres hiesigen Aufenthaltes keine concessiones erlanget.« XLV. B. 10.

Die aus dem siebenjährigen Kriege entlassenen Soldaten brachten im Kleinhandel eine eigenthümliche Neuerung, die sogen. Groschenbuden auf. Dass diese unmittelbar nach dem siebenjährigen Kriege aufkamen, sagen die Acten Lpz. R.A. XLV. B. 17 den Messverkauf derer kurzen Waaren das Stück zu 2 Gr. betr. von Dresden geradezu. In Leipzig scheint dies in derselben Zeit geschehen zu sein.

In den Jahren 1771 und folgenden beschwerten sich die Leipziger Kramer vielfach theils über zu lange Ausdehnung dieses Handels, theils über den Lärm, welchen diese »Messschreier« machten, theils über die schlechte Waare, welche sie verkauften. Trotz vielfacher Bitten der Groschenhändler »meist zwei Groschen, oft ein Groschen per Stück verlangend und diesen Preis laut ausrufend« ging der Rath von seinem Grundsatz nicht ab, diesen Leuten nur die Messwoche hindurch zu gestatten, »Stück für Stück dieser schlechten Waaren in einerlei Preis zu verkaufen«, und er motivirte dies damit, dass es »hierbei nicht sowohl auf die Ausbietungspreise als auf die Qualität dieser schlechten Waare ankomme.«

Es war dies auch die Ansicht der Kramer, denn diese behaupteten 1775: »dass diese Art Händler bei denen ausländischen Fabriken ihre Bestellung täglich schlechter machen und dadurch nicht allein die Gegenden, wo sie auf diese Art verkaufen, mit den untauglichsten Waaren überschwemmen, sondern auch denjenigen Fabrikanten und Handwerksmann, welcher aufrichtige Waaren zu Markt bringt, in seiner Nahrung hindern und endlich in die Nothwendigkeit setzen, dgl. schlechte Waaren zu arbeiten, um den Preis zu balanciren.« [1]

Vom siebenjährigen Kriege bis zu den Napoleonischen Kriegen war die äussere Entwickelung der Leipziger Messen eine ruhige, von besonderen Zufällen nicht gestörte. Mit der Wiederherstellung des allgemeinen Wohlstandes in Mitteldeutschland wurde auch die Kaufkraft der Bevölkerung gehoben, welche ihre Bedürfnisse von den Leipziger Messen zu beziehen gewohnt war. Die europäischen Kriege zu Ende des XVIII. Jahrhunderts lenkten die Leipziger Handels-

---

Schutzgeldes. Die Juden mussten in der innern Stadt wohnen, mit Ausnahme der Rosstauscher.

Auch im Handel selbst waren die Juden manchen Beschränkungen unterworfen. So verordnete der Leipziger Rath am 7. März 1687, »dass die Juden keine Gewölber gegen die Gasse haben, noch dergleichen ganz oder zum Theil öffnen, auch bei Verlust der Waaren des Sonn- oder Festtags nicht handeln noch verkehren sollen«.

Der Stadt Leipzig Ordnungen Nr. XIX. S. 143.

Auch im Handel im Umherziehen waren sie beschränkt. Die »Judenbuden« befanden sich in den Messen getrennt von den anderen Buden. Ueber die besonderen Vorschriften für die Juden im Wechselrecht sowie im Handel zwischen den Messen vgl. den Abschnitt Verfassung.

[1] Billig und schlecht.

beziehungen mehr von Frankreich[1]) ab und England zu, bis die Continentalsperre diese Bewegung gewaltsam aufhielt. Vor Allem machte aber die wiederauflebende sächsische Industrie Leipzigs Messen wieder zu einem viel besuchten Stapelplatz für den Exporthandel, und zwar jetzt auch nach Amerika.[2])

Dass die alten Beziehungen zu den Ländern des europäischen Ostens dabei fortentwickelt wurden, erfahren wir gelegentlich des einzigen actenkundigen Falles einer Messverlängerung in dieser Zeit.

Im Jahre 1804 fiel nämlich die Jubilatemesse sehr zeitig und konnten wegen vorher gewesener übler Witterung die Fremden, namentlich die polnischen Juden mit ihren Producten (»Talg, Hasenfelle u. dgl.«), sowie die Russen und Griechen (»Wachs, Honig, Talg, Hanf, Hasenfelle und allerlei Rauchwerk«) erst sehr spät nach Leipzig kommen. Es fand deshalb ein mündliches Abkommen zwischen dem Director der churfl. Commerziendeputation Grafen von Langenau und dem Rathe statt, wonach mit Hinweis auf einen ähnlichen Vorgang im Jahre 1785 der Engroshandel, aber nur dieser, noch am Montag, Dienstag und Mittwoch in der Zahlwoche gestattet wurde. XLV. B. 22.

VIII.

Die äussere Geschichte der Leipziger Messen von dem Beginne des Continentalsystems (1806) bis zur Gegenwart.

Das Ende des XVIII. Jahrhunderts und die 5 ersten Jahre des XIX. Jahrhunderts waren eine glückliche Zeit für die Leipziger Messen und den Leipziger Handel. Es wird dies u. A. durch eine Bekanntmachung des Leipziger Rathes vom 29. Mai 1819 Lpz. R.A. LX. B. 16. Bl. 154 ff. bestätigt, worin gesagt wird: »Als im Jahre 1807 die hiesigen Grundstücke zum Behufe der zu dem Stadtkriegsschuldentilgungsfond zu leistenden Beträge nach ihrem Ertrage abgeschätzt wurden, waren fast durchgängig die Miethzinsen in Folge der kurz vorher noch bestandenen glücklichen und friedlichen Verhältnisse

---

[1]) vgl. hierüber Acta: Französisches Verbot deutscher Fabrikate 1791 und Reichsverbot alles Handels mit Frankreich 1791, 1794. H. St. A. Lok. 30144.

[2]) Ueber die Versuche der sächs. Regierung, directe Handelsbeziehungen mit den im Unabhängigkeitskampf begriffenen Vereinigten Staaten von Nord-Amerika anzuknüpfen und Handelsverträge mit ihnen abzuschliessen, vgl. Lpz. R.A. Fasciculus den Handel nach Amerika betr. 1785 XLV. G. 38. Es fanden darüber u. A. Verhandlungen zwischen Franklin und dem sächs. Gesandten in Paris von Schönfeld statt.

unseres Vaterlandes und des allgemein b l ü h e n d e n Z u s t a n d e s des Handels und Gewerbes zu einer bedeutenden H ö h e gestiegen, welche«...

Die Napoleonischen Kriege, zuerst die Schlacht bei Jena und ihre unglücklichen Folgen machten dieser Aera des Wohlstandes ein jähes Ende.

Es war während der Michaelismesse 1806, als der Leipziger Rath sich »durch die eingegangenen und in Umlauf gebrachten Nachrichten von der Annäherung eines Kaiserl. Französischen Armee-Corps gegen Leipzig« veranlasst sah, am 11. Oct. 1806 durch öffentlichen Anschlag *Lpz. R.A. LX. B. 14. Bl. 21*, »zur Beruhigung des hiesigen Handlungsstandes und der gesammten Bürgerschaft sowohl, als der auf gegenwärtiger Messe anwesenden Fremden, bekannt zu machen, dass nach zuverlässigen Berichten .... die Gefahr noch nicht ganz nahe zu seyn scheint« ......

Für die fernere Abhaltung der Michaelismesse und namentlich des Zahltages derselben traf der Rath durch Plakat vom 13. October Vorkehrungen. Schon am 13. October erschienen aber 50 französische Chasseurs in Leipzig und erhoben eine Brandschatzung von 100 000 Francs. Trotz der Ermahnung des Leipziger Rathes in dem ebengenannten Plakat waren diese Franzosen von der Bevölkerung feindselig empfangen worden, so dass sich der Rath veranlasst sah, noch an diesem 13. Oct. öffentlich bekannt zu machen ....»«.. so siehet sich .... E. E. Hochw. Rath durch einige an dem heutigen Nachmittage, bey dem Durchzuge (sie!) eines Kaiserl. Französischen Husaren-Commando vorgefallene unruhige Auftritte, gegenwärtig veranlasst, dergleichen Uebereilungen, welche so leicht die nachtheiligsten Missverständnisse erzeugen und zu einer feindseligen Behandlung der Stadt führen können, hierdurch unter Androhung nachdrücklicher Bestrafung derjenigen, welche als Theilnehmer an solchen Unruhen ergriffen und eingezogen werden, ernstlich zu untersagen.«[1] *Lpz. R.A. LVII. B. 5. Bl. 3.*

Der Ausgang der gleichzeitig (14. Oct.) geschlagenen Schlacht bei Jena führte am 18. October zur definitiven Besetzung Leipzigs durch Davoust, welcher hier eine Garnison unter General Macon zurückliess. Die Proclamation Macon's vom 18. Oct. 1806 *Anlage XXXV* forderte die Anzeige aller in Leipzig befindlichen englischen Waaren und alles englischen Eigenthums. Sie war die Vorläuferin der durch Napoleon von Berlin aus am 21. Nov. 1806 angeordneten C o n t i n e n t a l s p e r r e *Anlage XXXVI*, und wurde ergänzt durch die Verfügungen des französischen Intendanten des Leipziger Kreises Treilhard und des Generaladministrators der Finanzen der »eroberten« Länder zwischen der Elbe und dem Rhein, General Villemanzy. Bekanntmachungen des Leipziger Rathes vom 27., 28. und 29. Nov., sowie vom 29. Dec. 1806. *Anlagen XXXVII—XL.*

Gleichzeitig legte der französische ordonateur en chef du grand quartier General Joinville der Stadt Leipzig eine Requisition von 45 000 Stab feinen Offizierstuches, 300 000 Stab ordinären Tuches und 150 000 Paar Schuhe für die Bedürfnisse der französ. Armee auf. *IX. B. 14. Bl. 51 u. 52.* Die Verhandlungen

---

[1] Die Mahnung wurde auch am 16. Oct. Nachmittags ausser Acht gelassen. Plakat vom 17. October 1806. *LVII. B. 5. Bl. 4.*

über diese Requisitionen finden sich in den *Lpz. R.A. LVII. B. S. u. LVII. B. 156.* Da diese und andere Requisitionen nicht vollständig in natura zu beschaffen waren, schloss die Stadt am 3. Febr. 1807 mit den französischen Machthabern einen Contract ab, in welchem sie sich zu entsprechenden **Geldleistungen** verstehen musste.

Weit härter als die Requisitionen empfand aber Leipzig die **Beschlaglegung** auf alles hier befindliche (wenige) englische Eigenthum und auf die grossen, sowohl hiesigen als fremden Kaufleuten gehörigen, in Leipzig lagernden Vorräthe von **Waaren englischen Ursprungs.** Die Engländern eigenthümlich gehörigen Sachen mussten Anfang December thatsächlich in ein zu diesem Zweck errichtetes Magazin auf dem Neuen Neumarkt abgeliefert werden. Die Declarationen der in der Verwahrung der Kaufleute befindlichen Waaren wurden auf das peinlichste geprüft. *Lpz. R.A. LVII. B. 18. 20. 21.*

Diese harten Maassregeln gegen Leipzig waren angeblich nur **Consequenzen** der französischen Politik gegen England. Schliesslich liefen sie aber auf eine grossartige Gelderpressung hinaus. Noch am 18. Januar 1807 schrieb der General Villemanzy: »Le décret du 24 Nov. n'admet aucune distinction de propriété; les marchandises sont saisies non parcequ'elles appartiennent à tel ou tel particulier, mais parcequ'elles sont anglaises et que par conséquent la saisie ordonnée par ce décret doit être effectuée quelque soit la qualité du propriétaire«. *LVII. B. 19. Bl. 5.*

Aber schon am 19. Febr. 1807 machte General Villemanzy dem Leipziger Rathe den Vorschlag, die mit Beschlag belegten Waaren durch 8 Millionen Francs zurückzukaufen.

Die umfänglichen Verhandlungen *LVII. B. 19,* in welchen Leipzig nicht nur die »Rachat«-Summe zu vermindern, sondern auch die ganze Angelegenheit an die sächsische Regierung zu verweisen bemüht war, waren für Leipzig wenig **erfolgreich.** In einem Bericht des Leipziger Rathes vom 4. März 1807 an den König von Sachsen wurde über das Ergebniss der bisherigen Conferenzen u. A. gesagt: »**Der General von Villemanzy** that . . . . . nach dem Eingange seiner neuesten Befehle die Eröffnung, dass Se. Majestät der Kaiser von Frankreich und König von Italien aus wohlwollenden Gesinnungen gegen die Stadt Leipzig und deren **Messhandel** und in Berücksichtigung der von **Italienischen** und **Französischen Fabrikstädten** eingelegten dringenden Intercessionen für die möglichst ungestörte Freiheit des Leipziger Handels, den Beschlag der englischen Waaren zu Leipzig baldigst aufgehoben zu sehen wünschten; dass es überhaupt nie die Absicht Sr. Majestät des **Kaisers gewesen sey, durch diese** Maassregel die einzelnen Eigenthümer der englischen Waaren ins Verderben zu stürzen; sondern dass, wie auch die allerersten den Deputirten des Stadtmagistrats vom Herrn Daru zu Berlin gemachten Eröffnungen bewiesen, die Meinung gleich Anfangs dahin gegangen sey, der Stadt Leipzig eine Contribution in Form einer Auslösung der in Beschlag genommenen englischen Waaren anzusinnen. **Der Stadtmagistrat** müsse sich daher Namens der ganzen Stadt ins Mittel legen«; . . . . »Unsererseits sind in den gehaltenen Conferenzen die Unterhandlungen von der Basis ausgegangen, dass durch den beabsichtigten Rachat nicht nur in Leipzig, sondern in ganz Sachsen der Sequester der englischen Waaren aufgehoben und der Handel damit im ganzen Lande dergestalt frey gegeben werde, dass auch die Ausfuhr derselben ausserhalb Landes, dafern nur der Einkauf in Sachsen gehörig bescheiniget sey, keine Beschränkung weiter erfahren möge . . . .

Der General Villemanzy habe zugesagt, dass die Rachatsumme statt der geforderten 8 Millionen die Summe von 6 Millionen Francs nicht übersteigen solle. Die Königl. Sächs. Erlasse vom 7. und 13. März 1807 *LVII. 19. Bl. 54 ff.* ermächtigten zwar Leipzig zu weiteren Verhandlungen und zur Contrahirung einer städtischen Anleihe, schwiegen sich aber, wohl absichtlich, darüber aus, ob Leipzig die Last allein tragen oder aus Landesmitteln entschädigt werden sollte.

Da Villemanzy Anfang April 1807 von Napoleon gemessenen Befehl erhielt, die Verhandlungen zu Ende zu führen, drängte derselbe den Leipziger Rath, mit ihm ohne weitere Correspondenz mit dem König von Sachsen abzuschliessen. An den Forderungen:

»1) Eine Million Livres zur Bezahlung des Habillements, welches vermöge Contracts vom 3. Febr. 1807 allhier gefertigt würde«

2) Sechs Millionen Livres, als Rachat für die englischen Waaren in sechs Monaten monatlich mit einer Million vom laufenden Monat April inclusive an gerechnet zahlbar und sofortige Hinterlegung der sechs Millionen in Wechseln, die in den angegebenen 6 Monaten fällig würden«, gelang es nur bezüglich der Zahlungsmodalitäten Erleichterungen zu erwirken. Am 12. April 1807 *Lpz. R.A. LVII. B. 19. Bl. 88—91* wurde endlich zwischen dem Rath und Villemanzy ein Vertrag abgeschlossen, nach welchem gegen Zahlung der erwähnten 7 Millionen Francs die sämmtlichen seit dem 15. Oct. 1806 nach und nach in Leipzig und im ganzen Königreich Sachsen unter Sequester gestellten englischen Waaren frei gegeben werden sollten.

Hiermit war vom Leipziger Handel ein wahrer Alp genommen. In einem Dankschreiben an den Leipziger Rath vom 17. April 1807, unterzeichnet von den Deputirten der Kauf- und Handelsleute ausser der Kramer-Innung, wird diesem Gefühle Ausdruck gegeben: »Ueberrascht von dem Gefühle, uns aus dem Zustande der peinlichen Ungewissheit gerissen zu sehen, in welcher wir seit sechs Monaten schwebten, empfinden wir zugleich in seiner ganzen Grösse den Werth des Glückes, unter dem Schutze und der Fürsorge einer Obrigkeit zu stehen, die geleitet von Weisheit und Humanität, in dem Wohlsein ihrer Bürger das höchste Ziel ihres Strebens erkennt« . . . etc.

Die Leipziger Eigenthümer der unter dem Sequester befindlich gewesenen englischen Waaren erklärten sich bereit, mit einem 20 %, die fremden Eigenthümer mit einem 40 % ihrer Waarendeclaration entsprechenden Betrage an der Stadtanleihe sich zu betheiligen. Der König von Sachsen scheint den Ersatz der Hälfte der Rachatsumme in Aussicht gestellt zu haben. *LVII. B. 19. Bl. 97ᵇ.* Dieser Ersatz ist aber nicht erfolgt.

Am 4. Juli 1807 schrieb der Leipziger Rath eine Stadtanleihe von 2 750 000 Thlr. zu 5 % binnen 26 Jahren zu tilgen aus. *LX.B. 14. Bl. 80^b*. Ueber diese Anleihe, genannt die »Französische Contribution von 1806« handelt der ganze Titel *Lpz. R.A. XLI. B. (Nr. 1—106.)*

An Stelle eines theilweisen Ersatzes der Rachatsumme aus Landesmitteln gestattete die Regierung dem Leipziger Rath eine Anzahl neuer Abgaben zu erheben, welche für uns in so fern von Interesse sind, als einige derselben auch von den Messfremden zu entrichten waren.

Anfangs war nur eine Handelsabgabe in Aussicht genommen. Laut Bekanntmachung des Rathes vom 8. Sept. 1807 *LX. B. 14. Bl. 87* wurden nämlich vom 14. Sept. 1807 an erhoben:

1) von allen eingehenden Kaufmannsgütern

    a. auf sämmtliche ausländischen, baumwollene, wollene und kurze Waaren 1 %,

    b. von Seidenwaaren und roher Seide ¼ %,

    c. von anderen Kaufmannsgütern excl. inländischer Fabrikate ½ % ;

2) von durchgehenden Gütern nach dem Landaccisetarifswerth ¼ % ;

3) doppeltes Wiegegeld.

Bald stellte sich die Unzulänglichkeit dieser Abgaben heraus. Und am 23. und 27. Oct. 1807 *LX. B. 14. Bl. 89 ff. 97 ff.* schrieb der Rath mit Königl. Genehmigung noch folgende jährliche Abgaben aus:

I. Vom Werthe des Grundeigenthums und zwar

    a. von sämmtlichen innerhalb der Ringmauer gelegenen Grundstücken ⅓ % oder 8 Groschen von jeden 100 Thalern ;

    b. von allen ausserhalb der Ringmauer in dem Weichbilde der Stadt befindlichen Grundstücken, deren Werth die Summe von 8000 Thlr. nicht erreicht, nur ⅙ % oder 4 Groschen, dagegen, sobald sie den Werth von 8000 Thlr. erreichen, ebenfalls ⅓ % oder 8 Groschen von je 100 Thlr.

II. Vom Betrage der Miethzinsen von Logiamentern, Gewölben, Kellern, Niederlagen, Läden, Schuppen und Ställen, es mögen solche an Einheimische oder Fremde vermiethet sein, und zwar (von den Miethern zu entrichten):

    a. von   40 bis an 100 Thlr. = 6 Pf.   vom Thaler

    b. » 100 » » 150 » = 1 Groschen » »

    c. » 150 » » 300 » = 2 » » »

    d. über 300 Thaler = 3 » » »

III. Von einigen zum Luxus gehörigen Gegenständen und zwar

    a. von einer Equipage . . . . 20 Thaler

    b. » » einspännigen dgl. 10 »

    c. » einem Reitpferd . . . 5 »

    d. » » Bedienten . 3 »

Da aber die bisherigen Einkünfte des Tilgungsfonds der Stadtanleihe noch immer nicht ausreichten, genehmigte der König, dass der Leipziger Rath das

Waagegeld anderweit erhöhte und einen Wechsel- und Proteststempel einführte. Durch Bekanntmachung vom 6. Juli 1809 *LX. B. 14. Bl. 125ᵃ* wurde darauf das laut Patent vom 8. Sept. 1807 verdoppelte Wiegegeld nochmals um 3 Pf. vom Centner erhöht und sollten alle vom 6. Juli 1809 an in Leipzig ausgestellte und hier oder auswärts zahlbare, ingleichen alle an auswärtigen Orten vom 1. Aug. 1809 an ausgestellte, sowohl eigene als trassirte Wechselbriefe mit einem Stempel versehen werden. Dieser progressiv festgestellte Wechselstempel betrug durchschnittlich ½ pro Mille.

Die Wechselstempelpflicht der Wechsel Auswärtiger wurde geregelt durch Königl. Befehl vom 23. Dec. 1812, in Erinnerung gebracht durch Rathsbekanntmachung vom 4. April 1818 *Lpz. R.A. LX. B. 16. Bl. 110* und erläutert durch Rescript vom 22. April 1824, veröffentlicht durch Rathsbekanntmachung vom 7. Mai 1824 *a. a. O. Bl. 216*.

Ueber die Entwickelung dieser Abgaben vgl. ausser den Acten *XLI. B.* noch *LX. B. 15. Bl. 110. LX. B. 16. Bl. 132. 134. 145. 156*, sowie *Die Finanzen der Stadt Leipzig von Ernst Hasse S. 16. 17.*

Die fortdauernde Continentalsperre führte im Jahre 1810 zu einer zweiten Krisis für den Leipziger Handel. Auf Andrängen Napoleon's setzte die sächsische Regierung eine Commission ein, welche aus den Geheimen Finanzräthen Thomas von Wagner, Günther von Bünau und Joseph Friedrich von Zeschwitz bestand und mittelst Patent vom 30. Oct. 1810 *Lpz. R.A. LX. B. 14. Bl. 150* alle in Leipzig befindlichen »englischen Fabrik- und Manufacturwaaren, ingleichen die Colonial- und andere aus dem englischen Handel herrührende Waaren« unter Sequester stellte. Auch diesmal handelte es sich aber nicht darum, diese Waaren zu verbrennen[1]), sondern darum, aus dieser Maassregel möglichst viel Geld herauszuschlagen. Nach Beendigung der mit grosser Rigorosität durchgeführten Declaration der Waaren und Belegung derselben mit hohem Imposto wurde der Sequester durch Bekanntmachung derselben Commission vom 3. Dec. 1810 wieder aufgehoben. *a. a. O. Bl. 157.*

In den Jahren 1807[2]) bis 1812 sind die Messen ruhig abgehalten worden. Die Geschäfte auf denselben wurden durch den grossen Bedarf der Armeen sogar einigermaassen belebt, wenn auch die fortwährenden Kriegsunruhen die weiter entfernten Messfremden am Besuch der Messen verhinderten. Der ziemlich lebhafte Gang des Leipziger Handels selbst aber ermöglichte es allein, die colossalen Lasten zu tragen, welche der Stadt und namentlich den Grundbesitzern durch Einquartirungen und Requisitionen auferlegt wurden.

Auf die Abhaltung der Messen wurde wenigstens die allernöthigste Rücksicht genommen. Am 20. April 1812 machte der Leipziger Rath bekannt: »Der hiesige Magistrat ist authorisiret, dem publico die zuverlässige Nachricht zu er-

---

[1] Wie *Emil Kneschke: Leipzig seit 100 Jahren. 2. Aufl. 1868. S. 177* meint.

[2] In der Ostermesse 1807 wurde die Stadt auf Befehl des französ. Marschalls Victor mit grosser Einquartirung verschont. Nur einzelne Partien, mehrentheils Reconvalescenten, durften den Weg über Leipzig nehmen. *Messrelationes. H. St. A. Lok. 2256.*

theilen, dass während der gegenwärtigen Messe keine Truppenmärsche durch die Stadt werden genommen, mithin keine Einquartierungen und keine Stöhrungen in dem Messverkehr werden veranlasst werden«. *LX. B. 15. Bl. 96.*

Freilich befürchtete auch der Rath wohl nicht mit Unrecht von dem Zusammenströmen zahlreicher Personen in den Messen politische Demonstrationen. Am 27. Dec. 1812 machte er deshalb bekannt: »So gewiss der Magistrat hiesiger Stadt auch überzeugt ist, dass der vernünftigere und bessere Theil des hiesigen Publikum von selbst aller vorlauten politischen Aeusserungen sich enthält, so findet man sich doch durch die herannahende Messe veranlasset, Einheimische und Fremde zu warnen, sich unbedachtsamer politischer Gespräche überhaupt, besonders aber der Verbreitung politischer Nachrichten und Gerüchte sorgfältig zu enthalten; inmaassen genau invigiliret, auch jede Zuwiderhandlung ganz unausbleiblich und auf das nachdrücklichste bestraft werden wird«. *LX. B. 15. Bl. 125.*

Das Jahr 1813 war ein verhängnissvolles für die Stadt Leipzig. Bald in den Händen der Franzosen, bald in denen der Russen, hatte die Stadt schon vor der Völkerschlacht unendlich viel zu leiden.

Am $\frac{21.\ März}{2.\ April}$ 1813 forderte der Russische General Orloff die Leipziger Einwohner bei strenger Ahndung auf, alles in Leipzig befindliche Eigenthum der Franzosen und der mit ihnen alliirten Mächte anzuzeigen, *LX. B. 15. Bl. 143,* bald darauf am 2. Mai gerieth Leipzig wieder in die Hände der Franzosen (Commandant General Bertrand), welche Leipzig am 20. Juni in Belagerungszustand erklärten [1] Auf Napoleon's Befehl legte der Herzog von Padua am 12. Juni 1813 auf alle Colonialwaaren, sowie auf Wein, Branntwein und Reis wiederum Sequester, welcher aber am 4. Juli 1813 wieder aufgehoben wurde. *LX. B. 15. Bl. 170. 189.*

Die Versuche, Leipzig während der Ostermesse 1813 [2] von Russischer Einquartirung frei zu halten, waren vergebene gewesen, *Flathe, Geschichte von Sachsen III 159.* Unter diesen Umständen war die Ostermesse höchst kläglich ausgefallen. »Wir hielten die Ostermesse für gar keine; der Kanonendonner scheuchte damals manchen nordischen Einkäufer zurück, der schon fast vor dem Thore war. Doch aus Süden war keinem verwehrt zu kommen Und auf einem Umwege durch das neutrale Böhmen kam denn doch so mancher aus Polen und Schlesien herüber, als die Dresdener Elbpost aufs Neue in französischen Händen war«. *L. Hussel, Leipziger Schreckensscenen im Sept. und Oct. 1813. S. 15.*

Die unheilvolle Schwüle, welche der Schlacht bei Leipzig vorherging, und die Truppenanhäufungen, welche schon im September in der Gegend von Leipzig stattfanden, vernichteten aber die Hoffnungen, welche man auf die am 27 Sept. in aller Form begonnene Michaelismesse gesetzt hatte, gänzlich. Die

---

[1] »Wegen der von den Bewohnern gezeigten widersetzlichen und aufrührerischen Gesinnung«, d. h. wegen ihrer Sympathien mit den Lützowern. *Flathe III 184.*

[2] Die Messe wurde zwar bis zum 5. Mai verlängert, der Zahltag aber ordnungsgemäss am 19. April abgehalten. *H. St. A. Lok. 560. Messrelationes.*

officielle Verlängerung derselben konnte wenig ändern. »Kaum liess sich eine fremde Firma sehn. Die Zeitungsbeilage enthielt nur Anzeigen von Fremden, welche diesmal — nicht kamen. Es fehlte theils an schicklichem Raum, die Buden aufzuschlagen, theils an Muth, da jeder Tag neue Gerüchte gebahr, die der folgende zwar Lügen strafte, aber doch keiner sicher gleich in der Geburt zu ersticken vermochte«. *L. Hassell u. a. O. S. 16.*

Die Neujahrsmesse 1813/14 konnte jedoch abgehalten werden. Ueber die Sonntagsfeier in derselben erliess der originelle russische Stadtcommandant Oberst Prendel eine Bekanntmachung 26 Dec. — 6 Jan. 1814. *Anlage XLI.* Proben von der eigenthümlichen Art der Vorsorge Prendel's für den Leipziger Messverkehr geben auch die *Anlagen XLII—XLIV.*

Nach dem Abzug der Armeen von Leipzig kehrten Handel und Verkehr bald dahin zurück, so dass es dem Leipziger Handelsstand schon im Jahre 1814 möglich war, die Maassregeln des Generalgouvernements für das Königreich Sachsen in finanzieller Hinsicht zu unterstützen und zu erleichtern. *Flathe III. 245.*

Wie wenig oft Interessenten im Stande sind, die Wirkungen grosser politischer Umgestaltungen auf ihre eigenen wirthschaftlichen Interessen im voraus richtig zu beurtheilen, zeigte sich auch bei der Theilung Sachsens. »Es hatte der Leipziger Handelsstand im März 1815 drei Deputirte nach Wien gesendet, wackere, der commerciellen Verhältnisse wohl kundige Männer, Jacob Heinrich Thieriot (Firma Thieriot & Bassenge : später Geheimer Regierungsrath im Ministerium des Innern), Christian Adolf Mayer (Firma Frege & Co.) und W. Seyfferth (Firma Vetter & Co.). Sie kamen nach Wien »unter dem Vorwand von Geschäften«, in der That aber zu dem Zweck, »um in jedem möglichen Fall, in welchem Sr. Excellenz [der Cabinetsminister Detlev Graf von Einsiedel] von deren Diensten Gebrauch machen könne, es sei in welcher Art es wolle, zu Befehl zu stehn«. Mehrfach sprachen sie sich denn über die Verhältnisse gutachtlich aus und bezeichneten in einem ihrer Schreiben u. A. den Ruin des Leipziger Handels und der sächsischen Fabriken, den völligen Verfall der Leipziger Messe (an deren Stelle die Naumburger treten werde) als unabwendbare Folgen der drohenden Landestheilung — wie ist dies gleichwohl Alles anders geworden«. *Dr. Karl von Weber: »Detlev Graf von Einsiedel, Kgl. Sächs. Cabinetsminister« im Archiv für die Sächsische Geschichte. I. Band. S. 129.*

Die Zeit bis 1826 konnte von Leipzig, wie von dem ganzen Lande, zu einer Sammlung der Kräfte benutzt werden. Im Jahre 1826 brach aber eine Handelskrisis aus, welche in Leipzig besonders zu einem ausserordentlichen Mangel an baarem Gelde führte. Mit Hinweis darauf, dass die Leipziger Kaufleute den Fabriken des ganzen Landes Geldvorschüsse zu machen pflegten und dass von dem Bestehen dieser auch die Fortexistenz jener abhänge, wendeten sich die Handlungsdeputirten und Kramermeister am 23. Febr. 1826 an den König von Sachsen und den Minister Grafen von Einsiedel mit der Bitte um einen baaren Vorschuss. Diese Bitte wurde vom Leipziger Rathe befürwortet. Durch Decret vom 27. Febr. 1826 überwies darauf der König Friedrich August dem Leipziger Rathe 100 000 Thaler baar in Silber aus der Staatshauptcasse zur Vertheilung an Leipziger Bankiers und Kaufleute gegen Hinterlegung genügender Sicherheiten. Die Rückzahlung war ursprünglich auf ult. Mai vorgeschrieben. Da aber gerade um diese Zeit der Leipziger Wollmarkt zum ersten Male stattfand und hierbei baares Geld fernerweit nöthig gebraucht wurde, genehmigte der König am 7. April die Hinausschiebung des Rückzahlungstermins auf ult. Juli. Pünktlich zu dem letzteren Termine erfolgte die Rückzahlung. Die Maassregel hatte zur Erhaltung des Credites der Leipziger Kaufmannschaft wesentlich beigetragen. *Lpz. R.A. XLV. G. 82. Bl. 7 ff.*

Die Theilung Sachsens 18./21. Mai 1815 hatte zwar die preussische Grenze Leipzig in eine unbequeme Nähe gebracht. Auch lebten die alten Zollstreitigkeiten zwischen Sachsen und Preussen wieder auf und führten zu der Gründung des von Fr. List ins Leben gerufenen Vereins zur Beförderung des deutschen Handels und Gewerbes durch eine Anzahl Fabrikanten auf der Leipziger Ostermesse 1819, *Flathe III. 454.* Sogar die Streitigkeiten mit Naumburg hatten 1823 ein Nachspiel, *Flathe III. 455.* Da aber Sachsen (Mandate vom 23. März 1822, 12. Juni 1824, 15. April 1826) selbst eine relativ liberale Zollgesetzgebung hatte, wurde das Bedürfniss nach einem Zollanschluss an Preussen gerade in Leipzig wenig gefühlt. So kam es, dass die Zollvereinsprojecte in dem von jeher die Grundsätze freier Handelsbewegungen vertretenden Leipzig nur theilweise Anklang fanden, zumal da diese Projecte auf dem vielfach mangelhaften preussischen Zollsystem beruhten und eine Bevorzugung der preussischen Messplätze vor Leipzig im Auge hatten.

Es liegt ausserhalb unserer Aufgabe, die Verhandlungen zu schildern, welche dem Abschlusse des Zollvereins zwischen Preussen und Sachsen vorhergingen. Dieselben sind von *Flathe III. S. 453—465* mit hinreichender Ausführlichkeit behandelt worden. [1]

Flathe ist auch in der Beurtheilung der Stellung, welche Leipzig in diesen Verhandlungen einnahm, gerechter als Fischer und von Festenberg-Packisch. [2] Fischer hat nur theilweise Recht, wenn er sagt: »Wie gänzlich unfähig die öffentliche Meinung war, die Wirkungen der Zolleinigung und der Verkehrsfreiheit unter den deutschen Staaten richtig zu beurtheilen, dafür lieferte Sachsen das auffallendste Beispiel. Sachsen, selber ohne Zollsystem, war ringsum von fremden Zolllinien eingeschlossen und hatte wegen seiner hoch entwickelten Industrie, wie wegen Leipzigs, als des wichtigsten Handelsplatzes in Mitteldeutschland, das grösste Interesse an dem freien Verkehre mit den Nachbarstaaten. Dennoch sprach und schrieb man von einer Beeinträchtigung, ja einem Verrathe der wichtigsten Landesinteressen. Man hegte sogar grosse Besorgnisse für die sächsische Industrie und weissagte den Verfall Leipzigs als un-

---

1) vgl. auch die 1884 erschienene Denkschrift der Königl. Sächs. Zoll- und Steuerdirection: *Das indirecte Abgabenwesen im Königreiche Sachsen seit der Begründung des deutschen Zollvereins.*

2) H. von *Festenberg-Packisch, Geschichte des Zollvereins* (1869) S. 192—195, entlehnt seine Darstellung dieser Verhandlungen wörtlich der Abhandlung von G. *Fischer: Wesen und Bedingungen eines Zollvereins, in Hildebrand's Jahrb. II. Band* (1865) S. 572 ff.

fehlbar. Eine Petition, welche Hunderte der angesehensten Kaufleute dieser Handelsstadt unterschrieben hatten, sprach das ganz bestimmt aus . . . . Die Regierung liess sich jedoch durch all' diesen Unsinn nicht irre machen . . . . Binnen wenigen Jahren war die öffentliche Meinung völlig umgestimmt . . . . Man darf sich daher nicht wundern, dass sehr bald in Leipzig Niemand von der Theilnahme an der Petition etwas wissen wollte . . . . Diese Petition liefert einen merkwürdigen Beweis dafür, wie beschränkt zuweilen die nationalökonomische Einsicht der grössten Kaufleute ist, die als Fachmänner und angebliche Sachverständige nur zu oft nicht blos auf unpractische Theoretiker, sondern sogar auf tiefer blickende Staatsmänner mit Geringschätzung herabsehen. Der Ruin Leipzigs als Messplatz, den seine angesehensten Kaufleute mit grosser Zuversicht prophezeit hatten, verwandelte sich durch den Anschluss Sachsens an den Zollverein innerhalb weniger Jahre in eine rasch zunehmende Blüthe.«

Fischer hat bei seinem Urtheil offenbar nur jene Petition im Auge und ist ihm das vollständige Material unbekannt.[1]

In der That waren in Leipzig die Ansichten über den Zollverein sehr getheilt, wechselten auch in den verschiedenen Stadien der Verhandlungen, namentlich je nach den Propositionen Preussens über den an Frankfurt a/O. zu gewährenden Messrabatt.

Einen quellenmässigen Aufschluss über die Streitfrage geben die *Acta des Handlungsvorstands zu Leipzig, die Zollvereinigung Sachsens mit Preussen etc. betr. 1830. Vol. I: Verhandlungen und Berathungen des Handlungsvorstandes in Leipzig betr.; Vol. II: Verhandlungen mit den Behörden in Dresden enthaltend; Vol. III: Verhandlungen mit den Sächsischen Abgesandten in Berlin enthaltend; Vol. IV: Eingabe gegen die Zollvereinigung von Herrn Samuel und Gutachten darüber.*

Da die damaligen Mitglieder des Handlungsvorstandes zum Theil noch leben, so muss vorläufig auf ein näheres Eingehen auf die verschiedenen Ansichten der Wortführer verzichtet werden. Doch kann aus dem cit. *Vol. I.* constatirt werden, dass bei einer im Jahre 1830 vorgenommenen protocollarischen Befragung der Leipziger Kaufmannschaft branchenweise sich nur die Tabackshändler gänzlich ablehnend gegen die Zollvereinigungsprojecte verhielten.

Wegen der auf die Messe bezüglichen Bestimmungen des Zollvertrags[2] vom 4. Dec. 1833 vgl. die Königl. sächs. Verordnung vom 4. Dec. 1833 betr. die Publication der wegen der Zollvereinigung des Königreichs Sachsen mit anderen deutschen Bundesstaaten abgeschlossenen Verträge. *Sammlung der Gesetze und Verordnungen für das Königreich Sachsen. 1833. S. 158 ff. Codex Saxonicus*

---

[1] Mit Unrecht findet er daher a. a. O. S. 373, Anm. 99 die Auffassung Viebahn's »unbegreiflich«, welcher allerdings seinerseits zu weit geht, wenn er sagt: »Im Königreich Sachsen war das Verlangen nach dem Eintritt in den Zollverein ziemlich allgemein. Auch Leipzig war dafür«.

[2] Ueber die Verhandlungen wegen des Handelsvertrags mit Frankreich und Italien und wegen Revision des deutschen Zolltarifs vergl. *Lpz. R.A. XLV. G. 130 (aus den Jahren 1818— 1865)*. Ueber die »Creditverhältnisse bei der neuen Zollregie allhier« vgl. *Lpz. R.A. IV. 60 (aus den Jahren 1833—1837)*.

(*Schaffrath*) *II. 526.* Ordnung den Handel mit Messgütern in der Stadt Leipzig betr. vom 4. Dec. 1833. *Gesetzsammlung 1833. S. 347 ff. Cod. Sax. II. 545.* Verordnungen vom 24. März 1834 und 24. Dec. 1836 die Erhebung der Messunkosten von den in Leipzig eingehenden, im freien Verkehr befindlichen Messgütern betr. *Gesetzsammlung 1834. S. 74. 1836. S. 359. Cod. Sax. II. 601. 978.* Verordnung vom 26. März 1834 über die Behandlung der nach Messen ausser dem Zollvereinsgebiet ausgeführten und von da wieder eingehenden inländischen Manufactur- und Fabrikwaaren. *Gesetzsammlung 1834. S. 81. Cod. Sax. II. 605.* Die Verzollung vorhandener Bestände ausländischer Waaren wurde geregelt durch Verordnung vom 12. Dec. 1833. *Gesetzsammlung 1833. S. 375* und durch Bekanntmachung des Rathes der Stadt Leipzig vom 20. Dec. 1833. *Lpz. R.A. XLV. B. 34. Vol. I. S. 160* Neueres Zollgesetz vom 3. April und 1. Juni 1838. *Gesetzsammlung 1838. S. 290. Cod. Sax. II. 1107 ff.*

Der Beitritt des Königreichs Sachsens zu dem Zollverein hatte eine Umgestaltung des ganzen Systems der indirecten Steuern zu Folge. Von der Umgestaltung desselben in der Stadt Leipzig konnten auch die Handelsabgaben und die auf die Messe bezüglichen Abgaben nicht ausgeschlossen werden. *Lpz. R. Acta: Die rücksichtlich des Anschlusses des Königreichs Sachsen an das Königl. Preuss. Zollsystem stattgefundenen Erörterungen und Verhandlungen wegen den in Leipzig bestehenden indirecten städtischen Abgaben u. w. d. a. betr. IV. 50. Vol. I. (1833) II. (1834) III. (1834) IV. (1835).*

Unter dem 24. Juli 1824 war für die Stadt Leipzig eine besondere Generalaccisordnung erlassen worden, welche die abweichende Accisverfassung derselben mit den Grundsätzen der allgemeinen Generalaccisordnung in die erforderliche Uebereinstimmung gebracht hatte.

Nunmehr setzte das Königliche Finanzministerium durch Verordnung vom 24. Dec. 1836 die von den in Leipzig zur Messe eingehenden Handelswaaren zu erhebenden Messgebühren fest. Durch Verordnung vom 10. Juli 1878 ist dann später die Einstellung dieser Gebühren angeordnet worden. Vgl. *Denkschrift über das indirecte Abgabenwesen im Königreich Sachsen. S. 11 u. 69.*

In Folge des Eintritts Sachsens in den Zollverein machten sich auch weitlaufige Verhandlungen zwischen der Stadt Leipzig und der Sächs. Regierung nothwendig, behufs Ablösung der auf onerose Weise von Leipzig in früherer Zeit erworbenen Antheile an indirecten Landesabgaben und auf eben solche Weise erlangten Privilegien. Als Entschädigung für den Verlust des Stapelrechts erhielt Leipzig eine dauernde jährliche Rente von 16 250 Thalern, die sogen. »fiscalische Entschädigungs-Rente«. Ferner bewilligte die Regierung Beiträge zur Amortisirung der im Jahre 1807 für die confiscirten englischen Waaren aufgenommenen Anleihe. Näheres vgl. *E. Hasse: Die Finanzen der Stadt Leipzig S. 14. 16.*

Die Neuordnung der Zollverhältnisse führte auch zu der Erbauung eines städtischen Lagerhofes im Jahre 1853.

Von mindestens ebenso grossem Einfluss auf die fernere Entwickelung der Leipziger Messen, wie der Anschluss Sachsens an den Zollverein, war der Um-

stand, dass Leipzig im deutschen Eisenbahnbau die Initiative ergriff. Dadurch, dass Leipzig der Anfangs- oder Endpunkt der ersten in Deutschland entstandenen grösseren Eisenbahnen wurde, gelang es, den Verkehr in dieser
Stadt im Allgemeinen und der Messe im Besonderen auf eine früher ungekannte
Höhe zu erheben und verschiedenen bisher mit Glück rivalisirenden Handelsplätzen den Rang abzulaufen. Leipzig machte so mit einem Schlage den Nachtheil wett, dass es an keinem schiffbaren Flusse liegt. In letzterer Beziehung
hatte namentlich Magdeburg im ersten Drittheil des XIX. Jahrhunderts seine
vortheilhafte Lage Leipzig gegenüber ausgebeutet und Leipzig einen grossen
Theil des Handels mit dem Norden, vor Allem die erste Stelle im Colonial-
waarenzwischenhandel[1]) entrissen.

Ueber die Entwickelung des Eisenbahnverkehrs in Leipzig können wir auf
die Skizze von F. Ulbricht verweisen in *Die Stadt Leipzig und ihre Umgebung etc.*
Herausgegeben v. E. Hasse S. 405 ff. und wollen nur erwähnen, zu welcher Zeit
Leipzig mit nachstehenden Städten durch Eisenbahnen verbunden wurde:

Dresden 7. April 1839 (Theilstrecke Althen 21. April 1837),
Halle 18. August 1840 (dadurch Köthen etc.),
Altenburg 19. Sept. 1842 (dadurch 1845 Zwickau, 1848 Hof etc.),
Corbetha 22. März 1856 (dadurch Weimar, Erfurt etc.),
Bitterfeld 1. Febr. 1859 (dadurch Berlin, Anhalt etc.),
Grimma 28. Oct. 1866 (dadurch 1868 Döbeln),
Eilenburg 1. Nov. 1874 (dadurch Torgau etc.).

So hatte der Leipziger Verkehr schnell nach allen Himmelsrichtungen seine
ehernen Arme ausgestreckt. In directe Verbindung[2]) mit nachstehenden wichtigen Plätzen trat Leipzig:

Berlin 1859 (über Bitterfeld),
Frankfurt a/M. 1852 (über Halle, Kassel),
Köln 1847 (über Halle, Hannover, Minden),
München 1851 (über Hof, Bamberg),
Chemnitz 1852 (über Riesa), 1872 (über Borna),
Wien 1851 (über Bodenbach, Brünn),
Breslau 1846 (über Berlin), 1869 (über Görlitz),
Frankfurt a/O. 1842 (über Berlin) 1871 (über Halle, Guben),
Hamburg 1842 (über Berlin), 1846 (über Magdeburg, Wittenberge).

Verschiebungen der Leipziger Messen haben sich in diesem Jahrhundert nicht
nöthig gemacht. Verlängerungen kamen nur 1804 und 1845 vor. Die Verlängerung der Ostermesse 1845 (Genehmigung der Königl. Kreisdirection
Leipzig vom 10. April 1845) begründete der Leipziger Rath in seiner Bekanntmachung vom 11. April 1845 wie folgt: »In Berücksichtigung der in diesem
Jahre zusammengetroffenen ganz ungewöhnlichen Umstände eines sehr früh-

---

1) Vgl. u. A. *Acta die von den mit Colonialwaaren handelnden Kaufleuten überreichte aller-
unterthänigste Supplik, wegen Aufhülfe des hiesigen Handels* ao. 1824. XLV. G. 80.
2) Nach *Statistik des Deutschen Reiches, Band XXX. Abthlg. 11.*

zeitigen Einfallens des Osterfestes und eines ausserordentlich langen schnee-
reichen Winters und der weithin stattgefundenen Ueberschwemmungen, wodurch
die Zufuhr der Waaren für den Anfang der Messe unmöglich gemacht und sowohl
die grösstentheils zollvereinsländischen auswärtigen Verkäufer an den erwarteten
Geschäften, als die Käufer an einer rechtzeitigen Befriedigung ihres Bedarfs verhindert worden sind, wird zu deren wesentlicher Erleichterung eine Fortsetzung
der Grosshandelsgeschäfte dieser Messe noch um 8 Tage, also bis 3. Mai
d. J. ausnahmsweise gestattet'; was jedoch auf den Kleinhandel und auf sonstige
Messeinrichtungen, insbesondere die Normirung des Zahltags keinen Einfluss
hat. Uebrigens ist wegen entsprechender 8tägiger Verlängerung der ausser-
ordnungsmässigen Contirungsfrist für den Grossohandel von der Zoll- und
Steuerverwaltung die erforderliche Veranstaltung getroffen.« *XLV. B. 34. Vol.
III. Bl. 257. 276ᵇ.*

Schon am 4. Oct. 1845 hatte eine Anzahl auswärtiger Messfieranten an den
Leipziger Rath die Frage gerichtet: »auf welcher Vereinbarung, Rechtstittel
oder Herkommen die Verpflichtung der fremden Messfieranten beruhe, Beiträge
zu der Kriegsschuldentilgungskasse der Stadt Leipzig zu entrichten?« *XLV B
34. Vol. III. Bl. 524.*

Damals waren dieselben mündlich beschieden worden. Als aber im Mai
1848 mehrere Hundert auswärtige Messfieranten den Rath um Aufhebung der
Beiträge zum Kriegsschuldentilgungsfond und des Standgeldes baten und, getreu
der gewaltthätigen Stimmung jener Zeit, dabei erklärten, »dass sie sich vereinigt
hätten, diese Abgaben schon während dieser Messe nicht zu bezahlen« . . .
XLV. B. 34. Vol. IV. Bl. 159—179, wurden sie vom Rathe in einer ausführlichen
Darlegung der Entstehung und Entwickelung des Kriegsschuldentilgungsfonds
abschläglich beschieden und auf das Gesetzwidrige ihres Vorgehens hingewiesen.
8. Mai 1848. *Lpz. R.A. XLV. B. 34. Vol. IV. S. 177 ff.*

Die Jahre 1845—1849 wirkten lähmend auf den Leipziger Handel und den
Messverkehr ein. Der Leipziger Excess vom 12. Aug. 1845 *Flathe III. 543—545*,
der Nothstand in Sachsen in den Jahren 1846 und 1847 *Flathe III. 557—562*,
der Aufstandsversuch in Leipzig am 24. Mai 1848 *Flathe III. 583. 584* und die
Revolution in Dresden im Mai 1849 *Flathe III. 616—655* warfen natürlich ihre
dunklen Schatten auch über die Leipziger Messen.

Trotz der beruhigenden Erklärung des Leipziger Rathes vom 17. März 1848
Lpz. R.A. XLV. B. 34. Vol. IV. Bl. 183 war die Ostermesse 1848 fast geschäftslos, »verschlechtert noch durch das österreichische Verbot der Gold- und Silber-
ausfuhr, gegen welches die Vorstellungen der sächsischen Regierung nur soviel
fruchteten, dass für die Messe Münzausfuhrpässe bis zum Betrage von 5000 Fl.
ertheilt wurden.« . . . »In Leipzig wurde eine mit 200 000 Thlr. (von denen
im August schon 154 345 zurückgezahlt waren) dotierte Disconto- und Waaren-
Vorschussbank . . . . . errichtet« . . . *Flathe III. 573.*

Durch die Mairevolution in Dresden 1849 liess sich der Leipziger Rath geradezu veranlassen, die übel genug besuchte Ostermesse abzukürzen. Bekanntmachung vom 7. Mai 1849. *Lpz. R.A. XLV. B. 34. Vol. IV. Bl. 273.*

In jüngster Zeit tritt in Leipzig das Bestreben zu Tage, an die Stelle derjenigen Zweige des Messverkehrs, welche abzusterben drohen, in Leipzig zu veranstaltende Gewerbeausstellungen treten zu lassen und dadurch dem Leipziger Platz, welcher vermöge seiner geographischen Lage in Deutschland offenbar hierzu berufen erscheint, neues Lebensblut zuzuführen.

Unter diesen Umständen ist es von Interesse, den Anfängen dieser Bestrebungen nachzugehen. Die erste Anregung scheint von dem König Friedrich August I. ausgegangen zu sein. In einem Schreiben der Königl. Sächs. Commerziendeputation an den Leipziger Bürgermeister Dr. Sickel vom 2. Nov. 1827, in welchem der Leipziger Rath aufgefordert wird, Vorschläge zu machen über die Ausführbarkeit des Planes, während der beiden Leipziger Hauptmessen Ausstellungen von Industrie-Gegenständen in Leipzig zu veranstalten, heisst es nämlich: »Es haben des verewigten Königs Friedrich August Majestät bereits vor einigen Jahren das Gutachten der Landes-Oeconomie-Manufactur- und Commerzien-Deputation darüber verlangt: ob nicht auch in Leipzig während der dasigen Messen eine ähnliche Ausstellung von Industrie-Gegenständen einzurichten wäre, wie solche jetzt in Dresden besteht. Die Commerziendeputation musste darauf ihr Gutachten sich noch vorbehalten, weil es theils an einem Lokal in Leipzig gänzlich zu ermangeln schien, theils weil man auch den Erfolg der dasigen Ausstellung vorerst abwarten wollte.« »Mit dem letzteren hat man gegenwärtig alle Ursache zufrieden zu sein, und er hat Veranlassung zu dem von vielen Seiten her verlauteten Wunsche gegeben, dass in den Leipziger Oster- und Michaelismessen eine ähnliche Ausstellung von Kunst- und Industrie-Gegenständen und zwar auch von ausländischen veranstaltet werden möchte.«

Die Kramerinnung bot zwar den Kramersaal ihres Hauses auf dem Neuen Neumarkt an. Doch stiess die Idee selbst bei dem Handelsvorstand auf Widerspruch. »Die Herren Kramermeister und Handlungsdeputirten sind der ohnmassgeblichen Meinung, dass dergleichen Ausstellungen zwar für Plätze, die der Messen entbehren, ein dienliches Surrogat derselben für den Zweck einiger Uebersicht der industriellen Leistungen abgeben können . . . . . ., dass aber an Orten, wo eine Messe die grösste und vollständigste Waarenausstellung darbietet, es wenig helfen könne, dasselbe noch einmal in nuce, doch nur unvollständig, an einem Orte beisammen zu haben« . . . . .

Lpz. R. Acta den Antrag, während der Hauptmessen in Leipzig Ausstellungen von Industrie-Gegenständen zu veranstalten u. w. d. a. betr. ao. 1827. XLV. G. 84.

Die erste »Industrieausstellung« fand in der Ostermesse 1832 im Lokal des Kramerhauses statt; die Relation über die Ostermesse 1832 *H. St. A. Lok. 11 465* sagt über dieselbe: »Obgleich die Masse der daselbst ausgestellten Erzeugnisse des inländischen Gewerbfleisses nicht so gross war, als man erwartet hatte, so fand sich doch daselbst eine Auswahl vorzüglicher Gegenstände; und Inländer sowohl als Fremde zollten den daraus wahrzunehmenden Fortschritten der sächsischen Industrie den verdienten Beifall. Manches vorzüglich Gelungene der neuesten Leistungen wurde nicht ausgestellt, weil man besorgte, es möchte zu früh gekannt und nachgeahmt werden, eine Besorgniss, welche wohl nicht ganz gegründet erscheint, da es doch dem, welcher dergleichen beabsichtigt, nicht schwer fallen kann, sich Muster solcher Artikel zu verschaffen, sobald sie einmal in den Handel kommen«.

Auch in der Ostermesse 1833 fand eine solche Ausstellung statt, über welche die Messrelation berichtet: »Die Industrieausstellung, welche auch in letzter Messe im Lokal des Kramerhauses stattfand, führte durch ihre dürftige Ausstattung den Beweis, dass die Bedenklichkeiten derer, welche eine jährliche Wiederholung für ungeeignet halten, für jetzt wenigstens gegründet seien, und man war vorerst der Meinung, dass diese Ausstellung nur alle drei Jahre stattfinden möge.«

Gleichzeitig bemächtigte sich die »Leipziger Polytechnische Gesellschaft« der Frage und veranstaltete ihrerseits während der Michaelismesse eine Reihe von Ausstellungen. Es fanden statt die

I. Ausstellung vom 23. Sept. 1832 ab im »Vereinslokale«,
II. » vom 30. Sept. 1833 ab im Kramerinnungssaale,
III. » Michaelis 1835 im »Gesellschaftslokale«,
IV. » vom 23. Sept. bis 20. Oct. 1838 in der Buchhändlerbörse,
V. » vom 23. Sept. bis 25. Oct. 1840 in der Buchhändlerbörse,
VI. » im September 1842 in der Buchhändlerbörse,
VII. » im Sept. und October 1844 in der Buchhändlerbörse.

H. St. A. Lok. 11 465 Protocolle u. Relationes, Lpz. R.A. II. Sect. P. 771, und Protocolle der Polytechnischen Gesellschaft.

In grösserem Maasse kam die Idee erst im Jahre 1850 durch die im Frühjahr dieses Jahres in der neuerbauten Centralhalle abgehaltene sächsische Industrie-Ausstellung zur Ausführung. *Lpz. R.Acta, die Veranstaltung einer Industrie-Ausstellung in Leipzig im Jahre 1850. XLV. G. 131.*

Die Motive für diese Ausstellung und das Programm derselben enthält eine Bekanntmachung »Die Industrie-Ausstellung in Leipzig während der Ostermesse 1850 betreffend« vom Königl. Ministerium des Innern d. d. Dresden 30. Dec. 1849. *Lpz. R.A. XLV. G. 131.*

Seitdem sind zahlreiche kleinere und grössere Ausstellungen in Leipzig abgehalten worden.[1])

---

1) Wir nennen von diesen nur:
1869 Ausstellung des Müller- und Mühleninteressentenverbandes.
1873 » » Allgem. deutschen Schuhmachervereins.
1877 » der Blechwaarenindustrie.
1877 » von Maler- u. Lackirerarbeiten (erster deutscher Malertag).
1878 » bei Gelegenheit des Tapezierercongresses.
1878 » des Bäckerverbandes »Germania«.
1878 « bei Gelegenheit des internationalen Fleischertags.
1878 » » » « » deutschen Schmiedeverband-Gewerkschaftstags.
1879 Kunstgewerbeausstellung (Königreich u. Provinz Sachsen u. Thüringen).
1880 Fachausstellung der Drechsler und Bildschnitzer Deutschlands und Oesterreichs.
1880 • der deutschen Wollenindustrie.
1882 Deutsche Kochkunstausstellung.

Nicht ohne Einfluss auch auf die Stellung Leipzigs als Messplatz war die Errichtung von Wollmärkten im Jahre 1826 *Lpz. R.A. XLV. B. 25. 28*, und eines Saatmarktes 1868, welcher jetzt unter dem Namen Internationaler Productenmarkt jährlich im Krystallpalast [Schützenhaus] abgehalten wird. Auch der vom Leipziger Landwirthschaftlichen Kreisverein veranstaltete, aller 2 Jahre abgehaltene Markt landwirthschaftlicher Maschinen hat seit 1877 seinen Sitz in Leipzig. Näheres vgl. *E. Hasse, Die Stadt Leipzig und ihre Umgebung S. 594—596.*

Während Leipzig bisher die Wirkungen der meisten Kriege, welche in und um Deutschland tobten, aus nächster Nähe zu empfinden hatte, wurde die alte Leipziger Kampfebene im Jahre 1866 durch ein gütiges Geschick und 1870 durch die Tapferkeit der deutschen Waffen davor behütet, zum Tummelplatz der Kriege zu werden. So gingen diese beiden Kriege auch fast spurlos an den Leipziger Messen vorüber. Im Jahre 1866 machte sich allerdings ein anderer böser Gast, die Cholera, in Leipzigs Strassen breit und drohte die Michaelismesse zu verdrängen.[1] Auf die Gerüchte hin, dass die Michaelismesse um mehrere Monate verschoben werden solle, erliess daher der Rath am 6. Sept. 1866 *Lpz. R.A. XLV. B. 34. Vol. VII. Bl. 187* eine beruhigende Bekanntmachung, welche diesen Gerüchten entgegen trat.

Auch die Kriegsereignisse des Jahres 1870 führten zu der Annahme, die Michaelismesse werde verschoben werden müssen. Der Rath machte deshalb am 30. August und 5. September bekannt, »dass die diesjährige Leipziger Michaelismesse jedenfalls regelmässig abgehalten wird.« *XLV. B. 24. Vol. VIII. Bl. 159.*

Freilich liess der Besuch der Michaelismesse 1870 ebenso wie der von 1866 viel zu wünschen übrig. Aber was wollte dies bedeuten gegen die Michaelismessen 1688 und 1806?

Seit den Anfängen der politischen Neugestaltung Deutschlands in dem Jahre 1866 hat zwar die Entwickelung der Stadt Leipzig selbst einen ungeahnten Aufschwung genommen. Die Messen derselben haben aber wenigstens an relativer Bedeutung verloren. Der Grund hierfür liegt in den veränderten Verkehrsverhältnissen, welche den directen Verkehr zwischen Producenten und Consumenten befördern und das Zwischenglied der Messen und des eigentlichen Zwischen-

---

Jährlich in der Ostermesse Ausstellung polygraphischer Erzeugnisse.

» Gartenbau- und Geflügelausstellungen.

Seit 1882 wird der Versuch gemacht, im sogen. Krystallpalast [dem früher unter dem Namen »Schützenhaus« weltberühmten Vergnügungsetablissement] in Leipzig eine »internationale Waarenbörse« in Form einer grossartigen Musterausstellung zu veranstalten. Das gewiss auf gesunden Anschauungen über die Bedürfnisse des jetzigen Messgeschäfts beruhende Unternehmen bricht sich aber nur schwer Bahn. Ausführlicheres über dasselbe vgl. *Austria, 35. Jahrg. VI. H.* und *Zeitschrift für die gesammte Staatswissenschaft (Tübingen) 40. Jahrgang 1. Heft. S. 184—186.*

[1] Wegen der Maassregeln, welche durch die in den Jahren 1831 und 1832 die Leipziger Messen bedrohende Choleragefahr veranlasst wurden, vgl. die Bekanntmachungen des Leipziger Rathes vom 19. Sept. 1831 *Anlage XLVI*, und vom 25. April 1832. *Lpz. R.A. XLV. B. 34. Vol. I. Bl. 137ᵇ.*

handels immer mehr eliminiren. Jedenfalls haben aber die Leipziger Messen nicht nur den Grund für die jetzige Grösse und Bedeutung der Stadt Leipzig gelegt, sondern auch durch Jahrhunderte eine grosse Culturaufgabe für Deutschland und den ganzen Welthandel erfüllt. Den Beweis für diese Behauptung gedenken wir in den späteren Abschnitten zu erbringen, welche den Verlauf und die Bedeutung der Messen auf Grund gleichzeitiger amtlicher Berichterstattung schildern.

IX.

Die Verfassung der Leipziger Messen.

Die Verfassung [1]) der Leipziger Messen ist ein ebenso gewohnheitsrechtliches Gebilde, wie das Bestehen der (Oster- und Michaelis-) Messen selbst. Ebenso wie über die Messen finden sich auch über die Verfassung derselben erst verhältnissmässig späte Aufzeichnungen. Die ältesten Nachrichten sind in der Urkunde enthalten, durch welche Churfürst Friedrich II am 1. Nov 1458 der Stadt Leipzig den Neujahrsmarkt verlieh. *Lpz. Urk.Buch Bd. 1. No. 351.*

»... vorlichen das sie ... alle iar ierlich eynen iarmarckt ... vff den heiligen newen iars tag an zcugehn, der bestehende bleiben sal biss vff der heiligen dreyer konige tag nehst darnach volgende den tag gancz vss ... zcu haben und zcu halten mit kauffen und verkauffen und kauffslagen alle der stucke und hantirung, die von kauffmanschacze und allen andern dingen darbracht gefurt und getragen werden, des wir und sie auch mit allen und iglichen rechten freiheiten und gewohnheiten gebruchen sallen und mogen nach w i s e f o r m e und m a s s e, w i e d a s m i t i a r m a r c k t e n in andern unsern steten unser lande und furstentumb von alder b i s s h e r gehabt und g e h a l d e n i s t w u r d e n und itzund noch gehalden wirdit ...«

Wegen der Marktverfassung wird also auf ein bestehendes Gewohnheitsrecht [2]) verwiesen. Die Urkunde über die Bestätigung der Neujahrsmesse durch Kaiser Friedrich III. von 1466 sagt über die Messverfassung nichts anderes, als die eben erwähnte Urkunde.

In den Privilegien des Kaisers Maximilian I. von 1497 ist über Anfang und Ende der drei Leipziger Messen nur gesagt: »einen uff den sonntag Jubilate anzufangen und bis uff den Sonntag Cantate nechst danach wehrende, den andern uff

---

[1]) Wir haben die alt hergebrachte Bezeichnung »Messverfassung« für die Einrichtung und Organisation der Messen beibehalten.

[2]) Ueber das ältere Marktgewohnheitsrecht vgl. *Falke: Geschichte des deutschen Handels*, Bd. I. S. 254

den nechsten Sonntag nach St. Michaelis anzufahen und acht tage die nechsten danach wehrende und den dritten uff den heiligen newen iarstag[1]) anzuheben, und auch die nechsten acht tage danach folgende zu wehren« . . .

Auch die Bestättigung Maximilian's I. von 1507 enthält über die Verfassung der Messen nichts näheres. Die Messbesucher standen während der Messen und im Ab- und Zugang schon seit dem Privilegium Dietrich's von Landsberg von 1268 selbst im Kriegsfall unter dem Schutz des Landesherrn (*vgl. oben Ursprung*), traten 1497 in den Schutz von Kaiser und Reich, dessen Verletzung[2]) mit 50 Mark lötigen Goldes und 1507 ausserdem mit der Reichsacht und Aberacht bedroht wurde. Worin aber die Freiheiten und Gewohnheiten bestanden, deren sich der Leipziger Rath einerseits und die Messbesucher andrerseits auf den Messen zu erfreuen hatten, erfahren wir erst fast 100 Jahre später.

Es muss von vornherein darauf hingewiesen werden, dass die weitere Entwickelung und spätere Fixirung des auf die Messverfassung bezüglichen Gewohnheitsrechtes als eine Sache des Leipziger Rathes, mehr aber noch des Landesherrn angesehen wurde, während man doch die Messen selbst fort und fort als auf kaiserlichem Rechte beruhend betrachtete.

Nächst dem äusseren Schutze, welcher, wie erwähnt, dem Messverkehr durch Kaiser und Landesherrn gesichert war, hat wohl kaum ein anderes äusseres Mittel zum Aufblühen der Leipziger Messen mehr beigetragen, als die von Altersher während derselben — vom Momente des Einläutens bis zu dem des Ausläutens — bestehende sogen. Marktfreiheit. Nach derselben durfte während der Messen gegen keinen Schuldner persönlich und auch nicht gegen dessen in Leipzig lagernde Waaren mit Arrest vorgegangen werden.

Die erste urkundliche Nachricht über diese Messfreiheit vom Jahre 1538 zeigt aber, dass Versuche, die Freiheit auch in anderen als civilrechtlichen Verschuldungsfällen in Anspruch zu nehmen, vom Leipziger Rathe zurückgewiesen wurden : »Beantwortete Anfrage, ob Jemand, dem wegen Missethaten die Stadt verboten, während der Messfreiheit anher kommen dürfe?

Hans Pergener! Wir haben eur schreyben, darinnen Ir uns anzeigt, die weyll euch unser Stadt mit eyner Condition verboten und yr es dafür hildet, das euch in mergkten, die do frey sein, ungeweret sein solde, auch euch hierein ohne

---

[1]) Da man bis zum Jahre 1700 das Jahr von Christi Geburt, also vom Weihnachtsfeste an zählte, ist hier der Neujahrstag mit dem Weihnachtsfeste identisch.

Der Güte des Herrn Prof. Dr. Georg Voigt (Leipzig) verdanke ich nachfolgende Belegstellen dafür, dass die Neujahrsmesse in der That früher eine Weihnachtsmesse gewesen ist, da Weihnachten und Neujahr identisch waren : Zarncke, Acta Rect. p. 169, Z. 3 (mercatus Januarii), p. 201, Z. 32., p. 202, Z. 27., p. 204, Z. 37 ff., p. 236, Z. 24 (nundinis nataliciis), p. 294, Z. 34 (nundinas Januarias), p. 295, Z. 45 (ad nundinas natalicias), p. 306, Z. 44 (dgl.), Z. 46 (dgl.), p. 316, Z. 19 (nundinas nativitatis Christi), p. 341, Z. 50 (nundinas natalicias domini), p. 369, Z. 50 (ad nundinas natalicias), p. 371, Z. 28 (nundinas novi anni), Z. 29 (dgl.), p. 390, Z. 7 (ad nundinas natalicias), p. 488, Z. 5 (nundinas natales), p. 489, Z. 5 (dgl.). Anfang des neuen Jahres mit dem 25. December *vgl. Urkundenbuch der Stadt Leipzig Bd. I. No. 89, 186, 551, 552.*

[2]) Verletzungen der Marktfreiheit sind in den Abschnitten *Aeussere Geschichte der Leipziger Messen* besprochen worden.

Fhar zu begeben, vernommen, darauf wollen wir euch nicht vorhalden, das die Privilegien dahin gedeuthet und verstanden werden sollen, dass den Jhenigen, so des Landes sunst sicher sein und die Stat umb irer Verhandlungen willen nicht verbotten, die privilegia zu stewer khommen, und nicht euch noch eures gleichen; Geben Dinstags nach Jubilate 1538«. *Barthel: Vermischte Nachrichten von Leipzig. Bl. 220^b.*

Eine fernere urkundliche Nachricht über diese Marktfreiheit giebt eine Resolution des Churfürsten Moritz vom 6. April 1548 (*Lpz. R.Urk. Kasten 7 No. 56. Anlage II*), in welcher Versuche der Verletzung der Marktfreiheit abgelehnt werden und die strenge Beobachtung derselben dem Leipziger Rath zur Pflicht gemacht wird.

Dieser kam auch der Anordnung des Landesherrn gern nach: »Des Rhats der alten Stadt Magdeburg Gesandte haben umb Kommer und Arrest wider die Grafen von Stollberg angesucht. Weil aber solchs des Raths Privilegien und Marktfreiheiten und Gewohnheiten zuwider, ist ihnen solches ufs glimpflichst abgeschlagen. Act. Freitags nach Francisci (war der Freitag in der Messwoche) den 8. Octobris ao 1557«. *Barthel u. a. O. Bl. 135^b.*

Die hier ausgesprochenen Grundsätze fanden dann Aufnahme in die »Verordnungen und Constitutiones Churfürst Augusti vom 21. April 1572« I. Theil, I. Abtheilung, XXX. Titel »Wie weit und in welchen Personen die Kummer, sonderlich in währenden Märekten zu gestatten?« alinea »Marcktfreyheit« *Codex Augusteus I. p. 83.* »Wir wollen aber sonderlich, dass in allen Fällen, innerhalb deren öffentlichen Märekte, des Handels und Werbung halben, die Freyheit gehalten, kein Arrest statt haben, auch Bürgerlicher Sachen und Obligation wegen, niemand angehalten werden soll«.

Mit welchem Eifer die churfürstliche Regierung darüber wachte, dass »der Marktfreiheit kein Abbruch« geschah, zeigen Specialentscheidungen vom 31. Juli 1578 *Lpz. R.U. Kasten 8. Nr. 3* und vom 30. Sept. 1587. *Lpz. R.U. Kasten 8. No. 3*, vor Allem aber die ausführliche Verordnung des Churfürsten August vom 10. Mai 1584. *Lpz. R.U. Kasten 8. No. 3 und Lpz. R.A. XLV. G. 6^b. Bl. 164. Anlage III.* Ob die Marktfreiheit, wie diese Verordnung annimmt, wirklich von den Vorfahren August's der Stadt Leipzig ausdrücklich verliehen [1]) wurde, ist ungewiss. Vielleicht bestand dieselbe auch nur gewohnheitsrechtlich. Jedenfalls haben aber die sächsischen Fürsten das Verdienst, wie eben diese Verordnung und die erwähnten Specialentscheidungen zeigen, die Marktfreiheit mit Eifersucht aufrecht erhalten [2]) zu haben, selbst dann, wenn die Consequenzen dieser Freiheit hart zu sein schienen. Für die möglichste Handelsfreiheit

---

1) Abgesehen von jener nur gelegentlichen Entscheidung seines Bruders Moritz vom 6. April 1548.

2) Freilich fehlte es auch nicht an Inconsequenzen. Derselbe Churfürst August hatte 1555 nicht nur die Messfreiheit verletzt, sondern auch gegen den in den Privilegien den Messbesuchern zugesicherten Reichsschutz verstossen, indem er anordnete, dass während der Leipziger Messe Bürger aus Eisleben angehalten werden sollten wegen gewisser privatrechtlicher, an den Rath zu Eisleben habender Forderungen. *vgl. oben Streit mit Eisleben.*

überhaupt und für die Leipziger Marktfreiheit im Besonderen konnte zu jener Zeit keine schönere Vertheidigungsschrift geschrieben werden, als die nach ihrer Entscheidung ebenso, wie nach ihrer Begründung musterhafte Verordnung des Churfürsten August. Dieselbe wird jederzeit zu den hervorragendsten Denkmalen einer aufgeklärten Wirthschaftspolitik des XVI. Jahrhunderts zählen.

Diese Verordnung vom 10. Mai 1584 scheint aber auch, ebenso wie sie das Facit Jahrhunderte alter gewohnheitsrechtlicher Anschauungen zog, für alle Zukunft[1] ihre principielle Bedeutung behalten zu haben.

Es geht dies aus dem Mandat vom 6. Sept. 1718 hervor, »dass in denen ordentlichen Messzeiten bey der Stadt Leipzig das Wechselrecht exequiret werden solle, ohne vorher einen Captur-Befehl desswegen auszuwürcken zu dürffen«: »... Jedoch ist unsere Intention hierbey keinesweges dahin gerichtet, dass in denen ersten Wochen derer drey Leipziger Messen, die gewöhnliche Marckt-Freyheit, wenn sich die Wechselschuldnere derselben nicht begeben, oder die Verfallzeit gleich auf den ersten Tag gesetzet, aufgehoben werden solle, sondern es soll vielmehr dieselbe zu Beförderung derer Commercien, nach wie vor und wie es Herkommens ist, beybehalten werden und dabey sein unveränderliches Bewenden haben«. Cod. August. II. p. 2080.

Wie das Privilegium von 1497 zeigt, war die Dauer jeder der drei Leipziger Messen ursprünglich eine Woche. Im Laufe der Jahrhunderte hat sich die Dauer der Oster- und Michaelismessen auf drei Wochen verlängert.

Dieser Entwickelungsgang ist ein ausserordentlich langsamer gewesen und das Ergebniss eines fortgesetzten Kampfes des Missbrauches mit der statutarischen Bestimmung, jedoch so, dass das Statut immer mehr thatsächlich unterlag und der Missbrauch nach und nach sanctionirt und legalisirt wurde. So lange es irgend ging, und oft dann noch, wenn die Fiction ein Hohn auf die thatsächlichen Verhältnisse war, gefiel man sich darin, das Fortbestehen der alten statutarischen Bestimmungen zu fingiren.

Noch am 28. Oct. 1704 schrieb der Leipziger Rath an den Churfürsten: »Nachdem eine bekannte Sache, dass die Messzeit nur 8 Tage währet, nach deren Endigung die Zahlwoche angehet, da die fremden Handwerksleute ihre Wahren einzulegen, jederzeit von uns angehalten worden ... die allergnädigste Verordnung zu thun, damit hinkünftig das Feilhaben fremder Handwerksleute in der Zahlwoche insgemein eingestellt werde«. Lpz. R.A. Fremder Handwerksleute Feilhaben XLV. B. 10ᵃ.

In der Woche nach der durch das Ein- und Ausläuten der Kirchenglocken begrenzten Messwoche war schon in früher Zeit, vermuthlich schon vor 1500,

---

[1] Auch ein Befehl des Churfürsten Johann Georg II. vom 7. Januar 1662 ist in diesem Sinne abgefasst. Mit Hinweis auf die Leipziger Marktfreiheit lehnt er die beantragte Arretirung Erfurter Bürger in Leipzig ab und schärft die Beobachtung der Marktfreiheit gegen Personen und Güter ein. Lpz. R. Copiale III. Bl. 60.

ein bestimmter Tag als Zahltag bestimmt worden, zum Ausgleich der Abrechnungen zwischen den Messgrosshändlern. Bald wurde die ganze Woche Zahlwoche genannt und erst zum Grosshandel, dann auch (im XVI. Jahrh.) zum Kleinhandel benutzt. Vor den Messen entwickelte sich der Grosshandel immer mehr, so dass in der Oster- und Michaelismesse vor die eigentliche »Messwoche« noch die sogen. »Böttcherwoche«[1] gelegt wurde, die sich im XVIII. Jahrhundert zu der »Engroswoche« gestaltete.

Die älteste urkundliche Nachricht über diese Verschiebung stammt aus dem Jahre 1580 und ist bereits der Versuch einer Reaction gegen die Verschiebung. Es ist eine Verordnung, welche der 1580 regierende Bürgermeister Wolf Peilick (Peiligke) für das Jahr 1581 erliess. *Abschriftlich Lpz. R.A. XLV. B. 16ᵃ. Bl. 1.* Auf dieselbe wurde später häufig Bezug genommen. Sie lautet:

»Händler und Kramer, welche einlegen sollen, wenn der Markt ausgeläutet ist«.

»Erstlichen die fremden Schuster legen alsbald ein, wenn der Markt ausgeläutet ist.

Zum andren die fremden Beutler und Täschner legen ein den Tag danach, wenn der Markt ausgeläutet ist.

Item die Singer an den Ecken sollen gar abgeschafft werden und sich packen.

Item die Hausirer mit allerlei Waare, so sie in die Häuser tragen, Leder und Anderes.

Item die fremden Bierfiedler, Bergleute oder Singer, Spielleute, Gaukler soll alles abgeschafft werden, wenn der Markt ausgelautet.

Die Bürstenbinder fremde sollen den andern Tag nach Ausläutung des Marktes nach Mittage einlegen und die Mittwoch nicht feilhaben bei Rathsstrafe.

Die fremden Hültber (?), Nadler, Messerschmidte und Klipper sollen einlegen, alsbald der Markt ausgeläutet ist.

Item die fremden Kruge mit Zimmerliten sollen einlegen uf den Montag, wenn der Markt ausgelauten ist.

Item die fremden Kuchelbäcker sollen einlegen, wenn der Markt ausgeläutet ist, so an den Thoren in der Stadt feil haben.

Item die Handwerk, so wochentlicher uf den Markt feil haben Dienstag, Freitag, Sonnabend sollen alle um 1 Uhr ihre Buden und Tische von Markt weggeräumet sein, bei Raths ernster Strafe.

Die Kuchelbäcker die einheimischen, sollen 8 Tage fürn[2] Markte, 8 Tage in Markte und 8 Tage nachn Markte allerlei Kuchen backen und feilhaben. Wanne aber die Buden von Markt sein, sollen sie nichts anderes backen, als Eisenkuchen und Hiplichen; die andern Kuchen sollen ganz und gar abgeschafft sein bei Rathsstrafe«.

Dieser Verordnung sieht man es nach Form und Inhalt an, dass sie nicht ein einheitliches Werk ist. Einzelne Sätze sind anscheinend Sentenzen, durch welche

---

[1] Wir haben vergebens nach einer actenkundigen Erklärung dieses Namens gesucht.
[2] Erster Anklang an die nachmals legale dreiwöchentliche Messzeit!

frühere Streitigkeiten geschlichtet wurden, andere sind den Artikeln der einzelnen Innungen[1]) entnommen.

Der Leipziger Rath scheint selten aus eigener Initiative gegen die Uebertretungen bezüglich der Dauer des Messhandels eingeschritten zu sein, vielmehr übte er stets die grösste Nachsicht gegen die Fremden aus, eine Nachsicht, die, wie wir später sehen werden, verderbliche Folgen für die Institution der Messen hatte, und deren Consequenzen sich später trotz aller Mühe nicht wieder beseitigen liessen. Man dehnte den nach anderen Richtungen so heilsamen Grundsatz der Messfreiheit eben leider auch auf die Zeit aus, innerhalb deren das Messgeschäft sich zu bewegen hatte.

Schritt der Leipziger Rath gegen allzuweit gehende Uebertretungen der alten Messbestimmungen ein, so geschah dies regelmässig erst auf das Drängen der Leipziger Handwerker und der Kramerinnung hin. Letztere war zwar durch den Wortlaut ihrer Ordnung (die weit ältere Kramerordnung ist uns nur in der Fassung bekannt, welche sie durch die Bestätigung des Rathes vom 4. März 1484 erhielt. *Lpz. Urk. Buch Bd. I. Nr. 526*) nicht besonders gegen etwaige Ueberschreitungen der fremden »Kramer« (Kleinhändler) und »Handelsleute« (Grosshändler) privilegirt, wie sie dies später gern darzustellen versuchte, sie betrachtete sich aber bis zu der ca. 1681 erfolgten Organisirung der »Handelsleute und Kaufleute ausser der Kramerinnung« als die legale Vertreterin der Interessen der ganzen Leipziger Kaufmannschaft.

Handwerker und Kramer hatten, wenn sie gegen die Ausdehnung der Messen und gegen den Handel der Fremden zwischen den Messen eiferten, gewiss nur ihre Sonderinteressen im Auge und dachten ernstlich wenig an die von ihnen stets im Munde geführten Interessen der Institution der Messen selbst. In diesem Eifer des namentlich im XVI. Jahrhundert zu grosser Bedeutung gelangten einheimischen Leipziger Kaufmannsstandes lag aber ein wohlthätiges Correctiv gegen eine Zersplitterung, die bei einem vollständigen Sichgehenlassen mit den Messen eingetreten wäre.

Eigenthümlicher Weise war nämlich die Richtung der Verschiebung bei dem Grosshandel eine entgegengesetzte, als bei dem Kleinhandel. Bei letzterem dachte man, wie noch die obengenannte Urkunde von 1580 zeigt, anfangs nur an eine Verlängerung über das Ende hinaus, während man an dem Anfangstermin streng festhielt. Erst gegen Ende des XVIII. Jahrhunderts wurde dies anders. Ein Nachweis, dass im Jahre 1531 das Aufschlagen der Buden erst am Montag nach Jubilate erfolgen durfte, findet sich in dem Beschlusse des Rathes vom 24. April 1531 (Montag nach Miseric. Dom.) »Die weyl off diss Jahr ein Aposteltag als Philippi und Jacobi offn Montag im Marckt gefellet, da man pfleget auffzubuden, ist durch den sitzenden Rath beschlossen, das man erst nach

---

1) Die Actenstücke *Fremder Handwerksleute Feilhaben XLV. B. 16ᵃ und 16ᵇ* sind reiche Fundgruben für die Kenntniss des älteren Innungswesens in Leipzig. Den Klagen über die Uebergriffe der fremden Handwerker mussten die hiesigen gewöhnlich Auszüge ihrer Innungsartikel beilegen.

der predigte, wenn es eyns geschlagen hat, auffbuden solle.« *Barthel, Vermischte Nachrichten von Leipzig Bl. 50ᵇ.* Der Grosshandel, der nur in frühester Zeit ein Gewicht darauf legte, auch in der Zahlwoche geduldet zu werden, suchte im XVII. und noch mehr im XVIII. Jahrhundert einen immer zeitigeren Anfangstermin zu erlangen. Bis Ende des XVIII. Jahrhunderts begnügte er sich mit dem Anfang der Böttcherwoche (also 8 Tage vor dem Einläuten der Messe), Anfang des XIX. Jahrhunderts bildete er noch eine besondere »Vorwoche« vor der Böttcherwoche und machte Mitte des XIX. Jahrhunderts diese Vorwoche zur eigentlichen Engroswoche.

Eine codificirte Messordnung der Leipziger Messen hat es niemals gegeben. Wie wir sehen werden, hat die Leipziger Kaufmannschaft noch Ende des XVIII. Jahrhunderts vergeblich um eine solche. Dagegen wurde das Leipziger Handels- und Wechselrecht Ende des XVI. Jahrhunderts codificirt und die einzelnen Zweige des Messhandels oder einzelne Richtungen des Messverkehrs durch besondere Bestimmungen entweder seiten des Rathes oder der Landesregierung geordnet.

Am 11. Mai 1590 verordnete[1]) der Rath *R.A. I. 54. F. Bl. 26*, »dass alle, welche mit Landtuchen, Leimathen, Zwillich, Ziechen u. A. in Märkten hier zu handeln pflegen, vermöge alter angezogenen Ordnung und Gewohnheit, hinfüro alle ihre Tuche, Leimath[2]), Zwillich, Ziechen u. dergl. auf das geordnete Gewand- und Leimathhaus bringen und keinen Ballen, Kasten noch Fass in den Häusern mehr aufmachen oder einig Stück ehe und zuvor mehrgedacht Gewand- und Leimathhaus eröffnet verkaufen noch vertreiben sollen.«

Ein Rathspatent vom 5. October 1594 ordnete den Rauchwaarenhandel[3]) *Lpz. R.A. I. 54. F. Bl. 38* und bestimmt u. A., dass »diejenigen, welche Rauchwerck und Wildwahren zu führen, zu verkäuffen und zu verhandeln pflegen . . . . . dass sie angeregt Rauchwerck und Wildwahren, es sey an was Art und Gattung es wolle, ein jedes besonders gebunden, gesondert auff gutem trawen und glauben, wie vor Alters, liefern und gewehren, die geringen Wahren und

---

[1]) Dass die Klagen über Lebensmittelverfälschungen nichts neues sind, geht aus einer Verordnung des Rathes vom 28. Dec. 1590 hervor, welche den Handel mit gefälschtem gepulverten Safran rügt. *Lpz. R.A. I. 54. F. Bl. 28.*

[2]) Ueber den Leinwandhandel in Leipzig vgl. u. A. Patent des Leipziger Rathes das Maass der Leinwand und Schleier betr. v. 6. Oct. 1654. *D. St. Leipzig Ordnungen No. XIII. S. 116* über den Schlesischen Leinwandhandel nach Leipzig im J. 1703. *XLV. G. 6ᶜ.*

[3]) Mehrfach ist von einem Kürschnerhause und einem öffentlichen Pelzhause die Rede, z. B. 1706 *XLV. B. 16ᵃ. Bl. 69. 70.* Beide lagen vermuthlich am Brühl. Die Leipziger Kürschnerinnung hatte eine Controle über die Güte der hierher gebrachten Kürschnerwaaren auszuüben, die sogen. »Schau«. Mit Naumburg entstand ein Streit, ob die dort der Schau unterzogenen Waaren in Leipzig derselben nochmals unterliegen sollten.

In Klagen der Kürschnerinnung vom 16. Septb. 1713 über Störer und Pfuscher (darunter Landmiliz und Schlosssoldaten) wird gesagt, »die Zeiten seien so schlecht, dass einige unserer Meister beinahe den Bettelstab ergreifen oder doch aus Mangel der unentbehrlichen Lebensmittel aus Desperation den Soldatenstand zu erwählen sich genöthigt gesehen«.

Sorten .... unter die besten und mittel nicht verstecken ...... auch die halbe Stückwerck oder was schadhafftig, verbranndt, faul, durchs Wasser oder sonsten verderbet, aus den Banden absondren und in jrem werth verkauffen sollen .....«

Dieses Patent wurde am 4. Januar 1600 erneut eingeschärft *a. a. O. Bl. 40. und Der Stadt Leipzig Ordnungen, wie auch Privilegia und Statuta (Leipzig, Fritsche 1701) Nr. XII. S. 114.*

Schon im Jahre 1597 beklagten sich die Leipziger Kaufleute über die Concurrenz der Engländer, welche »insgemein diesen Landen sehr schädlich«, und baten den Rath, den Engländern zu verbieten, »zwischen den Märkten allhier zu handeln«, was der Rath am 10. Dec. 1597 zusagte *(Barthel, Verm. Nachr. Bl. 241[b])*, nachdem er schon am 26. Febr. 1557 die Verhältnisse der fremden Handelsleute im Allgemeinen geordnet hatte. *a. a. O. Bl. 154 u. 225.*

Am 15. Sept. 1602 erliess der Leipziger Rath Vorschriften über den **Tuchhandel**[1]) in den Messen *Lpz. R.A. I. 54. F. Bl. 22.*

Einige Kaufherren in Leipzig beschwerten sich am 31. März 1603 bei dem Rathe über Verletzung verschiedener Punkte der Leipziger Mess- und Stapelprivilegien und auch darüber, dass »etzliche Jahre hero etzliche Hamburger, Lüneburgische, Braunschweigische und Magdeburgische Kaufleutte sich understanden, wie auch noch, das sie nicht alleine allerley Fischwahren, Pack- und Tonnenguth **zwischen den öffentlichen Jahrmergkten** anhero geschickt und abgeleget; Besondern auch ihre Diener, Söhne und Factoren **durchs ganze Jahr** allhier liegend haben; Solche Wahren nicht ganze last oder halbe last weise, wie ihnen, als die nicht einheimische geschworne burger seindt, gebühret; Sondern **einzeln zu Tonnen**, Pfundt- und Schockweise, darzu den frembden Höeckern Fuhrleuten und denen von Adell, so zwischen den Jahrmergkten und wochentlich herein kommen, und dergleichen Wahren kaufen wollen, verkauffen.«

Diese Fremden zahlten nicht nur keine Steuern[2]) und entzögen den Einheimischen die Nahrung, sondern gestatteten sich auch einen Handel, der den Einheimischen (Kleinhändlern?) verboten sei. »Do dargegen **uns** und den unserigen wan wir der örter einzukauffen uns hinabbegeben, **nicht verstattet** noch vergönnet, sondern vorgewendet wirdet, es müsse noch solle kein Gast mit Gast, oder Frembder mit Frembden zu kauffen und Handlung zu schliessen; besondern, wan der örter die Seewahren anlangen, werden Sie alsobalde den burgern underhendig gemacht, das sie dieselben als ihr eigen Guth verhandeln, wier aber durffen derer örter nicht von einigen frembden, Sondern **wier von den Ein-**

---

1) *Die von uns durchgesehenen Acten des Leipziger Rathsarchiv's geben so viele und interressante Nachrichten über Tuchmacherei und Tuchhandel in Leipzig und in Sachsen seit dem XV. Jahrhundert, dass wir diesen Gegenstand aus der vorliegenden Darstellung ausscheiden und einer besonderen Behandlung vorbehalten müssen.*

2) Dies war wenigstens 1558 nicht der Fall. Damals zahlten die fremden Kaufleute, welche zwischen den Messen in Leipzig Handel trieben, ein Procent ihres Gewinnes. *Barthel, Verm. Nachr. Bl. 29.*

heimischen burgern, bey Verlust des Guts, do einer darüber betretten wurde, handeln oder kauffen.« *XLV. A. 1^c. Bl. 18 u. XLV. A. 1^d. Bl. 59.*

Am 17. Dec. 1603 fand eine Conferenz von Rathsdeputirten mit Vertretern »der Communion aller der Hendler« statt, in welcher 8 Ausschüsse der letzteren gewählt wurden. Diese 8 Ausschüsse waren : 1. Societät, die Niederländische Handlung betr.; 2. Societät der Tuchhändler; 3. Societät der Fischhändler; 4. Gesellschaft der Leinwandhändler; 5. Societät des Materialistenhandels; 6. des Rauchwaarenhandels; 7. des Weinhandels; 8. des Factorenhandels. *XLV. A. 1^c. Bl. 37.*

Die Fischhändler[1]) wiederholten am 10. April 1613 eine ältere Beschwerde über eine Anzahl namhaft gemachter Personen, welche zwischen den Messen unbefugt handelten. *XLV. A. 1^d. Bl. 91.* Unter eigenthümlicher Begründung bitten jedoch einige dieser Personen, ihnen den Fischhandel zu gestatten. Der Kürschner Martin Ruppolt sagt, der Fischhandel gehöre nicht zur Kramerei, auch die Fischhändler selbst seien nicht Kramer. Hans Fuchs sagt, er sei kein Handwerksmann, sondern Zuckersieder, welches eine freie Kunst sei, derzeit aber in Leipzig nicht gehe, weil Hamburg und Stade sehr aufkämen. *a. a. O. Bl. 94. 95.*

Am 29. Nov. 1630 gestattete der Leipziger Rath dem Fischhändler Hans Goldschmidt von Hamburg gegen Erlegung des Schutzgeldes in Leipzig auch zwischen den Messen sein Fischwerk zu verkaufen, jedoch nur in halben oder viertheil Lasten. *XLV. A. 1^d. Bl. 107.*

Der Leipziger Rath hatte am 25. Juli 1636 zu rügen[2]), dass das Verbot vom 18. December 1635, die Waaren der fremden Böttcher und Störer, nicht eher als Mittwochs oder 4 Tage vor dem Markt öffentlich auszustellen, nicht respectirt worden sei. *Lpz. R.A. I. 54. F. Bl. 60.* Wir haben hier den ältesten urkundlichen Nachweis über das Bestehen der Böttcherwoche vor uns, hier aber noch im eigentlichen Sinne, nicht in der späteren missbräuchlichen Benutzung zum Grosshandel.

Zu den regelmässig von Zeit zu Zeit sich wiederholenden Klagen über den Handel zwischen den Messen gehört auch die vom 21. April 1638 über die Seifensieder, welche noch nach Ausläutung des Marktes am Thomaskirchhoff verkauften. *XLV. A. 1^c. Bl. 153.*

Ein Rathspatent vom 1. Febr. 1649 rügte erneuert *I. 54. F. Bl. 68,* »dass Handelsleute aus unterschiedenen Nationen und Landen nach gehaltenen öffentlichen Jahrmärkten von einer Messe bis zur anderen viel Handelsdiener hinter sich verliessen, zu dem auch sonsten sich andere Fremde alhier aufhalten thäten, welche sich unterfingen, im Einzelnen zu handeln und zu hausiren.«

Um das Jahr 1661 machte sich aber auch einmal eine entgegengesetzte Mei-

---

1) Vgl. auch Verfügung des Leipziger Rathes gegen unbefugten Fischhandel zwischen den Messen vom 8. März 1642. *Lpz. R.A. I. 54. F. Bl. 62.*

2) Desgl. am 4. Mai 1685. *I. 54. F. Bl. 275.*

nung geltend. Ohne Datum und Unterschrift finden sich nämlich bei den Acten
XLV. A. 1ᵈ. Bl. 173 »sechs rationes, warum Fremde und Schutzverwandte
in Leipzig ausser den Messen zu dulden und ihnen zu handeln zu verstatten sey.«

1) Nürnberg hat die Italianer weggejaget, itzo geben sie gerne geldt,
dass sie wieder dahin kämen.

2) Durch die Bürger, wann sie der Frembden Factorey haben, werden
die waagegebühren unterschlagen.

3) Es werden die hiesigen Bürger und Kauffleute oder Kramer in wenig
Jahren schlechte Handtlung allhier haben, wann die frembden ohne vnterscheidt
weggetrieben werden sollen.

4) Die Accisen und Pferdegelder bringen der Handlung den grössten
Schaden.

5) Krahmer allhier haben kein jus prohibendi wieder die, so gantz
verkauffen, sondern nur welche Krahmerei treiben.

6) Die Abschaffung der Frembden gereichet dem gantzen Lande zum Schaden.«

Vermuthlich infolge des religiösen und bussfertigen Zuges, welcher nach
Beendigung des dreissigjährigen Krieges durch ganz Deutschland ging, gebot ein
churfürstliches Mandat vom 26. Juli 1654 *Anlage VI* die strenge Heilighaltung
der Sonntage und Feiertage in den Messen, obwohl, wie das Mandat
selbst anerkennen muss, der Beginn der Messen, wie der meisten Jahrmärkte,
stiftungsgemäss auf den Sonntag fällt.

Wir werden weiter unten Gelegenheit haben, zu sehen, wie sehr die Ansichten über die Nothwendigkeit der Sonntagsfeier während der Messen im Laufe
der Zeit schwankten.

Zunächst musste diese Anschauung consequenter Weise dazu führen, eine
Verschiebung der Leipziger Neujahrsmesse anzustreben. Wie wir bereits
oben ausgeführt haben, begann die Neujahrsmesse ursprünglich am Weihnachts-
feste, da bis gegen 1700 das Jahr vom Weihnachtsfeste an gerechnet wurde. Die
Reise zur Messe fiel also, da die Neujahrsmesse keine Vorwoche kannte, in die
Weihnachtsfeiertage. Erklärlicher Weise ging deshalb die Anregung zur Ver-
schiebung der Neujahrsmesse nicht, wie bei dem Mandat vom 26. Juli 1654, von
Leipzig, sondern von den Messfremden aus.

Am 7. April 1665 überreichten Bürgermeister und Rath der Stadt Nürnberg dem Leipziger Rath ein Gesuch sämmtlicher aus Nürnberg nach Leipzig
reisenden und negociirenden Kaufleute, worin beantragt wird, es möge mit churfürstl. sächs. Erlaubniss die Leipziger Neujahrsmesse dauernd bis auf den
9. Januar oder den Sonntag nach dem heiligen Dreikönigstage verlegt werden.
»Und dieses nicht etwa aus unzeitiger Begierde zu einiger beflissener Neuerung,
sondern einig und allein darum, weil sie bis anhero ihre nach Leipzig vorgenommenen Reisen von Haus aus jederzeit an dem hoehheiligen Weihnachtsfest
mit Hintansetzung der um selbige Zeit gewöhnlichen Devotionen und Gottes-
dienste bekanntermassen anstellen, auch wegen der die Marktzeit über einfallenden Feiertage ihre meisten negocia und Handelsverrichtungen zu dero nicht

geringem Abbruch und Schmälerung manchmal interrompiren und zurückstellen müssen«. *XLV. B. 2.*

Die Anregung der Nürnberger scheint kein Entgegenkommen bei dem Leipziger Rath und der sächsischen Landesregierung gefunden zu haben. Denn 10 Jahre später wurde die Frage von Augsburg und Breslau wieder aufgenommen. Die Pfleger und Geheimen Räthe der Stadt Augsburg überreichten am 6. August 1675 ein Gesuch der von dort nach Leipzig negociirenden Kaufleute, worin um Verlegung der Leipziger Neujahrsmesse auf den Montag nach dem hohen Neujahr gebeten wurde. Es wird dabei ausdrücklich erwähnt, dass die Handelsleute von Nürnberg und Frankfurt a/M. und anderen Orten gleicher Meinung seien.

Ein Schreiben aus Breslau vom 20. December 1675 begründet den gleichen Antrag damit: »Mit was vor Ungemach bei den kurzen Tagen, bösem Wetter und schlimmen Wegen die bald einfallende Neujahrsmesse zu Leipzig von den hiesigen Handelsleuten besucht, auch wassgestalt die hochheilige Zeit und Weihnachtferien aufder Strasse passiret und der Gott wohlgefällige Kirchendienst verabsäumt werden muss, hat bei vielen andächtigen und Gott liebenden Gemüthern von langer Zeit her nicht weniges Klagen verursacht«. *XLV. B. 2.*

Alle diese Vorstellungen blieben aber erfolglos, auch dann, als am 4. Jan. 1680 Handelsleute aus Fraustadt i/Schl., Sagan, Sorau, Lüben, Steinau i/Schl. erneut darum baten, den Neujahrsmarkt »auf eine bequemere Zeit, als etwa Sonntag nach den heiligen drei Königen« zu legen, und eine Vorstellung Leipziger Kaufleute von demselben Tage den Rath darauf hinwies, dass er selbst in der jetzigen Neujahrsmesse allen Handel und Crahmung an den Sonn- und Feiertagen durch ein öffentliches Mandat (wahrscheinlich das von 1654) bei Strafe ernstlich verboten habe.

Erst nach 200 Jahren hatten die Versuche, dem Weihnachtsfest mehr Rechnung zu tragen, wenigstens in so weit Erfolg, als im Jahre 1867 der Anfang der Neujahrsmesse, als welcher in der letzten Zeit officiell der 27. December bezeichnet worden war, auf den 2. Januar festgesetzt wurde. Im Verein mit den inzwischen geschaffenen schnelleren Verkehrsmitteln wurden auf diese Weise die berührten Uebelstände wenigstens im Wesentlichen beseitigt.

Eine wichtige Neuerung in Wechselsachen führte ein Rathspatent vom 10. April 1652 ein. Nach diesem sollte die Acceptation der Wechselbriefe, welche bisher nur mündlich erfolgte, »hinförder in Schriften geschehen, inmassen auch solcher modus in andren Handelsstädten namentlich Venedig, Amsterdam, Nürnberg, Hamburg, Frankfurt a/M. gebräuchlich« wäre.

Diese Anordnung wurde durch churfürstliche Verordnung vom 22. April 1652 ausdrücklich bestätigt. *I. 54. F. Bl. 92. Cod. August. II. p. 2015.*

Schon das Marktrescript des Churfürsten Johann Georg I. vom 25. Juli 1621 hatte bestimmt: *Cod. August. II. p. 213. XLV. A. 1ᶜ. Bl. 70—77,* »dass hinfüro unter den Kauf- und Handelsleuten in bekenntlichen oder in continenti erweisslichen und überführten Schulden der debitor ohne Verstattung einiger Bürgerlichen oder Sächsischen Frist auf Ansuchen des Gläubigers baare Zahlung leisten oder annehmliche Versicherung und Gestalt machen, im Fall er aber deren keines vermöchte, alsobald in Gehorsam gehen und darinnen so lange verbleiben müsse, bis er sich mit seinem creditorn abgefunden«.

»Das churfürstl. Sächsisch erneuert und erweitert Leipzigische Markt-rescript vom 21. Juli 1660« schärfte jene Bestimmung erneut ein und betonte namentlich: »dass die Kauf- und Handelsleute in Wechsel- und andern bekanndt-lichen oder in continenti erweisslichen Handelsschulden jederzeit in Person vor Gericht erscheinen und bis die baare Bezahlung geleistet, sich in Gehorsam einstellen müssen«.

Ausserdem wird das Marktrescript, welches bisher nur für Kauf- und Han-delsleute galt, auf alle Personen in Wechselsachen ausgedehnt. *Lpz. Urk. Kasten 8. No. 19. I. 1. Bl. 558. Cod. August. I. p. 290 und Der Stadt Leipzig Ordnungen No. VII. S. 95.*

Bevor der Churfürst Johann Georg II. seine Einwilligung zu dem Reichs-städtischen Conclusum[1]) vom 4. December 1667, Punkt 3 und 4, die Commercien betr., gab, legte er dieses am 14. Januar 1668 dem Leipziger Rath mit der Veranlassung vor, sich darüber zu erklären, ob dasselbe den Leipziger Handelsinteressen zuträglich oder nachtheilig sei. Der Leipziger Rath gab darauf am 5. Febr. 1668 die Erklärung ab:

1) Dass in dem Conclusum nichts Besonderes enthalten sei, was nicht in Leipzig bereits gehandhabt werde.

2) Dagegen wird gebeten, der Churfürst möge verordnen, dass von Com-missionswaaren die vorgeschossenen Gelder vor anderen Creditoren möchten bezahlt werden.

3) Das Marktrescript möge erläutert und auf alle diejenigen erstreckt wer-den, welche Wechsel ausstellen.

4) Für den Abgang des Nürnberger Geleits möge ein fester Termin bestimmt werden, weil dieser der Termin der Verfallzeit, der Zahlung und der Pro-teste der Wechsel sein solle.

Nachdem noch der Churfürst am 30. Oct. 1668 dem Rath aufgegeben hatte, für den Abgang des Nürnberger Geleits einen geeigneten Tag vorzuschlagen, und der Rath den Donnerstag in der Zahlwoche und in der Neujahrsmesse den 5. Tag in der Zahlwoche in Vorschlag gebracht hatte, erfolgte der Decisiv-befehl des Churfürsten Johann Georg II. vom 4. Sept. 1669. *Cod. August. II. p. 2018. Der Stadt Leipzig Ordnungen No. VIII. S. 97.*

Dieser Decisivbefehl, welcher besonderes Interesse gewährt durch die Art, wie der Churfürst es begründet, die Sache nicht zum Reichsschluss zu bringen, sondern aus landesherrlicher Gewalt zu entscheiden — genehmigt die Vor-schläge wegen des Nürnberger Geleits und den Antrag auf Bevorzugung des Vorschusses auf Commissionswaaren in Fallimenten. Wegen der Wech-sel soll es aber bei der Declaration vom 21. Juli 1660 sein Bewenden haben. *XLV. G. 6ª. Bl. 19—44.*

Das Leipziger Wechselrecht und dessen Entstehung hat bereits eine so

---

1) Abschrift davon *XLV. G. 6ª. Bl. 24—27.*

reiche Literatur,[1] dass wir uns hier nur auf die Namhaftmachung nachstehender Verordnungen beschränken können:

Verordnung des Churfürsten Johann Georg III. vom 26. Sept. 1682, wie es hinfüro bei dero Stadt Leipzig mit denen Handelssachen ingleichen bei ereigneten Fallimenten mit der Inventur und was der anhängig, wie auch mit denen Arresten gehalten werden solle. *Der Stadt Leipzig Ordnungen No. VI. S. 65. Cod. August. II. p. 2021.*

Confirmirte Wechselordnung vom 2. October 1682. *a. a. O.*

Mandat vom 8. April 1674, die Extension des Marktrescripts auf die Weibspersonen betr. *I. 54. F. Bl. 159. Cod. August. II. p. 2019.*

Neue Leipziger Handels Gerichtsordnung; Erlassen von Johann Georg III. am 21. December 1682. *Der Stadt Leipzig Ordnungen No. IV. S. 31. Cod. August. II. p. 2037.*

Des Churfürsten Johann Georg III. Befehl vom 3. April 1683 von Valor der Handelsbücher, ingleichen dass bei der Stadt Leipzig hinfüro über die auf credit ausgenommene Waaren ein billet oder kurze Handelsobligation gegeben, auch wie darauf verholfen werden solle. *Der Stadt Leipzig Ordnungen No. V. S. 58.*

Des Königs von Polen und Churfürsten von Sachsen Friedrich August etc. Erklärung der Leipzigischen Handels und Wechselordnung und diesfalls publicirtes Mandat, wie es in Wechselsachen in puncto exceptionis, compensationis et solutionis wider die Wechselbriefe, ingleichen wegen der unter Handelsleuten beschehenen Anweisungen und assignationen gehalten werden soll, vom 23. December 1699. *Der Stadt Leipzig Ordnungen No. IX. S. 99. Cod. August. II. p. 2067.*

---

[1] Vgl. namentlich: a., *Der Stadt Leipzig Wechselordnung, mit Anmerkungen und Anhang.* Von Dr. *Johann Christian Königke. 1. Aufl. Leipzig 1712. Verlag von Johann Herbond Kloss.*

b., *Der berühmten Kauff- und Handelsstadt Leipzig Wechsel-Ordnung, mit nützlichen Anmerkungen, zusammt einem Anhange, worinnen das sogen. Leipzigische Markt Rescript, dessen Extension u. Declaration nebst vielen andern Kgl. Pohln. u. Churf. Sächs. allergnädigsten Mandaten und Verordnungen, dgl. unterschiedener anderer Handelsplätze in Europa übliche Wechsel- und Banko-Ordnungen zu befinden; welchen vorjetzo noch beigefüget nicht nur etc. etc. zum andern Male herausgeg. von Dr. Joh. Chr. Königke, Leipzig 1717 bei J. H. Kloss.*

c., *Die Leipziger Wechselordnung mit Anmerkungen und Beilagen versehen von Dr. J. L. E. Tüttmann, ordentl. Lehrer der Rechte und Beisitzer der Juristenfakultät zu Leipzig. Leipzig bei Johann Samuel Heinsius 1784.*

Die Wechsel Ordnung vom Jahre 1682 ist ausserdem noch **abgedruckt in:**

d., *Sammlung der chursächs. Gesetze Tom. 1. S. 2023.*

e., *Statuten der Stadt Leipzig S. 65.*

f., *Corpus Jur. Camb. edit. J. G. Siegel. Tom. I. S. 1 ff.*

g., *Codex August. II. p. 2023.*

Eine ausführliche Denkschrift aus dem Jahre 1716, betitelt: »Der Kaufmannschaft zu Leipzig unmaassgebliche Erinnerungen bei der ao. 1682 gnädigst publicirten Wechselordnung, findet sich *XLV. G. 1,* und eine Denkschrift des Kanzlers und der Räthe d. d. Dresden 18. Herbstmonat 1676 über die Ausdehnung des Leipziger Markt- und Wechselrechtes auf das ganze Land *Leipziger Landtags Acten de ao 1676. Bl. 250 ff.*

Schon aus der Aufführung dieser Gesetze [1]) ergiebt sich, wie wichtig namentlich die Regierungszeit des Churfürsten Johann Georg III. (1680—1691) für die Entwickelung und Codificirung des Leipziger Handelsrechts und der Leipziger Messverfassung war. Im Zusammenhange mit dieser Gesetzgebung steht aber auch die Errichtung des Leipziger Handelsgerichts, dieser wichtigen Einrichtung, welche namentlich im Gegensatz zu den traurigen Processverhältnissen jener Zeit, [2]) zu dem Ansehen der Leipziger Messen und zur Hebung des Vertrauens in die Messgeschäfte unendlich viel beigetragen hat.

Die Entstehung und Entwickelung des Leipziger Handelsgerichts kann im Rahmen der Schilderung der »Messverfassung« nicht mit der nöthigen Gründlichkeit behandelt werden und verdient eine besondere Monographie. [3])

Hier sei nur erwähnt, dass die im Jahre 1681 erfolgte Einsetzung einer Handelscommission [4]) und die im Jahre 1683 erfolgte Einsetzung des Handelsgerichtes selbst nicht nur der Initiative der Leipziger Kaufmannschaft ausser der Kramerinnung [5]) (also im Wesentlichen der Grosshändler) zu danken ist, sondern dass die Einrichtung des Handelsgerichtes auch im Wesentlichen den bis in das Einzelnste gehenden Vorschlägen [6]) der Kaufmannschaft selbst ent-

---

1) Aus dieser Zeit stammt auch die Waagetafel und die Judenordnung v. 2. Oct. 1682.

2) Die Denkschrift der Leipziger Kaufmannschaft vom 23. März 1681 sagt über die bisherigen Processverhältnisse in Leipzig, dieselben seien so schlecht, dass Fremde Bedenken trügen, auf hiesigen Platz etwas in Commission zu verkaufen.

3) Ueber das Leipziger Handelsgericht vgl. den ganzen tit. XIII. des Leipziger Rathsarchic's sowie bezüglich der Entstehung die Acten XLV. G. 6^b.

4) Die Einleitung zur Neuen Handelsgerichtsordnung vom 21. Dec. 1682 sagt darüber: ». . . Also haben wir im abgewichenen 1681 Jahre zu solchem Ende gewisse commissarios verordnet, welche nach eingezogener genauer Erkundigung und reifflich überlegter der Sachen Beschaffenheit, Uns, wie dem Wercke am rathsamsten zu helffen, ihren unterthänigsten Bericht erstattet. Massen Wir hierauf unterschiedene hin- und wieder befindliche, denen Handelnden beschwerliche Missbräuche gantzlich abstellen, ingleichen eine gewisse Wechsel- und Jüdenordnung publiciren lassen und hierüber in einem untern dato den 26. Sept. d. J. an den Rath zu Leipzig ergangenen Rescript, wie es bey ereigneten Fallimenten in einem und dem anderen sowohl mit denen Arresten gehalten werden solle und zwar meistens denen Fremden zu Nutz verordnet. Wiewohl wir nun dazumal ein besonderes Handelsgericht, auf Maass und Weise solches von der Kauffmannschaft in Vorschlag gebracht, zu bestellen, und darbei eine neue Gerichtsordnung nachdem mit eingeschickten Entwurff, einzuführen angestanden; So haben Wir doch nicht allein an gedachten Rath zu Leipzig, sowohl in als ausser denen Messen etzliche ihres Mittels, von Gelehrten und Kaufleuten absonderlich zu deputiren, und durch dieselben in Zukunfft die Handelssachen tractiren und schleunigst erörtern zu lassen befohlen, sondern auch, nachdem Wir hierunter ferner angelangt worden und das Werck denen zu Unserer Landesregierung anhero verordneten Cantzler und Räthen anderweit untergeben, auch derselben Bedenken hierüber eingeholet, nunmehr wie die anbefohlene Deputation, oder das gesuchte absonderliche Handelsgericht bey Unserer Stadt Leipzig einzurichten, auch darbey zu verfahren, und der Process, soweit es sich immer thun lassen will, zu verkürzen, in Nachfolgendem nothdürftige Vorsehung gethan«.

5) Ueber »die Mitwirkung der Kramer-Innung bei der Handelsgesetzgebung« vgl. Karl Biedermann: Geschichte der Leipziger Kramer-Innung S. 113 ff.

6) Vgl. namentlich die Denkschrift der Leipziger Kauf- und Handelsleute vom 23. März 1681. XLV. G. 6^b. Bl. 56—131. Ein Auszug aus derselben liegt an. Anlage IX.

spricht. Dasselbe gilt von den anderen verwandten Gesetzen aus dieser Zeit (Wechselordnung, Maklerordnung, Judenordnung). *Lpz. R.A. XLV. G. 6^b. Bl. 1. 2. 36. 135. 193. 221. 227. 253.*

Diese Bestrebungen der Leipziger Kaufmannschaft ausser der Kramerinnung, das vorhandene Gewohnheitsrecht zu codificiren und bestehende Uebelstände zu reformiren, gehen übrigens Hand in Hand mit den Versuchen, auch die Kaufmannschaft ausser der Kramerinnung zu organisiren und ihr eine gesetzliche Vertretung zu verschaffen. Erklärlicher Weise suchten die Mitglieder der Kramerinnung alle diese Bestrebungen zu bekämpfen, jedoch ohne Erfolg. [1]

Der specielle Ausbau der Messverfassung, wenn man die Regelung der Messbefugnisse und -Pflichten der einzelnen Gewerbs- und Handelszweige so nennen will, ging auch in dieser Zeit fort. Schon am 1. März 1672 hatte der Churfürst Johann Georg II. in einem Rescript an den Oberamtmann Johann Jacob Panzer und den Rath zu Leipzig eine Streitigkeit zwischen den Leipziger Kramern und den Leipziger Handwerkern über die Handelsbefugnisse der Letzteren zu schlichten gehabt: »Wie nun zwar nicht ohne, dass die Handwerke zu Leipzig in einer grossen Anzahl Bürger bestehend, auf deren Wohlstand billig zu sehen, ingleichen denen Handelsleuten und Kramern kein jus prohibendi zustehe, auch in Consideration komme, dass die Freiheit der Commercien nicht einzuschränken, noch die Fremden an gewisse Ordnungen hierinnen sich binden lassen dürften; als . . . . ., dazumal die tägliche Erfahrung an den Tag legt, dass ein einiger Handelsmann vielen Handwerkern zur Nahrung helfen kann . . . . begehren wir hiermit, ihr wollet die Partheien dahin bescheiden, dass denen Commercien billig der freie Lauf zu lassen und denselben durch gute Ordnungen der Weg zu bahnen«. . . .

Der Handwerker soll sich zwar des Handels mit fremden Waaren enthalten, doch solle es ihm freistehen, Handelsgeschäfte zu treiben, wenn er sein Handwerk aufgiebt. Auch soll er zwischen den Messen eine Niederlage [2] der Waaren seiner Gäste (Messfremden) halten (»und ihre Häuser desto besser zu geniessen«), jedoch die Waaren nicht nach auswärts versenden dürfen. Jeder Handwerker, mit Ausnahme der Schneider (deren Beziehungen zu den Tuchmachern u. s. w. besonders gesetzlich geregelt waren), solle das Recht haben, dasjenige, was er zum Handwerke für sich braucht, ungehindert einzukaufen, »jedoch, dass er solche oder dergleichen Materien nicht unverarbeitet an andere überlasse«.

---

1) Ueber »das Verhältniss der Kramer-Innung zu der übrigen Kaufmannschaft in Leipzig« vgl. *Biedermann a. a. O. S. 47 ff.*

2) Die Beziehungen der Leipziger Hausbesitzer zu den in ihren Häusern von einer zur anderen Messe lagernden Waaren spielten nach vielen Richtungen eine grosse Rolle (Waagepflicht, Ein- und Auspacken, Haftpflicht, Faustpfand, u. s. w.). Da die meisten nicht verkauften Waaren in den Zeiten schlechter Verkehrsmittel bis zur nächsten Messe in Leipzig niedergelegt zu werden pflegten, erwuchs den Hausbesitzern dadurch ein annehmbarer Gewinn an Miethe und Provisionen.

Dementsprechend sollen die Kramer-Innungsartikel abgeändert werden. *XLV. G. 6^b Bl. 159—162.* [1]

Jedenfalls in Folge der Einführung des Gregorianischen Kalenders in Sachsen im Februar 1700 (*Flathe, Sächs. Geschichte II. S. 314*) baten Augsburger nach Leipzig negocirende Kaufleute durch Vermittelung des Augsburger Rathes den Churfürsten von Sachsen, die Leipziger Michaelismesse dem neuen Kalender entsprechend zu verlegen. Die Messe werde am 29. Sept. beginnen, während sie eigentlich auf den 9. October neuen Kalenders fallen müsste. Dadurch concurrire sie mit dem Bozener Egidymarkt. Der Churfürst forderte deshalb den Leipziger Rath auf: »Ihr wollet sowohl unsere, als die bei innestehender Jubilatemesse vorhandene fremde Kaufleute darüber vernehmen und ihre diessfalls habende Gedanken nebst eurem Gutachten, wie das Werk zu Nutzen der allgemeinen Commerzien zu fassen sein möchte, gehorsamst einsenden«.

In dem hierauf erfolgten Gutachten vom 28. April 1700 führte der Rath aus: Das Ansuchen der Augsburgischen Handelsleute sei unnöthig und bedenklich. Zuförderst sei die Annahme irrig, als ob der hiesige Michaelismarkt allwege auf den 9. October neuen Kalenders gefallen sei. Vor allem aber sei in den Kaiserlichen Marktprivilegien der Sonntag nach Michaelis, nicht aber ein gewisser Monatstag bestimmt. Es sei für die Augsburger leichter, ihre Waaren von Bozen einige Tage eher abzusenden, als die in der ganzen Welt bekannte Messregel abzuändern. Alle Handelsleute in Polen, Ungarn, Oesterreich, Frankreich, England, Holland, ganz Deutschland und anderswo seien an die bisher gehaltene Zeit gewöhnt, pflegten auch ihre Wechsel darauf zu richten und ihre Reisen danach zu disponiren. Auch sei der Wechselcours aus den Frankfurter und anderen Märkten hiernach regulirt worden. *XLV. B. 2.*

Es hatte hierauf bei der alten Maassregel sein Bewenden. Die Klagen über den Handel fremder Kaufleute in Leipzig zwischen den Messen ruhten nie ganz. Am 7. Aug. 1705 und am 14. Juli 1706 betrafen sie die fremden Rauchwaarenhändler. *XLV. A. 19. Bl. 15. 15.*

Die in diese Zeit fallenden Bestrebungen, ein Commerzien-Collegium zu errichten, und die endliche Errichtung einer Commerziendeputation sind in einem besonderen Abschnitte *Die Commerzien-Deputation und die Berichterstattungen über die Messen* dargestellt worden.

Da Zweifel entstanden waren, an welchem Tage der Zahltag in der Neujahrsmesse abgehalten werden solle, wenn dieser eigentlich auf den Sonntag fällt, und die Mandate vom 12. und 20. Novbr. 1715 *XLV. B. 10. u. I. 34. F. Bl. 344* wegen Unklarheit in der Fassung zu Missverständnissen Veranlassung gaben, so ordnete ein Mandat vom 20. März 1719 die Frage dahin *XLV. B. 10. Cod. August. II. p. 2081*, »dass so oft der Neujahrstag auf eine Mittwoche falle, der Zahltag auf den 13. Januar mit Uebergehung des Sonntags gelegt sein solle.«

---

1. Ausführlichere Darstellungen dieser Streitigkeiten nach den Kramer-Acten bei *Biedermann, a. a. O. S. 11 ff.*

Am 16. April 1720 gab der Churfürst Erläuterung und Resolution über einige Punkte der Handelsgerichtsordnung der Stadt Leipzig.[1] *I. 34. F. Bl. 547. Cod. August. II. p. 2085.*

Sächsische Tuch-, Zeug- und Hutmacher, Strumpfstricker und Würker hatten sich beim Churfürsten 1720 beschwert, dass die in ländischen Fabrikanten in Leipzig nur während der Messwoche feilhalten dürften, während die Fremden auch die Zahlwoche über feilhielten. Unter dem 5. April 1720 forderte der König und Churfürst Friedrich August vom Leipziger Rath Bericht, »auf was for ein Fundament sich solch Verbot gründe.«

Am 17. April 1720 berichtete der Rath, »dass in Leipzig unter Fabrikanten und Händlern oder Handelsleuten ein guter Unterschied zu machen sei und zu jenen die Tuch-, Zeug- und Hutmacher, Strumpfstricker und Würker und mehr dergl. gerechnet würden, welchen als Handwerkern[2] von undenklichen Jahren her ihre Waaren auf dasige Messen nicht anders und länger als solange selbige ein- und ausgelauten werden, so zusammen jedesmal acht Tage betrüge, feil zu haben und zu verkaufen gestattet gewesen, auch nichts daran läge, es möchten selbige in oder ausser Landes her sein. Was aber die Handelsleute oder Händler betrifft, denen kommt zugleich die Zahlwoche, darinnen sie gegen einander die Zahlung durch Wechsel oder Sconto zu thun haben, zu statten, als da sie zugleich noch feil haben und bis zur völligen Beendigung der Messe allhier verharren dürfen.« *XLV. B. 12.*

Gegen den hier ausgesprochenen und der alten Messfreiheit entsprechenden Grundsatz der gleichen Behandlung der Ausländer und Inländer verstiess ein Vorschlag, welchen der König und Churfürst Friedrich August dem Leipziger Rathe am 23. Januar 1722 machte *XLV. B. 12:* »Nachdem die zu Etablirung einer Strumpfmanufactur zu Naumburg geordnete Commission zu deren Beförderung und besserer Aufnahme, dass denen ausländischen Strumpffabrikanten in denen Leipziger und Naumburger Messzahlwochen der einzelne Verkauf untersaget, denen Naumburgern hingegen verstattet werden möchte, in Vorschlag gebracht; als ist hiermit Unser gnädigstes Begehren, ihr wollet darüber vermittelst allerunterthänigsten Berichtes euer unmassgebliches Gutachten eröffnen.«

Der Rath forderte darauf die Gutachten der Leipziger Strumpfstricker und der Kramerinnung ein. Erstere, die bei dem Projecte selbst zu profitiren gedachten, sprachen sich natürlich dafür aus. Die Kramer dagegen hielten »diese intendirten Neuerungen für sehr präjudicirlich und schädlich,

1) denen hiesigen freien Messen;
2) Ihrer Königl. Majestät in Polen und Churf. Durchlaucht zu Sachsen bei dero Consumtionsaccise;

---

1) Leipzig, gedruckt bei Christian Scholvien.

2) Eine Ausnahme bestand bezüglich der Perückenmacher »welche doch unstreitig unter die Fabrikanten gehörig« und die trotzdem die ganze Zahlwoche über feilhaben durften; vgl. auch die Rescripte v. 10. Juli 1720 u. 4. Febr. 1721. *XLV. B. 12. vgl. auch Peruckenmacheracten.*

3) Der Stadt an ihrer Nahrung und

4) unserer Innung an den gewöhnlichen Marktgroschen [1]), deren wir solchergestalt entbehren müssten.

Und sehen wir nicht ein, warum christliche Kramer und Kaufleute so eingeschränket werden sollen, da doch denen J u d e n , so recht der Christen Blutegel sein, nicht nur die Zahlwoche über, sondern auch etliche Tage nach derselben, w o r a u s s i e j e t z o e i n e g a n z e W o c h e und wohl noch mehr machen, hier zu bleiben und zu schachern erlaubet ist.«

Der Rath in seinem Bericht vom 23. März 1722 sagt, der Vorschlag der Commission sei nicht ganz ohne Bedenken, und referirt im Uebrigen die Gutachten der Kramer und Strumpfstricker. Welche Entscheidung darauf die Regierung getroffen, ist aus den Acten nicht ersichtlich. XLV. B. 12.

Dass der Plan, gegen Fremde härter zu verfahren, als gegen Einheimische, wenigstens nicht im Allgemeinen zur Ausführung kam, zeigt der folgende Fall. Die Königl. Preuss. Kriegs- und Domänenkammer des Herzogthums M a g d e b u r g theilte am 7. August 1724 dem Leipziger Rath eine Klage der M e s s e r s c h m i e d e in H a l l e mit, »dass ihnen dem Herkommen zu wider nicht gestattet werde, auf den Leipziger Messen die ganze Zahlwoche über feil zu haben, da sie doch dieserhalb in der possession zu sein vermeinen.«

Der Leipziger Rath antwortete darauf am 19. Sept. 1724, die Hallischen Messerschmiede könnten sich auf keine Possession berufen, »die ohnedem in dergleichen Polizeisachen nicht statthat.« Nach den ältesten vorhandenen Marktnachrichten müssten die Messerschmiede den Tag nach Ausläutung der Messen einlegen. Der König von Polen und Churfürst von Sachsen habe aber denselben auf ihr Ansuchen noch einen ²/₃, als den ganzen Dienstag, zu ihrem Feilhalten in hohen Gnaden verstattet, »woraus erscheinet, dass man hiesigen Ortes den Fremden auch über die ordentliche Zeit ihre Nahrung allhier zu suchen gerne gönnet.«

Und als zu gleicher Zeit der König und Churfürst Friedrich August dem Leipziger Rath mittheilte, dass sich die Königl. Preuss. wirkl. Geheimen Etaträthe darüber beschwert hätten, dass »die von B r a n d e n b u r g i s c h e n Fabri-

---

1) Die ältere Kramerordnung von 1484 kannte eine bezügliche Verpflichtung nicht. Der § 13 der vermuthlich vor 1550 aufgestellten, zuerst 1612 und dann wieder 11. November 1672, 9. Oct. 1682, 24. Febr. 1692, 9. Aug. 1695 confirmirten Kramerordnung lautete jedoch: »Alle fremde Händler und Crahmer, welche nach Ausläutung der Marktfreyheit in der Zahlwoche in Gewölben noch feil haben sollen, und zwart ein jeder für sich Zweene Groschen, welche aber in Buden stehen, einen guten Groschen in die Crahmerladen zu entrichten schuldig seyn, aus Ursachen, dass sie noch eine Woche über die Marktfreyheit sich des Feilhabens und Verkauffens bey gemeiner Stadt allhier gebrauchen«. (Ausgabe der Kramerordnung vom 1. April 1857.)

Dieser § konnte erst in einer Zeit entstanden sein, als die alte Vorschrift, nur in der Messwoche feil zu haben, nicht mehr eingehalten wurde, und war offenbar aus einem Compromiss hervorgegangen. Wie lange ihm nachgekommen worden, ist unbekannt. In die neuen Statuten der Kramer-Innung vom 7. October 1867, bestätigt am 23. Oct. 1867, hat er k e i n e Aufnahme gefunden.

2) Die bereits 1580 bemerkbare b e s o n d e r e Behandlung der einzelnen Handwerke machte also weitere Fortschritte.

kanten und Handelsleuten in langer Possession gehabten Stände und
Budicken [1]) nicht allein vielfältig verändert, sondern auch den Hallischen und
Halberstädter en gros handelnden Handschuhmachern und Gürtlern auch in den
3 Tagen vor der Messe und in der ersten Messwoche der vor langen Jahren hergebrachte Grosshandel inhibiret sei«, berichtete der Rath zu Leipzig an den Churfürsten, die Hallischen und Halberstädter Handschuhmacher etc. würden nicht
anders behandelt, als alle anderen Messbesucher. Die Messfreiheit betrage eben
nur acht Tage. *XLV. B. 10ª.*

Der Grundsatz, nur während der eigentlichen Messwoche fremde Handwerker feilhalten zu lassen, wurde im Jahre 1729 noch wesentlicher erschüttert,
als bisher. Am 26. April 1729 meldete nämlich Dr. Gotth. Leonh. Baudis (Mitglied des Leipziger Rathes?) aus Dresden, er habe bei dem Geh. Rath von Leipziger Exc. Aufwartung gemacht und erfahren, dass der zwischen Sr. Königl.
Majestät in Polen und des Königs von Preussen Majestät errichtete Commercientractat nunmehr zu Stande gekommen sei. »Wie wohl nun höchstgedachte
Sr. Königl. Maj. das an selbige von Preussischer Seite unter anderen geschehene Ansinnen, dass den aus Preussischen Landen nach Leipzig com-
merzierenden Fabriqueurs der einzelne Verkauf ihrer Manufactur in den
drei Leipziger Messen auch nach ausgeläutetem Markt in der Zahlwoche
gestattet werden möchte, in der allergnädigsten Ratification bis zu weiterem Vernehmen ausgesetzet hätten; so ginge dennoch dero allerhöchste Intention
dahin, dass inmittelst und bis zu fernerer Verordnung den Preussischen Fabriqueurs hierunter conniviret werden sollte. Und verlangten hochgedachte
Seine Excellenz, dass dem Rathe ich solches zu dessen Nachricht hinterbringen

---

1) *Die Besprechung des Stände- und Budenwesens in Leipzig ist vorwiegend von lokalhisto-
rischer Bedeutung und haben wir sie deshalb aus gegenwärtiger Darstellung ausgeschieden.*
   Eigenthümlich muthen den in Leipzig Ortskundigen die Nachrichten an über die frühere
Verstopfung der wichtigsten Verkehrsstrassen der inneren Stadt durch die jetzt ganz aus den
Strassen auf die Plätze verwiesenen Buden. So beklagen sich die Hausbesitzer in der Grimmai-
schen Strasse 1719 über die vielen zu Messzeiten in dieser Gasse stehenden Buden: »Der Augenschein zeiget, dass in dieser Strasse von dem alten Neumarkt an bis an den sogen. Nasch-
markt, ohngeachtet sie zum höchsten nur 28 Ellen, an etlichen Orten aber nur 22—23 Ellen
breit ist, nicht nur in der Mitten doppelte Reihen ziemlich grosser Buden stehen, zwischen
welchen noch das Wasser seinen Abfluss hat, und also einen aparten unbrauchbaren Platz ein-
nimmt, sondern auch auf der linken Seite die Zwirn- und Bandleute mit kleinen Büdchen und
dann noch auf beiden Seiten fast an allen Häusern einzelne Tischchen mit allerhand
Crahme stehen, daher denn auf vorbemelter linken Seite nur ein kleiner Fusssteg, auf der rechten aber der Fahrweg kaum so breit übrig bleibt, dass zwei Wagen bei einander vorbei kommen, da doch wohl manchmal 30, 40 bis 50 Wagen und mehr auf einmal durch diese Strasse
wollen«. *H. St. A. Lok. 2263. Sachen die Stadt Leipzig betr. 1701. Vol. I. Bl. 118.*
   Gegen eine zu dichte, dem Verkehr hinderliche Besetzung der Strassen mit Messbuden
richtet sich übrigens schon ein Rathsbeschluss vom 30. April 1558. *Barthel, Verm. Nachr. v.
Leipzig. Bl. 81ᵇ.*
   Ueber Jahrmarktsbuden und Kramläden des XV. Jahrhunderts (mit Abbildungen) vgl. *Anzeiger für die Kunde der deutschen Vorzeit. Jahrgang 1886. S. 58 ff.* Inventar einer 1503 von
Leipzig nach Nürnberg verkauften Budenhandlung mit Pfennigwart (Specereihandlung). *Anzei-
ger. Jahrgang 1881. S. 299 ff.*

möchte, jedoch wäre diese Registratur geheim zu halten und hätte man sich nur in vorkommenden Fällen darnach zu achten.«

Ob der fragliche Punkt später definitiv ratificirt worden, ist nicht zu ersehen. Doch berufen sich verschiedene Brandenburger Händler [1]), denen in der Zahlwoche der Einzelverkauf untersagt wurde, darauf. Auch Sächsische Unterthanen versuchten nunmehr, dieselbe Vergünstigung zu erlangen. Der Strumpfwirker Carl Gottfried Kühnel von Bautzen wies dabei auf den Sächsisch-Preussischen Commerzientractat selbst hin, nach welchem auch die Sächsischen Unterthanen zu Frankfurt a/O. die Erlaubniss hätten, die Zahlwoche über feil zu haben. Es sei deshalb unbillig, in Leipzig die Preussen vor den Sachsen zu bevorzugen. Das Gesuch Kühnel's [2]) wurde jedoch abgelehnt, und verblieb es bei dem Verbote des Einzelverkaufs in der Zahlwoche bei Strafe der Confiscation der Waare. Dieses Verbot des Leipziger Rathes wurde auch durch die Entschliessungen des Landesherrn vom 10. Mai 1737 und 9. August 1738 bestätigt, die Preussischen Händler aber davon ausgenommen. *XLV. B. 10^b*. Die Principienlosigkeit und Unbilligkeit wurde hierdurch auf die Spitze getrieben.

Im Jahre 1722 beschwerte sich Johann Lorenz Vogel in Lützen beim Churfürsten von Sachsen, dass die ausländischen Kramer drei bis 4 Tage vor Einläutung der Leipziger Messe zu handeln begännen. Er bat, den Fremden das Feilhaben vor Beginn der Messe bei Strafe zu untersagen, den inländischen [3]) es dagegen etliche Tage zu gestatten. Die churfürstliche Resolution an den Leipziger Rath sagte nicht mehr, als: »Ihr wollet diesen Suchens halber die Gebühr verfügen«.

Leipzig war am 4. März 1625 vom Churfürsten Johann Georg I. mit »zwei freien offenen Ochsen-[4]) Vieh- und Rossmärkten, den einen 8 Tage vor dem Michaelistage und den andern 8 Tage vor dem Tage omnium Sanctorum« begnadet worden *Cod. August. II. p. 2095* (bestätigt durch Churf. Johann Georg II. am 15. April 1675. *Cod. August. II. p. 2101*).

Diese Märkte, wenigstens die Rossmärkte scheinen später mit den Messen vereinigt worden zu sein. Denn ein Mandat vom 5. Mai 1749 *XLV. B. 10* schärfte die früheren landesherrlichen Bestimmungen vom 10. März 1662, 16. December 1673 und 7. October 1684 »wegen des schädlichen Vor- und Aufkaufs derer auf die hiesigen Messen ankommenden Pferde« wieder ein. Hiernach war es verboten, den anhergehenden Pferden entgegen zu ziehen, dieselben ausserhalb der Stadt auf irgend eine Weise zu handeln und zu besprechen, ingleichen kein

---

[1]) Der Strumpfhändler Jeremias Schulze aus Halle berief sich hierbei am 27. April 1736 auf den Geh. Kriegsrath Cellarius in Magdeburg, welcher bei Errichtung des Commerzientractates von Seiten des Preussischen Hofes die Commission gehabt.

[2]) Kühnel erwähnt hierbei, dass die Leipziger Meister nicht im Stande seien, so feine Strümpfe zu liefern, wie die Bautzener; jene müssten sie vielmehr bei diesen holen.

[3]) »Indem ich vor etlichen Jahren eine Manufactur von Friess und Strümpfen dazu auch eine Schönfarbe angeleget und also in unsern Nutzen viele Arbeit fertigen lasse.

[4]) Die Anlegung dieser Märkte wurde (ähnlich wie bei Altenburg *vgl. oben*) mit dem Fleischmangel in Leipzig begründet und mit der Schwierigkeit, Rindfleisch von auswärts zu beziehen.

Pferd eher zu kaufen, als bis es an dem hierzu angewiesenen Orte (Rossmarkt) denen, so vom Churfürsten darzu verordnet, vorgeritten worden. Zu diesem Zwecke mussten sämmtliche die hiesigen Messen frequentirenden Rosshändler mit Einläutung der Messe mit ihren Koppeln oder einzelnen Pferden sich einfinden.

Hieraus entstand ein feierlicher Aufzug, welcher später ebenso wie das Einläuten der Messen zu dem förmlichen Messbeginn gehörte und sich bis in den Anfang des XIX. Jahrhunderts erhalten hat.

Einen Versuch, den missbräuchlich immer früheren Beginn der Leipziger Messen wenigstens in Schranken zu halten, machte wieder einmal das Rathspatent vom 13. März 1752 *Anlage XXVII*, welches die Eröffnung der Gewölbe und das Auspacken der Waaren höchstens 4 Tage vor Einläutung der Messen gestattete, den Einzelverkauf vor dem Einläuten überhaupt untersagte und den Messhandel an Sonn- und Feiertagen verbot.

Der Entwurf dieses Patentes hatte am 2. März 1752 die churfürstliche Genehmigung erhalten, jedoch mit der Modification, dass die in dem Entwurf »zum Grosshandel vor Einläutung der Messen connivendo nachgelassene Frist von 2—3 Tagen auf 3 bis höchstens 4 Tage erstrecket werde«. *XLV. B. 13. u. Codex Saxonicus, ed. Schaffrath I. S. 537.*

Den wiederholten Klagen der einheimischen Kaufmannschaft über den Handel der Fremden zwischen den Messen Rechnung tragend, richtete der Rath am 6. März 1763 eine Vorstellung an den Churfürsten, in welcher er ausführte, dass:

»1) zu dato noch viele Juden hier angetroffen würden, welche mit dem Geldumsatz zu schaffen hätten und sonst nach ihrer Art Handlungsgewerbe trieben;

　2) dass verschiedene Griechische Handelsleute zwischen den Messen hier verblieben und türkisches Garn, Baumwolle[1]) und rohe Leder[2]) verkaufen;

　3) dass die Negotianten ihre Gewölber lange vor Eintritt derer Messen eröffneten und zum Verkauf ihrer Waaren ebender, als vorhin gestattet worden, verschritten«.

　　»Wobei dann vermelde Kaufmannschaft anträgt, die Juden gänzlich wegzuweisen, den Handel derer Griechischen Kaufleute zwischen denen Messen zu verbieten und die Intimation von Ao. 1752 wegen Oeffnung derer fremden Gewölber zu wiederholen«.

Da Leipzig durch den nunmehr glücklich beendigten Krieg so entsetzlich bedrängt gewesen, beabsichtige man zur Besserung der Handelsverhältnisse »durch öffentlichen Anschlag das unnütze Judengesindel, welches ein dem negotio derer christlichen Handelsleute und dem gemeinen Wesen nachtheiliges Gewerbe treibe, den längern Aufenthalt in hiesiger Stadt zu untersagen«.

Ausgenommen hiervon sollten jedoch werden Baruch Aron Levi und Salomon

---

1) Vgl. weiter unten die Denkschrift vom 18. April 1765.

2) Noch heute ist der Handel mit rohen Schaffellen in Leipzig meist in den Händen Griechischer Kaufleute, von denen viele ihren festen Wohnsitz in Leipzig genommen haben.

Spire, »welche beide sowohl während des Krieges als auch nach Ausgang desselben durch Vorstreckung beträchtlicher Geldsummen gemeiner Stadt erspriessliche Dienste geleistet«, desgleichen solche, »welche mit ihrem Vermögen zu assistiren sich erbieten würden«.

Um die griechischen Handelsleute, »welche ohnehin seit geraumen Jahren baar Geld anhero zu bringen und importante Abkäufer abzugeben aufgehöret«, am Handel ausserhalb der Messen zu verhindern, würde eine Wiederholung des Patents vom 13. März 1752, jedoch ohne die Griechen insonderheit zu nennen, das fördersamste sein. Man trage jedoch Bedenken, das Patent ohne ausdrückliche Genehmigung des Churfürsten bei dermaligen Zeitumständen zu wiederholen, »da diese Verordnung die Berlinischen, Magdeburgischen und andere preussische Kaufleute, als die hiesigen Ortes unstreitig die mehrsten Gewölber haben, vorzüglich treffen würde und schon vorhin zu vielfältigen contestationen mit denen die Messe frequentirenden Königl. Preussischen Kriegs- und Domänenräthen Anlass gegeben«.

Auffälliger Weise noch ehe die Antwort des Churfürsten eingegangen war, erliess der Leipziger Rath das Patent vom 6. April 1763 *Anlage XXIX*, und am 13. April 1763 resolvirte der König und Churfürst Friedrich August: »Gleichwie Wir nun, soviel die Wegschaffung der Juden anbelangt, euch des nächsten mit Resolution versehen werden; also können wir geschehen lassen, dass der hiebevorige Anschlag wegen Oeffnung der fremden Kaufmannsgewölben vom 13. März 1752 unter eben diesen dato von neuem wiederum afflichiret werden möge«.

Demgemäss wurde ein Neuabdruck dieses Patentes öffentlich angeschlagen. *XLV. B. 13.*

Die in Aussicht gestellte Resolution, die Juden betreffend, erfolgte erst am 1. Oct. 1803 gelegentlich einer Erläuterung des Rescripts vom 28. Juni 1796 dahin: »dass dabei (Anfang und Ende des Verkaufs in den Messen) in Ansehung der jüdischen Handelsleute, welche ihre Waaren in Gewölben oder Buden feil halten, eine Ausnahme nicht zu machen; dahingegen denjenigen Juden, die nicht unter die wirklichen Käuf- und Handelsleute zu zählen sind, sondern auf Tischen und Bänken auf freier Strasse ihre Waaren feil bieten, solches sowie das Hausiren ausser der eigentlichen Messwoche nicht zu gestatten sei«. *Lpz. R.A. XLV. B. 22.*

Die Landesregierung war im vorigen und in diesem Jahrhundert immer duldsamer gegen die Juden, als der Leipziger Rath. Die Regierung trug dabei der hervorragenden Stellung Rechnung, welche die Juden im Messhandel nach dem europäischen Osten einnahmen, von welchem in späteren Abschnitten zu berichten sein wird. Der Leipziger Rath hatte dagegen der Anschauung der Leipziger einheimischen Kaufmannschaft Rechnung zu tragen, welche von äusserstem Hass gegen die Juden erfüllt war, wie alle »Handelsgravamina« aus dem XVII. und XVIII. Jahrhundert darthun. Speciell über die Stimmung der Leipziger Kramer gegen die Juden vgl. *Biedermann a. a. O. S. 156.*

Die Streitigkeiten in Handelssachen zwischen Sachsen und Preussen, welche dem siebenjährigen Kriege vorangegangen waren, und die Verhandlungen, welche zur Ausführung des 6. Artikels des Hubertusburger Friedens gepflogen wurden, waren von grosser Wichtigkeit für die Leipziger Messverfassung, insofern, als bei dieser Gelegenheit zuerst eine Zusammenstellung der bisher gewohnheitsmässig geltenden Bestimmungen über die Einrichtung der Messen gemacht wurde und diese Bestimmungen nunmehr sogar vertragsmässig rechtliche Geltung erlangten. Es geschah dies durch den Vertrag von Halle[1]) zwischen Sachsen und Preussen vom 18. Juni 1766, ratificirt durch König Friedrich zu Berlin 1. Juli 1766. *Anlage XXXI.*

Infolge dieses Vertrages, welcher gleiche Behandlung der beiderseitigen Unterthanen auf den Messen von Leipzig und Frankfurt a/O. zusicherte, verordnete nämlich der Administrator von Chursachsen Prinz 'Xaver am 15. Juni 1766 an den Leipziger Rath: »So ist in Vormundschaft unseres Herrn Vetters des Churfürsten Liebden hierdurch unser Begehren, Ihr wollet einen completen und zuverlässigen Aufsatz über die bisherigen Messeinrichtungen zu Leipzig und sämmtliche Messabgaben ohngesäumt fertigen und solchen in beglaubter Form mittels gehorsamsten Berichtes ohne Anstand einreichen«.

Unter dem 27. Juni 1766 erinnerte Prinz Xaver den Rath nochmals an schleunigste Einreichung, welche aber inzwischen am 20. Juni erfolgt war.

Auf Grund dieses Aufsatzes[2]) wurde im churfürstl. Kammercollegium in Dresden eine Zusammenstellung der gültigen Leipziger Messbestimmungen gemacht (*Anlage XXXI*) und diese der Ratifications-Urkunde des Hallischen Vertrages beigefügt. Die Ausführungsverordnung des Vertrages von Halle erfolgte durch den Prinzen Xaver am 27. Sept. 1766. Und am 21. März 1768 konnte Prinz Xaver auch die von Preussischer Seite mitgetheilte Nachricht über die Messeinrichtungen in Frankfurt a/O. zur Nachachtung für die dortigen Messbesucher aus Sachsen veröffentlichen. *Lpz. R.A. XLV. C. 22.*

Obgleich das Rathspatent vom 13. März 1752 (*Anlage XXVII*) nach Inhalt des Vertrages ebenfalls unter die vertragsmässigen Bestimmungen aufgenommen worden und die vom Leipziger Rath am 6. März 1763 ausgesprochenen bezüglichen Bedenken dadurch beseitigt waren, scheint der Leipziger Rath dasselbe doch äusserst lax gehandhabt und die in demselben angedrohten Strafen selten oder nie zur Anwendung gebracht zu haben.

Wenigstens erfolgte von 1766 bis 1788 in jedem Jahre eine Eingabe der

---

1) Hiernach ist zu berichtigen, was *Philippi: Die Messen der Stadt Frankfurt a/O. S. 14* sagt: »Durch den Hubertusburger Frieden von 1763 sollte nicht blos der Landfrieden auch zwischen Preussen und Sachsen hergestellt werden, sondern wollte man mehre kleine Uneinigkeiten, besonders wegen der Messen beseitigen. Letzteres geschah in der Weise, dass Preussen der sächsischen Regierung eine Schrift über die Frankfurter Messordnung mittheilte, um danach ihre Einrichtungen zu treffen«.

Offenbar ist der Vertrag von Halle Philippi unbekannt geblieben. Die *Lpz. R.A. XLV. C. 22. Bl. 5* befindlichen Messeinrichtungen zu Frankfurt a/O. hier mitzutheilen, liegt keine Veranlassung vor. *Vgl. auch oben Streitigkeiten mit Frankfurt a/O.*

2) Auf die vielfach interessanten Abweichungen zwischen der Denkschrift des Rathes vom 20. Juni 1766 (*Lpz. R.A. den auf gnädigsten Befehl eingeschickten Aufsatz der Messeinrichtung zu Leipzig und die sämmtlichen Messabgaben u. s. w. betr. XLV. B. 15*) und der im churfürstlichen Kammercollegium in Dresden unter dem 29. Sept. 1766 ausgefertigten Redaction der Zusammenstellung der Messbestimmungen können wir hier wegen Raummangels nicht eingehen.

Kramermeister, Kauf- und Handelsleute in der Kramer-Innung und der deputirten Kauf- und Handelsleute ausser der Kramerinnung an den Rath, worin regelmässig darüber geklagt wurde, dass die fremden Messfieranten sich an die
Verordnung von 1752 nicht kehren, und worin geboten wurde, endlich einmal Ernst zu machen und wirkliche Bestrafungen eintreten zu lassen. Die Leipziger Kaufmannschaft habe dabei grossen Schaden, denn es bestehe nun einmal
»das nie auszutilgende Vorurtheil, dass bei Fremden besserer Einkauf gemacht
werde«.

Im Jahre 1765 seien zwar Exemplare der Verordnung von 1752 an einige
Messfieranten vertheilt worden, doch habe man dabei ganze Landsmannschaften
übergangen, was die Sache nur verschlimmert habe, maassen diejenigen, an die
dergl. Erinnerungen nicht gekommen, dafür gehalten hätten, dass sie damit nicht
gemeint wären.

Die schlimmsten seien die Hamburger Kaufleute, welche den Verkauf
schon 14 Tage vor Eintritt der Messe anfingen. Aber selbst fremde Messfieranten
hätten sich über den Unfug beklagt, welcher gar keinen Zweck habe und nur
dadurch entstanden sei, dass jeder dem andern zuvorzukommen suche.

An anderen Messplätzen würden derartige Vorschriften weit strenger gehandhabt. XLV. B. 15.

Der von der Kaufmannschaft ausgesprochene Verdacht, als wären vielleicht
nur die Subalternbeamten des Rathes zu lau, war wohl ungerechtfertigt. Vielmehr scheute der Rath selbst strenge Maassregeln. Denn 1767
gestattete derselbe zwar der Kramerinnung den Wiederabdruck des Patentes
vom 15. März 1752 auf Kosten der Innung[1]), konnte sich aber nicht ent-
schliessen, die Vertheilung unter die fremden Kaufleute selbst zu bewerkstelligen. Endlich 1769 gab er dem Drängen der Kaufmannschaft nach und liess
Abzüge des Patentes sogar unter Beitritt des Aufsehers der Kramerinnung ver-
theilen. XLV. B. 15.

Inzwischen hatte sich die Kramerinnung aber auch wiederum über andere
Verletzungen der Messverfassung[2]) zu beklagen gehabt, namentlich über den
Handel der Fremden zwischen den Messen. In einer von der Leipziger
Kaufmannschaft in und ausser der Kramerinnung abgefassten Denkschrift vom
18. April 1765 wird die eine Frage aus den Beschwerdepunkten vom 6. März
1763 wieder besonders aufgenommen, nämlich »ob es dem Commercio überhaupt,
als auch denen Manufacturen an sich nützlich oder schädlich sei, wenn denen

---

1) Es ist erstaunlich, wie lange noch Anklänge an die ältere Auffassung vorkommen, nach
welcher die Obrigkeit als Vertreterin des öffentlichen Rechtes sich nicht berufen fühlte, gegen
Verletzungen desselben einzuschreiten, sondern dies gern denjenigen Privaten oder Genossen-
schaften überliess, deren Interessen mit denen des öffentlichen Rechtes zusammenfielen. Vgl.
darüber auch die Stellung der Landesregierung zur Stadt Leipzig in deren Kämpfen mit benachbarten Städten und Staaten.

2) Abgesehen von Verletzungen der Innungsprivilegien selbst. Ueber Klagen der Kramer
1761, dass die Herren Grossiers und Kaufleute ausser der Kramerinnung immer häufiger im
Einzelnen verkaufen, Vgl. XLV. G. 1.

Griechischen Kaufleuten hier und anderwärts zwischen denen Messen mit ihren Waarenlagern zu halten und frei zu negociren verstattet wird?«

Die Denkschrift spricht sich gegen die Verstattung aus. Aus derselben geht hervor, dass die Baumwolle früher von Wien nach Leipzig gebracht wurde und die Fabrikanten in Chemnitz und Umgegend sie von Leipziger Grosshändlern kauften. Die griechischen und macedonischen Agenten, welche diesen Handel früher während der Messe vermittelt hatten, fingen aber nunmehr an, die Baumwolle direct[1] an die Fabrikanten zu bringen. Das verstiess nach Ansicht der Leipziger Kaufleute gegen das Leipziger Stapelprivilegium, obwohl sie selbst zugeben mussten, dass der Centner Baumwolle an Fracht und Spesen von Wien über Leipzig nach Chemnitz 4 Thaler 6 Groschen, von Wien nach Chemnitz direct aber nur 3 Thaler kostete. Die Griechen werden natürlich nach Möglichkeit herabgesetzt. Wenn der Handel in der Hand des eigentlichen Kaufmanns bleibe, sei dies ein Vortheil für die Sache.

Durch seine Correspondenzen sei der Kaufmann im Stande, »von dem, was in allen 4 Welttheilen vorgeht, in seiner Sphere zu urtheilen und hienach seine Massregeln zu nehmen. Er weiss also in Zeiten, ob die Macedonische Baumwolle als ein Sommergewächse gerathen wird oder nicht. Wenn der Transport durch Krieg oder Pest auf der jetzigen neueren Strasse gehindert wird, so weiss der Kaufmann durch seine Correspondenz einen andern oder allenfalls den ersten Canal von Salonichi aus über Italien, Frankreich und Holland wieder zu eröffnen, oder auch bei sich ereignendem Misswachs andere Sorten Baumwolle anzuschaffen, die den Griechen kaum dem Namen nach bekannt sind«. XLV. G. 1.

Die im Jahre 1769 erfolgte erneute Vertheilung des Patentes von 1752 hatte nur vorübergehenden Erfolg. Bereits 1781 beklagte sich die Kürschnerinnung, dass die fremden Kaufleute und die Juden, welche neben ihren Rauchwaaren mit Futtern[2] handeln, fast ganze drei Wochen vor Einläutung der Messen ihre Gewölbe öffnen, obgleich das Patent von 1752 in jeder Messe an zwei Tafeln im Brühl an der Ecke der Catharinenstrasse[3] und an der Ecke der Hallischen Gasse affigirt werde. Auch jetzt wurden wieder Exemplare der Bekanntmachung von 1752 vertheilt, wie es scheint, mit einigem Erfolg.

Aber schon 1788 bat die Kramerinnung den Rath um Wiederholung jener Verordnung unter neuem Datum, da die fremden Kaufleute die Vertheilung des alten Patentes von 1752 für eine blosse Formalität behufs Aufrechthaltung der alten Gerechtsame hielten.

Der Rath gab dem Folge und erliess am 15. Sept. 1788 eine neue Verordnung in der Fassung der *Anlage XXXII*, welche auf Bitten der Kramerinnung den

1) Dies führte auch zur Ansiedelung von Griechen in Chemnitz. Noch im Anfang des XIX. Jahrhunderts war der Baumwollhandel in Chemnitz in den Händen dort wohnender Griechen.

2) Halbfabrikate von Pelzwerk.

3) Damals scheint die eigentliche »Messlage« für den Rauchwaarenhandel also im Brühl westlich von der Hallischen Gasse gewesen zu sein, während sie gegenwärtig östlich derselben ist.

einpassirenden fremden Kaufleuten nunmehr auch durch die Thorschreiber und durch die Hauswirthe behändigt wurde.

Da der Handel vor der Messe gewöhnlich unter dem Vorwand des Auspackens der Waaren stattfand, hatte der Rath geglaubt, besonders vorsichtig und rücksichtsvoll zu sein, wenn er nicht nur den Handel in den ersten Tagen der Böttcherwoche, sondern auch das Auspacken der Waaren vor dem Montag (in der Böttcherwoche) vor Einläutung der Messen verbot.

Dies war andern Handelsartikeln gegenüber zwar billig, traf aber den Rauchwaarenhandel hart. Es erfolgte deshalb auch eine Eingabe auswärtiger Rauchwaarenhändler aus London, Göppingen, Königsberg, Hamburg, Breslau und Polnisch-Lissa, worin sie ausführten, ihnen würde durch Einhaltung der Verordnung unersetzlicher Schaden entstehen, »da unsere Waaren feste zusammen geschnürt, weit geführet, auch von der Sonne warm geworden und wenn sie nicht sogleich ausgepackt, ausgeklopft und sortirt werden können, dem Wurmfrass und anderer Ungelegenheit ausgesetzt sein würden; Wir auch in vergangener Ostermesse in unseren Niederlagen viele Waaren zurückgelassen, welche gleichfalls ausgeklopfet und von Würmern und Moder gereinigt werden müssen und wenn solches erst den Montag vor jedesmaliger Einläutung der Messe vorgenommen werden sollte, wir damit die ganze Woche, darinnen wir doch schon verkaufen sollten, damit zu thun haben würden«.

Sie baten deshalb, ihnen das Auspacken und Ausklopfen ihrer Waaren schon vorher zu erlauben. Ob und was darauf der Rath entschieden, lassen die Acten nicht erkennen. XLV. B. 13. Nachdem der Rath sich mit seiner »Connivenz« auf eine schiefe Ebene begeben, mochte er auch in einer üblen Lage sein, um so mehr, als er bei strengen und consequenten Maassnahmen nicht auf die Unterstützung der Regierung zu rechnen hatte.

Dies stellte sich recht deutlich heraus, als am 14. October 1800 die in den Buden feilhaltenden Messfieranten Scheibner sen. aus Chemnitz und 18 Genossen sich beim Rath beschwerten, »dass diejenigen Messfieranten, so Gewölber haben, hauptsächlich Engländer und preussische Fabrikanten 8—14 Tage vor Anfang der Messe auspacken und verkaufen und unsere Fabriken nach und nach ganz ruiniren, da wir doch weder nach England noch in die Preussischen Länder etwas von unseren baumwollenen Fabrikwaaren einführen dürfen und überhaupt der Schade gross ist, welchen Sachsen durch das Verbot der Messen in Frankfurt a/O. leidet«. XLV. B. 20.

Der Rath erforderte von der Leipziger Kaufmannschaft Gutachten über diese Beschwerde. Dieses Gutachten vom 22. December 1800 (Anlage XXXIII) schildert, wenn auch mit Betonung des Interessenstandpunktes der einheimischen Kaufmannschaft gegenüber den Messfremden, in greller Weise und mit bitteren Worten die obwaltenden Unordnungen in der Messverfassung und scheut sich nicht, die Landesregierung dafür verantwortlich zu machen.

Der Rath erstattete am 31. März 1801 ausführlichen Bericht an den Churfürsten, indem er im Wesentlichen das Gutachten der Kaufmannschaft recapitulirte und die Bitte derselben lebhaft befürwortete: »zur Wiederherstellung der

alten Ordnung wenigstens in so weit Verordnung zu erlassen, dass der Gross-
handel schlechterdings nicht eher, als mit dem Anfang der sogenannten
Böttcherwoche, die Eröffnung der Gewölber und das Auspacken der
Waaren eher aber nicht, als des Freitags und Sonnabends vor erwähnter
Böttcherwoche gestattet werde«.

Hierauf erfolgte ein Rescript vom 8. März 1802 *Lpz. R. A. XLV. B. 20.
Bl. 50*, welches, von der Commerziendeputation beeinflusst, statt die erbetene
Einschränkung des Grosshandels anzuordnen, im Gegentheil die
frühere Aufbauung der Buden verfügte und damit auch den früheren Anfang
der Kleinmesse herbeiführte.

Der Rath suchte offenbar diese Wirkungen dadurch abzuschwächen, dass er mit
Rathspatent vom 2. April 1805 A. *Lpz. R. A. XLV. B. 21. Bl. 6. u. XLV. B. 22*
zwar bekannt gab, dass durch das Rescript vom 8. März 1802 zwar gestattet
worden sei, die Messbuden vor der Böttcherwoche aufzuschlagen, seinerseits
aber die Warnung daran knüpfte, den Messhandel nicht eher als den Montag
in der Böttcherwoche zu beginnen. Der Rath hatte sich zu dieser Warnung bestimmen lassen durch eine Beschwerde der Leipziger Kramermeister, Kauf- und
Handelsleute vom 18. October 1802: »Gleichwie nun also Serenissimus hierdurch
(NB. durch das Rescript vom 8. März 1802) deutlich und bestimmt vorgeschrieben, dass der Messhandel jedesmal den Montag in der Böttcherwoche seinen Anfang nehmen solle, so wünschten wir auch, dass dieser Vorschrift nunmehr bestimmt nachgelebt werden möge. Leider aber ist solches bis anhero nicht
geschehen. Im Gegentheil haben in der vergangenen Ostermesse (wo die Buden
zum ersten Male den Donnerstag vor der Böttcherwoche aufgebaut wurden) und
in der jetzigen Michaelismesse die fremden Kaufleute noch früher als sonst und
die spätesten wenigstens 8—10 Tage vor der Böttcherwoche ihre Gewölber
(und zwar nicht etwa halb, wie sie ehedem unter der Entschuldigung, dass sie
ihre Waaren auspackten, gethan), sondern ganz und völlig geöffnet und frei und
öffentlich förmlichen Handel getrieben . . . . als worüber besonders die
Einkäufer, als die Seelen der Messen, welche auf diese Art nicht mehr
wissen, wann sie zum wirklichen Anfange des Messhandels sich allhier
einfinden sollen, gegen uns die bittersten Klagen geführt haben«.

Der Leipziger Rath wollte, wie bemerkt, diesen gewiss berechtigten Klagen
nach Möglichkeit abhelfen, indem er das Rescript vom 8. März 1802 in dieser
abgeschwächten Form veröffentlichte. *XLV. B. 20.*

Damit zog er sich aber eine Beschwerde der Chemnitzer Fabrikanten zu.
Diese beklagten sich bei dem Amtmann Dürisch in Chemnitz über das Patent des
Leipziger Rathes, »weil dadurch dem Verkaufe der inländischen Manufacturwaaren geschadet, dagegen aber der Vertrieb der englischen, französischen und
anderen ausländischen Waaren sehr begünstigt werde« . . . . .

Es hätten nämlich nunmehro seit Erlassung dieses Verbots die grossen englischen und französischen, auch andere ausländische Waarenhändler das
Leipziger Bürger- oder Schutzverwandtenrecht zu erlangen gesucht,
wodurch sie sich nun für befähigt hielten (natürlich!), zu allen Zeiten vor und

nach der Messe im Ganzen und Einzelnen zu verkaufen. Trete nun der Fall ein, dass Polen und Russen wegen vieler Ferien oder auswärtiger Messen zeitig nach Leipzig kämen, so kauften »diese Juden« nur bei jenen Ausländern. Sie, die Chemnitzer Fabrikanten wären nicht im Stande (warum nicht?), auch noch Leipziger Bürger oder Schutzverwandte zu werden. *XLV. B. 22.*

Wie unbegründet die Chemnitzer Beschwerde war, liegt auf der Hand. Denn mit eben derselben Berechtigung hätten sie sich darüber beklagen können, dass ausser den Messen Leipziger Bürger mit Auswärtigen Geschäfte machten. Die Landesregierung war jedoch anderer Ansicht, denn der Churfürst erliess das Rescript vom 16. September 1803 *Lpz. R.A. XLV. B. 22*, worin das Rathspatent vom 2. April 1803 desavouirt und das Verbot des Engros-Handels vor dem Montag in der Böttcherwoche als eine zu grosse Beschränkung »der zeithero unter unserer Genehmigung mit dem glücklichsten Erfolge bestandenen Leipziger Messfreiheit« bezeichnet wurde. Es war dies freilich ein arger Missbrauch, der mit dem Worte »Messfreiheit« getrieben wurde. Wie wir eben sahen, war dies eine processualische Ausnahmebestimmung, welche mit den Terminen des Messhandelsanfanges gar nichts zu thun hatte. Das Rescript vom 16. Sept. 1803 bekannte sich eigentlich zu der Auffassung, dass es den fremden Verkäufern zu überlassen sei, mit dem Messverkauf zu beginnen, wann sie wollten. Das war freilich nicht nur eine Missachtung der Interessen der Käufer und des Leipziger heimischen Handelsstandes, sondern auch eine Untergrabung der Natur der Messen selbst, welche doch darin besteht, dass die Messordnung die stillschweigende Uebereinkunft der Käufer und Verkäufer bildet, an einem bestimmten Orte zu einer ein für alle Mal bestimmten Zeit zusammen zu kommen.

In die Zeit der soeben geschilderten Meinungsverschiedenheiten zwischen der Landesregierung und dem Leipziger Rathe bezüglich des Messanfangs fielen auch solche bezüglich der Sabbathfeier in den Messen. *XLV. B. 21.*

Von jeher hatte die Gewohnheit, Messen und Märkte an Sonntagen beginnen zu lassen und an Sonn- und Feiertagen sowie in der Charwoche abzuhalten, Anstoss erregt. Die Landesobrigkeiten waren deshalb auch vielfach durch allgemeine [1]) Anordnungen und besondere [2]) Bestimmungen gegen diesen Missbrauch eingeschritten. Es ist aber characteristisch, wie die Zeitanschauungen demgegenüber doch schwankten. Bis zum XV. Jahrhundert scheint man an der Abhaltung von Märkten an Sonntagen wenig Anstoss genommen zu haben, sonst würden eben nicht thatsächlich so viele Märkte auf den Sonntag gelegt worden sein. Eine heftige Reaction gegen diese laxe Auffassung trat aber nach dem dreissigjährigen Kriege ein. [3]) Im XVIII. Jahrhundert nahm wiederum der Marktverkehr äusserst

---

1) Polizeiordnung in den Thüringischen Erblanden von 1661, tit. II.

2) Vgl. oben, Leipzig 1654 *Anlage VI*, Naumburg 1544, Frankfurt a/O. 1649, Mügeln 1679, Weissenfels 1683, Gern 1687, Eisleben 1690, Frankfurt a/M. 1512 u. 1710, auch *Anlage XVI*.

3) Vgl. die vergeblichen Bemühungen der Messfioranten aus Nürnberg 1665, aus Augsburg und Breslau 1675 und aus Schlesien 1680, im Interesse des Weihnachtsfestes die

wenig Rücksicht auf den Sonntag, und am Anfang des XIX. Jahrhunderts sehen wir, wie sich die strengere und die freiere Ansicht in Leipzig bekämpften. Dabei waren die Rollen eigenthümlicher Weise so vertheilt, dass der Leipziger Rath die strengere, die Landesregierung aber die freiere Auffassung vertrat. An 2. April 1803 (B.) *Lpz. R.A. XLV. B. 21. Bl. 8* erliess der Leipziger Rath eine Verordnung, welche unter Bezugnahme auf die Polizeiordnung von 1661 und das Mandat vom 2. Aug. 1749 rügte, dass in den Messen an Sonn- und Feiertagen Handel getrieben werde, und untersagte, in Messzeiten an Sonn- und Feiertagen die Gewölbe, Läden und Buden zu öffnen.

Hierüber beschwerten sich beim Churfürsten d. d. Leipzig 4. Mai 1803 die jüdischen Handelsleute Jacob Bär und 35 Genossen (namentlich aus Galizien, der Moldau und Walachei), indem sie ausführten, dass ihnen in der Ostermesse ausser dem christlichen und jüdischen Osterfeste nur 5 Tage in der Woche zum Handel frei blieben. Hierbei rühmten sie sich, dass sie zur Aufnahme des Handels und besonders der Leipziger Messen sehr vieles beigetragen hätten und eine grosse Summe Geldes jährlich daselbst verzehrten und zum Handel verwendeten.

Zu anderen Zeiten würde darauf der Bescheid erfolgt sein, die jüdische Minorität habe sich nach der christlichen Majorität zu richten, und bei Bestimmungen über christliche Feiertage könnten Rücksichten auf Juden nicht maassgebend sein. Unter dem 14. Juli 1803 verfügte aber der Churfürst an den Leipziger Rath: »Bevor wir Uns hierauf resolviren mögen, begehren Wir, Uns wollet ihr ob dem nicht unbillig scheinenden Suchen der Supplicanten, dass ihnen die Oeffnung ihrer Gewölber und Betreibung ihrer Geschäfte an den Messsonntagen nach beendigtem Gottesdienst gestattet werden möchte, ein erhebliches Bedenken entgegensteht? binnen 8 Tagen von Empfang Dieses mittelst Bericht gehorsamst anzeigen«.

Der Leipziger Rath berichtete in erregtem Tone in ausführlicher Weise unter dem 10. Aug. 1803 *Lpz. R.A. XLV. B. 21. Bl. 31*, dass seine »Verordnung den Gesetzen gemäss« sei und auch der Billigkeit gegen Christen und Juden entspreche. Hierauf erfolgte unter dem 8. September 1803 die churfürstliche Resolution: »Wir begehren, ihr wollet die ausländischen Handelsjuden an den Sonntagen, wo die Messen ein- und ausgeläutet werden, nach beendigtem Nachmittagsgottesdienst an Betreibung ihrer Handelsgeschäfte nicht behindern. Im Uebrigen wird auch die in eurem Bericht gebrauchte unbescheidene und respectwidrige Schreibart hierdurch ernstlich verwiesen«.

Ob es nunmehr auch den Christen gestattet sein sollte, an den Sonntagen Handel zu treiben, oder ob nur Juden mit Juden Handel treiben sollten, darüber schwieg sich, entgegen der Schlussbitte des Berichtes, die Resolution aus.

Leipziger Neujahrsmesse auf den Sonntag nach den heiligen 3 Königen zu verlegen. *XLV. B.* 2 u. *oben* 1654—1680.

Erst 1867 wurde den Rücksichten auf das Weihnachtsfest Rechnung getragen durch Verlegung des Anfangs der Neujahrsmesse vom 27. Dec. auf den 2. Januar. *Lpz. Tageblatt 1866, 8. Juni.* Gegen die Abhaltung der Messen und Märkte an Sonn- und Feiertagen eifert 1711 *Marperger, Beschreibung der Messen und Jahrmärkte. S.* 205 ff. 224 ff.

Es war wohl natürlich, dass den Beschwerdeführern die Resolution mit Hinwegfall des letzten Satzes abschriftlich mitgetheilt, ihnen aber die Bezahlung der »Befehlssporteln und übrigen Canzleijura« auferlegt wurde. Ebenso natürlich aber war es auch, dass der Rath sein Patent vom 2. April 1803 (B.) nunmehr auch gegen Christen n i c h t zur Anwendung brachte. *XLV. B. 21.*

Wir sehen also, dass es im Wesentlichen die Schuld der Landesregierung war, wenn die alten festen Termine, welche Anfang und Ende der Messen begrenzten, immer mehr ausser Acht gelassen wurden und wenn auf Sonn- und Feiertage immer weniger Rücksicht genommen wurde. Gegenwärtig ist die volle Benutzung der Sonn- und Feiertage, welche in die Messen fallen, zu Handelsgeschäften vollständig legalisirt. Im Gegentheil, es werden im Kleinverkehr an den Messsonntagen, an welchen namentlich die ländliche Bevölkerung der Umgebung nach Leipzig strömt, grössere Geschäfte gemacht, als an den Werkeltagen.

Da die Versuche der Deputirten der Kaufmannschaft, sowie der Kramerinnung fehlgeschlagen waren, die weitere zeitliche Ausdehnung des Messhandels zu verhindern, versuchten in den beiden ersten Jahrzehnten des XIX. Jahrhunderts die Leipziger I n n u n g e n,[1] dasselbe zu erreichen mit Hinweis auf ihre Privilegien (von der Regierung bestätigte Innungsartikel), welche ihnen ein Einspruchsrecht gegen diejenigen fremden Handwerker einräumten, welche ausserhalb der eigentlichen Messwoche in Leipzig den Versuch machen würden, ihre handwerksmässig selbst erzeugten Waaren zu verkaufen. Dies hatte zunächst nur die Wirkung, dass fremde Handwerker von ihren Obrigkeiten sich Fabrikantenpatente oder Handelspatente ausstellen liessen. Im Kampfe gegen diese Missbräuche fanden die Handwerksinnungen bei der sächsischen Regierung aber ebenfalls keinen Schutz. Im Gegentheil. Die Rücksicht auf die inländischen, ausserhalb Leipzigs wohnenden Handwerker, welche nicht in der Lage waren, sich solche Fabrikanten- oder Händlererzeugnisse ausstellen zu lassen, und dadurch gegen ihre nichtsächsischen Concurrenten im Nachtheil waren, führte schliesslich im Jahre 1811 dazu, nunmehr auch sämmtliche inländische H a n d w e r k e r »mit dieser, den auswärtigen patentirten Handelsleuten gegönnten »H a n d e l s f r e i - h e i t«, von M o n t a g in der B ö t t c h e r w o c h e a n gerechnet, bis zum Ende der Zahlwoche auslegen und f e i l h a l t e n zu dürfen . . . . zu begnadigen«.

Königliche Rescripte vom 22. Februar 1810, 18. Septbr. 1811 und 16. April 1814 *Lps. R.A. M. 1540. Bl. 20. 22. 24. 27.*

Der Rath veröffentlichte schliesslich unter dem 18. April 1814 die Bekanntmachung: »Von der hohen Kgl. Sächs. Landesregierung sind wir befehligt worden, öffentlich bekannt zu machen, dass den inländischen Professionisten der Detailhandel während der d r e i Messwochen unbedingt, den Ausländern aber, und zwar künftig ohne allen Unterschied der Nation, insofern sich diese durch Handelspatente legitimiren, oder von ihnen sonst bekannt ist, dass sie nicht

---

1. Vgl. *Acta, die gebetene Wiederherstellung der alten Messverfassung betr. de ao. 1817. M. 1540.* und die dort befindl. Auszüge aus den verloren gegangenen *M. 996. de ao. 1810.*

blosse Handwerker und Professionisten, sondern zu der Classe der Handelsleute und Fabrikanten zu rechnen sind, ebenfalls während der dreiwöchentlichen Messzeit gestattet ist«. *Lpz. R.A. LX. B. 15. Bl. 362.*

Ein Königl. Rescript vom 26. Sept. 1817 geht bei Beurtheilung des Kleinhandels von ebendenselben Grundsätzen aus, schärft »in Ansehung des Anfanges des Mess-Grosso-Handels« ein Rescript vom 4. Juni 1796 wieder ein *(welches uns unbekannt geblieben ist)* und mahnt, »die darinnen euch (dem Leipziger Rath) aufgegebene C o n n i v e n z auf das genaueste zu beobachten. *Lpz. R.A M. 1340. Bl. 54.*

Es wiederholte sich also hier die wundersame, in der Entwickelung der Leipziger Messverfassung aber so oft und so verhängnissvoll wiederkehrende Maxime, einen theilweise durchlöcherten Damm, dessen Löcher man glaubte nicht wieder schliessen zu können, lieber ganz wegzureissen.

Die Einzigen, mit denen die Regierung meinte noch fertig werden zu können, waren die Juden. Das consequenz- und energielose Rescript vom 18. Septbr. 1811 raffte sich nämlich diesen gegenüber zu der Bestimmung auf: »Dahingegen lassen Wir es, soviel den Kleinhandel der Juden auf Tischen und Bänken und das Hausiren derselben betrifft, sie mögen mit Handelspatenten versehen seyn oder nicht, bey der zeitherigen Verfassung bewenden«.

Das Rad war aber einmal im Rollen. Und so rollte es, wie wir sehen werden, nicht blos über die den Juden gegenüber gezogene Schranke, sondern, in anderer Beziehung, wenigstens über jede in dem Montag in der Böttcherwoche gegebene Schranke hinweg.

Diese Sucht, in grossen Dingen zu »conniviren«, schloss aber die Sucht nicht aus, im Kleinen zu reglementiren.

So wurden am 5. Decbr. 1810 Bestimmungen für die L a s t t r ä g e r und P a c k e r in den Leipziger Messen gegeben *Lpz. R.A. LX. B. 14. Bl. 159* und am 29. Januar 1821 neu redigirt. *LX. B. 16. Bl. 167.*

Für M e s s s e n s a l e und M e s s c o m m i s s i o n ä r e wurden Reglements erlassen am 31. Decbr. 1813 *LX. B. 15. Bl. 514^b;* 9. Septbr. 1816 *LX. B. 16. Bl. 83,* 9. Januar 1818 (Börsenordnung) *LX. B. 16. Bl. 107.* Eine neu redigirte »Leipziger Mäklerordnung« wurde bestätigt am 7. März 1818. *a. a. O. Bl. 108.*

Das M e s s b u d e n w e s e n und die T a r i f e für das P l a t z g e l d wurden geordnet durch Bestimmungen vom 4. Januar 1816 *LX. B. 16. Bl. 59,* 4. Mai 1847 *Lpz. R.A. M. 1666. Bl. 2,* 30. April 1862 *Lpz. R.A. XLV. B. 54. Vol. VII. Bl. 15^c,* 20. Decbr. 1869 *XLV. B. 54. Vol. VIII. Bl. 154.*

Ueber die Designation der Waaren in den Frachtbriefen, »dass jeder nach Leipzig adressirte Frachtbrief zugleich mit einer Designation versehen sein müsse«, wurden ausführliche Bestimmungen erlassen am 25. Juli und 24. Nov. 1820, sowie am 25. und 30. September 1822 *a. a. O. Bl. 157. 195,* auch unter dem 25. Nov. 1820 eine Bekanntmachung über die Erhebung des Wiegegeldes veröffentlicht. *a. a. O. Bl. 156.*

»Auch kriegerische Zeiten machten hierin keine Ausnahme. Am leidenschaftlichsten trieb das Reglementiren der Stadtcommandant Leipzigs 1813—1815, der russische Obrist Prendel, aus dessen unzähligen [1]) Erlassen wir in den *Anlagen XLI—XLIV* einige Proben geben.

Die oben erwähnte Beschränkung des Handels der Juden, »sie mögen mit Handelspatenten versehen sein oder nicht«, welche das Rescript vom 18. Sept. 1811 enthielt, fiel für diejenigen Juden, welche sich durch Handelspatente legitimiren konnten, bereits durch die Verfügung der Landes-Regierung vom 20. März 1815 *Lpz. R.A. M. 1340. Bl. 29*, so dass nunmehr blos die jüdischen Kleinhändler auf die eigentliche Messwoche beschränkt blieben.

Diese letztere Beschränkung wurde durch Königl. Rescript vom 13. Juli 1822 *M. 1340. Bl. 70* dahin gemildert, dass es dem Leipziger Rath anheim gestellt wurde, »dann, wenn dieser Handel durch ungünstige Witterung oder einfallende jüdische Feiertage unterbrochen worden, eine Nachsicht auf ebensoviel Tage in der Zahlwoche, als die Verkürzung beträgt, zu ertheilen«.

Da dies in der, jeder Messe vorangehenden öffentlichen Bekanntmachung, der sogen. Messbekanntmachung, erwähnt werden musste (Verordnung vom 6. December 1822), so wurde von dieser Befugniss natürlich reichlicher Gebrauch gemacht. *Lpz. R.A. M. 1340. Bl. 95. 166. u. 183^b.*

Eine vollständige Gleichstellung der Juden mit den Christen brachte erst der Art. 6 § 16 der Grundrechte des deutschen Volkes. Noch am 4. November 1848 *Lpz. R.A. XLV. B. 45. Bl. 29* hatte die Regierung an der Beschränkung festgehalten. Die Verordnung vom 30. März 1849 hob nun unter Bezugnahme auf jene Grundrechte »den zeitherigen Unterschied zwischen inländischen Juden und Christen hinsichtlich des Handels auf Messen und Märkten auf«, und leitete aus Art. 18 des Zollvereinigungsvertrages die Verpflichtung ab, die Aufhebung dieses Unterschiedes auch für Zollvereins-Angehörige anzuerkennen. *XLV. B. 34. Vol. IV. Bl. 242.*

Der Leipziger Rath machte darauf am 7. April 1849 *XLV. B. 34. Vol. IV. Bl. 271* bekannt, dass die Bestimmung, »wonach das Feilhalten der jüdischen Kleinhändler auf die Messwoche beschränkt sein soll«, ausser Kraft getreten sei und »dass die jüdischen Kleinhändler Sachsens wie der übrigen Zollvereinsstaaten während der ganzen Dauer der Leipziger Messen öffentlich hier feilzuhalten und Firmen auszuhängen berechtigt sind«.

Auch auf das Fortbestehen der Beschränkung für die zollvereinsausländischen jüdischen Kleinhändler wurde natürlich nunmehr wenig Gewicht gelegt, obgleich die Messbekanntmachungen vom Jahre 1849 an als Punkt 8 folgende Bestimmung enthielten: »Ebenso bleibt das Hausiren jeder Art und das Feilhalten der den Zollvereinsstaaten nicht angehörigen jüdischen Kleinhändler auf die Messwoche beschränkt. Für letztere werden die jüdischen Feiertage, welche in die Messwoche fallen, durch Verlängerung der Verkaufszeit bis in die Zahlwoche ersetzt«. *XLV. B. 34. Vol. IV. Bl. 350.*

Diese Bestimmung wurde aber nur bis zum Jahre 1867 aufrecht erhalten, vgl. Messbekanntmachung vom 12. Juli 1867 *XLV. B. 34. VIII. 48^b.*

---

[1]. Eine interessante, wenn auch nicht vollständige Sammlung derselben enthalten die *Leipziger Rathspatente I.N. B. 15.*

Die Leipziger Innungen setzten ihre Versuche, die im vorigen Jahrhundert und namentlich vor Erlass der Verordnung vom 18. Sept. 1811 bestandenen Bestimmungen über den Messanfang und den Handel in den Messen wieder herzustellen, trotz ihrer Misserfolge im Jahre 1814 fort. Aber auch am 6. December 1822 rescribirte die Regierung an den Leipziger Rath *Lpz. R.A. M. 1340. Bl. 167*: »Ihr wollet die Leipziger Innungen und Handwerker mit ihrem Gesuche um Wiederherstellung der in Hinsicht des Handels mit von ihnen fabricirten Waaren ehemals bestandenen Messverfassung abweisen«.

Erst im Jahre 1830 hatten diese Bemühungen einigen Erfolg. Am 21. Sept. 1830 rescribirte die Landes-Regierung an den Kammercommissar und Regierungsdirector Christian Gottl. Müller zu Leipzig, die gewünschte Beschränkung (Beschränkung des Handels der fremden Handwerker, sowie des Hausirens und des Kleinhandels der Juden auf die eigentliche Messwoche) solle v o r l ä u f i g in der nächsten Michaelismesse eintreten. Eine definitive Regelung für die Zukunft wurde in Aussicht gestellt.

Darauf hin erliess der Rath durch Patent vom 22. Sept. 1830 entsprechende Bekanntmachung. *XLV. B. 34. Bl. 8.* Der Reg.-Director Müller berichtete aber selbst schon am 30. Septbr. 1830 an die Regierung über die Bedenken, welche gegen diese Maassregel vorlagen. Den Messfieranten sei sie zu schnell und unerwartet gekommen, die Innungen aber hätten auf strengste Handhabung derselben oft mit grosser Unbilligkeit gedrungen. Die Gastwirthe hätten sich über Beeinträchtigung ihres Gewerbes, die Grundstücksbesitzer über Schädigung der Nutzbarmachung ihrer Grundstücke durch diese Maassregeln beklagt. Müller empfiehlt, zunächst den Stadtrath und die neuen Commun-Repräsentanten, »deren Wahl nunmehr vollendet ist«, gutachtlich zu hören.

Da die Verhandlungen vor der Neujahrsmesse nicht beendet werden konnten, wurden für letztere vorübergehende Bestimmungen erlassen. Bekanntmachung vom 20. December 1830. *eod. Bl. 36.*

Die Verhandlungen beschäftigten sich namentlich mit der Schwierigkeit, den Fabrikanten vom Handwerker zu unterscheiden.

Bei der Genehmigung der Fortdauer der interimistischen Bestimmungen für die Neujahrsmesse 1831 bemerkte die Regierung am 18. December 1830, sie habe nicht die Absicht, mit der definitiven Regulirung dieser Angelegenheit bis zu dem Eintritt von Stadtverordneten zu warten, vielmehr hätten die bisherigen Communrepräsentanten binnen 6 Wochen Bericht zu erstatten. »Wir erwarten übrigens von der Einsicht der Communrepräsentanten, dass sie bei Abgabe ihres Gutachtens nicht das Privatinteresse Einzelner oder abgesonderter Classen, sondern zugleich den grossen Einfluss, den der Messverkehr auf die Gesammtheit der Commun ausübt, sowie die Wichtigkeit der Messen für das ganze Land im Auge habe und gehörig berücksichtigen werde« . . . *XLV. B. 34. Vol. I. S. 25.*

In ihrer Plenarsitzung vom 22. Januar 1831 beschlossen die Communrepräsentanten ihr Gutachten dahin abzugeben, dass

a) als Fabrikanten nur diejenigen, welche sich durch ein Zeugniss ihrer resp. Regierung als solche ausweisen, dafür angesehen und ihnen das Ausstehen während der ganzen Messe gestattet;

b) auswärtigen Handwerkern der freie Verkauf ihrer Handwerksfabrikate nur vom Einlauten der Messe bis mit dem Zahltage mit alleinigem Ausschluss der auswärtigen Nadler [1]), Leinweber und Färber, welche die ganzen drei Wochen möchten ausstehen können, erlaubt;

c) den auswärtigen Handwerkern das Arbeiten am hiesigen Orte während der Messe nur rücksichtlich derjenigen Fabrikate nachgelassen werde, welche um des Transportes willen auseinander genommen worden, so dass sie diese selbst oder durch ihre Leute hier zusammen stellen könnten;

d) sowie endlich, dass der Hausirhandel der Israeliten, so wie deren Detailhandel überhaupt, auch rücksichtlich der jüdischen Feiertage, möchte behandelt werden.

Der Leipziger Rath schloss sich diesem Gutachten an und erstattete demgemäss am 5. März 1831 Bericht. *XLV. B. 34. Vol. I. Bl. 50ff.*

Inzwischen hatten aber am 6. Januar 1831 die jüdischen Händler Haas und Genossen, unterstützt von zahlreichen die Messe besuchenden Kleinhändlern, die Regierung gebeten, ihnen zu gestatten, während der ganzen Messe Handel zu treiben. Darauf hin wurden am 5. März 1831 der Rath und die Communrepräsentanten aufgefordert, auch hierüber Bericht zu erstatten. Beide sprachen sich gegen das Petitum der Juden aus. Die Handlungsdeputirten und Kramermeister dagegen erklärten sich in Denkschriften vom 31. Mai 1831 *Anlage XLV* und 18. Juni 1831 gegen irgend welche Beschränkung des Verkaufes während der Dauer der Leipziger Messen, auch im Kleinhandel.

Mit Rücksicht auf diese Stimmung in den Kreisen der Handeltreibenden beschlossen die, offenbar mehr unter dem Einfluss der Handwerker stehenden Communrepräsentanten am 24. August 1831, vorzuschlagen, wenigstens eine gewisse Beschränkung der Leipziger Messfreiheit eintreten zu lassen, in Berücksichtigung des Nothstandes mehrerer hiesiger Innungen, nämlich der Klempner, Korbmacher, Kürschner (nicht aber Rauchhändler), Schuhmacher (ausschl. Papuschenmacher), Schneider, Tischler, Töpfer, Sattler.

Die fremden Verkäufer dieser Innungen möchten auf die Zeit vom Einlauten der Messen bis zum Zahltage beschränkt werden. Ein Unterschied zwischen Juden und Christen möge nicht mehr gemacht werden. »Uebrigens war man der Ansicht, dass die Messe ein Landesinstitut sei und daher der Regierung die Regulirung des Verkehrs auf derselben vorzüglich zustehe«. *XLV. B. 34. Vol. I. Bl. 99ff.*

Dieses mattherzige Ausweichen vor einem eigenen verantwortungsvollen Beschluss wäre schon früher schwer verständlich gewesen.

Im Jahre 1831 nahm es sich besonders eigenthümlich aus.

Das Ergebniss der weiteren Verhandlungen war denn auch, dass Alles beim

---

[1]) Natürlich protestirten die Leipziger Nadler, Leinweber und Färber ihrerseits gegen diese Ausnahme.

Alten blieb. Durch Verordnung vom 12. September 1831 bestimmte die Regierung, »dass von der Michaelismesse 1831 an die seit dem Jahre 1811 bestandene Verfassung wieder eingeführt, die Entschliessung über völlige Freigebung des Kleinhandels während der Messe aber späterer Entschliessung vorbehalten werde. *a. a. O. Bl. 107*, vgl. auch die Bekanntmachungen des Leipziger Rathes über den Handel in den Leipziger Messen und die durch die Choleragefahr veranlassten Maassregeln vom 19. Sept. 1831 *Anlage XLVI*, vom 14. Dec. 1831 *Lpz. R.A. XLV. B. 34. I. 150* und vom 25. April 1832 *eod. 157*.

Ein Bild von dem Zustand der Messverfassung vor dem Eintritte Sachsens in den Zollverein giebt ein Bericht des Leipziger Rathes vom 18. Nov. 1833 *Anlage XLVII*, welcher von diesem in Befolgung eines Erlasses der I. Abtheilung des Finanzministeriums vom 16. Nov. 1833 erstattet worden war: »auf welchen gewerbspolizeilichen Bestimmungen der Anfang und der Schluss jeder der in Leipzig bestehenden drei Messen gegenwärtig beruht«. *XLV. B. 34. I. 146.*

Von epochemachender Bedeutung für die Entwickelung der Verfassung der Leipziger Messen war der Anschluss Sachsens an den deutschen Zollverein 1. Dec. 1833. Nach gewissen Richtungen schloss er diese Entwickelung ab dadurch, dass die Verfassung, deren Abänderung bisher mehr oder weniger im Belieben der sächsischen Regierung stand, nunmehr durch Staatsverträge sanctionirt und ihre Abänderung von der Zustimmung der Contrahenten abhängig wurde. Andererseits war der Zollvereinsanschluss wiederum der Ausgangspunkt für eine neue Entwickelung gewisser anderer auf die Messen bezüglicher Verfassungsbestimmungen. Es gehört dahin namentlich die allmähliche Ausdehnung des Begriffes »Inländer« oder wenigstens die allmähliche Gleichstellung einiger Categorien von Nichtsachsen mit den Sachsen in ihrer Eigenschaft als Messfieranten. Ihren Ausdruck fand diese letztere Entwickelung in der Verordnung des Kgl. Regierungscommissars von Langenn vom 12. April 1834 *eod. Bl. 168*, wonach entsprechend § 18 des Zollvereinigungsvertrages der Unterschied zwischen Inländern und Angehörigen anderer Zollvereinsstaaten aufzuheben sei, »dass jedoch dies nicht ausschliesse, dass solche Beschränkungen, denen die dem Mess- oder Marktorte nicht angehörigen Inländer etwa unterworfen sind, auch auf Ausländer, selbst wenn sie den Vereinsstaaten angehören, so lange dergleichen Beschränkungen überhaupt bestehen, gleichfalls sich erstrecken«. Diese Auffassung des Regierungscommissars fand ausdrückliche Billigung durch eine Bekanntmachung der Landesdirection vom 26. April 1834 *Cod. Sax. II. 610* und weitere Interpretation bezüglich der behaupteten einschränkenden Befugnisse der Kürschnerinnung[1]) zu Leipzig durch die Verordnungen der Kreisdirection

---

1) Dass der Umschwung, welchen der Beitritt Sachsens zum Zollverein in der Behandlung der Nichtsachsen in den Messen herbeiführte, den Leipziger Handwerksinnungen nicht vortheilhaft erscheinen konnte, liegt auf der Hand. Es war deshalb natürlich, dass diese in dem Kampfe mit der auswärtigen Concurrenz die schwache Stelle der Entscheidung vom 12. April bezw. 22. April 1834 sich zu Nutze zu machen suchten.

Die Artikel der Leipziger Kürschnerinnung enthielten die Bestimmung, dass fremde Kürschner in Leipzig nur während der eigentlichen Messwoche feil halten dürften. Auf

Leipzig vom 11. April 1836 *Lpz. R.A. XLV. B. 30. Bl. 25* und 18. Januar 1838. *XLV. B. 34. Vol. II. 141*, vgl. auch die Bekanntmachungen des Leipziger Rathes vom 12. April und 22. April 1834 *XLV. B. 34. I. 184.* Wir werden aber sehen, dass die Reservirtheit, mit welcher die bisherigen Unterschiede zwischen Sachsen und Nichtsachsen in den ersten Verfügungen und Bekanntmachungen aufgehoben wurden, sich später zu einer Quelle erneuter Schwierigkeiten gestaltete.

Die weitere Entwickelung der Messverfassung war von jetzt ab mehr und mehr an die eigentliche Z o l l g e s e t z g e b u n g[1]) geknüpft (Zollcredite, Zollconten, Messunkosten etc.). Vergl. oben S. 165 ff.

Die Messbekanntmachungen enthielten regelmässig die Bestimmung, dass bei 50 Thlr. Strafe die fremden Verkäufer erst mit dem gesetzlich bestimmten Anfang der Messen ihre F i r m e n   a u s h ä n g e n und den W a a r e n v e r k a u f   b e g i n n e n   d ü r f t e n.

Wie schon früher oft, beklagten sich am 23. August 1832 die Handlungsdeputirten und Kramermeister beim Leipziger Rath, dass dieses Verbot sehr lass gehandhabt werde. Fremde Handlungshäuser setzten sogar regelmässig ausser den Messen die Verkaufsgeschäfte fort und liessen zu dem Ende Commis und assortirte Waarenlager hier zurück. Es benachtheiligte dies die Leipziger. »Ein hauptsächlichster Nachtheil entsteht aber insonderheit dadurch, dass die sehr

---

Anrufen der Kürschnerinnung untersagte deshalb der Leipziger Rath dem Kürschner Wiedewaldt aus Küstrin einen längeren Handel während der Michaelismesse 1835. Wiedewaldt beschwerte sich beim Leipziger Rath und bei der Königl. preussischen Regierung zu Küstrin, unter Hinweis darauf, dass nach den Bestimmungen des Zollvertrages preussische Kürschner die gleichen Rechte mit den Leipziger Kürschnern hätten.

Infolge der Reclamationen der preussischen Regierung forderte die sächsische Regierung den Leipziger Rath zur Berichterstattung auf.

Letzterer bezog sich auf das Gesetzblatt v. J. 1834 Nr. 14 pag. 105 und begründete sein Vorgehen in folgender Weise: »Als im Frühjahr 1834 in betr. der Anwendung des § 18 der unter dem 4. Decbr. 1833 abgeschlossenen Zollvereinigungsverträge die Frage entstand, ob die Beschränkungen, welchen an den Mess- und Marktorten inländische Verkäufer in Ansehung des Detailverkaufs unterworfen sind, auch auf die Verkäufer aus den Vereinslanden zu erstrecken, so ertheilte uns der damalige Königl. Commissarius Geh. R. von Langenn den Erlass des Präsidiums der damaligen Landesdirection vom 10. April 1834 mit, nach welchem derartige Beschränkungen, so lange sie bestehen, auch auf die Verkäufer aus den Vereinslanden erstreckt werden sollen«.

Die Regierung war jedoch entgegengesetzter Ansicht und verfügte durch Verordnung der Kreisdirection vom 11. April 1836, die Beschränkung der auswärtigen, dem Zollvereinsgebiet angehörigen Kürschner im Verkauf ihrer Waaren zur Zeit der Messen ausser Kraft zu setzen.

Der Leipziger Rath berücksichtigte dies in der Messbekanntmachung für die Jubilatemesse 1836 vom 11. April 1836. Es war dies die definitive N i e d e r l a g e der L e i p z i g e r   I n n u n g e n und ein Begräbniss ihrer Privilegien noch vor Erlass der Gewerbeordnung bezw. -Freiheit. Dass freilich diese Privilegien unzeitgemäss geworden waren, bedarf nicht erst des Beweises. *Lpz. R.A. XLV. B. 30 und XLV. B. 34. Vol. 1. Bl. 246.*

1) Eine Verordnung vom 23. Juli 1834 betr. nachträgliche Bestimmungen zur Leipziger Messordnung (*Codex Saxon. II. S. 621*) bezieht sich auf den Begriff der Abgabenhinterziehung.

Die Verordnung vom 27. Decbr. 1834, einen Zusatz zu § 11 der Leipziger Messordnung betr. (*Codex Saxon. II. S. 711*), bestimmt, dass den dort genannten Gegenständen noch einige andere Gewerbe beizuzahlen sind.

gut gewählten Zeiten für unsere beiden Hauptmessen durch diesen unregelmässigen Geschäftsverkehr verrückt, der Messverkehr zerrüttet und zugleich der Schein erregt wird, als ob wir die Geschäfte der benachbarten Naumburger Messen hierher zu ziehen beabsichtigten; ein Schein, der zu unangenehmen Reibungen, die besonders jetzt zu vermeiden sind, führen kann«. Es werden zu diesem Zwecke verschiedene Vorschläge zur besseren Controle gemacht. XLV. B. 54. Vol. I. Bl. 158 ff.

Um dem immer mehr einreißenden Missbrauch, mit dem Auspacken der Waaren schon 8 Tage vor der Vorwoche zu beginnen, endlich einen Damm zu setzen, gab der Rath vom 1. April 1837 an der Messbekanntmachung folgende Fassung:

a. (4.) »Diesen auswärtigen Verkäufern bleibt der Handel sowie das Aushängen von Handelsfirmen [1] ausser vorgedachter dreiwöchentlicher Zeit bei einer Geldstrafe von 50 Thlr. für jeden Contraventionsfall untersagt«.

b. (5.) »Jedoch ist zur Aus- und Einpackung der Waaren die Eröffnung der Messlocalien in der Woche vor der Böttcherwoche und in der Woche nach der Zahlwoche gestattet«.

c. (6.) »Jede frühere Eröffnung, sowie spätere Schliessung eines solchen Verkaufslocals wird, ausser der sofortigen Schliessung desselben, mit 25 Thlr. Strafe belegt, welche Strafe im Wiederholungsfalle verdoppelt wird«.

d. (7.) »In allen dessfalsigen Denunciationsfällen soll, wenn auf Geldstrafe erkannt wird, die Hälfte der letzteren dem Denuncianten zu Theil werden«. XLV. B. 34. Vol. II. Bl. 11.

Im Jahre 1837 wurde die Abfassung einer neuen Speditions-Ordnung berathen. XLV. B. 54. Vol. II. Bl. 70—76. Damit hing die Frage der definitiven Regelung des Messanfangs insofern zusammen, als die Messordnung vom 4. December 1833 und die Verordnung vom 30. November 1835 gestatteten, den Inhabern der Messconti zum Messverkauf bestimmte Waaren schon 10 Tage vor dem gesetzlich bestimmten Anfangstermin der Messe auszuliefern. Dies machte dem Leipziger Rath unmöglich, das frühere Verbot des frühzeitigen Einräumens der Messwaaren in die Gewölbe durchzuführen. Behufs vorläufiger Regelung der Sache genehmigte das Ministerium den eingereichten Entwurf der Messbekanntmachung des Leipziger Rathes vom 30. August 1837. Dieselbe war conform mit der Bekanntmachung vom 1. April 1837, drohte aber im Punkte 6 nur mit Geldstrafe bis zu 50 Thlr. und brachte den Passus über die Belohnung des Denuncianten in Wegfall.

In einer am 12. October 1837 [2] durch den Kreisdirector von Falkenstein mit

---

1) Am 18. April 1836 verordnete der Rath, dass von der Michaelismesse 1836 an keine Firmen irgend welcher Art, welche weiter als 2 Ellen von der Front des Hauses an gerechnet in die Strasse hervorragen, angebracht werden dürfen. XLV. B. 34. Vol. I. Bl. 256. Am 10. Oct. 1839 wurde bestimmt, »dass bei Erkern die zwei Ellen nicht vom Erker, sondern von der Front des Hauses an zu rechnen sind«. a. a. O. Vol. II. Bl. 185.

2) Protocoll Lpz. R.A. XLV. B. 34. Vol. II. Bl. 137

Mitgliedern des Rathes und der Messverwaltungsdeputation abgehaltenen Conferenz kam man jedoch dahin überein, die definitive Regelung des Messanfanges vorläufig auszusetzen, obwohl »man sich überzeugte, dass die fortschreitende, durch Willkühr des handelnden Publikums herbeigeführte Ausdehnung der Messe ein grosser Uebelstand sei, dass die Messbekanntmachung
und deren Handhabung damit in Collision kommen und dass dem ungemessenen
Weitergreifen der Messfieranten Grenzen zu setzen seien«.

Diese Abmachung vom 12. October 1837 fand die ausdrückliche Genehmigung der Ministerien des Innern und der Finanzen, »dass vor der Hand in der
bestehenden Verfassung irgend eine Veränderung nicht vorzunehmen sei«.
Verordnung der Kreisdirection vom 18. Januar 1838. *a. a. O. Bl. 141.*

Es waren Zweifel entstanden über den Anfang der Leipziger Michaelismesse,
dann, wenn der Michaelistag auf einen Sonntag fiel. Eine Rathsbekanntmachung
vom 2. October 1839 bestimmte, dass in diesem Falle die Messe am Sonntag nach
Michaelis eingeläutet werden sollte. *Lpz. R.A. XLV. B. 34. Vol. II. Bl. 177.*

Was das Speditionswesen anbelangt, so wurde von der Messbekanntmachung vom 29. März 1838 an nach den bisher üblichen 8 Punkten als Punkt 9
aufgenommen: »Was endlich den auch auswärtigen Spediteurs unter gewissen Bedingungen allhier nachgelassenen Betrieb von Messspeditionsgeschäften
betrifft, so verweisen wir deshalb auf das von uns unter dem 20. October 1837
erlassene Regulativ, die Betreibung des Speditionshandels allhier betr«. *XLV.
B. 34. Vol. II. Bl. 20—144.*

Mit Rücksicht auf den Art. 272 sub 3. des Handelsgesetzbuchs wurde das
fragliche Regulativ aber im J. 1863 wieder abgeschafft und seit 1863 der Messbekanntmachung folgende Form gegeben: »Auswärtigen Spediteuren ist von der
hauptzollamtlichen Lösung des Waarenverschlusses an bis mit Ende der Woche
nach der Zahlwoche das Speditionsgeschäft hier gestattet, dafern sie sich vorher
unter Angabe ihrer Firma hierzu bei uns angemeldet haben. Die Unterlassung
dieser Anzeige zieht eine Strafe von 5 Thlr. nach sich«.

Die letztere Bestimmung »dafern sie sich — nach sich« kam übrigens bereits
von der Michaelismesse 1863 an in Wegfall, da die Anmeldung der fremden Mess-
spediteure bei dem Hauptzollamt nicht mehr erforderlich war.

Trotz des Wegfalls des Regulativs vom 20. October 1837 beschloss aber der
Rath am 8. Juli 1863, »es bei den übrigen Bestimmungen über den Messspeditions-
handel — die Zeit des Geschäftsbetriebes betreffend — bewenden zu lassen«.
XLV. B. 34. Vol. II. Bl. 19—35 u. XLV. G. 101. Bl. 103—105.

Bei den erwähnten im Jahre 1837 gepflogenen Verhandlungen waren auch Erkundigungen über die entsprechenden Verhältnisse in Frankfurt a/O. und Braunschweig [1]) eingezogen worden. Die Schwierigkeiten lagen dort ähnlich, wie in

---

1) Frankfurt a/O. übersandte die Messordnung vom 31. März 1832, bemerkte aber zu
den §§. 1—6 derselben, dass deren Handhabung bei der grossen Neigung des messverkeh-
renden Publikums, dem Zeitpunkt vorzugreifen, bisher manchen Schwierigkeiten unter-
legen habe.

Leipzig. Auch in B r ü n n [1]) war die Sachlage ähnlich. In F r a n k f u r t a/O. führte der Missbrauch sogar vorübergehend zu einer Verlegung [2]) des Messanfanges.

Seit langer Zeit waren die Abhaltungen von V e r s t e i g e r u n g e n neuer Waaren während der Leipziger Messen auch acht Tage vor und acht Tage nach denselben v e r b o t e n gewesen. Diese Verbote wurden durch die Verordnungen vom 24. Februar 1724, 25. Februar 1774 und 17. September 1816 *Lpz. R.A. IX. B. 16. Bl. 85*[c] wiederholt eingeschärft.

Im Jahre 1838 wollten aber die Notare Zenker, Müller und Lässig verschiedene A u c t i o n e n in Leipzig während der Michaelismesse abhalten. Auf die Einsprache der Leipziger Kramerinnung wurde ihnen dies vom Rathe untersagt. Auch die gegen dieses Verbot ergriffenen Recurse wurden von der Kreisdirection und ihre Appellationen vom Ministerium des Innern zurückgewiesen. Es kam hierbei auch zur Sprache, dass das Leipziger S t a d t g e r i c h t während der Messenszeiten Auctionen abhalte. Das Ministerium des Innern hielt dies für unzulässig. Das Stadtgericht beharrte aber bei seiner gegentheiligen Auffassung, wie es scheint mit Erfolg. *XLV. B. 32 u. 33.*

Ein Bild von der Entwickelung, welche die Leipziger M e s s v e r f a s s u n g bis zum Jahre 1840 genommen, giebt eine vom Leipziger Rath am 20. August 1840 einem Kalenderherausgeber ertheilte Auskunft:

»1. der Anfang der B ö t t c h e r w o c h e fällt in der Oster- und Michaelismesse auf den Montag vor Einläutung der Messen und in der Neujahrsmesse jedesmal auf den 27. December.

2. E i n g e l ä u t e t wird die Ostermesse jedesmal den Sonntag Jubilate, die Michaelismesse jedesmal den Sonntag nach Michael, mithin, wenn Michael

---

B r a u n s c h w e i g sandte seine Messordnung vom 22. Mai 1835 und ein Avertissement der Polizeidirection zu Braunschweig vom 5. Januar 1833, sowie eine »kurze Darstellung des Verfahrens auf den Braunschweiger Messen«. Braunschweig bemerkte, »dass die nach § 4 der Ordnung auf das zu frühe Auspacken der Waaren gesetzte Strafe von 50 Thlr. für genügend n i c h t immer erachtet worden ist, indem eine nicht geringe Anzahl von Verkäufern es vortheilhafter gefunden hat, diese Strafe zu erlegen, als mit dem Auspacken der Waaren bis zu dem gesetzlich bestimmten Zeitpunkte Anstand zu nehmen; dass aber die Steuerbehörde alsdann in den einzelnen von ihr ermittelten Fällen durch Anlegung von Plomben der bestehenden Vorschrift Nachachtung zu verschaffen wusste. *XLV. B. 34. Vol. II. Bl. 20—65.*

1) Der Bürgermeister zu B r ü n n klagte am 19. December 1864, dass bei den Jahrmärkten in Brünn seit langer Zeit der Missbrauch besteht, »dass eine Anzahl der bedeutenderen Firmen mit ihren Waaren noch vor dem gesetzlichen Marktbeginn hier eintrifft und die Engrosgeschäfte meist schon abgewickelt sind, wenn der Markt erst anfangen soll« . . . . . *XLV. B. 34. Vol. VII. Bl. 100.*

2) Im Jahre 1849 beabsichtigte die preussische Regierung den Anfangstermin der Reminiscere-Messe in F r a n k f u r t a/O., »welcher nach dem Messreglement vom 28. Januar 1788 ursprünglich auf den M o n t a g n a c h R e m i n i s c e r e bestimmt war, im Jahre 1825 aber mit Rücksicht auf die Neigung des handeltreibenden Publikums, die Messgeschäfte vor dem gesetzlichen Anfangstermine der Messen zu beginnen, auf den Montag v o r Reminiscere verlegt ward, w i e d e r u m auf den Montag n a c h Reminiscere zurück zu verlegen«.

Die Kreisdirection forderte am 13. April 1849 Bericht, ob im Interesse der Ostermesse in Leipzig die diesseitige Zustimmung unbedenklich gegeben werden könne. Der Handelsvorstand und der Rath hielten dies für unbedenklich. *XLV. B. 34. Vol. IV. Bl. 259—262.*

14 *

selbst auf einen Sonntag fällt, den Sonntag darauf; endlich die Neujahrsmesse allemal den 1. Januar Schlag 12 Uhr des Mittags.

3. Die Präsentationszeit zur Acceptation der Messwechsel beginnt
mit dem 1. Tage nach eingeläuteter Messe und geht

4. in der Oster- und Michaelismesse den Freitag der eigentlichen Messwoche
Vormittags 10 Uhr, in der Neujahrsmesse aber den Tag vor deren Aus-
lautung, wenn dieser aber auf einen Montag fällt, den 8. Januar, in beiden Fällen ebenfalls Vormittags 10 Uhr zu Ende.

5. Ausgeläutet wird die Messe zu Ostern und Michael jedesmal Sonntag
nach der eigentlichen Messwoche und zu Neujahr? (unleserlich) Mittag
12 Uhr.

6. Der Zahltag in der Oster- und Michaelismesse ist der Donnerstag in der
Zahl- oder 3. Messwoche; in der Neujahrsmesse aber der 12. und wenn
dieser auf einen Sonntag fällt, der 13. Januar.

7. Der Assignationstag ist der darauffolgende Tag.

8. Die Oster- und Michaelmesse endet jedesmal mit dem Sonnabend der
Zahlwoche, die Neujahrsmesse [1] allein mit dem 14. Januar«. *XLV. B. 34.
Vol. II. Bl. 217. 218.*

Die Inhaber von Messverkaufslokalen in Leipziger Häusern waren
in dem ungesetzlichen zu frühen Auspacken ihrer Waaren und sich daran knüpfen-
dem Verkauf wenig behindert, weil sie dort wenig controlirt werden konnten.
Auch hatten sie meist die Lokale für das ganze Jahr, nicht blos für die Messenszeiten gemiethet, so dass sie in der Disposition über dieselben unbeschränkt
waren. Diesen Inhabern von Gewölben war auch die Erstreckung der Messe
erst auf die Böttcherwoche, dann auch auf die Vorwoche und schliesslich auf noch
früheren Termin zu danken.

Die Inhaber von Messbuden waren in dieser Willkür weit mehr beschränkt,
weil sie das Aufbauen der Buden abwarten mussten, ehe sie mit dem Auspacken der Waaren beginnen konnten. Wir haben zwar gesehen, dass infolge
der im Jahre 1803 ihnen gemachten Concessionen auch die Budeninhaber in der
Lage waren, vom Donnerstag in der Böttcherwoche an Messgeschäfte zu machen.
Die Vorwoche blieb ihnen aber verschlossen. So lange der Handel in der Vorwoche überhaupt noch illegal war, konnte dies auch nicht anders sein.

Die Messbudeninhaber glaubten sich aber durch diese einfachen thatsächlichen Verhältnisse ungerecht behandelt.

In der Jubilatemesse 1840 richteten Johann Ludwig Ronniger & Söhne aus
Altenburg und zahlreiche in Buden stehende Messfieranten an den Leipziger Rath
eine ausführliche Vorstellung, in welcher sie auf die Nachtheile hinwiesen, welche
für die Fieranten in Buden dadurch entstehen, dass das Auspacken der Waare
bereits in der Böttcherwoche gestattet sei, während das Auspacken in den Buden
wegen nicht früheren Aufstellens derselben erst den Donnerstag in der Böttcher-

1 Zu Punkt 8 des Concepts enthalten die Acten die Bleistiftbemerkung: »die längst
schwankend gewesene Meinung ist Bl. 185, Vol. II. entschieden und zwar argum. des Rescr. v.
9. Febr. 1754. Beil. Q. Q. Püttmann's Wechsel-Ordnung S. 177 gewiss richtig für den 14. Jan.«

woche stattfinden könne. Dazu komme, dass in den Gewölben oft 2 Wochen vor Beginn der Messe ausgepackt und verkauft werde. Sie bitten, die Inhaber von Buden, mit Ausnahme der jüdischen Kleinhändler, den Inhabern von Läden gleichzustellen. Der Rath hielt eine Aenderung für bedenklich und erstattete Bericht. Auf denselben erfolgte eine das Gesuch Ronniger's und Genossen ablehnende Entscheidung der Kreisdirection vom 19. November 1840. Ronniger's Vorstellung hatte aber die Folge, dass das Verbot des Aushängens von Handlungsfirmen, weil an deren Stelle vielfach grosse Hausnummern und Musterkarten getreten waren, folgende Fassung erhielt: »Ausser vorgedachter 3 wöchentlicher Frist bleibt der Handel sowie das Aushängen von Handelsfirmen, auch aller und jeder sonstiger äusserer die Stelle der Firmen vertretenden Merkmale des Verkaufs, allen auswärtigen Verkäufern bei einer Geldstrafe bis zu 50 Thlr. verboten«. *XLV. B. 34. Vol. II. Bl. 195—214.*

Das Gesuch von Ronniger und Genossen wurde in der Ostermesse 1848 von 328 in Buden stehenden Grosshändlern und in der Michaelismesse von Friedrich Schreier & Sohn und Genossen wieder aufgenommen und gegen die abschlägliche Entscheidung des Rathes Recurs ergriffen und appellirt. Die Kreisdirection und das Ministerium des Innern bestätigten jedoch die Entscheidung des Leipziger Rathes, indem sie auf dem in den Verordnungen vom 18. Januar 1838 und 19. Nov. 1840 eingenommenen Standpunkt stehen blieben. *XLV. B. 34. Vol. IV. Bl. 218—251. 246—258. 282.*

Unbegreiflicher Weise war aber auch einigen in Gewölben stehenden auswärtigen Messfieranten die ihnen gestattete Messzeit immer noch nicht lang genug. Am 8. Mai 1844 baten Gebrüder Schuster und zahlreiche auswärtige Messfieranten, ihre Waarencollis bereits den Sonnabend vor der Vorwoche der Böttcherwoche in ihre Geschäftslokale aufnehmen, auspacken und zum Verkauf vorbereiten zu dürfen. Im Einverständniss mit dem Handelsvorstand[1]) wurden sie abfällig beschieden mit Hinweis darauf, dass der Handel erst vom Beginn der Böttcherwoche an gestattet sei und sie demnach in der Woche vor der Böttcherwoche hinlänglich Zeit hätten, ihre Waaren zum Verkauf vorzubereiten. Schuster und Genossen ergriffen gegen diesen Bescheid Recurs, wurden aber am 28. Oct. 1844 von der Kreisdirection in ungewohnt energischer Weise abfällig beschieden. *XLV. B. 34. Vol. III. Bl. 186—226.*

Von allen Seiten suchte man an der Messverfassung zu rütteln. Auch die jüdischen Messwechselsensale baten am 9. Januar 1844, ihnen zu gestatten, ihre Geschäfte bis zum Zahltage der polnischen[2]) Messwechsel,

---

1) Vom Jahre 1844 erscheinen die Senioren der Handlungsdeputirten (Kaufleute ausserhalb der Kramerinnung) und die Senioren der Kramermeister unter der gemeinsamen Bezeichnung: »Handelsvorstand«. Aus denselben entwickelte sich später (1862) die Handelskammer.

2) Auf Kaufleute aus Polen und anderen östlichen Ländern laufende Wechsel konnten oft deshalb nicht honorirt werden, weil diese wegen schlechter Verkehrsmittel manchmal nicht rechtzeitig in Leipzig eintreffen konnten. Früher half man sich mit der Verschiebung des Zahl-

der gewöhnlich 5 oder 6 Tage nach dem Messzahltage festgesetzt werde, zu betreiben. Im Einverständniss mit dem Handelsvorstand wurden sie jedoch abfällig
beschieden. *XLV. B. 34. Vol. III. Bl. 162—177.*

Im Jahre 1854 wurden die O e s t e r r e i c h i s c h e n S t a a t e n den Zollvereinsstaaten in Bezug auf den Messhandel gleichgestellt. Vom 1. März 1854 an erhielten deshalb die Messbekanntmachungen nachstehende Form: »Während dieser
3 Wochen können alle inländische sowie die den Zollvereinsstaaten und den k. k.
O e s t e r r. S t a a t e n angehörenden Fabrikanten und Handwerker ohne einige Beschränkung von seiten der hiesigen Innungen öffentlich hier feil halten und Firmen aushängen«.

Die anderen Punkte der Bekanntmachungen wurden ebenfalls demeutspre-
chend geändert. *XLV. B. 34. Vol. V. Bl. 212—268.*

Der Grosshandel in den Leipziger Messen hatte sich immer mehr und mehr
nach der Vorwoche (vor der Böttcherwoche) verschoben, so dass diese Woche
bereits allgemein als E n g r o s w o c h e bezeichnet wurde. Der Leipziger Rath
hatte deshalb gegenüber dem Drängen der Messfieranten, aus dem geduldeten
Verhältniss (denn es wurde trotz der Bekanntmachungen vom 10. und 23. Sept.
1850 *XLV. B. 34. Vol. V. Bl. 49. 55* und trotz der Fassung der Messbekanntmachungen doch nur in den seltenen Denunciationsfällen eingeschritten) ein
gesetzliches zu machen, einen immer schwierigeren Stand.

Obgleich daher die Kreisdirection noch am 24. Mai 1859 ein Gesuch von
Ernst Gessner aus Aue und Genossen um Gestattung des Waarenverkaufs und
des Aushängens von Firmen in der sogen. Engroswoche abgelehnt hatte, *XLV.
B. 34. Vol. VI. Bl. 147,* erörterte [1] im October 1860 die Handelsdeputation des
Rathes die Frage, ob wenigstens das A u s h ä n g e n der F i r m e n nicht weiter zu
verbieten sei. Auf Antrag des Rathes gestattete die Kreisdirection am 12. Febr.
1861, das Aushängen der Firmen zu d u l d e n, und kam deshalb das Verbot seit
der Bekanntmachung vom 16. Febr. 1861 in Wegfall. *XLV. B. 34. Vol. VI. Bl. 265.*

---

tages, später mehr und mehr durch Domicilirung der Wechsel. Diese jüdischen Sensale, von
denen ein Verzeichniss in Lpz. *R.A. ohne Bezeichnung* existirt, hatten in jeder Messe einen Ca-
non von 3 Thlr. zu entrichten.

1) Hierbei wurden Frankfurt a/M., Frankfurt a/O. und Braunschweig über die dort bestehenden bezügl. Einrichtungen um Auskunft gebeten. Frankfurt a/O. antwortete am 26. Oct.
1860: »dass auf den hiesigen Messen das Auspacken der Waaren vom Sonnabend vor der Budenbauwoche und das Aushängen der Firmen vom Montage der Budenbauwoche an gestattet ist«.

Frankfurt a/M. antwortete am 29. Oct. 1860, dass das Auspacken der Waaren, jedoch nur
in verschlossenen Läden, 8 Tage vor Beginn der Messen selbst gestattet sei, ohne eines Verbotes
des Schildaushängens vor dem Beginne der Messe selbst zu gedenken: »wir haben deshalb auch
das Aushängen der Firmen schon an den Auspacktagen nie beanstandet, sondern nur mit
Strenge darauf gehalten, dass Verkäufe an den Auspacktagen n i c h t stattfinden«.

Braunschweig antwortete am 29. Oct. 1860: »dass zwar für das Auspacken der Messwaaren und für den Anfang des eigentlichen Messhandels bestimmte Termine festgesetzt sind,
dass aber das Aushängen der Firmen durch keinen bestimmten Zeitpunkt normirt ist«.

Die Firma werde oft von den V e r m i e t h e r n schon v o r Eintreffen der Freunden an den
Häusern befestigt. *XLV. B. 34. Vol. VI. Bl. 238—252.*

Aber auch den Messbudeninhabern gegenüber nahm man eine andere Stellung ein. Dieselben Gebr. Holzschuher und Gen., welche mit einem Gesuche um Gleichstellung der in Buden stehenden Messfieranten mit den in Gewölben stehenden bezügl. des Auspackens von der Kreisdirection am 28. Febr. 1859 (a. a. O. Vol. VI. Bl. 143) abschläglich beschieden worden waren, erneuerten ihr Gesuch im Jahre 1861. Letzteres wurde von der Majorität der Handelsdeputation des Rathes in einem Gutachten vom 5. Jan. 1862 zur Berücksichtigung empfohlen.

In der Plenarsitzung vom. 22. Januar 1862 beschloss darauf der Rath: »dem Gutachten der Majorität der Handelsdeputation beizutreten; jedoch da nach der Gewerbeordnung (vom 15. Oct. 1861. §. 44) dem Rathe in dieser Hinsicht selbständig zu handeln verstattet ist, der Königl. Kreisdirection lediglich Anzeigebericht zu erstatten; von einer besonderen Bekanntmachung abzusehen und nur in der Messbekanntmachung das Nöthige abzuändern«. Dieser Auffassung über die Competenzverhältnisse des Leipziger Rathes trat das Ministerium des Innern bei. Verordnung von 21. Febr. 1862 Lpz. R.A. XLV. B. 34. Vol. V. Bl. 14. An Stelle der bisherigen[1]) Messbekanntmachung traten nunmehr vom 25. Febr. 1862 an folgende Bestimmungen: ... »5. Jedoch ist das Auspacken der Waaren den Inhabern der Messlokalien in den Häusern und den in Buden ausstehenden Fabrikanten und Grossisten in der Woche vor der Böttcherwoche gestattet, während zum Einpacken die Eröffnung der Messlocale in den Häusern auch in der Woche nach der Zahlwoche nachgesehen wird.« .... »7. Den Detailhändlern, welche auf Strassen und Plätzen feilhalten, ist das Auspacken daselbst vor dem Donnerstage der Vorwoche bei einer Geldstrafe bis zu 25 Thlr. verboten.« XLV. B. 34. Vol. VII. Bl. 4—12.

Während die Competenzverhältnisse zwischen der Regierung und dem Leipziger Rathe in Messangelegenheiten erst durch den erwähnten §. 44 der Verordnung vom 15. October 1861 zur Ausführung des Gewerbegesetzes geregelt wurden: »Veränderungen der Leipziger Messordnung, welche sich auf Zeit und Dauer der Messen und auf solche Einrichtungen beziehen, die mit der bestehenden Zollverfassung in Wechselwirkung stehen, können nicht ohne Genehmigung der Staatsregierung erfolgen«, waren die Competenzverhältnisse zwischen dem Leipziger Rath und dem Leipziger Polizeiamt (welches letztere in mancher Beziehung von der Staatsregierung direct abhängig ist) bereits durch das »Königl. Regulativ vom 12. März 1822 wegen Verwaltung der Polizei- und Criminalrechtspflege in Leipzig« (an Stelle des Patentes vom 17. Juli 1813) geordnet worden. Im §. 35 desselben wird bestimmt, dass die Besorgung der Wohlfahrtspolizei in der Stadt Leipzig ausschliesslich

---

1) ... . »5. Jedoch ist zum Auspacken und Einpacken der Waaren die Eröffnung der Messlocale in den Häusern in der Woche vor der Böttcherwoche und in der Woche nach der Zahlwoche gestattet«. ..... »7. Das Auspacken und Auslegen in den Buden und an den Ständen ist erst vom Donnerstag in der Vorwoche gestattet und wird jede Zuwiderhandlung unnachsichtlich mit einer Geldstrafe bis zu 25 Thlr. geahndet werden«.

dem Stadtrath (nicht dem Polizeiamt) überlassen bleibt: »in dieser Beziehung werden insbesondere folgende Gegenstände von dem Stadtrath ausschliesslich verwaltet:

    I. Die Marktpolizei nach ihrem ganzen Umfange ....

    II. Die Mess- und Handelspolizei als:

        1. Aufsicht über die Erhaltung der Messordnung, den Umfang und die Dauer der Messzeit, das Auslegen und Einlegen der Verkäufer, das Budenwesen, Hausiren etc.

        2. Handhabung der Waageordnung.

        3. Handhabung der Kramerordnung.

        4. Ausfertigung der Waarencertificate.

    III. Die Gewerbepolizei .....

    IV. Die Strassenpolizei .... etc. *IX. B. 16. Bl. 188 ff.*

Wir haben oben die Wandlungen kennen gelernt, welche die Sonntagsfeier in den Leipziger Messen bis zu dem Jahre 1803 durchzumachen hatte, auch gesehen, in welch' drastischer Weise der Stadtcommandant Oberst Prendel in der Neujahrsmesse 1814 zu der Frage Stellung nahm. Bei der fortschreitenden Tendenz, die Feiertage und Sonntage in den Messen den Wochentagen gleich zu stellen, bezw. in bevorzugter Weise zum Messgeschäft zu verwenden, konnte von Zeit zu Zeit eine Reaction hiergegen nicht ausbleiben.

Im April 1851 überreichten Gebr. Colsmann von Langenberg und 25 Genossen aus dem Bergischen Land dem Leipziger Rath eine trefflich geschriebene Denkschrift, in welcher sie sich über die mangelhafte Sonntagsfeier in den Leipziger Messen beklagten.

Diese Denkschrift wurde der Handels-Deputation des Rathes, dem Handelsvorstand und der Deputation des Vereins der Buchhändler zur Begutachtung vorgelegt. Sämmtliche Corporationen hielten aber eine strengere Handhabung der Sonntagsfeier in den Leipziger Messen für unausführbar. Dieser Ansicht schloss sich auch der Rath an und erstattete demgemäss am 14. Februar 1852 Bericht an die Regierung. Die Frage der Sonntagsfeier während der Messzeit wurde am 12. April 1853 von einer Anzahl Messflieranten erneut in Anregung gebracht, und am 5. Juli 1855 richteten die Leipziger Geistlichen an den Rath eine Vorstellung gegen den an den Sonntagen in der Messe ohne alle Unterbrechung fortgehenden Geschäftsverkehr.

Die Schwierigkeiten, diesen Wünschen Rechnung zu tragen, lagen hauptsächlich in der Unausführbarkeit der Controle eines Verbotes in den in den oberen Stockwerken der Häuser befindlichen Messlokalen. Dieselben wurden auch in einer Sitzung der Kirchen-Inspection zu Leipzig vom 2. Nov. 1855 anerkannt und die Petenten demgemäss beschieden. *XLV. B. 34. Vol. V. Bl. 81—273.*

Die Anregungen waren aber doch nicht ganz vergebliche gewesen. Denn sie führten schliesslich zu der seit 200 Jahren (1665, vgl. oben S. 183) angestrebten Verlegung des Anfanges der Leipziger Neujahrsmesse.

Den unmittelbaren Anstoss hierzu gab eine Vorstellung von Feodor Zschille in Grossenhain, welcher im Jahre 1865 beantragte, den Anfang der Neujahrs-

messe vom 27. December auf den 2. Januar zu verlegen. Der Antrag Zschille's
wurde durch eine Petition von Joseph Moser & Co. und zahlreichen Messfieranten
sowie durch eine Petition niederländischer Messfieranten (d.d. Amsterdam 31. März
1865) lebhaft unterstützt. Letztere führten aus, dass sie es immer höchst unangenehm gefunden, »das Weihnachtsfest nicht im Kreise der Ihrigen feiern und
dann auch Sylvester entweder abwesend zu sein oder ihre Geschäfte nicht mit
der gehörigen Ruhe beendigen zu können, ebenso den Jahresschluss im Geschäfte zu Hause ganz zu verabsäumen«.

Dem Zschille'schen Antrag trat die Leipziger Handelskammer am 20. Juli
1865 und der Leipziger Rath am 26. August 1865 bei. Das Ministerium des
Innern war geneigt, die Verlegung zu genehmigen, und forderte die Erklärung
der übrigen Zollvereinsstaaten darüber ein. Da diese Erklärungen aber
nicht rechtzeitig eingingen, musste die nächste Neujahrsmesse noch für den
27. Dec. 1865 augesetzt werden. Bekanntmachung vom 21. Oct. 1865.

Inzwischen hatten Gebr. Hess beim Stadtverordneten-Collegium beantragt,
von einer Verlegung der Neujahrsmesse abzusehen oder, wenn dies nicht mehr
thunlich, derselben eine Vorwoche zu geben, wie den beiden anderen Messen.
Das Stadtverordneten-Collegium beschloss am 26. Januar 1866, das Gesuch
der Gebr. Hess dem Rathe befürwortend zu übergeben.

Während dieser Zeit waren von sämmtlichen Zollvereinsregierungen Erklärungen eingegangen, in welchen sie ihre Uebereinstimmung mit der Beschränkung der Dauer der Neujahrsmesse auf die Zeit vom 2. bis mit 15.
Januar und bez. mit entsprechender Abänderung der bezügl. Bestimmungen in
§. 8ª der Leipziger Messordnung vom 4. Dec. 1833 kund gaben. Das Ministerium
des Innern theilte dies dem Leipziger Rath am 27. Febr. 1866 mit und forderte
mit Rücksicht auf die laut gewordene abweichende Anschauung der Stadtverordneten nochmalige Berichterstattung.

Die Handelskammer sprach sich erneut für die Verlegung bezw. Einschrän-
kung der Neujahrsmesse aus, namentlich da sich herausstellte, dass die von Gebr.
Hess behaupteten Rücksichten auf die am 2. Januar in München beginnende
Messe (Dult) nicht vorlagen.

In der Plenarsitzung vom 21. April 1866 fand der Rath die Bedenken
gegen Verlegung der Neujahrsmesse unerheblich, beschloss auch, sich gegen
die Einführung einer Vorwoche zu erklären, weil dadurch nur der alte Zustand wieder hergestellt werden würde. Auf den entsprechenden Bericht des
Rathes genehmigte denn auch die Regierung definitiv die Verlegung der Neujahrsmesse. Verordnung der Kreisdirection vom 15. Mai 1866. Bekanntmachung des
Rathes vom 5. Juni 1866. *XLV. B. 34. Vol. VII. Bl. 114—180.*

Regierung und Rath hatten geglaubt, als Consequenz der Verschiebung der
Neujahrsmesse auch den Zahltag derselben verschieben zu müssen. Die Handelskammer aber fand dies mit Hinblick auf §. 5 des Gesetzes vom 25. April 1849
die Einführung der allgem. deutschen Wechsel-Ordnung betr.: »Leipziger Messwechsel verfallen in der Neujahrsmesse den 12. Januar, und wenn dieser auf
einen Sonntag fällt, am folgenden Tage« bedenklich, indem sie glaubte, dass diese

gesetzliche Bestimmung im Verordnungswege nicht könne abgeändert werden. Die Kammer beschloss daher am 19. Mai 1869, an die Staatsregierung das Gesuch zu richten, »dieselbe wolle die im Jahre 1866 erlassene Anordnung wegen Verlegung der Neujahrsmesse insofern modificiren, dass es bei dem gesetzlich bestehenden Zahltag (12. Januar) auch fernerhin zu verbleiben hat.«

Der Rath schloss sich am 7. Juni 1869 diesem Antrag an und auch das Ministerium des Innern genehmigte: »dass als Zahltag der Leipziger Neujahrsmesse wiederum wie früher der 12. Januar und nur, wenn dieser auf einen Sonntag fällt, der 13. Januar festgestellt werde.« Verordnung der Kreisdirection vom 30. Juni 1869. Der Rath erliess am 12. Juli 1869 entsprechende Bekanntmachung. *XLV. B. 34. Vol. VIII. Bl. 102—115.*

Der Vorstand des Centralvereins Deutscher Wollenfabrikanten beantragte am 19. Februar 1879, die Neujahrsmesse nicht mehr wie bisher am 2. Jan., sondern jedesmal am ersten Montag nach Neujahr und, wenn der Neujahrstag am Montag trifft, an dem darauf folgenden Montag anfangen zu lassen. Dieser Antrag wurde jedoch abgelehnt, da die Handelskammer in ihrem Gutachten vom 20. Sept. 1879 es für bedenklich hielt, an dem dermaligen Beginne der Neujahrsmesse Etwas zu ändern, und der Rath am 27. Sept. 1879 dieser Ansicht beitrat. *XLV. B. 34. Vol. IX. Bl. 211—216.*

Seit der Messbekanntmachung für die Michaelismesse 1867 wurde der Unterschied zwischen den ausländischen Handelsleuten, Fabrikanten und Gewerbtreibenden und den Inländischen, bezw. den dem Zollverein und Oesterreich Angehörigen fallen gelassen, ohne dass ein Beschluss über diese Aenderung ersichtlich wäre. Vgl. Messbekanntmachung vom 12. Juli 1867. *eod. Vol. VIII. Bl. 48ᵇ.*

Noch immer aber bestand der Widerspruch zwischen den Messbekanntmachungen, welche den Handel in der Vorwoche der Messen bei Strafe verboten, und der Thatsache, dass die grosse Mehrzahl der Messgeschäfte in eben dieser Woche gemacht wurde.

Ueber diese Sachlage hatte sich der Rath am 28. Februar 1865 in einer Antwort auf eine Anfrage des Bürgermeisters von Brünn wie folgt ausgesprochen: »Gegen Verkaufsabschlüsse in der Vorwoche der Messen schreiten wir mit Bestrafungen nur dann ein, wenn Denunciationen erfolgen, welche wir jedoch amtlich nicht voranlassen. Gegen Versuche, durch Aushängen von Waaren oder Anbringen von Firmen den Messverkehr noch vor der zum Auspacken gewährten Vorwoche beginnen zu lassen, schreiten wir jedoch streng ein und es hat dies den Erfolg gehabt, dass nun aller Messverkehr auf die vier Wochen fixirt ist.« *XLV. B. 34. Vol. VII. Bl. 100—103.*

Diesen Anomalien gegenüber brachte die Handelskammer am 27. Oct. 1873 und dann wieder im Jahre 1874 in Anregung, die Messbekanntmachungen den thatsächlichen Verhältnissen entsprechend abzuändern.

Noch am 18. November 1874 hatte der Rath beschlossen, diesem Antrage keine Folge zu geben, da jedes Rütteln an den althergebrachten Einrichtungen bedenklich erscheine. In der Plenarsitzung vom 31. Juli 1875 wurde aber im

Gegensatz hierzu beschlossen[1]), der Messbekanntmachung folgende Fassung[2]) zu geben: »Der officielle Anfang der diesjährigen Michaelismesse fällt auf den 27 September; doch kann der Grosshandel bereits in der zum Auspacken bestimmten Vorwoche vom 20. desselben Monats an in der bisherigen Weise betrieben werden«. *XLV. B. 34. Vol. IX. Bl. 68 ff.*

Damit war nunmehr die Ausdehnung der beiden Leipziger Hauptmessen von ursprünglich einer Woche auf vier Wochen in aller Form legalisirt.

Wird die Entwickelung hiermit zum Abschluss gekommen sein? Fast könnte man das Gegentheil annehmen. Der Lederhandel wenigstens macht schon seit Jahren den Versuch, das Messgeschäft bereits am Sonnabend oder wenigstens Sonntag vor der Vorwoche zu beginnen. Darauf hin sah sich denn auch der Leipziger Rath am 6. Dec. 1877 veranlasst, bekannt zu machen: »Die Wahrnehmungen, welche wir zeither namentlich bezüglich des Lederhandels im hiesigen Messverkehr gemacht haben, veranlassen uns nochmals darauf aufmerksam zu machen, dass das Auslegen und Verkaufen der Waaren vor der sogenannten Vorwoche unnachsichtlich mit einer Geldstrafe bis zu 75 Mark geahndet wird. Unsere Wachorgane sind zur strengsten Aufsichtsführung angewiesen«. *XLV. B. 34. Vol. IX. Bl. 169.*

Auf wiederholte Anträge der Handelskammer und des Rathes hin *XLV. B. 34. Vol. IX. Bl. 28—37* stellte das Ministerium des Innern durch Verordnung vom 28. April 1877 *eod. Bl. 151^c* die Aufhebung der Messgebühren in Aussicht und erfolgte die Aufhebung derselben mit Genehmigung der Landstände von der Michaelismesse 1878 an.[3])

Wir sind damit am Schlusse der thatsächlichen Entwickelung der Leipziger Messen angelangt und haben uns nur noch mit einigen Worten mit den Projecten zu beschäftigen, welche sich auf eine Reform der Messen beziehen, bisher aber noch nicht zur Ausführung gekommen sind.

Es sind hierbei namentlich die Abkürzung der beiden Hauptmessen und die Emancipirung der Ostermesse von den Schwankungen des Osterfestes und Fixirung derselben auf eine bestimmte Zeit in Frage gekommen.

Wir können aber unmöglich alles das reproduciren, was hierüber im Laufe der letzten 40 Jahre geschrieben und gesprochen worden ist, müssen uns vielmehr mit einer Skizzirung der Verhandlungen und einer Nachweisung des Actenmaterials begnügen.

Die Schwankungen der Ostermesse erschienen besonders in denjenigen Jahren nachtheilig, in denen das Osterfest spät fiel, da in diesen die Saison für den Verkauf der Sommerartikel in der Manufacturwaarenbranche vorüber war.

---

[1]) Man nahm dabei an, dass nach der Ministerialverordnung vom 18. Januar 1838 der Handel in der Vorwoche unbedenklich auch officiell gestattet werden könne.

[2]) Die jüngste übliche Form der Messbekanntmachung findet sich in *Anlage L.*

[3]) Ueber die Wirkungen dieser Aufhebung für die Statistik der Leipziger Messen vergl. E. *Hasse: Die Messen und Märkte in Leipzig.* in: *Die Stadt Leipzig und ihre Umgebung. S. 386 ff.*

In der Presse wurde die Frage der Fixirung der Ostermessen überhaupt bereits im Jahre 1837 angeregt. *Allgemeiner Anzeiger und Nationalzeitung der Deutschen vom 1. Juni 1837. No. 145. Lpz. R. A. XLV. B. 34. Vol. II. Bl. 68^b.*

Dann stellte im Jahre 1842 die Handelskammer in Frankfurt a/M. einen dahin zielenden Antrag, welcher jedoch abgelehnt wurde. *XLV. B. 34. Vol. IV. Bl. 42.*

Am 16. April 1845 erfolgte eine Eingabe von Bodemer & Co. aus Eilenburg nebst 112 Genossen an den Leipziger Rath mit der Bitte: »Derselbe wolle geeignet finden, den Vorschlag der Verlegung des Messanfangs in Leipzig auf einen feststehenden Kalendertag unter diessfalsiger Vernehmung mit den übrigen Messplätzen im Zollverein in Erwägung zu ziehen und diessfallsige Einleitung bei der zustehenden höheren Behörde zu treffen«.

Da sich der Handelsvorstand am 5. Febr. 1846 dahin aussprach, dass er die gewünschte Aenderung nur dann für thunlich halte, wenn das Osterfest selbst auf einen bestimmten Kalendertag festgesetzt werden könne, wurde Bodemer's Gesuch abgelehnt. *XLV. B. 34. Vol. IV. Bl. 32—45.*

Später wurde die Frage durch Verordnungen der Kreisdirection vom 13. Juni 1853 *a. a. O. Bl. 193*, vom 13. Dec. 1854 *XLV. B. 34. Vol. V. Bl. 243 ff.* erneut angeregt, durch die Verordnung der Kreisdirection vom 26. März 1856[1]) aber zunächst wieder bei Seite gelegt.

Der Abgeordnete Ploss (Fabrikant aus dem Voigtlande) stellte im Jahre 1860 in der 2. Kammer des sächsischen Landtages den Antrag: »Die hohe Staatsregierung zu ersuchen, mit allen ihr zu Gebote stehenden Mitteln auf zweckentsprechende Einrichtung des Beginnes der Leipziger Frühjahrsmesse hinzuwirken«.

In Folge dessen forderte die Kreisdirection vom Leipziger Rathe am 7. Dec. 1860 Bericht.

Der Rath holte die Ansicht der Stadtverordneten ein. Der Ausschuss der

---

1) »Das Königliche Ministerium des Innern hat auf den von der unterzeichneten Königlichen Kreis-Direction wegen Abänderung des Anfangstermines der Leipziger Ostermesse an dasselbe erstatteten Vortrag unter dem 15/22. dieses Monates Anher Sich dahin geäussert, dass es in Betracht des von dem Stadtrathe allhier im Einverständnisse mit dem hiesigen Handelsvorstande abgegebenen Gutachtens, welchem auch die Kreis-Direction im Wesentlichen beigetreten ist, und da die ganze Anregung der Frage wegen Verlegung der hiesigen Ostermesse namentlich durch den Umstand veranlasst worden, dass Man von Seiten anderer Staaten Anträge auf eine allgemeine Regulirung der deutschen Messen erwarten zu müssen geglaubt habe, diese Erwartung aber jetzt wieder in den Hintergrund getreten zu sein scheine, bei der geschehenen Anzeige zu bewenden habe, wenngleich im Uebrigen zu wünschen gewesen, dass in dem gedachten Gutachten wenigstens darüber eine bestimmte Ansicht ausgesprochen worden wäre, welche von den in Frage gestellten Bestimmungen für einen andern Anfang der Ostermesse eventuell als die brauchbarste anzusehen sei.

Demgemäss wird der Stadtrath hierselbst auf dessen Berichte vom 1., 2., 3. und 6. März vorigen Jahres mit der Veranlassung andurch beschieden, den hiesigen Handels-Vorstand von obiger Ministerial-Entschliessung gleichfalls in Kenntniss zu setzen«. *Lpz R. A XLV. B. 50. Bl. 18.*

Stadtverordneten für Industrie-, Mess- und Verkehrswesen erstattete am 15. Dec.
1860 Bericht [1]) und beantragte

»1) Dass die Leipziger Ostermesse wie bisher 8 Tage nach dem ersten
Osterfeiertage beginne und ebenso wie die Michaelismesse nicht allein
factisch, sondern auch gesetzlich vier Wochen dauere.

2) Dass die bisher üblich gewesenen Bezeichnungen: Vorwoche, Böttcherwoche, Messwoche, Zahlwoche in 1., 2., 3. und 4. Messwoche abgeändert,
also damit die bisher gesetzlich ausgeschlossene Gleichberechtigung
der sogen. Vorwoche für den Messverkehr ausgesprochen werde;

3) Dass damit ferner die Aufhebung des bisher stattgefundenen Verbots des
Aushängens der Firmen in der ersten Woche zu verbinden; endlich

4) Dass auch dem hiesigen und auswärtigen Kleinhandel in Buden und
Ständen, mit deren Aufbau wie bisher zu beginnen sei, während der
vollen Dauer der Messen freier Verkehr gestattet werde«.

In der Sitzung vom 16. Januar 1861 trat das Plenum der Stadtverordneten
dem Gutachten des Ausschusses bei, sprach sich aber auch noch für die Beseitigung der sogen. Messfreiheit aus, durch welche das gerichtliche Verfahren
inhibirt wird. *Lpz. R.A. XLV. B. 54. Vol. VI. Bl. 255—261 und B. 50; Acta der
Stadtverordneten zu Leipzig J. N. 8. v. J. 1860. Bl. 28 ff.*

Der Handelsvorstand sprach sich in einem Gutachten vom 27. Dec. 1860
gegen eine Abänderung aus. [2])

Der Leipziger Rath selbst sprach sich in seinem Berichte für Beibehaltung
der bisherigen Einrichtungen, aber auch für Beibehaltung der Messfreiheit aus.

Die Regierung trat dem bei. Verordnung der Kreisdirection vom 1. Sept.
1861. *Lpz. R.A. XLV. B. 54. Vol. VI. Bl. 295.*

Diese Angelegenheit ruhte nunmehr, bis der Stadtverordnete Gustav Mayer
am 5. Mai 1872 beantragte: »Die Ostermesse fernerhin vier Wochen vor
Ostern beginnen zu lassen, während die Michaelismesse am ersten Montag im
September ihren Anfang nehmen müsste«.

Der Ausschuss der Stadtverordneten für Mess-, Industrie- und Verkehrswesen sah sich aber nicht in der Lage, dem Collegium den Beitritt zu diesem
Antrage zu empfehlen, so lange als nicht neue gewichtige Momente für die Zweck-
mässigkeit desselben hervortreten. Das Plenum schloss sich der Anschauung

---

[1]) Dieser Bericht wurde auch im *Leipziger Tageblatt vom 20. December 1860* abgedruckt
und in der Presse vielfach besprochen.

Die Redaction der »Sächsischen Industrie-Zeitung zu Chemnitz« nahm die Sache selbst
auf und veranstaltete eine Umfrage bei Sächsischen Industriellen, die allerdings nur von einigen
20 Firmen beantwortet wurde. In einem Aufsatz in der »Sächsischen Industriezeitung vom 8.
Februar 1861« wurden die Antworten zusammengestellt. Das Ergebniss war der allseitige
Wunsch nach Fixirung der Messen, dagegen die Ueberzeugung von der Undurchführ-
barkeit einer solchen; ferner aber auch der Wunsch nach Abkürzung der Messen auf eine
Dauer von höchstens drei Wochen.

[2]) *Lpz. R.A. XLV. B. 50. Bl. 22 ff. und Acta des Handelsvorstandes zu Leipzig verschiedene
Angel. betr. 1860.*

des Ausschusses mit allen gegen eine Stimme an. *Acta der Stadtverordneten J. S. Bl. 242 ff.*

Für die Abkürzung der Messen auf 14 Tage sprach sich u. A. ein Leipziger Messbericht vom 15. Oct. 1875 aus. *Leipziger Tageblatt v. 16. Oct. 1875. 5. Beilage,* ebenso ein O. K. unterzeichneter Artikel im *Leipziger Tageblatt vom 20. Januar 1876. 2. Beilage.*

Die Handelskammer beschäftigte sich mit der Angelegenheit am 11. Januar 1876 und sprach sich dahin aus, dass sie z. Zeit einen ausreichenden Grund für Abkürzung der Messen nicht zu erkennen vermöge. Die Verhandlungen der Handelskammer über diesen Gegenstand sind abgedruckt im *Lpz. Tageblatt v. 22. Januar 1876. 2. Beilage. vgl. auch Lpz. R.A. XLV. B. 54. Vol. IX. Bl. 84—90.*

Die Gewerbekammer nahm am 21. Januar 1876 mit schwacher Majorität den Antrag an: »sich beim Stadtrath dahin zu erklären, dass die Messen u m 8 Tage verkürzt, somit auf 3 Wochen einschl. der sogen. Vorwoche, festgesetzt, im Uebrigen aber jedes Verbot des Auslegens und Verkaufens der Waaren während der ersten Tage der Messe aufgehoben und mithin allen Kleinhändlern, Detailverkäufern u. s. w. das Recht eingeräumt wäre, gleich am ersten Tage der Messe ihre Geschäfte zu eröffnen«. *XLV. B. 54. Vol. IX. Bl. 91.*

Die Verhandlungen der Gewerbekammer sind abgedruckt im *Lpz. Tageblatt vom 2. Febr. 1876. 2. Beilage.*

Die Handelsdeputation des Rathes hatte sich in eine Majorität und in eine Minorität gespalten. Die Majorität beantragte, »die Sache z. Zt. auf sich beruhen zu lassen, da Klagen aus dem Kreise der Betheiligten nicht eingegangen seien«.

Die Minorität empfahl Abkürzung der Hauptmessen auf drei Wochen. Das Plenum des Rathes entschied sich am 14. Februar 1876 für den Vorschlag der Majorität der Handelsdeputation, so dass die Sache gegenwärtig auf sich beruht. *XLV. B. 54. Vol. IX. Bl. 94—99.*

Die gegen die Projecte der Abkürzung der Messen und der Fixirung der Ostermesse im Laufe der Verhandlungen entwickelten Gründe lassen sich dahin zusammenfassen:

a) Jedes Rütteln an den althergebrachten Institutionen der Messen ist gefährlich für das Fortbestehen derselben.

b) So lange das Osterfest in der ganzen Christenheit nicht selbst fixirt ist, bringt jedes Zusammentreffen der Messen mit dem Osterfest grosse Unzuträglichkeiten für die Messbesucher mit sich. Entweder werden diese den Geschäftsrücksichten den Vorzug geben, und dann leidet darunter das Familienleben und der kirchliche Sinn in einer unverantwortlichen Weise. Oder die Handelsleute werden den Familien- und kirchlichen Rücksichten den Vorrang geben und die Ostermessen nicht besuchen. Letztere Gefahr liegt um so näher, je mehr der Besuch der Messen in vielen Branchen nur noch Gewohnheitssache ist und die neueren Geschäftsformen und Verkehrsmittel dem Messverkehr immer gefährlicher werden

c) Da ein grosser Theil des Handelsverkehrs im östlichen Europa seine Termine nach den Leipziger Messen bemisst und sich sonst vielfach in dem eigenen Marktwesen nach ihnen richtet, würde eine Verlegung des Anfangs der Leipziger Messen selbst dann bedenklich sein, wenn es gelingt, die Zollvereinsregierungen zu einer entsprechenden Verlegung der anderen Messen zu bewegen.

d) Wenn auch der Manufacturenhandel, welcher in den Messen im unzweifelhaften Rückgang begriffen ist, die Ansetzung früherer Termine für die Messen wünschen muss, so erfordert im Gegentheil der in Leipzig im steten Aufblühen begriffene Rauchwaarenhandel möglichst späte Termine der Ostermesse, um die Ernte des letzten Winters abwarten zu können. Eine Trennung der Manufacturwaarenmesse von der Rauchwaarenmesse erscheint aber deshalb unthunlich, weil viele Messbesucher, namentlich Orientalen, gleichzeitig Verkäufer der einen und Einkäufer der anderen Waaren sind.

e) Wenn auch der Grosshandel, mit Ausnahme des Rauchwaarenhandels, seine Geschäfte in der ersten Messwoche, der Vor- oder Engros-Woche, zu erledigen pflegt und viele Fabrikanten Leipzig bereits vor Beginn der Böttcherwoche wieder zu verlassen pflegen, erscheint eine Abkürzung der Messen, vielleicht durch Wegfall der Zahlwoche, für die Leipziger Interessen bedenklich, da der Kleinhandel namentlich an den Messsonntagen noch immer grosse Menschenmassen nach Leipzig zu führen pflegt, welche den Verkehr des Platzes erhöhen.

Wir wollen uns des eigenen Urtheils enthalten, ob diese Gründe, namentlich der letztere, noch lange werden stichhaltig bleiben. Darüber kann aber wohl kein Zweifel obwalten, dass die laxe Handhabung und principienlose Entwickelung der Messverfassung in den letzten 150 Jahren zu dem relativen Rückgang der Messen beigetragen haben. Freilich werden die begangenen Fehler schwer wieder gut zu machen sein.

Allzu grosse Rücksicht ist nicht blos Schwäche, sondern wird zur Rücksichtslosigkeit nach der anderen Seite. Man hat immer nur die am leichtesten zu Worte kommenden Interessen der Verkäufer berücksichtigt und das weise Wort des Churfürsten August vergessen: »Es muss beydes Keuffer und Vorkeuffer beysammen sein und die Sache dahin erwogen werden, das beiderseits Leuthe die freyen Märckte zu besuchen nicht abgeschreckt oder abgehalten werdenn.

X.

Die Commerziendeputation und die Berichterstattung über die Messen.

Eine der glücklichsten Wirkungen der zu jener Zeit herrschenden m e r -
k a n t i l i s t i s c h e n Anschauungen war am Anfang des XVIII. Jahrhunderts die
Einsetzung solcher Behörden in verschiedenen deutschen Staaten, welche wir
heute »Handelsministerien« oder »Volkswirthschaftsministerien« nennen würden,
und welche damals »Commerziendeputationen« oder »Commerziencommissionen«
genannt wurden. Jene Behörden haben ohne allen Zweifel den Handel und noch
mehr die Industrie in den meisten Fällen lebhaft angeregt und sich um die
volkswirthschaftliche Gesetzgebung und um »aufgeklärte« Verwaltung vielfach
verdient gemacht.   —

Die volkswirthschaftliche Wissenschaft ist diesen Behörden aber zu ganz
besonderem Danke verpflichtet für die Kenntniss der wirthschaftlichen Verhältnisse des XVIII. Jahrhunderts, welche sie uns durch ihre umfangreiche Berichterstattung vermittelt haben. Freilich hat die Wissenschaft die in den Acten
und Archiven aufgespeicherte Statistik und Berichterstattung noch sehr wenig
ausgebeutet.

Auf Anregung Johann Joachim Becher's genehmigte der Kaiser Leopold I.
am 22. Februar 1666 die Errichtung eines »C o m m e r c i e n - C o l l e g i u m s« in
W i e n für die k a i s e r l i c h e n E r b l a n d e. Als erster Präsident fungirte der
geheime Rath und Hofkammerpräsident G. L. Graf von Sinzendorf, als Rath der
genannte Dr. Becher. Unter den Aufgaben des Commercien-Collegii war auch
die »sich des Zustandes und der Beschaffenheit Handels und Wandels, roher
Waaren und Manufacturwaaren, so hinein und hinaus gehen in Unsern k. Erblanden zu erkundigen, die Ursachen der Auf- und Abnahme gründlich zu er-
forschen, den Lauf und die Veränderung des Preises und der Consumption der
Güter aufzumerken und auf alle und jede, so inn- als ausländische Handels- und
Handwerksleut, Compagnien und Zünften ein wachsames Auge zu haben«.

Philipp Wilhelm von Hörnigk in seinem bekannten »Oesterreich über alles,
wenn es nur will« plaidirte 1684 ebenfalls für die Errichtung eines von dem
Kammer-Collegium unabhängigen Collegiums, als oberste Stelle für die »L a n d e s -
O e k o n o m i e« der österreichischen Erblande.

Im Jahre 1731 erscheint neben der allgemeinen »C o m m e r z i e n - H o f -
c o m m i s s i o n« in Wien eine besondere »innerösterreichische geheime Kammer-
und Commerciencommission«. Präsident der ersteren war zu dieser Zeit ebenfalls
ein Graf von Sinzendorf (Obersthofkanzler).

Zur Zeit Maria Theresia's im Jahre 1746 wurde in Wien ein »C a m m e r -

Directorium« errichtet, eine »universale« Behörde, deren Wirksamkeit sich auch auf Ungarn[1]) erstreckte.

Dr. Franz Martin Mayer: Die Anfänge des Handels und der Industrie in Oesterreich und die orientalische Compagnie. Innsbruck 1882. S. 4. 24. 83. 120 u. bes. das S. 125 ff. abgedruckte Protocollum Commissionis commercialis aulicae die 12. Julij 1751 habitae.

Die österreichischen Vorgänge fanden in Chursachsen baldige[2]) Nachahmung.

Der Churfürst Johann Georg IV. verordnete am 24. November 1692 an den Leipziger Rath: »Wir wollen euch nicht verhalten, was maassen wir zur Förderung unseres hohen Interesses, auch zu Nutz und Dienst der Kaufmannschaft zu Leipzig vor nöthig erachtet, einen Commerziencommissarium zu ernennen, damit ein oder anderes, was bei denen Handlungen vorfallen, auch die Kauf- und Handelsleute selbst zu derer Commerzien Aufnahme zu erinnern haben möchten, durch denselben gehörigen Ortes gebührend an- und vorgebracht werden könnte«.

Dieser Versuch scheint aber nicht besonders gelungen zu sein, vielleicht abgesehen von den rein fiskalischen Angelegenheiten. Denn alle principiellen Mess- und Handelsangelegenheiten wurden nach wie vor durch den Leipziger Rath bei einer Abtheilung der Regierung selbst (Geheimes Consilium, Kammercollegium) zum Vortrag gebracht. Als Cammer-Commissarius wurde der Accisbeamte und Güterbestäter zu Leipzig Christoph Heinrich Engelschall[3]) ernannt und mit besonderer Instruction versehen. *Lpz. R.A. XLV. G.6ᵃ. Bl.257—268.*

Im Jahre 1703 ging man, wenn auch nur auf dem Papiere, einen Schritt weiter und beschloss, »ein Commerzien-Collegium aufzurichten«. Durch Decret vom 27. Oct. 1703 wurde der Geh. Rath Johann Wladislaus Freiherr von Reissewitz zum Präsidenten dieses Collegiums ernannt. Dasselbe kam aber nicht zu

---

1) Speciell für Siebenbürgen wurde erst durch kaiserliches Rescript vom 19. März 1771 eine eigene »Commerziencommission« ernannt. *vgl. Hermann: Das alte und das neue Kronstadt. Kronstadt 1883.* Um 1728 bestand ein besonderes, damals »neuerrichtetes Commerz-Collegium in Breslau (damals noch österreichisch) und sollten zur Dotirung einer für Böhmen errichteten Commerziendeputation« besondere Zölle (Garnausfuhrzoll und Weinausfuhrzoll) erhoben werden. *Vgl. K. Biedermann, Geschichte der Leipziger Kramer-Innung. S. 69.*

2) *Gretschel, Gesch. d. Sächs. Volkes. 1. Aufl. 1847. 2. Band S. 513* behauptet, dass die ersten Spuren der Commerziendeputation bereits in die Zeit vor 1677 fallen, giebt aber keinen Nachweis. Vielleicht hat er die in das Jahr 1681 fallenden Versuche der ausserhalb der Kramerinnung stehenden Leipziger Kaufmannschaft im Auge, sich eine organisirte Vertretung zu verschaffen, welche wir heute »Handelskammer« nennen würden, die man damals »Commerz-Collegium« oder »Commercienräthe« nennen wollte. *Vgl. K. Biedermann a. a O. S. 47 ff.* Hier handelt es sich aber um Errichtung einer Landesbehörde.

3) Den Rang erhielt Engelschall unmittelbar nach dem Acciseinnehmer zu Leipzig David Wasserführer. Der Leichenbitter scheint damals in Leipzig allgemeiner Ceremonienmeister gewesen zu sein. Denn diesem wird der Rang Engelschall's an Rathsstelle bekannt gegeben: »Demnach solle er sich darnach achten und bei öffentlichen Processionen Engelschall'n gnädigst anbefohlenen Maassen mit der location in Achtung nehmen.« *a. a. O. Bl. 268.*

Engelschall wurde übrigens 1694 in eine Untersuchung wegen Bestechung verwickelt. *vgl. Aeussere Geschichte S. 159.*

Stande, da die Mittel zur Besoldung desselben nicht flüssig gemacht werden konnten. *H. St. A. Lok. 2219. Acta Bestellung des Commerziencollegii betr. ao. 1705 squ.*

Gleichsam als Aushülfsmittel ordnete ein churfürstlicher Befehl vom 28. December 1703 die Errichtung einer Commerziendeputation aus der Mitte des Leipziger Rathes an: »Wir haben zu unserm gnädigsten Wohlgefallen uns allergnädigst hinterbringen lassen, Welchergestalt ihr euch befleissiget, in Commerziendingen eine gute Verfassung zu machen. Wie nun wir solches gnädigst gerne sehen und wollen, dass ihr ferner auch für des Commercii Beförderung und Aufnahme alle ersinnliche Sorge tragen möget: also befehlen wir euch hiermit, ihr wollet aus euerem Mittel eine Commerziendeputation anordnen, welche alles, was zur Verbesserung derer Negotien und Manufacturen in Leipzig, auch zu Abwendung derer dabei sich hervorthuenden Hindernisse erforderlich, in genaue Obacht nehmen, und in Deliberation ziehen, und dann ihre Gedanken und Gutachten an Uns, umb Unseres Präsidenten und derer Räthe des Commerzien-Collegii Gutdünken darüber vernehmen und sodann decidiren zu können, unterthänigst übersenden«. *Lpz. R. Urk. Kasten 9. No. 21*:

Ob die städtische Commerziendeputation irgendwelche Thätigkeit entwickelt hat, lässt sich nicht erkennen. Die Versuche, eine landesherrliche Einrichtung zu treffen, ruhten ebenfalls bis zum Jahre 1708. Trotzdem verhielt man sich aber, bezeichnender Weise, ablehnend, als der Versuch gemacht wurde, die Angelegenheit von Reichswegen zu ordnen.

Der Rath zu Nürnberg benachrichtigte nämlich am 18. December 1705 den Leipziger Rath, dass der Erlass eines neuen kaiserlichen Reglements der Commerzien bevorstehe. Um diesem Reglement »zur Consistenz« zu verhelfen, wird der Leipziger Rath gebeten, mit 400—500 Gulden einen Antheil an den auflaufenden Unkosten zu übernehmen. Die Stadt Leipzig lehnte aber die Zahlung eines solchen Beitrages ab, da sie nicht zu den Reichsstädten gehöre und eine solche Ausgabe vor dem Churfürsten nicht verantworten könne.

Im Jahre 1708 ergriff die churfürstl. sächsische Regierung wiederum die Initiative, indem sie den Personalbestand und die Besoldungsverhältnisse des Collegiums feststellte, sie setzte jedoch am 25. Juli 1711, »da es zur Einsetzung eines Commerzien-Collegiums noch nicht gleich kommen werde«, eine Commerzien-Commission[1]) ein, bestehend aus Geh. Rath von Seebach, Kammerherr von Lesgewanz, Kammerrath Nehnitz, Hofrath von Döring und Bergrath Papst. *Lpz. R.A. XLV. G. 6ᵃ. Bl. 520.*

Da die wesentlichen Entscheidungen aber immer bei der Centralregierung verblieben, konnte die Commission nicht viel nützen. Berichte derselben aus

---

1) Diese verlangte am 25. Sept. 1711 vom Leipziger Rath Anzeige derjenigen Handelssachen, welche noch nicht resolvirt seien. An solchen war kein Mangel, wie die vielen gleichzeitigen »Handelsgravamina« erkennen lassen. Doch wurde es seit Einsetzung der Commission nicht viel besser.

jener Zeit haben sich auch nicht vorgefunden. Jedenfalls versuchte sie oft, Entscheidungen herbeizuführen, welche gegen die Ansicht des Leipziger Rathes waren, was früher nicht so häufig vorkam.

Bei Begründung der Commerzien-Commission hatte man allerdings auch weniger die Entscheidung in laufenden Verwaltungssachen im Auge, als die Absicht, Vorschläge ausarbeiten zu lassen »zur Aufnahme derer Commerzien und Landesmanufacturen«.

Zu diesem Zwecke verstärkte sich die Commission durch 2 Mitglieder des Leipziger Rathes (vielleicht d e s s e n Commerziendeputation) und tagte[1] während der Messen (Michaelismesse 1711 und Neujahrsmesse 1712) in Leipzig, um auch fremde Kaufleute vernehmen zu können. a. a. O. Bl. 529.

Vom Jahre 1713 an ist die Seele aller auf die Errichtung eines Commerzien-Collegiums gerichteten Schritte Paul Jacob M a r p e r g e r.[2] Derselbe nahm am churfürstlich sächsisch und königl. polnischen Hofe eine ganz ähnliche Stellung ein, wie vor ihm Johann Joachim Becher am Wiener Hofe. Die Wirksamkeit Marperger's zeigt so viele Aehnlichkeiten mit derjenigen Becher's, dass man annehmen darf, Marperger habe sich Becher und vielleicht auch Hörnigk bewusst zum Vorbilde genommen.

Marperger war ein Mann von umfassenden technologischen und volkswirthschaftlichen Kenntnissen und von warmer patriotischer Gesinnung, der sich um die wirthschaftliche Entwickelung Sachsens hervorragende Verdienste erworben hat.[3] Seine Briefe und Denkschriften aus den Jahren 1716 bis 1722 (*Acta Bestellung des Commerzien-Collegii betr. H. St. A. Lok. 2219*) sind von grossem Interesse für die Kenntniss der Handels- und Industrielage Sachsens in jener Zeit, der sächsischen Wirthschaftspolitik und ihrer Hindernisse.

Marperger war früher in Diensten des Fürstenthums Oelss (Schlesien) und wurde, vielleicht in Folge seiner 1711 erschienenen[4] »B e s c h r e i b u n g d e r M e s s e n u n d J a h r m ä r k t e« (auf dem Titel erscheint er nur als »Mitglied der Königl. Preussischen Societät der Wissenschaften«), im Jahre 1713 in churfürstl. sächsisch und königlich polnische Dienste genommen, erhielt aber, da es für

---

[1] »Nachdem die Sessiones Er. Churf. Sächs. Landes-Oekonomie-Manufactur- und Commerzien-Deputation in gegenwärtiger Michaelismesse in dem am Markte gelegenen ehemaligen Stieglitzischen, gegenwärtig Hrn. Dr. Richters Hofe in der ersten Etage nach der Klostergasse hinaus in dem Quartier des Kaufmanns Herrn Leistner werden gehalten werden, als haben sich diejenigen, so bey derselben etwas anzubringen haben, allda in dem Logis des Hrn. Directoris besagter Deputation, Hrn. Conferenzminister's Grafen von Langenau Excellenz zu melden.« *Leipziger Intelligenzblatt 1806. No. 44 vom 8. October.*

[2] Schon 1709 erschien: *P. J. Marperger: Neu eröffnetes Handelsgericht oder wohlbestelltes Commerzien-Collegium . . . worin eines jeden Landes oder Stadt sonderbare Statuta . . . Usancen . . . stattlicher Vorrath allerhand Responsorum etc. 2 Theile. 4. Hamburg 1709.*

[3] Wir möchten dies hervorheben gegenüber dem harten, wenn auch gewiss berechtigten Urtheile *Roscher's (Geschichte der Nationalökonomie. S. 76)*, welcher ihn einen »entsetzlichen Vielschreiber« nennt.

[4] Im Jahre 1710 erschien von *Marperger* eine »kurzgefasste geographische, historische und merkatorische Beschreibung aller derjenigen Länder und Provintzien, welche dem Königl. Preussischen und Chur-Brandenburgischen Scepter in Deutschland unterworfen«.

solche Zwecke in den churfürstlichen Kassen immer an Geld fehlte, lange Zeit weder Bestallung noch Gehalt. Später wurde er zum »Commerzienrath« (wahrscheinlich erster Inhaber dieses Titels in Sachsen[1]) ernannt und erscheint 1723 unter dem Titel »Hofrath«. Aber erst von 1725 an erhielt er die ihm versprochene Besoldung von jährlich 400 Thalern!

Heute würden wir Marperger vielleicht einen Projectenmacher nennen. Aber diese ins Ungemessene gehende Denkart lag ganz im Geiste jener Zeit und die Projecte gefielen an maassgebender Stelle offenbar um so mehr, je überschwänglicher sie waren.

So legte Marperger noch im Jahre 1713 dem Churfürsten und König den Entwurf eines grossartig phantastischen Projectes vor, nämlich der Errichtung einer Societät[2]), welche die Steuern pachten, Berg- und Steinkohlenbergbau treiben, Salz sieden, Manufacturen anlegen, Zucht-, Waisen- und Invalidenhäuser gründen wollte. Gleichzeitig machte er Vorschläge über Verbesserung der Handelsbeziehungen zu Polen, Erhebung Dresdens zu einem Handelsplatz, »ohne Leipzig Abbruch zu thun«, Errichtung einer Feuer-Casse zur Wieder-Erbauung der ruinirten Städte in Sachsen, Errichtung von Banken, Anlegung von Colonien zur Wiederbevölkerung des Landes, Errichtung eines Collegii Physico-Mechanici im Interesse der Landes-Manufactur, Errichtung einer kaufmännischen Academie und mechanischen Werkschule.

Schon am 1. Sept. 1713 d. d. Warschau genehmigte der Churfürst den Entwurf eines bezüglichen Statutes, befahl jedoch, denselben verschiedenen Landesbehörden, z. B. den Ober-Steuereinnahmen in Leipzig und Dresden vorzulegen, welche sich meist höchst ungünstig über das Project aussprachen. *Lpz. R.A. XLV. G. 14.*

Zur Ausführung ist dasselbe natürlich niemals gekommen. Trotzdem ist es bemerkenswerth, was der Entwurf des Privilegiums über die Commerciendeputation sagt: »4. haben wir hiermit gnädigst beschlossen und wollen, dass zur Aufnehmung unserer getreuen Lande und insbesondere zu besserer Manutenirung der Societät und aller derselben in Vorschlag gebrachten Werke, die von einer getreuen Landschaft vor vielen Jahren allergehorsamst angerathene Commercien-Deputation und resp. Collegium — davon die membra allein aus diesem neuen Fond zu salariren sind — nächstens etabliret und mit genugsamer Instruction versehen werden«.

Bei den Acten *XLV. G. 14* findet sich denn auch ein anscheinend aus dem

---

1) Die Versuche Leipziger Kaufleute um 1681, sich den Titel »Commerzienrath« beizulegen, wurden von den Leipziger Kramern wacker gegeisselt in einem »Gutachten über das von einem und dem andern Grossirer intendirte Commerzcollegium«. Viele, heisst es darin, möchten gern »Commerzienräthe« werden, die dann »ihren Hochmuth und angemaassten Staat auszuführen, ihren Eigennutz unter dem Pretext des boni publici auszuüben suchen würden«. K. Biedermann a. a. O. S. 49.

2) Vergl. die analogen Bestrebungen in Wien, welche am 27. Mai 1719 zur Privilegirung der »orientalischen Compagnie« führten. *Dr. Franz Martin Mayer: Die Anfänge des Handels und der Industrie in Oesterreich und die orientalische Compagnie. Innsbruck 1882.*

Jahre 1713 stammender Entwurf einer Instruction für die »zu Besorgung des Commercien-Wesens auch Anricht- und Erhaltung derer Manufacturen unserer Lande niedergesetzte Deputation«.

Dieselbe sollte dem geheimen Consilium unterstellt werden und u. A. auch die Aufgabe erhalten : »eine vollkommene Nachricht zu erlangen, was vor unterschiedliche Commercien und Manufacturen durch unsere gesammten Lande, absonderlich in den Städten im Schwange gehen und anzutreffen«.

Marperger's einsichtsvolles und patriotisches Drängen, die auf dem Papier nun schon so oft construirte Deputation ins Leben treten zu lassen, stiess aber fortwährend auf passiven Widerstand und Geldnoth.

Im Jahre 1726 wurde wieder einmal beschlossen, an Stelle eines selbstständigen Collegiums nur eine Commercien-Deputation zu errichten aus ständigen Deputirten der schon bestehenden Collegien. Für die Deputation wurde eine ausführliche Instruction erlassen, deren Punkt 7 lautet: »7. Soll unsere Deputation mit der Kaufmannschaft in Leipzig und anderen der Handlung wie auch des Landes genugsam kundigen Personen nicht weniger in der Oberlausitz und durch unsere sämmtliche Lande sowohl auch ausserhalb und wo sie es sonst nöthig befinden, fleissig correspondiren, so oft sie in denen Messen insgesammt oder auch nur etliche oder einer von ihnen gegenwärtig, nach befinden nebst Zuziehung einiger des Rathes, ordentlich ihre sessiones halten, über die von ihnen zur Aufnehmung der Handlung gethane Vorschläge deliberation pflegen, sich eines gewissen Schlusses darüber vereinigen und darauf, so oft es die Bewandniss derer Umstände erheischet, mit Anfügung ihres ohnvorgreiflichen Gutachtens zu fördersamster Resolution an Unser Geheimes Consilium berichten«.

Die Mitglieder wurden deputirt aus dem geheimen Consilium, aus der Kammer, aus dem General-Accis-Collegium. Aber noch 1728 war die Deputation nicht ins Leben getreten[1]), da keine Kasse die Gelder zur Besoldung der für die Deputation besonders (wie Marperger) angestellten Beamten hergeben wollte. Die Thätigkeit der Deputation begann erst 1729.

Entweder in dieses erste Jahr der Thätigkeit oder noch in das Jahr 1728 fällt eine datumlos bei den Acten (H. St. A. Lok. 2219. Bestellung des Commercien-Collegii) befindliche interessante Denkschrift des Mitgliedes der Deputation Johann Christian Raabe. Der hauptsächlichste Inhalt dieses »Unterthänigsten Promemoria die Verrichtungen der Königl. (sic!) Commerzien-Deputation betreffend« ist der folgende : »Nach jetziger Verfassung wird der Commerzien-Deputation vom Cammer-Collegium, von der Landes-Regierung und von dem Accis-Collegium dasjenige mitgetheilt, was nach der Meinung dieser Collegien der Commerzien-Deputation zu wissen nöthig ist und worüber die Collegien die Ansicht der Deputation zu wissen verlangen. Es hat auch letztere die seit Jahresfrist an die

---

1) Die Proposition vom 3. Oct. 1725 an die Landstände veranschlagte den Aufwand auf 3000 Thlr. Der ständische Ausschuss äusserte aber, wohl eben deshalb, so viele Bedenken, dass die Errichtung der Deputation unter dem Churf. Friedrich August I. nicht mehr zu Stande kam. *Gretschel, Gesch. d. Sächs. Volkes 2. Bd. S. 659.*

Landesregierung und an das Acciscollegium von allen Unterbehörden einge-
laufenen die Commercien und Manufacturen betreffenden Berichte mitgetheilt
bekommen, und daraus so zu sagen die Generalgravamina der Fabrikanten durch
Berichte an das Geheime Consilium dargestellt, die Anbringen so vor die betreffenden Collegia gehören, denselben bekannt gemacht.

Die Commerziendeputation verfährt also nicht direct, auch fehlt ihr die Zeit,
gründlich auf die Angelegenheiten einzugehen, da sie wöchentlich nur einmal
Sitzung hat. Da aber doch der Flor der Manufacturen und des Commerzii eine
nicht geringe Branche des Landes Wohlfahrt ist, übrigens auch eine ganz verschiedene von den anderen zu der Regierung eines Landes gehörigen Wissenschaft ist, so würde folgendes zu berücksichtigen sein:

A. In Bezug auf die Manufacturen.

1. Die Deputation muss von allen im Lande erbaueten zu Manufacturen
tauglichen Producten alljährlich Specificationen einziehen können. 2. Ebenso
über Zahl und Art der in den Handwerken und Fabriken beschäftigten Arbeiter
nebst Abgang und Zugang. 3. Ueber Anzahl der von jeder Art Waare jährlich
verfertigten Stücke und deren Werth. 4. Sie muss von allen Manufacturen und
Künsten, die in dem Lande bereits bekannt sind, auch den allergeringsten,
Kenntniss haben. 5. Bei dieser Kenntniss würde sie in die Lage kommen, da
wo es fehlt, fördernd einzugreifen und namentlich durch Setzung gewisser
Schranken die Ueberfüllung einzelner Branchen zu verhindern, so dass jedes In-
dividuum in seinem Metier auch sein Auskommen fände. 6. Aus den über alle
Landesproducte geführten Registern würde die Deputation zu ersehen haben, ob
auch die Rohmaterialien zu des Landes grösstem Nutzen angewendet würden und
ob es nicht möglich sei, dass gewisse in unserm Lande noch nicht erbaute, jedoch
zu den Manufacturen nöthige Rohstoffe künstlich erbauet würden. Diese dem
Ackermann insbesondere höchst nützliche Besorgung verdient schon allein alle
Aufmerksamkeit. 7. Auch würde die Deputation die richtige Quantität und
Qualität der gefertigten Waaren zu prüfen haben.

B. In Bezug auf den Handel.

8. Die Deputation würde hauptsächlich den Debit der im Lande fabricirten
Waaren zu befördern haben. Denn da eines Landes wahres Wohl eigentlich darinnen besteht, dass es womöglich in allen seinen zum menschlichen Leben und Unterhalt nöthigen Bedürfnissen völlig unabhängig
bleibe, hingegen die fremden Lande in dieser Beziehung in Abhängigkeit von
sich zu bringen trachte, so könnte die Comm. Dep. nichts rühmlicheres und
nützlicheres beobachten, als wenn sie alle Wege, auf denen baares Geld aus
dem Lande geht für die Bedürfnisse der Unterthanen, möglichst abschnitte
und dagegen sich bemühete die Ausländer durch die Güte unserer Waaren und
auf andere Weise so zu sagen tacite in eine dependenz zu setzen. 9. Ferner hätte
die Deputation das Interesse der im Lande ansässigen Grosshändler bei dem
Handel mit dem Auslande wahrzunehmen, namentlich auf den Messen durch

strenge Beobachtung der ohnedem zu ihren Gunsten lautenden [1] Messprivilegien, sowie durch Ertheilung von Vorrechten vor den die Messen besuchenden fremden Kaufleuten. 10. Zu richtiger Beurtheilung jeder Sache gehört die Aufmachung einer Bilanz. Eine der nöthigsten Aufgaben der Deputation würde es deshalb sein, jährlich über jede Branche unserer Manufacturen und unseres Handels im Einzelnen und dann auch über alle Branchen zusammen genommen eine General-bilanz zu formiren (also eine Art jährliche Gewerbestatistik), welche um so nöthiger wäre, weil man aus derselben ersehen könnte, ob und wie viel die Generalmasse des V e r m ö g e n s unserer Unterthanen jährlich a b - oder z u g e - n o m m e n h ä t t e. Daraus werde man auch erkennen, wo etwa die Interessen des Einzelnen mit denen der Gesammtheit collidiren. Jetzt geschieht es oft, dass Viele sich zum Nachtheil des gesammten Landes bereichern, indem sie an ihren Unternehmungen kaum den 20. Theil dessen gewinnen, was das Land dabei verliert. Bei jetziger Verfassung könne die Deputation allerdings diesen Aufgaben nicht gerecht werden. Es sei ein Collegium erforderlich, welches den anderen hohen Collegiis an Autorität und Prärogativen gleich sei, zumal da alle vorkom-menden Beschwerden eine besonders prompte Remedur verdienen. Unser Land hat nicht den Vortheil an der See zu liegen, so dass es die grossen Handelsunter-nehmungen von Küstenländern nicht annehmen kann. Auch ist es von Nachbarn umgeben, welche es an keiner Veranstaltung mangeln lassen, um zum Wachsthum ihres und zur Einschränkung unseres Handels beizutragen. Mithin ergebe sich kein anderer Weg, um der täglich mehr zunehmenden Armuth unserer Unter-thanen Einhalt zu thun, als durch eine kluge, vorsichtige, fleissige und ordent-liche L a n d e s o e k o n o m i e, welche durch Beobachtung obiger Punkte in Erfüllung gebracht würde.

Diese D e n k s c h r i f t R a a b e 's ist dadurch bedeutungsvoll, dass sie bewusst oder unbewusst zu dem P r o g r a m m geworden ist, welches die C o m m e r z i e n -d e p u t a t i o n ein volles Jahrhundert eingehalten hat. Die von Raabe so dringlich befürwortete gründliche Berichterstattung und die sachliche Anregung auf wirthschaftlichen Gebieten hat derselbe freilich nicht erlebt. Sie kam erst am Ende des Jahrhunderts vollständig zur Ausführung. Die Thätigkeit der Deputation gründet sich aber sichtlich auf die Anschauungen Marperger's und Raabe's.

Ebenso viel Mühe, wie es anfangs gekostet hatte, die obersten Behörden des Landes für diese Anschauungen zu gewinnen, ebenso viel Mühe kostete es später, die »Unterobrigkeiten« in den Geist der Institution einzuführen und sie nament-lich an eine Berichterstattung und Statistik zu gewöhnen, die weit über die Anforderungen hinausgeht, welche heute an die Unterbehörden gestellt werden, und welche man vielfach für unerträglich hält. Die Statistik des XVIII. Jahr-

---

[1] Glücklicher Weise war dies nicht richtig und sind auch sowohl vor als nachher alle Versuche der Leipziger Kaufleute in dieser Richtung an der Strenge der churfürstlichen Re-gierung gescheitert. Das Wesen der Messen bestand eben darin, und das begriff die Regierung sehr wohl, dass w ä h r e n d d e r M e s s z e i t die fremden Kaufleute in Leipzig genau dieselben Rechte genossen, wie die sächsischen und Leipziger Freilich gab es fortwährenden Streit um das Grenzgebiet v o r und n a c h den Messen und um die messfreie Zeit.

hunderts ist einfach in Vergessenheit gerathen, auch in Bezug auf die Kenntniss ihrer Ergebnisse, wie ich bei anderer Gelegenheit nachweisen werde. Eine churfürstl. Verordnung vom 26. Nov. 1749 musste die Berichterstattung wiederholt einschärfen: »Nachdem von denen Unter-Obrigkeiten den bei Errichtung unserer Commerziendeputation unter dem 11. Juli 1735 ins Land gegangenen Generali zeither die behörige Folge nicht geleistet und besonders die darinnen anbefohlene fleissige Einberichtung dessen, so in einem jeglichen Kreise, Amte, Districte oder Stadt in Commerziensachen von Zeit zu Zeit vorgefallen, gänzlich unterlassen worden« . . . . *Lpz. R.A. XLV. G. 14 gegen Ende unter dem Separattitel: Die aufgerichtete Commerziendeputation betr. ao. 1749.*

Im Jahre 1764 wurde der Commerziendeputation der allgemeinere Titel »Landes-Oekonomie-Manufactur- und Commerziendeputation« verliehen und ihr dadurch auch eine Competenzerstreckung über die Landwirthschaft zu Theil. *Verordnung des Geh. Cabin. v. 6. Febr. 1764. H. St. A. Lok. 2542. Die statt der zeitherigen Commerziendep. bestellte Landes-Oekonomie-Manufactur- und Commerziendeputation.*

Die Commission blieb bemüht, die Statistik über den Leipziger Messverkehr zu verbessern, und führte eine Verordnung des Prinzen Xaver vom 3. Febr. 1765 herbei, in welcher diesbezüglich Folgendes gesagt wurde: »Nachdem Wir zu vernehmen gehabt, wie die Churfürstl. Landes-Oekonomie-Manufactur-und Commerziendeputation diejenigen Commerzialnachrichten, deren sie zum Behuf ihrer von dem Erfolg der letzten Leipziger Michaelismesse an Uns zu erstattenden Relation benöthigt gewesen wäre, aus den von euch derselben zu dem Ende mitgetheilten Leipziger Land-Accis-Manualien um deswillen nicht erlangen können, weil in solchen die Waaren nicht nach deren verschiedenen Gattungen separiret, sondern allein nach Ordnung der Zeit des Einganges eingetragen sind, mithin bei deren grosser Menge ohne eine langwierige beschwerliche Arbeit diejenigen Data, aus welchen der Lauf des Commerzii zu übersehen, durchaus nicht zusammengetragen werden können: Als fühlen Wir Uns in Gnaden bewogen in Vormundschaft euch aufzugeben, ihr wollet die Einrichtung dieser Manualien dergestalt abändern lassen, dass daraus die Gattung und Quantität der eingehenden Waare, der Ort, woher dieselbe kömmt, und der Name des Kaufmanns, der sie einbringt, unter tabellarischen Rubriken eingesehen, solchem nach dadurch wo nicht ein vollständiges, dennoch ein ungefähres Anhalten zur Beurtheilung diesseitiger Handels-Bilanz erlanget werden möge. Zwar ist Uns' nicht unbekannt geblieben, dass auf die in den Manualien einzutragenden Angaben der Commercirenden mit hinlänglicher Zuverlässigkeit nicht zu rechnen und einen mehrern Rigorem, dann zeither geschehen, hierunter zu beobachten, wegen der dem Handel zu gönnenden möglichsten Freiheit, nicht rathsam ist. Es können aber dennoch diese selbst unvollständigen Angaben immer noch Anleitung geben, die ungefähre Direction des Commerzii daraus abzunehmen, wenigstens die in oft gedachten Land-Accis-Manualien enthaltenen und sonst ganz ungenutzten Commerzial-Nachrichten, wenn sie in einen Zusammenhang gebracht, brauchbarer werden, denn sie dermalen sind. Solchem nach wollet ihr der Manualien abgeänderte Einrichtung zuförderst zu Leipzig und dann sonst durchgehens baldmöglichst veranstalten«. *H. St. A. Lok. 2255. Messrelationen Vol. I.*

In Bezug auf die Berichterstattung der Deputation über die Leipziger Messen ist noch Folgendes im Allgemeinen zu bemerken:

Zu jeder Leipziger Oster- und Michaelismesse und, wie es scheint nur in Ausnahmsfällen, zu den Neujahrsmessen wurden ein oder mehrere Mitglieder der Deputation mit dem nöthigen Stabe von Unterbeamten nach Leipzig entsandt, woselbst sie während der ganzen Messe, gewöhnlich drei Wochen lang verblieb (Rescript vom 1. Oct. 1764). Hier stellte die Deputation bei Behörden und Privaten Erörterungen an und nahm Beschwerden und Wünsche entgegen. Ueber diese Verhandlungen wurden ausführliche Protocolle aufgenommen, welche im Königl. Hauptstaatsarchiv in Dresden meist noch vorhanden sind. Für jede einzelne Messe 1751—1756 und 1764—1850 ist ein ziemlich starker Actenband vorhanden. 133 Bände und 33 Fascikel. *H. St. A. Lok. 11461—11474.*

Noch während des Aufenthaltes in Leipzig erstatteten die dorthin entsendeten Räthe der Commerziendeputation »Vorläufige Messberichte« und nach ihrer Rückkehr nach Dresden und nach Sammlung der von den Unterbehörden gesammelten Daten sogenannte »Hauptrelationes«. Beide Arten von Berichten sind zusammen mit vielen einzelnen Denkschriften und mit officiösen Briefen der Räthe an die Minister und Mitglieder des Geheimen Consiliums vereint zu Acten unter dem Titel: *Der Landes-Oekonomie-Manufactur- und Commerzien-Deputation Messrelationes* und zwar finden sich dieselben von den Jahren

1729—1769. Vol. I.				
1770—1779. » II.				
1780—1784. » III.	*H. St. A. Lok. 2255.*			
1785—1787. » IV.				
1788—1790. » V.				
1791—1793. » VI.			*vgl. Archivs-Verzeichniss des*	
1794—1796. » VII.	*H. St. A. Lok. 2256.*		*H. St. A. Abthlg. XVI. No. 1547f*	
1797—1799. » VIII.			*Acten des vormal. Geh. Cabinets*	
1800—1802. » IX.			*sub Commerziensachen.*	
1803—1805. » X.				
1806—1808. » XI.	*H. St. A. Lok. 2257.*			
1809—1811. » XII.				
1812—1817. » XIII.	*H. St. A. Lok. 560.*			
1818—1851 (Osterm.)	*H. St. A. Lok. 2559.*			

Ausserdem erstattete die Commerzien-Deputation jährlich »Hauptberichte« von ausserordentlichem Umfang über das gesammte Gebiet ihrer Thätigkeit, namentlich also auch, ausser dem Handel, über Bevölkerungsverhältnisse, Fabriken, Handwerke, Agrarverhältnisse, Viehstand, Getreidebau und -Handel und viele andere wirthschaftliche Angelegenheiten. Diese Hauptberichte beginnen erst mit dem Jahre 1784 und finden sich für die Jahre

1781—1792. Vol. I.—VIII. H. St. A. Lok. 2238.		*H. St. A. IV. Abthlg. Acten*
1793—1803. Vol. IX.— XIX. H. St. A. Lok. 2239.		*des vorm. Geh. Cabinets*
1804—1811. Vol. XX. u. XXI. H. St. A. Lok. 2240.		*5. Band. Commerzien-*
		sachen.

unter dem Titel *Der Landes Oekonomie-Manufactur- und Commerzien-Deputation Hauptberichte.*

Von anderen Acten und Berichten kommen für die Leipziger Messen in Betracht namentlich:

Acta: Die in Leipziger Messen eingekommenen fremden Kaufleute an Käufern und Verkäufern betr. H. St. A. Lok. 11110. 11135. 11152 u. 11161.

Acta: Die zu Beurtheilung des diesseitigen Messhandels erforderlichen Extracte aus denen Land-Accis- sowohl als Gleits- u. Waage-Einnahmen zu Leipzig betr. ao. 1775 ff. H. St. A. Lok. 11110.

Die wichtigste Quelle für die Geschichte der Leipziger Messen sind die »Messrelationes«. Leider sind aber aus der Zeit vor dem siebenjährigen Kriege nur sehr wenige Berichte vorhanden. Ob in den Jahren, für welche die Berichte fehlen, solche Berichte überhaupt nicht erstattet worden sind, oder ob die Acten in Verlust geriethen, lässt sich nicht feststellen. Letzteres ist aber das unwahrscheinliche. Jedenfalls sind während der Jahre 1757—1763 weder »Protocolle« noch »Messrelationes« abgefasst worden.

In welcher Weise die Berichterstattung sonst nach und nach eine regelmässige wurde, lässt sich am besten aus dem Inhalt des ersten Volumens der Messberichte *Messrelationes von den Jahren 1729—1769. Vol. I. H. St. A. Lok. 2233* erkennen, welches auch sonst zeigt, mit welchen Gegenständen die Berichte sich beschäftigten.

Dieses Volumen (Actenstück kann man es nicht nennen, da es gleich allen Messrelationes ungeheftet ist) enthält aus nachstehenden Jahren Berichte:

1729. Ostermesse. Bericht mit 1 Beilage.

1736. Bericht des Bücherinspector Trefurth über eine Schrift über den König Stanislaus.

1740 und 1744. Tabellen über Einnahmen, Ausgaben und Cassenbestände der churfürstl. Cassen (Cammer, Generalaccise, Eimergelder, Defectgelder, Gesandschaftscasse, Obersteuereinnahme, Zeitzische Cammer, Merseburger Cammer).

1747. Michaelismesse. Bericht.

1748. Ostermesse. Verzeichniss der eingegangenen Kaufleute.

1748. Ostermesse. Bericht.

1750. Bericht Ernst Friedrich von Hagens an Minister von Hennigke über die Handelsverhältnisse und Zollverhältnisse zwischen Polen und Stettin und Danzig.

1750. Ostermesse. Vorläufiger Bericht.

1750. Michaelismesse. Vorläufiger Bericht.

1750. Privatbrief des Grafen Rex an Minister von Hennigke über die Messe.

1751. Ostermesse. Vorläufiger Bericht.

1751. Promemoria von Hagens über projectirte Anlage einer Seidenmanufactur in Weissenfels.

1752. Bericht von Hagens über die Naumburger Messe.

1753. Ostermesse. Hauptrelation.

1753. Promemoria von Hagens über Verpachtung der Elbzölle.

1753. Michaelismesse. Hauptrelation.

1754. Promemoria von Hagens: Die Mirnersche Commercien-Negociation betr

1755. Ostermesse. Vorläufige und Haupt-Relation.

1755. Tabellen über Erz- u. Schmelzvorräthe der Freiberger Administration.

1755. Michaelismesse. Hauptrelation.

1756. Ostermesse. Vorläufige Anzeige.

1763. Ostermesse. Vorläufige Anzeige.

1764 und folgende: Sehr ausführliche Messrelationen, welche sich aber vorwiegend auf die Industrie in Sachsen beziehen, dazu Anmerkungen des Geh. Consilii und ausführliche Entschliessungen des Prinzen Xaverius an die Geheimen Räthe.

Von der Ostermesse 1763 bis zur Ostermesse 1813 sind die Messrelationes vollständig vorhanden und sind namentlich von 1780—1800 von grosser Ausführlichkeit.

Die Messrelationen aus den Jahren 1780 und folgenden beschäftigen sich regelmässig mit folgenden Handelsartikeln, deren Fabrikation in Sachsen besonders berücksichtigend:

1. Seidenwaaren (Sitz der Fabrikation Leipzig und Weissenfels). 2. Seidene Strümpfe (Frankreich, Leipzig, Limbach). 3. Halbseidne Zeuge (Burgstädt, Langensalza, Sebnitz). 4. Baumwollene Waaren, Mousseline (Plauen, Berlin). 5. Rohe Cattune (Mittweida, Frankenberg, Augsburg). 6. Parchente (Mittweida, Suhl). 7. Piqués (Chemnitz, Mittweida). 8. Baumwollene Strumpfwaaren. 9. Cannevasse. 10. Gedruckte Cattune (Plauen, Grossenhain, Zwickau, Burgstädt, Grossschönau u. A.) 11. Wollene Waaren. Tuche, Friese, Flanelle (die meisten Städte in Chursachsen zwischen Leipzig, Dresden und Torgau u. A.). 12. Halbtuche. 13. Gedruckte Flanelle (Crimmitzschau, Grimma). 14. Wollene Zeuge (England, Crimmitzschau, Rochlitz, Weida, Frankenberg, Langensalza, Penig, Burgstädt, Zeitz). 15. Wollene Strumpfwaaren (Bautzen, Naumburg, Zschopau, Burgscheidungen). 16. Wollene Bett- und Pferdedecken (Dresden, Meissen). 17. Hüte (Torgau). 18. Leinwand (Schlesien, Oberlausitz). 19. Echte Gold- und Silberwaaren. 20. Leonische Gold- und Silberwaaren (Freiberg). 21. Bänder (Annaberg). 22. Spitzen und Blonden (Erzgebirge, bes. Schneeberg und Annaberg). 23. Leder. 24. Handschuhe (Dresden, Zittau). 25. Rauchwaaren. 26. Bleche (Erzgebirge). 27. Quincaillerie-Waaren (Frankreich, England). 28. Juwelen. 29. Wachslichte (Leipzig, Gohlis). 30. Wachsleinwand (Leipzig und vorübergehend Halle). 31. Materialwaaren (starker Absatz in Schleichhandel nach Böhmen). 32. Farbewaaren a) Krapp (Thüringen). b) Blaue Farbe (Erzgebirge). 33. Rohe Seide (Italien, Ostindien). 34. Rohe Baumwolle (Macedonien, Smyrna, Surinam, Berbia, Westindien). 35. Türkisches Garn. 36. Schaf-

wolle (Sachsen, Spanien, Schlesien, Polen). 37. Buchhandel. 38. Wechsel und Geldcourse. 39. Landschaftliche Obligationen und Cammer-Credit-Cassen-Scheine. 40. Beschaffenheit der Messe im Allgemeinen. 44. Commercial Nachrichten. Darunter auch Nachrichten über ausländische Messen, Zollverhältnisse, Handelskrisen und Conjuncturen.

Später wurden die Messrelationes regelmässig begonnen mit einem Abschnitt »Anschein der Messe«, in welchem die allgemeine Weltlage in wirthschaftlicher Beziehung mit grosser Ausführlichkeit und Sachkenntniss besprochen wurde, und geschlossen mit einem Abschnitt »Beschaffenheit der Messe«, welcher den Ausfall derselben und die Wirkungen besprach, welche sich auf die speciellen sächsischen Verhältnisse, namentlich die »Nahrungsverhältnisse« der sächsischen Industriebevölkerung ergaben.

Für die Michaelismesse 1813 und die Ostermesse 1814 fehlen zwar die Originale der Messberichte in *Messrelationes Vol. XIII. II. St. A. Lok. 560.* Dieselben sind wahrscheinlich mit den Acten des Generalgouvernements nach Russland gekommen. Die Concepte finden sich aber in den *Messprotocollen II. St. A. Lok. 11461.*

Für die Michaelismesse 1826 und die Messen der Jahre 1827 und 1828 sind Messrelationes nicht abgestattet worden in Folge des Todes des Verfassers der vorhergehenden Berichte, des Hofraths Bucher. Wohl mehr um sich zu entschuldigen, sagt der Verfasser der Messrelation über die Ostermesse 1829: »Es haben aber auch die fünf seitdem (Ostern 1826) abgehaltenen Messen nicht viel bemerkenswerthe Erscheinungen dargeboten und sich in ihrem Hauptcharacter so ähnlich gesehen, dass der spätere Bericht wenig mehr als eine Wiederholung des früheren enthalten haben würde«.

Auch die Entschuldigung, der Referent sei mit anderweiten Geschäften der Deputation überhäuft worden, war wohl nicht ganz stichhaltig. Jedenfalls lassen auch die in diesem Jahrhundert, namentlich nach 1820 erstatteten Berichte an Gediegenheit und Sorgfalt viel zu wünschen übrig. Die Deputation stand auf ihrer Höhe zwischen 1780 und 1800.

Die letzte von der Landes-Oekonomie-Manufactur- und Commerziendeputation erstattete Messrelation ist die über die Ostermesse 1831.

Die Deputation wurde nämlich 1834 aufgelöst. Ihre Geschäfte gingen an die »Landesdirection« über (*Gesetzsammlung 1831. S. 355*) und von dieser an das Königliche Ministerium des Innern (*Verordnung vom 6. April 1835. §. 2. Ges. Sammlung 1835. S. 257*).

Nach dem Staatshandbuch für 1832 (*Uebersicht der Königl. Sächs. Hof- Staats- und Militärbehörden 1832. Zusammengestellt bei dem Central Comité des statistischen Vereins. Leipzig 1832. 6. F. C. W. Vogel*) war »die Landesdirection bis zur Errichtung von Mittelbehörden für die Verwaltungsangelegenheiten transitorisch an die Stelle des Landesregierung in gewissen Geschäftszweigen getreten. Sie bildete daher die dem Ministerium des Innern unmittelbar untergeordnete Centralverwaltungsbehörde für die vier alterbländischen Kreise . . . . zu ihrem

Geschäftskreise gehören folgende Gegenstände . . . . . Gewerbs- und Innungs-polizei . . . . Mess- und Marktpolizei . . . . .

Präsident der in zwei Sectionen zerfallenden Landesdirection war von Wietershein, in der ersten Section hatte Hof- und Justizrath Meissner den Vor-sitz. In Commerziensachen waren beschäftigt Legationsrath Reyer und Kammer-rath Thieriot; für besondere Aufträge von Zahn, Vice-Gleits- und Acciscommissar in Leipzig.

Nachdem die bei den Leipziger Messen an Ort und Stelle zu erledigenden Geschäfte, namentlich die Führung der »Messprotocolle« einige Jahre durch Dele-girte der Landesdirection (Thieriot) besorgt worden waren, gingen dieselben von 1837 ab im Wesentlichen an die »Messverwaltungsdeputation« über, welche aus Vertretern der Königlichen Regierung (Kreisdirection, Kreishauptmann-schaft), der Königlichen Zollverwaltung (Hauptzollamt), des Leipziger Stadtrathes und der Leipziger Kaufmannschaft (Handelsdeputirte, Handlungsvorstand, Han-delskammer) bestand.

Nachdem mit Eintritt des Gewerbegesetzes vom 15. Oct. 1861 und des Ver-einszollgesetzes vom 15. Juli 1869 der grösste Theil der dieser Behörde zuge-wiesenen Befugnisse auf die Handelskammer und das Hauptzollamt übergegangen und ihre Thätigkeit deshalb immer weniger in Anspruch genommen worden war, wurde im Jahre 1879 vom Königl. Finanzministerium die Aufhebung der Mess-verwaltungsdeputation verfügt. vgl. *Denkschrift über das indirecte Abgabenwesen im Königr. Sachsen. S. 68.*

So lange die Messverwaltungsdeputation bestand, erstattete sie besondere Berichte. Neben diesen gingen aber die Berichte der Delegirten der Landes-direction noch immer fort. Von 1840 an schliesst sich die Berichterstattung zu sehr an die durch die Zollbehandlung der zollpflichtigen Messgüter constatirte Bewegung dieser Güter an. Mit Ausnahme der von Thieriot's Hand herrühren-den Berichte erhob sich die Berichterstattung selten auf die Höhe der Anschau-ungen, welche am Ende des XVIII. Jahrhunderts in der Berichterstattung geherrscht hatten.

Die Berichterstattung der Landes-Oekonomie-Manufactur- und Commerzien-deputation und ihrer Rechtsnachfolger über die Leipziger Messen war zwar die wichtigste, aber nicht die einzige.

Ein eigenthümlicher Versuch zur Herausgabe eines Messadressbuches wurde 1718 gemacht. Eine churfürstl. Verordnung vom 28. November 1718 sagte: »Wir vernehmen, dass die auf die Messe kommenden fremden Kaufleute nicht sogleich erfahren können, in welchen Häusern sowohl in der Stadt, als in den Vorstädten, diese oder jene Waare anzutreffen. Da es aber dem Publikum zuträglich sein würde, wenn solches durch gedruckte Nachrichten männiglich kund gemacht würde; als ist hiermit unser Befehl, ihr wollet sämmtliche Makler vor euch fordern . . . . . diese sollen unverzüglich ein accurates Verzeichniss aufstellen aller Gassen, Häuser und darin befindlichen Gewölbe, Läden und anderer Lager, der Namen aller daselbst handelnden Personen, getrennt nach In- und Ausländern, mit Angabe der Waaren, mit denen ein jeder handelt« . . . .

Nach Anhörung der Deputirten der Handelsleute und der sämmtlichen Makler remonstrirte zwar der Leipziger Rath hiergegen, da die Sache unausführbar sei; eine churfürstl. Verordnung vom 18. April 1719 hielt aber den Befehl aufrecht, welcher natürlich nicht zur Ausführung kam. *Lpz. R.A. XVIII. 22. Waage Sachen. ao. 1718.*

Im Jahre 1720 wurde wiederum ein Anlauf genommen, eine Statistik über den Waarenverkehr auf den Leipziger Messen auf Grund der von den Land-Accise-, Zoll-, Gleits- und Waage-Einnahmen zu Leipzig geführten Register zu beschaffen.

Am 20. Juni 1720 erliess der Churfürst eine Verordnung, deren wesentlicher Inhalt lautet: »Das General-Acciscollegium habe zu wissen für nöthig erachtet: was auf die Messen zu Leipzig und Naumburg für inländische Waaren kämen? ob selbige wohl abgiengen? oder ob sie unverkauft liegen blieben?

Dieweil nun diesfalls bei den Land-Accis-Waage-Zoll- und Gleitseinnahmen (:inmassen auf denen Messen alle Kaufmannsgüter von der General-Accise freigelassen werden:) die besten Nachrichten zu erhalten . . . . . . sollen bei den gedachten Einnahmen zu Leipzig sowohl die ausländischen als inländischen Waaren besonders in Rechnung gestellt werden, auch die inländischen Waaren nach Sorten und Ursprungsort aufgezeichnet und summarische Extracte alle Messen in einem Exemplar an die Accis-Inspection in Leipzig, in einem gleichlautenden Exemplar an das Kammer-Collegium eingereicht werden«. *Lpz. R.A. XLV. G. 1.*

Spätere häufige Erinnerungen der Regierung lassen erkennen, dass der Verordnung nur wenig nachgekommen worden ist. Jedenfalls fehlen aus dieser Zeit die angeordneten »Extracte« sowohl im Leipziger Rathsarchiv [1]), als im Königlichen Hauptstaatsarchiv.

Schon im Jahre 1729 scheint die Regierung selbst sich der Verordnung von 1720 nicht mehr erinnert zu haben. Denn ohne Bezugnahme auf letztere ordnete eine Verordnung vom 20. Mai 1729 die Einreichung summarischer Extracte aus den Land- Accis- Zoll- Gleits- und Waage-Einnahme-Registern zu Leipzig nach jeder Messe fast mit denselben Worten der Verordnung von 1720 an, nur erwähnte sie als speciell aufzuführende Waaren »Tuche, Zeuge, Hüte, Strümpfe, Cannevasse, Parchent, Leinewand, Zwillich und Spitzen«.

Während der Messen sollen einige »geschickte Accisbediente« sich danach erkundigen, was für Sorten am meisten gesucht werden, auch wohin etwa von der oder jener Art Waaren der stärkste Abzug ist, »jedoch unter der Hand mit aller nöthigen Behutsamkeit und ohne bruit, noch Jemand dadurch die geringste Beschwerung zu verursachen«.

Für die Eingaben wurden auch besondere Schemata [2]) vorgeschrieben. *Lpz.*

---

1) Das Leipziger Rathsarchiv ist in Bezug auf alte Waageregister und Aehnliches überhaupt sehr lückenhaft. Vermuthlich sind diese Register und Acten einem Vandalismus des Unverstandes zum Opfer gefallen, welcher (ca. 1859?) einen grossen Theil des Leipziger Rathsarchivs als »unbrauchbare Maculatur« einstampfen liess.

2) Später abgeändert durch Verordnungen vom Jahre 1808, 9. Febr. 1824, 5. Dec. 1823.

R.A. XLV. G. 1. Erinnerungen erfolgten durch das Generale vom 11. Juli 1735 und die Verordnungen vom 26. November 1749 und 2. Mai 1755. *Lpz. R.A. XVIII. 29.*

Soweit diese summarischen Extracte nun vorhanden sind, finden sich dieselben in den Acten.

Die Leipziger Messrechnungsextracte 1743—1747. *H. St. A. Lok.* 2255.

Leipziger Messberichte 1766. » 50 202.

Die zur Beurtheilung des Messhandels erforderlichen Extracte aus den Landaccis-Gleits- und Waage-Einnahmen in Leipzig 1775 ff. » 11 110.

Die Vernehmung der aus- und eingehenden Güter bei der Landaccise zu Leipzig. 1786 ff. » 11 156.

Accis- und Waagerechnungsextracte 1774—1781. » 11 110.

» » » *1806—1820.* » 11 146.

» » » *1820—1833.* » 11 173.

Extracte der Landaccis-Obereinnahme und der Waage zu Leipzig 1805. 1806. 1807. » 11 146.

Uebersichten der in Leipzig jährlich eingehenden Waaren- güter 1821—1833. » 11 173.

Auszüge aus diesen Acten geben wir in dem Abschnitt: *Waarenverkehr auf den Leipziger Messen.*

Eine ausserordentlich wichtige Reihe von Beobachtungen über die Leipziger Messen liegt ferner in den Messberichten der auf die Leipziger Messen abgesendeten Geheimen Finanzräthe für die Jahre 1786—1830 vor, namentlich da diese Geheimen Finanzräthe Männer von hoher volkswirthschaftlicher Bildung waren. *Acta: Die Leipziger Messreisen der Geh. Finanzräthe betr. 1786 ff. H. St. A. Lok. 2542.*

Die Geheimen Finanzräthe hatten bei den Leipziger Messen das fiskalische Interesse zu vertreten. Ausserdem lag ihnen eine Summe von Central- und und Beaufsichtigungsarbeiten ob, deren Zusammenhang mit den Leipziger Messen nur dadurch erklärbar wird, dass schon von Altersher die Leipziger Messen als eine Art grosser Gerichtstag in Verwaltungsangelegenheiten benutzt wurden.[1] Die Verkehrseinrichtungen waren mangelhaft. Die Leipziger Messen mussten aber von sehr vielen Personen besucht werden. Man konnte also darauf rechnen, sie zur Messzeit in Leipzig beisammen zu finden. Ausserdem boten die Messen

---

[1] Schon in der Bestallung des (Gleitsmanns?) Heinrich Plieninge in Elsterwerda vom 11. Sept. 1708 wurde darauf hingewiesen: »Weil bei der Stadt Leipzig, als im Contro, die von Gleits- und Acciseinnehmern und Pachtern begangenen Exactiones und Uebersetzungen bei Entrichtung der Schuldigkeit und auch die von den Visitatoren und Zollbereitern an den Reisenden oftmals ausgeübten groben Excesse, auch unrechte Pfändungen und andere dem Commercio schädliche Dinge, zu Messzeiten am besten zu erkundigen«, solle er mit dem Obergleitscommissar Gelegenheit nehmen, dies Alles genau zu untersuchen. *Lpz. R. A. XVIII. 1*.

eine Menge von Vergnügungen aller Art. Genug Gründe, um auch die hohen Staatsbeamten zu veranlassen, ihre Inspectionsreisen nach Leipzig und dem Leipziger Kreise in die Messzeiten zu verlegen und so das Angenehme mit dem Nützlichen zu verbinden. Für die Unterbehörden waren es aber heisse Wochen. Denn naturgemäss waren die laufenden Arbeiten während der Messen besonders gross. Und dazu kamen nun noch die eingehenden Revisionen der hohen Vorgesetzten.

Die Aufgaben, welche die Geheimen Finanzräthe auf ihren Leipziger Messreisen zu lösen hatten, werden am deutlichsten, wenn wir beispielsweise die Gegenstände aufführen, welche der Geh. Finanzrath von Ferber während seines vierzehntägigen Aufenthaltes auf der Leipziger Ostermesse 1794 zu erledigen hatte, und über welche uns sein Bericht, der natürlich gleich den anderen Berichten den Umfang eines kleinen Buches hat, Auskunft ertheilt:

1. Revision der General-Accis-Einnahme, Casse und Expedition. 2. Anmerkung wegen der Repertorien bei derselben. 3. Protocolle über die Fix-Accis-Verhandlungen. 4. Fix-Accis-Reste. 5. Ordnung bei den General-Accis-Einnahmen und Cassa. 6. Mahlgroschen - Rechnungswerk. 7. Revision der Land-Accis-Ober-Einnahme. 8. Revision der Haupt-Land-Accis-Einnahme des Amts Leipzig. 9. Revision der Haupt-Gleits- und Waage-Gelder-Einnahme. 10. Einnahme auf dem Rossmarkt. 11. Revision der Stadt-Fleisch-Steuer-Einnahme. 12. Revision der Haupt-Fleisch-Steuer-Einnahme. 13. Revision des Rentamts. 14. Revision der Baugelder. 15. Revision der Amts-Sporteln-Casse. 16. Beaugenscheinigung des Justizamts. 17. Revision der Ober-Postamts-Cassa. 18. Revision des Botenamts. 19. Besichtigung des Magazins in der Pleissenburg. 20. Vorschläge zu mehrerem Raum bei solchem. 21. Erfolg der Messe und deren gute Wirkungen. 22. Einige Bemerkungen über das Münzwesen, besonders 20 Xr. Stücke. 23. Laubthaler. 24. Hoher Cours des Goldes. 25. Anordnung zu Nachtragung der nachbezahlten Fix-Accise Reste. 26. Anordnung wegen Separation der Gelder bei der Land-Accis-Obereinnahme. 27. Ibidem wegen besserer Verwahrung der Rescripte. 28. Anordnung ibidem wegen der vorkommenden falschen Cassenbillets. 29. Attest wegen der Retour Güter. 30. Erörterung einer Bugenhagenschen Beschwerde. 31. In specie wegen des Accidentes der Ober-Einnahme. 32. Verspätung der Kammerquittungen über Landaccis-Gelder. 33. Anordnung die Besoldungen bei der Landaccis-Einnahme nicht vor der Verfallzeit zu bezahlen. 34. Entrichtung der neuen Ausgangs-Abgaben zu Leipzig. 35. Vorläufiges Gutachten wegen Erhebung der Ausgangsimposten zu Leipzig. 36. Freipassirte Herzoglich sächsische Pferde. 37. Dergleichen Pferde des Herrn Coadjutors zu Mainz. 38. Reussische Pferde. 39. Anordnung wegen der Bauextracte. 40. Anordnung wegen des Amts-Rechnung-Journals. 41. Erinnerung wegen Interims-Quittungen der Ober-Postamts-Besoldungen. 42. Erinnerung beim Botenamt, Abrechnungsbücher mit den Schaffnern zu halten. 43. Sistirung der Waldholz-Anfuhr zum Flossholzhof. 44. Kleine Reparatur-Anordnung in der Pleissenburg. 45. Vorläufiger Bescheid über des Amtshauptmanns von Nizschwitz Ansässigkeit.

46. Vorschlag zu Haltung einer Registrande über die Requisitiones bei der General-Accis-Inspection. 47. Vorschlag zu einer Controle bei den Depositis der Gen. Accis-Inspection. 48. Gutachten wegen der Fixaccisen. 49. Dümbte'ns Anbringen wegen einer Restitution von ausgegangenem Steingut. 50. Zufertigung der Valvations-Tabellen an die General-Accis-Inspection. 51. Rechnungs-Justification. 52. Bestallung des Haupt-Land-Accis-Einnehmers. 53. Gesuch der Schönkopfischen Manufactur um Kaufsilber. 54. Beschwerde dieser Fabrik wegen der Landaccis-Vernehmung ihrer Arbeiter. 55. Actenschrank für die Haupt-Gleits-Einnahme. 56. Unentgeltliche Verpflegung der Berg-Gleits-Einnehmer. 57. Rechnungen über die extraordinären Strassenbaugelder. 58. Vorschlag zu einer Amts-Actuariats-Wohnung im Amtshaus. 59. Vorschlag zu gänzlicher Entlehnung eines Küchen-Gebäudes am Amtshaus. 60. Holzerforderniss bei der Saline zu Dürrenberg. 61. Bau der Wurzener Strasse. 62. Auslegen der inländischen Tuchmacher auf der Messe vor den ausländischen. 63. Erkundigung über des Ober-Accis-Commissarii Matthäi Betragen. 64. Anbringen des Vice-Gleits-Commissarii von Braeve und Gleitsbereuters Schönherr.

Solche Berichte der Geheimen Finanzräthe finden sich nun für fast alle Oster- und Michaelismessen der Jahre 1786—1830 und zwar unter dem Titel:

Messberichte der auf die Leipziger Messen abgesendeten Geheimen Finanzräthe

1786—1790.	Vol.	I.	H. St. A. Lok.	2262.
1791—1794.	»	II.	» »	2263.
1795—1798.	»	III.	» »	2263.
1799—1800.	»	IV.	» »	580.
1801—1806.	»	V.	» »	580.
1807—1819.	»	VI.	» »	580.
1820—1830.	»	VII.	» »	580.

In dieser Reihe fehlen nur die Berichte für die Messen 1813 und 1814. Nur für die Ostermesse 1814 findet sich das Concept des kurzen vom Geh. Finanzrath von Bünau erstatteten Berichtes in dem besonderen Actenstücke *Acta Commissionis: Die dem H. Geh. Finanzr. von Bünau aufgetragene Besuchung der Leipziger Jubilate Messe 1814. K. S. Finanzarchiv. Lok. 36810.* Da nachweislich Abschrift dieses Berichtes an das General-Gouvernement eingereicht worden ist, sind vermuthlich alle 4 Berichte mit den Acten des Gouvernements nach Russland gekommen.

Von 1831 an sind die Berichte der Geheimen Finanzräthe vermuthlich im Königl. Finanzministerium zu finden. Da die Messrelationes der Commerziendeputation über diese Jahre aber genügende Auskunft geben, haben wir die Berichte der Geh. Finanzräthe nach 1830 nicht mehr herangezogen.

Wir beschränken uns in den nachfolgenden Abschnitten im Wesentlichen auf die Schilderung der Leipziger Messen aus den Acten bis zum Eintritt Sachsens in den Zollverein, da von diesem Zeitpunkt an (1834) gedruckte Berichte über die Messen vorliegen. Zusammenhängende Berichte liegen vor in

»Leipzigs Handel und Messen seit Eintritt Sachsens in den Zollverein« in der *Zeitschrift des Königl. sächs. statist. Bureaus Jahrg. 1861. S. 1—16.*

*»Die Leipziger Messen und die Entwickelung des Leipziger Handels von 1855
bis 1875 von Oberzollinspector Schulz ebendort 1875. S. 90—97.*

*»Verwaltungsbericht für die Stadt Leipzig«. 3. Theil: Die Stadt Leipzig von
Ernst Hasse. Leipzig 1878. S. 386—393.*

An letzterem Orte sind auch die Stellen der Zeitschrift des Kgl. sächs.
statist. Bureaus nachgewiesen, wo sich Berichte über die e i n z e l n e n Messen von
1866 bis 1877 vorfinden. Wir haben handschriftlich ein Verzeichniss der in der
»Leipziger Zeitung« erschienenen Berichte über die Leipziger Messen der Jahre
1831 bis 1883 zusammengestellt und neben anderen ungedruckten Materialien
zur Geschichte der Leipziger Messen in der Leipziger Rathsbibliothek niedergelegt, da die Rücksicht auf den Raum uns den Abdruck an dieser Stelle verbietet.

XI.

Der Umfang des Waarenverkehrs auf den Leipziger Messen.

Dass die vorhandenen Nachrichten über den Umfang des Waarenverkehrs
auf den Leipziger Messen ausserordentlich dürftig sind, hat die verschiedensten
Gründe. Einmal war in früheren Jahrhunderten der Sinn für Statistik ausserordentlich wenig verbreitet. Es wurde zwar viel registrirt, aber wie viele bei
den Acten vorhandene Register zeigen, selten aufgerechnet, seltner das Material
nach gleichmässigen Gesichtspunkten geordnet, noch seltener aber wurden Rück-
blicke auf eine längere Reihe von Jahren gethan. Andererseits wog bei den die
wirthschaftlichen Vorgänge beobachtenden Beamten das fiskalische Interesse vor
dem rein volkswirthschaftlichen so sehr vor, dass zwar die indirecten Steuern,
welche bei gewissen wirthschaftlichen Vorgängen (Einfuhr, Ausfuhr, Consum,
Niederlage, Waage, Geleite) erhoben wurden, mit der grössten Gewissenhaftigkeit
gebucht, aber die Quantitäten von Waaren u. s. w., auf welche sich die Steuer-
erhebung bezog, fast immer ausser Betracht gelassen wurden. Trotzdem sind
ohne Zweifel früher die Waageregister und Geleitsbücher, auch die Bücher der
Accise theils im Leipziger Rathsarchiv, theils bei den Acten der Regierung in
Dresden vorhanden gewesen, wie manche spätere Verweisungen auf älteres
Material andeuten. Leider scheinen aber gerade diese Acten und Bücher schon im
Anfang dieses Jahrhunderts verloren gegangen oder, was wahrscheinlicher ist,
eingestampft worden zu sein.

Die Nachrichten über die auf den Leipziger Messen umgesetzten Waarenmassen und über den Werth derselben beginnen erst in der Mitte des XVIII. Jahrhunderts. Aus früherer Zeit sind aber auch indirecte Nachrichten, aus welchen
man auf diesen Umfang schliessen könnte, nur ganz spärlich vorhanden, nament-

lich fehlen leider alle Nachrichten über den Ertrag des 1464 auf 3 Pfennige vom Schock erhöhten Schlegeschatzes, vgl. oben Abschnitt I. S. 13. In den *Lpz. R.A. XVIII. 1ᵇ. Waage Sachen Vol II* finden sich aber einige Zahlen für die Jahre 1558 bis 1569 über die Gleitseinnahmen in Leipzig und für die Jahre 1676—1685 über die Accis- und Gleitseinnahmen, sowie einige städtische Fleischsteuern.

Der Leipziger Rath hatte das landesherrliche Gleit von 1558 bis 1638 gepachtet. Laut Pachtbrief vom 31. März 1558 betrug der Pacht jährlich 2724 Gulden. Indem nun für die Zeit von 1558 bis 1569 der Nachweis geführt wird, dass der Rath hierbei ein schlechtes Geschäft gemacht habe — es »hat ein Erbar Rath die Zeit 1558 bis 1569 zugebüsset 893 Gulden 15 Groschen 7 Pfennige« — ergiebt sich aus der umständlichen Rechnung, dass die Bruttoeinnahmen des Gleits betragen haben müssen, mit Hinweglassung der Groschen und Pfennige in den Jahren:

1558 : 3195 Gulden		1564 : 2904 Gulden
1559 : 2797 »		1565 : 2642 »
1560 : 3063 »		1566 : 2345 »
1561 : 3022 »		1567 : 2565 »
1562 : 2902 »		1568 : 2327 »
1563 : 2655 »		1569 : 2556 «

Man kann aber aus diesen Zahlen sehr schwer auf den damaligen Umfang des Leipziger Verkehrs schliessen, da der Gleitstarif ein sehr complicirter war, in den Messen und ausser den Messen verschiedene Höhe hatte und zahlreiche Ausnahmen zuliess, auch für Christen und Juden verschieden war.

Auch lässt sich aus den Gleitseinnahmen nur in sehr beschränkter Weise eine relative Verkehrskurve für Leipzig construiren, da, wie eine bei den genannten Acten befindliche Nachricht »von dem Zustande des Churf. Sächs. Gleits zu Leipzig« beweist, das Gleitsgeld unterschiedlich gesteigert worden ist. Nichtsdestoweniger wollen wir die aus dem nächsten Jahrhundert uns allein bekannten in eben diesen Acten enthaltenen Erträgnisse der in Leipzig erhobenen Verkehrsabgaben hier mittheilen, da sich vielleicht anderweit ein Schlüssel für die Würdigung derselben zur Beurtheilung des Umfanges des getroffenen Verkehres findet.

Nach einem »Extract der Churfürstlich Sächs. Gleits- Fracht- und Pferdegelder wie auch Licent- und Waagegelder zu Leipzig, was jedes insonderheit binnen 10 Jahren an Baargelde, ohne einigen Abzug, geführt durch D. K. Gleitsmann« betrugen die Einnahmen in Gulden (à 21 Groschen à 12 Pfennige) mit Hinweglassung der Groschen und Pfennige in den folgenden, mit dem Ende der Michaelismesse des betr. Kalenderjahres schliessenden Rechnungsjahren:

Jahr	Hauptgleit zu Leipzig	Neue Churf. Sächs.Fracht- und Pferde- Gelder eingef. 1673	Churf. Licent- gelder von Salz eingef. 1683	Churf. Sächs. Waagegelder	Zusammen
1676	9862	2009	—	9521	21393
1677	10632	2305	—	9244	22182
1678	10318	2155	—	9326	21799
1679	10613	2276	—	8380	21271
1680	10375	2144	—	2983	15503
1681	4800	686	—	6726	12213
1682	8453	1781	—	7577	17812
1683	9229	1951	—	9785	20964
1684	9880	2059	1520	11012	24473
1685	9319	1942	1907	10589	23759

Der Rückschlag von 1680 auf 1681 war die Folge der damals in Leipzig herrschenden Pest.

Nach einem ebendaselbst befindlichen »Extract aus der Accis-Einnahme zu Leipzig« betrugen die Einnahmen in Thalern (à 24 Gr. à 12 Pf.) in derselben Zeit:

Jahr	Accise	Tabaks- Impost	Zusammen
1676	31509	4732	36242
1677	33008	4393	37401
1678	30014	4135	34150
1679	30646	3595	34241
1680	20456	2323	23780
1681	15650	3421	19072
1682	27823	3842	31666
1683	28662	4559	33122
1684	33070	3907	36978
1685	32781	3429	36211

Recht zu beklagen ist es, dass eine statistische Uebersicht über die Erträge der Accise während eines ganzen Jahrhunderts von 1689 bis 1797 nicht wieder aufgefunden werden kann. In den *Messberichten der Geh. Finanzräthe Vol. VIII. 1798 Mich. Messe II. St. A. Lok. 2265* wird nämlich ein Extract citirt, welchen der Geh. Finanzrath Frh. v. Ferber bei seiner commissarischen Messreise im Jahre 1791 über die jährlichen Einnahmen vom Jahre 1689 bis mit dem Jahre 1790 bei der Ober-Accis-Einnahme hatte anfertigen lassen und der sich Fol. 44 der »damaligen (welcher?) Acten befindet«; fortgesetzt bis zum Jahre 1797 laut »Fol. 122 der jetzigen Commissionsacten«.

Dagegen findet sich eine Uebersicht über die Einnahmen der Land-Accis-Einnahme zu Leipzig für die Jahre 1763 ff. in dem *Messbericht der Geh. Finanzräthe Vol. II. Mich. M. 1786 II. St. A. Lok. 2265* und fortgeführt bis zum Jahre 1809 in den *Acta die Vernehmung der aus- und eingehenden Güter bei der Landaccise zu Leipzig betr. ao. 1786 ff. II. St. A. Lok. 11156*. Diese Einnahmen betrugen in den Ende September des betr. Kalenderjahres endenden Rechnungsjahren in Thalern mit Hinweglassung der Groschen und Pfennige:

1763:	80473	1779:	73752	1795:	82063
1764:	96059	1780:	79688	1796:	91362
1765:	87615	1781:	76285	1797:	99236
1766:	89074	1782:	70998	1798:	98384
1767:	81637	1783:	78334	1799:	92464
1768:	74148	1784:	77106	1800:	106057
1769:	70845	1785:	72123	1801:	120072
1770:	65385	1786:	77535	1802:	121238
1771:	56549	1787	80394	1803:	119006
1772:	59533	1788	71972	1804:	133525
1773:	60829	1789:	75803	1805:	120201
1774:	63667	1790:	76244	1806:	110739
1775:	62481	1791:	80764	1807:	88698
1776:	59563	1792:	85181	1808:	89637
1777:	64971	1793:	76308	1809:	79632
1778:	66282	1794:	73892		

Diese Zahlenreihe ist immerhin lehrreich. Denn sie zeigt, dass die wirthschaftliche Entwickelung Leipzigs von der Mitte des XVIII. bis zum Beginne des XIX. Jahrhunderts eine ziemlich gleichmässige und am Ende dieses Zeitraumes vom Anfang desselben nicht sehr verschieden war. Für die Messen ist sie deshalb characteristisch, weil die Einnahmen der Landaccisobereinnahme im Wesentlichen aus der Accise bestanden und diese wiederum zumeist aus den Abgaben auf die eingehenden Messgüter. Es entfielen nämlich in den mit ult. Sept. endenden Rechnungsjahren von vorstehenden Einnahmen auf:

	1766:	1767:	1770:
Accise	79501 Thlr.	71036 Thlr.	56575 Thlr.
Tabak	9233 »	10240 »	8551 »
Glas	115 »	86 »	64 »
Bleiimpost	223 »	275 »	193 »

Von der Landaccise wohl zu unterscheiden ist die Generalaccise, welche in Leipzig nach dem *Messberichte der Geh. Finanzräthe Vol. II. Anlage zu Mich. M. 1792. II. St. A. Lok. 2265* folgende Erträge aufwies in Thalern abgerundet in den Kalenderjahren:

1714:	94255	1746:	102970	1767:	83816	1786:	76510
1715:	99364	1747:	99716	1768:	81563	1787:	76064
1716:	102504	1748:	98447	1769:	77810	1788:	74716
1717:	108180	1749:	96244	1770:	75512	1789:	74062
1718:	106391	1750:	96447	1771:	69240	1790:	73869
1719:	107630	1751:	97959	1772:	61959	1791:	71945

Diese Generalaccise wurde nach 13 verschiedenen Capiteln erhoben. Auf dieselben entfielen in den Jahrsechsten je zusammen Thaler

Generalaccise von	1714/19:	1746/51:	1767/72:	1786/91:
Getränken	207686	168246	100375	100416
Getreide	132516	116159	99560	96644
Holz	3825	3921	2072	2120
Fleisch u. Federvieh	80498	94540	78636	71901
Fischen	3929	3010	1282	1159

Generalaccise von	1714/49:	1746/54:	1767/72:	1786/91:
in- u. ausländ. Victualien	14790	17078	10202	15736
Waaren	128294	121355	109928	109003
Vieh	2665	2847	2913	2310
Dorfschaften	5884	10028	9728	11604
Uebermaasse	444	58	14	7
Wein-Accis u. Eimergelder	38093	52834	34054	37238
Straf- und Defectgelder	—	1433	1132	2028
Zusammen	618327	591485	449903	450168

Um die Einnahmen aus dem Gleite und der Waage im XVIII. Jahrhundert mit den obigen Angaben aus früheren Jahrhunderten vergleichen zu können, stehen nur für wenige ganze Rechnungsjahre Angaben zur Verfügung. Es betrug nämlich das Einkommen aus Gleite und Waage in dem am letzten Sept. des betr. Kalenderjahres endenden Rechnungsjahre in Thalern rund

	Gleite	Waage	Zusammen
1766:	16604	14501	31106
1767:	15403	13131	28535
1768:	14517	12421	26938

In allen seit der Mitte des XVIII. Jahrhunderts von der Commerziendeputation, von den Geheimen Finanzräthen und anderen Behörden erstatteten Berichten finden sich aber zahllose Notizen über »den Ertrag der landesherrlichen Einkünfte in Leipzig, soweit solcher zur Beurtheilung des Ausfalls der Messen erforderlich« — für die einzelnen Messperioden oder für andere Jahrestheile, wobei wiederum der Umstand die Vergleichbarkeit sehr beeinträchtigt, dass die Messzeiten verschieden bemessen werden (einschl. oder ausschl. der Böttcherwoche) und auch sonst die Anfangs- und Endpunkte der Beobachtungsperioden schwanken.

Zu den »landesherrlichen Einkünften« werden gerechnet die Landaccise, die Generalaccise, später auch die Fixaccise, die Amtshauptlandaccise, das Gleite, die landesherrliche Waageportion. Wir müssen uns die Schilderung der auf dem Leipziger Handel und Verkehr und speciell auf dem Messhandel und Messverkehr ruhenden landesherrlichen und städtischen Abgaben für eine besondere Behandlung vorbehalten.

Hier sollen nur einige Uebersichten über die wichtigsten in Messzeiten erhobenen Abgaben mitgetheilt werden, welche doch einigen Anhalt geben für die Schwankungen des Verkehrs selbst. Sie verstehen sich in Thalern abgerundet.

Das Gleite trug in den

	Ostermessen	Michaelismessen		Ostermessen	Michaelismessen
1774	2001	1892	1788	2348	2230
1775	2327	2003	1789	2489	2243
1776	2149	2088	1790	2333	2159
1785	?	2114	1791	2551	2412
1786	2494	2187	1792	2626	2434
1787	2454	2377	1793	2334	2376

	Ostermessen	Michaelismessen		Ostermessen	Michaelismessen
1794	2510	2273	1823	2317	1866
1795	2455	2448	1824	?	2221
1796	2621	2609	1825	2266	2352
1797	2867	?	1826	2281	2166
1798	2839	?	1827	?	2135
1820	3945	2409	1828	2236	1803
1821	5100	2223	1829	1598	1404
1822	2436	2065	1830	1437	1201

Das Gleite von Personenfuhren war von 1829 an in Wegfall gekommen.

Der landesherrliche Antheil an den Waageerträgnissen belief sich

	Ostermessen	Michaelismessen		Ostermessen	Michaelismessen
1774	3357	3122	1794	3378	3058
1775	3268	2865	1795	3650	3663
1776	3106	2828	1796	3842	3837
1785	?	3250	1797	4186	?
1786	3267	3287	1798	3913	?
1787	3279	3285	1801	2469	?
1788	3153	2910	1802	2738	?
1789	3562	3058	1803	2664	?
1790	3351	3110	1804	3161	?
1791	3711	3470	1805	2572	?
1792	3912	3378	1806	1869	?
1793	3384	3147	1807	1240	?

Gleite und Waageportion zusammen ergaben in den Ostermessen der Jahre:

1796:	6463		1802:	8472
1797:	7053		1803:	8126
1798:	6752		1804:	8630
1799:	6577		1805:	8067
1800:	7116		1806:	6510
1801:	5483		1807:	4416

Für die Michaelismessen dieser Jahre fehlen die Angaben.

Die Landacceisobereinnahme hatte aus der Landaccise, dem Tabaks-, Glas- und Bleiimpost zusammen folgende Einnahmen in den Ostermessen

1753:	18 755	1791:	35 763	1802:	13 049
1764:	17 719	1792:	48 003	1803:	11 454
1765:	19 688	1793:	46 046	1804:	15 280
1787:	43 139	1794:	39 334	1805:	13 047
1788:	40 628	1795:	41 421	1806:	8 461
1789:	44 979	1796:	52 167	1807:	7 493
1790:	42 872	1797:	57 367		

und in den Michaelismessen 1753 : 47 813 und 1764 : 46 160 Thaler.

Die Generalaccise ertrug in den

	Ostermessen	Michaelismessen		Ostermessen	Michaelismessen
1786	3009	5712	1789	4773	5852
1787	3337	6360	1790	4936	6055
1788	3067	5699	1791	5027	5958

	Ostermessen	Michaelismessen		Ostermessen	Michaelismessen
1792	5158	6083	1806	5844	?
1793	4710	5713	1807	4723	?
1794	5413	5238	1820	?	7372
1795	5039	6447	1821	?	6992
1796	4748	5660	1822	6447	5668
1798	5462	6543	1823	6069	5649
1799	5533	?	1824	4590	6863
1800	4888	?	1825	6439	7129
1801	5295	?	1826	4639	8444
1802	5169	?	1827	5390	8413
1803	5847	?	1828	6441	6288
1804	5687	?	1829	4555	6893
1805	6308	?	1830	5446	6729

An »Handelsabgaben sind fiskalischerseits erhoben worden« in den Michaelismessen 1832 : 21484, 1833 : 24020 Thaler.

Welchen Werth legte nun die Commerziendeputation diesen Zahlen zur Beurtheilung des Umfanges des Leipziger Messgeschäftes bei?

Die Berichte schätzen den Werth des Waarenumsatzes auf den Leipziger Messen in der Michaelismesse 1747 auf 4000000 Thlr.

       Ostermesse   1748 » 3400000 »

       Michaelismesse 1753 » 3560000 »

Und die »Protokolle in Commerziensachen, Michaelismesse 1753« H. St. A. Lok. 11461 sagen: »Obwohl man die Totalität des Messverkehrs mit völliger Gewissheit nicht bestimmen kann, so ist jedoch mit Wahrscheinlichkeit zu behaupten, dass da 17813 Thaler an Landaccisen für eingegangene fremde Waaren erhoben, alle inländischen Fabrikate aber ohne Accisabgabe, als welche sie in loco domicilii erlegt, eingeführet worden, jenes Accisquantum, welches in Betracht der geringen Declaration der Waaren ungefähr zu ½ pro Cent anzuschlagen, für 3562600 Thaler Waaren ausmacht, eine Summe von drei bis vier Millionen wohl verkehrt sein dürfte, zumal obiges Quantum eingebrachter neuen fremden Waaren zwar nicht sämmtlich, dahingegen aber auch vieles von den alten Waaren-Lagern debitiret und ein ansehnliches von inländischen Fabrikaten, so mit Passirzeddeln eingehen und unter dem Messaccisertrag nicht begriffen, mit abgesetzt worden sind«.

Sechsundzwanzig Jahre später sagt die Messrelation der Commerziendeputation über die Ostermesse 1779 H. St. A. Lok. 2255: »In der Messe sind vom 17. April bis 14. Mai auf der Rathswaage zum Ausgang verwogen worden 48178 Centner. Bei einem Werth à 50 Thaler giebt dies 2408900 Thaler«.

Und der Bericht über die Michaelismesse desselben Jahres sagt ebendort: »Wie lebhaft überhaupt das Commerzium schon seit Jahr und Tag allhier gewesen, solches bezeugt, dass die Landaccis-Obereinnahme vom 1. Oct. 1778 bis 30. Sept. 1779: 73752 Thaler 3 Gr. 7 ₰. eingenommen. Woraus ersichtlich, dass in besagter Zeit blos nach der Angabe für 7080206 Thaler Waaren auf hiesigen Platz gekommen sind. Wobei noch viele Kaufleute versichern wollen, dass wöchentlich auch über 60 Wagen die Stadt vorbeifuhren«.

Im Berichte der Commerziendeputation über die Ostermesse 1780 heisst es: »Wie gross die Importation der Waaren auf hiesigem Platz, wovon doch ein ansehnlicher Theil zum Verkauf allhier geblieben, nur seit dem 1. October vorigen Jahres gewesen, beweist der ..... Extract aus der hiesigen Landaccisobereinnahme, nach welchem die Einnahme binnen solcher Zeit bis zum 22. April d. J. 14 724 Thaler betragen ... Nach dem von den Einbringern angegebenen Werth sind also in gedachten sieben Monaten für 4 290 504 Thaler Waaren auf hiesigen Platz gekommen. Wie beträchtlich aber auch der Verkauf von dieser Messe gewesen sein müsse, ist aus dem .... Extracte aus der hiesigen Waage abzunehmen. Nach dessen Inhalt sind vom 8. April bis mit 2. Mai d. J. 50 746 Centner zum Ausgang an Gütern verwogen worden. Rechnet man den Centner eines in das Andere auf 50 Thaler am Werth, so wären in jetziger Messe für 2 537 300 Thaler von Leipzig ausgegangen«.

Ueber die Michaelismesse 1780 sagt der Bericht: »Der Werth der zur Messe ausgeführten Güter wird auf 2 419 300 Thlr. berechnet, der im laufenden Jahre der Landaccise unterworfenen Güter auf 8 Millionen Thaler«.

Einen Anhalt zur Berechnung der bewegten Waarenquantitäten aus dem Waageportions- und dem Gleite-Einkommen giebt auch eine Bemerkung im Berichte des Geheimen Finanzrathes von Langenau über die Ostermesse 1788 *II. St. A. Lok. 2265:* »Die churfürstliche Waageportion beträgt ¼ pro Cent. Das Gleite beträgt von jedem Fuhrmannspferd 3 Groschen 3 ₰. Dem Gleite sind Einheimische gleich den Fremden unterworfen. Man rechnet auf das Pferd 9 Centner. Allein es kommt jetzt viel Russisches und Polnisches Fuhrwerk zur Messe, wovon die sehr kleinen Pferde bei weitem nicht 9 Centner laden können. ..... In dem Gleitseinkommen sind sehr viel Personen-Fuhren und Reitpferde begriffen«.

Und der Geh. Finanzrath Thomas von Wagner sagt in seinem Bericht über die Michaelismesse 1795 *loc. cit.* »Die Einkünfte von eingehenden Messwaaren waren bei dem Gleite und Höchstdero Waageportion im letztverflossenen Monat September auf 2720 Thlr. 16 Gr., also gegen denselben Monat vorigen Jahres um 1099 Thlr. 15 Gr. gestiegen, eine Summe, die seit vielen Jahren bei keiner Michaelismesse erlangt worden ist und gegen welche die Mich.Messe 1780 noch um 679 Thlr. zurücksteht. Indess bewies dies höhere Einkommen zwar einen grossen Zufluss an Waaren und dass Ostern wenig Vorräthe hier auf dem Lager geblieben waren, konnte aber in Beziehung auf den Verkehr der inländischen Verkäufer nur sehr trügliche Hoffnungen gewähren«.

Nach einer späteren Notiz in den Messrelationes sind in Leipzig Waaren eingegangen vom 1. Januar bis letzten September 1806 im Werthe von 4 287 705 Thalern und vom 1. Januar bis letzten September 1807 im Werthe von 3 375 993 Thalern.

Alle übrigen Nachrichten über den Umfang des Leipziger Messverkehrs haben wir aus den einzelnen in den Acten zerstreuten Notizen in die nachstehenden Tabellen zusammengetragen.

Die regelmässigen Nachrichten über das Gewicht der in Messzeiten in

Leipzig zum Ausgang verwogenen Waaren beginnen in denselben erst mit dem Jahre 1778 *vgl. S. 259.*

Zusammenhängende Beobachtungsreihen über den Werth der ausgegangenen Waaren sind überhaupt nicht aufzustellen.

Von 1820 an bezieht sich die Statistik des Waarenverkehrs nicht mehr auf den Ausgang, sondern auf den Eingang. Auch hier sind nur die Angaben über das Gewicht einigermaassen vollständig *vgl. S. 260 ff.*

Fasst man nun alle die directen und indirecten Nachrichten über den Umfang des Leipziger Messverkehrs zusammen, so ergiebt sich das Folgende:

Wenn im dritten Viertel des XVIII. Jahrhunderts das Gewicht der während einer Messe von Leipzig zum Ausgang verwogenen Waaren nur zwischen 36 000 und 52 000 Centner und der Werth des Messgeschäftes zwischen $2^1/_2$ und $4^1/_2$ Millionen Thalern schwankte, der Werth des Jahrumsatzes am Leipziger Platze aber sich zwischen 5 und 8 Millionen Thalern bewegte,[1] so ergiebt sich aus den Angaben über Accise und Gleite, dass der Umfang des Messverkehrs sowohl am Anfang des XVIII. als auch am Ende des XVII. Jahrhunderts nicht viel kleiner gewesen sein kann, während er sich zwischen dem XVI. Jahrhundert und der Zeit nach Beendigung des dreissigjährigen Krieges vermuthlich verdoppelt oder verdreifacht hat.

Bei der Gleichartigkeit der Verkehrsmittel und im Wesentlichen auch der politischen und Zollverhältnisse in diesen 3 Jahrhunderten darf es nicht auffällig erscheinen, dass die Schwankungen nicht viel grösser gewesen sind.

Nach den Angaben über die zum Ausgang verwogenen Waaren würde in der Zeit von 1800 bis 1820 der Umfang des Messverkehrs zurückgegangen sein.

Es ist nun im höchsten Grade auffällig, dass von dem Jahre 1821 an, von welchem Zeitpunkt an die Statistik sich nicht mehr mit dem Ausgang, sondern mit dem Eingang der Messgüter beschäftigt, so ganz andere Zahlen zu Tage treten. Da weder mit dem Jahre 1821 ein besonders lebhafter Aufschwung der Messen zu constatiren ist, noch der Eingang und der Ausgang der Waaren auf die Dauer wesentlich von einander abweichen können, bleibt nichts anderes übrig, als die Annahme, dass die »zum Ausgang verwogenen Waaren« doch nur einen kleinen Theil des Messverkehrs darstellen und deshalb für die Beurtheilung des Umfanges desselben, auch in früherer Zeit, nicht ganz characteristisch waren.

Denn die nachstehende Zahlenreihe lässt doch an sich jede Vermittelung vermissen. Das Gewicht der in den Messzeiten bewegten Güter betrug nämlich Centner

		Ostermesse	Michaelismesse
Ausgang	1816 :	28 855	26 937
»	1817 :	21 600	26 627
»	1818 :	22 823	23 809

[1] Demnach war der Leipziger Verkehr in dieser Zeit ungefähr doppelt so gross, als der gleichzeitige Messverkehr in Frankfurt a/O. vgl. *Philippi: Die Messen der Stadt Frankfurt a/O.* S. 66—69.

	Ostermesse	Michaelismesse
Ausgang 1819 :	21 330	17 909
» 1820 :	21 812	—
Eingang 1820	—	74 240
» 1821 :	122 931	110 830
» 1822	119 766	114 612
» 1823 :	121 071	106 598

Noch auffälliger als die erwähnten unvermittelten Abweichungen in Bezug auf das Gewicht sind diejenigen in Bezug auf die Werthe des Messverkehrs, um so mehr, als sich beide auf den Eingang beziehen.

Während nämlich, wie oben berichtet worden, der Werth in den je ersten Dreivierteljahren eingegangenen Waaren

1. Jan. 1806 — ult. Sept. 1806 mit 4 287 705 Thlr.

1. » 1807 — » » 1807 » 3 375 993 »

angegeben wird, liegen für die ganzen Kalenderjahre folgende Angaben vor :

1826 : 67 918 923 Thlr.

1827 : 59 704 411 »

1828 : 64 089 024 »

1829 : 63 442 190 »

Selbst wenn man annimmt, dass in den letzteren Zahlen der Durchgang einbegriffen ist, während der Werth der Durchgangsgüter [1]

1. Jan. 1806 — ult. Sept. 1806 mit 4 145 411 Thlr.

1. » 1807 — » » 1807 » 3 850 964 »

angegeben wird, bleibt der Unterschied immer noch auffällig genug.

Die Annahme, als seien die Durchgangsgüter hier eingeschlossen, scheint aber in der That nicht gerechtfertigt, denn indem der Bericht über die Ostermesse 1826 sagt, dass eingegangen seien Güter im Werthe von

seit Schluss der Mich. Messe 1824 bis Schluss der Ostermesse 1825

inländische	9 257 240 Thlr.	15 Gr.
ausländische	27 305 341 »	18 »

zus. 36 562 582 Thlr. 9 Gr.

seit Schluss der Ostermesse 1825 bis Schluss d. Mich.M. 1825.

inländische	7 865 483 Thlr.	18 Gr.
ausländische	23 257 037 »	15 »

zus. 31 122 521 Thlr. 9 Gr.

im Laufe des Jahres 1824/1825

67 685 103 Thlr. 18 Gr.

---

1) Aus der Zeit vor dem Zollverein sind die Angaben über den Durchgang äusserst spärliche. Es findet sich H. St. A. Lok. 11175 nur eine »Anzeige der Centnerzahl von den im Jahre 1832 auf dem Accisplatze zu Leipzig umgeladenen Durchgangsgütern:

im Winterhalbjahr 1825/26

inländische   7 666 702 Thlr.   3 Gr.

ausländische   25 862 057   »   21   »

zus. 33 528 759 Thlr. — Gr.

— welche Zahlen mit den oben genannten Angaben für die Kalenderjahre übereinstimmen — wird ausdrücklich gesagt: »Hierbei ist jedoch zu bemerken, dass alle durch Leipzig ausser den Messen blos durchgehende Waaren, als abgabenfrei, nicht in obigen Summen begriffen sind, und man nicht blos, wie sonst die auf einer Achse durchgehenden Güter hinzurechnet, sondern neuerlich zur Erleichterung der Spedition auch die umgeladenen Waaren, als durchgehende ansieht«.

Wenn die auf die einzelnen Messzeiten bezüglichen Angaben ein noch grösseres Missverhältniss zeigen, und auch zwischen 1820 und 1821, so erklärt sich dies zum Theil daraus, dass seit der Ostermesse 1821 als Messzeit für die Zwecke der Statistik der Waarenzufuhr nicht nur die eigentlichen 3 Messwochen gerechnet wurden, sondern auch noch die vorhergehenden 14 Tage, in welchen die meisten Messgüter eingehen.

Die ganze Unvergleichbarkeit der Statistik über den Waarenverkehr vor und nach 1820 wird aber auch in den Messberichten noch ganz besonders hervorgehoben. Der Bericht über die Michaelismesse 1820 sagt darüber: »Einen Beweis von der grösseren Wichtigkeit der heurigen Michaelismesse würde der sonst gewöhnlich mit angezeigte Gewichtsbetrag der bei der Leipziger Stadtwaage zum Ausgange verwogenen Waaren an die Hand geben, wenn diese Vergleichung noch möglich wäre. Allein bekanntlich sind bei der am 1. August 1820 in Wirksamkeit gesetzten Regieeinrichtung alle aus der Stadt gehenden Güter beim Ausgang dergestalt freigegeben, dass sie nicht mehr verwogen werden. Daher es denn an einem Anhalten, hierunter mit früheren Perioden eine Vergleichung anzustellen, ermangelt und von gegenwärtiger Michaelismesse an desfalls ein neuer Maassstab zur Hand genommen werden muss. Dieser dürfte wohl am angemessensten von dem Centnergewicht der im Laufe des Septembermonats verwogenen Eingangsgüter zu entnehmen sein; und da ergiebt sich denn aus den von der Waage-Expedition erhaltenen Rechnungsauszügen, dass während des nur gedachten Monats verwogen worden sind, wovon der Geldbetrag oder die sogenannte Waagepflicht ausmacht:

im Januar	6140³/₈ Ctr.	Juli	3966³/₄ Ctr.
» Februar	6124¹/₄ »	August	4858¹/₄ »
» März	5247 »	September	4056¹/₄ »
» April	4476³/₄ »	October	4443¹/₂ »
» Mai	4796³/₄ »	November	4160³/₄ »
» Juni	5168¹/₂ »	December	4350⁵/₈ »
		Sa.	59759¹/₂ Ctr.

Diese Anzeige wurde von dem Gleitsinspector Porst mit dem Bemerken attestirt, dass im Jahre 1831 : 546¹/₄ Ctr. mehr, also 60 305³/₄ Ctr. durchgegangen seien.

ausländische Waaren 82 254½ Ctr. = **23 382 Thlr. 20 Gr.** — ⅃. Waagepfl.

inländische   »   20 966⅗ » =   2 198 »   7 » 9 »   »

zusammen 103 221½ Ctr. = **25 581 Thlr**   3 Gr.   9 ⅃   Waagepfl.

Hieraus geht zugleich das Resultat hervor, dass, da sich die Centnerzahl der eingekommenen ausländischen Waaren gegen die der inländischen ungefähr wie 1 : 1 verhält, gleichwohl aber der Geldbetrag der von der ausländischen Waare entrichteten Gebühren sich gegen den von der inländischen wie etwa 10 : 1 darstellt, der Wunsch des sächsischen Fabrik- und Manufacturstandes nach Begünstigung zur Genüge in Erfüllung gegangen ist«. [Vom Centner ausländ. Waare wurden nach Obigem durchschnittlich 6 Gr. 9 ⅃, vom Centner inländischer Waare nur 2 Gr. 6 ⅃. Waagepflicht erhoben.] »Ein noch gewisseres Anhalten aber zur Vergleichung der Vorzüglichkeit der diesjährigen Michaelismesse gegen die vorjährige gewährt der Abgabenbetrag bei der Leipziger Land-accise. . . . Während der drei Messwochen sind nämlich von den Einbringern bei der Landaccise declarirt worden 55 573⅛ Ctr. ausländische und 18 667⅜ Ctr. inländische Waaren«.

Der Bericht über die Michaelismesse 1823 sagt: »Wie viel von der eingegangenen gesammten aus- und inländischen Waarenmasse wirklich Abnohmer gefunden und wie viel dagegen entweder auf den Leipziger Commissions- und Propre-Magazinen als unverkauft zurückgeblieben oder auch wohl als Retourgut den Weg weiter genommen hat, lässt sich zwar, da eine diesfallsige Controle nicht stattfindet, nicht angeben, allein die bei dem Handelsstande . . . . . eingezogenen Erkundigungen . . . . . ergeben, dass über Erwarten viel verkauft worden sei«.

Und der Bericht über die Ostermesse 1824 sagt, indem er die Abänderung des Schemas für die Classeneintheilung der Einfuhr erwähnt: »Es ist übrigens bei dieser Gelegenheit der Versuch gemacht worden, den Werthbetrag der nach Leipzig kommenden Handelsgüter nach Gelde zu bestimmen, indem man jedem Centner der in 28 Classen aufgeführten verschiedenen Hauptgattungen seinen der Wahrheit soviel als möglich nahe kommenden currenten Mittelpreis beigesetzt hat. Diese sich über das gesammte Halbjahr vom Schluss der vorjährigen Michael- bis Schluss der diesjährigen Jubilate-Messe erstreckende Uebersicht gewährt einen Totalbetrag von nicht weniger denn

9 686 179 Thlr.   9 Gr. — ⅃. an inländischen

26 390 276   »   3 » — » an ausländischen

36 076 455 Thlr. 12 Gr. — ⅃. an Waaren überhaupt«. [1]

Was nun den Umfang des Messverkehrs, nach den einzelnen Waaren-classen unterschieden anbelangt, so war schon durch Verordnung des Prinzen Xaver vom 3. Febr. 1765 (vgl. oben S. 232) die Ausschreibung nach Waaren-

---

[1] Auch hier, wie so oft, zeigen die an verschiedenen Stellen vorkommenden Zahlen, welche eine und dieselbe Sache betreffen, kleine Abweichungen, weil die Grundsätze über das, was ein- und was auszuschliessen sei, niemals gleichmässig gehandhabt wurden.

gattungen in der Land-Accise angeordnet worden. Von welchem Zeitpunkt ab diese Anordnung befolgt wurde, ist uns nicht bekannt. Jedenfalls kommen Extracte aus den Manualen der Landaccise, welche Waarengattungen unterscheiden, erst im XIX. Jahrhundert bei den Acten vor, leider aber auch da nur ungleichartig und zusammenhangslos. [1] Hier werden einmal die Waaren in dieser, ein andermal in anderer Weise gruppirt, hier werden Perioden von 3 oder 4 Wochen, dort von einigen Monaten herausgegriffen und höchstens ein Jahr mit dem Vorjahre verglichen. Grössere Beobachtungsreihen für gleichmässige Beobachtungsperioden fehlen hier noch mehr, als in der Statistik früherer Zeiten leider überhaupt.

Die nachstehende Tabelle S. 264 giebt z. B. eine Nachweisung über den Waarenverkehr nach Classen mit dem Ausland und der Lausitz im Jahre 1806 und einem Theil von 1807 nach dem Bericht der Geh. Finanzräthe über die Ostermesse 1807. Dort wird auch eine specielle Nachweisung gegeben über den Eingang englischer und französischer Waaren während der vierwöchentlichen Ostermesszeit

	1805	1806	1807
Kurze Waaren	73 469 Thlr.	31 230 Thlr.	3 376 Thlr.
Wollwaaren	29 407 »	25 458 »	10 390 »
Baumwollne W.	150 176 »	63 548 »	25 907 »
Seidenwaaren	25 245 »	23 094 »	18 866 »
Ueberhaupt	277 697 Thlr.	142 997 Thlr.	58 539 Thlr.

Die Tabellen S. 262 bis 274 geben Extracte aus den Acten *Uebersichten der in Leipzig jährlich eingegangenen Waarengüter betr. 1821—1833. H. St. A. Lok. 11173.*

Leider ist auch hier eine Vergleichbarkeit nicht möglich, da die Waaren von 1821 bis 1823 nach 9 sehr unsystematischen Classen geordnet waren und von 1824 an ein anderes Schema mit 28 Classen eingeführt wurde. Zugleich wurde ein Durchschnittssatz für das Werthverhältniss der einzelnen Waarenclassen festgesetzt und, soviel erkennbar ist, mit Ausnahme der Wolle, auch bis 1833 unverändert beibehalten.

Es wurden nämlich folgende Durchschnittswerthe pro Centner angenommen. 1. Apotheker- und Droguenwaaren 20 Thaler. 2. Baumwolle, rohe 30 Thlr. 3[a]. Baumwollene Waaren 200 Thaler. 3[b]. Baumwollene Garne 60 Thaler. 4. Arrak, Branntwein, Rum, englische u. a. Biere, Essig 20 Thaler. 5. Colonialwaaren 20 Thaler. 6. Eisen, Stahl, grobe Eisenwaaren, Blech, Draht 15 Thaler. 7. Fische, gesalzene, geräucherte, Häringe 7 Thaler. 8. Glas und Glaswaaren 10 Thaler. 9. Gold- und Silberwaaren 2500 Thaler. 10. Haare und Haarwaaren 30 Thaler. 11. Gemeine Handwerkswaaren, als Tischler-, Töpfer-, Schuhmacher- etc. 15 Thaler. 12. Instrumente 25 Thaler. 13. Italiener- und Conditor-

---

[1] Eine interessante Uebersicht über die auf den Leipziger Messen gehandelten Waarengattungen, freilich ohne Angabe der Quantitäten, giebt für die Zeit um 1640 die Vorstellung des Leipziger Rathes vom 17. Dec. 1640 gegen die geplante Auflage einer allgemeinen Accise. *Anlage XVIII.*

waaren, Delicatessen, Früchte 25 Thaler. **14.** Kurze Waaren und Uhren 200 Thaler. **15.** Leinene Waaren aller Art 100 Thaler. **16.** Leder, Häute 20 Thaler. **17.** Lederwaaren, feine 40 Thaler. **18.** Material- und Farbewaaren 20 Thaler. **19.** Mineralien, Metalle, Steine und Steinwaaren 10 Thaler. **20.** Papier, Bücher, Kupferstiche, Landkarten, Musikalien, Tapeten 80 Thaler. **21.** Porcellan, Steingut 50 Thaler. **22.** Rauchwaaren, Pelzwerk 200 Thaler. **23.** Sämereien und andere landwirthschaftliche Erzeugnisse 10 Thaler. **24.** Seide, seidene und halbseidene Waaren, Putzmacher- und Galanteriewaaren 1000 Thaler. **25.** Schafwolle 100 Thaler. **26.** Schafwollene Waaren aller Art 300 Thaler. **27.** Talg, Wachs, Wallrath u. dgl. Seife 20 Thaler. **28.** Wein 20 Thaler. Hierüber Handelspferde à Stück 100 Thaler. Hierüber Waaren aller Art 100 Thaler.

Mit dem Eintritt Sachsens in den Zollverein griff eine andere Eintheilung der Waarengattungen Platz. Bezüglich der Statistik des Waarenverkehrs im Allgemeinen und nach einzelnen Waarengattungen im Besonderen von diesem Zeitpunkt an müssen wir ausschliesslich auf die Abhandlung *Leipzigs Handel und Messen seit Eintritt Sachsens in den Zollverein in der Zeitschrift des Statistischen Bureaus des Königl. Sächs. Ministeriums des Innern Jahrg. 1861. S. 1—16* verweisen. Diese Abhandlung ist wahrscheinlich von Zollrath Lamm verfasst und wurde fortgesetzt und zum Theil recapitulirt in einer Arbeit des Oberzollinspectors K. C. Schultz in Leipzig *Die Leipziger Messen und die Entwickelung des Leipziger Handels von 1835—1875 in der gen. Zeitschrift Jahrg. XXI. 1875. S. 90—97.* Eine Fortsetzung der hauptsächlichsten Zahlenreihen bis zum Jahre 1877 findet sich in *E. Hasse: Die Stadt Leipzig und ihre Umgebung. Verwaltungsbericht der Stadt Leipzig 3. Theil. S. 386—395.*

Da jedoch diese Arbeiten auf die einzelnen Messen nicht eingehen, sondern ganze Jahre und Jahrfünfte zusammenfassen und besonders in der Zeit vor 1840 sehr lückenhaft sind, wollen wir nachstehend einige dem Verfasser der erstgenannten Abhandlung offenbar nicht bekannt gewesene, leider aber auch unvollständige Tabellen über die Jahre 1835—1840 auszugsweise mittheilen, welche den Beilagen zu den Messrelationen *II. St. A. Lok. 11 463* entnommen sind. S. 272.

Nur als Beispiel der Art, wie die Statistik über den Waarenverkehr in den Messen aufgemacht wurde, seit Sachsen dem Zollverein beigetreten war, folgt ein Auszug aus dem Berichte der Messverwaltungsdeputation an die Zoll- und Steuerdirection über den Verlauf der Ostermesse 1837, welcher durch die mit Frankfurt a/M. angestellten Vergleiche besonderes Interesse gewährt. *H. St. A. Lok. 11 463.* »Die Zollregister liefern folgende statistische Resultate: In den Packkammern wurden 5521 Cent. netto expedirt, darunter insbesondere 4623 Cent. baumwollene, 626 wollene, 151 seidne und halbseidne, 48 Kurze Waaren. Hiervon wurden

a) von griechischen Einkäufern zur Ausgangsrevision gestellt 1745 Cent. überhaupt, darunter 1475 baumw., 224 wollne, 12 seidne und halbs., 13 Kurze Waaren.

b) von jüdischen Einkäufern überhaupt 3707 Cent., darunter 3096 Cent. baumwoll., 397 Cent. woll., 132 seidne und halbseid., 33 Kurze Waaren. Das griechisch-jüdische Geschäft in ausländischen unversteuerten Gütern, insoweit solche durch die Packkammer expedirt werden, betrug 1836 : 5449, 1837 : 5452 Cent., darunter 1836 : 963 Cent., 1837 : 929 Cent. für persische Einkäufer.

Zum Verkauf während der Messe waren ausgestellt netto 19433 Cent. ausländische contirte Güter, 7537 Cent. ausländische, sofort versteuerte Waaren und brutto 83788 Cent. in- und ausländische, im freien Verkehr eingegangene Messgüter.

Der Vertrieb der Waaren im freien Verkehr lässt sich nur von den der Binnencontrole unterworfenen Artikeln nachweisen . . . . Von den Contogütern sind unmittelbar in das Ausland versandt worden auf 2060 Begleitscheine überhaupt 6528 Cent. Aus den Messconti's sind zur Versteuerung gelangt überhaupt 1836 Cent. netto.

Vergleicht man mit den Resultaten der jüngsten Abschlüsse unserer Mess- und fortlaufenden Conti diejenigen der Contiabschlüsse zu Frankfurt a/M., von welchen amtliche Nachweisungen uns vorliegen, so findet man

	Frankfurt a/M.	Leipzig.
	Zollcentner.	Sächs. Centner.
Zahl der Messconti	59.	146.
darauf Bestände.	183	1969
Eingänge	1843	7178
Uebernahmen.	168	941
Zuss. Anschreibung	2194	10088
Fortlaufende Conti	33.	42.
Bestand und Eingang 1. Dec. 1836 — ult. Mai 1837:	17879	30394

Die vorstehenden Abschreibungen auf Messconti wickelten sich ab mit

	in Frankfurt.	in Leipzig.
	Zollcentner.	Sächs. Centner.
Nach dem Ausland verkauft und retour gesandt . . .	320	2337
nach dem Inland verkauft und übertragen	1132	2588
nach Mess- und Packhofsstädten versandt.	471	1926
im Bestand verblieben	271	3237
zusammen	2194	10088

Ingleichen zerfallen obige Abschreibungen auf die laufenden Conti

Verkäufe nach dem Ausland	5589	8319
darunter im Laufe der Ostermesse	2208	4588
Versendung nach Mess- und Packhofsstädten	1059	2906
Verkäufe nach dem Inlande und übertragen	2499	5454
Bestände	9032	14640
zusammen	17879	31019 a

Bei der grossen Bedeutung, welche die Handelsjuden für die Leipziger Messe hatten, war es nicht zu verwundern, dass man die Einkäufe und Verkäufe derselben mit ganz besonderer Aufmerksamkeit verfolgte, was um so leichter durchführbar war, als die Juden aus anderen Gründen unter besonders strenger Controle standen und auch bezüglich der Abgaben anders behandelt wurden, als die Christen.

So finden wir denn vom Jahre 1774 ab in den Berichten der Commerziendeputation ausführliche Tabellen über die von den Handelsjuden gemachten Einkäufe und Verkäufe sowie über die davon entrichtete Waagepflicht, wobei zwischen denjenigen Juden unterschieden wird, welche mit und welche ohne Freipässe die Messen besuchen durften.

Raumrücksichten verbieten es uns, diese Statistik umfänglicher zu reproduciren. Dieselbe ist auch deshalb wenig werthvoll, weil in dem Bericht über die Ostermesse 1807 *II. St. A. Lok.* 2257 bemerkt wird: »Bei der Leipziger Waage wird zur Schonung des polnischen Handels in Ansehung der Werthsangabe der ausgehenden Güter also conveniret, dass solche Angabe bei den meisten Artikeln kaum den 4. Theil des wahren Werthes erreicht«.

Wenn deshalb in den Tabellen der Werth der von den Juden eingeführten Waaren pro Messe selten 100 000 Thlr. erreicht, so widerspricht dem die anderwärts häufig gemachte Angabe, dass die in »nordischen Producten« bestehenden Zahlungsmittel der polnischen Juden sich allein oft auf mehrere Hunderttausend Thaler beliefen.

Die Einkäufe der mit Freipässen versehenen Juden werden in den Jahren 1774 bis 1788, die drei Messen jedes Jahres zusammenfassend, bei den Juden aus Polen mit ca 300 000 Thlr. pro Jahr, bei den Juden aus dem Königreich Preussen mit über 100 000 Thlr., aus Oesterreich mit ca. 80 000 Thlr., zusammen mit ca. 500 000 Thlr. berechnet, bei den Juden ohne Freipässe zusammen mit ca. 20 000 Thalern.

Verlässlicher sind vielleicht die Angaben über das Gewicht der von den Juden eingekauften Waaren, welches zwischen 1780 und 1790 in den Neujahrsmessen durchschnittlich mit 2500 Cent., in den Oster- und Michaelismessen mit je 5000 bis 8000 Cent. angegeben wird.

Da der Umfang des Messverkehrs in vielen Beziehungen abhängig ist von den verfügbaren Verkehrsmitteln, so sind einige, leider erst auf die neuere Zeit bezügliche Angaben über Waarenversendungen durch die Post in Leipzig während der Messen von Interesse. Neben dem Gewicht der versendeten Waaren in Pfunden sind die »hierzu ausser den Hauptwagen gebrauchten Beipferde« in den Messberichten mit registrirt.

	Ostermessen.		Michaelismessen.	
Jahre	Pfunde	Pferde	Pfunde	Pferde
1823	334 385	487	277 500	?
1824	338 539	492	284 904	362
1825	264 271	329	252 994	297
1826	209 025	221	210 500	?
1827	249 306	288	209 102	?
1828	223 856	262	214 699	243
1829	226 536	284	209 534	247
1830	234 170	294	221 187	261

In der Ostermesse 1827 wird berichtet: »Die besten Messgeschäfte hat das Oberpostamt bei und mit den Eilposten gemacht, welche bei dem reisenden Publikum immer mehr Beifall finden«.

Zu den Angaben über die Ostermesse 1830 wird die Bemerkung gemacht: »Ein grosser Theil dieser Postsendungen hat in Bücherpacketen bestanden. Jedoch ist hierzu zu bemerken, dass diesesmal von Hamburg weniger Waaren als sonst mit der Post eingegangen sind, wahrscheinlich weil von dort beträchtliche Sendungen durch Dampfschiffe bis Magdeburg erfolgen, von da aber durch Fuhrleute am 4. Tage schon in Leipzig anlangten«.

Leider enthält die vortreffliche *Geschichte des Sächsischen Postwesens, nach archivalischen Quellen von Gustav Schäfer, Dresden 1879*, welche sich naturgemäss zum grössten Theil mit den Leipziger Verkehrsverhältnissen zu beschäftigen hat, eine Verkehrsstatistik erst vom Jahre 1839 an.

Die nachstehenden Seiten 259 bis 275 geben die vorstehend im Text von Seite 250 an erwähnten Tabellen über den Waarenverkehr auf den Leipziger Messen in den Jahren 1772 bis 1840.

Auf der Leipziger Haupt- und Heu-Waage sind zum Ausgang verwogen worden Waaren im Gewicht von Centnern. ¹)

Jahr	in den Ostermessen				in den Michaelismessen			
	überhaupt	und zwar			überhaupt	und zwar		
		eingekaufte	zurückgegangene	auf andere Messen gesandte		eingekaufte	zurückgegangene	auf andere Messen gesandte
1772	39 219							
1773	44 666							
1774	vac.							
1775	vac.							
1776	48 864				45 384			
1777	vac.				46 293			
1778	47 137				37 394			
1779	48 178				47 292			
1780	50 746				48 386			
1781	52 764	50 322	1 639	803	42 163	37 843	2 020	2 300
1782	49 634				45 433	41 100	2 310	2 023
1783	52 992	49 510	2 587	895	45 245	41 971	1 994	1 280
1784	48 247	45 078	2 447	691	42 232	38 642	2 333	1 256
1785	36 793	34 284	2 130	384	40 573	37 932	1 999	621
1786	49 210	46 104	2 478	631	38 926	35 371	2 160	1 193
1787	47 737	44 469	2 719	568	44 754	37 882	2 319	1 553
1788	43 098	39 721	2 622	754	42 595	39 307	2 355	932
1789	45 239	42 106	2 440	692	39 679	36 328	2 307	1 043
1790	45 337	42 774	1 993	569	40 349	37 089	2 392	863
1791	52 405	48 258	3 454	693	42 426	38 943	2 485	1 047
1792	46 095	42 889	2 567	638	39 543	36 229	2 411	902
1793	40 204	36 735	2 549	946	42 450	38 146	2 479	1 824
1794	43 074	40 033	2 493	547	36 966	33 802	2 589	573
1795	44 963	39 468	2 137	356	42 287	38 697	2 660	928
1796	45 874	42 710	2 610	553	41 072	37 761	2 594	749
1797	50 562	47 074	2 809	677	43 668	40 073	2 619	975
1798	46 495	43 411	2 744	369	39 198	35 803	2 557	837
1799	41 364	38 239	2 721	403	42 336	37 806	2 879	1 650
1800	49 084	45 794	2 739	550	46 313	43 138	2 643	531
1801	46 357	43 337	2 763	456	46 236	43 153	2 597	486
1802	53 926	50 540	2 930	455	44 786	41 678	2 535	572
1803	52 227	48 894	2 894	441	46 998	43 779	2 687	534
1804	47 916	44 898	2 624	396	49 595	46 009	2 734	854
1805	48 677	45 394	2 719	566	39 966	36 314	2 676	975
1806	39 794	36 610	2 934	249	34 955	34 657	2 869	428
1807	23 490	21 257	1 975	257	37 402	34 387	2 493	519
1808	34 432	34 057	2 935	439	25 242			
1809	26 500	23 714	2 557	229	31 346	28 199	2 791	355
1810	37 399	34 593	2 573	432	36 134	32 710	2 808	615
1811	30 277	27 147	2 634	498	31 897	28 039	2 691	1 166
1812	25 284	22 137	2 643	500	30 565	26 962	2 611	991
1813	9 953	8 652	971	330	744	744		
1814	27 754	24 706	2 685	362	29 233	26 062	2 619	551
1815	27 056	23 845	2 861	376	27 427	24 462	2 097	1 167
1816	28 855	26 017	2 534	306	26 937	22 391	2 375	2 170
1817	21 600	17 911	2 960	728	26 627	24 395	1 625	606
1818	22 823	19 840	2 755	257	23 809	21 869	1 129	810
1819	21 330	17 475	3 366	488	17 909	15 293	1 586	1 029
1820	21 842	18 574	2 594	646				

1) Im Wesentlichen zusammengestellt nach zerstreuten Nachrichten in den Berichten der Commerziendeputation und der Geh. Finanzräthe im H. St. A. Einige Nachträge nach Lpz. R.A. XVIII, 57. Verwogene Messgüter betr.

17*

Nach Leipzig eingegangene und daselbst mit der Handelsabgabe verrechnete Waaren.

A. Gewicht Centner.

Jahr	Ostermesse inländisch	Ostermesse ausländisch	Ostermesse zusammen	Michaelismesse inländisch	Michaelismesse ausländisch	Michaelismesse zusammen	Ganzes Kalenderjahr inländisch	Ganzes Kalenderjahr ausländisch	Ganzes Kalenderjahr zusammen
1820	28 835	94 076	122 931	18 667	55 573	74 240²?			
1821	26 000	83 766	109 766	25 859	84 971	110 830	450 390	509 420	639 810
1822	25 484	95 590	121 074	26 439	88 173	114 612			
1823	40 128	98 657	138 738	25 987	80 611	106 598			
1824	33 131	84 345	117 476	34 937	83 020	116 957			
1825	32 517	81 064	113 581	33 107	89 255	122 362	474 935	438 514	613 449
1826	32 449	88 911	121 360	32 125	80 351	112 476			
1827	31 459	84 913	116 372	32 197	79 736	111 933			
1828	30 199	84 696	114 895	33 248	74 124	107 367			
1829¹)	30 233	85 943	116 176	29 202	75 447	104 649			
1830²)				28 302	84 012	110 314			
1831	26 858	80 774	107 632	24 943	77 984	102 920	145 825	387 968	533 793
1832	27 875	94 419	122 294	29 047	88 781	117 828	145 157	493 796	638 953
1833	27 161	88 787	115 948						

B. Werth Thaler.

Jahr	Ostermesse inländisch	Ostermesse ausländisch	Ostermesse zusammen	Michaelismesse inländisch	Michaelismesse ausländisch	Michaelismesse zusammen	Ganzes Kalenderjahr inländisch	Ganzes Kalenderjahr ausländisch	Ganzes Kalenderjahr zusammen
1824	3 387 935	11 742 015	15 129 950	3 573 788	10 522 697	14 396 485	17 261 003	50 657 920	67 918 923
1825	3 834 667	11 092 996	14 927 063	3 745 495	10 465 783	14 851 278	15 052 993	44 648 418	59 701 411
1826	3 854 299	11 285 599	15 139 898	3 977 037	10 767 437	14 744 474	16 479 301	47 609 723	64 089 024
1827							17 081 877	46 360 343	63 442 190
1828				3 638 844	10 440 574	15 079 445			
1829	4 138 786	12 371 113	16 504 899	3 741 575	10 993 805	15 735 380			
1830	4 086 090	13 409 809	17 495 899	3 059 232	7 063 939	10 123 171			
1831	3 531 650	11 265 348	14 796 998						

1) Neujahrsmesse 1820:   22 357 Centner inländ.
       46 848   »   ausländ.
       69 205 Centner überhaupt.

2) Nach andern Angaben 103 430 Centner.

1830:   17 699 Centner inländ.
       39 143   » ausländ.
       56 842 Centner überhaupt.

Waarenverkehr nach Classen in Leipzig 1806 und 1807.

Waarenclassen.	Waarendurchgang ins Ausland und in die Lausitz. Werth Thaler.		Waareneingang vom Ausland und von der Lausitz			
			Quantität		Werth Thaler	
	im Jahre 1806	in den vier ersten Monaten des Jahres 1807	im Jahre 1806	in den vier ersten Monaten des Jahres 1807	im Jahre 1806	in den vier ersten Monaten des Jahres 1807
I. Materialwaaren	869 697	594 978	123 533 Centner	48 057 Centner	1 924 944	744 364
II. Seidenwaaren	283 500	47 353			588 183	121 849
III. Wollwaaren	749 400	231 900			566 958	436 896
IV. Baumwollenwaaren	1 457 637	185 413	27 463 Centner / 1 452 Stück	8 022 Centner / 1 766 Stück	926 568	153 668
V. Leinenwaaren	933 376	249 794			127 532	39 336
VI. Rauch- und Lederwaaren	174 623	67 705	20 946 Centner / 16 287 Stück	8 293 Centner / 10 118 Stück	531 912	481 610
VII. Waaren a. d. Mineralreiche	47 335	14 147	9 834 Centner / 1 Stück	3 336 Centner	150 541	40 576
VIII. Farbewaaren	243 342	80 302	5 443 Centner	2 189 Centner	424 627	27 358
IX. Wein und Branntwein	64 692	22 442	7 742 Eimer	3 422 Eimer	?	?
X. Waaren verschiedener Art	103 975	42 853	11 732 Centner / 1 993 Stück	3 562 Centner / 75 Stück	374 896	47 501
Summe:	4 928 657	1 477 058	198 673 Centner / 19 434 Stück / 7 742 Eimer	75 362 Centner / 11 959 Stück / 3 422 Eimer	5 313 061	1 322 538

Einzelnachweisung der in Leipzig eingegangenen und bei der städtischen
dem Gewicht

Zeitraum.	Seidene, Gold- und Silberwaaren Porcellan u. dgl.	Feine Tuche, Casimirs, Merino's, Galanterie- und and. Luxuswaaren.	Alabaster u. Marmor, Bronze, Tombak, Platirte u. andere kleine Luxuswaaren.	Wollene u. baumwollene Fabrikate, auch Rauch- und kurze Waaren.	Ordinäre Tuche und gemeine Metallwaaren.
	I.	II.	III.	IV.	V.
1. Aug.—31. Dec. 1820	348	298	38	10 420	5 994
	7 193	4 236	676	52 261	19 361
	7 541	4 534	714	62 681	25 355
Mich.-Messe 1820	80	136	17	3 710	2 280
	1 221	2 403	147	12 434	5 669
	1 301	2 539	164	16 144	7 949
Oster-Messe 1821	291	284	28	6 533	3 655
	3 802	2 616	222	26 281	6 484
	4 093	2 900	250	32 814	10 139
Mich.-Messe 1821	239	349	47	5 959	3 150
	3 903	2 521	236	22 009	5 552
	4 142	2 870	283	27 968	8 702
1. Jan.—31. Dec. 1821	802	1 085	120	22 755	11 168
	15 946	8 663	1 044	109 824	27 847
	16 748	9 748	1 164	132 579	39 015
Oster-Messe 1822	313	398	58	6 153	3 652
	3 020	2 211	248	25 161	7 031
	3 333	2 609	306	31 314	10 683
Mich.-Messe 1822	288	414	48	6 742	3 434
	3 308	1 859	278	23 254	7 249
	3 596	2 273	326	29 996	10 683
Oster-Messe 1823	331	370	52	6 795	3 372
	3 356	2 036	539	34 479	8 738
	3 687	2 406	591	41 274	12 110
Mich.-Messe 1823	325	363	48	6 827	3 272
	3 047	1 520	279	20 646	7 458
	3 372	1 883	327	27 473	10 730

Oberwaage-Expedition vergebenen in- und ausländischen Güter, nach (Centner).

Leinwand, Leder, Wolle u. dgl.	Colonial-, Droguen-, Tabak, Oel u. sonstige Material-waaren.	Gemeine Holz-, Eisen-, Thon- und Glaswaaren u. dgl.	Weine und sonstige ausländische Getränke.	Summa.	Ursprung.
VI.	VII.	VIII.	IX.		
13 829	9 193	18 878	—	58 968	inländische.
50 315	58 470	44 896	12 636	249 744	ausländische.
64 144	67 363	63 774	12 636	308 712	zusammen.
4 954	1 850	5 634	2	18 663	inländische.
14 301	9 907	8 967	521	55 570	ausländische.
19 255	11 757	14 601	523	74 233	zusammen.
8 295	2 911	6 856	—	28 853	inländische.
22 517	14 367	14 958	2 826	94 073	ausländische.
30 812	17 278	21 814	2 826	122 926	zusammen.
6 518	2 676	6 918	—	25 856	inländische.
24 450	10 783	12 861	2 653	84 968	ausländische.
30 968	13 459	19 779	2 653	110 824	zusammen.
44 481	22 829	47 147	—	150 387	inländische.
116 521	110 956	94 819	23 797	509 417	ausländische.
161 002	133 785	141 966	23 797	659 804	zusammen.
6 478	3 334	5 611	—	25 997	inländische.
18 981	10 000	14 532	2 578	83 762	ausländische.
25 459	13 334	20 143	2 578	109 759	zusammen.
6 169	2 494	6 848	—	26 437	inländische.
23 227	11 990	14 237	2 766	88 168	ausländische.
29 396	14 484	21 085	2 766	114 605	zusammen.
5 996	3 201	5 362	—	25 479	inländische.
20 034	10 311	13 286	2 807	95 586	ausländische.
26 030	13 512	18 648	2 807	121 065	zusammen.
7 446	2 636	5 046	—	25 983	inländische.
23 155	10 589	11 490	2 424	80 608	ausländische.
30 601	13 245	16 536	2 424	106 591	zusammen.

Einzelnachweisung der nach Leipzig eingegangenen und daselbst mit der Handelsabgabe verrechneten Waaren nach dem Gewicht, Centner.

Zeitraum	Ursprung	Apotheker- und Droguerie-waaren. I.	Rohe Baumwolle. II.	Baumwollene Waaren aller Art. IIIa.	Baumwollene Garne. IIIb.	Branntwein, Arrak, Rum, engl. u. a. Biere, Essig. IV.	Colonial-waaren. V.	Eisen, Stahl, grobe Eisen-waaren, Blech, Draht. VI.	Fische, ge-salzene, ge-räucherte Heringe. VII.
Ostermesse 1824	inländische	446	—	7 362	79	8 594	—	702	—
	ausländische	1 815	930	12 051	6 480	1 355	9 482	2 209	247
	zusammen	1 961	930	19 413	6 459	9 949	9 482	2 911	247
Michaelismesse 1824	inländische	434	—	5 776	409	6 914	—	647	—
	ausländische	918	466	10 966	4 801	680	6 806	1 813	865
	zusammen	1 072	466	16 742	4 910	7 594	6 806	2 460	865
Michaelismesse 1830	inländische	487	—	6 773	413	3 752	6 047	1 262	—
	ausländische	444	92	12 484	5 331	572	6 017	1 732	482
	zusammen	1 631	92	19 257	5 444	4 324	6 017	2 994	482
Michaelismesse 1831	inländische	339	—	5 334	419	3 353	—	836	—
	ausländische	2 704	4	7 567	4 026	528	8 280	1 190	327
	zusammen	3 043	4	12 798	4 445	3 884	8 280	2 026	327
Kalenderjahr 1826	inländische	1 479	—	22 390	358	51 732	—	3 653	—
	ausländische	11 469	3 741	40 319	47 342	7 604	36 486	11 084	2 248
	zusammen	12 948	3 741	62 739	47 900	59 333	56 186	14 737	2 248
Kalenderjahr 1831	inländische	1 314	—	20 032	598	30 673	—	5 301	—
	ausländische	12 590	588	35 392	44 481	5 302	59 764	12 777	2 620
	zusammen	13 931	588	55 425	44 779	35 975	59 764	18 078	2 620
Kalenderjahr 1832	inländische	1 293	—	21 421	518	29 679	—	5 263	—
	ausländische	12 774	704	47 631	67 211	6 273	57 316	13 266	2 303
	zusammen)	14 067	704	69 052	67 729	35 952	57 316	18 529	2 303
Kalenderjahr 1833	inländische	4 567	—	23 631	322	30 929	—	5 421	—
	ausländische	12 412	373	46 973	58 000	7 700	109 456	24 947	2 493
	zusammen	13 979	373	70 604	58 322	38 629	109 456	30 338	2 493

Einzelnachweisung der nach Leipzig eingegangenen und daselbst mit der Handelsabgabe verrechneten Waaren nach dem Gewicht, Centner.

Zeitraum.	Ursprung.	Glas und Glaswaaren. VIII.	Gold- und Silberwaaren. IX.	Haare und Haarwaaren. X.	Gemeine Handwerkswaaren, als Tischler, Töpfer, Schuhmacher u. dgl. XI.	Instrumente. XII.	Ital.- u. Conditorwaaren, Delicatessen u. Früchte, Zuckerbäkerwaaren u. dgl. XIII.	KurzeWaaren aller Art, Uhren. XIV.	Leinenwaaren aller Art. XV.
Ostermesse 1824	inländische	70	19	34	4203	76	68	135	7386
	ausländische	4561	37	864	1643	143	707	4219	3691
	zusammen	4631	56	898	5846	219	775	4354	10075
Michaelismesse 1824	inländische	8	42	47	3597	74	46	93	4402
	ausländische	4309	44	1400	1555	73	324	3650	3690
	zusammen	4317	86	1447	5152	147	370	3743	7092
Michaelismesse 1830	inländische	13	12	31	3691	91	47	106	3562
	ausländische	4322	21	1267	3149	51	543	3243	1087
	zusammen	4335	33	1298	6840	142	590	3321	4649
Michaelismesse 1831	inländische	14	14	5	3473	95	47	94	3239
	ausländische	1190	20	54	1939	33	294	3234	943
	zusammen	1204	34	59	5414	128	341	4328	4172
Kalenderjahr 1826	inländische	181	84	78	13491	1029	104	529	21680
	ausländische	8348	128	4283	13044	1211	4461	11195	12037
	zusammen	8429	212	4361	26535	2240	4565	11724	33717
Kalenderjahr 1831	inländische	66	42	30	12597	540	82	499	15946
	ausländische	6282	65	1050	7321	322	3284	8925	4204
	zusammen	6348	107	1080	20118	862	3366	9424	20150
Kalenderjahr 1832	inländische	48	59	79	13469	528	444	416	14796
	ausländische	7401	79	2819	8314	327	3874	11145	3967
	zusammen	7449	138	2898	21783	855	4018	11561	18763
Kalenderjahr 1833	inländische	76	59	54	14572	535	129	404	16770
	ausländische	7367	98	3992	8732	329	3739	8930	3961
	zusammen	7443	157	4046	23304	864	3868	9334	20731

Einzelnachweisung der nach Leipzig eingegangenen und daselbst mit der Handelsabgabe verrechneten Waaren nach dem Gewicht, Centner.

Zeitraum	Ursprung	Leder, Häute.	Feine Lederwaaren.	Material- und Farbewaaren.	Mineralien, Metalle, Steine und Steinwaaren.	Papier, Bücher, Kupferstiche, Landkarten, Musikalien und Tapeten.	Porcellan u. Steingut.	Rauchwaaren und Pelzwerk.	Sämereien und andere landwirthschaftliche Erzeugnisse.
		XVI.	XVII.	XVIII.	XIX.	XX.	XXI.	XXII.	XXIII.
Ostermesse 1824	inländische	318	54	2 484	128	2 554	226	54	70
	ausländische	9 295	463	7 956	1 015	7 263	652	4 668	801
	zusammen	9 613	517	10 440	1 143	9 817	878	4 722	871
Michaelismesse 1824	inländische	492	79	3 995	205	4 496	153	37	55
	ausländische	7 926	678	8 545	540	2 517	532	2 301	436
	zusammen	8 418	757	11 610	745	4 917	685	2 338	491
Michaelismesse 1830	inländische	291	66	1 568	25	1 302	267	29	2
	ausländische	7 087	590	7 462	455	2 877	444	3 428	183
	zusammen	7 378	656	9 030	480	4 179	711	3 452	185
Michaelismesse 1831	inländische	238	46	2 302	45	1 157	182	26	—
	ausländische	6 061	314	4 757	483	2 089	254	422	255
	zusammen	6 299	360	7 059	230	3 246	436	448	255
Kalenderjahr 1826	inländische	583	146	20 439	809	10 965	1 310	230	2 755
	ausländische	23 150	1 449	50 935	2 491	28 332	2 085	9 418	5 598
	zusammen	23 733	1 355	71 374	3 103	39 297	3 395	9 668	8 353
Kalenderjahr 1831	inländische	867	149	20 404	432	11 263	1 047	193	1 316
	ausländische	22 805	1 108	41 655	2 350	27 711	1 257	7 071	2 379
	zusammen	23 672	1 357	61 759	2 782	38 974	2 304	7 266	3 695
Kalenderjahr 1832	inländische	730	106	18 049	462	13 132	1 328	193	2 845
	ausländische	23 336	1 380	55 611	1 803	30 362	1 478	13 422	3 732
	zusammen	24 036	1 486	73 660	2 267	43 494	2 806	13 345	6 577
Kalenderjahr 1833	inländische	792	167	25 370	550	14 036	1 641	205	1 146
	ausländische	22 763	1 381	48 296	2 461	34 127	1 706	12 663	6 245
	zusammen	23 555	1 548	73 656	3 011	48 163	3 347	12 868	7 391

Einzelnachweisung der nach Leipzig eingegangenen und daselbst mit der Handelsabgabe verrechneten Waaren nach dem Gewicht, Centner.

Zeitraum.	Ursprung.	Seide, seidene u. halbseidene Waaren, Putzmacher- und Galanteriewaaren. XXIV.	Schafwolle. XXV.	Schafwollene Waaren aller Art. XXVI.	Talg, Wachs, Wallrath und dgl. Waaren, Seife. XXVII.	Wein. XXVIII.	Summe.	Ursprung.	Zeitraum.
Ostermesse 1824	inländische	436	117	4 729	30	45	40 117	inländische	Ostermesse 1824
	ausländische	3 499	2 743	9 668	890	3 937	93 644	ausländische	
	zusammen	3 635	2 830	14 397	920	3 982	138 761	zusammen	
Michaelismesse 1824	inländische	347	486	3 830	32	42	31 928	inländische	Michaelismesse 1824
	ausländische	3 244	8 054	8 814	1 069	2 003	85 099	ausländische	
	zusammen	3 588	8 567	12 644	1 101	2 014	116 937	zusammen	
Michaelismesse 1830	inländische	258	336	4 536	6	5	28 291	inländische	Michaelismesse 1830
	ausländische	3 416	4 755	9 509	1 471	2 179	82 003	ausländische	
	zusammen	3 674	5 091	14 035	1 180	2 184	110 294	zusammen	
Michaelismesse 1831	inländische	155	183	3 824	53	46	25 078	inländische	Michaelismesse 1831
	ausländische	1 834	1 342	6 237	803	2 837	58 733	ausländische	
	zusammen	1 989	1 525	10 081	856	2 873	83 811	zusammen	
Kalenderjahr 1826	inländische	623	6 349	13 281	308	150	174 926	inländische	Kalenderjahr 1826
	ausländische	10 067	16 232	32 064	5 152	47 439	438 302	ausländische	
	zusammen	10 690	22 581	45 345	5 460	47 689	613 428	zusammen	
Kalenderjahr 1831	inländische	386	7 792	13 639	246	130	145 814	inländische	Kalenderjahr 1831
	ausländische	8 427	20 690	23 480	6 577	46 327	387 954	ausländische	
	zusammen	9 013	28 482	38 819	6 823	46 457	533 768	zusammen	
Kalenderjahr 1832	inländische	748	7 205	12 396	229	41	445 147	inländische	Kalenderjahr 1832
	ausländische	12 322	41 572	25 278	6 711	21 652	493 783	ausländische	
	zusammen	13 070	48 777	47 674	6 940	21 723	638 932	zusammen	
Kalenderjahr 1833	inländische	900	7 929	13 191	320	297	166 033	inländische	Kalenderjahr 1833
	ausländische	12 153	39 448	37 171	9 444	28 580	552 876	ausländische	
	zusammen	13 053	47 347	52 365	9 764	28 877	748 903	zusammen	

Einzelnachweisung der nach Leipzig eingegangenen und daselbst mit der Handelsabgabe verrechneten Waaren nach dem Werthe in Thalern.

Zeitraum.	Ursprung.	Apotheker- und roguerie-waaren. I.	Rohe Baumwolle. II.	Baumwollene Waaren aller Art. IIIa.	Baumwollene Garne. IIIb.	Branntwein, Arrac, Rum, engl. und andere Biere, Essig. IV.	Colonial-waaren. V.	Eisen, Stahl, grobe Eisenwaaren, Blech, Drath. VI.	Fische, gesalzene, geräucherte Heringe. VII.
Kalenderjahr 1825	inländische	24 485	—	4 888 125	47 980	1 065 175	—	49 402	—
	ausländische	231 760	134 572	8 437 025	2 910 720	150 472	4 240 385	173 565	19 388
	zusammen	276 245	134 572	13 325 150	2 958 000	1 215 647	4 240 385	222 967	19 388
Kalenderjahr 1826	inländische	29 595	—	4 478 000	33 532	1 034 650	—	54 795	—
	ausländische	229 385	411 337	8 069 875	2 840 557	152 037	4 123 720	466 567	45 529
	zusammen	258 980	411 337	12 547 875	2 874 089	1 186 687	4 123 720	221 062	45 529
Kalenderjahr 1827	inländische	24 035	—	4 846 500	35 505	835 867	—	70 871	—
	ausländische	231 705	44 422	9 484 750	2 330 610	139 282	4 131 860	442 220	46 765
	zusammen	272 740	44 422	14 031 250	2 366 145	975 449	4 131 860	242 891	46 765
Kalenderjahr 1828	inländische	19 540	—	4 979 975	34 822	625 520	—	77 767	—
	ausländische	262 695	64 050	8 138 475	4 545 300	175 962	4 489 077	177 768	17 307
	zusammen	282 235	64 050	13 118 450	4 550 122	801 482	4 489 077	255 535	17 307
Michaelismesse 1830	inländische	3 740	—	1 354 725	6 780	75 047	—	48 941	—
	ausländische	28 885	2 767	2 496 800	319 882	11 442	120 350	25 980	3 375
	zusammen	32 625	2 767	3 851 525	326 664	86 489	120 350	44 921	3 375
Michaelismesse 1831	inländische	6 785	—	1 046 300	7 170	67 067	—	12 547	—
	ausländische	54 085	120	1 543 475	241 390	10 570	165 615	17 353	2 359
	zusammen	60 870	120	2 589 775	248 560	77 637	165 615	30 400	2 359

Einzelnachweisung der nach Leipzig eingegangenen und daselbst mit der Handelsabgabe verrechneten Waaren nach dem Werthe in Thalern.

Zeitraum.	Ursprung.	Glas und Glaswaaren. VIII.	Gold- und Silberwaaren. IX.	Haare und Haarwaaren. X.	Gemeine Handwerkswaaren, als Tischler, Töpfer, Schuhmacher und dgl. XI.	Instrumente. XII.	Ital.-u. Conditorwaaren, u. Früchte, Zuckerbäckerw. und dgl. XIII.	Kurze Waaren aller Art, Uhren. XIV.	Leinenwaaren aller Art. XV.
Kalenderjahr 1825	inländische	2 943	283 437	3 577	218 437	19 368	4 656	154 650	2 784 125
	ausländische	92 317	387 187	112 380	167 081	27 140	94 187	2 447 350	1 513 900
	zusammen	95 259	670 624	116 957	385 518	46 508	98 843	2 599 000	4 298 025
Kalenderjahr 1826	inländische	1 843	210 000	2 362	202 368	25 728	2 609	105 850	2 168 000
	ausländische	82 480	320 000	128 565	195 671	30 275	104 043	2 239 075	1 203 700
	zusammen	84 323	530 000	130 867	398 039	56 003	106 652	2 344 925	3 371 700
Kalenderjahr 1827	inländische	837	219 062	2 167	217 740	21 312	3 475	97 400	2 657 425
	ausländische	93 890	265 937	121 200	191 261	26 512	114 593	2 197 450	1 429 200
	zusammen	94 727	484 999	123 367	409 001	47 824	117 268	2 294 850	3 786 625
Kalenderjahr 1828	inländische	167	182 300	3 337	225 247	18 787	2 800	95 125	2 334 125
	ausländische	92 945	278 125	168 969	188 857	24 953	100 593	2 166 525	951 487
	zusammen	93 112	460 625	174 599	414 104	43 740	103 393	2 261 650	3 305 612
Michaelismesse 1830	inländische	437	31 875	930	53 372	2 287	425	21 200	356 375
	ausländische	13 222	53 437	38 032	46 788	1 278	12 843	643 125	108 700
	zusammen	13 359	85 312	38 962	102 160	3 565	13 268	664 325	464 975
Michaelismesse 1831	inländische	147	36 875	157	52 132	2 384	431	18 860	325 975
	ausländische	11 905	52 187	1 640	29 092	837	7 362	446 975	91 325
	zusammen	12 052	89 062	1 797	81 224	3 218	7 793	465 775	417 300

Einzelnachweisung der nach Leipzig eingegangenen und daselbst mit der Handelsabgabe verrechneten Waaren nach dem Werthe in Thalern.

Zeitraum.	Ursprung.	Leder und Häute. XVI.	Feine Lederwaaren. XVII.	Material- und Farbewaaren. XVIII.	Mineralien, Metalle, Steine und Steinwaaren. XIX.	Papier, Bücher, Kupferstiche, Landkarten, Musikalien und Tapeten. XX.	Porcellan und Steingut. XXI.	Rauchwaaren und Pelzwerk. XXII.	Sämereien und andere landwirthschaftliche Erzeugnisse. XXIII.
Kalenderjahr 1825	inländische	11 975	8 570	459 255	8 605	800 560	66 443	70 450	40 475
	ausländische	468 560	86 460	1 149 290	30 642	2 166 080	108 512	2 273 100	65 167
	zusammen	480 535	95 030	1 608 545	39 247	2 966 640	174 655	2 343 550	105 642
Kalenderjahr 1826	inländische	11 665	5 840	408 780	8 092	877 220	65 531	50 075	97 550
	ausländische	463 015	57 985	1 018 710	22 942	2 266 620	104 293	1 883 750	35 987
	zusammen	474 680	63 825	1 427 490	31 034	3 143 840	169 824	1 933 825	83 537
Kalenderjahr 1827	inländische	18 665	6 385	472 270	7 005	861 920	55 275	55 200	43 463
	ausländische	439 790	62 655	955 540	28 035	2 561 780	87 518	2 183 700	36 125
	zusammen	458 455	69 040	1 427 780	35 040	3 423 700	142 793	2 238 900	99 590
Kalenderjahr 1828	inländische	22 570	7 570	644 660	6 672	1 000 940	58 075	34 700	32 490
	ausländische	413 407	54 450	813 852	30 450	2 653 610	89 881	2 334 275	58 700
	zusammen	435 977	62 020	1 458 512	37 112	3 654 550	147 956	2 388 975	91 490
Michaelismesse 1830	inländische	5 835	2 650	31 365	255	104 220	13 381	5 950	27
	ausländische	441 740	23 630	449 255	1 550	230 180	22 243	684 675	1 832
	zusammen	447 575	26 280	180 620	1 805	334 400	35 624	690 625	1 859
Michaelismesse 1831	inländische	4 775	1 850	49 045	455	92 580	9 100	5 350	—
	ausländische	121 220	12 570	95 445	1 865	167 140	12 706	84 525	2 557
	zusammen	125 995	14 420	144 490	2 320	259 720	21 806	89 875	2 557

Einzelnachweisung der nach Leipzig eingegangenen und daselbst mit der Handelsabgabe verrechneten Waaren nach dem Werthe in Thalern.

Zeitraum.	Ursprung.	Seide, seidene und halbseidene Waaren, Putzmacher- u. Galanterie-waaren. XXIV.	Schafwolle. XXV.	Schafwollene Waaren aller Art. XXVI.	Talg, Wachs, Wallrath u. dgl. Waaren, Seife. XXVII.	Wein. XXVIII.	Summe.	Ursprung.	Zeitraum.
Kalenderjahr 1825	inländische	878 500	1 021 825	4 346 175	3 070	2 337	17 260 899	inländische	Kalenderjahr 1825.
	ausländische	10 664 125	5 339 900	9 692 587	121 490	335 572	50 657 914	ausländische	
	zusammen	11 539 625	6 361 725	14 038 762	124 560	337 909	67 918 813	zusammen	
Kalenderjahr 1826	inländische	623 250	631 975	3 984 525	6 470	3 015	15 032 990	inländische	Kalenderjahr 1826.
	ausländische	10 067 875	1 623 290	9 619 350	403 040	349 490	44 648 443	ausländische	
	zusammen	10 691 125	2 255 275	13 603 875	409 510	352 505	59 701 403	zusammen	
Kalenderjahr 1827	inländische	730 500	893 380 1)	4 296 600	3 945	3 792	46 479 298	inländische	Kalenderjahr 1827.
	ausländische	10 336 000	2 267 680 1)	10 781 230	406 355	361 565	47 609 420	ausländische	
	zusammen	11 066 500	3 163 060 1)	15 077 830	410 300	365 357	64 088 748	zusammen	
Kalenderjahr 1828	inländische	744 375	889 990 1)	5 014 612	3 975	2 524	17 081 873	inländische	Kalenderjahr 1828.
	ausländische	11 154 625	2 224 160 1)	10 466 437	422 840	357 040	46 360 308	ausländische	
	zusammen	11 899 000	3 114 060 1)	15 481 049	425 845	359 562	63 442 181	zusammen	
Michaelismesse 1830	inländische	258 375	33 600	1 357 930	425	403	3 741 572	inländische	Michaelismesse 1830.
	ausländische	3 416 375	475 525	2 842 842	23 480	43 595	11 993 788	ausländische	
	zusammen	3 674 750	509 125	4 240 767	23 665	43 760	15 735 370	zusammen	
Michaelismesse 1831	inländische	155 250	48 350	1 147 312	4 075	320	3 059 229	inländische	Michaelismesse 1831.
	ausländische	1 834 625	134 200	1 877 230	16 070	57 142	7 063 935	ausländische	
	zusammen	1 989 875	152 550	3 024 561	17 445	57 462	10 123 164	zusammen	

1) Bis zum Jahre 1826 wurde der Centner Schafwolle mit 100 Thlr. berechnet, von 1827 und 1828 aber nur mit 80 Thlr.

Uebersicht über den Eingang zollvereinsländischer Messgüter (Centner).
Auszug aus den Anlagen zu den Messrelationes 1835—1840. II. St. A. Lok. 11563.

[In den Originalen sind die Waarenquantitäten nach 18 Waarengattungen specificirt, S. 273.]

Zeitraum.	Sachsen.	Thüringen.	Preussen.	Bayern.	Württemberg.	Baden.	Beide Hessen und Nassau.	Frankfurt a/M.	Ueberhaupt.
Neujahrsmesse 1835	10 274		13 599	1 866			1 187		26 926
Ostermesse 1835	22 017		27 922	2 989			3 496		56 424
Michaelismesse 1835	?	?	?	?	?	?	?		?
Neujahrsmesse 1836	10 585		13 874	2 006			1 287		27 734
Ostermesse 1836	24 699		30 103	3 260			3 787		61 850
Michaelismesse 1836	24 837		29 582	3 100			4 142		61 561
Neujahrsmesse 1837	11 225		14 550	2 181		934	1 472		29 680
Ostermesse 1837	32 623		40 735		5 039		5 391		83 788
Michaelismesse 1837	32 557		40 927	4 426			5 987		83 898
Neujahrsmesse 1838	13 101		17 872	2 500		358	1 674		35 006
Ostermesse 1838	34 748		43 463		5 476		5 937		89 334
Michaelismesse 1838	27 431		54 234	1 774	79		943	4 532	88 593
Neujahrsmesse 1839	15 256		21 713	599	451		533	633	38 887
Ostermesse 1839	30 303	8 354	46 169	2 244	108		1 044	4 908	93 126
Michaelismesse 1839	32 155		51 872	1 877	245		1 472	4 973	92 267
Neujahrsmesse 1840	20 205		19 653	836	40		411	906	41 495
Ostermesse 1840	35 676	6 366	46 690	2 080	540		1 343	3 431	96 028
Michaelismesse 1840	32 935		54 333	2 284	379		3 026	6 539	98 395

Uebersicht über den Eingang zollvereinsländischer Messgüter (Centner).
Auszug aus den Anlagen zu den *Messrelationes 1835—1840. II. St. A. Lok. 11465.*
In den Originalen combinirt mit Ursprungsländern, S. 272.

Waarengattungen.	1835			1836			1837			1838			1839			1840		
	Neuj.	Ost.	Mich.	Neuj.	Ost.	Mich.	Neuj.	Ost.	Mich.	Neuj.	Ost.	Mich.	Neuj.	Ost.	Mich.	Neuj.	Ost.	Mich.
Baumwollene Waaren	—	15899	—	9424	17328		—	22838	22896	11938	24120	23210	13477	27333	25898	15446	29734	28639
Wollene Waaren	—	14397	—	6080	12874		—	16675	16576	7836	17564	23265	9872	20382	22961	11534	22128	24366
Leinw. u. lein. Waaren	—	3734	—	2442	4172		—	5477	5606	3952	5842	6543	3682	6671	6488	3278	6813	8072
Baumw. u. woll. Garn	—	—	—	1469	—		—	—	—	1561	—	—	2902	—	—	2636	—	—
Div. Garne	—	1896	—	—	1896		—	2846	2765	—	2871	3913	—	3733	4682	—	3417	3494
Sohl- u. and. Leder	—	13729	—	2543	14968		—	18883	18999	3029	20564	17615	3542	18195	15894	2487	18234	16475
Lederwaaren	—	617	—	348	690		—	1030	1002	395	1117	962	344	1175	1836	546	1940	1337
Kurze Waaren	—	3594	—	1594	4036		—	5209	4943	2192	5457	4693	1867	5565	4434	1238	3891	5270
Eisenwaaren	—	2247	—	—	2513		—	4343	4665	—	4774	2268	—	2991	2737	932	2833	2766
Holzwaaren	—	277	—	1410	316		—	444	438	951	482	252	2157	1582	1010	904	760	849
Seid. u. halbs. Waaren	—	984	—	626	1101		—	1592	1564	764	1714	2257	767	2660	2066	461	1847	2432
Porzellan	—	—	—	315	—		—	—	—	533	—	—	394	—	—	—	—	—
Porzellan u. Steingut	—	595	—	—	609		—	892	813	—	932	216	—	1206	1653	175	1283	1715
Glas und Spiegel	—	634	—	283	306		—	866	809	383	901	475	162	582	892	37	978	844
Strohwaaren	—	184	—	—	187		—	326	—	—	347	—	—	453	403	154	387	493
Instrumente	—	165	—	—	—		—	277	—	181	287	279	448	309	1235	1210	306	1495
Papier	—	402	—	—	462		—	1107	1182	413	1332	769	132	842	—	34	1208	—
Fertige Kurschnerw.	—	—	—	—	—		—	—	—	497	—	—	415	—	—	—	—	—
Rauchwaaren	—	503	—	—	553		—	913	892	—	1022	233	—	360	507	6	287	251
Siegellack	—	—	—	—	—		—	—	—	—	—	—	34	—	—	—	3	39
Div. Waaren	—	—	—	1246	—		—	—	875	344	—	36	14	14	135	—	—	—
Summa	26926	56494	—	27734	64830	64661	29680	83788	83598	35006	89320	88995	38887	93126	92267	44497	96025	98395

Uebersicht über den Eingang (und Bestand) zollvereins
Zusammengestellt nach den Anlagen zu den

Tarif-Position.	Waarengattung.	1835			1836		
		Neuj.	Ost.	Mich.	Neuj.	Ost.	Mich.
2ᵇ 2	Baumwollene gezwirnte Garne	112	135	—	196	250	88
2ᶜ	Baumwollene Stuhlwaaren	11 982	13 613	—	12 621	11 214	10 811
5ᵃ	Farbewaaren (chem. Fabrikate)	3	18	—	2	7	23
6ᵉ 2	Grobe Eisenwaaren	226	441	—	274	432	101
10ᶜ	Geschliffenes Glas	163	643	—	222	649	591
14	Instrumente	11	41	—	16	50	43
18	Kleider	6	26	—	4	22	16
19	Div. grobe kurze Waaren	482	546	—	637	511	623
20	Feine dergl.	96	142	—	118	143	159
21ᵃ	Lohgares Leder	89	152	—	218	137	194
21ᵇ	Lackirtes »	—	—	—	—	—	—
21ᶜ	Grobe Lederwaaren	—	—	—	—	—	9
21ᵈ	Feine Lederwaaren	36	82	—	37	47	73
22ᶠ	Leinwand	118	67	—	101	61	13
22ᵍ	Leinene Waaren (Battist etc.)	8	14	—	10	13	23
27ᵇ	Papier	—	2	—	—	9	20
28 Anm.	Unüberzogene Schafpelze	—	55	—	—	16	21
28	Pelzwerk	—	—	—	—	—	—
30ᵃ	Gefärbte Seide	92	68	—	161	72	96
30ᵇ	Seidene Waaren	727	791	—	743	637	833
30ᶜ	Halbseidene Waaren	295	411	—	308	374	418
35ᶜ	Feine Strohhüte	—	1	—	—	—	—
38ᶜ	Weisses Steingut	6	29	—	27	27	34
38ᵈ	Buntes »	10	22	—	23	10	15
38ᵉ	Weisses Porzellan	—	—	—	—	—	—
38ᶠ	Vergoldetes Porzellan	65	47	—	73	34	64
40ᵇ	Wachstaffet	—	—	—	6	—	—
41ᵇ	Wollenes Garn	90	14	—	161	31	63
41ᶜ	Wollene Zeugwaaren	4 272	4 175	—	5 222	3 412	4 512
41ᵈ	Teppiche	102	77	—	94	93	99
	Neufchateller baumw. Waaren	—	44	—	—	53	—
	» Uhren, Uhrenbestandth. etc.	12	13	—	16	16	19
	Summa:	19 003	21 668	—	21 287	18 340	18 961

1) Die Originaltabellen tragen die Bezeichnung: »Balance des gesammten Waareneingangs und der Bestände in den ... Messen 1835—1840«. Es liegt aber auf der Hand, dass nur die

ausländischer[1]) zollpflichtiger[1]) Waaren (Centner).
Messrelationes 1836—1840. II. St. A. Lok. 11463.

1837			1838			1839			1840		
Neuj.	Ost.	Mich.	Neuj.	Ost.	Mich.	Neuj.	Ost.	Mich.	Neuj.	Ost.	Mich.
123	226	174	156	340	447	177	189	218	184	343	161
13 374	11 927	10 679	16 298	12 456	9 051	13 534	10 445	8 387	12 183	11 687	9 460
9	29	16	8	18	22	14	16	19	10	18	42
211	322	108	192	350	165	217	282	126	286	291	257
269	808	876	361	867	983	436	760	794	485	802	637
7	7	4	2	1	3	1	2	1	2	1	3
12	18	19	5	2	17	7	25	22	—	1	2
680	679	685	653	568	703	393	629	742	743	807	876
142	138	136	167	116	144	160	121	123	144	126	147
48	—	25	23	—	54	29	—	131	100	38	183
—	—	—	—	—	—	—	—	5	5	—	—
4	9	11	5	4	7	3	3	3	1	3	5
31	49	82	28	49	59	24	38	47	16	54	51
245	93	24	221	90	8	247	79	14	235	104	24
12	12	21	11	17	17	11	19	22	44	19	24
15	25	19	7	27	35	27	85	131	65	165	224
—	14	33	—	—	—	—	—	—	—	—	—
—	10	12	—	13	20	—	26	18	—	24	8
35	47	137	97	133	96	61	81	114	101	125	123
813	554	678	848	766	710	864	621	772	914	684	732
308	518	406	396	615	427	365	403	409	407	566	462
—	1/2	—	—	—	—	—	2	—	1	—	—
19	24	42	10	52	68	14	29	48	8	13	23
13	8	24	19	30	30	23	30	51	57	43	32
—	1/2	—	—	—	—	—	—	2	1	—	9
103	44	77	148	108	88	129	72	152	202	230	223
—	1	4	2	5	4	1	1	5	2	11	5
56	41	32	102	39	56	106	31	101	111	28	49
4 775	3 410	5 530	6 133	5 027	5 375	6 044	5 828	7 079	6 642	6 584	6 387
113	99	81	83	33	82	90	109	34	119	55	93
—	—	—	—	—	—	—	—	—	—	—	—
7	20	21	5	—	—	—	—	—	—	—	—
21 424	19 133	19 556	25 980	21 696	18 371	23 177	19 926	19 560	23 007	22 792	20 716

zollpflichtigen Waaren gemeint sind, mithin also nur die ausländischen, so dass also auch die ausländischen zollfreien fehlen.

18*

XII.

Der Geldverkehr.

Der Geldverkehr in den Leipziger Messen zerfiel naturgemäss in vier verschiedene Zweige, den Handel mit Sorten (Münzen), den Handel mit Wechseln
und das Discontiren der Wechsel, den Handel mit Staatspapieren und das Vor-
schussgeschäft auf Staatspapiere und Waaren.

I. Das Sortengeschäft.

Bei der ausserordentlichen Ungleichartigkeit der Münzverhältnisse in früheren
Zeiten war es ganz natürlich, dass der internationale Waarenzwischenhandel auch
einen ausserordentlich grossen Handel mit den verschiedenen als Zahlungsmittel
dienenden Münzen auf den Messplätzen herbeiführen musste. Denn wenn auch
die Käufer von Waaren ebenso oft ihre aus der Heimath mitgebrachten Münzen
direct an den Verkäufer der Waaren abgaben, wodurch das Feilschen um den
Preis der Waaren oft recht sehr erschwert und in die Länge gezogen wurde,
wie sie ihre heimische Münze bei Leipziger Geldwechslern in andere benöthigte
Münzen umwechselten, so konnte doch der Waarenverkäufer in den seltensten
Fällen die Münze direct verwerthen, sondern musste seinerseits die Vermittelung
des Geldwechslers in Anspruch nehmen. So kam es, dass kaum irgend welche
Zahlung ohne Vermittelung des Bankiers zu Stande kam.

Zu einer richtigen Würdigung des Leipziger Sortengeschäftes würden wir
deshalb nur an der Hand einer vollständigen Geschichte des deutschen oder
wenigstens des sächsischen Münzwesens gelangen. Obwohl uns nun bei unseren
Studien viele neue Materialien zur Beurtheilung der Geschichte des Münzwesens
aufgestossen sind, müssen wir doch, um uns von unserem eigentlichen Gegenstande nicht zu weit zu entfernen, die Verwerthung jenes Materials auf andere
Gelegenheit verschieben.

Leider sind aber die Nachrichten über das eigentliche auf den Leipziger
Messen ausgeübte Sortengeschäft äusserst spärlich und beschränken sich im
Wesentlichen auf die zahlreichen den oberen Landesbehörden vom Leipziger
Rath sowohl als von der Leipziger Kaufmannschaft, als von anderen Interessen-
Kreisen vorgelegten »Handelsgravamina«, von denen wir in den *Anlagen VIII.*
XIII. und XXVIII. einige Beispiele mitgetheilt haben.

Es muss aber bedacht werden, dass der dort vertretene Standpunkt regelmässig ein einseitiger ist und dass das Sortengeschäft um so blühender sein musste,
je ärger die für das Waarengeschäft an sich gewiss sehr bedauerliche Münzcalamität war. Gerade in den Zeiten grösster Münznoth werden die Leipziger
Bankiers das beste Geschäft gemacht haben.

Das Geldwechselgeschäft in den Messen stand in älterer Zeit unter besonderer landesherrlicher Controle. Es wurde hierüber im Jahre 1438 von Herzog Wilhelm ein Mandat erlassen *Lpz.Urk. Buch Bd. I. No. 195* und ebenso im Jahre 1572 vom Churfürsten August. *Lpz. R.A. XLV. B. 4. Bl. 1.*

Da wir, wie gesagt, auf die Münzverhältnisse nicht näher eingehen wollen und können, müssen wir uns darauf beschränken, auf eine, einen grösseren Zeitraum, leider erst aus neuerer Zeit, nämlich von 1790 bis 1823, zusammenfassende Schilderung des Leipziger Münzwesens hinzuweisen, welche sich als *Beilage F. zum Bericht über die Ostermesse 1825 bei den Messrelationes Vol. XIV im H. St. A. Lok. 2559* vorfindet.

Für das Currentgeld, wie es im Leipziger Messwaarenverkehr zu brauchen und zu berechnen war, wurden von Zeit zu Zeit landesherrliche Vorschriften gegeben. So setzte der Churfürst Johann Georg I. am 25. Juli 1621 nach dem Vorbilde von Frankfurt a/M. für gewisse Münzen einen festen Cours beim Messverkehr in Leipzig und in Naumburg fest. *Lpz. R.A. 1, 1. Bl. 153.*

In Folge Entwerthung der Scheidemünzen zu seiner Zeit verordnete Churfürst Johann Georg III., dass bei Zahlung von Wechseln Niemand schuldig sei, auf je 100 Thaler mehr als für 20 bis 25 Thaler in Münzen im Werth unter 4 Groschen anzunehmen. *Lpz. R.A. I. 54. F. Bl. 273. Cod. August II 2049.*

Im Jahre 1690 entstand der »Leipziger Münzfuss«, wonach die feine Mark Silber zu 12 Thalern oder 18 Gulden ausgebracht wurde; derselbe wurde 1738 zum »Reichsfuss« erhoben. Vgl. *Gretschel, Geschichte des Sächs. Volkes 1. Aufl. 1847. 2. Band, S. 505.*

II. Das Wechselgeschäft.

Leipzig ist niemals ein Wechselplatz von so hervorragender Bedeutung, wie Augsburg, Frankfurt a/M. oder Amsterdam gewesen, wo der Handel mit Wechseln gewissermaassen Selbstzweck war. In Leipzig ist das Wechselgeschäft immer nur eine Nebenbranche des Waarenhandels gewesen, in der Art, dass die Wechsel einen Theil der im Waarengeschäft gebrauchten Zahlungsmittel ausmachten. Nur in ganz bescheidener Weise wurden Wechsel auf Leipzig, gewöhnlich Messwechsel, d. h. zu Messzeiten fällige Wechsel, auch als Zahlungsmittel zwischen anderen Handelsplätzen gebraucht.

Trotzdem war der Wechsel und das Wechselgeschäft eine für die Leipziger Messen äusserst wichtige Institution und mit Recht wachten die sächsischen Fürsten mit grosser Sorgfalt und Strenge über der Entwickelung und peinlichen Einhaltung des Leipziger Wechselrechtes und Wechselprocesses [1].

Aber zu einer internationalen Bedeutung hat sich der Leipziger Wechsel als solcher niemals erhoben.

Im Gegentheil spielten auf dem Leipziger Platze als Zahlungsmittel im Messwaarengeschäfte die Wechsel auf andere Handelsplätze immer eine grössere Rolle.

Es darf angenommen werden, dass bis zum dreissigjährigen Kriege die

---

[1] Vgl. oben S. 126. 145. 156 162. 183. 185.

Wechsel auf die süddeutschen Handelsplätze diese leitende Stelle einnahmen, obgleich aus dieser Zeit über das Leipziger Wechselgeschäft äusserst wenig bekannt ist. Nach dem dreissigjährigen Kriege trat Frankfurt a/M. mehr in den Vordergrund, im XVIII. Jahrhundert folgten Amsterdam (für das russische Geschäft) und Wien (für das Geschäft nach der Levante), und erst am Ende des XVIII. Jahrhunderts werden englische und Hamburger Wechsel von Bedeutung für das Leipziger Messgeschäft. Nur vorübergehend werden, namentlich zur Zeit grosser Speculationen in französischen Staatspapieren am Ende des XVIII. Jahrhunderts, Pariser Wechsel erwähnt.

Wir müssen uns nun darauf beschränken, einige seit dem siebenjährigen Kriege in den Messberichten häufiger werdende Nachrichten über das Leipziger Wechselgeschäft nachstehend zusammenzustellen. Auch in den Abschnitten, welche die Bedeutung der Messen im Allgemeinen nach eben diesen Berichten schildern, konnte es nicht ganz vermieden werden, das Geldgeschäft zu erwähnen.

Ostermesse 1766: »Es nehmen zwar die Macedonier bei dem Baumwoll- und Garnnegotio auch viel sächs. Species mit nach Wien, wenn das agio davon niedriger, als von Wiener corr. Briefen steht oder letztere mangeln, jedoch müssen sie solche in Wien à 2 Fl. gegen kaiserliche à 2 Fl. 10 Xr. hergeben, weil es sogar bei Confiscation verboten sein soll, andere als kaiserliche Species mit in die Türkei zu nehmen, wozu sie von dem Wienerischen Hofe Pässe bekommen, die auf der Grenze vorgezeigt werden müssen. Ausserdem aber gehen auch viele von unseren Speciebus in die böhmische und österreichische Lande, besonders für Getreide und für Garne, so die Oberlausitz daher ziehet«.

Ostermesse 1770: »Ein ganz neuer und unerwarteter Vorfall in dem Leipziger Wechselnegotio hat sich auf dieser Messe ereignet, dass der Director der Kgl. Preuss. Bank anher gekommen und von den angesehensten holländischen und hamburgischen Häusern sehr beträchtliche Commissions- und Versicherungs- briefe auf 200 000 Thlr. baarer Zahlung an den Cammerrath Frege mitgebracht. Wobei man vermuthet, dass die Absicht bei diesem Negotio eigentlich dahin gegangen, in Leipzig einen festen Fuss zu fassen. Worüber aber die Leipziger Kaufmannschaft zum Theil sehr beunruhigt worden und allerdings nachtheilige Folgen befürchtet, wenn die Preussische Bank auf hiesigem Messplatz ihre Geschäfte ferner fortsetzen sollte. Zumal nicht abzusehen ist, wie dieselben ohne eine allezeit nachtheilige Einschränkung der Handelsfreiheit in Zukunft, auf was Art es wolle, vorzubeugen sein möchte«.

Ostermesse 1773. »Unter andern beträchtlichen Wechselgeschäften können wir die ansehnliche Commission des Cammerrath Frege aus England nicht unangezeigt lassen, zufolge derselben er an die Königin von Dänemark nach Zelle 250 000 Thlr. zu übermachen gehabt hat«.

Ostermesse 1779: »Englische Wechsel waren sehr gesucht, das £ Sterl. stand auf 6 Thlr 6 Gr. Die holländischen Wechsel waren sehr rar«.

Ostermesse 1784: »Die Wechselcourse standen mit Ausnahme des eng- lischen sehr niedrig . . . . Louisdor thaten gegen Münze nur $1/4$ bis $1/2$% Agio. Ueberhaupt war ein ausserordentlicher Geldmangel in der Handlung zu

bemerken . . . . . Das Zurückbleiben der Zahlungen rührte theils vom Nicht-
kommen der Russen her, theils von Ueberschwemmungen in Deutschland. Die
polnischen Juden, welche sonst viel baar Geld zur Messe bringen, hatten ihre
statt dessen anher gebrachte Waare nicht verkaufen können. Theils kurz vor,
theils während der Messe waren auswärts viele Banquerotte ausgebrochen . . . .
Zwar ist wohl zu hoffen, dass wenn die neuerlich aus Amerika nach Spanien
gekommenen reichen Gold- und Silber-Lieferungen wieder in die Handlung refluirt sein werden, der Mangel an klingender Münze sammt den beschwerlichen Folgen desselben sich vermindern dürften. Allein da die Klagen über
selbigen nicht ganz neu sind, so stehet dahin, ob nicht der Grund davon darin
liegt, dass die Summe der an Geldes statt in Europa umlaufenden Papiere immer
mehr zunimmt und mit der klingenden Münze weniger im Verhältniss steht«.

Ostermesse 1787: »Als eine neue Erscheinung im Wechselhandel zeigte
der Cammerrath Frege unmittelbar von Moskau aus in holländischem Current auf
ihn gezogene Wechsel und machte sich Hoffnung, nicht nur ferner auf diese Art
mit Russland, sondern auch künftig mit Cadix unmittelbar von Leipzig aus zu
wechseln, da bisher die Tratten in beiderlei Reiche über andere auswärtige Plätze
gehn müssen«.

Ostermesse 1788: Wiederum Geldmangel. Daher niedrige Wechsel-
Course mit Ausnahme des englischen. Als Gründe für den Geldmangel wurden
angegeben: »Es sei eine Menge Geld in Kaiserl. Königl. Lande theils durch das
zu Frankfurt a/M. gemachte Anlehn, theils dadurch gezogen worden, dass das
Interesse und Disconto zur Zeit des ausgebrochenen Krieges dort sehr hoch
gestanden, welches letztere hinwiederum daher gekommen sein solle, dass die
Capitalien, welche der Religionsfond bei Privaten aussenstehen gehabt, mit
einemmal aufgekündigt worden, und dass viele begüterte Kaiserl. Königl. Generale und Offiziere bei ihrem Abgang zur Armee, ihre Pacht- oder anderen Guts-
Reventten von ihren Pachtern oder Administratoren auf solche Bedingungen,
welche diesen vortheilhaft gewesen, pränumerando zu erlangen gesucht und
diese dadurch in den Stand gesetzt hätten, hohe Zinsen zu bieten.

Demnächst hätten die Russen und Polen nicht, wie ehedem, Rubel und
Dukaten, sondern hauptsächlich Wechsel, besonders Holländische, oder auch
solche, die von Moskauer und Petersburger Häusern auf hiesige auf lange Sicht
gezogen wären, anher gebracht, wodurch dann einerseits die Masse des Papiers
auf dem Platze vermehrt, andererseits die Mittel zu dessen Realisation vermindert
worden. Ferner sei gemeiniglich von den vorhergegangenen Messen zu Frankfurt
a/M. viel Geld hergebracht worden, welches aber, weil die letzte dasige Messe
schlecht ausgefallen, und dort ebenfalls Geldmangel gewesen, diesmal ausgeblieben sei. Endlich hätten auch die Berliner Juden diesmal nicht, wie sonst,
Friedrichs- und Friedrich Wilhelmsd'or auf den Platz gebracht, weil sie ihre
Rechnung nicht dabei fänden.

Dass jedoch weder die nurgedachtermassen unterbliebene Anherbringung
der Friedrichs- und Friedrich Wilhelmsd'or, noch das erhöhte Agio derselben
von 5 auf $6^2/_3$ % in den preuss. Kassen, einigen Einfluss auf den hiesigen Cours

der Louisd'or gehabt, ergiebt sich aus dem Courszettel, nach welchem sie immer noch wie zu Michaelis, nur zu 1 % Aufgeld gegen Münze gestanden haben. Auch dürfte deren Steigerung so lange, als die Wechselzahlung in sächsisch Corrent mit dem gesetzmässigen Agio nachgelassen bleibt, nicht leicht erfolgen, da von Messe zu Messe mehr Wechselgeschäfte in dergleichen Corrent abgeschlossen werden«.

Michaelismesse 1788: »Mangel an baarem Gelde, welcher in der letztern Ostermesse so gross gewesen ist, dass in den ersten Tagen der Zahlwoche beinahe gar keine Briefe verkauft werden können, wurde in der Michaelismesse eben nicht verspührt. Dahingegen hat es an Papieren besonders an Hamburgern gar sehr gefehlt. Letztere sind von Zeit zu Zeit und kurz nach der Messe bis auf 148 Thlr. gestiegen. Rand-Dukaten und Laubthaler waren in ziemlicher Menge vorhanden, Louisd'or aber wurden sehr gesucht und zuletzt mit 1 $7/_8$ % bezahlt«.

Ostermesse 1791: »Im Handel nach Russland hatten sich seit Michaelis vorigen Jahres die Umstände besonders aus dem Grunde wieder verschlimmert, dass daselbst wegen immer grösser werdenden Mangels an Baarschaft der Cours der Rubel gegen Holländisch Corrent, statt sich, wie man wohl gewünscht, von seinem damaligen schon ausserordentlich niedrigen Stand wieder in etwas zu erheben, noch beträchtlich weiter, nämlich von 29 bis auf 25½ holländischer Stüber für 1 Rubel heruntergegangen, und dadurch die bisherige Schwierigkeit, von dort aus Rimessen auf hiesigen Platz zu machen, also vergrössert worden ist, dass für diesmal ein ansehnlicher Waarenabsatz an die Russen nicht erwartet werden konnte. Gleichermaassen hatte das ununterbrochene weitere Herabsinken des französischen Courses, der nun bis auf 64½ Thlr. pro 300 ₰ mithin um ungefähr 18 % unter pari herunter gekommen ist, der Waarenzug nach Frankreich empfindlichst gestört«.

»Der Wechselhandel hat, trotz einigen Mangels an Louisd'ors und Speciesthalern eine grosse Lebhaftigkeit gehabt, so dass die Messe als eine vorzüglich gute und vortheilhafte zu betrachten ist, dergleichen man hier seit vielen Jahren nicht erlebt hat«.

Michaelismesse 1791: »Im Handel mit Russland waren, obschon in diesem Reiche das bekannte Verbot der Waareneinbringung zu Lande noch unverändert besteht, doch die Aussichten seit kurzen in sofern besser geworden, dass sich daselbst der Cours der Rubel gegen holländisch Corrent von seinem vorherigen ausserordentlich niedrigen Stande wiederum ganz merklich, nämlich von 25½ auf 29 Stüber gehoben und solchergestalt die Schwierigkeit, von dort aus Rimessen auf hiesigen Platz zu machen, in etwas verringert hat.

Unter den Russen zeichneten sich verschiedene aus, die mit ansehnlichen Summen in holländischen Wechseln versorgt waren, und solche in möglichster Eile zum Waareneinkauf anwendeten«.

Auch in den nächsten Messen wird regelmässig von den Schwankungen des Courses der russischen Rubel berichtet und da dieser regelmässig in holländischen Stübern ausgedrückt wird, ergiebt sich, dass in Leipzig im russischen

Handel vorwiegend holländische Wechsel in Frage kommen. Es war dies die Folge davon, dass die Ausfuhr der russischen Rohproducte nach dem übrigen Europa zur See ihren Weg meist nach Holland nahm, wodurch zahlreiche russisch-holländische Rimessen entstanden.

Ostermesse 1793: »Die zu Warschau, London, Amsterdam, Hamburg, Berlin, Breslau u. a. O. plötzlich nach einander ausgebrochenen häufigen und beträchtlichen Fallimente hatten den kaufmännischen Credit und gleichsam das ganze Wechselgebäude auf eine fast noch nie erhörte gewaltsame Art erschüttert, und dadurch in allen Theilen der Handlung eine Hemmung, Unsicherheit und Bestürzung hervorgebracht, wobei die Aufrechthaltung selbst der reichsten und solidesten Handelshäuser in Zweifel gestellt wurde«.

»Einigermaassen beruhigte man sich zwar, da man sah, dass die Leipziger Bankiers, die man zum Theil dem Umsturz nahe geglaubt hatte, Stand hielten, und da es überhaupt das Ansehen gewann, als dürften wenigstens während der Messe die kurz vorher fallit gewordenen hiesigen Handlungen nicht leicht Nachfolge haben. Indess äusserte sich doch fortwährend in allen Zweigen des Messhandels ein ausserordentlicher Misscredit mit seinen gewöhnlichen nachtheiligen Folgen.

Wechselbriefe fanden, bis auf wenige Ausnahmen, weder im Wechsel- noch im Waarenhandel Abnehmer, welches nothwendig die erforderliche Menge der Zahlungsmittel erstaunlich verringerte.

Zudem wurde von Seiten der Waarenhandlungen den polnischen und russischen Käufern meistentheils aller fernerer Credit versagt«.

Michaelismesse 1793: »In Russland war zwar der Wechselcours — dessen bisheriger niedriger Stand den Handel dahin hauptsächlich gehemmt hatte, neuerlich von 24 bis 26 holländische Stüber pro 1 Rubel gestiegen. Allein einestheils ist dieses Steigen, weil Russland demungeachtet gegen vorige Zeiten, wo der Rubel 40 Stüber und darüber galt, noch immer 36 bis 38 % verliert, von keiner solchen Erheblichkeit, dass davon ein besonders wohlthätiger Einfluss zu erwarten gewesen wäre. Anderntheils ist dasselbe durch blos zufällige Umstände, nämlich durch Versendung mehrerer russischer Producte, vornehmlich der Schiffsbaumaterialien nach Holland und der dafür dahin trassirten Wechsel veranlasst worden, und kann eben desswegen nur von kurzer Dauer sein«.

Michaelismesse 1794: »In Folge der Kriegsereignisse fällt das Bankogeld in Amsterdam mit jedem Tage auf einen niedrigeren Cours herab. Hier zu Leipzig so wie auf andern deutschen Plätzen hat dasselbe dermalen gar keinen Cours, und die in Correntgeld noch statthabenden Wechselgeschäfte werden mit solcher Zurückhaltung und Furchtsamkeit betrieben, dass auch der Umsatz des in Correntgeld gestellten Amsterdamer Papieres gegen klingende Münze grossen Schwierigkeiten unterworfen ist.

Unter andern kamen hierdurch besonders die zur Messe anwesenden russischen Käufer, deren vornehmstes Zahlungsmittel, wie bekannt, allemal in Tratten auf Amsterdam besteht, in nicht geringe Verlegenheit, und sahen sich genöthigt ihren Einkauf weit mehr, als ausserdem geschehen sein würde, einzuschränken«.

Ostermesse 1799: »Auf meist allen deutschen Handelsplätzen waltet neuerlich neben einem zunehmenden Ueberflusse an Papiergelde ein ausserordentlicher Mangel an klingender Münze vor. Zu Hamburg ist letzterer dermalen so gross und allgemein, dass allda das beste Papier nicht unter 1 % monatlich escomptirt wird. In letzter Messe zu Frankfurt a/M. haben sich die angesehensten und reichsten Handelshäuser öfters in Verlegenheit befunden, wenn es darauf angekommen ist, eine Zahlung von nur 8000 bis 10 000 Gulden in Contanten zu leisten. Auch in jetziger hiesigen Messe ist bei den Bankiers und sonst durchgehends die klingende Münze noch viel seltener, als in den vorjährigen Oster- und Michaelismessen, und der Umsatz der kaufmännischen und auswärtigen Staatspapiere so sehr schwer gewesen, als man sich seit langer Zeit nicht zu erinnern weiss. Die Ursache des seit einiger Zeit in Deutschland stets allgemeiner und fühlbarer werdenden Geldmangels sucht man theils in der beträchtlich vertheuerten Anschaffung der westindischen Producte und meist aller auswärts zu erholenden Fabrikmaterialien, wozu jetzt weit grössere Summen, als vorhin, erfordert werden, und mit deren Aufbringung es um so schwerer falle, da in denen von den Franzosen besetzten, so wie in denen, dem Kriegsschauplatze nahe gelegenen deutschen Landen viele Einwohner aus Furcht vor Raub, Plünderung und den übrigen Drangsalen des Krieges ihre Baarschaft versteckt hielten, und solchergestalt der Circulation gar erhebliche Summen entzögen. Theils wird behauptet, es sei die Masse der überhaupt vorhandenen klingenden Münze an sich nicht stark genug, um zur Auseinandersetzung bei den, besonders seit Entstehung des Krieges sich immerfort vervielfältigenden Handels- und Wechselgeschäften auszureichen, wannenher man sich schlechterdings durch Reviremens zu helfen suchen müsse, woraus denn nach dem Maasse der Zunahme der Geschäfte nothwendig eine immer grössere Anhäufung des Papieres entstehe, und hierdurch wiederum die Schwierigkeit dasselbe mit klingender Münze zu realisiren, sich verhältnissmässig vermehre«.

Als Grund für den schlechten Ausfall der Messe wird noch angeführt »der tief herabgesunkene Cours des hier zu Messenszeiten eines der vornehmsten Handlungsmittel ausmachenden Wiener Papiers«.

Michaelismesse 1799: »Seit Ostern d. J. ist der damals schon auf meist allen Handelsplätzen bemerklich gewesene ausserordentliche Mangel an klingender Münze und der daneben vorgewaltete grosse Ueberfluss an Papiergelde immerfort höher gestiegen, und eben dieser Ueberfluss an Papieren so nicht realisirt werden können, verbunden mit übermässigen Speculationen auf westindische Producte womit sich viele Handelshäuser in den Seestädten befasst, hat die seit kurzem so häufig ausgebrochenen Fallimente nach sich gezogen, und verursacht dermalen eine gänzliche Stockung im Handel und Credit. Es sind bis zum 14. October zu Hamburg allein kurz hintereinander 51 Fallimente bei dasigem Rathhause angezeigt worden, welche sich, mit Ausschluss von Vier, wovon der Betrag noch unbekannt, zusammen auf 26 660 600 Mark Banko belaufen, obschon das Haus Berend Roosen Salomons Sohn, dessen Schulden sichern Nachrichten zufolge, auf 7 000 000 Mark ansteigen, nur mit 1 037 700 Mark angesetzt ist. Ueberdem sind mehrere dasige Häuser für den gegenwärtigen Augenblick ausser Stande zu zahlen, die aber, in der Hoffnung sich aufrecht zu erhalten, bis jetzt angestanden haben, sich beim Rathhause für fallit zu erklären. Hierunter gehört vorzüglich das jüdische Haus Marcus Popert & Co., welches seit langen Jahren allgemein für eins der grössten, reichsten und solidesten Wechselhäuser geachtet wird, überallhin die ausgebreitesten Wechselgeschäfte treibt und unter andern auch sowohl mit der preussischen Seehandlungs-Compagnie, als mit den Londoner Bankiers, durch deren Vermittelung das Grossbritannische Ministerium seine Finanzoperationen durchsetzt, vornehmlich mit Goldsmith & Eliason zu London, in den engsten Verbindungen steht. Zwar zählt man unter den bereits gefallenen Hamburger Häusern viele, bei welchen wenig verloren gehen dürfte, ja sogar 2 bis 3, die nicht aus Unvermögen, sondern blos wegen Geldmangels, Misscredits und Strenge des Wechselrechts gefallen sind, sich aber wieder aufrichten und nach völliger Befriedigung ihrer Gläubiger ansehnliches Vermögen übrig behalten würden. Auch hat eine am Zahltage hier eingelangte Estafette die Nachricht aus Hamburg gebracht, dass daselbst der Bankier Goldsmith aus London mit ca. 4 Millionen Mark in baarem Gelde angekommen sei, und dass in Folge dessen, und der sonst noch von auswärts zu gewärtigenden schleunigen Unterstützungen, Popert für voll zahlen und nichts an ihm verloren werden würde. Allein demungeachtet sieht man letzteres noch für sehr ungewiss an, weil bei dermaligen Umständen die beste Masse leicht schlecht werden kann. Denn nicht zu Hamburg allein, sondern auch zu London, Paris, Amsterdam, Altona und Bremen häufen sich die Fallimente immer mehr, wie denn an letzten Orten schon 5 Häuser, mit denen die oberlausitzischen und Dresdner Leinwand-Grosshandlungen zeither vorzüglich starke Geschäfte gemacht, zu zahlen aufgehört haben. Zu Augsburg ist unter andern das alte angesehene Haus, Conrad Schwarze & Co., und zu Petersburg das noch grössere Haus Maas & Söhne gefallen. Von allen diesen ausserhalb Hamburg vorgefallenen Falliten ist der Betrag zur Zeit noch nicht genau bekannt. Indess vermuthet man nicht ohne Grund, dass selbige zusammen wenigstens so viele Millionen, als jene zu Hamburg, betragen dürften; und noch ist das Ende dieser traurigen Catastrophe nicht gekommen. Vielmehr gehen noch posttäglich Nachrichten von neuen Fallimenten ein, und die Wirkungen des Contrecoup vermag Niemand zu übersehen. Um den bereits fallirten Hamburger Kaufleuten zu Hülfe zu kommen, und dem Ausbruche mehrerer Fallimente nach Möglichkeit vorzubeugen, haben sich 14 der angesehensten Hamburger Handelshäuser zu einer Dahrlehnscompagnie vereinigt, welche nach dem von ihr durch den Druck bekannt gemachten Plane, Darlehn auf Waaren mittelst ihrer auf sich selbst ausgestellten ultimo Martii 1800 zahlbaren Sola-Wechsel in beliebigen Summen, doch nicht unter 3000 Mark Banco, leistet, und den Inhabern dieser Sola-Wechsel die bei ihr selbst zum Unterpfand niedergelegten Waaren zur Sicherheit constituirt, auch ausserdem die hypothekarische Verpflichtung der Mitglieder derselben für die Summe von 4 Millionen Mark

Banco zur gleichmässigen Sicherstellung bei der Raths-Cämmerei deponirt. Bald nachher hat der Magistrat zu Hamburg, die sehr vernünftige Anordnung, wegen Schonung der Hamburger Kaufleute, so sich blos wegen augenblicklichen Mangels an Zahlungsmitteln, nicht aber wegen Unzulänglichkeit ihres Vermögens für fallit angeben müssen, ergehen lassen, keineswegs aber, wie hier einige Tage lang die Rede ging, die Ausübung des Wechselrechts im Allgemeinen suspendirt. Aehnliche Darlehns-Anstalten wie die vorbeschriebene Hamburger, sind in Bremen, Altona und Kopenhagen zur Abhelfung des auf dortigen Börsen herrschenden Misscredits getroffen worden.

Auch haben die Kaufleute zu Liverpool zur Unterstützung ihrer Correspondenten in Niedersachsen, durch die sie zeither allein die westindischen Producte verführt und ihnen daher mehr Credit als sonst gewöhnlich gegeben haben, beim Parlament Erlaubniss zu einer Anleihe von 500 000 £ Sterl. gesucht und erhalten, so wie nicht minder die Londoner Bank zu eben diesem Zweck erlaubt hat, Silber und Gold nach der Elbe auszuführen. Zugleich sind zeither von Berlin, Breslau, Königsberg, Leipzig und andern deutschen Plätzen, sehr ansehnliche Summen in klingender Münze nach Hamburg zur Deckung der dahin abgegebenen Tratten gesendet, und zu diesem Behuf Conventions-Speciesthaler, welche jetzt besser als andere Münzsorten dahin rentiren, vorzüglich gebraucht worden. Insbesondere von Leipzig aus, sind dergleichen Geldversendungen während jetziger Messe so häufig geschehen, dass die nach Hamburg gehende fahrende Post öfters 2 auch wohl 3 mit Geld beladene Beiwagen geführt hat. Wogegen hinwiedrum auf der andern Seite zur fernern Vermehrung der Postrevenüen die mit heurigem Frühjahre angefangenen wöchentlichen Geldtransporte von Hamburg über Leipzig nach Prag seit der Zeit, wo die russischen Armeen auf dem Kriegsschauplatze erschienen sind, also zugenommen haben, dass statt ehemals eines Transports von ungefähr 150 000 Thlr. wöchentlich, deren jetzt wöchentlich vier, nämlich 2 mit der Magdeburger- und 2 mit der Braunschweigischen Post, wovon jeder gegen 150 000 Thlr. geschätzt wird, und theils in Piastern, theils in Silberbarren besteht, von dem Hamburger Hause Schuback & Co. an Winkler & Co. allhier spedirt werden, welche letztere die unverzügliche weitere Spedition nach Prag allemal durch Fuhrleute machen, weil ihnen auf dieser Seite das Postporto zu hoch kommt. Da unerachtet der traurigen Ereignisse an der Hamburger Börse und des dermalen dort vorwaltenden excessiven Geldmangels jene beträchtlichen Transporte von Silber und Silbermünzen stets unvermindert fortdauern, so ist um so gewisser, dass selbige ursprünglich aus England kommen, und zur Bezahlung der in Italien und der Schweiz stehenden russischen Armeen dienen, wie man denn auch der theils hierdurch, theils durch die Landung englischer und russischer Truppen in Holland sich ansehnlich vermehrten Ausfuhre des reellen Werths aus England, und der alida verhältnissmässig immer mehr zunehmenden Menge von Papieren, die wiederum mit nichts als mit Papier saldirt werden, das beträchtliche Herabsinken des Londoner Courses hauptsächlich mit zuschreibt.

Gleichermaassen betrachtet man den fortwährenden niedrigen Stand des

Wiener Wechsel-Courses, als eine unvermeidliche Folge von der in den Kaiserl. Königl. Landen immer grösser und allgemeiner werdenden Stockung des baaren Geldumlaufs, und der daher stets weitergehenden Vervielfältigung des Papiergeldes, zu dessen Realisation es an Mitteln, oder vielmehr, wie Sachkundige behaupten wollten, an Willen fehle, indem alles Gold und Silber in dem Kaiserl. Schatze zur Resource auf künftige Zeiten und Ereignisse angehäuft und nichts als Papier ausgegeben würde. Ausserdem haben noch zweierlei Umstände einen ungemein schädlichen Einfluss auf besagten Wechselcours, nämlich die in vermehrtem Maasse fortdauernde Ausprägung von 12 und 6 Xr. Stücken nach einem um 50 % geringhaltigern, als dem Conventionsfusse, und dann das neuerlich erlassene Kaiserl. Königl. Verbot der Ausfuhr alles gemünzten und ungemünzten Goldes und Silbers, welches, ob es gleich seiner Natur nach, in einer seinem Zwecke entsprechenden Art nie mit Nachhalt wird in Ausübung gebracht werden können, nichts destoweniger für den gegenwärtigen Augenblick empfindliche Störungen in der Handlung veranlasst.

Auf jetzige Messe insbesondere hat solches die Wirkung gehabt, dass von einer beträchtlichen Anzahl von Käufern wenig oder gar keine Baarschaft sondern meistens Wiener Papier anher gebracht, und hierdurch der Platz noch weit mehr, als in vorigen Messen mit dergleichen Papier überschwemmt, und dessen Cours noch weiter, als ausserdem geschehen sein würde, heruntergebracht worden ist. Ueberhaupt aber war von allem Papier der Zusammenfluss in gegenwärtiger Messe erstaunlich gross. So führten wie schon erwähnt namentlich die Käufer aus Russland und Kurland diesmal fast keine andern Zahlungsmittel, als Wechselbriefe auf London und Hamburg, bei sich. Aus den schlesischen und oberlausitzischen Leinwandmanufactur Orten waren ungleich beträchtlichere Summen als sonst Messenszeit zu geschehen pflegt, in Tratten auf ausländische Plätze vornehmlich auf Hamburg eingekommen. Selten aber, oder gar nicht, fiel es möglich, Papier, selbst solches, das zu jeder andern Zeit für vorzüglich gut und sicher würde geachtet worden sein, gegen klingende Münze umzusetzen. Einestheils behinderte solches der dermalige allgemeine Misscredit. Anderntheils mochten die hiesigen und die zur Messe gekommenen Berliner Bankiers sich meist durchgehends mit dem Einkaufe von Papieren nicht befassen, mussten vielmehr alle zur Einziehung baarer Gelder in Händen habende Mittel anwenden, um sich also bei Casse zu erhalten, dass neben den dringend nothwendigen Geldversendungen nach Hamburg die in jetziger Messe fälligen Zahlungen für acceptirte Wechsel sämmtlich bestritten, und sonst den schlimmen Rückwirkungen der auswärtigen Fallimente nach Möglichkeit entgegen gearbeitet werden konnte; wie denn zu solchem Behuf der jüdische Bankier Oppenheim allein von der Berliner Bank 180 000 Thlr. baar eingezogen.

Bei diesen Umständen war dermalen nach keinem auswärtigen Platze ein bestimmter Wechselcours gangbar, so dass hierunter die Courszettel gar nicht, wie sonst, zur Richtschnur dienten. Die um Geld verlegenen Waarenkäufer boten öfters das Londoner Papier zu 5 Thlr. 6 gr. pr. ₤ Sterl.; das Hamburger zu 140 % und das Wiener kaufmännische Papier zu 87 % gegen klingende Münze aus, und hätten sich gern noch niedrigere Course gefallen lassen, wenn sich nur Annehmer gefunden. Selbst die Wiener Bankzettel, wofür zu Anfang der ersten Messwoche noch bisweilen 89% gegen Kreuzer zu erlangen standen, waren späterhin für Geld zu keinem Course anzubringen. Wenn hingegen Waaren-verkäufer Rimessen auf Hamburg und London nothwendig brauchten, und zu dem Ende auf kurze Sicht gestellte und mit wenigstens 3 bis 4 Endossements von guten Häusern versehene Wechsel suchten und fanden, so wurde von den Bankiers dergleichen auserlesenes Londoner Papier 5 Thlr. 16 gr. und der-gleichen Hamburger 149$\frac{1}{2}$ gehalten.«

Ostermesse 1800: »Ueber Erwarten hat sich der Wechselhandel von den heftigen Erschütterungen, welche er durch die seit Michaelis vorigen Jahres auf den vornehmsten auswärtigen Handelsplätzen in beispielloser Menge aus-gebrochenen Fallimente erlitten, bereits wieder erholt. Vieles haben hierzu die Maassregeln beigetragen, die bekanntlich in Hamburg, Altona, Bremen und Kopenhagen zur Aufrechthaltung dasiger wankenden Handelshäuser und der davon mit abhängenden Verhinderung des nothgedrungenen wohlfeilen Verkaufs der dort angehäuften westindischen Waarenvorräthe genommen worden. Denn der Erfolg zeigt, dass vorzüglich hierdurch mehrere Häuser von dem besorg-lichen Umsturze bewahrt, und andere, die schon gefallen waren, wieder auf-gerichtet, auch die Umstände von gar mancher Masse, welche beim fernern Herabsinken der Preise der westindischen Producte ganz schlecht geworden sein würden, ansehnlich verbessert worden sind. Auf diese Weise ist das Uebel, das anfänglich und so lange die Wirkungen des Contrecoup nicht zu übersehen standen, grenzenlos schien, beträchtlich gemildert.«

Ostermesse 1802: »In jetziger Messe ist nach dem eigenen Angeben hiesiger Bankiers der Wechselhandel sehr blühend und überhaupt genommen eine grosse Menge klingender Münze im Umlauf gewesen.«

Michaelismesse 1805: »Im deutschen Handel wird über grossen Geld-mangel geklagt. Der russische Wechselcours stand so niedrig, dass er eine Ein-busse von 20 bis 30% zuzog.«

Michaelismesse 1808: »Die starken Rimessen von klingender Münze, die sonst von den Frankfurter nach den Leipziger Messen zu gehen pflegten, blieben diesmal aus.«

Ostermesse 1824: »Der Mangel an Wechselzahlung und überhaupt an baarem Gelde äusserte sich in dieser Messe auf eine sonst kaum erhörte Weise. Dass das Conventionsgeld im Wechselhandel sich immer mehr verliert und nur noch die wegen ihrer Abnutzung zum Einschmelzen und auswärtiger Ver-sendung nicht mehr brauchbaren $\frac{1}{12}$ und $\frac{1}{24}$ hierzu vorhanden sind, ist eine nothwendige Folge der durch die ausserordentlichen Zeitumstände der letzten 30 Jahre herbeigeführten Umänderung des Münzsystems in der handeln-den Welt. Als während des Revolutions-Krieges der grösste Theil des Handels aus den französischen und holländischen Häfen sich in Hamburg vereinigte und das südliche Deutschland und die oesterreichischen Staaten seine Geschäfte auf Hamburg über Leipzig machten, man daher in Leipzig ungleich mehr Ri-

messen nach Hamburg als in früherer Zeit brauchte, um deswillen der Cours auf
Hamburg und der Silberwerth daselbst auf eine Höhe stieg, bei der die Ueber-
sendung von baaren Rimessen vortheilhafter ward, als die durch Briefe, auch die
aus dem Auslande in verschiedenen Zeitperioden eingehenden Münzsorten an
Laubthalern, Kronenthalern und 20 xr. bei einer geringern Ausprägung mit
wenigem Gewinn bei baaren Versendungen gebraucht werden konnten, als die
gröbern, conventionsmässigen Münzsorten; als endlich auch die 20 und 10 xr.
durch Einziehung des Papiergeldes wieder nach Oesterreich zurückgingen und
der dadurch entstehende Mangel bei der schon ganz unzureichenden Quantität
des vorhandenen Conventionsgeldes durch das preussische Courantgeld ersetzt
werden musste, dieses letztere aber sich aus mehreren zusammen wirkenden
Ursachen auf einen höheren Preis setzte und erhalten hat, als es im innern Gehalt gegen Conventionsgeld werth war. So musste die Conventionsmünze und
zwar zuerst die Species und $2/3$ und jetzt auch die $1/3$ und $1/6$ immer mehr sich
aus dem Handel verlieren und theils in entferntere Weltgegenden, woher sie
nicht zurückkommen, gehen, theils und hauptsächlich bei dem höhern Preis des
Rohsilbers eingeschmolzen und in die gangbaren und für den Handel brauchbaren Münzsorten umgewandelt werden. An sich kann das Staatsvermögen im
Ganzen nicht verlieren, sondern muss gewinnen, wenn die aus dem im Lande
erbauten Silber geprägte Landesmünze um einen höhern Werth als ihr innerer
Gehalt ist, als Waare ins Ausland geht, und bei dem Umfang des Leipziger Handels und der inländischen Fabrikation kann der Gedanke nicht aufkommen,
durch ein Verbot des in die allgemeine Circulation getretenen preussischen Courants, die conventionsmässige Münze wieder ins Land zurückbringen zu wollen.
Aber der Nachtheil für den Einzelnen im Lande wird gross, wenn aus Mangel
einer gesetzlichen Bestimmung des Werthes des preussischen Courants, um
welchen es dem Conventionsgelde bei Auszahlungen gleichgestellt wird, er
solches um den höhern Preis, den ihm blos der Geldhandel mit öftern Schwankungen giebt, annehmen muss, bei Entrichtung seiner Abgaben und sonstigen
auf Conventionsmünze gestellten Ausgaben solches aber gar nicht anwenden,
sondern bei dem Bankier und in Ermangelung desselben, bei den kleinen Geldmäklern, deren Zahl in den kleinen Städten sich mehrt, gegen ein hohes, bei
den genannten Geldmäklern und den Einnehmern oft wucherliches und mit der
zunehmenden Seltenheit des Conventionsgeldes steigendes Agio, einzuwechseln
sich gezwungen sieht, auch hat man Grund zu befürchten, dass ausländische,
angeblich nach dem Conventionsfusse geprägte, aber in sich verschlechterte $1/12$,
in den innern Geldverkehr kommen, so wie diess mit den im Churfürstenthum
Hessen angeblich nach dem 24 fl. Fuss, aber in der That um vieles geringer aus-
geprägten neuen Münzen, der Fall ist. Der Wunsch sprach sich daher allgemein
und dringend aus, dass die wegen Annahme des preussischen groben Courants
nach seinem innern Werth, in die Königl. Kassen und dessen Gleichstellung in
dieser Maasse mit dem Conventionsgelde von dem Geheimen Finanz-Collegium
in Einverständniss mit der Commerziendeputation gemachten Anträge die Allerhöchste Genehmigung finden möchten. Eine gleiche Verfügung ist schon vor

einigen Jahren im Fürstenthum Altenburg getroffen worden; sie soll, der eingezogenen Erkundigung nach, den Erfolg haben, dass das in den Kassen ein-
kommende preussische Courant von diesen zu den Zahlungen nicht angewendet,
sondern weil es im Geldhandel einen höhern Preis hat, als der innere Werth ist,
um den man es annimmt, Conventions $1/_{12}$ bei den Bankiers eingewechselt und
diese in den innern Verkehr gebracht werden.

Der Mangel an Wechselzahlung würde noch während der Zahlwoche
auffälliger und den Bankiers drückender geworden sein, wenn nicht Ihro
Königl. Majestät, auf unterthänigstes Bitten von sechs der angesehensten
hiesigen Bankiers ihnen mit einem unzinsbaren Vorschuss von 300 000 Thlr.
in Conventionsmünze zu Hülfe zu kommen, die Gnade gehabt hätten.

Auch war es nicht blos Mangel an Conventionsmünze, sondern Mangel an
baarem Gelde selbst, (welches jenen wenn schon mit Verlust doch endlich ersetzt haben würde) welcher die Verlegenheiten im Wechselhandel verursacht
hat. Die allgemeinen Ursachen des zu gleicher Zeit in allen deutschen Handelsstädten zu bemerkenden Mangels an baarem Gelde liegen in bekannten politischen Verhältnissen und insbesondere in den zu der beabsichtigten Reduction
der französischen Renten nach Paris geflossenen Summen und den Rothschild'-
schen Staatsanlehen. Als specielle auf die Leipziger Messe einwirkende Ursachen werden folgende angegeben:

1. Die Schwierigkeit, sich mit baaren Zusendungen aus andern Handelsstädten zu helfen und bedeutende Summen aus dem Auslande zu beziehen, in
sofern sie hauptsächlich aus dem Mangel einer allgemein gangbaren Münzsorte
entstanden ist. Der Bankier hat in seinem Geldvorrathe nicht die Sorte, die er
soeben braucht, er muss seine Casse in mehreren Geldsorten halten und will er
nicht einen grossen Cassenvorrath todt liegen lassen, so kann er von jeder Geldsorte nur eine mässige Summe zur sofortigen Disposition haben.

2. Der Waarenhandel in der Messe überstieg bei weitem die
frühere Erwartung, und es kam durch die Einkäufer wenig baares Geld,
sondern meist Wechsel auf auswärtige Handelsplätze und Creditbriefe auf hiesige
Bankiers, für die der Rembours wieder auf fremde Plätze angewiesen war hierher, und es erschöpfte sich daher bald der ganze Geldvorrath der hiesigen
Bankiers.

3. Der Handel mit Staatspapieren, der damals in grosser Ausdehnung
getrieben ward, verursachte Verpflichtungen von ungewöhnlich grossen Summen, und wenn sich auch in Leipzig nur einige Häuser hauptsächlich damit beschäftigen, so wurden doch die Fonds der übrigen durch ihre auswärtigen nicht
immer deshalb aufzulösenden Verbindungen hierdurch in Anspruch genommen,
wozu kommt, dass auch der Capitalist seine Gelder aus dem Handel zieht und
auf höhere Zinsen in Staatspapieren zu belegen, verleitet wird.

Hierzu trat noch, dass

4. wegen des heurigen späten Eintritts der Jubilatemesse das Geldbedürf-
niss zu dem Wollhandel näher als sonst rückte und er diesmal grössere
Summen als gewöhnlich verlangte, anstatt dass im vorigen Jahre im Juni

9207³/₄ Ctnr. Wolle in Leipzig verwogen worden, sind heuer in diesem Monat 13 469 ¹/₄ Centner zur Waage gekommen.

Ein Umstand, welcher den raschen Gang der Wechselgeschäfte empfindlich hindert und in seiner Rückwirkung selbst dem Waarenvertriebe nachtheilig wird, während er, dass Leipzig sich zu einem in den Courszetteln auf ausländischen Börsen vorkommenden Wechselplatz erhebe, für immer verhindert, — ist dieses, dass Tratten und Assignationen auf Leipzig nicht eher acceptirt zu werden brauchen, als 14 Tage vor der Verfallzeit, so dass der Waarenverkäufer, wenn er mit einer solchen Tratte oder Assignation bezahlt worden ist, ein Papier in den Händen hat, von dem er den nöthigen augenblicklichen Gebrauch nicht machen kann, daher denn jeder Waarenverkäufer es vorzieht, an Zahlungsstatt eine auf einen auswärtigen Platz gerichtete Tratte anzunehmen, die sogleich bei der Präsentation acceptirt wird, bei deren Einlösung ihm aber der Bankier, wegen der verschiedenen Valuta und sonst, stets einen Abzug macht. Diesen Uebelstand auf hiesigem Messplatze haben schon längst so einheimische als ausländische Fabrikanten abgestellt zu sehen gewünscht, während jedoch die Leipziger Bankiers und Kaufleute, je nachdem sie den eigenen individuellen Vortheil und Bequemlichkeit, oder den Vortheil des allgemeinen Handelsverkehrs mehr ins Auge fassen, sehr verschiedener, in Druckschriften vertheidigter Meinung sind, und bei der durch die Königl. Landes-Regierung angeordneten Fertigung einer neuen Leipziger Wechselordnung geltend zu machen suchen. Eine Vereinigung dieser Meinungen lässt sich nicht erwarten, aber eine auf das, was Rechtens hierunter ist, gegründete Entscheidung wird auch das bewirken, was dem Handel wahrhaft nützlich ist.«

Ostermesse 1826: »Von der allgemeinen Handelskrisis, welche den gleichzeitigen Sturz mehrerer der angesehensten Häuser in England, Holland und den deutschen Seestädten herbeiführte, blieb auch die Stadt Leipzig nicht verschont. Gerade dasjenige Bankierhaus, welches seit ungefähr 14 Jahren auf hiesigem Platze die grössten Geschäfte in Staats- und kaufmännischen Papieren machte, — eine der angesehensten Wollhandlungen,[1] — eine englische Waaren- und eine alte angesehene Lederhandlung mussten im Monat Februar und später theils ihre Zahlungen einstellen und sich einer privaten Liquidirung, theils dem förmlichen Concurse vor Gericht unterwerfen. Die Gesammtmasse ihrer hierdurch für jetzt und auf einige Zeit ausser Aktivität gesetzten und dem Umlaufe entzogenen Fonds beträgt, dem Vernehmen nach, gegen 3¹/₂ Millionen Thaler, und ausser mehreren auswärtigen Gläubigern in England, Frankreich, Hamburg, Frankfurt a/M., Augsburg u. s. f. sind auch mehrere inländische Handelshäuser, besonders aber viele Leipziger Familien und Privatpersonen dabei betheiligt. Andere hiesige Handlungen fanden sich daneben als Creditores mit in die Concurse auswärtiger Häuser verwickelt, der sich in Leipzig neuer-

---

1) Wahrscheinlich ist Heinrich Wilhelm Campe gemeint, über dessen Concurs im Jahre 1826 bei dem Stadtgericht Leipzig 21 volumina und beim Handelsgericht 11 volumina Acten ergangen sind.

lich gebildete Cassenverein ward durch plötzliche Herausziehung der ihm
creditirten Fonds, in seinen für den Geldverkehr sich nützlich gezeigten Unternehmungen gehemmt, die während der Messe bekannt gewordenen Fallisse-
ments zweier mit Leipzig in grosser Verbindung seit mehreren Jahren gestan-
denen Handlungshäuser zu Berditschew und Brody, und diese beinahe
gleichzeitig sich ereignenden Unfälle erzeugten im gesammten, so käufmännischen
als übrigen Publikum ein solches Misstrauen, und eine solche Hemmung der
Geldcirculation, als man sich nicht entsinnen konnte, auf hiesigem Platze jemals
erlebt zu haben.«

»Ausserdem schadete aber dem Credite des hiesigen Handelsplatzes im Auslande ungemein, theils diese Catastrophe an sich, theils
der hierbei von einem Theile der übrigen Bankiers an den Tag gelegte
Mangel an Gemeinsinn und ihr zu weit getriebenes Misstrauen.«

Ostermesse 1830: »Was den Leipziger Geld- und Wechselhandel
anlangt, so findet zwischen demselben und dem Messverkehr jetzt überhaupt
keine lebhafte Wechselwirkung mehr statt. Es ist darüber der Commerziendeputation folgendes mitgetheilt worden:

Abgesehen von dem Speculations- und Commissionshandel mit Staatspapieren, der jetzt das Hauptgeschäft vieler, besonders der jüdischen Bankiers-
häuser ist, und von den Arbitrageu, oder Speculationen auf die Course fremder
Valuten auf auswärtigen Plätzen, welche die Bankiers für eigene Rechnung
machen, die aber jetzt selten gelingen; beschränkt sich das Geschäft der Leipziger Bankiers meist auf die sogenannten Conto-Current-Geschäfte, welche darin
bestehen, dass sie fremden Bankiers, Kaufleuten und Fabrikanten in ihren
Büchern ein Conto eröffnen, ihnen entweder Baarsendungen machen, oder auf
sich trassiren lassen, oder ihnen Wechsel auf fremde Plätze übermachen, und
dagegen wieder durch Baarsendungen oder andere fremde Wechsel gedeckt
werden, und am Ende des Jahres von dem gemachten Umsatze $1/3\%$ oder $1/4\%$
Provision, und ausserdem die Zinsen ihrer Vorschüsse berechnen.

Diese Art Geschäfte können fast nie ohne Vorschüsse gemacht werden, und
werden oft nur der Vorschüsse wegen getrieben.

Ein Fabrikant in der Lausitz oder im Gebirge setzt leicht in seiner Gegend
eine Menge Anweisungen auf Leipzig in Circulation, und bezahlt damit die Bedürfnisse seiner Fabrik. Hat er auch in Leipzig keinen Credit, so darf er nur vor
Verfall seiner Anweisung, die er 2, 3 bis 4 Monate dato ausstellt, die Deckung
in Leipzig anschaffen, und seine Anweisung wird richtig eingelöst.

Oft sucht er sich die Deckung der ersten Anweisung dadurch zu verschaffen,
dass er eine neue in Circulation setzt, und mit dem Erlös aus dieser die erste
deckt. Dies geht denn freilich oft nur bis es bricht.

Der grössere Fabrikant, der Geschäfte nach den Seeplätzen macht, schickt
seine Hamburger, Bremer oder Londoner Papiere nach Leipzig, und lässt sich dagegen Baarsendungen kommen.

Doch suchen jetzt viele Fabrikanten die Provision zu ersparen, und verkaufen oft ihr Hamburger Papier an die Colonialwaarenhändler in ihrer Nachbar-

schaft, und bedürfen so keines Bankiers, wenn sie keine Vorschüsse nöthig haben.

Die ausländischen Fabrikanten, die unsere Messen besuchen, geben nur selten den Bankiers eine Provision zu verdienen. Die aus der Nähe nehmen oft ihre ganze Losung in preussischen Kassenanweisungen mit nach Hause, oder sie trassiren schon von Hause aus auf sich selbst in Leipzig zur Messe. Die grösseren Hamburger und Frankfurter Häuser kaufen allerdings hier Wechsel für ihre Losung, aber sie kaufen diese durch den Sensal, und zu denselben Coursen, wie ein Bankier an den andern verkauft. Doch kommt dadurch immer Geld in Circulation.

Mehr Gewinn hat der Bankier oft von den Einkäufern. Diese, in der Ungewissheit ob sie viel oder wenig kaufen werden, bringen Creditbriefe an hiesige Bankiers mit, von denen sie dann beziehen, was sie an Geld bedürfen, und dafür Provision zahlen müssen. Andere bringen Geldsorten oder Wechsel mit, die sie ihren Verkäufern nicht geben können, verkaufen diese an die Bankiers, und weisen die, den Waarenhändlern schuldigen Beträge darauf an.

Geht der Getreide- und Holzhandel in den Ostseehäfen lebhaft, so bringen die Polen viele daselbst gezogene Wechsel auf Hamburg, Holland und England mit. Zu andern Zeiten bringen sie Dukaten, Silberrubel, türkische Piaster oder Producte, als Talg, Wachs, Borsten, Hasenfelle und andere Rauchwaaren, die sie hier verkaufen, oder auch wohl versetzen, wenn ihnen die Preise eben nicht gefallen.

Die hiesigen grösseren Waarenhändler machen meist ihre Wechselgeschäfte auch selbst, und kaufen und verkaufen ihre Wechsel durch den Sensal, oder verschreiben sie von fremden Plätzen. Doch giebt es auch manche recht gute Häuser, die mit einem Bankier in Rechnung stehen, und ihm eine Provision zahlen, um für ihre Anschaffungen sich gar keine Sorgen zu machen, und nicht einmal durch den Sensal ein schlechtes Papier zu kaufen.

Was die letzte Messe insbesondere betrifft, so war sie für den Wechselhandel äusserst bedeutungs- und geschäftslos. Wechsel auf fremde Plätze waren nicht überhäuft vorhanden, der Bedarf davon war aber auch gering, und stand nicht im Verhältnisse zum Angebote, daher auch die meisten Course gegen das Ende der Messe etwas wichen.

In der Zahlwoche trat Bedarf nach Capital für den Staatspapierhandel ein, derselbe Fall äusserte sich in Frankfurt a/M. und in Berlin, daher stieg der Discont auf allen drei Plätzen, und in Leipzig stiegen die Course auf Frankfurt a/M. und Berlin, das waren die einzigen Devisen, die man im ganzen Laufe der Messe abwechselnd gesucht nennen konnte.

Gold- und Silbersorten wurden von den nördlichen und östlichen Käufern wenig zugeführt, von russischen Gold- und Silbersorten fast nichts, und nur wenig von türkischen kleinen geringhaltigen Münzen.

Blos der Staatspapierhandel gab dem Wechselhandel einen Anstrich von Lebhaftigkeit.

Michaelismesse 1830 : In Folge der Julirevolution machte sich Mangel an Geld und Credit geltend »Mit diesem Mangel an Geld und Zutrauen mussten natürlich alle diejenigen Geschäfte erliegen, die auf der Basis alles kaufmännischen Lebens, dem gegenseitigen Credit und der Ueberzeugung von Sicherheit des Eigenthums beruhen. Wechsel sind daher wenig discontirt worden. Was zum Disconto angenommen wurde, ist mit 6%, von der Discontocasse mit 5% geschehen. Allein freilich waren die meisten Wechsel ganz unverkäuflich.

Auf Unterpfand an Staatspapieren (die Coursdifferenzen nicht gerechnet) sind 10% sehr gewöhnliche Verzinsung gewesen. Es soll Leute gegeben haben, welche sich 18 bis 24% bezahlen lassen. Die vorhandenen Valuten haben sich grossentheils auf preussisch Courant und Species reducirt. Das Conventionsgeld war so gesucht, dass die ¹/₁₂ so viel galten, als die Species und letztere, die namentlich von Wien ankamen, mit jenen pari notirt waren.«

Ostermesse 1836: »Der Bank- und Wechselhandel bot in letzter Messe so eigenthümliche, wenn auch unerfreuliche Erscheinungen dar, dass es angemessen scheint, diesem wichtigen Gegenstande einen eigenen Abschnitt zu widmen und die dahin einschlagenden Verhältnisse gründlich zu erörtern.

Es stand nämlich derselbe zu dem Waarenhandel in einem gewissermaassen abnormen Verhältnisse, in Folge des Mangels an baaren Circulationsmitteln überhaupt, und an Conventionsgeld insbesondere.

Beides erklärt sich durch die der Messepoche vorangegangenen Conjuncturen: Das Bestreben, die Course der fremden Devisen auf dem Leipziger Platze hoch zu erhalten, wobei die Bankiers wohl die höhere Verwerthung ihres, unter andern auch durch die Entschüttung ihrer Vorräthe in Braunschweig'schem Conventionsgeld gegen Wechsel auf fremde Plätze (vornehmlich auf Hamburg) reich versehenen Portefeuille zunächst ins Auge fassten, hatte die nachtheilige Folge, dass von Aussen mehr Wechsel als baares Geld zum Behuf der Messzahlungen an den Platz gebracht wurden.

Da jedoch die Verkäufer, wenigstens soweit es den Grosshandel betrifft, ihre Losung behufs ihrer Abrechnungen mit dem Auslande auch wieder grösstentheils in Wechsel auf fremde Plätze zu verwandeln und nur den geringern Theil in baarem Gelde mit hinweg zu nehmen pflegen, so würde diese Lücke vielleicht weniger bemerkt worden sein, wenn sich nicht der Mangel der, für das Wechselgeschäft so unentbehrlichen Valuta der sogenannten Wechselzahlung in Folge der, seit Anfang des Jahres durch die Declarirung des braunschweigischen Conventionsgeldes und nun auch durch diejenige der Münzsorten hannöverschen und westphälischen Gepräges der Circulation entzogenen Summen zuerst fühlbar gemacht hätte. Zwar hatte der Umtausch der Cassenpackete gemischten Inhalts gegen reines sächsisches Conventionsgeld bei den Landescassen stattgefunden und es war dadurch die Rückwirkung der braunschweigischen Maassregel auf den Handelsverkehr minder drückend geworden, indess war die Summe des in den Cassen der Privaten hauptsächlich der Bankiers und Kaufleute im Monat Januar d. J. befindlich gewesenen Geldes dieser Art immer noch beträchtlich genug, um in der gewöhnten Circulation auf merkliche Weise vermisst zu werden, da auch, wie schon oben bemerkt, nur ein Theil des, zum Behuf des Umtausches nach Braunschweig gesandten Geldes in baaren Münzsorten zurückkehrte, vielmehr die Anschaffung durch Vermittelung dortiger Bankiers in Wechseln auf fremde Plätze erfolgte.

Dadurch, sowie durch die ebenfalls schon berührte Declarirung des hannöverschen und westphälischen Conventionsgeldes wurden der Circulation des Platzes jedenfalls mehrere 100 000 Thaler entzogen, und diese Entbehrung wurde um so fühlbarer, als auch in den Fabrikgegenden des Königreichs Sachsen sowohl, als den benachbarten Herzogthümern das sächsische Conventionsgeld in der Ausgabe an die Fabrikarbeiter zu dem Satze von 25 Gr. für den Thaler an die Stelle des preussischen Courants getreten ist, mithin für diesen Zweck von den Geldmärkten des Landes, Leipzig und Dresden, häufiger bezogen wird, als es dahin zurückkehrt.

Die Vereinigung aller dieser Umstände liess beim Eintritt der Messe einen Mangel an Wechselzahlung voraussehen und die Besorgnisse, welche hinsichtlich der Erfüllung der für Ende April und für den Zahltag in jenen Geldsorten eingegangenen Verbindlichkeiten hie und da wohl in etwas übereilter Weise an den Tag gelegt wurden, dienten nur dazu, das wirklich vorhandene Uebel künstlich zu vermehren, indem nun Jeder mit seiner baaren Casse zurückhielt und Keiner den Andern zu unterstützen wagte, aus Furcht, selbst in Verlegenheit zu gerathen, oder auch in Hoffnung, seine Baarschaft künftig noch höher zu verwerthen.

Auch auf die Operationen der Discontocasse wirkte diese Krisis zurück und nur zu Gunsten des, derselben unter solidarischer Vertretung der Directoren aus Staatscassen geleisteten Vorschusses von 100 000 Thalern in Verbindung mit einem Anlehn von 50 000 Thalern Conventionsgeld aus der Altenburger Bank, gelang es derselben, den Anforderungen des Augenblicks zu genügen und in diesem Conflict streitender Interessen hülfreich einzuschreiten. Es zeigte sich jedoch im Verlaufe des Geschäftsganges, dass es nicht nur an der mehrerwähnten Geldsorte, sondern überhaupt an baaren Gelde fehle, ein Mangel, welcher sich in eben dem Grade fühlbarer machte, als die Messgeschäfte lebhaft waren und grössere Circulationsmittel in Anspruch nahmen, auch zugleich für die Bedürfnisse des bevorstehenden Wollmarkts baare Geldmittel zurückgehalten werden mussten.

Gedrückte, fast nur nominelle (nicht realisirbare) Course aller Wechsel auf fremde Plätze, und ein hoher, auf 5 bis 6 % steigender Disconto waren die nächsten Folgen dieses Zustandes der Dinge, ja es wurden sogar Tratten der grössten auswärtigen Bankhäuser auf die vornehmsten Leipziger Firmen, auf den Grund ausreichender Deckung in Wechselzahlung gezogen, von Letztern mit Protest zurückgewiesen, ein in den Annalen des Handels kaum erhörtes und nur durch einen eben so ausserordentlichen Drang der Umstände zu entschuldigendes, den Platz aber jedenfalls compromittirendes Verfahren! Mit Bestimmtheit lässt sich annehmen, dass im gesammten Bankhandel der verwichenen Messe eine namhafte Summe verloren gegangen und kein Bankier damit verschont geblieben ist.

Dringender als je stellt sich unter diesen Umständen die Nothwendigkeit hervor, der Münzverwirrung ein Ende zu machen, welche jetzt im Königreiche Sachsen den Gipfel erreicht zu haben scheint, und sich theilweise auf die benachbarten Herzogthümer erstreckt, während die Staaten, in welchen der 21 Guldenfuss oder beziehendlich der 24 Guldenfuss eingeführt ist, gegen dergleichen Wirren im Princip schon dadurch gesichert sind, dass zwischen dem coursirenden Ausgabegelde und dem Cassengelde kein Unterschied stattfindet und das Gepräge der Münze den Werth derselben unbedingt normirt, wodurch dieselbe ihren Character als Geld bewahrt, während sie in Sachsen, bei der, zwischen der gesetzlichen Normalvaluta und der factischen Verwendung bestehenden Verschiedenheit und bei der Abnormität der Notirung der Conventionsspecies gegen Conventionsgeld im Courszettel, mehr oder weniger die Eigenschaft der Waare annimmt.

Die daraus hervorgehenden Störungen müssen sich in eben dem Grade mehren, als die Verhältnisse der benachbarten Staaten sich in dieser Beziehung ordnen und der Abfall des Herzogthums Braunschweig von dem bisherigen Systeme hat eine umso empfindlichere Rückwirkung auf die sächsischen Münzverhältnisse gehabt, je rücksichtsloser bei Einführung desselben zu Werke gegangen worden ist.

Auf welche Weise diese Lebensfrage für Sachsen zu lösen sein dürfte, kann nicht Gegenstand der Auslassungen eines Berichts sein, welcher es im Hauptwerke blos mit der Relation der Erscheinungen und Wahrnehmungen zu thun hat, auch liegt es in der Natur der Sache, dass eine radicale Abhülfe der Vorbereitung bedarf und erst von der Zukunft erwartet werden kann. Allein eben deshalb — und diese Andeutung scheint dem Zwecke dieser Blätter so nahe zu liegen, dass die gehorsamst unterzeichneten Berichtserstatter sie nicht unterdrücken zu dürfen glauben — eben deshalb dürfte es auch an der Zeit sein, auf transitorische Abhülfe der gegenwärtigen, immer wachsenden Verlegenheiten Bedacht zu nehmen, um grösserem Unheil zu begegnen und dem drohenden Verfall des sächsischen Bankhandels, für dessen Credit im Auslande schon die obenerwähnten bedauerlichen Vorfälle in letzter Messe nachtheilig genug gewirkt haben, zu wehren.

Ohne eine Vermehrung der als Wechselzahlung valedirenden Geldmittel oder Geldzeichen, als theilweisen Ersatz des, der Circulation entzogenen Conventionsgeldes, dürfte dieser Zweck nicht zu erreichen sein, so lange der Begriff der Wechselzahlung, wenn auch nicht in seiner ursprünglichen, doch in seiner jetzt usuellen Bedeutung festgehalten werden soll.

Durch Ausprägung neuen Conventionsgeldes in $\frac{1}{6}$ und $\frac{1}{12}$ Stücken (gröbere Sorten circuliren sofort als Waare oder wandern in auswärtige Schmelztiegel) diesem Mangel abzuhelfen, scheint kaum rathsam, so lange überhaupt die Frage wegen des künftigen Münzfusses noch obschwebt; ebenso wenig dürfte eine Herbeiziehung von dergleichen Münzsorten in namhaften Summen aus dem Auslande ausführbar sein.

Wohl aber scheint von einer grössern Circulation der, Conventionsgeld repräsentirenden Königl. Sächs. Cassenbillets, eine wesentliche Erleichterung des Geldverkehrs zu erwarten zu sein und es würde dieses Hülfsmittel,

weit entfernt der Staatsregierung Opfer zu kosten, vielmehr den Vortheil gewähren, eine nicht unbeträchtliche Summe jetzt zum Theil müssig liegender
Geldzeichen in Umlauf zu setzen.«

III. Der Handel mit Staatspapieren.

Der Handel mit Staatspapieren stand in sofern in Wechselbeziehung zum
Leipziger Messgeschäft, als die Anlage von Geldern in Staatspapieren gleichsam
das Reservoir bildete für vorübergehend im Waarengeschäft und im eigentlichen
Geldhandel verfügbare Capitalien. Namentlich dienten hierzu die sächsischen
Staatspapiere und die Schuldverschreibungen des Leipziger Rathes. Vor dem
dreissigjährigen Krieg machte der Leipziger Rath selbst ein Geschäft aus dem
Handel mit landesherrlichen und eigenen Schuldverschreibungen, ein Geschäft,
welches in verderblichster Weise ausartete und in Verbindung mit anderen com-
merziellen Unternehmungen des Rathes (monopolistischer Vertrieb der Erzeugnisse des Mansfelder Bergbaus) zu der Ueberschuldung der Stadt Leipzig in
den Jahren 1621 bis 1650, über welche wir an anderer Stelle ausführlicher berichten werden, führte.

Der Handel mit fremden Staatspapieren bildete eine Ergänzung des Devisen-
geschäftes und scheint sich im XVIII. Jahrhundert besonders auf französische
und holländische Papiere erstreckt zu haben.

Die zerstreuten Notizen über die Course der sächsischen Staatspapiere in
den Leipziger Messen haben wir in der nachfolgenden Tabelle deshalb gesammelt, weil sie einen Anhalt für den landesüblichen Zinsfuss in Leipzig bietet.
Hiernach würde derselbe im Maximum im Jahre 1766 · 5,4 % betragen haben
und in unruhigen Zeiten 1764 nach dem siebenjährigen Krieg noch höher gewesen sein, im Minimum im Jahre 1804 nur 2,17 % betragen haben. Dieser
letztere auffällig niedrige Zinsfuss von weniger als 3 % würde in den achtziger
und neunziger Jahren sogar längere Zeit geherrscht haben.

Wir schliessen nun noch einige Notizen über den Handel mit Staatspapieren
nach den Messberichten an:

Ostermesse 1784: »Merkwürdig ist, dass bei dem jetzigen Course der
sächsischen Staatspapiere solche gleichwohl aus Holland häufiger als sonst zum
Verkauf hierher geschickt werden und in der That deren immer mehr in hiesige
oder benachbarte Lande zurückkommen sollen, welches sich besonders bei Erhebung der halbjährigen Interessen zeigt, da hiesige Handlungen, so hierzu von
den auswärtigen Auftrag bekommen, anjetzo oft die Hälfte soviel an dergleichen
zu erheben haben sollen, als sie sonst für fremde empfangen. Die Hauptursache
dieser Erscheinung mag wohl in dem überwiegenden Vortheil bestehen, den die
neueren englischen und französischen Negociationen darbieten und welcher auf
6 bis 7 auch wohl 8 % zu bringen ist. Hierzu kommt noch das Herabsinken der
Zinsen in hiesigen Landen, welches das Interesse von 3 % bei der übrigen bequemen Einrichtung jener Papiere weniger unannehmlich macht. Ueberhaupt
dürfte dieser Umstand für hiesigen Staat eher vortheilhaft als nachtheilig sein
und aus solchem eher auf eine Zunahme als auf eine Verminderung des Landes-

XII. Der Geldverkehr.

vermögens zu schliessen sein. Es enthält dies auch keinen Widerspruch zu dem vorhandenen Mangel an Gelde, besonders an klingender Münze in der Handlung. Vermögen des Landes und der Bewohner desselben überhaupt ist von der in der Handlung umlaufenden klingenden Münze ganz verschieden, wie denn z. B. eben dadurch, dass wie vorgedacht hiesige Handlungshäuser weniger Steuerzinsen für Auswärtige zu erheben gehabt hätten, welche sie hernach in Wechseln remittiren und die klingende Münze allhier in ihren Handlungen gebrauchen, der Mangel an letzterer vermehrt und sehr merklich worden, dass nicht so viel klingendes Geld als sonst bei den Steuercreditzahlungen geschehen, in die Handlung gekommen war.«

Ostermesse 1824: »Die Lage der politischen und mercantilischen Welt erzeugte grosse Muthlosigkeit und hemmte fortwährend den Speculationsgeist, wirkte nachtheilig auf den Handel mit kaufmännischen Papieren zurück und verursachte eine empfindliche Stockung in dem Umlaufe des Geldes, welches um Zinsen zu bringen, keinen andern Ausweg und Abfluss zu finden wusste, als den in das unsichere Geschäft auswärtiger Staats-Anleihen.«

Course der sächsischen Staatspapiere. [1])

Zeit.	Sächs. Landschaftliche Obligationen.	Cammercredit Cassenscheine zu 3%.	Cammercredit Cassenscheine zu 2%.
Michaelismesse 1764	58		
Ostermesse 1765	73		
Michaelismesse 1765	66		
Ostermesse 1766	70	55	38
Michaelismesse 1766	67	57	38
Ostermesse 1768	70	59	46
Ostermesse 1770	76½	62—63	50½—50¾
Ostermesse 1771	76½	68—66	51¼—50¼
Michaelismesse 1771	77—77½	66¼—66½	52¼—52½
Michaelismesse 1772	75½		
Ostermesse 1773	76¼	68½	51½
Michaelismesse 1773	77	67½	52½
Michaelismesse 1774	84	73	61½
Ostermesse 1775	87½	72	66
Michaelismesse 1775	86½	77	65½
Ostermesse 1776	87¾	79	67½
Michaelismesse 1776	91½	87½—88	72
Ostermesse 1777	91—92	84—87	72—73
Michaelismesse 1777	89½—90	86—87	72½—73
Michaelismesse 1778	71—72	62—63	52—53
Ostermesse 1779	87—89	81—82	70—71
Michaelismesse 1779	91½	86½	71½
Ostermesse 1780	88—91¾	84—84½	69½—70
Ostermesse 1781	91—92		71—72
Michaelismesse 1781	92—94½	85—87	71½—72
Ostermesse 1782	92¾—95		72¼—74
Michaelismesse 1782	91½—94½		72—72¾

1) »Vor der Ziehung«. Nach der in den Messen erfolgenden Ziehung (Auslosung) sank der Cours regelmässig um 1 bis 2%.

Course der sächsischen Staatspapiere.

Zeit.	Sächs. Landschaftliche Obligationen.	Cammercredit Cassenscheine zu 3%.	Cammercredit Cassenscheine zu 2%.
Michaelismesse 1783	95¼	86	72½
Michaelismesse 1784	97¼	88	74½
Michaelismesse 1790	101—102	99½—100½	83½—86
Ostermesse 1791	101⅝—102½	99¾—100½	86—87½
Michaelismesse 1800	102½	100½	82½
Ostermesse 1801	101½	100	88
Michaelismesse 1801	100½	100	91

IV. Das Lombardgeschäft.

So viel sich erkennen lässt, ist das Verpfänden der nach der Messe gebrachten Waaren, namentlich der Rohprodukte aus dem Norden, Osten und Südosten, jederzeit üblich gewesen und vielfach gehandhabt worden. Es war dies einer der vielen Vortheile, welcher aus den Leipziger Messen für das Leipziger Platzgeschäft erwuchs. Denn naturgemäss waren es vorwiegend Leipziger Firmen, die über hiesige grosse Speicher verfügten, welche sich mit dem Gewähren von Vorschüssen auf die bei ihnen deponirten Waaren beschäftigten. An diesem Geschäft haben sich ebensowohl Leipziger Spediteure, wie Bankiers betheiligt. Ein öffentliches Institut hierfür bestand dagegen nicht, wenn auch das Vorhandensein des Leipziger Lagerhofes derartige Privatgeschäfte erleichterte.

Am häufigsten haben die polnischen Juden von dem Lombardgeschäft Gebrauch gemacht. Sie brachten regelmässig grosse Massen nordischer Rohprodukte (Rauchwaaren, Häute, Borsten, Talg, Honig) nach Leipzig, konnten dieselben aber nicht so schnell veräussern, um mit dem Erlös ihre Einkäufe von Fabrikaten zu bestreiten. Um Baarmittel zu gewinnen, verpfändeten sie also inzwischen die von ihnen zu verkaufenden Waaren. Andererseits wurde den polnischen Juden als Einkäufern nur unter der Bedingung von den Fabrikanten Credit gewährt, dass sie die eingekauften Waaren so lange zur Verfügung eines hiesigen Spediteurs hielten, bis sie einen Theil der Waaren entweder selbst, oder durch Accepte dieses Spediteurs bezahlt hatten.

Derartige Geschäfte werden noch heute in den Leipziger Messen in grossem Umfange gemacht, wenn sich auch letzterer aus erklärlichen Gründen der statistischen Beobachtung entzieht.

Seltener sind die Geschäfte, bei denen ein Fabrikant die auf einer Messe nicht verkauften Waaren bis zur nächsten Messe bei einer Leipziger Firma deponirt und darauf Vorschüsse empfängt.

Das Verpfänden von Staatspapieren im Messgeschäft war immer von noch geringerer Bedeutung.

XIII.

Der Personenverkehr.

Auch über den Umfang des Personenverkehrs fehlen leider für die früheren Jahrhunderte alle Nachrichten, obwohl angenommen werden darf, dass eine Thorcontrole schon sehr früh stattgefunden hat. Zusammenhängende Zahlenreihen haben sich nur für annähernd hundert Jahre, nämlich für die Zeit von 1747 bis 1840 sammeln lassen. In dieser Zeit fanden nämlich in den Leipziger Thoren nach einem ziemlich gleichartig festgehaltenen Schema Aufzeichnungen aller in den Messzeiten ankommenden Fremden statt, wobei Christen von Juden unterschieden und die Heimathsländer der »Messlieranten« berücksichtigt wurden. Diese Thorweise und Wochenweise aufgestellten Uebersichten »der zur Leipziger Messe einkommenden Kaufleute, sowohl Käufer als Verkäufer« wurden dann für die ganze Stadt und für die ganze Messzeit zusammengestellt und sind theilweise in besonderen Acten gesammelt *Die in den Leipziger Messen einkommenden Kaufleute betr. H. St. A. Lok. 11110, 11135, 11152, 11161* theils den einzelnen Berichten der Landes-Oekonomie-, Manufactur- und Commerziendeputation beigefügt. Dieses Material ist aber auch so lückenhaft vorhanden, dass man oft auf gelegentliche Bemerkungen und Vergleichungen angewiesen ist und die nachstehende Hauptübersicht über den Messfremdenverkehr von 1747 bis 1840 nur mit der grössten Mühe aufgestellt werden konnte.

Uebersichten über die Heimathsländer der Messfremden haben wir nur beispielsweise, möglichst aus jedem Jahrzehnt eine herausgegriffen und mitgetheilt.

Aus der Zeit vor 1747 fehlen auch alle Anhaltepunkte, aus welchen man indirect auf den Umfang des Messfremdenverkehrs schliessen könnte.

Die Angabe in *Vogels Annalen S. 584*, dass bei der Belagerung Leipzigs im Jahre 1642 fünfhundert fremde Fuhrleute zu den Waffen gegriffen hätten, ist nicht ganz einwandsfrei. Vgl. oben S. 119.

Dass die vielen von fremden Kaufleuten gemachten Eingaben an die Leipziger Behörden auch nur von annähernd a l l e n Fremden unterzeichnet worden wären, kann man nicht annehmen. Die zahlreichsten Unterschriften zeigt eine bei den *Lpz. R.A. Die Verlegung der Judicalemesse zu Frankfurt a/M. betr. 1710. XLV. B. 8. Bl. 142—144* befindliche Eingabe vom 15. März 1716. Dieselbe ist von 97 Kaufleuten, unter Nennung von deren Heimathsort, unterzeichnet. Es sind alle grösseren Städte Deutschlands vertreten, vom Auslande Amsterdam (3), Paris (2), Wien, »Italien«, Rotterdam, Murdten i. d. Schweiz.

Wie die Tabelle zeigt, erschienen zu den Messen vor dem siebenjährigen Kriege selten 3000 Fremde, bis zum Ende des vorigen Jahrhunderts erreichte ihre Zahl selten 5000 und blieb bis zum französischen Kriege meist unter 7000. Mehr als 10 000 Messfremde erschienen das erste Mal zur Michaelismesse 1814.

Von da an bis 1840 schwankte die Zahl der Besucher der Neujahrsmessen zwischen 3000 und 6500, der Ostermessen zwischen 9000 und 22 000 und der Michaelismessen zwischen 8000 und 20 000. Seitdem staguiren die Zahlen. Denn während für die Zeit von 1840 bis 1865 Angaben überhaupt fehlen, sind während der je 3 Messen zusammen der späteren Jahre nur die folgenden Fremden in den Messzeiten zur Anmeldung gekommen.

1866:	48 128	1875:	45 124
1867	52 534	1876:	50 217
1868:	53 465	1877:	48 464
1869:	55 856	1878:	45 783
1870:	52 975	1879:	46 368
1871:	54 486	1880.	46 888
1872:	55 935	1881	47 236
1873:	55 595	1882:	48 293
1874:	48 585	1883:	50 954

Diese Zahlen sind aber keineswegs ohne Weiteres mit den früheren Zahlen zu vergleichen. Vielmehr können eigentlich nur diejenigen Fremden, welche sich länger als drei Tage in Leipzig aufhalten, und deshalb Anmeldescheine zu lösen haben, mit den früheren Messfremden, welche drei und mehr Wochen in Leipzig blieben, verglichen werden. Anmeldescheine wurden aber vom Leipziger Polizeiamt nur ausgefertigt während der drei Messen zusammengenommen der Jahre

1866:	29 539	1875:	25 424
1867:	32 228	1876:	24 858
1868:	32 214	1877.	23 424
1869:	32 104	1878:	21 746
1870:	27 886	1879:	20 516
1871:	27 291	1880:	19 689
1872:	28 547	1881:	19 131
1873:	27 514	1882:	19 509
1874:	26 215	1883:	17 996

Dafür konnte es aber auch früher nicht vorkommen, dass an einem einzigen Messsonntage, wie es jetzt geschieht, mehr als 10 000 Fremde nach Leipzig kommen, um allerdings noch an demselben Abend in ihre Heimath zurückzukehren. Die Umgestaltung der Verkehrsverhältnisse hat erklärlicher Weise auch den Verkehr der Messfremden in Leipzig vollständig umgestaltet.

Dazu kommt noch, dass die Statistik der Messfremden mehrere ganz ungleichartige Categorien von Personen zusammenstellt, nämlich nicht nur die Käufer und Verkäufer der Grossmesse, sondern auch die Käufer und Verkäufer der Kleinmesse (Jahrmarkt).

Die Bedeutung der Grossmessen ist deshalb zu keiner Zeit von der Zahl der in Leipzig erschienenen Messfremden abhängig gewesen.

Ausführlicheres hierüber und über den Fremdenverkehr in Leipzig überhaupt vgl. E. Hasse: Die Stadt Leipzig. Leipzig 1878. S. 598 ff.

Auch die Berichte der Commerciendeputation unterlassen es nicht, auf die relative Bedeutungslosigkeit der Statistik der Messfremden hinzuweisen, ganz abgesehen davon, dass sie die Ungenauigkeit der Anschreibungen in den Leipziger Thoren, welche trotz wiederholter landesherrlicher Mahnungen zu grösserer Sorgfalt nicht auszurotten war, immer und immer wieder zu rügen hatten. So sagt u. A. der Messbericht über die Ostermesse 1799, dass »die Richtigkeit mancher dieser Angaben bei der bekannten fehlerhaften Beschaffenheit der Leipziger Thorverzeichnisse in Zweifel zu ziehen sein dürfte.«

Eine besondere Beachtung unter den Messfremden verdienen die Juden, da seit dem dreissigjährigen bis zum französischen Kriege das Schwergewicht des Leipziger Messhandels im Osten und Südosten lag und die Juden[1] dieses Geschäft fast ausschliesslich vermittelten. Wie die Tabellen zeigen, erschienen aus Polen fast nur Juden zur Leipziger Messe und auch aus Russland und Böhmen meistens mehr Juden als Christen. Auch Schlesien und später Berlin stellten viel Juden. In welchem Maasse das jüdische Element sich überhaupt an dem Leipziger Messverkehr persönlich betheiligte, zeigen folgende Zahlen. Es erschienen zu allen drei Messen der betr. Jahre zusammen Messfremde, von diesen entfielen auf

Jahre.	Messfremde,	davon Christen	= %	Juden	= %
1754:	6736	» 5852	= 86%	884	= 13%
1799:	9220	» 6734	= 73%	2486	== 26%
1815:	25882	» 19469	= 74%	6443	= 25%
1830:	26229	» 22096	= 84%	4133	== 15%

Von Ausländern treten in den Vordergrund vor dem siebenjährigen Kriege die Siebenbürger, später die Polen und Russen, gegen Ende des vorigen Jahrhunderts die Balkanvölker und am Anfang dieses Jahrhunderts Engländer und Amerikaner. Die Westdeutschen, Franzosen, Niederländer und Schweizer treten dabei meist als Verkäufer auf, erst spät auch die Engländer, alle Völker aus dem Osten und Südosten bis nach Persien hin als Einkäufer.

---

[1] In der Beherrschung des Balkangeschäftes waren die Juden vielfach die Nachfolger und später die Concurrenten der Armenier, von denen man sagt, dass an Handelsschlauheit ein Armenier vier Juden aufwiege. Vgl. auch *Koczÿuske: Osteuropäischer Handel im XV. Jahrhundert in Conrads Jahrbüchern für Nationalökonomie. 54. Band. S. 498—502.*

Die Leipziger Messen besuchende fremde Kaufleute, Käufer und Verkäufer.

Jahr	Neujahrsmesse.			Ostermesse.			Michaelismesse.		
	Christen	Juden	Zu-sammen	Christen	Juden	Zu-sammen	Christen	Juden	Zu-sammen
1747	—	—	—	—	—	—	2 539	319	2 858
1748	—	—	—	2 507	383	2 890	2 066	300	2 366
1749	—	—	—	—	—	2 817	—	—	2 429
1750	—	—	4 015	—	—	2 889	2 206	186	2 392
1751	964	446	1 110	2 605	300	2 905	—	—	2 436
1752	—	—	977	2 559	273	2 832	2 189	251	2 440
1753	992	121	1 113	2 636	455	3 091	2 138	222	2 360
1754	960	132	1 092	2 554	374	2 928	2 338	378	2 716
1755	1 072	149	1 221	2 670	268	2 938	—	—	—
1756	—	—	—	2 507	484	2 991	—	—	—
1757	—	—	—	—	—	1 958	—	—	—
1758	—	—	—	—	—	—	—	—	—
1759	—	—	—	—	—	—	—	—	—
1760	—	—	—	—	—	—	—	—	—
1761	—	—	—	—	—	—	—	—	—
1762	—	—	—	—	—	—	—	—	—
1763	—	—	—	2 537	172	2 709	—	—	—
1764	—	—	—	—	—	—	—	—	—
1765	—	—	—	—	—	—	6 089	276	6 365
1766	—	—	—	—	—	5 166	—	—	4 947
1767	—	—	—	4 119	461	4 580	3 559	304	3 863
1768	—	—	—	—	—	4 597	—	—	3 484
1769	—	—	—	—	—	—	—	—	4 382
1770	—	—	—	—	—	4 455	—	—	4 763
1771	—	—	—	—	—	4 066	2 966	609	3 575
1772	—	—	—	3 464	503	3 967	—	—	—
1773	—	—	—	3 763	695	4 458	—	—	4 458
1774	—	—	—	—	—	4 679	—	—	4 374
1775	—	—	—	—	—	4 895	3 416	751	4 167
1776	—	—	—	4 097	835	4 932	3 517	809	4 326
1777	—	—	—	3 445	686	4 191	3 336	742	4 078
1778	—	—	—	3 308	802	4 110	2 793	585	3 378
1779	—	—	—	3 417	816	4 233	3 269	755	4 024
1780	—	—	—	4 191	670	4 861	3 670	421	4 091
1781	—	—	—	4 118	429	4 547	3 283	339	3 622
1782	—	—	—	3 812	400	4 212	3 420	390	3 810
1783	—	—	—	4 017	439	4 456	3 478	397	3 875
1784	—	—	—	3 917	466	4 383	3 444	348	3 792
1785	—	—	—	3 675	443	4 118	3 442	361	3 803
1786	—	—	—	4 071	474	4 545	3 186	357	3 543
1787	—	—	—	4 563	502	5 065	3 471	404	3 875

Die Leipziger Messen besuchende fremde Kaufleute, Käufer und Verkäufer.

Jahr	Neujahrsmesse.			Ostermesse.			Michaelismesse.		
	Christen	Juden	Zu-sammen	Christen	Juden	Zu-sammen	Christen	Juden	Zu-sammen
1788	—	—	—	3988	471	4459	3748	445	4193
1789	—	—	—	4635	604	5239	3252	535	3787
1790	—	—	—	4424	622	5046	3424	519	3943
1791	—	—	—	4597	723	5320	3389	691	4080
1792	—	—	—	4035	759	4794	3143	624	3767
1793	—	—	—	3634	711	4342	3478	643	3821
1794	—	—	—	3336	637	3973	2775	494	3269
1795	—	—	—	3293	778	4071	2896	586	3482
1796	—	—	—	3675	838	4513	3114	1056	4170
1797	—	—	—	4103	1145	5248	3067	1122	4189
1798	—	—	—	3932	1148	5080	2938	1083	4021
1799	848	349	1197	3230	1088	4318	2656	1049	3705
1800	919	332	1251	4417	1186	5603	3503	1381	4884
1801	944	551	1495	4053	1355	5408	3594	1454	5048
1802	811	554	1365	4757	1820	6577	3262	1384	4646
1803	909	476	1385	4126	1741	5867	3098	1487	4585
1804	747	589	1336	4257	1910	6167	3256	1498	4754
1805	743	536	1279	3807	1863	5670	2518	1294	3812
1806	1033	491	1524	4851	1836	6687	3221	1541	4762
1807	745	212	957	2858	733	3591	3711	1401	5112
1808	898	590	1488	3964	1469	5433	3414	1295	4709
1809	897	559	1456	2975	1234	4209	3508	1300	4808
1810	1017	553	1570	4252	1260	5512	3846	965	4811
1811	1100	498	1598	5087	1437	6524	4798	1499	6297
1812	1566	620	2186	5069	1505	6574	4993	1587	6580
1813	2220	734	2954	2449	569	2988	490	94	584
1814	3362	879	4241	6982	2468	9450	7592	3099	10691
1815	4500	1662	6162	6523	2355	8878	8446	2396	10842
1816	3472	1174	4646	8820	2375	11195	6781	2036	8817
1817	3290	1054	4344	8636	4622	13258	7563	4047	11610
1818	2849	1379	4228	8095	1930	10025	8028	1360	9388
1819	3009	823	3832	6988	3744	10732	6852	1533	8385
1820	2993	743	3706	7993	1669	9662	7493	1735	9228
1821	—	—	—	8518	1696	10214	7240	1303	8543
1822	—	—	—	8453	1924	10377	7994	1631	9625
1823	2782	1376	4158	8654	1711	10365	7881	1553	9434
1824	2859	729	3588	9357	1706	11063	8310	1391	9701
1825	3261	485	3746	8921	1328	10249	8296	1456	9752
1826	3108	611	3719	10839	1621	12460	8073	1233	9306
1827	—	—	—	10474	1809	12283	7559	1507	9066
1828	—	—	—	11544	1481	13025	7780	1493	9273

Die Leipziger Messen besuchende fremde Kaufleute, Käufer und Verkäufer.

Jahr	Neujahrsmesse.			Ostermesse.			Michaelismesse.		
	Christen	Juden	Zu-sammen	Christen	Juden	Zu-sammen	Christen	Juden	Zu-sammen
1829	2 906	490	3 396	13 387	1 577	14 964	7 913	1 571	9 484
1830	2 421	713	3 134	11 390	1 850	13 240	8 285	1 570	9 855
1831	—	—	—	9 757	1 227	10 984	9 439	733	10 172
1832	—	—	—	14 185	6 458	20 643	9 969	3 051	13 020
1833	—	—	—	9 501	2 400	11 901	8 120	2 430	10 550
1834	—	—	—	11 171	3 885	15 056	9 533	2 847	12 380
1835	—	—	—	10 866	3 604	14 470	8 707	2 217	10 924
1836	—	—	—	11 655	3 926	15 581	8 901	2 495	11 396
1837	—	—	—	11 473	3 865	15 338	8 492	2 350	10 842
1838	2 924	643	3 567	11 439	3 882	15 321	9 380	2 397	11 777
1839	3 375	627	4 002	10 165	3 621	13 786	17 038	3 255	20 293
1840	5 281	1 246	6 527	19 344	3 596	22 940¹⁾			

¹) Zu dieser Tabelle ist die Bemerkung gemacht: »Die hier beiverzeichneten Messfieranten sind aus sämmtlichen, von allen Thoren, sowie vom Bahnhofe allhier eingegangenen Rapports vom 20. April bis mit 23. Mai d. J. aufgezeichnet; dahingegen sind diejenigen Personen weggelassen worden, welche sich nicht als Messfieranten angegeben haben.

Es erforderte diese Arbeit einen Zeitraum von 18 Tagen, jeder Tag zu 9 Arbeitsstunden berechnet.

Wahrscheinlich in Folge dieser Bemerkung fehlen von jetzt an die Tabellen über die Messfremden.

Zusammengestellt auf Grund der einzelnen Messtabellen im H. St. A. III. 23ᵇ. Nr. 749. 965. 1180. Lok. 11110. 11135. 11152. Acta die in den Leipziger Messen eingekommenen Kaufleute etc. Vervollständigt nach den Messrelationes der L. O. M. und Commerziendeputation. H. St. A. Lok. 2255 ff.

Die Heimath der

Nummer.	Benennung des Domiciles.	Oster- u. Michaelismesse 1748.		
		Christen	Juden	Zu-sammen
1.	Aus chursächsischen Landen	1464	30	1494
2.	» Frankreich	7	—	7
3.	» England	6	—	6
4.	» Italien	—	—	—
5.	» Holland	25	20	45
6.	» Polen	51	16	67
7.	» Russland	14	—	14
8.	» der Türkei	5	—	5
9.	» Ungarn	62	3	65
10.	» Siebenbürgen	30	—	30
11.	» Armenien	2	—	2
12.	» der Wallachei	—	—	—
13.	» Macedonien	5	—	5
14.	» Griechenland	12	—	12
15.	» Böhmen	90	141	231
16.	» Wien, Mähren und übrigen österr. Erblanden	31	16	47
17.	» Dänemark	4	2	6
18.	» der Schweiz	32	—	32
19.	» Schlesien preussischer Hoheit	279	25	304
20.	» Berlin	149	—	149
21.	» Magdeburg	125	—	125
22.	» Iserlohn	65	—	65
23.	» Preussischen Landen an Tuchhändlern	63	—	63
24.	» den übrigen preussischen Provinzen	341	149	490
25.	» Chur- und Fürstl. Braunschweig. Landen	115	—	115
26.	» Lüttich, Gewehrhändler	14	—	14
27.	» Gera	44	—	44
28.	» Hamburg	289	42	331
29.	» Bremen	35	—	35
30.	» Nürnberg und Fürth	92	—	92
31.	» Augsburg	33	—	33
32.	» Aachen, Eupen, Bortsched und Verviers	61	—	61
33.	» Lübeck	34	—	34
34.	» Frankfurt a/M.	48	—	48
35.	» Danzig	7	—	7
36.	» diversen Orten Deutschlands	939	246	1185
37.	» Halberstadt	—	—	—
38.	» Brandenburg	—	—	—
	Summe:	4573	690	5263

Leipziger Messfremden.

Oster- u. Michaelismesse 1752.			Michaelismesse 1767.			Michaelismesse 1771.		
Christen	Juden	Zu- sammen	Christen	Juden	Zu- sammen	Christen	Juden	Zu- sammen
1531	37	1568	1733	37	1770	1699	36	1735
10	—	10	22	—	22	10	—	10
5	—	5	9	2	11	2	1	3
2	—	2	16	—	16	28	—	28
21	21	42	21	7	28	27	13	40
47	9	56	14	37	51	10	78	88
13	—	13	7	—	7	2	—	2
7	—	7	5	—	5	—	1	1
36	5	41	5	—	5	1	—	1
9	—	9	—	—	—	—	—	—
4	—	4	—	—	—	—	—	—
10	—	10	—	—	—	1	—	1
12	—	12	31	—	31	69	—	69
42	—	42	15	—	15	5	—	5
77	109	186	—	—	—	53	46	99
42	—	42	215	29	244			
20	—	20	1	—	1	2	4	6
31	—	31	28	—	28	12	—	12
259	25	284	70	7	77	43	1	44
197	—	197	95	15	110	62	16	78
160	—	160	147	22	169	108	16	124
72	—	72	65	—	65	52	—	52
40	—	40	—	—	—	50	35	85
362	89	451	—	—	—			
98	—	98	29	6	35	32	5	37
12	—	12	6	—	6	3	—	3
70	—	70	34	—	34	40	—	40
265	—	265	111	25	136	86	25	111
40	—	40	6	—	6	7	—	7
88	—	88	54	5	59	60	1	61
33	—	33	10	—	10	19	2	21
77	—	77	54	—	54	24	—	24
40	—	40	9	—	9	8	—	8
63	—	63	48	6	54	37	6	43
26	—	26	7	—	7	7	—	7
927	229	1156	634	89	723	407	323	730
—	—	—	34	11	45	—	—	—
—	—	—	24	6	30	—	—	—
4748	524	5272	3559	304	3863	2966	609	3575

Die Heimath der

Nummer.	Benennung des Domiciles.	Oster- u. Michaelismesse 1780.			Oster- u. Michaelismesse 1790.		
		Christen	Juden	Zusammen	Christen	Juden	Zusammen
1.	Aus Chursachsen	3851	53	3904	3885	49	3934
2.	» Frankreich	64	—	64	60	—	60
3.	» England	40	2	42	60	—	60
4.	» Italien	33	—	33	52	—	52
5.	» Holland	37	13	50	19	15	34
6.	» Polen	74	294	368	64	505	569
7.	» Russland	41	—	41	19	—	19
8.	» der Türkei	—	8	8	—	2	2
9.	» Armenien	—	—	—	6	—	6
10.	» der Wallachei	2	—	2	—	—	—
11.	» Macedonien	1	—	1	—	—	—
12.	» Griechenland	116	—	116	115	—	115
13.	» Ungarn	18	5	23	24	1	25
14.	» Siebenbürgen	—	—	—	—	—	—
15.	» Böhmen, Mähren, österr. Schlesien	188	87	275	84	20	104
16.	» Oesterreich und übrigen Kaiserl. deutschen Erblanden	13	—	13	38	2	40
17.	» Dänemark	4	—	4	2	4	6
18.	» der Schweiz	35	—	35	98	—	98
19.	» Schlesien	207	33	240	161	67	228
20.	» Berlin	229	80	309	223	88	311
21.	» Magdeburg	90	—	90	145	2	147
22.	» Iserlohn	80	—	80	70	—	70
23.	» Mark Brandenburg	96	9	105	57	10	67
24.	» Halberstadt	26	20	46	33	8	41
25.	» preussisch Westphalen	34	—	34	137	14	151
26.	» Braunschweig	95	1	96	78	1	79
27.	» Gera und Reuss	80	—	80	49	—	49
28.	» Lüttich, Gewehrhändler	9	—	9	9	—	9
29.	» Hamburg	157	49	206	435	50	485
30.	» Bremen	25	—	25	26	—	26
31.	» Nürnberg u. Fürth	122	17	139	89	24	113
32.	» Augsburg	27	—	27	47	—	47
33.	» Aachen, Eupen, Borsched u. Verviers	63	—	63	72	—	72
34.	» Lübeck	22	—	22	26	—	26
35.	» Frankfurt a/M.	81	38	119	130	35	165
36.	» Danzig	8	2	10	5	2	7
37.	» diversen Orten Deutschlands	1923	380	2303	1862	242	2104
	Summe:	7861	1091	8952	7850	1141	8991

Leipziger Messfremden.

Neujahrs-, Oster- und Michaelismesse 1800.			Neujahrs-, Oster- und Michaelismesse 1810.			Neujahrs-, Oster- und Michaelismesse 1815.		
Christen	Juden	Zu-sammen	Christen	Juden	Zu-sammen	Christen	Juden	Zu-sammen
3930	121	4051	4321	90	4411	7769	54	7823
104	5	109	171	9	180	81	2	83
110	8	118	—	—	—	117	41	158
47	—	47	18	—	18	40	—	40
34	26	60	53	4	57	66	40	106
53	1034	1087	44	1088	1132	143	1657	1800
59	125	184	44	296	340	25	108	133
—	9	9	—	1	1	—	—	—
—	—	—	—	—	—	—	—	—
156	7	163	60	22	82	48	17	65
13	2	15	9	—	9	2	—	2
—	—	—	—	—	—	—	—	—
226	168	394	194	121	315	453	208	661
33	3	38	91	—	91	83	10	93
64	26	90	128	4	132	44	32	76
98	—	98	69	—	69	94	—	94
216	128	344	118	136	254	422	491	913
338	183	521	383	216	599	518	329	847
191	7	198	74	16	90	278	139	417
91	—	91	97	—	97	120	4	124
104	59	163	111	63	174	257	161	418
87	45	132	88	12	100	254	161	415
434	47	481	233	61	294	1331	594	1925
137	27	164	83	—	83	261	122	383
75	—	75	151	1	152	574	14	588
3	—	3	11	—	11	12	—	12
322	87	409	260	58	318	224	138	362
57	2	59	28	—	28	111	49	160
81	26	107	82	19	101	78	42	120
21	—	21	17	—	17	21	—	21
61	—	61	25	—	25	101	1	102
19	2	21	36	—	36	47	27	74
149	72	221	110	73	183	170	172	342
15	29	44	8	29	37	23	26	49
1781	654	2435	1998	459	2457	5702	1774	7476
8834	2899	11733	9115	2778	11893	19469	6443	25882

Die Heimath der Leipziger Messfremden.

Nummer.	Benennung des Domiciles.	Neujahrs-, Oster- und Michaelismesse 1820.			Oster- und Michaelismesse 1834.	Ostermesse 1840.		
		Christen	Juden	Zusammen	Zusammen	Christen	Juden	Zusammen
1.	Aus Sachsen	5491	49	5540	8168	8020	50	8070
2.	» preuss. Provinz Sachsen	3725	152	3877	4010	2062	87	2149
3.	» Ost- und West-preussen	197	45	242	548	134	120	254
4.	» Danzig	24	10	34	58	19	25	44
5.	» Provinz Posen	52	657	709	1039	21	583	604
6.	» Provinz Schlesien	311	218	529	974	838	319	1157
7.	» Brandenburg u. Pommern	202	31	233	857	957	111	1068
8.	» Berlin	529	182	711	867	663	312	975
9.	» Magdeburg	259	58	317	246	579	135	714
10.	» Halberstadt, Nordhausen, Mühlhausen, Erfurt	839	107	946	490	517	81	598
11.	» Westphalen	286	31	317	123	} 443	27	470
12.	» Rheinprovinz	163	106	269	85	}		
13.	» Lübeck	135	15	150	51	19	—	19
14.	» Bremen	103	8	111	60	21	—	21
15.	» Hamburg	434	80	514	334	147	67	214
16.	» Mecklenburg	212	48	260	69	69	112	181
17.	» Braunschweig	252	111	363	159	178	15	193
18.	» Hannover	189	18	207	68	112	33	145
19.	» Hessen	284	83	367	545	195	82	277
20.	» Frankfurt a/M.	393	212	605	247	108	62	170
21.	» Herzogl. Sächs. Ländern	1499	80	1579	3054	1738	63	1801
22.	» Gera und Reuss	438	6	444	617	735	15	750
23.	» Bayern	284	252	536	743	} 244	165	409
24.	» Nürnberg und Fürth	102	66	168	178	}		
25.	» Augsburg	27	1	28	16	}		
26.	» Württemberg	122	36	158	140	53	3	56
27.	» Baden	82	12	94	74	48	11	59
28.	» diversen kleinen deutschen Städten	785	582	1367	1397	65	17	82
29.	» den österreichisch deutsch. Staaten	344	247	591	763	485	115	600
30.	» Ungarn und Siebenbürgen	7	1	8	25	33	8	41
31.	» Galizien	2	216	218	157	—	137	137
32.	» Balkanhalbinsel (Türkei, Griechenland, Macedonien)	59	28	87	108	—	86	86
33.	» Russland	50	27	77	177	44	97	141
	Latus:	17881	3775	21656	26444	18547	2938	21485

Die Heimath der Leipziger Messfremden.

Nummer.	Benennung des Domiciles.	Neujahrs-, Oster- und Michaelismesse 1820.			Oster- und Michaelismesse 1834.	Ostermesse 1840.		
		Christen	Juden	Zusammen	Zusammen	Christen	Juden	Zusammen
	Transport:	17881	3775	21656	26444	18547	2938	21485
34.	Aus Polen	155	285	440	486	30	246	276
35.	» Schweden und Norwegen	9	—	9	5	4	—	4
36.	» Dänemark	19	7	26	6	19	8	27
37.	» Grossbritannien	65	7	72	131	43	5	48
38.	» Frankreich	163	10	173	149	74	4	78
39.	» Holland u. Niederlande	43	7	50	45	11	4	15
40.	» Lüttich	3	—	5	4	3	—	3
41.	» Spanien	2	—	2	—	—	—	—
42.	» Portugal	—	—	—	—	—	—	—
43.	» Italien	34	—	34	24	13	—	13
44.	» der Schweiz	98	4	102	128	60	1	61
45.	» Amerika	5	—	5	44	15	—	15
46.	» Anhalt	—	—	—	—	525	390	915
	Zusammen:	18479	4095	22574	27436	19344	3596	22940

XIV.

Verlauf und Bedeutung der Leipziger Messen 1729—1785 nach den Berichten der Commerziendeputation.

Der erste Messbericht, welchen die Commerziendeputation erstattete, behandelt die Jubilatemesse 1729. Er lautet in seinem allgemeinen Theil: »Die ganz ausserordentliche und wider Vermuthen dauernde Kälte des abgewichenen Winters verursachte, dass viele Schiffe mit Spezerei, Caffee, Sargen, Cron Raschen und andere Waaren, so von England und Holland nach Altona und Hamburg, ingleichen einiger, so von Hamburg auf der Elbe nach Magdeburg haben gehen sollen, eingefroren und zurückgeblieben sind, dahero an verschiedenen Spezereiwaaren vor der Messe ein grosser Mangel sich ereignete, welcher sich noch mehr äusserte, als ein von Holland kommendes und besonders mit Spezereiwaaren reich beladenes Schiff bei Urumühlen, ohnweit Altona, verunglückte. Denn obschon die Waaren nicht alle verloren gingen, so wurden selbige dennoch vermöge der Sr. Königl. Majestät in Dänemark zukommenden Strandgerechtigkeit von den dänischen Residenten in Beschlag genommen, einige davon und insonderheit diejenigen, so an die Hamburgischen Commissionäre gehen sollen, verkauft, die übrigen aber, so an die Commissionäre in Altona addressirt waren, auf allergnädigsten Befehl gegen Abzug einiger Procent wiedrum frei gegeben. Hierdurch nun haben viele hiesige Kaufleute grossen Schaden gelitten.

1. Was den Zustand der Messe anlangt, so ist zum voraus zu sagen, dass diejenigen Waaren, daran sich, wie bereits erwähnt ein Mangel hervor thun wollen, in Ueberflusse zugeführt und bevorab die Spezereiwaaren mit guten Profit verkauft worden. Vor allen andern sind

2. die schlesischen, brandenburgischen und hiesigen Landtuche [besage beigehender Specification sub ⊙] sehr gut wiewohl dem Vorgeben nach, mit wenigen Profit verkauft und ins Reich, nach Bremen, Westphalen, Hamburg, Lübeck, Dänemark und Schweden abgeführt worden.

3. Dahingegen die englischen, holländischen, Lucker und Aachener nicht allzugut abgegangen.

4. Die Leinewand von allerhand Sorten, ingleichen die Barchende sind in grosser Quantität ins Reich, nach Lüneburg und ganz Niedersachsen, besonders auch nach Danzig und Königsberg versendet, wie nicht weniger

5. die gedruckten und weissen Kattune nach Polen, Danzig und ins Reich verkauft worden.

6. Die Canevas sind ebenfalls gut abgegangen und haben die Brandenburger und Preussen sich damit ziemlich versorgt.

7. Absonderlich haben diejenigen, so mit Spezerei und anderen couranten Waaren handeln, diese Messe zu rühmen, da hingegen

8. die Englischen, Holländischen und alle anderen kostbaren und reichen seidenen, ingleichen die Galanteriewaaren gar keinen Abzug gehabt.

9. Die Christen und Juden Juweliere haben zwar bei Anwesenheit so hoher Standespersonen eine gute Messe verhofft, aber nicht gehalten und führen daher durchgehends grosse Klagen.

10. Man hat einige Zeit als was neuerliches angemerkt, dass einige macedonische Kaufleute grosse Parthien türkische Wolle anher geführt; allein diese Messe ist wegen allzuhoher Fracht keine angekommen, sondern insgesammt bis zu wohlfeilerem Lohn in Wien liegen geblieben, gleichwohl aber ist

11. der Abzug der in grosser Menge anher gebrachten inländischen Wolle sehr schlecht gewesen und sind daher viel Waagen unverkauft zurück geführt worden.

12. Hiernächst ist nicht zu leugnen, dass die Aufhebung des preussischen Verbots und die Herstellung des mutuell-commerzii von gutem Effecte ist, und wünscht der Kaufmann und besonders der, so mit kostbaren seidenen und anderen reichen Waaren zu handeln pfleget, nichts mehr, als dass der von Sr. Kaiserl. Majestät auf dergleichen Waaren gelegte allzuhohe und über 20 % betragende Impost ebenfalls abgestellt und dem Commerzio der ungehinderte Lauf gelassen werden möchte.

13. Endlich sind diese Messe grosse und unverhoffte Manguements unter

Christen sowohl als Juden und zwar gleich zum Anfange der Messe ausgebrochen, wodurch ein jeder, insonderheit aber der Bankier grosse Ombrage genommen und so viel möglich, sich zu prospiciren, welche Precaution verursacht, dass viele trassirte und girirte Wechselbriefe, obschon der Aussteller und Indossant, für gut zu halten, dennoch nicht honorirt worden sind, sondern mit Protest remittirt. Was für Unordnung bei Aussenbleibung so vieler 100 000 Thlr. gewesen und wie behutsam andere dabei gehen müssen, ist leicht zu glauben und zu besorgen, es dürfen die einzigen Falliments künftige Michaelismesse noch mehr üble Folgerungen bei Christen und Juden nach sich ziehen.«

Der zweite[1]) Messbericht der Commerziendeputation behandelt die Michaelismesse 1747 und wurde von Ernst Friedrich von Hagen abgefasst.[2]) Wir entnehmen demselben Folgendes: »Es beruht in unstreitiger Wahrheit, dass ein Handels- und Messplatz, welcher a) sowohl in Ansehung der Zu- als Abfuhr der Waaren wohl gelegen und b) ein ganz complettes Sortiment aller und jeder Waaren den Einkäufern darzulegen vermögend ist; schlechterdings am Debit keinen Mangel leiden könne, zumal die Einkäufer sich unfehlbar an diejenigen Orte hinziehen, wo sie alle Bedürfnisse zugleich und zwar um den wohlfeilsten Preis haben können.

Nun ist zwar an dem, dass die Stadt Leipzig in Ansehung der Lage nicht eben die vollkommensten Avantagen hat, zumal in Ermangelung eines schiffbaren Stromes alle Waaren zur Achse, mithin um höheres Frachtlohn als zu Wasser üblich, ab- und zugeführt werden müssen. Daher diejenigen Autores, welche über das Commerzium geschrieben, nicht zusammen reimen können, wie es zugehe, dass ermelde Stadt dasiger Hindernissen ungeachtet, dennoch zu dem Flor des Commerzii und sonderlich des Messvertriebes, worin sie blüht, sich erschwungen habe? sintemal die obwohl vortrefflichen Stapel- und Niederlagen-Privilegien diesen ausnehmenden Success blos allein nicht zu Wege bringen können. Sie behelfen sich also mit der sehr superficiellen und keinem Zweifel unterworfenen Anzeige, dass dieser Flor des Handels successive entstanden sei. Mir wird demnach vergönnt sein, die wahren Quellen dieses Gott lob! blühenden Commerzii so kurz, als die engen Schranken einer Relation es erstatten zu untersuchen und anzuzeigen.

Es ist zwar andem, dass die Stadt Leipzig schon seit dem 13. Säculo her sub Auspiciis Imperatorum eine Messe und Waarenmarkt gehabt, jedoch auch natürlich, dass das Commerzium gedachter Stadt in alten Zeiten nicht viel importirt habe, zumal

---

1) Für die Zwischenzeit zwischen 1729 und 1747 vgl. die Denkschriften der Leipziger Kaufmannschaft über den Leipziger Handel mit England aus den Jahren 1738 und 1743. *Anl. XXII und XXIII.*

2) Derselbe findet seine Ergänzung in den Vorschlägen (eines Unbekannten) zur Beförderung des Leipziger Handels vom Jahre 1747 *Anlage XXIV,* in dem Gutachten J. F. Eckardt's über den Schlesischen und Lausitzer Handel, ebenfalls vom Jahre 1747 *Anlage XXV,* und in der Denkschrift des Leipziger Rathes über die Handelsbeziehungen zu Brandenburg, den überseeischen Handel und die Einfuhr aus Bayern vom J. 1747. *Anlage XXVI.*

a) das Commerzium in Deutschland, bei gänzlichen Mangel aller Manufacturen, überhaupt nicht stark gewesen.

b) Die Bedürfnisse in diesen Zeiten so zahlreich nicht waren, als solche durch Verderbniss der Sitten und daraus entsprungener Neigung zum Luxus nach und nach geworden.

c) Der Handel mit den aus der Nord- und Ostsee kommenden Waaren fast lediglich in den Händen der Hansestädte war,

d) die anjetzt durch die neue Seestrasse um Afrika aus Ostindien kommenden Waaren hingegen vor Entdeckung sothaner Strasse schlechterdings den Venetianern und Genuesen eigen waren, welche dieselben aus Ormus und den levantischen Küsten empfingen, und wie fast alle Theile von Europa, also auch die differenten Handelsorte von Deutschland, soweit die Ströme reichen, zu Wasser, und wo diese mangeln zu Lande, versahen, folglich diese Conjuncturen nicht zuliessen, dass Leipzig im Commerzio etwas beträchtliches hätte praestiren können.

Nachdem aber mit Ausgang des 15. Saeculi von den Spaniern (sic!) die neue Strasse um Afrika nach Ostindien, und im Anfang des 16. Jahrhunderts von den Portugiesen (sic!) die neue Welt entdeckt, die Spanier hingegen von den um eben diese Zeit sich zur Freiheit erschwungenen Holländern von ihrem obwohl wenig importirenden Handel via recta et obliqua gar bald verdrängt wurden, folglich diese den Seehandel an sich zogen und denselben durch vorgerichtete importante Marine und Handlungs-Compagnien ungemein erweiterten, so geschah es, dass dadurch fast aller Handel der Venetianer und Genueser unterbrochen wurde, und wie die aus der Nord- und Ostsee nach Deutschland kommenden Güter aus den Händen der Holländer und Hamburger derivirten also auch ostindischen Waaren durch eben den Weg nach Deutschland gezogen werden mussten.

Die Stadt Leipzig hatte ihren Handel, soviel die damaligen Zeiten erlitten, seit Anlegung ihrer Messen bis ins 16. Saeculum nach und nach gar beträchtlich und sich unter den deutschen Handelsstädten ziemlich ansehnlich gemacht.

Als gedachte Stadt nun fast eben um die Zeit, da die Holländer ihren ostindischen Handel vorbesagtermassen einrichteten, von Maximilano I. im Jahre 1497 und von Carolo V. im Jahre 1524 die vortrefflichen Stapel- und Niederlagen-Privilegien sammt dem Strassenzwang auf 15 Meilen Weges rund um der Stadt Ringmauer erlangte, so war dies die beglückte Gelegenheit, wodurch die in der Gegend von 30 Meilen Weges rechts und links vorbei passirende Güter auf Leipzig gezwungen werden konnten, folglich dadurch diese Stadt successive zu einem ausnehmenden Waarenlager kam und zu dem Flor sich aufschwang, worin dieselbe unter Gottes Segen ihrem allerbesten Könige zum erklecklichen Gewinn und allen redlich denkenden Sachsen zur innigen Freude blüht. Diesem nach war nach obigem Supposito, dass die Menge der Waaren eine Menge der Kaufleute nach sich ziehe, es nicht schwer die Käufer aus Deutschland an sich zu ziehen; und als man in Breslau, von wo die orientalischen Völker sich noch immer mit denjenigen Waaren versahen, welche sie nicht wohlfeiler aus dem adriatischen Meer bekommen konnten, im Jahre 1718 durch unausstehliche Erhöhung der Mauthen und andere übelverstandene Einrichtungen eben gedachte Völker missvergnügt machte, so zogen sich auch diese Nationen zum Einkauf grösstentheils anher, und da sie hier ein weit completteres Waarensortiment, als in Breslau, auch eben dieselben Preise fanden, so liessen sie sich durch die seiten des Wiener Hofs veranlasste Reparation der zu spät eingesehenen Fehler nicht wieder von den hier einmal getroffenen Handels-Kundschaften zurückziehen. Bei dieser Bewandniss und der Menge der hierher gewöhnten Einkäufer kann, der Regel und Natur der Sache nach, nicht fehlen, dass alle Leipziger Messen gut und von starken Debit sein müssen, wenn nicht gewisse Hindernisse entstehen, weshalb die Käufer entweder in geringerer Anzahl sich einfinden, oder weniger als sonst einkaufen.

Diese Hindernisse sind es nun, nach welchen der Success der Messe und Debit der Waaren zu examiniren und eben dieselben sind es auch, welche verursachten, dass die gegenwärtige Messe in Ansehung gewisser Waaren nicht eben den stärksten Debit gehabt, welches ich bei jedem Artikel der Waaren insbesondere berühren werde.

A. Soviel aber A. zuförderst die zur Messe gekommenen Kaufleute anbetrifft, hat deren Anzahl sich dieses mal auf 2858 belaufen, worunter 319 Juden befindlich. Gleichwie man nun die sich selten alterirende Anzahl der Verkäufer auf 800 zu rechnen pflegt, so ergiebt sich, dass 2058 einkaufende Handelsleute damals in Leipzig waren. Diejenigen, so unter denselben die mehrste Consideration verdienen, sind die orientalischen Völker, deren diesmal nur 120 überhaupt hier waren.

Die Ursache warum selbige nicht in grösserer Zahl gekommen, beruht, was die Ungarn anbelangt, darin, dass ein grosser Theil der ungarischen Edelleute sich ausserhalb des Landes in Campagne befindet, folglich der Debit der Waaren sich dort vermindert; diejenigen, welche inzwischen hier gewesen, haben gar beträchtlichen Einkauf gemacht, sonderlich aber viel Tuche, auch Gold- und Silberwaaren eingekauft und solches mit Ducaten zu 2 Thlr. 20 gr. das Stück bezahlt.

Die Polen betreffend, so ist zu bedauern', dass solche fast von Jahr zu Jahr in geringerer Anzahl nach Leipzig kommen und sonderlich die Juden, in deren Händen fast der ganze Handel in Polen ist, sich immerzu vermindern; die Ursache davon ist gleichwohl leicht zu finden und beruht darin, dass man in Frankfurt a/O. und Breslau sich immer mehr und mehr Mühe giebt, die Polen, sowohl Juden als Christen, zu avantagiren und jene diesen vollkommen gleich tractirt, dahingegen diese polnischen Juden im hiesigen Lande unterwegs und selbst hier in Leipzig gleich den geringsten Betteljuden mit hohem Leibzoll belegt und also gehandhabt worden, dass dieselben anders nicht traktirt werden könnten, wenn sie wirklich dem Messcommerzio schädlich wären, und dieselben zurückzuhalten das Königl. allerhöchste Interesse erforderte; daher es gar natürlich, dass diese dem Commerzio so nützlichen jüdischen Handelsleute sich nach und nach von uns hinwegwenden und dasjenige aus Frankfurt a/O. erholen, was sie in Breslau nicht bekommen können.

Ich erzittere, wenn ich Vorschläge thun soll, welche zu directer Verminderung der Königl. Revenüen abzielen; wenn aber dieses Revenü so wie der Leibzoll der polnischen Juden beschaffen, so thue ich dieselben nach theuersten Pflichten mit Freuden, zumal eine Probe von ein paar Jahren wenig Verlust bringen, hingegen die Ueberzeugung geben dürfte, dass die Frequenz der polnischen Juden nach Leipzig sich bald wieder finden und den directen geringen Verlust mit indirectem zehnfachem Gewinn ersetzen würde.

Der Einkauf, welchen die diesmal hier gewesenen Polen gemacht haben, soll, exclusive der Gewürz- und Materialwaaren, ziemlich gut gewesen sein; jene die Spezerei- und Materialwaaren aber vermeinen sie, nicht ohne Grund, in Breslau wohlfeiler kaufen zu können.

Von böhmischen Einkäufern sind diesmal nach allegirter Tabelle nur 37 Christen und 41 Juden, vor dem aber der letzteren wohl 100 anher kommen. Die für das Leipziger Commerzium eben so fatale, als für das wahre und wohlverstandene österreichische Interesse nachtheilige Expulsion der so importanten Judenschaft aus Prag hat diese Verminderung verursacht, wodurch der Waarendebit in Leipzig jährlich über 300 000 Thlr. Werth abgefallen, zumal in Böhmen fast der ganze Handel in den Händen der Juden gewesen, die sich an deren Platz etablirenden christlichen Kaufleute aber den zum Handel nöthigen Credit nicht haben und den wenigen Credit den sie erlangten, dadurch verloren, dass eben ein solcher sich erst vor gar kurzer Zeit in Prag etablirter Kaufmann, mit Namen Razeberger, schon wieder bankerott geworden.

Da nun ein Messhandelsplatz, wegen der in allen Handlungen sich findenden und an die Juden lediglich abzusetzenden Poffelwaaren ohne Juden nicht sein kann, so macht der Abgang der böhmischen Judenschaft die vorhin unverschreiblich angerathene Consideration für die polnischen Juden um so viel nöthiger.

Die hier gewesenen böhmischen sowohl als die mährischen Juden sollen inzwischen ziemliche Parthien Waaren mit genommen haben, jedoch vermeinen, gleich den polnischen, auch die böhmischen und mährischen Juden, die Gewürz- und Materialwaaren, auch Juchten- und andere Leder-, ingleichen Fischwaaren nicht nur in Breslau besseren Preises bekommen, sondern auch aus der Ursache mit wenigeren Kosten einziehen zu können, weil, nach dem im Breslauer Frieden convenirten statu Commercii quo, erwähnte Sorten der Waaren, wenn selbige in Breslau erkauft, in Böhmen von dem Aufschlag befreit sind, daher sie von diesen Artikeln nichts eingekauft haben.

B. Soviel B. Den Debit und die Preise der Waaren anbetrifft, so ist, was

1. die Seidenwaaren anlangt hiervon mit Unterschied zu reden. a) die ganz reichen Stoffe, welche vor etlichen Jahren in Lion mit 60 Franken die französische Elle bezahlt wurde, kann jetzt dort mit 45 à 50 Franken gekauft werden, zumal der Debit dieser ganz reichen Stoffe sich seit 10 Jahren dadurch

ungemein gehemmt, dass man in Dänemark, Schweden, Russland und den österr. Erblanden dieselben gänzlich verboten; gewisse Fabriken in Lion aber blos darauf und nicht auf leichte Seidenwaaren eingerichtet sind, folglich die überhäufte Menge und der geringe Abzug derselben den Preis herunter setzt.

Aus oben bemerkten Ursachen ist der Debit von diesen ganz reichen Stoffen auch in hiesiger Michaelismesse schlecht gewesen.

Weil man aber in Ansehung der reichen Stoffe in den österr. Landen wieder zu conniviren anfängt, auch dieselbe in Russland seit der bei Gelegenheit der Vermählung der Grossfürstin ertheilten Vergünstigung wieder unter der Hand einlässt, so ist gleichwohl von b) den halbreichen Stoffen hier etwas debitirt worden. c) Die blos seidenen schweren Stoffe sind zwar um die alten Preise etwas stärker abgegangen, jedoch ist der Debit davon mit dem, welcher in andern Leipziger Messen geschieht nicht zu vergleichen, d) die leichte und glatte Seidenwaare ist seit etlichen Jahren immer im Preis gestiegen und auch selbst diese Messe um 2% theurer als die vorige verkauft worden.

Die Ursache davon ist, dass theils in Frankreich bei der vor ein paar Jahren geschehenen Aushebung des 15. Unterthanen zu Rekruten, durch Unaufmerksamkeit der Intendanten, auch selbst der Seidenfabrikanten nicht geschont, folglich durch Verminderung der Arbeiter diese Waaren rarer und theuer geworden. Nächstdem nimmt der Luxus unter dem gemeinen Volk allenthalben zu und was sonst Wolle getragen, trägt jetzt Seide, hauptsächlich aber ist die Ursache dieser Vertheuerung wohl diese, dass durch den letzten Krieg in Italien sehr viel Seidenwürmer und Maulbeerbäume umgekommen sind, wie denn der Preis der rohen Seide dort und vornemlich in Roveredo wirklich 7% höher sein soll, als solcher vor einem halben Jahre gewesen; daher man fürchtet die ordinären Seidenwaaren werden in der Ostermesse auf so hoch gleichfalls steigen. Dies hat auch veranlasst, dass die hier diesmal gewesenen Einkäufer sich mit diesen leichten Seidenwaaren so providirt, dass sie allenfalls in der Ostermesse nichts gebrauchen.

e) Unsere hiesigen eigenen Seidenmanufacturen werden über Mangel des Debits nicht klagen können, dergestalt denn jedermann gesteht, dass die Raab'sche Manufactur an Glanz und Solidität der Waaren der italienischen fast vorzuziehen sei, nur weil Raabe die Seide sehr fein spinnen liesse, folglich die Zeuge etwas dünner würden, das Vorurtheil der Käufer aber die besser in die Hand fallende italienische Waare vorzöge, so wäre dies wohl das Einzige, was hinderlich sei, wenn unsere Fabrikwaare nicht so stark als die italienische abging. Die hier etablirte Scharnau'sche Sammtfabrik thut es den Hamburgern in der Mannigfaltigkeit der Farben weit zuvor und kommt dem Genueser Sammt am nächsten. Er, der Scharnau, klagt auch nicht über diesmaligen Debit, nur dolirt er, dass da der mit dem berlinschen Hofe seit Ao. 1728 subsistirende Commerzientractat allen Chursächsischen Fabrikaten den Eingang ins Brandenburg'sche vergönnte, seine Fabrik die einzige sei, die davon ausgeschlossen würde; obwohl jede Elle seines Sammts gleich anderem ausländischem Sammt im

Brandenburg'schen 14 gr. Accise geben müsste, welches seinen Debit in den Messen zu Frankfurt a/O. sehr hemmte und wenn dies durch zutreffendes Einverständniss abgestellt werden könnte, seiner Fabrik um so importanter sein würde, als bekannt, dass die Potsdamer und Berliner Fabrik, um deren Willen gleichwohl der fremde Sammt so hoch impostiret sei, bei weitem so viel nicht machen könnten, als in dortigen Landen gebraucht werde.

Was unter 2. den Wollenwaaren a) die Tuche anlangt, so hat die in Churbayerischen Landen emanirte hohe Impostirung von 8 gr. pr. Elle den Tuchdebit in genere in etwas gehemmt, zumal die Reichenbacher Kaufleute andere Messen sehr viel hier eingekauft, was sie in die Oberpfalz, Bayern und der Gegend verführt, diesmal aber nicht so starken Einkauf machen können.

Jedoch ist dem ungeachtet der Debit der Tuchwaaren fürnemlich nach der Schweiz, auch Bremen und Westphalen, gar gut gewesen.

Die Brandenburgischen Tuchhändler, deren 35 hier gewesen, haben, weil sie sehr viel Waaren eingeführt, ziemliche Parthien davon unverkauft stehen lassen müssen. Unsere inländischen Fabrikanten aber haben guten Debit gehabt.

Die Brabanter Tuchhändler hingegen haben so sehr starken Absatz um desswillen nicht gefunden, weil die spanische Wolle, wegen jetziger Unsicherheit der Schiffahrt, theurer geworden, also auch die daraus gefertigten Tuche von Aachen, Eupen, Burtscheid und Vervier höher im Preis gestiegen, woran sich die Käufer gestossen. b) Von den leichten Wollenwaaren hat die englische nicht recht fort gewollt, weil die damit handelnden Hamburger der immer unsicherer werdenden Schiffahrt halber im Preise allerdings nicht steigen wollen. Die Geraer Zeuge verlieren ihren Debit von Jahr zu Jahr, weil dergleichen leichte Wollenzeuge fast aller Orten fabricirt werden, daher haben die hier gewesenen Geraer Fabrikanten mässigen Absatz gefunden, weil dergleichen leichte Wollenwaaren in der Michaelismesse, wo es gegen den Winter geht, insgemein schlecht abzuziehen pflegen. Der stärkste Debit, welchen die Geraer noch machen, geht nach Italien, wo sie der wohlfeilen Lebensmittel und geringen Imposten halber wohlfeile Spinnerei haben, mithin wohlfeiler als andere Fabriken verkaufen können.

Die Langensalzaer Rasche sind die besten in ihrer Art, daher sie fast allemal, also auch jetzt guten Debit gefunden.

3. Mit dem Chemnitzer Canevas hat es gleiche Bewandniss, weil derselbe nächst dem holländischen der beste ist; daher die Fabrik sowohl hier als in der letzten Messe zu Frankfurt a/M. schönen Debit gemacht. Was

4. das Leinewand-Negotium anbetrifft, wobei wir so genau interessirt sind, so hat zwar der gegenwärtige Krieg in Ansehung derselben Versendungen nach Spanien, Portugal und Westindien gar beträchtliche Hindernisse verursacht; desto stärker aber sind dieselben nach Italien und sonderlich nach England gegangen, weil da zu Friedenszeiten die französischen Batiste und Cammertuche einzuführen erlaubt, zu Kriegszeiten aber verboten sind; daher sie die lausitzer weissgarnigte Leinwand, Taulas genannt und den schlesischen Schlayer statt der französischen Waaren nehmen müssen, mithin insofern der Krieg für

unser Leinwand - Negotium noch erträglich gewesen; nachdem aber durch die glückliche Unternehmung der Franzosen auf Seeland die Schifffahrt der Holländer nach England unsicher geworden, wo nicht ganz unterbrochen ist, so dürfte uns dieser Weg des Debits vor der Hand verschlossen bleiben; zumal zwar durch die Hamburger Schiffe die Remise sicher nach England zu überbringen wäre, jedoch viele Transporte, so durch die Kundschaft der Holländer bisher dahin gegangen, unterbleiben würden.

Der jetzige Messdebit von diesen Leinwandwaaren ist inzwischen um bisherigen Preis noch gar leidlich gewesen, obwohl die Iserlohner, welche sonst zum Wiederverkauf nach Holland vieles einzukaufen pflegten, diesmal sogar starke Parthien nicht genommen haben und ist der stärkste Zug davon ins Reich gegangen.

5. Die Spezerei- und Materialwaaren betreffend, so ist derselbe Preis nun seit 4 Jahren her, ja fast so lange der Krieg zur See gedauert, beständig gestiegen, zumal theils die hohen Assecurationen, theils auch die oftmaligen Capereien und der daher entstandene Mangel der indischen Waaren, diese Erhöhung der Preise verursachen müssen, wie denn selbst in Hamburg theils ost- und westindische Waaren sich so rar gemacht, dass, als ich mich kürzlich allda befand, in der ganzen Stadt nicht mehr als 9 Fässer Martinique-Caffee waren, wovon sonst wohl 3 bis 4000 Tonnen vorhanden zu sein pflegen. Man meinte daher dort mit Grund, dass in dieser Michaelismesse die ostindische Waare sehr theuer sein würde.

Gleichwie aber der status Commercii von den publiken Conjuncturen allemal gewisse Influenz hat und dann das grosse Evenement der Eroberung von Berg op zoom ganz Holland in Bestürtzung gesetzt und die Amsterdamer Kaufmannschaft dahin gebracht hat, dass sie ihren Waarenvorrath lieber wohlfeiler verkaufen, als solchen dem Hazard des gänzlichen Verlustes ausstellen wollen, so hat dieses den Effect gehabt, dass fast alle indischen Waaren in der jetzigen Michaelismesse auch hier wohlfeiler verkauft wurden, mithin gar guten Debit gefunden.

6. Der Ausgang der rohen Wolle ist in der Michaelismesse nie so stark als in der Ostermesse, jedoch sind in dieser Michaelismesse 437 Ctnr. 4 Stein, in der Michaelismesse 1746 aber nur 283 Ctnr., folglich dieses Jahr 154 Ctnr. mehr ausser Landes gegangen.

7. Der Wechselcours ist die Michaelismesse wie die Anlage erweist, regulirt worden, wobei hauptsächlich dieses zu bemerken, wie der Cours der holländischen und englischen Wechsel durch die jetzt obwaltenden Conjuncturen und da ein jeder, so dergleichen Wechsel hat, bemüht ist, dieselbe zu versilbern, folglich durch die überhäufte Menge diese Papiere wohlfeil wurden, gar merklich gefallen, wie denn 1 £ wohl in etlichen Jahren nicht bis auf 5 Thlr. 11¼ gr. herabgefallen, vielmehr in der Ostermesse 1746 noch 5 Thlr. 21 gr. gestanden hat. Aus dem allen, was bisher von der jetzigen Michaelismesse gesagt worden, erhellt soviel, dass dieselbe die schlechteste keineswegs, vielmehr für unsere inländischen Fabriken gar gut gewesen sei. Nur hat

8. die im Cours seiende schlechte Goldmünze den Verkäufer sehr gedrückt, zumal er die Louisd'or zu 5 Thlr. 4 gr., die Carolinen bis zu 6 Thlr. 12 gr., die Ducaten zu 2 Thlr. 20 gr. und wenn es ungarische gewesen gar zu 2 Thlr. 22 gr. annehmen müssen, welches hauptsächlich den armen Fabrikanten drückt, welcher solche Goldmünzen in seinem Gewerbe so hoch nicht gebrauchen kann, folglich dieselben mit Verlust umsetzen muss. Soviel

9. das Totale des dermaligen Waarendebits betrifft, so ist solches, der hiesigen Verfassung nach, eigentlich nicht wohl zu bestimmen, zumal hier nicht eine Losungsaccise gegeben wird und der Einkäufer von seinen ausführenden Waaren zwar $\frac{1}{2}\%$ Waagpflicht erlegen, mithin das Quantum der ausgehenden Waaren declariren muss; diese Declaration aber, durch Connivenz des Waagamts, so ganz ausserordentlich gering thut, dass, wer für 600 000 Thlr. Waare ausführt, kaum für 500 Thlr. angiebt, der Eingang der Waaren hingegen für voll vergeben werden muss und man nicht wissen kann, was davon debitirt worden ist oder nicht.

Inzwischen hat die Landaccise von den zu dieser Michaelismesse gekommenen Waaren 20 333 Thlr. 8 gr. 11 Pf. betragen; wann nun zwar gewiss, dass dieses Waarenquantum nicht sämmtlich debitirt, dahingegen aber auch dieses an dem, dass von den Leipziger sowohl als fremden hier schon vor der Messe befindlich gewesenen Waarenlagern ein grosser Theil mit abgesetzt worden, so ist mit zureichender Wahrscheinlichkeit zu schliessen, dass soviel Waaren als das Quantum, wovon die Accise abgegeben worden beträgt, wohl debitirt sein müssen.

Nun ist zwar der Accisesatz für hiesige Bürger 1 % und für Fremde nur $\frac{2}{3}\%$, weil aber die Angaben der Waaren beider solchergestalt geschehen, dass man wohl in genere für gewiss annehmen kann, eine Post die zu 100 Thlr. declarirt wird, sei 150 Thlr. werth, folglich die Ausrechnung des Waarenbetrags ganz sicher nach dem Prinzipe von $\frac{1}{2}\%$ Accise zulegen kann; so würde nach diesem Prinzipe die Waare, wovon 20 333 Thlr. 8 gr. 11 Pf. Accise gegeben wurden, 4 Millionen Thlr. werth sein, folglich wäre dies das Quantum total des dermaligen Waarendebits; um dies durch eine andere nicht geringe Wahrscheinlichkeit zu bestätigen, so wiederhole ich hier, dass ca. 2000 einkaufende Handelsleute hier gewesen; wenn diese ein Waarenquantum von 4 Millionen Thaler kaufen sollen, so muss jeder für 2000 Thlr. nehmen, welches, grosse Einkäufer gegen kleine gerechnet wohl für wahrscheinlich anzunehmen, da man die grosse Menge der zur Messe kommenden und nie ohne Einkäufe von hier hinweg gehenden Cavaliere und anderer von der Kaufmannschaft nicht Profession machenden Leute gar nicht mit in Rechnung gezogen. Schliesslich sind

10. von Bankerotten wir leider diesmal nicht frei gewesen, vielmehr sind deren durch eine besondere Fatalität hier und auf anderen Plätzen soviel auf einmal entstanden, dass, der Connexion halber, die alle Handelsplätze mit einander haben, daher üble Suiten zu besorgen sind.

Hier in Leipzig ist nämlich ausser der grossen Fried'schen Handlung ein Kaufmann Knauth mit 34 000 Thlr., in Prag der Kaufmann Razenberger mit

300 000 Thlr., in Chemnitz der Kaufmann Seyffart, in Wien die bekannte Wiesenhütter'sche Handlung mit etlichen Tonnen Goldes und in Amsterdam gar drei Häuser die Gebrüder Fraser, Peter Moses und noch ein Haus mit grossen Summen fallit worden.«

Derselbe Ernst Friedrich von Hagen, zu allgemeinen historischen Betrachtungen geneigt, sagt gelegentlich der Ostermesse 1748: »Es hat sich das Commerzium von ganz Europa sowohl als von Deutschland hauptsächlich in diesem Jahrhundert in eine ganz andere Gestalt formirt; die Engländer und Holländer haben zwar im vorigen Säculum nach Erfindung der neuen Strasse nach Ostindien und resp. Amerika, auch daraus entsprungenem Abfall des Commercii der Venetianer 'und Genueser, fast das ganze Seecommerzium allein in Händen gehabt.

Nachdem aber die französische Nation nach verschiedenen vergeblichen Versuchen im Jahre 1663 angefangen, durch Vereinigung der differenten Seehandlungs-Compagnien und Rectificirung des berufenen grossen Tarifs ihrem exotischen Handel eine dauerhafte Gestalt zu geben; obwohl dieselbe ihren Zweck mit dieser Vorrichtung eher nicht als nach erfolgtem Ryswick'schen und resp. Utrecht'schen Frieden, vornemlich aber seit der im Jahre 1719 separat etablirten Westindischen Compagnie erreicht; seit der Zeit auch und bis in die Mitte des jetzigen Krieges damit soweit gediehn, dass England und Holland fast nichts mehr privatim nach Europa einführen, als letzteres die Gewürznelken; so kann man zwar noch behaupten, dass England und Holland einen sehr beträchtlichen Trafik mit indianischen Waaren nach Europa unterhalten, keineswegs aber, dass derselbe nicht, seit dem Success dieser französischen Entreprise, auf ansehnliche Weise gefallen sei. Hierzu kommt es, dass Dänemark, Schweden, Norwegen und Russland in diesem Säculum ihre ausländischen Handlungen dergestalt erweitert, dass man wohl mit hinreichendem Grund behaupten kann, England und Holland sind in ihrer Seehandlung bis unter die Hälfte der vormaligen Importanz gefallen.

Soviel aber die innerlichen Handlungs-Verfassungen der europäischen Staaten ausser Deutschland (wovon ich unten sprechen werde) anbetrifft, so hatte im vorigen Säculum noch jede Nation gewisse Arten der Manufacturen gleichsam in der festen Hand und privatim, solchergestalt, dass dasjenige Fabrikat, welches in dem einen Lande gemacht wurde, in den andern keineswegs verfertigt ward, folglich die Facilität und Nothwendigkeit entstand, mit Nachbarn zu troquiren, wobei jede respective Nation erklecklichen Gewinn zog, weil die eine so wie die andere die Preise ihrer privaten Fabrikwaare nach eigenem Gefallen setzen und versichert sein konnte, dass die Unentbehrlichkeit derselben und der Mangel der Gelegenheit, solche anderswo zu nehmen, die Abnahme beförderte.

So waren z. B. die Seiden-Manufacturen den Italienern und Franzosen ganz eigen, die Wollenfabriken hingegen nur in den Händen der Brabanten, Niederländer und Engländer; und in Spanien, Portugal, Polen, Russland, Schweden, Dänemark und der Schweiz, ja sogar in Deutschland begnügte man sich, von rohen Materialien mit den Nachbarn einen Trafik zu machen, von Manufacturen aber hatte man nicht die geringste Idee.[1])

Nachdem aber alle gedachte Nationen eine nach der andern die Augen öffnete und Fabriken anlegten, wozu die für Frankreich so fatale Verfolgung der sogenannten Hugenotten und die nach der im Jahre 1683 erfolgten Revocation des zur Toleranz derselben erlassenen Edicts von Nantes endlich gar resolvirte Expulsion dasiger Reformirten sowohl auch die unter Philippo XI. (? wohl II. ?) in den ehemaligen spanischen Niederlanden entstandene innerliche Kriege die hauptsächlichste Gelegenheit gaben, also dass man in obermelden Landen jetzt Fabriken findet, wie denn sogar in Spanien von der jetzt verwittweten Königin Majestät in Sevilien soviel Tuchmanufacturen angelegt wurden, dass daraus fast die ganze Armee an Gemeinen montirt werden kann, folglich jede Nation angefangen, sich durch eigne Industrie diejenigen Bedürfnisse, wo nicht sämmtlich, doch grösstentheils zu verschaffen, welche sie zuvor blos aus den Händen der Franzosen, Italiener, Brabanter, Engländer und Holländer erholen musste; so floss hieraus die Wirkung, dass das mutuelle Commerzium in Europa sich sehr verminderte. Wenn ich nun behaupten darf, dass die Stadt Leipzig gleichsam eine Niederlage aller Arten exotischer sowohl, als europäischer Waaren und zwar nicht blos allein für Deutschland, sondern auch für andere europäische Nationen vorstelle, so ist natürlich und unschwer zu begreifen, dass die Verminderung der mutuellen Handels-Lieferungen, so weiland unter den Nationen subsistirt, auch einigen Einfluss in das Leipziger Commerzium gehabt, inmaassen auswärtige Nationen weiland derjenigen Waaren guten theils aus Leipzig sich erholt, welche sie jetzt anfangen selbst zu machen.

Diese indirecte Verminderung aber des Leipziger Commerzii in specie wird sich aus noch näheren Quellen herleiten lassen, wenn man die in diesem Säculum erfolgte Alteration des mutui commercii in Deutschland betrachtet. Ich habe in meiner vorigen Messrelation succincte nachgewiesen, durch was für glückliche Conjuncturen ermeldete Stadt zu einer so starken Niederlage und Vertrieb der Waaren gelangt.

In meinem gegenwärtigen allerunterthänigsten Bericht aber habe ich angezeigt: dass Deutschland entblösst war von Manufacturen. Beides veranlasste die Nothwendigkeit, dass fast alle Provinzen Deutschlands die Bedürfnisse sich aus Leipzig erholen mussten.

Nachdem aber auch Deutschland gleich andern Ländern anfing, allerhand Arten der Fabriken anzulegen, folglich die Einwohner der respectiven deutschen Provinzen diejenigen Fabrikate, so sie in oder nahe um ihr Domicil haben konnten, nicht mehr so stark von Leipzig erholten, sowohl auch der Niederlagen und Messplätze immer mehr wurden, so war der Erfolg natürlich, dass der Leipziger Messtrafik sich nach und nach verminderte. Was

---

[1]) Diese Idee des Herrn von Hagen ist allerdings sehr anfechtbar. Wir reproduciren sie aber, als Beitrag zur Geschichte wirthschaftlicher Anschauungen.

2. die aus besonderen und blos auf die gegenwärtigen Zeiten sich rapportirenden Umständen dem Leipziger Commerzio entsprungenen Hindernisse anlangt, so ist

a) die aus dem nun acht Jahr hindurch gedauerten K r i e g e entstandene Zerrüttung wohl die hauptsächlichste Ursache, weshalb das Commerzium so wie in Europa überhaupt also auch in Deutschland und Leipzig insbesondere languirt, zumal Ungarn und Siebenbürgen durch die Feldzüge einen grossen Abgang an Edelleuten, folglich einen Mangel an dem Debit der Waaren hat; Böhmen, Mähren, Schlesien, auch Bayern durch den Krieg äusserst entkräftet, folglich dahin vor der Hand nicht mehr so viel Waaren als sonst gehen, die übrigen um den Rhein- und Mainstrom gelegenen deutschen Provinzen aber im Einkauf behutsam sind, weil sie bisher noch immer in Furcht geschwebt, es möchte das Kriegesfeuer sich in ihre Gegenden ziehen. Man will zwar

b) zur Hinderniss eines stärkeren Messdebits auch dieses rechnen, dass die überaus s c h l e c h t e n W e g e und das daher entstandene sehr hohe Frachtlohn viele Waaren zurückgehalten, zur rechten Zeit hier einzutreffen, sowohl auch viel Einkäufer sich gescheut, der Fatigue des sehr bösen Wegs sich zu unterziehen. Es ist auch wohl wahr, dass viel Waaren spät ankommen oder gar zurückgeblieben und hat dadurch Ew. Königlichen Majestät Landaccise Schaden erlitten.

Allein dem Einkauf kann dieses nicht wohl hinderlich gewesen sein, weil allemal so viel Waaren in Leipzig vorhanden, dass die Käufer providirt werden können, der nach Gewinn begierige Kaufmann auch, wenn sein Interesse und der Mangel an Waaren es erheischt nach Leipzig zu reisen, sich durch schlimme Wege und etwas langsameres Fortkommen nicht zurückhalten zu lassen pflegt, daher dann blos die oben angeführten Ursachen hinderlich gewesen, dass diese Messe so stark als sonst eine Ostermesse wohl zu sein pflegt, nicht ausgefallen.«

Die Berichte über die Messen 1750 bieten nichts bemerkenswerthes. Gelegentlich der O s t e r m e s s e 1751 bemerkt E. F. von Hagen: »Die Ursachen, weshalb obgedachter maassen das Commerzium nicht etwa in Leipzig allein, sondern in allen alten Mess- und Handelsplätzen sich vermindert und noch mehr vermindern dürfte, beruhen kürzlich darin: dass die entfernten Nationen und unter solchen vornemlich die Russen seit einigen Jahren angefangen, ihre sonst lediglich von Leipzig verschriebenen mannigfaltigen Waaren aus den englischen, holländischen und französischen Manufacturen, auch respective bei den dasigen indianischen Compagnie-Auctionen selbst immediatè einzukaufen, wie denn auch die Raytzen anfangen, von Leipzig nach Holland zu gehen und allda allerhand Waaren zu erhandeln; hiernächst auch die fast in allen Landen Europas angelegten und jährlich sich vermehrenden mannigfaltigen Fabriken, den Einwohnern sothaner respectiven Lande, die sonst auf Messen erholten Fabrikate zu Hause, folglich mit wenigen Kosten zu kaufen Gelegenheit, den Souverains hingegen Anlass geben, den Eingang von dergleichen Waaren, als in ihren eigenen Landen fabricirt wird, entweder mit hohem Impost zu belegen oder gar zu verbieten«....

Im Messbericht über die Ostermesse 1752 hat von Hagen zwar nur das sächsisch fiskalische Interesse im Auge, es ist aber bemerkenswerth, welche hohe Stellung er der Leipziger Messe unter den deutschen Messen und für den deutschen Export einräumt. Und von Hagens Urtheil scheint in der That begründet zu sein: »Wenn man die Güte der Messe lediglich nach der Quantität der eingegangenen Waaren beurtheilen könnte, so wäre diese gegenwärtige Messe ganz ausserordentlich gut; maassen fast auf eine Million werth mehrere Waaren zur Messe gekommen, als in den Ostermessen einzugehen pflegt. Nun ist zwar gewiss, dass nicht alle Waaren, so zur Messe eingehen, auch in selbiger Messe debitirt werden, gleichwie aber allhier die, von allen anderen Messplätzen abweichende Verfassung ist, dass alle eingehende Waaren bei dem Eingang sämmtlich veraccisiret werden müssen, so ist insofern der starke Eingang allemal für das Königl. höchste Interesse sehr vortheilhaft. Zumal die Kaufmannschaft diejenigen Waaren, so allhier nicht verkauft wurden, auf andere Messen führt, selbige nach und nach allda verkauft und zur folgenden Leipziger Messe, als der wichtigsten in Deutschland, wieder neue Waaren einzieht, mithin insofern man fast behaupten kann, dass ein guter Theil derer auf den Messen in Deutschland debitirten fast in alle Theile von Europa gehenden Waaren Ihro Königl. Majestät decimiren müssen.«

Ueber die Bedeutung des sich an die Leipziger Ostermesse anschliessenden Wollmarktes sagt von Hagen in seinem Bericht über die Ostermesse 1753: »Der Leipziger Wollmarkt pflegt hauptsächlich erst nach der Ostermesse am stärksten befahren zu werden; daher bis Schluss der Messe nur 7709 Stein Wolle, welches 1544⅕ Ctnr. ausmacht, eingeführt worden. Ueberhaupt pflegt in einem Jahre 5 bis 6000 Ctnr. an inländischer, 7 bis 8000 Ctnr. an ausländischer Wolle aus Niedersachsen nach Leipzig einzugehen und dagegen an die 4000 Ctnr. von der inländischen Wolle mehrentheils nach der Schweiz ausgeführt zu werden.«

Die Ostermesse 1753 war sehr besucht »von 300 Kaufleuten mehr, als in geraumer Zeit nicht geschehen« und der Einkauf war ein lebhafter, weil man in Oesterreich Erhöhung des Zolltarifs erwartete und man sich deshalb möglichst mit Waaren versorgte. Die Michaelismesse 1753 war deshalb schwächer, weil dieser starke Einkauf noch nicht consumirt worden, »da der Zeitraum zwischen der Oster- und Michaelismesse dermalen nur wenige Monate ausmacht.«

Der Preis der Seide war um 8% gefallen, »da nunmehr drei gute Seiden-Ernten hinter einander in Italien gewesen, und auch eine starke Partie rohe Seide aus China mit englischen Schiffen angekommen, so dass dem bisherigen Mangel an selbiger, welcher das Steigen der Preise verursachte, nach und nach abgeholfen worden, mithin die Preise der rohen, folglich auch der fabricirten Seide fallen müssen, daher sich die Einkäufer nicht so gar stark mit theuern Vorräthen belasten wollen.«

von Hagen klagt über den Abbruch, welchen die Berliner Seidenfabriken dem Leipziger Messhandel thun, schildert die Beneficien, welche die Berliner und Potsdamer Fabriken von preussischer Seite geniessen, erwähnt die Theuerung der spanischen Wolle und den $^2/_3$ der Einfuhr betragenden **Absatz** der inländischen **Tuchhändler und sagt** über die österreichische Handelspolitik: »Der Wienerische Hof macht sich Hoffnung mit englischen leichten Wollenwaaren und andern englischen Waaren **die** Erblande künftig von **Triest aus zu** versorgen, **und von** Leipzig abzuziehen.

Allein nach gezogenem Calculo kommen die Transport- Zoll- und Accisspesen der englischen Waaren von London bis mit Leipzig nur $3^1/_4 \%$.

Von London bis Triest hingegen **verursacht** der weite Transport, der langwierige Aufenthalt der **Schiffe, ehe** sie in London volle Ladung bekommen, der Mangel der Retourwaare in Triest, **der hieraus erwachsende** hohe Frachtlohn und **der** durch **obbemerkten** Verzug entspringende beträchtliche Anwachs der Interessen des in den Waaren steckenden Capitals, sowohl auch die starken Assecuranz-Prämien von 3, 4 bis 5 $\%$, **dass unter** 9 $\%$ Spesen keine **Waare nach Triest** gestellt werden kann; **folglich fährt der österreichische Einkäufer bei dem Einkauf in Leipzig** noch **immer besser, als bei dem in Triest; nicht zu gedenken, dass** er am letzteren Orte kein völliges Sortiment aller Waaren-Bedürfnisse bekommen kann, mithin jeder noch gewisser Sorten halber nach Leipzig gehen müsste, und also Leipzig nicht wohl vermeiden kann.«

»Die inländischen l e i c h t e n W o l l e n w a a r e n haben am Debit nicht leicht Mangel; die gewöhnlichen Klagen über Theuerung und Mangel der feinen Wollengarne haben sich seit Jahr und Tag sehr vermindert, da die sonst so gewaltig starke Aussendung dieser Garne nach Holland sich dermalen sehr stopfet, weil Spanien und Westindien, wohin die Holländer die mehrsten Sendungen machen, mit Wollen- und allen andern Waaren überführt sind, mithin auch der Preis der inländischen Garne sich um 16 à 20 $\%$ vermindert hat.«

»Die Chemnitzer C a n e v a s w a a r e n fangen wieder an, ihren vorigen, allewege gehabten starken Abzug zu finden, weil die Baumwolle aller Art, bis auf die vorigen Preise, in welcher solche bis mit 1748 gestanden, mithin auf 80 bis 100 $\%$ wieder herabgefallen ist, folglich der gute Preis der Canevaswaare den Debit befördert.

Die Ursache des ehemaligen Steigens der **Preise der B a u m w o l l e** beruht darin, dass weil dieselbe durch die überhäufte Cultur in den **westindischen Vorinseln,** nach Art aller überhäuften Waaren, äusserst wohlfeil geworden, die **westindischen Plantageninhaber nicht mehr auf die Culturkosten kommen können,** mithin diese negligiret und dafür die Cultur von Caffee, Cacao, Ingber und **Zucker** befördert, eben dadurch aber bewirkt haben, dass diese letzteren Waaren im Preise gefallen, à mesure die Baumwolle gestiegen, **und nachdem** die Westin**dier seit** zwei Jahren die Cultur der letzteren eifrig betrieben, um von den hohen Preisen zu profitiren, so ist dieser gefallen, die geringen Preise der obbemelden **4. Species hergegen aus der Ursache zur Zeit** noch bestanden, weil von denselben **starker Vorrath ist.**«

»Die in- und ausländischen **L e i n w a n d w a a r e n haben deshalb keinen** starken Abzug gefunden, weil die Iserlohner Kaufleute, welche in guter Anzahl anher kommen, **und** ihren hiesigen beträchtlichen Einkauf nach Brabant,

Spanien u. s. w. debitiren, dermalen nicht viel eingekauft haben, zumal Spanien und Westindien mit Leinwand und fast allen Arten der Waaren überführt ist, hiernächst die in Cadix vor einigen Monaten entstandene und befürchtete noch mehrere Bankerotte, sowohl auch der vom spanischen Hofe verhängte ganz ungewöhnliche Beschlag derer an die 84 Millionen Réaux di Plata oder 11½ Millionen Thlr. importirenden, westindischen Retouren verursachen, dass man weitere Sendungen nicht wagen, noch von denjenigen Waaren, so für Rechnung der deutschen Handlungen in erwähntem Cadix in Commission liegen, losschlagen will, daher, allen in den Händen der Commissionärs befindlichen Ueberflusses ungeachtet, in Cadix in den Handelshäusern wirklich ein Mangel an Waaren ist.

Dies Hinderniss der Handlung aber fällt nach und nach à mesure die Zeit den Credit und das Vertrauen herstellt, von selbst wieder hinweg und die inländischen Leinwandhändler können dieses um so eher abwarten, als ihnen auf gewisse Art ein neues Debouché dadurch erwachse, dass Schweden, welches sonst den stärksten Zug der Leinwand aus Schlesien gemacht, nunmehr starke Partien derselben aus der Lausitz, woselbst die Waare derber und tüchtiger fällt, verschreibt, und in Dänemark sich jetzt ein stärkerer Abzug findet, weil der Impost der Leinwand von 50 bis auf 25 % herabgesetzt worden.«

Ueber die Messen des Jahres 1754 fehlen Berichte[1]) ganz und die über die Messen der Jahre 1755 und 1756 sind von geringer allgemeiner Bedeutung.

Die Ostermesse 1755 war schlecht. Als Grund hierfür wird angegeben, »weil jetzt fast jeder Potentat und Fürst seine Lande mehr als vormals commerçant zu machen bemüht ist, eigne Fabriken anlegt« u. s. w.

Ferner wird auf die Concurrenz der neu errichteten Hafenanlage in Triest hingewiesen: »wie denn durch die guten Wege und den geringen Fouragepreis bewirkt wird, dass ein Centner Frachtgut von Triest nach Wien, so 62 Meilen sind, um 1 Thlr. 8 gr. und zwar in der Zeit von 10 Tagen verführt wird.«

Die Michaelismesse 1755 war besser. »Die allhier gewesenen 2 ungarischen Juden, welche unter türkischer Botmässigkeit wohnen, haben beträchtlichen Einkauf gemacht . . . . . . Die Preise der amerikanischen Waaren sind jetziger Conjunctur halber gewaltig gestiegen, inmassen die Assecuranzen davon immer höher hinan gehen . . . . . Die englischen Waaren aber bleiben zur Zeit in mässigen Preisen, gestalt die Kauffahrteischiffe, so nach Hamburg abgehen, bis auf eine gewisse Höhe von einem englischen Kriegsschiffe convoiret und dadurch in Sicherheit gesetzt werden, daher auch viele hiesige Kaufleute, so Jahr aus und ein grosse Partien englischer und holländischer Waaren kommen lassen, selbige ohne alle Assecurirung einziehen und resp. für dasjenige, was sie per Baratto über Meer gehen lassen, sich selbst ein Assecuranzconto in ihren Handlungsbüchern halten . . . . . und damit gar gut fahren.«

In der Ostermesse 1756, welche über Erwarten gut war, gingen beson-

---

[1]) Eine Ergänzung bietet die »Unvorgreifliche Anzeige derer Ursachen des Verfalls der Handlung in denen Leipziger Messen« vom Jahre 1754. *Anlage XXVIII.*

ders inländische **Tuche** und Leinwand. »Letztere wurde von den Iserlohnern stark gekauft in Speculation, dass in Lissabon viel **Waaren** verdorben sein müssen, mithin dahin sowohl als nach England guter Absatz zu machen sein dürfte, zumal während des Kriegs zwischen Frankreich und England diejenigen **Sorten** Leinwand, welche sonst England aus Frankreich einzieht, aliunde müssten erholet werden.«

Wie oben bemerkt, fehlen für die Michaelismesse 1756 und die Messen der Jahre 1757 bis 1762 (siebenjähriger Krieg!) die Berichte der Commerziendeputation. Sie beginnen wieder[1]) mit dem Jahre 1763.

Auch der **Bericht über die** O s t e r m e s s e **1763** ist Namens der Commerziendeputation von E. F. von Hagen erstattet. **Er klagt darin** über den Mangel an Einkäufern und den allgemeinen Geldmangel. Zu diesen Ursachen des schlechten **Verlaufs der Messe trat hinzu,** »**dass die o r i e n t a l i s c h e n K a u f l e u t e,** deren **Anzahl** bis auf die der Ostermessen vor dem Kriege hinangegangen, nicht mehr denjenigen C r e d i t gefunden, welchen sie seit 10 Jahren gehabt und also weniger Waaren eingekauft haben. Es hatten nämlich diese aus Ungarn, Siebenbürgen, Macedonien, Griechenland u. s. w. kommenden Einkäufer bis mit 1752 allewege für b a a r e s G e l d eingekauft; die erwachsene Vermehrung der Verkäufer aber und die daraus entsprungene Aemulation im Verkauf und dessen Conditionen, fing von jener Zeit an, den Einkäufern aus dem Orient Credit anzubieten, um Absatz zu machen. Hieraus erwuchs allerdings ein starker Debit, weil die alten Verkäufer den jungen in der Facilität des Credits nachfolgen mussten, wenn beide gleichen Vertrieb haben wollten; es erwuchs aber auch daraus die Inconvenienz, dass die Debitores zurückblieben, ihr Aussenbleiben durch Briefe entschuldigten, diese den neuen Einkäufern, welche sie, als gute Handelsleute, denen man Credit geben könnte, empfohlen, mitgaben und durch selbige in effectu für sich einkaufen liessen. Hieraus ist die Activschuld, so die hiesigen, oder auch die hiesige Messe bauenden Verkäufer im Orient haben, so gross geworden, dass sie sich gemüssigt sehen, diesen Völkern den w e i t e r n C r e d i t zu v e r s a g e n; und da diese, sich auf den bisherigen Credit verlassend, nicht grosse Geldsummen mitgebracht, so ist ihr Einkauf gering gewesen; und es legt sich hieraus klar zu Tage, dass, da diese Völker sonst die Messe hauptsächlich gut machen, dieselbe auch aus dieser Ursache schlecht ausgefallen sei.«

Die O s t e r m e s s e **1764** wird als »mehr als mittelmässig gut« bezeichnet. Die M i c h a e l i s m e s s e 1764 war stark mit Waaren überführt und schlecht. In den Messprotocollen sagt aber die Commerziendeputation : »Nach unserem unmassgeblichen Dafürhalten dürfte von dem schlechten **Vertrieb der Messe auf den ganzen Chursächs. Handlungszustand kein richtiger Schluss zu** machen sein; indem ein zu geringer Theil der im Lande fabricirten Waaren anher gebracht **wird, als dass** aus dem Messdebit die Balance des inländischen Consums und

---

1) In diese Zeit fällt auch die Denkschrift **der Leipziger** Kaufmannschaft über die Commercial-Gerechtsame der **Stadt** Leipzig und den Handel Leipzigs mit Russland, Oesterreich, England und Frankreich. *Anlage XXX.*

dessen auswärtigen Verkaufs sollte berechnet werden können. Zum Beweis dient unter andern, dass die Innungen der Tuchmacher, welche 3000 Stück Tuche anher gebracht, deren jährlich an 37 000 Stück zu fertigen pflegen, woraus sich denn zugleich ergiebt, dass der innere Consum und Einzelverkauf beträchtlicher ausfallen muss, als gemeiniglich geglaubt wird.«

Noch in der Ostermesse 1765 war die Stimmung eine gedrückte: »Der Leipziger Messhandel wird schwerlich jemals wieder in den Stand kommen, in welchem er sich früher befunden hat, aus den Ursachen, über welche die Commerziendeputation unter dem 18. März 1755 ausführlich berichtet hat, und welche durch menschliche Kräfte nie aus dem Wege geräumt werden können.«

Die Michaelismesse 1765 war noch schlechter als die Ostermesse. »Die Verbote und hohen Zölle von Oesterreich und Brandenburg wurden fühlbarer als früher . . . . . . Ein Fabrikant Merz aus Oelsnitz hatte aber u. A. eine einzige Bestellung auf 2000 Dutzend Paar baumwollene Strümpfe nach Italien.«

Dagegen wird die Ostermesse 1766 als eine gute bezeichnet. Es stellten sich viele neue Kunden aus Hamburg und Polen ein. Seit Ostern 1764 waren 64 neue Gewölbe eröffnet worden. Viel Waare kam an den Platz. Die Suhler Parchentweber brachten Ostern 1764 nur 3000, Ostern 1766 aber 6000 Stück Parchent zur Messe. Von 13 Tuchmacherinnungen wurden 5553 Stück Waare gebracht und 2000 Stück auf Lager behalten. Neben einer Wachslichterfabrik in Eutritzsch florirten namentlich die Wachsleinwandfabriken in Leipzig und fertigten jährlich 20 000 Stück. Ueber die fremden Waaren wird gesagt: »So überhäuft nun aber der hiesige Platz diese Messe mit allerlei Arten von inländischen Waaren gewesen ist, so eine Menge von fremden Waaren hat man auch hier gesehen. Aus Frankreich und zwar aus Bordeaux, Nantes, Marseille und einigen andern Seehäfen sind viele westindische, auch einige ostindische Waaren, aus Lion viele seidene und reiche Waaren, aus Nimes und St. Quentin und anderen Orten seidene Strümpfe, Batiste und andere verschiedene Fabrikwaaren gezogen worden. Aus England sind sowohl west- als ostindische Waaren, vielerlei wollene Zeuge, auch etwas seidene Waaren und Zinn zu dieser Messe verschrieben worden. Aus Holland sind auch viele ost- und westindische Waaren anher gekommen, nicht weniger verschiedene Fabrikate, als Leinwand und Tuche. Desgleichen hat man Vieles diesmal aus der Levante, wie aus Italien kommen lassen; und es sind auch von diesen und jenen Waaren grosse Partien abgesetzt worden. Der Handel mit Materialwaaren und der Preis derselben ist gegen vorige Messen mehr gefallen als gestiegen und es ist bei weitem nicht mehr der Abzug dieser Waaren, wie vormals, woran nichts anderes, als die hohen Imposten in Böhmen und Brandenburg Schuld sind, so dass verschiedene Hamburger Kaufleute Miene machen, die hiesigen Messen nicht mehr zu beziehn, weil deren Anzahl auf hiesigem Platz zu gross wäre.«

»Das sonst ansehnliche Baumwollen- und türkische Garn-Commerce ist diese Woche ebenfalls nicht beträchtlich gewesen. Es ist auch ein grosser Vorrath vorhanden, und die Griechen, in deren Händen dieser Handel fast privative ist, haben sehr geklagt, dass sie mit den Preisen herunter gehen müssen, welches sie aber nicht thun können, indem [obgleich?] sie in den österr. Landen mit dem Garne und der Baumwolle mauthfrei sind.« »Aus Polen ist bisher an Wachs, Schafwolle und Häuten direct nach Sachsen nichts gekommen. Eigentlich haben die Polen diese Waaren in Frankfurt a/O. und in Breslau verkauft. Diesesmal aber haben sie ihr Wachs auf ihrer Anherreise in Prag abgesetzt, welcher Ort solches sonst aus Breslau gezogen hat. Inzwischen ist nunmehr des Starosten Leszansky Transport hier angekommen und dessen Commissäre sind zufrieden.«

»Der Handel mit Rauchwerk ist unter allen fremden Waaren am schlechtesten gegangen. Denn da in letzter Messe solches ausserordentlich gesucht worden, so sind dadurch so viele bewogen worden, dergleichen Waaren anher zu bringen, dass eine gewaltige Menge in dieser Messe zusammenge[.......]n, daher grosse Partien nicht allein eingesetzt, sondern auch verpfändet werden müssen. Hierbei ist zu bemerken, dass die Strassburger Rauchhändler sich jetzt mit russischem Pelzwerk versorgen und dass die Hasenfelle, so sonst von hier nach England zu Hüten gegangen, gegenwärtig nach Frankreich gehen. Desgleichen hat man in Erfahrung gebracht, dass die Conquete von Nordamerika im Rauchwerkscommerzio gemacht habe, dass man von den Engländern jetzt das Pelzwerk um 25 % theurer aus Canada ziehen müsse, als es ehemals von den Franzosen aus Rochelle gezogen worden.«

In der Michaelismesse 1766 wird über mangelnden Absatz, mehr aber noch über den Mangel baarer Zahlung geklagt. »In Bezug auf Canevas, Cottonade, Cottons und baumwollene Strümpfe wird geklagt: »die vormalige schöne Chemnitzer Handlung nach Holland sei jetzt fast ganz gestopft, weil noch grosse Lager von diesen Waaren daselbst wären, und von daselbst kein Abzug zur See nach Westindien sei. Der gegenwärtige Transport nach Polen, ingleichen über Lübeck nach Danzig und von da nach Russland wäre mit allzu vielem Umweg und Spesen verknüpft, wodurch die Waare vertheuert würde. Und in Ansehung Schwedens hätte besonders die bisherige dasige Unordnung wegen des Wechselcours, weshalben die Gelder sehr lange liegen bleiben müssten und keine Rimessen erfolgen können, auch den Handel dahin sehr schwer gemacht und fast gänzlich unterbrochen. Was noch von weissen Cottons in dieser Messe abgegangen, sei fast unter dem Werth verkauft worden, weil gar kein Begehr mehr darnach wäre, und da gegenwärtig in London und Amsterdam auf 12000 Stück ostindische Cottons angekommen wären, so würde dieser diesseitige Handel, wenigstens auf einige Zeit, ganz aufhören müssen.«

Besser bei wollenen Waaren: »Es sind diesmal nur Abgeordnete von 7 (sächsischen) Städten vor uns erschienen und nach deren Angabe haben diese 7 Innungen zusammen 2394 Stück von ihren Waaren zur Messe gebracht und 1600 Stück davon verkauft. Indessen versichern sämmtliche anwesend gewesene Innungen, dass sie jetzt jährlich nicht mehr so viel Tuche fertigten, als sonst, weil einestheils so viel holländische Tuche, auch selbst von einigen ihrer Mitmeister, auf den Märkten an die gemeinen Bauersleute verschnitten würden und anderntheils sie mit den schlesischen, brandenburgischen und dessauischen

Tuchfabrikanten, wegen ihres wohlfeilen Wolleinkaufs und wenigern Abgaben, auf den Messen nicht gleichen Preis halten könnten und daher viel auswärtige Kunden verloren; wie denn allein die Sommerfelder Tuchmacher an 1800 Stück Tuche diesmal zur Messe gebracht und selbige bis auf 100 Stück verkauft, hiernächst auch die Goldberger und Raguner sehr gute Messen gehalten hätten.«

»Die Friese und Flanelle sind, wie allemal, so auch in dieser Messe sehr gut abgegangen.« »Ohngeachtet der Debit des Eisenblechs zeither sehr gross gewesen sein soll, so ist uns doch versichert worden, dass in dieser Messe allein in der Hainstrasse auf 8000 Waag Eisen zum Verkauf stehen.«

»Bei dem Pelzhandel, so vormals hier sehr beträchtlich gewesen und noch im vorigen Jahr auf 200 000 Thlr. geschätzt worden, ist diese Messe in allen Artikeln von Pelzwerk der Abzug schlecht gewesen. Vormals ist das Rauchwerk auf Rechnung der Leipziger Kaufleute in grossen Partien zu Rochelles während der Zeit, da der Canadische Pelzhandel stark ging, erhandelt und erst zu Leipzig sortirt worden. Nachdem aber der Rauchhändler und Kürschner Söhne gereist sind und das Sortiment an Ort und Stelle machen, wo es gekauft wird, Canada auch in die Hände der Engländer gekommen, und der Pelzhandel vertheuert worden, so hat sich dieser Handel sehr von hiesigen Platz weggezogen und wird nur in etwas noch durch die schöne Rauchfarbe erhalten«.

Von Wechselbriefen waren Holländische, Londoner und Hamburger gesucht, Wiener und Augsburger ausgeboten.

»Es soll sich durch die preuss. Impost der sonst für Breslau sehr beträchtlich gewesene polnische Handel nach Prag gezogen haben, wohin gegenwärtig die Polen ihre Naturproducte führen und absetzen.«

»Von dem böhmischen und österreichischen Commerzio ist uns weiter nichts bekannt worden, als dass die Sperrung mit hiesigen Landen noch immer fortdauert.«

Der Bericht über die Ostermesse 1767 enthält nichts von allgemeiner Bedeutung. Der über die Michaelismesse 1767 sagt: »Es fehlten viele Käufer aus dem Norden. Der Messdebit ist überhaupt gegen frühere Messen gefallen. Auch die Ungarn und Siebenbürgen, welche in vorigen Messen auf 300 000 Thlr. und grösstentheils in baarem Gelde eingekauft, sind ausgeblieben.

Der geringe Waarenabsatz in dieser Messe wurde durch den Leipziger Waageextract bestätigt; die Geldeinnahme ist gegen Michaelismesse 1766 um 25 % gefallen, die Anzahl der zum Ausgang angemeldeten Centner gegen Michaelismesse 1766 um 10759 Centner und gegen Ostermesse 1766 um 8571 Centner gefallen.

Zum Verfall der Messen tragen bei die österreichischen und brandenburgischen Einfuhrverbote, sowie die Leihe-Casse zu Leipzig und die neuerlich aufgelegten Imposten: »denn da sowohl von den ein- als durch- und ausgehenden Waaren eine Abgabe in die Leihe-Casse[1]) entrichtet werden müsse, so ge-

---

1) Vgl. die ausführliche Denkschrift der Deputation hierüber an den Prinzen Xaver vom 6. Sept. 1768 oben Anmerkung zu S. 151.

sehehe es, dass nunmehr der Kaufmann die aus entfernten Ländern verschriebenen, sonderlich ins Gewicht fallenden Waaren, z. B. die russischen Juchten und Talg, ingleichen die Heringstonnen, Tabake etc., ferner die Blech- und Farbenkessel, auch Zeug- und Leinwandkisten u. s. w. anstatt solche, wie vorhin, nach Leipzig kommen zu lassen, lieber auf auswärtigen Lägern, als zu Lüneburg, Bremen, Magdeburg liegen, theils auch nach Gera, Altenburg, Schleiz kommen lasse und darüber von dort aus disponire, auch da die ausgehenden Waaren durch die Abgabe zur Leihcasse vertheuert würden, viele in- und ausländische Käufer ihre Waaren wohlfeiler von anderen Messplätzen sich erholten.«

»Was aber die neuerlichen Imposten anbelangt, so hielte die Deputation dafür, dass die auswärtigen Mächte dadurch bewogen würden, die diesseitigen Waaren, wenn sie auch solche nicht ganz verböten, doch ebenfalls mit mehreren Imposten zu belegen, woraus für die sächsischen Manufacturen und Fabriken[1]) die traurigsten Folgen entstehen müssen .... Fabrikanten und Arbeiter würden auswandern müssen etc.« ...

Die Ostermesse 1768 war schlecht (»der Ausgang verwogener Centner war gegen das Vorjahr um 3840 Centner niedriger«), noch schlechter die Michaelismesse 1768 aus denselben Ursachen, über welche schon 1767 geklagt worden war.

Die Berichte der Deputation über die Messen von 1769 sind von geringerem Interesse, von grösserem dagegen der von dem Mitglied dieser Deputation, dem Freiherrn Peter von Hohenthal, an den Churfürsten selbst gelegentlich der Michaelismesse 1769 erstattete Bericht. Darin heisst es u. A.:

»Der Rauchhandel hat sein zeitheriges gewonnenes Recht auch diese Messe behauptet, da das vollständigste Sortiment von dieser Waare seit einiger Zeit allhier gefunden wird, und alle Fremde, auch selbst preussische Unterthanen ohne Hinderung sich dergleichen zum Handel von hiesigen Messen erholen« ...

»Die anwesenden Ungarn haben die Messe durch ihre Gegenwart wirklich verbessert, da man weiss, dass sie 15 Wagen, davon die Fracht von jedem wenigstens auf 50 Centner zu rechnen ist, abgefertigt haben. Man soll, wie ich aus Wiener Briefen gesehen habe, mehr als jemals darauf denken, wiederum ein freies Commerzium zu gestatten, dagegen aber die Directoren der Linzer, Brünner und Prager Fabriken gar ernstliche Vorstellungen gethan und besonders mit angeführt haben sollen, wie solchenfalls ihre Entreprisen, worauf sie über eine Million Gulden gewendet hätten, zu Grunde gehen würden.«

»Die Polnischen und besonders die Brodyer Juden haben in der Messe etwas, noch mehr aber jetzt nach der Messe gekauft. Die anwesend gewesenen Russen haben in manchen Artikeln beträchtliche Quantitäten von Landwaaren erkauft, auch deren noch mehrere bestellt« ...

»Das hiesige Land sieht sich von eigenen Fuhrleuten fast ganz entblöst

---

1) Gelegentlich der Leipziger Messen wurden Prämien an sächsische Industrielle ausgetheilt für vorzügliche Fabrikate und Verbesserungen, auch in der Landwirthschaft. Zur Concurrenz wurde durch öffentliche Bekanntmachungen in den Zeitungen aufgefordert.

und wird alles aus dem Lande von böhmischen und schlesischen Fuhrleuten verfahren, da man nebst den bekannten 8 bis 9 Fuhrleuten in der Gegend von Chemnitz und denen Tieftruncken zu Dresden keine Fuhrleute ausser dem hiesigen Orte (Leipzig), da seit Jahr und Tag die meisten ausgespannt haben, anzugeben weiss.«

»Ein hiesiges Handelshaus ist aus Frankreich zum Menschenhandel eingeladen worden, und obwohl auf 40 % Gewinnst bei diesem Negerhandel zu rechnen ist, so hat man doch Bedenken getragen, darauf einzugehen, zumal wie mir aus einem Schreiben aus Nantes vom 4. Oct. a. c. vorgezeigt worden, bei der den 20 Nov. dieses Jahres angesetzten Auction der ostindischen Compagnie von 6 Schiffen nur 202 500 Pfund Cauris, welche Muscheln beim Sclavenhandel statt baaren Geldes gebraucht werden, angekommen sind, wodurch eine Theuerung dieser Waare und ein geringfügiger und nicht so wichtiger Handel als sonst, entstehen dürfte.«

».... so unterwinde ich mich nochmalen, den höchstbedenklichen Zustand der Stadt Leipzig unterthänigst in Erinnerung zu bringen.«

»Sollte es nicht möglich sein, diese zusehens verarmende Stadt, worinnen die Commerzia von Monat zu Monat mehr erliegen und der ganze Nahrungsstand fället, da auch wegen der Theuerung des Ortes sich dasjenige wegwendet, was sonst viel einbrachte und wohin ich nur gegenwärtig die wegen der Kostbarkeit zu leben immer weniger werdenden Studenten zu rechnen und zu benennen mich verbunden erachte, da nicht 1000 davon mehr vorhanden sind, dagegen sonst die Academie gewiss gegen eine Million Thaler des Jahres daselbst verzehrte, durch Vorkehrungen, welche zum Besten des ganzen Nahrungsstandes würketen, wo nicht aufzuhelfen, doch nur wenigstens in dem jetzigen sehr mittelmässigen Zustand noch zu erhalten, so dürfte diese Stadt, welche durch Commercia eigentlich die Landesfabriken gehoben und gegründet hat, nicht allein zu Grunde gehen, sondern auch diesen letzteren ansehnlichen Verfall gewiss nach sich ziehen.«

»Gegenwärtig stehen über 100 Gewölbe ledig und noch andere Kaufleute scheinen nicht viele Messen mehr beziehen zu wollen« ....

Die Ostermesse 1770 war mittelgut. Vortheilhaft war die Anwesenheit vieler Russen (Ostern 4, Michaelis 31) und Polen (O. 75, M. 112). Die Baumwolle stand wegen Unruhen in der Türkei in hohem Preise : »wie denn z. Zt. so wenig Wolle aus Macedonien angekommen, dass bisher nur 14 000 Ballen in der Contumaz gelegen, dagegen voriges Jahr auf 40 000 Ballen darinnen befindlich gewesen. Den Baumwollenhandel beherrschten z. Zt. die in Chemnitz wohnenden Macedonier, welche die ehemaligen Leipziger Waarenlager zu Chemnitz ganz vom Platze verdrängt haben«.

»Der inländische Blechhandel geht von Zeit zu Zeit immer schlechter, in Folge englischer Concurrenz und wegen Durchgangserschwerungen in Magdeburg (dort muss auf 49 Fass sächsische Bleche, 1 Fass von den preussischen Fabriken genommen werden, welches einen Verlust von 17 bis 18 Thlr repräsentirt, ausserdem ist das schlechte preuss. Blech dann nicht recht verkäuflich). In Folge dessen sind statt 8000 Fass im Vorjahre nur 1500 Fass Bleche über Magdeburg versendet worden. Die schlechte Strasse über den Harz eignet sich aber nicht zur Versendung«.

»Sonst war die Messe für sächsische Manufacturwaaren gut, besonders für meissner Porzellan.

Den Russen und Polen, wie den Spaniern und Portugiesen muss 12 bis 18 Monat Credit gegeben werden. Die Russen und Polen machten aber grosse Einkäufe. Die von den Russen gekauften Güter wurden auf 2000 Centner geschätzt, welche über Lübeck und Königsberg weiter spedirt worden.

Der Rauchwaarenhandel mit Russland war bisher durch die Danziger Kaufleute geführt worden, ging aber nun an die Russen über, welche selbst zur Messe kamen.«

Gelegentlich der Ostermesse 1771 werden als Ursachen des »zunehmenden Messverfalls« bezeichnet:

»1. Schlechte Wege und vertheuerte Frachtlöhne.

2. Die in der Schweiz und im Reich zunehmende Getreidetheuerung.

3. Die Ostern 1770 zur Messe gekommenen Russen sind diesmal ganz ausgeblieben und haben auch z. Zt. Anstand genommen, die damals auf Credit entnommenen Waaren zu bezahlen.

4. Die Hoffnung war fehlgeschlagen, dass von den zu Frankfurt a/O. so misshandelten polnischen Juden diesmal viele nach Leipzig kommen würden, indem sich vielmehr deren Anzahl in Vergleichung der Ostermesse 1770 schon wieder um 17 Personen vermindert habe.«

Die Michaelismesse 1771 »war zwar in Absicht auf das Commercium von ziemlicher Beträchtlichkeit, in Absicht aber auf die diesseitigen Manufacturen und die davon abhängende Handlung war sie mittelmässig bis schlecht.«

»Ueberhaupt aber haben wir von dem Einkauf der polnischen Juden und der Griechen und von der Versendung ihrer Waaren noch so viel erfahren, dass man das baare Geld der Juden zusammen ca. auf 400 000 Thlr. geschätzt und ihr Einkauf möchte sich wohl auf eine halbe Million belaufen, indem sie zugleich viele Waaren auf Credit genommen. Ihre Güter sollen zusammen auf 3000 Ctnr. betragen haben, welche alle über Bielitz und Mähren spedirt worden. Von den Wallachen oder Griechen will man gleichfalls wissen, dass sie vieles Geld mitgebracht haben und die Waaren, so sie hier eingekauft, rechnet man ebenfalls auf 3000 Ctnr., welche allesammt über Nicolsburg und Pressburg abgegangen sind . . . . . Ueber Breslau ist nichts spedirt worden, weil alle Waaren 8 % in Schlesien geben müssen und die Colli daselbst eröffnet und revidirt werden« . . .

»Breslauer Juden waren nur 2, Russen nur 2 da. Viele Russen sind noch Zahlungen schuldig. Nach Prag und Wien ist wegen des daselbst ergangenen Verbots der Einfuhr fremder Waaren, ausser dem Tabak, kein Centner Waare z. Zt. gegangen. Nach Amsterdam, wohin sonst sehr vieles an Canevas und anderen wollenen Waaren, ingleichen Leinwand versendet worden, ist diesmal nichts abgegangen und auch nach Hamburg sind nur wenige rohe Cottons versendet worden.«

Bei der Michaelismesse 1772 gaben die starken Einkäufe der Macedonier und polnischen Juden den Ausschlag, denn die sächsische Bevölkerung war wegen der grossen Theuerung der Lebensmittel nicht kauffähig. Die Polen brachten ca. 300000 Thlr. in Rubeln mit [»welche sie almarco und zwar die Mark zu 13 Thlr. 2 gr. umgesetzt»]. Ein Pole Bogtanowiz aus Lemberg kaufte allein für 93000 Stück Ducaten feine Waare aller Art. Ein anderer Jude aus Brod brachte 30000 Ducaten mit. Die Griechen veraccordirten gegen 4400 Ctnr. Waaren an Fuhrleute und zwar bis Pest den Centner à 8 fl. Auch Holländer und Mecklenburger machten namhafte Einkäufe.

Der Bericht erwähnt, dass die letzte Messe in Frankfurt a/M., besonders in Tuchen und baumwollenen Waaren, ziemlich gut ausgefallen sei. Auf der Messe zu Frankfurt a/O. sei eine sehr grosse Menge polnischer Juden dagewesen, welche so viel Waaren eingekauft hätten, dass verschiedene Kaufleute, auch aus Sachsen und namentlich aus Leipzig, ihre Waarenvorräthe völlig verkauft hätten.

Die Ostermesse 1773 fiel besser aus, als seit vielen Jahren. »Allein die Polen kauften ca. 3000 Ctnr. Waare ein. Die Zufriedenheit würde noch grösser gewesen sein, wenn nicht ⅓ bis die Hälfte der verkauften Waaren hätten in die Bücher geschrieben und für lange Zeit hinaus, selbst den Juden sowie den Griechen, beiderseits aber sehr unsichere Schuldner, creditirt werden müssen.«

»Die Messe würde als der »Wiederanfang des neu auflebenden Chursächs. Handels- und Fabrikstandes« zu betrachten sein, wenn mehr Waaren zur Stelle gewesen wären, weniger Credit hätte gewährt werden müssen und die Geldcirculation in Deutschland weniger gehemmt wäre. Der starke Einkauf der Polen, Russen und Griechen sei allerdings durch besondere politische Umstände herbeigeführt. Es könne leicht wieder schlechter gehn »durch die erste Abänderung in dem jetzigen Kriegstheater, die Wiederauflassung des Danziger Handels Königl. Preuss. seits, die mindeste Einschränkung der polnischen Transito durch die Kaiserlichen Lande.«

Dem Bericht über die Michaelismesse 1773 entnehmen wir folgende Bemerkungen: »Da diejenigen Zeitumstände und besonders der zwischen den Russen und Türken noch immerfort dauernde Krieg, wodurch das hiesige Mess-Negotium in der Ostermesse dieses Jahres von neuem belebt worden, noch bis jetzt unverändert geblieben«, — so hoffte man schon im Voraus auf eine gute Messe. Diese Hoffnung bestätigte sich. Schon 14 Tage vor der Messe kamen so viel Griechen und andere Fremde, wie fast noch nie. Sie machten ansehnliche Einkäufe und Bestellungen.

Der Unterschied gegen die Michaelismesse 1772 bestand namentlich darin, dass 1773: 345 Personen aus den chursächsischen Landen, 25 Holländer, 46 Polen, 7 Russen, 21 Griechen und Macedonier, 4 Ungarn, 243 aus der Mark Brandenburg, 10 aus den churbraunschweigischen Landen mehr, und 225 aus diversen Orten Deutschlands weniger als Michaelismesse 1772 anwesend waren.

Die Fremden kauften besonders seidene Waaren, meist französische und italienische, aber auch viel inländische glatte seidene Waaren und hiesige Sammte (Weissenfels).

Der Leinwandhandel en gros hat sich seit etlichen Jahren immer mehr von hiesigem Platz ab und unmittelbar an die Manufacturorte selbst gezogen.

Sehr grossen Absatz hatten diesmal wiederum, wie bereits seit etlichen Messen, die ächten und leonischen Gold- und Silbertressen und Spitzen. Fabriken in Zerbst, Cöthen, Freiberg.

Auch Spitzen, namentlich die geringen Blonden gingen gut.

Das Rauchwerk war überaus theuer, ungeachtet die Russen sehr grosse Quantitäten anher gebracht.

»Wie beträchtlich der Handel derjenigen Juden ist, welchen bisher Freipässe ertheilt wurden, geht daraus hervor, dass die Waageeinnahme von ihrem Einkauf in der Ostermesse 1773: 1096 Thlr. 2 gr. 6 Pf. betrug, welches nach ihrer Angabe für 246200 Thlr. Waaren ausmacht; da man aber das Doppelte schätzen kann, so ergiebt sich, dass sie für ca. $\frac{1}{2}$ Million Thlr. Waaren gekauft.

Der Einkauf der Griechen bestand in Tuchen, Rauchwerk, meissnisch Porzellan, Leinwand, englischen Zeugen, Manchester, ächten und unächten Gold- und Silberwaaren, Knöpfen, Quincaillieriewaaren. Sie liessen 1700 Ctnr. Waaren über Bielitz gehen. — Auch die Juden verschickten meist über Bielitz; die Russen über Lübeck.

»Im Vergleich mit den vormaligen guten Messen, als das hiesige Commerzium noch in seinem Flor und der Vertrieb der diesseitigen Manufacturwaaren noch nicht durch die nachher erfolgten und noch bis jetzt bestehenden auswärtigen Imposte und Verbote verhindert war, kann die jetzige Messe eine mittelmässige genannt werden.«

Wie gewöhnlich giebt der Bericht auch auswärtige Commerzialnachrichten und sagt:

In Frankfurt a/O. habe man die Besorgniss geäussert, dass die polnischen Juden, welche dasige Messen besuchen, künftighin über die in Frankfurt zu entrichtenden 8% noch zwei Transitozölle, einen österreichischen und einen polnischen zu bezahlen haben würden, welches sie um so mehr bewegen dürfte, ihre Waaren künftig alle aus Leipzig zu ziehen, wofern ihnen nur nicht etwa der Transito auf dieser Route ebenfalls mehr als jetzt erschwert werden möchte.

Die Messe in Frankfurt a/M. war »sehr schlecht«.

Die Ostermesse 1774 war nicht ganz so gut, wie die Messen des Jahres vorher, doch war sie ziemlich gut, besonders bezüglich des Einkaufs der Juden.

»Die Seidenwaaren sind ein beträchtlicher Handelszweig für Leipzig in Ansehung der Verbindung, in welcher die leipziger mit den italienischen und französischen Häusern stehen und worauf sich das gegenseitige Wechsel- und Trattengeschäft gründet.«

Von Seidenwaaren kauften die Juden sehr viel, die Griechen etwas weniger.

Neben den Seidenwaaren war der Verkauf von Tuchen am belangreichsten. Es wurden wenig Tuche zugeführt, jedoch fast ganz abgesetzt.

Leinwand wurde viel von den Holländern gekauft. »Da deren Bleiche und Appretur die beste ist, so treiben sie damit sowohl den Schleichhandel in Spanien, als auch bedienen sie sich derer wiederum zum weiteren Vertrieb nach Deutschland, ja viele von den Lausitzer Leinwanden kommen unter holländischer Appretur wiederum anher.

Gold- und Silberwaaren: Warnatz aus Freiberg hat diese Messe wenig Geschäfte gemacht. Viele von seinen Kunden sind aussen geblieben und zwar haben die Ungarn und Griechen wegen der in Buckarest wüthenden Pest mit ihren in abgewichener Michaelismesse eingekauften Waaren nicht an den Ort ihrer Bestimmung zum Verkauf kommen können und sowohl in diesem Artikel, als auch in vielen andern, mit frischen Waaren sich nicht versorgen können. — Von Russland aber sind der eingetretenen Hoftrauer halber, die den Einkauf von Waaren auch hier und da vermindert, keine Bestellungen eingegangen.

Der Blechhandel befindet sich zwar nicht mehr in dem blühenden Zustand wie vor 30 bis 40 Jahren, jedoch ist er ungeachtet des Vorzugs der englischen Bleche und der beim Transport auf der Elbe preussischer seits erlittenen grossen Erschwerungen, noch nicht gänzlich geschwächt. Die Spedition dieser Bleche nach den Seehäfen hat deshalb noch nicht aufgehört, z. B. Export von Schwarzenberg bis Hamburg nach Cadix. Die englischen Bleche sind zwar besser, aber auch theurer, als die sächsischen und lassen sich nicht zu so vielen Zwecken verwenden, als diese.

Fünf jüdische Häuser aus Brod und Rummeloff brachten 125000 Ducaten mit, dafür sie viele Land- und vorzüglich aber seidene Waaren eingekauft. Ausser den 30 Wagen, womit sie zur Messe gekommen, sind von ihnen 40 befrachtete Wagen nach Bielitz abgeschickt worden.

Der Einkauf von Ungarn und Griechen ist nicht so beträchtlich gewesen. Ihre Waaren sind über Prag nach Ungarn versendet worden und haben mehrentheils in Tüchern und Rauchwaaren, auch Materialwaaren bestanden. Die Russen, die an 30 Wagen befrachtet, haben ihre Güter nach Danzig und Lübeck spedirt. Man hat aber nicht erfahren können, ob sie, wie die Polen in preussischen Landen 30% geben müssen.«

»Das einzige und grösste Debouché für Sachsen in Anschung der eigenen Fabrikatorum sowohl, als des Seidenhandels ist nach Polen, Russland, Siebenbürgen.«

»Die den polnischen Juden angediehene gute Behandlung auf ihrer Anherreise hat viele ermuntert, sich ihre Waaren in Person in Leipzig zu erholen und ungeachtet die Regie in der letzteren Frankfurter a/O. Messe die Kaufleute weit glimpflicher als sonst behandelt, so haben sie doch dort weniger Geschäfte gemacht!

Je mehr hiesiges Commerzium blos precaire ist und von den Nachbarn und Umständen der Zeit abhängt, je mehr Aufmerksamkeit verdient alle und jede auf die Handlung abzielende Unternehmung.

Dass Nahrung, Gewerbe und Handlung in Leipzig so sehr gefallen, das liegt wohl mehrentheils ausser der von Oesterreich und Preussen ertheilten strengen Verbote und Erschwerungen, in den für die Einwohner sowohl in betr. ihrer Person als ihrer Grundstücke so höchst beschwerlichen Abgaben die in der

Folge, ohne dass dadurch die Absicht, das Schuldenwesen der Stadt zu tilgen, erreicht werden kann, unmöglich zu ertragen sein werden.«

Commerzial Nachrichten: . . . »Seit 7 Jahren ist das Hamburger banco gegen 8 % gestiegen, der Grund dafür ist, dass Hamburg überhaupt jetzt mehr Geschäfte macht, als vor 10 Jahren und sogar Amsterdam Abbruch thut.«

In Folge des Friedensschlusses zwischen Russland und der Türkei vom 21. Juli 1774 (von Kütschük Kainardschi) fürchtete man, dass die Michaelismesse 1774 schlecht werden würde. Sie fiel aber mittelgut aus, da viele Griechen, Russen, Polen, auch einige Türken und Siebenbürgen kamen, »deren Einkäufe für die Messe ausschlaggebend waren«.

Gegen Alles Erwarten fiel die Ostermesse 1775 so gut aus, wie seit einer Reihe von Jahren nicht.

»Der Einkauf in dieser Messe war fast in allen in- und ausländischen Artikelwaaren ziemlich gross und die Polen, Russen, Türken, Griechen und Ungarn haben unstreitig abermals das meiste gethan, woraus zugleich die sichere Anmerkung zu machen, dass auch die diesseitigen Landesfabrikate vorzüglich ihren Abzug an besagte Nationen haben.«

»Die Verleger halbseidener Zeuge in Burgstädt, Weissenfels und Langensalza sind mit ihrem Absatz vollkommen zufrieden gewesen. Die Plauen'schen Mousseline sind vorzüglich gut abgegangen, »indem dieses eine der vorzüglichsten Manufacturen im Lande ist, welche das Glück hat, dass ihre Waaren gesucht und so häufig verlangt werden, dass mancher Verleger ihre Bestellungen nicht alle besorgen kann. Besonders gehen jetzt diese Waaren stark nach Frankreich und Spanien und man giebt zur Ursache des grossen Debits hauptsächlich dieses an, dass jetzt nicht mehr so viel Mousseline aus Ostindien kämen, als vormals.«

»Die Juden haben an baarem Geld gegen 400 000 Thlr. ausgegeben, ausserdem ist ihnen $\frac{1}{3}$ ihrer Einkäufe creditirt worden. Sie haben ca. 5000 Centner Waaren mitgenommen. Meist waren es Tücher, Seiden-, englische, Greizer- und andere wollene Waaren, weisse baumwollene, auch Rauchwaaren, desgleichen vorzüglich viel Landwaaren, feine Leinwand.

Nach Wien, Prag und Ungarn gingen ca. 260 Ctr. Rauchwaaren, Tücher, englische Camelots, Seiden- und Baumwollen-Waaren.

Nach Hamburg gingen vorzüglich rohe Cottons (200 Ballen).

Nach Riga und Königsberg gingen viele Bücherballen und 10 Wagen voll andere Waaren, meist englische Camelots, wollene und baumwollene Landwaaren, auch Nürnbergerwaaren. Sie nahmen ihren Weg über Lübeck. Die Königsberger thaten dies, um die Waaren als russische Commissiones, deren Bestellung den Danzigern überlassen worden, ausgeben zu können, da ihnen verboten war, Waaren aus Leipzig kommen zu lassen.«

Die Michaelismesse 1775 war nicht gut.

»Der meiste Einkauf ist abermals, wie in allen bisherigen Messen, von den Polen, Russen und Griechen geschehen. Ohne deren Anwesenheit würde die Messe ganz schlecht gewesen sein. Aus Chursachsen, Schlesien und Königsberg war sie schlecht besucht« . . . . .

»Die Juden führten auf eigenen Geschirren 2000 Ctr., ferner auf 45 gemietheten Geschirren 3300 Ctr. über Bielitz ab; die Griechen ca. 600 Ctr. Nach Breslau gingen ca. 500 Ctr.; nach Danzig und Lübeck nur 4 Wagen«.

Die Ostermesse 1776 wird als eine im Ganzen gute bezeichnet.

»Ausser den Russen, Griechen oder sog. Raizen, Ungarn und Lievländern haben wieder die polnischen Juden die meisten Geschäfte gemacht. Der Fabrikant Gleich aus Grossenhain brachte gegen 4000 Stück Zitz und Cottons zur Messe und verkaufte diese in der ersten Messwoche. Die Suhl'er Fabrikanten rühmten diese Messe noch mehr, als die letzte Messe zu Frankfurt a/M. und versicherten, lange keine so gute Messe gehabt zu haben. Sie brachten über 7000 Stück (Gewehre?) anher und haben alles abgesetzt.

Die zur Messe gebrachten 7587 Stück Landtuch wurden sämmtlich abgesetzt.

Nachdem die spanische Kauffahrteiflotte nach Amerika ausgelaufen, so sind neuerlich sehr ansehnliche Bestellungen sowohl von daher als auch von England auf Leinwand eingelaufen, so dass auch die Garne abermals aufschlugen . . . .

. . . . Der Leinwandhändler Haupt aus Zittau versicherte, dass seit einiger Zeit verschiedene ansehnliche Commissionen von Spanien auf gewisse Artikel Waaren eingegangen wären, welche vormals keineswegs von hiesigen Landen dahin erholt worden und scheine allerdings, dass solche für die englisch-amerikanischen Colonien bestimmt wären, welche ihre Bedürfnisse grösstentheils durch Spanien jetzt sich erholten . . . .

Die Rauchwaaren, insonderheit die fremden, waren in dieser Messe sehr gesucht und haben die Griechen und Raizen solche aufgekauft . . .

Allein fünf polnische Handlungshäuser brachten zusammen 500 000 Ducaten baar mit. Sie kauften vorzüglich Seidenwaaren, englische Zeuge, inländische Schaf- und Baumwollenwaaren . . . .

Sämmtliche zur Messe eingegangene und wieder versendete auf der Waage verwogenen Güter belaufen sich auf 48 864 Ctr. Bei einem Werth von 50 Thlr. per Centner giebt das 2 443 200 Thlr.

Klagen über die üblen Wirkungen des Leipziger Schuldenwesens.

Es war diese Messe von Seiten des zu Philadelphia etablirten englischen Hauses Turry & Co. ein Commissionär Namens Brion auf hiesigem Platze um verschiedene Speculationen zu machen.«

Die Michaelismesse 1776 war eine gute Mittelmesse.

»Es kamen zwar 21 Polen mehr als in voriger Michaelismesse, dagegen 5 Russen, 2 Türken, 7 Ungarn, 18 Holländer weniger. Die Schlesier blieben fast ganz aus. Auch diesmal waren die Polen, Russen und Griechen die besten Käufer, jedoch machten auch die Türken, Ungarn, Holländer und ein Kaufmann aus Lissabon ansehnliche Einkäufe und Bestellungen.

Die gedruckten Cottons sind jetzt die grössten Modewaaren. Es wurden über 4000 Stück abgesetzt.

Die aus 21 Manufactur-Orten gebrachten 7632 Stück Tuch wurden fast ganz abgesetzt zu guten Preisen.

Die Friese und Flanelle hatten guten Absatz nach Italien, der Schweiz,

Russland, Griechenland, Türkei. Der Kaufmann Meyer in Grimma hat in diesem Jahr allein 7000 Stück nach Lissabon versendet.

Die oberlausitzische Leinwand ging sehr stark.

Die Spitzen sind fast ganz aus der Mode gekommen.

An Rauchwaaren kein Mangel. Die guten Waaren gingen zu hohen Preisen an die Ungarn und Russen.«

Auch die Ostermesse 1777 wird als Mittelmesse bezeichnet. Namentlich die sächsischen Fabrikate hatten sich eines guten Absatzes zu erfreuen. Ueber die Messe zu Frankfurt a/O. wird berichtet, dass sie abermals äusserst schlecht gewesen.

»Die dasige Regie verfährt immer noch mit so grosser Schärfe, dass auswärtige Verkäufer solche Messen fast gar nicht mehr besuchen können.«

Es ging die Nachricht ein, dass in England der Zoll für sächsisches Porzellan, welcher im Allgemeinen 64 % betrug, auf 36 % herabgesetzt worden sei.

Ueber die Michaelismesse 1777, eine gute Mittelmesse, wird berichtet: »Der meiste Absatz hat in dieser Messe in aus- und inländischen Tuchen und einigen andern wollenen Artikeln, in gedruckten Cottons, Mousselinen, einigen Arten Leinwand, Lederwerk, Material- und Farbewaaren bestanden, wobei besonders verschiedene sächsische Manufacturen sehr guten Abgang gehabt. Den grössten Einkauf haben abermals die Polen, Russen, Türken und Griechen gemacht.

Die Canevas sind zwar von den Holländern, als den vormaligen stärksten Abnehmern nicht sehr in dieser Messe gekauft worden. Dagegen aber haben die Russen einen ganz ansehnlichen Einkauf darin gemacht. Und die Ursache davon, wie auch überhaupt von ihrem stärkeren Besuch soll diese sein, weil der Handel in Danzig, woher sie vormals den grössten Theil ihrer Waaren gezogen, gänzlich darnieder liegen soll.

Die Grossenhainer Cottondruckerei hat auf 5000 Stück zur Messe gebracht und nach der Aussage des Verlegers selbst auf 40000 Thlr. abgeschätzt. Der Verkauf von Tuchen und tuchartigen Waaren wird auf 2 Tonnen Goldes geschätzt.

Wollene Waaren wurden nach Livorno und auf indirectem Wege nach Amerika abgesetzt.

Leinwand ging stark nach Holland und Portugal.

Rauchwaarenhandel nicht stark, hohe Preise namentlich für Fischotter.

Die Leipziger Wachstuchfabriken befinden sich noch in gutem Betrieb, desgleichen die Wachsbleichen.

»Sechs grosse russische Handlungen kauften 4000 Ctnr. Waare, meist Plauen-'sche, ostindische und holländische weisse Waaren, Seiden, seidne Strümpfe.

Die Brodner- oder Kleinpolen kauften 4000 Ctnr. ein. Auf der Messe zu Braunschweig wurden die sächsischen Tuche von zwei Engländern völlig aufgekauft.«

Die Ostermesse 1778 hatte einen guten Anlauf genommen. Sie wurde aber gestört durch die Furcht vor einem nahe bevorstehenden Kriege. Es belebte sich der Handel nach Amerika und es wurde dem Cammerrath Frege zu

Leipzig und dem grossen Fabrikanten **Oehler** zu Crimmitzschau aufgetragen, Vorschläge zu machen, behufs Anknüpfung eines directen Handels mit Amerika. Auch lieferte ein Leipziger Nadler **Schwarz** probeweise einem Hamburger für Amerika 4000 Briefe Nadeln.

Zur **Michaelismesse 1778** hatte eine starke Zufuhr von Waaren stattgefunden. Nur die Carlsbader Artikel fehlten. »Man hoffte auf eine gute Messe. Als aber wenig Wochen vor derselben die Kriegsunruhen[1] sich den diesseitigen Grenzen näherten und sogar verschiedene Grenzorte gebrandschatzt und geplündert wurden, verlor jeder die Hoffnung. Die Ankunft einer beträchtlichen Zahl Polen, Russen und Griechen belebte zwar die Hoffnung der Kaufleute von neuem, zumal da die Russen schon in der Woche vor der Messe ziemliche Partien Waaren einkauften. Da aber dieser Einkauf nicht continuirte und zugleich viele andere ansehnliche Einkäufer gänzlich aussenblieben, so fiel die Messe dahin aus, dass einige wenige Kaufleute dennoch über ihre Erwartung eine ziemliche gute, verschiedene auch noch eine mittelmässige, der grösste Theil der Kaufleute hingegen eine gar schlechte Messe gehalten haben.

Die Griechen kauften neben den andern gewohnten Waaren auch besonders viel Quincaillerie, Uhren, Tabatieren und andere dergleichen in der Türkei beliebte Sachen, so sie bei letztem Krieg der Pforte mit den Russen in Menge eingekauft, diesmal wiederum eingehandelt, welches eine Speculation auf einen anderweitigen Krieg zwischen Russland und der Pforte zu sein scheint.

Von den eingeführten Tuchen wurde das Meiste abgesetzt, bis auf die Görlitzer, welche diesmal nicht gesucht wurden.

Der Handel mit Rauchwaaren scheint auf hiesigem Platz immer mehr und mehr abzunehmen. Das feine Rauchwerk, so meistens aus Nordamerika kommt, wird wegen des dasigen Krieges und unsichern Schiffahrt hier immer seltener und theurer und das grobe und ordinäre verschreiben die bemittelten Kürschner selbst aus den Seestädten.«

Die **Ostermesse 1779** war gut in Folge der eingegangenen Friedensnachrichten und der Anwesenheit vieler Polen. »Den meisten Einkauf machten die Polen, Russen, Griechen, Cur- und Lievländer, in erster Linie aber die Broder Juden. Am besten gingen die Baum- und Schaafwollenen Waaren, insbesondere die Landtuche, die Leinwand, Rauch- und Kürschnerwaaren. Der Umsatz würde noch grösser gewesen sein, wenn die nordischen Commissionen eingegangen wären und nicht die russischen, kur- und lievländischen Kaufleute durch das im letzten Winter ermangelte (?) Eis gehindert worden wären, ihre Waaren und Getreide auszuführen und ins Geld zu setzen, daher selbige denn zum Theil nicht anher gekommen, auch wenig Geldrimessen übermacht, ingleichen wenig neue Commissionen gegeben haben . . . . .

---

[1] Es ist der bayerische Erbfolgekrieg 1778—1779 gemeint. König Friedrich II. liess im Juli 1778 seine Truppen in Böhmen einrücken, wo österreichische Truppen an der sächsischen und schlesischen Grenze zusammengezogen worden waren. Es kam aber blos zu strategischen Bewegungen und unbedeutenden Plänkeleien. Am 13. Mai 1779 kam der Friede von Teschen zu Stande.

Auch nach Frankreich gingen weniger Waaren als gewöhnlich, da die Schiffahrt nach Amerika durch die englischen Kriegsschiffe und häufigen Capers fast gänzlich unterbrochen und der Transport der Waaren durch die äusserst erhöhten Assecuranzkosten fast impracticabel geworden; daher viele französische Häuser, so bisher ansehnliche Commissionen gegeben, inne halten und den Ausgang der amerikanischen Unruhen abwarten wollen . . . . . .

Leipziger Sammte gingen besser, da die virginische Fischotter im Preis etwas gefallen, folglich dieser Artikel wegen häufiger Fertigung der sammtnen Mützen mehr gesucht worden.

Ueber den schlechten Abgang der gebirgischen Spitzenwaaren wurde sehr geklagt, da der nach dermaliger Mode so beliebte Flohr die Spitzen ganz verdrängt hat, welches wegen des gebirgischen Nahrungsstandes allerdings sehr zu beklagen ist.

Englische Wechsel waren sehr gesucht. Das Pfundsterling stand auf 6 Thlr. 6 gr. Die holländischen Wechsel waren sehr rar. »Die Cammerräthe Frege und Oehlert haben zu erkennen gegeben, dass wegen dermaliger schlechter Lage des französischen und amerikanischen Commercii es nicht rathsam sein dürfte, jetzt einigen immediaten Handel nach den vereinigten amerikanischen Provinzen zu unternehmen und man lieber den Ausgang erst abwarten müsse.«

»Die letzte Messe zu Frankfurt a/O. ist abermals sehr schlecht ausgefallen. Sie dürfte auch schwerlich in der Folge ergiebiger werden, da durch die dortigen dem Commerce verderblichen Einrichtungen und Beschwernisse die Kaufleute mehr und mehr verdrängt werden. Wie denn auch die ansehnlichsten polnischen jüdischen Handelshäuser solche wenig mehr besuchen, welches zum deutlichen Beweis dient, dass Mess- und Handelsplätze mit Glimpf und Nachsicht und keineswegs durch Zwang und Einschränkungen zu behandeln sind.«

Remonstrirt wird gegen die neue durch G. F. R. Rachel von Löwenmanseck angeordnete Landacciseabgabe von 6 Pf. von jedem eingehenden und 3 Pf. von jedem ausgehenden Ctnr. Waaren. (Verordnung an die Landaccise-Obereinnahme vom 4. Jan. 1779).

Eine sehr gute Messe war die Michaelismesse 1779: »Der Absatz war zwar fast in allen Arten von in- und ausländischen Waaren ziemlich gut, allein in Tuchen, wollenen Zeugen, goldenen und silbernen Tressen, gedruckten Cottons, einigen Sorten von Leinwand und seidenen Waaren aber sehr gut und in Berills, Halbtuchen, Mousselinen, halbseidenen Zeugen, einiger Art Etoffes piquées und englischen Quincaillleriewaaren ausserordentlich gut gewesen, so dass manche Kaufleute schon Dienstags vor der Messwoche in ihren Waarenlagern desortirt und manche Waarenartikel ganz ausgegangen waren.

Den meisten Einkauf haben diesmal nicht nur wie sonst die Polen, Russen, Griechen, Türken und Ungarn, sondern auch die Böhmen und Schlesier gemacht. Die polnischen Juden und die Russen haben zwar wiedrum viel Credit gesucht, doch weiss man, dass sie auch viel Geld- und Wechselbriefe mitgebracht, wie man denn von zwei Russen allein versichert, dass jeder für 200 000 Rubel theils baar, theils in Briefen bei sich gehabt und sowohl der Kaufmann Linke aus

Friedersdorf, als der Kaufmann Winkler aus Rochlitz, so keinem Polen und Russen Credit geben, sondern sich lieber mit einem geringen Gewinnst begnügen, haben versichert, dass sie mit vielen Russen ansehnliche Geschäfte zu 2 und 3000 Thlr. gemacht und baare Zahlung von ihnen erhalten haben.

Die in der letzten Ostermesse erwarteten russischen, kur- und lievländischen Commissionen sind zwar aussengeblieben, allein durch die persönliche Ankunft vieler Russen reichlich ersetzt worden. Aus Frankreich sind auch diese Messe wiedrum ganz beträchtliche Commissionen sonderlich auch in Mousselinen eingegangen.

Nur die Königsberger Kaufleute wurden in ihrem Einkauf durch die Nachricht von einem neuen polnischen Zoll von 8, auch zum Theil weit mehreren pro Cent. auf dahin eingehende Waaren, einigermaassen gestört.

Die Russen, welche Rauchwerk auf ihren Geschirren anhergebracht, beluden ihre 300 Wagen mit 3500 Ctnr., welche sie über Bielitz gehen liessen. Die Polen beluden 200 Wagen mit über 4000 Ctnr. desgleichen über Bielitz.

Wie lebhaft aber überhaupt das Commerzium schon seit Jahr und Tag allhier gewesen, solches bezeugt, dass die Landaccis-Obereinnahme vom 1. Oct. 1778 bis 30. Sept. 1779: 73 752 Thlr. 3 gr. 2 Pf. eingenommen. Woraus ersichtlich, dass in besagter Zeit blos nach der Angabe für 7 080 206 Thlr. Waaren auf hiesigen Platz gekommen sind. Wobei noch viele Kaufleute versichern wollen, dass wöchentlich auch über 60 Wagen die Stadt vorbeiführen . . . . .

Commerzial-Nachrichten. — Die letzte Messe zu Frankfurt a/M. ziemlich gut, die zu Frankfurt a/O. aber ausserordentlich gut. Verschiedene sächsische Manufacturverleger haben dort ihre gesammten Vorräthe abgesetzt. Der Grund hierfür war gelindere Behandlung der Käufer und Verkäufer seiten der Regie, und der Umstand, dass sowohl die Schlesier, als auch die polnischen Juden vorher wegen des Kriegs sich nicht mit hinlänglichen Vorräthen versehen hatten, von Waaren entblösst und nicht bis zur Leipziger Michaelismesse warten können. Sie kamen dann aber auch noch hierher.

Der Fürst von Auersberg war mit dem russischen Botschafter zu Wien die Woche vor der Messe in Leipzig. Ersterer brachte 3 Waarenbeschauer mit, welche sich Mühe gegeben haben, allenthalben zu notiren, was die Kaiserl. Königl. Unterthanen allhier eingekauft haben.«

In Folge des Verlaufes der vorangegangenen hoffte man auch auf eine sehr gute Ostermesse 1780. »Zwar waren bei vielen inländischen Manufacturen wegen der fortdauernden amerikanischen Unruhen, der durch die erwachsende Menge der Kaper immer grösser werdenden Unsicherheit zur See und der aus diesen Gründen ausserordentlich hochsteigenden Assecuranzkosten, die auswärtigen Commissionen weniger eingegangen und besonders bei den Leinwandhandlungen zum Theil aussengeblieben. Man hoffte aber, dass der mehr zum Land- als zum Seehandel bestimmte Messverkauf desto ergiebiger ausfallen sollte und hatte inmittelst in allen Manufacturen und Fabriken den ganzen Winter hindurch so stark fortgearbeitet, dass fast aller Orten über Mangel an Arbeitern und besonders an wollenen und baumwollenen Gespinnste geklagt wurde. Auch das Fuhrwerk war sehr beschäftigt gewesen, indem bei dem harten Winterwege eine grosse Menge Waaren sowohl auf die auswärtigen als inländischen Messen und Handlungsplätze gesandt wurde, welches die in diesem letzteren halben Jahre gegen das vorletzte halbe Jahr abermals gestiegene Land-acciseeinnahme auf hiesigem Platze vollkommen bestätigt. Es war daher auch eine überaus grosse Menge aller Arten Waaren und von allen Orten her zur hiesigen Messe gekommen, und die Kaufleute in guter Anzahl auf denselben erschienen. Gleichwohl war die Hoffnung, welche man sich nach allen diesen Umständen zu einer guten Messe gemacht hatte, nicht ganz erfüllt. Denn da war:

1. Die Jubilatemesse diesmal sehr zeitig und man will von jeher bemerkt haben, dass die zeitigen Jubilatemessen immer geringe ausfallen, aus der nicht unwahrscheinlichen Ursache, weil die entfernten Käufer, welche erst spät im vorigen Jahre von der Michaelismesse nach Hause gekommen sind, alsdann nicht Zeit genug gehabt haben ihre Waaren zu verkaufen und sich wieder auf die Reise zu begeben. Auch war die Messe wegen dieses zeitigen Eintritts in die Feiertage der Juden und wie versichert ward, auch in das Osterfest der Griechen gefallen.

2. Waren mehrere derjenigen russischen Kaufleute, die auf der Michaelismesse sehr starken Einkauf gemacht hatten und jetzt wieder erwartet worden waren, diesmal nicht auf den Messplatz gekommen; auch waren deren Rimessen auf den vorher erhaltenen Credit grösstentheils zurückgeblieben. Von beiden war der Wechselcours zur Ursache angegeben, der ihnen, den Russen, jetzt äusserst nachtheilig sei. Denn da sie, wegen Unsicherheit zur See, ihre Producte zeither nicht so wie sonst expediren und dadurch ihre Tratten in Holland decken können, annebst Ihre Majestät die Kaiserin ein grosses Darlehn in russischen Banknoten nach Holland zurückbezahlt hätten, welche wiederum nach Russland refluirten, daselbst aber nur in Kupfermünze realisirt würden, so sei der Rubel von 42 Stüber holländisch curr. bis auf 36 Stüber gefallen, also dass Russland 15 bis 16 % aus dem holländischen Cours verliere. Verschiedene russische Kaufleute hatten daher ihren hiesigen Gläubigern vorgeschlagen, die schuldige Zahlung sofort auf einen russischen Platz zu leisten, wenn diese für die Ueberwechselung auf eigne Kosten sorgen wollten, welches jedoch eben wegen des Verlustes am Wechselcours nicht angenommen werden können. Inmittelst sollten die Zahlungen auf das vergangene im Mai besprochen worden sein, und gegen Ende der Messe wollte verlauten, der Cours sei zum Vortheile der Russen etwas gestiegen, es hätten auch Ihre Majestät die Kaiserin, um denselben wieder in die Höhe zu bringen, ein ansehnliches Capital in Holland negociiren lassen.

3. Hatten einige der sonst zur Messe hierher kommenden polnischen Juden selbige diesmal nicht besucht. Die hier anwesenden waren durch ihre, wie obgedacht, eingefallenen Feiertage in ihrem Einkaufe sehr behindert worden, hatten auch über Geldmangel in Polen geklagt, theils weil vieles Geld von

den Polen, die sich expatriirt hätten[1]), ausser Landes verzehrt werde, theils weil die polnischen Producte, besonders das Getreide, ebenfalls nicht gingen, letzteres vielmehr in grossen Partien in Danzig liege und keine Abnahme finde. Ueberhaupt hat

4. das sonst durchgängige Stocken des Getreidehandels, womit alle nordischen Häfen überführt sein sollen, und der ermangelnde Getreideabzug in hiesigen und benachbarten Ländern auf den Handel Deutschlands einen grossen Einfluss, welcher nothwendig auch den Messhandel treffen und selbigen vermindern muss.

5. Endlich steht zwar der Seekrieg wie obgedacht mit dem Messhandel zu Leipzig in keiner starken unmittelbaren Verbindung. Allein die Handlung in Europa und selbst mit den übrigen Weltheilen ist gleichwohl zu genau unter einander verknüpft, dass nicht, wenn ein Theil desselben lange und beträchtlich leidet, andere handelnde Orte solches ebenfalls am Ende indirect empfinden sollten. Da nun über dieses Alles in jetziger Ostermesse der Platz vorgedachtermassen mit Waaren überfüllt war, so ist bei solchen Umständen nicht zu verwundern, wenn im Verhältniss der vorhandenen sehr grossen Menge Waaren, der Absatz im ganzen genommen mittelmässig, auch in manchen Artikeln gering ausgefallen und daher viele Klagen über schlechte Messe zu hören gewesen sind, wobei jedoch die hiesigen Landesfabrikate grösstentheils vor den ausländischen vorzüglich Abgang gefunden haben und mehr mittelmässig abgegangen sind.«

Bemerkenswerth ist die geradezu von freihändlerischen Ansichten getragene allgemeine Betrachtung über den Leipziger Messplatz, welche die Commerciendeputation an den Bericht über die Ostermesse 1780 anknüpft. In dieser Betrachtung heisst es: »Nicht die natürliche Lage der von der See und einem schiffbaren Strom entfernten Stadt Leipzig, sondern günstige Zeitumstände und vielleicht die Unwissenheit der Nachbarn in Commerzial- und Fabrikkenntnissen haben den Platz nach und nach zu einer vorzüglichen Stelle unter den Handelsstädten erhoben. Jetzt sind zwar die Umstände denselben weniger vortheilhaft. Er erhält sich aber und wird sich hoffentlich noch lange erhalten, weil überhaupt Handlung, wenn sie einmal an einem Orte etablirt ist, sich nicht leicht, ohne eine grosse äussere Gewalt, ganz von denselben verliert. Weil ferner die inländischen Fabriken, welche wohl grösstentheils durch den Messhandel veranlasst worden sind und noch von ihm unterhalten werden, hinwiederum den Messhandel ungemein unterstützen und weil endlich viel Kaufleute aller Länder, wenn sie schon ihre auswärtigen Waarenbedürfnisse unmittelbar und aus der ersten Hand zu ziehen wissen, dennoch, zumal wenn sie mit mehr als einer Gattung von Waaren und nicht blos in sehr grossen Partien handeln, einen solchen Platz vorziehen, auf welchen sie alle Gattungen, deren sie bedürfen, beisammen finden und unter einem vollständigen Assortiment selbst wählen können. Bei der jetzigen Beschaffenheit der Handlung könnte Frankfurt a/O. dem hiesigen Platz in Absicht auf den nordischen Handel wirk-

---

1) Wohl eine Folge der ersten Theilung Polens 1772.

lich gefährlich werden, wenn dortige Zoll- und Accise-Einnahmen nicht mehr zur Entfernung, als zur Herbeiziehung des auswärtigen Handels geschickt wären. Frankfurt a/M. dagegen thut gegen Mittag und gegen Abend vielleicht schon jetzt Leipzig Eintrag und würde auch im nordischen Handel mit diesem Platz rivalisiren, wenn es von Polen und Russland nicht noch um 40 Meilen weiter als dasselbe entfernt wäre. Die geringen Commerzialabgaben zu Frankfurt a/M., da von jedem Colli fremden Messguts, es enthalte solches was es wolle, nicht mehr als 45 Kreuzer Reichsgeld (ungefähr 10 gr. conventionsmässig) beim Eingang entrichtet wird, die uneingeschränkte Handelsfreiheit, die gute und wohlfeile Zehrung bei dem zum Theil aus dem 24 fl. Fuss entstehenden mässigen Preis der Lebensmittel, Messquartiere und Messgewölbe, die Lage der Stadt an einem in den Rheinstrom fallenden schiffbaren Fluss und im Mittelpunkt von Deutschland: alle diese so günstigen Umstände ziehen viel Käufer herbei und der Handel in Frankfurt a/M. scheint in der That zuzunehmen. Ist aber solchergestalt der hiesige Messplatz nicht vor aller Besorgniss einer weiteren Verminderung des Gewerbes gesichert, so ist doch dessen Aufrechthaltung nicht desto minder für Ew. pp. Hohes Landesherrliches Interesse und für das gemeine Beste der Lande und Unterthanen äusserst wichtig. Nicht zu gedenken des Nahrungsstandes hiesiger Stadt an sich, ihrer Bevölkerung und der vielen Prästationen, welche dieselbe verhältnissmässig mehr als andere Städte zu Ew. pp. Cassen zu entrichten hat, nicht zu gedenken der Abgaben, welche von der Leipziger Handlung unmittelbar zu diesen Cassen fliessen und mit der Ausbreitung oder Verminderung derselben steigen oder fallen, so ist unstreitig der hiesige Messhandel mit dem Wohlstande der Landesfabriken noch heutigen Tages sehr genau verbunden.

Zwar bemühen sich immer mehrere solcher Fabriken ihre Waaren unmittelbar an auswärtige Orte zu versenden. Doch selbst diese suchen mehrentheils zugleich den Messvertrieb. Viele kennen keinen andern auswärtigen Verkauf, als den sie auf den Messen sofort in natura machen oder doch abschliessen. Was die Russen, Polen, Griechen, Ungarn etc., ja selbst viele Kaufleute deutscher Länder von hiesigen Landes-Fabrikaten erkaufen, wird auf der Leipziger Messe in Augenschein genommen, ausgesucht, behandelt und bezahlt. Sämmtliche dergleichen Verkäufer würden die diesseitigen Producte wenig oder nicht suchen, wenn sie selbige nicht im Assortiment ihrer Bedürfnisse auf hiesigem Platze fänden. Jede Messe vertheilt also, je nachdem sie besser oder schlechter gewesen ist, grössere oder geringere Summen auswärtigen Geldes unter die inländischen Manufacturverleger oder Fabrikanten, welche diese bei ihrer Zurückkunft hinwiederum zur Fortstellung ihrer Fabrikationen in Ew. pp. Landen verbreiten. Zwar wird dieser für Höchstdero Lande allerdings hauptsächlich wichtige Nutzen der Leipziger Messen sich niemals dahin erweitern lassen, dass man auf selbigen nur den Handel mit inländischen Producten zu begünstigen und die auswärtigen Waaren zu entfernen bedacht sein könnte. Man würde vielmehr durch dergleichen Anstalten, wie solches zu Frankfurt a/O. zum Theil geschieht, die ganze Natur des Messnegotii verändern und den hauptsächlichsten Beweggrund aufheben, welcher den entfernten und fremden Käufer bewegen kann, zu gewissen Zeiten des Jahres auf einen bestimmten Platz zu reisen und daselbst, was er zu seinem Handel braucht, einzukaufen. Ein vollständiges Waarenassortiment ist hierzu die erste und wesentliche Bedingung und wenn gleich der Fremde auf hiesigem Platz viel auswärtige, in hiesigen Landen nicht erzeugte Waaren erkauft, so ist es nicht minder ein höchstwichtiger Nutzen für das Land, dass er zugleich beträchtliche und oft, wie z. B. in letzter Messe geschehen sein mag, noch grössere Quantitäten inländischer Waaren erhandelt und der Messhandel bleibt nichts desto weniger eine der vornehmsten Stützen hiesigen Fabrikenstandes, welcher in allen seinen meist untrennbar verbundenen Theilen den höchsten Landesherrlichen Schutz vorzüglich verdient und in allen denen auf solchen fallenden Abgaben oder anderen Einrichtungen die grösste Behutsamkeit um so mehr erfordert, je gewisser es ist, dass das, was von selbigem einmal verloren geht, nicht leicht wieder zu erlangen steht.«

Die Michaelismesse 1780 war der Ostermesse ähnlich, doch etwas weniger gut. Es waren aber alle Fabriken des Landes den Sommer über stark beschäftigt.

Von der letzten Messe zu Frankfurt a/O. wird berichtet, dass sie sehr gut gewesen, »da die dasige Regie in ihrer Strenge sehr nachliess und von den 8 %, so die Käufer entrichten sollten, kaum die Hälfte bezahlt wurde, welches daher rühre, dass die Offizianten im Gehalt heruntergesetzt worden und daher durch Nachsicht sich zu entschädigen suchten.«

In der Ostermesse 1781 fand eine so starke Waarenzufuhr statt, »dass fast von allen Arten in- und ausländischer Waaren Ueberfluss auf dem Platze war. Allein der Verkauf stimmte hiermit nicht überein. Als Gründe hierfür wurden angegeben:

1. dass weniger Polen, als in der vorjährigen Ostermesse anwesend waren und geringere Partien von Waaren kauften;

2. dass nur wenig Russen auf den Platz gekommen und selbst diese wenigen hier keine Geschäfte machten, auch die russischen in dieser Messe fälligen Rimessen ausblieben und selbst die von diesen bestellten Waaren abgeschrieben worden wären;

3. dass der holländische Einkauf fast ganz fehle und auch die Iserlohner Kaufleute, welche sonst zum Handel nach Holland auf hiesigen Messen fast ebensoviel wieder einkauften, als sie verkauften, wenig diesmal gethan hätten;

4. dass mehrere Einkäufer aus verschiedenen Gegenden von Deutschland, besonders aus den Fürstl. Sächs. Landen und selbst aus Chursachsen vermisst wurden, welche sich wegen der allhier aus dem Cours gesetzten Karl- und Maxd'or und Laubthaler nach Frankfurt a/M. gewendet hätten und die hiesigen Messen ganz verliessen.

Zum Wegbleiben der Polen habe der dortige Geldmangel und die neue dortige Kleiderordnung beigetragen.

An der russischen Grenze seien neue Zollämter errichtet und die Revisionen

verschärft worden, so dass die russischen Schleichhändler sich nicht mehr getrauten, die Messen zu besuchen. Ausserdem hätten sich die Russen durch den
auf hiesigem Platz gefundenen fast ungemessenen Credit so sehr mit Waaren
überladen, dass sie solche noch grösstentheils unverkauft liegen hätten. Auch
fingen die Russen an, grosse Partien Waaren direct aus Frankreich zu beziehen,
die nur transito Leipzig kämen.

Holland sei durch die grössere Ausbreitung des Seekrieges sehr gehemmt,
besonders nachdem es nicht nur die Neutralität seiner Flagge, sondern auch
neuerlich in Amerika die vornehmsten Depots seiner dortigen Handlung verloren. Die Holländer hätten aber alle ihre Zahlungen geleistet und sei auf
Besserung zu hoffen. Dermalen leiden allerdings durch den unterbrochenen
Seehandel mehrere hiesige Landesmanufacturen, besonders aber die Leinwandhandlung.

Ehe der Krieg zwischen England und Holland[1] declarirt wurde, war St. Eu-
stache[2] der Sammelplatz und die Hauptniederlage von allen europäischen Waaren
und amerikanischen Producten, wo eine beständige Messe war. Seitdem aber
dieser Ort in die Hände der Engländer gefallen (wobei jedoch kein diesseitiges
Haus etwas an Waare verloren), ist auf holländische Entrepôts zum amerikanischen Handel nicht zu rechnen, sowie auch neutrale Schiffe mangeln. Doch
ist die dänische Flagge diejenige, deren sich die Kaufleute am meisten bedienen,
und die dänischen Inseln St. Croix und St. Thomas sind die Plätze, über welche
dermalen die europäischen Waaren nach Amerika hauptsächlich spedirt werden.
Man soll auch daselbst zur Beförderung und Erleichterung der dahin sich wen-
denden Handlung Maassregeln genommen haben.

Jedoch wurde geklagt, dass die Handlung in Dänemark nicht thätig genug
sei, und es daselbst an grossen Handlungshäusern fehle.

Eine der ergiebigsten Quellen für den Leipziger Messhandel dürften die
Juden sein, in Ansehung deren die guten Folgen der 1772 wegen der Mess-
Judenpässe getroffenen Einrichtungen sich immer noch bewähren.

Obgleich die Plauen'schen Mousseline, welche sonst nach Russland und
Holland gingen, nur wenig Abnehmer fanden, versicherte doch der dortige Kaufmann Höfer, dass die jährliche Fabrikation von Nesseltüchern von 50 000 bis auf
etliche 70 000 gestiegen sei und dass diese Waare in Ermangelung der ostindischen Nesseltücher in alle Weltgegenden verlangt würde.

Von den eingeführten 11 977 Stück Tuch blieben nur 2000 unverkauft.«

Nicht nur die Leipziger Michaelismesse 1781, »sondern auch die Messen
zu Braunschweig, Frankfurt a/O., Brünn, Frankfurt a/M. litten darunter, dass
der zwischen England und Holland fortdauernde Krieg den Handel nach Amerika
hemmte.

»Doch war immer noch eine hinreichende Zahl Einkäufer anwesend, auf die

---

1) Der Krieg dauerte von 1780 bis 1784 und war veranlasst durch die Haltung der Niederlande im nordamerikanischen Befreiungskriege.

2) St. Eustach oder Eustatius in den kleinen Antillen, noch jetzt holländische Besitzung.

russischen Rückstände gingen gute Zahlungen ein, auch entnahmen die Russen von neuem grosse Partien von Waaren.

Die Messe war deshalb im Allgemeinen mittelmässig.

Guten Absatz fanden nur Mousseline, Piqué's, goldene und silberne Tressen, ziemlichen Absatz Halbtuche, einige wollene Zeuge und seidene Waaren.

Den grössten Einkauf haben noch die Polen, Russen und Griechen gemacht. Die Russen sowohl als die Polen haben sich nach ihrer gewöhnlichen Art zum geschwindern Transport der benöthigten Waaren allhier viel Wagen bauen lassen und die Russen sollen sich noch über 100 Pferde dazu gekauft und allein an die 87 beladne Wagen von hier abgeführt haben, so man auf 1800 Ctnr. geschätzt hat. Diese Waaren haben theils in viel Iserlohner Waaren, als seidenen Tüchern, Dosen etc. und theils in seidnen und reichen Zeugen, feinen Tüchern, feiner Leinwand, Tafelzeugen, Plauen'schen Mousselinen, weissen Piqués und vielen wollenen Zeugwaaren bestanden, davon ein sehr grosser Theil aus hiesigen Landesmanufacturen entnommen worden.

Die polnischen Juden und andere Kaufleute, besonders von Lissa und Brody, sollen theils auf ihren eigenen Wagen theils an Fuhrleute ca. 4000 Ctnr. verladen haben, wovon das wenigste in Seiden, das meiste aber in wollenen und baumwollenen, ebenfalls grösstentheils in diesseitigen Landwaaren bestanden haben soll.

Die Kleiderordnung in Polen und das Verbot des Gold- und Silbertragens fährt fort, dem diesseitigen Commerzio und vorzüglich den hiesigen Gold- und Silberfabriken sehr nachtheilig zu sein.

Alle genannten Güter sind über Gabel und Bielitz gesandt worden, und weder die Russen noch die Polen haben etwas von ihren Waaren durch die preussischen Lande gehen lassen, weil in kaiserlichen Landen bekanntermaassen weit weniger transito, als in preussisch Schlesien bezahlt wird. Die Russen sollen zwar dem Vernehmen nach, von Königl. Preuss. Seits sehr animirt worden sein, ihre Güter durch dasige Lande gehen zu lassen, unter dem Versprechen, dass selbige statt 8 % nur 4 % geben sollten. Es haben aber selbige nicht getraut, sondern befürchten, den Polen gleich geschätzt und behandelt zu werden.

Die von hiesiger Messe nach Prag und Wien und weiter über diese Plätze hinaus versendeten Güter werden auf 1500 bis 1600 Ctnr. gerechnet und sollen in allerhand Nürnberger Waaren, feinen wollenen und Rauchwaaren bestanden haben. Hierunter sind der Griechen Güter begriffen, bei deren Wagen allzeit einer von ihnen zugegen sein muss, welcher die specifica über die Colli bei sich führt und den Transito davon erlegt.«

Ueber die Ostermesse 1782 berichtet die Commerziendeputation: »Bei der fortwährenden fast gänzlichen Hemmung des Handels nach Spanien, Frankreich, England, Holland und Amerika war nach der im abgewichenen Jahre gemachten Erfahrung mit Recht zu befürchten, dass auch diese Messe nicht von der Beträchtlichkeit sein dürfte, als es der Wohlstand der Manufacturen, der Fabriken und der Handlung überhaupt erheischte. Einige Nebenumstände, worunter vorzüglich der geringe Erfolg der Messe zu Frankfurt a/M., die schlechten

Wege, die theure Fracht und das Aussenbleiben vieler Einkäufer aus verschiedenen selbst aus chursächsischen Landen zu rechnen, vermehrten diese Besorgniss.

Die Ursache von der diesmaligen minderen Beträchtlichkeit der Messe zu Frankfurt a/M., welche wegen der vortheilhaftesten Lage des Orts, der daselbst zu entrichtenden geringen Abgaben und verschiedener günstiger Nebenumstände vor anderen Messplätzen viele Fieranten an sich zieht, liegt unstreitig darin, dass dasiger Messhandel grossentheils auf dem Einkauf der Holländer beruht, dieser aber seit dem Ausbruch des holländischen Kriegs ungemein gefallen ist. Leipzig hingegen geniesst noch des Vorrechts, der Marktplatz der nordischen Nationen zu sein, auf welche jener Krieg in Absicht des Handels nicht so nachtheiligen Einfluss hat, daher auch deren Einkauf in der diesmaligen Messe noch von Erheblichkeit gewesen ist. Die Russen, Polen und Griechen haben auch diesmal den grössten Einkauf gemacht.

Von Gera waren diesmal 54 Fieranten (plus 12 gegen Ostern 1781), meist Verkäufer anwesend. Dies bestätigt das Steigen der Handlung zu Gera. Zum Nachtheil des diesseitigen Commerzii gewinnt dieser Ort immer mehr die Gestalt eines ansehnlichen Handelsplatzes, so dass dermalen schon zum Theil unmittelbar auf Gera und nicht, wie vor Zeiten in allen Fällen über Leipzig dahin gewechselt wird.

Plauen'sche Mousseline geben vielfach unter einem nachgemachten Zeichen als ostindische Waaren, gemeiniglich durch die Schweiz nach Frankreich pr. Contrebande, wozu selbst die französischen mit ostindischen Waaren handelnden Kaufleute die Hände bieten.«

»Ein Umstand war der Michaelismesse 1782 vorzüglich günstig »und versprach für die Zukunft noch wichtigere Folgen. Des fortwährenden Seekrieges ungeachtet, wurde nämlich der Handel nach Westindien wieder lebhafter, indem mehrere neutrale Flaggen in Dänemark, zu Hamburg und Ostende entstehn, wodurch die Waaren zur See ohne Gefahr ausgeführt werden können. Solcher neutraler Flaggen bedienen sich selbst die holländischen Häuser, deren auswärtige bisher sehr eingeschränkt gewesene Geschäfte seitdem zahlreicher werden. Daher rührt auch unstreitig der diesmalige starke Messeeinkauf.«

»Dänemark benutzt bei weitem nicht alle die wichtigen Vortheile, die gegenwärtiger Zeitpunkt seiner Schiffahrt darbietet, sondern überlässt solche grösstentheils der Stadt Hamburg, deren Handlung auch hierdurch seit kurzer Zeit zu einer unerwarteten Grösse angestiegen ist und bei fortdauerndem Kriege zur See unfehlbar noch höher steigen wird, da sich allmälig mehrere Geschäfte, die vormals über England und Holland gegangen, dahin ziehen.«

»Es ergiebt sich von selbst, dass auf diesseitigen Handel- und Manufacturstand, dessen Debouchées nach oben genannten Ländern zeither merklich abgenommen, dies Steigen der Handlung zu Hamburg den wohlthätigsten Einfluss haben muss. Dieser hat sich auch gegenwärtig durch den ansehnlichen Einkauf der Hamburger und durch ihre Bestellungen für inländische Manufacturwaaren bereits veroffenbart. In Absicht auf diesseitige Handlung wird Hamburg wegen seiner älteren Verbindungen und wegen der wohlfeilern Landfracht dahin allzeit den Vorzug vor Ostende behaupten, umsomehr, da die Hamburger Schiffe ebenfalls mit kaiserlichen Flaggen segeln.«

»Auch dürfte überhaupt der Handel zu Ostende sich nicht mit Anhalten vergrössern, da selbiger hauptsächlich auf den Geschäften der gegenwärtig aus Noth dahin gegangenen holländischen Familien beruht, die nach Endigung des Seekriegs ohne Zweifel nach Holland zurückkehren werden.«

»Mit dem starken Absatz vereinigte sich diesmal der seltene Vortheil, dass die Polen und Russen weniger auf Credit handelten, sondern meistens mit baarem Gelde oder guten Assignationen bezahlten und besonders in dieser Rücksicht lässt sich mit Gewissheit behaupten, dass für die Seidenhandlung seit langer Zeit keine so günstige Messe als gegenwärtige, gewesen ist. Aehnlich war es mit den Plauen'schen Mousselins etc.

Der Leipziger Lederhandel ging zurück und zog sich zum Theil nach Gera.

Zum starken Einkauf der Russen trug der nach Ostern zu Petersburg gewesene grosse Brand bei, wodurch viele dasige englische und fremde Waarenlager verzehrt worden. Von einem einzigen Moskauer, Namens Tatora, sollen an 100000 Thlr. Waaren eingekauft sein und der Gesammtbetrag der von den Russen mit ihrem eigenen Geschirr abgeführten Güter wird auf ungefähr 2600 Ctnr. geschätzt.

Der Geld- und Wechselhandel ging sehr stark. Der Kammerrath Frege setzte allein 600000 Thlr. um.

Sehr starken Einkauf, ca. 2000 Ctnr., machten auch die polnischen Kaufleute und Juden von Brody und Lemberg. Man hat bemerkt, dass die polnischen Juden hiesigen Platz immer häufiger besuchen, wogegen sie sich aber von den Messen in Frankfurt a/O. immer mehr abwenden, welche letztere überhaupt wegen der fortwährenden Bedrückungen dergestalt fallen, dass man von vielen hieländischen und andern, selbst Berliner Kaufleuten äussern hörte, sie würden solche künftighin nicht mehr beziehen.

Der König von Preussen, von der misslichen Lage der Frankfurter Messe unterrichtet, hat zwar die Untersuchung und Abstellung ihrer Verfallsursachen dem dasigen Minister von Heynitz aufgegeben, doch ist von besonderen hierauf erfolgten Anstalten z. Zt. nichts bekannt.«

Grosse Hoffnungen setzte man auf die Ostermesse 1783. Hierfür sprach »die nach dem zwischen den kriegführenden Seemächten geschlossenen Frieden wiederhergestellte Sicherheit der Seehandlung und Schifffahrt überhaupt, der in die nordamerikanischen Staaten eröffnete frei unmittelbare Handel und die vornehmlich durch letzteren allenthalben veranlassten häufigen Speculationen, die glücklichen Wirkungen jener Ursachen in der Frankfurt a/M. Messe, von deren grösserer oder minderer Beträchtlichkeit man bekanntlich auf den Erfolg der nächsten Leipziger zu schliessen pflegt. Hierzu trat noch der Umstand, dass die Messe diesmal ungleich später als gewöhnlich einfiel, und gemeiniglich die späteren Ostermessen, theils weil inzwischen mehr Waaren consumirt wurden, theils weil die entfernten Fieranten mehr Zeit zur Reise zwischen den Messen für

sich haben, theils auch weil dann Wetter und Weg der Reise und dem Transport
der Waaren günstiger sind, vortheilhafter auszufallen pflegen, wie denn in der
That alle diese Umstände eine ungewöhnlich grosse Anzahl Fieranten herbei gezogen hatten. Gleichwohl äusserte bei diesen vortheilhaften Aussichten sich
gleich Anfangs die Besorgniss, dass die vorgenommenen Zolländerungen in Russland und Livland, die in einigen Ländern eingeschränkte Kleiderpracht und absonderlich das ausgebreitete Gerücht eines nahen Krieges mit der Pforte schädlichen Einfluss auf die diesmaligen Messgeschäfte haben dürften. Inzwischen
hat sich dieses Besorgniss nur zum Theil bestätigt und der dadurch im einzelnen
erwachsene Nachtheil ist durch grössere allgemeine Vortheile überwogen worden.

Es ist nämlich fast von allen Artikeln und vornehmlich von solchen, deren
Fabrikation die hiesigen Manufacturen am häufigsten beschäftigt, als ordinäre
und mittlere Tuche, Leinwand, Mousseline, Piqué, gedruckte und rohe Cottons
und andere wollene und baumwollene Waaren, ein überaus beträchtlicher Abzug gewesen, mithin die gegenwärtige Messe überhaupt, insbesondere aber in
Absicht auf diesseitigen Manufacturstand, als eine vorzüglich gute Messe zu
betrachten ist.«

»Seit geraumer Zeit ist keine Messe so vortheilhaft als die diesmalige für die
inländischen Cotton-Druckereien ausgefallen«....... »Die Seidenhandlung ist auf hiesigem Platze erheblicher als auf irgend einem andern
deutschen Handelsplatze und mögen auf jeder hiesiger Messe und besonders zur
Ostermesse für nahe an eine Million Thaler seidne Waaren auf hiesigem Platze
sein«.....

»Von den Hamburgern sind vorzüglich ordinäre Tuche, Chemnitzer baumwollene Waaren und andere nach Nordamerika brauchbare Artikel aufgekauft worden. Ueberhaupt hat der in jenem Welttheile sich neuerlich eröffnete
freie Handel zum glücklichen Erfolg der diesmaligen Messe nicht wenig beigetragen, da ausser den Hamburgern auch die Holländer und mehrere nach Amerika
speculirende Handelsleute von verschiedenen Orten grosse Partien Waaren erhandelt haben. Aus hiesigen Landen ist der Commissarius Mühlberger nach
Hamburg abgegangen, um sich daselbst mit einer ansehnlichen Pacotille, die
seinem Vorgeben nach grösstentheils in hier zu Lande gefertigten Kleidungs-
stücken, als Tuchen, Kleidern, Hemden, Stiefel, Schuhen bestehen, nach Nordamerika einzuschiffen. Ueberdies sind von einigen Leipziger, Zittauer und
anderen inländischen Kaufleuten, theils einzeln, theils in verschiedenen kleinen
Societäten unmittelbare Waarenversendungen nach Boston und Philadelphia gemacht worden und ferner zu erwarten. Gleichwohl ist die Errichtung
einer Actiencompagnie zum directen Handel nach Nordamerika, worauf vor Kurzem angetragen worden war, noch ausgesetzt geblieben und es hat die Handelschaft zuförderst ihr Gesuch erneuert, dass Ihrer Churfürstl. Durchl. gefällig
sein möge, eine mit hinlänglichen Handelskenntnissen versehene Person nach
Nordamerika abzusenden, durch welche sichere Erkundigung von allen Theilen
der dasigen Handlung zum Unterricht der hiesigen Kaufmannschaft eingezogen
und das diesseitige Handelsinteresse überhaupt in jenen Gegenden nachdringlich

befördert werden könne, welches Gesuch man dem Etranger Departement des Churfürstl. Geheimen Cabinets in Verfolg der in der Sache vorhin erhaltenen Veranlassungen unverzüglich communicirt hat. Während dass jetzt in Deutschland von allen Seiten auf Nordamerika speculirt wird, fällt dagegen allmälig, nach Endigung des Seekrieges, die bisher von Dänemark nach Westindien betriebene ansehnliche Handlung. Diese würde unfehlbar während fortdauernden Krieges noch höher gestiegen sein, auch vielleicht jetzt noch bestehen, wenn Dänemark die mannigfaltigen von selbst sich dargebotenen Vortheile gehörig zu benutzen gewusst und nicht anderen, vornehmlich der Stadt Hamburg, deren Handlung sich dadurch so sehr emporgeschwungen, überlassen hätte. Zu Ostende nehmen ebenfalls, seit wiederhergestelltem Frieden zur See, die Handelsgeschäfte merklich ab und ziehen sich, so wie man es voraus gesehen, wieder nach Holland zurück. Dagegen steigt dem Vernehmen nach die Handlung zu Triest, wohin der Waarenzug von Wien aus bisher so stark gewesen, dass an letzterem Orte Mangel an Fuhrwerk entstanden und das gewöhnliche Frachtlohn daselbst um $1/3$ aufgeschlagen ist. Seit einiger Zeit hat man sich Kaiserl. Königl. Seits zwar bemüht ein neues Debouché auf der Donau nach dem schwarzen Meere zu eröffnen und es sind bereits unter der Direction des Wiener Handelshauses Vilishafen & Co. zwei Schiffe dahin abgesendet worden. Diese Unternehmungen mögen zur Zeit jedoch als blose Handelsversuche angesehen werden und man hat nicht gehört, dass solche auf diesseitigen Handel und Manufacturstand einigen Einfluss gehabt hätten.«

Ueber die Michaelismesse 1783 berichtet die Deputation u. A.: »Viele russische Kaufleute, polnische Juden und andere entfernte auswärtige Käufer, welche, ohne auf den diesmaligen spätern Eintritt der Michaelismesse zu achten, ihre Anherreise zu der gewöhnlichen Zeit angetreten hatten, befanden sich ungleich früher als die mehrsten Waarenverleger auf hiesigem Platze, nach deren Ankunft sie sofort zum Einkauf ihrer Bedürfnisse verschritten. Dieser Umstand veranlasste schon vor Anfang der Messe einen ausserordentlich lebhaften Handel und jedermann schmeichelte sich mit der Hoffnung auf einen beträchtlichen Waarenabsatz, da zumal die anhaltende gute Witterung die Ankunft der Fieranten und den Transport der Waaren begünstigte. Indessen ist diese Hoffnung, weil in der Messe selbst die Nachfrage nach mehreren Waaren sich verminderte, nicht durchgehends in Erfüllung gegangen.

Doch haben nur einige Waaren, u. A. Tuche, Halbtuche, Raschen und wollene Strümpfe theils mittelmässige, theils geringe Nachfrage gehabt, sonst ist aber von den mehrsten und besonders von den Seidenwaaren, wollenen Zeugen, halbseidenen Kamelotts, Mousselins, Piqués, Canevas, rohen und gedruckten Kattunen, Leinwand, leonischen Gold- und Silberwaaren und Materialwaaren ein beträchtlicher Abzug erfolgt. Daher kann diese Messe, selbst im Vergleich mit der sehr günstig ausgefallenen Ostermesse, noch als eine gute Messe betrachtet werden.«

Die Aussichten auf die Ostermesse 1784 waren ungünstig in Folge des vorhergegangenen harten Winters, grosser Ueberschwemmungen und schlechten

Ausfalls der letzten Messe in Frankfurt a/M. Einen ungünstigen Einfluss auf das Seidengeschäft übte auch eine verunglückte Speculation der polnischen Juden in Hasenfellen aus. »Bekanntlich ist der Handel mit inländischen, böhmischen und besonders mit litthauischen Hasenfellen auf hiesigen Messen von Jahr zu Jahr in eben dem Maasse beträchtlicher geworden, wie bei den Hutmanufacturen, sowohl durch den häufigen Gebrauch der Hüte, als durch den vorwaltenden Mangel der amerikanischen Biber, das Bedürfniss der Hasenhaare sich vermehrt hat.«

Die Preise waren binnen wenigen Jahren sehr gestiegen und schliesslich künstlich auf 52 Thaler für das Hundert getrieben worden. Da die Juden nun zu diesem Preise die Hasenfelle nicht mehr an den Mann bringen konnten, verfügten sie nicht über die Mittel zum Einkauf. Der grössere Theil ihres Einkaufs bestand aber gewöhnlich in seidenen Waaren.

Zu dem geringen Umsatz in Seidenwaaren trug aber auch der Umstand bei, »dass die Russen ihre Bedürfnisse von diesem Artikel grösstentheils aus Frankreich verschrieben und nur nach Leipzig instradirt hätten, von da sie solche während der Messe durch Diener und eigenes Geschirr abholen liessen, wie denn wirklich bei unserer Anwesenheit ein starker Transport dergleichen Waaren hier durchging« . . . »Den stärksten Einkauf in der Messe haben nicht die Russen, sondern die Curländer, die polnischen Juden, die Griechen, die Hamburger und die Holländer gemacht. Von den Russen sind dem Vernehmen nach nicht mehr als 4000 Ctnr. Güter, welche mehrentheils in wollenen und baumwollenen Waaren, hiernächst in feiner Leinwand und Seidenwaaren bestanden, über Crossen abgeführt worden. Unstreitig hat die an der russischen Grenze angeordnete strenge Vernehmung der einbringenden Waaren mit den dortigen hohen Zöllen an dem dermaligen Aussenbleiben der Russen den grössten Antheil gehabt. Hiernächst mag der schon oben erwähnte Umstand, dass die Russen immer mehr Mittel und Wege finden, die benöthigten Waaren aus der ersten Hand zu ziehen, etwas mit beigetragen haben. Dass aber die Anstellung des russischen Consuls allhier die Entfernung vom hiesigen Platze veranlasst haben sollte, wurde allgemein bezweifelt. Zur Zeit hat benannter Consul auf den Messhandel, mit dem er sich überhaupt nicht bekannt zu machen scheint, so wenig merklichen Einfluss gehabt, dass viele Kaufleute nicht einmal von seiner Ankunft etwas wussten. Auch haben von den hier anwesenden Russen sich nur einige bei ihm gemeldet und diese hat er blos dahin beschieden, dass, wenn sie hier in Rechtshändel verwickelt würden, sie sich an ihn wenden möchten. Der zu Königsberg angestellte Consul ist zu Frankfurt a/O., wo man gleichwohl seine Ankunft vermuthete, nicht bemerkt worden. Nach dem Vorgeben einiger Berliner Kaufleute wird zu Riga ein preussischer Consul nächstens angestellt werden. Einigermassen ist dasjenige, was der Messhandel bei dem mindern Absatze an die Russen verloren hat, durch den ungewöhnlich starken Einkauf der Curländer in eben denselben Artikeln, welche jene hier zu holen pflegen, wiederum ersetzt worden. Auch sind die von den Curländern erkauften Waaren wirklich zum Schleichhandel nach Lievland und weiter nach Russland bestimmt und zur sicheren Einbringung derselben sind nach der Aeusserung

eines Mitauer Kaufmanns, in einem kleinen curländischen Orte nahe an der lievländischen Grenze bereits Waarenniederlagen angelegt worden. Dieser schon
jetzt so wichtige Contrebandhandel besteht erst seit vorigem Jahre und zu
selbigem hat allein die Einführung des neuen allgemeinen russischen Zolltarifs
in Lievland, wo vorher die eingehenden Waaren nach weit minderen Sätzen vernommen worden, die Veranlassung gegeben. Wahrscheinlich wird sich derselbe
künftig noch weiter ausbreiten und dem hiesigen Messplatze noch mehr Vortheile
bringen. Zwar sind, wie oben umständlicher angezeigt worden, die polnischen
Juden durch den schlechten Erfolg ihrer Speculation auf litthauische Hasenfelle
in ihren Messgeschäften sehr zurückgesetzt worden, haben auch überhaupt geklagt, dass das Geld in Polen immer seltner und der Waarenabzug geringer
werde. Indessen sollen doch die Juden von Brody und Lemberg an feinen und
ordinären Tuchen, wollenen Zeugen, baumwollenen Waaren, Leinwand, Seidenwaaren, Iserlohner und Nürnberger Kurzwaaren ungefähr 700 Ctnr., theils mit
eigenem Geschirr, über Sebastiansberg und Teschen von hier abgeführt haben.
Neueren Nachrichten zufolge hat Se. Maj. der Kaiser die Stadt Brody zur Begründung ihrer Handlung mit Polen, Deutschland und der Türkei zu einem
freien Handelsorte wie Triest und Fiume erhoben, dergestalt, dass daselbst
von allen eingehenden Waaren kein Zoll ausser den wenig Eingangsgebühren
erlegt werden soll. Sollte dies wirklich geschehen sein, so würden die hiesigen
Messen, auf welchen die Brodyer Juden schon gegenwärtig wichtige Handelsgeschäfte machen, auf alle Fälle dabei gewinnen. Die letzte Messe in Frankfurt a/O. haben die polnischen Juden in geringerer Anzahl als jemals besucht und
überhaupt ist dieselbe der allgemeinen Versicherung nach sehr schlecht ausgefallen. Von den Griechen sind vornehmlich feine Tücher, Mousseline, ächte und
leonische Gold- und Silberwaaren, Iserlohner und Nürnberger kurze Waaren, ingleichen Seidenwaaren und Rauchwerk gekauft und von ihnen überhaupt 900
bis 1000 Ctnr. Güter über Wien versendet worden, wovon der grössere Theil für
die Türkei bestimmt sein soll. Noch würde ihr Einkauf beträchtlicher gewesen
sein, wenn nicht die Nachricht, dass in Dalmatien die Pest ausgebrochen sei,
mancherlei Besorgnisse, besonders wegen Sperrung der, mit ihren Waaren zu
passirenden Wege, bei ihnen erregt hätten. Nach Prag und Wien sollen ungefähr
600 Ctnr. Güter, die mehrstentheils in wollenen, baumwollenen und seidenen
Waaren, ingleichen in Rauchwerk und in Büchern bestanden, von hier abgegangen
sein. Von den Holländern und Hamburgern sind hauptsächlich baumwollene und Schock- und Matrosen-Leinwand gekauft worden. Auch sind einige
dänische Juden auf dieser Messe zum Einkauf gewesen. Man vermuthet, dass
der Holländer und Hamburger Einkauf, theils auf Bestellungen aus Spanien,
welche der Zurückkunft der spanischen Flotte halber veranlasst worden,
theils auch zum Handel nach Nordamerika geschehen sei. Von diesem letzteren
haben sich bekanntlich die Franzosen, Holländer und Hamburger vieler wichtigen
Zweige bemeistert und werden ohne Zweifel, so sehr auch England bemüht ist
ihnen selbige wieder zu entreissen, noch lange im Besitz derselben verbleiben.
Dahingegen soll über Dänemark und die dänischen westindischen Inseln fast gar

nichts mehr nach Nordamerika gethan werden. Der Erfolg der dahin geschehenen kleinen Handelsversuche von hierländischen Kaufleuten lässt sich zur Zeit nicht bestimmen, weil die Retourladungen noch nicht angelangt sind. Indessen erwartet der hiesige Handels- und Manufacturstand zu seinen künftigen Speculationen bald nähere Nachrichten der gegenwärtigen Lage des nordamerikanischen Handels zu erlangen, indem zufolge neuerlich hier eingegangener Briefe der von Ihro Churf. Durchl. als Commissionär des sächsischen Handels bei den nordamikanischen Staaten angestellte Kaufmann Thieriot nach einer langen und höchst gefährlichen Fahrt endlich in Philadelphia angekommen sein soll.«

Der geringe Erfolg der Michaelismesse 1784 »hatte seine Ursache hauptsächlich in dem kurz vor Eintritt derselben ergangenen Verbote der Einbringung ausländischer Waaren in die Kaiserl. Königl. Staaten. Solches hat veranlasst, dass viele fällig gewesene Zahlungen von böhmischen, österreichischen und galizischen Unterthanen ausgeblieben, von Lemberg gar keine und aus Böhmen und Oesterreich nur wenig Käufer anher gekommen, auch selbst die Brodyer Juden nur so viel als sie zum Handel nach Russland und in andere auswärtige Lande gebraucht, eingekauft haben. Zu solchem Behuf ist zwar der Stadt Brody das Einbringen und Aufbewahren ausländischer Waaren nachgelassen worden, weil dem Vernehmen nach die dasigen Juden gedroht haben, sich widrigenfalls in den eine Stunde von Brody unter königl. polnischer Hoheit liegenden Ort Rodowil zu wenden und daselbst ihren bisherigen Handel zu treiben. Allein der Verkauf ausländischer Waaren zur inneren Consumtion ist besagten Juden gänzlich untersagt geblieben, wie denn überhaupt nach den neuesten bei hiesigen Bankiers eingegangenen Nachrichten dieses Verbot und sogleich vom 1. November anbefohlenen Verwahrung der ausländischen Kaufmannsgüter in den kaiserlichen Magazinen während der Messe keine Abänderung erlitten hat. Jedoch sollen der Ausführung des eben gedachten Verbotes sich schon gegenwärtig solche Hindernisse entgegenstellen, welche vielleicht nächstens eine wesentliche Abänderung desselben bewirken dürften. Sollte aber auch diese nicht erfolgen, so muss nach der Meinung mehrerer erfahrener Kaufleute sich mit der Zeit ein beträchtlicher Schleichhandel in die österreichischen Lande um so gewisser eröffnen, als nach der bekannten Beschaffenheit der dasigen kaum den fünften Theil des inneren Bedürfnisses hervorbringenden Manufacturen die Zufuhr ausländischer Waaren daselbst gar nicht entbehrt werden kann. Unterdessen steht allerdings zu besorgen, dass, solange der Handel bis dahin auf eine oder die andere Art sich eingerichtet haben wird, einige hierländische Manufacturen, besonders die Zeug-Manufacturen zu Penig, Frankenberg und Burgstädt in ihrem Umtrieb leiden dürften. Den gesammten Betrag der von jetziger Messe nach Prag und Wien versendeten Güter, so meistens in Rauchwaaren und Büchern bestanden haben sollen, schätzt man nicht höher als auf 400 Ctnr. Von den Brodyer Juden sind vorzüglich baumwollene und ordinäre wollene Waaren gekauft und von ihnen dem Vernehmen nach überhaupt 900 bis 1000 Ctnr. Güter abgeführt worden. Da, wie oben bemerkt, den zwar in Menge meistens aber zum

ersten Male zur Messe gekommenen Russen der verlangte Credit selten oder gar
nicht zugestanden worden, sie auch mit baarem Gelde und Wechseln nicht reichlich versehen waren, so haben sich dieselben fast blos auf den Einkauf der noth-
wendigsten Bedürfnisse einschränken müssen. Auch soll dasjenige, was sie an
Waare hier abgeführt nicht mehr als ca. 400 bis 500 Ctnr. ausgemacht und allergrösstentheils in Leinwand, Piqués, gedruckten Cattun und anderen baumwollenen Waaren, in Tuchen und wollenen Zeugwaaren, zum kleinsten Theile
aber in Seidenwaaren bestanden haben.«

»Die Abwesenheit der meisten der gewöhnlichen russischen Käufer und das
Aussenbleiben ihrer fälligen Zahlungen setzt die mit ihnen in Verbindung stehenden hiesigen Handelshäuser in nicht geringe Verlegenheit, da es zumal dadurch
immer mehr das Ansehen gewinnt, als wollten dieselben, nachdem sie nun, zur
Erlangung der benöthigten Waare aus der ersten Hand vielleicht Mittel und
Wege genug gefunden, von hiesigem Messplatz ganz abziehen. Der nach be-
schehener Erhöhung der russischen Eingangszölle entstandene Schleichhandel von Kurland aus nach Livland und Russland soll immerfort sehr lebhaft
betrieben werden. Man hofft daher, dass die Mitauer und Libauer Kaufleute,
welche zu solchem Behuf bereits in diesjähriger Ostermesse starken Einkauf gemacht, sich in künftiger Ostermesse (denn die Michaelismessen werden von ihnen
gar nicht besucht) noch häufiger einstellen und vielleicht noch beträchtlicheren
Einkauf machen werden. Bei dem hier angestellten russischen Consul haben sich
wenige von den anher gekommenen Russen gemeldet und überhaupt hat dessen
Anstellung, wie hier allgemein versichert wird, auf den Leipziger Messhandel
zur Zeit keinen besonderen Einfluss gehabt. Der Einkauf der Griechen ist in
dieser Messe von ungewöhnlicher Beträchtlichkeit gewesen. Am häufigsten haben
sie feine und mittlere Tuche, gedruckte Flanelle, Plauen'sche Mousseline und
Rauchwerk, hiernächst ächte und leonische Gold- und Silberwaaren, Nürnberger
und Iserlohner Kurzewaaren, auch etwas von Seidenwaaren eingehandelt. Diese
nebst den den übrigen von ihnen eingekauften Waaren sollen gegen 1200 Ctnr.
betragen haben und allergrösstentheils für die Türkei bestimmt gewesen sein.
Von den Holländern sind vornehmlich die baumwollenen Waaren und die
Buch- und Matrosenleinwand, von welcher letzterer allein der Amsterdamer
Kaufmann Hesc für 8000 Thlr. bei der May'schen Leinwandhandlung aus Löbau
entnommen, aufgekauft worden. Auch der Einkauf der Hamburger hat meist
in Leinwand bestanden, da hingegen geringe Tuche und andere nach Nordamerika
gangbare Artikel weniger als sonst gesucht worden. Ueberhaupt soll zu Hamburg
der Handel nach Nordamerika, wegen des geringen Erfolges der bisherigen
Unternehmungen dahin, weniger lebhaft betrieben werden. Zu der Schwierigkeit
daselbst für europäische Waaren annehmliche Preise und hinreichende Retours
zu erlangen, gesellt sich noch der nachtheilige Umstand, dass viele Avanturiers
allda sich zu Kaufleuten aufgeworfen haben, mithin die Solidität dasiger Correspondenten überall noch sehr zweifelhaft ist. Inmittelst hat die (nach Inhalt vorjähriger Michaelismess-Relation) von dem hiesigen Kaufmann Vollsack und dem
Kammerrath Frege zum ersten Versuch nach Philadelphia beschehene Speculation

einen ganz guten Ausgang gehabt. Die von daher erhaltenen Retours bestehen hauptsächlich in virginischen Tabakblättern, von welchen theils wegen ihrer vorzüglichen Güte, theils weil diese Waare neuerlich im Preise gestiegen, besagte beide Kaufleute einen vortheilhaften Absatz zu machen gedenken, auch zu künftigen ähnlichen Speculationen nicht abgeneigt scheinen. Dagegen der mit beträchtlichen Waarenquantitäten selbst nach Nordamerika gegangene Hofcommissar Mühlberger aus Dresden dadurch seine Umstände so wenig verbessert hat, dass er nach seinem jüngsthin auf hiesigem Platze verlassenen Circularschreiben seinen Creditoribus wenig mehr als 25 % (welche nicht einmal in baarem Gelde vorhanden sind, sondern erst aus dem Verkaufe einiger Grundstücke zu Dresden gelösst werden sollen) zu offeriren im Stande ist.«

Auch die Ostermesse 1785 wird als »nicht vortheilhaft« bezeichnet. Das österreichische Verbot der Einfuhr ausländischer Waaren und die in den Niederlanden fortdauernden Kriegsrüstungen lähmten die Speculation. Der Winter war hart und lang gewesen, so dass die Schiffahrt zur See bis zum April ganz unterbrochen war. Nach grossem Schneefall trat im Anfang der Messe Thauwetter ein, so dass die Strassen vielfach ganz unfahrbar wurden und sich die Ankunft sowohl der Waaren als der Fieranten sehr verzögerte. Viele Ausländer kamen erst in der Zahlwoche an. Der Leipziger Rath sah sich deshalb veranlasst, den auswärtigen Fieranten ansagen zu lassen, »dass, wenn sie bis mit der Mittwoch nach der Zahlwoche ihre Gewölbe und Buden offen behalten und stehen lassen wollten, ihnen solches unverwehrt bleiben werde.«

»Es ist auch diese Anstalt nicht ohne gute Wirkung gewesen.«

In der Michaelismesse 1785 »gingen einige Artikel, vornehmlich die Tuche und Leinwand, hiernächst die Mousseline, Barchente, Piqués, baumwollene Strumpfwaaren, gedruckte Cattune und Flanelle, incl. die Rauch- und Quincaillieriewaaren gut ab, alle übrigen aber hatten entweder einen mässigen oder geringen Abzug; mithin war die Messe zwar für den grösseren Theil der Landesmanufacturen noch ganz vortheilhaft, im Ganzen jedoch höchstens nur von mittelmässigem Erfolge. In Anbetracht des besonders durch die russischen Zahlungen bewirkten lebhaften Geldumlaufs dürfte sie den Vorzug vor der vorjährigen Michaelismesse verdienen. Im Gegentheil kommt sie dieser, soviel den gesammten Waarenvertrieb anlangt, nicht völlig gleich.

Der Einkauf der Russen hat vornehmlich bestanden in ostindischen und Plauen'schen Mousselin, feiner Webeleinwand, Seidenwaaren, Tuchen, Rauchwaaren und Iserlohner kurzen Waaren. Sowohl mit dem Einkauf als mit Einwiegung und Verpackung der Güter waren die Russen so eilig zu Werke gegangen, dass sie mit Ausgang der Messe ihre Geschäfte allergrösstentheils beendigt hatten, welches denn zu der in der Messzeit selbst sich geäusserten Lebhaftigkeit im Handel vieles beitrug. Mit den Russen ist diesmal überhaupt weit vortheilhafter als die letztere Zeit zu handeln gewesen. Insbesondere aber sind mit 4 oder 5 angesehenen Handelsleuten dieser Nation, welche den Besuch hiesiger Messen lange ausgesetzt hatten, sehr wichtige Geschäfte gemacht worden und da selbige unter anderen auch ziemliche Quantitäten Seidenwaaren gekauft, so will man daraus den Schluss folgern, dass sie bei der bisherigen u n m i t t e l - b a r e n Verschreibung gedachter Waaren aus Frankreich wohl n i c h t ihre Convenienz ganz gefunden haben mögen und daher wieder anfangen, ihre Bedürfnisse auf hiesigen Plätzen zu erheben. Die von den p o l n i s c h e n J u d e n hier erkauften meistens in Chemnitzer baumwollenen Waaren, ingleichen in hierländischen und englischen wollenen Zeugen, Seidenwaaren und Iserlohner kurzen Waaren bestandenen Güter sind theils mit deren eignem Geschirr, theils mit Frachtwagen über Böhmen abgeführt worden. Von den G r i e c h e n sind die feinen und mittleren Tuche, die Plauen'schen Mousseline, die gedruckten Flanelle, die hiesigen Wachsleinwande, ächte und leonische Gold- und Silberwaaren und englische und Nürnberger Quincaillerien am häufigsten gesucht worden. Der Einkauf der H o l l ä n d e r und H a m b u r g e r soll durchgehends von wenigem Belang gewesen sein, dagegen haben einige B r e m e r und L ü b e c k e r Handelsleute von hierländischen Tuchen und anderen Landesmanufacturen viel gekauft und wie man vermuthet, zur weiteren Versendung nach Russland. Nach W i e n und P r a g sind ausser Rauchwaaren und Büchern sehr wenig Güter von hier verführt worden. Zwar haben die anwesenden Böhmen nach verschiedenen Artikeln Nachfrage gehalten, allein weil sie meistens auf Credit kaufen wollen, hat man für zu gefährlich erachtet, sich in Geschäfte mit ihnen einzulassen, da ohnehin jetzt schon beträchtliche Summen an böhmischen und österreichischen, sowohl christlichen als jüdischen Handelsleuten verloren worden, die sich fast insgesammt des Vorwandes bedienen, dass sie durch das dasige Verbot der Einbringung ausländischer Waaren ganz zu Grunde gerichtet und folglich für immer ausser Stand gesetzt worden, ihre Gläubiger zu befriedigen. Ob dieses V e r b o t ohne den grössten Nachtheil für die Kaiserl. Königl. Lande selbst in der Folge werde b e - s t e h e n können, lässt sich um so weniger absehen, da wegen Unzulänglichkeit dortiger Manufacturen der Mangel und die T h e u e r u n g der unentbehrlichsten Waaren von Zeit zu Zeit drückender wird, wie denn z. B. in Prag die Elle Soy, so vormals 20 Kr. gegolten, dermalen 40 bis 45 Kreutzer kostet und überdem nicht allemal zu haben sein soll. Nach den bisherigen Vorgängen steht gleichwohl eine Milderung dieses Verbots nicht sobald zu erwarten und wenn auch dasselbe nach der Aeusserung einiger hiesigen Manufacturen-Verleger noch manche Wege zur Einschleifung offen lässt, so können doch diese bei der gegenwärtigen Verfassung der dortigen, alles auswärtigen Credits verlustig wordenen Kaufmannschaft nicht benutzt werden. Hierdurch sowohl als durch die neuerliche A b - nahme der C a t t u n f a b r i k a t i o n leidet jetzt allerdings ein Theil des hierländischen Manufacturenstandes absonderlich in den Städten P e n i g, B u r g s t ä d t, L u n z e n a u, F r a n k e n b e r g und M i t t w e i d a. Indessen versichern die Verleger dieser Manufacturorte einstimmig, dass die nothwendige Herabsetzung der Arbeitslöhne die Anfangs besorgte grosse Muthlosigkeit bei den Fabrikanten zur Zeit nicht hervorgebracht habe, noch weniger aber bei dem einen oder andern Neigung zu verspüren sei, an den in den Kaiserl. Königl. Landen jedem sich daselbst niederlassenden fremden Fabrikanten zugesicherten vermeintlichen Vortheilen Antheil nehmen zu wollen. Es dürfte auch letzteres in der Folge nicht leicht zu befürchten sein, so lange die grösseren und wichtigeren Branchen des inländischen Manufacturwesens bei demjenigen Vertriebe, welchen sie obigen speciellen Anzeigen zufolge bisher gehabt, sich erhalten und solchem nach einzelnen in Abnahme gekommenen Fabrikorten die Gelegenheit nicht entzogen wird, mit der Zeit andere Beschäftigungen an die Stelle der verlorenen treten zu lassen.«

»Der Handel mit hierländischen wollenen Waaren nach Spanien zur weiteren Versendung nach Südamerika geht zur Zeit noch sehr lebhaft und wird durch die neuerlich erfolgte Erhöhung der spanischen Eingangszölle nicht erschwert, indem diese allgemein ist und überdies blos darin besteht, dass von jedem Hundert des Zollbetrags noch 2½ drüber entrichtet werden muss. Der Kammerrath Oehler von Crimmitzschau allein hat seiner Angabe nach im abgewichenen Sommer für nahezu 100 000 Thlr. von seinen Fabrikaten nach Cadix gesendet, und der Kammerrath Frege allhier, der sich gleich anderen hiesigen Bankiers mit dergleichen Waarenversendungen beschäftigt, versichert, dass der Betrag der in jetzt laufendem Jahre über Leipzig nach Spanien gegangenen Landesmanufacturen wenigstens auf eine halbe Million Thlr. zu schätzen sei. Ueber die längere Fortdauer dieses wichtigen Debouchés sind die Meinungen getheilt. Einige erhoffen solche mit desto grösserer Zuversicht, weil die Waarenbestellungen von daher eher zu- als abnehmen, andere aber wollen das Gegentheil besorgen und führen als Grund ihrer Besorgniss an, dass der Handel nach dem spanischen Amerika, der vormals nur von einer jährlich dahin gesendeten Anzahl Königl. spanischer Schiffe, und allenfalls noch unter besonderer Concession von einigen sogenannten im Privateigenthum befindlich gewesenen Registerschiffen betrieben ward, jetzt in mehreren spanischen Häfen freigegeben worden sei und das bisherige fast allgemeine Bestreben, an den Vortheilen dieser neuen Handelsfreiheit Theil zu nehmen, nothwendig die Folge haben müsse, dass die südamerikanischen Handelsplätze demnächst eben so sehr wie die nordamerikanischen mit europäischen Waaren überführt sein würden. Die Weiss'sche Handlung von Langensalza ist mit ihrem zeitherigen Absatze nach Italien und Spanien sehr zufrieden und, wie sie versichert, macht sie auch nach Frankreich, des dortigen Verbotes der Einbringung ungeachtet, immerfort ansehnliche Versendungen über Genf, ein Weg, der ihr zur Contrebande stets offen gestanden und noch jetzt offen steht, den sie aber auf den Fall zu verlieren befürchtet, wenn diesseits bei dem französischen Hofe auf Milderung des neuerlichen Waarenverbotes angetragen und dadurch auf die zeitherige Einschleifung hierländischer Manufacturen Aufmerksamkeit erregt werden sollte. Auch bei der Albrecht'schen Zeugmanufactur zu Zeitz ist im abgewichenem Sommer der Abzug nach Spanien und Italien, besonders in die venetianischen Staaten zum weiteren Vertriebe in die Levante beträchtlich gewesen, wann anhero auch Albrecht das, von ihm und mehreren hierländischen Manufacturverlegern angebrachte auch schon durch die Deputation zum Etranger-Departement des Churfürstl. Geheimen Cabinets mit beifälligem Gutachten beförderte Gesuch um Erneuerung des diesseits mit der Republik Venedig bestehenden Handelsvertrages dringend wiederholte. Albrecht hält jetzt seiner Aeusserung nach gegen 60 Zeugmacherstühle zu Zeitz im Umtriebe, indem er nicht allein auf drei Draht-Barracanes 20 Stühle gehen lässt, sondern auch die vorlängst dort gefertigte Art Zeuge zu debitiren sucht. Ausserdem zieht er den grössten Theil seiner Bedürfnisse von hierländischen Zeugmanufacturorten und fast nur allein die gestreiften Kamelotts aus Gera, welche letztere aber auch die Appretur in der Manufactur erhalten.«

XV.

Verlauf und Bedeutung der Leipziger Messen 1786—1806 nach den Berichten der Commerziendeputation und der Geheimen Finanzräthe.

Mit dem Jahre 1786 beginnt die Berichterstattung der zu den Leipziger Messen entsendeten Geheimen Finanzräthe neben der Berichterstattung der Landes-, Oeconomie-, Manufactur- und Commerziendeputation herzulaufen. In der nachfolgenden Darstellung wird es nicht immer nöthig sein, beide Quellen auseinander zu halten. Da wo es wünschenswerth erschien, sind die Angaben der Commerziendeputation mit *C.D.*, die der Geheimen Finanzräthe mit *F.* bezeichnet worden.

Die Ostermesse 1786 war gut. Der Einkauf der Russen verstärkte sich gegen die vorigen Messen um Vieles. Ungeachtet des Fortbestehens des österreichischen Einfuhrverbotes erschienen auch Käufer aus Böhmen und Oesterreich zum ersten Mal wieder in grösserer Zahl.

»Uebrigens ist merkwürdig, dass, so wie bald nach Erlassung des Kaiserl. Königl. Waarenverbots, nicht nur eine Abnahme der böhmischen und österreichischen Käufer, sondern auch der inländischen Fieranten erfolgte, dermalen hinwiederum mit der zahlreichen Ankunft der ersteren, zugleich auch die Anzahl der letzteren sich verhältnissmässig verstärkt hat, welches dann, verglichen mit den sonst hier eingegangenen Nachrichten, ausser Zweifel setzet, dass ungeachtet jenes Verbot unverändert besteht, dennoch mit Erneuerung der vorigen Handelsverbindungen zwischen hiesigen Landen und den Kaiserl. Königl. Staaten bereits wieder ein Anfang gemacht worden ist.« *C. D.*

In der Ostermesse waren die Lager fast sämmtlich geräumt worden, so dass im Sommer schon eine starke Zufuhr von Waaren erfolgte und die Michaelismesse 1786 zeitig einen lebhaften Verkehr aufwies.

»Der Erfolg der Messe ist im Ganzen genommen nicht schlecht ausgefallen. Die russischen christlichen Kaufleute, sowie dasige und polnische Juden haben beträchtliche Geschäfte und zum Theil starke Zahlungen gemacht. Andere Debouchés haben aber sehr gestockt und haben daher die mehrsten der Kaufleute und Manufacturiers, welche nicht mit jenen Käufern in Handlungsverbindungen stehen, über geringe Messe zu klagen Ursache gehabt.« *F.*

Die Ostermesse 1787 war gut.

»Unstreitig aber würde sie in ihrem Erfolge sehr mittelmässig gewesen sein, wenn nicht ein so gar beträchtlicher Waareneinkauf von Seiten der Russen geschehen wäre.

Dieser ist auf fast alle Messartikel vornehmlich auf Seidenwaaren, Rauchwaaren, Quincaillerien, Piqués, Mousselin, gedruckte Kattune, baumwollene und schafwollene Strumpfwaaren, wollene Zeuge, Leinwand und leonische Gold- und Silberwaaren gerichtet gewesen. Ausser baarem Gelde und Wechselbriefen, hatten die Russen zur Erlangung mehrerer Zahlungsmittel viele von ihren Landesproducten, vornehmlich Talg und Pelzwerk anher gebracht. Ueberhaupt erhellt aus allen Umständen, dass der hiesige Messhandel der Russen sich in seinen verschiedenen Zweigen nicht nur merklich weiter ausbreitet, sondern auch mehr Solidität erhält: wie man denn diesmal statt der vormaligen häufigen Klagen über zurückgebliebene russische Zahlungen, allenthalben Zufriedenheit über deren richtigen Eingang bezeigen hörte.

Auch an die Livländer ist zum Theil viel Waare, an die Kurländer aber, zumal was die Seidenwaaren betrifft, weniger als sonst abgesetzt worden, weil diese Waaren in Mitau, wo bisher keine Hofhaltung gewesen, keinen sonderlichen Abgang gefunden haben sollen.

Nächst den Russen haben jedoch die Polen und unter diesen einige Warschauer Kaufleute den wichtigsten Einkauf gemacht und zwar wie gewöhnlich, in Seiden- und Baumwollenwaaren, Leinwand, wollenen Zeugen, Quincaillerien u. dergl. m.

Aus Furcht vor einem nahen Kriege zwischen Russland und der Pforte hielten die, obwohl in Zeiten hier angekommenen Griechen gleich Anfangs mit ihrem Einkaufe zurück, gaben jedoch Hoffnung zu einem weit ansehnlichern, falls die aus Bukarest von ihnen erwarteten Briefe einigermassen beruhigende Nachrichten für sie enthalten sollten.

Allein nach Einlangung dieser Briefe haben sie ihre Messgeschäfte nicht lebhafter als vorher betrieben, so dass der an dieselben beschehene Verkauf sich auf sehr mässige Partieen von Mousselinen, gedruckten Flanellen, feinen und mittleren Tuchen und dergleichen eingeschränkt hat.

Gleichermassen haben die Holländer von baumwollenen, leinenen und anderen Waaren ungleich weniger als sonst gekauft, indem sie, ihrer eigenen Aeusserung nach, bei der jetzigen gefährlichen Lage der vereinigten Niederlande auf keinen gewissen Absatz grosser Waarenvorräthe rechnen könnten.

An Käufer aus dem Reich und aus Niedersachsen ist zum Theil ein nicht unerheblicher Absatz von hierländischen schafwollenen und baumwollenen Waaren geschehen. Von dergleichen ordinären Artikeln haben unter andern auch die mecklenburgischen Kaufleute ziemliche Quantitäten abgeführt, wenig aber von seidenen, reichen und ähnlichen Waaren, weil, wie sie zu erkennen gegeben, die neuerlich in Mecklenburg eingeführte Uniform, nebst den übrigen neuen Prachtgesetzen den Absatz kostbarer Waaren allda geschwächt habe.

Von dem zwischen Grossbritannien und Frankreich geschlossenen Handelsvertrage hat sich noch kein merklicher Einfluss auf das hierländische Manufacturwesen gezeigt. Jedoch fürchtet man, solchen für die Folge besonders in Ansehung der schafwollenen, weniger aber bei den baumwollenen Waaren, weil bekanntermassen die Engländer in solchen Artikeln, zu deren Darstellung sie ein fremdes Material verarbeiten müssen, wegen des zu bezahlenden höhern Arbeitslohnes mit andern gleichartige Waaren fabricirenden Nationen nicht leicht Preis halten können.

Der für hiesige Manufacturen bisher so wichtig gewesenen Handlung nach Spanien und insonderheit nach Cadix soll ausser dem Stocken, welches einige dortige Falliten und die Ueberführung der Lager verursacht, besonders dies entgegenstehen, dass der spanische Finanzminister diesem Handelsplatze sehr abgeneigt sei und von Zeit zu Zeit die dortige Zolleinrichtung für die Handlung beschwerlicher mache.

Da aber alle diese Umstände die sächsischen Waaren nicht allein, sondern alle fremden Waaren und wie z. B. bei der Wolle bemerkt worden, selbst die spanischen Producte betreffen, demnächst das Reich an sich in Europa und in seinen weitläufigen amerikanischen Besitzungen eine grosse Anzahl Menschen enthält, deren Bedürfnisse täglich zunehmen, gleichwohl die dortige Fabrication mit solchen Bedürfnissen zur Zeit in keinem Verhältniss steht, auch sobald dahin nicht gebracht werden dürfte, dass sie zur eigenen Versorgung hinreiche; so dürfte die dermalige augenblickliche Stockung von keiner langen Dauer sein und wenn die Waarenlager in etwas aufgeräumt sein werden, doch wiederum stärkerer Begehr nach auswärtiger Waare dort eintreten müssen, nur dass solche der Consument wegen der höheren Auflagen theurer zu bezahlen haben, oder mehr Contrebandhandel entstehen würde.« C.D.

»Da gegen die vorjährige Ostermesse oder eigentlich gegen das halbe Jahr vom 1. October 1785 bis 30. April 1786 die von den eingegangenen ausländischen Waaren entrichteten Accisen um 6430 Thlr. 23 Gr. 1 Pf. gestiegen sind, so ergiebt sich, dass während dieser Zeit wenigstens für eine Million Waaren mehr, als voriges Jahr, auch da der Durchgang nur mit 1/3 % verrechnet wird, vielleicht noch mehr nach und durch Leipzig gegangen sein müssen.« F.

Der Michaelismesse 1787 ging man mit geringen Hoffnungen entgegen: »Der unlängst zwischen Russland und der Pforte ausgebrochene Krieg liess den fast gänzlichen Wegfall des sonst so wichtigen Waareneinkaufs der Griechen für die Türkei mit Gewissheit voraussehen und zugleich mancherlei Nachtheil in Ansehung des Vertriebes an die Russen und Polen befürchten. Nächstdem hatten die Unruhen in Holland nicht nur auf die jüngst abgewichene Messe zu Frankfurt a/M. sehr schädlichen Einfluss gehabt und hierdurch schon die Besorgniss einer nicht mindern nachtheiligen Wirkung auf hiesige Michaelismesse veranlasst, sondern sie waren auch gerade mit dem Eintritte der letztern aufs Höchste gestiegen, hatten die gesammte Handlung Hollands vollends in ein gänzliches

Stocken und besonders die Stadt Amsterdam in die gefährlichste Lage gebracht und hierdurch im Commercio überhaupt um so grössere Furcht und Störung erregt, da Amsterdam, ausser seinen sonstigen allgemein ausgebreiteten Handelsverbindungen, bekanntlich auch der Hauptwechselplatz für ganz Europa ist. Zu diesem allen kam auch der widrige Umstand, dass seit kurzem in den Preisen einiger der wesentlichsten Fabrikmaterialien, absonderlich der Baumwolle und der Seide, ein sehr beträchtlicher Aufschlag (Baumwolle 30 bis 40 %, rohe Seide 40 bis 50 %) erfolgt, dadurch die Waare verhältnissmässig theurer und daher weniger verkäuflich geworden war.

Da jedoch in Zeiten Käufer aus Russland in ungewöhnlicher grossen Menge, sowie aus Polen zahlreicher als sonst auf dem Platze ankamen und von beiden, vornehmlich aber von den Russen, sogleich nach Waaren aller Art häufige Nachfrage geschahe, so ist die Messe im Ganzen genommen unstreitig mehr gut als schlecht ausgefallen.« C.D.

Die Ostermesse 1788 fiel sehr früh, was immer als Nachtheil betrachtet wurde. Es vereinigten sich hiermit auch noch andere nachtheilige Umstände. »Die ausserordentliche Theuerung der wesentlichen Fabrikmaterialien dauerte ununterbrochen und zum Theil in vermehrten Maassen fort. Zugleich hatte der Krieg zwischen der Pforte und Russland und Oesterreich sofort beim ersten Anfange den aus hiesigen Landen nach der Türkei gehenden starken Waarenvertrieb, so wie hinwiederum die Zufuhr der für die hierländischen Manufacturen unentbehrlichen Baumwolle aus Macedonien, ganz unterbrochen und sonst im Commercio mancherlei nachtheilige Störungen, unter andern einen auf den meisten deutschen Handelsplätzen und zu Leipzig selbst fühlbaren Mangel an klingender Münze veranlasst. Hierzu kam, dass sowohl der schädliche Einfluss des französisch-grossbritannischen Commerztractats auf die gesammte Handlung Deutschlands, als auch die fortwährende Abnahme der Handlung in Holland sich zeither verschiedentlich und noch neuerdings durch den schwachen Einkauf der Franzosen und Holländer auf der jüngst abgewichenen Messe zu Frankfurt a/M. geäussert hatte. Es geschah auch wirklich, dass nicht allein die für die Türkei sonst so ansehnlichen Einkauf machenden Griechen diesmal meistens alle ausgeblieben, sondern auch aus mehreren Gegenden die Käufer in geringerer Anzahl als im vorigen Jahre auf den Platz gekommen und verschiedene Waarenartikel theils nicht in gewöhnlichen grossen Quantitäten angelangt, theils zurückgeblieben waren.

Ob nun wohl alle diese ungünstigen Aussichten bei dem anfänglich anscheinenden Stocken des Messhandels vollständig in Erfüllung zu gehen drohten: so ward doch derselbe allmälig durch den zunehmenden Einkauf der Russen und Polen und dadurch, dass ein Theil der zurückgebliebenen Messgüter einging, lebhafter, also dass er zwar nicht durchgehends, jedoch zum Theil beträchtlicher, als zu erwarten gewesen, ausgefallen ist.« C.D.

Die Michaelismesse 1788 verlief günstig, entgegen den gehegten Befürchtungen. »Von den russischen, sowohl christlichen als jüdischen Kaufleuten nämlich, welche sonst die Leipziger Messe in nicht geringer Anzahl besucht und die wichtigsten Geschäfte gemacht hatten, war nicht einmal der vierte Theil eingetroffen. Auch fehlten sehr viele griechische Kaufleute. Die Ursache hiervon ist lediglich in den Kriegsunruhen und bei den Russen vorzüglich in dem grossen Geldmangel, so dermalen in Russland herrscht, zu suchen. Schon in der letzten Ostermesse stand der Cours der Rubel gegen holländisch Courrant sehr niedrig. Allein seit Ausbruch des Kriegs zwischen Russland und Schweden ist selbiger noch um einige Stüber herunter gegangen, dergestalt, dass die Russen auch bei dem besten Willen gänzlich ausser Stand gesetzt worden, Rimessen auf den Leipziger Platz zu machen. Indessen kamen doch, im Fortgange der Messe, wegen der aus Russland zurückgebliebenen Zahlungen, von daher mehrere beruhigende Nachrichten.

Verschiedene dasiger Kaufleute hatten sich nicht nur erboten, in Petersburg, Moskau und andern russischen Orten die auf Wechsel gefälligen Gelder einstweilen bis zur Erhöhung des Cours zu deponiren und inmittelst mit 4 % zu verinteressiren, sondern auch zum Theil wirklich schon deponirt.

Insbesondere wurden die, mehreren beigegangenen Besorgnisse wegen des Aussenbleibens eines der ansehnlichsten russischen Kaufleute des Juden Nathan Chaim aus Szkloff bei Mohilew, welchem Ew. Churfürstl. Durchl. die Erlaubniss, zwischen den Messen in Leipzig einen jüdischen Handelsbedienten halten zu dürfen sowohl als Höchstdero Lande unter gewissen Begünstigungen, in Handelsgeschäften zu bereisen, gegen gewisse zu bezahlende, jedoch zur Zeit noch rückständige Aversional-Geld-Quanta ertheilet haben, durch die, gegen Ende der Messe von seinen Umständen eingegangenen Briefe, gar sehr vermindert.

Nach solchen hat er selbst dermalen das Feldlazareth von der russischen Armee, unter dem Feldmarschall Grafen von Romanzow, zu besorgen, wird aber demungeachtet zwei seiner Handelsbedienten auf die Martinimesse nach Frankfurt a/O. absenden und nicht geringe Zahlungen machen.

Inzwischen machten zu Leipzig die sich eingefundenen russischen Kaufleute, im Verhältniss ihrer Anzahl, weit mehr Geschäfte als sonst.

Auch wurden die fehlenden russischen Handelsleute durch die in grösserer Anzahl als ehedem angekommenen polnischen Juden ersetzt. Diese haben sehr viele Geschäfte gemacht und würden noch weit mehr gemacht haben, wenn man ihnen mehrern Credit einräumen wollte. Man trug aber hierunter Bedenkken, da viele von ihnen diese Messe zum erstenmale besucht und von ihrer Solidität zur Zeit noch keine Beweise gegeben hatten.

Von den Waaren hatten die feinen Tuche, Mousseline, Spitzen, Blonden, rohe Kattune, die Material- und Rauchwaaren weniger und die seidenen und halbseidenen Waaren, die seidenen Bänder, die Farbewaaren, die gedruckten Flanelle, die Piqués, die Weber, auch baumwollene Waaren und bunte Leinwand, die leonischen Gold- und Silberwaaren, mittelmässigen Absatz gefunden. Dahingegen wurden die groben Tuche, Strümpfe, englische, auch zum Theil inländische Zeugwaaren, die Schleckleinwand, das Lederwerk, auch bunte Kattune und Barchent, vorzüglich gesucht. Nur allein die Barchentweber zu Suhl gaben ihren Verkauf auf 150 Centner an. Auch in Kleinigkeiten wurden grosse Geschäfte gemacht, wie denn ein russischer Jude bei einem Kaufmann aus Iserlohn nur allein 13 Millionen Nähnadeln für 8000 Thlr. gekauft hat. Nichtweniger waren 214 Stück Pferde mehr als in der letzten Ostermesse, nämlich 578 Stück verkauft worden.« *C.D.*

Die Aussichten für die Ostermesse 1789 waren ebenfalls schlecht: »Den gesammten Betrag der russischen Rückstände schätzte man zu Michaelis 1788, wo ein Rubel statt ehemaliger 40 bis 42, höchstens nur 32 holländische Stüber zu stehen kam und folglich von Russland aus mit 20 % reinem Verlust auf Holland gewechselt wurde, weit über eine Million Thaler.

So empfindlich aber auch damals schon die hierdurch veranlasste Störung im Handel mit den Russen war, so wurden doch diesen — im Vertrauen auf ihre Solidität und in der Hoffnung, dass mehrgedachter holländische Cours noch vor Eintritt des jetztlaufenden Jahres wieder einigermaassen herabsinken werde, anderweit beträchtliche Summen auf neue Rechnung creditirt, auch mit ihnen wegen Tilgung ihrer ältern Schulden Arrangements von verschiedener Art getroffen, welchen zufolge theils gegen einen gewissen Rabatt baare Zahlung in der heurigen Neujahrsmesse geleistet, theils der Betrag der Forderungen einstweilen bei bekannten Bankiers zu Petersburg und Moskau in Rubeln deponirt und mit den desfallsigen Rimessen bis zu niedrigerem Cours der holländischen Wechsel Anstand genommen werden sollte.

Nun ist aber seitdem der Cours dieser Wechsel noch weiter bis auf 28 Stüber gesunken, was einen Verlust von 25 % ausmacht.

Da bei so bewandten Umständen die Russen, ohne sich durch jenen ungeheuern Verlust zu Grunde zu richten, weder die, wegen ihrer ältern Rückstände getroffenen Arrangements im Wesentlichen realisiren, noch die Valuta der in letzter Michaelismesse von Neuem contrahirten Schulden anher remittiren können, so hatten sie bereits vor Eintritt der Messe bei ihren Gläubigern theils um längere Gestundung gegen fernerweite einstweilige Deposition der Rubel bei dortigen Bankiers angesucht, theils gegen einen ungleich stärkern Rabatt, als den vorhin ihnen bewilligten, sich zu terminlichen Zahlungen erboten. Es war also schon vor Anfang der Messe entschieden, dass in selbiger von den ausserordentlich grossen Geldsummen, welche die Russen hier abzuführen haben, wenig oder nichts eingehen würde, und mit gleicher Gewissheit war vorauszusehen, dass die Käufer dieser Nation wegen ihnen ermangelnder Zahlungsmittel für diesmal meistens zurückbleiben würden; welches denn auch wirklich geschah.

Diese höchst widrigen Ereignisse, womit noch andere bedenkliche Umstände, besonders das fernere Aussenbleiben der für die Türkei einkaufenden Griechen, das in letzter Messe zu Frankfurt a/M. bemerklich gewesene fortwährende Stocken im Handel nach Frankreich und Holland und endlich der durch viele zu Cadix neuerlich ausgebrochenen Fallimente bewirkte plötzliche Stillstand im spanischen Commerz sich vereinigten, mussten nothwendig allgemeine Besorgnisse über den Ausfall der Messe, sowohl in Ansehung des Waarenvertriebes, als der zu bewerkstelligenden Zahlungen erregen; indess zeigten sich bald von andern Seiten her erwünschtere Aussichten, die den Muth des Handelsstandes wieder aufrichteten. Die polnischen Juden, die bereits in letzter Michaelismesse sich durch ihren starken Einkauf ausgezeichnet hatten, kamen täglich häufiger an und handelten mit einer ihnen sonst gar nicht eigenen Eilfertigkeit und Begierde mehrere Waarenartikel sofort in grossen Partien ein, zum Theil zwar auf Credit, zum guten Theil aber auch gegen baare Zahlung. Ihnen zunächst folgten christliche Käufer aus Warschau und anderen Orten in grösserer Menge als gewöhnlich. Auch aus dem Taurischen Gouvernement fanden sich ansehnliche Käufer ein, die vorher nie auf den Platz gekommen waren. Hierdurch und da zugleich die hier anwesenden Russen beträchtlichere Geschäfte machten, als nach Verhältniss ihrer geringen Anzahl und sonst zu vermuthen stand, ward der Messhandel von Tag zu Tag lebhafter und nahm endlich, obschon nicht durchgehends, doch in seinen wichtigsten Branchen so zu, dass im Ganzen genommen dessen Erfolg die Anfangs gefasste Erwartung weit übertroffen hat.« C D.

Der nachtheilige Einfluss der russischen Creditverhältnisse machte sich während der Michaelismesse 1789 immer schärfer geltend. Der früher erwähnte grosse russische Handelsmann Nathan Chaim aus Szkloff bei Mohilew hatte schliesslich doch Banquerott gemacht und die aussenbleibenden Zahlungen setzten Leipziger, Chemnitzer und Plauensche Handelshäuser in die äusserste Verlegenheit. Die Forderungen der (im Bericht der Finanzräthe namentlich aufgeführten) Leipziger Firmen beliefen sich auf eine Million Thaler, die der Chemnitzer auf 150 000 Thlr., der Plauenschen auf 120 000 Thlr.

Das russische Geschäft wurde aber auch wesentlich geschädigt durch den Ukas d. d. Petersburg 20. Juni 1789, welcher die Einfuhr aller fremden Fabrikate in die russischen Staaten zu Lande verbot und nur zur See gestattete. Dies bewirkte geradezu einen Stillstand des Handels nach Russland, welcher in der letzten Zeit den Hauptgegenstand des Leipziger Messhandels ausgemacht hatte. »Wie man versichert, haben hauptsächlich die Petersburger Kaufleute in der Absicht, den Vertrieb der ausländischen Waaren im Innern des Reichs in die feste Hand zu bekommen, besagtes Verbot der Waareneinfuhr zu Lande in Vorschlag gebracht und die Sache aus dem Gesichtspunkte dargestellt, dass bei der bisherigen, auf so mancherlei Schleifwegen geschehenen Waarenimportation auf der Axe der grösste Theil der Zollabgaben unterschlagen worden sei, allen diesen Unterschleifen aber auf einmal dadurch vorgebeugt werden könne, wenn die Waareneinfuhr anders nicht als einzig und allein zur See gestattet würde, indem in den Seehäfen die einkommenden Waaren leicht übersehen werden könnten, auch strenger und genauer untersucht würden, als solches von Seiten der leicht zu bestechenden und schwer zu controlirenden russischen Grenzzolleinnahmen geschehen möge.

Da die Disposition gedachter Ukase fast blos den Kaufleuten zu Petersburg, Reval und Riga zum Vortheil gereicht, hingegen dem Handelsstande zu Moskau und in den allermeisten, besonders den östlichen Provinzen Russlands einen höchst nachtheiligen Zwang anlegt, so dürfte solche wahrscheinlich viel Missvergnügen in mehreren Theilen des russischen Reichs verursachen.

Schon wurde referirt, dass die Kaufmannschaft im taurischen Gouvernement unter der Protection des Fürsten Potemkin um eine Ausnahme von dem Verbot angesucht habe und ob sie gleich zum erstenmal mit ihren Suchen abgewiesen worden, so glaube man doch, dass sie Gehör finden werde. Ueberhaupt ist man der Meinung, dass die Vorschrift der Ukase schwerlich durchgehends in Ausübung zu bringen sein werde und dass selbige vielmehr aller angedrohten Strafen ungeachtet, in der Folge wegen Weitläufigkeit der russischen Grenzen häufig hinterzogen werden dürfte, da zumal die Einfuhr zu Land über Polen für eine Menge roher Producte sowohl, als für die zum Gebrauch der russischen Flotte im schwarzen Meere und der gegen die Türken zu Felde stehenden russischen Armee bestimmten Waaren nachgelassen geblieben ist und eben dadurch der Contrebande mehrere Thore geöffnet sind.

Indess tritt hierbei nächst der Betrachtung, dass der Handel mit Contrebandiers allemal gefährlich ist, annoch das gegründete Besorgniss ein, dass mittlerweile, ehe sich die heimliche Waareneinfuhr zu Lande einrichtet, ein grosser Theil des russischen Handels sich von hiesigem Platze abziehen und ohne Hoffnung von dessen Wiedererlangung den unmittelbaren Weg über die Seestädte einschlagen dürfte.

Von hierländischen Manufacturverlegern, welche wegen hier ermangelnden Absatzes an die Russen vor der Hand ihre Fabrikation beträchtlich einzuschränken genöthigt sind, wird vorläufig schon auf unmittelbare Versendung nach Russland über Lübeck und andere deutsche Häfen speculirt und haben auch die französischen Manufacturen bereits angefangen, dergleichen directe Versendungen nach Petersburg zu machen.

Den neuesten Nachrichten zufolge, hat unlängst der Cours der russischen Rubel gegen holländische Wechsel, sich um ein weniges, nämlich von bisherigen 28 Stübern auf 29 bis 30 Stüber gehoben. Man giebt zwar nicht alle Hoffnung auf, dass derselbe ferner steigen und dadurch wenigstens die Einziehung der russischen Schulden erleichtert werden dürfte, zumal wenn nach Beendigung des Krieges mit Schweden die durch selbigen gehinderte Ausfuhr der russischen Producte wieder frei werden würde.

Indess steht allemal mit mehrerem Grunde zu befürchten, dass die ausserordentlich grosse Menge des in Russland vorhandenen Papiergoldes, das vermuthlich von Zeit zu Zeit vermehrt wird und bereits 10 % in der Circulation verliert, dem russischen Credit immerfort nachtheilig bleiben und jenen Cours auch in der Folge niedrig halten möchte.

Während dass vorbeschriebenermassen der russische Handel, wenn auch nicht auf immer, doch auf geraume Zeit für hiesigen Platz verloren gegangen zu sein scheint, hat dagegen der Handel der polnischen Juden über Erwarten zugenommen. Diese Zunahme rührt nach allem, was sich davon übersehen lässt, aus verschiedenen Ursachen her.

Theils ist nach Polen selbst, durch den jetzigen Krieg, viel Geld in den Umlauf gekommen und also dort viel Waarenabsatz; besonders ist der Waarenvertrieb während des Reichstags zu Warschau beträchtlich und den Juden diese Zeit über die Handlung daselbst erlaubt. Theils mögen die im Felde stehenden Armeen und die von den Truppen der beiden Kaiserl. Höfe eroberten türkischen Provinzen, vielleicht auch selbst einige russische Provinzen und türkische Gegenden, Waaren aus Polen ziehen.

Nach der grossen Verschiedenheit seiner Bestimmung ist auch der Waareneinkauf der polnischen Juden diesmal sehr mannigfaltig, jedoch in folgenden Artikeln am beträchtlichsten gewesen; nämlich in Seidenwaaren aller Art, in Piqués, in baumwollenen Strumpfwaaren, in gedruckten Kattunen, feinen Halbtuchen, mittlern und ordinären Tuchen, wollenen Strumpfwaaren, wollenen Zeugen, halbseidenen Kamelotts, ordinärer Schock- und Webeleinwand, ächten und leonischen Gold- und Silberwaaren und in Quincaillerien. Wie gewöhnlich, ist dieser Einkauf zum Theil gegen baare Zahlung, zum Theil auf Credit geschehen. Es mag auch wohl der Verkäufer Willfährigkeit in langwieriger Creditirung der Waaren für diesmal gegen die polnischen Juden grösser und allgemeiner als vorhin gewesen sein, da auf der einen Seite diese Juden durch den richtigen Abtrag ihrer in jetziger Messe fälligen Zahlungen sich mehr Zutrauen erworben und auf der andern die Verkäufer sich nothgedrungen gesehen haben, jede nur einigermassen annehmliche Gelegenheit zu ergreifen, um etwas von den ihnen, in Ermangelung des russischen Einkaufs, auf dem Lager gebliebenen beträchtlichen Waarenvorräthen abzusetzen. Nach der heutigen Beschaffenheit der Handlung überhaupt und insbesondere auch des Messverkehrs sind ohnehin Waarengeschäfte von einiger Erheblichkeit gar nicht ohne Risico zu machen und gesetzt der Handel der polnischen Juden wäre mit mehr als gewöhnlichen Gefahren verbunden, so ist doch entschieden gewiss, dass auf selbigem dermalon die Aufrechthaltung der Leipziger Messen und eines Theils der hierländischen Manufacturen wesentlich beruht, wie denn auch ihm hauptsächlich zu verdanken ist, dass die jetzige Messe im Waarenabsatze sowohl als im Geldumlaufe statt des Anfangs besorgten schlechten, den obbeschriebenen leidlichen Erfolg gehabt hat.

Um so mehr Aufmerksamkeit verdienen daher im gegenwärtigen Augenblicke die unlängst von den polnischen Juden, in Verbindung mit dem übrigen Theile der auf hiesigen Messen handelnden fremden Judenschaft, beim Geheimen Finanzcollegium angebrachten Klagen, über mancherlei aus der bisherigen Erhebungsart der jüdischen persönlichen Abgaben entstehende, selbst von den mit Freipässen versehenen Handelsjuden nicht zu vermeidende Beschwerlichkeiten und noch mehr über die nach ihren Angaben, ihnen als jüdischen Glaubensgenossen, sowohl unterwegs, als hier zu Leipzig von Seiten der Zoll-, Gleits-, Accis- und Post- auch hiesigen Raths-Officianten und sonst vielfältig wiederfahrende harte und geringschätzige Behandlung.

Nächst den polnischen Juden haben die christlichen Kaufleute aus Warschau, deren Waarenvertrieb beim dasigen Reichstage ebenfalls sehr zugenommen, und die niedersächsischen christlichen und jüdischen Handelsleute den stärksten Einkauf gemacht; erstere besonders in mittleren und ordinären Tuchen, letztere hingegen in Seiden- und anderen feinen Waaren.

An einige Käufer aus dem B r a n d e n b u r g i s c h e n soll fernerweit ein ziemlich ansehnlicher Absatz theils von den dort zur Einbringung wieder nachgelassenen Canevas, theils von den bis jetzt verboten gebliebenen baumwollenen Strumpfwaaren und Piqués geschehen sein.

Der Waareneinkauf aber für B ö h m e n , M ä h r e n und O e s t e r r e i c h soll, wie bisher, durchgehends von weniger Bedeutung gewesen sein. Hier und da ist zwar die Nachricht verbreitet worden, dass neuerlich in den Kaiserl. Königl. Landen die Einbringung sächsischer Wollenwaaren connivendo zugelassen worden sei.

Allein nach den auf hiesigem Platze eingezogenen Erkundigungen hat sich diese Nachricht nicht bestättigt, vielmehr wird behauptet, dass die Strenge der dasigen Regie immer noch fortdauere und dass nur, wie schon oben gedacht, in Ansehung der Bleche einige Ausnahme um deswillen stattgefunden habe, weil dortige Fabriken dermalen das Erforderniss besonders auch für die Armee nicht ganz liefern könnten. Hier anwesende Kaiserl. Königl. Unterthanen selbst klagten insbesondere über die Theuerung und schlechte Qualität ihrer wollenen Zeugwaaren, an welche sie doch gebunden wären.

Der gegenwärtige K r i e g äussert auf den Waarenhandel nach der T ü r k e i noch immer die nämlichen Wirkungen.

Wie in Obigen bei mehrern Gelegenheiten angemerkt worden, geht dadurch hiesiger Platz fernerhin des Einkaufs der Griechen grösstentheils verlustig und der Waarenvertrieb, den man über Triest nach der L e v a n t e einzuleiten sich bemüht hat, ist zur Zeit von keiner grossen Erheblichkeit.

Gleichermassen ist in dieser Messe der Einkauf der H o l l ä n d e r ungewöhnlich schwach gewesen und überhaupt wird in der Handlung Hollands, seit der Zeit der dortigen Unruhen, alljährlich eine grössere Abnahme bemerklich.

Auch von den jetzigen i n n e r l i c h e n U n r u h e n in F r a n k r e i c h ist in mehrerer Rücksicht ein von Zeit zu Zeit schädlich werdender Einfluss auf die hierländische Handlung zu verspüren. Wegen des dort allgemein herrschenden Misscredits und Geldmangels werden jetzt sehr wenig unmittelbare Waarengeschäfte dahin gemacht und auch die letzte Messe zu Frankfurt a/M. ist hauptsächlich wegen Ermangelung der französischen Käufer schlecht ausgefallen, welches nicht nur für mehrere dort Absatz suchende hierländische Manufacturen überaus empfindlich, sondern auch für jetzige Leipziger Messe besonders insofern nachtheilig gewesen ist, dass von demjenigen Theile der Fieranten aus dem Reich, aus Iserlohn und andern Orten, der bekanntlich seinen hiesigen Waareneinkauf jedesmal nach Verhältniss des kurz vorher zu Frankfurt a/M. gemachten Verkaufs abmisst, wenig Geschäfte geschehen sind. Ueberdem sind, sicheren Nachrichten zufolge, die vornehmsten Bankiers in Frankreich mit den dasigen öffentlichen Fonds so sehr verflochten, dass ihr Fall unvermeidlich zu sein scheint, wenn diese Fonds nicht bald mehr Consistenz erhalten.

Da ein solcher Fall auf viele ansehnliche Handelshäuser in andern euro-

päischen Reichen und Provinzen besonders in Holland, welche zeither mit einem
Bankier in Verbindung gestanden, einen merklichen Einfluss haben würde und
selbige leicht zur Suspension ihrer leistenden Zahlungen nöthigen könnte, so ist
allerdings zu besorgen, dass die nachtheiligen Folgen davon sich auch mit über
den hiesigen Handelsstand verbreiten möchten. Zu dem ist fast nicht zu zweifeln, dass bei den vortheilhaften Interessen, so in den französischen Anlehns-
Negotiationen zu erlangen gewesen und bei der grossen Schwierigkeit, in hiesigen
Landen Geld zu placiren, mehrere hiesige Particuliers bei den französischen
Fonds direct interessirt sein dürften.« *C.D.*

Die Ostermesse 1790 hatte einen guten Erfolg.

»Nächst den polnischen Juden sind zu den stärksten Waareneinkäufern
in jetziger Messe zu rechnen:

Die christlichen Kaufleute aus Warschau, mit welchen, weil ihr Vertrieb bei der Fortdauer des Reichstages sich vermehret, besonders in seidenen
und andern feinen Modewaaren grosse Geschäfte gemacht worden sind;

die christlichen und jüdischen Handelsleute aus Niedersachsen, deren
Nachfrage hauptsächlich auf mittelfeine und ordinäre Tuche, zum Theil auch auf
baumwollene Waaren gerichtet gewesen;

die Curländer und Lievländer, an welche vorzüglich Seidenwaaren,
feine Wollenwaaren, Piqués und andere baumwollene Fabrikate abgesetzt worden;

die Ungarn die sich vornehmlich durch ihren wichtigen Einkauf in Rauchwaaren ausgezeichnet; und endlich

die Griechen und Wallachen, an welche wider Erwarten ein ziemlich
starker Absatz vorzüglich von feinen und mittleren Tuchen, baumwollenen
Waaren, Seidenwaaren, Rauchwaaren, ächten und leonischen Gold- und Silberwaaren und Quincaillerien geschehen ist.

Insofern als vorbeschriebenermassen der griechische Einkauf sich wieder
einzufinden anfängt, auch der der polnischen Juden immerfort im Zunehmen ist,
zeigt sich der Türkenkrieg in seiner Fortdauer für die hierländische Handlung weniger schädlich, als zu vermuthen gewesen.

Doch ist der baldige Eintritt des Friedens in der Türkei allemal höchst
wünschenswerth, weil solchenfalls ein starker Waarenzug dahin zuversichtlich
zu verhoffen steht; wie denn schon jetzt von Constantinopel aus vorläufige Nachfrage nach den currenten Preisen der Plauenschen Waare geschehen.

Die hier anwesenden wenigen russischen Käufer haben viel Credit begehrt und weil sie nicht sonderlich bekannt waren, solchen nicht gefunden, auch
daher weniger Geschäfte, als sie wohl gewollt, gemacht. Indess sind doch von
ihnen, soweit ihre Zahlungsmittel gereicht, Seidenwaaren, Webeleinwand, baumwollene Waaren, wollene Zeuge, Quincaillerien und andere Artikel gekauft worden, die sie sämmtlich durch hiesigen Kaufmann Räder nach Lübeck zur weitern
Versendung zur See haben spediren lassen. Dass in den bekanntlich seit einiger
Zeit beschehenen unmittelbaren Waarenversendungen nach Russland von Seiten
der französischen Seidenmanufacturen sich neuerlich eine Veränderung oder beträchtliche Vermehrung ereignet habe, ist nicht zu vernehmen gewesen.

Vielmehr sind noch in dieser Messe von französischen seidenen Waaren ansehnliche Versendungen von hier aus über Lübeck und Reval nach Russland gemacht worden.

Gleiche Bewandniss hat es auch mit den übrigen nach Russland gehenden und unter solchen mit den hiesigen Fabrikwaaren.

Zwar entsteht daraus das Besorgniss, dass, wenn die Russen sich einmal daran gewöhnten, ihre Waarenbedürfnisse auswärts zu committiren und kommen zu lassen, sie alsdann hiesigen Messplatz nicht mehr besuchen und dieser Theil des Messhandels verloren gehen dürfte.

Indess zweifeln mehrere, den russischen Handel kennende Kaufleute hieran, um desswillen, weil wie sie sagen, nur die wenigsten der altrussischen Handelsleute im Stande wären, ausgebreitete Correspondenzen, auch Buch und Rechnung zu führen und wahrscheinlich für diese noch lange die Messplätze, auf welchen sie ihre Waarenbedürfnisse beisammen fänden, aussuchen und kaufen könnten, unentbehrlich bleiben würden.

Geschehe dieses und die Waaren würden nach wie vor auf hiesigem Platz gekauft, so sei die Einrichtung, dass solche über die Häfen eingebracht werden müssten, eher zum Vortheil als zum Nachtheil dieses Handels, weil bei der Einbringung zu Lande viele russische Kaufleute Mittel gefunden hätten, die Zölle zu umfahren, oder doch leicht bei selbigen durchzukommen, wodurch sie hernach in den Stand gesetzt werden, wohlfeiler als die, welche die Zölle richtig abgeführt hätten, zu verkaufen.

Dieses habe denn die letztern oft ruinirt und die Unsicherheit dieses Handels vermehrt. Die Defraudationen in der Art wären endlich soweit gegangen, dass von Petersburg aus Commissionen zur Interimsverwaltung verschiedener Landzolleinnahmen abgeschickt wurden, welche in kurzem und eben in den minder einträglichen Monaten weit mehr als die vorigen Beamten berechnet hätten.

Dies habe nun das vorjährige Verbot der Waareneinbringung zu Lande veranlasst. Indess sei zu bezweifeln, dass dasselbe werde bestehen können, weil die auf einer so weitläufigen Grenze nicht zu übersehende heimliche Waareneinbringung aus den benachbarten Staaten so gross werden dürfte, dass dieser Handel guten Theils in deren Hände gerathen könnte; wie denn schon in jetziger Messe zu bemerken sei, dass jüdische Handelsleute aus Polen Waaren zur heimlichen Einbringung nach Russland kaufen möchten. Auch hätten besonders die doch im russischen Antheil von Polen einbezirkten Juden von Sklor dermalen einen starken Einkauf gemacht.

Allemal ist soviel gewiss und von den Kaufleuten, welche die russischen Handelsplätze zur Eincassirung ihrer Forderungen bereist[1]), durchgehends befunden worden, dass dieses Reich grosse Bedürfnisse an auswärtigen Waaren hat und wegen der starken Ausfuhr seiner unverarbeiteten, andern Nationen nothwendigen Producte solche zu bezahlen vermag. Nur scheint es darauf anzukommen, die Häuser, welchen man mit Sicherheit Credit geben kann, zu

---

1) Neben Anderen hatte der Leipziger Kaufmann Bassenge 1789 Russland bereist.

kennen und hierzu dürften die letzten Reisen gedachter Kaufleute sehr nützlich gewesen sein.

Von den russischen Rückständen ist zwar viel, doch grösstentheils mit ansehnlichem Verlust eingegangen.«

»Die innerlichen Unruhen in den Lüttich'schen Landen haben auf den hiesigen Messhandel meistens nur insofern einige Wirkung, als dadurch die dasigen hier verkaufenden feinen Tuchmanufacturen in ihrem Umtriebe beträchtlich gestört werden, welche Störung, wenn sie von längerer Dauer sein sollte, vielleicht zur Beförderung der hierländischen feinen Tuchmanufacturen gereichen dürfte, da diese durch die bisher von ihnen beschehenen guten Fortschritte sich mit den Lüttich'schen in Concurrenz zu setzen anfangen.

Dagegen äussern die Brabantischen Unruhen nachtheilige Folgen auf den hierländischen Handel, indem deshalb die letzte Messe zu Frankfurt a/M. für die hiesigen Waarenverkäufer, sowie überhaupt, schlecht ausgefallen ist und die Chemnitzer Baumwollen-Manufacturverleger insbesondere klagen, dass ihr Abzug nach den österreichischen Niederlanden ganz im Stocken sei.

Fast ebenso gross ist jetzt die Stockung im Waarenvertriebe nach Holland, welches man ferner der von Zeit zu Zeit sichtbarer werdenden Abnahme der dortigen Handlung überhaupt zuschreibt.« CD.

Im Leinwandhandel nach Spanien dauerte der im Vorjahr fühlbar gewesene Stillstand fort, doch war die Ausfuhr sächsischer Wollenwaaren nach Spanien immerfort sehr beträchtlich. Der Wechselcours nach Frankreich sank Mitte April auf 11 % unter Pari.

Die geschilderten Verhältnisse bestanden zum grössten Theil auch noch während der Michaelismesse 1790 fort.

Den Hauptgegenstand des Messverkehrs bildete abermals der Einkauf der Polen, obgleich man den Ausbruch eines Krieges zwischen Russland und Preussen fürchtete, in welchen Polen verwickelt werden könnte. In Moskau traten namhafte Fallimente ein, durch welche deutsche Seidenhandlungen geschädigt wurden. Andererseits hatte Fürst Potemkin es bewirkt, »dass das Taurische Gouvernement und die Gegend, wo die russische Armee gegen die Türken steht, den freien Waarenanzug zu Lande« erhielt. Der zwischen Russland und Schweden geschlossene Friede ermöglichte die Ausfuhr von Rohproducten aus Russland und besserte dadurch den Cours der Rubel gegen holländisch Courant. Auch der »gesicherte Frieden zwischen dem Hause Oesterreich und der ottomanischen Pforte hat bereits einen günstigen Einfluss auf die hierländische Handlung gehabt«. . . . . . »Die Ungarn machten einen erheblichen Einkauf von Rauchwaaren. . . . Auch der Einkauf der Niedersachsen war sehr beträchtlich, geringer derjenige der Brandenburger und Holländer.«

Die Ostermesse 1791 wird von der Commerziendeputation, welche damals aus Friedrich Ludwig Wurmb, Friedrich Wilhelm Freiherr von Ferber, Georg Heinrich von Carlowitz und Benjamin Leopold Sahr bestand, als eine »vorzüglich gute und vortheilhafte bezeichnet, dergleichen man seit vielen Jahren nicht erlebt hat.«

Dies wurde diesmal durch die zahlreich anwesenden Käufer aus Polen, Niedersachsen, Westphalen, aus dem Reich und aus Sachsen selbst, sowie durch die Griechen bewirkt, denn andere Handelsgebiete waren fest verschlossen. Das russische durch das weitere Herabsinken des Courses des Rubels von 29 auf 25½ holländische Stüber, das französische durch Herabsinken des französischen Courses auf 18 % unter Pari und durch den am 21. Januar 1791 erlassenen und schon am 15. Mai in Kraft getretenen strengen tarif de douanes nationales. Auch die Stockung des Handels nach Spanien und Holland war merklicher geworden.

Die Michaelismesse 1791 hatte einen ähnlichen Character, wie die Ostermesse. Die Hauptkäufer stellten Niedersachsen, Iserlohn, die Rheingegend, Böhmen und Chursachsen. Die grossen Hoffnungen, welche man auf den zwischen Oesterreich und der Pforte abgeschlossenen Frieden (Sistowa 4. August 1791) gesetzt hatte, verwirklichten sich auch nicht. Auch das russische Geschäft wurde nur um weniges lebhafter, obgleich der Rubel wieder von 25½ auf 29 Stüber gestiegen war.

Trotzdem inzwischen auch zwischen Russland und der Pforte der Friede wieder hergestellt worden war (Jassy 9. Januar 1792) erwartete man in der Ostermesse 1792 die »Griechen aus der Moldau, Wallachei und Bulgarei« vergebens in grösserer Anzahl. Auch von den Russen, von denen gegen alle Gewohnheit mehrere die Neujahrsmesse 1792 besucht hatten, erschien nur ein namhafter Einkäufer. Auch viele Kaufleute aus Iserlohn und dem Reich, »welche den Frankfurter Messplatz als Verkäufer, den hiesigen aber als Einkäufer besuchen«, blieben aus. Und die christlichen Kaufleute aus Warschau beeilten ihre Rückreise sehr, »um bei der Feier des Nationalfestes in Warschau zu sein, wobei in Person zu erscheinen ihnen, wie man sagt, bei Verlust des Bürgerrechtes auferlegt war.«

In Folge des, wenn auch verspäteten Erscheinens der polnischen Juden und einiger Käufer aus Kurland und Livland, gewann aber der Messhandel trotzdem eine grössere Lebhaftigkeit.

Die Michaelismesse 1792 war nur in wenigen einzelnen Zweigen, unter anderen im Waareneinkauf für Böhmen günstig, und nur der Absatz von Leder, Materialwaaren, ordinären Tuchen, wollenen Strumpfwaaren, halbseidenen Waaren und gedruckten Kattunen war gut. »In Polen war die Handlung durch die dortigen Unruhen beträchtlich gestört worden. Die Johannismesse zu Berditschew, auf welcher der hauptsächlichste Vertrieb der von den polnischen Juden in den Frühjahrsmessen zu Frankfurt a/O. und Leipzig erkauften Waaren zu geschehen pflegt, hatte, weil sich aus Furcht vor den daselbst eingerückten russischen Truppen Niemand mit Geld oder Gütern dahin wagen mögen, gar nicht gehalten werden können. Die übeln Folgen hiervon für die mit Polen in Handelsverbindung stehenden deutschen Messplätze hatten sich sofort dadurch veroffenbart, dass in der letzten gegen Ende Juli eingetretenen Margarethenmesse zu Frankfurt a/O. der Waareneinkauf für Polen, sowie die Bezahlung der polnischen Rückstände allergrösstentheils unterblieben war.

Nun wurden zwar die gegründeten Besorgnisse, welche die nur gedachtermassen zu Frankfurt a/O. gemachte Erfahrung für den Erfolg der hiesigen Michaelismesse in besonderer Hinsicht auf den so wichtigen polnischen Handel erregt hatte, nach der Hand einigermassen gemildert, als kurz vor Eintritt der sogenannten Böttcherwoche die sichere Nachricht hier einlangte, dass die Septembermesse zu Berditschew (: von welcher, ob sie zu Stande kommen, oder das Schicksal der Johannismesse haben werde, lange zweifelhaft geblieben war:) mit vollkommenster Sicherheit und Ordnung gehalten worden und von besserem Erfolge, als man erwartet, gewesen sei. Allein, wie sich späterhin ergab, war durch den in selbiger beschehenen, obwohl an sich nicht unerheblichen Waarenvertrieb doch nur der kleinere Theil der grossen Waarenvorräthe, welche die polnischen Juden in den vorherigen Messen zu Frankfurt a/O. und Leipzig aufgekauft hatten, ins Geld gesetzt worden; aus welcher Ursache und weil in Polen überhaupt und namentlich auch zu Warschau der Waarenabzug bisher sehr gestockt hat, verschiedene von den gewöhnlichen polnischen Einkäufern sowohl für ihre Person, als mit ihren Zahlungen zurückgeblieben, von den anher gekommenen aber viele so unzureichend mit Zahlungsmitteln versorgt waren, dass sie weder starken Einkauf machen, noch die vorher hier contrahirten Schulden abführen konnten.

Im Handel nach Russland, wo das für den Leipziger Messplatz höchst nachtheilige Verbot der Waareneinbringung zur Achse unverändert besteht, hatten sich seit Ostern die Umstände nicht nur nicht verbessert, sondern durch den immer tiefer und zuletzt bis auf 25 1/4 holländ. Stüber pr. 1 Rubel herabgesunkenen Wechselcours ferner verschlimmert.

Es erschienen auch viel weniger Russen auf dem Platze, als in vorjähriger Michaelismesse und nur zwei von ihnen machten Geschäfte von einiger Erheblichkeit.

Die ebenfalls in verminderter Anzahl zur Messe gekommenen Griechen schränkten sich in ihrem Einkauf um so mehr ein, da ihnen auf ihrer Anherreise die Nachricht von Hause aus zugekommen war, dass in der Wallachei die Pest ausgebrochen und derenhalben der Handel dahin gehemmt sei.

Hierzu kam noch die jetzige Stockung des Waarenzugs nach Frankreich, den österreichischen Niederlanden und den vordern Gegenden Deutschlands und der unter andern dadurch verursachte ausserordentlich schlechte Ausfall der letzten Messe zu Frankfurt a/M.«

Die Ostermesse 1793 wurde unter ungünstigen Aussichten eröffnet. »Die zu Warschau, London, Amsterdam, Hamburg, Berlin u. a. O. plötzlich nach einander ausgebrochenen häufigen und beträchtlichen Fallimente hatten den kaufmännischen Credit und gleichsam das ganze Wechselgebäude auf eine fast noch nie erhörte gewaltsame Art erschüttert und dadurch in allen Theilen der Handlung eine Hemmung, Unsicherheit und Bestürzung hervorgebracht, wobei die Aufrechthaltung selbst der reichsten und solidesten Handelshäuser in Zweifel gestellt wurde. Vornehmlich drohte die Faillite von Tepper & Co. zu Warschau dem Handel zu Leipzig darum mit fürchterlichen Folgen, weil dieses Haus in seinem Falle viele zu Warschau und andern polnischen Orten etablirte christliche und jüdische Handlungen nach sich gezogen hatte, welchen hier in vorherigen Messen bei Gelegenheit des an sie beschehenen beträchtlichen Waarenabsatzes verhältnissmässig grosse Summen creditirt worden waren, und die nun nicht allein mit ihrem ferneren Einkaufe, sondern auch mit ihren Zahlungen nothwendig zurückbleiben mussten. Zu der solchergestalt eingetretenen empfindlichen Störung in dem für Leipzig ganz vorzüglich wichtigen polnischen Handel war bald nachher die Besitznehmung eines ansehnlichen Theiles Polens von Kaiserl. Russischer- und Königl. Preussischer Seite hinzugekommen, welche Begebenheit in allem Betracht die Handelsaussichten nach diesen Gegenden noch trüber machte.

Zum Theil hatten sich auch schon die schädlichen Wirkungen der vorerwähnten Ereignisse auf den Handel nach Polen in letztabgewichener Messe zu Frankfurt a/O. durch den geringen Ausfall derselben deutlich veroffenbart, mithin um so gewisser ein gleiches Schicksal der hiesigen Messe voraussehen lassen. In den Messen zu Frankfurt a/M. beruht, wie bekannt, das Hauptwerk auf dem Waareneinkauf für Frankreich, Holland, die österreich. Niederlande und die vordern Gegenden Deutschlands. In allen diesen Landen aber wird dermalen Handel und Gewerbe durch den Krieg mehr oder weniger gestört und es konnte daher nicht fehlen, dass auch die letzte Ostermesse zu Frankfurt a/M. schlecht ausgefallen und dadurch der hiesigen Ostermesse, bei der genauen Verbindung, in welcher diese mit jener steht, fernerer Schaden zugefügt werden musste.

Von dem neuerlich zum Ausbruch gekommenen Seekriege war vor der Hand für hiesige Handlung der erhebliche Nachtheil wahrzunehmen, dass der nach Spanien und sonst über See gehende Waarenzug durch die Unsicherheit der Schiffahrt gehemmt worden.

Nach Italien war der Waarenvertrieb von der Zeit an, als die Kriegsunruhen sich den dortigen Grenzen und Küsten genähert, ins Stocken gekommen.

Im Handel nach der Türkei hatte sich die bisherige missliche Lage der Dinge obschon nicht verschlimmert, doch im Allgemeinen nicht also verbessert, dass von dieser Seite solche Hoffnungen zu fassen gewesen wären, durch welche die mancherlei vorbemerkten Nachtheile hätten ausgeglichen werden können.

In Russland war zwar das für den Leipziger Messhandel überaus lästig gewesene Verbot der Waareneinfuhr zu Lande unlängst aufgehoben und die ehemalige Einrichtung auf den Grenzen hergestellt worden. Allein der in diesem Reiche in stets zunehmendem Masse herrschende Mangel an klingender Münze und der mit selbigem fortwährende niedrige und unsichere Wechselcours (: der neuerlich noch weiter, nämlich bis auf 24 holländ. Stüber für 1 Rubel herabgesunken ist:) legt, nach allen bisherigen Erfahrungen, dem Waarenhandel dahin grosse Hindernisse in den Weg, da durch selbigen die Waaren beim Wiederverkauf vertheuert und deren Debit vermindert werden muss, mithin der ehemalige starke Abzug dahin, jener Erleichterung in der Einfuhr ungeachtet, wenigstens für jetzt mit einiger Wahrscheinlichkeit nicht zu erwarten stand.

Unter so durchgängig ungünstigen Aussichten nahm nun hier die Messe ihren Anfang. Einigermassen beruhigte man sich zwar, da man sah, dass die Leipziger Bankiers, die man zum Theil dem Umsturz nahe geglaubt hatte, Stand hielten, und da es überhaupt das Ansehen gewann, als dürften wenigstens während der Messe die kurz vorher faillit gewordenen hiesigen Handlungen nicht leicht Nachfolge haben. Indess äusserte sich doch fortwährend in allen Zweigen des Messhandels ein ausserordentlicher Misscredit mit seinen gewöhnlichen nachtheiligen Folgen.

Wechselbriefe fanden, bis auf wenige Ausnahmen, weder im Wechselnoch im Waarenhandel Abnehmer, welches nothwendig die erforderliche Menge der Zahlungsmittel erstaunlich verringerte.

Zudem wurde von Seiten der Waarenhandlungen den polnischen und russischen Käufern meistentheils aller fernerer Credit versagt und dadurch diesen die Nothwendigkeit aufgelegt, den vorgehabten Einkauf, so weit er nicht gegen gleich baare Zahlung geschehen konnte, zu unterlassen. Auch die gegen vorige Messen in einigen Artikeln zugenommene Nachfrage der Griechen wurde zum guten Theil, weil man sich mit ihnen auf den verlangten Credit nicht einlassen mochte, zurückgewiesen. Fast nur allein in denjenigen Zweigen des Messverkehrs, wo es auf den Einkauf der hierländischen Kramer und Grenzhändler und einiger anderen deutschen Fieranten vornehmlich mit ankommt, bemerkte man eine Lebhaftigkeit in den Geschäften, wodurch jedoch das, was von so vielen andern Seiten und besonders im polnischen Einkauf zurückblieb, so wenig hat ersetzt werden mögen, dass die Messe im Ganzen genommen keineswegs von erwünschtem Erfolge gewesen ist.

Am meisten ist noch von den Brodyer und Lemberger Juden im Waareneinkauf geschehen; dahingegen die Juden aus den neuerlich unter russische und preussische Hoheit gekommenen polnischen Ortschaften, theils wegen des dort stockenden Waarenvertriebes, theils aus Furcht, dass ihr Handel daheim grosse Einschränkungen leiden dürfte, wenig Nachfrage nach Waaren gehalten haben. Allemal sind jedoch verhältnissmässig weit weniger jüdische Handelsleute aus dem nunmehr sogenannten Südpreussen auf hiesige Messen, als auf die Messen zu Frankfurt a/O. gekommen, auf welchen letztern sie in allem Betracht zu den vornehmsten Einkäufern der hierländischen Manufactur-, der französischen Seiden- und meist aller anderen Waaren gehören.

Um so grösser sind daher die Besorgnisse der die Frankfurter Messe beziehenden vielen hiesigen Manufacturverleger und Leipziger Waarenhandlungen, dass sie den bisher auf besagten Messen gehabten Vertrieb allergrösstentheils einbüssen dürften, wenn Südpreussen den übrigen preussischen Provinzen in Ansehung der Abgaben von fremden Waaren und der Einfuhrverbote gleich gestellt werden sollte. Bei mehreren geht diese Besorgniss soweit, dass sie in der Fabrication oder Anschaffung der eigens für den Frankfurter Messplatz bestimmten Artikel sich schon von jetzt an beträchtlich einschränken wollen, indem sie vermeinen, es dürfte die von einigen polnischen Juden hier ausgestreute Nachricht, dass Preussen dem neuacquirirten Theile Polens eine vollkommene Handelsfreiheit vorläufig zugesichert habe, sich wohl weiter nicht bestätigen, als blos in Absicht auf Danzig. Und dann sei die Gefahr noch grösser, nicht allein für den Frankfurter, sondern auch für den Leipziger Messhandel. .

Denn so wie seit den mannigfaltigen Bedrückungen und Einschränkungen, welche von Königl. Preuss. Seite die Handlung zu D a n z i g viele Jahre hindurch gelitten, der wichtigste Theil des Waareneinkaufs für Polen und Russland sich von da weg und nach Frankfurt a/O. und Leipzig gezogen habe, so werde auch solcher, wenn Danzig künftig von jenen Bedrückungen befreit und noch überdem mit vorher nie genossenen Freiheiten und Begünstigungen unterstützt werden sollte, unfehlbar wieder dahin zurückkehren und zwar um so eher, da dieser Handelsplatz viele eigenthümliche V o r z ü g e habe. Theils sei er den Russen und einem grossen Theile der Polen zur Erholung ihrer Waarenbedürfnisse viel näher und bequemer gelegen als Frankfurt a/O. und Leipzig, theils falle die vornehmste von den jährlichen drei Danziger Messen, die Dominic-Messe, in einer für die Handlung und Schiffahrt ganz vorzüglich bequemen Jahreszeit, nämlich zu Anfang des Monats August; theils habe Danzig als ein S e e h a f e n den wichtigen Vortheil, dass aus den entlegensten Ländern alle Waaren um ein geringes Frachtlohn zu Schiffe dahin geführt werden könnten. Hierzu komme noch, dass, wenn etwa die hierländischen Kaufleute und Manufacturverleger dem veränderten Gange der Handlung folgen und künftig die Danziger Messen besuchen wollten, ihnen solchenfalls die grosse Entlegenheit Danzigs schwere Transportkosten verursachen und sie in den meisten Fällen ausser Stand setzen würde, dort die Concurrenz der durch die geringe Schiffsfracht an Wohlfeilheit gewinnenden englischen, französischen und niederländischen, auch anderen fremden Waaren auszuhalten.

In Ansehung des von R u s s l a n d in Besitz genommenen T h e i l s von P o l e n ist man hier in nicht minder banger Erwartung, ob derselbe bei seiner bisherigen Handelsfreiheit gelassen, oder wie eher zu vermuthen, der in den übrigen russischen Provinzen eingeführten, für den Handel mit fremden Waaren lästigen Grenzzolleinrichtung unterworfen werden dürfte, in welchem letzteren Falle der hiesige Messplatz, in Absicht dessen, was zeither hier von den nunmehr unter russische Herrschaft gekommenen polnischen Juden zum Schleichhandel nach Russland an Waaren eingekauft worden, wahrscheinlich viel einbüssen würde.

Die in R u s s l a n d neuerlich wieder ertheilte Erlaubniss der Waareneinfuhr zur Achse soll darauf beruhen, dass man gefunden habe, wie der S e e z o l l nicht in einem solchen Verhältniss gestiegen sei, dass das weggefallene Einkommen vom Landzoll dadurch ersetzt worden wäre. Dermalen hat diese Veränderung die Folge gehabt, dass die von den Russen hier erkauften Waaren sämmtlich auf der ehemaligen Route über Schlesien, also durchaus z u L a n d e nach Russland mit schriftlichen, von dem hier residirenden russischen Consul ausgestellten Pässen abgeführt worden sind, in welchen Pässen, wenn die Kisten oder Colli an der Grenze nicht zurückgewiesen werden sollen, bescheinigt sein muss, dass dieselben französische Manufacturwaaren, deren Eingang dort seit kurzem ganz verboten, nicht enthielten. Unter den hier erschienenen russischen Käufern hat sich jedoch nur einer, der bekannte Kaufmann Makarow aus Moskau befunden, mit welchem Geschäfte von Beträchtlichkeit gemacht werden können, dahingegen an die übrigen, weil sie zum grössten Theil auf Credit handeln und man ihnen solchen nicht gestatten wollen, wenig Waaren, besonders nach Verhältniss der von ihnen gehaltenen Nachfrage abgesetzt werden mögen.

Indess hofft man, dass, wenn künftig die Umstände, vornehmlich in Absicht des jetzigen niedrigen russischen Wechselcourses eine weniger ungünstige Wendung nehmen und nicht neue Störungen von andern Seiten her an ihre Stelle treten sollten, der russische Handel sich auf hiesigem Platze durch die, wie obengedacht, wieder nachgelassene Waareneinbringung zu Lande in etwas heben, auch solchen Falls das neuerliche russische Verbot der Einfuhr französischer Waaren nicht viel zu bedeuten haben dürfte, weil, wie schon die Erfahrung gezeigt, besagte Waaren unter dem Namen italienischer, englischer und Schweizerwaaren einpassirten.

Einigermassen hat zwar die bisherige Stockung der Türkei nachgelassen, indem bei den Plauen'schen Manufacturverlegern wiederum unmittelbare Bestellungen aus Constantinopel von ziemlicher Wichtigkeit eingegangen sind, demnächst auch die hier anwesenden Griechen nach verschiedenen Artikeln und besonders nach Mousselinen stärkere Nachfrage als in vorigen Messen gehalten haben.

Doch im Ganzen betrachtet, hat sich solcher Waarenvertrieb noch bei weitem nicht zu seiner ehemaligen Beträchtlichkeit wieder erhoben, wie denn auch insonderheit der Waarenabsatz an die Griechen in hiesiger Messe durchgehends gar mässig gewesen ist, wieviel sie anfänglich Lust bezeigt haben, starken Einkauf zu machen.

Allein hiervon sind sie den Angaben nach zum Theil durch den jetzt für sie nachtheiligen türkischen Wechselcours auf Wien, ingleichen durch den hier in Leipzig zuletzt bis auf 97 % gefallenen Cours des Wiener Papiers, womit sie hier zu bezahlen pflegen und worauf sie nicht gern so viel Einbusse leiden mögen, abgehalten worden.

Zum Theil aber hat man sich auch mit ihnen auf den vielen Credit, den sie verlangt, nicht einlassen wollen, und statt dessen lieber weniger Geschäfte mit ihnen gemacht.

Die Ursache des so sehr veränderten türkischen Wechselcourses auf Wien, woran die Türkei jetzt gegen sonst auf 25 % verliere, soll darin liegen, dass sich die Levante und selbst Egypten (wie denn Plauen'sche Mousseline bis nach Kairo gehen sollen) wegen des schlechten Ausfalls der dortigen Getreideernten geraume Zeit über mit fremdem Getreide versorgen müssen und dadurch dem Ausländer sehr beträchtliche Summen, deren Zahlung guten Theils über Wien geschehe, schuldig geworden sei.

Mehrgedachtermassen ist dermalen wegen der Kriegsunruhen und Unsicherheit zur See der Waarenabzug nach den österreichischen Niederlanden, Holland, Italien und Spanien sehr im Stocken.

Demnächst hat der französische Landkrieg nicht allein den schon angezeigten schlechten Ausfall der Messe zu Frankfurt a/M., sondern auch dieses bewirkt, dass der unmittelbare Waarenzug von hier aus in die durch diesen Krieg mitgenommenen vordern Gegenden Deutschlands beträchtlich abgenommen hat und mehrere Käufer aus den eben benannten Gegenden, so wie aus dem Reich von hiesiger Messe für ihre Personen und mit Leistung ihrer Zahlungen zurückgeblieben sind und dass endlich die wenigen directen Waarenversendungen aus hiesigen Landen nach Frankreich, die in der ersten Hälfte des vorigen Jahres noch zuweilen über Strassburg zu machen gewesen, nunmehr ganz aufgehört haben.

Eine vortheilhafte Wirkung besagten Krieges hat sich fast nur allein durch den aus hiesigen und benachbarten Landen nach der Schweiz bisher erfolgten starken Abzug der ordinären Tuche hervorgethan, welcher Abzug jedoch neuerlich abzunehmen scheint.

Soviel hier zu vernehmen gewesen, hat sich der aus hiesigen Landen, besonders von der Oberlausitz aus nach Böhmen eingeleitete Handel in Schnitt- und Materialwaaren bei seiner vorigen Lebhaftigkeit erhalten. Neuerlich soll zwar in den Kaiserl. Königl. Landen eine neue Art von Stempelung der Fabrikwaaren eingeführt worden, solche auch für den heimlichen Waarenhandel dahin etwas beschwerlich, jedoch weit weniger lästig sein, als die unter Kaiser Joseph II. eingeführt gewesene ähnliche Stempelung.

Unter den deutschen Käufern haben nebst den Böhmen auch die Niedersachsen, vorzüglich, vor allen aber sich die hierländischen Kramer und Grenzhändler durch die Beträchtlichkeit ihrer Geschäfte ausgezeichnet, so dass der Einkauf der letztern in vielen Artikeln alle Erwartung übertroffen hat.«

Die Ursachen, welche den ungünstigen Erfolg der Ostermesse bewirkt hatten, dauerten auch während der Michaelismesse 1793 fort. »In der letzten Margarethenmesse zu Frankfurt a/O. war sogar den dahin gekommenen Handelsleuten aus Südpreussen der Einkauf anderer als preussischer Landesmanufacturwaaren Anfangs gänzlich untersagt und nachher auf dringende Vorstellung des Magistrats und der Kaufmannschaft zu Frankfurt a/O. nur noch für dies einemal unter der Bedeutung nachgelassen worden, dass künftig die Einbringung fremder Waaren zur Consumtion in Südpreussen weiter nicht statthaben könne.

In Russland war zwar der Wechselcours, dessen bisheriger niedriger Stand den Handel dahin hauptsächlich gehemmt hatte, neuerlich von 24 bis 26 holländ. Stüber pr. 1 Rubel gestiegen. Allein einestheils ist dieses Steigen, weil Russland demungeachtet gegen vorige Zeiten, wo der Rubel 40 Stüber und darüber galt, noch immer 36 bis 38% verliert, von keiner solchen Erheblichkeit, dass davon ein besonders wohlthätiger Einfluss zu erwarten gewesen wäre. Anderntheils ist dasselbe durch blos zufällige Umstände, nämlich durch Versendungen mehrerer russischen Producte, vornehmlich der Schiffsbaumaterialien nach Holland und der dafür dahin trassirten Wechsel veranlasst worden und kann eben deswegen nur von kurzer Dauer sein.«

In Russland bestand seit dem Ukas vom 14. April 1793 ein neues Waarenverbot, mit dem es folgende Bewandniss hatte:

»Ohne Ausnahme sind alle französischen Erzeugnisse und Fabrikate, wie sie Namen haben mögen, verboten, wannenher auch sämmtliche über die russischen Grenzen passirende Kisten und Colli mit glaubwürdigen Attesten, dass deren

Inhalt nicht in französischen, sondern in andern Waaren besteht, begleitet sein müssen, dergleichen Atteste der hier residirende russische Consul ohne Schwierigkeit ausfertigt und sich für das Stück einen Ducaten, auch wohl einen Louisd'or bezahlen lässt. Von den Waaren der übrigen Nationen aber sind sehr viele gar nicht unter dem Verbote begriffen.

Andere Artikel werden damit nicht in allen ihren verschiedenen Sorten, sondern nur in einigen und zwar vornehmlich in solchen betroffen, auf welche nach Verhältniss ihres Werths eine theuere main d'oeuvre zu bezahlen ist.

Noch andere Artikel sind durchgängig ohne Unterschied der Sorten verboten und unter diesen befinden sich mehrere für die hierländische Fabrication und den Leipziger Messhandel wichtige Gegenstände, z. B. die Spitzen und Blonden, die ächten goldenen und silbernen Tressen nebst den übrigen aus Gold- und Silbergespinnst gefertigten Arbeiten, die Flore, Marly und Linons, die Handschuh, die Hüte, die Spiegel, die stählernen, ingleichen die kupfernen, messingenen und plattirten Quincaillerien, nebst den zur Tabletterie gehörigen Artikeln, als Fächern, Dosen von Schildkrot, Papier maché.

Da der russische Hof den Herzog Biron von Kurland genöthigt, eben dieses Waarenverbot in seinen Landen anzuordnen, so besorgte man nicht ohne Grund, dass nun auch der von hiesigen Messen nach Mitau gehende, nicht unerhebliche Waarenzug für diesmal geschwächt werden dürfte.

Nach Spanien war der Waarentransport fernerhin durch die Unsicherheit der Schiffahrt und den daher rührenden hohen Preis der Assecuranz fast gänzlich verhindert worden und dass dieses der Handlung überhaupt, sowie dem Leipziger Messhandel insonderheit sehr schädliche Hinderniss in kurzen gehoben werden dürfte, stand mit Wahrscheinlichkeit nicht zu verhoffen.

In Ansehung des Waarenvertriebes nach der Levante schmeichelte man sich mit besseren Hoffnungen, da die ehemalige Stockung desselben bereits zu Ostern d. J. einigermassen nachgelassen hatte und die seitdem sich ereigneten Begebenheiten in den vornehmsten französischen Häfen des mittelländischen Meeres wahrscheinlich machten, dass derjenige Waarenhandel, den Frankreich bisher ausschliessungsweise nach der Levante betrieben, gutentheils in die Hände anderer Nationen übergehen und dadurch unter andern von hier ein stärkerer Waarenabsatz nach Italien und an die, die Leipziger Messen beziehenden Griechen bewirkt werden dürfte.«

Die geschilderten Schwierigkeiten bestanden auch während der Ostermesse 1794 und zwar noch in höherem Grade fort. Die zweite Theilung Polens hatte das früher für den freien Handel offene Gebiet noch mehr eingeschränkt und grosse bisher von Leipzig aus versorgte Gebiete den schwer zugänglichen Zollgebieten der Grossmächte Preussen, Russland und Oesterreich hinzugefügt. Eigenthümlicher Weise hatte man gehofft, die bisherige Zollfreiheit werde in den annectirten Landestheilen, also namentlich in dem neuen »Südpreussen« aufrecht erhalten werden. Während der Ostermesse 1794 zeigte es sich, dass diese Hoffnung bezüglich aller drei Grossstaaten natürlich eine vergebliche gewesen war. Der am 24. März 1794 begonnene Aufstand der Polen unter Kosciuszko lähmte aber nicht nur das Geschäft nach Polen selbst, sondern auch den indirecten und directen Handel nach Russland. So erschien aus Russland zur Ostermesse nur der Kaufmann Makarow aus Moskau, während der nach Leipzig geschickte Handlungsbediente des Moskauer Kaufmanns Olonkin bei der Durchreise durch Polen in die Hände der Insurgenten fiel, seiner Gelder und Wechsel beraubt und zwangsweise als gemeiner Soldat eingestellt wurde. Ueberhaupt wird von der »bei den neuerlichen Auftritten in Polen von den Insurgenten gegen die russische Nation an den Tag gelegten Erbitterung« berichtet.

»Nach der Levante hat sich der Vertrieb deutscher Tuche über Italien und das österreichische Littorale merklich verstärkt.«

Die politischen Verhältnisse in Frankreich schädigten nicht nur den Handel dorthin und nach Spanien. Sondern es ging auch durch »die Zerstörung der Lyoner Manufacturen und durch die vom Nationalconvent in Frankreich theils ganz verbotene, theils unter sehr lästigen Bedingungen nachgelassene Waarenausfuhr aus Frankreich der grosse Vortheil, welchen hiesige Lande und insonderheit der Leipziger Messplatz aus dem Oeconomie-Handel mit französischen Waaren gezogen, meistentheils verloren.«

So kam es, dass das Schwergewicht des Messverkehrs in den »über Erwarten starken Waarenabsatz an hierländische und andere deutsche Käufer aus Niederdeutschland und dem Reich« fiel, wenn auch hierdurch der Ausfall, namentlich des polnischen Handels, keineswegs gedeckt werden konnte.

Noch weitere Erschütterungen erhielt das Messgeschäft nach dem Osten in der Michaelismesse 1794. Die Commerziendeputation, damals bestehend aus F. L. Wurmb, B. L. Sahr und C. F. Freiherr von Just, sagt darüber: »Nach vielfältig erlittenen Störungen war bekanntlich der polnische Handel zu Leipzig in heuriger Ostermesse von seinem ehemaligen Flor schon so weit herabgesunken, dass in selbiger nur allein die gewöhnlichen jüdischen Fieranten aus den nach der ersten Theilung Polens unter Kaiserl. Königl. und russischer Hoheit gekommenen Ortschaften auf dem Platz erschienen, aus dem übrigen Polen aber und aus Littauen alle christlichen und jüdischen Käufer sowohl für ihre Personen, als mit der Zahlung der ihnen creditirten grossen Summen zurückgeblieben waren. Nun liess sich zwar bei der dermaligen Lage der Dinge nur allzugewiss voraussehen, dass letztere sich in jetziger Michaelismesse ebensowenig, als damals einfinden würden. Allein wider alles Erwarten blieben nebst diesen auch die erstgedachten Fieranten aus Brody, Lemberg, Sklow, Smolensk u. a. O. für diesmal sämmtlich zurück, welches, verbunden mit der eingelangten Nachricht, dass sie sich insgesammt ohne Ausnahme für insolvent erklärten, eine allgemeine Bestürzung verbreitete.

An ihrer Statt hatten sich mehrere ganz unbekannte Juden hier eingefunden. Diese kauften hier und da kleine Waarenpartien gegen sofortige baare Zahlung, thaten bei dieser Gelegenheit für jene angeblichen Bankerottiers, ohne sich jedoch Anfangs als deren Abgeordnete oder Bevollmächtigte zu geriren, vorläufige Vergleichsvorschläge, suchten auch unter der Hand deren Wechsel um ein geringes Geld an sich zu kaufen, zu welchem Behuf, sowie zum vorhabenden Waareneinkauf sie, wie verlauten wollte, mit ansehnlicher Baarschaft versehen sein sollten. Die Vergleichsvorschläge waren durchaus höchst unannehmlich, jedoch an sich verschieden; wobei überall vorgegeben wurde, sie hätten seit Entstehung der Unruhen in Polen bei ihrem Handel beständig Verlust gehabt und endlich auf der letzten Messe zu Berditschew meist alles verloren, indem das daselbst während der Messzeit eingerückte russische Truppencorps ihre Waarenlager ausgeplündert habe. Letzterem Vorgeben aber widersprachen einige eben damals zu Berditschew anwesend gewesene Berliner Kaufleute und versicherten, es sei den Juden aus den unter russischer Hoheit gelegenen Orten gar kein Leid geschehen und die übrigen polnischen Juden hätten sich zusammen mit 400 Ducaten von der besorgten Plünderung losgekauft.

Ueberhaupt war man hier der Meinung, dass der Juden Angaben von ihrem dermaligen allerseitigen Unvermögen, Zahlung zu leisten, nur zum kleinsten Theile begründet und es übrigens blos auf Betrug dabei abgesehen sei. Nichtsdestoweniger befanden sich deren Gläubiger, nach den vorhin von der Beschaffenheit der polnischen Justiz gemachten leidigen Erfahrungen in der peinlichsten Verlegenheit über die Wahl der zu ergreifenden Maassregeln. Mehrere von ihnen fielen im ersten Schrecken auf den Gedanken, gemeinschaftlich anzusuchen, dass sämmtliche hier anwesende polnische Juden, da sie wahrscheinlich durchgehends Abgeordnete der zurückgebliebenen Schuldner wären, sofort nebst den von ihnen erkauften Waaren und den bei sich habenden Geldern und Effecten arretirt und auf solche Weise deren Committenten zu annehmlicheren Zahlungsvorschlägen genöthigt werden möchten, welches mit den Rechten unvereinbarliche Vorhaben jedoch nach reiferer Ueberlegung aufgegeben und sich auf gütliche Unterhandlungen, wiewohl ohne sonderlichen Erfolg, eingelassen, auch von einer hier verkaufenden angesehenen Seidenwaarenhandlung aus Frankfurt a/M. das Auskunftsmittel erwählt wurde, einen ihrer Associés eiligst nach Brody und Sklow zu senden, um dort an Ort und Stelle die Schuldner selbst zu leidlichen Arrangements zu vermögen und die sonst etwa thunlichen Vorkehrungen in Zeiten zu treffen.

Mit dem vorbeschriebenen fast gänzlichen Ruin des vorher für hiesigen Messplatz von so vorzüglicher Wichtigkeit gewesenen polnischen Handels vereinigten sich diesmal noch viele andere überaus ungünstige Umstände. Zu diesen gehören vornehmlich die bekannten neueren Ereignisse im Landkriege gegen Frankreich.

Nicht nur haben selbige die meisten und wichtigsten Käufer aus den vordern Gegenden Deutschlands und aus Holland vom Besuch der jetzigen Messe und zum Theil vom Abtrag der fälligen Rückstände abgehalten und sonst dem dermaligen Messverkehr in vielfältiger Rücksicht geschadet, sondern sie bedrohen auch bei der immer bedenklicher und unsicherer werdenden Lage der Stadt Amsterdam und dem damit verbundenen unerhörten Discredit der dasigen Bank die Handlung überhaupt mit der nahen Gefahr einer allgemeinen Zerrüttung. Zu Amsterdam selbst fällt das Bancogeld mit jedem Tage auf einen niedrigeren Cours herab. Hier zu Leipzig sowie auf andern deutschen Plätzen hat dasselbe dermalen gar keinen Cours und die in Correntgeld noch statthabenden Wechselgeschäfte werden mit solcher Zurückhaltung und Furchtsamkeit betrieben, dass auch der Umsatz des in Correntgeld gestellten Amsterdamer Papieres gegen klingende Münze grossen Schwierigkeiten unterworfen ist.

Unter andern kamen hierdurch besonders die zur Messe anwesenden russischen Käufer, deren vornehmstes Zahlungsmittel, wie bekannt, allemal in Tratten auf Amsterdam besteht, in nicht geringe Verlegenheit und sahen sich genöthigt ihren Einkauf weit mehr, als ausserdem geschehen sein würde, einzuschränken.

Da nun der Messhandel in verschiedenen Theilen noch dadurch, dass die Käufer aus Ungarn sämmtlich und von den gewöhnlich für die Türkei hier einkaufenden Griechen, ingleichen von böhmischen und selbst von hierländischen Käufern mehrere aussengeblieben waren, um vieles geschwächt wurde, so gab solches alles der Messe gleich Anfangs ein auffallend ödes und trauriges Ansehen, welches den Erfolg derselben im Voraus ahnen liess.« C.D.

Die Ostermesse 1795 wird in dem Berichte des Geh. Finanzraths Wilh. Freiherr von Gutschmid als eine gute Mittelmesse bezeichnet.

»Absatz der inländischen feinen Tuche sehr beträchtlich. Durch die in Folge Krieges eingetretene Zerrüttung der niederländischen, Aachener und Lütticher Tuchmanufacturen werde zwar der Absatz feiner sächsischer Wolle dorthin vermindert, dagegen werde die Fabrikation feiner Tuche in Sachsen gesteigert. Sächsische Halbtücher und Kaschmire sind ausserordentlich stark abgegangen, desgl. feine und bunte Mousseline (Plauen), weniger die ordinäre weisse Waare (theuere Baumwolle). Geringer Absatz feiner weisser Kattune, stärker inländischer gedruckter. Oberlausitzer feine weisse Leinwand wenig gefragt. — In Seide wenig fremde Zufuhr. In Leipzig selbst ist die Seidenfabrikation gestiegen. Die dasigen Stickereiwaaren finden noch immer leidlichen Abgang. Weisse Blechwaaren und Eisenwaaren gesucht. Leder theuer und stark gefragt.«

Die Commerziendeputation berichtet, dass die polnischen Juden ihre Schulden zum Theil bezahlt hatten, zum Theil Stellvertreter mit grossen Goldmitteln zum Baareinkauf sandten.

In dem Credit, welcher den polnischen Juden auf der Leipziger Messe eingeräumt wurde, lässt sich eine regelmässige Ebbe und Fluth beobachten. Auf Zeiten übermässiger Creditgewährung und darauf eintretender grosser Verluste folgen Zeiten, in denen an die Juden nur gegen baar verkauft wurde, bis die Concurrenz wieder zur Creditgewährung drängte und das Spiel von neuem begann.

So erschienen denn zur Michaelismesse 1795 die polnischen Juden wieder in grosser Zahl »und handelten, da sie im Voraus wussten, dass Credit ihnen versagt werden würde, allenthalben gegen baare Zahlung.«

Auch die Russen, Griechen und Wallachen, sowie Holländer, Schweizer, Hamburger und Niederdeutsche erschienen zahlreicher, als bisher. Die Messe übertraf an Umsatz, wenn auch zu billigen Preisen, alle bisherigen. Humphrey & Co. aus Manchester meldeten allein für 48 080 Thlr baumwollene und Le Vier & Co.

für 61 700 Thlr. seidne Waaren an. Wenn dies auch der inländischen Industrie grosse Concurrenz machte, so liess doch »der Cammerrath Frege auf seinem Gute Abtnaundorf auf Bestellung ununterbrochen seidne Waaren machen, und die Handlungen von Leistner, Felix, Lessing, beschäftigen mit ihren Stickereien in Leipzig gegen 4000 Personen und können nicht immer die Bestellungen fördern. Von den schafwollenen Waaren hat die feine Tuchfabrikation in Chursachsen seit einigen Jahren und besonders während des französischen Krieges sich zu einem sehr beträchtlichen Handelszweig erhoben. Die hiesigen Tuche finden jetzt auswärts so viel Nachfrage, dass sie grösstentheils von den Fabrikanten gleich von Haus aus versendet worden, daher nicht gar viel dergl. Waare zur Messe gekommen war.« *F.R.*

Man sieht, dass die Blüthe der sächsischen Exportindustrie sich schon damals nicht ohne Weiteres an dem Umsatz der Leipziger Messen bemessen liess. Nichtsdestoweniger fügt der Geh. Finanzrath Thomas von Wagner seinem Bericht über die Michaelismesse 1795 gewiss mit vollem Rechte die allgemeine Bemerkung bei:

»In der letzten Messe war wieder von vielen Seiten bemerkbar, dass der sächsische Handel den Vortheil, der allein fähig ist, demselben gegen die Bemühungen anderer Lande eine längere Dauer zu sichern, den Vortheil des Handelsverkehrs und der Handelscorrespondenz, im Grossen für sich gewonnen habe. Leipzig ist allmählich der Messplatz für die nördlichen Provinzen geworden, wo sie ihre Bedürfnisse an Waaren suchen. Dieses hatte wieder eine Menge Käufer zur Messe geführt. Dem inländischen Fabrikanten fällt dadurch eine beständige Gelegenheit zu, seine Producte mit den englischen in Concurrenz zu stellen und bald abzusetzen. Auch hier hat die Art des Einkaufs der Polen und Russen eine solche Wendung genommen, dass dieser Messhandel nicht sobald aufhören oder sich wegwenden dürfte.«

Die Ostermesse 1796 bezeichnet der Geh. Finanzrath A. W. G. von Leipziger »als eine gute, ja beinahe mehr als gute« und bemerkt, der Krieg an der Reichsgrenze sei für die in Frieden lebenden Provinzen nur vortheilhaft.

Die Commerziendeputation, bestehend aus F. W. von Ferber, G. H. von Carlowitz und B. L. Sahr erstattete über diese selten gute Messe einen besonders ausführlichen Bericht. Wir müssen uns auf folgende Angaben aus demselben beschränken.

Der wichtige Handel nach Polen liess sich gut an, obwohl die polnischen Fieranten auch diesmal baar zahlen mussten und bei der Zahlung in den verschiedenen Münzsorten das Handeln noch einmal von vorn anfingen und den Abschluss der Geschäfte dadurch verzögerten. Ein Rückschlag trat ein, als die Polen die Nachricht erhielten, das russische Zollsystem sei auch auf die von Russland erworbenen polnischen Gebiete ausgedehnt worden, besonders »weil sie die Zollofficianten, welche während ihrer Abwesenheit auf die neuen Zollstätten erst gekommen wären, noch nicht kennten und also nicht wüssten, wie mit selbigen auszukommen sein würde.«

»Während solchem nach im Waarenabsatze nach Polen die anfänglichen guten Aussichten bei weitem nicht durchaus in Erfüllung gingen, erhielt der Messhandel für das, was von dieser Seite zurückblieb, reichliche Entschädigung von einer andern Seite, woher man dergleichen, wenigstens in so erheblichem Maasse, nicht erwartet hatte. Es hatten sich nämlich besonders aus Niedersachsen und Westphalen, demnächst auch aus Königsberg und Danzig, ja selbst aus Dänemark und Schweden viele wichtige Käufer, wovon der grössere Theil vorher nie auf den Platz gekommen, diesmal hier eingefunden, deren Nachfrage auf meist alle Waarenartikel gerichtet und nach einigen z. B. nach ordinären und mittleren Tuchen, baum- und schafwollenen Strumpfwaaren, ordinären gedruckten Kattunen, bunter Leinwand etc. so stark war, dass die davon vorhandenen Messlager nicht dazu auslangten.

Zugleich erfolgte für hiesige Lande ein Waareneinkauf von mehr als zeitheriger Beträchtlichkeit.

Ueberhaupt ist deren Einkauf zum guten Theil also beschaffen gewesen, dass aus selbigem, sowie aus den Aeusserungen der Einkäufer selbst deutlich hervorgeht, dass durch die grössere Wohlhabenheit, zu welcher bei der langen Dauer der guten Naturalienpreise der begüterte gemeine Landmann in den von den Drangsalen des Krieges verschont gebliebenen Gegenden Deutschlands nach und nach gelangt ist, die Waarenbedürfnisse desselben sich neuerlich sehr vervielfältigt haben, auch hier und da der Wunsch nach einer zierlicheren und bequemeren Bekleidung, als seiner zeitherigen, in gleichem Verhältnisse mit den zu dessen Befriedigung in Händen habenden mehrern Mitteln bei ihm reger geworden sein mag.«

»Die Käufer aus Russland sind in grösserer, als gewöhnlicher Zahl auf den Platz gekommen.

Auch sind mit denjenigen, welche zeither immer Wort gehalten und daher Credit haben, unter andern namentlich mit den beiden Moskauer Kaufleuten Makarow und Sutof, Geschäfte von grossem Belang gemacht worden, dahingegen man sich mit den übrigen nicht leicht weiter eingelassen hat, als soweit sie die ausgesuchte Waare baar haben bezahlen können.

Nach Curland aber hat man einige Verstärkung des Waarenzuges aus den von Mitau hier eingegangenen Waarenverschreibungen und aus dem Einkaufe der hier anwesenden Curländer, wahrnehmen wollen und die Mannigfaltigkeit der dahin abgeführten Waarenartikel lässt mit Grund vermuthen, dass allda die russische Zolleinrichtung nebst den damit verbundenen Waarenverboten entweder noch nicht eingeführt sei, oder wenn sie es sein sollte, nicht streng beobachtet werde.

Der Waareneinkauf der Griechen und Wallachen ist auf die gewöhnlich von ihnen gesuchten Artikel gerichtet und mitunter, z. B. in Rauchwaaren, ganz ansehnlich, in vielen andern Artikeln aber, namentlich in Tuchen und Mousselinen mässiger gewesen, als man vermuthet hat, da doch der über Wien und Triest nach der Türkei gehende Tuchwaaren-Vertrieb beständig im Zunehmen ist, auch die der Plauenschen Mousselinmanufactur aus Constantinopel zukommenden Bestellungen sich seit einiger Zeit wieder verstärkt haben und es folglich in dasigen Gegenden den Verkäufern beider Artikel an Absatz nicht fehlen kann.

Nach Italien hat zeither, wie sich aus allen Nachrichten bestätigt, der Vertrieb hiesiger Manufacturwaaren, namentlich der Tuche, Kasimirs, Mousseline, Piqués und Leinwand fortwährend zugenommen und es lässt sich mit Grund behaupten, dass noch zu keiner Zeit die unmittelbaren Handelsgeschäfte nach diesem Lande für den inländischen Manufacturstand, überhaupt betrachtet, von solcher Wichtigkeit gewesen, als sie es jetzt sind.

Nur besorgt man, dass die neuesten Kriegsereignisse in Italien den Waarenzug dahin hemmen dürften.

Der Friede zwischen Spanien und Frankreich hat auf hiesige Manufacturen den ferneren wohlthätigen Einfluss, dass nun, ausser der Leinwand, auch die Chemnitzer Baumwollenwaaren, die wollenen Strumpfwaaren und die Wachstücher (deren Zubereitung für die Stadt Leipzig ein Nahrungszweig von Erheblichkeit ist) wieder häufigen Abgang nach den spanischen Häfen finden. Von gedruckten Flanellen aber, ingleichen von schwarzen Draps de dames und ähnlichen Wollenartikeln will sich der Vertrieb dahin — man glaubt wegen dort überwiegender Concurrenz der englischen Waare — noch nicht wieder beleben.

Aus Holland, woher die Bestellungen auf Chemnitzer Baumwollenwaare lange zurückgeblieben sind, fangen selbige an, wieder einzugehen.

Auch haben die hier anwesenden Holländer von dergl. Baumwollenwaare, ingleichen von Buchleinen etwas mehr, als in vorjährigen Messen gekauft.

Unverkennbar ist dem allen ungeachtet aber der mit der Fortdauer des Seekrieges stets weiter gehende Verfall der Handlung Hollands in allen ihren mannigfaltigen Theilen, wovon viele schon ganz in andere Hände übergegangen sind und leicht auf immer für Holland verloren sein dürften.

Nächst England, das sich nun im Besitz aller holländisch-ostindischen Besitzungen befindet und mit der baldigen Eroberung auch der holländisch-westindischen Besitzungen droht, hat vorzüglich Hamburg sich eines ansehnlichen Theiles der holländischen Handlung bemächtigt und dadurch sowie überhaupt, durch die während der Dauer des Seekrieges sich dazu dargebotenen Mittel seinen Handel zu einer Höhe erhoben, auf welcher er vorher noch nie gestanden hat. Nicht minder merkwürdig sind jedoch die ausserordentlichen Fortschritte, welche die nordamerikanischen Freistaaten während des Seekriegs in ihrer Handlung und Kauffahrteischiffahrt gethan haben und noch unausgesetzt thun, da die Neutralität ihrer Flagge und die Achtung, worin sie dieselbe zu erhalten wissen, ihnen dermalen, wo die vornehmsten seefahrenden Nationen in Kriegen begriffen sind und von den übrigen neutral gebliebenen keine so starke Kauffahrteischiffahrt und so leichte Mittel zu deren Vermehrung, wie Nordamerika hat, überwiegende Vortheile gewährt.

Zu dem beträchtlichen Wachsthum des Oeconomiehandels besagter Freistaaten kommt die in ihrem weitläufigen Gebiet zu Erstaunen steigende Landescultur und Bevölkerung, womit sich allda in gleicher Progression die Ausfuhr eigener und die Consumtion fremder Waaren und Producte unausgesetzt vermehrt, mithin auch die hierauf sich gründende Handlung steten Zuwachs erhält.

Von dem allen äussert sich unter andern die Wirkung, dass die nordamerikanischen Staaten je länger je mehr mit Deutschland in unmittelbare Handelsverbindungen treten und diese schon gegenwärtig, absonderlich für Hamburg und demnächst für Bremen von grosser Wichtigkeit, auch selbst für hiesige Lande keineswegs gleichgültig sind, da nurbenannte beide Plätze seit kurzem aus hiesigen Manufacturen mehrere Artikel, vornehmlich Leinwand und baum- und schafwollene Strumpfwaaren häufig beziehen, aus deren Beschaffenheit mit Gewissheit zu vermuthen steht, zum Theil auch bei Ertheilung der Bestellung darauf ausdrücklich gemeldet worden ist, dass sie für Nordamerika theils zur dortigen Consumtion theils zum weiteren Vertriebe nach Westindien und dem spanischen Südamerika bestimmt sind.

Endlich ist nicht unbemerkt zu lassen, dass durch den Erfolg der diesjährigen Ostermesse sich dasjenige, was am Schlusse der vorjährigen Ostermessrelation von dem hiesigen Messhandel und den Aussichten für selbigen sowohl, als für die chursächsischen Manufacturen und Handlung überhaupt angeführt worden, in vollem Maasse bestätigt findet.

Noch nie ist Handlungs-Fabrikation und alle Arten des Gewerbes im Ganzen genommen in den Chursächsischen Landen so blühend gewesen als jetzt.

Im bevorstehenden Sommerhalbjahr ist die Dauer dieses lebhaften Umtriebes gewiss zu hoffen und wenn schon die Umstände in Italien die dermalen so beträchtliche Handlung dahin augenblicklich und auf mehrere dortige Plätze hemmen können, so dürfte doch diese Stockung von keiner Dauer sein und überhaupt besonders auch nach einem dereinstigen Frieden für die Betriebsamkeit der Chursächsischen Landeseinwohner, bei ihren zunehmenden Handelsverbindungen, sich immer neue Auswege öffnen, um diejenigen zu ersetzen, welche ihrer Industrie durch Verbote und Einschränkungen gemeiniglich mehr erschwert als ganz entzogen werden.« C.D.

Ein auffällig anderes Bild, als die Ostermesse, zeigte die Michaelismesse 1796: »Beim Eintritt der Messe befand sich die Handlung meist überall in einer sehr kritischen Lage.

Die französische Invasion in Italien hatte den Transport der sonst zum dortigen Verbrauch sowohl, als zur weitern Versendung häufig dahin gehenden und der daher kommenden Waaren gänzlich gehemmt.

Auch war durch die bisherigen Ereignisse auf dem deutschen Kriegsschauplatze der Waarenzug nach Schwaben und der Schweiz, sowie von daher in hiesige Gegenden gesperrt, überhaupt in einem ansehnlichen Theile Deutschlands Handlung und Gewerbe unterbrochen und absonderlich zu Frankfurt a/M. die letztabgewichene dasige Herbstmesse also gestört worden, dass deren Beziehung Anfangs gar nicht gewagt und auch dann, als nach Vertreibung der Franzosen von dortigem Platze die Messfreiheit um 14 Tage über die gewöhnliche Zeit verlängert worden, nur von überaus wenigen Käufern hat unternommen werden mögen.

Im Waarenvertriebe nach der Türkei, welcher vorher schon zu einigem Theil durch oberwähnte Sperrung der Spedition über Italien verhindert worden war, hatten zum übrigen vorzüglich wichtigen Theile die nur erst kurz vor der Messe mit einemmale ausgebrochenen Fallimente der mehrsten und angesehensten griechischen Handelshäuser zu Wien einen fast durchgängigen Stillstand veranlasst, der um so härter empfunden wurde, je plötzlicher und unerwarteter er kam.

Ebenso war die einige Zeit daher ausnehmend lebhaft gegangene Handlung nach Spanien wegen gegründeter Furcht vor dem nahen Ausbruch eines Krieges zwischen diesem Reich und England und der hieraus erwachsenen Schwierigkeit, Assecuranz nach den spanischen Häfen zu erlangen, plötzlich ins Stocken gekommen.

Nach Holland waren die Handelsaussichten fortwährend schlecht, nach Russland bei dortiger unveränderter Lage der Dinge noch eben so eingeschränkt, als vorher, — und nach Polen darum sehr zweifelhaft, weil in heuriger Ostermesse die Erfahrung gelehrt hatte, wie sehr der Messhandel der polnischen Juden, durch die damals auf hiesigen Platz gelangte Nachricht von der erfolgten Einführung der russischen Waarenverbote und übrigen Zolleinrichtungen in dem von Russland neu acquirirten Theile Polens gestört und geschwächt worden war und weil nicht zu übersehen stand, in welchem Maasse allda diese Einrichtungen in Ausübung gebracht und ob nicht etwa auch in den neuerlich unter Kaiserl. Königl. und Königl. Preuss. Hoheit übergegangenen polnischen Provinzen ähnliche Einschränkungen und Beschwernisse der Einbringung fremder Waaren angeordnet worden sein möchten.

Inmittelst hatte zur jetzigen Messe eine starke Zufuhr von Waaren aller Art, — ausgenommen von italienischen, welche meistens zurückgeblieben sind, — in Zeiten statt gehabt. Unter andern waren besonders aus den, nach erlittener Einbusse des grössern Theils ihrer ehemaligen Debouchés um Absatz höchst verlegenen englischen Manufacturen, ingleichen aus der allmälig sich wiederherstellenden und mit zunehmender Begierde hier Abzug suchenden Lyoner Manufactur überaus grosse Waarenquantitäten, auch viele aus Frankfurt a/M. geflüchtete oder zur letzten dasigen Messe bestimmt gewesene Güter zum Verkauf anher gebracht worden, woraus nothwendig in manchen Waarenartikeln eine ungewöhnliche Anhäufung der Lager entstehen musste.

Als nun unter diesen Umständen der Messhandel seinen Anfang nahm, verspürte man zwar bald in mehreren Zweigen desselben beträchtliche Lücken wegen des Zurückbleibens der vornehmsten Käufer aus dem Reich, Schwaben und der Schweiz und wegen der Geringfügigkeit des Einkaufs der anwesenden Griechen und Holländer.

Dagegen aber liess sich der Absatz an die in ausserordentlicher Menge erschienenen polnischen Juden gleich anfänglich gut an und übertraf selbst in Ansehung verschiedener unter den russischen Verboten ausdrücklich mit begriffener Artikel — je länger, je mehr, die davon gefasste Erwartung. Zudem machten die ebenfalls über Vermuthen in beträchtlich vermehrter Anzahl sich eingefundenen Russen, ingleichen die Kurländer und Wallachen einen stärkern als gewöhnlichen Einkauf. Und da auch der Waarenvertrieb an die Käufer aus Westphalen, Niedersachsen, Danzig, Königsberg und andern, den Drangsalen des Kriegs nicht ausgesetzten Orten ganz erheblich war, so verursachte dies alles, dass der Messhandel, obwohl einige Zweige desselben weniger als in vorigen Messen blühten, doch im Ganzen betrachtet einen bei gegenwärtigen Zeitläuften kaum zu erwarten gewesenen günstigen Erfolg hatte.« C.D.

Die Rücksicht auf den Raum verbietet es uns leider, auf den ausführlichen Bericht einzugehen, welchen über dieselbe Messe der Geh. Finanzrath J. W. von Oppel erstattet (und wahrscheinlich der Geh. Finanzsecretär Demiani verfasst) hat. Derselbe giebt namentlich interessante Nachweisungen über die Lage der einzelnen Fabrikations- und Handelszweige zu dieser Zeit.

Die Ostermesse 1797 ähnelte der vorhergegangenen Michaelismesse. Namentlich trat die Nothwendigkeit immer mehr hervor, »worin die englischen, auch selbst einige hierländische und andere ausländische Manufacturen sich dermalen befinden, den möglichsten Ersatz für den anderwärts ihnen entzogenen Vertrieb hier in den Messen zu suchen.«

Der Messverkehr war sehr lebhaft. Vorzüglichen Absatzes hatten sich die meisten sächsischen Manufacturwaaren zu erfreuen.

»Unter diesen war besonders der Verkauf der leinenen und baumwollenen Waaren so stark gegangen, dass mehrere Fabrikhandlungen gleich beim Anfang der Messe desassortirt und genöthigt gewesen waren, annoch Waaren nachkommen zu lassen.«

Die Michaelismesse 1797 wird als gute Mittelmesse bezeichnet. Vorzüglichen Absatz hatten baumwollene, insbesondere Plauensche Fabrikate, Rasche und andere wollene Zeuge, Mützen und Strumpfwaaren. Auch die Sammtfabriken hatten grossen Absatz nach Russland (sammtne Doublure für Armeelieferungen). Weniger gut war der Absatz inländischer Tuche, Leinwand, Chemnitzer feiner Waaren und Seidenwaaren.

Einen grossen Schrecken unter den polnischen und russischen Einkäufern verbreitete die während der Messe eingehende Nachricht, »dass die von dem russischen Grenzzolleinnehmer zu Radzywilow zwischen Brody und Duber im Einverständniss mit den Schleichhändlern lange ungestraft begangenen Unterschleife entdeckt, hierauf sofort sämmtliche in Russland bestehende Zollverordnungen und Waarenverbote mit verdoppelter Strenge eingeschärft, auch bei den Grenzzollstätten durch Veränderung des Personals und sonst solche Anstalten getroffen worden wären, welche vor der Hand die Einschleifung verbotener und hochbelegter Waaren unmöglich machten.«

Darauf hin stellten die Russen und polnischen Juden die sämmtlichen bereits eingekauften Waaren, sowohl die verbotenen als die erlaubten, den Verkäufern zur Disposition, da sie wie gewöhnlich die Waaren für ihre Rechnung bei den Verkäufern hatten zurücksetzen lassen. Sie erholten sich aber von ihrem Schreck und kauften am Ende der Messe die Waaren wieder zurück, zum Erstaunen der Verkäufer auch die in Russland verbotenen.

Auch die Ostermesse 1798 wird als eine gute Mittelmesse bezeichnet. Der Geh. Finanzrath F. H. K. Graf von Langenau, welcher über dieselbe berichtet, ist der Ansicht, dass »der Leipziger Messhandel auch ferner blühen und wachsen werde.« Er findet den Grund hierfür »in dem Chursächsischen Commercial-system« und in dem Umstand, dass Leipzig im Mittelpunkt Deutschlands liege.

»Selbst die wahrscheinlich fortdauernde Ausdehnung des französischen Gebiets bis an den Rhein dürfte wegen der sattsam grossen Distanz der Stadt Leipzig von diesem Flusse keine Besorgniss erregen. Es ist zwar deshalb Alles für die Messen zu Frankfurt a/M. zu fürchten. Aber eben dieser Frankfurtische Messhandel dürfte, insoweit er abnimmt, dem Leipziger noch zuwachsen« . . . . . .

»Die zu Mainz von der französischen Regierung errichtete neue Messe war gänzlich fehlgeschlagen. Es waren zwar einige Verkäufer dahin gekommen. Sie hatten aber wegen Mangel der Käufer und des wenigen Schutzes, den noch zur Zeit das Eigenthum unter der französischen Botmässigkeit geniesst, keine Geschäfte gemacht.

Nicht minder war die Messe zu Frankfurt a/M. sehr schlecht ausgefallen, hauptsächlich wegen der Nähe der französischen Kriegsvölker und der mancherlei Bedrückungen, welche das Commerzium von dorther leidet.

Es ist bekannt, dass man französischer Seits sich für berechtigt erachtet, jede in Grossbritannien und Irland gefertigte Waare, wenn sie auch das Eigenthum neutraler Völker geworden ist, zu confisciren. Allein sichere Nachrichten besagen, dass man in Köln auch 20 Stück Chursächsische Mousseline, unter dem Vorwande, dass sie aus englischem Maschinengarn gefertigt wären, confiscirt hat.

Der schlechte Ausfall der Frankfurter Messe war dann die vorzüglichste Ursache, dass der Leipziger Messplatz von denjenigen Kaufleuten, die ihre Waaren zu Frankfurt nicht absetzen können, damit überführt worden war.«

Diese Ueberführung mit Waaren hätte aber nichts geschadet, wenn der Waarenabzug nach Russland nicht neuerdings durch einen Ukas vom 11. October 1797 erschwert worden wäre. Derselbe theilte alle Arten von Manufacturwaaren in zwei Klassen:

»Die erste besteht in Waaren, welche nach dem Werthe, und die zweite in Waaren, so nach Zahl und Gewicht zu verzollen sind.

Alle Waaren der ersten Klasse, zu welcher die wollenen Zeuge und die baumwollenen Webereiwaaren gehören, dürfen nicht mehr zu Lande, sondern zur See, nur über Petersburg und Riga, gegen einen in Albertusthalern mit 30 % des wahren Werths zu erlegenden Zoll eingebracht werden.

Die Waaren der zweiten Klasse, worunter Seidenwaaren, Leinwand, Strumpf- und Tuchwaaren begriffen sind, dürfen zwar zu Lande, jedoch nicht über alle, sondern nur über die vorgeschriebenen Grenzzollstätten Brzesz in Litthauen, Radzivilow in Volhynien und Georgenburg am Niemen eingebracht werden und sind ebenfalls mit hohen Zollsätzen belegt; z. B. 1 Dutzend seidene Mannsstrümpfe mit 12 Rubel und 1 Dutzend dergleichen Frauenstrümpfe mit 10 Rubel.

Uebr igens wird es mit der Angabe des Werthes sehr streng genommen und es haben die Zollofficianten die Erlaubniss, bei sich ereignendem Verdacht, die eingebrachten Waaren um den angegebenen Werth gegen Erstattung der Transportkosten und eine Vergütung von 10 % für den Handelsgewinn an sich zu nehmen.«

»Königl. Preussischer Seits hat man durch ein Publicandum d. d. Berlin den 4. Sept. und Breslau den 8. October 1797 die zeitherigen in Süd-Preussen bestandenen Verbote und Impostirungen auf Neu-Süd-Preussen und Neu-Ost-Preussen extendiret und soll dieses mit dem 1. Juli d. J. zum Vollzug gebracht werden.«

»Der Messverkehr mit Warschau nimmt sichtbar ab. Nach Aussage dortiger Kaufleute liegt der Handel fast gänzlich. Die Bevölkerung ist von 100 000 bis auf 30 oder 40 000 gesunken.« F.R.

Dagegen erschienen u. A. drei türkische Juden zur Messe, von denen einer für 100 000 Thlr. baar einkaufte.

Engländer und Franzosen (Lyon) schleuderten grosse Waarenmassen auf den Leipziger Markt. Da den Engländern Spanien verschlossen war, verkauften sie in Leipzig mit 20 % Verlust, um nur ihre Fabriken zu beschäftigen. Die deutschen Fabrikanten hatten dagegen schweren Stand.

Wenn die Michaelismesse 1798 schlechter ausfiel, als die vorhergegangenen Messen, so giebt die Commerziendeputation hierfür ausser dem Fortbestehen der Zollschwierigkeiten mit Russland und Preussen u. A. folgende Gründe an :

»Bald nach dem Erscheinen der Touloner Flotte vor Alexandrien trat ein plötzlicher Stillstand im Waarenzuge nach Constantinopel und Smyrna ein und folglich eine Verminderung des gewöhnlichen Messwaareneinkaufs der Griechen für die Türkei.

Im Messverkehr nach den südlichen und westlichen Landen hatten sich — wie der ausserordentlich geringe Erfolg der jüngstabgewichenen Messe zu Frankfurt a/M. näher bestätigte — die Umstände in vielfältigem Betracht verschlimmert.

Besonders war der Waarenvertrieb nach der Schweiz durch die dortigen Unruhen und nach den jenseitigen Rheinlanden, den Niederlanden und Frankreich durch die von der französischen Regierung angelegten und seit dem Monat Juli d. J. bis an das linke deutsche Rheinufer ausgedehnten Waarenverbote und Impostirungen und durch die mit deren Ausübung verbundene Härte und Plackereien der französischen Regierungscommission und Zollofficianten gänzlich unterbrochen worden, wie denn auch in vielen diesseits des Rheins gelegenen deutschen Landen theils die drückende Last der unausgesetzt fortwährenden französ'schen Requisitionen, theils die zunehmende Furcht vor dem baldigen Wiederanfange des Krieges eine vermehrte Stockung des Handels und Gewerbes veranlasst hatte.«

»Die Ankunft der jüdischen Fieranten aus Sklow, Berditschew und überhaupt aus den russisch-polnischen Provinzen, gegen welche der Pest halber Kaiserl. Königl. Seits vom Dniester an längs der galizischen Grenze eine Sperrung

mit Offenlassung einer einzigen Communicationsstrasse bei Podwolosziska angelegt worden, verzögerte sich bis in die Mitte der sogenannten Böttcherwoche, ja
zum Theil sogar bis nach Anfang der eigentlichen Messwoche, weil sie ihrem Angeben nach eine neuntägige Contumaz hatten halten und überdem wegen einge-
fallener jüdischer Feiertage öfters unterwegs liegen bleiben müssen.«

Die Ostermesse 1799 hatte einen ungünstigen Verlauf. Dieselbe fiel sehr
früh und die grosse Winterkälte mit darauffolgenden Eisfahrten und Ueberschwemmungen hatte die Waarenzufuhr erschwert. Hierzu kamen noch die in
Deutschland und Italien von Neuem ausgebrochenen Kriegsunruhen.

»Die Sklower, Berditschower und andere russisch-polnische Juden hatten zu
Zahlungsmitteln beträchtliche Quantitäten von litthauischen Hasenfellen,
Krimm'schen Lammfellen und Grauwerk hier eingebracht« und konnten diese
Waaren nicht schnell genug absetzen. Auch sonst stand es mit den Zahlungs-
mitteln sehr schlecht, da bei einem zunehmenden Ueberfluss an Papiergeld ein
ausserordentlicher Mangel an klingender Münze fühlbar war und der Cours des
Wiener Papieres, »welches hier zu Messenszeiten eines der vornehmsten Hand-
lungsmittel ausmachte«, tief herabgesunken war.

Wie wandelbar die Schicksale des Handels während einer einzigen Messe
waren, zeigt recht deutlich der Bericht der Commerciendeputation über die Michaelismesse 1799:

»Bekanntlich nehmen die Leipziger Michaelismessen in der Regel am Sonntage nach Michael, wenn aber, wie es heuer der Fall gewesen, Michael auf einen
Sonntag fällt, acht Tage hernach ihren Anfang. Durch den solchergestalt ver-
spätigten Eintritt der jetzigen Michaelismesse war auf der einen Seite zwar
zur Zufuhr der Messgüter — wovon manche, vorzüglich die aus und über Italien
eingehenden, zu thunlichster Vermeidung der Kriegsgefahren, Umwege hatten
nehmen müssen, — die für diesmal nöthige mehrere Zeit gewonnen, auf der andern aber auch zur besorglichen grösseren Beschwerde der Ausfuhr des erkauften Gutes derjenigen Jahreszeit, wo Witterung und Wege immer schlimmer
werden und die Schiffahrt nach Norden aufhört, um soviel näher gerückt worden.

Natürlich hatten hierin die Käufer aus weit entfernten Gegenden — für
welche selbst die am frühesten eintretenden Michaelismessen in verschiedener
Rücksicht zu spät im Jahre fallen — eine Veranlassung mehr gefunden, ihre Anherkunft und die Vollbringung ihrer Messgeschäfte nach Möglichkeit zu be-
schleunigen.

Indess hatten auch viele von ihnen, so sich überhaupt in den wandelbaren
Anfang hiesiger Messen niemals recht zu finden wissen, vorzüglich viel
Russen und Wallachen in der irrigen Meinung gestanden, dass die gegenwärtige
Messe schon mit dem 29. Sept. anginge und in Folge dessen ihre Abreise vom
Hause so zeitig angetreten, dass sie um volle acht Tage zu früh hier angekommen
waren, wo sie statt, wie sie wohl gewünscht, sofort zum Einkauf zu verschreiten,
lange müssig sein mussten, indem die auf einen so frühzeitigen Zuspruch nicht
gefassten Leipziger Verkäufer ihre Lager noch nicht durchgehends completirt
hatten und von den auswärtigen Händlungen und Manufacturverlegern sich noch

Niemand auf dem Platze befand. Aus dieser Ursache und weil überdem die dermalige Anzahl der Käufer aus dem eigentlichen Russland und der Wallachei ungewöhnlich stark und ihr Waarenbedürfniss gross war, entstand, als die auswärtigen Verkäufer zur ordentlichen Zeit kurz hinter einander eintrafen, auch die Messgüter vollends eingingen, bei allen Handlungen, welche die von besagten Käufern gesuchten Artikel führen, ein solcher Zudrang von Geschäften, dem kaum Genüge geleistet werden konnte und der gleichwohl in den nächstfolgenden Tagen, wie die Brodyer, Danziger, Königsberger und russisch-polnischen Juden und die christlichen und jüdischen Handelsleute aus Warschau, Kurland und Livland mit ihrem eiligen und zum Theil ansehnlichen Waarenbegehr hinzu kamen, immer grösser wurde.

Auf diese Weise waren in wenig Tagen beträchtliche Quantitäten von Waaren ausgesucht, behandelt und dem eingeführten Gebrauche nach, bis zur Bewerkstelligung der verabredeten Zahlung, für Rechnung der Käufer zurückgesetzt worden. Und noch bemerkte man keine Abnahme der Geschäfte, im Gegentheil schienen bis gegen die Mitte der sogenannten Böttcherwoche mehrere Zweige des Messhandels stets blühender zu werden. Plötzlich aber und in ganz unerwarteter Art veränderte sich die Lage der Sachen, da von London und Hamburg die Nachricht von dort ausgebrochenen zahlreichen und ausserordentlich beträchtlichen Fallimenten auf den Platz kam.

Von diesem Augenblicke an verloren vorerst die englischen und Hamburger Wechselbriefe, worin unglücklicherweise die diesmaligen Zahlungsmittel der russischen und polnischen Käufer hauptsächlich bestanden, allen Credit und bei der täglichen Vervielfältigung der Nachrichten von fernerweit in London, Amsterdam, Hamburg, Bremen, Augsburg und anderen Orten zum Ausbruch gekommenen Fallimenten, kam es mit der Allgemeinheit des Discredits und der Zurückhaltung der klingenden Münze in kurzem soweit, dass keinerlei Art von Papier gegen Gold mehr anzubringen war, wodurch denn die mit weniger Baarschaft, um so reichlicher aber mit Wiener Papier versehenen griechischen Käufer sich, gleich den Russen und Polen, ausser Stand gesetzt sahen, für die besprochene Waare die bedungene baare Zahlung zu leisten. Während solchergestalt die anfänglichen glänzenden Aussichten im Handel nach Russland, Polen und der Türkei gutentheils vereitelt wurden, liess sich der Einkauf für die Schweiz und das vordere und südwestliche Deutschland nirgends so an, dass daraus Hoffnungen zu einem einigermassen erheblichen Waarenabsatz hätten können geschöpft werden.

Vielmehr zeigte sich bald, dass die Käufer aus diesen Gegenden meistens fehlten und die wenigen hier anwesenden, nachdem ihnen vom Hause beunruhigende Nachrichten in Bezug auf die dasigen neuesten Kriegsbegebenheiten zugekommen waren, den Anfangs vorgehabten Einkauf nur selten zu vollbringen wagten.

In den Messgeschäften mit den böhmischen Käufern und den Böhmen zunächst wohnenden chursächsischen Grenzhändlern verursachte der niedrige Cours und die hier überaus schwer haltende Realisirung des Wiener und Prager Papiers empfindliche Störungen. Für hiesige Lande war der Waareneinkauf ungewöhnlich schwach und überdem litten die zur Messe anwesenden hierländischen Kramer, angeblich wegen Geringfügigkeit der zeither von ihnen auf den Jahrmärkten und sonst gemachten baaren Losung, meistens Gebruch an Mitteln zum völligen Abtrag der von vorigen Messen her zu leistenden Waarenzahlungen. In gleicher Unvermögenheit befanden sich fast alle übrigen deutschen Käufer.

Ueberhaupt herrschte ein höchst drückender Mangel an klingender Münze, der den sonst so raschen Gang des Messhandels durchgehends lähmte und den die Waarenverkäufer um so härter empfanden, da sie meistens mit starken Lagern versehen waren. Doch ohne alle Vergleichung war der Platz mit keinem Messartikel in so übertriebener Art überführt, als mit englischen Baumwollenwaaren, die denn auch, um sich deren so viel als möglich zu entschütten, von den Verkäufern derselben mit noch grösserer Bereitwilligkeit als sonst, auf langwierigen Credit, und wenn baare Zahlung dafür zu erlangen stand, für unglaublich niedrige Preise, dergleichen die hierländischen Baumwollen-Manufacturverleger zu stellen schlechterdings nicht vermochten, hingegeben wurden.

Unter vorbeschriebenen Umständen hatte die Messe sowohl im Ganzen betrachtet, als in besonderer Beziehung auf den grösseren Theil der hiesigen Landesmanufacturen einen sehr ungünstigen Erfolg und befinden sich überhaupt Handlung und Fabrikation neuerlich in einer ungemein bedrängten und gefahrvollen Lage.« C. D.

Wiederum ein ganz anderes Bild zeigte die Ostermesse 1800.

»Vor Eintritt der Messe hatten sich verschiedene Umstände ereignet, welche derselben einen günstigen Erfolg zu versprechen schienen.

Von preussischer Seite waren mittelst gedruckten Publicandi vom 4. März 1800 zu Frankfurt a/O. die fremden halbseidenen und baumwollenen Waaren, Flore, Spitzen, Bänder u. s. w. zur Einbringung und zum Messhandel von nächst bevorstehender dasigen Margarethenmesse an, verboten, und hierdurch für die Folge nebst den zahlreichen Waarenverkäufern auch meist alle ausländische Käufer von da verscheucht worden.

Dass die solchem nach für Frankfurt a/O. verloren gehenden Handelsgeschäfte zum Theil den Leipziger Messen zuwachsen und diese Messen besonders in Rücksicht des wichtigen polnischen und russischen Handels noch blühender werden dürften, glaubte man um so eher gewärtigen zu können, da bald nach Erlassung obigen preussischen Verbots der mit Anfang des Jahres 1798 in den russischen Staaten eingeführte Zwang, nach welchem allda die mehrsten fremden Waaren, in so fern deren Eingang erlaubt geblieben war, anders nicht als zur See und nur allein über die drei Häfen Petersburg, Riga und Odessa eingebracht werden dürften, gänzlich aufgehoben und die Einfuhr zu Lande über alle und jede russische Grenzzollstätte nicht blos für die bisher erlaubten, sondern auch für die seit geraumer Zeit daselbst verbotenen gestreiften, broschirten und gestickten Waaren wieder nachgelassen, mithin der hauptsächlichsten Beschwerde in dem Waarenzuge nach den russischen Staaten selbst abgeholfen und daneben die Etablirung eines Schleichhandels von dort aus in das benachbarte Süd- und Neuostpreussen in Zeiten beträchtlich erleichtert worden war.

Hiernächst stand zu vermuthen, dass für diesmal der Tuch- und übrige Einkauf für die Schweiz, Bayern, Schwaben und die vordern und südwestlichen deutschen Lande überhaupt darum von grösserer Erheblichkeit, als in vorigen Messen sein dürfte, weil in den Churbayerischen Landen die vorhin verbotene Einbringung fremder Waaren, namentlich der Tuche und wollenen Zeuge, gegen leidliche Eingangszölle wieder freigegeben worden und in letztabgewichener Messe zu Frankfurt a/M. nach verschiedenen Artikeln eine vermehrte Nachfrage von Seiten der schweizerischen und deutschen Käufer erfolgt war.

Es hatte auch die zuversichtliche Erwartung eines ansehnlichen Waarenabzugs — verbunden mit der Nothwendigkeit, worin die in- und ausländischen, vornehmlich die englischen und französischen Manufacturen sich befinden, den möglichsten Ersatz für den ihnen durch den Krieg entgehenden Vertrieb wiederum anderwärts und auf hiesigen Messen zu suchen — eine sehr beträchtliche Zufuhr von Messgütern veranlasst. Die neue englische Waare war zwar durch die späte Eröffnung der Schiffahrt und widrigen Winde lange zurückgehalten worden, doch kam sie noch zur rechten Zeit und, was die baumwollenen Artikel besonders anlangt, in überhäufter Menge hier an. Auch von Lyoner und italienischen Seidenwaaren, von in- und ausländischen Tuchen und von meist allen Messartikeln waren grössere Vorräthe, als die gewöhnlichen vorhanden.

Nur von gebleichten und gedruckten Waaren hatten die Messlager nicht durchgehends in so vollständiger und reichlicher Masse, als sonst zur Ostermesse zu geschehen pflegt, assortirt werden können, weil die Bleichen und Druckereien durch den harten und langwierigen Winter in ihrem Umtriebe sehr zurückgesetzt worden waren. •

Nebst den Käufern aus dem eigentlichen Russland und den griechischen Handelsleuten aus Wien, Semlin etc. trafen die Handelsjuden aus der Moldau und Wallachei bei früher Zeit hier ein. Bald nachher erschienen die gewöhnlichen Käufer aus Warschau, Danzig und Königsberg und zugleich mit ihnen mehrere Handelsjuden aus Südpreussen, die vorher niemals auf hiesigen Platz gekommen waren.

Auch hatten die Käufer aus Schwaben, dem Breisgau und übrigen deutschen Landen sich meist durchgängig früher und zahlreicher, als sonst, eingefunden. Allein mit der Ankunft der jüdischen Fieranten aus Brody, ingleichen aus Sklow, Berditschew und überhaupt aus den russisch-polnischen Provinzen verzögerte es sich bis zum Sonntage der sogenannten Böttcherwoche und zum Theil sogar bis nach Anfang der eigentlichen Messwoche, weil dieselben, dem Angeben nach, bei ihrer Rückkehr von den im heurigen Frühjahr besuchten russischen Märkten durch überaus schlechte Wege an ihrem sonstigen schnellen Fortkommen behindert und im weitern Verfolg ihrer Anherreise durch eingetretene jüdische Feiertage lange unterwegs aufgehalten worden waren.

Indess blieben die guten Erwartungen, welche man sich von ihrem dermaligen Einkauf gemacht hatte, nicht unerfüllt, wurden vielmehr in manchem

Betracht noch übertroffen. Daneben vermehrte sich der Einkauf für viele Gegenden Deutschlands und der Schweiz von Tag zu Tag und brachte verhältnissmässig grosse Geldsummen in Umlauf. Selbst der durch den niedrigen Stand des Wiener Wechselcourses erschwerte Handel mit den Fieranten aus der Moldau und Wallachei nahm wegen der ansehnlichen Baarschaft, welche gedachte Fieranten bei sich führten, bald eine weit vortheilhaftere Wendung, als man anfangs geglaubt hatte.

Unter diesen Umständen fiel der Waarenabsatz, wenn schon nicht in jeder einzelnen Rücksicht, doch im Ganzen genommen sehr beträchtlich aus. Zugleich blühte der Geld- und Wechselhandel bei der ausserordentlich lebhaften Circulation der klingenden Münze.« C.D.

Auf der Michaelismesse 1800 machten sich die Wirkungen des Königl. Preuss. die Messe in Frankfurt a/O. hart schädigenden Verbotes vom 4. März 1800 sehr bemerkbar. Es erschienen in Leipzig »die litthauischen und süd- und ostpreussischen Handelsjuden, von denen die allermeisten vorhin gemeiniglich nach Frankfurt a/O., niemals aber nach Leipzig gekommen waren, in grosser Zahl. Ingleichen erschienen die Brodyer, Moldauer und Wallachischen Handelsjuden und die christlichen und jüdischen Fieranten aus dem eigentlichen Russland in so ausserordentlich grosser Menge und mit so zahlreichem Geschirre, dass sie in hiesigen Gasthöfen kaum für ihre Personen hinlängliches Quartier fanden und für den grössten Theil ihres Geschirres auf den benachbarten Dörfern und in dem Städtchen Taucha Unterkommen suchen mussten.«

Dabei erschienen diese Fieranten zum Erstaunen der Leipziger 8 bis 14 Tage vor Beginn der Messe, weil einige in der irrigen Meinung waren, die Messe werde schon am 28. Sept. eingeläuten.

»Andere aber, vornemlich die Käufer aus Russland und den entfernten russisch-polnischen Ortschaften, hatten sich vorsätzlich früher als sonst anher begeben, um, wie sie angaben, Zeit genug zu gewinnen, damit sie die hier erkaufte Waare spätestens in der letzten Hälfte des Decembers an ihren Wohnorten einbringen und solchergestalt wenigstens noch für diesesmal die unendlichen Kosten, Schwierigkeiten und Gefahren vermeiden könnten, welche späterhin aus dem Grunde zu besorgen stünden, dass vom 1. Januar 1801 alten Styles an, in sämmtlichen russischen Staaten, die daselbst auf der Achse einkommenden fremden Waaren nach einer bereits öffentlich bekannt gemachten neuen Zollordnung behandelt werden sollten, worin, ausser verschiedenen andern für die Waareneinbringer lästigen und gefährlichen Massregeln, hauptsächlich die Haltung gewisser genau vorgezeichneter Strassen vor und nach Eintritt über die russische Grenze, die Eröffnung und Visitation der Colli und die Vernehmung der in solchen enthaltenen Waaren bei der damit berührt werdenden Grenzzolleinnahme und endlich eine auf dem weitern Wege bis an den Ort der Waarenniederlage zu oft wiederholtenmalen statthabende strenge Controle der Grenzzollbescheinigungen und der Ladung vorgeschrieben sei.

Aus eben dieser Ursache sahen gedachte Käufer, dem ferneren Angeben nach, sich bewogen, die Ankunft der noch abwesenden auswärtigen Waaren-

händler nicht abzuwarten, sondern den vorhabenden ansehnlichen Einkauf, soweit derselbe bei den Leipziger Handlungen geschehen konnte, ohne Verzug zu
beginnen, worauf denn die übrigen polnischen, sowie die wallachischen und
Moldauer Juden auch nicht zögerten, bei nurerwähnten Handlungen erhebliche
Waarenpartien zu erkaufen. Inmittelst stellten sich die auswärtigen Verkäufer,
zu welchen hiesigen Orts die hierländischen Manufacturverleger mit gerechnet
werden, nach und nach auf dem Platze ein und da war bei mehreren derselben
gleich anfangs, ehe sie noch ihre Waaren ganz ausgepackt hatten, der Zudrang
von Kauflustigen so gross, dass sie ihre Lager gehörig zu ordnen kaum vermochten und zum Theil schon desassortirt waren, als wenig Tage nachher, nebst
den Warschauer christlichen Kaufleuten, noch unerwartet viele jüdische Käufer
aus Warschau, Danzig, Königsberg und preuss. Schlesien anlangten und dieselben ebenfalls begierige Nachfrage nach mancherlei Waaren hielten. Von dergleichen Verkäufern wurden daher alle erdenkliche Mittel vorgekehrt, um die
Anherkunft ihres etwa noch unterwegs sich befindenden Messgutes zu beschleu-
nigen und, insofern es die weite Abgelegenheit der Fabrik- oder Niederlagsorte
nicht schlechterdings behinderte, neue Waare von daher eiligst nachkommen zu
lassen, wozu man sich gemeiniglich der fahrenden Posten und bisweilen
sogar der Extrapost bediente. Im weitern Fortgange der Messe breitete sich
der russische, polnische und wallachische Einkauf von Tag zu Tag auf mehrere
Waarenartikel aus und brachte verhältnissmässig grosse Summen von klingender Münze in Umlauf. Daneben gingen die Messgeschäfte mit den böhmischen Käufern und den Böhmen zunächst wohnenden Chursächsischen Grenzhändlern überaus lebhaft. Auch liess sich der Einkauf für hiesige und die
Fürstl. Sächs. Lande, Niedersachsen und Westphalen gut an. Allein die gewöhnlichen Einkäufer aus der Schweiz, Schwaben und dem vordern und südwestlichen Deutschland überhaupt blieben für diesmal meistens zurück, welches
nothwendig den Abzug verschiedener, sonst vorzüglich von ihnen gesuchter
Artikel schmälerte. Was von dieser Seite dem Waarenvertriebe entging, wurde
aber auf andern Seiten über Erwarten reichlich ersetzt und der Messhandel war
im Ganzen betrachtet, ausnehmend blühend, auch für einen Theil der Landesmanufacturen besonders nützlich.« C.D.

Der Bericht der Commerziendeputation über die Ostermesse 1801 schildert in drastischer Weise die Folgen der Missgriffe, welche sich die preussische
Regierung in Bezug auf den Messhandel von Frankfurt a/O. zu Schulden kommen liess:

»Beträchtlich ist die fernere Zunahme des hiesigen Messhandels mit den
preussisch polnischen und andern von den Messen zu Frankfurt a/O. ver-
scheuchten Fieranten. Die in dem Königl. Preuss. Edicte vom 12. September
1800 wegen des Waarentransito nach Polen angeordnete neue Einrichtung —
welche überall dahin abzielt, besagte Fieranten von hiesigem Messplatze zurückzuhalten und ihnen die heimliche Einschleifung der hier erkauften Waaren in
die preussischen Staaten unmöglich zu machen — entspricht ihrem Zwecke so
wenig, dass ganz im Gegentheil die Handelsjuden aus Süd- und Neuost-

preussen, ingleichen aus Schlesien sich in erstaunlich vermehrter Anzahl zur jetzigen hiesigen Messe eingefunden und in vielen Artikeln einen stärkern Waareneinkauf, als sie vormals in der Frankfurter Margarethenmesse zu thun gewohnt waren, hier gemacht haben. Während die vermögendsten gedachter Handelsjuden die im vorigen Jahre zum erstenmale versuchte Beziehung der Leipziger Messe beharrlich fortsetzen, erscheinen jetzt auch zur allgemeinen Verwunderung viele von der geringen Classe, die man in Frankfurt a/O., aus Anlass der, statt allen andern Reisegepäckes bei sich führenden grossen leinenen Säcke, mit dem Namen »Sackjuden« zu bezeichnen pflegt und deren Kräfte so eingeschränkt sind, dass selten einer von ihnen seinen messentlichen Einkauf zu Frankfurt a/O. über 2 bis 300 Dukaten hinaus zu erstrecken vermocht hat. Besonders aus letzter Ursache hat es Niemand diesen Juden zugetraut, dass sie es sich einfallen lassen würden, die weite und kostbare Reise nach Leipzig zu unternehmen. Indess sind dieselben, da zumal niemals auf Credit, sondern durchgehends gegen baare Zahlung an sie verkauft wird, auf hiesigem Platze sehr willkommen. Auch ist allhier der Einkauf eines jeden einzelnen derselben von grösserer Bedeutung, als vorhin zu Frankfurt, woraus denn, so wie aus verschiedenen andern Umständen die wahrscheinliche Vermuthung entsteht, dass um die Kosten der Anherreise und des Aufenthalts allhier eher zu erschwingen, Associationen unter diesen zahlreichen jüdischen Kleinhändlern zu Stande gekommen sein mögen, vermöge welcher der hier anwesende Theil nicht blos für sich einkauft, sondern zugleich den Einkauf für den daheim zurückgebliebenen Theil mit besorgt. Auf vielerlei Artikel, doch hauptsächlich auf solche, welche zur Einfuhr und zum Handel in den Messen zu Frankfurt a/O. verboten worden, als Seidenwaaren, hierländische und englische weisse und gedruckte Baumwollenwaaren pp. haben die vornehmern und geringern preuss. polnischen und schlesischen Juden ihren Einkauf gerichtet und dabei zwar einige mehrere Vorsicht und Behutsamkeit, als in vorjähriger Michaelismesse, beobachtet, übrigens aber eben so wenig, als damals, über die Art und Weise, wie alle diese verbotene Waare ohne Gefahr an die Orte ihrer Bestimmung würde gebracht werden können, verlegen zu sein geschienen. Einen fernern Beweis, dass es zur Umgehung der Königl. Preuss. Waarenverbote und der damit in Verbindung stehenden neuen Transital-Gesetze keineswegs an Mitteln fehlen mag, findet man theils in der erheblichen Menge der diesmal durch die Warschauer christlichen Kaufleute hier erkauften und abgeführten französischen Seiden- und andern feinen Modewaaren, theils und noch mehr in dem durchgehends und vorzüglich in hierländischen baumwollenen Druckwaaren über Erwarten beträchtlich ausgefallenen Einkaufe der nach Südpreussen Schleichhandel treibenden Königsberger Juden. Nach der ebenbenannten Juden eigenen Angaben haben dieselben zwar unlängst in Gefahr gestanden, diesen ihren Schleichhandel, den sie unter der Maske eines Transitohandels betreiben, wo nicht für immer, doch auf geraume Zeit gestört zu sehen, indem von Berlin aus an die Königsberger Zoll- und Accis-Regie der Befehl ergangen sei, die dort angeblich zum Transitohandel eingehenden Waarencolli, nach vorgängiger genauer Visitation und Aufzeichnung des Inhalts zu plombiren, oder zu versiegeln und dem Versender unter Androhung harter Strafen die Verbindlichkeit aufzulegen, den ohne Verletzung der Siegel oder der Plomben bewerkstelligten Ausgang über die Grenze durch ein Attestat der Grenzeinnahme binnen einer gewissen Zeit zu bescheinigen. Es sei aber wider diese neue Einrichtung von der Königsberger Judenschaft dringende Vorstellung geschehen und auf den deshalb von dasiger Regie erstatteten beifälligen Bericht obiger Befehl wieder zurückgenommen und in Absicht des von Königsberg ausgehenden Transitohandels alles auf dem vorigen Fuss gelassen worden.

Unter den vorbeschriebenen Umständen sehen sich, obwohl nicht alle, doch die meisten und vornehmsten von den hierländischen Manufacturverlegern und Leipziger Kaufleuten, welche anfänglich über die Einbusse ihres Vertriebes in den Messen zu Frankfurt a/O. am lautesten klagten, gegenwärtig in so hinreichender Art dafür entschädigt, dass sie nichts angelegentlicher wünschen, als die beständige Fortdauer der von Königl. Preuss. Seite zum Ruin des Frankfurter Messhandels angelegten Waarenverbote, weil widrigenfalls die vielen neuerlichst zur Beziehung der Leipziger Messen gewissermassen gezwungenen preuss. polnischen und andern Käufer sich bald wieder zur Erholung ihres Waarenbedürfnisses ausschliessend nach dem ihnen näher und bequemer gelegenen Frankfurter Messplatze wenden, die Chursächsischen Waaren-Verkäufer aber, die ihnen sodann dahin nachfolgen müssten, hierbei überhaupt genommen, in ihrem dermaligen reinen Gewinne verkürzt werden und dem mit Messreisen nach Frankfurt a/O. und dem Aufenthalte allda verbundenen Zeitverlust, Ungemächlichkeiten und Plackereien von Neuem ausgesetzt sein würden.«

Der Erfolg der Ostermesse 1801 war im übrigen sehr ungleichartig; im Allgemeinen fiel sie geringer aus, als die Ostermesse des Vorjahres.

»Die Misshelligkeiten zwischen England und den nordischen Mächten, die in Folge derselben ausgebrochenen offenbaren Feindseligkeiten, die damit im Zusammenhang stehenden Kaiserlich russischen Waarenverbote, die Störung und Erschwerung der Schiffahrt in der Nord- und Ostsee, die Besetzung der Churbraunschweigischen Lande und des Hamburgischen Gebiets durch die Königl. preuss. und dänischen Truppen und ähnliche politische Ereignisse hatten überall so viel Furcht, Zwang und Unsicherheit in die Handelsspeculationen gebracht, dass nothwendig eine fast allgemeine Hemmung der auswärtigen Handlung und besonders eine empfindliche Stockung in dem für den Leipziger Messplatz vorzüglich wichtigen Handel mit Russland und den russisch-polnischen Provinzen daraus entstehen musste, da zumal die verbotene Ausfuhre russischer Producte zur See nicht nur den Verkehr mit diesen Producten im Innern des russischen Reichs beträchtlich geschwächt und in gleichem Verhältnisse den Geldumlauf allda gelähmt, sondern auch die dasige über See handelnde Kaufmannschaft ausser Stand gesetzt hatte, für die zur Verschiffung bestimmten Güter Wechsel aufs Ausland zu ziehen, und es solchemnach nicht anders kommen konnte, als dass die sonst Messenszeit zum Umsatz gegen Waare oder Geld in Menge nach Leipzig kommenden russischen Tratten auf London und Hamburg, nebst der ausserdem aus den russischen Staaten gemeiniglich in Imperialen und Ducaten zur Messe hier eingebracht werdenden ansehnlichen Baarschaft, für diesmal grösstentheils zurückblieben und hierdurch im Wechselhandel eine ungewöhnliche Seltenheit des Londoner und Hamburger Papieres, sowie in der Waarenhandlung ein drückender Mangel an Zahlungsmitteln veranlasst wurde.«

Das russische Geschäft litt auch besonders noch durch die Ungewissheit, ob das kurz vorher erfolgte Ableben des russischen Kaisers Paul I. eine Aenderung in den bisherigen Zollgesetzen und Ein- und Ausfuhrverboten herbeiführen werde. Ein Ukas vom 28. März 1801 änderte in der That Vieles, wurde aber in Leipzig zu spät bekannt.

Die Michaelismesse 1801 war ausgezeichnet gut. Man hatte zwar in Bezug auf den Handel nach Russland wenig Hoffnung gehabt, da beim Regierungsantritt des Kaisers Alexander I. zwar das bis dahin bestandene Verbot der Einfuhr fremder Waaren aufgehoben, dafür aber der fast eben so beschwerliche Zolltarif vom Jahre 1797 wieder eingeführt worden war. Dazu kam, dass »die Stadt Brody, welche bekanntlich eine Hauptniederlage der in hiesigen Messen für Russland erkauften Waaren ist, unlängst beträchtlichen Brandschaden gelitten hatte.«

Das unerwartet zahlreiche Erscheinen und der starke Einkauf der Käufer aus Russland wurde von diesen selbst, nach dem Berichte der Commerziendeputation, wie folgt begründet:

»Die in dem letzten Regierungsjahre des Kaisers Paul I. angelegten allgemeinen Waareneinfuhr-Verbote und die nachher bei deren Aufhebung erneuerten Vorschriften des Tarifs von 1797, welche letztere durch die Art und Weise, wie sie Anfangs von den an der russischen Grenze neu angestellten Zollofficianten interpretirt und in Ausübung gebracht worden, jenem allgemeinen Verbote in der Wirkung fast gleichgekommen wären, hätten einen fühlbaren Mangel an fremden Manufacturwaaren in den russischen Staaten veranlasst, so dass aus diesem Grunde in letztabgewichener Messe zu Berditschew — vor deren Eintritt man noch zur rechten Zeit Gelegenheit gefunden, mit den neuen russischen Grenzzoll-Einnehmern vertrauliche Bekanntschaft zu machen und mit ihnen wegen Durchlassung der seit geraumer Zeit an der Grenze aufgehäuft gelegenen Waarenvorräthe ein leidliches Abkommen zu treffen — ein ungemein starker und vortheilhafter Absatz erfolgt und ein nicht minder guter Vertrieb in nächstbevorstehender Berditschewer Messe (die 5 Wochen nach Ablauf der jetzigen Leipziger Messe ihren Anfang nimmt) um so eher mit Wahrscheinlichkeit zu gewarten sei, da in Russland noch immer ein grosses und dringendes Bedürfniss von ausländischen Waaren mancherlei Art, besonders von feinen Artikeln, dergleichen bei Gelegenheit der Kaiser-Krönung zu Moskau in ungewöhnlicher Menge consumirt worden, vorwalte, und übrigens das zwischen den russischen Zollämtern und den Waareneinbringern neuerlich eingeleitete gute Vernehmen Mittel genug darbiete, die erlaubten und verbotenen Waaren insgesammt gegen Erlegung erträglicher Abgaben auf der Achse einzuführen. Die Handelsjuden aus Brody insbesondere gaben hierbei noch die Auskunft, dass bei der an ihrem Orte sich ereigneten Feuersbrunst zwar jüdische Wohnhäuser in Menge mit abgebrannt, jedoch die meistens davon abgesonderten Waarenniederlagen, bis auf wenige Ausnahmen, sämmtlich gerettet und solchemnach dasige jüdische Einwohner sowohl, als die dort Niederlage haltenden russisch polnischen Juden in ihrem Handel und Vermögen wenig oder gar nicht zurückgesetzt worden wären, welches letztere Anführen denn auch in der Folge aus der starken Baarschaft und den übrigen Zahlungsmitteln, so diese Juden bei sich führten, seine Bestätigung erhielt.

In ähnlichem Maasse widersprach die dermalige frühzeitige und zahlreiche Ankunft der Handelsjuden aus der Moldau und Wallachei und der für die Türkei einkaufenden Griechen dem anfänglichen Besorgnisse, dass dieselben auf ihrer Anherreise durch die zu Belgrad und in dasiger Gegend stets fortdauernden Unruhen lange zurückgehalten, oder vielleicht am Besuch der Messe ganz behindert werden möchten. Wie sich aus den Aeusserungen derselben ergab, hatten sie diesmal eine andere Route, als die gewöhnliche, eingeschlagen und waren auf selbiger die Stadt Belgrad und grösstentheils auch die von den Truppen des Paswan Oglu beunruhigten Gegenden umgangen; wobei sie jedoch versicherten, es sei letzteres mehr zur Vermeidung besorglichen Aufenthalts, als aus Furcht vor Misshandlung und Plünderung geschehen, indem Paswan Oglu die reisenden Kaufleute und das Eigenthum derselben mit Nachdruck schütze und überhaupt in den mit seinen Truppen besetzten Gegenden die Handlung nach Möglichkeit zu befördern und zu begünstigen suche. Dass auch in der That der Waarenhandel in der Türkei, der dasigen inneren Unruhen ungeachtet, jetzt wieder sehr blühend und der Waarentransport dahin sicher sein müsse, bezeugt der häufige Einkauf, vornehmlich von feinen kostbaren Waaren, welchen die Griechen, Wallachen und Moldauer gleich in den ersten Tagen nach ihrer Anherkunft machten und wovon sie auch in der Folge eher nicht, als bis nach gänzlicher Erschöpfung ihrer Zahlungsmittel und ihres Credits abliessen.«

»Die gewaltsamen Einschränkungen des Messhandels zu Frankfurt a/O. äusserten für hiesige Messe abermals die beste Wirkung.«

»Die Freitags den 9. October hier eingelangte Nachricht von dem zwischen England und Frankreich zu Stande gekommenen Präliminar-Frieden machte auf das handelnde Publicum einen desto lebhaftern Eindruck, je unerwarteter sie kam, und bewirkte sofort ein plötzliches Steigen des Londoner Wechselcourses und einen verhältnissmässigen Preisaufschlag der englischen Baumwollenwaaren, welcher letztere jedoch den schon seit einiger Zeit beim wohlfeilen Verkaufe der englischen Waare Mangel an Abzug leidenden hierländischen Mousselin- und ähnlichen Manufacturen für diesmal darum nicht sonderlich zu Statten kommen konnte, weil die hauptsächlichsten Geschäfte im Verkaufe en gros schon beendigt waren.«

Noch besser als die Michaelismesse 1801 war die Ostermesse 1802. Der russische, polnische, türkische Handel stand in voller Blüthe und reichte in selbigem der vorhandene Waarenvorrath, trotz ausnehmend grosser Zufuhr nicht zu. Dagegen war in einigen Zweigen des deutschen Messhandels eine anhaltende Stockung zu bemerken.

»Die sonst hier erschienenen deutschen Käufer vom linken Rheinufer waren durch die strengen Verbote und hohen Zölle, womit die französische Republik alle dahin aus andern Ländern kommende Manufacturwaaren belegt hat, vom Besuch der jetzigen Messe meistens zurückgehalten worden; und den aus Schwaben, Franken und einigen andern auswärtigen deutschen Landen hier anwesenden Käufern fehlte es theils an genüglichen Zahlungsmitteln, theils mochten sie, insofern die jetzt vorseiende Ländervertheilung zur Entschädigung der deutschen Fürsten am linken Rheinufer ihren mercantilischen und politischen Verhältnissen eine ganz veränderte Gestalt geben kann, keinen bedeutenden Einkauf wagen, theils schienen sie aber auch an gewissen, vorhin häufig von ihnen gesuchten Artikeln, vornehmlich an mittleren und geringen Tuchwaaren ein minderes Bedürfniss zu haben, welches man der Beendigung des Krieges, der deswegen erfolgten Reduction verschiedener Armeen und der Entfernung der Französischen von Deutschland zuschreibt.

Diese und die zugleich im Waarenabsatze nach der Schweiz stets vorwaltende Stockung wurde von dem dabei interessirten Theile der hier verkaufenden Handlungen und Fabrikanten, absonderlich von den hierländischen Tuchmachern allerdings hart empfunden.«

Die geschilderte missliche Lage des deutschen Marktes verschärfte sich während der Michaelismesse 1802 noch mehr, so dass der eintretende Ausfall kaum durch die auf der anderen Seite fernere Zunahme des Waarenvertriebes nach Russland und der Türkei ersetzt werden konnte.

Originell ist die Motivirung, weshalb die russisch-polnischen und Brodyer Juden den ihnen so lange verweigert gewesenen Credit wieder in Anspruch nahmen und auch wieder gewährt erhielten. An der russischen Grenze war nämlich das Zollpersonal verändert worden. Ueber der Zeit nun, welche nöthig war, um »nähere Bekanntschaft mit den neu angestellten Zollofficianten zu machen, bis sie durch kostbare Ueberredungsmittel gleich ihren Vorgängern sich geneigt finden liessen, von den Einbringern für die nach Verschiedenheit der Waare zu erlegenden einzelnen Zollsätze ein Aversional-Quantum anzunehmen« . . . gingen die vornehmsten russischen Sommermessen und Märkte vorüber. Die Handelsjuden stellten nun vor, dass sie dadurch zwar in einen augenblicklichen Mangel an Baarschaft versetzt, jedoch an ihrem Vermögen keine Einbusse erlitten hätten, da sie die Waaren in Folge des Waarenmangels in den Sommermessen sogar mit gutem Gewinn in den Wintermessen abzusetzen und dann Ostern nächsten Jahres ihre Leipziger Schulden zu bezahlen gedächten.

Letztere Hoffnung war, wie sich bei der Ostermesse 1803 herausstellte, unberechtigt. Wahrscheinlich war die ganze Zollgeschichte nur ein Vorwand gewesen, den früheren Credit wieder zu beanspruchen. Jedenfalls hatten die Handelsjuden ihre Absicht erreicht. Denn ihnen wurden wieder grössere und längere Credite eingeräumt.

In dieser Messe war die Steigerung des Handelsverkehrs nach Königsberg,

Memel, Danzig, Warschau und Südpreussen bemerkenswerth. In Folge des schlechten deutschen Geschäftes fiel aber die Messe im ganzen geringer aus, als die vorjährige Ostermesse, obgleich »die Anzahl der Verkäufer hier von Messe zu Messe in eben dem Verhältnisse beständig zunimmt, wie die Messen zu Frank-a/M. und an der Oder von ihrem ehemaligen Flor immer tiefer herabsinken.«

Die **Michaelismesse 1803** erhielt ihre Signatur durch die Blokade von Hamburg und durch das plötzliche Steigen des russischen Wechselcourses.

»In Folge Sperrung der Elbe und Weser und der **Blokade von Hamburg** konnten die englischen Manufactur- und englisch-amerikanischen Rauchwaaren nicht auf dem ordentlichen Wege nach Leipzig, sondern mussten meistentheils auf dem weiten Umwege durch den Sund nach Kopenhagen und von da weiter zu Schiffe nach **Lübeck, Wismar, Rostock** und **Stettin** versendet werden, von woher dann dieselben gemeiniglich mit **Extrapost**, jedoch in so verschiedenen einzelnen Transporten hier einlangten, dass deren Zufuhre vom Schlusse der Böttcherwoche an bis zu Ende der Zahlwoche Tag für Tag ununterbrochen fortdauerte und auch da noch nicht durchgängig, sondern nur zum grössern Theile vollbracht war. Andere englische Fabrik- und über England kommende Colonialwaaren, mit welchen es **weniger Eile** hat, ingleichen viele russische und schwedische Producte gehen dermalen von Stettin aus nach Leipzig zum Theil zu **Wasser** auf der **Oder** und **Spree** durch den Schwielung-See, wo der Kaufmann Keyling aus Cottbus, jetziger Besitzer des Ritterguts Altdöbern in der Niederlausitz, einen die »Hoffnungsbai« genannten Ausschiffungsplatz angelegt hat, von welchem die Waaren den ferneren Weg nach Leipzig zu Lande über Lübben nehmen und auf solche Weise im Ganzen nur mässige Transportspesen zu tragen haben, da die **Landfracht** von Lübben nach Leipzig nur — 22 gr. — pro Centner kostet und die **Wasserfracht** wohlfeil ist, auch die Königl. Preuss. Transitozölle zu Beförderung dieses neuen Waarenzugs allenthalben gemildert worden sind.

Die sowohl in der letzten Laurentius-Messe zu **Braunschweig**, als in der jüngst abgewichenen Herbstmesse zu **Frankfurt a/M.** vorgewaltete ganz ausserordentliche Stockung des Waarenabsatzes an **deutsche Käufer** erweckte das Besorgniss, dass auch hiesigen Orts der Messwaareneinkauf für Deutschland — der ohnehin schon seit einiger Zeit, besonders seit der zufolge des **Luneviller Friedens** Statt gehabten Ländervertheilung merklich im Abnehmen ist — für diesmal ungewöhnlich gering ausfallen möchte, welches Besorgniss in der Folge leider in Erfüllung ging.

Dagegen hatten sich die Aussichten in dem für hiesigen Messplatz vorzüglich wichtigen **Handel nach dem russischen Reiche** durch einen unlängst sich ereigneten günstigen Vorfall ausnehmend verbessert. Es war nämlich in gedachtem Reiche nach unvermuthet erfolgter **Einziehung einer auf mehrere Millionen Rubel** ansteigenden Menge dasiger Banknoten der Werth dieses Papiergeldes, so wie der darnach berechnet werdende auswärtige **Wechselcours** — dessen vieljähriger niedriger Stand den russischen Kaufleuten allen Waareneinkauf im Auslande so sehr erschwerte und zuletzt sogar eine gute An-

zahl derselben verhindert hatte, die heurige Ostermesse zu besuchen und ihren
hiesigen Gläubigern gerecht zu werden — plötzlich um 15% und dann allmählich
immer höher gestiegen, so dass derselbe bei Eintritt jetziger Messe reichlich um
20% vortheilhafter für Russland stand, als im heurigen Frühjahre. Die hiervon
für hiesigen Platz erwarteten wohlthätigen Wirkungen offenbarten sich auch bald
durch die frühzeitige und ungewöhnlich zahlreiche Ankunft der Käufer aus dem
eigentlichen Russland, durch die Beträchtlichkeit der von ihnen vornehmlich in
Londoner Wechseln anhergebrachten Zahlungsmittel und durch deren eilige Anwendung sowohl zum Abtrag vorher contrahirter Waarenschulden, als zum neuen
Waareneinkaufe. Etwas später, jedoch ebenfalls in vermehrter Anzahl trafen die
russisch-polnischen und die nach den russischen Staaten Handlung treibenden
Brodyer Juden nach und nach hier ein. Sie waren — weil sie, ihrem eigenen Anführen nach, in der letzten Messe zu Berditschew, sowie in den polnischen und
russischen Sommermärkten überhaupt einen ausserordentlich starken Waarenabsatz, theils gegen klingende Münze, theils gegen russische Banknoten gemacht
und beim Umsatze der letzteren gegen Londoner und andere Wechsel einen unerwarteten Capitalzuwachs von ca. 20% gehabt hatten — ungleich reichlicher, als in den nächst vorhergegangenen Leipziger Messen, mit Baarschaft und
guten Wechseln versorgt, liessen sich auch meist durchgängig zur richtigen Bezahlung der ihnen vorher creditirten Waarenposten bereitwillig finden, begehrten
aber wiederum zu ihrem dermaligen Einkaufe, den sie in zuversichtlicher Hoffnung auf ferneren starken Absatz weit über die gewöhnlichen Grenzen auszudehnen wünschten, noch mehr Credit als jemals, der ihnen auch, insofern sie
mit den fälligen Zahlungen Ordnung gehalten, besonders von den an gewagte
Geschäfte gewöhnten englischen und französischen Waarenhandlungen nicht leicht
versagt wurde.

Noch unbeschränkter und allgemeiner war das Vertrauen der Waarenverkäufer gegen die seit längerer Zeit mit ihnen in Verbindung stehenden christlichen Käufer aus Moskau und dasiger Gegend, welche durch die Art und
Weise, wie sie sich bei Berichtigung ihrer auf viele Tonnen Goldes angestiegenen
Rückstände überall benommen, ihre Solidität und Rechtschaffenheit von Neuem
bewährt hatten, so dass der Fall sich wohl öfterer ereignet haben mag, wo man
ihnen mit Anerbietungen eines ungleich grössern Credits, als sie selbst zu verlangen Willens waren, entgegen gekommen ist.«

Berichterstatter der Commerciendeputation über die Messen der Jahre 1804
bis 1806 war Graf von Langenau. Seinen Berichten entnehmen wir Folgendes:

»Der erste Anschein der Ostermesse 1804 war sehr niederschlagend. Nicht
nur die englischen und andere über England kommende Waaren waren ausgeblieben, sondern es fehlten auch bis zum Freitage in der sogenannten Böttcherwoche fast alle Einkäufer aus dem nordischen und östlichen Theile von Europa

Das Aussenbleiben jener Waaren lag grösstentheils in politischen Ereignissen. Seit Ausbruch des jetzigen neuen Seekrieges hatte sich ein grosser Handelszug über den Königl. Preuss. Hafen von Emden in Ostfriesland eingeleitet,
von da die Waaren theils zu Wasser auf der Ems, theils zu Lande nach Frank-

furt a/M. gingen und vom letztern Orte, wegen des daselbst immer mehr sinkenden Handels, nach Leipzig gebracht wurden.

Die französischer Seits geschehene Besetzung der dem Herzog von Ahremberg als Entschädigung zugefallenen Stadt Meppen mit der Absicht, die dort durchgehende englische Waare zu confisciren, hat diesen Handelszug auf einmal unterbrochen.

Die in Emden angelangten Waaren mussten, um die Absicht der französischen Regierung zu vereiteln, zurückgehen und verschiedene andere Wege suchen, auf denen sie zwar endlich nach Leipzig gelangen werden, aber vielleicht zu spät, wenigstens grösstentheils.

Nun lässt zwar dieses Aussenbleiben englischer Waaren an sich keinen wesentlichen Nachtheil besorgen. Es würde vielmehr, wenn die gewöhnlichen Einkäufer sich zahlreich eingestellt hätten, den Landesmanufacturen sehr genützt haben. Allein das lange Aussenbleiben der Einkäufer beraubte sie wiederum dieser Vortheile. Seinen hauptsächlichen Grund hat dieses in dem frühen Eintritte der Messe, der gerade nach einem langen und harten Winter in einem sehr nassen Frühjahre erfolgte.«

»Zu den nachtheiligsten Ereignissen für den Messhandel gehört, dass der russische Cours von ungefähr 4 Mark 9 Schilling Hamburger Banco pro Rubel, wie er in abgewichener Michaelismesse stand, bis auf 4 Mark 6 Schilling, also ca. 12 % gefallen ist. Man schreibt dieses der verminderten Exportation russischer Producte zu.

Wiener Papier ist fortwährend im Sinken. In den österreichischen Staaten sind zwar viel Fabriken errichtet worden. Sie machen aber langsame Fortschritte und schmücken sich mit fremden Federn.

Was sowohl für die jetzige Messe als auch für die nächstkünftigen Messen die mehrste Besorgniss erregt, ist die schlechte Beschaffenheit der Chemnitzer Land- und Poststrasse von Leipzig bis Penig.

Für den Messhandel ist gerade diese Landstrasse die allerwichtigste. Die schlechte Beschaffenheit der übrigen bringt zwar auch mancherlei Nachtheil, weil dadurch die Fracht vertheuert und die Ankunft der Waaren oft verspätigt wird. Allein so lange sich Käufer in guter Anzahl auf den Messen einfinden, werden auch die Waaren ankommen. Dahingegen ist die Reitzenhain-Chemnitzer Strasse diejenige, auf welcher der Abzug aller Waaren, oder doch der meisten, in die Kaiserl. Königl. Staaten und den südlichen Theil von Polen, ingleichen in die Türkei und Levante, auch zum Theil nach Italien geschieht, und wenn die bösen Wege auf diesem Zuge fortdauern und nicht nur den Transito abziehen, sondern auch die Einkäufer zeitig oder spät abschrecken sollten, so dürfte der Messhandel einen sehr empfindlichen Stoss erleiden, zumal die jetzigen Conjuncturen den Engländern leicht Gelegenheit geben könnten, den unmittelbaren Handel mit Russland auf mehrere Zweige auszudehnen und auf diesem Wege selbst Waaren nach Polen und in die Levante einzubringen.«

»Der englische Cours ist fortwährend im Steigen; 4 Pfund Sterling steht schon 6 Thlr. 12 Gr., mithin ungefähr 8 % über dem Pari.«

»Die Ostermesse zu Frankfurt a/M. ist abermals fehlgeschlagen und sie war diesmal von englischen Waaren wegen der erwähnten westphälischen Ereignisse ganz entblösst. Es soll auch überhaupt das dortige Commerzium seinem gänzlichen Ruin ganz nahe sein.«

Die Michaelismesse 1804 »fiel gegen so viele vorhergegangene gute und vortreffliche Messen gering oder mittelmässig aus. Hieraus ist aber nicht zu schliessen, dass sich der Zustand des Handels und der Manufacturen im Ganzen verschlimmert habe. Die mehrsten Fabrikverleger versichern, dass in dem letztvergangenen Sommer grosse Geschäfte von Hause in auswärtige Länder in Leinwand, Tuchen und gedruckten Kattunen gemacht worden. Vorzüglich aber hat sich der einige Jahre gestockte Leinwandhandel sehr gehoben. Die Dürninger'sche Handlung zu Herrnhut soll ihre ganzen alten und neuen Waarenvorräthe aufgeräumt und besonders grosse Versendungen nach St. Domingo gemacht haben. Diese sind mit Materialwaaren an Zucker und Kaffee bezahlt und letztere grösstentheils nach Böhmen abgesetzt worden.

Die Zufuhre der englischen Manufacturwaaren auf hiesigem Messplatz ist gegen die vorigen Messen abermals beträchtlich gestiegen. Die damit handelnden fremden und einheimischen Kaufleute befürchten jedoch, dass ein grosser Theil davon auf dem Lager liegen bleiben werde, weil vor kurzem ein Kaiserl. russischer Ukas erschienen ist, der unter andern den Eingang aller baumwollenen Waaren zu Lande verbietet und selbigen lediglich auf die Seehäfen beschränkt, wo die grossen Zollabgaben weit schwerer als zu Lande zu hinterziehen sind. Indessen ist doch zu vermuthen, dass der englische Waarenhandel sich je mehr und mehr nach Leipzig ziehen werde, weil selbiger vielleicht in Frankfurt a/M. in kurzem ganz aufhören dürfte. Denn man erzählt hier mit ziemlicher Glaubwürdigkeit, dass der Kaiser der Franzosen bei seinem jetzigen Aufenthalte in Mainz eine vorzügliche Aufmerksamkeit auf den Handel dieser Reichsstadt richte, und ihre dahin gekommenen Deputirten bei der verstatteten Audienz persönlich mit harten Massregeln bedroht habe, wenn die Obrigkeit zu Frankfurt a/M. noch länger den englischen Handel begünstigen würde. Er soll hinzugefügt haben, dass er ähnliche Massregeln in gleichem Falle auch gegen die Stadt Hamburg zu gebrauchen gedächte. Er soll nämlich mit einer Abtretung dieser Städte an gewisse deutsche Reichsfürsten gedroht haben.

Der Mangel an klingender Münze ist diese Messe auch sehr fühlbar gewesen, welches man den ausgebliebenen beträchtlichen Zahlungen wohl mit Grund zuschreiben kann.«

In der Quantität des Waarenabsatzes fiel die Ostermesse 1805 zwar keineswegs gering aus. Dagegen waren die Verkaufsbedingungen schlecht oder mit grossem Risiko verbunden und die alten Forderungen gingen schlecht ein. Der Grund hierfür lag in zahlreichen Fallimenten der Griechen und Juden in Konstantinopel und Jassy, sowie der grossen Häuser Sirotini und Alexis in Moskau, von denen Sirotini allein in Leipzig über 270 000 Thlr. schuldig war. Auch die Theuerung der Lebensmittel in Deutschland schränkte den Consum ein.

Die geschilderten misslichen Verhältnisse steigerten sich in der Michaelismesse 1805 noch bei weitem, so dass die Messe »ein so ödes, trauriges und
schlechtes Ansehen gab, dergleichen man kaum in Neujahrsmessen wahrgenommen zu haben sich erinnert.«

Dem Eintritte der Ostermesse 1806 sah der dabei interessirte Handelsstand mit den bangsten Erwartungen entgegen.

»Während des letzten verheerenden Landkrieges und in Folge desselben
war der Handel nach Italien, der Schweiz, den Kaiserl. österreichischen Staaten,
Bayern, Schwaben und andern deutschen Landen zum gänzlichen Stillstand gekommen, die Theuerung der ersten Lebensbedürfnisse und mit selbiger die
Stockung im Vertriebe der Fabrikwaaren ansehnlich vermehrt, Geld in uner-
messlichen Summen vom deutschen Kriegsschauplatze nach Frankreich ausgeführt, der Werth der häufig coursirenden Wiener Staats- und kaufmännischen
Papiere höchst unsicher gemacht und überhaupt in der Handlung Deutschlands
Discredit und Muthlosigkeit allgemein verbreitet worden.

Im Handel nach dem Norden und Osten von Europa waren die Aussichten
nicht viel tröstlicher.

Die beständige weitere Zunahme der inneren Unruhen in der Türkei, die,
nebst andern nachtheiligen Folgen, daraus entstehende Unsicherheit des
Waarentransports in dasigen Gegenden, und vorzüglich auch der schlechte
Stand des auf die dortigen Handelsgeschäfte grossen Einfluss habenden
Wiener Wechselcourses, erregten viele gegründete Besorgnisse, besonders in Rücksicht des bedeutenden Messverkehrs mit den für die Türkei gewöhnlich hier einkaufenden christlichen und jüdischen Handelsleuten aus der Moldau
und Wallachei.

In dem eigentlichen Russland und noch mehr in den russisch-polnischen
Provinzen war Handel und Gewerbe den ganzen Winter über durch häufige
Truppenmärsche, langwierige Cantonnirungen und dabei nicht selten vorgefallene Räubereien und sonstige Excesse empfindlich gestört, ausserdem aber
noch im Innern Russlands — wo bekanntlich die Handlung zu Winters-
zeiten, wegen der sodann statthabenden bequemen und wohlfeilen Zu- und
Abfuhre auf Schlitten, sonst allemal am blühendsten zu sein pflegt — der
Gang des dasigen Producten- und Waarenhandels durch anhaltende gelinde und
nasse Winterwitterung und daraus entstandene Ungangbarkeit der Strassen in
sehr fühlbarer Art gelähmt worden und daher natürlich auch der Erfolg der dortigen Wintermessen und Märkte durchgängig ungewöhnlich gering gewesen, wovon man nachtheilige Wirkungen auf hiesige Handlung schon in heuriger Leipziger Neujahrsmesse in sofern wahrzunehmen gehabt hatte, als von selbiger
mehrere Handelsjuden aus dem russischen Antheile Polens und aus Brody, dem
ihren hiesigen Gläubigern gegebenen Versprechen zuwider, ganz weggeblieben
waren.

Aus der einerseits von des Königs von Preussen Majestät zuerst für die
Häfen der Nordsee und die in selbige sich ergiessenden Ströme angeordneten
und bald nachher auf die Ems und alle preussischen Häfen extendirten Sper-

rung der englischen Schiffahrt und Handlung und aus der andererseits vom Grossbritannischen Gouvernement vorgekehrten Blokade der deutschen Häfen und Wegnahme der preussischen Kauffahrteischiffe, mussten nothwendig für die Handlung überhaupt und für den Leipziger Messhandel insonderheit desto vielfachere Störungen und Beschädigungen erwachsen, je unerwarteter dem gesammten Handelsstande jene gewaltsamen Vorkehrungen kamen und je kürzere Zeit selbige dem Eintritte der jetzigen Messe vorausgingen.

Eine unmittelbare Folge davon war unter andern diese, dass von den zur Messe aus England verschriebenen neuen baumwollenen, schafwollenen, Quincaillerie- und Rauchwaaren alles, bis auf einige kurz vor der Sperre zu Hamburg eingelangte mässige Partien, zurückgehalten wurde, und die entfernten Käufer aus Russland, Polen u. s. w., die von den neusten politischen Verhältnissen zwischen Grossbritannien und Preussen keine Kenntniss erlangt und mit Zuversicht darauf gerechnet hatten, das gewöhnliche vollständige Sortiment von neuen englischen Waaren aller Art hier zu finden, sich in ihrer Erwartung getäuscht sahen und die hier verkaufenden englischen Waaren- und Rauchhandlungen sich ausser Stand befanden, die gewohnten bedeutenden und vortheilhaften Geschäfte zu machen.

Von den diesmal bei guter Zeit, jedoch in noch minderer Anzahl, als in vorjähriger Michaelismesse, hier erschienenen Fieranten aus Moskau und dasiger Gegend verhehlten mehrere nicht, dass, wenn sie den an neuen englischen Waaren hier vorwaltenden Mangel hätten ahnen können, sie sich zu der weiten Anherreise schwerlich entschlossen haben würden, da zumal ihr dermaliges Bedürfniss von andern Waaren, wegen bei ihnen daheim gefehlten Abzuges, weder gross, noch dringend sei. In der That gingen auch dieselben Anfangs bei der Nachfrage nach verschiedenen, sonst stark von ihnen gesuchten Messartikeln mit einer Gleichgültigkeit und Langsamkeit zu Werke, die um so befremdender war, da sie mit dem Abtrage der fälligen Rückstände ziemlich gute Ordnung hielten, und überhaupt keinen Gebruch an Zahlungsmitteln zu leiden schienen.

Aus der angeseheneren Klasse von russisch-polnischen und Brodyer Handelsjuden, die seit längerer Zeit die hiesigen Messen regelmässig besuchen und von einemmale zum andern sehr ansehnliche Waarenposten hier schuldig bleiben, hatten viele, statt selbst zu erscheinen und die fälligen Zahlungen zu leisten, Bevollmächtigte anher gesendet, durch diese die Unmöglichkeit, im gegenwärtigen Augenblicke ihre Gläubiger zu befriedigen, vorstellen und dabei auf zwölfmonatliche Gestundung antragen, oder noch schlechtere Vergleichsvorschläge thun lassen, worüber vorzüglich vor andern im polnischen Credithandel verwickelten Kaufleuten die Seiden- und englischen Baumwollenwaaren-Handlungen sehr betreten waren. Dagegen fanden sich theils zu gleicher Zeit mit gedachten Bevollmächtigten, theils um 8 bis 12 Tage später viele, hiesigen Orts gänzlich unbekannte Juden aus russisch-polnischen Orten und Brody zum erstenmale hier ein, die sich insgesammt überaus kauflustig bezeigten und nach dem Vorgange ihrer zurückgebliebenen Landsleute, mit denen sie, wahrscheinlicher Vermuthung nach, wenigstens zum Theil in heimlicher Verbindung stehen[1]), überall Credit unter mancherlei scheinbarem Vorwande begehrten, sich aber, weil ihnen dieser von den durch die neuesten Erfahrungen schüchtern und zurückhaltend gewordenen Waarenverkäufern versagt wurde, am Ende wider ihren Willen auf einen den Betrag ihrer baaren Zahlungsmittel nicht übersteigenden Einkauf beschränken mussten.

In ähnlichem Maasse verhielt es sich mit den christlichen und jüdischen Käufern aus der Moldau. Auch diese, vornehmlich die aus Jassy, blieben sowohl für ihre Personen, als mit den schuldigen Zahlungen grösstentheils zurück und setzten dadurch ihre hiesigen Gläubiger in nicht geringe Bekümmerniss. Aus Bukarest wurden ebenfalls von den sonst messentlich anherkommenden christlichen Handelsleuten mehrere vermisst, so dass der diesmalige Vertrieb der sogenannten griechischen und türkischen Waarenartikel fast lediglich auf den an sich nicht unbedeutenden Einkauf der in gewöhnlicher Anzahl hier anwesenden wallachischen Handelsjuden eingeschränkt blieb.

Nun erhob sich zwar im weitern Fortgange der Messe der Waareneinkauf für Russland nach und nach zu einer mehrern, als der anfänglich erwarteten Beträchtlichkeit, und dabei kam den Verkäufern hierländischer Manufacturwaaren, wenn schon nicht so durchgängig, wie man gehofft, doch in einigen Artikeln der unvermuthet eingetretene Mangel an englischer Waare zu Statten. Demnächst geschah von denjenigen deutschen Fieranten — von welchen man es wegen der sie betroffenen Kriegsdrangsale am wenigsten erwartete — nämlich von denen aus Schwaben, Bayern, Franken und Frankfurt a/M., ingleichen von einigen italienischen und schweizerischen Kaufleuten ein ausserordentlich starker Einkauf von geringen und mittlern Tuchwaaren und zwar meistens gegen sofortige baare Zahlung und zum Theil mit Erstreckung auf andere gemeine Bedürfnisse, als Futterparchent, ordinäre Schockleinwand und drgl., und hatte Kaffee ungeachtet des fernerweiten Preisaufschlages derselben gar guten Abgang.

Allein obwohl hierdurch ein Theil der Verkäufer über Erwarten zufrieden gestellt wurde, so dauerten doch im Ganzen die Klagen über schlechte Messe unausgesetzt fort.«

Von besserem Erfolg war die Michaelismesse 1806:

»Die gemeinen und mittlern Tücher, Leder und lederne Waaren, ingleichen die gemeinen Leinwande und überhaupt alle Waaren, die als Kriegs- und Feldbedürfnisse betrachtet werden können, haben einen vorzüglich guten Absatz gehabt.

Englische baumwollene Waare ist ebenfalls gut abgegangen. Da sie aber nicht im Ueberflusse vorhanden gewesen, so hat auch die voigtländische Manufactur sich eines guten Vertriebs in Mousselinen zu erfreuen gehabt und dadurch sowohl als durch den guten Absatz der verwichenen Ostermesse ihre Lage sehr verbessert.

Die griechischen Christen und die polnischen Juden sind in guter

---

[1] Einer der beliebtesten Kniffe der Handelsjuden, wenn sie nicht zahlen wollten oder konnten, war seit langer Zeit dieses Vorschieben von Strohmännern. vgl. oben S. 379.

Anzahl erschienen, wozu vieles beigetragen hat, dass sie von den kriegerischen Ansichten der hiesigen Gegend nicht unterrichtet und daneben ihre Waarenlager durch den während des Sommers gemachten guten Verkauf ziemlich aufgezehrt gewesen. Sie haben daher in Tüchern, in baumwollener Waare, in wollenen Zeugwaaren und in französischen seidenen Zeugen grosse Geschäfte gemacht und eilen selbige zu vollenden, um zeitig nach Hause kommen und sich aus den mit Krieg bedrohten Ländern baldigst entfernen zu können.

An nordischen Producten, besonders an Rauchwerk, haben sie wenig auf die Messe gebracht, weil sie auf der Anherreise von der Kriegsgefahr Nachricht bekommen hatten und daher ihre Waarentransporte auf dem Wege zurückliessen.

Alle Waaren, die zu den Genüssen des Luxus und des Ueberflusses gehören, als: feine Tücher, Spitzen, Bänder, Quincaillerien, Juwelen, Porzellan, Spiegel u. drgl. m., empfinden allerdings eine fortwährende Stockung. Hiernächst ist der Handel mit Deutschland, mit den österreichischen Staaten, mit Italien, der Schweiz, Holland, Frankreich und Spanien in einer Lage, die dem gänzlichen Stillstande gleicht, woran Geldmangel, Waarenverbote und die Anwesenheit zahlreicher Kriegsheere wie auch der niedrige und schwankende Cours der Wiener Papiere und Banknoten, die nähern und entferntern Ursachen sind.

Ob die britische Eroberung der spanischen Besitzung Buenos Aires dem Chursächs. Handel Vortheile bringen werde, ist noch nicht mit Zuversicht zu übersehen. Jetzt will das englische Ministerium alle, Grossbritannien fremde Waaren, ingleichen die neutralen Schiffe von den neuen Handelsunternehmungen ausschliessen. Hiernächst hat die Eroberung den Nachtheil, dass der Handel mit amerikanischen rohen Häuten, die man in grosser Menge aus besagter, mit grossen Viehheerden gesegneten Colonie bezieht, nunmehr in die feste Hand der Engländer kommt, mithin eine Vertheuerung dieses Products für Europa zu besorgen ist.

Indessen bleibt doch soviel gewiss, dass die britischen Königreiche nicht alle Leinwand, deren Südamerika bedarf, zu erzeugen im Stande sind, sondern bei den englischen Versendungen zur Vollständigkeit deutsche Leinwand wird beigepackt werden müssen. Es ist mithin nicht zu zweifeln, dass an diesem Handel Sachsen und besonders die Oberlausitz bald einen bedeutenden, obwohl indirecten Antheil nehmen werde.«

»An Privatpersonen fehlt es wiederum sehr. Es sind auch viele Kaufleute bereits wieder abgereist, wanher die Strassen und öffentlichen Plätze sehr leer sind. Indessen kommt es bei dem Grossohandel nicht soviel auf die Menge der Handelsleute, als auf die Wichtigkeit ihrer Geschäfte an. Die Detailhändler dürften allerdings eine schlechte Messe gemacht haben.«

XVI.

Verlauf und Bedeutung der Leipziger Messen 1806—1833 nach den Berichten der Commerziendeputation.

Der Eintritt der Continentalsperre und die unmittelbaren Wirkungen derselben für die Stadt Leipzig sind im VIII. Abschnitt geschildert worden. In diesem Abschnitte werden die Folgen der Continentalsperre für die Messen selbst nach den gleichzeitigen Berichten der Commerziendeputation darzulegen sein.

Die Commerziendeputation scheint die Neujahrsmessen niemals besucht zu haben. Wenigstens liegen über die Neujahrsmessen »Messrelationes« der genannten Deputation nicht vor. Wohl aber findet sich als Beilage bei den Acten ein von Herz Löb Levi [1]) der Deputation überreichter Bericht über die Neujahrsmesse 1807. Wir entnehmen diesem Bericht Folgendes

»Die bisherigen, allgemein bekannten Kriegsereignisse sowohl, als auch die strengen Maassregeln der französischen Regierung gegen die englischen Waaren, haben eine allgemeine Stockung in jedem Handel und Gewerbe verursacht, welche uns nur traurige Aussichten zur eben geendigten Neujahrsmesse eröffneten Und leider hat die Erfahrung diese Erwartungen noch übertroffen, dergestalt, dass, unerachtet der Rath allhier durch die öffentlichen Blätter bekannt machen liess, dass die Messe mit Ausschluss der englischen Waaren, wie gewöhnlich gehalten werden soll, selbige gleichwohl so schlecht ausfiel, dass man ohne Uebertreibung sagen kann: Anno 1807 wurde in Leipzig keine Neujahrsmesse, sondern nur ein Jahrmarkt gehalten. Kein Messgewicht wurde auf den Strassen bemerkt, ganze Reihen Gewölbe waren geschlossen, da weder Verkäufer von Hamburg, Berlin und Frankfurt noch von andern Plätzen, mit einigen wenigen Ausnahmen zur Messe sich eingefunden hatten. Und wären nicht durch Wiedereröffnung des Magdeburger Packhofes und wiederhergestellte freie Communication mit Lüneburg, die zurückgebliebenen Materialwaaren in grosser Menge zu Anfang der Messe angekommen, hätte man kaum hie und da einen Frachtwagen bemerkt Die sächsischen Baumwollen-Waarenfabrikanten hatten sich zwar in ziemlicher Anzahl allhier eingefunden, in der Erwartung, dass man ihre Waaren um so mehr kaufen würde, da die englischen ausser Concurrenz waren. Allein im ganzen haben selbige aus Mangel an Käufern nur wenig abgesetzt. Richtiger speculirten mehrere inländische Tuchfabrikanten, welche grössere Vorräthe zur Messe brachten, als man wegen der starken französischen Tuchrequisitionen erwarten konnte. Selbige wurden auch nicht getäuscht, denn unerachtet alle Tucheinkäufer aus dem Hessischen, welche sonst gewöhnlich zur Neujahrsmesse zu kommen pflegen, wegen der dortigen Unruhen zurückgeblieben waren, wurde desto-

---

[1]) Herz Löb Levi wird 1807 »Hofagent« genannt.

mehr von drei Frankfurter, einem Augsburger und einem Hamburger Haus ge-
kauft, so dass in diesem Artikel ziemlicher Absatz gemacht wurde. Von einigen
anwesenden inländischen Leinwandfabrikanten wurde auch nur unbedeutender
Verkehr gemacht. Die wenigsten Geschäfte machten unsere grossen hiesigen
Seidenhandlungen, kaum eine kann sich eines Absatzes von 1000 Thalern rühmen.
Jedoch haben die Elberfelder Seidentücherfabrikanten in Betracht des ganzen
Messverkaufs die beträchtlichsten Geschäfte gemacht. Im ganzen waren wenige
vollständige Lager von erlaubten Fabrikaten gegenwärtig. Viele Verkäufer
hatten ihre Waaren nicht einmal ausgepackt. An rohen Producten aus Polen und
Russland mangelte es gänzlich und im Rauchhandel wurden gar keine Geschäfte
gemacht. An Einkäufern aus den nordischen und südlichen Gegenden fehlte es
durchaus. Man sah weder Griechen, Russen noch polnische Juden. Einige
Böhmen, wenige Anhalter und noch weniger Landkunden machten die Anzahl
aller Messeinkäufer aus. In Materialwaaren wurden zwar sehr bedeutende Geschäfte gemacht; in Fabrikwaaren aber war der Verkehr so unbeträchtlich, dass
man ohne Uebertreibung kaum den ganzen Messumsatz in diesen Artikeln, mit
Ausnahme des Tuches, zu 100 000 Thaler anschlagen kann.«

Die Ostermesse 1807 wird in dem Berichte der Commerciendeputation
»die traurigste und ödeste Ostermesse genannt, deren man sich bei Menschengedenken erinnern kann.«

Die Leipziger Kaufleute liessen es sich zwar angelegen sein, den Messfremden schleunigste Nachricht zu geben von dem am 11 April, also gleich beim Anfang der Böttcherwoche zu Stande gekommenen Rachat über die von den Franzosen in Leipzig in Beschlag genommenen englischen Waaren

»Die an Verzweiflung grenzende Muthlosigkeit in Bezug auf die Gegenwart
sowohl, als auf die Zukunft, war aber so gross, dass namentlich die jüdischen
Einkäufer aus dem Osten sämmtlich wegblieben   auch in Folge der
Rückerinnerung an das traurige Schicksal der vorigen Messe, wo sie nur mit
vieler Mühe und Geldaufwand die eingekauften Waaren hatten retten und fort-
schaffen können.«

Ein ganz anderes Aussehen hatte die Michaelismesse 1807, deren Aussichten sich schon durch den Abschluss des Friedens zu Tilsit günstig gestaltet
hatten. Wider alles Erwarten trafen »aus dem mit Kriegsdrangsalen hart betroffenen und zum Theil verheerten Herzogthum Warschau, Schlesien, Danzig und Königsberg nicht nur ungewöhnlich viel Käufer bei guter Zeit ein, sondern es waren dieselben auch zur allgemeinen Verwunderung mit klingender
Münze überaus reichlich versehen . . . . . auch stellten sich aus den russisch-
polnischen Provinzen und Brody die jüdischen Fieranten, die des Krieges halber
von heuriger Neujahrs- und Ostermesse meistens weggeblieben waren, für diesmal in mehr als gewöhnlicher Anzahl wieder ein und führten ausser Wechselbriefen und verschiedenen Landesproducten — z. B. Hasenfellen, die sie hier
mit grossem Gewinn ins Geld setzten — eine sehr ansehnliche Baarschaft bei sich.

Allein von den sehnlich erwarteten Käufern aus dem eigentlichen Russland, welche zum Behuf ihrer hiesigen Handelsgeschäfte sich nicht füglich

anderer Zahlungsmittel, als guter, von russischen Häfen **aus auf** London, Hamburg u. s. w. trassirter Wechsel bedienen können, **blieben mehrere sowohl für** ihre Person, als mit den hier zu leistenden Zahlungen zurück und **zwar vornehmlich** um deswillen, weil ihnen beim Ankaufe und auswärtigen Gebrauche gedachter Wechsel der jetzige ausserordentliche n i e d r i g e S t a n d des r u s s i s c h e n W e c h s e l c o u r s e s eine Einbusse von 20 bis 30 % zuzieht.«

»Der Einkauf der Fieranten aus Russland und Polen gestaltete sich aber **so** lebhaft, dass bald **Mangel** an verschiedenen ausländischen, vorzüglich englischen Manufacturwaaren entstand, **und dieses hatte** hinwiederum die Folge, dass die hierländischen Manufacturwaaren, in sofern dieselben die Stelle der ermangelnden ausländischen vertreten konnten, reissend abgingen und die davon hier befindlichen Vorräthe, ungeachtet zu deren Verstärkung alle seit Anfang der Messe fertig gewordene Waare aus den Manufacturorten eiligst nachgesendet wurde, nicht ausreichten, um der häufigen Nachfrage völlige Genüge zu leisten.

Unter diesen Umständen konnte es denn nicht fehlen, dass, obschon **die so**genannten t ü r k i s c h e n M e s s a r t i k e l wegen fernern Aussenbleibens der griechischen und jüdischen Käufer aus der Moldau und Wallachei wenig oder gar nicht gesucht wurden, auch der Einkauf für Deutschland überhaupt betrachtet eben nicht von sonderlicher Erheblichkeit war, der Messhandel dennoch in vielen seiner einzelnen Zweige ein sehr blühendes und lebendiges Ansehen gewann.«

Die starke **Nachfrage aus dem Osten**, welche sich auf den Leipziger Messen — auch der N e u j a h r s m e s s e 1808 — nach englischen Manufacturwaaren geltend gemacht hatte, wirkte bei Fortdauer der Continentalsperre ausserordentlich belebend auf die deutsche, namentlich die sächsische und die schweizer Industrie ein. Vorläufig wurden allerdings in der O s t e r m e s s e 1808 die Hoffnungen der sächsischen Baumwollenmanufacturen nicht erfüllt, da die Productionskosten sich ausserordentlich hoch stellten und viele Käufer abschreckten. Zu dieser Messe erschienen auch zum ersten Male schweizer Cattundruckereien.

Von Einfluss auf diese Messe war der zwischen Russland und der Pforte abgeschlossene Waffenstillstand, welcher den Waarenzug über Orsowa nach Constantinopel wieder eröffnete. Der Handel nach Russland litt unter dem Verbot der **Einfuhr** englischer Waaren nach Russland durch Ukas vom 20. März — 1. April 1808 und durch das hierdurch bewirkte weitere Sinken des russischen Wechselcourses. Trotzdem machten viele Russen starke Einkäufe gegen baar. Auch die Juden aus russisch Polen und aus Brody erschienen mit starker Baarschaft und brachten »zur Vermehrung ihrer Zahlungsmittel mancherlei polnische Landesproducte, vorzüglich grosse Quantitäten von litthauischen und ukrainischen Hasenfellen hier ein.«

»Den Fieranten aus Warschau, Danzig, Königsberg und Schlesien fehlte es wider alles Vermuthen an Geld und Muth zum Waareneinkauf. Ungefähr in gleichem Maasse verhielt es sich mit den Fieranten aus dem Brandenburgischen, dem Magdeburgischen und allen denjenigen deutschen Landen, deren Wohlstand nicht blos durch **die** allgemeinen unglücklichen Folgen des Krieges zurückgekommen, sondern auch noch insbesondere durch den Discredit und tief herab-

gesunkenen Werth der dort coursirenden preussischen Münze heftig erschüttert
worden ist.

Auch von den gewöhnlichen Fierauten aus Böhmen und Mähren, deren auswärtige Handelsgeschäfte durch den schlechten Stand des Wiener Wechselcourses sehr erschwert worden, wurden manche vermisst.

Aus der Moldau und Wallachei aber hatten sich in merklich vermehrter Anzahl sowohl griechische als jüdische Handelsleute hier eingefunden, deren Nachfrage sich zwar nicht in dem gehofften Maasse auf alle nach der Türkei gangbaren
Waarenartikel erstreckte, jedoch nach einigen der vornehmsten dieser Artikel
gar bedeutend und besonders nach Mousselinen so beträchtlich war, dass selbige
wegen unzulänglichen Vorraths nur zum kleinern Theil befriedigt werden konnte.

Ueberhaupt erlitt der Messhandel dadurch empfindliche Störungen und Einschränkungen, dass die gesuchtesten Waarengattungen nur zum Theil in ausreichender Menge und für annehmliche Preise zu erlangen standen, zum übrigen
Theile aber entweder Mangel daran obwaltete, oder die Verkaufspreise in Folge
der gegenwärtigen ausserordentlichen Zeitumstände auf eine die Käufer zurück-
schreckende beispiellose Höhe gestiegen waren.«

Auf die Michaelismesse 1808 hatte »der bei Eintritt derselben schnell
und unvermuthet zu Stande gekommene Congress zu Erfurt, verbunden mit
den von Kaiserl. Oesterreichischer Seite eifrig fortgestellten Kriegsrüstungen,
einen sehr wesentlichen Einfluss.

Ein Theil des commercirenden Publikums befürchtete einen neuen, weit um
sich greifenden Continentalkrieg und mochte daher keinen bedeutenden Waareneinkauf wagen, wohingegen ein anderer Theil einen baldigen allgemeinen Frieden
zu Lande und zur See und von diesem hinwiederum ein plötzliches und beträchtliches Fallen der hoch hinauf getriebenen Colonialwaarenpreise und ein
häufiges Zuströmen von wohlfeilen englischen Manufacturwaaren und Maschinengarnen erwartete und in dieser Erwartung sich der Gefahr nicht aussetzen
wollte, Waaren aufs Lager zu kaufen, die vielleicht in Zeit von wenig Wochen
um 50 und mehr Procent niedriger stehen könnten als dermalen.

So getheilt solchemnach die Meinungen über Krieg und Frieden waren und
so sehr sie auch nach Verschiedenheit der täglich abwechselnden Gerüchte hin
und her schwankten, so vereinigten sie sich doch im Allgemeinen unausgesetzt
dahin, dass besagter Congress nicht allein in politischer, sondern auch in com-
merzieller Hinsicht höchst merkwürdige Ereignisse und Veränderungen zur
Folge haben dürfte, welche abzuwarten und im gegenwärtigen Augenblicke
der Krisis sich des Waareneinkaufs thunlichstermaassen zu enthalten, Vorsicht
und Klugheit dringend erfordere.«

Hierzu kam der Nothstand in Deutschland, der schlechte Ausfall der Messe
in Frankfurt a/M., wodurch »die starken Rimessen von klingender Münze, die
sonst von den Frankfurter nach den Leipziger Messen zu gehen pflegten«, diesmal
grösstentheils wegblieben, dafür aber noch mehr Waare von dort an den Markt
gebracht wurde, was bei dem weiteren Rückgang des russischen Courses und
dem scharf gehandhabten russischen Geldausfuhrverbot besonders ungünstig

wirkte, so dass »der Messhandel in allen seinen Zweigen ein ödes, stilles und
trauriges Ansehen gewann.«

Der Bericht über die Ostermesse 1809 war zwar noch unter Mitwirkung
des Conferenz-Ministers und Directors der Commerziendeputation Grafen von
Langenau abgefasst worden, doch trug er dessen Unterschrift nicht, da Langenau
vor Vollendung der Reinschrift gestorben war. Der Bericht zeigt recht deutlich,
welchen Schwankungen der Handel in so ausserordentlichen Zeiten ausgesetzt
war, wie in denen, wo zu den Kriegsereignissen sich noch die Einflüsse der Continentalsperre gesellten.

»Nach dem ungemein schlechten Ausfall der vorjährigen Leipziger Michaelismesse schien einem grossen Theile des hierländischen Fabrik- und Handelsstandes ein sehr trauriges und nahrungsloses Winterhalbjahr bevorzustehen. Fast
überall äusserte sich eine totale Lähmung des kaufmännischen Speculations-
geistes und eine Muthlosigkeit und Aengstlichkeit ohne Gleichen. Viele Fabrikunternehmer und Kattundruckerei-Inhaber verschritten in Eile zu beträchtlichen
Einschränkungen ihres Gewerbes, so dass die Anzahl feiriger Weber,
Kattundrucker und anderer Arbeiter sich mit jedem Tage vergrösserte und die
Blicke in die Zukunft immer trüber wurden.

Unvermuthet traten jedoch nach der Hand Umstände ein, welche zu besseren
Erwartungen berechtigten.

Nicht allein langten in den Monaten November und December bei hiesigen
Manufacturverlegern Waarenbestellungen aus verschiedenen Landen ein, von
woher seit geraumer Zeit dergleichen nicht eingegangen waren, sondern es hatte
auch die heurige Leipziger Neujahrsmesse einen ganz ungewöhnlich guten
Erfolg. Besonders machten in selbiger russisch-polnische und Brodyer Handelsjuden starke Einkäufe und ertheilten auf mehrere Waarenartikel, die sie in genüglicher Menge nicht vorfanden, bedeutende Bestellungen zur Ablieferung in
nächster hiesiger Messe. Daneben eröffneten sich im Handel nach der Türkei
merklich verbesserte Aussichten und selbst der lange danieder gelegene deutsche
Messhandel schien in gedachter Neujahrsmesse mit der damals von Neuem auf-
gelebten Hoffnung zur Erhaltung des Friedens in Deutschland sich einigermassen
wieder heben zu wollen. Diese Umstände zusammen genommen hatten einen
gar wohlthätigen Einfluss auf die hierländische Waarenfabrikation. Von Monat
zu Monat kamen vorzüglich die schaf- und baumwollenen Manufacturen und die
Kattundruckereien in lebhafteren Umtrieb, da man die vorhandenen Bestellungen
zu vollführen und neue Waare aufs Lager zu fertigen sich um so mehr beeilte, je
zuversichtlicher man auf einen überaus günstigen Ausfall der gegenwärtigen
Ostermesse hoffen zu können glaubte.

Ob auch wohl diese Hoffnung nachher beträchtlich sank, da gerade mit Eintritt der Messe der Krieg zwischen Frankreich und Oesterreich zum Ausbruch kam und hierdurch die Fieranten aus den in der Nähe des Haupt-Kriegs-
schauplatzes gelegenen deutschen Landen, der Moldau und der Wallachei meistens
zurückgehalten und die über Nürnberg, Augsburg, Botzen und Wien gehenden
Waarentransporte theils unterbrochen, theils grossen Gefahren blosgestellt

wurden, so schmeichelte man sich doch noch fortwährend mit der Erwartung, dass wenigstens der Messvertrieb an die Fieranten aus den russisch-polnischen Provinzen und Galizien von Bedeutung sein dürfte, weil genannte Fieranten zu damaliger Zeit sich weiter nicht behindert sahen, die Messe zu besuchen.

In der That fanden sich auch zu Anfang der Böttcherwoche sowohl russisch-polnische, als Brodyer Juden in ziemlicher Menge hier ein und säumten nicht, die vorhandenen Waarenlager in Augenschein zu nehmen und hie und da mancherlei ihnen anständige Artikel auszusetzen und zu behandeln. Als aber erstere von dem unerwarteten Einfalle der Oesterreicher in das Herzogthum Warschau und letztere davon Nachricht erhielten, dass man ihre anher bestimmten Producte und Gelder an der böhmischen Grenze angehalten habe und nach Sachsen nicht passiren lassen wollte, so stellten sie beiderseits sogleich allen Einkauf ein. Noch grössere Bestürzung verbreitete besagte österreichische Invasion unter den in gewöhnlicher mässiger Anzahl auf den Platz gekommenen Herzoglich Warschauischen Handelsjuden, die sich nun gar nicht getrauten, den kaum begonnenen Einkauf fortzustellen.

Aus dem eigentlichen Russland — wo in Ansehung des Wechselcourses und der auswärtigen Handlung überhaupt die ofterwähnten misslichen Umstände immerfort und in verschlimmertem Maasse obwalten, — blieben damals die seit langen Jahren mit hiesigen Handlungen in Bekanntschaft und Geschäftsverbindung stehenden Kaufleute insgesammt, sowohl für ihre Person, als mit den schuldigen Zahlungen zurück und an deren Statt erschienen einige wenige, hier durchaus unbekannte Russen, oder sogenannte neue Leute, die zum Behuf ihres Einkaufs Credit suchten, diesen aber nirgends fanden und daher jenen wider ihren Willen einschränken mussten.

Von den, nach zuverlässigen Nachrichten, auf der Anherreise begriffenen vielen christlichen und jüdischen Fieranten aus der Moldau und Wallachei waren bei weitem die allermeisten, nachdem sie schon einen guten Theil des weiten Weges zurückgelegt hatten, aus Furcht vor Kriegsgefahren wieder umgekehrt und unter den wenigen von ihnen, welche die Reise bis nach Leipzig fortzustellen gewagt, zeichnete sich keiner als ein erheblicher Käufer aus.

Ebenso verhielt es sich mit der dermaligen überaus geringen Anzahl der Fieranten aus Böhmen, Franken, Bayern und Schwaben.

Nun wurden zwar in der ersten Messwoche, während vorbeschriebenermaassen der sonst so ausnehmend wichtige Waareneinkauf für Polen und die Türkei gänzlich stockte, einige bedeutende Einkäufe von mittleren Tuchen für die Schweiz und Niedersachsen gemacht, hiernächst von Hamburger, Königsberger und Danziger Juden, ingleichen von den, wie obgedacht, hier anwesenden Russen, so weit bei diesen letztern die von ihnen anher gebrachte mässige Baarschaft dazu ausreichen wollte, allerlei Manufacturartikel, als gedruckte Kattune, Kasimir, Seidenwaaren etc. in grössern und kleinern Partien erkauft. Auch fingen späterhin die russisch-polnischen, Brodyer und Herzoglich Warschauischen Juden wieder an zu kaufen, nachdem sie von ihrem ersten Schrecken sich einigermassen wieder erholt hatten und die an der böhmischen Grenze angehaltenen

polnischen Güter und Gelder dort freigegeben und hier ganz unversehrt eingebracht worden waren.

Dessen ungeachtet fiel aber die Messe im Ganzen ungewöhnlich gering aus.«

Ueber die Michaelismesse 1809 sagt der Bericht der Commerziendeputation:

»In Folge der Kriegsereignisse und Sperrung der hauptsächlichsten Handels-
strassen nahm die Verlegenheit und Bekümmerniss der mit Waarenvorräthen
überlegten und nirgends Abnehmer findenden hierländischen Kaufleute und
Manufacturverleger mit jedem Tage zu und erreichte den höchsten Grad in dem
schlimmen Zeitpunkte, wo plötzlich ein feindliches Armeecorps in Dresden ein-
drang[1]) und sich von da weiter im Lande ausbreitete. Viele Manufacturverleger, besonders im erzgebirgischen und voigtländischen Kreise stellten nunmehr ihren bis dahin noch einigermassen betriebenen Verlag vollends ein, und
auch die sonst so vorzüglich thätigen Kattundruckereien kamen gutentheils ausser
Umtrieb. Hier in Leipzig befürchtete die Kaufmannschaft von Kaiserl. Oesterreichischer Seite neben andern Gewaltthätigkeiten vorzüglich die sofortige Confiscation aller hier lagernden Waaren französischen und italienischen Ursprungs,
weshalb die dergleichen Waaren führenden Handlungen in möglichster Eile mit
ihren sämmtlichen Lagern nach Naumburg flüchteten, und eben so eilig alle Bestellungen, die sie nach Lyon, Nimes, Paris, Genua, Mailand, Vicenza und andern
französischen und italienischen Fabrikstädten ertheilt hatten, wieder absagten.
Ob nun wohl die Stadt Leipzig nach Verlauf kurzer Zeit von den feindlichen
Truppen wieder befreit wurde, auch diese mit sehr mässigen Kriegscontributio-

---

[1]) »Der durch Napoleon vertriebene Herzog Friedrich Wilhelm von Braunschweig-Oels
hatte an der böhmischen Grenze ein Häuflein Reiter und Schützen aus allerlei Volk gesammelt,
die sich bezeichnend genug das Corps der Rache nannten. Er hatte sich mit diesen Leuten den
Oesterreichern zugesellt, und während Erzherzog Karl die siegreiche Schlacht bei Aspern
schlug, warf sich der Braunschweiger auf die Feinde in Sachsen und jagte die geringe Zahl der
zurückgebliebenen Landesvertheidiger bis Weissenfels. Am 22. Juni rückte er mit einem
Corps der verbündeten Oesterreicher in Leipzig ein und erliess einen Aufruf an die Sachsen als
Deutschlands Kinder zur Abschüttelung der Fremdherrschaft. Natürlich vergebens. Auch war
sein Aufenthalt hier nur von kurzer Dauer, er zog weiter, um dem französischen Marschall
Junot entgegen zu gehen, und an seiner Statt nahte der König Hieronymus von Westphalen mit
verbündeten sächsischen und westphälischen Truppen, Sachsen zu befreien von jenen Feinden.
Der Braunschweiger ging am 24., die Soldaten Jerome's kamen am 25., er selber am 26. Juni,
und zwar stieg er im Königshause ab. Jedoch auch seine Anwesenheit erstreckte sich nicht bis
über den 28. desselben Monats. Der Feldherr des Rachecorps hatte Junot auf Bamberg zurück-
geworfen und wandte sich unverweilt wieder nach Sachsen zurück. König Jerome begab sich
nach Erfurt und Sachsen schien von Neuem blosgestellt. Zwar hatten mittlerweile Frankreich
und Oesterreich Waffenstillstand geschlossen, aber der Braunschweiger achtete dessen nicht.
Er wollte nach dem befreundeten England übersetzen, um dort weitere Pläne gegen Napoleon
zu schmieden. So schlug er sich nun zwischen Dresden und Leipzig durch die ihm entgegen-
tretenden Sachsen und war am 26. Juli wieder vor letzterer Stadt, um Contribution zu fordern
und, nachdem er sie erhalten, unaufhaltsam vorwärts zu eilen. Sein Corps bivouakirte vor
den Thoren der Stadt. Nach wiederhergestelltem Frieden kehrte der König Friedrich August
am 9. August hierher zurück.« (Dr. Emil Kneschke: Leipzig seit 100 Jahren, 2. Aufl. Leipzig 1868.
S. 176—177.)

nen und Requisitionen sich begnügt, und weder Waarenconfiscationen vorgekehrt, noch sonst das Privateigenthum gewaltsam beschädigt hatten, mithin für
diesesmal die gefürchtete Gefahr im Hauptwerke glücklich überstanden war, so
blieben dennoch die erschrockenen Gemüther in Absicht der Zukunft mit so
bangen Sorgen erfüllt, dass weniger auf Mittel zur thunlichsten Wiederbelebung
der ins Stocken gerathenen Handelsgeschäfte, als darauf, wie künftigen möglichen Kriegsgefahren in Zeiten auszuweichen sein möchte, Bedacht genommen
wurde. In den Manufacturorten dauerte die Lähmung des Handels und Gewerbes
nach Zurückdrängung des Feindes über die böhmische Grenze ebenfalls ununterbrochen fort. Ueberdem wurden mehrere derselben zuerst durch die kostbare
und mit vielem Ungemach verbundene Bequartirung und Verpflegung der in
Sachsen eingerückten Königl. Westphälischen Armee, und dann durch die zweite
österreichische Invasion hart mitgenommen, auch durch letztere die Stadt Leipzig
mit neuen Drangsalen und Gefahren bedroht.

Ein unerwartetes politisches Ereigniss gab jedoch mit einemmale der Lage
der Dinge überall eine bessere Wendung. Es war dies der Waffenstillstand
zwischen Frankreich und Oesterreich, welcher der sichere Vorbote eines nahen
Friedens zu sein schien und als solcher den tief gesunkenen Muth des in- und
ausländischen Handelsstandes wieder aufrichtete und die Industrie von Neuem
belebte. Aus nahen und entfernten Landen gingen bei hiesigen Manufacturen
bedeutende Bestellungen ein, die von einem dringenden Waarenbedürfnisse
und insonderheit von einem auf dem europäischen Continente in vermehrtem
Maasse obwaltenden Mangel an englischen Manufacturartikeln zeugten
und daher die hiesigen Fabrikunternehmer anreizten, so viel als möglich von
ähnlichen Artikeln auf Speculation in Vorrath fertigen zu lassen. Vorzüglich gelangten hierdurch die Kasimir- und Kattunmanufacturen nebst den Kattundruckereien um so eher zu einem sehr schwunghaften Umtriebe, da ihnen, so
wie mehreren wichtigen Zweigen der hierländischen Fabrikation und Handlung
ein zweites gleichzeitiges Ereigniss ungemein wohl zu Statten kam, dieses nämlich, dass, nach erfolgter Aufhebung des in den nordamerikanischen Freistaaten
geraume Zeit hindurch bestandenen und mit Strenge in Ausübung gebrachten
Embargo, in den Monaten Juli und August amerikanische Schiffe in Menge mit
reichen Ladungen von Baumwolle, Farbematerialien und andern Colonialpro-
ducten zu Tönningen einliefen, diese Producte allda von der Königl. dänischen
Regierung als neutrales Gut ohne Schwierigkeit zugelassen, auch bei deren Ausfuhre nach dem innern Deutschland Mittel und Wege, die französische Duanen-
linie damit zu passiren, aufgefunden wurden und nicht leicht eins der gedachten
Schiffe von Tönningen wieder absegelte, ohne ansehnliche Partien von allerlei
nach Westindien und Südamerika gangbaren deutschen Waaren zur Rückfracht
eingenommen zu haben. Zudem hatte sich über Helgoland eine erhebliche
Zufuhre von baumwollenen Maschinengarnen aus England nach dem nördlichen
Deutschland, sowie hinwiederum aus diesen eine Waarenabfuhre nach England
auf Schleichwegen eingeleitet. Aus dem allen entstand der doppelte Vortheil,
dass einerseits die unentbehrlichsten amerikanischen Baumwollensorten

(wovon eine Sorte jetzt die Stelle der durch den Landkrieg zurückgehaltenen und daher in unverhältnissmässig hohen Preisen stehenden levantinischen Baumwollen vertritt), ingleichen englische Maschinengarne und Farbematerialien in genüglicher Menge und für ermässigte Preise erlangt werden konnten und andererseits die jahrelang zu Hamburg, Altona und Bremen gelagerten grossen Vorräthe von Fabrikwaaren (worunter sich auch viel Oberlausitzer Leinwand befand) in kurzer Zeit aufgeräumt und von dort eiligst neue Waarenquantitäten aus Sachsen bezogen wurden.

Die bekanntlich mit dem Herzogl. Braunschweig-Oelsischen Truppencorps nach bereits abgeschlossenem und publicirtem Waffenstillstande sich ereigneten Vorfälle brachten zwar in Ober- und Niedersachsen einige einzelne Handelsstörungen hervor. Jedoch waren diese von nur kurzer Dauer und hatten selbst auf die letztabgewichene Braunschweiger Laurentii-Messe, bei deren Eintritt das nurermeldete Truppencorps die Stadt Braunschweig und dasige Gegend beunruhigte, nicht den Anfangs davon besorgten verderblichen Einfluss. Vielmehr fiel diese Messe nach daselbst bald wieder hergestellter Ruhe noch über alles Erwarten gut aus, es ward allda mehrentheils gegen baare Zahlung gekauft und man bemerkte unter den erheblichsten Käufern Handelsleute aus Hamburg, Bremen, Hannover, Lübeck und den Rheingegenden, die seit etlichen Jahren die dasige Messe nicht besucht hatten. Einen noch ungleich besseren und vortheilhafteren Erfolg hatte die letzte Messe zu Frankfurt a/M., so dass in mehreren Artikeln, unter andern in hierländischen Baumwollenwaaren, der vorhandene Vorrath kaum ausreichte, um die dringende Nachfrage der vielen wider Vermuthen mit Baarschaft reichlich versehenen deutschen, holländischen und niederländischen Käufer zu befriedigen.

Da aus den sonach in beiden Messen gemachten Erfahrungen ein endlich auch in Deutschland nach mehrjährigen Unruhen und Entbehrungen wieder eingetretener stärkerer Waarenbegehr und zugleich mehrere Lebhaftigkeit des lange gestockten Geldumlaufs sich anderweit zu Tage legte, so glaubte man auf einen ebenfalls guten Ausfall der hiesigen Michaelismesse um so zuversichtlicher hoffen zu dürfen, je öfter das Gelingen oder Misslingen der Messe zu Frankfurt a/M. auf die zunächst darauf folgende Leipziger Messe eine ähnliche günstige oder ungünstige Rückwirkung zu äussern pflegt. Indess beschränkte sich jene Hoffnung hauptsächlich auf den Waareneinkauf für Deutschland. Sowohl nach Russland als der Türkei waren die Aussichten für den hiesigen Messhandel sehr misslich. Im ersteren Reiche hatten sich die bekannten, das Commerzium und insonderheit den Handel der Stadt Leipzig mit Moskau und dasiger Gegend schwer drückenden Umstände seit Ostern d. J. fernerweit dadurch verschlimmert, dass der russische Wechselcours auf Hamburg und Amsterdam noch merklich tiefer, nämlich von resp. $15^{7}/_{8}$ Schilling Banko, und $17^{1}/_{4}$ Stüber Courant pro 1 Rubel auf $13^{1}/_{2}$ und resp. $14^{3}/_{4}$ herabgesunken war. In der Türkei dauerten die Kriegsunruhen unausgesetzt fort und es liessen sowohl diese, als noch mehr die durch den französisch-österreichischen Krieg veranlassten Sperrungen der durch Oesterreich, Mähren und Böhmen führenden Strassen, das

fernere Aussenbleiben der in heuriger Ostermesse vergeblich erwarteten griechischen, moldauischen und wallachischen Fieranten mit so grosser Wahrscheinlichkeit vermuthen, dass weder die Leipziger Waarenhandlungen, noch die hierländischen Manufacturverleger es hatten wagen mögen, die sogenannten griechischen und türkischen Artikel in den sonst gewöhnlichen vollständigen
Sortimenten anzuschaffen. In Ansehung des Waareneinkaufs für Polen gewärtigte
man, dass solcher wohl noch schwächer ausfallen möchte, als in heuriger Ostermesse, weil seitdem ein ansehnlicher Theil Polens durch den Krieg viel gelitten
hatte, und die auf alle dasige Gewerbs- und Handlungszweige schädlich wirkende
Hemmung der Ostseeschifffahrt in unvermindertem Maasse fortwährte.

Es widersprach jedoch sogleich der erste Anschein der Messe in mannich-
fachem Betracht den Erwartungen, die man im Voraus davon gefasst hatte.
Zur allgemeinen Verwunderung fanden sich bei guter Zeit christliche und jüdische
Fieranten aus der Moldau und Wallachei in zahlreicher Menge ein, und
suchten seitdem baumwollene und andere Manufacturwaaren mit solcher Begierde, dass es in verschiedenen Sorten derselben bald zu mangeln anfing. Die
Käufer aus Moskau und dasiger Gegend erschienen ebenfalls in vermehrter Anzahl und mochten das ansehnlich verstärkte und dringende Waarenbedürfniss,
worin sie sich in Folge des in letzter Messe zu Makarjew und einigen anderen
russischen Sommermessen unerwartet Statt gehabten beträchtlichen Absatzes befanden, nicht verhehlen, da sich dasselbe von selbst theils aus der starken und
eiligen Nachfrage, die sie nach mehreren Waarengattungen hielten, theils und
am deutlichsten daraus offenbarte, dass sie zur Bewirkung ihres hiesigen Einkaufs sich mit Wechselbriefen auf Hamburg weit reichlicher, als in keiner der
nächstvorhergegangenen 4 bis 5 hiesigen Messen versorgt hatten, ohne den bedeutenden Verlust zu achten, den sie bei dem schon erwähnten niedrigen Stande
des russischen Wechselcourses erleiden, nach welchem am hiesigen Orte der
Rubel in Hamburger Briefen aufs Höchste zu 9 Gr. 6 Pf. ausgebracht und folglich die mit dergleichen Briefen hier erkaufte Waare für Russland erstaunlich
vertheuert wird.

Aehnliche Bewandniss hatte es mit den die Leipziger Messen regelmässig
frequentirenden Handelsjuden aus den russisch-polnischen Provinzen und
Brody. Für diese hatte die letztabgewichene Messe zu Berditschew, die sie
als Verkäufer beziehen, einen über Erwarten glücklichen Erfolg gehabt und
ihnen die Mittel verschafft, die jetzige hiesige Messe mit einer, vornehmlich in
Ducaten und Silberrubeln bestehenden starken Baarschaft und mit erheblichen
Quantitäten von litthauischen Hasenfellen und anderen polnischen Producten zu
beziehen und einen Waareneinkauf von mehr als zeitheriger Beträchtlichkeit
hier zu bewerkstelligen. Zugleich mit ihnen stellten sich aber auch viele jüdische
Käufer aus Lemberg und anderen den Kaiserl. Oesterreichischen Waarenverboten unterworfenen galizischen Orten zum erstenmale zur Messe ein und man
vernahm von ihnen, dass der Krieg in Galizien bei aller seiner Gemeinschäd-
lichkeit dem dasigen Handel mit fremden Manufacturwaaren und der unmittelbaren Erholung derselben von Leipzig gar beförderlich sei, indem

seit Ausbruch desselben die Einfuhrverbote von den österreichischen Mauthbedienten mit Nachdruck nicht gehandhabt werden könnten. Aus dem Herzogthum Warschau erschienen die jüdischen Fieranten, die sich in neuerer Zeit von Frankfurt a/O. weg und nach Leipzig gewendet haben, in gewöhnlicher Anzahl und die christlichen Kaufleute aus der Stadt Warschau, welche sich gemeiniglich als erhebliche Käufer von feinen Luxuswaaren auszeichnen, von heuriger Ostermesse aber des Kriegs halber weggeblieben waren, hatten sich diesesmal insgesammt wieder eingefunden und machten vorzüglich in seidenen Waaren bedeutende Einkäufe.

Der gesammte Waareneinkauf für Deutschland hingegen, so gut auch derselbe Anfangs sich anliess, erhob sich jedoch im Fortgange der Messe bei weitem nicht zu der gehofften besonderen Beträchtlichkeit, woran ohne Zweifel die lange Verzögerung des Friedensabschlusses und die zu wiederholtenmalen ausgestreuten Gerüchte von der nahe bevorstehenden Wiederaufhebung des Waffenstillstandes die meiste Schuld haben mochten.

Ueberhaupt leidet es keinen Zweifel, dass, wenn das Messpublikum mit der von Tag zu Tag sehnlicher erwarteten officiellen Nachricht des abgeschlossenen Continentalfriedens erfreut worden wäre, die jetzige Messe einen ungemein glücklichen und glänzenden Erfolg gehabt haben würde.

Indess ist dieselbe in vielerlei Betracht, besonders aber in Hinsicht auf einen ansehnlichen Theil der hiesigen Landesmanufacturen günstig ausgefallen und hat in der Erheblichkeit des Waarenvertriebes und vornehmlich auch in der Lebhaftigkeit des Geldumlaufs die vorjährige Michaelismesse sowohl, als die heurige Ostermesse weit übertroffen.«

Die ausgesprochenen Hoffnungen wurden in der That durch den Wiener Frieden (14. October 1809) verwirklicht. Die Ostermesse 1810 fiel deshalb geradezu glänzend aus:

»Die Wiederherstellung des Friedens in Deutschland, der dadurch bewirkte ausnehmend günstige Ausfall der jüngst abgewichenen Messen zu Braunschweig und Frankfurt a/M. und besonders auch die in und nach vorjähriger Leipziger Michaelismesse zu wiederholtenmalen gemachten erfreulichen Erfahrungen von dem Wiederaufblühen des Waarenhandels nach Polen, Russland und der Türkei liessen einen glücklichen Erfolg der jetzigen Ostermesse zuversichtlich erwarten.

In dieser Erwartung hatten alle in hiesigen Messen Absatz suchende inländische Fabrikanten, Manufacturverleger und Kattundruckerei-Inhaber mit angestrengtem Fleisse so viel Waare, als möglich, aufs Lager fertigen und in Zeiten zum Verkauf anher gehen lassen. Zugleich war aus französischen und andern ausländischen Manufacturorten eine gar beträchtliche Waarenzufuhr zum Messdebit erfolgt, solche auch durch gute Witterung und Wege ungemein befördert und beschleunigt worden.«

Die ausserordentliche Kauflust der Fieranten nicht nur aus den östlichen Ländern und aus der Levante, sondern auch aus Deutschland selbst, und der unerwartete Reichthum an baarem Gelde »erhoben den Messhandel in fast allen seinen hauptsächlichsten Zweigen zu einem Flore, dergleichen man seit Jahren nicht erlebt hatte.«

»Mehr als jemals wurde diesesmal durch den Mangel an englischen Fabrikaten der Abzug der deutschen, vorzüglich der hierländischen ähnlichen Waare befördert, wiewohl der Vertrieb der hiesigen Landesmanufacturen auch von solchen Artikeln, dergleichen zu keiner Zeit aus England nach Deutschland bezogen worden, z. B. von gemeinen Tuchen, überaus stark war

Es reichten von mehreren baum- und schafwollenen Waarengattungen die vorhandenen ansehnlichen Lager zur Befriedigung der Nachfrage bei weitem nicht aus. Man liess daher alles, was davon in den Manufacturorten noch vorräthig lag, oder während der Messe vollends fertig gemacht werden konnte, schleunigst nachkommen, und da auch dieses nicht durchaus zulänglich war, so blieb den Käufern, die sich hier nicht vollständig assortiren konnten, kein anderes Auskunftsmittel übrig, als Bestellungen bei den Manufacturverlegern zurückzulassen.«

Einen ähnlichen Character hatte die Michaelismesse 1810:

»Der günstige Ausfall der diesjährigen Leipziger Ostermesse hatte beim Handels- und Fabrikstande die zuversichtliche Hoffnung auf einen gleich guten Erfolg der gegenwärtigen Michaelismesse erregt. Allgemein war daher nach Ablauf erstgedachter Messe das Bestreben, genügliche Waarenquantitäten zur vollständigen Ergänzung der desassortirten Messlager anzuschaffen. Besonders liessen es sich die hierländischen schaf- und baumwollen Fabrikanten und Kattundruckerei-Inhaber angelegen sein, viel neue Waare aufs Lager zu fertigen. Hierdurch und durch häufig hinzugekommene auswärtige Bestellungen gelangten im abgewichenen Sommer namentlich die hiesigen Tuch-, Kasimir-, wollenen Zeug-, Mousselin- und Kattunmanufacturen, nebst den Kattundruckereien zu einem so anhaltend starken Umtriebe, dergleichen sie sich seit langen Jahren und zum Theil noch niemals zu erfreuen gehabt. Zu gleicher Zeit hatte sich der Leipziger Oeconomie-Commissions- und Speditionshandel mit Colonialwaaren aller Art durch ununterbrochene ausserordentlich starke Zufuhren aus den Ostseehäfen und Odessa zu einer vorher nie erreichten Höhe erhoben. Und noch war dieser ungemeine Handelsflor in fernerem Zunehmen begriffen, als die jetzige Messe herannahete.«

Allerdings wirkten manche Umstände auf die Messe ungünstig ein. Dahin zählte die Einfuhr von Colonialwaaren und englischen wohlfeilen Fabrikwaaren zu Königsberg und Riga, so dass viele Russen dort ihren Bedarf deckten, ferner das Herabsinken des russischen Wechselcourses bis zu 8½ Schilling Hamburger Banko oder 6 Groschen Conventionsgeld für den Rubel, der unsichere Cours der Wiener Bankzettel, die auf französische Veranlassung im Königreich Sachsen erfolgte Impostirung der Colonialwaaren und die Unsicherheit darüber, ob dem bezüglichen Patent vom 1. October rückwirkende Kraft verliehen werde, sowie die Ungewissheit, in welcher Weise die französischen Maassregeln gegen den englischen Handel im Königreich Westphalen, in Oesterreich, Preussen und der Schweiz zur Ausführung kommen würden. Endlich fürchtete die sächsische

Industrie von der Zufuhr der amerikanischen und levantinischen Baumwolle ab-
geschnitten zu werden, was tausende von Menschen brodlos machen werde. Für
den hohen Stand, welchen die sächsische Industrie schnell erreicht hatte, ist es
bezeichnend, dass man vielfach Anstand nahm, feine sächsische Manufacturwaaren zu kaufen, aus Furcht, sie könnten als englische angesehen und behandelt werden.

»Wenn demungeachtet die Messe nicht durchgehends schlecht ausgefallen
ist, so ist solches hauptsächlich dem erheblichen Waareneinkaufe der griechischen, wallachischen und moldauischen Fieranten zu verdanken.«

Die Aussichten für die Ostermesse 1811 waren trübe.

»Die im Herbst vorigen Jahres Statt gehabte Beschlagnehmung und hohe Impostirung der Colonialproducte und die zugleich erfolgte Confiscation und Ver-
nichtung der englischen Fabrikwaaren hatte auf den vornehmsten Handelsplätzen Frankreichs, Hollands, Deutschlands und der Schweiz häufige und
beträchtliche Bankerotte veranlasst, den Continentalhandel überhaupt mächtig
erschüttert und den vorhin schon in demselben allgemein obgewalteten Geldmangel und Discredit aufs Höchste gebracht.

Ungefähr zu ebenderselben Zeit waren in Frankreich und dem Königreich Italien die dasigen Einfuhrverbote mit vermehrter Strenge erneuert und
weiter ausgedehnt, demnächst in dem mit Frankreich vereinigten ehemaligen
Königreiche Holland die französischen Zolltarife und die damit im Zusammenhange stehenden vielfältigen Waarenverbote eingeführt, auch bald nachher die
Hanseestädte Hamburg, Bremen und Lübeck, nebst einigen angrenzenden niedersächsischen Provinzen, dem französischen Reiche einverleibt und mit gleich-
mässiger Einführung der nurermeldeten Tarife bedroht worden.

Nach den Kaiserlich Oesterreichischen Staaten hatte in Verfolg der bekannten gewaltsamen Finanzoperation, wodurch der Nominalwerth der
Wiener Bankzettel bis auf den 5. Theil herabgesetzt und der Handelscours dieses
Papiergeldes bis auf 10 % niedergedrückt worden, der Waarenvertrieb fast gänzlich aufgehört.

In Russland, wohin der Handel schon in vorigen Messen wegen niedrigen
Standes des dasigen Wechselcourses empfindliche Einschränkungen erlitten
hatte, war nicht nur besagter Cours seit kurzem noch tiefer (nämlich auf 7 Schilling Hamburger Banko und $7\frac{1}{2}$ Stüber holländisch Courrant, oder auf ca. 5 Groschen Conventionsmünze für einen Papierrubel) heruntergegangen, sondern auch
vermöge eines sub dato St. Petersburg den 19/31. December 1810 erlassenen
Kaiserl. Russischen Manifestes die Einfuhr aller fremden Fabrikwaaren, vom
1/13. Januar 1811 an, auf ein Jahr lang bei Strafe der Confiscation und Vernich-
tung der Waare und einer dem Werthe derselben gleichkommenden Geldbusse
im ganzen Umfange des russischen Reichs verboten worden.

Dies Verbot wirkte auf die gegenwärtige Messe in doppelt nachtheiliger Art.
Einerseits wurden dadurch die Einkäufer aus den russisch-polnischen Provinzen
und Brody grossentheils und aus Moskau und dasiger Gegend insgesammt vom
Besuch der Messe abgehalten, und hinwiederum andererseits die hierländischen,

schlesischen und böhmischen Tuchfabrikanten, die nach dem unerwarteten und plötzlichen Aufhören ihres häufigen Vertriebes nach Russland sich mit ausserordentlich grossen Vorräthen von dahin bestimmt gewesenen Tuchen überlegt sahen, in die Nothwendigkeit gesetzt, alle diese Vorräthe in Ermangelung eines andern Auswegs zum feilen Verkauf anher zu bringen, wodurch denn nothwendig der Markt mit Tuchwaaren überführt und den Käufern Gelegenheit gegeben ward, die Preise aufs Aeusserste herabzudrücken.

So hatte auch der ungemein schlechte Ausfall der jüngstabgewichenen Messe zu Frankfurt a/M. unter andern die Wirkung, dass von daher eine ungeheure Menge von schweizerischen Baumwollenwaaren, die dort nicht hatten debitirt werden können, zur hiesigen Messe gebracht wurde.

Ueberhaupt war diesesmal der Zudrang von Waaren und von Verkäufern ausnehmend gross. Um so mehr aber fehlte es an Käufern.

Selbst die Käufer aus Griechenland und der Türkei waren, bis auf einige wenige, die ebenfalls Gebruch an baaren Zahlungsmitteln litten, zurückgeblieben, theils wegen des dermaligen, für sie sehr nachtheiligen Standes des Wiener Wechselcourses, theils und noch mehr aus Scheu vor den Gefahren, welchen Reisende und Frachtgüter in den durch Krieg beunruhigten türkischen Provinzen jetzt ausgesetzt sind.

Unter diesen Umständen und da auch noch die Gerüchte eines nahen Krieges im nordöstlichen Europa hinzukamen, hatte nur der sogenannte Landhandel (worunter man am hiesigen Orte den Verkehr mit schlesischen, niedersächsischen und andern norddeutschen Käufern versteht) ungefähr in dem erträglichen Maasse, wie in den vorjährigen Messen, seinen Fortgang und hat derselbe für diesmal, seiner gewöhnlichen mässigen Erheblichkeit ungeachtet, das Hauptobject ausgemacht, statt dass er zu gewöhnlichen Zeiten, wenn nicht, wie jetzt, der russische, polnische und türkische Messhandel darnieder liegt, in Vergleichung mit diesem allemal als ein Nebenwerk betrachtet wird.«

Die geschilderte üble Lage herrschte auch noch zur Zeit der Michaelismesse 1811, noch verschärft durch eine neue bayerische Mauthordnung und durch brutale Beschlagnahme sächsischer Waaren in Lüneburg und in den neuen französischen Departements der Elbe- und Wesermündungen. Wider alles Erwarten erschienen aber viele Griechen und polnische Juden und machten mit türkischen Piastern, russischen Silberrubeln und Ducaten grosse Einkäufe.

Die Ostermesse 1812 war mit Waaren überführt worden, nachdem sich die Verkäufer über die Verschonung Leipzigs mit Durchmärschen und Einquartirungen vergewissert hatten. Je zahlreicher aber die Verkäufer erschienen, um so mehr blieben die Käufer aus.

»Die häufigen Truppenmärsche und das im Norden drohende Kriegsungewitter erregten bei dem handeltreibenden Publikum die grössten Besorgnisse, da der Flor der hiesigen Messen bekanntlich grösstentheils auf der Frequenz und dem Waareneinkauf der nordischen Fieranten beruht.«

Nur das Leder war stark gefragt. Im Uebrigen hatte die Messe ein ödes und stilles Ansehen.

Obwohl die Michaelismesse 1812 weit besser ausfiel, als die Ostermesse d. J., so wurden doch die auf dieselbe gesetzten Hoffnungen durchaus nicht erfüllt. In Folge des zwischen der Pforte und Russland abgeschlossenen Friedens (von Bukarest, 28. Mai 1812) hoffte man auf starken Waarenabzug nach der Moldau und Wallachei. Die von dort erschienenen Einkäufer verfügten aber über zu wenig baare Mittel und machten zu hohe Creditansprüche. Andererseits hoffte man, dass das von der »Grossen Armee« rasch durchschrittene Weichselgebiet bedeutende Waarenmassen werde aufnehmen können. Die polnischen und russischen Fieranten verschritten auch zu lebhaften Einkäufen.

»Kaum aber hatten sie ihre Messgeschäfte in dieser lebhaften Art zu betreiben angefangen, als die hier eingelangte Nachricht von dem fünftägigen Brande in Moskau [1] sie mit Schrecken und bangen Sorgen erfüllte und ihnen den Muth zur Vollbringung des vorgehabten Einkaufs benahm. Der Handel dieser Juden geht bekanntlich gutentheils nach und über Moskau. Sie halten daselbst beständig grosse Waarenniederlagen für ihre eigene Rechnung, stehen auch mit Moskauer Handelshäusern in mannigfacher Geschäftsverbindung und sind daher auf allen Fall bei dem dortigen allgemeinen Brandunglück theils unmittelbar, theils mittelbar stark interessirt und mit unübersehlichem Verluste bedroht. Ueberhaupt ist die Verheerung der Stadt Moskau, dieses grossen Vereinigungspunktes des asiatischen und europäischen Handels, ein harter Schlag für das ohnehin schon sehr bedrängte Continentalcommerz und insonderheit für den französischen und deutschen Waaren- und Productenhandel und den damit im genauesten Zusammenhange stehenden Leipziger Messverkehr. Daher war auch am hiesigen Orte die Bestürzung des Handelsstandes allgemein. Jedermann befürchtete weit um sich greifende schädliche Rückwirkungen von jenem unglücklichen Ereignisse und diese Furcht, aus welcher Misstrauen und Misscredit in vermehrtem Maasse entstand, musste nothwendig nachtheiligen Einfluss auf den Fortgang des Geschäftsbetriebes haben.«

In Folge der Ereignisse, welche der Schlacht bei Lützen (2. Mai 1813) vorausgingen und deren Einfluss auf den Leipziger Messhandel im VIII. Abschnitt kurz angedeutet worden ist, begab sich im Einvernehmen mit der Immediatcommission die Commerziendeputation nicht in Pleno nach Leipzig zur Ostermesse 1813. Nur der Director derselben Freiherr von Gutschmidt begab sich am 18. April mit dem expedirenden Secretär dahin, da man von einem gänzlichen Wegbleiben der Deputation von der Messe eine Steigerung der Panik befürchtete. Der Bericht schildert den traurigen Eindruck, welchen von Gutschmidt in Leipzig erhielt:

»Die Buden in den Strassen waren zwar aufgesetzt, aber manche derselben so wie die Mehrzahl der Gewölbe verschlossen. Der Marktplatz war, besonders in der Gegend der Waage grösstentheils zu militärischem Behufe bestimmt. Im Brühl, wo sonst während der Messe alles von Frachtwagen und Gütern voll und die Passage daher sehr enge und beschwerlich ist, fand man

---

[1] Eigentlich dauerte der Brand sechs Tage, vom 15. bis 20. September 1812.

alles öde und leer. Auf dem Rossplatze waren die Ställe verschlossen, auch kein einziger der sonst so vielen hier zum Verkauf stehenden Kutschen und Wagen zu bemerken; zudem ergab sich überall ein auffallender Mangel an anwesenden Fremden.«

Die Messe wurde bis zum 5. Mai verlängert, der Zahltag aber ordnungsgemäss am 19. April abgehalten.

Von der Annäherung der alliirten Heere im Herbste 1813 hatte man eine Eröffnung der nordischen Handelswege und einen guten Ausfall der Michaelismesse 1813 erhofft. Unglücklicher Weise zogen sich aber die Armeen gerade zur Zeit der am 27. September beginnenden Messe um Leipzig zusammen und die Schlacht bei Leipzig und ihre unmittelbaren Folgen für die Stadt machten die Abhaltung der Messe nahezu unmöglich. Die Dauer der Messe wurde deshalb officiell verlängert und in der That erschienen nach dem Berichte der Commerziendeputation »nach der bei Leipzig vorgefallenen entscheidenden Schlacht Käufer aus Polen, Bayern, Böhmen, dem vormaligen Königreiche Westphalen und mehreren anderen Orten.«

Den Hauptvortheil von dem Unglück Leipzigs hatte die Messe zu Frankfurt a/O., welche diesmal ihre vortheilhafte, dem Osten nähere Lage gut ausbeuten konnte und glänzend verlief, was wenigstens ein Vortheil für die sächsischen Fabrikanten war, welche die Frankfurter Messe bezogen. Auch machte »die dasige Regie diesmal weniger Schwierigkeiten als sonst«.

Mit dem Eintritt des Friedens kamen auch für die Leipziger Messen bessere Zeiten, die Umgestaltung der staatlichen Verhältnisse, namentlich die veränderte Stellung Preussens und Polens zu Sachsen verliehen aber dabei den Messen einen vielfach anderen Character. Dies zeigt schon der Bericht des Geh. Finanzrathes von Bünau über die Ostermesse 1814.

»Der Ausfall der diesjährigen Jubilatemesse hat die Hoffnungen, die man sich von derselben mit Recht machen konnte und durfte, vollkommen bestätigt. Ich sage, die Hoffnungen, welche man sich mit Recht machen konnte. Denn wenn man sich im Anfang der Messe allzu glänzenden Hoffnungen, hingerissen durch den unerwarteten Eintritt des Friedenszustandes durch Europa, hingegeben hätte, so konnten diese Hoffnungen zur diesmaligen Ostermesse sich noch nicht realisiren, da der eingetretene Friedens- und Ruhezustand noch zu neu war, um sofort auf die Wiederbelebung des allgemeinen Continentalhandels kräftig einzuwirken. Indessen bestätigen die schon in dieser Messe eingegangenen bedeutenden Bestellungen in vielen Artikeln der inländischen Fabrikation, als in Leinwand, in feinen Wollenwaaren, in baumwollenen Strumpfwaaren, in Gegenständen der voigtländischen Manufactur, aus Holland, Italien u. s. w. jene Hoffnungen für die nächste Zukunft vollkommen und Alles lässt erwarten, dass die nächste Naumburger und Michaelismesse sehr gut ausfallen werden. In vielen Artikeln war jedoch der Vertrieb in der abgewichenen Messe beträchtlich, namentlich in gedruckten baumwollenen Waaren, sowohl in ordinären als in feinen Sorten. Die Concurrenz der englischen Manufactur in der letzten Gattung stand der Landesmanufactur bei den geringen Quantitäten englischer Waaren, die auf dem

Platz erschienen und die grossentheils in veralteten Mustern bestanden, wenig entgegen. Ist den Aeusserungen anwesender Reisenden von englischen Häusern zu trauen, so möchte wohl auch für die nächste Zukunft wenig von der Con-currenz der Engländer auf deutschen Märkten zu besorgen sein, da der englische Manufacturhandel einen weit vortheilhafteren Debit nach Amerika, nach dem, dem englischen Handel geöffneten China und selbst nach Spanien und Portugal findet, als er auf deutschen Märkten erwarten darf und sich während der Sperre der europäischen Häfen ganz auf diesen Debit eingerichtet hat. Weit gefährlicher für den sächsischen Fabrikfleiss scheint die Concurrenz der Schweizer-Waare zu sein, welche sich durch Lebhaftigkeit der Farben, so-wie durch Schönheit der Dessins fortwährend auszeichnet und auch in dieser Messe sehr guten Absatz gefunden hat. Nicht minder sind in seidenen Waaren von den polnischen Juden viele Einkäufe gemacht worden. In Tuchwaaren war dagegen der Vertrieb nur gering. Die vor der Messe stattfindenden Kriegs-conjuncturen hatten auf starken Absatz in Tuchwaaren hoffen lassen und es waren in dieser Hoffnung sehr bedeutende Quantitäten aus dem In- und Aus-lande auf den Platz gebracht worden. Bei dem eintretenden Friedens- und Ruhezustand hört der Begehr auf und das, was verkauft wurde, musste um sehr geringen Preis abgelassen werden. Auch in feineren Sorten wurden die Preise durch die Niederländer nieder gehalten, welche ihre Waaren um jeden Preis ab-zusetzen bemüht waren. Im Ganzen genommen war es diesmal hauptsächlich der Land- und deutsche Handel, der die Messe gut gemacht hat, daher auch der Detail- und Schnitthandel im Grossen und Kleinen bedeutender als je gewesen ist. Dies war eine nothwendige Folge der durch die Verwüstungen des Krieges nothwendig gewordenen Herstellung so manches zerrütteten Hausstandes.«

»Der zu Anfang der Messen bekannt gewordene neue Königl. Preuss.-Kriegs-Imposttarif d. d. Chaumont 13. März 1814 hat zur Zeit zwar wohl einigen, doch nicht sehr bedeutenden Einfluss auf die Messeinkäufe gehabt, da er, nach den Aeusserungen und Einkäufen der aus Niedersachsen, Mecklenburg u. s. w. häufig anwesend gewesenen Messfremden zu schliessen, in den durch die Kriegsereignisse unter den preussischen Scepter zurückgekehrten Provinzen noch nicht zur Ausführung gebracht worden war.[1]

Allgemein war die Klage über Mangel an Silbermünzen.«

Aus dem umfangreichen Berichte der Commerziendeputation über die Oster-messe 1814 wollen wir folgende Stelle herausheben:

»Eine Sonderbarkeit der jetzigen Ostermesse ist diese, dass in selbiger der Einkauf für Deutschland das Hauptobject des ganzen Verkehrs war, statt dass es sonst immer der Einkauf für den Norden zu sein pflegt. Eben darum hat sie ferner das Eigene, dass in derselben der Waarenabsatz en gros allergrössten-

---

[1] Nach den Schilderungen der Commerziendeputation beunruhigten die an diesen Im-posttarif von Chaumont für den Durchgangsverkehr von Sachsen nach Polen und nach der Nordsee geknüpften Befürchtungen das Geschäft der Ostermesse sehr. Glücklicher Weise wurde der Imposttarif durch Cabinetsordre d. d. Paris 16. Mai 1814 wieder aufgehoben und der Zolltarif von 1806 wieder zur Geltung gebracht.

theils in unzähligen kleinen oder mässigen Partien an eine ungemein grosse
Menge von Käufern erfolgte, statt dass er sonst in viele erheblichere Quantitäten,
an eine weit mindere Anzahl von Käufern geschieht und letzternfalls bei ungefähr gleichem Betrage, wenn schon nicht lucrativer, doch weniger mühsam und
aufhältlich ist. In ähnlicher Art verhielt es sich mit dem Detailhandel, der sehr
lebhaft ging und in welchem die ungewöhnlich zahlreichen kleinen Verkäufe zusammen genommen durch ihre Anzahl dasjenige, was jedem einzelnen derselben
an Beträchtlichkeit abging, reichlich ersetzten, aber freilich auch zum Beweise
dienten, dass der durch den Krieg zerstörte Wohlstand Tausender diesen, jeden
von ihnen einzeln genommen, höchstens nur die Abhülfe des allerdringendsten
Bedürfnisses in kärglichen Maasse gestattet.

Als ein ferneres Merkmal der allgemeinen Verarmung Deutschlands
dürfte der Umstand anzusehen sein, dass nicht blos im Kleinhandel, sondern
auch im Handel en gros die Nachfrage meistens auf wohlfeile, zur gemeinen
Nothdurft dienende Waaren, hingegen selten oder gar nicht auf theure Luxusartikel gerichtet war.

Unter den deutschen Fieranten machten sich durch die mehrere Erheblichkeit ihrer Einkäufe vor andern bemerklich die aus den ehemaligen hanseatischen
Departements, aus Mecklenburg, Holstein und überhaupt aus denjenigen Niedersächsischen Provinzen, mit welchen eine geraume Zeit lang die Han-
delscommunication durch französische Verbote und Douanenlinien unterbrochen worden und wo in Folge dessen eigentlicher Mangel an allerlei Manufacturwaaren entstanden war.   Daneben war der Einkauf der Fieranten aus den
Königl. und Fürstl. sächsischen Landen und aus dem ehemaligen Königreiche
Westphalen im Ganzen von Bedeutung. Ohne Zweifel würden diese Fieranten
gern noch mehr gekauft haben, wenn sie hinreichende Baarschaft bei sich geführt, oder auf dem Messplatze mehr Credit gefunden hätten.«

Ueber die Michaelismesse 1814 berichtet die Commerziendeputation:

»Seit Anfang jetzigen Jahres hatte sich überall eine ununterbrochene fortwährend Wiederzunahme des vorher durch vielfache Einschränkungen und
Erschwerungen tief herabgekommenen deutschen Messhandels ergeben. Besonders aber war die letzte Messe zu Frankfurt a/M. ungemein gut ausgefallen.
In der zuversichtlichen Hoffnung, dass dieser ihrer nächsten Vorgängerin die
nurbeendigte Leipziger Michaelismesse nicht nachstehen, vielmehr, wie es gemeiniglich der Fall zu sein pflegt, gleichen Erfolg im Hauptwerke haben dürfte,
hatten zu selbiger sehr bedeutende Zufuhren von Manufacturwaaren aller
Art, unter andern auch von englischen Fabrikaten Statt gehabt und
Waarenverkäufer aus nahen und entfernten Gegenden in solcher Menge sich zu-
gedrängt, dass die während der Kriegsjahre im Sinken gewesenen Preise der
Messgewölbemiethen, in sofern sie nicht durch frühere Verabredungen fest
bestimmt waren, auf ihren vorigen höhern Stand zurückkamen.   Und da auch
bald nach Ankunft der auswärtigen Verkäufer die grösstentheils Jahre lang
zurückgebliebenen griechischen und jüdischen Handelsleute aus der Moldau
und Wallachei sich diesmal über Erwarten zahlreich wieder einfanden und

dieselben, nebst den ebenfalls in grösserer, als zeitheriger Anzahl auf den Platz gekommenen Fieranten aus dem Herzogthum Warschau, Königsberg, Niedersachsen, Holland und den Niederlanden eiligst zum Waareneinkauf verschritten, so erlangte dadurch die Messe in ihrem ersten Anfange ein überaus geschäftsvolles und lebendiges Ansehen, das an die gute alte Zeit erinnerte und frohen Muth allgemein verbreitete. So wie jedoch die obengenannten Käufer ihre auf vielerlei Gegenstände ausgedehnten Geschäfte allmälich vollbrachten, verminderte sich auch die anfängliche grosse Lebhaftigkeit im Messverkehr zusehends, bis in selbigem plötzlich eine Stille eintrat, die man so frühzeitig nicht erwartet hatte. Die Ursache hiervon lag hauptsächlich darin, dass nebst allen russischen Handelsleuten auch sehr viele der vornehmsten jüdischen Einkäufer aus Brody, angeblich wegen neuerlich in ihrem Handel erlittener Unfälle, wider Vermuthen aussenblieben und die hier anwesenden Brodyer Juden den gesuchten Credit selten fanden, dass ferner unter den deutschen Fieranten fast nur allein die niedersächsischen erhebliche Einkäufe machten und dass noch überdies die höher gehenden Preise meist aller Fabrikmaterialien einen verhältnissmässigen Preisaufschlag der Fabrikwaaren veranlassten, wodurch gar manche Käufer, deren Waarenbedürfniss nicht dringend war, zurückgeschreckt wurden.

Wenn aber auch in verschiedener Hinsicht die Michaelismesse in ihrem Erfolge der ihr zunächst vorausgegangenen Messe zu Frankfurt a/M. nicht gleichgekommen ist, so ist sie doch an sich und im Ganzen betrachtet mehr als mittelmässig, und was insonderheit den Vertrieb der vornehmsten hierländischen Manufacturen anlangt, gut ausgefallen.«

Ein Rückschlag trat aber schon in der Leipziger Neujahrsmesse und in den nachherigen Wintermessen zu Frankfurt a/O. ein, welcher dem herrschenden Geldmangel schuld gegeben wurde. In Folge der Rückkehr Napoleons von Elba (1. März 1815) wurden die Fieranten aus dem Westen von der Messe zu Frankfurt a/M. verscheucht. Auch von der Leipziger Ostermesse 1815 blieben alle Käufer aus Frankreich, der Schweiz und den Niederlanden zurück und so blieb das Messgeschäft auf die wenigen Einkäufer aus dem Osten beschränkt.

Während der Michaelismesse 1815 dauerten diese Verhältnisse fort und erst die Ostermesse 1816 fiel um weniges besser aus. Die letztere wurde beeinträchtigt durch die Ungewissheit über den erwarteten neuen russischen Zolltarif.

Der letztere trat in der Zeit zwischen der Oster- und Michaelismesse 1816 in Kraft, erleichterte die Schwierigkeiten der legalen Einfuhr nach Russland in Etwas, wirkte aber dadurch umgestaltend auf das Verhältniss vom Schmuggelhandel zum legalen Handel ein. Aber selbst noch zur Michaelismesse 1816 erschien kein einziger Russe in Leipzig. Dagegen stellten sich die alten Handelsfreunde aus Brody wieder ein. Im Allgemeinen musste die Wiederzunahme des Waarenabzuges nach Polen und der Türkei für den Ausfall am deutschen Handel entschädigen. Dieses letztere Verhältniss dauerte auch während der Ostermesse 1817 fort. Nur war es seine ganz unerwartete Erscheinung, als zur jetzigen Messe nicht nur viele der lang vermissten Fieranten aus Riga, Mitau,

Libau, Moskau und Kaluga, sondern auch zugleich mit ihnen mehrere Handelsleute aus Petersburg (von woher ehedem Einkäufer selten oder gar nicht zur Messe gekommen sind) bei guter Zeit hier eintrafen, sogleich nach ihrer Ankunft bedeutende Einkäufe von solchen manufacturirten Artikeln, deren Einbringung zur See durch obermeldeten neuen russischen Zolltarif nachgelassen worden, unternahmen und — um die Zeit, wo die Schiffahrt auf der Ostsee noch offen ist, nicht zu versäumen — möglichst eilten, die eingekauften Waaren nach Lübeck zur Verschiffung nach Petersburg abgehen zu lassen.

Warum sich ermeldete Fieranten jetzt mit einemmale der ihnen zeither allzulästig geschienenen Vorschriften des schon im April vorigen Jahres veröffentlichten Tarifs willig unterwerfen? Darüber war von ihnen eine bestimmte Auskunft nicht zu erlangen, jedoch aus ihren Aeusserungen soviel mit Wahrscheinlichkeit zu vermuthen, dass durch irgend eine, von Seiten des russischen Gouvernements im Stillen getroffene Vorkehrung die Waarenpascherei über die dasige Landesgrenze neuerlich noch weit schwieriger, gefährlicher und kostspieliger, als sie es jemals war, geworden und es daher für jetzt der Convenienz der russischen, kurländischen und livländischen Kaufleute angemessener sein mag, die benöthigten Waaren auf legalen Wegen einzuführen und mit den tarifmässigen Sätzen zu verzollen, als sich zur Beziehung und Einbringung ihres Waarenbedarfs der kostbaren und gefährlichen Vermittelung der Brodyer oder anderer jüdischen Grenzhändler ferner zu bedienen.

Unter andern unverbürgten Gerüchten war auch dieses hier im Umlaufe, dass von Petersburg aus die Rabbiner in sämmtlichen der Grenze zunächst gelegenen russischen Statthalterschaften vermocht worden wären, den Bann auf dem sogenannten schwarzen Bande gegen alle mit Treibung der Waarencontrebande sich befassende Juden auszusprechen, wodurch unter der dortigen Judenschaft Furcht und Schrecken verbreitet und ein plötzlicher Stillstand des Schleichhandels an der Grenze bewirkt worden sei.

Sollte sich dies Gerücht bestätigen, so möchte nach den neuerlichst im Messverkehr mit den Russen gemachten Erfahrungen um so eher zu erwarten stehen, dass künftig die Einfuhr fremder Waaren in Russland auf dem allein erlaubten Wege zur See in stets vermehrtem Maasse Statt haben dürfte. Unfehlbar würde solchenfalls der auf Waarenpascherei über die russische Landesgrenze hauptsächlich mit beruhende Handel der Stadt Brody bald noch weit empfindlichere Störungen leiden, als er bereits durch das Zusammentreffen verschiedener Umstände gelitten hat und noch dermalen leidet.

Es haben nämlich die im vorigen Winter zu Wien, Breslau und anderwärts ausgebrochenen vielen und beträchtlichen Bankerotte den Umsturz einiger bedeutenden jüdischen Wechselhäuser und Waarenhandlungen zu Brody nach sich gezogen und daneben meist alle dasige in auswärtigen Verbindungen stehende, sowohl christliche als jüdische Bankiers und Kaufleute so hart beschädigt, dass deren fernere Aufrechthaltung für jetzt noch zweifelhaft scheint, und um deswillen der gesammte Brodyer Handelstand immerfort in grossem Discredit steht. Ueberdem hat, sichern Nachrichten zufolge, den ganzen Winter hindurch aller Handel zu Brody darnieder gelegen und insonderheit der Abzug der von letzter hiesiger Michaelismesse in ansehnlichen Quantitäten dahin abgeführten Manufacturwaaren ausserordentlich gestockt, wodurch denn der ohnehin dort obgewaltete grosse Geldmangel noch vergrössert worden ist.

In Rücksicht dessen befremdete es weniger, dass die Brodyer jüdischen Fieranten diesmal in verminderter Anzahl, auch ungewöhnlich spät zur Messe kamen. Anfangs suchten dieselben allerlei Waaren auf Credit zu kaufen. Es gelang ihnen aber dieses sehr selten.«

Ueber die Michaelismesse 1817 berichtete die Commerziendeputation, »dass in dieser Messe zwar verschiedene Waaren einen nur mittelmässigen und einige andere, wie z. B. die ordinären Tuche, die ordinären Mousseline, die mittleren und ordinären baumwollenen Druckwaaren, einen ungefähr eben so schwachen Abgang, als in den nächstvorhergegangenen Messen gehabt haben, dass hingegen die meisten von den durch Kostbarkeit oder besondere Feinheit sich auszeichnenden Messartikeln und darunter vorzüglich die Seidenwaaren, die feinen und extrafeinen Tuche, die Merinos nebst andern feinen schafwollenen Modewaaren, die Spitzen und die Gold- und Silberwaaren an Tressen, Borden u. d. m. ungemein stark abgegangen sind, dass demnächst im Umlaufe der klingenden Münze eine um Vieles vermehrte Lebhaftigkeit, im Abtrage der fälligen Wechsel- und Waarenzahlungen eine in neueren Zeiten seltene Ordnung und Pünktlichkeit und in der Handlung überhaupt ein erfreuliches Abnehmen des bisher darin allgemein obgewalteten grossen Misstrauens und Discredits wahrzunehmen gewesen und sonach besagte Messe, wenn schon in mancher Hinsicht vortheilhafter für die ausländischen, als die sächsischen Manufacturen, doch im Ganzen betrachtet und besonders in Vergleichung mit der vorjährigen Michaelis- und heurigen Ostermesse gut ausgefallen ist.«

Dieser Umschwung war für die sächsische Industrie, welche, von der englischen Ueberproduction erdrückt, im Frühjahr 1817 eine schwere Krisis durchzumachen hatte, von segensreichen Folgen.

Trotz des allgemeinen Nothstandes constatirt der Bericht der Commerziendeputation, dass »in der neuesten Zeit der Geschmack an feiner Kleidung allenthalben und in allen Ständen im Zunehmen begriffen ist und hierdurch die allgemeine Vervollkommnung und Verfeinerung der hierländischen Waarenfabrikate nothwendig ist.«

Die Ostermesse 1818 war ungefähr von gleicher Güte, wie die vorausgegangene Michaelismesse.

»Die seit der vorjährigen Ostermesse sich zum ersten Male wiedereingefundenen Einkäufer aus Moskau, St. Petersburg, Riga etc. waren diesmal fast insgesammt ausgeblieben, wovon der Grund theils in dem frühern Eintritt gegenwärtiger Messe, theils in der häufigen Zufuhr englischer Waaren in dortige Seehäfen, theils endlich in den vielen Consignationen zu suchen sein soll, die ihnen neuerlich von mehreren Häusern aus Lyon, Frankfurt a/M. und Leipzig in Seidenwaaren durch reisende Handlungscommis gemacht worden. Doch sollen viele aus Königsberg, Memel, Wilna, Warschau und Brody hier anwesende Juden nicht unansehnliche Bestellungen für Rechnung russischer Häuser mit anhergebracht und effectuirt haben, auch sollen viele in Leipzig erkaufte Waarenpartien nach Warschau gegangen sein, um von dortiger Sommermesse aus als certificirtes Warschauer Messgut über die neuerlich eröffnete Zollstätte Brzesc-Litewski den Weg nach Russland zu nehmen.

Die seit einigen Messen stattgefundenen Speditionen der hier von polnischen Juden erkauften Waaren, welche durch Leipziger Häuser nach Brody an einen dortigen christlichen Commissionär verladen, dort niedergelegt, sodann aber gelegentlich von den Eigenthümern eingelöst und von da durch die Moldau am rechten Ufer des Dnjestr bis an die russische Grenzzollstätte Dubossar geschafft, hier von ihnen abermals eingelöst und in Empfang genommen wurden, um endlich an ihren Bestimmungsort Odessa zu gelangen, — diese Speditionen haben neuerlich aufgehört; man weiss nicht, ob deswegen, weil zu Dubossar geschärfte Maassregeln wegen Bewachung der Grenze veranstaltet werden, oder weil die Eigenthümer bei dieser Einlösung nicht alle Auslagen des Brodyer Commissionärs vollständig berichtigt haben, oder weil endlich die Erklärung des Hafens Odessa zu einem Freihafen, dessen Benutzung 20 % Gewinn verspricht, den russischen Kaufmann auf den Entschluss gebracht hat, die Ladung weiter abwärts in einen bessarabischen Seehafen zu schaffen, von wo sie sodann mit Leichtigkeit in das nahe gelegene Odessa überschifft werden kann. Da man jedoch bis jetzt um diese, mit keiner Ringmauer umgebene Stadt noch keine zureichende Douanenlinie zu Lande gezogen habe, so sei, auf Vorstellung des dortigen Gouverneurs, wider alles Erwarten ein Gegenbefehl aus St. Petersburg eingelangt, nach welchem die Ausführung der Maassregel, Odessa zu einem Freihafen zu machen, so lange aufgeschoben bleiben solle, bis jene Douanenlinie vollständig eingerichtet sein würde. Hierdurch wären die Eigenthümer der Ladungen in grosse Verlegenheit gerathen, die es ihnen unmöglich gemacht hätte, die in Brody schuldig gebliebenen Spesen ihrem Versprechen gemäss zu berichtigen. Wie dem auch sei, so ist es Thatsache, dass das Brodyer Haus nach Leipzig geschrieben, es wünsche für die Zukunft mit ähnlichen Speditionsaufträgen verschont zu werden, da die Eigenthümer der Waare sehr unzuverlässige Leute wären. Auch sieht man es für eine Folge dieses Ereignisses an, dass die in gegenwärtiger Messe hier anwesenden polnischen und moldauischen Juden bei ihren Kaufunterhandlungen allhier einen Credit von nicht weniger denn 9 Monaten begehrten, der ihnen aber billig verweigert wurde, wie denn nur allein die hiesige Speditionshandlung Albrecht & Bauer noch von voriger Michaelismesse her an 70 000 Thaler grösstentheils für Auslagen an polnisch-russische Juden zu fordern haben soll.

Nach einer officiellen Erklärung an der Börse zu St. Petersburg im Monat Januar wird der zeitherige Tarif von 1816 noch für dieses Jahr sein Fortbestehen haben, man versichert jedoch allgemein, dass fortwährend an einer neuen Umschmelzung desselben gearbeitet und selbige zuerst in einer Erhöhung der Ausfuhrzölle der vorzüglichsten nordischen Producte bestehen werde. Die im vorigen Jahre wider verschiedene Contrebandiers eingeleitete Criminaluntersuchung soll in Folge verschiedener Geldopfer, zu denen sich einige der vornehmsten Häuser in St. Petersburg, Reval und Riga verstanden haben, im Stillen abgethan worden sein. Uebrigens hatte das unlängst zu St. Petersburg erfolgte Falliment des Handelshauses Platzmann, wobei Gontards zu Frankfurt a/M., Platzmann zu Lübeck und Lutteroth zu Hamburg ansehnlich einbüssen, einen übeln Eindruck hinterlassen

Obschon die Warschauer Messe noch in ihrer Kindheit und bis jetzt von ausländischen Fieranten nur wenig besucht ist, so verspricht man sich doch von selbiger mit der Zeit ein besseres Gedeihen, zumal wenn die neuerliche Einrichtung, dass die von daher mit Certificaten abgehenden Messgüter über die Zollstätte Brzesc-Litewski die russische Grenze passiren dürfen, von Bestand sein sollte. Wenigstens dürfte hierbei der Speditionshandel in Warschau gar bald zu grösserer Bedeutsamkeit gelangen und dieses hinwiederum mehrere Waarenumtausch- und Geldgeschäfte herbeiziehen, zumal die Lage dieser Hauptstadt dem Zwischenhandel nichts weniger denn ungünstig ist.

Aus der Moldau, Wallachei und Griechenland waren diesmal nur wenig Einkäufer vorhanden, und ihre Geschäfte sind auch von keiner Beträchtlichkeit gewesen. Ueberhaupt sind die bedeutendsten Einkäufe von Juden und Handelsleuten aus Königsberg, Memel, Warschau, Krakau und einigen russischen Grenzstädten, nächstdem aber von einigen schweizer Häusern, welche letzteren sich jedoch blos auf den Einkauf von schafwollenen Fabrikaten beschränkt haben, und endlich von Mecklenburgern, Oldenburgern und einigen Rheinländern gemacht worden. Aus den Niederlanden sind wider Erwarten nur sehr wenige Käufer zugegen gewesen, unerachtet der von dortiger Regierung erst kürzlich erlassene neue Zolltarif um Vieles milder ausgefallen ist, als der vorige, der ganz nach dem französischen Systeme eingerichtet war.«

Während des Sommers 1818 »waren auf den übrigen Hauptmessplätzen Deutschlands, namentlich zu Braunschweig und Botzen im Monate August ansehnliche Verkaufsgeschäfte gemacht worden und auch mit der Messe zu Frankfurt a/M. hatten die dahin gekommenen sächsischen und andern deutschen Fabrikanten volle Ursache zufrieden zu sein. Gleich guten Ausschlag hatten mehrere Messen des Auslandes, namentlich die zu Sinigaglia[1], Bergamo[2] und Beaucaire[3] gehabt und es waren in Verfolg des daselbst gemachten guten Waarenabsatzes von mehreren Seiten her ansehnliche Bestellungen bei hierländischen Verlagshandlungen und Fabrikbesitzern eingegangen. Diese Bestellungen vermehrten sich in dem Maasse, als der Leipziger Michaelis-Markt näher heranrückte, und verbreiteten neues Leben in mehr als einem Manufactur- und Fabrikzweige.«

Allerdings waren viele Bestellungen aus den westlichen Provinzen Preussens

---

[1] Die Julimesse (20. Juli bis 8. August) zu Sinigaglia in den Marken am adriatischen Meere war im Anfang dieses Jahrhunderts die grösste in Italien.

[2] Die Bartholomäusmesse zu Bergamo in Oberitalien wird noch jetzt abgehalten.

[3] Die Magdalenenmesse zu Beaucaire an der Rhône wird vom 21.—28. Juli abgehalten und ist die grösste Messe Frankreichs.

auf den Umstand zurückzuführen, dass dort ein neuer Zolltarif eingeführt
werden sollte und man sich vor Inkrafttreten desselben mit Waaren versorgen wollte. Da aber eine Nachverzollung der Waarenvorräthe angeordnet
wurde, schlug diese Speculation in ihr Gegentheil um und es wurden auf der
Michaelismesse 1818 viele Waaren den Verkäufern wieder zur Verfügung
gestellt.

In Folge der reichlichen Ernte in Deutschland war das deutsche Geschäft
so lebhaft, dass dasselbe den Ausschlag gab. Der Messe kam es ferner zu
Statten, dass die Preise der englischen Baumwollenwaaren in die Höhe gingen,
dass mehr als gewöhnlich griechische Einkäufer erschienen und dass die seit
mehreren Jahren geschlossene Zollstätte Radzivilow an der volhynisch-galizischen
Grenze wieder eröffnet wurde. Trotzdem erschienen wenig Russen. Auch machte
der Jude Schill aus Brody, welcher seit 15 Jahren gewöhnlich in jeder Messe für
300 000 Thaler einkaufte, banquerott. Endlich fiel das jüdische Neujahrsfest in
die Messe, so dass es vom 1. bis 24. October 18 Feiertage und nur 5 jüdische
Geschäftstage gab.

Dem Bericht der Commerziendeputation liegt ein Bericht des Commissionärs
Ponomareff in Warschau über die dort neu errichteten Messen bei, dem wir
Folgendes entnehmen:

»Es werden in Warschau jährlich zwei Messen gehalten, die eine im Mai,
(den zweiten Montag des Monats), die andere im November (den ersten Montag
nach Allerheiligen neuen St.).

Eine jede dieser Messen dauert drei Wochen, wovon die letzte die Zahlwoche.

Alle diejenigen Rechte, Gebräuche und Freiheiten, welche im Auslande den
Messlieranten zugestanden werden, sind auch bei der Warschauer Messe eingeführt und beibehalten.

Die zur Abhaltung dieser Messen bestimmten Zeitpunkte sind die vortheilhaftesten für den russischen Handel, indem erstens von der Maimesse die Waaren
zum Theil nach Karennoy[1]) und mit aller Bequemlichkeit zu billiger Fracht nach
den Makarieff'schen[2]) und Illin'schen[3]) Märkten zeitig geliefert werden können,
zweitens von der Novembermesse wieder nach Krestschenkoy[4]) und nach Moskau
gegen den Decembermonat, gerade zur Zeit, wo der Verkehr mit den Inländern
am thätigsten ist.

Für den auswärtigen Handel ist wiederum die Bequemlichkeit, dass die Ausländer von der Leipziger Ostermesse zur Warschauer Maimesse und von der
Michaelismesse zur Novembermesse zeitig eintreffen werden.

1) Es dürfte die Messe zu Korennaja bei Kursk gemeint sein.

2) Die Messen zu Makariew waren allerdings nach dem grossen Brande 1816 nach Nishnij-
Nowgorod verlegt worden. Man nannte dieselben aber noch vielfach nach dem erstgenannten Orte.

3) Offenbar eine Verwechselung mit der Julimesse (Illia-Juli), welche bis ca. 1850 in Ro-
men, jetzt in Pultawa abgehalten wird.

4) Ebenfalls kein Ort. Es ist die Hoheneujahrsmesse (Krescheny) gemeint, welche in
Charkow abgehalten wird.

Die Fracht von Warschau bis nach Moskau beträgt 6 bis 7 Rubel Bco. Ass. per Pud (40 *ℓ*).«

Weniger durch den Einkauf der Polen, als durch den der Griechen und namentlich der deutschen Käufer gestaltete sich die Ostermesse 1819 zu einer guten Mittelmesse, trotz mehrfacher ungünstiger Einflüsse. Zu letzteren zählte die Erstreckung des neuen Zolltarifs und der damit verbundenen Consumsteuer nebst Regie auch auf die östlichen Theile der preussischen Monarchie, »das zunehmende Sinken der Preise aller ost- und westindischen, levantinischen und europäischen Naturproducte und Fabrikmaterialien, das Ueberfülltsein aller Vorrathsläger in den Hauptstapelplätzen aller Welttheile . . . . . das Fallissement mehrerer der angesehensten englischen Fabrikhandlungen, wodurch die englischen Fabrikate um 20 bis 25 % im Preise sanken.«

»Die Zahl der erschienenen Juden (3744) hatte sich zwar gegen die vorjährige Ostermesse (1930) fast verdoppelt, doch bestand der Zuwachs weniger in Engroskäufern, als in Detailverkäufern . . . . . dazu kam, dass zwei grosse Häuser in Hamburg und Lübeck fallirten, auf welche Tratten aus Riga und Petersburg liefen, mit denen sich die polnischen Juden als Zahlungsmittel versehen hatten. Der Gesammtbetrag dieser in Folge dessen protestirten Tratten belief sich auf nahe an 3 Millionen Thaler, wodurch eine grosse Lücke in die Zahlungsmittel der polnischen Juden gerissen wurde . . . . . Auch die deutschen Käufer waren mehr zahlreich, als bedeutungsvoll für den Grossohandel.«

Die preussischen Sommermessen in Naumburg und Frankfurt a/O. waren schlecht ausgefallen, nicht minder die Herbstmesse zu Frankfurt a/M., »wohin sich wegen der gegen die dasige Judenschaft erregten Tumulte fremde Israeliten zu kommen nicht getrauten.«

Trotzdem zeigte die Michaelismesse 1819 zu Leipzig rücksichtlich des Grossohandels einen wenn auch nicht ausserordentlich gewinnreichen, doch der Quantität nach sehr bedeutenden Waarenabsatz. Weniger war dies im Kleinhandel der Fall.

Die Ostermesse 1820 wird als eine mittelmässig gute bezeichnet.

»Die Wiedereröffnung der Landzollstrassen an den Grenzen des alten russischen Reichs, die Erleichterungen welche der neue für Russland und Polen mit Anfang dieses Jahres in Kraft getretene Zolltarif darbietet, der immer regelmässiger sich einleitende Verkehr an der preussisch-sächsischen Grenze, die neuen Debouchés mit dem venetianisch-lombardischen Königreiche vermittelst der nachbarlichen Bereitwilligkeit böhmischer Fabrikanten, neuerlich eingegangene Anfragen und Bestellungen nicht nur aus Spanien, sondern auch aus Westindien und südamerikanischen Seehäfen — alle diese Umstände und Ereignisse, verbunden mit den frohen Aussichten, welche theils die Berathungen des zu Wien versammelten deutschen Ministerial-Congresses, in Absicht auf Erleichterung des deutschen Handels, theils die Ankündigung veränderter Grundsätze in der grossbritannischen Handelspolitik, theils endlich die zwischen Spanien und seinen im Aufstand begriffenen amerikanischen Besitzungen eingetretene Waffen-

r u h e , nebst der unstreitig bald nachfolgenden Veränderung auch des spanischen
Zoll- und Handelssystems, hatten den kaufmännischen Speculationsgeist wieder
rege gemacht.«

»Andererseits wirkten verschiedene Ursachen ungünstig auf den Handelsverkehr ein. Diese waren nämlich und sind: U e b e r f l u s s a n N a t u r p r o d u c-
t e n u n d F a b r i k w a a r e n , und daraus entstehendes Missverhältniss zwischen
Anbietern und Nachfragenden, daraus entstehende Stagnation des baaren Geldumlaufs, niedriger Zinsfuss, ideale Ueberschätzung von Staatspapieren, zunehmende Fallimente und allgemeines Misstrauen und endlich die immer sichtlicher
werdenden verderblichen Folgen des in fast allen europäischen Staaten adoptirten
P r o h i b i t i v s y s t e m s mit seinen stets abwechselnden so lästigen als gefährlichen Formalitäten, das den Handel erschwert, ihn in die Hände einiger Weniger
zusammendrängt und in Europa tausend und abertausend Unternehmungen in
der Geburt erstickt, die bei freierem Handel zum Nutzen des Landes und der
Staatskassen sich realisiren würden.«

Mit der M i c h a e l i s m e s s e 1820 trat ein neuer Aufschwung im polnischen,
russischen und griechischen Messgeschäft ein. Dazu wirkten sehr viele Ursachen
zusammen:

»Die Begünstigungen, welche der polnische Handel durch die zwischen Russ-
land und Preussen und Oesterreich abgeschlossenen Tractate erlangt hatte, deren
Stipulationen alle die Länder umfassten, so vor dem Jahre 1772 jenes ungetheilte
Reich bildeten und wovon der mit Preussen abgeschlossene den 1. Juli d. J. in
Wirksamkeit eingetreten war; — die seit Anfang d. J. statt gefundene, jedoch
erst im Laufe des verflossenen Sommers zur endlichen Einrichtung gediehene
Wiedereröffnung aller ehemaligen Zollstätten an der russischen Landesgrenze; —
die Versammlung der polnischen Reichsstände und die Anwesenheit des russischen Kaisers, als ihres Königs, zu Warschau; — die zunehmende Lebhaftigkeit
des Transitohandels über den Freihafen zu Odessa; — das Aufhören der Pest in
der Moldau und Wallachei; — kriegerische Bewegungen in der Kaiserl. österreichischen Armee, wodurch dort und in andern Ländern fast alle Artikel, welche
zur Militärausrüstung und Equipirung gehören, verstärktere Nachfrage erhielten,
— die zwischen Spanien und seinen südamerikanischen Colonien seit dem Frühjahre eingetretene Waffenruhe, die Wiedereröffnung der Communication zwischen
der Stadt Cadiz und dem Innern Spaniens und der mit diesem Reiche und dem
Norden Deutschlands sich wieder belebende Verkehr, — alle diese Umstände
übten eine günstige Rückwirkung auf die Messgeschäfte des für den europäischen
Land- und Zwischenhandel so wichtigen Hauptplatzes Leipzig aus.«

»Die zur Messe anhergekommenen Polen, Russen und Griechen waren nicht
gerade ihrer stärkeren Anzahl wegen, wohl aber um ihres stärkeren Einkaufs und
der mitgebrachten soliden Zahlungsmittel willen, von Bedeutung.«

»Ausser baarem, in Ducaten und Imperialen bestehendem Gelde und guten
Wechseln, brachten die anhergekommenen Polen aus Brody besonders viel T a l g
mit auf den Platz, wovon grosse Partien nach Berlin und anderen Plätzen Nord-
deutschlands spedirt wurden, statt dass sonst dieser Artikel meist über Lübeck

oder Stettin zur See einzugehen pflegte. Von den anhergebrachten Hasenfellen und Schweinsborsten wurde das meiste an hier anwesende Franzosen,
von den Rauchwaaren aber an Griechen abgesetzt. In dem Freihafen Odessa
bildet sich der levantinische Handel immer mehr aus und die Vorräthe von Baumwolle, Rosinen, Mandeln, archipelagischen und Cyperweinen, Baumöl u. s. w.
sind sehr bedeutend. In diesem Sommer ist von den Engländern der erste Versuch gemacht worden, die Vortheile dieses Freihafens zu benutzen, indem sie
drei Schiffsladungen voll ganz feiner Tuche, Kasimire und Merinos, Baumwollen-
zeuge, Stahl- und Glaswaaren hingebracht und schnellen Absatz damit gemacht,
statt der Baarzahlung aber rohe Ochsenhäute, Pöckelfleisch und Mais — letzteren
zur Umgehung der britischen Kornbill — dafür eingetauscht haben. Im übrigen hat
in ganz Polen und Russland der niedere Stand der Getreidepreise zum Nachtheil
der Landwirthe und Gutsbesitzer seinen Fortbestand und der sonst so bedeutende Kornhandel zu Riga, Königsberg und Danzig, sowie in den Häfen des
schwarzen Meeres stockt noch fortwährend.

Hinsichtlich der neuen Leipziger Regie-Einrichtung endlich ist zu
bemerken, dass das in- und ausländische Handelspublikum im Allgemeinen sehr
zufrieden damit zu sein scheint. Unvermeidlicher, durch das Wiegen der Colli
u. s. w. verursachter kleiner Aufenthalt hatte im Anfange der Messe einige Beschwerden, besonders abseiten der Fuhrleute erzeugt, jetzt aber, da in die angestellten Regieofficianten grössere Gewandtheit gekommen, haben sich selbige
weiter nicht sonderlich vernehmen lassen. Ausserdem haben zwar auch manche
Spediteurs die Massregel, dass in den Tarifsätzen kein Unterschied zwischen da-
bleibenden und zwischen durchgehenden Gütern gemacht worden, als hinderlich
für den Leipziger Transito- und Speditionshandel ansehen wollen und deshalb
mancherlei Beschwerden erhoben, indessen hat man bis jetzt noch keine nachtheilige Folgen auf diesen Handelszweig oder merkliche Verminderung desselben
wahrgenommen. Denn es sind die Eingangssätze so gering, dass, wenn man sie
auf die Waaren nach Procenten des Werthes berechnet, in den meisten Fällen
die Abgabe kaum einige Groschen ausmacht und dieserhalb so leicht kein Fuhrmann, zumal bei den jetzigen guten Chausseen, das Land umfahren wird, obschon nicht zu leugnen, dass auf der nahen preussischen Grenze nichts un-
versucht gelassen wird, das Fuhrwerk durch Anlegung neuer bequemer Strassen
und Dorf-Niederlagsplätze von Leipzig abzuziehen.«

Die Ostermesse 1824 fiel so spät, dass die namhaftesten Geschäfte für
die Sommersaison schon vor derselben abgemacht worden waren. Insbesondere
wird darüber geklagt, dass theils die Engländer von Hause aus auf eigne
Rechnung, theils die in Leipzig etablirten englischen Waarenhandlungen, worunter
mehrere das Bürgerrecht daselbst geniessende Nationalbriten sind, bereits
vor Ostern grosse Waarenquantitäten, in neuen Mustern und Sommerartikeln bestehend, aus England und Schottland über Hamburg nach Leipzig abgehen
liessen, von wo sie sodann durch ihre Reisediener oder sogenannten Musterreiter schon vor der Messe in den ansehnlichsten Provinzialstädten ausgeboten,
Bestellungen darauf angenommen und schon vor der ersten Messwoche effectuirt

wurden. Aus gleichem Grunde hatten mehrere Warschauer, Brodyer und andere
polnische Waarenhandlungen es vorgezogen, diesmal gar nicht nach Leipzig zu
kommen, sondern sich ihre bedürfenden Artikel, absonderlich in Seidenzeug-
waaren, Merinos, Nankings u. s. w. von daher zu verschreiben.«

Trotzdem war der Messverkehr lebhaft und »in dem Handel mit den anwesenden Russen und Polen eine Störung eben nicht zu bemerken und,
was die kriegerischen Unruhen in der Wallachei und Moldau anlangt, so wurde
die allerdings empfindliche mindere Frequenz der Griechen, Armenier
und türkischen Juden dadurch in gewisser Hinsicht wieder aufgewogen
und gutgemacht, dass die Zusammenziehung und das weitere Vorrücken der
verschiedenen russischen Armeekorps in die Nähe der Düna und Weichsel, des
Dniestr und Pruth eine Menge Verkäufer in jene Gegenden hinlockte, wo sie mit
ihren Waaren guten Absatz zu machen hofften. Dieselben kriegerischen Unruhen
in den türkischen Ländern bewirkten auch eine lebhaftere Nachfrage nach levantischen Artikeln aller Art, indem man in Leipzig, wie überall, nicht ohne Grund
eine Preissteigerung derselben befürchtete und daher in Ansehung des Einkaufs
sich soviel als möglich dazu hielt.«

Die neue Regieeinrichtung in Leipzig hatte u. A. die Folge, dass »sich der
Waarendurchgang durch die Stadt wieder eingefunden und das (seit Jahrhunderten so viel beklagte und bekämpfte) Umfahren derselben aufgehört hat.«

»In den Monaten April und Mai 1821 waren 1525 Wagen Kaufmannsgüter
mit 4581 Pferden ohne Aufenthalt durch Leipzig gegangen« . . . . . .

»Die Zufriedenheit des handelnden Publikums mit der neuen Einrichtung
sprach sich fortdauernd und unzweideutig aus« . . . .

Die Michaelismesse 1821 war schlecht.

»Die niedrigen Getreidepreise in ganz Deutschland, Polen und Russland, der
immer tiefer gehende Werth fast aller Waaren und Fabrikate, verbunden mit
dem Sinken der Zinsen, nöthigen alle Producenten, Fabrikanten und Capitalisten
zu Ersparnissen, wovon die Rückwirkung auf Ackerbau, Industrie und Handel
immer fühlbarer wird. Die Erschwernisse, welche in und ausser Deutschland
das auf seine höchste Spitze gestellte, isolirende Merkantilsystem durch häufig
abwechselnde Einfuhrverbote, unverhältnissmässige Zollsätze und lästige Regiemassregeln, dem Handel des eignen Landes, wie dem der Nachbarstaaten, in den
Weg legt, sind — mit fast alleiniger Ausnahme hiesigen Königreichs und der
sächsisch-ernestinischen Lande — noch dieselben. Zu diesen allgemeinen Ursachen der Handelsstockung gesellten sich diesmal noch besondere, in den Zeitumständen liegende. Der Zwischenraum zwischen der Jubilate- und Michaelismesse hat gegen vier Wochen weniger betragen, als in der Regel der Fall zu sein
pflegt. Für einen Handelsplatz wie Leipzig, von woher ein grosser Theil
des europäischen Continents seinen Waarenbedarf bezieht,
machen vier Wochen mehr oder weniger Consumtion einen nicht unbedeutenden
Unterschied aus.«

Hierzu kommen der schlechte Ausfall der Sommermessen zu Warschau, Berditschew, Ssumi, Charkow und Nishnij-Nowgorod, die Ueberfüllung der Waaren-

magazine zu Riga, Petersburg und Moskau, die Unruhen in der Levante, welche
die Kaufkraft der dortigen wohlhabenden Klassen schwächten, und die »von den
Engländern neuerlich aus Noth eingeführte und sodann von deutschen Fabrikanten und Zwischenhändlern nachgeahmte Gewohnheit, ihre Waaren in den
kleinsten Provinzialstädten, und selbst an Dorfkrämer, durch ausgesendete zahlreiche Reisediener oder sogenannte Musterreiter anzubieten und ihnen direct
ins Haus zu schicken, wodurch die Einkäufer je länger je mehr von dem Besuche
der Messen und Märkte zurückgehalten werden.«

Die letztere, jetzt wieder so viel gehörte Klage ist also schon ziemlich alt.

Auch die Ostermesse 1822 stand unter ähnlichen ungünstigen Einflüssen,
wie ihre Vorgängerin. Dazu wurde sie noch beeinträchtigt durch die Nachricht
von dem abermaligen Erlass eines neuen russischen Zolltarifs. Auch gingen die
preussischen Versuche fort, den Handelsverkehr zwischen den östlichen und
westlichen Provinzen der Monarchie von Leipzig ab nach Naumburg zu lenken.

Die Michaelismesse 1822 war eine gute Mittelmesse mit sehr starker
Waarenzufuhr und sehr grosser Frequenz von Fieranten.

Ueber die Ostermesse 1823 berichtet die Commerziendeputation:

»Stärker als seit mehreren Messen war zwar die Anzahl der aus Wien,
Ungarn, der Moldau und Wallachei anhergekommenen Griechen, auch
machten sie bedeutende Einkäufe in sogenannten türkischen Artikeln, als z. B.
Mousselinen, in Reichenbacher und Zeitzer schafwollenen Zeugen und mittel-
feinen Tuchen, in feinen Kalikos und gedruckten Baumwollengeweben, in Rauch-
werke und kurzer Waare; allein in allen übrigen Gegenständen bewiesen sie
sich sehr zurückhaltend, indem es ihnen an den nöthigen Fonds zu grösseren Einkäufen zu fehlen schien und sie hauptsächlich nur für ihre Committenten in
Constantinopel einzukaufen versicherten, deren Aufträge sich lediglich auf
das Allernothwendigste beschränkten, indem theils ein grossherrlicher, kürzlich
erlassener Befehl gegen den Luxus und das Tragen kostbarer Kleidungen
viel Vorsicht anriethe, theils auch dort in Folge des erlittenen grossen Brandes
und der Kriegslasten viel Noth eingetreten wäre. Für die Moldau und Wallachei
kauften sie sehr wenig ein, indem diese Länder, wie sie versicherten, von den
ausgestandenen Drangsalen zu erschöpft wären und die nach Siebenbürgen und
Ungarn ausgetretenen Bojarenfamilien an eine Rückkehr in ihre Heimath sobald
noch nicht dächten.«

»Einen besonderen, früher wenig bekannten Gegenstand des griechischen
Handels machte die kurze Nürnberger und andere deutsche Waare darum
aus, weil in den beiden Fürstenthümern Moldau und Wallachei, sowie in Griechenland, Kleinasien und auf den Inseln des griechischen Archipelagus, bei den
häufigen Plünderungen, Feuersbrünsten und Verwüstungen fast alle nöthigen
Hausbedürfnisse darauf gegangen sind. Ihre Auswahl traf vorzüglich Kaffee-
mühlen, Schlosser- und Klempnerarbeit, Taschenmesser, Scheeren, Nadler-
waaren u. dergl.«

»Der sogenannte deutsche Handel nahm auch zweierlei, einander entgegengesetzte Farben an. Diejenigen Verkäufer, die sich im Besitze einer

geregelten Kundschaft befinden (und hierhin gehören besonders die Leipziger alten Waarenhandlungen, die Chemnitzer, Schönburger, Schnee- und Annaberger Fabrikverleger und andere), schienen mit ihrem Absatze an ihre deutschen Kunden zufrieden zu sein; dahingegen die kleineren Händler und Fabrikanten, — welche gerade die meiste Zahl ausmachen, — die neuen Häuser und die fremden, namentlich aber die Tuchfabrikanten aus den preussischen Rheinprovinzen, die englischen Waarenhändler aus Hamburg und Grossbritannien und andere, deren gewohnte Kunden diesmal ganz ausgeblieben waren (wohin auch die Leipziger und Frankfurter Seidenwaarenhandlungen, ingleichen die hiesigen Schafwollhändler gehörten), über den schlechten Erfolg ihrer diesmaligen Messgeschäfte sehr klagten.

Dergleichen K l a g e n sind jedoch i m m e r n u r s u b j e c t i v zu nehmen und es ist ebenso bekannt, als in der Natur der Sache gegründet, dass, j e m e h r d e r V e r k ä u f e r k l a g t, der K ä u f e r und Consument nur um desto mehr Ursache hat, mit seinem gemachten Einkaufe z u f r i e d e n zu sein, dass er aber seine Zufriedenheit, wo nicht verbirgt, doch n i e s o l a u t ä u s s e r t, als jener sein Missvergnügen. Ein eigentlicher Mangel an Absatz, oder eine auffallende Stockung ist nur in äusserst wenigen Artikeln zu bemerken gewesen, dahingegen in allen übrigen ein zum Theil nicht unbedeutender Absatz statt gefunden hat, nur dass sich derselbe unter der Menge von Verkäufern sehr vertheilt und die grosse Concurrenz derselben zu Herabstimmung der Preise nöthigt, wodurch der Gewinn eines jeden Einzelnen sich gegen sonst bedeutend schmälert. Es kann daher die diesmalige Jubilatemesse noch immer für eine m i t t e l m ä s s i g e gelten.«

Zugleich wird gemeldet, der russische Zolltarif werde mit grösserer Strenge gehandhabt und in Polen sei gegen die Juden die Anordnung erlassen worden, sich mit ihrer wesentlichen Wohnung drei Meilen weit von der Grenze entfernt zu halten. Die für den Warschauer Messplatz gewährten Zollerleichterungen waren aufgehoben worden.

Auch die M i c h a e l i s m e s s e 1823 wurde als Mittelmesse bezeichnet. Die Messgeschäfte nach dem Osten wurden immer mehr durch die russischen und österreichischen Zollplackereien eingeschränkt, so dass auch diesmal die russischen Einkäufer fast ganz wegblieben. An der r u s s i s c h e n Grenze ging man soweit, »in Warschau, Wilna, Mitau, Reval und Riga zur Nachtzeit Haussuchungen in den Magazinen der dortigen Kaufleute vorzunehmen, die Bücher und Briefschaften zu untersuchen und alle Waaren, welche verdächtig waren, dass sie ausländischer Abkunft seien, nach Petersburg zu schaffen«......

»Eine ähnliche Maassregel war fast um dieselbe Zeit auch längs der ganzen b ö h m i s c h e n G r e n z e eingetreten. Das zur Bewachung derselben dorthin postirte Militär wurde ansehnlich verstärkt, von Prag aus mehrere Commissionen in alle Mautheinnahmen abgesendet, die Waarenläger der Kaufleute untersucht und namentlich in Ansehung aller feinen Baumwollengewebe, deren Stoff aus einer höheren Garnsorte als No. 50 gefertigt zu sein schien, als ausländisch der Confiscation unterliegend, so lange mit Beschlag belegt, bis die inländische Abkunft durch Namhaftmachung des Garnfabrikanten erwiesen sein würde:

Ursache genug, dass auch die böhmischen zur Messe gekommenen Einkäufer sich
sehr zurückhaltend bewiesen.

Unter diesen Umständen war es noch für ein Glück anzusehen, dass die
preuss. Regierung die während der heurigen Naumburger Petri-Paulmesse
ergriffene und 7 Wochen lang gedauerte Maassregel, — alle von und nach Leipzig
gehenden Transitogüter einer detailirten Visitation an der Grenze und sofortigen Deposition des Abgabenbetrags zu unterwerfen, — nicht zur gegenwärtigen Michaelismesse wieder in Anwendung gebracht hatte. Dass dieser Fall
nicht eintrat, war lediglich der tempestiven Bekanntmachung des Leipziger
Magistrats, die das Erscheinen fremder Waarenverkäufer ausser den herkömm-
lichen drei Perioden untersagte, zu verdanken und indem solchergestalt die in
den ersten zwei Wochen des Septembermonats befürchtete Hemmung der Güter-
zufuhr nicht eintrat, trug dieser Umstand auch dazu bei, der diesmaligen Michaelismesse, hinsichtlich der Affluenz von Käufern, ein lebhafteres Ansehen zu ertheilen, als man anfänglich erwartet hatte.«

Gegen alle Erwartungen brachte die Ostermesse 1824 einen bis dahin
unbekannten Waarenumsatz. Die Geschäfte wurden nur gehemmt durch einen
so grossen Mangel an baarem Gelde, namentlich Conventionsgeld, dass der König
von Sachsen den Leipziger Bankiers einen baaren Vorschuss von 300 000 Thalern
machte.

Zur Güte der Messe trugen besonders die Einkäufer aus den Balkanländern
bei, auch erregte die Anwesenheit von 6 Grusinern aus Tiflis und mehrerer
Nordamerikaner, Westindier und Südamerikaner grosses Aufsehen.

»Bei den in diesjähriger Jubilatemesse stattgefundenen neuen Erscheinungen, dass Ausländer aus den entferntesten Weltgegenden aus Tiflis, Nordamerika,
Brasilien, Buenos Aires und Calcutta nach Leipzig gekommen waren und in verschiedenen Artikeln Einkäufe gemacht, dass ferner die anhergekommenen Engländer, anstatt, wie sonst, sich lediglich als Verkäufer britischer Fabrikate zu
geriren, oder auch ihre Einkäufe blos auf Schafwolle zu beschränken, nunmehr —
in Folge des veränderten Handelssystems ihrer Regierung — deutsche und sächsische Fabrikate mehrerlei Art einzukaufen begonnen, überhaupt aber die Messgeschäfte von Leipzig durch ein Zusammentreffen günstiger Umstände einen unerwarteten Aufschwung genommen hatten«, war es erklärlich, dass die Erwartungen, welche an die Michaelismesse 1824 geknüpft wurden, übertriebene
waren und nicht in Erfüllung gehen konnten. Doch wurde die Messe als eine
mittelmässige bezeichnet.

Die Initiative für das Aufblühen des Messhandels, welches sich in der Ostermesse 1825 deutlich zeigte, kam nicht mehr, wie dies früher der Fall gewesen,
aus dem Norden und Osten, da es an Käufern von dorther fehlte, sondern von
England und Amerika.

»Die neusten Ereignisse im Welthandel und in der Handelspolitik Englands
hatten die Erwartung eines günstigen Einflusses auf die Leipziger Messen erregt.
Im ganzen Laufe des verflossenen Winterhalbjahrs war in den Hauptzweigen der
sächsischen Industrie eine immer verstärktere Regsamkeit zu ver-

spüren und alle Hände, besonders hinter den Webstühlen und den damit zusammenhängenden Vorarbeiten und Zurichtungen, waren beschäftigt, sowohl die aus Hamburg, Triest, England und Amerika erhaltenen ansehnlichen Aufträge in Vollführung, als auch die durch die Elberfelder und Leipziger Westindisch-Amerikanischen Handlungs-Gesellschaften[1]) zu vertreibenden Quantitäten und die für eigene Rechnung beschlossenen Speculationen ins Werk zu setzen. Die Hoffnung, dass die grossbritannische Regierung die Einfuhr ausländischen Getreides erlauben, hierdurch aber eine neue Geldquelle für die Bewohner Polens und Russlands entstehen und dass das dort in späterer Zeit angenommene prohibitive Handelssystem wo nicht verlassen, wenigstens gemildert werden dürfte; — die immer deutlicher werdende Gewissheit, dass die Concurrenz der englischen Fabrikate und Manufacte auf den deutschen Messen nicht nur in eben dem sichtlichen Maasse, als der Londoner Cours daselbst tiefer gehe, im Abnehmen sei, sondern auch bei Fortdauer der über die Korneinfuhr bestehenden, die Subsistenz des dortigen Fabrikanten und Lohnarbeiters über die Maassen vertheuernden Prohibitivgesetze fernerweit abnehmen müsse; die Beobachtung, dass die zeither in das Börsenspiel und den Handel mit Staatspapieren aller Art versteckten Gelder sich wiederum dem Producten- und Waarenhandel zuwenden; — alle diese Umstände und unerwarteten Erscheinungen rechtfertigten die Erwartung, dass die bisherige Stockung der Handelsgeschäfte ihr höchstes Ziel erreicht habe und eine neue Aussicht für Landwirthschaft, Fabriken- und Manufacturthätigkeit und für Handlung sich eröffne.«

Eine kurz vor der Messe in London durch die Speculation herbeigeführte Hausse der Preise aller Fabrikate und Rohstoffe belebte das Messgeschäft im Anfang eben so sehr, wie die während der Messe selbst eingehenden Nachrichten von dem wieder eingetretenen Sinken der Preise lähmend einwirkten.

Auch auf der Michaelismesse 1825 zeigte sich die Abnahme des Geschäftes nach dem Osten und Südosten. Nur das deutsche Geschäft machte sie zu einer Mittelmesse.

Die allgemeine Handelskrisis, welche im Anfange des Jahres 1826 in England, Holland und den deutschen Seestädten ausbrach, machte sich auch in Leipzig[2]) durch den Sturz des angesehensten Bankierhauses, »welches die Anweisungen der Fabrikanten mit einer auf dem Platze seltenen Leichtigkeit zu acceptiren pflegte und solchergestalt seit mehreren Jahren gleichsam als die Stütze der manufacturirenden Classe betrachtet wurde«, einer der angesehensten Wollhandlungen, einer Handlung mit englischen Waaren und einer alten angesehenen

---

1) Die »Rheinisch-Westindische Compagnie« war im Jahre 1821 in Elberfeld mit 2000 Actien à 500 Thaler begründet worden, woran sich in der Ostermesse 1821 verschiedene sächsische Kaufleute und Fabrikanten betheiligten. An der ersten Aussendung von Hamburg nach Port au Prince im September 1821 im Gesammtwerth von 124 000 Thaler war die sächsische Industrie mit 30 000 Thalern betheiligt, wovon 18 600 Thaler auf Leinwand entfielen. Im Jahre 1823 wird berichtet, dass an den drei ersten Aussendungen nach Port au Prince, Mexico und Buenos Aires die sächsische Industrie mit 348 500 Thalern betheiligt gewesen sei.

2) Vgl. oben S. 289.

Lederhandlung mit einer gesammten Unterbilanz von $3\frac{1}{2}$ Millionen Thalern, sowie durch die Einwirkungen grosser Fallimente in Berditschew und Brody auf Leipziger Firmen geltend. Nach den Berichten der Commerziendeputation schadete dem Leipziger Credite im Auslande nicht nur diese Katastrophe an sich, sondern auch »der hierbei von einem Theile der übrigen Bankiers an den Tag gelegte Mangel an Gemeinsinn, ihr zu weit getriebenes Misstrauen sowohl gegen die sie um Hülfe ansprechenden Fabrikanten (von welchen nur eine namhafte Firma in Zeitz sich nicht halten konnte) als auch und noch mehr gegen einander selbst, wodurch in Verbindung mit dem Umstande, dass sie nunmehr, wie früher schon zwei Mal seit 2 Jahren geschehen, abermals ihre Zuflucht zu Vorschüssen aus den landesherrlichen Cassen[1]) zu nehmen versuchten, im Auslande der Glaube entstehen musste, dass ihre wirklichen Hülfsmittel und Vermögensverhältnisse weit unter dem Begriffe stehen, den man sich vorher davon allenthalben gemacht hatte.«

Es war ein Glück für die Ostermesse 1826, dass die aus dieser Krisis entstandenen Wechselverbindlichkeiten schon meist im Februar geregelt werden konnten und dass die auswärtigen Einkäufer, welche auch ihren heimischen Bankiers nicht mehr trauten, aus der Heimath nicht Anweisungen, sondern so viel als möglich baares Geld mitbrachten. So kam es, dass diese Messe »nicht nur zahlreicher, als man erwartet hatte, besucht und mit genugsamen Waarenvorräthen versorgt war, sondern dass auch der Absatz derselben stärker, als unter den Umständen zu hoffen stand, ausfiel.«

Der Bericht wendet sich energisch gegen das auch damals, wie zu allen Zeiten übliche Gerede von dem »Verfalle« der Leipziger Messen und widerlegt dasselbe zahlenmässig durch den Hinweis auf die Steigerung der auf den Messen gehandelten Waarenquantitäten.

Dagegen muss der über die Michaelismesse 1826 erstattete Bericht der Commerziendeputation die Berechtigung der Klagen über die Abnahme der relativen Bedeutung der Messen zugeben. Er findet »den Grund davon in sehr verschiedenartigen und zum Theil sich ganz entgegengesetzten Ursachen.«

»Auf der einen Seite sind es die Prohibitivsysteme auswärtiger Staaten, welche die freie Ausübung des gesammten Welthandels, und somit auch den Handelsverkehr während der Messen zu Leipzig beschränkt haben. So sind z. B. die früher nach dem russischen Reiche hin bestandenen directen Handelsverbindungen in Folge der daselbst angelegten hohen Grenzzölle grösstentheils aufgehoben und auf den Paschhandel reducirt worden. Hierdurch ist der Waarenhandel dahin mit weniger Ausnahme auf die zum Einpaschen geeigneten, d. h. nicht sehr ins Volumen und Gewicht fallenden Gegenstände beschränkt, wird jedoch dadurch ebenfalls sehr erschwert, dass, dem Vernehmen nach, die russische Regierung mit immer grösserer Strenge gegen den Paschhandel einschreitet und zu diesem Behuf auf ausländischen Handelsplätzen z. B. Leipzig

---

1) Vgl. oben S. 164 und vorhin S. 439.

und **Brody** Commissarien unterhält, welche auf dergleichen vorgehende Einschleife scharfes Augenmerk haben sollen, nicht minder dergleichen Paschgut, wenn es transito durch die preussischen Staaten gehen soll, nicht wie früher gestattet war, an ein Handelshaus in einer preussischen Grenzstadt adressirt werden darf, sondern auf den preussischen Grenzzollhäusern abgeladen werden muss, welche den russischen Barrièren gegenüber liegen

Auf der anderen Seite trägt auch das Fortschreiten der in- und ausländischen Industrie nicht wenig dazu bei, den Handelsverkehr von Leipzig zu entfernen, oder doch wenigstens während der Messen minder bedeutsam zu machen. Zu einer Zeit, wo Handel und Gewerbe erst im Entstehen begriffen waren, und wo die materielle Unvollkommenheit der vorhandenen Communicationsmittel die Nothwendigkeit herbeiführte, dem allgemeinen Verkehre durch die Gründung gewisser Centralhandelsplätze grösseren Aufschwung zu verschaffen, da musste die Leipziger Messe von dem glänzendsten Erfolge begleitet sein. Diese Zeitumstände würden in Beziehung auf den Handel mit Polen und Russland unstreitig noch geraume Zeit fortgedauert haben, hätten die oberwähnten gewaltsamen Einschreitungen der Regierungen nicht den Verkehr gehemmt, allein im allgemeinen haben sie sich geändert. Leipzig ist schon deshalb nicht mehr als der Centralpunkt des Continental- und des durch die Landestheilung ohnehin sehr verminderten inländischen Handels zu betrachten, weil die Industrie und der Speculationsgeist im Handel, ebenso wie im Fabrikwesen, sich gleichmässig im In- und Auslande verbreitet haben. Bei den sichtbaren Fortschritten, welche überall in der Vervollkommnung der Communicationsmittel geschehen sind, ist die Handelswelt nicht mehr wie früher an die Zeit und den Ort der Messe gebunden, und häufiger, als ehedem, finden Handelsoperationen in Leipzig auch ausser Messenszeiten statt.[1] Vorzüglich aber hat die überhandnehmende Masse von Erzeugnissen einen steten Kampf um die Herabdrückung der Waarenpreise und somit um den Besitzstand der Kundschaft und des Absatzes hervorgebracht, welcher den Producenten wie den Abnehmer nöthigt, auf Erzielung grösstmöglichster Wohlfeilheit bedacht zu sein, und soweit thunlich mit Umgehung alles vermeidbaren Zwischenhandels, directe Verbindungen anzuknüpfen, wodurch denn Käufer und Verkäufer abgehalten werden, die Messen zu beziehen.«

Ein deutliches Symptom für die Verschlechterung der Messen war allerdings auch die allgemeine Klage über das Fallen der Gewölbezinsen.

Ueber die Lücke in der Berichterstattung über die Messen der Jahre 1827 und 1828, welche durch den Tod des Hofraths Bucher verursacht worden war, ist oben in dem X. Abschnitt S. 236 die Rede gewesen.

In der Zeit von 1827 bis 1829 hatten sich die Einkäufer aus dem Osten wieder zahlreicher eingefunden, als früher. Die Einkäufer aus Tiflis besuchten die Messen regelmässig. Der russisch-türkische Krieg und das Bedürfniss der

---

[1] Viel zu wenig pflegt beachtet zu werden, dass die Stadt Leipzig ihr Platzgeschäft den Messen dankt.

Armeen, welches durch die Erzeugnisse der russischen Fabriken nicht gedeckt werden konnte, steigerte den Waarenbedarf im südlichen Russland. Die Herabsetzung der österreichischen Transitozölle erleichterte den Verkehr nach den Balkanländern.

»Der diesseitige Verkehr mit Amerika ist zwar weniger von den Messen abhängig. Doch befanden sich während der letzten Messe mehrere Nordamerikaner in Leipzig, welche auch Einkäufe in Leinen- und Wollenwaaren machten, hauptsächlich aber beabsichtigten, sich mit dem Zustande der sächsischen Industrie durch eignes Ansehauen bekannt zu machen und Verbindungen anzuknüpfen. Für das Interesse des sächsischen Manufacturwesens ist es von vorzüglicher Wichtigkeit, dass die Waarensendungen nach Nordamerika, welche zeither fast lediglich auf dem sehr unsicheren und unsoliden Consignationshandel beruhten, immer häufiger auf feste Rechnung und directe Bestellungen theils amerikanischer, theils Bremer und Hamburger Häuser gemacht werden, ein sicherer Beweis, dass der selbständige Ruf der sächsischen Industrie sich in jenen Gegenden zu begründen und gegenseitiges Vertrauen zwischen Producenten und Abnehmern zu entstehen anfängt.«

Und so fielen sowohl die Neujahrs- als die Ostermesse 1829 im Allgemeinen gut aus, weniger war dies bei der Michaelismesse 1829 der Fall, in Folge des inzwischen eingetretenen Umschwungs der Verhältnisse auf dem russisch-türkischen Kriegsschauplatze. Auch wirkte es auf das Geschäft nach dem Osten nachtheilig ein, dass im Königreich Polen im Laufe des Sommers der russische Zolltarif in Wirksamkeit getreten war.

In dem Berichte über die letztgenannte Messe wird dem Wunsche der sächsischen Fabrikanten Ausdruck gegeben, dass in Bukarest und in anderen levantinischen Plätzen sächsische Consuln aus der Zahl der dort ansässigen Kaufleute angestellt werden möchten.

Vom Jahre 1829 an finden sich regelmässig Berichte über die Neujahrsmessen bei den Acten, welche von dem Ober-Accis-Commissar Kammercommissionsrath Johann Daniel Porst an die Commerziendeputation erstattet worden sind, da die Commerziendeputation selbst »zu Besuchung der Leipziger Neujahrsmessen bekanntlich nicht autorisirt ist.«

Aus diesen Berichten geht hervor, dass die Neujahrsmessen in jener Zeit zwar eben noch, wie früher, an Bedeutung hinter den beiden anderen Messen weit zurückstanden, dass sie aber doch nicht belanglos waren und sogar von den fernsten Kunden besucht wurden, vielfach sogar von den zu jener Zeit auf den Messen eine grosse Rolle spielenden Armeniern und sogenannten Persern, welche aber eigentlich Grusiner aus Tiflis waren.

Die Ergebnisse der Ostermesse 1830 waren nur theilweise befriedigend. In Folge des zwischen Russland und der Türkei wiederhergestellten Friedens stellten sich die Einkäufer aus der europäischen Türkei wieder zahlreicher ein. Das deutsche und das nordische Geschäft stockten aber. Der russische Zolltarif wurde wieder einmal plötzlich erhöht. Die theilweise Ermässigung des österreichischen Zolltarifs vom 23. April 1830 war dagegen belanglos.

Die Michaelismesse 1830 »würde ohne Zweifel eine der vorzüglichsten der letzten Leipziger Messen geworden sein, wenn nicht die Unruhen im In- und Auslande und das daraus entstandene öffentliche und Privatmisstrauen eine unerwartete Störung in alle Geschäftsverbindungen gebracht hätten.«

Der eintretende Geldmangel führte den Fall des grossen Hauses Reichenbach in Leipzig und Berlin, der Leipziger Firma Schröpfer herbei und zwang Gebrüder Erkel zu vorübergehenden Zahlungsstockungen. Das deutsche Waarengeschäft war vollständig lahm gelegt.

»Höchst traurig würde demnach das Resultat der Messe gewesen sein, wenn nicht, und diesmal in ungewöhnlicher Anzahl, die Einkäufer aus dem Südosten Europas, welche hauptsächlich Leipzig den Charakter eines Welt- marktes erhalten haben, sich eingefunden hätten, um den Waarenbedarf in jenen Gegenden zu decken.«

»Auch ihr Handelsgeschäft aber hat durch jene Creditlosigkeit grosse Er- schwerungen erlitten und ist bei weitem nicht das geworden, was es in ruhigen Zeiten gewesen sein würde. Allein immer noch ist es von dem Umfange ge- wesen, dass es der Messe, in vielen Beziehungen wenigstens, den Charakter einer mittelmässigen erhalten hat.«

Die Einkäufer aus den Ostgegenden brachten auch baares Geld und Wiener Banknoten mit. Die Zahlungsmittel wurden noch vermehrt durch Verpfändung von 5000 Centnern nordischer Producte (Borsten, Hasenfelle, Rauchwaaren), welche nicht direct abgesetzt werden konnten, da die Einkäufer aus Belgien und Frankreich der Unruhen wegen ausgeblieben waren.

In der Ostermesse 1831 lagen die Verhältnisse fast entgegengesetzt. Sie fiel schlecht aus. Am wenigsten ungünstig war aber das deutsche Geschäft. Das Geschäft nach dem Osten war dagegen durch den polnischen Aufstand gänz- lich lahm gelegt. Dagegen waren Käufer aus der Levante, aus Nordamerika und Westindien anwesend.

»Die Amerikaner scheinen bei den sächsischen Fabrikanten meistens im Rufe der Solidität zu stehen.«

Die norddeutschen Kunden waren nicht so zahlreich erschienen, als die süd- deutschen.

»Die Frankfurter und Fürther Häuser machten bedeutende Einkäufe, nur wie immer unter äusserst drückenden Bedingungen für die Verkäufer. Dennoch beweist diese Thatsache, dass trotz der süddeutschen Zollsysteme noch immer ein Zusammenhang der dortigen Geschäfte mit dem Leipziger Mess- handel besteht, und dass die Zwischenhändler ihre Rechnung am besten auf dem Leipziger Platze finden.«

Wenn die Michaelismesse 1831 als »beispiellos schlecht« bezeichnet wurde, so war dies weniger die Folge der fortdauernden politischen Unruhen, als vielmehr der in Preussen und Oesterreich ausgebrochenen Cholera und der in Folge derselben theils eingetretenen, theils befürchteten Quarantäne-Massregeln.

Die eingetretene Krisis würde auf der europäischen und speciell auf der sächsischen Industrie noch weit härter gelastet haben, wenn nicht gleichzeitig

»das amerikanische Geschäft, vornehmlich das nach den Vereinigten Staaten und Mexiko, neues Leben gewonnen hätte.«

Die Beendigung des polnischen Aufstandes, der belgischen Unruhen und das Aufhören der Cholera verliehen dem Geschäfte einen so lebhaften Aufschwung, dass die Ostermesse 1832 als »eine relativ gute bezeichnet wurde, ohne jedoch mit den früheren Messen vor den französischen Kriegsjahren (1800 bis 1806) oder mit denen nach denselben (1814 bis 1830) verglichen werden zu können.«

Namentlich versorgten sich Polen und die östlichen Provinzen Preussens stark mit Waaren.

Die Michaelismesse 1832 fiel für den Kleinhandel sehr gut, für den Grosshandel mittelmässig aus. Viele Umstände hatten die im Frühjahr 1832 gehegten Erwartungen nicht zur Erfüllung kommen lassen. In Schlesien war die Cholera wieder ausgebrochen.

»In Russland tritt die Concurrenz der inländischen Fabriken gegen die ausländischen unter dem Schutze unerschwinglicher Zölle mehr und mehr hervor und glaubwürdigen Nachrichten zur Folge verhält sich der Handel mit russischen Waaren gegen ausländische auf den sehr wichtigen Märkten des südlichen Russlands wie zehn gegen eins.«

Die Ostermesse 1833 fiel noch ungünstiger aus als die vorhergegangene Michaelismesse. Der Berichterstatter[1] der Landes-Direction über dieselbe unterscheidet hierfür vorübergehende und dauernde Ursachen. Zu den ersteren zählt er die Ungewissheit über die Zeit des Eintrittes des beabsichtigten preussisch-deutschen Zollverbandes und die orientalischen Ereignisse (das Vordringen des Paschas von Egypten in Kleinasien). Zu den dauernden Ursachen des Herabgehens der Leipziger Messen zählt er den Druck, welcher auf dem Königreich Polen lastet, und die fortschreitende Ausbildung der russischen Industrie.

»Das Leben, welches sich nach Beendigung der grossen polnischen Katastrophe in dem Handel mit diesem Lande zeigte, war nur ein Scheinleben und nach Befriedigung der dringendsten Bedürfnisse, nach Wegfall der momentanen Erleichterung, welche die Rückkehr vieler russischer Offiziere für das Einbringen mancher transportablen Luxusartikel nach Russland gewährte, ist nun ein Zustand der Lethargie eingetreten, bedingt durch den gesunkenen Wohlstand des Landes überhaupt, durch die Entmuthigung der wenigen Wohlhabenden und die Störung aller geselligen Verhältnisse.

Auch Krakau leidet an diesen Störungen, mehr aber noch an der gänzlichen Hemmung des Paschhandels, welcher bisher von da aus nach Warschau getrieben wurde. Die Waarenlager der Krakauer Kaufleute sind überfüllt und anstatt neuer Bestellungen und Rimessen für fällige Posten gehen von daher nur Klagen und Anträge auf Gestundung ein, welche Schlimmeres fürchten lassen.

---

[1] Die Berichte über die Messen 1832 ff. sind von Kammerrath Jacob Heinrich Thieriot abgefasst.

Der hohe russische Zoll, welcher ohne Berücksichtigung der Qualität der Waare nach dem Gewicht erhoben wird, ist fast nur auf feinere Gattungen erschwinglich, wo neben dem inneren Gehalt auch der Geschmack und die Mode bezahlt wird, und es ist nach und nach der Zwischenhandel Leipzigs nach den Hauptstädten des russischen Reichs in ausländischen Manufacten ganz verloren gegangen, da die dortigen Kaufleute directe Verbindungen mit England und Frankreich angeknüpft haben.   Dieser Handelszweig ist für uns unwiederbringlich verloren, allein auch der uns verbliebene Verkehr mit den polnisch-russischen Provinzen, Litthauen, Podolien, Wolhynien u. s. w., welcher durch die nach Leipzig kommenden Juden betrieben wird, leidet je länger je mehr durch die immer gesteigerte Zollstrenge und durch die Concurrenz der russischen Fabrikate, welche in ihrer Vervollkommnung sichtbar vorschreiten und manche ausländische Artikel bereits entbehrlich machen, so dass es bei der Höhe der auf letzteren bestehenden Zollsätze nicht zu verwundern ist, wenn der Absatz derselben nach jenen Gegenden sich merklich vermindert, sowie die Besorgniss einer noch ungünstigeren Gestaltung für die Zukunft leider nur zu gegründet erscheint.«

Im Sommer 1833 trat eine ausserordentliche Steigerung der Preise aller Rohstoffe und der Colonialwaaren ein.   Die Baumwolle stieg in England vorübergehend um 50 %.   In Folge der Erhöhung der Schafwollpreise fand eine starke Ausfuhr von Schafwolle nach England statt.   Im September 1833 sollen nach England 16000 Ballen Schafwolle eingeführt worden sein, darunter 10000 Ballen deutsche.   Auf der Michaelismesse 1833 wurden in Leipzig 5000 Centner grösstentheils österreichische und ungarische Wolle zu hohen Preisen für England gekauft.   Alle diese steigenden Preise wirkten belebend auf die Michaelismesse 1833 ein.   Auch das Geschäft nach der Moldau und Wallachei ging gut und aus Berditschew, Mirow, Kaydon, Skloff, Brody, Krakau und Warschau erschienen zahlreiche Käufer.

XVII.

Verlauf und Bedeutung der Leipziger Messen seit Eintritt Sachsens in den Zollverein 1834 nach den amtlichen Berichten.

In dem VIII. Abschnitt (S. 165 ff.) sind die Schwierigkeiten geschildert worden, unter denen sich der Anschluss Sachsens an den Zollverein vollzog, und die zum Theil überaus irrigen Vorstellungen, welche man sich in Leipzig von den Wirkungen dieses Anschlusses im voraus gemacht hatte.   Um so interessanter ist es, den Umschwung der öffentlichen Meinung zu beobachten, welcher sich nicht etwa langsam und allmälig, sondern sogleich in den ersten Monaten des Jahres 1834 vollzog Ein Zeugniss hiervon legt die Relation über die Ostermesse 1834 ab, welche von Thieriot verfasst und aus welcher ein grosser Triumph der Regierungsanschauungen über die Opposition leicht ersichtlich ist. Dieser letztere Umstand hat vielleicht die Farben besonders lebhaft auftragen lassen. Wir geben dieses gleichzeitige Zeugniss über eines der wichtigsten Momente in der Entwickelung der Leipziger Messen mit möglichster Ausführlichkeit wieder:

«Gross war die Spannung, mit welcher bei dem am 1. Jan. d. J. ins Leben getretenen Anschluss Sachsens an den preussisch-deutschen Zoll-verband die Aufmerksamkeit der handelnden Welt auf den Einfluss gerich-tet war, welchen diese grossartige, in ihren Folgen nicht zu berechnende Mass-regel auf den Leipziger Messhandel ausüben würde.

Schon der Eintritt der neuen Verhältnisse hatte vermehrte Schwierigkeiten darin gefunden, dass er in die in den letzten Tagen des December begonnene Neujahrmesse fiel, welche zwar rücksichtlich ihrer Bedeutsamkeit mit den beiden Hauptmessen nicht zu vergleichen ist, für welche jedoch durch die ungünstige Jahreszeit und die kurzen Tage die Regiebehandlung ohnehin erschwert wird. Hierzu kam noch die Regulirung der Nachsteuer, welche die Aufmerksam-keit und Thätigkeit der Beamten auf eine aussergewöhnliche Art in Anspruch nahm.

Dennoch gelang es nicht nur den vereinten Anstrengungen, welche durch die temporär herbeigezogenen preussischen Hülfsofficianten in wünschenswerther Weise unterstützt wurden, diesen vielfachen Anforderungen Genüge zu leisten, sondern es bewährten sich auch die zu Erleichterung des Regieverfahrens für den ausländischen Grosshandel getroffenen Massregeln, ungeachtet der Eile, mit welcher selbige ausgeführt werden mussten, in der Anwendung als zweck-mässig, so dass selbst die früheren Gegner des Systems dafür ge-wonnen wurden und Käufer, sowie Verkäufer unaufgefordert bekannten, dass sie eine solche Praxis nicht für möglich gehalten hätten, und nun erst an die Erhaltung des Leipziger Grosshandels in seiner bisherigen Ausdehnung unter dem Einflusse des neuen Zollsystems glaubten.

Auf solche Weise gereichte der anfangs für bedenklich gehaltene Umstand des Zusammenfallens des Eintritts mit der Neujahrmesse der Sache selbst zum wesentlichen Vortheile, indem die Richtigkeit des Verfahrens nun schon praktisch erwiesen war, und es blos noch darauf ankam, den einer Hauptmesse entsprechenden grösseren Massstab anzulegen.

Unter diesen Voraussetzungen musste die Jubilatemesse grosse Erwar-tungen erregen, indem man sich neben dem gewohnten Verkehr mit auslän-dischen Waaren nach dem Auslande auch eine bedeutende Vermehrung der Geschäfte mit inländischen Waaren innerhalb des Vereinsgebiets versprach. Wenn viele Käufer von daher angekündigt wurden, welche zum Theil die Leipziger Messe noch nie besucht hatten, so fehlte es andererseits auch nicht an einem

Zusammentreffen von Verkäufern aus den Vereinsstaaten, insbesondere aus Berlin, welche durch die Aussicht, einen neuen, grossartigen Markt für ihre Waaren zu gewinnen, angelockt wurden.

Die Erwartungen wurden durch diese Ankündigungen auf eine übertriebene Weise gesteigert, und die nächste Folge war eine ungemessene Vertheuerung der Miethzinse, insbesondere für alle nur einigermassen geeigneten Verkaufslocale, welche häufig auf das Doppelte, auch wohl noch mehr erhöht wurden.

In dieser Aufregung von einem Extrem zum anderen übergehend und statt des gefürchteten bodenlosen Abgrundes eine unversiegbare Quelle des Segens erblickend, übersah man freilich, dass Massregeln der fraglichen Art das Gute immer nur in gewissen Grenzen und unter gegebenen Voraussetzungen zu befördern vermögen   Sind Bedürfnisse vorhanden, welche ihre Befriedigung von dem Handelsverkehr erwarten, führt dieser Verkehr einen regen Austausch der Erzeugnisse entfernter Länder herbei, wird dadurch der relative Werth der Dinge vermehrt, und ist überhaupt, wie man gewöhnlich zu sagen pflegt, Leben im Handel, so wird sich derselbe auch durch alle Hindernisse Bahn brechen; im entgegengesetzten Falle aber vermag man nicht, den Mangel einer materiellen Grundlage durch irgend ein Surrogat zu ersetzen und auch die beste Einrichtung kann keinen andern Zweck und keine andere Wirkung haben, als die Bewegung der wirklich vorhandenen Kräfte zu erleichtern.

So hat nun die letzte Jubilatemesse zwar Beweise gegeben, was auch unter ungünstigen Umständen geleistet werden kann, und zugleich die Ueberzeugung begründet, dass ohne den Zollanschluss das Geschäft schlechter als je gewesen wäre, allein die hohen Erwartungen konnten mit wenigen Ausnahmen nicht befriedigt werden, eben weil es an einer nachhaltigen Grundlage zu einem allgemeinen lebhaften Geschäftsverkehr fehlte.   Der Winter war überall — um hier den kaufmännischen Ausdruck zu gebrauchen — flau gewesen, was seinen Grund für Deutschland in dem Ueberfluss und dem Unwerth der Produkte, insbesondere des Getreides, für Polen in den politischen Conjuncturen, für Russland in dem Misswachs bei der vorjährigen Ernte und der in vielen Gegenden dieses grossen Reichs entstandenen Theuerung und Hungersnoth hat.   Auch in der Moldau und Wallachei lagen die Geschäfte darnieder, was vornehmlich der ungünstigen schlaffen Witterung beigemessen wird, durch welche die Strassen unwegsam gemacht und alle Communicationen ungewöhnlich erschwert worden sind.

Was insbesondere Sachsen und die gleichzeitig in den Zollverband getretenen Staaten anlangt, so ist nicht unbemerkt zu lassen, dass man sich daselbst vor erfolgtem Eintritt sowohl von Seiten der Kleinhändler, als auch von Seiten der Privaten mit ausländischen Manufacten zum Ueberfluss versehen hatte, mithin eine lebhafte Frage darnach für diese Gegenden nach Verlauf eines so kurzen Zeitraumes nicht zu erwarten war   Anders war dies mit sächsischen Manufacten, welche schon seit dem vorjährigen Frühjahr nur sparsamen Absatz nach Preussen sowohl als nach den anderen, damals in Unterhandlung begriffenen nunmehrigen Vereinsstaaten fanden, und deren Vertrieb nun nach Eintritt des Anschlusses durch die Vollziehung der für diesen Zeitpunkt ertheilten Bestellungen neues Leben gewann.

Auch haben die meisten sächsischen Fabriken seit dem ununterbrochenen und zum Theil mit fortschreitender Ausdehnung gearbeitet und es scheinen sich die günstigen Hoffnungen, welche man aus der neuen Gestaltung der Dinge für die sächsische Industrie geschöpft hat, wenigstens in der Hauptsache zu bestätigen.«

»Im Allgemeinen dürfte noch zu bemerken sein, dass es an Gelde nicht fehlte, und auch sonst der Geschäftsgang durch keinen Unfall gestört wurde.

Der Kleinhandel war sehr lebhaft, wie dies auch zu erwarten stand, nachdem die Schranken gefallen waren, welche Leipzig von drei Seiten umschlossen, und überhaupt stand die letzte Messe in Ansehung ihrer äusseren Lebhaftigkeit keiner früheren aus den glänzendsten Epochen des Handels nach.

Dennoch lässt sich aus dieser Erscheinung für die Folge noch kein Schluss ziehen, denn mancher Verkäufer, welcher goldene Berge geträumt und in der That seine Kosten nicht gedeckt hat, wird nicht wiederkehren; mancher Käufer, welchen die Neugierde weit hergeführt hat, wird es bequemer und wohlfeiler finden, in seinem gewohnten Gleise zu bleiben, allein es lässt sich auch erwarten, dass manche andere an ihre Stelle treten und insbesondere die Geschäfte mit dem südlichen Deutschland sich regelmässiger organisiren werden. Je weiter der Verein sich ausbreitet, desto segensreicher wird er auch für Leipzig werden. Irrig erscheint die Besorgniss, dass dieses durch den Anschluss von Frankfurt a/M. leiden werde, denn das Geschäft, welches dahin gewiesen ist, wird nach Leipzig kommen, und ist auch jetzt durch die Vermittelung von Offenbach in ungestörtem Gange. Dass Letzteres zu seiner früheren Nullität herabsinkt, sobald Frankfurt a/M. in den Verein tritt, liegt in der Natur der Sache, erscheint aber hier blos als Localfrage.

Gewiss ist es, dass die Grossartigkeit dieses Vereins sich überall mehr und mehr bewährt, und die Aufmerksamkeit, welche Oesterreich, Frankreich und England demselben widmen, die hier und da schon sich zeigende Geneigtheit, mit billigen Beträgen auf dem Grund der Reciprocität entgegen zu kommen, berechtigt zu den schönsten Hoffnungen für die Zukunft.«

Die Michaelismesse 1834 war sehr zahlreich besucht, auch aus der Moldau und Wallachei. Der Umfang der Messgeschäfte stand freilich in keinem Verhältniss zur Zahl der erschienenen Käufer.

»Die Einkäufer aus Polen und Russland liessen ziemlich lange auf sich warten und fanden sich überhaupt weder in grosser Anzahl, noch mit bedeutenden Aufträgen ein. Warschau scheint sich zwar etwas zu erholen, doch fehlt immer noch ein reges Leben und die Verpachtung der Warschauer Zölle an einen Juden, Namens Exstein, welcher früher selbst im Schmuggeln wohl erfahren war, jetzt aber als Zollpächter die frühere durchschnittliche Einnahme garantirt und den Ueberschuss mit der Regierung theilt, ist nicht sehr geeignet, das dortige, durch unerträgliche Zölle belastete Geschäft zu beleben. Aus eben diesem Grunde ist auch der Handel in Krakau, von wo sonst viele Waaren nach Warschau heimlich eingebracht wurden, ganz gelähmt und mehrere der dortigen bedeutenderen Einkäufer, welche die Leipziger Messen zu besuchen pflegten, haben ihre Zahlungen eingestellt.

Auch in Brody sind mehrere Failliten ausgebrochen, wobei der Leipziger Waarenhandel betheiligt ist, und es vereinigen sich mehrere Umstände, welche dem dortigen, für Leipzig so wichtigen Geschäftsgang hindernd entgegentreten.«

Bei der Ostermesse 1835 macht der Bericht folgende allgemeine Bemerkungen:

»Wenn es schon an sich erfreulich ist, das alte, aber darum nicht veraltete Institut der Messen auch unter schwierigen Verhältnissen sich bewähren zu sehen, so ist es eine doppelt erfreuliche Erscheinung, in der vermehrten Regsamkeit derselben ein neues, frisches Leben, als nächste Folge der durch den Zollverein hervorgerufenen innern Handelsthätigkeit zu erblicken. Was anfangs als eine Wirkung der Neuheit, als eine versuchsweise Explorirung der neuen Gestaltung der Dinge betrachtet wurde, und nur halbes Vertrauen einflösste, hat nun einen festeren Halt gewonnen, und es ist thatsächlich dargethan, dass Leipzig, so lange die Einrichtungen bestehen, durch welche der freie Handel nach allen Richtungen gesichert ist, der Punkt sein und bleiben wird, in welchem sich die commerzielle Thätigkeit der sämmtlichen Vereinsstaaten zu den Mess-Epochen concentrirt, sowie sich auch immer mehr selbständige Etablissements daselbst begründen. Fast fehlt es an Raum, die Zahl der Messbesuchenden aufzunehmen, und da die Zahl der Magazine zu ebner Erde bei weitem nicht ausreichend ist, so sind die ersten Stockwerke innerhalb der Messlage fast durchgängig zu Waarenlagern eingerichtet und werden zu sehr hohen Preisen bezahlt, was denn auch auf die Privatwohnungen zurückwirkt und nicht mehr, wie anfangs, als die vorübergehende Wirkung sanguinischer Hoffnungen betrachtet werden kann, weshalb auch überall, so weit die Oertlichkeit es gestattet, neue Häuser sich erheben, deren Räume schon nach dem Risse auf eine Reihe von Jahren im Voraus vermiethet werden, ehe noch ein Stein zum andern sich fügt. Wenn sich auf solche Weise der Werth des Grundbesitzes in Leipzig wenigstens um 25 bis 30% vermehrt hat, so ist dies zugleich ein untrüglicher Massstab für das Zunehmen des Messverkehrs, und da die nächsten wohlthätigen Folgen desselben der Stadt zu gute kommen, so darf es nicht befremden, dass diese von manchen Seiten missgünstig angesehen und versucht wird, an der Grundlage des Instituts in seiner jetzigen Gestaltung zu rütteln, als ob das, was hier weggenommen würde, willkürlich an andere Orte[1]) und in andere Gegenden verpflanzt werden könnte. Zerstören kann man allerdings auch den Bau, den Jahrhunderte mühsam zusammengefügt haben, allein je fester die Zeit ihn gekittet, je weniger darf man hoffen, aus seinen Trümmern die Materialien zu einem neuen Gebäude zu gewinnen. Es ist

---

1. Nach Dresden?

etwas geheimnissvolles und Schonung gebietendes in den Einrichtungen, welche die Zeit langsam und sicher begründet hat, an welchen die weltgeschichtlichen Ereignisse, deren Gewalt ganzen Staaten verderblich war, machtlos vorüber gegangen sind.

Darum wird auch der Missgunst nicht gelingen, das zu vernichten, was im Sturm der Zeiten unerschüttert blieb; denn nur an den Wipfeln versuchte dieser seine Macht; gefährlicher würde es sein, sollten die Wurzeln angetastet werden.

Freie Bewegung des Handels ist das Element, aus welchem diese ihre Nahrung saugen, und nur an die Erhaltung dieses Lebensprincips ist die Bedingung des Bestehens eines Gemeinguts geknüpft, dessen Werth erst dann in seinem ganzen Umfange gewürdigt werden würde, wenn es nicht mehr in seiner Integrität bestehen sollte.

Es mag diese Andeutung nicht als eine müssige Abschweifung erscheinen, in einer Zeit, wo manche Stimmen sich gegen die Nützlichkeit dieses Instituts zu erheben und die Vereinbarung der, durch die Erhaltung des freien Verkehrs unerlässlich gebotenen und zum Heil des Ganzen ins Leben gerufenen Massregeln mit der Strenge des Zollsystems in Zweifel zu ziehen suchen.«

Die Ereignisse welche der Michaelismese 1835 vorangegangen waren »hatten zum Theil günstig eingewirkt; insbesondere hatten die Vorbereitungen zu den militärischen Festlichkeiten in Kalisch nicht nur einen bedeutenden Geldumlauf in der dortigen Umgegend, besonders in Schlesien bewirkt, sondern auch einen namhaften Waarenabsatz dahin zur Folge gehabt, wobei die Gelegenheit nicht gefehlt hatte, Versendungen verbotener Waaren nach dem Innern Russlands unter der Hand zu vollziehen. Dem Vernehmen nach hatte sich in der Nähe der preussisch-polnischen Grenze ein förmlicher Marktverkehr organisirt, welcher — wenigstens eine Zeit lang — zu Gunsten des dringendsten Bedürfens geduldet und selbst von Leipzig aus mit nicht unbedeutenden Waarenlagern in mancherlei Luxusartikeln mit gutem Erfolge besucht wurde.

Auch die Zusammenkunft der Monarchen in Teplitz würde nicht ohne wesentlichen Einfluss auf den Absatz von Manufacturwaaren dahin gewesen sein, wenn nicht die, sich von Tag zu Tag mehrenden Hindernisse, welche die verschärften Regiemassregeln diesem Auswege entgegenstellen, die Benutzung desselben fast unmöglich machten.

Der bevorstehende Anschluss des Grossherzogthums Baden an den preussisch-deutschen Zollverein und die, in dieser Beziehung bereits ins Leben getretenen Erleichterungen ladeten zu einer vermehrten Beziehung mancher vereinsländischer Manufacte nach jenen Gegenden ein und der lebhafte Gang des nordamerikanischen Handels im Laufe des verwichenen Sommers konnte auf die Thätigkeit der für den überseeischen Consum beschäftigten sächsischen Fabriken nur vortheilhaft zurückwirken, sowie diese günstige Conjunctur auch nicht ohne Einfluss auf manchen Zweig des Messgeschäfts blieb.

Nachtheilig wirkte dagegen die Cholera in Italien und zwar in doppeltem

Sinne, indem nicht nur der Absatz deutscher Manufacte, insbesondere der Tuche, durch die in Folge jener Calamität eingetretene Stockung des Verkehrs im Innern gehemmt wurde, wozu sich noch die bedeutende Erhöhung des Zolles auf letztgenannten Artikel in den päpstlichen Staaten gesellte, sondern auch die Furcht, welche die Verbreitung der Seuche in Piemont und in der Lombardei den Seidenproducenten und Spinnern einflösste, Veranlassung zu übereiltem Verkauf ihrer Vorräthe von rohen Seiden nach England gab, wodurch späterhin ein sehr empfindlicher Mangel an diesem Product, vornehmlich in den besseren Qualitäten, fühlbar geworden und eine, auf die Fabrikation und den Handel störend zurückwirkende Steigerung in den Preisen dieses Urstoffs und insbesondere der guten Gespinnste eingetreten ist.

Auch die grosse, in Deutschland fast durchgängig herrschende Dürre, welche fast alle Wasserkräfte schwächte und viele Werke ganz zum Stillstand brachte, war für alle dadurch bedingte Fabrikanlagen als eine wahrhafte Calamität zu betrachten, und insbesondere wurde die Tuchfabrikation durch das Stillstehen vieler Walken gehemmt.

Ueberhaupt war in keinem Artikel eine Ueberfüllung der Waarenlager wahrzunehmen und schon in dieser Beziehung die Prognose für das beginnende Messgeschäft günstig.«

Wie recht Thieriot hatte, wenn er sagte, der Zollverein habe Leipzig eigentlich nichts Neues gebracht, sondern nur vorhandene Lebenskräfte wieder entfesselt, zeigte sich recht deutlich an den Wirkungen, welche der Eintritt in den Zollverein auf das nicht mehr lebensfähige Messgeschäft der Stadt Frankfurt a/M. ausübte. Thieriot konnte hierüber in seinem Bericht über die Ostermesse 1836 folgendes melden:

»Die von Einigen gehegte Besorgniss, dass die unmittelbar vorangegangene Messe in Frankfurt a/M., die erste nach dem Zollanschlusse dieser Handelsstadt, der Leipziger Messe Abbruch thun werde, bewährte sich mithin keineswegs und bei der Strenge, mit welcher die Nachsteuer in jener Stadt erhoben worden ist, konnte sich auch die Vermuthung, als werde ausländische Manufacturwaare dort zu niedrigen Preisen zu erlangen sein, nicht bestätigen. Ueberhaupt dürfte der gedachte Zollanschluss für die Stadt Frankfurt a/M. nur die Wirkung haben, dass die bisher in Offenbach oder über Offenbach betriebenen Messgeschäfte dahin zurückkehren, ohne den letztern selbst einen merklichen Aufschwung zu geben, jedenfalls aber, ohne mit den, auf ganz verschiedenen Basen beruhenden, weit mehr in den Welthandel eingreifenden Leipziger Messen in unmittelbare Concurrenz zu treten.

Unter den, diesmal in Leipzig anwesenden Käufern wurden viele wahrgenommen, welche bis dahin ausschliesslich die Messen in Frankfurt a/O. besucht hatten, und es scheint sich thatsächlich zu bestätigen, dass die Füglichkeit, welche die Leipziger Hauptmessen hinsichtlich der passenden, die Abschnitte des Jahres bezeichnenden Zeit, sowie der vollständigen allen Anforderungen genügenden Ausstattung des Marktes den Käufern gewähren, wodurch dann in leicht begreiflicher Wechselwirkung auch die Verkäufer angezogen werden, den künstlichen

Vortheil des Zollrabatts überwiegt, welchen die preussische Staatsregierung den Lokalinteressen der Stadt Frankfurt a/O. zum Opfer gebracht hat.«

Die über alles Erwarten grosse Leichtigkeit, mit welcher die Zollabfertigungen auf dem Hauptzollamt Leipzig vor sich gingen, veranlassten übrigens bereits Engländer und Nordamerikaner, diese Einrichtungen im Auftrage ihrer betr. Regierungen zu studiren.

Die Michaelismesse 1836 war sehr lebhaft, »vornehmlich in Folge des frühen Eintreffens zahlreicher Einkäufer aus der Moldau und Wallachei, welche mit ansehnlichen Aufträgen, grösstentheils in ordinären baumwollenen Waaren versehen waren, was besonders den grösseren englischen Waarenhandlungen Gelegenheit gab, sich ihres Ueberflusses an dergleichen, zum Theil seit längerer Zeit angehäuften Waaren zu verhältnissmässig leidlichen Preisen zu entschütten.

Das endliche Ergebniss dieser Verkäufe, in soweit selbige grösstentheils auf Credit abgeschlossen worden sind, wird sich freilich erst bei der Verfallzeit herausstellen, inzwischen ist zu erwarten, dass die mehr und mehr an Ausdehnung und Sicherheit gewinnende Dampfschiffahrt auf der Donau, indem sie die Verbindung zwischen dem westlichen und östlichen Theile Europas, zwischen Europa und Asien befördert und erleichtert, einen nachhaltigen Einfluss auf die Handelsthätigkeit derjenigen Länder ausüben werde, welche schon jetzt die Zwischenstation bildeten und denen sich durch diese Combination ein weiteres und ergiebigeres Feld öffnet.

Leipzig, als der Hauptmarkt für den europäischen Waarenhandel, kann dabei nur gewinnen und es steht zu hoffen, dass in dieser Füglichkeit des Transports ein Gegengewicht für die directen Versendungen von Hamburg nach dem schwarzen Meere liegen werde.« . . . .

»Sehr wichtig würde auch in dieser Beziehung für den sächsischen Handel und für Leipzig insbesondere die Ausführung der projectirten Eisenbahn durch das Voigtland nach Bayern sein, welche die Verbindung mit der Donau und demnächst mit dem Orient in bedeutender Weise erleichtern würde.

Unstreitig waren, wenn man die Käufer nach Kategorien oder Landsmannschaften classificirt, die Moldauer und Wallachen, gewöhnlich mit dem Collectivnamen »Griechen« bezeichnet, diejenigen, welche dem Markte verhältnissmässig die meisten Grossgeschäfte zugeführt haben.«

Polen und Russland hielten sich zurück. Der deutsche Landhandel ging schwach in Folge der grossen Trockenheit des Jahres 1836. Die Italiener wurden durch die Cholera, die Schweizer durch die dortigen Unruhen zurückgehalten. Die Nordamerikaner erschienen zahlreich, aber mehr um sich auf der Messe zu orientiren und in den Fabriken directe Einkäufe zu machen.

Die Berichte über die Ostermessen 1837 und 1838 geben ausführliche und von seltener Kenntniss überseeischer Dinge zeugende Beschreibungen der Ursachen und des Verlaufes der englischen und nordamerikanischen Bankkrisis jener Zeit und einen Ueberblick über die volkswirthschaftliche Lage der Vereinigten Staaten von Nordamerika. Wenn auch der sachkundige Verfasser (Thieriot) mit guten Gründen die Berechtigung der Aufnahme solcher Betrachtungen über den Welthandel in die Messberichte nachweist, so müssen wir hier jedoch wegen Mangel an Raum auf eine Reproduction dieser Ausführungen verzichten. Jedenfalls bieten diese Messberichte ein vorzügliches Material, um die allmälige Entwickelung der Handelsbeziehungen Deutschlands zu Amerika zu studiren.

Die Ostermesse 1837 litt unter jener Krisis in sofern, als sie Waarenüberfluss und rückgehende Preise zeigte. Dasselbe galt von der Michaelismesse 1837.

Letztere hatte noch unter einem ganz besonderen lokalen Unstern zu leiden. Durch ein reines Missverständniss war ein Schwanken im Credit aller Leipziger Bankgeschäfte herbeigeführt worden, was die Beschaffung der für das Messgeschäft nöthigen Zahlungsmittel wesentlich erschwerte.

In Folge übertriebener Ausbreitung seiner Fabrikanlagen im Erzgebirge hätte nämlich das Leipziger Handelshaus Gebrüder Hollberg seine Zahlungen einstellen müssen.

»Der zufällige Umstand, dass das Magazin der Gebrüder Hollberg in Leipzig in einem Eckhause sich befindet, gab nun die nächste Veranlassung zu dem Missverständnisse, indem das Gerücht ohne Namensnennung ein an einer Ecke stehendes grosses Haus als ein wankendes bezeichnete. Die Bankhäuser Hammer & Schmidt und Heinrich Küstner & Co. haben ihre Comptoirs ebenfalls in Eckhäusern und so wurden bald Vermuthungen laut, ... welche den Credit der genannten Firmen augenblicklich erschütterten. Ja es war bald kein Bankgeschäft in Leipzig, welches nicht verdächtigt und übler Nachrede blosgestellt worden wäre. Nun ist zwar durch die kräftige Haltung der betreffenden Häuser, unter denen sich insbesondere Hammer & Schmidt durch sofortige Baarzahlung aller für spätere Termine gekündigten Depositen auszeichneten, der thatsächliche Beweis vom Gegentheil in unzweideutiger Weise geführt worden, allein nachtheilig wirkten jene Gerüchte dennoch auf den Messhandel ein.«

Im Allgemeinen war in der Michaelismesse 1837 das Geschäft mit dem Auslande belanglos, wenn auch der Geschäftsverkehr mit Polen und Litthauen (Wilna, Mir, Kaydan, Slonim) sich wieder belebte. Die Stütze der Messe war das deutsche Geschäft. Sie führte hiermit »aufs neue den erfreulichen Nachweis, welch' festen Stützpunkt der grosse und gesicherte Binnenverkehr innerhalb der Vereinslande dem sächsischen Handel und der sächsischen Industrie auch in Zeiten der Noth gewährt.«

Das, was hier als eine Ausnahme und Nothlage dargestellt wird, hat sich in der Zukunft als die Regel herausgebildet. Das vereinsländische Messgeschäft nahm immer mehr an absoluter Bedeutung zu, die relative Bedeutung der Messen im europäischen Handelsverkehr, noch mehr im Welthandel, trat aber in den Hintergrund. Mit einem Worte, die Leipziger Messen — wie alle Messen überhaupt — verloren ihren bisherigen Character fast ganz.

Und dies mag für uns Veranlassung sein, **die amtliche** Berichterstattung über die Leipziger Messen, obgleich das Material immerhin **grosse** handelspolitische Bedeutung beibehält, hier nicht weiter zu verfolgen, um so mehr, als von dieser Zeit an die Berichte über die Messen mehr und mehr in der Tagespresse und an anderen Orten [1]) bereits veröffentlicht worden sind, worüber im X. Abschnitt die entsprechenden Nachweisungen gegeben wurden.

ANLAGEN.

I.

vgl. Text S. 42.

Herzog Georg verbietet den Besuch der Magdeburger Messen. 1499. Auszug.

Nachdem vor langer Zeit von römischer kaiserlicher Majestät der Stadt Leipzig das Privilegium ertheilt worden ist, auf 3 Zeiten des Jahres, alle Zeit acht Tage Markt zu halten, auch dabei allen denen, welche solche Märkte besuchen, in und ausserhalb der Stadt, auf Strassen, Wegen und Stegen, acht Tage vor und acht Tage danach in Rechtshändeln Geleit, Sicherung und Freiheit gegeben ist und solche Märkte nicht allein diesen unseren Landen, sondern auch vielen Königreichen, Fürstenthümern und Landen zu Nutz und Besserung gegeben und unverändert aufrecht erhalten worden sind und nachdem die durch römisch kaiserliche Majestät bestätigte Anordnung getroffen worden ist, dass hinfüro in umliegenden Landen und Fürstenthümern kein neuer Markt, diesen Märkten zu Schaden, soll gebeten, erlangt, aufgerichtet, besucht oder gehalten werden, diese Privilegien auch von allen nachfolgenden Kaisern bestätigt worden sind — sind dennoch in der Stadt Magdeburg zwei neue Märkte, nämlich auf Sonntag Circumdederunt und Sonntag, Dienstag und Mittwoch nach Corporis Christi aufgerichtet worden. Mit Rücksicht auf die kaiserlichen Gebote und Verbote und angedrohten Strafen verbieten wir daher allen den Unseren, die erwähnten neuen Märkte zu Magdeburg zu besuchen; auch soll es hinfür keinem Kaufmann oder Händler, welche obberührte Magdeburger Märkte besuchen, gestattet werden, die Leipziger Märkte mehr zu besuchen. . . . . . Gegeben zu Weissenfels, Sonntag nach Erhardi 1499. *Lpz. R. Urk. Kasten 7. No. 14.*

II.

vgl. Text S. 175.

Churfürst Moritz schärft die Beachtung der Marktfreiheit in Leipzig ein. d. d. Augsburg, 6. April 1548. Auszug.

Wir werden allhier anbelangt, dass etliche Unterthanen der Stifte Magdeburg und Halberstadt sich vor dem verstorbenen Erzbischoff und Anderen obligiret haben sollen, bei kommern

---

1) Umfassende Urtheile über die Bedeutung der Leipziger Messen in späterer Zeit enthalten u. A. ein ausführliches Schreiben des Leipziger Rathes vom 22. Oct. 1864 an den Stadtrath von Zürich. *Lpz. R.A. XLV. Bd. 54. VII. 95.* Anlage XLVIII, sowie eine Denkschrift der Leipziger Handelskammer vom Januar 1872 (gelegentlich des Wiederanschlusses von Elsass-Lothringen an das deutsche Reich). *XLV. Bd. 54. VIII. 196ᶜ.* Anlage XLIX.

und aufhalten ihrer Unterthanen, die Euere (Leipziger) Jahrmärkte zu besuchen pflegen, und sich befahren, dass sie bei Euch aufgehalten und gekommert werden möchten. Deswegen ist bei uns angesucht worden, hierin Vorsehung zu thun, damit sie die Privilegien Euerer Jahrmärkte geniessen möchten. Uns scheint es aber bedenklich, dass wir durch anderer Leute Verschreibungen zu unserem Nachtheil verpflichtet werden sollten. Mit Rücksicht auf die Euch jüngst von kaiserlicher Majestät erneuerten Privilegien sehen wir demnach für gut an, dass Ihr in stehenden Marktfreiheiten, zwischen dem Ein- und Ausläuten der Märkte, keinen Kommer wider die, die nicht in des Reichs öffentlicher Acht sind, gestattet, aber nach Ausgang der Märkte Unterschied macht, ob die Schuld bei Euch oder anderswo gemacht, ob die Bezahlung dahin gelegt, oder der Schuldner flüchtig sei; und dass Ihr Euch nicht leicht bewegen lasst, die Unterthanen derer, die sich, wie obgemeldet, verschrieben haben, zu kummern und aufzuhalten, sondern Euch in dem also verhaltet, dass Ihr den Freiheiten der Märkte nicht zugegen handelt. *Lpz. R.Urk. Kasten 7. No. 36.*

III.

vgl. Text S. 175.

Verordnung des Churfürsten August an den Leipziger Rath, die Marktfreiheit betr. vom 10. Mai 1581. Auszug.

Wir haben Euer Schreiben nebst beiliegender Schrift etlicher in- und ausländischer Händler verlesen hören. Obwohl wir nun an dem betrüglichen Vornehmen Derjenigen, welche die Waaren in den Messen auf Borg entnehmen und in den folgenden Messen mit der Zahlung ihren Gläubigern muthwillig entgehen, ganz und gar keinen Gefallen tragen und es nicht für unbillig erachten, dass dagegen getrachtet werde; so bedenken wir doch, dass unsere Vorfahren nicht ohne Grund über steter Ausübung der Marktfreiheit in unserer Stadt Leipzig gewacht haben. Auch ist uns nicht erinnerlich, dass wesentliche Beschwerden gegen dieselbe zu unserer oder unserer Vorfahren Kenntniss gelangt wären. Da wir aber bereit wären, Verbesserungen an der Einrichtung der Marktfreiheit vorzunehmen, wenn die Betrügereien der Händler zu sehr überhand nehmen sollten, haben wir die Sache gründlich erwogen und gefunden, dass diesfalls auf zweierlei Leute zu sehen sein will. Einestheils auf die, so ihre Waaren nach Leipzig bringen und verkaufen, anderntheils auf die, welche die Waaren dort abholen und kaufen. Denn es muss beides, Käufer und Verkäufer beisammen sein und die Sache dahin erwogen werden, dass Leute beiderlei Art die freien Märkte zu besuchen nicht abgeschreckt oder abgehalten werden. Es giebt sogar Leute, welche Käufer und Verkäufer in einer Person sind und denen daher beide Seiten der Marktfreiheit zu Gute kommen. Würde man nun die Marktfreiheit einschränken, so möchten dadurch nicht allein die Käufer, sondern auch die Verkäufer abgeschreckt werden, namentlich diejenigen der letzteren, welche gegen baar verkaufen. Denn wenn auch der Arrest nur gegen Diejenigen in Anwendung kommen würde, so die Leute Euerem Schreiben nach übel aufsehen, so würden doch auch die Anderen stets in Sorge sein, es könne ihnen auch dergleichen aus liederlichen und allerhand zugenöthigten Ursachen begegnen. Auch müsste die Verstattung des Arrestes in die Hände der Amtspersonen gelegt werden, welche leicht zu weit gehen würden, so dass mit der Zeit die Marktfreiheit, mehr als man jetzt meint, geschwächt und endlich wohl ganz aufgehoben werden könnte. Würde man aber, Euerem Vorschlag gemäss, mit dem Arrest nur gegen die vorgehen, welche zwei oder drei Märkte mit der Zahlung rückständig geblieben sind, so würden diese nur gewarnt und den dritten oder vierten Markt sich schwerlich in Leipzig antreffen lassen. Das beste Mittel bleibt Vorsicht im Creditgeben. Es liesse sich aber in Erwägung ziehen, ob die Gläubiger nicht freiwillig auf die Wohlthaten der Marktfreiheit im einzelnen Falle Verzicht leisten wollen, in welchem Falle dann der Richter wider die nicht Zahlenden ihrer eigenen Bewilligung nach mit Arrest zu verfahren hätte. Namentlich könnte man säumige Schuldner das erste Mal vor den Richter laden und ihnen dort ihre Zahlungen bis auf den nächsten Markt gestunden, wenn sie sich auf den Fall der Nichteinhaltung der Marktfreiheit ausdrücklich begeben. In jedem Falle wird darauf zu achten sein, dass die Einschränkung der Marktfreiheit nicht von der Obrigkeit, sondern von den Parteien selbst ausgeht, dass aber auch die Händler, welche jetzt den Arrest nachsuchen, sich nicht zu beschweren haben, als würden sie darauf verwiesen, den Schuldnern weit nachzuziehen und grosse Kosten aufzuwenden. Ob nun auf diese oder andere Wege geholfen werden kann und jede Einschränkung der Marktfreiheit den Jahrmärkten in unserer Stadt Leipzig mehr schädlich als nützlich sein würde, darüber wollet Ihr mit Fleiss nachdenken und uns hierüber Euer Gutachten abgeben.

Original Lpz. Urk. Kasten 8, No. 5. Abschrift Lpz. R.A. XLV. G. 6ᵇ. Vol. II. Bl. 164—165.

IV.

vgl. Text S. 117.

Vorstellung des Leipziger Rathes vom 17. December 1640 gegen die geplante Auflage einer allgemeinen Accise.

Durchlauchtigster Hochgeborener Churfürst!

Ew. Churfl. Durchl. sind unsere unterthänigste Pflicht und schuldige Dienste jederzeit zuvor. Gnädigster Herr. Es hat an verschiedenen Landtagen die gehorsame Landschaft unter andern auch eine angehende Anlage[1]) auf alle Waaren im Lande doch leidlicher Weise unterthänigst verwilligt, da dann vier Personen von der Ritterschaft und vier Städte zur Verfassung der Stellen nominirt worden. Es haben auch Ew. Churfl. Durchl. am 19. October den hierzu deputirten Personen gnädigst aufgetragen, dass sie förderlichst ein richtiges Verzeichniss verfertigen und einschicken sollten. Wiewohl nun etliche Personen hierzu den Anfang gemacht und etwas aufgesetzt, so haben doch noch bis jetzt alle nicht zusammen kommen können, indem Johann Plötz zu Talbitz wegen Leibesschwachheit gar nicht dazu kommen, sowohl auch die beiden Städte Dresden und Freiberg der Kriegsgefahr halber ganz ausgeblieben und also drei vota gemangelt haben. Wir halten auch nicht gemeint, dass dasjenige, was in diesem schweren Werke zum ersten Anfange aufs Papier gebracht, und da Carol von Disskau und Hans Ernst von Osterhausen nicht mehr als einmal dazu gekommen, alsobald pro concluso sollte geachtet und als ein rechter Schluss überschickt werden; und demnach dasselbe am 15. Junius zu Abend unserm Collegen Baumeister Bernhard Hermann alsobald zum Unterschreiben überschickt worden; derselbe aber ohnbedacht seiner Nachlesung, wie auch nach unserer Communication, seinen Namen zu unterschreiben, Bedenken getragen, als vernehmen wir ungern, dass solche unvollkommene Rolle Ew. Churfl. Durchl. alsobald überschickt sein soll. Es betrifft, gnädigster Churfürst und Herr, das Werk, die Wohlfarth dieser Stadt, welche von Ew. Churfl. Durchl. uns gnädigst anvertraut worden. Unsere schuldige Treue und geleistete Pflicht zwingt uns dahin, dass Ew. Churfl. Durchl. wir unterthänigst anzeigen müssen, was allhier nothwendig zu erwägen, denn es möchte die Zeit kommen, dass durch allzuschwere Accisen, wie sichs in Wahrheit ansehen lässt, die Handlung als das schöne Kleinod, aus der Stadt ausgejaget und das Land desselben beraubt werden dürfte. Es ist schon in andern Handelsstädten hin und wieder diese Beschwerde erschollen und hat man darauf diese Nachricht[2]), dass der Handelsmann mit seinen Waaren diese Stadt meiden und

---

1) »Da die Landsteuer in Folge der durch den Krieg verursachten Verwüstungen nur nach Abzug der kaduken Güter und mit billiger Moderation der übrigen, so in Decrement kommen, verwilligt werden konnte, so wurde 1641 die alte Landaccise, 3 Pfennige vom Thaler, als eine Auflage auf alle Waaren und ausländischen Getränke, von der nur der Adel theilweise ausgenommen war, wiedereingeführt, ein Viertel des Ertrages für das Heer, das Uebrige zur Tilgung der Landesschulden bestimmt. Als jedoch die Hansastädte gegen diese ihrem Handel nachtheiligen Steuern lebhaft remonstrirten, so traf man 1648 über dieselbe mit den die Leipziger Messe besuchenden fremden Kaufleuten ein billiges Abkommen.« *Flathe, Sächs. Gesch. II. S 197.*

2) Bezügliche Schreiben von Nürnberg, Frankfurt a/M., Hamburg vergl. XLV. B. 2, in denen die Befurchtung ausgesprochen wird, dass die churfl. sächs. Räthe damit umgehen, auf alle Kaufmannswaaren einen Aufschlag zu machen. Frankfurt bemerkt höhnisch, eine solche Maassregel werde nur den Frankfurter Messen zu Gute kommen. Hamburg meint, bei hohem Accis würden die Waaren von Hamburg statt über Leipzig ihren Weg über Erfurt suchen und von da nach Nürnberg oder Prag, Oesterreich und Wien gehen.

andere Orte suchen werde; da er nun an solche andere Orte einmal anfällt und leidlich tractirt wird, ist leicht die Rechnung zu machen, dass er hernach nicht wieder zurückkommen möchte. Und gleich wie unsere Abgeordneten auf dem Landtage erinnert, also erinnern auch wir hiermit unterthänigst, dass diese Stadt Leipzig kein Pass, kein Port auch kein solcher Ort ist, welchen der Handelsmann nicht umfahren könnte. Es hat's diese Stadt mit grossem Schaden erfahren, als vor etlichen Jahren auf die Garnfässer ein Leidliches geschlagen worden, dass hernach dieselben das Churfürstenthum umfahren, an andere Orte gerathen, und wohl nimmermehr wieder anher kommen werden, welches dieser Stadt, so viel Jahre her, einen grossen Abgang verursacht hat. Es ist noch im frischen Gedächtniss das Exempel, so etwa vor 30 oder mehr Jahren in der vornehmen Stadt zu Hamburg mit den englischen Handlungen sich begeben, da denn die Englischen zuvor in Handlungssachen und bei Einführung und Vertreibung ihrer Waaren gehabt. Es hat aber der Rath auf Anhalten der Bürgerschaft ziemliche Accisen auf die Englischen und deren Waaren geschlagen, hingegen haben sich die Englischen nicht submittiren wollen, sondern sind mit ihren Waaren davon und nach Stade gerückt und die Handlung dahin gezogen. Als nun der Rath und Bürger zu Hamburg den grossen Verlust befunden, haben sie anno 1608, 1609, 1610 mit grosser Mühe und vielen Spesen, die Englischen wiederum an sich gelockt und sie endlich mit solchem Promiss wiederum an sich gebracht, dass sie, die Englischen, hernach kaum den vierten Theil der ersten gelinden Accise haben geben dürfen. So ist auch unvergessen, dass der Rath zu Strassburg vor 12—15 Jahren bei währendem Kriegswesen harte Accisen, nämlich zwei pro Cent auf die verkauften Waaren geschlagen, dass darauf die Handelsleute mit ihren Waaren aussengeblieben, die Handlung an andere Orte transferirt, dadurch die Stadt Strassburg einen überaus grossen Schaden und Abbruch gelitten; ob nun schon der Rath durch die Bürgerschaft und Handelsleute zu Strassburg und Handelsleute in andern Städten Bitten gelangen lassen, dass doch die Handlung wiederum dahin gebracht, und die Märkte wiederum besucht werden möchten, mit der verbindlichen Erklärung, dass der Accisen hinfür gar nicht mehr gedacht werden sollte, so hat doch nichts erfolgen wollen, sondern die Handelsleute haben ihre Gelegenheit an andern Orten gesucht und gefunden, da sie dann auch verblieben. Also dass nunmehr durch die hohen Accisen die Handlung von der Stadt Strassburg hinweggekommen, und des Orts auf dem Jahrmarkte fast nichts zu thun ist. Und damit E. Churf. Durchl. nur einen kleinen Entwurf haben möchten, was für Gefahr der Handlung durch schwere Accisen stossen und wohin der Handelsmann mit seinen Waaren sich wenden könne, da man ihn zu hart angreifen würde, so bitten wir unterthänigst, es wollen E. Churf. Durchl. gnädigst ad speciem gehen, und die Orte der An- und Abfuhren gnädigst in Consideration ziehen. Die Seidenwaaren kommen aus Italien, gehen auf Bozen, dann weiter auf Augsburg, Nürnberg oder aber auf Linz und Krems, auch ferner nach Polen, Schlesien, auch ganz nach der Wildau. Da man nun dieselben Seidenwaaren mit harten Accisen angreift, so lassen sie Leipzig sitzen und gehen auf Erfurt, Braunschweig, Hamburg, Lübeck, nach Holstein, Dänemark, Wismar, Schweden und andern Orten. Aus der Schweiz wird eine grosse Anzahl Leinwand auf viel Tonnen Goldes in's Land gebracht, und hierdurch ferner nach Polen transferirt; greift man sie hart an, so gehen sie über Prag, Breslau, Frankfurt a/O., nach Polen und lassen uns sitzen. Der Barchent und Bettbarchent, wie auch der schwäbische Kembt in grosser Menge von Augsburg, Ulm, Biberich, Memmingen, Leutkirch, Kempen, Immerstadt, Kaufboyern, Landsberg, auf Nürnberg und anhero. Da man die Leute beschwert, so gehen sie nebenhin auf Erfurt, Braunschweig, Lüneburg, Hamburg, Lübeck pp. mit grossem Verlust dieser Lande. Die brabantischen Waaren sind von Köln auf Frankfurt a/M. anhergeführt, die können uns verlassen und aus Brabant auf Cales, Dünnkirchen, Hamburg, in Dänemark und deren Orten wie auch Frankfurt, Cassel, Braunschweig, Hamburg, Lübeck pp. können und dürfen das Land nothwendig nicht berühren. Die Weine kommen aus dem Rheinlande und Franken, und können in die Mark, Pommern und Schlesien gebracht werden. Englische Tücher, Cronrasch, Perxetuas und dergleichen wollene Zeuge kommen von Hamburg in diese Lande, können aber an andere Orte, auf Frankfurt a/O., auf Stettin, Danzig, Polen, Preussen, wie auch in Oesterreich, Mähren, sowohl auch auf Braunschweig, Cassel, Frankfurt a/M., Nürnberg und in die Reichsstädte gegen die Donau zu kommen, und diese Lande meiden. Weil an andern

Orten leidliche Zölle genommen und die Handelsleute dahin angelockt werden. Die Specerei- und Materialwaaren kommen ebenmässig von Hamburg und können gleichwie die Tücher, ausser des Churfürstenthums an obengemeldete Orte transferirt und diese Orte umfahren werden. Die Rauchwaaren, Cordiwan und Elendshäute kommen von Lübeck, können aber auf Frankfurt a/O., in Schlesien, wie auch auf der andern Seite auf Braunschweig, Erfurt und weiter in das Reich, ausser dieser Lande einkommen und dieses Land ganz meiden. Die Nürnberger Kurze-, Messing- und Pfennigwerthwaaren, so jährlich mit grossen Summen anher kommen, und von hier weiter auf Hamburg, nach Schlesien, Polen, England, Schottland, Preussen, ja sogar nach Ost- und Westindien gehen, die können an andere Orte, welche dabei, bei dem schwäbisch und Barchent benannten, kommen und dürfen das Land nicht betreten. Die schlesische Leinwand, rohe und gebleichte an allerhand Sorten, Zinn und andere schlesische Waaren, so bisher hier durchgegangen, können auf Frankfurt a/O., Stettin, Danzig, an die Ostsee und auf Hamburg kommen. Die schlesischen Tücher, so in grosser Menge hier verkauft werden und von hier weiter auf Frankfurt a/M., Cassel, Nürnberg, Regensburg, Augsburg nach Bayern pp. gekommen sind, die können auf Prag, Frankfurt a/O., Danzig pp. herumfahren. Das Zinn, Kupfer, Messing, Blech, Eisen pp. sind wegen der verderblichen Bergwerke ins Stocken gekommen, sind vorhin zehntbar und geben weniger Nutzen. Dieses, gnädigster Churfürst und Herr, haben wir in Unterthänigkeit in Particulari anzeigen müssen, damit E. Churf. Durchl. alles zur gnädigsten Wissenschaft bringen könnten; wir haben unsern Theils Bedenken getragen, in diesem hochwichtigen Werke uns zu übereilen, ehe und zuvor der unterthänigste Bericht eingeschickt worden, damit nicht nach geschehenen Schaden uns als getreuen Unterthanen etwas zu imputiren sein möchte. Dies aber ist ohne Maassgebung unser unterthänigstes Bedenken, dass bei Verfertigung ein halbes pro Cent gesetzt und durch erträgliche Moderation die Handlung im Lande erhalten würde, dass hierdurch ein solches Geld, dessen man sich nicht vermuthet, einkommen sollte, denn je gelinder der Handelsmann mit Zöllen und Accisen tractirt wird, je mehr er seine Güter in das Land bringt, weil er nämlich nicht kann gezwungen werden, sondern seine freie Hand hat, entweder zur rechten, oder linken sich zu wenden und nach Willkür ein oder das andere Land zu betreten. Ist also dies der Vortheil, dass man grösseren Nutzen schaffen kann, da man den Handelsmann mit geringen Accisen ins Land lockt, als wenn man die Accisen hoch ansetzt, und dadurch die Handlung wegjaget. Sintemal in diesem letzten Falle nichts als lauter Schaden zu erwarten ist. Denn da die Waaren und Handelsleute ausbleiben, können auch die Accisen nicht einkommen, dadurch entgeht der Stadt die ganze Nahrung, die doch principaliter auf Handlung besteht. Die Gewölbe werden nicht bestanden noch vermiethet, die in hohen Schocken liegenden Häuser kommen in Abnahme, die Steuern bleiben zurück, die Handwerksleute, welche von der Handlung dependiren, haben keinen Erwerb, die vom Adel auf dem Lande bleiben mit ihrem Getreide, Wolle und andern venalibus sitzen, die Zölle liegen wüste, die Gasthöfe werden verödet und wird ein solches Unheil gestiftet, so nicht genugsam zu beschreiben. Kommen die Commercien einmal aus dem Lande, ist wohl hernach keine Hoffnung, dass man sie wiederbringen werde, und wird endlich nichts übrig bleiben, als was in E. Churf. Durchl. Landen bei den Unterthanen verkauft und welches an den Accisen ein Schlechtes austragen wird. Dabei E. Churf. Durchl. auch dies gnädigst zu erwägen haben, dass anno 1618 bei Erhöhung des Geleits den fremden Handelsstädten von E. Churf. Durchl. eine gnädigste Erklärung, wie wir vernehmen, ausgehändigt worden, welche nebst der Herren Kammerräthe Resolution, hierbei sub lit. A. B. Capitalisten zu finden, und ist wohl zu vermuthen, im Fall die Accisen hoch getrieben würden, dass die Handelsstädte[1] solche Erklärung hoch anziehen möchten. Dieses alles, gnädigster Churfürst und Herr, haben wir aus schuldiger Pflicht und aus Liebe gegen das Vaterland in Unterthänigkeit erinnern müssen, weil insonderheit E. Churf. Durchl. dann auch Adel und Unadel, Bürger und Bauer, wie auch das ganze Land wirklich hieran interessirt.

---

1) Die Erhebung der Accise war ursprünglich nur auf 6 Jahre von 1641 an beabsichtigt. Als jedoch dieselbe — durch die Schweden — forterhoben wurde, machte der Rath zu Augsburg Vorstellungen bei dem General Torstenson und dem Leipziger Rathe am 22. Februar 1646. XLV. A. 1c. Bl. 159—161.

Und weil nicht allein in dem Landtagsabschied, sondern auch in dem jüngsten am 19 Octobris abgeschickten gnädigsten Ausschreiben E. Churf. Durchl. sich gnädigst erklärt, dass die Accisen leidlicherweise sollten angelegt werden, so stellen E. Churf. Durchl. wir die gnädigste Moderation unterthänigst anheim. Erinnern in Unterthänigkeit ferner, ob nicht die mangelnden zwei Städte, wie auch der von Adel Johann von Plötz auf Thalbitz mit Dero schriftlichen unterthänigsten Bedenken, in Particulari zu vernehmen, welche dann sonder Zweifel dasjenige, was zur Aufnehmung des Landes gereicht, nicht vergessen werden. Und E. Churf. Durchl. unterthänigste getreue Dienste zu bezeigen, sind wir jeder Zeit schuldig und geflissen. Datum Leipzig den 17. Decembris Anno 1640. *Lpz. R.-A. I, 1. Bl. 165—168.*

V.

vgl. Text S. 119.

Proclamation des Generals Torstenson zum Schutze der Leipziger Messen vom 20. Januar 1643.

Der Königl. Majestät und Krone Schwedens, wie auch der Conföderirten resp. Reichs-Rath, General und Feldmarschall in Deutschland, wie auch General-Gouverneur in Pommern Linnardt Torstenson auf Redsta, Forstena und Rasick, Erbsass etc. füget hiermit Männiglich zu wissen: Demnach von Hochgedachter Sr. Excellenz, bei jüngster Eroberung der Stadt Leipzig die von vielen fremden Orten in der damaligen Michaelis-Messe allda versammelten Kauf- und Handelsleute zur Wiedereinlösung deren allda befindlichen und dem allgemeinen Kriegsbrauch nach anheimgefallenen Güter, wie auch zur Entrichtung der von gesammter Stadt geforderten Rantion, wegen geleisteter Gegenwehr und andern gewissen Ursachen, ein leidlich und geringes Stück Geld abzustatten für dieses Mal angehalten worden — und einkommenden Bericht nach, Viele derselben, wie auch andere, in den Gedanken sein sollen, als wenn Hochgedachter Krone Schwedens Officieren und Ministris die sowohl in, als ausserhalb der Messe, ab- und zureisenden Handelsleute oder derselben Güter in's Künftige mit verschiedenen Aufschlägen beschwert, insonderheit denjenigen, so unter friedlicher Botmässigkeit sich befinden, der gehörigen Marktfreiheit zuwider allerhand Ungelegenheit zugefüget und also deren Commercien ihr freier Lauf merklich gesperrt und entzogen werden würde; Hochgedachte Sr. Excellenz aber dergleichen niemals gesonnen, sondern vielmehr dahin intentionirt, wie künftig hin die Handlung dieses Ortes nach bester Möglichkeit befördert, einem Jeden genugsam Sicherheit hierzu gestattet und bei künftiger Besuchung der Messen Niemand mit fernerer Beschwerde belegt werden möchte; als haben dieselbe diese ihre Intention durch gegenwärtiges Patent Männiglich zu eröffnen für nothwendig erachtet. Es wird deshalb allen und jeden, sowohl in allen Reichs-, Hansee- und andern Städten, als ausserhalb Reichs befindlichen Kauf- und Handelsleuten, ohne Unterschied der Religion, auch unter wessen Protection und Obrigkeit, sie seien Freund oder Feind, sie gehörig hiermit angedeutet und gewiss versprochen, dass forthin Jedweder, welcher die gewöhnlichen Messen zu Leipzig zu beziehen gesonnen, freie Macht, Gewalt und Sicherheit haben soll, nicht allein für seine Person, sondern auch mit allen ihm zustehenden Waaren und Gütern, nach gebührender Entrichtung der bisher abgestatteten Accisen und andern gebräuchlichen Geleit's, Zoll- und Waage-Gebühren, ohne einige Beschwerde, oder andere Kriegs-Prätension, frei und sicher ab- und zuzureisen und nach seinem besten Gutachten, vermöge der Marktfreiheit, gleich vor diesem geschehen, seine Handlung ungehindert zu treiben und fortzusetzen. Zu dessen wohlgemeinter Beförderung an alle und jede, hohe und niedere Officiere, auch gemeinen Soldaten, zu Ross und zu Fuss, in allen Garnisonen, die Strassen rein und sicher zu halten, und den Durchreisenden, auf bedürfenden Fall, guten beförderlichen Willen zu erweisen, ernstliche Anordnung verfüget werden soll. — Urkundlich etc. So geschehen im Hauptquartier von Freiberg den zwanzigsten Januar 1643.

L. S.   Linnardt Torstenson.

Lpz. R.A. XLV A. 1ᵉ Bl. 155.

VI.

vgl. Text S. 182. 200.

Mandat, die Heilighaltung der Sonn- und Feiertage in den Messen betr. vom
26. Juli 1654.

Von Gottes Gnaden Johann Georg Herzog zu Sachsen, Jülich, Cleve und Berg, Churfürst.
Liebe Getreue. Wir haben Uns Euren unterthänigsten Bericht, wegen der drei Leipziger
Messen, damit solche Montags allererst ihren wirklichen Anfang nehmen, Sonnabend's zuvor
aber aufgebudet und die Feier des Sonntags gebührlich gehalten werde, gehorsamst vortragen lassen. Wiewohl nun nach Inhalt Eures erlangten Marktprivilegii alle drei Messen auf Feier- und Sonntage gelegt, dabei und dem Herkommen nach es auch, so viel
das Einläuten des Marktes belangt, allerdings sein Bewenden hat, so lassen Wir doch gnädigst geschehen, dass die Kauf- und Handelsleute ihre Buden und Kräme des Sonnabends oder
des Tags vor dem neuen Jahr, auch wenn solches den Montag einfallen möchte, gleichfalls des
Sonnabends zuvor aufschlagen mögen. Ernstlich zugleich befehlend, folgendes wie auch bei
währendem Markt einfallenden Sonn- und Festtagen die Gewölbe und Buden ganz
verschlossen zu halten, alle und jede Handlung den ganzen Tag über abzustellen und
den Gottesdienst fleissig abzuwarten, auch den Anfang jedweden Marktes eher nicht, als
den Montag oder andern nächstfolgenden Werktag nach dem neuen Jahr zu gestatten, darüber
dann ihr mit allem Eifer und bei willkührlicher Strafe halten, zuvor auch den Kaufleuten dasselbe gebührlich anzeigen, und durch öffentlichen Anschlag Männiglichem notificiren werdet.

Datum Colditz, den 26. Juli 1654.   Johann Georg, Churfürst.

Lpz. H.U. Kasten 3. No. 16.

VII.

vgl. Text S. 52. 53.

*Berichte über die Messen in Naumburg. Des Untermarktvoigts Bericht, wie es bei
dem neuen Naumburger Markt zugegangen.*

Praes. den 6. Februar 1662.

a. E. E. Hochw. Rath hat den 5. Februar anno 1662 mich, Endesbenannten, nach Naumburg zur Erkundigung wegen des Marktes geschickt. Da ich dann befunden, dass weder
von fremden noch hiesigen vornehmen Kauf- und Handelsleuten, wie auch Bürgern,
Krämern noch Handwerkern Niemand dagewesen, worüber sich Jedermann zum höchsten
verwundert, wenden auch verschiedene Ursachen vor, warum die Leipziger nicht hingekom-
men, indem sie vorgeben, als sollten erstens: die Kauf- und Handelsleute einander selbst bei
hoher Strafe bedrohet haben, dass Keiner ohne Vorwissen der Andern diesen Markt besuchen
sollte; zweitens, so hätte E. E. Hochw. Rath bei Vermeidung unnachlässlicher Strafe einem Jeden
ernstlich anbefehlen lassen, dass kein Einziger ihrer Bürger diesen Markt sollte bauen helfen;
drittens würden von E. E. hochweisen Rath drei Reuter auf die Strasse geschickt, diejenigen,
so dahin wollten, anzuhalten, auch das Gut wegzunehmen, so dahin geschafft werden sollte.
Sie hielten dafür, dass solches Ausbleiben ihnen nicht wohl gerathen möchte, indem sie
nicht allein jenen, sondern sich selbst mehr zu Schaden als Nutzen ausblieben. Sonst soll
ein vornehmer Mann allda sich haben vernehmen lassen, es nähme ihn Wunder, dass E. E.
Hochw. Rath durch ein scharf Patent der Kaufmannschaft und ihren Handwerkern anher zu
kommen verbieten lassen, indem es doch kein neuer Markt, sondern wegen des hohen
Festes nur um Etwas eher angesetzt wäre, und weil Sie ja diesen nicht besuchen lassen wollten, als würden sie verursacht werden, künftighin den Leipzigern ihren Peter Paul Markt zu
besuchen verbieten zu lassen. Es sind aber gleichwohl von andern benachbarten Städten verschiedene Personen, sowohl Käufer als Verkäufer, dagewesen, die, so kaufen wollten, haben
meistentheils nach den Leipzigern gefragt, weil sie aber deren Keinen angetroffen, sind sie
nach Leipzig, allda ihre Bedürfnisse zu holen, gegangen. Den Verkäufern aber hat es an Kauf-

leuten gefehlt; man berichtete auch, dass ein guter Wochenmarkt besser sei, als dieser. Ich habe unter denen, so allda gewesen, einen Senkler von Halle, Männer mit Strümpfen von Delitzsch, Tuchmacher von Kirchberg und Reichenbach, Leute so mit Bildern, Messern und dergleichen handeln, gesehen; aber aus Leipzig ist nicht Einer dagewesen.

Hannes Christoph Hehne, Untermarkt-Voigt.

Lpz. R.A. Jahrmärkte zu Naumburg betr. XLV B. 5, Bl. 145.

b. Auf Befehl und Anordnung E. E. Hochw. Raths habe ich, Endesbenannter, nach Naumburg wegen des jetzt haltenden neuen Marktes reiten und Erkundigung einholen müssen, was für Personen von hiesigen und fremden Kaufleuten daselbst gewesen. Als: 1. Friedrich Werners Diener mit allerhand Strümpfen, Bändern, Leinwand, Handschuhe und dergleichen in einer Bude, 2. Gradtwolf von Nürnberg mit 2 Buden, worin er Pfefferkuchen, Tabak, Graupen und dergleichen Waaren, 3. zwei Freiberger mit Bändern und Spitzen, 4. fünf Personen von Bautzen mit weisser Leinwand, 5. acht Personen von Erfurt mit Pantoffeln und Bändern, 6. Hans Mechel mit Flachs von Jüterbogk, 7. etliche 20 Tuchmacher von Reichenbach und Kirchberg, 8. zwei Senkler von Halle, 9. drei Tischler von Meuselwitz und der Orten, 10. etliche Weissgerber von Langensalza, Erfurt und Quedlinburg, 11 drei Zeughändler von Chemnitz, 12. der Federschmücker von Erfurt, 13. vier Strumpfhändler von Delitzsch, 14. der junge Messerschmidt von Zeitz, 15. drei Zwirnhändler von Grimma, 16. vier Franzosen, so in Auerbachs Hof stehen, 17. Christian Günther mit allerhand Kurzwaaren von Halle, 18. zwei Personen von Weimar mit Messern und Eisenwaaren. Sonst sind aus vielen kleinen Städten als Weissenfels, Lützen, Zeitz, Schkeuditz, Halle und dergleichen verschiedene Krämer dagewesen. Es hat auch der Rath zu Naumburg in 3 Jahren von allen, so den Markt bauen, weder Standgeld noch andere Gaben zu nehmen sich erboten, welches auch gehalten worden und wird künftiges Jahr 1664 das letzte sein, ihrem Versprechen nach.

Den 25. Februar 1663.   Hannes Christoph Hehne, U. M. Voigt.

Lpz. R.A. XLV. B. 5. Blatt 163.

c. Kurzer Bericht an E. E. Rath allhier, wie es vom 15.—29. Februar anno 1664 in Naumburg wegen ihres Marktes ergangen und sich befunden hat. Als: Erstlich am Montag ist der Markt angegangen und gar kein Volk da gewesen; es haben aber die Naumburger Krämer den Anfang mit Aufbuden auf dem Markte gemacht, da sind denselben nun die aus den kleinen Städten von Krämern und Handwerksleuten nachgefolgt, dieweil sich aber Niemand von fremden Leuten hat sehen lassen, weder von Frankfurtern, Augsburgern, Cölnischen und Nürnbergern. Nur 4 gemeine Krämer aus Nürnberg sind da gewesen, so mit Spiegeln, Scheeren und Pfefferkuchen gehandelt, haben aber gesagt, sie hätten besser gethan, wenn sie wären zu Hause geblieben. So hat man auch von Hamburg, Braunschweig, Magdeburg und andern Orten Niemand gesehen, als Herrn Georg Ulrich Welschens Diener von Leipzig. Dienstag hernach hat der Markt wieder sollen angehen, ist aber ärger worden, weil abermals von fremden Leuten nichts zu sehen gewesen. Aus Schlesien nur, als von Greifenberg, sind Andreas Heinzsch und Consorten dagewesen. Und weil nun hat Mittwoch als den 17. Febr. der beste Markt sein sollen, sich aber von fremden abermals Niemand präsentirt hat, als gemeine Krämer und Handwerksgehülfen von Halle, Merseburg, Weissenfels, Jena, Taucha und Erfurt, nichts als Verkäufer, aber nichts von Käufern; da ist den Naumburgern das Herz gefallen und haben geklagt, dass die Leipziger an andere Städte geschrieben, dass weil sie nicht hinkämen, andere Handelsleute auch zu Hause bleiben möchten. Und weil ich auch gesehen, dass mit diesem Markte ganz und gar nichts gewesen ist, habe ich meinen Weg wieder nach Leipzig genommen, unterwegs aber Niemanden getroffen ausser Herrn Heinrich Beckers Diener, so ebenfalls meiner Vermuthung nach seinen Weg nach Naumburg genommen. Und weil denn von diesem Markte nichts Weiteres zu berichten ist, als dass grosser Pferdemarkt Montag und Dienstag allda ist gehalten worden, aber gleichfalls von Koppel- und Hamburger Pferden nichts dagewesen, sondern lauter Bauern-Pferde und sind theuer verkauft und vertauscht worden; habe nichts mehr zu berichten, als dass Sonnabend den 20. Februar der Markt wieder ausgeben wird.   Christian Kelner, Kornschreiber.

Lpz. R.A. XLV. Band 5. Bl. 177.

VIII.

vgl. Text S. 59. 66. 104. 109. 276.

Denkschrift des Leipziger Rathes an den Churfürsten Johann Georg II. über die Lage der Leipziger Messen und die Streitigkeiten mit Braunschweig vom Jahre 1675. Auszug.

... Nachdem wir das **Gesuch**[1] der **Stadt** Braunschweig an den Herzog **Rudolf August** vom 22. Febr. 1675, dessen Intercession vom 1. **März**, das Schreiben des Herrn Georg Fabricius vom 16. Nov. sammt Abschrift des Schreibens **der** Stadt Braunschweig vom 20. Aug. mitgetheilt erhalten haben, beziehen wir uns zunächst **auf** unsere frühere diesbezügliche ausführliche Denkschrift, worin wir nachgewiesen haben, **dass** die Genehmigung des **Braunschweiger** Gesuches um Gewährung zweier öffentlichen denen zu Frankfurt a/M. und den hiesigen gleichen Jahresmessen **den Markt- und** Stapelprivilegien der Stadt Leipzig schnurstracks zuwider laufen, aber auch den angrenzenden Ländern zu unwiederbringlichem Schaden gereichen würde. Braunschweig beruft **sich darauf, es sei durch den** deutschen **Krieg**[2] und durch die Pest 1657 in harte Schulden **gerathen** und nicht im Stande die Reichs- und Landeslasten zu tragen, wenn ihm nicht die Jahresmessen verliehen **würden.** Im niedersächsichen Kreise bestehe noch keine Messe und Braunschweig sei vom Meere aus leicht zu erreichen. Um mit Frankfurt a/M. und Leipzig nicht zu collidiren, werden als Messtermine der Montag nach Invocavit und der Montag Laurentii in Vorschlag gebracht. Die Behauptungen Braunschweigs seien aber unrichtig oder unbeweisbar. Was Krieg und Pest anbelange, so hat zwar der deutsche **30jährige** Krieg fast das ganze Reich betroffen. Allein dass die Stadt Braunschweig sich gar **so sehr und** im Vergleich mit hiesiger Stadt zu **beklagen** Ursache habe, kann von Leipziger Seite nicht geglaubt werden, weil kundbar, **dass der Krieg** sich gar wenig in den niedersächsischen Kreis **gezogen.** Nur Wolfenbüttel sei belagert worden. Vielmehr habe B. während des Krieges sehr **herrlich** floriret, dagegen **weder dem heil. röm. Reiche etwas erklecklliches beigetragen, noch** den damaligen Herzogen zu B. und Lüneburg auf einerlei Weise gratificiret[3]. Die Kriegszeit könne daher nur **gegen, nicht für B.** angeführt werden.

---

1) In demselben *Lpz. R.A. XLV. B. 7. Bl. 5* wird zur Begründung gesagt: »Weil nicht nur in diesem fast weitläufigsten K r e i s e dergl. Universalmessen nicht befindlich, gleichwohl theils zu Wasser, theils zu Lande dergestalt s i t u i r e t, dass in gedachtem Kreis die aus Spanien, Italien, Portugal, Holland, Moskow, England, Schweden, Norwegen und Dänemark per mare ankommenden Waaren am füglichsten importiret und von der in dessen Mitten gelegenen Stadt ein guter Theil gedachter Waaren hinwieder an die Angrenzenden verschickt und vertheilet werden könnte — sondern auch die verhoffte Concession Niemand an seinen habenden Rechten präjudicirt, indem zwar der Stadt Leipzig dieses Privilegium ertheilet, dass innerhalb 15 deutschen Meilen keine Universalmesse soll gehalten werden, aber gleichwohl notoric über 20 deutsche Meilen von dannen entlegen, in dem Frankfurtischen diplomate keine Distanz, als nur Mainz ausgedrückt und also dieserhalb es bei den g e m e i n e n R e c h t e n verbleibet, welche nach der bewährtesten Rechtslehrer Meinung die grösste D i s t a n z zwischen Gewerb- und Handelsstädten, denen dergl. Universalmessen von Röm. Kaiserl. Majestät verliehen worden, auf 10 d e u t s c h e M e i l e n extendiren, binnen welcher dergleichen nicht **concediret** werden sollten, und aber gleichergestalt Reichs- und Weltkundig, dass diese Stadt auf etliche 30 deutsche Meilen von gedachter Frankfurt entfernt.«

2) Ueber die von Braunschweig angeblich durch den 30jährigen Krieg erlittenen Unbilden spricht sich die F r a n k f u r t e r Denkschrift fast wörtlich gleichlautend aus und bemerkt noch besonders: »Was die Stadt Braunschweig in Ao. 1659 bei Kaiserl. Majestät für R e m e d i r u n g wegen ihrer C r e d i t o r e n erlanget haben mag, lässet man **als** ein unbekanntes Ding dahin gestellet sein. Nachdem sie aber dieselbe nicht gebrauchet, **so kann** ja daraus **anders** nichts inferiret werden, als dass die angegebene Schuldenlast nicht so gross gewesen **seie.«**

3) Herzog Rudolf August zu Lüneburg und Braunschweig in seinem Messansuchen **an** den Kaiser, d. d. Braunschweig d. 1. März 1675 sagt hierüber (*Lpz. R.A. XLV. B. 7. Bl. 1 ff.*): Seit mehreren Jahrhunderten habe es schwere Differenzen zwischen den Herzögen von Lüneburg und Braunschweig und der Stadt Braunschweig gegeben. Da Verhandlungen zu keinem Resultat geführt, sei er mit seinen und seiner Vettern Truppen vor die Stadt gerückt. Nun erst habe Braunschweig »seinen Unfug erkannt und sei in den Gehorsam, den es etliche secula widerrechtlich mir und meinen Vorfahren verweigert, hinwieder getreten und mich für ihren allein regierenden Landesfürsten erkennet. Ob ich nun wohl nicht geringe Ursache gehabt, die beides gegen meine Vorfahren und mich begangene Excesse gebührend zu ahnden, so habe ihnen doch alle und jede Verbrechungen vergeben.«

Die geringe Pestepidemie, welche B. 1657 betroffen, könne unmöglich die dortige Industrie ruinirt haben, da sich Niemand grosser Manufacturen zu erinnern weiss, welche in B. fabricirt worden, sondern es wird insgemein dafür gehalten, dass ihre Nahrung in Ackerbau und Viehzucht bestehe. Könnten Krieg und Pest als derartige Motive aufgeführt werden, so könne dies von Leipziger Seite mit viel grösserem Rechte geschehen. Denn es sei weltkundig, dass die ganze 30jähr. Kriegsflamme um Leipzig fast ohne Aufhören gebrannt hat. — Nun folgt eine Schilderung der Belagerungen von 1631, 1632, 1633 und der Einnahme von 1642 ... alle Vorstädte, so in 1500 Häusern bestanden, sind abgebrannt ..., der Contagionen[1] von 1631, 1632, 1633, 1637 .... so dass die Messen oft nicht haben gebaut werden können und viele Leute von Leipzig ausgewandert seien. — Die Schuldenlast Leipzigs habe andere Gründe, als die Braunschweigs. Die Leipziger Schulden rührten daher, dass man dem Landesherrn jederzeit selbst über Vermögen beigestanden habe; so habe man 1486 bis 1494 den Herzögen Georg und Heinrich im Kriege wider die Friesländer mehr als 1½ Tonnen Goldes (1 T. = 600,000 M.) gewährt; die Belagerung Leipzigs 1547 koste der Stadt 2 Tonnen Goldes u. s. w. Anlangend das Anführen, dass im niedersächsischen Kreise eine Messe gebraucht würde, so sei dies nicht wahr. Zu viele Messen[2] seien eher schädlich. Ueberdies befänden sich in diesem Kreise bereits die berühmten Handelsstädte Hamburg und Lübeck, in welchen täglich Messen seien. Was die von Braunschweig gerühmten Vorzüge seiner Lage anbelange, so könnten dieselben sich nicht mit denen Leipzigs vergleichen, welches in der Mitte Deutschlands liege[3]. Wenn sich B, darauf berufe, dass es 20 deutsche Meilen von L. entfernt sei, während die Leipziger Privilegien sich nur auf 15 Meilen erstreckten, so helfe dies B, nichts, da die Messprivilegien an Leipzig ganz generaliter und nicht restrictive[4] ertheilt worden seien. Uebrigens sei die Errichtung von Messen im Stift Halberstadt ganz speciell untersagt, und B. gehöre doch, zum wenigsten quoad jus dioecesanum zum Stift Halberstadt. Ebenso ungerechtfertigt sei die Behauptung, die für Montag nach Invocavit und Montag nach Laurentii geplanten Braunschweiger Messen würden in eine passende Zeit fallen. Im Gegen-

---

[1] Auch Frankfurt a/M. in seiner Denkschrift vom 9. Mai 1677 sagt hierüber · »Es hat die Stadt F. eine solche Contagion in anno 1666 und 1677 betroffen, dass nicht allein die Stadt und ihre Messen sind gescheuet und nicht besucht worden, sondern auch ihre Waaren anderweitig nicht verführet, noch dero Bürger und Handwerksleute admittiret oder aufgenommen werden wollen.«

[2] Auch Frankfurt a/M. meint, zu viele Messen dienten mehr zur Verwirrung des Handels, als zum Nutzen des Reichs.

[3] Frankfurt a/M. sagt i. d. Denkschrift v. 9. Mai 1676 über seine günstige Lage im Gegensatz zu Braunschweig (Blatt 131. act.): »In consideration, dass die berühmten schiffreichen Wasser, der Main und Rhein an und resp. nicht weit von der Stadt Frankfurt und jener in diesem fliesst, wie auch in regard des zum Röm. Reich gehörigen Burgundischen Kreises und Niederlanden, die höchstlöbl. Churfürsten und Stände des Reichs der Stadt Frankfurt bereits in Ao. 1433 das hochgültige Zeugniss gegeben, dass NB. das Röm. Reich die Messen gen Frankfurt, als in eine Stadt, die von Obern und Niedern und andern deutschen Landen bass gemittelt und den Kaufleuten zu Wasser und zu Lande, die zu suchen, und daselbst ihr Gewerb und Kaufmannschaften zu führen, gelegen, NB. demselben Reich zu Ehren und NB. um des gemeinen Nutzens willen gewidmet, gesetzet und gemachet haben. Dieses »Zeugniss« legten die Churfürsten am Rhein, die Pfalzgrafen bei Rhein, die Herzöge von Jülich, Cleve und Berg, die Wetterau'schen Grafen und Städte, ferner die Städte am Oberrheinstrom und im Elsass, wie auch die Städte Augsburg, Aachen, Cölln, Brüssel, Löwen, Mecheln und viele andere ab, als die Stadt Nürnberg im J. 1433 vom Kaiser Sigismund erbat, eine Messe vom 4. Tag nach Ostern 24 Tage lang zu halten und auf die Beschwerde Frankfurt's der Kaiser Sigismund eine kaiserliche Commission in Basel berief unter Vorsitz des Pfalzgrafen Wilhelm bei Rhein, als damaligen Beschirmer des concilii zu Basel. Diese Commission sprach (1433) sich gegen Nürnberg aus, so dass dieses die gewünschte Messe nicht erhielt. Vgl. Schreiben Frankfurt's an den Churfürsten von Churpfalz. Bl. 105. act.

[4] Frankfurt a/M. behauptet von seinen Messen dasselbe. In einem Schreiben vom 1. Febr. 1676 an den Churfürsten von Churpfalz, worin dieser gebeten wird, beim Kaiser gegen Braunschweig zu interveniren, heisst es a. a. O. Bl. 105. »Nun ist reichskundig, dass diese Stadt zwo Jahrmessen im ganzen Deutschland die ältesten ... insonderheit aber haben die Kaiser Ludovicus Bavarus und Carolus IV. der Stadt F. kräftiglich versprochen, ... dass sie .. keiner Stadt, wo die auch gelegen, eine Messe, welche den Frankfurter Messen schädlich sein könnte, geben wollten, mit der clausula annulatoria, dass . . . .«

theil würden sie mit denen von Leipzig, Frankfurt a/M.[1]), Strassburg, Naumburg, Linz, Bozen, Breslau, Prag, Thorn collidiren, welche alle nur etliche Wochen von einander distiren und ratione temporis so nahe an einander hangen, dass eine der andern die Hand bietet und kaum so viel Zeit dazwischen liegt, als zur Reise nöthig ist. Eine andere geeignete Zeit werde sich aber nicht finden lassen, namentlich mit Rücksicht auf die Wechselhandlung. Dass bei dem Suchen Braunschweigs der gemeine Nutzen berücksichtigt werden solle, sei eine blosse Redensart. In dem Schreiben an den Herzog Rudolf gebe B. selbst zu, dass es sich um seinen eigenen Nutzen handele. Es dürfe aber nicht gestattet werden, dass B. seinen Nutzen auf fremdem Schaden[2]) aufbaue. Wobei man zugleich des vortrefflichen commercii literarii nicht vergessen kann und der dieserhalb mit Frankfurt a/M. habenden guten Harmonie, welche neben der übrigen Handlung zu nicht geringem Schaden der ganzen gelehrten Welt zu Grunde verderbt würde, wie dies die Stadt Frankfurt ausführlich dargelegt hat[3]) und worauf wir uns ebenfalls beziehen können, indem aus Frankfurt a/M. die ausländischen Bücher gebracht und diejenigen, welche hier und anderwärts gedruckt worden, dorthin geholt werden, also dass diese beiden Städte solcher commercia halber weit und breit einig und allein bis anhero floriret. Was die Wechselhandlung anbelangt, so ist ebenfalls bekannt, dass Leipzig nicht minder, als andere Handelsstädte, ein berühmter alter Wechselplatz ist, nach welchem sich andere Länder richten und wo zu Nutz und Frommen der Reisenden und Handelsleute in den Messen viele Tonnen Goldes abgeschlossen und in die ganze Welt gewechselt werden. Auch dies werde durch B.'s Ansuchen gefährdet. Wenn sich B. eines so grossen Contingents bei den Reichsverwilligungen rühme, so sei dies nicht wahr. Wohl aber sei Leipzig bei allgemeinen Anlagen so hoch veranschlagt, dass auf diese einzige Stadt der 18. und fast 17. Theil der Steuerschocke des ganzen Landes entfallen, was doch nur mit Rücksicht auf den Leipziger Handel geschehen sei. Im Uebrigen schliesst sich der Leipziger Rath den Frankfurter Ausführungen gegen das Braunschweigische Gesuch an und bittet[4]) den Churfürsten um seine Intercessionalien beim Kaiser. *Lpz. R.A. XLV. B. 7. Bl. 59 ff.*

---

1) Frankfurt a/M. (a. a. O. Bl.155) sagt nämlich: »Wenn man den Reichsabschied de Ao.1512. §... »auch ist für Notturff« aufschlagen lässet, wird sich befinden, dass der lobwürdigste Kaiser Maximilianus I. und die Stände des heil. Reiches für eine hohe Notturff angesehen und betrachtet, wie und in welcher Gestalt die eine Frankfurter, nämlich die Fasten- od. Ostermess, aus der heiligen Zeit der Charwochen, sonderlich Gott dem Allmächtigen zu Lob, damit Jedermann gedachter heiligen Zeit und Andacht desto besser abwarten könnte, verrückt und auf eine gelegene Zeit geleget werden möchte. Es hat sich aber nun in den 164 Jahren keine gelegenere Zeit erdenken lassen oder ergeben wollen; in welche sie hätte verrücket oder geleget werden können, alldieweil solches ohne allen Zweifel die Zeiten, auf welche die vielen übrigen privilegirten Messen und Märkte geleget, gehindert, und in Erwählung einer andern Zeit, des heil. Reichs und dessen Unterthanen allgemeiner Wohlfarth periclitiret hätte.«

2) In den angeführten Schreiben an den Churfürsten von Churpfalz sagt Frankfurt (Bl. 165): »Die commercia würden vermittelst solcher Messen (Braunschweig's) fast gar aus Deutschland vertrieben und den Vereinigten Niederlanden, welche ohnedem bei dem vorigen deutschen Kriege fast alle Handlung an sich gezogen, vollens zugeschanzet werden.«

3) Frankfurt a/M. sagt hierüber a. a. O. Bl. 140: »Es ist ebenmässig bekannt und notorium, dass der Buchhandel und das commercium literarium aus ganz Europa und Christenheit und in specie auch aus E. Kaiserl. Majest. Erblanden, als Schlesien, Böhmen, Wien und andern Orten, von alten Jahren her in hiesige Stadt und Messen einen starken Fuss gesetzet, dass aus allen Königreichen und Provinzen allerlei Bücher in allen Fakultäten, Künsten und Sprachen anhero gebracht und sich solchergestalt ausgebreitet hat, dass man derselben allhier unterschiedliche an einander stehende Gassen zugeordnet, in welchen jedweder, was Standes oder condition er gewesen, sein Belieben und Wass er gewollt gefunden oder sich bringen lassen können. Wann aber auch der Stadt Braunschweig einige Messe gegeben werden sollte, würde gleichfalls dadurch dieses edle literarium commercium allhier, nicht allein zu hiesiger Stadt und Messen, sondern auch dem ganzen Römischen Reiche und huic literatissimo saeculo zu grossem Nachtheil in viele Particularorte distendiret und geschmälert, so dass hiernächst, wann dergleichen nicht mehr in Flor sein sollte, zu spät bedauert und bereuet werden möchte.«

4) Das Datum dieser Denkschrift ist aus den Acten, wo sich das Concept befindet, nicht ersichtlich. Vermuthlich ist sie vor dem 17. Oct. 1675 abgefasst. Sie nimmt nicht auf die mehrfach in den Anmerkungen angeführte zweite Denkschrift Frankfurt's vom 9. Mai 1676. sondern auf eine nicht bei den Acten befindliche erste Bezug.

IX.

vgl. Text S. 123. 131. 186.

Auszug aus der Denkschrift der Leipziger Kauf- und Handelsleute über Errichtung eines Handelsgerichts vom 25. März 1681.

Die Denkschrift betont den Nutzen des Handels für das Land im Allgemeinen, beklagt das Zurückgehen des Handels durch den 30jähr. Krieg und durch die Post und beruft sich hierbei auf die »vom Anfange hier gehaltenen Zoll-, Geleits- und Waagbücher«. Die Stadt Leipzig sei mit La n - dessteuern besonders gedrückt. Ein Leipziger Haus zahle oft mehr, als ein ganzes Städtchen oder Amt. Magdeburg, Halle und andere Städte übten eine grosse Concurrenz aus, der Verkehr auf der Elbe habe sich mehr und mehr entwickelt und sei Leipzig schädlich, vor Allem aber würden die Leipziger Stapelprivilegien wenig mehr beachtet. Blatt 40 bis 47 werden interessante Nachrichten über die neueren Handelswege und Handelsverbindungen gegeben. Die Denkschrift stellt sich auf den Standpunkt, dass andere Städte in Sachsen ausser Leipzig zu einem Gross- oder Zwischenhandel überhaupt nicht berechtigt seien, und beklagt, während der Post hätten sogar Leipziger Bürger Niederlagen in benachbarten Städten als Halle, Naumburg, Magdeburg und Berlin errichtet. Auch darüber wird geklagt, dass unberechtigte Fremde in Leipzig zwischen den Messen Handel treiben; die Umgehung Leipzig's bei dem Zwischenhandel zwischen Schlesien und Hamburg werde durch den Churfürsten zu Brandenburg gefördert, welcher ein sonderbarer Liebhaber und Beförderer derer Commerzien sei und mit grossen Kosten von Berlin aus in die zwei Meilen und bis an die neue Niederlage Gräben erbaut habe. Auch drohe die Schiffbarmachung der Saale nach den Anschlägen von Hans Heinrich Gau mit Verfertigung von etwa 4 oder 5 Schleusen. Auch die Braunschweiger Messe mache Concurrenz. Der Churfürst wird deshalb gebeten: 1) die Leipziger Niederlagsprivilegien in Erinnerung zu bringen und zu deren Beobachtung auch mit den benachbarten Landesfürsten zu verhandeln; 2) die Verordnung vom 30. Sept. 1651 zu erneuern; 3) die bessere Instandhaltung der Brücken und Wege im Churfürstenthum im Umkreis von 15 Meilen um Leipzig anzuordnen und die Geleite nicht mehr zu verpachten; 4) verpflichtete Strassenbereiter anzustellen; 5) den Gastwirthen im Churfürstenthum Taxen vorzuschreiben; 6) den Besuch der Braunschweiger Messe neuerlich zu untersagen; 7) den Fremden zu untersagen, in Leipzig zwischen den Messen Handel zu treiben. Ein fernerer Beschwerdepunkt ist der schlechte und langsame Process in Handelssachen. Ueber einfache Buchschulden werde oft drei und noch mehr Jahre processirt und schliesslich finde der Kläger beim Beklagten »nichts mehr, als das leere Nest oder zum Höchsten die Hülsen«. Der Process in Leipzig sei so schlecht, dass Fremde Bedenken trügen, auf hiesigen Platz etwas in Commission zu verkaufen. Die Einführung eines summarischen Verfahrens vor einem kaufmännischen Handelsgerichte sei dringend nöthig und wird dabei auf das Vorbild von Piacenza, Lyon, Genua, Bozen, Nürnberg, Frankfurt a/Main, Breslau und Braunschweig verwiesen. Der Churfürst wird deshalb gebeten, zu gestatten, 1) dass ein Collegium der Kauf- und Handelsleute zu Leipzig nach Bedarf zusammentritt; 2) dass 2 Deputirte des Raths ernannt werden zur Behandlung der Kauf- und Handelssachen und dass die Kaufleute selbst Beisitzer erwählen dürfen und zwar vier aus der Leipziger Kaufmannschaft und je einen aus Holland, Augsburg, Frankfurt a/M., Nürnberg, Hamburg und Breslau. Diese Deputirten nebst den Beisitzern sollen ein während der Messen permanentes Handelsgericht bilden, welches auch ausserhalb Messenzeit zusammentreten könne, jedoch dann nur von den 2 Rathsdeputirten und den vier hiesigen Beisitzern besetzt; 3—4) werden Vorschläge über die Competenzen und den Process des Handelsgerichts gemacht. Auch für eine neue Wechselordnung werden Blatt 80 bis 122 in 41 Punkten ausführliche Vorschläge gemacht. Nicht minder macht die Denkschrift Bl. 123—124 Vorschläge für eine Instruction der Makler und Blatt 125—126 zu einer solchen der Güterbestätiger. Ueber die Post werden Bl. 126—128 verschiedene Beschwerden geführt. Ueber das Ueberhandnehmen der Juden wird Bl. 128 bis 131 geklagt und werden hier in den härtesten Worten den Juden die schlimmsten Vorwürfe gemacht. Insbesondere werden sie beschuldigt, allerhand Krankheiten, »ja die Pest wohl selbst einzuschleppen, »manch ehrlich Mutterkind unsrer Diener, Knechte und Mägde zum Stehlen zu verleiten«. Wenn sie gleich bei diesen oder jenen ertappt würden, verliessen sie sich darauf, »dass man ihnen durch die Marter hiesiger Lande nichts anhaben könne«. Der Churfürst möge nur diejenigen Juden in's Land lassen, welche ein obrigkeitliches Zeugniss besässen, dass sie wohlhabende Handelsleute oder Krämer seien, alle andern Juden aber zurück und über die Grenze jagen lassen. *Lpz. R.A. XLV. G. 6⁵. Bl. 56—131.*

X.

vgl. Text S. 124. 131.

Beschwerdepunkte der Leipziger Kauf- und Handelsleute vom 26. März 1681.

Auszug.

Wir haben uns schmerzlich darüber zu beklagen, dass viele fremde Städte, besonders Magdeburg und Halle unsere Privilegien nicht respectiren. Wollen wir ihnen hier in Leipzig zu nahe treten, so drohen sie, dass sie uns ganz entrathen und die Waaren aus der ersten Hand bekommen können. Sie laden die ihnen auf der Elbe zugebrachten Güter um und versenden sie direct nach Nürnberg, Regensburg und anderen Orten unter Umgehung hiesiger Stadt, lassen auch Stahl und andere Waaren direct kommen. Sie versorgen das Stift Quedlinburg, Zerbst, Wittenberg und einige Tuchmacherstädte in Sachsen mit Wolle, Fisch- und Specereiwaaren. Dasselbe geschieht von seiten der Städte Zwickau; Chemnitz, Reichenbach, Zschopau, Leisnig. Besonders das Städtlein Reichenbach und Adam Kremnitz zu Zwickau beziehen Tuch direct aus Schlesien, aus Meissen, Grossenhain, Zschopau, Chemnitz, Freiberg, Leisnig, Waldheim, Rosswein und Grimma, jährlich viele tausend Stück. Andererseits verkaufen viele Oberländer Tuche unter Umgehung hiesiger Stadt direct nach Niedersachsen, Württemberg, Nürnberg und in die Schweiz. Die Schneeberger haben sich unterstanden, von Nürnberg aus verschiedene Fuhren mit seidenen und anderen Waaren kommen zu lassen, und versorgen damit das Gebirge. Zahlreiche (namentlich aufgeführte) Leinwandaufkäufer zu Waldheim, Rochlitz, Hohenstein, Hartha und Geringswalde kaufen die Leinwand im Lande auf, führen sie direct nach Halle, Magdeburg und Hamburg und bringen Specereiwaaren, spanische Weine, Leder, Taback, Zeuge mit zurück, so dass beiderlei Art Geschäfte Leipzig entgehen. Es fahren auch viele Fuhrleute von Freiberg, Annaberg, Marienberg, Schneeberg, Frankenberg und anderen erzgebirgischen Orten mit Blech, Zinn, Kupfer, blauer Farbe, Leinwand an Leipzig vorbei nach Halle, Wittenberg, Magdeburg, Berlin und nehmen Fische, Oel, Honig, Specerei, sonderlich aber Taback wieder mit zurück. Alle Garnfässer, Leinwandkisten, Tuchpallen, Lägelzucht und polnischen Juchten, welche sonst von Breslau und Liebenthal über Leipzig nach Hamburg und in die Niederlande gegangen sind, werden jetzt durch die Lausitz über Luckau geführt. Aus Franken, Württemberg und vom Rhein werden jährlich viele Tausend Eimer Wein nach Zwickau und Reichenbach eingeschleppt und von da über Naumburg nach Halle, Magdeburg, Zerbst, Brandenburg, Bautzen, Görlitz und Zittau wieder verführt. Die spanischen Weine, welche sonst von Hamburg anher gebracht und von hier aus vertrieben wurden, bleiben jetzt meist in Halle. Auch die Schifffahrt auf dem Elbstrom thut uns vielen Schaden. Denn fast alle Leinwand aus Schlesien, Böhmen, Niederlausitz und vielen Landstädten wird nach Pirna und Dresden geschafft und von da nach Hamburg befördert. Die Schiffe haben in Rückfracht spanische Weine, Juchten, Specereien, Fische. Diese Waaren gehen dann, ohne Leipzig berührt zu haben, weiter nach Böhmen, Mähren und Oesterreich. Was nun so auf ein Schiff geladen wird, damit könnte man wohl 30—50 Wagen beladen. Wir dürfen auch nicht unterlassen, uns darüber zu beklagen, dass bei der jüngsten Seuche viele Leipziger in Halle, Naumburg, Magdeburg und Berlin Niederlagen errichtet und offene Gewölbe unterhalten haben. Verschiedene Hamburger stationiren ihre Diener zu Magdeburg und versorgen von da aus Halle, Eisleben, Naumburg, Erfurt, München, Salzburg und Regensburg mit Waaren, insbesondere mit Taback, welcher der hohen Imposten wegen fast gar nicht mehr hierher kommt. Andererseits halten sich viele Hamburger 3 Wochen vor und nach den Messen in Naumburg auf, versorgen von da aus Weissenfels, Zeitz, Erfurt, Gotha, Weimar und kaufen in der Gegend Anis, Safflor und Butter auf. Wiederum giebt es Fuhrleute, die in der Pfaltz, Bayern, Voigtland und Thüringen selbst mit Legelstahl, Stangenstahl, Talg und Butter beladen, an unserer Stadt vorbei nach Magdeburg und Hamburg fahren und ebenso zurück Hering, Flachfisch, Rothspeer, Rundfisch, Thran und Lederwaaren bringen. Desgleichen bringen die Chemnitzer Fuhrleute, wenn sie von hier nach Böhmen und Oesterreich befrachtet worden sind, Talg, Hanf, Pflaumen und Nüsse wieder zurück und fahren sie den Leuten im Lande umher vor die Thür. Viele Müller, Oelschläger und Körner in Thüringen kaufen bei 30 Tonnen Oel auf und führen es ins Altenburgische, nach Borna, Grimma, Naumburg, Delitzsch immer an unserer Stadt vorbei. *Lpz. R.A. XLV. G. 6ᵇ. 41—47.*

XI.
vgl. Text S. 131.

Rathspatent vom 25. April 1683, die Wiedereröffnung der Strassenroute von Hamburg über Leipzig nach Nürnberg betr.

Demnach der Durchlauchtigste Churfürst zu Bayern und Pfalzgraf des Rhein's etc. nunmehr über die von dem Durchlauchtigsten Churfürsten zu Sachsen und Burggrafen zu Magdeburg etc. unserm gnädigsten Herrn, von Hamburg nach Leipzig und ferner bis Nürnberg neben der ordinären Strasse für jetzt ausgezeichnete und mit unterschiedlichen benachbarten Potentaten communicirte Strassenroute unter gewisser Präcaution zur Restabilirung der etliche Jahre darnieder gelegenen Commercien den Pass gegen dieses hochlöblichste Churfürstenthum Sachsen und incorporirte Land hinwieder zu eröffnen, und den vormals gebrauchten Bann unter gewissen Punkten zu relaxiren sich erklärt, und hierauf höchstgedachte Churfürstl. Durchlaucht zu Sachsen gnädigst uns Bürgermeister und Rathe der Stadt Leipzig, dass wir sowohl den hiesigen Einwohnern bei Versendung deren Waaren sich der verbotenen nachbenannten Mobilien gänzlich zu enthalten andeuten, als auch den Handels- und Fuhrleuten die Pässe und Atteste begehrter Massen einrichten sollen, sub dato den 21. huj. anbefohlen; als haben demselben zur gehorsamsten Folge wir die Nothdurft erachtet, kraft dieses öffentlichen Anschlages solches Jedermänniglich kund zu thun und anzudeuten: dass I. die reisenden Personen, absonderlich Fuhrleute, keine andere Strasse nehmen und auf keine anderen Orte, als welche in unten angefügter Route benannt, fahren, daneben auch sich obrigkeitlicher Zeugnisse befleissigen sollen, dass sie in vierzig Tagen, bevor sie bei den Chur. Bayrischen Landesgrenzen angelangt an einem inficirten Orte sich nicht aufgehalten, noch mit dergleichen Leuten etwas zu thun gehabt, weniger aus solchen Orten verdächtige Waaren und Mobilien bei sich führen, II. durch höchstbesagte Chur-Bayrische Lande weder Personen noch Waaren, so in Ober- und Nieder-Sachsen gewesen, eingelassen werden sollen, es sei denn, dass selbige ihre von Haus aus mitgenommene Fede von einem Orte zum andern, welche in unten angefügter Strassenroute begriffen, im Herein- und Herausreisen jedesmal haben obrigkeitlich unterschreiben lassen. So viel aber III. die Waaren anbelangt, so muss von denselben ausdrücklich gemeldet werden, wo selbige fabricirt, maneggirt, gubernirt und gepackt, auch durch welchen Weg und wenn solche von Hamburg kommen, dass dieselben auf mehrerwähnter Route anher gebracht worden; jedoch soll sich dabei IV. ein Jeder der Versendung von Federn, Betten, gebrauchten Leinen, Geräths, Spalier oder Tapezereien, Pelzwerk, Leder und Hausrath oder Fahrniss, bis zu bessern Conjuncturen gänzlich enthalten . . . Signatum Leipzig den 25. Apr. anno 1683. L. S.

Folge oben angeführte Strassen-Routen: I. Nach Hamburg: Leipzig, Dessau Rosslau, Lichtenberg, Altbrandenburg, Neubrück — auch Kemberg, Düben, Wittenberg, Marzahn — Fehrbellin, Aucker, Westerhausen, Kieritz, Luckstädt, Neuenkrug, Wittenburg, Büchen, Boerdorf, Hamburg. II. Hamburg, Winsen, Lüneburg, Bienenbüttel, Oldenstedt, Bodendyk, Wittingen, Tiddesche, Cosfeld, Wefelingen, Arichsleben, Rodersleben, Wanzleben, Bisdorf, Borne, Förderstedt, Gattersleben, Wiesleben, Kirchetlau, Sieglitz, Hoppen, Landsberg, Griebehne, Lindenthal, Leipzig. III. nach Nürnberg: Leipzig, Zwenkau, Langendorf, Gera, Schleiz, Nordhalben, Cronach, Lichtenfels, Staffenstein, Bamberg, Forchheim, Berensdorf, Erlang, Tenetoh, Buch, Nürnberg. IV. Leipzig, Zwenkau, Langendorf, Gera, Schleiz, Gefell, Düben,

Hof, Conradsried, Münchsberg, Gefrees, Berneck, Bayreuth, Creusing, Hilpertstein, Grefenberg, Eschenau, Hertelsberg, Nürnberg. *Lpz. R.A. I. 54 T. Bl. 181.*

XII.

vgl. Text S. 45.

Nachricht, was bei der ersten von Chur-Brandenburg neu angelegten Magdeburger Messe vorgegangen, ex relatione H. . . . . .[1]), welcher solche aus Curiosität nebst . . . . . .[1]) anno 1687 besuchte.[2]) Auszug.

Diese Messe hat vordem ihren Anfang am Tage Mauritii gehabt, dieses Mal ist solche den 19. Sept. angegangen, 4 Tage vorher eingeläutet. Auf dem Thum-Platz, jetzt genannten Neumarkt, ist eine weit grössere Anzahl Buden, unter denen Emanuel Egelhoff von Augsburg auch eine gehabt, gestanden. In den Kreuzgängen einer alten Kirche sind Krämer mit allerhand Waaren, auch Buchführer gestanden, dergleichen Gelegenheit soll künftig für die Spitzenhändler adaptirt werden. Die Tuchhändler, auch Tuchmacher von Crossen, Grünberg, Züllichau, Schwiebus, Landsberg a. d. Warthe, Wittstock, Calbe und vielen andern Orten mehr, insonderheit aus neumärkischen Städten, waren in ziemlicher Anzahl vorhanden, wie auch Fabrikanten **derer** auf Langensalzaer Art verfertigten Rasche, in den grossen Thum-Kirchen-Kreuzgängen. In einem am Thum-Platz liegenden Hause sass das Commercien-Collegium: Der Rath **von Mendelsloh, Präses;** die Herren Wellmann u. Prinz als Commercienräthe u. ein Actuarius, deren Sorgfalt und Höflichkeit gegen Jedermann nicht genugsam beschrieben werden kann. Diese verhörten die Partheien und setzten solche ohne Process-Gestattung sofort auseinander. In einem auf dem Thum-Platz zugerichteten Zimmer sassen die Herren Marktrichter mit einigen Assessoren aus dem Rath, welche alle kleine Misshelligkeiten bald abthaten. Auf dem Thum-Platz war ein Corps des Guardes, welches auf allen 4 Ecken desselben Schildwachen ausgesetzt hatte, Dieberei zu verhüten, und auf Feuer und Unordnung Acht zu geben. Den Rosshändlern ist zum Rossmarkt eine Insel in der Elbe ausser dem Thore über der Brücke angewiesen, dabei denselben freie Weide gestattet, und weil der Rossmarkt bald zu Ende der Messe angehen soll, also nahe vor die Leipziger Michaelis-Messe anrückt, so finden sich viel Rosskämme ein, weil sie daselbst vor der Leipziger Messe sehen können, was die Pferde gelten werden. Es ist auch zu vermuthen, dass die Rosstauscher guten Vertrieb daselbst haben werden, weil Se. Churf. Durchlaucht zu Brandenburg beabsichtige, den Officieren anzubefehlen, dass sie ihre Pferde zu Magdeburg kaufen sollen, was den Leipziger Pferdemärkten grossen Schaden thun möchte. Es haben sich auch zu Magdeburg befunden Herr D. Seyfert, Herr Accis-Rath Dix, so mit im Commercien-Collegio sind, Herr Dr. Frenzel von Halle, welche durch Herrn Prinzens Vermittlung viele Zeugmacher aus Gera, welche daselbst abgebrannt, unter grossen Versprechungen gelockt, unter denen ein Zeugmachermeister Christian Bollner, so bisher 8 Gesellen und Jungen gefördert und von gedachten Herrn verlegt worden, welche in 80 St. zur Probe gefertigte Zeuge, **so in brandenburgischen Ländern** niemals fabricirt worden, als Polemiten und vierdrahtiger Satin, so nicht zu tadeln, verfertigt; **denen sie durch** allerhand Beihülfe zur Hand gehen **und bemüht sind,** mehr dergleichen Meister **dahin zu** ziehen. Zwei Principale, **Franzosen,** so im **Branden**burgischen die Manufactur angestellt, sind bereits in solchem Stande, dass der Eine 131 Arbeiter, als Wollkämmer, Würker, Tuch- und Zeugfärber, Bereiter, Strumpfweber **und bei 300 Spinner,** der Andere aber, so sich erst $1/4$ Jahr daselbst niedergelassen, bei 200 dergleichen Leute fördert, dass also die beiden Franzosen schon gegen 600 Menschen Arbeit geben und ziemliche **Parthien** Waaren an Sarges de Nismes, de Rome, d'Engleterre, Tücher und allerhand Sorten Strümpfe auf Lager haben. Solche **Manufactur** zu befördern, haben Se. Durchl. zu Branden-

---

1) An diesen Stellen sind im Original einige Worte völlig unleserlich durchstrichen.

2) Vermuthlich war der Verfasser derselbe Kundschafter, der 1683 eine »Nachricht, was bei dem jüngst in Braunschweig gehaltenen Markte vorgegangen«, zu den Acten *XLV. B. 7. Bl. 228/9* gab, vergl. diese bei »Streitigkeiten mit Braunschweig.«

burg dem Ersten dieser Leute nicht nur ein gutes und kostbares Haus geschenkt, sondern lassen auch (weil die Anschaffung der Werkzeuge viel Geld kostet) jedem Arbeiter täglich 2 gr. als Zulage abstatten, dass also S. Churf. Durchl. über die gestattete 10jährige Freiheit sich diesen Mann jährlich an die 18000 Thlr. kosten lassen. Dem andern Franzosen aber haben sie 2000 Thlr. zur Erkaufung seines Hauses verehren lassen, und sollen sich allbereits an 8 Manufacturen in deren Lande befinden, wie dann die Halle'schen auch bereits in ziemlichem Stande sein sollen. Auch ist auf des Commercien-Rath Prinzen Angeben eine Farbe- und Walkmühle, deren keine vorher desselben Ortes gewesen, erbaut worden, wodurch die Manufacturarbeit wohl befördert worden. Gleich wie die Vorigen, hat sich ein Tapetenmacher zu Magdeburg angegeben, welchen man aber in Berlin haben will. Einkäufer wollen sich dem Ansehn nach auch einfinden, wie denn über die Officiere, Adel und Landvolk eine ziemliche Menge Landkrämer aus dem Fürstenthum Magdeburg, Halle, aus den Stiften Halberstadt, Minden, der Mark und andern Orten anzutreffen war. Doch haben die, so schneidige Waaren gesucht, nicht viel gethan, indem sie noch nicht ihr verlangtes Sortiment gefunden; es möchte sich aber künftig besser geben, indem verlautet, dass den Brandenburgischen Unterthanen, welche was einzukaufen haben, bei Strafe anempfohlen werden soll, solche Messen zu besuchen; dergleichen hat man schon bei der Kramerinnung zu Halle angefangen, indem man jedem, der sich zu sortiren hat und die Messe zu Frankfurt a/O. nicht besucht, 200 Thlr. Strafe abfordert. Auch hatten sich verschiedene Einkäufer daselbst sehen lassen, unter denen Fried. King aus Stift Minden und andere gute Leute mehr, die sonst in einer Leipziger Messe für 3, 4 bis 500 Thlr. einzukaufen pflegen, welche sich daselbst also sortirt und einen so guten Markt gemacht, dass, wenn noch 1000 Stück Tuch vorhanden gewesen wären, solche alle würden verkauft worden sein. Aus sächs. Ländern ist niemand dort gewesen, ausser ein paar Tuchmacher aus Rosswein. Die Kaufleute anzulocken, hat man sie aller Accison und Zölle zu befreien versprochen, dabei aber anbefohlen, die Waaren zuförderst bei den Brandenburgischen Unterthanen, wenn sie solche haben, zu kaufen. Auf dem Domplatz sind gewisse Häuser ausgesehen worden, in welchen zu besserer Accomodität der Handelsleute gute Gewölbe eingerichtet werden sollen. Mehr Handel nach Brandenburg zu ziehen, lässt sich Fürstl. Durchl. überaus angelegen sein. Ueber diejenigen Waaren und Bänder, so Spitzel zu Spandau im Zuchthause verfertigen lässt, sollen eine Menge Karten und Tabackspfeifen gemacht und keine anderen in brandenburgischen Ländern geführt, die auswärtigen mit grossen Accisen belegt werden. Von Blechen haben sie eine ziemliche Anzahl aus Schweden bekommen, die lassen sie jenseits Berlin verzinnen, also dass sie hinfür unsere Bleche zu entrathen trachten. Weil hinter Halle sich an einem Orte ein Kupferkies zeigt, lassen Churf. Durchl. schon viel Leute daran arbeiten und haben hierzu 30/m. Thaler anzuwenden verordnet. Ein Leipziger Krämer Joh. Heinr. Hofmann hat im letzten Halleschen Markte Langensalzer Rasche zum Verkauf geführt, so ihm aber zu verkaufen nicht gestattet worden, damit die im Lande gemachten desto besser abgehen möchten. Wer auf dem alten und neuen Markt ein Caduchaus aufgebaut, bekommt von Sr. Churf. Durchl., sobald es von den Commissarien besichtigt, auf der Accis-Einnahme den 4. Theil der Baukosten. In der Dresdner Manufactur soll noch ein guter Strumpfmacher sein, den man auch dahin zu ziehen sich bemüht. In einem Dorfe an der Magdeburger Grenze ist eine Fähre gewesen, deren man sich sonderlich in grossen Wassern gebraucht, und das Fährgeld Sr. Churf. Durchl. zu Sachsen entrichtet. Diese Fähre will Chur-Brandenburg auch an sich ziehen, weil das Dorf auf seinem Grund und Boden liegen soll. Aus der Leipziger Ostermesse sind etliche Schweizer nach Berlin gereist, die der Churfürst in eigner Person überaus gnädig gesprochen, mit welchen auch wegen der Commercien tractirt wird. Aus vorher Erzähltem ist leicht zu merken, wie die Magdeburger neuen Märkte, die Halleschen Fabriken und verschiedene neue angezielte Anstalten nicht nur der Stadt Leipzig, sondern dem ganzen Lande höchst gefährlich und nachtheilig fallen möchten. Es mangelt Berlin, Magdeburg und Halle nur noch an Capitalleuten und erfahrenen Wechslern, denn, wenn sie solche hätten, würden sie bald mehr Handel an sich ziehen. Es ist aber zu befürchten, dass durch den gestärkten Handel und viele Capitalisten, so sich nach und nach zu Berlin, Magdeburg, Halle setzen, wie denn schon etliche aus hiesigen und andern Ländern sich daselbst niedergelassen, auch noch sonderlich wegen der reformirten Religionsfreiheit künftig an selbigen Orten niederlassen möchten, solchem ihrem bisherigen Mangel abgeholfen werden möchte. *Lpz. R.A. (Jahrmärkte an andern Orten Vol. 1) XLV B 5ᵇ. Bl. 285—291.*

XIII.

vgl. Text S. 45. 276.

Vorschläge des Leipziger Raths darüber, was gegen die Concurrenz der Magdeburger Messen vorzukehren, v. 1. Sept. 1687.

Durchlauchtigster Churfürst! E. Churf. Durchlaucht sind unsere unterthänigsten gehorsamsten Dienste jeder Zeit voraus. Gnädigster Herr! Nächst diesem beruht die Sache auf zwei Stücken, erstlich, dafern die Magdeburger Messe via facti behauptet werden soll, wie und auf welche Weise dergleichen Unternehmen abzuhalten, und zum Andern, was dagegen mit Effect vorzukehren. Wider jenes scheint zwar kein ander Mittel zu sein, als dass I. Kaiserl. Majest. und E. Churf. Durchl. mit öffentlichen mandatis inhibitoriis, wie vormals gegen die neuern Naumburger, Weissenfelser, Schkenditzer und anderen dieser Stadt Privilegien zuwider besuchten Märkten nach beiliegenden Abdrücken geschehen, der hiesigen Markt- und Stapelgerechtigkeit gemäss verfahren und die dahin gehenden Handelsgüter auf der Strasse angehalten werden. Sollte aber dieses bedenklich fallen, in Erwägung dass alle von Hamburg und Holland wie aus Preussen kommenden Waaren, die Churbrandenburgischen Lande unumgänglich passiren müssen ... so wäre wegen des andern Punktes desto mehr darauf zu sehn, wie solchen Dingen durch andere Wege entgegen zu treten, welches denn eines Theils durch Hebung des Gewerbes, andern Theils durch Erhaltung und mehr Anlockung der Fremden zu bewerkstelligen. Dass eine Zeit lang die Landmanufactur zum äussersten Ruin verfallen, wird durch die Erfahrung an den Tag gelegt, indem nicht nur viel Tausend Handwerker an den Bettelstab gerathen, sondern auch dahin gebracht werden, dass sie sich in benachbarte Länder, wo ihnen zur Bestellung ihrer Nahrung allerhand Vorschub gethan wird, begeben, die Nahrung und Handlung mit dahin ziehen und dieselben volkreich machen, dagegen dieses Land an Mannschaft und Einwohnern abnimmt und verarmt. Solchen betrübten Zufall verursachen theils die hohen Abgaben, mit denen besonders das bürgerliche Gewerbe unerträglich belegt ist, Ordinär- und Extraordinär-Steuern und Contributionen, zu deren Abführung der Erwerb unmöglich zureichen kann; wobei die jetzt angeordnete Steuerrevision fast das Ansehn haben will, als sollte sie auf den alten Fuss vor anno 1628 gerichtet werden, da anno 1628 gar wenig vom Schocke gegeben worden, jetzt aber 16 Pf. Landsteuern, über 21 Pf. Extraordinär- und noch dazu 21 Pf. Quatembersteuern, ausser der Trunksteuer, Fleischpfennige und vielerlei andere praestationes zu entrichten sind. Hierzu kommen die hoch beschwerten Landaccisen, wodurch der Handwerksmann, auf dessen Wohlstande die Landmanufacturen grössten Theils beruhen, von der Arbeit abgeschreckt und dermassen enervirt wird, dass er endlich das Handwerk durch den Bauch sticht und zu Extremitäten greift. Das einzige Exempel der von den Vorfahren mit besondern Privilegien und Freiheiten aus den Niederlanden anher gezogenen Tuch- und Zeugmacher bezeugt dessen Wahrheit mehr als zuviel, welche durch die vielfältigen Landaccissen dahin gebracht sind, dass, da vor etlichen Jahren deren über 20000 im Lande in guter Nahrung gesessen, jetzt ihrer kaum etliche Hundert zu finden, so noch ein Stückchen Brod besitzen, aber auch diese die Contribution kümmerlich abstatten und wenn dabei dasjenige, was sie zuzusetzen gehabt, consumirt ist, ebenfalls mit dem Bettelstab davongehen; dergleichen Bewandniss hat es mit den Leineweberen und vielen andern mehr. Es trägt auch hierzu das vor etlichen Jahren publicirte Verbot der Einführung fremder Wolle nicht wenig bei, wodurch weder E. Churf. Durchl. noch dem Lande etwas Nutzen, hingegen aber diesem merklicher Schaden erwächst, dass die fremde Wolle, die unsere Fabrikanten nicht gut entbehren können, nicht herein gefolgt und hiergegen die Ausfuhr der inländischen Wolle und wollenen Manufacturen theils gar verboten, theils mit so hohen oneribus beschwert sind, dass dabei gar nicht fortzukommen. Den fremden Handel betreffend, so ist E. Churf. Durchl. unverborgen, dass derselbe sich gemeiniglich dahin zieht, wo nebst freundlichem Tractement er am wenigsten beschwert wird, welches unsere Nachbarn wohl fassen und daher nicht nur zu Braunschweig, Frankfurt a/O. und mehreren Orten den Negotianten allerhand Freiheiten vermittelst öffentlicher Patente versprechen, auch wirklich geniessen lassen, sondern auch jetzt denen, so diesen neuen Magdeburger Markt besuchen wollen, auf dem Lande die Hälfte des Zolles und in der Stadt Magdeburg die ganzen Accisen nebst dem Brückengeld zu erlassen durch offene Anschläge vertrösten, viele andere Handgriffe zu verschweigen, wodurch sie dem wenigen Reste der hiesigen Commercien einen Vortheil abzugewinnen trachten, auch hierin bisher ziemlichen Fortgang gehabt. Nun ist gleichwohl das Eine und das Andere neu, besonders bei der Accis-Einnahme allhier hergegangen, so den Auswärtigen sehr fremd vorgekommen und ihrer viele weiter anher zu handeln gänzlich abwendig gemacht hat. Desgleichen denn die vor wenig Jahren aufs Neue geforderte Abgabe von durchgehenden Gütern das gewirkt, dass die schlesische Leinwand und Garn-Fässer, so vormals auf diese Stadt gingen und von hier weiter versandt wurden, nicht mehr hierher, sondern durch die Mark über Berlin oder durch die neue Brandenburgische Oder-Fahrt auf dem Wasser verschickt werden, durch welche E. Churf. Durchl. jährlich an Geleitsgeldern durch das ganze Land, sowohl den Unterthanen an allerhand Zugang, viel zurückbleibt, und solch Bewenden hat es auch in viel hundert anderen Stücken. Ferner hat die unlängst angeordnete Visitation der ankommenden Fremden, ihrer Reiseladen und Waaren und andere ungemeine Schärfe bei der Accis-Einnahme solchen Unwillen bei den ausländischen Handelsleuten erweckt, dass deren verschiedene sich öffentlich verlauten lassen, ehe sie dieser Visitation sich unterwerfen, würden sie lieber die hiesigen Märkte, welche ohnedies etliche Jahre schlecht genug gewesen, ganz meiden. Es ist ja leider bereits dahin gediehen, dass die, vormals aus Oesterreich, desgleichen vom Eichsfelde, wie auch aus Niedersachsen nach hier betriebene Handlung und grosser Abzug sich fast ganz gestopft und meistentheils nach Braunschweig wenden will, wodurch nicht allein wegen der Abfuhr, sondern auch wegen der Commissionen, Schliessung der Wechsel und Anderes mehr dieser Stadt viel entgeht, so dass, wo bevor in einer Messe 1000 Thlr. gelöst worden, jetzt kaum 100 einkommen und demnach auf Grund der Wahrheit gesagt werden muss, dass die Handlung allhier in den letzten Zügen liege. Gleich wie nun aus oben Angeführtem ersichtlich, wodurch bis jetzt bei uns das inländische Gewerbe und Nahrung darniedergeschlagen und die auswärtige Handlung geschwächt und weggewöhnt worden, so dürfte nächst diesem auch der Magdeburger intendirten Reichsmesse und andern sothanen Beginnen unseres Erachtens nicht besser als mit eben den Waffen, damit sie wider uns kämpfen, zu begegnen sein; daran aber Hand zu legen, ist die höchste Zeit, bevor das Uebel so tief eingewurzelt, dass demselben nicht mehr beizukommen. Also würde hierzu das dienlichste, vielleicht Einzige Mittel sein, wenn E. Churfl. Durchl. Sich gefallen lassen, durch Abschaffung der Landaccisen, auch Verminderung der andern onerum die armen Unterthanen und Landmanufacturen zu erleichtern, wie auch das Verbot von Einführung ausländischer Wolle zu cassiren, hernach vor allen Dingen die beschwerliche Visitation der ankommenden Personen, deren Reiseladen und Handelsgüter nebst andern ungewöhnlichen Verfahren bei der hiesigen Accis-Einnahme sammt dem Aufschlage auf die durchgehenden Güter förderlichst abschaffen zu lassen, und dass vielmehr die Fremden sowohl durch Erleichterung der Abgaben, als durch Glimpf und freundlichen Umgang hier erhalten oder wieder angelockt werden möchten, behörigen Ortes in Gnaden anzuempfehlen, was in Kurzem weit mehr eintragen wird, und dann den falschen Münzen nachdrücklich zu steuern..... *Lpz. R.A. XLV. B. 3ᵇ. Bl, 278—280.*

XIV.

Vgl. Text S. 92. Anm. 2.

Bericht des Leipziger Bürgers Johann Georg Küchler über den Markt in Profen.
5. Juni 1696.

Nachdem von E. E. Hochw. Rathe dieser Stadt er gestrigen Tages nach Profen bei Pegau geschickt worden, zu sehen, ob und wie der neue Jahrmarkt allda gehalten werden wird, referirt (er): Er sei gestern früh um 9 Uhr nach Profen gekommen und habe gesehen, dass viel Krämer aus Zeitz, Pegau, Weissenfels, Eisenberg, Gehrau, Osterfeld und Hohenmölsen dagewesen, welche ihre Buden in guter Ordnung auf den beiden Gassen des Dorfes aufgeschlagen gehabt, und ihre Waaren an Leinen, Tuch, Eisenwaaren, Seilerwaaren, Loh- und Weissgar-Leder, Töpfen und dergleichen ausgelegt, wie denn auch Pferde und Rindvieh daselbst zu kaufen gewesen. Ein Krämer aus Zeitz, den sie H. Henrich nannten, die Leute also in Ordnung gestellt, jedoch er nicht vernommen, dass derselbe Commission oder Befehl dazu gehabt. So hätte er auch die Landknechte von Zeitz und Pegau da gesehen, welche nebst noch andern zwei Personen bei entstehender Ungelegenheit die Leute bei den Köpfen nehmen sollen, wie denn zu dem Ende die Dorfgerichte in einer besondern Stube in der Schenke sich den Tag über beisammen aufgehalten. Einen Landarzt habe er auch wahrgenommen. Es wären zwar verschiedene vom Hofe aus Zeitz, wie auch vom Landadel nebst Frauenzimmern allda gewesen, aber sonst wenig Käufer. Mitten in dem Dorfe bei der grossen Linde wäre ein Platz zu einem Hause, so künftig dahin gebaut werden soll und dazu Ihr. Fürstl. Durchlaucht zu Zeitz der gemeinen Rede nach Holz und Steine verehren wollte, abgezeichnet; es machten sich auch die Leute auf zukünftig guten Fortgang dieser Jahrmärkte grosse Hoffnung. Aus dieser Stadt habe er niemand als einen Tabakskrämer mit Namen Petschmann angetroffen. Die Leute hätten vorgegeben, der Jahrmarkt hätte anfänglich nicht sollen vor sich gehen, nunmehr aber wäre es gut, dass es geschehen, so wären sie doch im Posses und wollten beweisen, dass schon vor 100 Jahren am selbigen Orte Jahrmarkt gehalten worden.

Johann Andreas Ruhtisch x. P. C. jur. Registrator.

Lpz. R.A. Jahrmärkte an anderen Orten betr. Vol. III. XLV. B. 3°. Bl. 79.

XV.

vgl. Text S. 65. 124. 131. 144. 145. 225.

Bericht des Leipziger Rathes über die Stapel- und Niederlags-Privilegien, deren Verletzung und Vorschläge zur Hebung des Handels vom 26. Mai 1701 Auszug.

Der Bericht wurde veranlasst durch einen churfürstl. Befehl vom 28. Januar 1701 folgenden Inhalts (auszugsweise): Euch ist unverborgen, was wir an unsere getreue Landschaft bei früheren und besonders bei dem letzten allgemeinen Landtage wegen Beförderung der Commercien haben gelangen lassen. Obgleich wir nun zur Zeit noch nicht zur Bestellung eines Commerzien-Collegiums gelangen konnten, so fallen doch so viele wichtige Sachen vor, dass wir eine gewisse Deputation niedergesetzt haben. Da wir nun die in Eueren Acten befindlichen Nachrichten um so mehr brauchen, als wir geneigt sind, die an der Stadt Leipzig haftenden Stapel-, Niederlags- und Messprivilegien vor fernerem Anstoss zu bewahren und die eingeschlichenen Missbräuche möglichst zu redressiren, so begehren wir, Ihr wollet durch einen Euerer Consulenten und Einige Eueres Mittels aus den in diesem und im vorigen Jahrhundert ergangenen Acten zuverlässige Extracte machen und dieselben in gewisse Titel abtheilen und uns schleunigst Euer Gutachten darüber erstatten, was gegen die Eingriffe der Nachbarn und zur inneren Verbesserung und äusseren Erweiterung des Commerzii geschehen kann. Der Bericht lautete nun folgendermaassen (auszugsweise): Zunächst wird ein Abriss der Geschichte der Privilegirung der Messen gegeben und besonders betont, dass alle Leipziger Privilegien und deren Bestätigungen jederzeit zur allgemeinen Kenntniss gebracht worden seien. Dann werden die Kämpfe geschildert, welche Leipzig mit den benachbarten Städten und Fürsten durchzufechten hatte zur Geltendmachung des Privilegiums, »dass in einige Zeit kein Jahrmarkt, Messe oder Niederlage inner 15 Meilen gerings um die Stadt Leipzig soll aufgerichtet und gehalten werden.« Am ausführlichsten werden dabei die Kämpfe mit Braunschweig geschildert. Dann werden die von uns im Text ausführlich geschilderten Verletzungen derjenigen Privilegienbestimmungen besprochen, wonach die zu und von den Leipiger Messen Reisenden mit ihren Gütern unter den Reichsschutz gestellt waren, ferner die Verletzungen der eigentlichen Stapelprivilegien durch Benutzung der sogen. Schleifwege sowie durch die Elbschifffahrt und die durch Vereinigung der Unstrut und Saale intendirte Schifffahrt, durch den Schleussenbau an der Saale unterhalb Halle. Auch die alten Klagen über den Leipzig umgehenden directen Handel der sächsischen Industriestädte werden wieder aufgewärmt. Es wird über die Erhöhung der Accise und die strengen Visitationes der bei Messzeiten in Leipzig einkommenden Güter, über die schlechten Landstrassen geklagt, sowie über Ertheilung von Handelsmonopolen an einzelne Kaufleute und Industrielle. Man beschränkt sich auf die Bitte, alle diese Missstände abzustellen und die Leipziger Privilegien in allen Beziehungen mit grösster Strenge zur Geltung zu bringen, vermag aber neue Vorschläge nicht zu machen. Der Bericht gewährt in Bezug auf die Acten besonderes Interesse dadurch, dass er eine Masse von Actenstellen und früheren Berichten anzieht, die aber von uns bereits berücksichtigt worden sind. *Lpz. R.A. XLV. G. 6ᶜ Bl. 171 ff.*

XVI.

vgl. Text S. 67. 68. 124. 200.

Vorstellung fremder die Messen zu Frankfurt a/M. besuchender Kaufleute an den Rath zu Frankfurt a/M. gegen die Verlegung der dortigen Messen vom J. 1710.

Auszug.

Die Verlegung der Fasten- oder Ostermesse von Judica auf Quasimodogeniti werde schädlich wirken, denn 1. seien die Messen absichtlich von Reichswegen so eingerichtet worden, dass keine der andern hinderlich sei. Bei der Verlegung würde man entweder die Frankfurter Ostermesse oder die Leipziger Ostermesse nicht besuchen können. 2. Dies werde beide Messen schädigen, 3. am meisten die Frankfurter, da der Besuch der Leipziger-Messen wichtiger sei. 4. So würden z. B. alle diejenigen, so von Bremen, Hamburg und anderen niedersächsischen Landen und aus Gotha, Eisenach und Umgegend nach Frankfurt kommen, um ihre Waaren wegen schlechterer Gelder dort einzukaufen, aber die Leipziger Messen unter allen Umständen besuchen müssen, Frankfurt fern bleiben, wodurch denn abermals dem publico und privato ein grosser Schaden, den Leipzigern aber ein erwünschter Nutzen zuwachsen wird, indem je schlechter diese, je besser die Leipziger Messe wird, wie es leider die Erfahrung wirklich in vielen Stücken schon bezeuget[1]). 5. Das Wechselnegotium auf Leipzig werde gänzlich zu Grunde gehn. Denn wenn die Zahlwoche allhier erst zu Ende, so fängt die Leipziger schon an. 6. Da die Debitores gewohnt seien, ihre Waaren auf Credit von Messe zu Messe einzukaufen, werde die Abkürzung des Zwischenraumes zwischen der Oster- und der Michaelismesse nicht genügen, die Waaren inzwischen zu vertreiben und in der Herbstmesse die Osterschulden zu bezahlen. 7. Da öfters die Ostermesse erst im Mai anfangen würde, so würden die Kaufleute, welche die Sommerzeuge und Sommermoden in seidenen und wollenen Waaren zur Messe bringen, zu spät damit kommen. 8. Die Wollhändler würden Verluste erleiden, wenn die Messe mit der Wollschur zusammenfiele, da dann die zur Messe anwesenden Fabrikanten mit Umgehung der Zwischenhändler direct von den Producenten kaufen würden. 9. Die Verringerung des Zwischenraumes zwischen Oster- und Michaelismesse werde auch in sofern schaden, als die Zeit nicht ausreichen würde, die Bestellungen für die Michaelismesse auf Grund der in der Ostermesse gemachten Erfahrungen rechtzeitig in England, Italien und Holland zu machen. 10. Die Schweizer und Andere, die in F. schwere Waaren einkaufen und sie zu Wasser auf dem Rhein gehen lassen, könnten nicht rechtzeitig mit denselben zum Zürzacher Pfingstmarkt eintreffen.

Wenn man einwenden wolle, dass auch die Leipziger Ostermesse prorogiret werden könne, so würde man kaum darauf rechnen können, dass der Churfürst von Sachsen seine Einwilligung geben werde zu einer Maassregel, die Leipzig schaden müsse durch die Concurrenz von Naumburg, Frankfurt a/O. und Braunschweig und die Rücksicht auf Zürzach und Bozen.

Wie beschwerlich wäre es ferner, dass man die heil. Oster- oder Charwoche, als worinnen die Zahlwoche und das meiste zu thun wäre, nicht recht halten oder feiern könnte.

---

1) Anerkenntniss, dass die Leipziger Messen die Frankfurter nunmehr an Bedeutung überragten!

Aus allen diesen breit ausgeführten Gründen sei es erwünscht, die Messe in der von etlichen Hundert Jahren hergebrachten Zeit zu belassen oder zum wenigsten nicht länger, als bis auf Sonntag Palmarum auszusetzen.

Die Vorstellung ist unterschrieben durch 8 Firmen aus Augsburg, 3 aus Schaffhausen, 12 aus Zürich, 17 aus Hamburg, 11 aus Genf, 6 aus Basel, 4 aus Eisenach, 2 aus Annaberg, 7 aus Amsterdam, 2 aus Leipzig, 29 aus Frankfurt a/M. und zahlreichen Anderen aus diversen Orten.

Lpz. R.A. XLV. B. 8. Bl. 66—75.

XVII.

vgl. Text S. 67. 68. 134. 145.

Bedenken der Leipziger Kaufmannschaft über die beabsichtigte Verlegung der Frank-furter Messen v. 24. Oct. 1710. Auszug.

Nach Bezugnahme auf die Frankfurter Denkschrift (Anlage XVI) wird ausgeführt, es sei zweifelsohne, dass bei Verlegung der Frankfurter Messe nur eine Messe, entweder die Frankfurter oder die Leipziger Ostermesse besucht werden könne. Welche aber von beiden Messen sowohl von Verkäufern, als Einkäufern diesfalls der andern vorgezogen werden möchte, wird sich so genau vorher nicht sagen lassen. Doch wenn vernünftige Muthmaassungen etwas gelten sollten, so möchten wohl die Verkäufer von Hamburg, Lüttich, Aachen, Cöln, Augsburg und Nürnberg, so zeither beide Messen mit ihren Waaren besucht und befunden, dass die Leipziger Ostermesse wegen des viel stärkeren Concurses der Einkäufer sowohl derer aus Sachsen, als nahe anliegenden, auch weit davon entlegenen Ländern als Polen, Liefland, Churland, Schlesien, Ungarn etc. weit importanter und considerabler sei, als die Frankfurter Fasten- oder Ostermesse, daher diese künftig fahren lassen und lieber bei der Leipziger Ostermesse oder Jubilatemesse bleiben würden. Und weil solchergestalt die Einkäufer, so bisher in der Frankfurter Fasten-Messe ihre Waaren eingekauft, bei Mangel der Verkäufer, solche nicht mehr allda in so grossen Quantitäten, daher auch nicht nach ihrem Willen, auch wohl nicht in so anständigen Preisen werden bekommen können, wie vorhin, so könnte leicht geschehen, dass die meisten Einkäufer, auch wohl diejenigen, so bisher nicht zu der Leipziger Messe gekommen, am gewissesten aber, welche diesseits Frankfurt wohnen, die Frankfurter veränderte Ostermesse fahren lassen, und hingegen die Leipziger Jubilate besuchten, und ihr Bedürfniss in derselben einkauften; in mehr Erwägung, dass sie in den Leipziger Messen von allen Sorten schlesischen und sächsischen Leinen und Tücher und allerhand andere dieser Landen und Gegenden fabricirten Manufacturen in sehr grosser Menge, hingegen in Frankfurt nicht also beisammen finden könnten. Und wird Gott und die Zeit endlich, wenn der Magistrat zu Frankfurt bei seiner Intentio beharren sollte, den richtigen Ausschlag geben.

Wir halten aber hiernächst dafür, dass sonderlich nach jetzigem Laufe und Beschaffenheit zu mehr Frequenz der Leipziger, sowohl Jubilate als anderen Messen, ja zu sonderlicher Facilitirung dieses ganzen Landes Commercien, ein Grosses beitragen würde, wenn wegen der französischen ganzen, halben und viertel Thaler I. Königl. Maj. in Polen und Churfst. Durchlaucht zu Sachsen etc. unseres allergnädigsten Herrn sub dato Leipzig den 11. Januar 1708 an E. E. Hochw. Rath hierselbst ergangenes allergnädigstes Rescript, darinnen die ganzen Thaler auf 31 Gr., der halbe auf 15½ Gr., der Viertelthaler aber auf 7 Gr. 9 Pf. gesetzt worden, reassümirt und vermittelst eines Patents im ganzen Lande allergnädigst erklärt würde, dass erwähnte französische Gelder nur anstatt der doppelten und einfachen Groschen auf so hoch angenommen und ausgegeben, niemandem aber in Wechselzahlung aufgedrungen werden sollten, indem nicht allein, wie wir ehemals allerunterthänigst remonstriret, der innere Valor benannter Gelder besagtem Preis beinahe conform ist, sondern auch solcher mit den seither zwischen Leipzig und denen nach Wien, Breslau, Augsburg, Nürnberg und Frankfurt a/M. gewesenen Wechselcursen zur Gleichheit kommen, auch ferner die Wechsel nach Amsterdam und Hamburg, wie auch nach Wien, Augsburg, Nürnberg und Frankfurt in billigen Coursen erhalten, und würden dann die Kaufleute von denjenigen Städten und

Landschaften, so zwischen den churfürstl. sächsischen Landen und den Reichsstädten gelegen, so sonst durch allzu geringe und unter dem innerlichen Valor geschehene Valvation der Französischen ganzen, halben und viertel Thaler von hier aus mit Waaren zu providiren, in Ermangelung anderer Gelder abgehalten werden, der N o t h d u r f t sich a l l h i e r zu e r - holen und die hiesigen Messen zu frequentiren, d e s t o mehr v e r a n l a s s t werden.

Wir überlassen alles dieses höherer Ueberlegung, schliesslich nur noch berührend, dass, obgleich die eigentlichen Consequentien der Frankfurter Veränderung so genau nicht vorher zu sehen, wir dennoch n i c h t für r a t h s a m finden können, wenn der L e i p z i g e r J u b i l a t e Messe ebenfalls auf einige V e r ä n d e r u n g oder Prolongation zu gedenken.

Lpz. R.A. die Verlegung der Judicamesse zu Frankfurt a/M. betr. XLV. B. 8. Bl. 26—30.

XVIII.

vgl. Text S. 67. 69. 124. 145. 254.

Denkschrift der Leipziger Kaufmannschaft über die Verlegung der Messen in Frankfurt a/M. vom 22. Juni 1711.

Magnifici etc.

Auf dero Veranlassung haben wir bisher nicht allein auf der Börse, sondern auch sonst bei vorgefallener Gelegenheit die Kaufmannschaft in und ausser der Kramer-Innung über die Frage, ob die zu F r a n k f u r t a/M. vorgenommene V e r l e g u n g dortiger F a s t e n - M e s s e auf Quasimodogeniti der Leipziger Jubilate-Messe möchte nachtheilig fallen, vernommen, von den wenigsten aber ein d e u t l i c h e s Sentiment erhalten. Zwar wollen einige vorstellen, es würde: 1. die Unterthanen des Churfürstenth. Sachsen, so die Frühlingsmesse zu Frankfurt a/M. frequentirten und wegen der ohnedies geringen Negocien nicht cassiren könnten, zu ihrem grossen Schaden zwingen, d o p p e l t e S o r t i m e n t e zu führen und mehr Leute zu halten; 2. müssten diejenigen Waaren, so den Chursächs. Unterthanen auf der Frankfurter Messe ü b r i g b l e i b e n, darunter viel frisches Gut, daselbst bis zur folgenden Herbstmesse gelassen werden, weil der hiesige Jubilate-Markt damit versäumt wäre, daher denn, weil die Hamburger, Schweizer und viele andere es ebenso machen müssten, mehr als hundert Karren Gut aus Leipzig bleiben, folglich das obrigkeitliche Interesse an Zöllen, Accis, Waagepflicht u. a. m. einen ziemlichen Abgang litte, dagegen Frankfurt durch die Lager daselbst gestärkt würde; 3. wird von einigen auf den mit Gott zu hoffenden Frieden im Reiche reflectirt, da denn die P a r i s e r, L y o n e r, M e t z e r Kaufleute aus dem E l s a s s die Frankfurter Frühlingsmesse wieder besuchen würden. Ob sie nun wohl sonst pflegten, zuerst mit ihren Galanterien und kostbaren Waaren den Frankfurter Markt zu halten, nach demselben aber noch zu r e c h t e r Zeit ihre Waaren anher nach Leipzig zu bringen, was an Accis u. a. m. viel ausgetragen, so dürften doch künftig wegen der Frankfurter Mess-Veränderung dergleichen Güter und Personen von hiesiger Stadt gänzlich wegbleiben. Besonders würden 4. auch die s ä c h s i s c h e n M a n u f a c t u r e n, so zur Zeit nach Frankfurt n i c h t gebracht worden, als nämlich Landzeug, Leinwand, Tuch u. a. m. und die solche einzukaufen pflegen, dahin gezogen. Und zwar solches um so mehr, wenn nach versäumten Leipziger Jubilatemarkte die Tuche, Leinen und anderen Waaren an Ort und Stelle, wo sie fabricirt werden, bestellt, und Leipzig in der Spedition gar umgangen würde; geschweige 5. was etwa wegen des s c h l e c h t e n G e l d e s, so die Einkäufer in Frankfurt a/M. anbringen können, desgleichen auch wegen der besseren Preise daselbst in Holländischer, Lücker, Aachener u. a. Waaren hierbei angeführet werden könnte. Hingegen ist hierauf a n d e r w e i t in Consideration gekommen, dass quoad 1 et 2 sehr wenig churfürstl. sächs. Unterthanen mit ihren Waaren (die Buchhändler ausgenommen) die Messen zu Frankfurt a/M. frequentirten und würde es, soviel die aus Frankreich, Italien, England und Holland, item von Hamburg kommenden Waaren betrifft, welche von da recta nach Frankfurt wohlfeiler als über Leipzig geschafft werden, wider den Strom schwimmen heissen, wenn man dergleichen Waaren aus oder über Leipzig nach Frankfurt oder von da zurück nach hiesigem Markt schicken wollte. Mit den in chursächs. Landen aus Leinen und Wolle fabricirten Waaren aber geschähe solches wenig oder gar nicht, es sei auch in vorigen Zeiten, da der Frankfurter Markt auf Judica den Anfang genommen, nicht geschehen; aus Ursachen, weil a) dergleichen Waaren stark in's Gewicht fallen und daher viel Fracht erfordern, insonderheit im Frühjahr wegen bösen Weges, ferner auch b) wegen des Frankfurter schlechten Geldes, daran im Verhältniss zum sächsischen 5 bis 6 pro Cent verloren gehen, die Waaren auf Ungewissheit hin so weit zu Markte zu führen, nicht profitabel sein würde; endlich auch c) nach vieler Buchhändler Räsonnement hin, es gar leicht geschehen könnte, dass, weil seit einigen Jahren viel mehr Bücher von Wichtigkeit in Leipzig u. a. chursächsischen Orten edirt oder gedruckt worden, als sonst, und notorisch der Buchhandel in den Leipziger Märkten dadurch jetzt weit importanter sei, die fremden Buchhändler daher der Frankfurter Neuerung ungeachtet, ihre Bücher nach Leipzig zu Markte bringen müssten; um so viel mehr, wenn die Leipziger u. a. sächsische Buchhändler wegen der kurzen Zeit zum Leipziger Jubilate-Markte ihre Waaren gar nicht nach Frankfurt zum neuen Quasimodogeniti-Markt schickten.

Quoad 3 sei der hiesige Platz viel zu curious, als dass allhier die ausgeschlossenen und übriggebliebenen, besonders französischen Waaren anzubringen wären, besonders in Friedenszeiten, da hier in diesen Waaren der Consum von weit grösserer Importanz, als in Frankfurt wäre; wohl aber hätten die Kaufleute, so vormals mit französischen Waaren die Leipziger Märkte besuchten, allemal frische Sortimente recta anher schicken lassen, damit sie vor Anfang des Marktes hier seien. Daher hätten sie ein besonderes Sortiment nach Leipzig, ein anderes nach Frankfurt und endlich nur aus Noth, was ihnen etwa in Frankfurt übrig geblieben, ebenfalls noch nach hier nachgeschickt.

Quoad 4 würden die Kaufleute, welche zu Frankfurter Märkten die in chursächsischen Landen fabricirten Waaren oder schlesische Leinwand gebrauchten, solch einen Weg, wie jenen, committiren, es sei gleich, ob der Markt auf Judica oder Quasimodogeniti gehalten werde, indem auch die Waaren, so auf den Judica-Markt kommen sollen, von denen, die sie dort brauchen, nicht hier in Person eingekauft werden können, sondern nur schriftlich committirt werden müssen. Im Uebrigen, was den Durchgang innerhalb der im Leipziger Privilegio rings um die Stadt herum benannten 15 Meilen betrifft, so werde Löbl. Stadtobrigkeit zu vigiliren wissen, dass die hiesige Stapel- und Niederlagsgerechtigkeit erhalten werden möchte.

Quoad 5 wird Ratio der chursächsischen Unterthanen wiederholt, was oben ad num. 1 + 2 Lit. b erinnert worden, dabei aber gleichwohl Ratio der fremden nach hier kommenden Käufer nicht ausser Acht zu setzen, wie wir sowohl in unserm diesbezüglichen Bedenken über die Frankfurter Markt-Veränderungen de dato 24. Octob. des verflossenen Jahres 1710 wegen der französischen Thaler angeführt, als auch in unserm Memoriale vom 17. December dicti anni ausführlich remonstrirt haben. Und wie wir nun bei unsern angezogenen Bedenken wohl bedacht erinnert haben, dass es allerdings schwer fallen wird, vorher zu sagen, welchem Orte die Veränderung der Frankfurter Frühlings-Messe am nachtheiligsten sein möchte. Also haben wir für diesmal nur noch vorstellen wollen, was verschiedene Fremde von Hamburg, Amsterdam, Lüttich, Aachen, Augsburg u. a. Orten sich vernehmen lassen, dass das Meiste, besonders bei jetziger miserablen Zeit, auf ein oder des andern Orts gute Behandlung ankommen möchte, wobei sie hinzufügen, dass in Frankfurt a/M. von einem Pack, Ballen oder Kiste bei der Einfuhr nur wenig, bei der Ausfuhr gar nichts erstattet zu werden brauchte. *Lpz. R.A. XLV B. 8. Bl. 44—49.*

XIX.

vgl. Text S. 148

Klagen der Leipziger Kaufmannschaft über neue Zollbeschwerungen vom 19. Nov.
1726.

Ew. Magnificis etc. ist hochgeneigt erinnerlich, was wir nomine der hiesigen Kaufmannschaft wegen verschiedener seit einiger Zeit im Heilig. Röm. Reiche theils eigenmächtig erhöhter, theils neu aufgelegter Zölle und der dem gesammten Commercio daher entstehenden gewal-

tigen Beschwerung gehorsamst vorgestellt, und dass dieselben zu deren höchstnöthiger Remedur und Abstellung behörigen Orts cooperiren möchten, in geziemendem Respect nachgesucht
haben. Nachdem aber die Erfahrung bewiesen, dass die von Deroselben zweifelsohne geschehenen Vorstellungen wenig oder nichts gefruchtet, vielmehr hin und wieder neue Beschwerungen hinzugekommen, daher finden wir uns genöthigt, hiermit noch einige derselben
kurz zu wiederholen und anzuführen.

Dass z. E. 1. ganz in der Nähe zu Eisdorf[1]) bei Knauthayn, wenn der Fuhrmann Vorspann
nimmt, er von jedem Pferde seit 4 Jahren 16 Gr. geben muss. 2. Zu Kahla im Gothaischen
muss man seit 5 Jahren für einen 8spännigen Wagen 2 bis 3 Gr. mehr als vorher geben. 3. Zu
Schwarza im Schwarzburgischen muss man seit 8 Jahren vom Pferde 3 Pf. mehr als vorher
abstatten. 4. Zu Lind und Neustadt im Coburgischen ist seit 4 Jahren von einem Wagen
1½ auch 2 Gr. mehr als vordem zu entrichten. 5. Im Neuburgischen zu Berga werden seit
6 Jahren von jedem Wagen 12—16 Gr. mehr als vorher gefordert. 6. Im Pappenheimschen zu
Dittfurt müssen seit 12 Jahren 6—8 Gr. von jedem Wagen mehr als vorher gegeben werden.
7. Zu Roth im Onolzbachschen ist es fast am allerschlimmsten, indem man von jedem Pferd
und Wagen über den alten Zoll seit ca. 20 bis 30 Jahren auch noch von den Gütern apart ein
gewisses erlegen muss; deswegen haben wir zwar von Sr. Königl. Maj. in Polen und Churfürstl. Durchl. gnädigstes Intercessionsschreiben an die Markgräfl. Durchl. von Anspach erlangt, bis jetzt aber ist keine Remedur erfolgt. 8. Ist jetzt nur von Petri Pauli 1726 her in Jena
auf einen Wagen 6 Pf. und auf einen Karren 3 Pf. gelegt worden; desgleichen vor 3 Jahren auf
den Wagen 4 Pf. und den Karren 2 Pf. und zwar neben dem alten Geleite, was vom Wagen
3 Gr. und vom Karren halb so viel beträgt.

XX.

vgl. Text S. 148.

Gravamina der Leipziger Kaufmannschaft vom Februar 1728. Auszug.

1. Die Generalaccise ist merklich erhöht worden. Dadurch sind die Preise der Lebensmittel sehr gestiegen. Die Generalaccise wirkt besonders nachtheilig durch die von den Accis-
bedienten begangenen Excesse und Chicanen.

2. Das seit 1681 auf den vierten Theil moderirte Contributions-Quantum an Pfennigen
und Quatembern hat seit Anfang des Jahres 1716 cessiret und ist von der Obersteuereinnahme
trotzdem das volle Quantum wieder abzustatten anbefohlen werden.

3. Obgleich nach den Landtagsschlüssen und Ausschreiben 20½ Pf. und 23½ Quatem-
ber aus den Acciscassen gerichtet und beigetragen werden sollen, so hat doch die Stadt Leipzig das Verhängniss getroffen, dass nicht nur die volle Landsteuer, sondern auch noch 18
aparte sogenannte Accise-Beitrags-Quatember, welche vor 1744 als unter des Raths Pachtzeit
der Consumtions-Accise sowohl ratione quanti als ratione modi leidlicher als in anderen Städten des Churfürstenthums gewesen, als eine Beihülfe ausgeschrieben, dennoch bei der mit Anfang des 1744. Jahres erfolgten ungemeinen Erhöhung noch immer absonderlich, welches an
keinem andern Orte geschieht, eingezogen werden müssen, mit dem Vorwand, dass, weil es die
Bürger vormals dem Rath gegeben, sie es auch Sr. Kgl. Majestät und Churfürstl. Durchlaucht
geben könnten.

4. In Leipzig findet eine ungesetzliche Erhöhung der Accise statt, indem die einheimischen
Kaufleute ausser den gesetzlichen 16 Groschen von jeden 100 Thalern des rechten Werthes der
Waaren noch 9 Groschen geben müssen.

5. Die ausser den Messen in Leipzig beständig wohnenden vielen Fremden, besonders
Franzosen und Italiener, welche fast den ganzen Handel aus Italien, Frankreich und Holland
an sich gezogen haben, haben sich sehr vermehrt, ganz abgesehen von den Schweizern, Hamburgern und Lübeckern, welche ihre Diener ausser den Messen hier zu halten pflegen, so dass
ernstlich zu besorgen, es werden die Leipziger bürgerlichen Negocianten vor dergleichen
Fremden und Miethlingen weiter nicht bestehen können.

---

1) Wohl Bösdorf?

6. Das Juden-Geschmeisse breitet sich anstatt seiner gesuchten Tilgung immer weiter und weiter aus.

7. In Folge der fortgesetzten Verletzungen der Stapelprivilegien hat sich fast alle Spedition und Transito von Leipzig verloren, wie denn z. B. auf der sogen. Wunderslebischen Strasse in Thüringen nach Ausweis der Kammeraccise Tabellen von 1715 bis 1727 etliche 40,000 Karren mit mehr als 100,000 Pferden bespannt mit lauter Kaufmannswaaren einen anderen Weg, ohne die Stadt Leipzig zu berühren, genommen haben.

8. Die Durchfuhr von Blei und Glöthe aus Goslar hat sich noch nicht wieder gehoben, trotz Herabsetzung des Impostes auf die Hälfte im Jahre 1724.

9. Gegenüber der Wechselordnung von 1682 haben sich einige Missbräuche eingeschlichen.

10. Wird über die Rechtspraxis der Rechtscollegia des Landes geklagt, welche in gewissen Fällen die Vorlegung der Handelsbücher Leipziger Kaufleute im Originale verlangen.

11. Wird gebeten, diejenigen, welche die vorgeschriebene Heerstrasse nicht einhalten, nur an ihren Pferden und Wagen und an ihrem Eigenthum zu strafen und nicht die transportirten Waaren als Contrebande zu betrachten, wodurch nur die unschuldigen Besitzer der Waaren zu leiden hätten. *Lpz. R.A. XLV. G. 1.*

XXI.

vgl. Text S. 127. 149.

Denkschrift der Leipziger Kaufmannschaft, die verbotene Einfuhr französischer Waaren betr. 1754.

In der von Ihro Römisch-Kaiserl. Maj. gegen die Krone Frankreichs und den König von Sardinien, als Herzog von Savoyen, ingleichen deren Anhänger, Helfer und Helfershelfer, de dato Wien den 13. März a. c. ausgelassenen, und auf höchsten Befehl I. Königl. Maj. in Polen und Churf. Durchl. zu Sachsen unseres Allergnädigsten Herrn etc. sub dato Dresden am 10. Apr. jüngsthin publicirten Kriegs-Declaration ist Artic. 3 bei schwerer Strafe verordnet:

»Dass keine Korrespondenz, Gewerb oder Handelung französischer und savoyischer, sowohl wollener als seidener, gold oder silbener, auch aller anderen Waaren und Manufacturen, wie auch Wein, Brandwein, Oel, Sammt u. a. Gewächsen und Sachen, sie mögen geraden Weges von dannen oder durch andere Länder in's Reich gebracht werden, noch auch Wechsel und Gegenwechsel mit den Feinden in und ausser dem römischen Reiche gestattet sein solle.

Nun vereniren wir höchst angezogenes Mandat mit alleruntertänigstem Respect, bescheiden uns auch, dass die im 4. Artikel specificirten u. a. zum Kriege nöthigen Sachen den Feinden zu, oder ohne Erlaubniss ausser Reichs zu führen billig inhibit ist. So viel aber die im gemeldeten 3. Artikel enthaltene gänzliche Aufhebung der Commercien und aller Correspondenz betrifft, können I. Magnificis etc. als unserer lieben Stadt-Obrigkeit wir zum besten der hiesigen Commercien in geziemender Observanz vorzustellen nicht umhin, dass, wenn dieserhalb nicht wenigstens ein Temperament getroffen werden sollte, der Handlung allhier ein gewaltiger Schaden entstehe und der Tort für uns weit empfindlicher, als für Frankreich und dessen Alliirte sein würde; in Anbetracht dessen, dass nicht nur die Landesfabriken augenscheinlich darunter leiden, sondern auch mancher ehrliche Kaufmann dergestalt ganz unschuldig seine in den feindlichen Landen habende Schulden und Effecten auf einmal verliert, zunächst bekannt, dass die französischen Waaren theils unentbehrlich, als Safran, Capern, Mandeln, Indigo, Sal ammoniacum und viele andere Materialien und Specereien, theils, was die seidenen und wollenen Zeuge betrifft, am meisten gesucht werden, auch ein grosser Vertrieb der holländischen u. a. Waaren davon abhängt, da die auswärtigen Negotianten eins neben dem andern verlangen und wo sie nicht alles beisammen finden, sich leicht anderswohin gewöhnen; nicht zu übersehen, dass auf diese Weise den Holländern aller Profit zufliesst, auch Ihre Königl. Maj. in Preussen dem Vernehmen nach Pässe ausgeben lässt, folglich, wenn es bei dem rigueur höchstgedachten Verbots schlechterdings bleibt, die Holländer, desgleichen die benachbarten Städte Berlin, Frankfurt a/O., Halle u. s. w. allen Nutzen an sich ziehen, wir aber und die hiesige Landes-Manufacturen in unüberwindlichen Verlust gerathen. E. Magnifici etc. bitten wir demnach für uns und im Namen der gesammten bürgerlichen Kaufmannschaft allhier dienstgehorsamst, Dieselben wollen solches alles an I. Königl. Maj. in Pohlen und Churf. Durchl. zu Sachsen unsern allergnädigsten Herrn etc. vermittelst allerunterthänigsten Berichts gelangen lassen, damit das Commercium wenigstens in solchen Waaren, welche nicht zum Kriege gehören, offen gelassen werde.

Leipzig, den 26. Juni 1734.

Kramermeister, Kaufleute in der Kramer-Innung:

Joh. Albrecht, Joh. And. Thome, Joh. Gottl. Pieper, Fried. Blocke, Joh. Hein. Link, Christ. Dobenecker, Abr. Gottl. Thomae, Steph. Richter.

Deputirte der Kauf- und Handelsleute ausser der Kramer-Innung:

Fr. Krauchaus, Joh. Gotth. Rockenthin, Joh. Christ. Boltzender, Jac. Strauss, Joh. Zach. Richter, Chr. Georg Winkler.

Lpz. R.A. das durch die Reichskriegsdeclaration untersagte Commercium in feindliche Länder betr. cr. 1734.

XXII.

vgl. Text S. 150. 311.

Gutachten der Leipziger Kaufmannschaft über den Handel mit England 1758.

Ueber folgende Punkte wird der hiesigen Kaufmannschaft Gutachten gefordert.

1. **Was für Waaren aus England anher in hiesige Lande gebracht werden?**

ad 1. Deren sind sehr viele und mancherlei, so theils in England gemacht, theils von ihren Colonien in Ost- und West-Indien dahin gebracht werden, besonders Tuch, Calamanke, Sarge, Boye, Berkane, Droguetts, Tüffel, Flanelle, Hüte, Strümpfe, Pfund- und Kalb-Leder, Cochenille, Indigo, Alaun u. a. Farb- und Apothekerwaaren, Gewürz, Caffee, Käse, Zinn; ferner Damaste, Saffent, Baumwolien, Nesseltuch, Spiegel, Gläser etc. Sowohl allerhand silberne und stählerne Galanterie- und Manufactur-Waaren, als Uhren, Tabatieren, Etuis, Degen, Stöcke, Knöpfe, Schnallen, Scheeren, mathematische und chirurgische Instrumente etc.

2. **Welche zu entbehren und welche nicht?**

ad 2. Wo freier Handel sein soll, ist ohne dessen Nachtheil nichts füglich zu entbehren; und kommt es hierbei keineswegs darauf an, dass vielleicht die eine oder die andere Sorte von Waaren allhier in Sachsen mehr oder weniger nöthig.

3. **Ob nicht in Holland oder an andern Orten eben die Waaren und zwar, wo nicht im geringeren, doch im gleichen Preise zu haben?**

ad 3. Wären die Waaren in Holland oder an andern Orten ebensogut und im geringern oder gleichen Preise zu kaufen, würde man, weil es näher, sie gewiss daselbst nehmen. So aber sind theils Waaren in England besser und tüchtiger, theils wohlfeiler, als in Holland zu haben.

4. **Was für Leinen in Schott- und Irland fabricirt werden?**

ad 4. Wie man weiss, werden in Schott- und Irland alle Gattungen von Leinen, rohe und gebleichte, absonderlich aber Segel-Leinwand, sehr gut fabricirt, und soulagirt diese Fabriken, dass von allen ausserhalb Landes gehenden Waaren gewisse pro Cente gut gethan werden. Was aber die von den Irländern tentirte Aufhebung des Rückzolls von der fremden Leinwand betrifft, soll eingelaufener Nachricht nach die Sache beim Parlament bereits verworfen sein.

5. **Ob man nicht das Leinwand-Negotium mit Spanien an sich ziehen könne?**

ad 5. Nach Spanien ist schon lange mit Leinwand gehandelt und geschieht noch; hingegen würde zu grossem Nutzen gereichen, wenn daselbst die baumwollenen Waaren, welche sonst Contreband sind, eingeführt werden dürften.

Registratura den 27. Augusti 1738.

Ueber vorstehende Punkte haben des Hr. Geheimraths und Kanzlers, Rex Exellenz, der

hiesigen Kaufmannschaft Gutachten erfordert, welches demselben auch mit heutiger Post übersendet worden ist.

Actum. Christian Ludwig Stierich, Oberstadtschreiber.

Lpz. R.A. XLV. G. 6ᵈ. Bl. 196.

XXIII.

vgl. Text S. 150. 311.

Gutachten der Leipziger Kaufmannschaft über den Handel mit England 1743. (?) [1]

Fragen.

1. Was eigentlich von englischen Waaren in Leipzig eingeführt oder verkauft worden?
Ingleichen, wie hoch deren jährliche Quantität oder Betrag ansteigt?

2. Ob dieser Handel zu oder abnimmt und in specie von den wollenen Manufacturen?

3. Was für Zölle oder Accisen, sowohl in Sachsen, als unterwegs, auf die englischen
Waaren bezahlt werden? Und ob seit 20 oder 30 Jahren eine Aenderung darinnen vorgekommen ist?

4. Ob diese Waaren meistentheils in Sachsen **consumirt, oder weiter versandt werden,
und wohin?**

Auf nebenstehende Fragen geben wir Endesunterzeichneten auf Verlangen folgende glaub-
würdige Nachricht und attestiren, dass

ad 1. keine Sorte Waaren, so in **den** englischen Fabriken gefertigt wird, namhaft zu
machen, welche nicht allhier eingeführt und in Quantität verkauft wird, es mögen solche in
Tüchern, wollenen oder halbwollenen Zeugen, Leder, Galanterie, stählernen, Drogherey u. a.
Waaren bestehen. Es wird auch der Betrag des jährlich consumirten Quanti ungerechnet,
welches von den **Fremden** in hiesigen Messen vertrieben **wird und annoch** höhere Summen
ausmacht;

ad 2. ist unstreitig, **dass** das Negotium von diesen **Sorten Waaren seit einigen** Jahren das
alterum tantum gegen vorige Zeiten überstiegen hat, auch **mehr dem Anwachse** als der Abnahme unterworfen zu sein scheint;

ad 3. geben die Waaren unterwegs gar keinen Zoll und andere Abgaben, lediglich allhier **in**
Leipzig 1 pro Cent, bei welcher Verfassung es bis jetzt geblieben ist;

ad 4. ist zwar sicher, dass sehr viele dieser Waaren im Lande bei uns bleiben und in
Sachsen consumirt werden. Es ist aber auch nicht zu leugnen, dass occasione des hiesigen
Handelsplatzes **und** der auf demselben jährlich abgehaltenen Messen eine beträchtliche Quan-
tität von hier aus vertrieben und verführt wird.

Handlungs-Deputirte der Kaufleute **ausser der Kramer-Innung.** Kramer-Meister **der**
Kaufleute in der Kramer-Innung.

Lpz. R.A. XLV. G. 6ᵉ. Bl. 28.

XXIV.

vgl. Text S. 148. 311.

Vorschläge zur Beförderung des Leipziger **Handels 1747.**

Es ist ganz wohl zu glauben, dass der **König** von **Preussen, nachdem er Schlesien
erobert** und den Vorsatz gefasst hat, sowohl für das Beste **seiner Erb-** als neuerworbenen
Unterthanen wahrhaftig zu sorgen, dabei auch die Macht hat, es auszuführen, dass er **unserem**
Lande zum **Schaden** in **Magdeburg** einen **Stapelplatz** errichten wird. Es sieht jetzt
auch im Römischen Reiche nicht so aus, als ob Leipzig **auf die** lange ruhig genossene Gewohnheit ihrer Stapul oder Niederlage, solche ungestört länger zu geniessen, sich wird Rechnung

---

1) Ohne Zeitangabe. Nach der Stellung im Actenstück zu schliessen, aus dem Jahre 1743
oder bald darauf.

machen können und bei jetzigen Umständen des Reichs wird auch wohl der Kaiser vergebens um Schützung der Privilegien angesucht werden.

1. Wenn also zuerst die Dresdner Elbnegotianten in Magdeburg wirklich ausladen müssten und ihnen solch Negotium nicht mehr nützlich sein möchte, so sehe ich kein ander Mittel diesen Schaden etwas zu verbessern, als man müsste von hier nach Torgau, wie man es in Frankreich zu machen pflegt, einen Canal graben, wie man ihn zur Führung schwerer Waaren nöthig hätte, und von hier aus müsste man den vorgeschlagenen Weg über Sangerhausen practicable machen nach Lüneburg, so würde der hiesige Ort in vielen Stücken des Negotii doch etwas besser conservirt sein, und der Theil von Böhmen und Mähren, die mit den Dresdner Elb-Negotianten bisher gehandelt, vielleicht conservirt werden können; es würde solches für unsere Stadt auch wegen Zufuhr des Holzes und Kohlen nicht schädlich sein; und obwohl ich weiss, dass das Frachtfuhrwesen einem Lande nützlicher, als die Canäle sind, so muss man dieses nur als ein Nothmittel annehmen, und vielleicht machten die preussischen Rathgeber ein wenig mässigere Anstalten zu ihrem Vorhaben.

2. Dass man in Irland das Leinen-Negotium bestens unterstützen, auch darin mit der Zeit glücklich sein wird, ist kein Zweifel, weil den Unternehmern sehr gute Vortheile ausgesetzt sind. Mit der Zeit wird man diejenige Leinwatte anfertigen können, die man zur Consumtion in England, Schottland und Irland nöthig hat. Dass man aber daselbst auch die Sorten würde machen, die England zum Negotio nöthig hat, daran will ich noch sehr zweifeln. Was für Sachsen in Spanien oder Frankreich für Nachtheile zu besorgen sein möchten, will ich erst sagen, wenn man sehen wird, was Spanien bei bevorstehendem Frieden für Vortheile an die Engländer und Holländer zugestehen wird. Wenn aber inzwischen unsere Negotiation am spanischen Hofe so viel vermögend wäre, auszurichten, dass unsere sächsische Nation 6 à 4 pro Cent weniger Abgaben von ihren Gütern bei dem Einkommen in spanischen Häfen zu zahlen hätte und dass, wenn unsere Nation Güter in ihre Schiffe nach der Südsee u. a. amerikanischen Küsten verladen würden, solche 6 à 4 pro Cent weniger königliche Rechte zu bezahlen hätten, als andere Nationen; desgleichen, dass, wenn die Retouren aus Amerika zurückkämen, unsere sächsische Nation 6 à 4 pro Cent weniger als andere Nationen Indult zu bezahlen hätten, das könnte wohl nützlich sein. Allein wir könnten Spanien keinen andern Gegenvortheil, als die sächsische Freundschaft bieten und ich zweifle sehr, dass man in Spanien dergleichen Vorrechte uns gar sehr kleinen Sachsen zugestehen wird.

3. Auf die dritte Frage kann man weiter nicht viel sagen, als ganz still zu sein und froh, dass die Königin von Ungarn uns das bisher noch wenig gehabte Negotium in ihrem Erblande nicht ganz untersagt hat, und wenn solches auch von Ihr noch mehr eingeschränkt wird, so hat Sachsen und besonders Leipzig nur das Viertel Kaufleute nöthig, als bisher darin gewesen sind.

4. Diesem Punkte wird zugleich mit Beantwortung des ersten ziemlich Genüge gethan, und man kann die Deutlichkeit der brandenburgischen Absichten daraus erkennen.

5. Ist mir unwissend. *Lps. R.A. XLV. G. 6°. Bl. 53 ff.*

XXV.

vgl. Text S. 150. 311.

Gutachten J. T. Eckardt's über den Schlesischen und Lausitzer Handel vom 12. Aug. 1747. Auszug.

Der Vicekanzler pp. Born hatte am 7. Aug. auf der Rathsstube dem Joh. Traugott Eckardt und anderen nach Böhmen, Mähren, Oesterreich und Ungarn Handel treibenden Kaufleuten 2 Fragen vorgelegt:

1. Wie Ihro Maj. von Preussen von ihren Unterthanen in der Niederlausitz und in Schlesien verlangten, sie sollten alle von Hamburg nach Holland und England gehenden Leinwande und Garne auf der Oder über Breslau und Berlin nach Hamburg spediren und Leipzig sollte ausgeschlossen werden.

2. Wie die Oberlausitzer so viel Schaden von den Böhmischen Kaufleuten litten und ob man die aus Böhmen nach Sachsen kommenden Waaren könne mit einem stärkeren Zoll und Accise belegen.

Eckardt gab darüber seine Meinung schriftlich dahin ab: Der König von Preussen könne seinen Unterthanen nicht die Speditionsroute vorschreiben. Diese werde durch die Committenten vorgeschrieben, also durch die Leipziger, Hamburger, Holländer und Engländer. Die Leipziger, welche die stärkste schlesische Spedition und Commission hätten, machten die Geschäfte oft conta meta mit den Holländern und Engländern. Der Schlesier erhalte bei Lieferung in Leipzig die Hälfte des Werthes und könne dann über weitere Versendung disponiren. Dies geschehe weder in Breslau noch in Berlin. Ein Gleiches wie in Leipzig geschehe aber seiten der Hamburger, Holländer und Engländer. Leipzig committire aus allen Ländern wohl 20 Mal so viel Waare, als Breslau, Berlin, Magdeburg und Lausitzer und Schlesische Städte. Leipzig stehe aber auch mit Holland und England in vielfachen directen Beziehungen. Deshalb bedienten sich die Holländer und Engländer, wenn sie nicht direct aus Schlesien Waare bezögen, meist der Leipziger Vermittelung. Aber weder Leipzig, noch Hamburg, Holland oder England hätten ein Interesse daran, die Waaren auf der Oder statt wie bisher zu Land über Leipzig gehen zu lassen, obwohl die Möglichkeit, auf der Oder zu verfrachten, seit mehr als 100 Jahren bekannt sei. Die Oderschiffahrt sei so unsicher, dass die Assecuranz auf derselben bis Hamburg 1%, über Leipzig aber nur 1/2% betrage. Es erhellt hieraus, dass die neue Anordnung bei dieser Spedition so wenig Grund finden wird, als wenn an anderen Orten par force sollten Leipziger Messen aufgerichtet werden. Höchstens grobe Waare, welche den Landtransport nicht tragen könne, werde den Wasserweg benutzen. Bei feinen Waaren ziehe man überhaupt stets den Landtransport vor.

Was den Böhmischen, Mährischen und Oesterreichischen Handel anbelange, so könne sich Sachsen zu demselben nur gratuliren. Das meiste werde von Sachsen aus dorthin bezogen und es würde unrecht sein, die wenigen Waaren, welche von dort hierher bezogen würden, mit hohen Zöllen zu belegen. Es handele sich um folgende Waaren:

1. Das schöne böhmische Glas, welches fast bei allen Bauten bei uns gebraucht werde. Es gehen aber auch wöchentlich 4 Wagen davon durch nach Russland, Schweden und Dänemark, so dass dies Accise, Zoll und Consumtion ins Land bringe.

2. Die schönen böhmischen Bleche und blaue Farben, welche sämmtlich über Leipzig nach auswärts gehen, bringen ebenfalls Spedition, Accise etc. Bei Erhöhung der Zölle würden sie bald andere Wege finden.

3. Die böhmische Potasche sei unentbehrlich für die sächs. Industrie.

4. Die wenige böhmische Leinwand ist nur ordinär und der Absatz schlecht. Es ist gewiss, dass Böhmen, Mähren und Oesterreich 3 bis 4 Mal mehr allein von Leipzig, als ganz Sachsen aus allen diesen Ländern bezieht. Was aus Wien und Ungarn an Waaren hierher komme, sei türkischer Transport und kaufe mancher Türke oder Ungar 10 Mal mehr hier ein, als er an Waaren mitbringe, nämlich Baumwolle, Schafwolle, Rothgarn, Saffian und Corduan. Die Erhöhung der Zölle gegen Oesterreich werde also auch in dieser Beziehung schaden. *Lpz. R.A. XLV. G. 6^e, Bl. 55—58.*

XXVI.

vgl. Text S. 143. 150. 344. 487.

Denkschrift des Leipziger Rathes über die Handelsbeziehungen zu Brandenburg, den überseeischen Handel und die Einfuhr aus Bayern vom 21. Sept. 1747. Auszug.

I. Dass die Elbschiffahrt den Leipziger Privilegien schädlich, sei schon oft dargelegt worden. Dem ungeachtet hätten Kauf- und Schiffsleute in Dresden und Pirna Gelegenheit gefunden, diese Fahrt beständig zu unterhalten. Jetzt mache aber die Domänen-Kammer in Magdeburg Anstrengungen[1], den Verkehr von Dresden und Pirna nach Magdeburg zu ziehen.

---

[1] Vgl. darüber ausführlicher: *F. H. Heller Die Handelswege Innerdeutschlands im 16., 17. u. 18. Jahrh.* Dresden 1884, S. 66 ff.

— Die Leipziger Handelsleute, über die Preussisch-Glogauische Kriegs- und Domänen-Kammer-Ordnung vom 6. Febr. 1747 befragt, erachten diese für nicht so schädlich, als sie scheinen möchte. Die Schiffahrt auf dem Oder-Fluss und -Canal sei im Sommer wegen Wassermangel, im Winter wegen Eis nicht sehr benutzbar, auch seien die Schiffs-Einrichtungen nicht genügend bei Regenwetter. Ganz von allein würden deshalb nur die schweren Waaren — Garnfässer, Segeltuch und gefärbte Leinwand — zu Wasser verladen, die feinen Waaren gingen aber auf Ordre der auswärtigen Committenten in verdeckten Wagen auf der hohen Strasse bis Lüneburg, Hamburg, Zwoll oder Amsterdam. Die Gebirgskaufmannschaft und der Handelsstand dagegen wolle aber nicht das Risiko übernehmen, den Dispositionen der Käufer entgegen, die Waaren zu Wasser gehen zu lassen. Aehnlich liege es für die Rückfracht zu Wasser bis Magdeburg, welche, den Behauptungen der Dresdner Kaufleute entgegen, auch nur für schwere Waaren in Frage komme, aber z. B. nicht für die Gewürze aus Holland. Nichtsdestoweniger sei es empfehlenswerth, den Magdeburger Bemühungen entgegen zu treten, vielleicht durch eine Ablenkung des Landverkehrs von der alten Heerstrasse auf eine, Brandenburgische Lande gar nicht berührende Route. Dass die meisten Fuhrleute preussische Unterthanen seien, werde dieser Maassregel nicht nachtheilig sein, wenn nur dafür gesorgt werde, dass der projectirte Weg sowohl in chursächsischen, als in hannoverischen Gebieten in guten Stand gebracht würde. Im Uebrigen werde man der Concurrenz von Berlin, Magdeburg, Halle und anderen brandenburgischen Städten am besten begegnen durch Erniedrigung oder Abschaffung der Zölle und Accisen. Der Grossenhainer Zoll und die hiesige Durchgangsaccise haben bereits früher die Schlesier veranlasst, einen Weg durch das Mecklenburgische nach Hamburg zu suchen.

II. Die Leinwandindustrie in England und Irland werde mit der Zeit wohl dahin gelangen, den eigenen Landesbedarf zu decken. Es sei aber zweifelhaft, ob es Grossbritannien möglich sei, auch die für die Ausfuhr nach fremden Ländern nöthigen Sorten anzufertigen. Dagegen sei an eine directe Ausfuhr aus Sachsen nach Spanien und zur See nach Frankreich mit Umgehung der Holländer und Engländer kaum zu denken. Das Wechselnegotium würde dadurch eine gewaltige Alteration erleiden. Die nothwendigen Verträge mit Hamburg und Bremen würden auch kaum abgeschlossen werden können. Unter den Handelsleuten in Sachsen wären sehr wenige von solchem Vermögen, dass sie auf dergl. Hazard sich einlassen könnten. Und wie die Erfahrung gelehrt, sind diejenigen, welche früher den Leinwandhandel über Livorno nach Spanien mit fremden Geldern getrieben, dadurch unglücklich geworden. Die Zölle in Frankreich wären sehr gering, in Spanien hingegen desto höher. Vielleicht sei es möglich, den spanischen Hof zu bewegen, für sächsische mit Ursprungszeugnissen versehene Waaren bei Einfuhr und Durchfuhr nach spanisch Amerika einen Differenzialtarif mit 4 bis 6% Avantage zu gewähren. Bei den Verhandlungen könne der Hinweis Eindruck machen, dass jetzt die chursächsische blaue Farbe in Holland umgemahlen und mit böhmischer blauer Farbe gemischt wieder in die sächsischen mit den bekannten Zeichen versehenen Fässer gepackt werde.

Eingezogenen Erkundigungen nach bestehe die Ausfuhr aus Chursachsen nach Frankreich und Spanien in erwähnter blauer Farbe, Blech, Messing, Messingdraht, Segeltuch, Arsenik, eichenen Bohlen, Schiffsbauholz, hierüber speciell nach Spanien in Lausitzer und Schlesischer Leinwand, gemalter Wachsleinwand, Menschenhaar, Hirschhörnern, einer in Böhmen verfertigten, in Sachsen zubereiteten und gefärbten Leinwand, Sangaletti genannt, und so lange der Krieg mit England dauert, Peniger, Geraer und Ronneburger wollenen und halbseidenen Waaren.

Dagegen werden die Cannevasse in Spanien und Frankreich, auch in dem letzteren Reiche die feine Leinwand und die um Lauban herum fabricirten leinenen Schnupftücher für Contrebande erachtet, welche Waaren, wenn sie in Spanien und Frankreich als Kaufmannsgüter öffentlich zu führen erlaubt würden, den chursächsischen Fabrikanten und Kaufleuten besondere Vortheile bringen könnten. Es erhalten zwar die Spanier und Franzosen durch hiesige Kaufleute Blei, Glöthe, Marquasite, Zinn, kupferne und messingene Becken und Kessel. Da dies aber vom Harz bezogen werden muss und Blei und Glöthe wegen der Imposten nicht hierher kommen, sondern auswärts geladen werden müssen, kann es nicht unter die sächsische Ausfuhr gerechnet werden.

Aus Spanien nach Leipzig kommt Cochenille, Indigo Guatimalo, Saffrau, Schafwolle, von Cartagena Cacao, einige Sorten Gummi, etwas roher Zucker, Sassaparille, Campeth-Holz, rohe Seide, wenn die italienische nicht gerathen, etwas weniges von Weinen.

Aus Frankreich kommen zur See (ausser den in Paris und Lyon gefertigten Waaren, welche wie die Weine aus der Champagne und Bourgogne zu Lande gehen) und zwar aus Marseille Provencer Oel, Mandeln, Capern, Oliven, Levantischer Kaffee, Türkischer Saflor, Gallus von Tripolis und Aleppo, Grünspan von Montpellier, Smyrnische Baumwolle, Safrau d'Orange et Comptat, Salarmoniae und einige andere Materialwaaren, Frontignac aus Nantes, Rochelles, Bordeaux, Indigo von St. Domingo, Kaffee daher und von Bourbon und Martinique und Domingo. Aus Havre de Grace kurze französische Waare, wie die Iserlohner führen, aus Port d'Orient, wenn daselbst starker Verkauf gewesen, alle Sorten von Thee, Kaffee von Mocquo und Bourbon, Japanisch- und Caliatour-Holz, ostindische Cottons und was sonsten die Flotten mitbringen.

III. Dass die Zufuhr aus Bayern gestiegen oder daselbst gefertigte Waaren nach Chursachsen oder Leipzig kommen, hat man nicht in Erfahrung bringen können. Mit den italienischen Waaren berühren aber die Fuhrleute an einigen Orten das bayerische Territorium. Es sei aber noch nicht möglich gewesen, über die bezüglichen dunkeln Verhältnisse des Durchgangszolles genaue Erkundigungen einzuziehen.

»Dieser Aufsatz ist an des Herrn Conferenz-Ministers Grafen von Rex Excellenz von Hrn. Geh. Kriegsrath Stieglitzen den 21. Sept. 1747 mit der Dresdener ordinären Post abgesendet worden.« *Lpz. R.A. XLV. 6ᵉ. Bl. 71—79.*

XXVII.

vgl. Text S. 193. 195. 489.

Rathspatent vom 13. März 1752, den Anfang der Messen und den Messhandel an Sonn- und Feiertagen betr.

Wir, Bürger-Meister und Rath der Stadt Leipzig, bekunden hiermit: Demnach man wahrgenommen, dass die anher auf die Messen kommenden fremden Kauf- und Handelsleute geraume Zeit vor Einläutung der Messen die Gewölbe öffnen, die Waaren auspacken und sowohl im Ganzen als Einzelnen verkaufen, dergleichen Unternehmen hingegen den hiesiger Stadt ertheilten allerhöchsten Mess-Privilegien und darauf sich gründenden hohen landesherrlichen Verordnungen entgegen ist. Es bleibt zwar nun bei den angezogenen Privilegien und Verordnungen ferner ungeändert; können jedoch weder zur Zeit, noch bis auf fernere Verordnung geschehen lassen, dass mit Eröffnung der Gewölbe und dem Auspacken der Waaren, Montags vor Einläutung der Oster- und Michaelis-Messe und in der Neujahrs-Messe, am Tage nach dem dritten Weihnachtsfeiertage, sowohl mit dem Handel en gros, drei oder höchstens vier Tage vor Einläutung der drei öffentlichen Messen der Anfang gemacht werde; dagegen sie des Einzelverkaufs vor Einläutung solcher Messen, ingleichen der Eröffnung der Gewölbe, des Auspackens der Waaren, auch des Handels en gros, vor den nur angemerkten Tagen, nicht weniger nach geendigter Zahlwoche, auch sonst ausser den Messen allen Verkaufs sich schlechterdings zu enthalten haben. Es soll aber derjenige, so dawider handelt und dessen überführet wird, die darauf gesetzte Strafe bis 50 Thlr. zu entrichten schuldig sein. Und da solchergestalt ein Jeder zum Auspacken und Verkauf seiner Waaren hinlängliche Zeit hat, so verordnen wir zugleich hiermit, dass künftige Jubilate- und alle folgenden Leipziger Märkte, die Sonn- und Feiertage über, bei Vermeidung ernsten Einsehens, keine Gewölbe oder Bude aufgethan, sondern den ganzen Tag verschlossen gehalten werde, auch alles Kaufen und Verkaufen gänzlich eingestellt werden solle. Urkundlich mit dem gewöhnlichen Stadt Secret bedrückt. Signat. Leipzig, den 13. März 1752.

Lpz. R.A. XLV. B. 13 L. S.

XXVIII.

vgl. Text S. 148. 150. 155. 276. 324.

Der Leipziger Kaufmannschaft Anzeige der Ursachen des Verfalles der Handlung in den Leipziger Messen vom 24. Oct. 1754. Auszug.

1. In den meisten Ländern, welche sonst ihre meisten Waaren aus Leipzig in und ausser den Messen bezogen haben, sind fremde Waaren theils ganz verboten, theils mit so hohen Imposten belegt, dass sie dort nicht eingeführt werden können.

Wie denn a) in Schweden, wohin sonst die sächsischen Landtuche stark gegangen, fremde Tuche und Zeuge nebst anderen Waaren ganz verboten sind, ebenso b) in Dänemark und c) in Ungarn, Böhmen, Mähren und übrigen österreichischen Erblanden, wo alle fremden Waaren, besonders diejenigen, die nicht über Triest und Fiume dahin gebracht werden, seit einigen Jahren mit hohen Zöllen und Mauthen belegt worden. Die nachtheiligen Folgen dieser Zollerhöhungen haben sich besonders in der jüngsten Michaelismesse gezeigt. d) In den preussischen und brandenburgischen Ländern sind die fremden Eisenwaaren verboten, ebenso die fremden Leder, Sammete und Velpe, andere Waaren mit hohen Zöllen belegt.

Eine Erhöhung der sächsischen Zölle würde aber nicht practikabel sein, vielmehr dem Messhandel sehr nachtheilig. Es wird deshalb empfohlen, Verhandlungen mit fremden Staaten anzuknüpfen und werden specielle Vorschläge hierfür gemacht.

2. Es wird empfohlen, wie es in Preussen geschieht, für sächsische Waaren Ausfuhrprämien zu gewähren.

3. Auch diesmal wird über die Erhöhung der General-Consumtionsaccise geklagt, sowie

4. über gewisse Nachtheile, welche die theilweise Verpachtung derselben mit sich bringe und über die Chicanen der Zollbeamten.

5. Auch die Höhe der Grundsteuern drücke Industrie, Handel und Wandel.

6. Das Viehsterben in hiesigen und benachbarten Landen und der Misswachs in Thüringen haben zur Verarmung beigetragen.

7. Wie immer fehlen auch diesmal nicht die Klagen über das Münzwesen und den nachtheiligen Einfluss der eingerissenen Münzverschlechterung auf das Messwechselgeschäft.

Lpz. R.A. XLV. G. 1.

XXIX.

vgl. Text S. 494.

Rathspatent vom 6. Apr. 1763, den Handel zwischen den Messen betreffend.

Wir, Bürgermeister und Rath der Stadt Leipzig, urkunden hiermit: Welchergestalt die Kauf- und Handelsleute in und ausser der Kramer-Innung uns Klagen zu erkennen gegeben, dass bereits einige Jahre daher Handels-Leute aus verschiedenen Nationen und Landen nach gehaltenen öffentlichen Märkten von einer Messe bis zur andern theils selbst hier zurückblieben, theils Handelsdiener hier zurückliessen, welche sich unterfingen, ihre Waaren in der Stadt entweder selbst oder durch andere zu verkaufen und damit ihnen mit bürgerlichen Abgaben beschwerten Innungsverwandten die Nahrung zu entziehen; daher sie gebeten, solches durch ein öffentliches Patent ernstlich zu verbieten. Dieweil nun dergleichen Missbräuche den von Allerhöchster Landesherrschaft, auch von uns dem Rathe verschiedentlich ertheilten, confirmirten und zu wiederholten Malen eingeschärften Kramer- u. a. Ordnungen schnurstracks zuwider laufen, uns aber obliegt, über die der hiesigen Kaufmannschaft allergnädigst ertheilten Privilegien zu halten. Also gebieten wir Obrigkeitswegen allen Einheimischen und Fremden, welche das Bürgerrecht allhier nicht erlangt haben und zu dem Corpore der hiesigen Kaufmannschaft, auch Schutz-Verwandten Kauf- und Handelsleuten nicht gehören, gleichwohl aber Eingangs beschriebenen Handel öffentlich oder heimlich zu treiben sich unterstanden haben, dass sie solchen unverzüglich einstellen und sich des Feilhabens, Verkaufens, auch Verschickens an andere Orte zwischen den Messen gänzlich enthalten sollen. Würde aber der eine oder der andere mit diesem Unbefugniss fortfahren, der oder dieselben sollen jedes Mal 25 Thlr. Strafe uns, dem Rathe, zu erlegen schuldig und zugleich aller ihrer Waare, damit sie gehandelt, verlustig sein.

So geschehen am 6. Apr. 1763. [L. S.] Der Rath zu Leipzig.

Lpz. R.A. XLV. B. 18. Bl. 5.

XXX.

vgl. Text S. 150. 152. 325.

Denkschrift der Leipziger Kaufmannschaft über die Commercial-Gerechtsame und den Handel der Stadt Leipzig mit Russland, Oesterreich, England und Frankreich von 1763.[1]) Auszug.

Ueber die Leipziger Privilegien wird nichts Neues berichtet. Mit besonderem Nachdruck wird auf das früher bestandene ansehnliche Wechselnegotium hingewiesen, »so dass durch diese Frequenz und die Bemühungen der hiesigen deutschen, französischen auch italienischen Kaufleute, welche sich mit Rücksicht auf das Wechsel- und Waarengeschäft nach und nach hier etablirt haben, aus Russland, England, Frankreich und Oesterreich die Fabrikwaaren und Producte in sehr grosser Quantität anher gebracht werden. Also haben die bei dem noch fortwährenden Kriege der Stadt ohne Aufhören angesonnenen und mit unerhörtem Rigeur eingetriebenen Geldforderungen nicht allein den Kaufmann um alle Baarschaft gebracht, sondern auch dessen Credit sehr gemindert.

1. Aus Russland wird an Juchten, Talg, Hanf, Flachs, Rauchwerk und Leinwand jährlich für über eine Million Thaler nach Sachsen eingeführt, wovon circa ³/₄ auf die hiesigen Kaufleute entfällt.

2. Aus den österreichischen Ländern wird bezogen blaue Farbe, Leinwand zur Ausfuhr nach England, Getreide und Victualien, zusammen für mehr als eine Million Thaler.

3. Das englische Negotium ist ohne allen Zweifel das vorzüglichste in Sachsen gewesen. Die Commissionäre in London, die dasigen Fabrikanten, ingleichen die zu Norwich, Tiverton, Exon (? Exeter oder Eton?), Bristol können auf Verlangen davon gültiges Zeugniss ablegen. Ja man darf behaupten, dass die Handelsstadt Leipzig ³/₄ von dem, was nach Deutschland gekommen, vor dem jetzigen Kriege consumirt und in entfernte Provinzen vertrieben hat. Noch jetzt beträgt die Einfuhr Leipzigs aus England an wollenen und kameelhaarenen Plüschen, halbseidnen, seidnen und wollnen Tüchern auch baumwollenen Fabriken aus London, Norwich, Tiverton, Leeds, Exon, Halifax und anderen Orten, an anderen englischen Producten, ost- und westindischen Compagnie-Waaren (worunter zu verstehen Droguen, Farbhölzer, Indigo, Cochenille, Zucker, Kaffee, Reis, Alaun, Vitriol, Ingber, Piment, Lack, Zinn) item aus Stahl und Metall fabricirten Waaren und anderen mehr aus London, Chester, Falmouth, Bristol und Liverpool wenigstens viertehalbe Millionen Thaler, ja vielleicht noch viel mehr. Aus den Rechnungen der hiesigen Landaccis-Einnahme ergiebt sich, dass jährlich viele Tausend Centner englische Waaren aus Altona nach Leipzig kommen. Dieser überaus wichtige englische Handel ist geschädigt worden a) durch die preussischen Durchgangsabgaben, durch das Aufhören des früheren Vertriebes englischer Waaren von Leipzig nach Danzig und Russland, b) dgl. nach Mecklenburg und Schweden (welche jetzt aus Hamburg und Braunschweig beziehen), c) das Aufhören des englischen Handels nach Böhmen und Mähren.

4. Das französische Commercium mit Leipzig ist sehr beträchtlich, sowohl in Bezug auf die grosse Menge Pariser Galanterie-, Lyoner Seidenwaaren, als auch die Fabrikate von Nimes, die Bourgunder und andere Weine, den Safran, die Rauchwaaren aus Rochelle etc. und macht jährlich vier bis fünf Millionen Thaler aus. Die sächsischen Fabrikate sind in Frankreich theils verboten, theils mit hohen Zöllen belegt, so dass nach Angabe der hiesigen Kaufleute die dermalige Ausfuhr nach Frankreich kaum 40—50,000 Thaler beträgt.

Lpz. R.A. XLV. G. 1.

XXXI.

vgl. Text S. 150. 153. 195.

Vertrag von Halle zwischen Sachsen und Preussen vom 18. Juni 1766.

Wir, Friedrich von Gottes Gnaden, König von Preussen etc. fügen hiermit zu wissen, dass, nachdem Unsere zu den Commercial-Conferenzen zu Halle an der Saale deputirt gewesenen

---

[1]) Die datumlose Denkschrift stammt wahrscheinlich aus dem Ende des 7jähr. Krieges, vielleicht aus dem Jahre 1763. Es finden sich aber manche Anklänge an die Denkschrift vom 21. Sept. 1747. Anlage XXVI.

Commissarien, die Geheimen Finanz-Räthe Ehrhard Ursinus und Fried. Carl Albrecht Rose mit den churfürstl. sächsischen Commissarien über den Messhandel zwischen den beiderseitigen Landen, den 18. Juni dieses Jahres eine C o n v e n t i o n geschlossen, die also lautet:

Nachdem der Königl. Preussische und Churfürstl. Sächsische Hof wegen eines in Anselung des Commercii beiderseitiger Lande, dem 6. Artikel des Hubertusburger Friedens gemäss, nach billigen und gemeinnützigen Principien zu errichtenden freundnachbarlichen Einverständnisses sich vereinigt, Unterhandlungen zu Halle a/S. pflegen zu lassen. So ist bei solchen Commercial-Conferenzen durch unterschriebene Königl. Preuss. und Churfürstl. Sächs. Commissarien, nachdem sie ihre Vollmachten ausgewechselt, über den M e s s h a n d e l dergestalt convenirt worden:

1) dass auf beiderseitigen Messen weder irgend eine Person, noch irgend eine Art Waare (ausser, dass zu Frankfurt a/Oder keine fremden Sammte, Velpe, Zucker, Syrup, Schnupf- und Rauchtabak zum Verkauf gebracht werden mögen, dahingegen man Churfürstl. Sächs. Seits etwas vom Messhandel auszunehmen Seiner Convenienz nicht gemäss erachtet) vom Messhandel auszuschliessen und dass die U n t e r t h a n e n beider Hohen Th e i l e reciproce einander v o l l k o m m e n g l e i c h und so wie andere Fremde in Ansehung der Zeit zum Auspacken und Öffnung der Gewölbe, desgleichen des Auslegens und des zu gestattenden Negotii auf gleiche billige Art zu behandeln, mithin denselben gleich andern Fremden auf beiderseitigen Messen womit ein Jeder will, zu handeln, besonders aber die zur innern Consumtion in demjenigen Lande, wo die Messstadt gelegen, permittirte Waaren ohne Unterschied en gros und en detail an einheimische und fremde Käufer, hingegen die daselbst von der innern Consumtion ausgeschlossenen Waaren nur en gros zum weitern Handel ausser Landes zu verkaufen und zu debitiren ungehindert zu gestatten, übrigens auch an beiderseitigen Messorten für Messgut dasjenige zu achten, was, um auf der Messe verkauft zu werden, dahin kommt.

2. In Ansehung der eigentlichen M e s s a b g a b e n hat man sich dahin einverstanden, dass, gleichwie der Churfürstl. Sächs. Hof sich freiwillig erklärt hat, zu Beförderung des nachbarlichen Commercii die zu den Messen in den Churfürstl. Sächs. Landen kommenden Königl. Preuss. Unterthanen gleich den am Wenigsten entrichtenden fremden Kaufleuten zu behandeln, auch zu solchem Behuf eine genaue beglaubte N a c h r i c h t von der z o i t h e r i g e n E i n r i c h t u n g der L e i p z i g e r und N a u m b u r g e r M e s s e n und wie es mit Messabgaben allda gehalten werde, herauszugeben; also Königl. Preuss. Seits ein Gleiches in Ansehung dortiger Messen versichert, jedoch dabei sich vorbehalten wird, die jetzt gewöhnlichen eigentlichen Messabgaben zu F r a n k f u r t a / O d e r nach eigener Convenienz denjenigen, so in Leipzig erhoben werden, gleich zu machen, nicht aber mehr zu fordern oder zwischen den Churf. Sächs. Handelsleuten und andern Fremden einen Unterschied zu machen. Wobei man Königl. Preuss. Seits sich verbindlich macht, die bisherige Einrichtung der Messe zu Frankfurt a/Oder nebst dasigen Messabgaben in einer exacten beglaubten Nachricht, ebenfalls zu communiciren, nicht minder auf den Fall, da man daselbst den Leipziger Messabgaben sich perificiren wollte, dem Chur. Sächs. Hofe bei Zeiten davon Nachricht zu geben.

3. Uebrigens ist gegenwärtige Convention bis auf beider convenirenden Hofe gnädigste Approbation und Ratification von Dato an auf fünf Jahre abgeredet und beglieben, auch von beiderseitigen hierzu bevollmächtigten Commissarien eigenhändig unterschrieben und besiegelt worden. So geschehen zu Halle, den 18. Juni anno 1766.

L. S.   Ehrhard Ursinus.   L. S.   Fried. Anton von Heyniz.
L. S.   Friedr. Carl Albert Rose.   L. S.   Carl August Just.

Wie Wir solche Convention, nachdem Wir selbige reiflich erwogen, in allen ihren Punkten bestätigt, approbirt und ratificirt haben, und mit unserm Königl. Wort versprechen, besagte Convention getreulich zu erfüllen und über dieselbe Beobachtung zu halten. Des zur Urkund haben Wir diese Ratification Eigenhändig unterschrieben und mit Unserm Siegel bedrucken lassen. Gegeben, Berlin den 1. Juli 1766.

L. S. gez. Friedrich.

Ratification der Messconvention.   gez. Finkenstein-Herzberg.

I.

Die **Messeinrichtung** zu Leipzig besteht in folgendem:

Die **Einläutung** der Messen geschieht den Neujahrstag, den Sonntag Jubilate und den Sonntag nach Michaelis, jedes Mal Mittags um 12 Uhr, und die Ausläutung mit vollendetem siebenten Tage zu derselben Stunde. Die Gewölbe, Buden und Stände werden einige Tage vor der Einläutung parat gehalten und resp. aufgesetzt, die Buden bleiben bis mit Ablauf der Zahlwoche stehen und in den Gewölben wird auch einige Tage hernach das Einpacken, sonder ferneren Verlauf, erlaubt. Die eigentliche Messfreiheit dauert nur volle sieben Tage, nämlich **vom** eingeläuteten bis zum ausgeläuteten Markte. Vermöge eines mit höchster **landesherrlicher** Approbation am 13. März 1752 publicirten (sub A hier angefügten[1]) Rathspatents **ist bis auf** fernere Verordnung erlaubt, dass mit Eröffnung der Gewölbe und des Auspackens **der Waare Montags** vor Einläuten der Oster- und Michaelis-Messe und in der Neujahrmesse, **den Tag** nach dem dritten Weihnachtsfeiertage, sowohl mit dem Handel en gros, drei **oder höchstens vier** Tage vor Einläutung der drei öffentlichen Messen der Anfang gemacht werde, dagegen **sich die** auf die Messe kommenden fremden Kauf- und Handelsleute des Einzelverkaufs **vor** Einläutung solcher Messen, desgleichen der Eröffnung der Gewölbe, des Auspackens der Waaren, auch des sogenannten Handels en gros vor den **nur** angemerkten Tagen, nicht weniger nach beendigter Zahlwoche, auch sonst ausser den Messen allen Verkaufs schlechterdings zu enthalten haben; es verfällt aber derjenige, so dawider handelt und überführt wird, in eine Strafe von fünfzig Thalern. Auch darf die Sonn- und Feiertage über, bei Vermeidung ernsten Einsehens, kein Gewölbe oder keine Bude aufgethan werden, sondern es müssen solche den ganzen **Tag zu und** verschlossen sein, auch alles Kaufen und Verkaufen gänzlich eingestellt bleiben. **Den** zur **Messe** kommenden Handwerksleuten steht frei, den Tag nach eingeläutetem Markt auszulegen und bis ihnen **das** Einlegen durch den Ober-Markt Voigt in der hergebrachten Ordnung angesagt wird, zu verkaufen.

II.

Eigentliche Leipziger **Mess-Abgaben**.

1. Landaccise.

16 Pf. vom Hundert hat jeder fremde Kaufmann, so ein offenes Gewölbe hat, von dem Werth seiner zur Messe bringenden Waaren abzuführen. Hiervon werden ausgenommen die Waaren, von welchen die Landaccise theils nach dem Gewichte, Colli oder Stücken, theils nach besonderen Sätzen abgegeben wird.

II. Waage-Pflicht.

a. Beim Eingange hat jeder fremde Kaufmann 18 Gr. vom Hundert des Werths seiner einbringenden Waaren an Waage-Gebühr abzuführen. Hiervon werden ausgenommen: Die in der Designation sub C. bemerkten Waaren, von denen die Waage-Pflicht nach dem Gewichte, Stücken und Colli, auch nach gewissen Sätzen abgegeben wird.

b. Beim Ausgange hat jeder fremde Kaufmann von 100 Thlr. des Werthes der in **Leipzig** eingekauften und allda ausgehenden Waaren 12 Gr. abzuführen. Hiervon werden jedoch **ausgenommen**: Die in der Tabelle sub D. specificirten Waaren, so nach dem Gewicht oder Stücken angenommen werden. Jedoch ist unter obigen Abgaben das von allen Kaufleuten durchgängig zu entrichtende Stand- oder Stätte-Geld nebst den zu den eigentlichen Messabgaben nicht gehörigen Geschirrprästationen, ingleichen das besondere Wägegeld an 3 Pf. von 1 bis 2 Ctr. nicht mit begriffen. Wobei zu gedenken, dass die sogenannten Retourgüter oder von den Messen unverkauft ausgehenden und dahin wieder zurückkommenden Waaren, nach beigebrachter hinlänglicher Bescheinigung von neuem einige Landaccise oder Waagegebühr nicht abzugeben haben.

III.

Leihkasse.

Zur **Leihkasse wird** von jedem Centner sowohl **ein- als** ausgehender Waaren 1 Gr. abgegeben.

---

1) Anlage XXVII.

B.

Alphabetische Designation derjenigen Waaren, von welchen die Land-Accise theils nach dem Gewicht, Colli oder Stücken, theils nach besonderen Sätzen abgegeben wird.

	Thlr.	Gr.	Pf.
Blei und Glätte à Thlr.	—	—	3
und überdies à Ctnr.	1	—	—
Branntwein pro Eimer ...	2	—	—
Brücken à Fass	—	1	—
Bücklinge à Tonne	—	3	—
Darmsaiten à Thlr.	—	—	3
Eisen, ausl. Stab-, Schmiede- à Thlr.	—	—	3
und überdies von der Waage	—	8	—
Eisendraht grob à Ctnr. ...	—	8	—
» mittel à Ctnr. ..	—	10	—
» gut à Ctnr.	—	14	—
Eisenguss à Thlr. incl. Licenz	—	5	3
Eisenwaaren à Thlr.	—	—	3
und überdies à Thlr.	—	3	4
Fabrikanten vide Handwerker			
Felle, rohe Kalb-, Schaaf- u. Ziegen- à Thlr.	—	—	3
Fische, gedörrte in Ballen	—	9	—
Flachs à Thlr.	—	—	3
Fleischwerk, fremdes à Thlr.	—	—	3
Garn, leinen und Dochte à Thlr.	—	—	3
gesalzene Hechte p. Tonne ..	—	3	—
geschmolzene Butter à Ctnr.	—	3	—
Glas, ausländ. Spiegel à Thlr.	—	—	6
Glas hohl à Thlr.	—	2	3
Glätte à Thlr.	—	—	3
und überdies vom Ctnr.	1	—	—
Gold- und Silbergespinnst-Waaren à Thlr.	—	—	6
Goldschmiede geben vom Thlr. d. Werths ihrer Waaren ..	—	—	3
Graupen, Nürnberger à Thlr.	—	—	3
Handwerker und Fabrikanten, so nicht ex professo Kaufleute sind, geben vom Thlr. des Werths ihrer Waaren .	—	—	3
Hamburger Früchte vom Pack	—	6	—
Heringe à Tonne	—	3	—
Honig à Tonne kleines Geb. .	—	3	—
» à » grosses Geb. .	—	4	—
Juweliere, Christ. à Thlr. des Werths ihrer Waaren ...	—	—	3
Jude, Handels- muss wenigstens 600 Thlr. negotiiren			
Käse à Ctnr.	—	2	—
Kaufmann, fremder, so in der Messe auf seiner Stube negotiirt, vom Thlr.	—	—	3

	Thlr.	Gr.	Pf.
Knöpfe à Thlr.	—	—	3
Lachs, gedörrter und frischer von der Tonne oder Stück .	—	3	—
Licht, Inselt, vom Ctnr. ...	—	3	—
Messing, fremdes à Thlr. ..	—	3	—
Nudeln, Nürnberger à Thlr. .	—	—	3
Nürnberger Früchte vom Pack	—	8	—
» » à Kiste	—	4	—
Pferdedecken, wollene à Thlr.	—	—	3
Pottasche à Ctnr.	—	8	—
Puder à Thlr.	—	1	—
Rauchleder von 100 Stück ..	1	—	—
Röthe à Thlr.	—	—	3
Rosskamm, fremder von eingebrachten und verkauften Pferden vom Thlr.	—	—	3
Rüböl von der Tonne	—	3	—
Salpeter à Thlr.	—	—	3
Schollen vom Stück à 6—7 Ctr.	—	7	—
Seife à Ctnr.	—	2	—
Spielkarten à Thlr.	—	2	—
Stärke à Thlr.	—	1	—
Stahl v. Ctnr. Bürde od. Legel	—	1	6
Talg à Ctnr.	—	2	—
Thran à Tonne	—	2	—
Tabak à Thlr.	—	1	—
» Pfeifen à Thlr.	—	1	—
» Röhrchen à Thlr. ...	—	—	3
Trüffeln à Thlr.	—	—	3
Ungarisch-Wasser à Eimer .	2	—	—
Vitriol à Thlr.	—	—	3
Wein, Spanischer, Italienischer, Tyroler und andere süsse Weine à Eimer ...	1	12	—
Wein, Rhein, Franken, Burgunder, Champagner, Schweizer, Ungar à Eimer	1	—	—
Wein, fremder Land-, als Jenaischer, Seeburger, Böhmischer, Oesterreicher vom Eimer	—	12	—
Weinstein à Thlr.	—	—	3
Wolle, gekämmte à Ctnr. ...	—	8	—
» Schaaf- oder Sommerwolle à Ctnr.			
» andere fremde à Ctnr.	—	4	—
Würfel à Thlr.	—	2	—
Zwirn à Thlr.	—	—	3

C.

Alphabetische Designation derjenigen Waaren, so Waagegebühr nach dem Gewichte, Colli oder Stücken abgeben müssen.

	Thlr.	Gr.	Pf.
Aepfel getrocknete à Ctnr. ...	—	1	6
Alaun à Ctnr.	—	1	6
Angelica à Ctnr.	—	1	6
Anis à Ctnr.	—	3	—
Arsenicum à Ctnr.	—	1	6
Baumwolle à Ctnr.	—	1	6

	Thlr.	Gr.	Pf.
Blech vom Fass	—	2	3
Blech, Stürz à Ctnr.	—	1	6
Blei von der Mulde	—	—	9
Bolus à Ctnr.	—	—	4½
Borsten, gute à Ctnr.	—	4	6
» geringe à Ctnr. ...	—	2	—

	Thlr.	Gr.	Pf.
Blaue Farbe, ausländ. à Ctnr.	—	13	—
Brasilienholz à Ctnr.	—	1	6
Brücken vom Korb	—	18	—
» » Fass	—	1	6
Bücklinge à Tonne	—	3	—
» von 1 Stroh	—	—	4½
Butter à Ctnr.	—	3	—
Calmus à Ctnr.	—	—	9
Castanien à Ctnr.	—	1	6
Citronen à Kiste	—	6	—
Corduan à Decher	—	3	—
Draht, Messing à Ctnr.	—	6	—
» eisern à Ctnr.	—	3	—
Eisen, altes à Ctnr.	—	—	4½
» gegossenes à Ctnr.	—	—	9
» kraus à Ctnr.	—	—	9
Farbe à Ctnr.	—	1	6
Federn, gute à Ctnr.	—	6	—
» mittlere à Ctnr.	—	4	6
» geringe à Ctnr.	—	3	—
Feigen à Ctnr.	—	3	—
Felle von Ziegenböcken à 100 St.	—	6	—
Felle, Schmisch oder Kalb à 100 St.	—	4	6
Felle, Hasen à 100 St.	—	1	6
» Lamm od. Schaf à 100 St.	—	3	—
Fenchel à Ctnr.	—	1	6
Fernebock à Ctnr.	—	1	6
Fisch getrocknet à Ctnr.	—	1	6
Fladernholz à Ctnr.	—	1	6
Flachs à Ctnr.	—	1	1½
Foenum graecum à Ctnr.	—	6	—
Gallus à Ctnr.	—	4	6
Garn à Ctnr.	—	6	—
» à Kiste	—	6	—
Gelbe Spehne à Ctnr.	—	1	6
Gewehr von jedem Stück	—	—	4½
Glätte à Tonne	—	3	9
Glas, grosse Scheiben von einer Truhe	—	4	6
Glas, kleine Scheiben von einer Truhe	—	1	6
Grüze à Ctnr.	—	—	9
Harz à Ctnr.	—	—	4½
Hahnebutte à Ctnr.	—	—	9
Hanf, Rheinisch à Ctnr.	—	6	—
» Seiler à Ctnr.	—	1	6
Hechte à Tonne	—	3	—
Heringe à Tonne	—	1	6
Hirse à Ctnr.	—	1	6
Hirschhörner à Ctnr.	—	—	9
Hopfen à Scheffel	—	—	4½
Ingber à Ctnr.	—	3	—
Johannisbrod à Ctnr.	—	1	6
Juchten à Ctnr.	—	3	—
Juden, Juwelier muss wenigstens 800 Thlr. bei der Waage vergeben, Juden, Diener oder Weib, wenn letztere nicht eigene Handlung treibt, auch deren Ehemann zugegen ist, giebt 1 Thlr. 12 Gr. die Messe über, welches von dem, was dem Prinzipal über 600 Thlr. negotiirt wird, demselben zu Gute geht.			

	Thlr.	Gr.	Pf.
Käse à Ctnr.	—	1	6
Kammfett à Ctnr.	—	1	10½
Klingen von 100 Stück	—	4	6
Kork à Ctnr.	—	4	6
Kraftmehl à Ctnr.	—	1	6
Kümmel à Ctnr.	—	1	6
Kupfer, neu à Ctnr.	—	4	6
» alt à Ctnr.	—	3	—
Kupferwasser, ausländ. à Ctr.	—	8	6
Lachs à Tonne	—	4	6
Leder-Rauch à 100 St.	1	7	6
» trocken oder geschmiert v. 1 Paar	—	1	6
» Schwein à 100 St.	—	9	—
» Lohgar à 1 Bll.	—	9	—
» Schmisch à 100 St.	—	4	6
» Weiss à 100 St.	—	3	—
» Schneiden à 100 St.	—	3	—
» Schaf à 100 St.	—	3	—
» Danziger à 1 Bll.	—	18	—
» » à 1 Ctnr.	—	3	—
» Hamburger à 1 Bll.	—	18	—
» von 1 Pfund Haut	—	1	6
» Pfund à Ctnr.	—	3	—
» Juchten à Ctnr.	—	3	—
Leinen à Ctnr.	—	1	6
Leinöl à Ctnr.	—	1	6
Leinwand, ausländ. à Bll.	—	1	6
» » à Kiste	—	15	—
» » à Kiste od. Budel	—	7	6
» Pack » à Bll.	—	—	6
Lichte à Ctnr.	—	1	10½
Mandeln à Ctnr.	—	4	6
Mennige à Ctnr.	—	3	—
Messing à Ctnr.	—	6	—
» altes à Ctnr.	—	3	—
Möhren-Samen à Ctnr.	—	1	6
Mohn à Ctnr.	—	1	6
Obst, getrocknet à Tonne	—	1	6
Oel-Baum à Ctnr.	—	4	6
» Kien à Ctnr.	—	1	6
» Lein à Tonne	—	3	—
» Rübsen à Ctnr.	—	1	6
» Terpentin à Ctnr.	—	1	6
Papier Druck à Bll.	—	1	6
» Maculatur à Bll.	—	—	9
» Regal à Bll.	—	4	6
» Schreib à Bll.	—	2	3
Pech à Tonne	—	1	6
» à Korb	—	—	4½
Pflaumen à Ctnr.	—	1	6
Pottasche à Ctnr.	—	1	6
Pulver à Ctnr.	—	1	6
Reis à Ctnr.	—	1	6
Röthe à Sack	—	2	3
» à Korb	—	1	6
Rosinen à Bll.	—	4	6
» à Tonne	—	7	6
» à Korb	—	1	6
Rosshändler, jüdischer, so keine Kuppeln Pferde bringt, giebt die Messe über	1	12	—
Rothscheer à Tonne	—	3	—
Safflor à Ctnr.	—	4	6
Salpeter à Ctnr.	—	4	6
Schaart à Ctnr.	—	—	9

	Thlr.	Gr.	Pf.		Thlr.	Gr.	Pf.
Schiefer à Ctnr.	—	1	10½	Tabak à Ctnr.	—	3	—
Schinken à Ctnr.	—	3	—	Tuch, ausländisch à Stück	—	6	—
Schleier von 1 Legel	—	7	6	» schlesisch à St.	—	2	3
» vom Hof vom Stück	—	1	6	» » à Bll.	1	16	6
Schliff à Ctnr.	—	—	4½	Vitriol ausländisch à Ctnr.	—	8	6
Schmeer à Ctnr.	—	3	—	Wachs à Ctnr.	—	6	—
Schollen von 1 Kiepe	—	1	10½	Wachholderbeeren à Ctnr.	—	—	4½
Schwaden à Ctnr.	—	1	6	Weinstein à Ctnr.	—	1	6
Schwefel, ausländischer à Ctnr.	—	9	—	Wolle, ausländisch à Ctnr.	—	6	—
Seife à Ctnr.	—	1	10½	» Baum à Ctnr.	—	4	6
Sensen von 100 Stück	—	4	6	» gekämmte à Ctnr.	—	6	—
Sicheln à St.	—	—	9	Wollengarn à Ctnr.	—	6	—
Speck à Ctnr.	—	3	—	Wurzeln à Bll.	—	—	9
Stärke à Ctnr.	—	1	6	Zinn à Fass	—	18	—
Stahl à Ctnr.	—	1	6	» à Ctnr.	—	4	6
Süssholz à Ctnr.	—	1	6	Zwirn à Kasten	—	3	—
Talg à Tonne	—	1	6	» à Budel	—	1	6
» à Ctnr.	—	1	10½	» à Korb	—	1	6
» à Stein	—	—	4½	Zwillich	—	—	9
Thran à Tonne	—	3	—				

D.

Alphabetische Designation derjenigen Waaren, so beim Ausgang nach dem Gewichte, Colli oder Stück bei der Waage zu vergeben sind.

	Thlr.	Gr.	Pf.
Blech à Fass	—	1	9
Flanelle und Boye, auch Stahl à Ctnr.	—	4	3
Tuch, ausländisch à Stück	—	4	—
» Land à Stück	—	1	—
Wolle so ausser Landes geht von 2 Stein	—	—	9
Zinn à Fass	—	15	—
» à Ctnr.	—	3	6

Urkundlich sind die Nachrichten allhier zusammen getragen und zur bessern Bekräftigung mit dem churf. sächs. Kammer-Secret bedrückt, auch gewöhnlicher Weise unterschrieben worden. So geschehen zu Dresden am 20. Sept. 1766.

L. S.

gez. Carl Ferd. Lindemann.

gez. Joh. Christ. Kirsch.

XXXII.

vgl. Text S. 197.

Rathspatent vom 15. Sept. 1788, den Anfang der Messen Montags in der Böttcherwoche betr.

Es ist von E. E. Hochweisen Rath dieser Stadt schon vorher angeordnet worden, dass die fremden Kauf- und Handelsleute, welche die hiesigen Messen besuchen, in der Oster- und Michaelis-Messe mit Eröffnung der Gewölbe und dem Auspacken der Waaren nicht eher, als Montags vor der jedesmaligen Einläutung und in der Neujahrs-Messe nicht eher, als den Tag nach dem dritten Weihnachtsfeiertage, sowohl mit dem Handel en gros, drei oder höchstens vier Tage vor Einläutung der drei öffentlichen Messen, den Anfang machen, und des einzelnen Verkaufs vor Einläutung solcher Messen, ingleichen der Eröffnung ihrer Gewölbe, des Auspackens der Waaren, auch des Handels en gros, vor den nur angemerkten Tagen, nicht weniger nach beendigter Zahlwoche, auch sonst ausser den Messen, alles Verkaufs sich enthalten sollen. Da gleichwohl bis anher wahrzunehmen gewesen, dass diesen Anordnungen vielfältig zuwider gehandelt worden, so findet E. E. Hochweiser Rath für nöthig, sie hierdurch zu wieder-

holen und zu erneuern, in der Erwartung, dass sie hinfür genauer, als bisher werden beobachtet und befolgt werden, damit derselbe nicht die künftigen Zuwiderhandlungen mit der auf
jede gesetzten Strafe von fünfzig Thalern zu ahnden sich veranlasst sehen möge.

Leipzig, den 15. Sept. 1788.   Der Rath zu Leipzig.

Lpz. R.A. XLV. B. 13. Bl. 50.

XXXIII.

vgl. Text S. 148. 198.

Denkschrift der Leipziger Kaufmannschaft vom 22. Dec. 1800, die Messordnung betr

Die bei dem Rath der Stadt Leipzig von verschiedenen Fabrikanten hiesigen Landes über
die allhier seit langer Zeit eingerissene Messunordnung jüngsthin eingereichten und uns
abschriftlich mitgetheilten Klagen sind uns zwar nicht befremdlich, vielmehr können wir nicht
leugnen, dass die nämlichen Beschwerden schon seit mehreren Jahren von hiesigen und
fremden Negotianten mündlich und schriftlich bei uns angebracht worden sind; demohn-
geachtet aber dürfen wir uns über das bei diesen neuen Klagen zeither von uns beobachtete
Stillschweigen um deswillen nicht den geringsten Vorwurf machen, weil wir in den vergangenen Zeiten dieses Gegenstandes halber bereits alles Mögliche gethan, um durch die triftigsten
Vorstellungen diesem Unwesen abzuhelfen, aber höchsten Orts, der beifälligen Berichte
ohngeachtet, durch mehrere gnädigste Rescripte abgewiesen worden sind. Als wir nämlich vor beinahe 12 Jahren schon (in Act. sub S. 517 Fol. 24 und Fol. 44 seq.) über die eingerissene Messunordnung, dass besonders die meisten Hamburger, Berliner, Frankfurter und Iserlohner Verkäufer weit früher, als es nach der Messobservanz und nach dem Patent de
anno 1752 erlaubt wäre, die Gewölbe öffneten und ihre Waaren zu verkaufen anfingen,
hierdurch aber die fremden Einkäufer nöthigten, ebenfalls zeitiger auf dem Platze zu erscheinen, Vorstellung machten, und um erneute Einschärfung des vorgedachten Messpatents baten,
so wurden wir mit diesem Gesuche in dem Fol. 65 befindlichen gnädigsten Rescripte aus dem
Grunde abgewiesen, weil dem Handel der Fremden bisher immer connivirt worden,
folglich eine mit Strafen begleitete Aufhebung dieser Connivenz gar leicht eine der Lage des
Leipziger Messhandels nachtheilige Sensation um so mehr bewirken dürfte, da auf andern
Messplätzen ebenfalls immer mehr und mehr connivirt würde. Wir haben hier auf Fol. 69,
Fol. 92 und Fol. 114 seq. umständlich vorgestellt, dass es eine sehr gerechte und billige Bitte
sei, den Anfang und das Ende des Messverkaufs genau zu bestimmen, weil es schon mit
dem Begriffe des Wortes Messe verbunden sei, dass solche einen bestimmten Anfang und ein
festgesetztes Ende haben müsse, und wir hatten uns daher mit Recht auf das vormals im Jahre
1752 ergangene Fol. 12 befindliche gnädigste Rescript berufen, in welchem das damals entwor-
fene Messpatent aus dem sehr richtigen Grunde, weil dessen Inhalt den der Stadt Leipzig verliehenen Messprivilegien und darauf sich gründenden landesherrlichen Verordnungen, insonderheit auch der confirmirten Kramer-Ordnung und der Observanz anderer Messtädte gemäss
sei, huldreichst approbirt worden war. Wir haben ferner vorgestellt, dass für die Lage des
Messhandels eine nachtheilige Sensation gewiss nicht zu befürchten sei, wenn den fremden
Verkäufern zu ihren Geschäften eine bestimmte Zeit vorgeschrieben und ihnen bei jeder
Zuwiderhandlung eine festgesetzte Strafe auferlegt würde, weil diese, wenn sie sonst ihr Conto
allhier finden, zuverlässig nicht von der Messe wegbleiben; dagegen dürften in Ansehung der
Einkäufer, welche doch unstreitig die Hauptpersonen und die Seele der Messe sind,
durch die fortdauernde Unordnung des Verkaufs gar leicht die traurigsten Folgen zu befürchten sein. Denn, da der einzige Grund, warum die Messen noch immer sich erhalten
und warum die Einkäufer zu deren Besuch öfter einen Weg von 60, 80 bis 100 Meilen nicht
achten, blos dieser ist, weil sie den Vortheil haben, alle und jede Waare unter einer vollkommenen Auswahl beisammen zu finden und Alles, was sie brauchen, mit eignen Augen
zu sehen, so muss denn freilich ein Jeder, um diesen Vortheil zu erlangen, sich pünktlich
nach der Zeit, wenn der Messverkauf anfängt, richten und dafür sorgen, dass er zu dieser
Zeit präcise auf dem Platze ist; folglich ist mit Gewissheit vorauszusehen, dass, wenn
der Messverkauf ohne alle Ordnung anfängt, künftig eine grosse Menge der Einkäufer, wenn
sie bei ihrer Ankunft die Waarenlager schon durchwühlt finden, von der Messe wegbleiben

und ihre Bedürfnisse sich in Zukunft aus der ersten Quelle selbst holen oder durch Commissionäre besorgen lassen, statt dass sie mit so grossem Aufwande eine weite Reise anher machen sollen; woraus mit Zuversicht abzunehmen, dass, wenn die Einkäufer nicht von der Messe vertrieben werden sollen, es absolut nothwendig sei, den Anfang des Messverkaufs auf einen vollkommen bestimmten Tag einzuschränken und die Verkäufer vom früheren Handel durch die festgesetzte Strafe der 50 Thlr. abzuhalten.

Ebenso deutlich haben wir in unsern Vorstellungen gezeigt, wie sehr auch wir und die ganze hiesige Kaufmannschaft durch die zeitherige Unordnung an unsern uralten, durch landesherrliche Verordnungen und durch die confirmirte Kramer-Ordnung vielfältig bestätigten Messprivilegien eingeschränkt und an dem zwischen den Messen uns zustehenden Alleinhandel und den damit verbundenen Vortheilen zurückgesetzt werden; da es doch der grössten Billigkeit gemäss ist, uns, die wir ohnehin mit grossen Abgaben belastet sind und gleichwohl noch immer die Triebfeder des Handels von ganz Sachsen sein müssen, diejenigen Vortheile, welche uns durch Bestimmung des Messverkaufs zuwachsen könnten, um so weniger zu entziehen, da wir selbige nur seit mehr als einem Jahrhundert genossen haben, sondern auch die hiesigen Messen im Grunde doch lediglich zum Besten der Leipziger Bürger gestiftet und mit so wichtigen Privilegien begnadigt sind. Endlich haben wir gezeigt, dass jeder fremde Handelsmann, wenn er mit Inbegriff der sogenannten Böttcherwoche, drei Wochen lang in jeder Messe zu handeln Erlaubniss hat, nicht allein alle seine Geschäfte bequem zu verrichten im Stande sei, sondern dass überhaupt Niemand mit Grund sich beklagen darf, wenn die Messverrichtungen an einen bestimmten Zeitraum gebunden werden, theils weil es der Natur der Sache gemäss ist, theils weil auf jedem andern Marktplatze über die Zeit des Messverkaufs ebenfalls strenge gehalten, und jeder Fremde der geringsten Contravention halber ohne alle Umstände um 50 Thlr. bestraft wird. Doch waren wir so unglücklich, auf alle unsere Vorstellungen in allen darauf ergangenen Rescripten mit diesen, auf Wiedereinschärfung des obgedachten Messpatents gerichteten Gesuchen abgewiesen zu werden. Wir ergriffen sodann noch den letzten Weg und wandten uns, durch Vermittlung unserer Obrigkeit, bei dem im Jahre 1793 gehaltenen Landtage, Inhalts der Acten sub Nr. 517 b Fol. 1 seq. an die versammelten Stände unseres Vaterlandes, erhielten auch von denselben dieses Gegenstandes halber sofort die erbetenen Intercessionalen; allein ungeachtet wir nach beendigtem Landtage noch überdies durch den Fol. 20 befindlichen Aufsatz umständlich erwiesen, wie sehr selbst die fremden Einkäufer und Handelsleute die Wiederherstellung einer Messordnung wünschten, so blieb es dennoch bei voriger Erscheinung und man fand in dem Fol. 22 befindlichen gnädigsten Rescripte für gut, so lange nicht Zeit und Localumstände eine andere Anordnung erheischten, es bei der bisherigen Nachsicht gegen die Fremden bewenden zu lassen. Nunmehr war denn unser fester Vorsatz, diesen Gegenstand nie mit einem Worte weiter zu berühren, und wir würden aus eigenem Antriebe nie etwas gethan haben, wenn wir nicht gegenwärtig aufgefordert worden wären, auf die von einer Menge unserer Landes-Fabrikanten eingereichte Beschwerde unsere Erklärung zu thun. Aber auch hier wollen wir uns kurz fassen, weil wir nichts weiter dabei zu sagen wissen, als dass die Klagen der Impetranten vollkommen begründet sind, dass nämlich die Unordnung des Messverkaufs zumal so gross ist, als sie nur sein kann, ferner, dass die Fremden oft 14 Tage und länger vor der Messe schon hier sind und unter dem Vorwande des Auspackens ihre Gewölbe öffnen und ohne Scheu verkaufen; ingleichen, dass diejenigen, so in Buden feil haben, welches bei einer grossen Menge unserer Landesfabrikanten der Fall ist, um deswillen, weil die Buden nie eher als den Montag in der Böttcherwoche errichtet werden, viel später als die andern Fremden, so ihre Gewölbe bisher nach Gutdünken geöffnet, zum Verkauf ihrer Producte gelangen und oft erst mit dem Verkaufe anfangen, wenn jene schon fertig sind, und endlich, dass unsere Fabrikanten überhaupt durch den früheren Verkauf und die längere Dauer der Messen natürlicherweise, weil sie solchem nach ungleich länger als sonst von ihren Fabrikgeschäften abwesend sein müssen, grossen Schaden und Versäumniss haben. Alles dieses sind offenbare Wahrheiten, und wir müssen es daher dem Schicksale überlassen, ob vielleicht zur Wiederherstellung der alten Ordnung dermalen der günstige Zeitpunkt erschienen sei und ob vielleicht I. Fürstl. Durchl. die deshalb schon so oft angebrachte und von den Fabrikanten gegenwärtig wiederholte, zu deren sowohl, als zum allgemeinen Besten der Kaufmannschaft gereichende Bitte nunmehr zu erhören, die Gnade haben möge. In dieser Absicht bitten wir denn E. Magnifici etc., dieses von gedachten Fabrikanten angebrachte Anliegen unserm gnädigsten Landesherrn mittelst beifälligen Berichts vorzutragen beharren etc.

Deputirte Kauf- und Handelsleute aus der Kramer-Innung:

Joh. Fr. Eytelwein, Georg W. Schrepfer, Christ. Gottfr. Schwagrichen, Chr. H. Moss, Chr. Gottl. Gross, Christ. Gottl. Vetter, Gabr. Fried. Duldigmann, Joh. Heinr. Stoll, Joh. Fried. Geier. Kramermeister Kauf- und Handelsleute in der Kramer-Innung. Christ. Conr. Sickelmann, Joh. Ernst Hofmann, Joh. Dor. Förster, Joachim Christ. Lücke, Joh. Christ. Falke, Ad. Wilh. v. Feral, Joh. Carl Schroeter, Joh. Fried. Kunze, Carl Fried. Lippold.

Leipzig, 22. Dec. 1806.   c. D. E. G. Bahrdt.

Lpz. R.A. XLV. B. 20. Bl. 9—16.

XXXIV.

vgl. Text S. 158.

Bekanntmachung, den Zahltag in der Michaelismesse 1806 betr.

Da, ungeachtet der eingetretenen Ereignisse, es schlechterdings nothwendig ist, dass die auf den in gegenwärtiger Messe herannahenden Zahltag zu leistenden Verbindlichkeiten in gewöhnlicher Ordnung erfüllt werden, so werden die anwesenden fremden Herren Kaufleute sich gewiss schon von selbst bescheiden, das Ende der Messe ruhig abzuwarten. Es sieht sich aber auch E. E. Hochw. Rath dieser Stadt veranlasst, hierdurch zur allgemeinen Wissenschaft zu bringen, dass die Abreise fremder Handlungsherren vor Endigung der Messe nicht nachgelassen werden könne und dass zu deren Verhinderung bereits die erforderlichen Massregeln getroffen sind.

Im Uebrigen versieht sich E. E. Hochw. Rath zu hiesiger wohldenkender Bürgerschaft, dass sie bei allen etwa eintretenden Ereignissen sich durchaus ruhig verhalten, und in dem Falle, dass fremde Truppen allhier einrücken sollten, durch Zusammenlauf und Unordnung sich keine Unannehmlichkeiten zuziehen, vielmehr durch eine bescheidene und gutmüthige Aufnahme des fremden Militärs zu ihrer eigenen Erleichterung alles beitragen werde.

Sign. Leipzig, am 13. Octob. 1806.

L. S.   Der Rath zu Leipzig.

Lpz. Raths-Patent und Verordnungen LX. B. 14. Fol. 22.

XXXV.

vgl. Text S. 158.

Proclamation des General Macon vom 18. Oct. 1806 betr. die Behandlung der engl. Waaren.

S.-Gouverneur des Tuileries, Commandant de la Légion d'honneur, Grand-Croix de l'ordre du Lyon et Commandant de la ville de Leipzig.

Aux Banquiers, Négotians et Marchants de la ville.

Messieurs! Le sort des armes a mis Leipzig dans les mains du Grand Napoléon.

Votre ville est reconnue en Europe pour l'entrepot principal des marchandises Anglaises et sous ce rapport une ennemie dangéreuse pour la France.

L'Empereur et Roi m'ordonne ce qui suit.

Art. I. Dans les 24 heures qui suivront la présente proclamation, tout Banquier, Négociant ou Marchand ayant des fonds ou marchandises des manufactures anglaises, soit qu'elles appartiennent aux Anglais ou au marchand, en fera sa déclaration par écrit sur un Registre établi chez le Commandant de la place.

Art. II. Les déclarations authentiquement faites, il sera fait des visites domiciliaires chez le Déclarant ou non Déclarant pour compulser leurs Registres et vérifier les marchandises, afin de s'assurer de leur bonnefoi et punir militairement la fraude, si elle est reconnue.

Art. III. M. M. les magistrats feront également sous leur responsabilité la déclaration juste et détaillée des magasins militaires appartenans tant à la Saxe qu'à la Prusse, ainsi que des magasins de poudre, même ceux du commerce.

Art. IV. Il sera nommé une Commission chargée d'apposer les scellés après-demain sur tous les magasins ou fonds qui auront été découverts.

Art. V. Toute contribution ou réquisition particulière, soit en drap, argent ou chevaux, si elle n'émane d'une autorité competente, est rigoureusement défendue. L'habitant ou le magistrat, qui aura eu la faiblesse d'y souscrire, sans en prévenir le Commandant de la Place, sera puni de 15 jours de prison.

Art. VI et dernier. La présente proclamation sera lue et affichée à tous les coins, Places et carrefours de la ville.

Donné à Leipzig 18 Octobre 1806. gez. Macon.

Lpz. Raths-Patente und Verordn. LX. B. 11. Fol. 25.

XXXVI.

vgl. Text S. 158.

Napoleon ordnet die Continentalsperre an. Auszug aus den Beschlüssen der Staats-Canzlei.

In Unserm Lager zu Berlin, den 21. Nov. 1806.

Wir, Napoleon, Kaiser der Franzosen und König von Italien in Erwägung 1—8 pp. haben beschlossen, auf England alle jene Massregeln anzuwenden, die es in seiner See-Gesetzgebung angenommen hat.

Die Verfügungen des gegenwärtigen Decrets sollen unabänderlich als ein Grundgesetz des Reichs angesehen werden, bis England anerkannt haben wird, dass das Kriegsrecht auf dem Lande und zur See ein und dasselbe ist, dass es weder auf Privateigenthum von welcher Gattung es sei, noch auf diejenigen Personen, die mit den Waffen nichts zu thun haben, ausgedehnt werden dürfe und dass das Blokade-Recht sich auf nur solche befestigte Orte beschränken müsse, die von einer hinlänglichen Macht wirklich eingeschlossen sind.

Diesem zufolge haben wir verordnet und verordnen:

Art. 1. Die Brittischen Inseln sind in Blokadezustand erklärt.

Art. 2. Aller Handel und alle Correspondenz mit den Brittischen Inseln ist untersagt. Solchem nach werden die nach England oder an einen Engländer adressirten, oder in englischer Sprache geschriebenen Briefe und Packete mit der Post nicht versendet, sondern angehalten werden.

Art. 3. Jeder englische Unterthan, wes Standes und Gewerbes er sei, welcher sich in den von Unsern oder Unserer Alliirten Truppen besetzten Ländern treffen lässt, soll Kriegsgefangener sein.

Art. 4. Alle Magazine, jede Waare und jedes Eigenthum, von welcher Art sie sein mögen, die einem Unterthanen Englands gehören, sollen für gute Prise erklärt werden.

Art. 5. Der Handel mit englischen Waaren ist verboten, und jede Waare, die England gehört oder aus dessen Fabriken und Colonien kommt, wird für gute Prise erklärt.

Art. 6. Die Hälfte des Ertrags der Confiskation der durch vorhergehende Artikel für gute Prise erklärten Waaren und Eigenthums soll verwendet werden, die Kaufleute für den Verlust zu entschädigen, den sie durch Wegnahme ihrer Handelsschiffe von englischen Kapern erlitten haben.

Art. 7. Kein unmittelbar von England oder von englischen Colonien kommendes, oder seit der Bekanntmachung gegenwärtigen Dekrets dort gewesenes Fahrzeug soll in irgend einen Hafen eingelassen werden.

Art. 8. Jedes Fahrzeug, welches vermittelst falscher Angabe dieser vorerwähnten Verfügung zuwider handelt, soll weggenommen und das Schiff und die Ladung confiscirt werden, als ob sie englisches Eigenthum wären.

Art. 9—11 etc. Unterzeichnet: Napoleon.

Auf Befehl des Kaisers: Der Minister Staats-Secretair: Huguet B. Maret.

Zur weiteren Bekanntmachung: Der Fürst von Neuschatel, Major-Général Maréchal Alex. Berthier. Der Brigade-General und Commandant von Leipzig Réné, für gleichlautende Abschrift. *Lpz. Rathspat. LX. B. 14. Fol. 42.*

XXXVII.

vgl. Text S. 158.

Verbot des Handels mit englischen Waaren.

Da nach dem dritten und vierten Artikel des von Sr. Majest. dem Kaiser von Frankreich und Italien unter dem 21. Nov. cr. erlassenen Decrets alle Magazine, Waaren und Eigenthum jeder Art, welches englischen Unterthanen gehört, für gute Prise erklärt, hiernächst der Handel mit englischen Waaren, auch mit denjenigen, welche aus englischen Colonien kommen verboten ist. Also wird auf Veranlassung des Intendanten des Leipziger Kreises, Herrn Treilhard, allen denjenigen, welche Waaren, die England gehören, in ihrer Verwahrung haben, bekannt gemacht, dass sie, ohne sich den härtesten Strafen auszusetzen, darüber nicht disponiren können. Zugleich wird allen denen, welche englische Waaren, oder Waaren, die aus englischen Colonien kommen, besitzen, hiermit notificirt, dass der Handel mit diesen Waaren streng verboten ist und Jedermann, der auf einer Uebertretung dieses kaiserlich-königlichen Verbots betroffen wird, arretirt und den Tribunalen überliefert werden soll, um nach der Strenge der Gesetze gerichtet zu werden.

Leipzig, den 27. Nov. 1806.

L. S.   Der Rath zu Leipzig.

Lps. Rathspat. und Verordnungen LX. B. 14 Fol. 48.

XXXVIII.

vgl. Text S. 158.

Bekanntmachung, die Anzeigepflichtigkeit englischer Waaren betr.

Es hat der französich kaiserliche Intendant des Leipziger Kreises Herr Treilhard, in Gemässheit des kaiserl.-königl. Decrets vom 21. Nov. d. Jahres, nun auch schriftlich Anzeige aller in Leipzig befindlichen englischen Colonialwaaren verlangt. Von Seiten E. E. Hochweisen Raths dieser Stadt wird daher den hiesigen Herren Käufleuten und Spediteuren, sowie überhaupt allen und jeden hiesigen Bürgern und Einwohnern hierdurch auferlegt:

«ein Verzeichniss aller englischen Colonialwaaren, welche als Gegenstände des Handels in den Magazinen der Kaufleute und Spediteure oder in der Behausung anderer Privatpersonen befindlich sind, und nicht als zum wirthschaftlichen Bedürfniss der Familien erkaufte Gegenstände in Betrachtung kommen, sie mögen einen Eigenthümer haben, welchen sie wollen», mit Angabe des Werthes solcher Waaren nach sächsischem Current berechnet, insofern deren Inhaber den Werth davon anzuzeigen im Stande ist, spätestens bis zum 30. des laufenden Monats November bei der zur Annahme dieser Anzeigen beauftragten und auf dem Kramerhause anzutreffenden Deputation der hiesigen Kaufmannschaft und Kramerinnung unfehlbar, und so, wie ein Jeder die Verantwortlichkeit seiner Anzeige auf sich zu nehmen sich getraut, einzureichen und durch eine pünktliche und gewissenhafte Befolgung dieses Ansinnens unangenehmen Massregeln zuvorzukommen.

Sig. Leipzig, den 28. Nov. 1806.   L. S.   Der Rath zu Leipzig.

Lps. Rathspat. und Verordnungen LX. B. 14. Fol. 51.

XXXIX.

vgl. Text S. 158.

Verbot des Handels mit englischen Waaren   Leipzig, den 29. Nov. 1806.

Der Auditeur des Staatsraths, Intendant des Leipziger Kreises, verordnet folgendes:

Art. 1.   Der innere Handel mit Waaren bleibt frei.

Art. 2. In Ansehung alles Eigenthums, welcher Art es sein möge, das einem englischen Unterthan gehört; jeder Waare, die England gehört oder von dessen Fabriken oder Colonien kommt und zufolge des Ausdrucks des 4. und 5. Artikels des Decrets vom 21. November dem Beschlage unterworfen ist, wird jedem Accise- und Zollbedienten anbefohlen, sie anzuhalten, selbst wenn sie mit einem Pass versendet würden.

Art. 3. Allen Accise- und Zollbedienten ist anbefohlen, sorgfältig die mit Waaren beladenen Karren oder Wagen, welcher Gattung sie sein mögen, sowie überhaupt alle Ladungen, auf welche Art sie immer fortgeschafft werden, genau zu visitiren, und jede Waare, die einem englischen Unterthan gehört oder von Englands Fabriken oder Colonien kommt, in Beschlag zu nehmen und darüber unverzüglich ihren Rapport an den Herrn General-Commandanten, sowie auch an den Herrn Intendanten gelangen zu lassen.

Art. 4. Die Accise- und Zollbedienten, wie auch die dazu bestellten Obercivilbedienten sind besonders angewiesen, unter ihrer Verantwortlichkeit, auf die Befolgung der gegenwärtigen Verordnung zu halten, welche in beiden Sprachen gedruckt, bekannt gemacht und in allen öffentlichen Orten, an den Thoren der Städte und vorzüglich an den Accise- und Zollhäusern angeschlagen werden soll.

Der Intendant des Leipziger Kreises.

A. L. Treilhard,

Der General-Administrator der Finanzen der eroberten Länder zwischen Elbe und dem Rhein   Villemanzy.

Gesehen und genehmigt:

Der General-Comandant

Réne.

Lpz. Rathsprot. und Verordnungen L.N. B. 14. Fol. 54.

XL.

vgl. Text S. 453.

Verbot des Handels mit englischen Waaren in der Neujahrsmesse 1807 vom 29. Dec. 1806.

Obwohl bereits in dem 244. und 246. Stück der Leipziger politischen Zeitungen vom 13. und 16. des noch laufenden Monats December dem handelnden Publicum eröffnet worden, dass in der nunmehr ihren Anfang nehmenden Neujahrsmesse das Kaufen und Verkaufen der englischen Waaren, da solche von kaiserlich französischer Seite verboten worden, nicht stattfinden könne, so erachtet doch der Herr General Villemanzy es für nöthig, den kaiserlichen Befehl vom 21. Nov. a. cr. in Betreff der englischen Fabrik- und Colonialwaaren, damit solcher durch falsche Auslegung, insonderheit auch in Ansehung der etwa anher kommenden Fremden nicht übertreten werde, in Erinnerung bringen zu lassen, und es wird daher auf dessen Veranlassung hiermit bekannt gemacht, dass, da der Verkauf, Absatz und Transport der englischen Manufactur,- und Colonial-Waaren verboten sei, die Kauf- und Handelsleute, sowie auch andere, auf keine Art über selbige verfügen können, ohne sich die nachdrücklichste Strafe dadurch zuzuziehen. Auch wären alle mittelbaren und unmittelbaren Zahlungen, welche bereits verfallen oder zu dieser Zeit verfallen würden, für englische Rechnung oder englische Agenten und Commissionäre ebenfalls verboten, wobei denn gedachter Herr General Villemanzy unverhalten sein lässt, dass er seiner Seits die strengste Wachsamkeit auf alle diejenigen haben werde, welche sich eine Uebertretung des erwähnten kaiserlichen Decrets vom 21. Nov. a. cr. zu Schulden kommen lassen sollten.

Sig. Leipzig, den 29. Dec. 1806.

L. S.   Der Rath zu Leipzig.

Lpz. R.A. LXII. B. 19. Fol. 3.

XLI.

vgl. Text S. 164. 204.

Bekanntmachung.

Um den Umständen zu Hilfe zu kommen, da nicht Jedermann übrige Zeit hat, seine Bedürfnisse an Tagen der Woche, welche meistentheils dem allerhöchsten Herrendienste gewidmet werden müssen, während dieser gegenwärtigen Neujahrsmesse einzukaufen, so wird sowohl Kaufleuten als Krämern ohne Ausnahme die Erlaubniss ertheilt, während dieser gegenwärtigen Messzeit an Sonntagen ihre Gewölbe und Buden von 10 Uhr früh offen halten und ihre Waaren ungehindert verkaufen zu dürfen.

Leipzig, den $\frac{26.\ December\ 1813}{6.\ Januar\ 1814.}$.

Lpz. R.A. LX. B. 15. Fol. 315.

Der Stadt-Commandant
Oberst Prendel.

XLII.

vgl. Text S. 164. 204.

Bekanntmachung des Oberst Prendel vom 10. Sept. 1814. A.

Da alle Erinnerungen, nach welchen während der Messzeit in keiner Strasse ein leerer Wagen vor den Häusern stehen soll, vergebens sind, so will ich allen hierdurch entstehen könnenden Unannehmlichkeiten dadurch vorbeugen, dass vom Sonntag den 20. Sept. früh bis 15. October in keiner Strasse der Stadt ein Wagen stehen darf. Jeder ankommende Wagen darf so lange stehen bleiben, bis er abgeladen, und jeder, auf welchen geladen wird, so lange bis aufgeladen worden ist. Um aber allen andern Weitläufigkeiten auszuweichen, bleibt jeder Hausbesitzer, vor dessen Haus ein leerer Wagen stehen wird, für die richtige Befolgung dieser Anordnung verantwortlich, mit der Ausnahme, wenn derselbe die schleunigste Anzeige in meiner Kanzlei macht, widrigenfalls ohne alle Rücksicht die Strafe von 10 Thalern in die Armenkasse für jeden Wagen verhängt wird.

Wenn Jemand mit einem Andern ein Geschäft abzumachen hat, so kann dieses wohl in und an den Häusern, aber nie in der Mitte der Strassen geschehen, wo der Tiefsinn der Contrahenten den Fussgängern wie den Fahrenden hinderlich ist und ihnen selbst die Störung auch nicht angenehm sein muss.

Leipzig, den 10./22. Sept. 1814.

Der russisch Kaiserliche Oberst und Stadt-Commandant
Prendel.

Lpz. R.A. LX. B. 15. Fol. 407.

XLIII.

vgl. Text S. 164. 204.

Bekanntmachung des Oberst Prendel vom 10. Sept. 1814. B.

In der eintretenden Messzeit erinnere ich jeden Hausbesitzer, sich genau nach meiner, sowie nach der General- und Stadt-Polizei-Anordnung zu verhalten, und Niemand ohne die vorgeschriebenen Papiere in seinem Hause auf- oder anzunehmen. Unter die Menge ankommenden Fremden, welche Geschäfte oder Vergnügen hierher führt, mischen sich auch Diebe, Betrüger und schlechtes Gesindel; für diese nachtheilige Classe kann man nie genug Sorge tragen, um sich vor Schaden zu schützen, daher empfehle ich jedem Fremden, für sein Eigenthum selbst zu wachen; jeder Hausbesitzer muss aber auch alles beitragen und den Fremden mit Rath und That an die Hand gehen. Unter keinem Vorwande darf in einem Hause Jemand über Nacht behalten werden, welcher nicht dahin gehört, sei es in Zimmern, Gaststuben oder Stallungen, daher jeder Hausbesitzer seine Dienstboten wohl zu unterrichten hat, damit sich Niemand mit Unwissenheit entschuldigen kann. Personen, welche nach 9 Uhr Abends in einem fremden Hause Nachtlager suchen und sich mit nichts ausweisen können, sind sogleich nach meinem Quartier zu bringen.

Wie ich schon oft befohlen, darf sich auch jetzt Niemand mit brennenden Tabakspfeifen oder Licht ohne Laternen in Stallungen oder Gehöften treffen lassen; überhaupt empfehle ich Jedermann, sich zur Verhütung jedes Unglücks mit Feuer und Licht in Acht zu nehmen.

Bei vorkommenden Excessen sind die eingebrachten Thäter immer gleich zu mir zu bringen, um selbige jener Behörde, welche zu richten hat, zustellen zu lassen; überhaupt kann sich jeder Hilfsbedürftige bei Tag und Nacht an mich wenden; denn gute Bürger und Fremde müssen unterstützt, Diebe und Excessemacher aber auf das Strengste verfolgt werden.

Leipzig, den 10./22. Sept. 1814.

> Der russisch Kaiserl. Oberst und Stadt-Commandant
> Prendel.

s. R.A. LX. B, 15. Fol. 406.

XLIV.

vgl. Text S. 164. 204.

Bekanntmachung des Oberst Prendel vom 14. Sept. 1814.

Jeder auf den Strassen zu Fuss Gehende hat den gerechten Anspruch, dass, wenn Jemand hinter ihm gefahren kommt, derselbe dem zu Fuss Vorausgehenden, besonders während der Messzeit, bevor er ihn mit den Pferdeköpfen anfährt, zurufen soll; überhaupt werde ich strenge darauf halten, dass Jedermann in den Strassen langsam fährt.

Leipzig, den 14./26. Sept. 1814.

> Der russisch Kaiserliche Oberst und Stadt-Commandant
> Prendel.

Lpz. R.A. LX. B. 15. Fol. 408.

XLV.

vgl. Text S. 206.

Gesuch der Leipziger Kaufmannschaft um Aufhebung der bisherigen Beschränkungen des Messverkehrs. Vom 31. Mai 1831. Auszug.

Das Gesuch nimmt Bezug auf eine der Commerziendeputation am 28. Januar 1831 überreichte Vorstellung und richtet an die Königl. sächs. Landesregierung zu Dresden die Bitte: «die bisherige Beschränkung der jüdischen Kleinhändler auf unseren Messen aufzuheben und dieselben den Christen gleich zu stellen, sowie überhaupt die bisherigen Beschränkungen des Messverkehrs, je nachdem die Verkäufer dem Kaufmanns-, Fabrik- oder Handwerksstande angehören, wegfallen zu lassen und den Verkehr während der drei Messwochen ganz frei zu geben.» Diese Bitte wird mit Folgendem begründet:

Die durch Zolllinien des Auslandes von allen Seiten eingeengte grosse sächsische Industrie bedarf eines grossen Absatzgebietes. Die grösseren Fabrikanten können die Schwierigkeiten durch langes Creditgeben überwinden. Der kleine Gewerbtreibende ist auf die Messen angewiesen, theils um sich hier Absatz zu verschaffen, theils um auf diesen grossartigen Waarenausstellungen die Fortschritte des Auslandes in den verschiedenen Gewerbszweigen kennen und beobachten zu lernen. Je freier und zahlreicher die Concurrenz sich auf den Messen bewegt, desto besser. Nur blinde Monopolsucht kann dies verkennen und nicht erwägen, dass nur die Güte der Waare deren Absatz bedingt, sowie dass Leipzigs Messen ihre Blüthe und Erhaltung nur dem freien Verkehr verdanken und dass, wenn dieser entzogen wird, auch die von den wohlhabenderen Bewohnern Leipzigs auf die Innungsverwandten übergehenden Mittel des Erwerbes verkümmert werden.

Von den 3 Messwochen hat jede ihre eigenthümliche Kundschaft, insonderheit für die Einkäufe im Einzelnen. In der ersten Messwoche giebt die entferntere deutsche Kundschaft, in der zweiten die aus der näheren Umgebung, in der dritten sowohl diese als die Einkäufer des Auslandes dem Kleihandel Leben und Nahrung. Die Grenze jedoch zwischen Klein- und Grosshandel ist auf den hiesigen Messen überhaupt nicht genau zu ziehen. Und darin besteht zugleich der grosse Gewinn, den die inländischen Messen der Industrie des Landes bringen, dass kleine Unternehmungen durch geschickte Thätigkeit und günstigen Absatz auf den Messen oftmals zu grossen anwuchsen.

Der Umstand nun, dass die jüdischen Kleinhändler mit ihrem Verkauf seit einiger Zeit auf nur 8 Tage beschränkt worden seien, habe zu Reibungen geführt, die für die Messen nachtheilig seien. Ein grosser Theil der Messverkäufer, wie Einkäufer gehört dem Stamme der Juden an. Besonders der Handel mit englischen Manufacturwaaren liegt in ihren Händen. Die preussische Regierung pflegt bei ihren Messeinrichtungen auf deren Wünsche möglichste Rücksicht zu nehmen. Bei Wiederabschaffung der mit den Naumburger Messen vorgenommenen Neuerungen, welche für Leipzig sehr nachtheilig seien, kommt abgesehen von dem concurrirenden Interesse Frankfurt's a/O. sehr viel auf das Votum der Hamburger grossen Manufacturwaarenhandlungen an, deren Inhaber insgesammt Israeliten sind. Diese selben Israeliten hätten sich nun auch für die Aufhebung der Beschränkung des Kleinhandels der Juden in den Leipziger Messen verwendet. Die jüdischen Grosshändler, die auf unseren Messen von entschiedener Wichtigkeit sind, standen, über diese Unduldsamkeit erbittert, im Begriff, eine Vereinigung zu treffen, die Leipziger Messen nicht mehr zu besuchen. Dieser Vorsatz, der in jenen Ungleichheiten Veranlassung fand, wurde nur mit Mühe beseitigt.

Die Beschränkung sei verfügt worden, weil man befürchtet habe, dass die niedrigen Preise, zu welchen die Juden zu verkaufen pflegen, dem Absatze der christlichen Kleinhändler schaden könnten. Dies sei aber irrig. Denn je wohlfeiler man auf einer Messe einkaufen könne, desto mehr Einkäufer würden angezogen. Ausserdem sei es nach modernen Anschauungen nicht mehr angezeigt, einen Unterschied nach den religiösen Meinungen der Messlieranten zu machen. Die Erbitterung der Juden sei gross. Nur mit Hülfe der bewaffneten Macht haben auf letzter Messe die jüdischen Kleinhändler gezwungen werden können, früher einzupacken, als die christlichen. *Lpz. R.A. XLV. B. 54. Vol. I. Bl. 92 ff*

XLVI.

vgl. Text S. 172. 207.

Bekanntmachung des Leipziger Raths vom 19. Sept. 1851 den Detailhandel in den Messen betr.

Sr. Königl. Majestät und des Prinzen Mitregenten Königl. Hoheit haben die vom Jahre 1811 bis zu Michael 1830 wegen des Detailverkaufs bestandene Messverfassung von und mit der bestehenden Michaelismesse wieder herstellen zu lassen geruht.

Demgemäss können:

1. Alle in Leipzig oder an einem andern Orte des Königreichs S a c h s e n wohnende Handwerker, Professionisten und Fabrikanten die ganzen drei Wochen der Leipziger Messe hindurch allhier feilhalten.

2. Die nämliche Erlaubniss haben auch die Unterthanen des königl. preussischen Herzogthums S a c h s e n, ohne Unterschied, ob sie sich durch Patente oder Gewerbescheine legitimiren können oder nicht, jedoch nur so lange, als auf preussischen Messen und Märkten den königl. sächsischen Unterthanen neue Beschränkungen nicht auferlegt werden.

3. Allen andern A u s l ä n d e r n ist der dreiwöchentliche Detailhandel nicht gestattet, wenn sie sich nicht durch Patente, durch Zeugnisse ihrer Obrigkeiten oder sonst als wirkliche Fabrikanten oder Handelsleute legitimiren, so dass mithin den ausländischen Professionisten, welche nicht Fabrikanten sind und nicht im preussischen Herzogthum Sachsen wohnen, nur die eigentliche M e s s w o c h e über, also vom Einläuten bis zum Ausläuten der Messe feilzuhalten gestattet ist.

4. Das H a u s i r e n jeder Art und der Handel der sogenannten Pack-, Bündel- und Trödeljuden sind zur Verhütung des Einschleppens der C h o l e r a für die bevorstehende Michaelis-Messe nach Massgabe der von der hohen Immediat-Commission unterm 22. August 1831 erlassenen Verordnung v e r b o t e n. Wenn aber künftig diese Besorgnisse aufhören werden, so bleibt der Messverkehr der Hausirer ohne Unterschied und der jüdischen Kleinhändler auf die eigentliche, § 3 bezeichnete Messwoche beschränkt. J ü d i s c h e F e i e r t a g e, welche in diese

Messwoche fallen, werden durch einige Verlängerung der Verkaufszeit bis in die Zahlwoche zu gute gerechnet.

5. In Anschung des Handels der Nadler, Färber und Leinweber bewendet es bei der in nächstvergangener Jubilatemesse bestandenen Einrichtung.

6. Damit aber die dermaligen, durch Besorgnisse wegen der Cholera, gebotenen Massregeln für den Handel so schonend als möglich werden, so will die höchste Behörde geschehen lassen, dass nach Ablauf der Zahlwoche der bevorstehenden Michaelismesse während der beiden darauf folgenden Wochen den in- und ausländischen Fabrikanten und Handelsleuten die Betreibung und Fortsetzung der Messgeschäfte allhier gestattet werde.

Leipzig, den 19. Sept. 1831.   Der Rath der Stadt Leipzig

Lpz. R.A. XLV. B. 34. Vol. 1. Fol. 114. 115.   D. Schaarschmidt.

XLVII.

vgl. Text S. 207.

Bericht des Leipziger Rathes über Beginn und Schluss der Leipziger Messen vom 18. Nov. 1833.

An E. Königl. Hohes Finanz-Ministerium I. Abtheilung. E. Königl. Hohen Finanz-Ministerium zeigen wir der Verordnung vom 16. Nov. l. J. gemäss, gehorsamst an, dass gegenwärtig in gewerbspolizeilicher Beziehung der Anfang und der Schluss jeder Leipziger drei Wochen dauernden Messe auf landesherrlichen Verordnungen beruht.

Was zunächst den G r o s s o h a n d e l betrifft, so gab uns das Rescript vom 11. April 1822 Verhaltungsnormen. Es folgte zwar demselben das Rescript vom 16. Sept. 1823, wonach die dreiwöchentliche Dauer jeder Messe — ohne Rücksicht auf die im erstern befohlene Connivenz — öffentlich bekannt gemacht wurde. Allein dies geschah nur in der Absicht, um die königl. preussischer Seits wegen fremden Geschäftsverkehrs in Leipzig zur Zeit der Naumburger Petri-Paulimesse nach Angabe des Handlungs-Vorstandes bei Ausübung der Zollgesetze gebrauchten scharfen Massregeln als jenseitige Repressalien zu mildern. Und einem Antrage des Handlungsvorstandes vom 26. Januar 1824 gemäss, blieb zwar der Waarenverkauf, insonderheit das Aushängen der Firmen ausser der gesetzlichen Messzeit, den fremden Verkäufern nach wie vor untersagt, jedoch wurde denselben zu Besorgungen, welche in Bezug auf die Messgeschäfte erforderlich sind, das Oeffnen der Gewölbethüren eine Woche vor und nach jeder Messe connivendo gestattet.

Anlangend den D e t a i l h a n d e l, insbesondere der Professionisten, so wurde die diesbezügliche Verfassung im Jahre 1811 begründet. Und wenn auch seitdem hin und wieder eine oder die andere Modification eintrat, so ist doch gegenwärtig und zwar seit dem Juli 1831 der Stand der Dinge des Jahres 1811. Das H a u s i r e n, ohne Unterschied, von wem es getrieben werde und der Kleinhandel wird bis auf die Zeit vom Einläuten bis zum Ausläuten der Messe (mithin auf die sogenannte Mittelwoche) beschränkt, jedoch was Letztere betrifft, mit der Modification, dass in diese Woche gefallene jüdische Feiertage oder Tage schlechter Witterung durch Gestattung der Fortdauer des Handels auf so viele Tage in der Zahlwoche vergütet werden . . . .

Leipzig, den 18. Nov. 1833.   Der Rath der Stadt Leipzig.

Lpz. R.A. XLV. B. 34. Vol. 1. Fol. 147.

XLVIII.

vgl. Text S. 455.

Nachricht des Leipziger Rathes über die Lage der Leipziger Messen vom 22. Oct. 1864.

An den Stadtrath zu Zürich.

Gern geben wir in Beantwortung der geehrten Zuschrift vom 8. d. Mts. die gewünschte Auskunft über die Verhältnisse der hiesigen Messen. Wir haben hier seit langer Zeit, durch Privilegien der Staatsregierung begründet, drei Messen, am Beginn des Jahres, kurz nach

Ostern und Michaelis, deren Dauer auf drei Wochen festgestellt ist, die aber factisch vier Wochen lang im Ganzen sind.

Wenn Sie bei den Messen in Zürich die Wahrnehmung zu machen gehabt haben, dass dieselben allmählig fast alle Bedeutung für den Grosshandel **verloren** haben, so können wir von den hiesigen Messen im Allgemeinen dasselbe nicht sagen, **obwohl** die rascheren Verkehrsmittel, welche die Neuzeit darbietet, nicht ohne Einfluss auf den **Grosshandel** der hiesigen Messen geblieben sind. Es war beispielsweise Leipzig nach dem Anschlusse Sachsens an den Zollverein für den Handel mit englischen und französischen Manufactur- **und** Seidenwaaren nach dem Osten Europa's ein sehr namhafter Stapelplatz, und der in jenen Artikeln **hier** gemachte Umsatz bemisst sich im Jahresdurchschnitte nach Millionen Thalern. So naturgemäss indessen auch dieses Geschäft während seines höchsten Aufschwunges war, und so untrennbar von Leipzig es auch zu sein schien, so konnte es doch auf seiner Höhe sich nicht halten, je näher durch verbesserte Communicationsmittel die östlichen Absatzländer den Productionsländern gerückt wurden. Allein was in einer Hinsicht den hiesigen Messen entzogen wurde, wurde durch neu erblühenden Verkehr wieder aufgewogen. So wurden auf den laufenden und Mess-Conten an ausländischen (d. h. nicht zollvereinsländischen) Waaren

angeschrieben:	ins Ausland ausgeführt:	zum Consum verzollt
1843 : 67 272 Ctnr.	26 627 Ctnr.	18 372 Ctnr.
1859 : 32 173 Ctnr.	13 359 Ctnr.	12 824 Ctnr.

dagegen gingen an zollvereinsländischen Waaren zu **den Messen in Leipzig** ein:

1843 : 270 944 Ctnr.
1859 : 367 557 Ctnr.

so dass der im Messhandel mit ausländischen Waaren **sehr** bedeutende Ausfall durch die Steigerung **des Handels in vereinsländischen Waaren mehr als reichlich gedeckt** wird. Aehnliche Verhältnisse haben **sich bis auf die** neueste Zeit erhalten, **und wie** früher, so auch jetzt noch, bezieht A m e r i k a und A s i e n einen nicht unerheblichen Theil seiner Bedürfnisse von den Leipziger Messen. In einzelnen Artikeln, z. B. Tuch, Leder und insbesondere an R a u c h - w a a r e n , ist wohl kaum jemals der Umsatz hier grösser gewesen, als in den letzten Jahren, ja **im Rauchwaarenhandel nimmt jetzt Leipzig unbestritten die **erste** Stelle auf dem Continente ein. — Was die P e r s o n e n f r e q u e n z in den Messen anlangt, so ist diese, ebenmässig erklärlich durch den erleichterten Verkehr, in den letzten Jahren grösser gewesen, als jemals früher. An einzelnen T a g e n der letzten Messe trafen hier allein auf den hier einmündenden Eisenbahnen bis zu e l f t a u s e n d Personen ein. Bei diesen Verhältnissen hat es hier nie fraglich werden können, ob das Fortbestehen der Messen im Interesse der Stadt liege; denn selbst der heimische Detailhändler, welcher zunächst geneigt zu sein pflegt, der Meinung sich hinzugeben, die Bedürfnisse des kleinen Einkäufers könnten durch die hiesigen Kaufleute gedeckt werden, wird schwerlich den Gedanken aufkommen lassen, dass es besser um ihn stehen werde, wenn die Messen aufhörten; er verkennt nicht, dass der grosse Messverkehr auch ihm zu Statten kommt. Für den kleinen Consumenten sind aber die Messen ein unbestrittener Vortheil, weil durch das starke Angebot die Preise sich niedriger stellen.

In Betreff der Anfrage wegen der B u d e n aufstellung müssen **wir zunächst darauf** hinweisen, dass für **den** Grosshandel in der Hauptsache die Messbuden nur eine untergeordnete Rolle spielen; der Grosshandel hat vorzugsweise **in** den Kaufhallen und Etagen der Häuser seinen Sitz, in vielen Artikeln ist er nur durch Musterlager vertreten. Doch werden auch einzelne Branchen des Grosshandels in Buden untergebracht. In den letzten Messen waren gegen 2000 Buden **für** Verkäufer aufgestellt. Von diesen **gehören 650** der Stadtgemeinde, die übrigen sind theils Eigenthum **der** Feilhaltenden, welche die **Buden hier** lagern **und in den Messen zu** ihrem Bedarf aufbauen lassen, theils werden sie **von** Privatleuten vermiethet. Die der Stadtgemeinde gehörigen Messbuden bringen jetzt einen **jährlichen Bruttoertrag** von **22 000** Thalern, wovon nach Abzug **der** verdungenen Kosten für Aufbewahrung, Reparatur, Aufbauen und Abbrechen etc. ein Reinertrag **von** ungefähr **16 000 Thaler** übrig bleibt. Die der Stadt gehörigen Buden werden auf bestimmten Plätzen aufgestellt **und** befinden sich meistens in fester Hand; sie sind so begehrt, dass **nicht** leicht eine Bude unvermiethet bleibt. Die nicht mit Stadtbuden besetzten P l ä t z e werden ohne Buden vergeben und ist dem Feilhaltenden unbenommen, den

Platz mit einer eigenen oder einer gemietheten Bude zu besetzen. Den Budenverleihern werden Plätze behufs Aufstellung von Buden nicht angewiesen, dieselben können daher aus der günstigen Lage eines Platzes keinen Vortheil ziehen.

Von allen in den Messen Feilhaltenden ist ein Standgeld zu bezahlen, wie der beifolgende Tarif ergiebt, gleichviel ob sie auf öffentlichen Plätzen oder in Privathäusern ausstehen; dagegen wird von Einkäufern und denjenigen auswärts wohnenden Verkäufern, welche das hiesige Bürgerrecht erworben haben, nichts erhoben. In der letzten Messe wurde Standgeld von 7285 Personen erhoben. Die Jahreseinnahme an Standgeld betrug im vorigen Jahre 13000 Thaler. Die directen der Stadtkasse durch die Messen zufliessenden Intraden bilden jedoch nicht den Hauptnutzen; weit höher stellen wir den grossen Vortheil, welcher dem grösseren Theile der Bevölkerung durch den Messverkehr zufliesst, in welcher Beziehung wir z. B. darauf hinweisen, dass, weil die zuströmende Masse der Fremden nicht in den Gasthäusern Unterkommen finden kann, der Miethzins für Wohnungen nicht wenigen Familien durch Messvermiethung ganz oder doch zum Theil gedeckt wird, wie auch der Werth der Geschäftslocale wesentlich durch die Blüthe der Messen bedingt wird.

Leipzig, den 22. Octob. 1864.   In grösster Hochachtung
Lpz. R.A. XLV. B. 54. Vol. VII. Bl. 95.   Der Rath der Stadt Leipzig.

XLIX.

vgl. Text S. 455.

Auszug aus einer Denkschrift der Leipziger Handelskammer vom Januar 1872 über die Bedeutung der Messen.

Die Bedeutung der Messen, früher der einzigen Stätten für die Entfaltung eines grossartigen Güteraustausches im Binnenlande, hat sich mit der Ausbreitung des Eisenbahnnetzes, mit der Verbesserung der sonstigen Verkehrswege, wenn man sie im Vergleich zur Gesammtheit des commerciellen Lebens betrachtet, zwar vermindert, absolut aber hat das Messgeschäft im Ganzen keineswegs eine rückläufige Bewegung genommen, sondern es ist noch immer ein stetiges und nicht unerhebliches Wachsthum desselben nachweisbar. Mag für einzelne Handelszweige, in welchen das Saisongeschäft in den Vordergrund tritt, die Form des an einen bestimmten Ort und an eine gewisse Kalenderzeit gebundenen Verkehrs veraltet sein, so haben andere dafür eine desto glänzendere Entwickelung auf diesem Boden genommen. Insbesondere gilt dies vom Rauchwaarengeschäft, in welchem Leipzig sich zum Hauptplatze auf dem ganzen europäischen Continente erhoben hat; hier ist es, wo Russland und Amerika die Jagdbeute ihrer ungeheuren Gebiete austauschen und die übrigen Länder der Erde aus ihrem Ueberflusse versorgen. Von grosser und wachsender Bedeutung ist ferner das Geschäft in rohen Häuten und in Leder; die Lederpreise im nördlichen und mittleren Deutschland werden durch den Verkauf der Leipziger Messen bestimmt. Unter den Weberwaaren sind es namentlich Tuche und andere wollene und halbwollene Waaren, welche eine stetige und starke Zunahme des Verkehrs aufweisen, gerade diese bilden das besondere Zugmittel für die zahlreichen Messbesucher aus Amerika, Italien, Holland, Spanien und andern Ländern. Die Quantitäten der deutschen wollenen und halbwollenen Gewebe, welche zu den hiesigen Messen zugeführt wurden beliefen sich

im Durchschnitt der Jahre 1846/50 auf Ctnr.						85007	jährlich
»	»	»	»	1851/55	» »	111676	»
»	»	»	»	1856/60	» »	119971	»
»	»	»	»	1861/65	» »	141617	»
»	»	»	»	1866/70	» »	158685	»
insbesondere im Jahre 1869					» »	167535	»

so dass in 25 Jahren der Verkehr sich nahezu verdoppelt hat. Die Zufuhr von deutschen Industrie-Erzeugnissen überhaupt zu den hiesigen Messen, unter denen neben den Webewaaren hauptsächlich Leder und Kurzwaaren ins Gewicht fallen, hat sich von ca. 271000 Ctnr. im Jahre 1842 auf 406000 Ctnr. im Jahre 1869 gehoben; in noch stärkerem Masse aber ist die Zufuhr von Rohproducten, insbesondere Häuten und Rauchwaaren, gestiegen, so dass das Gesammtquantum der Messzufuhr aus dem Zollverein z. B. im Jahre 1869 nicht weniger als 768 000 Ctnr. betrug. Von einer Abnahme des Messverkehrs im Ganzen kann hiernach offenbar nicht die Rede sein; im Gegentheil, die Zunahme, welche sich in den obigen Ziffern ausdrückt, gewinnt noch an Bedeutung, wenn man erwägt, dass in manchen Geschäftszweigen z. B. im Kurzwaarenfache, im Handel mit Glas und Porzellan, mehr und mehr die Gewohnheit aufkommt, die Messen nur mit Musterlagern anstatt wie früher mit Verkaufslagern zu beziehen. Alle übrigen deutschen Messplätze hat Leipzig weit hinter sich gelassen, es ist jetzt erwiesenermassen der erste Messplatz des europäischen Continents, dem höchstens noch das russische Nischnij-Nowgorod, nahe an der Grenze Asiens, hinsichtlich des erzielten Umsatzes an die Seite gestellt werden kann.

Dem Messverkehr verdankt der Platz die frühzeitige Errichtung eines mit Richtern aus dem Handelsstande besetzten Handelsgerichts; durch die »neue Handelsgerichtsordnung für die Stadt Leipzig« vom Jahre 1682 wurde dessen Verfahren auf Grund des Princips der Mündigkeit näher geregelt und die Competenz in einer Weise normirt, welche dem Gerichte einen internationalen Character verlieh. Seinen Grundzügen nach besteht dieses Statut, wenn auch mit vielfachen Verbesserungen noch heute. *Lpz. R.A. XLV B. 34. Vol. VIII. Fol. 196°.*

Leipzig im Januar 1872.

L.

vgl. Text S. 219.

Messbekanntmachung vom 14. Febr. 1879.

1. Der officielle Anfang der diesjährigen Ostermesse fällt auf den 28. April und es endigt dieselbe mit dem 17. Mai.

2. Während dieser drei Wochen können alle in- und ausländischen Handelsleute, Fabrikanten und Gewerbetreibende ihre Waaren hier öffentlich feil bieten. Doch kann der Grosshandel in der bisher üblichen Weise bereits in der zum Auspacken bestimmten Vorwoche vom 21. April an betrieben werden.

3. Das Auspacken der Waaren ist den Inhabern der Messlocale in den Häusern ebenso wie den in Buden und auf Ständen feilhaltenden Verkäufern in der Vorwoche vor der Böttcherwoche gestattet. Zum Einpacken ist das Offenhalten der Messlocale in den Häusern auch in der Woche nach der Zahlwoche gestattet.

4. Jede frühere Eröffnung, sowie jedes längere Offenhalten eines solchen Verkaufslocales wird, ausser der sofortigen Schliessung desselben, jedesmal, selbst bei der ersten Zuwiderhandlung, mit einer Geldstrafe bis zu 75 Mark geahndet werden.

5. Personen, welche mit dem in § 55 der deutschen Gewerbeordnung vorgeschriebenen Legitimationsscheine nicht versehen sind, dürfen bei Vermeidung einer Geldstrafe bis zu 150 Mark oder entsprechender Haftstrafe den Hausirhandel während der Messe nur nach eingeholter Erlaubniss des Polizeiamtes und auch mit dieser nur in den eigentlichen drei Messwochen betreiben.

6. Auswärtigen Spediteuren ist von der hauptzollamtlichen Lösung des Waarenverschlusses an bis mit Ende der Woche nach der Zahlwoche das Speditionsgeschäft hier gestattet.

Leipzig, den 14. Febr. 1879.　　　　　　　　　　Der Rath der Stadt Leipzig

Lpz. R.A. XLV. Bl. 34. Vol. IX. Fol. 213.　　　　　gez. Dr. Tröndlin.

Ursprünglich waren 159 Anlagen zum Abdruck bestimmt. Mit Rücksicht auf den Raum konnten nur vorstehende 50 und auch diese nur theils auszugsweise abgedruckt werden. Die 159 ursprünglichen Anlagen des Manuscriptes sind deshalb in 2 Bänden vereinigt in der Leipziger Rathsbibliothek niedergelegt worden, so dass bei weiteren Einzelforschungen das Material bequem zur Hand liegt.

ALPHABETISCHES INHALTSVERZEICHNISS.

Druck von Breitkopf & Härtel in Leipzig.